"十二五"国家重点图书出版规划项目
交通运输建设科技丛书·公路基础设施建设与养护

# 抑制冻结沥青路面研究与应用技术

张洪伟　韩　森　编著

人民交通出版社股份有限公司
China Communications Press Co.,Ltd.

## 内 容 提 要

本书系统总结了抑制冻结沥青路面的结构类型与国内外研究、应用现状，采用离散元理论从细观层次上建立了橡胶颗粒沥青混合料分析模型，并模拟其受力、变形及破坏过程，揭示了混合料的破冰机理。本书重点阐述了盐化物沥青路面融冰雪性能，分析了盐化物沥青混合料融冰雪的耐久性与持久性影响因素，并系统梳理了橡胶颗粒与盐化物沥青混合料级配组成设计方法与施工工艺。

本书可供大专院校师生、交通行业科研人员及技术人员参考阅读。

**图书在版编目(CIP)数据**

抑制冻结沥青路面研究与应用技术 / 张洪伟，韩森编著. — 北京：人民交通出版社股份有限公司，2015.10

ISBN 978-7-114-12547-8

Ⅰ. ①抑… Ⅱ. ①张… ②韩… Ⅲ. ①沥青路面—道路工程—研究 Ⅳ. ①U416.217.01

中国版本图书馆 CIP 数据核字(2015)第 244606 号

"十二五"国家重点图书出版规划项目

交通运输建设科技丛书 · 公路基础设施建设与养护

**书　　名：**抑制冻结沥青路面研究与应用技术
**著 作 者：**张洪伟　韩　森
**责任编辑：**曲　乐　尤　伟
**出版发行：**人民交通出版社股份有限公司
**地　　址：**(100011)北京市朝阳区安定门外外馆斜街 3 号
**网　　址：**http://www.ccpress.com.cn
**销售电话：**(010)59757973
**总 经 销：**人民交通出版社股份有限公司发行部
**经　　销：**各地新华书店
**印　　刷：**北京鑫正大印刷有限公司
**开　　本：**787 × 1092　1/16
**印　　张：**13
**字　　数：**310 千
**版　　次：**2015 年 11 月　第 1 版
**印　　次：**2015 年 11 月　第 1 次印刷
**书　　号：**ISBN 978-7-114-12547-8
**定　　价：**50.00 元

# 总　序

近年来，交通运输行业认真贯彻落实党中央、国务院“稳增长、促改革、调结构、惠民生”的决策部署，重点改革力度加大，结构调整积极推进，交通运输科技攻关不断取得突破，促进了交通运输持续快速健康发展。目前，我国公路总里程、港口吞吐能力、全社会完成的公路客货运量、水路货运量和周转量等多项指标均居世界第一。交通运输事业的快速发展不仅在应对国际金融危机、保持经济平稳较快发展等方面发挥了重要作用，而且为改善民生、促进社会和谐做出了积极贡献。

长期以来，部党组始终把科技创新作为推进交通运输发展的重要动力，坚持科技工作面向需求，面向世界，面向未来，加大科技投入，强化科技管理，推进产学研相结合，开展重大科技研发和创新能力建设，取得了显著成效。通过广大科技工作者的不懈努力，在多年冻土、沙漠等特殊地质地区公路建设技术，特大跨径桥梁建设技术，特长隧道建设技术，深水航道整治技术和离岸深水筑港技术等方面取得重大突破和创新，获得了一系列具有国际领先水平的重大科技成果，显著提升了行业自主创新能力，有力支撑了重大工程建设，培养和造就了一批高素质的科技人才，为交通运输科学发展奠定了坚实基础。同时，部积极探索科技成果推广的新途径，通过实施科技示范工程，开展材料节约与循环利用专项行动计划，发布科技成果推广目录等多种方式，推动了科技成果更多更快地向现实生产力转化，营造了交通运输发展主动依靠科技创新，科技创新服务交通发展的良好氛围。

组织出版《交通运输建设科技丛书》，是深入实施创新驱动战略和科技强交战略，推进科技成果公开，加强科技成果推广应用的又一重要举措。该丛书分为公路基础设施建设与养护、水运基础设施建设与养护、安全与应急保障、运输服务和绿色交通等领域，将汇集交通运输建设科技项目研究形成的具有较高学术和应用价值的优秀专著。丛书的逐年出版和不断丰富，有助于集中展示和推广交通运输建设重大科技成果，传承科技创新文化，并促进高层次的技术交流、学术传播和专业人才培养。

今后一段时期是加快推进“四个交通”发展的关键时期，深入实施科技强交战略和创新驱动战略，是一项关系全局的基础性、引领性工程。希望广大交通运输科技工作者进一步解放思想、开拓创新，求真务实、奋发进取，以科技创新的新成效推动交通运输科学发展，为加快实现交通运输现代化而努力奋斗！

王昌顺

2014 年 7 月 28 日

# 前　言

抑制冻结沥青路面是在沥青路面铺筑过程中掺加物理类、化学类或物理化学类的外加剂，通过材料的物理作用或化学作用使路面具备破冰融雪的作用。抑制冻结沥青路面可以缩短路面的冻结时间，降低交通事故的发生率，减少融雪剂的撒布次数及数量，降低除雪作业次数，降低冬季路面养护成本，这种路面还可以有效改善公路与城市道路陡坡、急弯及桥隧等易积雪结冰路段的行车安全性，技术成果成熟、效果显著，具有良好的应用推广价值，

本书内容依托多个省部级交通建设科技项目的研究成果编写，全书分3篇，共计9章。第1章阐述了抑制冻结沥青路面应用技术的现状与发展趋势；第2章介绍了离散元方法、橡胶颗粒沥青混合料级配二维数值模型及其分形特征；第3章是关于橡胶颗粒沥青混合料劈裂试验与疲劳性能的研究，建立了混合料耗散能、分形维数与疲劳寿命间的对应关系；第4章阐述了橡胶颗粒沥青混合料破冰试验、破冰数值模型及抑制结冰性能的验证；第5章系统梳理了橡胶颗粒沥青混合料级配组成设计方法与施工工艺；第6章从盐分溶析机理角度探讨了盐化物沥青路面融雪化冰性能；第7章主要针对盐化物沥青混合料的水稳性能、疲劳性能及老化性能等耐久性的3个方面进行研究；第8章分析了空隙率、温度与降雨量对盐化物融雪沥青路面性能持久性的影响；第9章系统总结了盐化物沥青混合料组成设计方法与施工工艺。

本书由内蒙古自治区交通建设工程质量监督局张洪伟博士、长安大学韩森教授编著统稿，同时凝聚了长安大学新型路面研究所抑制冻结路面研究组部分成员的辛勤劳动成果，张丽娟参与了第6、9章的研究工作；陈杰参与了第7、8章的研究工作，在此一并表示感谢。本书理论与实践并重，旨在通过科研成果的总结与提升，促进抑制冻结沥青路面技术成果的推广与应用，为有效解决我国寒冷地区路面积雪结冰的行车安全性问题提供一种新的思路。

限于编著者水平有限，加之时间仓促，书中不足之处在所难免，恳请广大读者批评指正。

编著者

2015年8月

# 目　　录

## 第1篇　绪　　篇



## 第2篇　橡胶颗粒沥青混合料研究与应用技术篇



## 第3篇　盐化物沥青混合料研究与应用技术篇

# 第1篇

# 绪　篇

# 第1章 绪　　论

## 1.1 研究与应用的意义

在寒冷的冬季,公路与城市道路经常遭受冰雪的危害,降雪较大时基本呈冰雪路面状态,冰雪使路面附着系数大大降低,导致汽车打滑、制动距离显著延长,甚至紧急制动失灵、方向失控,造成严重的交通事故。这些问题成为道路交通安全和人民生命、财产安全的重大隐患,因此冰雪路面病害问题一直困扰着道路养护部门。冰雪条件下道路的运营状况与危害如图1-1所示。

a)　b)　c)　d)

图1-1　冰雪条件下道路的运营状况与危害

为了消除冻结条件下路面的安全隐患,道路养护部门也常常采取多种措施清除路面冰雪。常用的路面抗冻结的方法是在路面上撒布醇类或盐类融雪剂使冰雪融化,但是醇类融雪剂的抗冻结效果受环境温度影响较大,并具有反结冰现象,即一旦环境温度下降,被融化的积雪会再冻结成冰,使路面更滑,交通事故率更高。绝大多数的盐类融雪剂产品都存在腐蚀性,易腐蚀破坏道路结构和机动车辆,还会对土壤、水体和大气等造成污染,破坏生态环境。另外,融雪剂撒布受养路工人的作业时间与空间限制较大,不能在降雪的第一时间融雪。

在其他抗冻结方法中,人工清除法效率低,费用高,作业时影响车辆通行及行车安全;机械除雪适用于未经碾压且厚度较薄的路面积雪,通常适用于机场等便于管理的较小范围的除雪;热力融冰雪方法造价较高且技术并不成熟。

为了保障道路畅通和行车安全,避免交通事故的发生,研究既有效又环保的路面抗冻结方法已经刻不容缓。2002 年国际道路协会(PIARC)在日本举办了国际冰雪道路技术大会,会议将抑制冻结沥青路面作为冰雪道路主要的研究方向。

抑制冻结沥青路面是在沥青路面铺筑过程中掺加物理类、化学类或物理化学类的外加剂,通过材料的物理作用或化学作用使路面具备破冰与抑制压实雪板的功能。抑制冻结沥青路面可以缩短路面的冻结时间,降低交通事故的发生率,确保交通安全;还可以减少融雪剂的撒布次数及数量,保护沿线的环境,降低除雪作业次数,提高除雪作业效率,降低冬季路面养护成本。

抑制冻结沥青路面常铺筑在公路急转弯处、陡坡路段、隧道的出入口处、互通匝道上、桥面以及山涧的背阴路段等极易积雪结冰的路段,可有效防止路面积雪结冰。另外,在城市道路的十字交叉口、公铁交叉口等也可以铺筑抑制冻结沥青路面,防止车辆在下雪天紧急制动发生打滑。抑制冻结沥青路面的应用范围如图 1-2 所示。

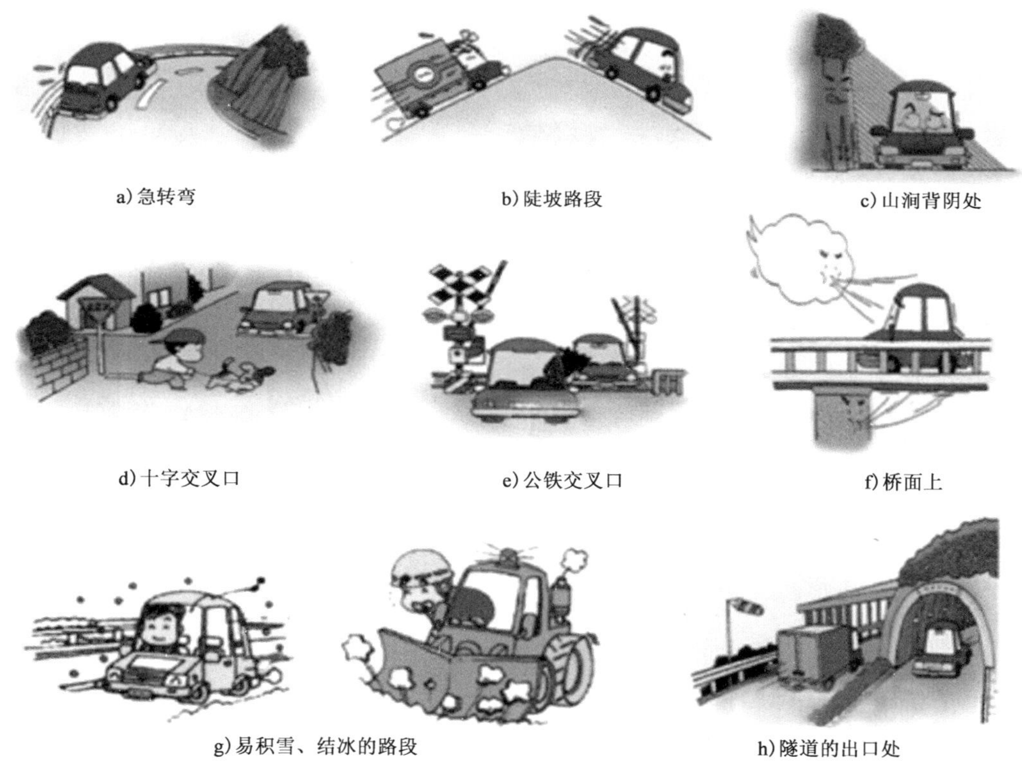

a)急转弯　b)陡坡路段　c)山涧背阴处

d)十字交叉口　e)公铁交叉口　f)桥面上

g)易积雪、结冰的路段　h)隧道的出口处

图 1-2　抑制冻结沥青路面的应用范围

# 1.2 国内外研究与应用现状

## 1.2.1 国外研究现状

国外在抑制冻结路面技术方面的研究起步较早，理论也比较成熟，值得我们进行全面而深入的学习。本书选取日本、美国及欧洲等抑制冻结路面应用较广泛的国家与地区进行资料的分析整理，为抑制冻结沥青路面在我国的研究与应用提供一定的参考。

1）日本

日本在地理纬度、气候等方面与我国北方相似，也是受冰雪危害较严重的国家，日本的道路部门早已把研究重点从机械除冰办法转移至铺筑防冻结路面为主的防治措施上。抑制冻结路面提高了寒冷地区积雪路面的行车安全性，提高了除雪作业效率且效果显著，主要应用于寒冷积雪地区坡度较大路段、道路交叉口等区域。抑制冻结路面分为物理类、化学类及物理化学类3种形式，具体分类如图1-3所示。

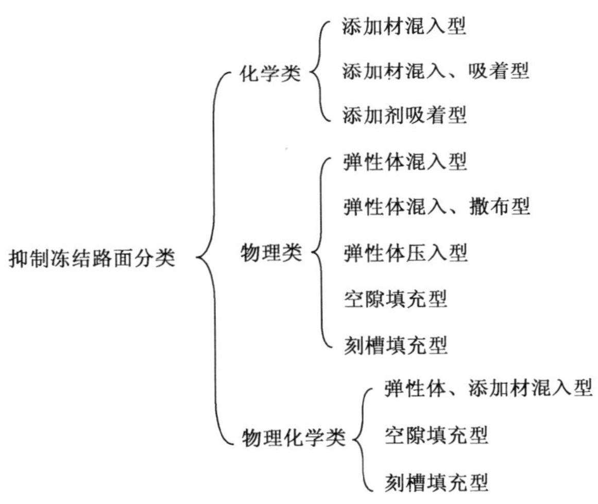


图1-3 抑制冻结路面的分类

在世界范围内，日本在抑制冻结沥青路面方面的研究成果与应用范围均处于领先水平。截至2002年3月底，日本已经累计铺筑了超过520万$m^2$的抑制冻结路面，其中化学类抑制冻结路面铺筑面积达到390万$m^2$，物理类抑制冻结路面铺筑面积超过130万$m^2$，日本在1990年颁布了防止带钉轮胎产生粉尘的法律及在1993年禁止了带钉轮胎的使用，客观上均促进了抑制冻结路面在日本的应用，如图1-4所示。

化学类抑制冻结路面是将含有如氯化钠或氯化钙的抑制冻结材料加入沥青混合料中，使路面具备抗冻结功能，其特点是盐分析出至路表后降低路面的冰点，抑制路面的冻结。物理类抑制冻结路面是在路表或路面内部添加弹性材料，通过过往车辆荷载使路面产生应力，促使路面结冰破碎及路面出露，采用的弹性材料是橡胶颗粒或聚氨酯树脂等。物理化学类抑制冻结路面是物理作用与化学作用的组合。

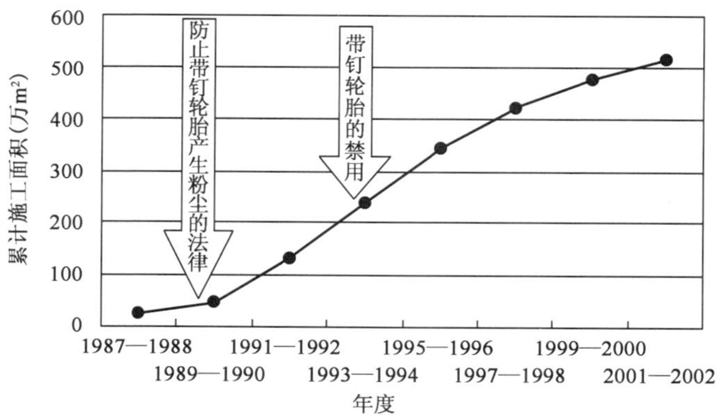


图1-4　日本抑制冻结路面累计施工面积(截至2002年3月)

(1)化学类抑制冻结路面

化学类抑制冻结路面起源于20世纪60年代的欧洲,在瑞士、德国等国家有所应用,日本从20世纪70年代末期开始引进该种路面形式,于90年代初期进行了成功推广。

化学类抑制冻结铺装技术的有效抗冻成分为盐化物,盐化物替代混合料中的部分矿质材料,所形成的沥青混合料可以统称为盐化物沥青混合料,所铺筑的路面称为盐化物融雪路面。日本常用的化学类抑制冻结铺装技术如下:

①添加材混入型

将含有如氯化钠或氯化钙的抑制冻结材料加入沥青混合料中,通过路面中混入的抑制冻结材料的有效成分析出降低水的冰点,使路面具备抗冻结功能。添加材混入型抑制冻结材料包括水泥固化型、表面裹油型及粉末型。

a. 水泥固化型。盐分以水泥固化成粒状、圆球状物体,添加量约8%,应用时置换混合料中的粗、细集料。铺筑后混合料中的盐化物慢慢溶解出来,起到抑制冻结的效果,如图1-5a)所示。

b. 表面裹油型。盐分以颗粒形式表面裹油后置换混合料中10mm以下的集料,添加量约5%,铺筑后混合料中的盐化物慢慢溶解出来,起到抑制冻结的效果,可以耐高温,适用于改性沥青混合料,如图1-5b)所示。

c. 粉末型。盐化物附着于多孔岩浆岩的多孔结构中,以粉体形式置换混合料中的石粉,添加量为6%~8%,铺筑后混合料中的盐化物慢慢溶解出来,起到抑制冻结的效果,如图1-5c)所示。

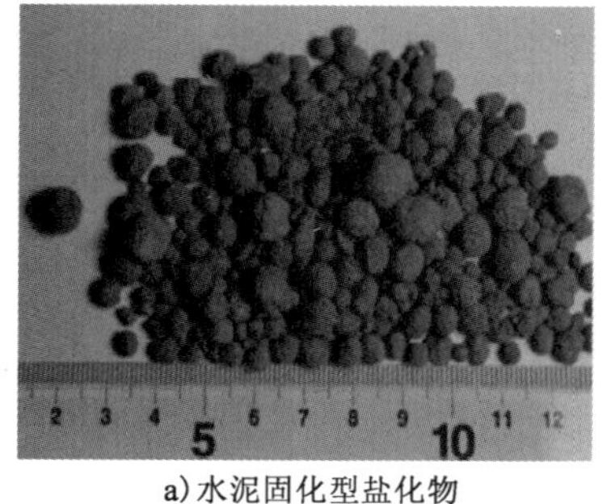
a)水泥固化型盐化物

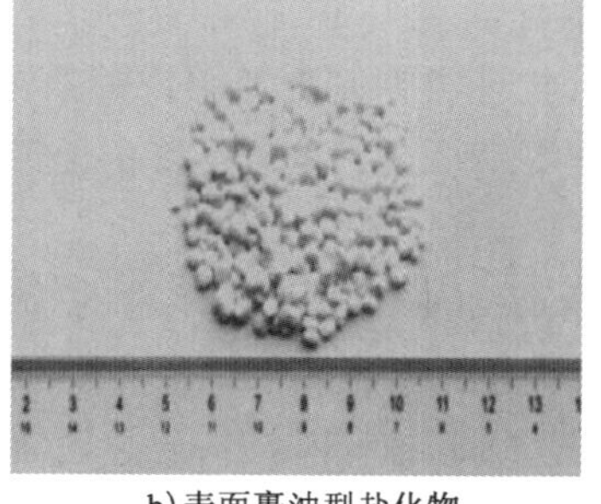
b)表面裹油型盐化物

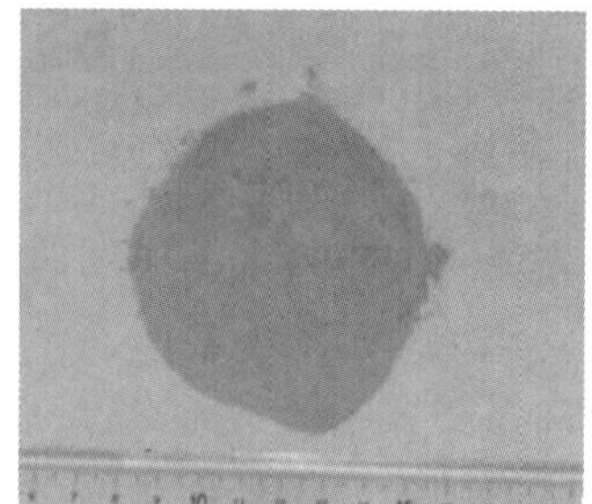
c)粉末型盐化物

图1-5　添加材混入型抑制冻结材料

粉末型盐化物(MFL)是外观类似于矿粉的粉末状物质,密度为2.25~2.35g/cm$^3$,其主要化学成分包括二氧化硅、氯化钠、氧化镁、氧化钙等,其中有效冻结抑制成分为氯化钠,占55%左右。

添加材混入型的主要特点是:析出的盐分使路面水的冰点降低,从而抑制路面的冻结;使压实积雪的清除变得更容易,提高除雪效率,即使降雪量较大,清除时也相对容易;盐化物沥青混合料使凝固点降低3~5℃;将路面的结冰温度降低3~5℃;在行车荷载的碾压及摩擦作用下,抑制冻结材料从结构的毛细管中析出。该工法减少了除冰盐的撒布,是一种环保型路面结构;对产生冻结的路面来说,也是一种融冰方法。

②添加材混入、吸着型

半柔性路面中吸附水泥固化的氯化物乳液,吸附的抑制材料慢慢从路面中析出,降低路面水的冰点。化学类抑制冻结路面(添加剂吸附型)抑制冻结性能不可逆,吸附的抑制材料由水泥氯化物粉末及聚合物组成。该工法面层空隙率为20%~25%,水泥固化的氯化物乳液浸透、凝固在路面空隙中,典型结构如图1-6所示。

添加材混入、吸着型的主要特点是:析出的盐分使路面水的冰点降低,从而抑制路面的冻结;使压实积雪的清除变得更容易,提高除雪效率;抑制路面变形,提高路面的抗车辙性能;抑制冻结材料可以着色,进行安全性提示。

③添加剂吸着型

在开级配沥青混合料空隙中填充高聚物盐类(如醋酸钾)等抑制冻结的材料,达到抑制冰雪的目的,路面结构如图1-7所示。

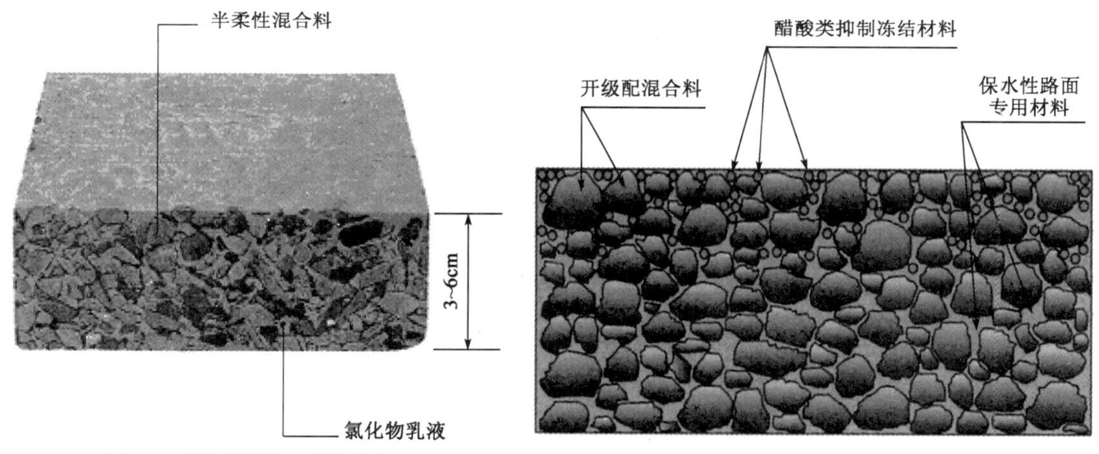


图1-6 添加材混入、吸着型路面

图1-7 添加剂吸着型路面

(2)物理类抑制冻结路面

日本从20世纪70年代末期开始进行物理类防冻路面的研究开发,最初是参考瑞典等国家的研究资料,采用日本本国的沥青混合料试验方法进行室内试验,从1979年开始物理类抑制冻结路面逐渐开始有所应用。

成熟的室内研究为大面积的推广奠定了坚实的基础,日本常用的物理类抑制冻结铺装技术如下:

①弹性体混入型

汽车荷载作用在路表及路面内部掺加弹性材料的路面结构上,具有使路表冰雪破碎、加快路面出露的性能;弹性材料以废旧橡胶颗粒、聚氨酯树脂为主。在积雪寒冷地区,与普通路面相比,该路面与冰面的黏结强度较小,抑制冻结的效果优异。与化学类抑制冻结路面相比,抑制冻结过程中材料无损耗,抑制冻结效果持续时间长。弹性体混入型分为橡胶颗粒沥青混合料类与橡胶沥青类两种。

a. 橡胶颗粒沥青混合料类

橡胶颗粒沥青混合料是将废旧橡胶轮胎破碎成一定形状和粒径的颗粒,以集料的形式直接添加于沥青混合料中,用以代替部分集料而形成的新型的沥青混合料,橡胶颗粒沥青路面破冰断面及破冰外观如图 1-8、图 1-9 所示。

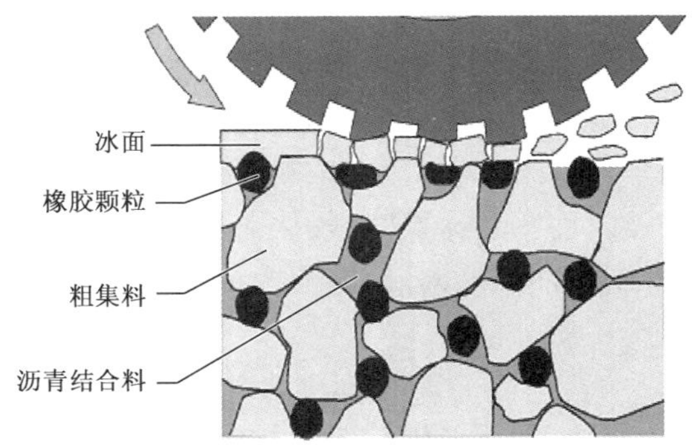


图 1-8　橡胶颗粒沥青混合料破冰断面

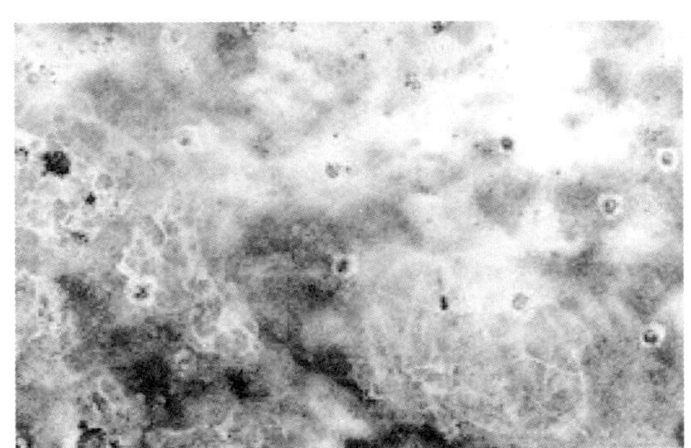

图 1-9　橡胶颗粒沥青混合料破冰外观

在行车荷载的作用下,路表突出的橡胶颗粒破碎冰层,具有抑制冻结的效果;粗集料的增多使混合料耐磨耗性能有所提高;具有降低噪声的功能;与化学类抑制冻结路面相比,该路面将一直保持抑制结冰的作用;抗车辙性能优于普通沥青路面。图 1-10、图 1-11 为日本铺筑多年的橡胶颗粒沥青路面现状。

a)　b)

图 1-10　日本东北地区国道,交通量分区 N7,铺筑 14 年后

a)

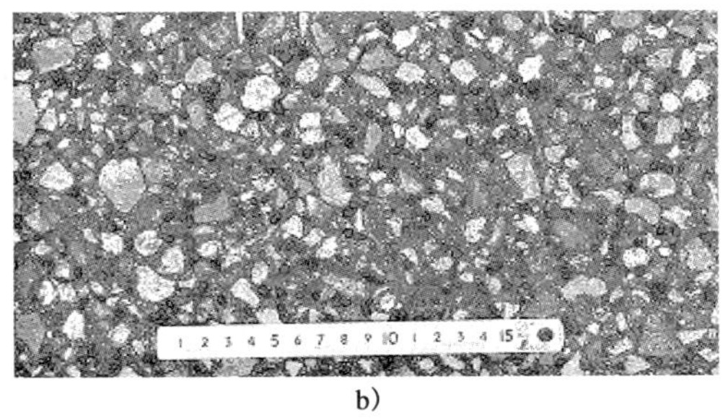

b)

图 1-11　日本北陆地区国道,交通量分区 N5,铺筑 7 年后

b. 弹性薄层罩面类

弹性薄层罩面（Rubber Asphalt）由特殊的改性沥青、填料及橡胶颗粒等主要材料构成，采用表面处理的方式达到抑制结冰的目的。该沥青罩面可用于新建道路或旧路改建，还可用作恢复旧路的抑制冻结功能。路表突出的大量橡胶颗粒可以发挥抑制结冰及降噪的功能，其结构如图 1-12 所示。

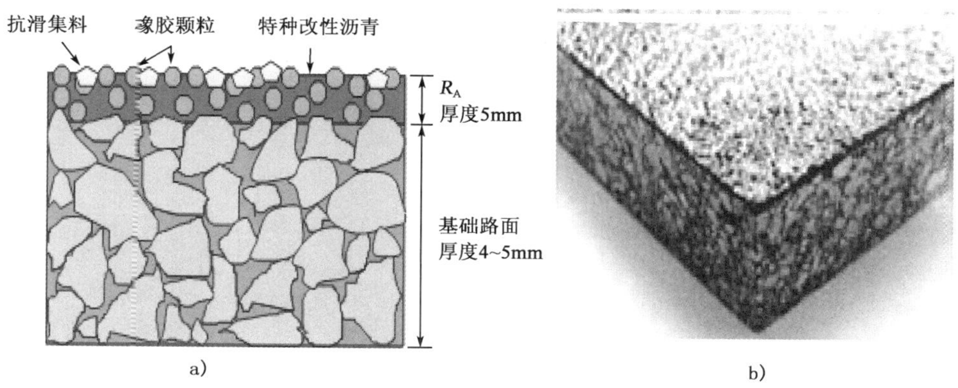


图 1-12 弹性薄层罩面结构

②弹性体混入、撒布型

首先在空隙率较高的开级配沥青混合料中掺加橡胶颗粒进行铺筑，铺筑完成后在路表撒布橡胶颗粒并立即进行碾压，这种路面可以起到排水、降噪和抑制冻结等多种作用，其结构如图 1-13所示。

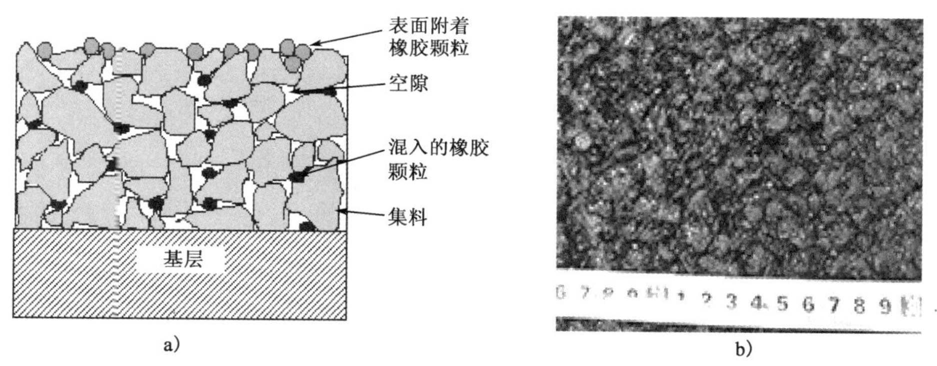


图 1-13 弹性体混入、撒布型路面

该工法是将橡胶颗粒应用于排水型路面中，包括将橡胶颗粒掺加至结构中与路表部分，路面具有卓越的抑制结冰、排水及降噪功能。混合料空隙中的橡胶颗粒起到降低噪声的作用，多孔结构将降雨迅速排除，保证行车安全性，高品质的改性沥青可保证路面优异的耐久性。施工过程如图 1-14 ~ 图 1-18 所示。

③弹性体压入型

在沥青路面表面撒布、压入具有弹力的合成橡胶集料，冰板形成后，在行车荷载的作用下，通过橡胶集料的弹性破冰，促进冰面剥落及路面出露，该种路面的抑制结冰的耐久性及持续性需要长期观测，其结构如图 1-19 所示。

图 1-14　开级配沥青混合料铺筑

图 1-15　黏结材料涂布

图 1-16　制作抑制冻结材料

图 1-17　抑制冻结材料填充施工

图 1-18　施工完成后

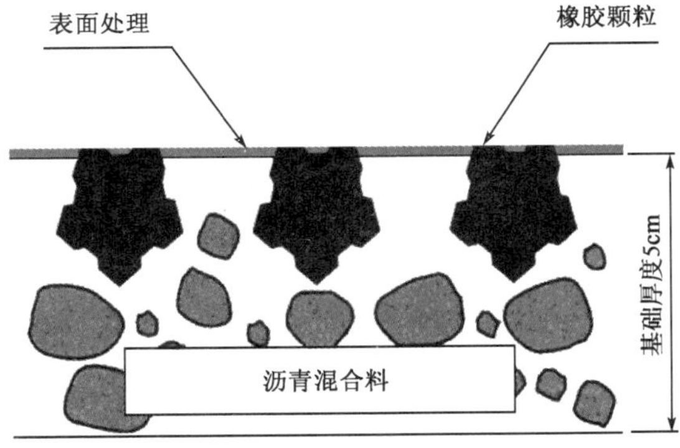

图 1-19　弹性体压入型路面结构

技术特点：通过橡胶集料的弹性抑制结冰；压实积雪的剥离较容易（降低除雪作业对路面的损坏）；长时间保持抑制冻结效果；具有与一般路面相同的耐久性；施工方法简单，不需要长时间的养护。

1998 年在东京至长野的高速公路上铺筑了试验路段，在刚完工的沥青路面上铺撒直径 2cm 的五角形橡胶颗粒，用压路机将其压入沥青路面。压入路面内的橡胶颗粒有小部分露出路面，增加了路面的摩擦力。同时，车辆荷载的作用使橡胶颗粒变形，车辆通过后的反弹力使冰破碎，从而防止路面打滑，试验路铺筑现场如图 1-20 所示。

④空隙填充型

采用由聚氨酯树脂、橡胶颗粒(1～2mm)及砂浆等构成的抑制冻结材料填充多孔沥青路面的空隙，通过物理作用达到抑制冻结的目的。不能与使冰点降低的盐化物材料混合使用，该方法形成类似橡胶弹性路面的结构，会减弱冰雪与路面的黏结，促进冰面与路面剥离，从而抑制路面结冰，提高路面的安全性并提高除雪效率，结构如图1-21所示。

图1-20　弹性体压入型试验路铺筑现场

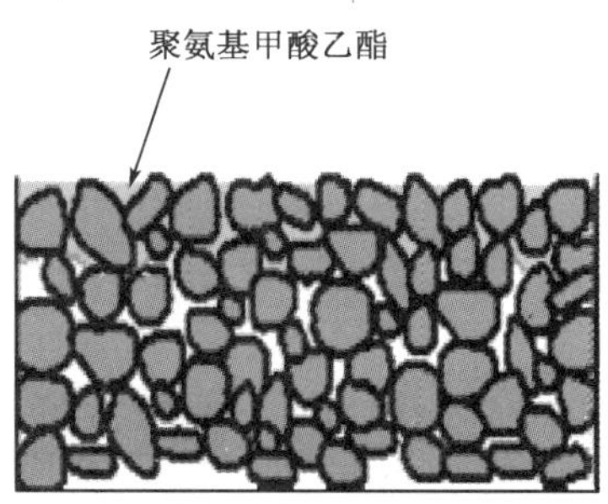

图1-21　聚氨基甲酸乙酯

技术特点：聚氨酯树脂弹性层可以降低噪声，确保路面的安静与舒适；弹性层可以着色，进一步提高安全性；路面上的结冰在汽车荷载的作用下破碎，降低了除雪作业的难度。

⑤刻槽填充型

在沥青路面、半柔性路面或混凝土路面开槽(宽6～12mm、深6～12mm、间隔25～60mm)，将抑制材料聚氨酯树脂压入槽中形成抑制冻结路面。冰板形成后，在行车荷载的作用下，通过路面表面的弹性部分破冰，弹性聚氨酯树脂使冰面易破碎、与路面易分离，结构如图1-22所示。

技术特点：利用聚氨酯树脂的弹性变形抑制结冰；可以应用于既有道路；降低除雪作业难度；环保型抑制冻结路面。

(3)物理化学类抑制冻结路面

物理化学类抑制冻结路面是同时掺加弹性体与盐化物形成的路面结构，在积雪结冰的情况下发挥物理化学综合作用，有效地进行除雪化冰，日本常用的物理化学类抑制冻结铺装技术如下：

①弹性体、添加材混入型

以SMA为基础同时掺加橡胶颗粒与盐化物形成的路面结构，其中橡胶颗粒替换部分细集料，盐化物替换部分或全部的矿粉，在积雪结冰的情况下同时发挥物理、化学作用，更加有效地达到除雪化冰的目的，结构如图1-23所示。

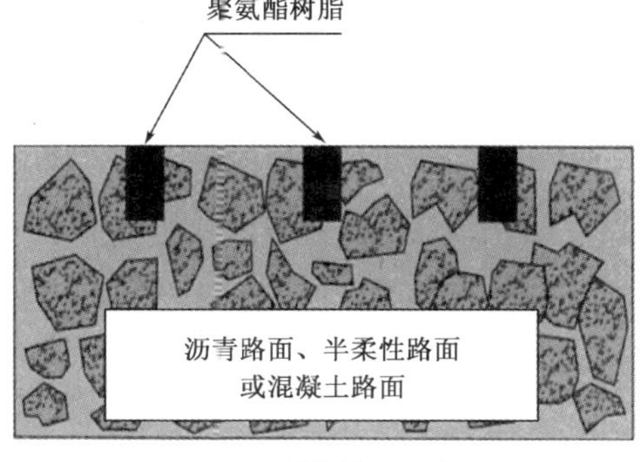

图1-22　刻槽填充型路面

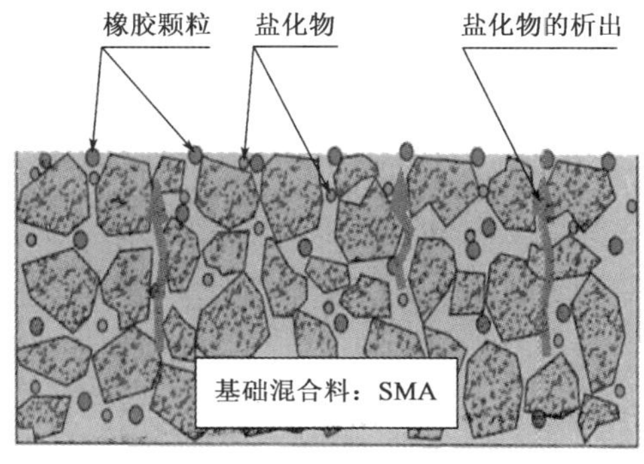

图1-23　弹性体、添加材混入型路面

技术特点:橡胶颗粒与盐化物共同作用产生抑制冻结效果;交通量影响抑制结冰的效果;粗集料及沥青含量较高,从而提高了路面的耐磨耗性能。

②空隙填充型

采用橡胶颗粒与盐化物组成的抑制冻结材料填充部分多孔沥青路面的孔隙结构,起到抑制结冰的效果,提高雪天的行车安全性。不能填充路表所有的孔隙,能够保持多孔沥青路面的特有性质,结构如图1-24所示。

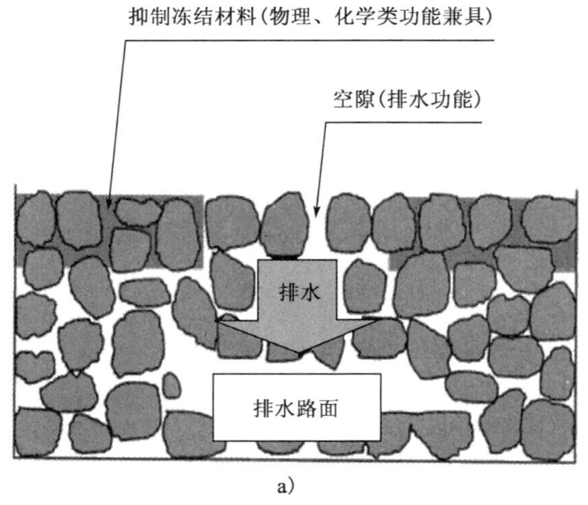


a)

b)

图1-24　空隙填充排水型路面

技术特点:可以提高多孔沥青路面集料的抗飞散性;纵向填充路段可以提高降低噪声的效果;横向填充的路段,可以起到提醒驾驶员注意冰雪路面的作用;抑制冻结材料中的化学部分析出融冰,抑制冻结材料中的物理部分在车辆荷载的作用下弹性破冰。

③刻槽填充型

在路表等间隔刻槽,采用聚氨酯树脂、橡胶颗粒与盐化物形成抑制冻结材料,填充至所刻槽中,抑制冻结材料通过物理及化学材料的组合形成双重抑制结冰效果,结构如图1-25所示。

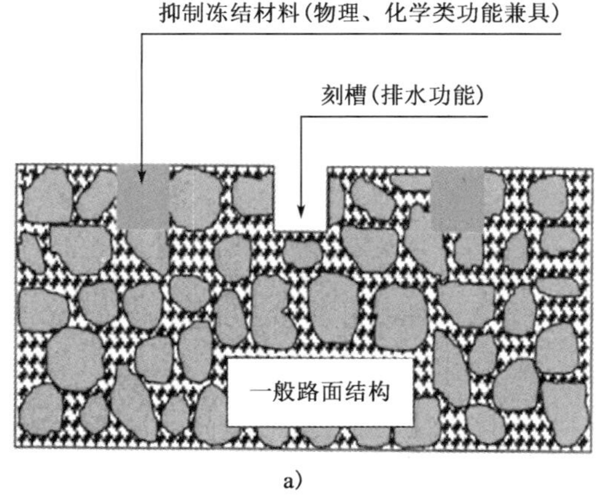


a)

b)

图1-25　刻槽填充型路面

技术特点:掺加橡胶颗粒的沥青路面产生抑制冻结作用;可以应用于各种路面结构;降低冬季路面养护成本;弹性层可以着色,进一步提高安全性。图 1-26 ~ 图 1-29 为黑色抑制材料施工步骤图。图 1-30、图 1-31 为某隧道口施工前后对比图。图 1-32 为抑制冻结材料彩色化。图 1-33为实体工程应用图。

图 1-26 刻槽设置

图 1-27 未刻槽部分胶带粘贴

图 1-28 抑制冻结材料填充

图 1-29 路表整平

图 1-30 某隧道口施工前

图 1-31 某隧道口施工后

图 1-32　抑制冻结材料彩色化

图 1-33　实体工程应用

2)美国

美国在抑制冻结路面方面的研究主要集中在物理类抑制冻结沥青路面上,即橡胶颗粒抑制冻结沥青路面,也称为橡胶颗粒干法改性沥青路面,以区别于橡胶颗粒湿法改性沥青路面,这种湿法改性沥青混合料并不具有破冰除雪功能,而在提高沥青混合料使用寿命、降低噪声等方面成果显著。

干法是指将废橡胶颗粒作为一部分细集料先与集料干拌,然后喷入沥青拌制成橡胶颗粒改性沥青混合料。湿法是橡胶颗粒先与沥青拌和,制成一种称为橡胶沥青的改性沥青胶结料,然后再与集料拌和。目前常用的废轮胎橡胶颗粒改性沥青混合料的技术与产品如表 1-1 所示。

**废轮胎橡胶颗粒改性沥青混合料的技术与产品**　　表 1-1

| 材　料 | 方　法 | 技　术 | 产　品 |
|---|---|---|---|
| 橡胶颗粒 | 湿法 | 处理法 | 橡胶沥青结合料 |
| | | 现场拌和 | |
| | | 总站掺和 | |
| | 干法 | 改善行驶系统 | 橡胶颗粒沥青混合料 |
| | | 类集料法 | |
| | | 橡胶块沥青混凝土 | |

(1)橡胶颗粒沥青混合料的发展历程

在美国,第一个有实用价值的橡胶颗粒抗冻结沥青混合料实例是所谓的“改善行驶系统”项目。此后“改善行驶系统”发展为“类集料干法处理”“橡胶块沥青混凝土”等技术,以下对各种方法的具体内容做详细的介绍。

①改善行驶系统(Plus Ride Mixes)

改善行驶系统采用较粗的橡胶颗粒代替一部分集料加入到断级配的矿料中,橡胶颗粒占集料总质量的3% ~5%,其粒径范围为1.6 ~6.4mm。当路面处在积雪结冰的恶劣环境中时,由于所加的橡胶颗粒具有很高的回弹能力,废橡胶颗粒改性的沥青路面在车轮的碾压下可以很容易地将冻结在路表面上的薄冰破除,从而达到改善行驶的作用。

②类集料干法处理(Generic Dry Process)

在20世纪80年代末至90年代初,为了生产密级配的热拌沥青混合料,类集料干法处理的技术得到了发展。这种技术同时采用了粗、细橡胶颗粒代替部分石料以满足级配要求,并且能部分改善沥青的性能。在混合料拌和之前,为了使橡胶颗粒达到最佳的溶胀状态,要使用一种催化剂对橡胶颗粒进行预处理。该方法要求用于面层铺装的沥青混合料中的橡胶颗粒的掺量不能大于混合料质量的2%。利用该方法,美国佛罗里达州、纽约州、俄勒冈州和安大略州分别修筑了试验路段。

③橡胶块沥青混凝土(Chunk Rubber Asphalt Concrete)

美国陆军寒冷地区工程试验室研究发现,橡胶颗粒沥青混合料可以有效地破除路面结冰。研究将4.75~9.5mm的橡胶颗粒添加到混合料中,这种技术被称为橡胶块沥青混凝土。分别对橡胶颗粒掺量为3%、6%和12%的沥青混合料进行了马歇尔试验、回弹模量测试和抗冻结雪试验。室内试验结果表明,橡胶颗粒掺量越高,抗冻结效果越明显。

(2)改善行驶系统沥青混合料的设计

改善行驶系统沥青路面所采用的橡胶颗粒需要满足一定的级配要求,如表1-2所示。

**橡胶颗粒级配要求** 表1-2

| 筛孔尺寸 | 通过率(%) | 筛孔尺寸 | 通过率(%) |
|---|---|---|---|
| 6.3mm(0.25in) | 100 | 2.0mm(No.10) | 28~42 |
| 4.75mm(No.4) | 76~100 | 0.85mm(No.20) | 16~24 |

改善行驶系统沥青混合料是一种改性断级配沥青混合料,其设计并不遵循传统的维姆设计法与马歇尔设计法。经过少许更改,常规的试件制作设备与程序仍然可以使用,但是并不测量试件的稳定度。确定混合料设计中沥青用量的唯一标准是空隙率。

目标空隙率控制在2%~4%,根据设计的需要,橡胶颗粒占集料总质量的3%~5%,沥青结合料含量占7.5%~9%。干法成型混合料的沥青用量一般都比普通沥青混合料高10%~20%。

混合料拌和完毕后放入160℃的烘箱加热1h,使其充分反应后击实。击实完毕后使试件在模子中冷却至室温,试件始终在环形的限制性压力下冷却。脱模后测定空隙率,确定最佳沥青用量。

(3)改善行驶系统沥青混合料的施工

①材料的传输与仓储

间歇式拌和设备与连续式拌和设备都可以用来拌和橡胶颗粒改性沥青混合料。回收的橡胶颗粒通常装在110kg塑料袋中,不管使用哪种拌和设备,都可以采用人工通过专门的传输设备添加橡胶颗粒。间歇式拌和设备在橡胶颗粒的质量控制方面优于连续式拌和设备,如果使用了低熔点的塑料袋,还可以将橡胶颗粒投放到搅拌器中。

必须严格控制橡胶颗粒的输送,因为橡胶颗粒的用量是否精确直接关系到混合料的路用性能。由于传输设备自身的特点,一些连续式拌和设备进行橡胶颗粒的用量控制时会比较困难。

②混合料拌和

因为需要添加橡胶颗粒，所以不管采用间歇式拌和设备还是连续式拌和设备，都要增加拌和时间与拌和温度。间歇式拌和设备中必须保证足够的干拌时间，目的是使沥青结合料添加之前热集料能与橡胶颗粒充分搅拌。基于改善行驶系统的热拌沥青混合料拌和后温度应该保持在150~175℃的范围内。

③摊铺与碾压

改善行驶系统沥青混合料的压实要在结合料冷却硬化之前，使混合料达到规定的压实度。压实时避免采用橡胶类的压实设备，尤其是轮胎压路机，可以选择钢轮压路机进行压实。采用起隔离作用的专业防黏剂对料车车斗进行处理。另外，在较高的温度下沥青会与橡胶颗粒发生持续的溶胀反应。为了防止被压缩的橡胶颗粒发生膨胀，路面要持续压实直至混合料温度降低到60°C以下。

3）欧洲

自20世纪70年代以来，西欧各国开始研究抑制冻结沥青路面，主要成果均集中在化学类方面。1974年在奥地利勃兰纳尔（Brenner）的欧洲桥上出现第一个试验路段，以后在奥地利、德国、瑞士、瑞典等地相继修建。据不完全统计，截至1978年，西欧已建有25万$m^2$试验路面，到1980年已发展到86个试验路段，合计46.5万$m^2$抗抑制冻结路面。

1976年和1977年，德国分别在黑森州的高速公路上各铺设了一段抑制冻结沥青路面。这种路面类型的作用机理是，通过在混合料中掺入特制的抗冻结材料，并在日后通过车辆与路面之间的摩擦将其以很小的量逐步释放出来。在施工和使用性能上与传统的沥青混凝土路面相比没有什么特别之处。抗冻结材料不会改变混合料的施工和易性，因此在运输、铺筑和压实时均可使用普通的设备。

欧洲抗凝冰材料具有良好的温度稳定性，这种盐在拌和过程中可直接加入拌和锅里的沥青混合料中。由于融冰盐具有吸湿的作用，实际中在道路表面上会一直出现轻微的潮湿现象。持续出现的潮湿会减弱面层的抗滑性并导致胶结料脱落。

### 1.2.2 国内研究现状

1）化学类抑制冻结路面

长安大学新型路面研究所于2008年在沪陕高速公路蓝商段成功铺筑了5.1km的化学类抑制冻结沥青路面，属添加材混入型中的粉末型。蓝商高速公路所穿越的秦岭山区高差大，地形、地质条件复杂，并且气温变化较大，路面容易积雪结冰。化学类抑制冻结沥青路面可以有效预防路面积雪结冰造成的安全隐患，改善秦岭隧道的出入口处陡坡路段的行车安全性。

2008年年初，历史罕见的低温雨雪凝冻灾害对公路路面等设施造成大面积的破坏，如何防治凝冻天气对公路设施的破坏及凝冻天气灾后重建成为亟待解决的问题。为了科学有效地解决这些关键技术方面的问题，2009年贵州省交通运输厅组织交通设计、科研、管理单位和高校专家联合申报了国家科技支撑计划“云贵川高原潮湿山区路面凝冰防治技术研究”项目。该项目分为两个课题，课题之一为“云贵川高原潮湿山区路面抗凝冰技术研究”，课题之二为“凝冰路面操作评估、防护及修复技术研究”。该项目的研究将保证凝冰季节路网通畅，显著减少凝冰天气对路面的损害，延长路面结构与桥隧构造物的使用寿命，显著减少凝冰季节交通事故造成的损失。

抗凝冰填料：是在其中掺加一定掺量，细度类似于矿粉的一种填料所形成的沥青混合料，该混合料依靠抗凝冰填料中的抗凝冰成分在车载作用、负毛细压力等作用下逐渐析出路表，从而抑制或缓解路面凝冰的发生。

抗凝冻涂料：是改性乳化沥青，通常在温度不低于 -5℃，或是冻雨量和降雪量较小时，可有效避免路表水结冰，及部分结冰但不形成结实的连续冰层。在冻雨量或降雪量稍大且温度较低时，能有效降低冰与路表的黏附力，使路表薄冰层在车辆的碾压下容易破碎，不使结冰路面形成连续的光滑冰面，提高行车安全性。

2）物理类抑制冻结路面

近几年，国内有学者将橡胶颗粒沥青混合料技术应用于自应力抑制冻结路面。

哈尔滨建筑大学刘晓鸿（1998）通过室内试验对橡胶颗粒沥青混合料的路用性能和除冰性能进行了研究，结果表明橡胶颗粒沥青路面具有一定的除冰效果。但关于橡胶颗粒的物理力学性质、混合料的成型工艺及除冰雪机理等尚未开展研究，除冰效果的研究也仅限于室内静载试验，故与实际情况有一定差别，缺乏实体工程检验。

北京工业大学张金喜（2004）对弹性沥青路面进行了室内试验研究，结果表明在荷载作用下由于橡胶颗粒具有反弹力，其抵抗外力的能力出现一定程度的提高，所以加入橡胶颗粒后可以提高沥青混合料的动稳定度；提出橡胶颗粒比碎石的摩擦系数要大，可以提高路面的抗滑性能；根据室内试验推测橡胶颗粒掺量在 2% ~3% 时，弹性路面在实际工程应用中具有一定的除冰效果。

山东大学曹卫东等（2004）将橡胶颗粒应用于弹性路面，主要对其降噪机理、降噪性能和评价方法等方面进行了研究。进而又将橡胶颗粒应用于骨架密实型沥青混合料，对其吸声系数和减振降噪性能进行了研究，并未涉及弹性路面的除冰能力和性能。

哈尔滨工业大学周纯秀等（2006）对橡胶颗粒沥青混合料的性能和弹性除冰路面的除冰性能进行了研究。研究首先从橡胶颗粒自身的技术性质入手，得出了橡胶颗粒的生产工艺、颗粒形状和表面特性等因素对混合料性能的影响；进而对橡胶颗粒沥青混合料的路用性能进行了验证，结果表明其各项性能指标均能满足规范要求，且间断级配性能更佳；该研究还提出了针对橡胶颗粒沥青混合料的成型工艺、施工工艺；初步分析了橡胶颗粒弹性路面的除冰机理，采用室内试验对除冰效果进行了验证，并铺筑了试验路。

西安公路研究院和陕西省高速集团（2007）联合参与并完成了“秦岭山区高速公路防冻抗滑路面修筑技术研究”课题，对橡胶颗粒的生产工艺、物理性状、橡胶颗粒弹性路面的防冻机理、路用性能、施工工艺以及抗滑降噪等方面进行了研究，提出在橡胶颗粒掺量相同的条件下，采用间断级配设计的橡胶颗粒沥青路面明显优于连续级配的路面，并在陕西省西汉高速公路下行线 K83 +500 ~ K84 +000 段和上行线 K84 +500 ~ K85 +000 段铺设了试验路。

内蒙古农业大学高明星（2009）对橡胶颗粒沥青路面的减振降噪功能进行了研究，认为橡胶颗粒沥青路面具有很好的减振和吸声功能；还对混合料的成型工艺进行了研究，并提出连续级配的橡胶颗粒沥青混合料与普通沥青混合料相比，具有更好的高温性能和低温性能，但其水稳定性相比之下要差一些。内蒙古农业大学解瑞（2009）对橡胶颗粒沥青路面的减振降噪功能进行了小波分析，主要研究了橡胶颗粒沥青路面的减振降噪性能，并没有涉及其各项路用性能和除冰机理等方面的内容。

内蒙古农业大学薛振华（2009）对橡胶颗粒沥青路面的除冰雪性能进行了研究，对橡胶颗粒沥青混合料的成型工艺、路用性能和除冰雪性能进行了研究，并提出采用消石灰替代矿粉来提高路面耐久性的方法。内蒙古农业大学李海军（2010）对橡胶颗粒沥青混合料的降噪性能进行了研究，对橡胶颗粒沥青混合料的拌和成型工艺、骨架密实型橡胶颗粒沥青混合料的骨架嵌锁结构以及橡胶颗粒沥青混合料的降噪性能进行了研究。

河北省交通规划设计院与石家庄市第六市政建设有限公司（2011）合作完成了“自除冰沥青路面技术研究”课题，对橡胶颗粒的表面活化、橡胶颗粒沥青混合料的生产工艺、橡胶颗粒沥青混合料的级配组成、橡胶颗粒沥青混合料的路用性能和橡胶颗粒沥青路面的除冰效果进行了分析，提出了采用环烷油预处理橡胶颗粒和添加橡胶维他连接剂两种提高路面耐久性的措施，并在石家庄市环城公路南环 K62 + 200 ~ K63 + 200 外侧辅道铺筑了试验路。

长安大学张硕（2011）对橡胶颗粒沥青混合料的各相关性能进行了研究，对橡胶颗粒沥青混合料的组成设计、成型工艺、路用性能和除冰雪效果进行了研究，并提出在混合料中掺入水泥和消石灰来提高耐久性的方法。长安大学许瑞芹（2011）对橡胶颗粒沥青路面的除冰性能进行了研究，主要分析了橡胶颗粒沥青混合料的配合比设计、路用性能和除冰雪性能，并在河南省商丘地区铺筑了试验路。

重庆交通大学李耀楠（2011）将橡胶颗粒沥青混合料应用于隧道路面，用于降低噪声，主要分析了橡胶颗粒沥青混合料用于微表处的降噪性能、路用性能和社会经济效益。

长安大学姚莉莉博士（2012）结合内蒙古自治区交通科技项目“橡胶颗粒路面除冰雪应用技术研究”进行室内试验研究，并在绥芬河至满洲里国道主干线阿荣旗至博克图段高速公路路面第 7 合同标段的牙哈沟服务区 C 匝道铺筑了橡胶颗粒弹性除冰路面试验段，桩号为 K0 + 000 ~ K0 + 197.273，试验路铺筑于 2011 年 6 月完成。

综上所述，冬季沥青路面积雪结冰，不仅影响道路通行效率，而且严重危及行车安全。抑制冻结沥青路面是一类新型的路面结构，通过在混合料中掺加物理类、化学类或物理化学类的外加剂材料，实现沥青路面融雪抑冰功能。纵观抑制冻结沥青路面国内外研究与应用现状，本书在探索橡胶颗粒沥青混合料与盐化物沥青混合料研究及应用技术方面重点着墨，具有重要的工程价值和现实意义，可进一步促进抑制冻结沥青路面技术在我国的应用与推广。

## 本篇参考文献

[1] Present Status and Evaluation of Anti-icing Pavements in Japan, XIth PIARC International Winter Road Congress 2002[C]. 2002.

[2] 凍結抑制舗装技術研究会. 凍結抑制舗装ポケットブック[M]. 平成15年10月

[3] 凍結抑制舗装技術研究会. 凍結抑制舗装の評価方法に関する検討[J]. 舗装,2002,37(8):26-31.

[4] 凍結抑制舗装技術研究会. 凍結抑制舗装の定量的評価手法に関する検討[J]. 第9回北陸道路舗装会議,2003.

[5] 武市靖,松田謙治,溝渕優. 物理系凍結抑制舗装の改良に関する検討[J]. 土木学会舗装工学論文集,2006,11(75).

[6] 田中俊輔,武市靖,増山幸衛. 物理系凍結抑制舗装のすべり抵抗特性に関する研究[J]. 寒地技術論文・報告集,2009,25:16-20.

[7] 高橋朋也,武市靖. 化学特性を改良した凍結抑制舗装に関する検討[J]. 土木学会北海道支部論文報告集,第63号,2007.

[8] 早坂保則,岳本秀人. 積雪寒冷地におけるグルービング工法の効果について[J]. 土木学会舗装工学論文集,2008:261-269.

[9] 増山幸衛,片山潤之介,草刈憲嗣,等. 寺田剛解析方法の違いを考慮したテクスチャの評価に関する研究[J]. 土木学会舗装工学論文集,2004,9:231-239.

[10] 八巻秀一,秋本隆,伊藤仁,等. ヒータ付きドレーンの埋設及び薬剤散布による排水性舗装の冬期路面評価[J]. 土木学会道支部論文報告集,第55号,1999:578-583.

[11] 芳賀雄哉,渋谷拓司,田中俊輔,武市靖,増山幸衛,グルービング系凍結抑制舗装の凍結抑制効果に関する実験的研究[J]. 土木学会北海道支部論文報告集,第64号,2008.

[12] 橋本賢治,三塚利彦. 凍結抑制舗装(アメニウレタン舗装)の施工例[J]. 第22回日本道路会議論文集.

[13] Heitzman M S. State of the Practice-Design and Construction of Asphalt Paving Materials with Crumb Rubber Modifier[R]. Report FHWA-SA-92-022, Federal Highway Administration, May 1992

[14] Elizabeth A Hunt. Crumb Rubber Modified in Oregon. Final report, SPR355[R]. Salem, Oregon. Oregon Department of Transportation, 2002.

[15] Roberts F L, P S Kandhal, E R Brown, et al. Investigation and Evaluation of Ground Tire Rubber in Hot Mix Asphalt[R]. NCAT Report 89-3, August 1989.

[16] State of California Department of Transportation. Asphalt Rubber Usage Guide [M]. 2003.

[17] 张金喜. 废橡胶作为弹性沥青混凝土路面材料的试验研究[J]. 建筑材料学报,2004,7(4):396-401.

[18] 曹卫东,周海生,吕伟民. 废橡胶颗粒改性沥青混合料的设计与性能[J]. 建筑材料学报,2005,8(5):562-566.

[19] 曹卫东,吕伟民. 废橡胶粉改性骨架密实型沥青混合料的设计方法[J]. 公路,2007(4):

166-169.

[20] 周纯秀. 冰雪地区橡胶颗粒沥青混合料应用技术的研究[D]. 哈尔滨:哈尔滨工业大学,2006.

[21] 高明星. 连续级配橡胶颗粒沥青路面降噪特性的研究[D]. 呼和浩特:内蒙古农业大学,2009.

[22] 解瑞. 小波分析在废旧橡胶颗粒沥青混合料路面减振降噪中的应用研究[D]. 呼和浩特:内蒙古农业大学,2009.

[23] 薛振华. 橡胶颗粒沥青混合料除冰雪性能的研究[D]. 呼和浩特:内蒙古农业大学,2009.

[24] 李海军. 掺橡胶颗粒骨架密实型沥青混合料降噪性能研究[D]. 呼和浩特:内蒙古农业大学,2010.

[25] 河北省交通规划设计院. 自除冰沥青路面技术研究鉴定材料[Z]. 2012.

[26] 张硕. 冰雪地区干法橡胶改性沥青混合料性能研究[D]. 西安:长安大学,2011.

[27] 许瑞芹. 橡胶颗粒沥青混合料破冰性能研究[D]. 西安:长安大学,2011.

[28] 李耀楠. 隧道路面低噪声微表处技术研究[D]. 重庆:重庆交通大学,2011.

[29] 姚莉莉. 橡胶颗粒弹性除冰路面关键技术研究[D]. 西安:长安大学,2012.

# 第2篇

# 橡胶颗粒沥青混合料研究与应用技术篇

# 第 2 章　橡胶颗粒沥青混合料细观模型与分形特征

橡胶颗粒沥青混合料是由沥青胶浆包裹的粗、细集料及橡胶颗粒的颗粒单元组成的多相复合材料，其工程性质相当复杂。沥青路面在行车荷载的作用下，单个集料颗粒与橡胶颗粒均具有独特的运行方式，且均呈现了非均匀、离散的力学特性。因此，采用离散元理论能够从细观层次上建立分析模型，并模拟橡胶颗粒沥青混合料的受力、变形和破坏过程。

本书分别进行了几种相互对应的细观模拟与宏观试验，获取了以下几种相互验证的细观参数与宏观参数，如表 2-1 所示。

橡胶颗粒沥青混合料的细观模拟与宏观试验对照表　　表 2-1

| 研究项目 | 宏观试验 | | 细观模拟 | | 备注 |
|---|---|---|---|---|---|
| | 宏观试验 | 宏观参数 | 细观模型 | 细观指标 | |
| 二维数值模型研究 | 单轴压缩试验 | 抗压强度、抗压回弹模量 | 二维数值模型 | 平均不平衡力、平均接触力 | 见第 2 章 |
| 劈裂试验及其数值模拟研究 | 劈裂试验 | 劈裂抗拉强度、劲度模量 | 劈裂数值模拟 | 裂缝数、裂缝分布 | 见第 3 章 |
| 破冰试验及其数值模拟研究 | 破冰试验 | 摆值平均加权回升量、摆值平均加权回升率 | 破冰数值模拟 | 应变能、颗粒位移 | 见第 4 章 |

本章采用单轴压缩试验结合离散元方法从细观角度揭示橡胶颗粒沥青混合料的合理级配，并解释不同混合料力学指标差异的宏观现象，进而确定橡胶颗粒沥青混合料的适宜级配结构。

选取力学试验与离散元数值模拟结合确定的骨架密实结构模型，为了进一步确定橡胶颗粒沥青混合料的合理级配范围，进行矿料级配的分形特征研究，提出合理的分形维数范围，用作级配组成设计的控制因素，并对选定的级配进行不同掺量橡胶颗粒沥青混合料路用性能检验。

## 2.1　离散元方法

目前，传统的 Marshall 设计法与 Superpave 设计法多限于采用表象法，从统计角度研究沥青混合料的性能，即研究沥青混合料宏观品质（如级配、空隙率、密度、沥青含量等）与路用性能（如高温抗车辙、低温抗裂、疲劳等）间的关系。然而，并未从根本上揭示混合料内部结构特征对宏观性能的影响，从而出现了统计指标（如级配、沥青用量、空隙率等）相同而各试件性能有较大差异的情况。沥青混合料的细观与微观结构（如集料形状、尺寸、棱角及集料在混合料中的空间分布状况，沥青薄膜厚度，沥青砂浆的空间分布等）对混合料的性能具有重要的影响。随着先进的材料测试技术与手段的不断完善，计算机软硬件水平的不断提高，沥青混合料微细观结构的研究与虚拟试验研究成为可能。

### 2.1.1 研究概述

Itasca 公司的 Cundall 教授在 20 世纪 70 年代初提出离散元方法（Discrete Element Method，DEM），其最早用于岩石力学问题的分析，在 1979 年该方法被 Cundall 与 Strack 应用于土的研究。连续机理模型的问题在于忽略了颗粒的个体性质，而过分依赖高度简化、规定性质的本构方程。离散单元法的基本思想是把整个介质看作由一系列离散的、独立运动的粒子（单元）所组成，单元本身具有一定的几何（如形状、大小、排列等）和物理、化学特征。单元的尺寸是微观的，只与相邻的单元作用，其运动受经典运动方程控制，整个介质的变形和演化由各单元的运动和相互位置来描述。

沥青混合料领域的研究主要是从宏观角度探求机理，其宏观现象的本质需要从细观机理上去解释，这才是各种复杂沥青路面工程问题研究的关键切入点，并且从细观角度进行研究也是未来沥青路面工程研究的发展趋势。

Cundall 与 Strack 创立并发展起来的离散单元法为以离散性为重要特征的沥青混合料问题进行细观研究提供了很好的数值分析工具，它可以较全面地给出从细观变化到宏观响应的各种信息，并能够有效通过各种细观参数对宏观现象的影响进行延伸讨论，有益于从本质上揭示现象。

随着计算机性能的不断提高与数值分析方法的不断发展，研究人员开始着手将混合料内部结构检测技术与数值方法两者联系起来，开始寻求从混合料细观角度研究其力学特性的新途径，分析混合料内部结构特征与外部力学响应机制之间的联系，以期根据沥青混合料的内部结构状况来对其力学机理进行解释，从而尽可能减少大量费时费力的试验工作。

离散单元法自问世以来有了长足的发展，可以较好地模拟沥青混合料内部裂缝的产生、发育及内部结构间的滑移。离散元法也逐渐地被运用到沥青混合料内部结构性能的模拟中，Chang K. G.（1997）、Buttlar W. G.（2001）、O′Sullivan（2002）、Wang L. B.（2003）、You Z. P.（2003）采用离散元法对混合料内部结构的力学性能进行了数值模拟。

Chang K. G.（1997）运用离散元方法模拟沥青混合料的力学特性，分析了不同黏弹性模型在离散元方法中的适用程度。研究表明线弹性 Burgers 模型可以较好地模拟沥青混合料中沥青砂浆的力学性能，运用离散元程序对沥青混合料力学性能进行数值模拟，模拟结果与试验结果具有较好的一致性。

Buttlar W. G.（2001）通过数字图像技术获取沥青混合料的内部细观结构特征，运用微观离散元方法（Microfabric Discrete Element Modeling）建立 SMA 沥青混合料的内部微观结构模型，并对其力学性能进行了初步模拟。

You Z. P（2003）运用高精度扫描仪扫描混合料试件横断面状况，并将混合料的内部特征转换到离散元软件 PFC2D 中，如图 2-1 所示，视集料为线弹性体，视沥青砂胶为黏弹性体，对其模量、强度等运用离散元方法进行模拟,并用低温劈裂试验(IDT)对数值模拟的结果进行验证,从而建立了微观结构与宏观性能间的响应关系。

Wang L. B(2003)运用微细观手段对美国柔性基层沥青路面中广泛发育的Top-down裂缝进行研究,通过数码相位与CT技术获取混合料的内部结构信息,如图2-2所示,并采用PFC2D离散元方法与有限元方法对Top-down裂缝的形成机理进行了数值仿真,分析了沥青路面车辙敏感性与Top-down敏感性间的关联效应。

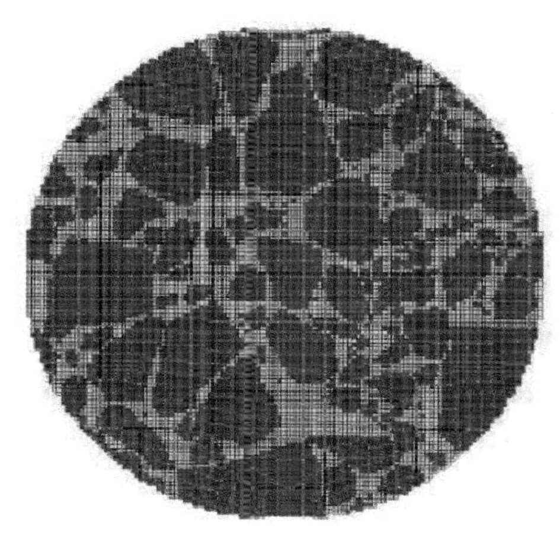

图2-1 沥青混合料试件劈裂试验模拟

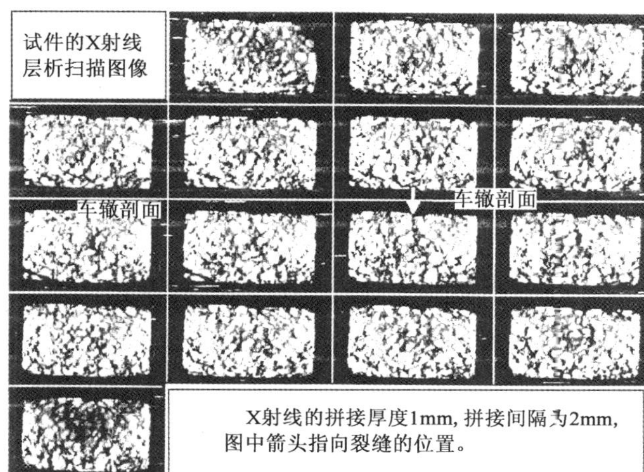


图2-2 沥青路面车辙离散元模拟

近年来国内相关研究工作也陆续展开,张肖宁等(2007)运用PFC2D软件模拟了沥青混合料低温劈裂试验,分析了离散元方法用于沥青混合料细观分析的优点。田莉(2008)对沥青玛蹄脂黏弹性力学行为进行细观分析,建立了自定义黏弹性接触模型,在室内试验的基础上采用离散元方法进一步模拟了沥青混合料动态模量。王端宜(2009)尝试应用离散单元方法进行沥青混合料虚拟试验研究,从细观角度对沥青混合料的级配类型进行评价。

裴建中等(2010)利用离散元方法数值模拟了马歇尔试件的间接拉伸试验过程,采用伺服控制机理对不同粒径的试件施加荷载,对不同加载速率下试件的响应进行数值模拟,得出加载速率与劈裂强度的关系。常明丰(2011)利用离散元方法对组成沥青路面的集料、结合料及两者之间的黏结指定接触连接的约束方式,给出了路面结构组合和双轮加载模式,研究了沥青路面各结构层的竖向变形特性及颗粒的位移矢量变化。

综上所述,对橡胶颗粒沥青混合料进行离散元仿真试验,具有以下几方面优点:

(1)试验成本低、可重复性强、试验条件较理想;

(2)离散元仿真试验可以建立橡胶颗粒沥青混合料细观行为与宏观路面力学性能之间的联系;

(3)离散元方法为工程实践问题提供了准确的理论分析手段,为实现路面材料及结构的整体化与可视化设计提供了技术支持。

### 2.1.2 基本理论

颗粒流程序(Particle Flow Code,PFC)最初是研究颗粒介质特性的一种工具,它采用数值方法将物体分为有代表性的数百个颗粒单元，期望利用这种局部的模拟结果来研究连续计算的本构模型。通过现场试验来得到颗粒介质本构模型相当困难，随着计算机功能的逐步增强，用颗粒模型模拟整个问题成为可能，一些本构特性可以在模型中自动形成，这都促使了 PFC 方法的产生变革与发展。因此，PFC 便成为用来模拟固体力学和颗粒流问题的一种有效手段。

1）基本假定

颗粒流方法在模拟过程中做了如下假设：

（1）颗粒单元为刚性体；

（2）接触发生在很小的范围内，即点接触；

（3）接触特性为柔性接触，接触处允许有一定的“重叠”量；

（4）“重叠”量的大小与接触力有关，与颗粒大小相比，“重叠”量很小；

（5）接触处有特殊的连接强度；

（6）颗粒单元为圆盘形（或球形）。

其中，颗粒为刚性体的假设，对于模拟介质运动为只沿相互接触面的表面发生的问题非常重要，比如像砂土或粮食这种颗粒组合体材料，利用这种假设在总体上是比较恰当的，因为这种材料的变形是来自于颗粒刚性体间的滑动、转动及接触面处的张开和闭锁，而不是来自于每个刚性颗粒本身的变形，对于这种特殊材料，没有必要采用非常精确的数值模型。

颗粒计算单元的基本形式为圆盘形刚性颗粒（二维）或球体颗粒（三维），也可以采用块（Clump）或簇（Cluster）的构成方式，形成任意形状的边界可以变形的超级颗粒，椭圆体、块体和不规则形状体等都可被表征。离散单元的排列形式一般杂乱无章，且单元的形状、大小乃至材料性质各异，如图 2-3 所示。

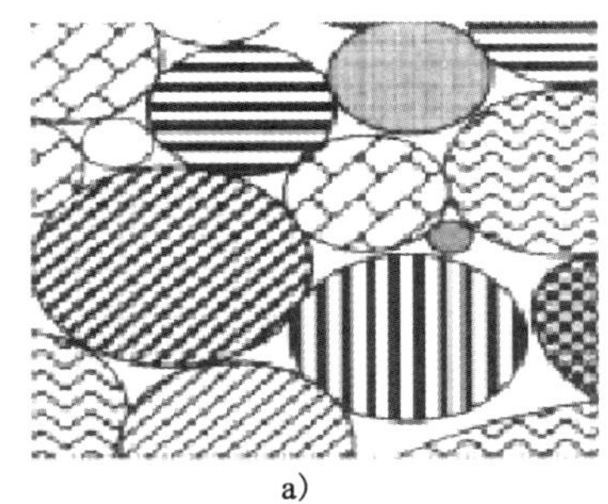
a)

b)

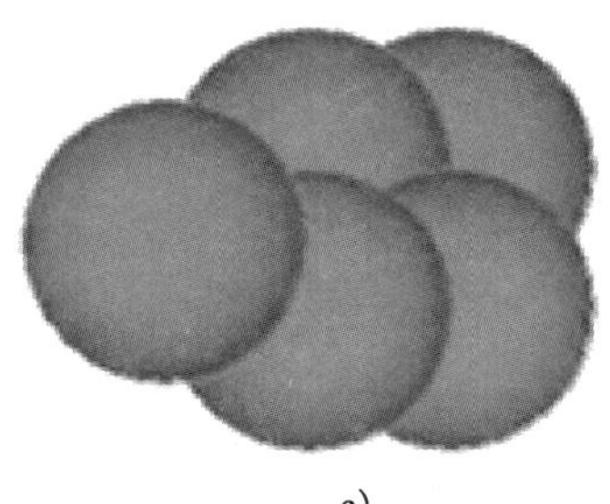
c)

图 2-3　离散单元形式示意

一般用连接于单元间的变形元件（如弹簧、黏壶、摩擦元件等）来表示单元之间的相对位移等变形行为，各种物理性质不同的连接方式组合能够表征复杂、多样的本构关系。工程实际中的颗粒压实、施加应力和模拟围压等过程，一般都是通过墙体单元来施加。墙体和颗粒之间通过相互接触力发生作用，但墙体单元不满足运动方程，墙体单元的运动是通过人为给定速度并不受作用于其上的接触力的影响，两个墙体之间也不会产生接触力。

圆盘颗粒系统的运动和相互作用通过时间追赶法进行求解，具体的 PFC 采用中心差分法在整个时间域内对颗粒运动方程进行积分计算，并确保解的精度及稳定性，即所谓的动态求解方法，便于对准静态系统，然后使用该方法进行求解。动态求解方法的突出优势在于处理物理不稳定系统和路径相关问题时，不会出现解的不稳定性。当模型中采用圆形单元作为计算单元时,只需得到圆心及半径信息,就能够完成接触判断与计算,整个模型具有较高的计算效率。

PFC 显式迭代分析时,主要对两组方程进行求解,即运动方程与力—位移方程,FFC 在执行求解迭代的同时,颗粒间接触状态的侦查尤为突出,包括新接触的产生与原有接触的脱离,接触状态侦查所消耗的时间与颗粒数目呈线性关系。

2)求解算法

(1)物理方程——力与位移的关系

颗粒间接触以及颗粒与墙接触通过力与位移的关系来表达,图 2-4 为颗粒间接触的力学模型图,颗粒与墙接触的力学模型如图 2-5 所示。

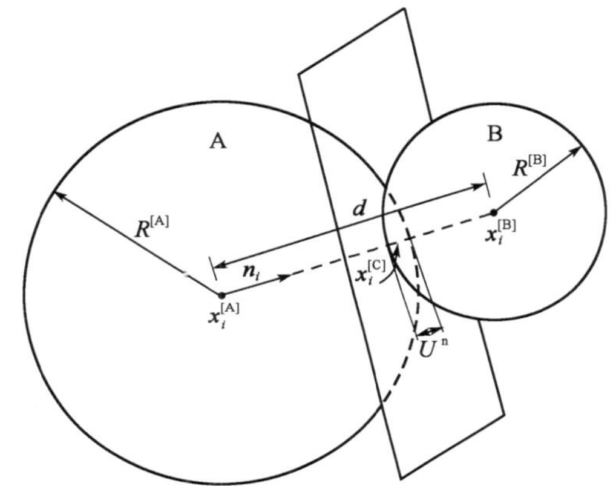


图 2-4　颗粒间接触的力学模型

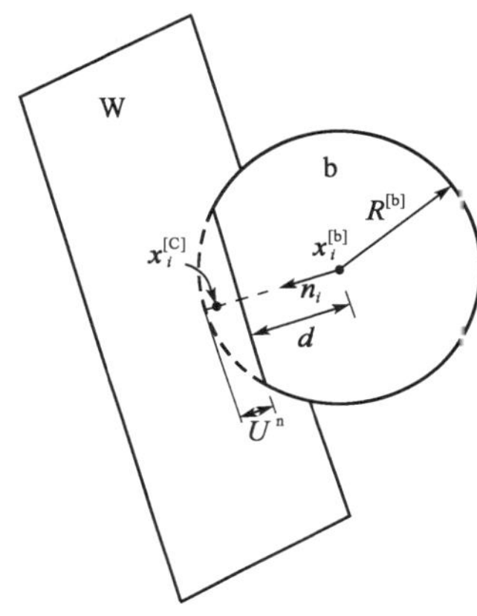


图 2-5　颗粒与墙接触的力学模型

颗粒间接触平面的单位法向量定义为:

$$n_i = \frac{x_i^{[B]} - x_i^{[A]}}{d} \tag{2-1}$$

式中:$x_i^{[A]}$、$x_i^{[B]}$——分别为颗粒 A 和 B 的质心连线位置向量;

$d$——颗粒质心之间的距离。

颗粒之间以及颗粒与墙之间接触的重叠量定义为:

$$U^n = \begin{cases} R^{[A]} + R^{[B]} - d \\ R^{[b]} - d \end{cases} \tag{2-2}$$

接触点的位置矢量由式(2-3)给出:

$$x_i^{[C]} = \begin{cases} x_i^{[A]} + \left(R^{[A]} - \frac{1}{2}U^n\right)n_i \\ x_i^{[B]} + \left(R^{[B]} - \frac{1}{2}U^n\right)n_i \end{cases} \tag{2-3}$$

对于接触平面,颗粒之间以及颗粒与墙之间接触力可以分解为法向和切向接触力分量:

$$F_i = F_i^n + F_i^s \tag{2-4}$$

法向接触力矢量由式(2-5)计算:

$$F_i^n = K^n U^n \tag{2-5}$$

接触点的切向移动速度由式(2-6)计算：

$$V^{s} = (\dot{x}_i^{[\Phi 2]} - \dot{x}_i^{[\Phi 1]})t_i - \omega_3^{[\Phi 2]}\left|x_k^{[C]} - x_k^{[\Phi 2]}\right| - \omega_3^{[\Phi 1]}\left|x_k^{[C]} - x_k^{[\Phi 1]}\right| \tag{2-6}$$

式中：$\dot{x}_i^{[\Phi j]}$、$\omega_3^{[\Phi j]}$——相对实体的 $\Phi^j$ 平移和转动速度；

$t_i = \{-n_2, n_1\}$。

$\Phi^j$ 由式(2-7)给出：

$$\{\Phi^1, \Phi^2\} = \begin{cases} \{A, B\} & (\text{颗粒之间接触}) \\ \{b, W\} & (\text{颗粒与墙接触}) \end{cases} \tag{2-7}$$

接触点的切向位移增量为：

$$\Delta U^{s} = V^{s}\Delta t \tag{2-8}$$

接触点的切向力增量为：

$$\Delta F^{s} = -k^{s}\Delta U^{s} \tag{2-9}$$

接触点新的切向力由迭代计算给出：

$$F^{s} \leftarrow F^{s} + \Delta F^{s} \leqslant \mu F^{n} \tag{2-10}$$

(2)运动定律——牛顿运动定律

单个颗粒的运动形式由作用其上的合力和合力矩决定，可用单元内一点的平移运动和旋转运动来描述。

平移运动：

$$F_i = m(\ddot{x}_i - g_i) \tag{2-11}$$

旋转运动：

$$M_i = \dot{H}_i \tag{2-12}$$

$$M_i = I\dot{\omega}_i = (\beta m R^2)\dot{\omega}_i \tag{2-13}$$

式中：$F_i$、$M_i$——合力和合力矩；

$m$——颗粒总质量；

$\dot{H}_i$——角动量。

颗粒为球体时 $\beta = 2/5$，颗粒为圆盘时 $\beta = 1/2$。

当时间步长为 $\Delta t$ 时，颗粒在 $t$ 时刻的平移和转动加速度为：

$$\ddot{x}_i^{(t)} = \frac{1}{\Delta t}\left[\dot{x}_i^{(t+\Delta t/2)} - \dot{x}_i^{(t-\Delta t/2)}\right] \tag{2-14}$$

$$\dot{\omega}_i^{(t)} = \frac{1}{\Delta t}\left[\omega_i^{(t+\Delta t/2)} - \omega_i^{(t-\Delta t/2)}\right] \tag{2-15}$$

将式(2-14)、式(2-15)分别代入式(2-11)和式(2-13)，可以得到：

$$\dot{x}_i^{(t+\Delta t/2)} = \dot{x}_i^{(t-\Delta t/2)} + \left(\frac{F_i^t}{m} + g_i\right)\Delta t \tag{2-16}$$

$$\omega_i^{(t+\Delta t/2)} = \omega_i^{(t-\Delta t/2)} + \frac{M_i^{(t)}}{I}\Delta t \tag{2-17}$$

利用式(2-18)对颗粒的中心位置进行更新：

$$x_i^{(t+\Delta t)} = x_i^{(t)} + \dot{x}_i^{(t+\Delta t/2)}\Delta t \tag{2-18}$$

颗粒运动循环过程如下：

给定$\dot{x}_i^{(t-\Delta t/2)}$、$\omega_i^{(t-\Delta t/2)}$、$x_i^{(t)}$、$F_i^t$以及$M_i^{(t)}$的值，利用式(2-16)和式(2-17)获得$\dot{x}_i^{(t+\Delta t/2)}$和$\omega_i^{(t+\Delta t/2)}$的值，然后利用式(2-18)获得$x_i^{(t+\Delta t)}$，在下一循环计算所需要的值，由力和位移的关系获得。

3)求解过程

在颗粒元计算中，交替运用物理方程与运动定律实现循环计算过程，由牛顿第二定律确定每个颗粒在接触力和自身力作用下的运动，由力和位移关系对接触点处的位移产生的接触力进行更新，其计算循环过程如图2-6所示。

### 2.1.3　本构模型

PFC通过颗粒与颗粒及颗粒与墙体之间的接触点进行力的传递，描述接触点物理力学行为的模型如下：

1)接触模型

接触模型用来定义接触力和相对位移之间的关系，即通过法向刚度和切向刚度建立法向力、切向力和各自相对位移的受力关系。接触模型分为线性接触模型和简化的非线性接触模型，如图2-7所示。

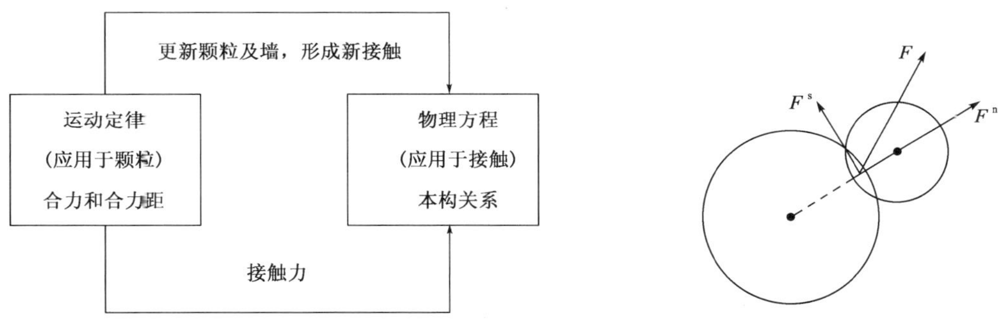


图2-6　计算循环过程　　图2-7　接触模型描述

假定接触变形仅在接触部位产生，则线性接触满足如下关系：

$$F^n = k^n U^n \tag{2-19}$$

$$\Delta F^s = k^s \Delta U^s \tag{2-20}$$

非线性接触描述力与位移之间的非线性关系，接触产生滑移的条件为：

$$F^s \leqslant \mu F^n \tag{2-21}$$

(1)线性接触模型

分析颗粒间接触特性时，将这种接触的颗粒想象为一梁端点在颗粒中心的弹性梁，梁端部受力或力矩相当于作用于颗粒的中心。这种梁由以下特征参数描述：

①几何参数：长度($L$)、断面积($A$)、惯性矩($I$)。

②变形参数：杨氏模量$E$、泊松比$v$。

③强度参数：法向强度、切向强度。同时假定PFC2D中所有颗粒均为厚度为$t$的圆盘。若颗粒A和B接触，则梁的半径为：

$$\overline{R} = \frac{R^{[A]} + R^{[B]}}{2} \tag{2-22}$$

梁的长度为：

$$L = 2\overline{R} = R^{[A]} + R^{[B]} \tag{2-23}$$

式中：$R^{[A]}$、$R^{[B]}$——接触颗粒的半径。

相互接触颗粒之间的受力特性，相当于弹性梁端部受纯轴向或纯切向荷载时的情况一致，此时梁断面积 $A$ 与惯性矩 $I$ 为：

$$A = 2\overline{R}t \tag{2-24}$$

$$I = \frac{1}{12}t\,(2\overline{R})^3 \tag{2-25}$$

式中：$t$——假设的颗粒圆盘厚度。

关于接触变形，不仅指接触连接模型的接触连接变形，同样适用于颗粒之间以及颗粒与墙之间的接触变形，所以，下面介绍的计算方法既可用于接触连接材料，也可用于非接触连接材料（砂土）。对于纯轴向荷载或纯切向荷载，其法向接触刚度与切向接触刚度分别为：

$$k^{n} = \frac{AE_c}{L}, k^{s} = \frac{12IE_c}{L^3} \tag{2-26}$$

式中：$E_c$——接触杨氏模量，不同于材料整体杨氏模量（通常大于整体杨氏模量）。

对于线性接触模型，其接触刚度 $k^{\xi}$ 是假设相互接触的两球为串联：

$$k^{\xi} = \frac{k^{\xi[A]}k^{\xi[B]}}{k^{\xi[A]} + k^{\xi[B]}} \tag{2-27}$$

式中：$\xi = \{n,s\}$，分别代表切向和法向刚度。

若两球有相同的刚度，即：

$$k^{n} = k^{n[A]} = k^{n[B]};k^{s} = k^{s[A]} = k^{s[B]} \tag{2-28}$$

此时，通过公式转换，可得在接触连接时，接触模量与球的刚度间的关系式：

$$k^{n} = k^{s} = 2tE_c \tag{2-29}$$

因此，在描述变形微观参数时，先给定颗粒—颗粒接触的接触模量 $E_c$ 以及颗粒法向刚度与切向刚度比值 $k^n/k^s$。根据式(2-26)计算 $k^n$，再据给定比值求 $k^s$。线性接触模型是通过两个接触体（颗粒—颗粒，颗粒—墙体）的切向刚度 $k^s$ 和法向刚度 $k^n$ 定义的。计算线性接触模型的接触刚度时假定接触体为串联，根据式(2-27)计算。

(2) Hertz-Mindlin 接触模型

Hertz-Mindlin 接触模型是 Mindlin&Deresiewich 和 Cundall 理论近似得出的一种非线性接触模型，它只能严格用于颗粒体接触，而不能再现剪切过程中的连续非线性（特别使用初始剪切模量时）。

Hertz-Mindlin 模型由两个接触球体的参数剪切模量 $G$ 和泊松比 $v$ 来定义，该模型不适用于采用接触连接的两球体的接触，因为这种模型没有定义球体受张力的情况。对于颗粒—颗粒相互接触，其弹性常数为平均值，对于颗粒—墙体接触，假定墙为刚性，所以直接取球的弹性常数。

接触法向割线刚度和切向切线刚度为：

$$k^{s} = \left[\frac{2\,\langle G\rangle^{2}3\,(1 - \langle\gamma\rangle\overline{R})^{1/3}}{2 - \langle\gamma\rangle}\right]|F_i^n|^{1/3}, k^{n} = \left[\frac{2\langle G\rangle\sqrt{2\overline{R}}}{3(1 - \langle\gamma\rangle)}\right]\sqrt{U^n} \tag{2-30}$$

式中：$U^{n}$、$F_{i}^{n}$——颗粒体接触重叠量和法向接触力。

式(2-30)中其他系数为两接触体的几何与材料特性的函数。对于颗粒—颗粒相互接触，这些系数可表示为：

$$\overline{R}=\frac{2R^{[A]}R^{[B]}}{R^{[A]}+R^{[B]}};\langle G\rangle=\frac{1}{2}(G^{[A]}+G^{[B]});\langle\gamma\rangle=\frac{1}{2}(\gamma^{[A]}+\gamma^{[B]}) \tag{2-31}$$

对于颗粒—墙相互接触，这些系数可表示为：

$$\overline{R}=R^{[ball]};\langle G\rangle=G^{[ball]};\langle\gamma\rangle=\gamma^{[ball]} \tag{2-32}$$

式中：$G$、$v$——弹性剪切模量、泊松比；

$R$——颗粒的半径；

[A]、[B]——相互接触的两球体。

2)滑动模型

滑动模型允许相互接触的单元间产生滑移，直至最终分离，若单元间没有建立连接，则单元间可以产生拉应力。当作用于单元上的合力沿切向的分力达到最大允许剪切力时，就产生单元间的滑移。

滑动模型是相互接触球体的一种固有特性，它没有法向抗拉强度，允许颗粒在抗剪强度范围内发生滑动，这种模型在接触连接模型发生作用之前一直有效。同时，滑动模型也可与平行连接模型同时起作用。

滑动模型是通过两接触体间最小摩擦系数$\mu$定义的，若颗粒间重叠量小于或等于零，则令法向和切向接触力等于零。

发生滑动的判别条件为：若$|F_{i}^{s}|>F_{max}^{s}$，则可以发生滑动，其中

$$F_{max}^{s}=\mu|F_{i}^{n}| \tag{2-33}$$

如果颗粒单元间没有建立连接，则当颗粒单元间的距离达到某一定值时，单元间的拉应力会自动消失；当单元之间已经分离，但接触仍旧存在，这时的接触为“虚接触”，单元间的作用力为零。

3)连接模型

连接模型描述颗粒单元与相邻单元通过连接来生成实体模型，连接分为接触连接和平行连接两种，如图2-8所示。

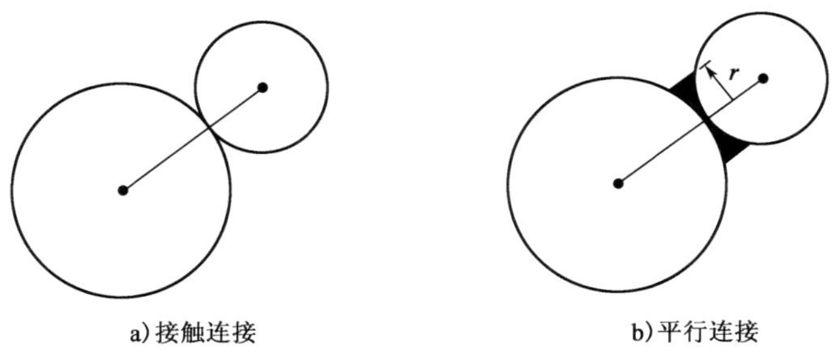


图2-8 连接模型描述图

(1)接触连接模型

在接触连接情况下，颗粒单元间可产生拉应力或剪应力，如果拉应力或剪应力超过允许的

强度值,两者之间的连接就会断开;接触连接是点接触,因而没有抵抗力矩的功能。颗粒接触点处接触力与相对位移的关系的本构特性如图 2-9 所示,其中接触连接模型和滑动模型同时存在。

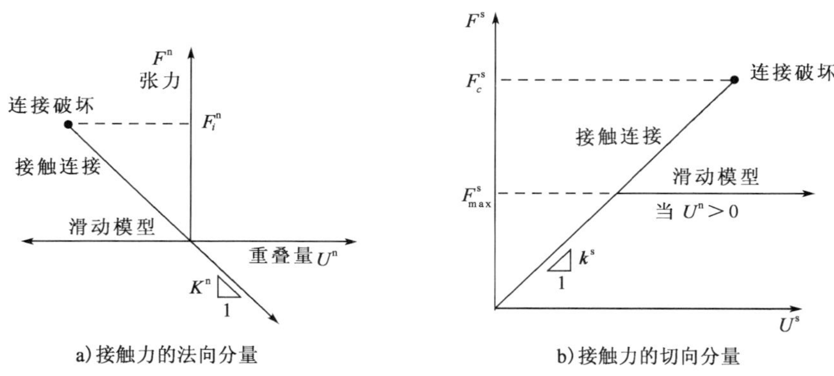


图 2-9 颗粒间接触连接模型

在图 2-9a)中,$F^n$ 表示法向接触力,$F^n>0$ 则表示受到张拉力作用,$U^n$ 表示相应的法向位移,$U^n>0$ 表示发生重叠。在图 2-9b)中,$F^s$ 表示总的切向接触力,$U^s$ 表示相对于点接触位置总的切向位移量。

(2)平行连接模型

平行连接模型反映了接触颗粒在有限区域内有填充胶合材料的本构特性,可与前面所述的滑动模型或接触连接模型同时存在,平行连接模型如图 2-10 所示。

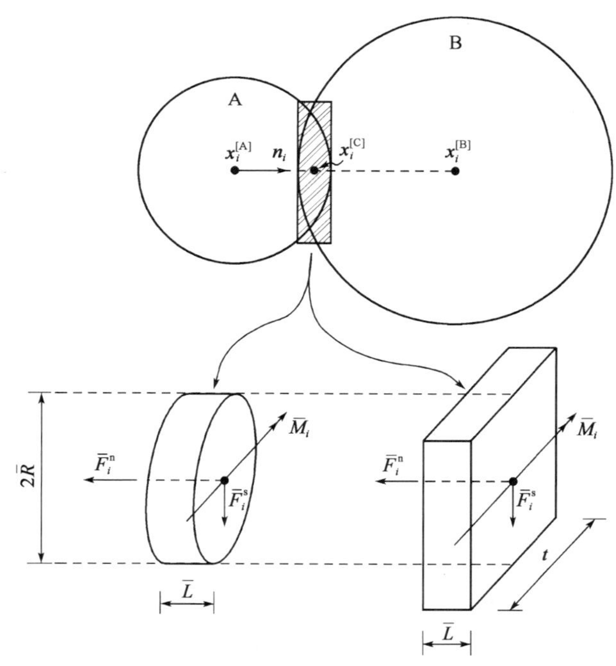


图 2-10 平行连接本构模型

接触力和弯矩可以分解为法向分量和切向分量:

$$\overline{F}_i = \overline{F}_i^{n} + \overline{F}_i^{s} \tag{2-34}$$

$$\overline{M}_i = \overline{M}_i^{n} + \overline{M}_i^{s} \tag{2-35}$$

式中：$\overline{F}_i^{n}$、$\overline{M}_i^{n}$——法线方向的力和力矩矢量；

$\overline{F}_i^{s}$、$\overline{M}_i^{s}$——切向方向的力和力矩矢量。

上式可简写为：

$$\overline{F}_i^{n} = (\overline{F}_j n_j) n_i = \overline{F}^{n} n_i \tag{2-36}$$

$$\overline{M}_i^{n} = (\overline{M}_j n_j) n_i = \overline{M}^{n} n_i \tag{2-37}$$

平行连接的接触力和弯矩在初始化过程中均设为零，在以后的每一时步迭代中，由对应的位移和转动增量引起的力和弯矩增量加入到当前值里。因此，时间 $\Delta t$ 内增量为：

$$\Delta \overline{F}_i^{n} = (-\overline{k}^{n} A \Delta U^{n}) n_i \tag{2-38}$$

$$\Delta \overline{F}_i^{s} = -\overline{k}^{s} A \Delta U_i^{s} \tag{2-39}$$

$$\Delta U_i^{s} = V_i^{s} \Delta t \tag{2-40}$$

相应的弹性弯矩增量为：

$$\Delta \overline{M}_i^{n} = (-\overline{k}^{s} J \Delta \theta^{n}) n_i \tag{2-41}$$

$$\Delta \overline{M}_i^{s} = -\overline{k}^{n} I \Delta \theta_i^{s} \tag{2-42}$$

$$\Delta \theta_i = (\omega_i^{[B]} - \omega_i^{[A]}) \Delta t \tag{2-43}$$

其中 $A$ 表示如下：

$$A = \begin{cases} \pi \overline{R}^2（对二维或三维颗粒） \\ 2\overline{R}t（对二维圆盘颗粒） \end{cases} \tag{2-44}$$

$I$ 表示如下：

$$I = \begin{cases} \dfrac{1}{4}\pi \overline{R}^4（对二维或三维颗粒） \\ \dfrac{2}{3}\overline{R}^3 t（对二维圆盘颗粒） \end{cases} \tag{2-45}$$

$J$ 表示如下：

$$J = \frac{1}{2}\pi \overline{R}^4（对三维颗粒） \tag{2-46}$$

则更新的弹性力和弯矩计算公式如下：

$$\overline{F}_i^{n} \leftarrow \overline{F}^{n} n_i + \Delta \overline{F}_i^{n} \tag{2-47}$$

$$\overline{F}_i^{s} \leftarrow \{\overline{F}_i^{s}\}_{t-\Delta t} + \Delta \overline{F}_i^{s} \tag{2-48}$$

$$\overline{M}_i^{n} \leftarrow \overline{M}^{n} n_i + \Delta \overline{M}_i^{n} \tag{2-49}$$

$$\overline{M}_i^{s} \leftarrow \{\overline{M}_i^{s}\}_{t-\Delta t} + \Delta \overline{M}_i^{s} \tag{2-50}$$

通过计算边缘处应力，可得到作用在黏结处的最大拉应力和最大剪应力：

$$\sigma_{\max} = \frac{-\overline{F}^{n}}{A} + \frac{|\overline{M}_i^{s}|\overline{R}}{I} \tag{2-51}$$

$$\tau_{\max} = \frac{|\overline{F}_i^{s}|}{A} + \frac{|\overline{M}^{n}|\overline{R}}{J} \tag{2-52}$$

最终作用在颗粒圆筒上的力和弯矩表示为：

$$F_i^{[A]} \leftarrow F_i^{[A]} - \overline{F}_i \tag{2-53}$$

$$F_i^{[B]} \leftarrow F_i^{[B]} - \overline{F}_i \tag{2-54}$$

$$M_i^{[A]} \leftarrow M_i^{[A]} - e_{ijk}(x_i^{[C]} - x_i^{[A]})\overline{F}_K - \overline{M}_i \tag{2-55}$$

$$M_i^{[B]} \leftarrow M_i^{[B]} - e_{ijk}(x_i^{[C]} - x_i^{[B]})\overline{F}_K - \overline{M}_i \tag{2-56}$$

## 2.2 橡胶颗粒沥青混合料的单轴压缩试验

选择悬浮密实结构、骨架密实结构与骨架空隙结构中具有代表性的混合料 AC-16、SMA-16 与 OGFC-16 进行单轴压缩试验研究，进行混合料力学强度规律分析，比较 3 种典型结构类型的宏观力学特征。

### 2.2.1 原材料技术性质

1）沥青

本书采用的沥青为 SBS 改性沥青，按照《公路工程沥青及沥青混合料试验规程》（JTG E20—2011）的试验方法进行测试，其主要技术指标如表 2-2、表 2-3 所示。

基质沥青技术指标 表 2-2

| 技术指标 | 实测值 | 规范值 | 试验方法 |
|---|---|---|---|
| 针入度（25℃，100g，5g）（0.1mm） | 92 | 80 ~ 100 | T 0604 |
| 针入度指数 $PI$ | 0.013 | -1.5 ~ +1.0 | |
| 软化点 $T_{R\&B}$（℃） | 50 | ≥44 | T 0606 |
| 延度（5℃，5cm/min）（cm） | 166 | ≥100 | T 0605 |
| 密度（15℃）（$g/cm^3$） | 0.986 | — | T 0603 |
| RTFOT | | | |
| 质量变化（%） | -0.33 | -0.8 ~ 0.8 | T 0609 |
| 针入度比（25℃）（%） | 86.8 | ≥57 | |
| 延度（5℃，5cm/min）（cm） | 34 | ≥20 | |

SBS 改性沥青技术指标 表 2-3

| 技术指标 | 实测值 | 规范值 | 试验方法 |
|---|---|---|---|
| 针入度（25℃，100g，5g）（0.1mm） | 73 | 60 ~ 80 | T 0604 |
| 针入度指数 $PI$ | 0.037 | ≥ -0.4 | |
| 软化点 $T_{R\&B}$（℃） | 76 | ≥55 | T 0606 |
| 延度（5℃，5cm/min）（cm） | 41.9 | ≥30 | T 0605 |
| 运动黏度（135℃）（Pa·s） | 2.07 | ≤3 | T 0625 |
| 闪点（℃） | 260 | ≥230 | T 0611 |

续上表

| 技术指标 | 实测值 | 规范值 | 试验方法 |
|---|---|---|---|
| 溶解度(%) | 99.3 | ≥99 | T 0607 |
| 弹性恢复(25℃)(%) | 93 | ≥65 | T 0662 |
| 48h 热储存软化点差(℃) | 1.8 | ≤2.5 | T 0661 |
| 密度(15℃)(g/cm³) | 1.032 | — | T 0603 |
| RTFOT | | | |
| 质量变化(%) | -0.11 | -1.0~1.0 | T 0609 |
| 针入度比(25℃)(%) | 86 | ≥60 | |
| 延度(5℃,5cm/min)(cm) | 27.5 | ≥20 | |

2)矿料

粗、细集料采用现场加工石灰岩生产的机制砂。矿粉采用现场加工的石灰岩矿粉。粗集料必须是坚韧、有棱角的优质石料,并且必须严格限制集料的扁平颗粒含量。细集料在橡胶颗粒沥青混合料中只占很少的比例,但对混合料的性能也有很大影响。细集料一般采用机制砂,主要控制棱角性、砂当量和含泥量等技术指标。矿粉对形成一个合理的沥青膜厚度是十分重要的。一般均采用磨细的石灰石粉,在使用时要保持干燥,不结团。矿料的主要技术指标如表2-4~表2-6所示。

**粗集料物理、力学指标**　　表2-4

| 技术指标 | | 实测值 | 规范值 | 试验方法 |
|---|---|---|---|---|
| 压碎值(%) | | 13.5 | ≤26 | T 0316 |
| 磨耗值(%) | | 11.8 | ≤28 | T 0317 |
| 含泥量(%) | | 0.7 | ≤3 | T 0314 |
| 与沥青黏附性 | | 5级 | 大于4级 | T 0616 |
| 表观密度(g/cm³) | 9.5~19mm | 2.792 | ≥2.60 | T 0304 |
| | 4.75~9.5mm | 2.815 | | |
| 毛体积密度(g/cm³) | 9.5~19mm | 2.742 | — | T 0304 |
| | 4.75~9.5mm | 2.739 | | |
| 针片状含量(%) | ≥9.5mm | 4.0 | ≤15.0 | T 0312 |
| | <9.5mm | 6.8 | ≤20.0 | |
| 吸水率(%) | 9.5~19mm | 0.35 | ≤2.0 | T 0304 |
| | 4.75~9.5mm | 0.46 | | |

**细集料物理、力学指标**　　表2-5

| 技术指标 | | 实测值 | 规范值 | 试验方法 |
|---|---|---|---|---|
| 表观密度(g/cm³) | 2.36~4.75mm | 2.738 | ≥2.50 | T 0328 |
| | 0~2.36mm | 2.696 | | |
| 毛体积密度(g/cm³) | 2.36~4.75mm | 2.646 | — | T 0304 |
| | 0~2.36mm | 2.696 | | |

续上表

| 技术指标 | 实测值 | 规范值 | 试验方法 |
|---|---|---|---|
| 砂当量(%) | 98 | ≥60 | T 0334 |
| 含泥量(%) | 1.5 | ≤3 | T 0333 |

矿粉技术指标 表 2-6

| 技术指标 | 实测值 | 规范值 | 试验方法 |
|---|---|---|---|
| 表观相对密度($g/cm^3$) | 2.71 | — | T 0352 |
| 亲水系数 | 0.71 | <1 | T 0351 |
| 含水率(%) | 0.3 | ≤1.0 | T 0352 |
| 塑性指数(%) | 2.6 | <4 | T 0351 |

3)橡胶颗粒

橡胶颗粒主要技术指标如表 2-7 所示,外观如图 2-11 所示。本书通过大量的室内研究发现,橡胶颗粒的级配是影响橡胶颗粒沥青混合料路用性能的关键因素,因此提出橡胶颗粒的推荐级配范围,如表 2-8 所示。

橡胶颗粒质量技术指标及检测结果 表 2-7

| 检测项目 | 实测值 | 标准值 |
|---|---|---|
| 含水率(%) | 0.15 | ≤0.75 |
| 表观相对密度($g/cm^3$) | 1.052 | ≤1.25 |
| 纤维及其他杂质含量(%) | 0.35 | ≤0.75 |
| 橡胶烃类含量(%) | 23 | 15~30 |
| 炭黑含量(%) | 31 | 25~38 |
| 细长扁平颗粒含量(%) | 14 | ≤20 |
| 邵尔 A 型硬度 | 61 | ≥55 |

图 2-11 橡胶颗粒外观

橡胶颗粒推荐级配范围要求　　表 2-8

| 项　　目 | 关键筛孔 | 实测值 |
| --- | --- | --- |
| 级配范围 | 4.75mm 通过百分率(%) | 95 ~ 100 |
| | 2.36mm 通过百分率(%) | 30 ~ 50 |
| | 0.6mm 通过百分率(%) | 5 ~ 15 |

### 2.2.2　单轴压缩试验研究

本书采用单轴压缩试验对橡胶颗粒沥青混合料的两种力学性能进行了对比，即抗压强度和抗压回弹模量。虽然车辆荷载对沥青路面的冲击属于动态作用，沥青混合料在动态荷载作用下的力学反应更接近于实际状况，但根据关于普通沥青混凝土的动静模量的关系，国内外学者近年来进行了大量的对比分析表明，沥青混凝土动态模量为静态模量的 1.5 ~ 2.5 倍，因此静态回弹模量的研究可以较好地表征沥青混合料在实际荷载作用下的力学反应。

采用美国 MTS-810 材料试验仪进行橡胶颗粒沥青混合料单轴压缩试验（圆柱体法 T 0713—2000），分别测定 3 种结构类型沥青混合料的抗压强度与抗压回弹模量，橡胶颗粒掺量均设置为 3%，试验温度为 15℃，加载速率为 2mm/min。试验过程通过程序进行控制，试验数据由计算机自动采集。不同级配类型的混合料抗压强度试验结果、抗压回弹模量如图 2-12、图 2-13所示。

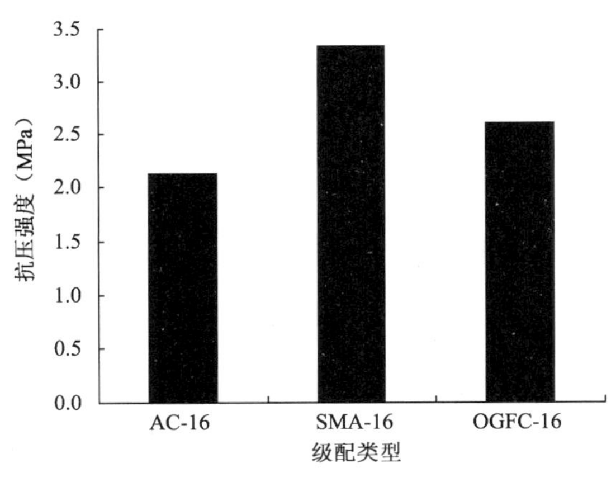


图 2-12　不同级配混合料的抗压强度

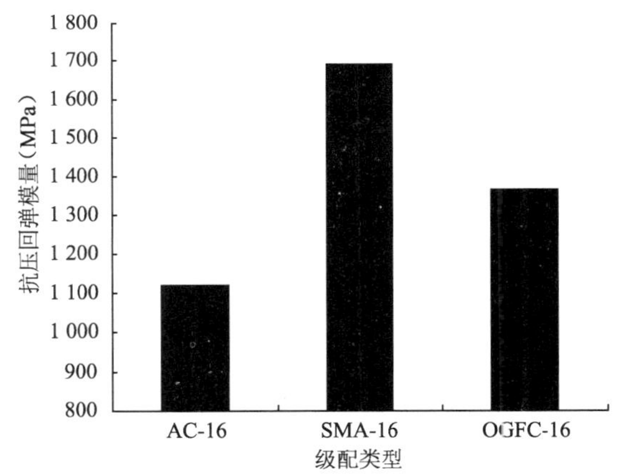


图 2-13　不同级配混合料的抗压回弹模量

由图 2-12 及图 2-13 可知，在橡胶颗粒掺量均为 3% 的条件下，抗压强度与抗压回弹模量均满足：AC-16 < OGFC-16 < SMA-16，骨架密实结构 SMA-16 的抗压强度与抗压回弹模量较高。

## 2.3　基于离散元方法的橡胶颗粒沥青混合料级配数值模型

选择悬浮密实结构、骨架密实结构与骨架空隙结构中具有代表性的混合料 AC-16、SMA-16 与 OGFC-16 进行离散元分析，验证悬浮密实结构、骨架密实结构与骨架空隙结构的单轴压缩试验的研究结论。

### 2.3.1 混合料模型选择

平行连接模型可以模拟颗粒之间一定尺度内存在黏结材料的本构行为,因此3种典型级配结构的细观模型均可采用平行连接模型。在相互接触的颗粒间赋予平行连接属性,可以较好地模拟包括沥青玛蹄脂、集料及橡胶颗粒在内的沥青混合料组成。

平行连接模型是有限尺寸(圆形或矩形截面)上的平行连接,可以得到一个力和一个力矩。平行连接采用5个参数定义,即法向和切向刚度、法向和切向强度、黏结半径。相应命令为"pb_kn"、"pb_ks"、"pb_nstrength"、"pb_sstrength"、"pb_radius"。3种混合料的平行连接模型参数如表2-9所示,橡胶参数如表2-10所示。

**3种混合料的平行连接模型参数** 表2-9

| 参数 | 混合料密度($kg/m^3$) | 颗粒密度($kg/m^3$) | 颗粒法向刚度(Pa/m) | 颗粒切向刚度(Pa/m) | 法向黏结刚度(Pa/m) | 切向黏结刚度(Pa/m) | 法向黏结强度(Pa) | 切向黏结强度(Pa) |
|---|---|---|---|---|---|---|---|---|
| AC-16 | 2 400 | 2 600 | $1\times10^8$ | $1\times10^8$ | $1\times10^8$ | $1\times10^8$ | $1\times10^{10}$ | $1\times10^{10}$ |
| SMA-16 | 2 400 | 2 600 | $1\times10^8$ | $1\times10^8$ | $1\times10^8$ | $1\times10^8$ | $1\times10^9$ | $1\times10^9$ |
| OGFC-16 | 2 000 | 2 600 | $1\times10^8$ | $1\times10^8$ | $1\times10^8$ | $1\times10^8$ | $1\times10^8$ | $1\times10^8$ |

**橡 胶 参 数** 表2-10

| 参数 | 橡胶密度($kg/m^3$) | 颗粒法向刚度(Pa/m) | 颗粒切向刚度(Pa/m) |
|---|---|---|---|
| 取值 | 1 200 | $1\times10^4$ | $1\times10^4$ |

平行连接采用一组作用在接触面上具有法向和切向刚度的弹簧表示,这组弹簧均匀分布在接触平面上,由于平行连接的存在,接触处的相对运动在黏结性材料中引起一个力和一个力矩,这个力和力矩作用在两个黏结颗粒上,并与黏结性材料的黏结边界上的最大法向和切向应力相关,如果任一最大应力超过了相应的黏结强度,则平行连接被破坏。

橡胶颗粒掺加量均设置为3%,利用PFC建立3种混合料细观模型,试件尺寸为宽100mm、高150mm,3种混合料试件包含的颗粒个数如表2-11~表2-13所示。

**AC-16离散元级配参数**(沥青含量4%) 表2-11

| 种类 | 粒径范围(mm) | 所占比例 | 各档质量(g) | 颗粒个数 |
|---|---|---|---|---|
| 矿料 | 16~19 | 0.05 | 12.655 | 2 |
| | 13.2~16 | 0.11 | 27.841 | 6 |
| | 9.5~13.2 | 0.14 | 35.434 | 13 |
| | 4.75~9.5 | 0.22 | 55.682 | 54 |
| | 2.36~4.75 | 0.14 | 35.434 | 137 |
| | 1.18~2.36 | 0.095 | 24.045 | 376 |
| | 0.6~1.18 | 0.07 | 17.717 | 1 096 |
| 橡胶 | 1.0~2.0 | 0.4 | 3.131 | 148 |
| | 2.0~3.0 | 0.6 | 4.697 | 80 |
| 总颗粒个数 | | | | 1912 |

**SMA-16 离散元级配参数**(沥青含量 6%) 表 2-12

| 种类 | 粒径范围(mm) | 所占比例 | 各档质量(g) | 颗粒个数 |
|---|---|---|---|---|
| 矿料 | 16 ~ 19 | 0.05 | 13.458 | 2 |
| | 13.2 ~ 16 | 0.2 | 53.833 | 12 |
| | 9.5 ~ 13.2 | 0.2 | 53.833 | 20 |
| | 4.75 ~ 9.5 | 0.29 | 78.057 | 75 |
| | 2.36 ~ 4.75 | 0.065 | 17.496 | 68 |
| | 1.18 ~ 2.36 | 0.015 | 4.037 | 63 |
| | 0.6 ~ 1.18 | 0.03 | 8.075 | 499 |
| 橡胶 | 1.0 ~ 2.0 | 0.4 | 3.330 | 157 |
| | 2.0 ~ 3.0 | 0.6 | 4.995 | 85 |
| 总颗粒个数 | | | | 981 |

**OGFC-16 离散元级配参数**(沥青含量 4%) 表 2-13

| 种类 | 粒径范围(mm) | 所占比例 | 各档质量(g) | 颗粒个数 |
|---|---|---|---|---|
| 矿料 | 16 ~ 19 | 0.05 | 12.292 | 2 |
| | 13.2 ~ 16 | 0.15 | 36.876 | 8 |
| | 9.5 ~ 13.2 | 0.245 | 60.230 | 23 |
| | 4.75 ~ 9.5 | 0.345 | 84.814 | 82 |
| | 2.36 ~ 4.75 | 0.05 | 12.292 | 48 |
| | 1.18 ~ 2.36 | 0.04 | 9.833 | 154 |
| | 0.6 ~ 1.18 | 0.025 | 6.146 | 380 |
| 橡胶 | 1.0 ~ 2.0 | 0.4 | 3.041 | 142 |
| | 2.0 ~ 3.0 | 0.6 | 4.562 | 77 |
| 总颗粒个数 | | | | 916 |

### 2.3.2 混合料二维细观模型

利用 PFC2D 程序建立的悬浮密实结构、骨架密实结构与骨架空隙结构模型及颗粒间的接触力如图 2-14 ~ 图 2-16 所示。图中深灰色部分表示集料,浅灰色部分表示橡胶颗粒,3 种模型的接触力矢量如黑线所示,线形越宽表示模型的接触力越大。

图 2-14 给出了悬浮密实结构的模型及接触力,可以看到颗粒间的空隙很少,说明该结构较密实,但结构密实并没有得到均匀的接触力。相反,颗粒间的接触力表现出了明显的不均匀性,说明橡胶颗粒的掺加改变了原本的稳定结构,粗集料大多分散在细集料中,相互之间并没有形成明显的骨架嵌挤结构,离散元模型体现出明显的悬浮密实结构的特征。

图 2-15 给出了骨架密实结构的模型及接触力,与图 2-14 中的模型相比,该模型中的空隙数量和空间大小都有所增大,这是因为骨架密实结构的矿料级配为非连续间断级配,骨架主要由粗集料形成,骨架间的空隙为橡胶颗粒提供了良好的作用空间,粗集料之间发生接触、挤嵌的情况比较多,表现出明显的骨架密实结构,所以从接触力图中可以看出颗粒间的接触力大小和分布都比较均匀。

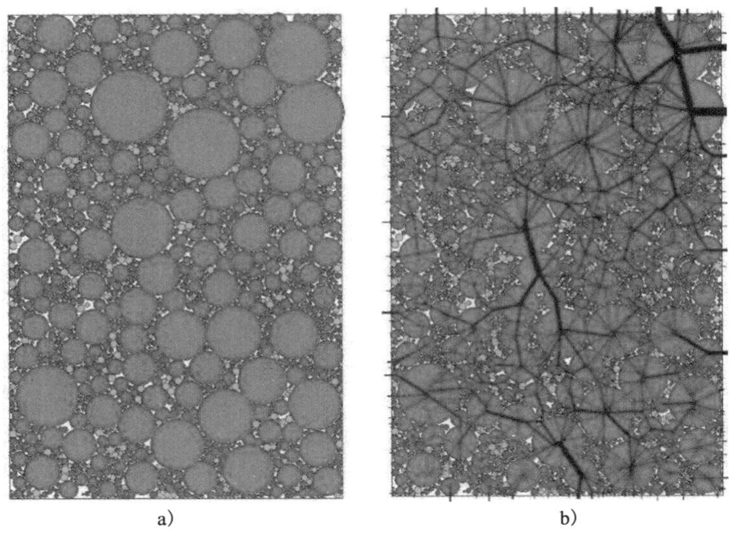

图 2-14　AC-16 模型及其骨架的接触力图

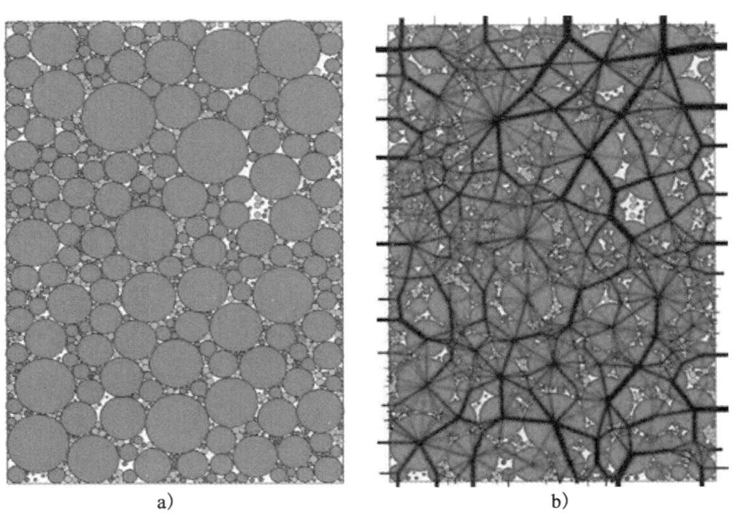

图 2-15　SMA-16 模型及其骨架的接触力图

图 2-16 给出了骨架空隙结构的模型及接触力，与图 2-14 和图 2-15 相比，该模型中的空隙明显增多，且空隙的大小相对较大，由于骨架空隙结构含有 80% 左右的粗集料，细集料含量较少，骨架间的空隙为橡胶颗粒提供作用空间的同时仍有富余，反应在接触力上即为接触力的大小差异很大，分布比较疏松。

由 3 种混合料离散元模型及其骨架的接触力分布图可知，荷载主要通过颗粒间的互相接触传递，单个颗粒所受的力是不同的，较大颗粒对接触力传递的贡献明显较大，比较 3 种混合料结构的接触力矢量图，明显可以看到 SMA－16 的接触力分布较均匀。

为保证掺加橡胶颗粒沥青混合料级配模型计算解的稳定性，本书中离散元模拟所选择的时步保证在一个计算时步内，任何单一颗粒的运动只能传播给其最邻近的颗粒，不能传播到更远的颗粒。

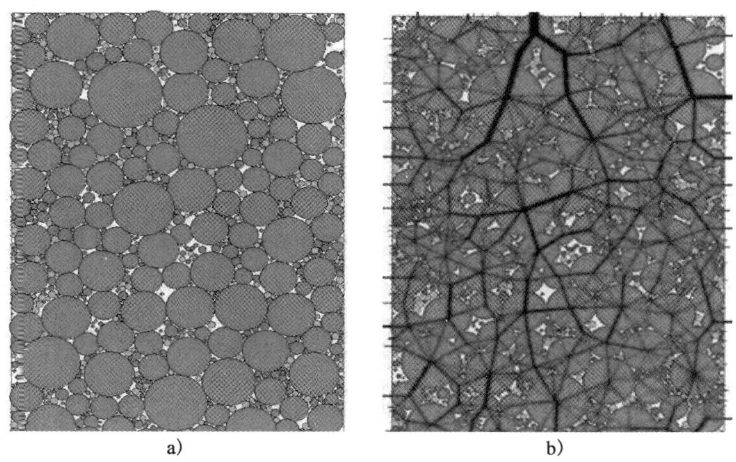

a)　　　　b)

图 2-16　OGFC-16 模型及其骨架的接触力图

SMA-16 模型的稳定性尤为突出，其平均不平衡力最小值为 $3.64 \times 10^{-5}$N，趋近于 0，即达到了良好的平衡状态。在离散元模型的计算中，下一步运算必须使模型达到平衡状态，即混合料模型达到收敛状态，否则计算出的结果与实际结果误差较大，研究中通过监测 AC-16、SMA-16 与 OGFC-16 平均不平衡力与平均接触力的变化量及最大接触力值，进行橡胶颗粒沥青混合料级配选择研究，模拟计算结果如表 2-14 所示。

**3 种混合料二维模型结果**　　表 2-14

| 混合料类型 | 平均不平衡力(N) | 平均接触力(N) | 最大接触力(N) |
|---|---|---|---|
| AC-16 | 57.446 | 15.20 | 8 025 |
| SMA-16 | 2.486 | 3.10 | 4 626 |
| OGFC-16 | 28.577 | 14.00 | 7 835 |

SMA-16 结构的平均不平衡力与平均接触力的变化量均较小，说明整个系统基本处于稳定状态，骨架结构较稳定，与 AC-16 及 OGFC-16 结构相比更适应于橡胶颗粒沥青混合料结构，因此本书选定骨架密实结构进行后续的研究。

### 2.3.3　力学试验与级配数值模拟的关系

橡胶颗粒沥青路面在行车荷载的作用下，单个集料颗粒与单个橡胶颗粒均具有独特的运行方式，且均呈现了非均匀、离散的力学特性。因此，采用离散元理论从细观层次建立 3 种典型结构的级配分析模型，能够真实地模拟橡胶颗粒沥青混合料的受力特征。

结合力学试验与离散元数值模拟构建了 3 种典型的橡胶颗粒沥青混合料细观数值模型，提出了以平均不平衡力与平均接触力为主的细观参数，同时通过力学试验确定了两个易于获得的宏观参数，即抗压强度和抗压回弹模量。比较细观数值模拟与室内试验所获取结论，发现两者可以相互验证，从宏观与细观两个角度证明了橡胶颗粒沥青混合料的适宜级配是骨架密实结构。

因此,不同级配类型混合料抗压强度和抗压回弹模量的差异性,可以通过离散元数值模型所获取的平均不平衡力与平均接触力的差异性进行解释,真正做到了从细观机理上去解释宏观现象的本质,为探求普通沥青混合料的宏观现象发生机理,提供了一种试验结合理论分析的新思路。

综上所述,离散单元法为以离散性为重要特征的沥青混合料问题进行细观研究提供了很好的数值分析工具,它可以较全面地给出从细观变化到宏观响应的各种信息,并能够有效地通过各种细观参数对宏观现象的影响进行延伸讨论,有益于从本质上揭示沥青混合料的宏观现象。

## 2.4 橡胶颗粒沥青混合料的级配分形特征

矿料级配一般用不同筛孔通过率表示,并假设各级筛孔上的集料颗粒是大小相等、形状相同的球体,做这样的假设实际上是为了理论推导的需要;事实上集料的大小分布并不像假设的那样规则,即便是同一筛孔上的集料其尺寸分布也不完全一样,而是呈现出一定的分形分布。

对于橡胶颗粒沥青混合料而言,橡胶颗粒的密度小,质量轻,若按传统的混合料设计方法进行设计,必然造成粒子间的明显干涉,影响混合料稳定结构的形成。因此,需要寻求新的级配研究方法。

### 2.4.1 分形理论

1)分形

分形,是以非整数维形式充填空间的形态特征。分形可以说是来自于一种思维上的理论存在。1975 年,美籍法国数学家曼德尔布罗特(B. Madelbrot)根据拉丁文形容词“fractus”,并对其加以改造,成为现今广为人知的“fractal”,它的含义是“不规则的,琐碎的,支离破碎的”等。分形几何学是一门以非规则几何形态为研究对象的几何学。由于不规则现象在自然界是普遍存在的,因此分形几何又称为描述大自然的几何学。分形几何建立以后,很快就引起了许多学科的关注,这是由于它不仅在理论上,而且在实用上都具有重要价值。

2)分形的维数

欧氏几何学具有几千年的历史,它研究的是一些规整的图形,比如直线、圆、椭圆、菱形、正方形、立方体、长方体、球体等。这些不同类型的曲线和形状都有一个共同的基础——欧氏几何,即它们可以被定义为代数方程(如:$Ax + By + Cz = D$)或微分方程的解集。从欧氏几何测量中,可以看出点、直线、平面图形、空间图形的维数分别是 0、1、2 和 3,而且都是整数。

维数是几何对象的重要特征量,维数包含了集合的几何性质的许多信息。一个图形维数的大小,表示它占有空间的大小。尤其是在分形中,它对如何准确地描述图形起到了很大的作用。分形维数是判断两个分形是否一致的度量标准之一。

在欧氏几何中,维数通常表示为在空间中确定一个点所需要的独立坐标的数目。要确定一条直线上的点需要一个独立坐标,其维数是 1;要确定平面上的点则需要两个独立的坐标,其维数是 2;确定三维空间上的点则需要三个独立的坐标,其维数是 3。但是也可以通过其他的方法来计算欧氏几何的维数。

把一个几何对象的线段放大 $X$ 倍，如果它自身是原来几何体的 $Y$ 倍，那么该对象的维数为：

$$D = \frac{\ln Y}{\ln X} \tag{2-57}$$

例如，把一个正方形的每边放大2倍，那么它自身将变为原来的正方形的4倍，也就是说，$X=2$，$Y=4$，所以 $D=\ln4/\ln2=2$，说明正方形的维数是2。

上面表述了欧氏几何维数的计算，推而广之，如果把一个正方形分成4个小正方形，每个小正方形是原来边长的1/2，小正方形的面积是原正方形的1/4，则此时 $X=1/2$，$Y=1/4$，同样可得 $D=2$，即正方形的维数为2。这个例子属于分形的一种。当然，在计算分形维数中最为常用并且最具有代表性的是Hausdorff维数，公式如下：

$$D_{\mathrm{H}} = \frac{\ln N(r)}{\ln(1/r)} \tag{2-58}$$

式(2-58)中的 $D_{\mathrm{H}}$ 可以是整数，也可以是分数。值得一提的是，这个公式也适用于欧氏几何。

3）分形理论在沥青混合料研究中的应用

沥青混合料是由沥青、集料和矿粉组成的非均值、多相、多层次的复合体系。体系中，集料的几何构形、颗粒级配、混合料的空隙特征和路面的表面特征，以及试验数据的分布趋势等，在一定的尺度范围内都存在一定的随机性和统计自相似性，因此可以采用分形科学分析评价沥青混合料的机理。近年来道路研究人员开始采用分形几何方法研究沥青混合料的级配特征，并得到了一些初步的结论。

由于混合料中质量分数约95%的集料均使用机制碎石，集料表面具有明显的分形特征——自相似性与自仿射性。不同尺度的碎石混合后，表征集料特征尺寸的粒径形成一种分布，这种分布是一种数学分形。由此导致其质量分布函数、体积结构具有分形特征，从而使沥青混合料宏观力学性能呈现出不确定性、不规则性、模糊性和非线性的分形特点。

### 2.4.2　橡胶颗粒沥青混合料的级配分形特征研究

1）集料粒径分布函数的分形

设集料的颗粒粒径为 $r$，根据分形理论有：

$$N(r) + N'(r) = N_0 \tag{2-59}$$

$$N(r) = Cr^{-D} \tag{2-60}$$

式中：$C$、$D$——常数和颗粒粒径分维值；

$N(r)$、$N'(r)$——粒径不大于 $r$ 的颗粒数目和粒径大于 $r$ 的集料颗粒数目；

$N_0$——集料颗粒总数。

从而可以定义颗粒粒径分布函数为：

$$F(r) = \frac{N(r)}{N_0} \tag{2-61}$$

由式(2-59)～式(2-61)，结合 $F(r_{\min})=1$ 和 $F(r_{\max})=0$，得到集料的粒径分布函数为：

$$F(r) = \frac{N(r)}{N_0} = \frac{r_{min}^{-D} - r^{-D}}{r_{min}^{-D} - r_{max}^{-D}} \tag{2-62}$$

式中：$r_{min}$、$r_{max}$——颗粒最小粒径和颗粒最大粒径。

2)集料质量分布函数的分形

可以定义集料质量分布函数：

$$P(r) = \frac{M(r)}{M_0} \tag{2-63}$$

对式(2-63)微分有：

$$dM(r) = M_0 dP(r) \tag{2-64}$$

由质量和体积的关系有：

$$dM(r) = \rho V(r) dN(r) \tag{2-65}$$

$$V(r) = K_v r^3 \tag{2-66}$$

式中：$M(r)$、$M_0$——不大于粒径 $r$ 的颗粒粒径的总质量和系统中集料总质量；

$V(r)$、$dN(r)$——位于区间$(r, r+dr)$的集料体积和集料的数目；

$\rho$——集料颗粒密度常数；

$K_v$——颗粒的体积形状因子。

由式(2-60)和式(2-62)得出：

$$dN(r) = N_0 dF(r) = \frac{N_0 D r^{-1-D}}{r_{min}^{-D} - r_{max}^{-D}} dr \tag{2-67}$$

由式(2-63)~式(2-67)，并结合 $P(r_{min}) = 1$ 和 $P(r_{max}) = 0$，积分得到集料质量分布的分形函数为：

$$P(r) = \frac{r_{min}^{3-D} - r^{3-D}}{r_{min}^{3-D} - r_{max}^{3-D}} \tag{2-68}$$

当集料的最小颗粒的粒径较小时，即 $r_{min} \ll r_{max}$，$r_{min}$可以忽略，从而式(2-68)变为：

$$P(r) = \left(\frac{r}{r_{max}}\right)^{3-D} \tag{2-69}$$

由式(2-69)可知，在矿料级配的双对数坐标图上，利用最小二乘法对级配曲线进行最佳直线拟合，求出通过率与筛孔之间的最佳拟合直线的斜率 $b$，再利用 $3-D=b$，即可求得沥青混合料集料粒径分维值 $D$。

3)橡胶颗粒沥青混合料设计目标空隙率

美国公路战略研究计划(SHRP)关于高性能沥青路面(Superpave)的研究成果中，将沥青混合料的空隙率为4%作为设计标准。本书参考 Superpave 的研究成果确定橡胶颗粒沥青混合料设计目标空隙率这一关键控制指标。

Superpave 沥青混合料控制的 5 项标准是 $V_a$、$VMA$、$VFA$、$DP$、压实度。设计方法最终确定的用油量是根据一定次数的旋转压实下试件空隙率为4%时对应的沥青用量，但它同时必须保持压实混合料在空隙率为4%时，$VMA$、$VFA$ 和 $DP$ 满足要求，而且初始压实度和最终压实度满足要求。因此，研究 Superpave 体积指标有很重要的意义。

Superpave 设计方法的一个特点是明确以空隙率 $V_a = 4\%$ 为设计标准，以减轻老化，提高路面的耐久性。美国的一项调查认为:当路面混合料的空隙率小于3%时,该路面产生车辙的可能性将非常的大。当空隙率过大时路面容易造成水损害,影响耐久性。他们经过调查研究认为设计空隙率取4%时是比较合理的。既不会因空隙率过小而容易产生车辙,也不会因空隙率过大而造成水损害。

我国多年的工程经验也表明压实混合料的空隙率 $V_a$ 是混合料设计的关键指标。

(1)当空隙率小于3%时,沥青路面出现车辙的概率增大。

(2)当空隙率大于7%时,沥青路面渗水性增大,容易导致路面早期水损害;当空隙率在8%～12%时,由于混合料中空隙虽多但尚未连通,渗进的水分停留于路面层内的空隙中难以排除,沥青路面处于水饱和状态,车轮荷载将在路面中产生很大的动水压力,或孔隙水压力,容易导致沥青路面发生水损害,因此,空隙率8%～12%被称为不利空隙率,是应避免的。在我国AK类抗滑面层中容易发生这类问题。

(3)当空隙率大于15%时,由于混合料中空隙已连通,降水渗入路面后,能迅速从横向排出。故国外流行的开级配抗滑表层(OGFC)与开级配多空隙沥青层(OPA),其设计空隙率达到15%～24%。

综上所述,为减缓橡胶颗粒沥青混合料的老化,提高混合料的耐久性能,将关键设计指标的目标空隙率确定为4%,级配设计空隙率范围确定为3%～5%是合理的。

4)橡胶颗粒沥青混合料的矿料分形特征

根据二维数值模型研究中的悬浮密实结构、骨架密实结构与骨架空隙结构,利用式(2-69)将《公路沥青路面施工技术规范》(JTG F40—2004)中AC-16、SMA-16及OGFC-16的上下限级配进行计算,所得矿料级配分维数及相关系数如表2-15所示。

**不同混合料矿料级配分维数及相关系数**　　表2-15

| 级配类型 | 斜率 $k$ | 相关系数 $R^2$ | 分维数 $D$ |
|---|---|---|---|
| AC-16上限 | 0.4398 | 0.9901 | 2.5602 |
| AC-16下限 | 0.6049 | 0.9821 | 2.3951 |
| SMA-16上限 | 0.399 | 0.9083 | 2.601 |
| SMA-16下限 | 0.4491 | 0.8617 | 2.5509 |
| OGFC-16上限 | 0.5184 | 0.9602 | 2.4816 |
| OGFC-16下限 | 0.7232 | 0.9196 | 2.2768 |

可以看出,在同一尺度范围内,级配上限较级配下限具有更高的分维数,悬浮密实结构的相关系数比骨架密实结构与骨架空隙结构的都大。骨架密实结构具有最高的分维数。

以SMA-16的级配为基础,设计一种符合橡胶颗粒沥青混合料的级配形式,由于混合料中未掺加纤维,为了与传统的沥青玛蹄脂碎石相互区分,将这种级配结构命名为JAC-16。其特点如下:

(1)选择以SMA-16的级配为基础的骨架密实结构,不掺加纤维。

(2)为避免橡胶颗粒沥青混合料中矿料与橡胶颗粒的干涉现象出现,间断2.36～4.75mm档细集料,为橡胶颗粒弹性的发挥预留充足的空间。

选定9组典型的矿料级配进行马歇尔试验,其中包含连续级配与间断级配,橡胶颗粒采用内掺法，包含橡胶颗粒的矿料级配组成如表 2-16 所示。其中级配 4 是连续粗级配 AC-16C，级配 7 是间断级配 JAC-16。

集料的最小颗粒粒径较小，$r_{min} \ll r_{max}$，即 $r_{min}$ 可以忽略，在矿料级配的双对数坐标图上，利用最小二乘法对级配曲线进行最佳直线拟合，求出通过率与筛孔之间的最佳拟合直线的斜率 $b$，再利用 $3 - D = b$，即可求得沥青混合料集料粒径分维值 $D$，各级配的分维值及相关系数如表 2-17所示。

**9 组矿料级配组成**（内掺橡胶颗粒） 表 2-16

| 筛孔尺寸（mm） | 19 | 16 | 13.2 | 9.5 | 4.75 | 2.36 | 1.18 | 0.6 | 0.3 | 0.15 | 0.075 |
|---|---|---|---|---|---|---|---|---|---|---|---|
| 1 | 100.0 | 98.1 | 82.9 | 59.9 | 27.0 | 18.5 | 12.5 | 8.9 | 3.7 | 5.5 | 4.1 |
| 2 | 100.0 | 98.4 | 85.6 | 63.0 | 29.9 | 22.2 | 15.4 | 11.1 | 8.4 | 3.9 | 5.2 |
| 3 | 100.0 | 98.8 | 89.1 | 74.2 | 45.9 | 30.8 | 20.7 | 14.3 | 10.4 | 8.2 | 5.8 |
| 4 | 100.0 | 98.8 | 89.1 | 74.2 | 43.3 | 33.6 | 25.3 | 17.0 | 12.1 | 9.4 | 3.4 |
| 5 | 100.0 | 98.3 | 84.9 | 64.5 | 34.9 | 28.7 | 20.7 | 15.0 | 11.7 | 9.7 | 7.3 |
| 6 | 100.0 | 97.9 | 81.4 | 53.3 | 19.4 | 15.4 | 12.6 | 11.3 | 10.5 | 9.8 | 8.5 |
| 7 | 100.0 | 98.1 | 82.9 | 59.8 | 23.3 | 19.3 | 15.9 | 14.1 | 12.9 | 12.1 | 10.4 |
| 8 | 100.0 | 98.5 | 83.4 | 67.5 | 23.1 | 22.2 | 18.2 | 15.8 | 14.4 | 13.4 | 11.4 |
| 9 | 100.0 | 98.0 | 82.5 | 59.1 | 28.2 | 24.0 | 19.5 | 13.6 | 14.9 | 13.7 | 11.5 |

**9 组矿料级配分维数及相关系数** 表 2-17

| 级配类型 | 斜率 $k$ | 相关系数 $R^2$ | 分维数 $D$ |
|---|---|---|---|
| 1 | 0.603 7 | 0.965 4 | 2.396 3 |
| 2 | 0.557 9 | 0.969 1 | 2.442 1 |
| 3 | 0.535 1 | 0.994 2 | 2.464 9 |
| 4 | 0.505 5 | 0.997 7 | 2.494 5 |
| 5 | 0.483 7 | 0.976 4 | 2.516 3 |
| 6 | 0.464 2 | 0.836 4 | 2.535 8 |
| 7 | 0.424 1 | 0.853 4 | 2.575 9 |
| 8 | 0.410 3 | 0.870 4 | 2.589 7 |
| 9 | 0.398 | 0.890 6 | 2.602 |

将以上 9 种级配分别进行马歇尔试验，确定最佳沥青用量条件下的空隙率。现有研究成果表明，空隙率是橡胶颗粒沥青混合料级配组成设计的关键性控制因素，可以得到各个级配空隙率与分维数的关系，如图 2-17 所示。空隙率随着矿料级配分维值 $D$ 的增加而减小。原因是随着分维数的增加，矿料的空间填充能力增强，空隙率随之减小。其他马歇尔体积参数与空隙率关系密切，因此与分维值也具有明确的对应关系。

由图 2-17 可知，分维值 $D$ 与空隙率 $VV$ 的线性回归方程为：

$$VV = -109.62D^2 + 508.77D - 579.08(R^2 = 0.9783) \tag{2-70}$$

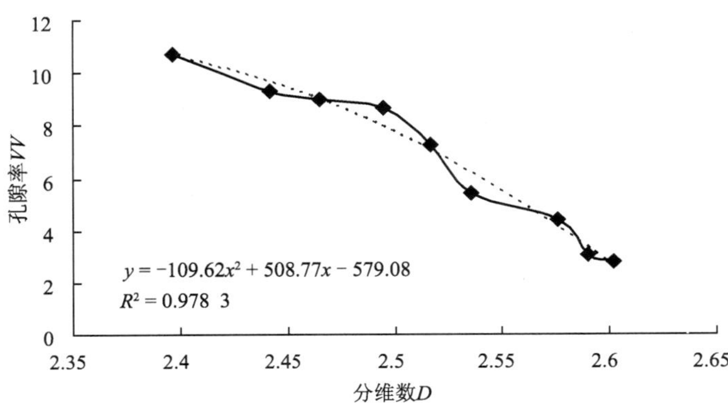


图 2-17　矿料级配分维数与空隙率的关系

由级配设计空隙率范围确定为3% ~5%，可以得到橡胶颗粒沥青混合料的分维值 $D$ 推荐范围为 $2.54<D<2.59$。根据该范围及分形理论可以很快地判断出某种矿料级配可否应用于橡胶颗粒沥青混合料中，从而缩短了混合料级配设计的时间。由 $2.54<D<2.59$ 结合式(2-69)，就可以反推矿料的级配范围。

由表2-17 可知，级配1 ~5 相关系数 $R^2$ 较高，而级配6 ~9 相关系数 $R^2$ 较低。矿料级配图中级配曲线相关系数的差别可以解释这种差别，即 $R^2$ 越高级配的连续性越好。所以级配1 ~5 属连续级配范畴，级配6 ~9 属间断级配范畴。结合橡胶颗粒沥青混合料的分维值范围可知，间断级配比连续级配更适合于橡胶颗粒沥青混合料。

综上所述，后续研究将分形维数范围 $2.54<D<2.59$ 用作级配范围的控制因素，为橡胶颗粒沥青混合料级配组成设计提供新的思路。

### 2.4.3　分形级配的应用与检验

采用分形级配理论确定的JAC-16 的级配，掺加0%、2%、3%与4%橡胶颗粒的条件下，研究不同掺量对体积指标及路用性能的影响性，优选合适的掺量应用于实体工程中。利用式(2-69)计算4 种掺量JAC-16 级配的分维数及其相关系数，结果如表2-18 所示，均满足分维值 $D$ 推荐范围 $2.54<D<2.59$。

**JAC-16 矿料级配一重分形及相关系数**　　表2-18

| 级配类型 | 斜率 $k$ | 相关系数 $R^2$ | 分维数 $D$ |
|---|---|---|---|
| JAC-16(0%) | 0.4136 | 0.8618 | 2.5864 |
| JAC-16(2%) | 0.4205 | 0.8565 | 2.5795 |
| JAC-16(3%) | 0.4241 | 0.8534 | 2.5759 |
| JAC-16(4%) | 0.4277 | 0.8499 | 2.5723 |

1)马歇尔试验

矿料配合比如表2-19 所示，马歇尔体积指标如表2-20 所示，掺量采用3%的矿料合成级配曲线如图2-18 所示，其他掺量的级配类似。

**矿料目标配合比**

表 2-19

| 橡胶颗粒掺量(%) | 19～9.5mm | 9.5～4.75mm | 4.75～2.36mm | 机制砂 | 矿粉 | 橡胶颗粒 |
|---|---|---|---|---|---|---|
| 0 | 44 | 35 | 0 | 10 | 11 | 0 |
| 2 | 44 | 35 | 0 | 8 | 11 | 2 |
| 3 | 44 | 35 | 0 | 7 | 11 | 3 |
| 4 | 44 | 35 | 0 | 6 | 11 | 4 |

**马歇尔试验体积指标**

表 2-20

| 橡胶颗粒掺量(%) | 马歇尔最佳油石比(%) | 毛体积密度($g/cm^3$) | *VV*(%) | *VMA*(%) | *VFA*(%) | 稳定度(kN) |
|---|---|---|---|---|---|---|
| 0 | 5.5 | 2.383 | 4.4 | 17.7 | 75.3 | 12.1 |
| 2 | 5.6 | 2.330 | 3.9 | 16.7 | 76.9 | 7.7 |
| 3 | 5.7 | 2.286 | 4.4 | 17.8 | 75.4 | 7.4 |
| 4 | 5.9 | 2.250 | 4.8 | 18.2 | 73.8 | 6.1 |

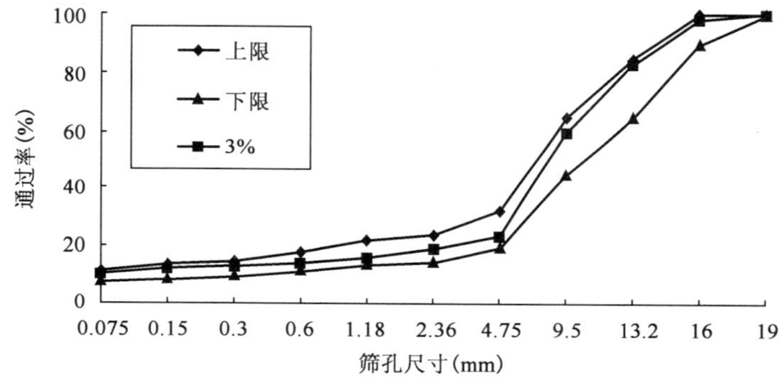


图 2-18　JAC-16 橡胶占 3% 矿料合成级配曲线

掺入橡胶颗粒后，随橡胶颗粒掺量的增加，空隙率增大，沥青混合料的马歇尔稳定度有大幅度的下降。这是由于橡胶颗粒是一种高弹材料，其强度和模量较石料的低很多，使混合料的稳定度值降低。

同时由于橡胶颗粒的掺入，改变了沥青混合料内部组成材料间的接触状态，由原有的"石—石"接触状态部分变为"石—橡胶颗粒—石"的接触状态，在橡胶颗粒的高弹特性的影响下，在马歇尔稳定度试验过程中，橡胶颗粒沥青混合料的变形在荷载去除后有相当一部分得到了恢复。

2）路用性能

（1）高温稳定性

在一定的掺量范围内，橡胶颗粒的掺入对改善沥青混合料的抗车辙高温稳定性有一定的作用，但当掺量过大时反而会使沥青混合料丧失其高温稳定性，因此橡胶颗粒最佳掺量的确定非常重要。

由试验过程可知，图 2-19 的试验结果是由橡胶颗粒自身的性质引起的。如前所述，橡胶颗粒具有良好的弹性,但强度较低。在试件成型时受碾压、冲击等外力作用,废橡胶颗粒变形且体积变小,从而使混合料的空隙率下降,抵抗外力能力增强。

从力学观点分析,受挤压变形的废橡胶颗粒内部产生内部反弹应力,相当于弹性沥青混合料试件变成一个能量较小的预应力试件,其抵抗外力的能力出现一定程度的提高。然而,与碎石相比,废橡胶的强度毕竟很低。当废橡胶掺量很大时,起骨架支撑作用的碎石大量减少,废橡胶颗粒要直接承受外力作用。在这种情况下,弹性沥青混合料的强度和稳定性会大幅度降低。所以,应该使废橡胶颗粒在沥青混合料中起充填作用而不是骨架作用,这样才能保证弹性沥青混合料有足够的强度和稳定性,才具有实用推广的可能性。从本试验的结果来看,橡胶颗粒的最佳掺量应为3%。

(2)低温抗裂性

试验采用美国MTS公司生产的材料测试系统MTS-810试验仪,整个试验过程可通过程序进行控制,并由计算机自动采集试验数据,试验结果如图2-20所示。

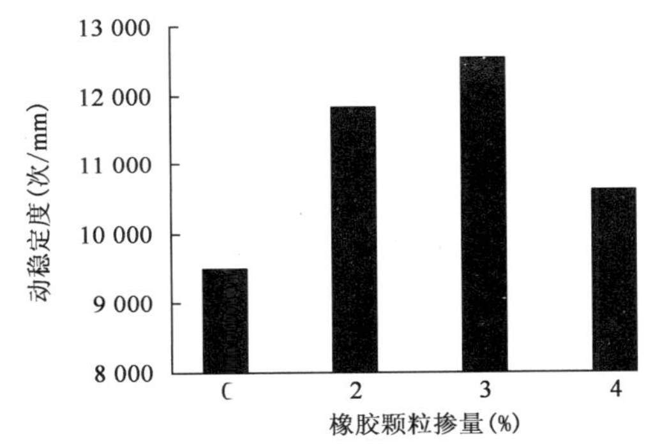


图2-19　不同橡胶颗粒掺量的动稳定度

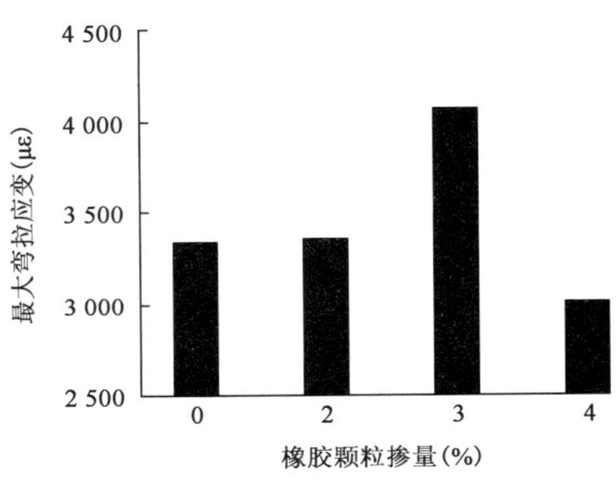


图2-20　不同橡胶颗粒掺量的最大弯拉应变

橡胶颗粒与沥青发生作用后,由于橡胶结构与沥青胶质结构的不均一性,在它们的分子界面上必然存在微细的空穴,这些空穴在受到应力的作用后会因应力集中而发展成银纹,橡胶颗粒是银纹的中心,它跨越银纹的两端,银纹要发展就必须拉伸橡胶颗粒,橡胶颗粒因此消耗和吸收大量的能量,提高了橡胶颗粒沥青混合料的抗冲击能力。银纹的另一特点是,在应力作用初期银纹体相当硬,当应力超过一定数值后,银纹体开始屈服,形变随时间的延长而发展,断裂伸长增加,卸载后应变逐渐恢复,应变随时间的延长而消失。

总之,形成银纹的宏观表现是变形增大,模量降低。橡胶颗粒的低模量、高变形性能,使其具有较强的诱发和终止银纹的能力,所以具有一定橡胶颗粒掺量的沥青混合料的低温抗裂性能得到提高。当废橡胶掺量过大时,起骨架支撑作用的碎石大量减少,废橡胶颗粒要直接承受外力作用。在这种情况下,弹性沥青混合料的抗裂性能会大幅度降低。

(3)抗水损害性

采用冻融劈裂试验研究混合料的水稳定性,测定冻融劈裂强度比(TSR),即混合料冻融循环前后的劈裂抗拉强度比值。TSR值越大,橡胶颗粒沥青混合料的水稳性越好,如图2-21所示。

劈裂强度结果相对于马歇尔浸水稳定度变异性小,冻融劈裂试验的方法简便、数据稳定,因此,本书对于橡胶颗粒沥青混合料抗水损害性能的评价采用冻融劈裂试验方法。由试验结果可知,针对骨架密实的 JAC－16 结构,掺加橡胶颗粒有益于改善混合料的水稳定性,其中3%的掺量改善尤其明显。

3)飞散稳定性

沥青混合料在车轮荷载等外力作用下可能会发生剥离、飞散等损坏,掺加了具有高弹特性橡胶颗粒的沥青混合料其内部结构发生了显著改变,橡胶颗粒的掺量及油石比对混合料的抗飞散性能具有显著影响。

衡量沥青混合料抗剥离飞散性能的试验之一为洛杉矶磨耗试验,本书采用洛杉矶磨耗试验分析橡胶颗粒沥青混合料的抗飞散性能,其试验方法是:在预定的试验温度下,将一个沥青混合料马歇尔试件单独放入洛杉矶磨耗试验机内,待试验机旋转 300 次后取出试件,清除试件表面黏附的破碎物,并称取剩余试件质量,计算出试验前后马歇尔试件的质量损失率。该质量损失率可在一定程度上反映沥青混合料的抗剥离飞散性能,损失率越小,说明沥青混合料的黏结性越好,抗冲击、抗剥离性能越高。

(1)橡胶颗粒掺量

不同橡胶颗粒掺量混合料飞散试验采用橡胶颗粒掺量为0%、2%、3%与4%,混合料级配为 JAC－16,试验采用油石比为6.0%。图 2-22 为沥青混合料抗飞散性能随橡胶颗粒掺量的变化情况。试验结果说明,针对间断级配 JAC-16,掺入橡胶颗粒后沥青混合料的质量损失率明显降低,即其抗剥离飞散性能显著提高。但随着掺量的不断增加,混合料质量损失率明显呈升高趋势。

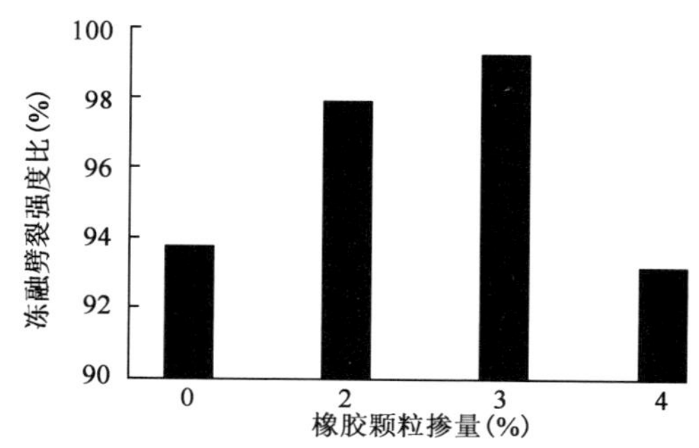


图 2-21　不同橡胶颗粒掺量的冻融劈裂强度比

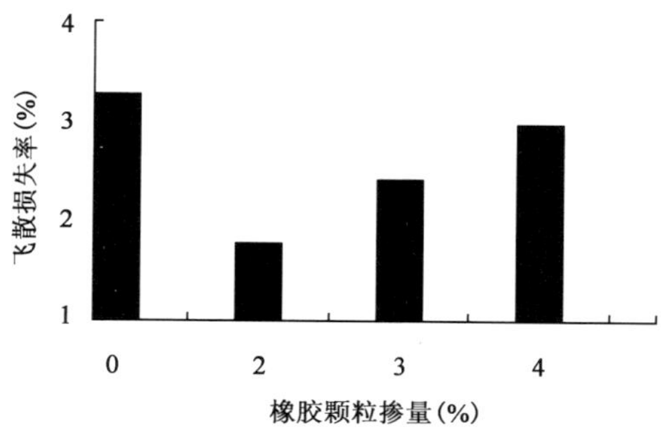


图 2-22　橡胶颗粒掺量与飞散损失率的关系

废橡胶为热可塑性材料,在加热、拌和及压实过程中可以很好地填充混合料的空隙。同时在加热过程中,废橡胶颗粒表面出现软化现象,甚至出现少量的融化现象。这些现象的发生使沥青混合料中颗粒之间的黏结力得到增强,因此橡胶颗粒的掺加可以明显降低沥青混合料的质量损失率。

橡胶颗粒与集料模量相差很大,可以把橡胶颗粒看作结构不稳定因素,随着橡胶颗粒掺量的增加,当部分橡胶颗粒在集料骨架以外单独受力时,混合料抗飞散损失能力将显著下降,因此兼顾抗冻结性能及骨架结构的稳定性,合适的橡胶颗粒掺量至关重要。

(2)油石比

不同油石比混合料飞散试验采用橡胶颗粒掺量为3%,级配为 JAC－16,试验采用油石比分别为 5.0%、5.5%、6.0%、6.5% 与 7.0%。图 2-23为油石比与飞散损失率的关系。

从图 2-23 中可以看出，随着油石比的增加，橡胶颗粒沥青混合料的飞散损失率逐渐减小，说明橡胶颗粒沥青混合料的耐久性能增强。从试验结论可知，油石比也不能过大，过高的油石比也会影响混合料的抗飞散损失率。

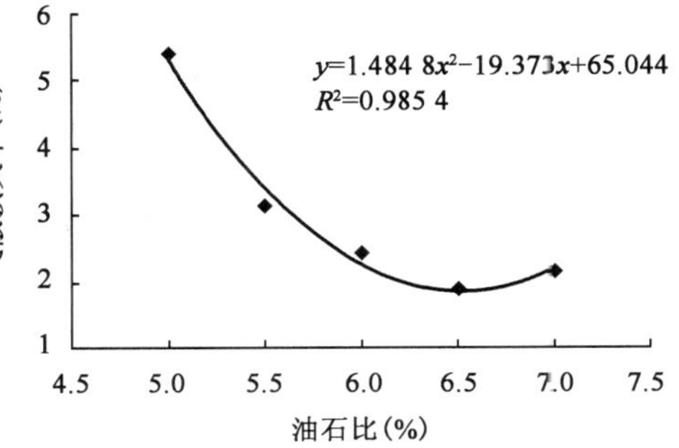

图 2-23　油石比与飞散损失率的关系

因此，为了确定橡胶颗粒沥青混合料的最佳油石比，可以调整几个不同的油石比制作试件，进行飞散试验，得出飞散损失率与油石比的关系曲线。从抗飞散性能方面考虑最佳油石比的选择，同时兼顾了混合料的抗飞散耐久性。综上所述，通过不同掺量、不同油石比混合料的洛杉矶磨耗试验可知，为保证橡胶颗粒沥青混合料的抗飞散稳定性，需将混合料飞散损失率控制在 2.5% 以下。

综上所述，本章系统介绍了离散元方法及其在混合料仿真方向的应用，同时通过离散元方法构建了 3 种典型的橡胶颗粒沥青混合料细观数值模型，提出了以平均不平衡力与平均接触力为主的细观参数，通过力学试验确定了抗压强度与抗压回弹模量两个宏观参数。比较细观数值模拟与力学试验所获取的结论，从宏观与细观两个角度证明了橡胶颗粒沥青混合料的适宜级配是骨架密实型结构。

本章通过分形理论进一步确定橡胶颗粒沥青混合料的合理级配范围，进行矿料级配的分形特征研究，提出合理的分形维数范围，作为级配组成设计的重要控制因素，并对选定的级配进行了不同掺量橡胶颗粒沥青混合料路用性能检验。

# 第3章　橡胶颗粒沥青混合料劈裂试验与疲劳性能

## 3.1　劈裂试验的理论模型

### 3.1.1　劈裂试验

橡胶颗粒沥青混合料是由不同比例的沥青、矿粉、细集料、粗集料、橡胶颗粒、空隙等组成的多相复合材料，其综合力学性能受各种成分的基本性质与所占的比例影响很大。寻找有效的试验手段来准确合理地评价其力学性能，对于橡胶颗粒沥青混合料的应用与发展均至关重要。

沥青混合料劈裂试验是一种传统的沥青混合料性能测试方法，长期以来一直受到道路研究者的关注与采用。Kennedy(1978)对当时的路面材料性能测试手段与评价指标进行述评，并对其使用条件进行归类研究，指出劈裂试验在评价沥青混合料及其他路面材料时具有相当的潜力与优势，应作为以后的研究重点之一。Mohammad(1993)对现有的劈裂试验测试设备进行了完善与改进，提高了试验的精确性与重复性，并利用此设备测试了沥青混合料的劈裂强度、径向回弹模量与劈裂蠕变。

1)劈裂试验的优点

(1)试验方法简单易行，试验设备要求也相对简单；

(2)劈裂试件易于获得，且应用范围较广，既可采用SGC、Marshall成型试件，也可采用路面现场的钻芯样；

(3)试件表面破损不会严重影响试件测试结果(强度与模量)；

(4)试验过程中试件中部的应力状况与实际路面结构层底的应力状况比较接近，即在竖直压力作用下，其水平方向与竖直方向均承受拉应力；

(5)破坏在应力分布较为均匀的竖直线中部产生。

2)劈裂试验存在的不足之处

(1)只能采用应力控制模式；

(2)试件中部应变分布的不均匀性很大；

(3)试件在接触劈裂条部位产生较大的塑性变形，这是在研究裂缝扩展时所不期望的；

(4)劈裂试验过程中侧向应变的测量需要高精度的设备。

3)从细观角度进行劈裂试验研究

最近10余年，沥青混合料的细观结构研究开始逐渐兴起，初期的研究重点在于沥青混合料内部结构的识别。随着沥青混合料内部结构识别手段的逐步完善以及计算机性能的不断提高与数值分析方法的不断发展，研究人员开始着手将混合料内部结构检测技术与数值方法联系起来，试图寻求从混合料细观角度研究其力学特性的新途径。

Chang K. G(1997)运用离散元方法模拟沥青混合料的力学特性，分析了不同黏弹性模型(Maxwell, Kelvin-Voigt, Burger's)在离散元方法中的适用程度，研究表明线弹性的Burgers模型可以较好地模拟沥青混合料中沥青砂浆的力学性能，运用离散元程序对沥青混合料力学性能进行模拟的结果与试验结果具有较好的一致性。You Z. P(2003)运用高精度扫描仪扫描混合料试件横断面状况，并将混合料的内部特征转换到离散元软件PFC2D中，视集料为线弹性体，视沥青砂胶为黏弹性体，对其模量、强度等运用离散元方法进行模拟，并用低温劈裂试验对数值模拟的结果进行验证，从而建立了细观结构与宏观性能间的响应关系。

本章将理论分析、室内试验与数值模拟进行有机的结合，采用沥青混合料细观结构离散元分析方法，对橡胶颗粒沥青混合料的劈裂试验进行数值模拟，分析橡胶颗粒沥青混合料内部结构间的作用机理与受力特点，验证劈裂试验与单轴压缩试验的结论，采用试验结合理论分析的方法从细观角度揭示橡胶颗粒沥青混合料的劈裂破坏机理，为橡胶颗粒沥青混合料的应用奠定一定的力学基础。

### 3.1.2　劈裂试验的理论模型

劈裂试验的力学模式如图3-1、图3-2所示。沿半径为$R$、厚度为$l$的圆柱体试验的轴向，通过具有一定宽度$\alpha$的圆弧形压条对试件施加荷载$P$，则断面上任何一点的应力都可以按弹性理论求解。

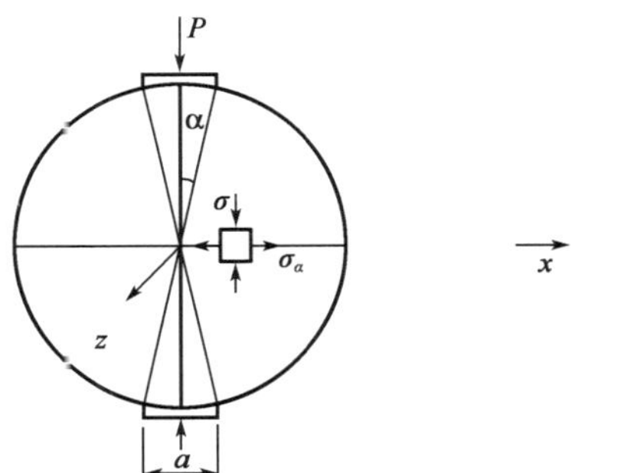


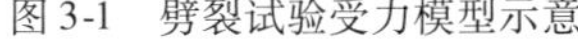

图3-1　劈裂试验受力模型示意

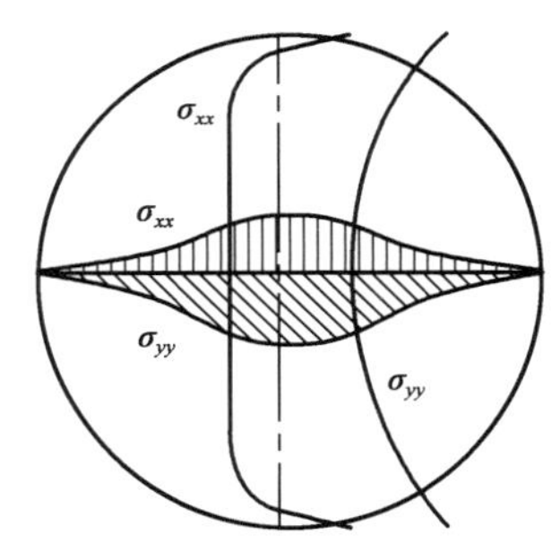


图3-2　劈裂试验试件内部应力分布

对断面内的任一点单元体，距圆心距离$r$，位置比$c=r/R$，在平面应力假定下，$\sigma_Z=0$。

在水平轴$x$方向上：

径向应力

$$\sigma_{xx}(c,0)=\frac{2P}{\pi al}\left[\frac{(1-c^2)\sin2\alpha}{1+2c^2\cos2\alpha+c^4}-\arctan\left(\frac{1-c^2}{1+c^2}\tan\alpha\right)\right] \tag{3-1}$$

切向应力

$$\sigma_{yy}(c,0)=-\frac{2P}{\pi al}\left[\frac{(1-c^2)\sin2\alpha}{1+2c^2\cos2\alpha+c^4}+\arctan\left(\frac{1-c^2}{1+c^2}\tan\alpha\right)\right] \tag{3-2}$$

剪应力

$$\sigma_{xy}(c,0)=0 \tag{3-3}$$

在竖直轴 $y$ 方向上：

径向应力

$$\sigma_{yy}(0,c) = -\frac{2P}{\pi al}\left[\frac{(1-c^2)\sin2\alpha}{1-2c^2\cos2\alpha+c^4}+\arctan\left(\frac{1-c^2}{1+c^2}\tan\alpha\right)\right] \tag{3-4}$$

切向应力

$$\sigma_{xx}(0,c) = \frac{2P}{\pi al}\left[\frac{(1-c^2)\sin2\alpha}{1-2c^2\cos2\alpha+c^4}-\arctan\left(\frac{1-c^2}{1+c^2}\tan\alpha\right)\right] \tag{3-5}$$

剪应力

$$\sigma_{xy}(0,c) = 0 \tag{3-6}$$

式中：$a$——压条宽度，对应于压条的圆心角为 $2\alpha$。

劈裂试验时试件内部的应力分布如图 3-2 所示。可以看出，断面中心处的应大最大，但是断面中心处的变形往往难以测量。因而在试验时一般测量试件的总变形，并以此计算断面中心处的力学指标。

假设断面在垂直方向的总变形为 $y_{\mathrm{T}}$，水平方向的总变形为 $x_{\mathrm{T}}$，变形比为 $A=y_{\mathrm{T}}/x_{\mathrm{T}}$，则中心点的最大拉应力 $\sigma_{\mathrm{T}}$、压应力 $\sigma_{\mathrm{C}}$、泊松比 $\mu$、拉应变 $\varepsilon_{\mathrm{T}}$、弹性模量 $E$（即劲度模量 $S_{\mathrm{T}}$）可由下列公式求得：

$$\sigma_{\mathrm{T}} = \frac{2P}{\pi al}\left(\sin2\alpha-\frac{a}{2R}\right) \tag{3-7}$$

$$\sigma_{\mathrm{C}} = -\frac{2P}{\pi al}\left(\sin2\alpha+\frac{a}{2R}\right) \tag{3-8}$$

$$\mu = \frac{\int_{-R}^{R}\sigma_{\mathrm{r}y}\mathrm{d}r + A\int_{-R}^{R}\sigma_{\mathrm{r}x}\mathrm{d}r}{\int_{-R}^{R}\sigma_{\theta y}\mathrm{d}r + A\int_{-R}^{R}\sigma_{\theta x}\mathrm{d}r} \tag{3-9}$$

$$E = \frac{P}{hx_{\mathrm{T}}}\left(\int_{-R}^{R}\frac{\sigma_{\mathrm{r}x}}{P}\mathrm{d}r - \mu\int_{-R}^{R}\frac{\sigma_{\theta x}}{P}\mathrm{d}r\right) \tag{3-10}$$

$$\varepsilon_{\mathrm{T}} = \frac{x_T}{l}\cdot\frac{\int_{-\frac{l}{2}}^{\frac{l}{2}}\frac{\sigma_{\mathrm{r}x}}{P}\mathrm{d}r - \mu\int_{-\frac{l}{2}}^{\frac{l}{2}}\frac{\sigma_{\theta x}}{P}\mathrm{d}r}{\int_{-R}^{R}\frac{\sigma_{\mathrm{r}x}}{P}\mathrm{d}r - \mu\int_{-R}^{R}\frac{\sigma_{\theta x}}{P}\mathrm{d}r} \tag{3-11}$$

式中：$l$——评价水平方向最大应变时的基准长度，常用 1.27mm 或 2.54mm。

尽管计算公式中有泊松比的计算方法，但在实际试验时，由于水平变形往往测量不准确，通常采用假定泊松比 $\mu$ 的方法，由实测的垂直变形及 $\mu$ 反算水平变形，再求劲度模量 $S_{\mathrm{T}}$。本书中试验的压条宽度为 12.7mm，将上述相关参数代入并经转换，可得到《公路工程沥青及沥青混合料试验规程》（JTG E20—2011）中的计算公式：

$$\sigma_{\mathrm{T}} = 0.006\,287\frac{P}{L} \tag{3-12}$$

$$\mu = \frac{0.135\,0A-1.794\,0}{-0.5A-0.031\,4} \tag{3-13}$$

$$\varepsilon_T = x_T\left(\frac{0.0307 + 0.0936\mu}{1.35 + 5\mu}\right) \tag{3-14}$$

$$S_T = P\left(\frac{0.27 + 1.0\mu}{Lx_T}\right) \tag{3-15}$$

# 3.2　橡胶颗粒沥青混合料劈裂试验

选择第 2 章 2 4 节的橡胶颗粒沥青混合料矿料级配开展研究，以 4 种橡胶颗粒掺量进行劈裂试验与单轴压缩试验研究，进行混合料力学强度规律分析，比较 4 种橡胶颗粒掺量混合料的宏观力学特征。

## 3.2.1　劈裂试验研究

采用美国 MTS-810 材料试验仪进行橡胶颗粒沥青混合料劈裂试验（T 0716—1993），测定 4 种橡胶颗粒掺量（0%、2%、3%与 4%）沥青混合料的劈裂抗拉强度与破坏劲度模量，级配统一采用 JAC－16，试验温度为 15℃，加载速率为 50mm/min。试验过程通过程序进行控制，试验数据由计算机自动采集。不同橡胶颗粒掺量的混合料劈裂抗拉强度与破坏劲度模量试验结果如图 3-3、图 3-4 所示。

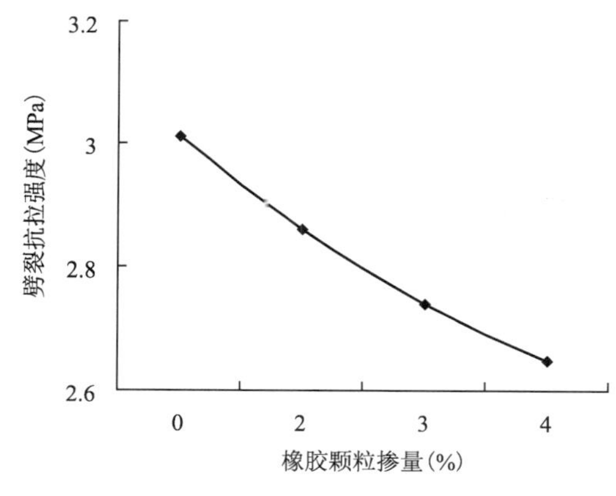


图 3-3　不同掺量混合料的劈裂抗拉强度

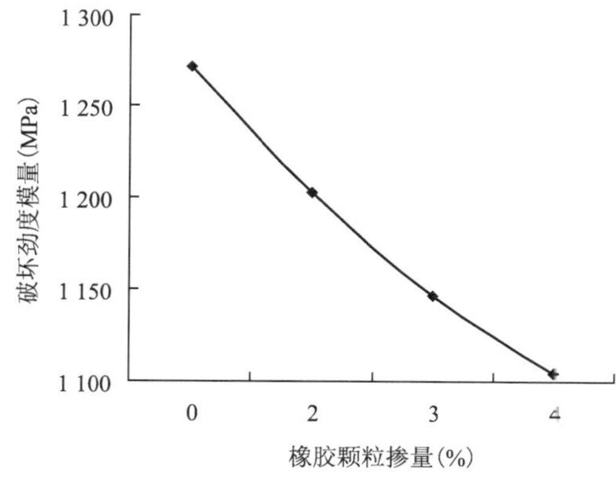


图 3-4　不同掺量混合料的劲度模量

由以上两图可知，混合料 JAC-16 随橡胶颗粒掺量的增加，其劈裂抗拉强度与破坏劲度模量均呈递减趋势。

## 3.2.2　单轴压缩试验研究

采用美国 MTS-810 材料试验仪进行橡胶颗粒沥青混合料单轴压缩试验（圆柱体法 T 0713—2000），测定 4 种橡胶颗粒掺量（0%、2%、3%与 4%）沥青混合料的抗压强度与抗压回弹模量，级配统一采用 JAC-16，试验温度为 15℃，加载速率为 2mm/min。试验过程通过程序进行控制，试验数据由计算机自动采集。

掺加 0% 橡胶颗粒混合料力随时间的变化、位移随时间的变化及力随位移的变化如图 3-5 ~ 图 3-7 所示，其他掺量试验规律类似。不同橡胶颗粒掺量的混合料抗压强度试验结果如图 3-8 所示,由力随位移的变化图得到不同橡胶颗粒掺量的混合料抗压回弹模量试验结果如图 3-9 所示。

由图 3-8、图 3-9 可知,混合料 JAC-16 随橡胶颗粒掺量的增加,抗压强度与抗压回弹模量均呈递减趋势。因此橡胶颗粒沥青混合料的掺量不宜过高,否则将影响混合料的力学强度。

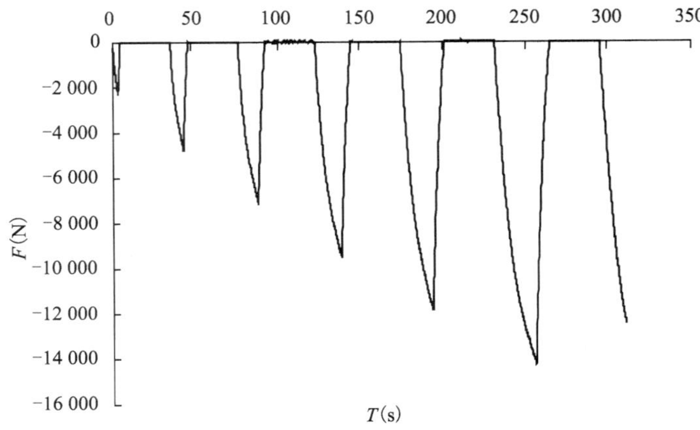


图 3-5 JAC-16 掺 0% 橡胶颗粒力随时间的变化

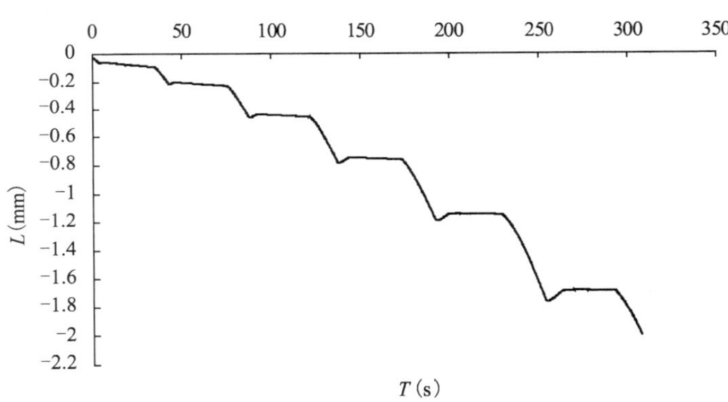


图 3-6 JAC-16 掺 0% 橡胶颗粒位移随时间的变化

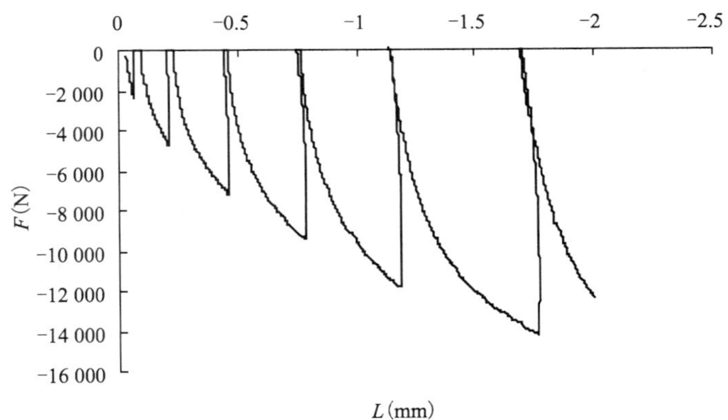


图 3-7 JAC-16 掺 0% 橡胶颗粒力随位移的变化

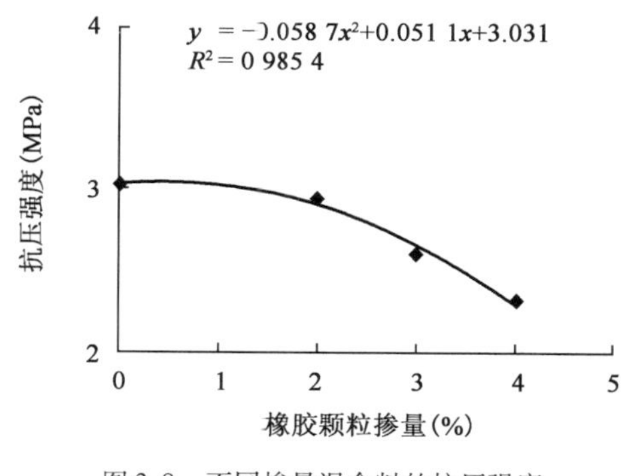

图 3-8　不同掺量混合料的抗压强度

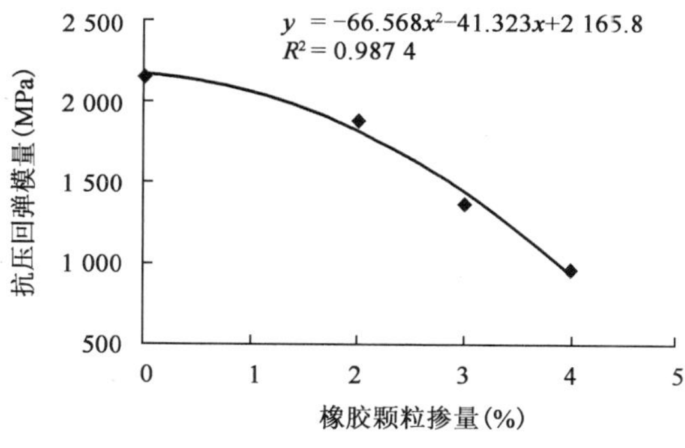

图 3-9　不同掺量混合料的抗压回弹模量

综上所述，采用 MTS-810 材料试验仪进行的劈裂试验与单轴压缩试验结果可以相互验证，从直接压缩与间接拉伸两个角度证实了随橡胶颗粒掺量的增加，橡胶颗粒沥青混合料的力学强度呈递减趋势。

## 3.3　基于离散元方法的橡胶颗粒沥青混合料劈裂数值模型

采用沥青混合料细观结构离散元分析方法，对橡胶颗粒沥青混合料的劈裂试验进行数值模拟，验证橡胶颗粒掺加对混合料力学性能的影响性结论。

### 3.3.1　细观模型构建

劈裂试验细观模型颗粒间的本构关系采用平行连接模型，给定颗粒半径最小值、最大半径与最小半径的比值，用这两个指标控制颗粒的生成。

橡胶颗粒沥青混合料级配设计过程中，采用橡胶颗粒（1～3mm）替换全部或部分集料（2.36～4.75mm），因此劈裂数值模拟将混合料中关键档的集料（2.36～4.75mm）分离出来，与橡胶颗粒分别生成圆盘试件进行劈裂试验，加载模型如图 3-10 所示，两种试验模型参数如表 3-1 所示。

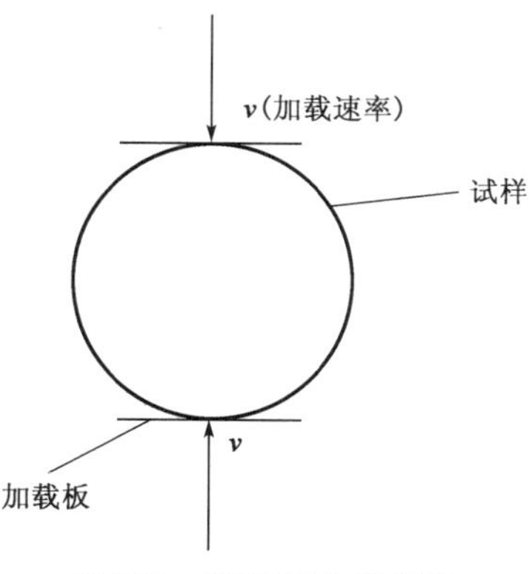

图 3-10　劈裂试验加劈模型

劈裂试验模型参数　　表 3-1

| 参　　数 | 颗粒密度 ($kg/m^3$) | 颗粒法向刚度 (Pa/m) | 颗粒切向刚度 (Pa/m) |
|---|---|---|---|
| 集料颗粒（2.36～4.75mm） | 2 600 | $1\times10^8$ | $1\times10^8$ |
| 橡胶颗粒（1～3mm） | 1 200 | $1\times10^4$ | $1\times10^4$ |

### 3.3.2　劈裂试验数值模拟研究

利用 PFC2D 程序建立了清晰直观的橡胶颗粒（1～3mm）与集料（2.36～4.75mm）模型，如

图3-11所示。2.36～4.75mm档集料的粒径比1～3mm橡胶颗粒大，与集料相比，橡胶颗粒的刚度明显较小。

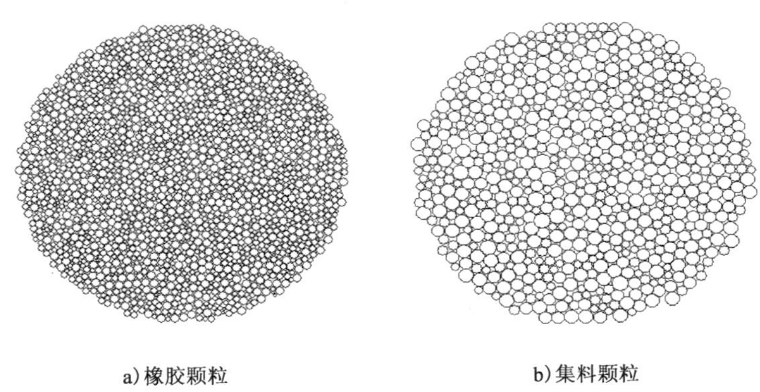


图3-11　橡胶颗粒与集料颗粒的细观模型

如图3-12、图3-13所示，监测模型裂缝的产生位置，该裂缝的方向与加载方向一致。随着时步的增大，试件中形成的裂缝急剧增多，至应力—应变曲线达到峰值时，裂缝的增长率最大，峰值后继续施加荷载，则裂缝基本不再增加，说明此时已经形成恒定的剪切带，仅表现为裂缝长度的延伸及裂缝间的贯通，并且裂缝沿竖向直径方向贯穿整个试件。两种模型的位移分布如图3-14、图3-15所示。

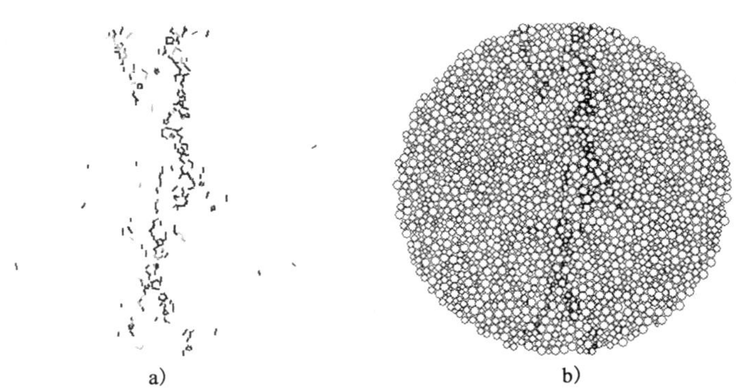


图3-12　橡胶颗粒模型的裂缝分布图

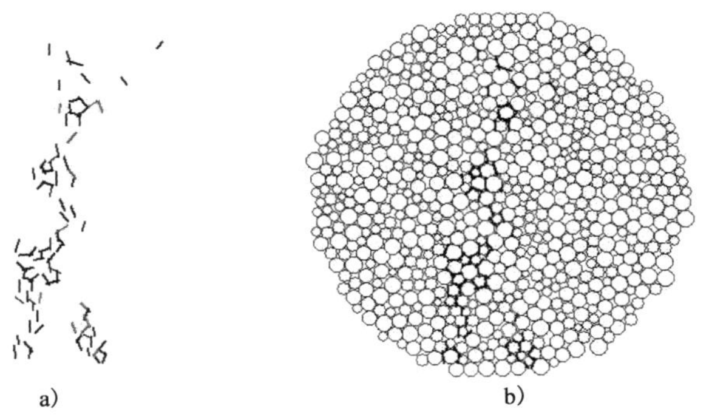


图3-13　集料模型的裂缝分布图

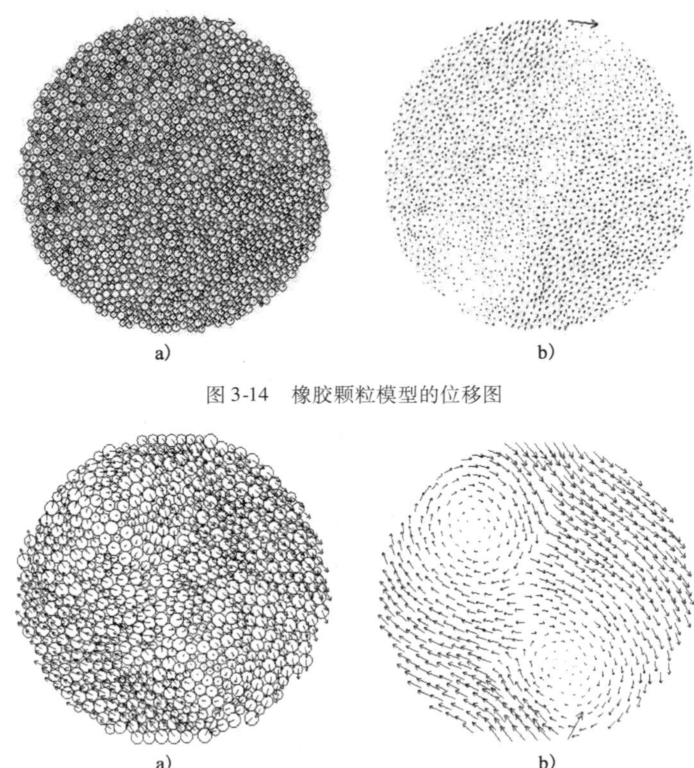

a)　　b)

图 3-14　橡胶颗粒模型的位移图

a)　　b)

图 3-15　集料颗粒模型位移图

图 3-14、图 3-15 中位移矢量采用箭头表示运动方向，线形越长表示位移越大。劈裂加载过程中橡胶颗粒发生的位移较小，位移矢量沿直径方向向两侧移动，圆周边缘除加载处的位移相对较小，因此裂缝主要集中于直径方向。集料模型发生了较大的位移矢量，受加载外力的影响，位移矢量运行方向规则，且在加载端附近产生了位移涡流现象。

模型加载过程中，当劈裂数值模型中颗粒间的接触关系（如断开）发生变化时，模型的宏观力学特性将受到影响，随着发生破坏的接触数量增多，该模型宏观力学特性经历了从峰前线性到峰后非线性的转化，即劈裂加载过程中数值模型内颗粒接触状态变化决定了模型的本构关系。离散元数值模拟中应力的获取方式是通过记录颗粒对墙体的作用力。

随着应变的增加，应力也逐步增加，直至某一峰值强度，应变增加，应力已经不再增加，橡胶颗粒与集料屈服，而后应力—应变曲线发生软化，模拟结果较为吻合材料的屈服破坏过程。劈裂试验的模拟结果见表 3-2。

**劈裂模拟试验结果**　　表 3-2

| 材料类型 | 应力（Pa） | 应变 | 最大位移（mm） | 裂缝数（条） | | 总裂缝数（条） | 劈裂强度（MPa） |
|---|---|---|---|---|---|---|---|
| | | | | 法向 | 切向 | | |
| 橡胶颗粒（1～3mm） | $1.78\times10^{5}$ | $3.90\times10^{-3}$ | $1.75\times10^{-3}$ | 106 | 16 | 122 | 1.146 |
| 集料颗粒（2.36～4.75mm） | $1.91\times10^{5}$ | $3.65\times10^{-3}$ | $3.42\times10^{-4}$ | 27 | 7 | 34 | 1.218 |

与集料相比，橡胶颗粒的刚度明显较小，劈裂加载过程中橡胶颗粒产生了较多的裂缝，橡胶颗粒模型内部产生的裂缝达到集料的4倍，劈裂强度也小于集料的劈裂强度。因此，对于采用橡胶颗粒替换部分集料的橡胶颗粒沥青混合料，其抗裂性能有所降低，将破冰性能与耐久性能综合考虑，是橡胶颗粒沥青路面的研究关键。

### 3.3.3 室内劈裂试验与数值模拟的关系

结合劈裂试验与离散元数值模拟分析构建了橡胶颗粒沥青混合料劈裂细观数值模型，提出了以裂缝数与劈裂强度为主的指标，同时通过劈裂试验确定了两个易于获得的宏观参数，即劈裂抗拉强度与劲度模量。比较细观数值模拟与室内试验所获取结论，发现两者可以相互验证，从宏观与细观两个角度证明了橡胶颗粒的掺加将明显降低沥青混合料的力学强度。

因此，不同橡胶颗粒掺量沥青混合料劈裂抗拉强度与劲度模量的变化趋势，可以通过离散元数值模型所获取的裂缝数与劈裂强度的差异性解释，真正做到了从细观机理上去解释宏观现象的本质，为探求普通沥青混合料的宏观现象发生机理，提供了一种试验结合理论分析的新思路。

综上所述，离散单元法为以离散性为重要特征的沥青混合料问题进行细观研究提供了很好的数值分析工具，它可以较全面地给出从细观变化到宏观响应的各种信息，并能够有效地通过各种细观参数对宏观现象的影响进行延伸讨论，有益于从本质上揭示沥青混合料的宏观现象。

## 3.4 橡胶颗粒沥青混合料疲劳性能

从热力学角度来看，沥青混合料疲劳破坏是典型的能量不可逆的耗散过程，耗散能是综合衡量橡胶颗粒沥青混合料疲劳破坏程度的参数。而沥青混合料疲劳开裂的分形结构则是裂缝扩展过程中耗散性与随机性在几何上的综合反映，分形维数则是描述这一现象的基本参数，即耗散能与分形维数分别从热力学和几何学上描述了橡胶颗粒沥青混合料疲劳破坏的程度。

### 3.4.1 基于耗散能理论的混合料疲劳试验研究

1）疲劳能耗分析

黏弹性材料的疲劳破坏过程是一个能量耗散的过程。外力对材料所做的功可转化成如下形式的能量：作为弹性应变能被储存；作为流动被消耗；裂缝发生、发展产生新表面时转化为表面能。

因为应变滞后于应力，当沥青混合料受一个重复的正弦应力 $\sigma(t)=\sigma_0 \cdot \sin(\omega t)$ 作用时，应变会以同样的频率 $\omega$ 产生一个 $\varepsilon(t)=\varepsilon_0 \cdot \sin(\omega t+\varphi)$ 的应变响应，$\varphi$ 即为应变滞后于应力的相位角，也称耗散角。设定 $x=\sigma_0 \cdot \sin(\omega t)$，$y=\varepsilon_0 \cdot \sin(\omega t+\varphi)$，则经过一定的数学上的变换，可求得应变滞后与应力滞回曲线方程如下：

$$\frac{\left(x-\frac{\sigma_0}{2}\right)^2}{\left(\frac{\sigma_0}{2}\right)^2}+\frac{\left(y-\frac{\varepsilon_0}{2}\right)^2}{\left(\frac{\varepsilon_0}{2}\right)^2}-\frac{8\cos\varphi}{\sigma_0 \cdot \varepsilon_0}\left(x-\frac{\sigma_0}{2}\right)\left(y-\frac{\varepsilon_0}{2}\right)=\sin^2\varphi \tag{3-16}$$

令 $X = x - \frac{\sigma_0}{2}$、$Y = y - \frac{\varepsilon_0}{2}$，$a = \frac{\sigma_0}{2}$，$b = \frac{\varepsilon_0}{2}$，上式可变换为：

$$\frac{X^2}{a^2} + \frac{Y^2}{b^2} - \frac{2\cos\varphi}{a \cdot b}X \cdot Y = \sin^2\varphi \tag{3-17}$$

该方程即为一个应力周期内应力、应变的滞后回路方程。

试验过程中，荷载与试件的位移由数据采集系统进行数据的自动采集，考虑到试验时试件是在小变形范围内，则应力、应变大小的计算分别为：

$$\sigma(t) = F(t)A, \varepsilon(t) = s(t)L \tag{3-18}$$

式中：$F(t)$——荷载的大小；

$s(t)$——试件的位移；

$A$、$L$——试件的横截面面积和原始长度。

由于损伤的累积，在疲劳过程中能量被逐渐耗散，这些耗散的能量没有转化成应变能，而是转化为热能，每一个应力周期滞回曲线的面积代表了该周期所消耗的能量。每个应力周期滞回曲线的面积可采用下式求得：

$$\omega_i = \int_0^{2\pi/\omega} \sigma_{(t)} \cdot \varepsilon_{(t)} \cdot \mathrm{d}t \tag{3-19}$$

在整个疲劳过程中，累计耗散能是所有滞后回路面积的总和，即达到破坏时的总能耗 $W_{\mathrm{F}}$ 为：

$$W_{\mathrm{F}} = \sum_{i=1}^{N_{\mathrm{F}}} \omega_i \tag{3-20}$$

式中：$N_{\mathrm{F}}$——达到破坏时的荷载重复作用次数，即通常所说的疲劳寿命；

$W_{\mathrm{F}}$——达到破坏时的总耗散能，即累计耗散能。

$W_{\mathrm{F}}$ 为应力—应变曲线中应力、应变曲线所围成的曲线的面积，其值大小可由 Origin 或 Matlab 软件的积分功能来完成计算。

2）疲劳方程分析

大量的试验研究表明，用累计耗散能可分析沥青混合料的疲劳破坏，累计耗散能与疲劳寿命之间存在唯一的关系，其他因素（如试验方法、加载频率、加载模式、温度等）对其影响不大，本书据此运用耗散能理论分析沥青混合料的疲劳过程，得到了沥青混合料的疲劳方程。沥青混合料的疲劳寿命与达到疲劳破坏时的总能耗 $W_{\mathrm{F}}$ 之间有如下的简单关系（即疲劳方程）：

$$W_{\mathrm{F}} = A \cdot N_{\mathrm{F}}^{B} \tag{3-21}$$

式中：$A$、$B$——试验中确定的材料参数，因沥青混合料的不同而不同。

上式也可经过简单的对数变换改写为：

$$\ln W_{\mathrm{F}} = \ln A + B \cdot \ln N_{\mathrm{F}} \tag{3-22}$$

通过试验确定了疲劳方程中的参数 $A$、$B$，就可以进行沥青混合料的疲劳分析，即可以预测材料的疲劳寿命和对应疲劳破坏时的总耗散能分析。式（3-22）在双对数坐标系中是直线方程，其中 $\ln A$ 是直线的截距，$B$ 是直线的斜率。

3）疲劳试验结果分析

混合料级配选用 JAC-16，橡胶颗粒沥青混合料室内劈裂试验按规范 T 0702—1993 的标准击实法成型马歇尔试件，采用 MTS-810 材料测试系统进行劈裂疲劳试验（T 0716—1993）。

荷载采用连续半正弦荷载,在不同应力水平条件下分别测定疲劳过程中的应力、应变及疲劳寿命,控制的试验温度为15℃,加载频率为10Hz。

橡胶颗粒沥青混合料的疲劳试验结果如表3-3所示,将试验结果整理在双对数坐标中如图3-16所示。

**橡胶颗粒沥青混合料的疲劳寿命及对应的累计耗散能表** 表3-3

| 应力比 | $N_F$(次) | $\ln N_F$ | $W_F$(kPa) | $\ln W_F$ |
|---|---|---|---|---|
| 0.2 | 202 300 | 5.306 0 | 175 647 | 5.244 6 |
| 0.3 | 162 310 | 5.210 3 | 118 623 | 5.074 2 |
| 0.4 | 78 060 | 4.892 4 | 67 952 | 4.832 2 |
| 0.5 | 74 550 | 4.872 4 | 62 625 | 4.796 7 |
| 0.6 | 52 940 | 4.723 8 | 59 637 | 4.775 5 |
| 0.7 | 35 420 | 4.549 2 | 40 564 | 4.608 1 |

从图3-16可以看出,橡胶颗粒沥青混合料累计耗散能与疲劳寿命在双对数坐标中表现出较好的线性关系,运用此规律可以分析混合料的疲劳特性,对试验数据线性回归可得橡胶颗粒沥青混合料的疲劳方程如下:

$\ln W_F = 0.7848 \times \ln N_F + 1.0228$, $R^2 = 0.9604$, $\ln A = 1.0228$, $A = 10.539$, $B = 0.7848$,即:

$$W_F = 10.539 \times N_F^{0.7848} \tag{3-23}$$

## 3.4.2 基于分形理论的混合料疲劳试验研究

本节对橡胶颗粒沥青混合料进行疲劳开裂试验的观测,获得橡胶颗粒沥青混合料疲劳破坏时的裂缝状态与结构变化的图像,运用数字图像处理技术提取出裂缝,求得裂缝图像的分形维数,结合疲劳试验所得疲劳寿命,研究两者之间的关系。

1)数字图像技术概述

所谓数字图像处理(Digital Image Processing),就是利用计算机对数字图像进行一系列操作,从而获得某种预期结果的技术。对其研究可以追溯到20世纪40年代美英之间越过大西洋的图像传输。但真正的计算机图像处理应从1964年美国喷气发动机实验室(JPL)用计算机处理了宇宙飞船拍摄的月球照片开始,用计算机增强的月球照片表面构造清晰可见,引起了很大的轰动。此后,美国西部的JPL W. Pratt领导的南加州大学的实验室相继开展了图像的增强恢复、图像编码以及图像的边缘提取和分割等一系列初级图像处理技术的研究。

随着计算机技术的不断发展,20世纪50年代,计算机图像处理技术得到迅速发展并形成新的学科,尤其在近20年的时间里,数字图像处理技术更是得到了飞跃的发展,呈现强大的优势和生命力。在空间技术、生物医学、X射线图像增强、光学显微图像分析、遥感图像分析、粒子物理、地质勘探、人工智能和工业检测等方面,得到了广泛的应用。

数字图像处理系统由处理图像的计算机、图像输入和图像输出设备组成。在自然的形式下,图像并不能直接由计算机分析,因为计算机只能处理数字而不能处理图像,所以一幅图像在用计算机处理之前必须先转化为数字形式。图3-17表示了如何用一个数字矩阵来表示一个物理图像。物理图像被划分为称为像素的小区域。最常见的划分方案是图中所示的方形采样网格，图像被分割成由相邻像素组成的许多水平线，每个像素位置上的数值反映了物理图像上对应点的亮度。

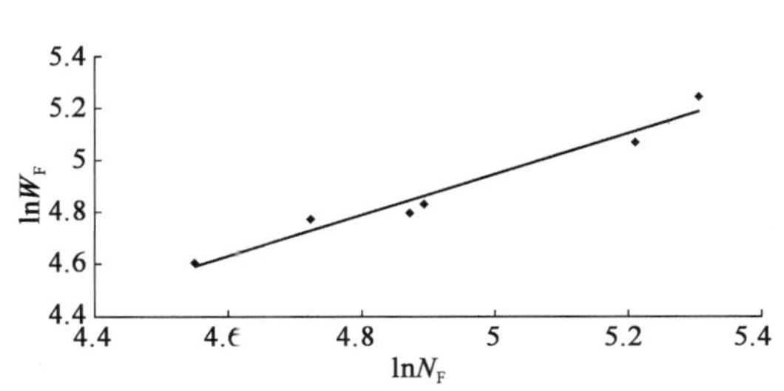


图 3-16　橡胶颗粒沥青混合料累计耗散能与疲劳寿命关系曲线

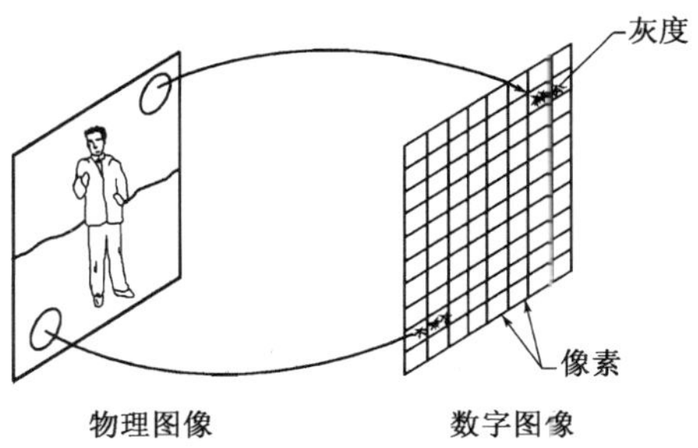


图 3-17　物理图像及对应的数字图像

图像转化的过程称为数字化，它是将一幅图像从其原来的形式转换为数字形式的处理过程，如图 3-18 所示。在每个像素位置，图像的亮度被采样和量化，从而得到图像对应点上表示其亮暗程度的一个整数值——灰度。对图像中所有的像素都完成上述转化后，图像就被表示成一个整数矩阵，见式(3-24)。

$$F = \begin{vmatrix} f(0,0) & f(0,1) & \cdots & f(0,N-1) \\ f(1,0) & f(1,1) & \cdots & f(1,N-1) \\ \vdots & \vdots & \cdots & \vdots \\ f(M-1,0) & f(M-1,1) & \cdots & f(M-1,N-1) \end{vmatrix} \tag{3-24}$$

每个像素具有位置和灰度两个属性。位置或称地址，是由扫描线内的采样点的两个坐标决定的，它们也称为行和列。灰度是表示该像素位置上亮暗程度的整数。利用此数字矩阵显示的图像就是数字图像，所有数字图像处理过程都是以该数据矩阵为基础展开的。生成的数字矩阵就可以作为计算机处理的对象了。

图像处理系统一般采用 256 级灰度图像，即 8 位黑白图像，其中 1 个像素由 1 个字节描述。0 表示黑色，255 表示白色，其他中间灰度如图 3-18 所示，显示了图像数字化的全过程。

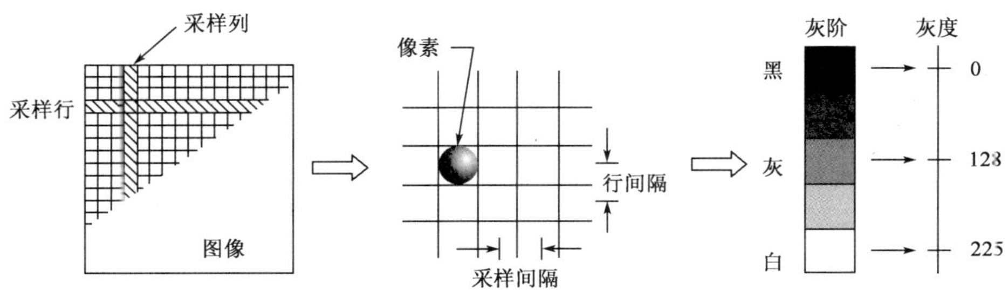


图 3-18　图像数字化

由数字化器产生的数字图像先进入一个适当装置的缓冲区中，用相应的程序对图像进行处理后，计算机按每个像素生成另一幅图像，再次存入缓存区中。图 3-19 显示了一个完整的数字图像处理系统。

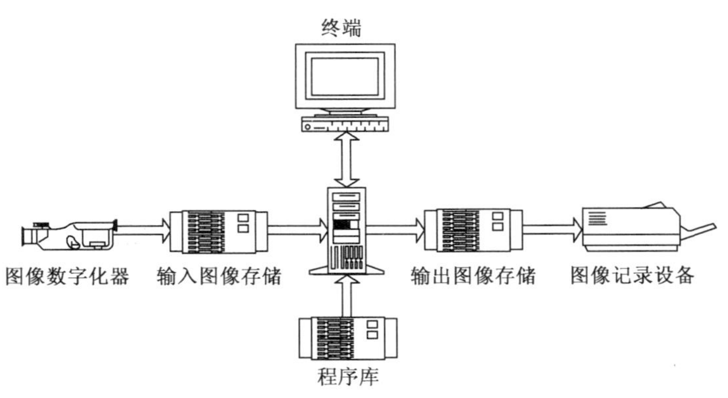


图 3-19　数字图像处理系统

在图像处理的基础上，需要利用模式识别技术检测分离出图像中的物体，然后利用统计决策理论提供的技术对这些物体识别和分类。在给定一幅含有多个物体的数字图像的条件下，模式识别由 3 个主要阶段组成，如图 3-20 所示。第一个阶段称为图像分割和图像分离阶段。在该阶段中检测出各个物体，并把它们的图像和其他景物分离。第二个阶段称为特征提取阶段，该阶段中对物体进行度量。计算特征是为了对物体的一些重要特征进行定量估计，特征提取过程产生的一组特征组合在一起形成特征向量。第三个阶段是分类，它的输出仅仅是一种决策，确定每个物体应该归属的类别，通过一个分类过程将物体识别为某一特定类型，进一步对整个图像进行结构上的分析。因而，对模式识别环节来说，输入的是图像，输出的是类别和图像的结构分析，而结构分析的结果则是对图像进行描述，以便对图像的重要信息给予正确地理解和判断。

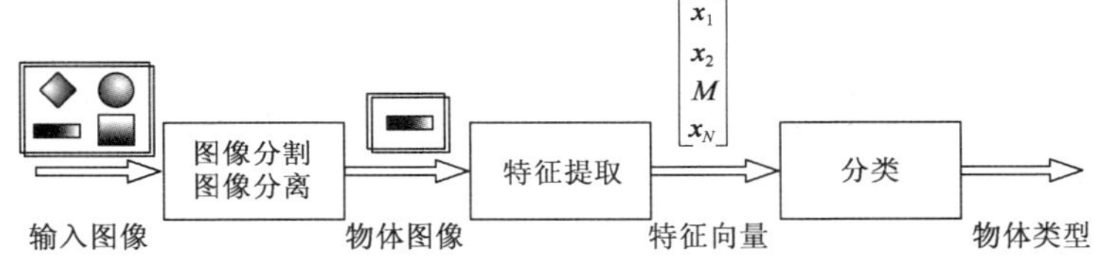


图 3-20　模式识别的 3 个阶段

2）裂缝的分形维数

橡胶颗粒沥青混合料的疲劳破坏累积过程从本质上讲是某种能量耗散的不可逆过程。使混合料发生破坏必须提供一定的能量来克服晶体内部或晶界之间的结合能。疲劳开裂的分形结构则是混合料裂缝扩展过程中耗散性与随机性在几何上的综合反映，分形维数则是其定量表示。

（1）马歇尔试件的裂缝提取

本次试验选用橡胶颗粒沥青混合料级配 JAC-16，油石比采用 5.7%，橡胶颗粒掺量为 3%，按规范 T 0702—1993 用标准击实法成型标准马歇尔试件，采用 MTS-810 材料测试系统进行劈裂试验（T 0716—1993）。荷载采用连续半正弦荷载，在应力水平分别为 0.2、0.3、0.4、0.5、0.6、0.7 的条件下测定疲劳过程中的应力、应变及疲劳寿命，控制的试验温度为 15℃，加载频率为 10Hz，进行基于分形理论的不同应力水平条件下橡胶颗粒沥青混合料疲劳破坏研究。

采用 MTS-810 材料测试系统进行橡胶颗粒沥青混合料的劈裂疲劳试验，试验过程中选择高分辨率设备进行图像的拍摄，选取多个拍摄点，做到加载与拍摄图像同步，直至试件破坏。经过图像处理，能得到比较清晰的橡胶颗粒沥青混合料试件破坏裂缝图像如图 3-21、图 3-22 所示。

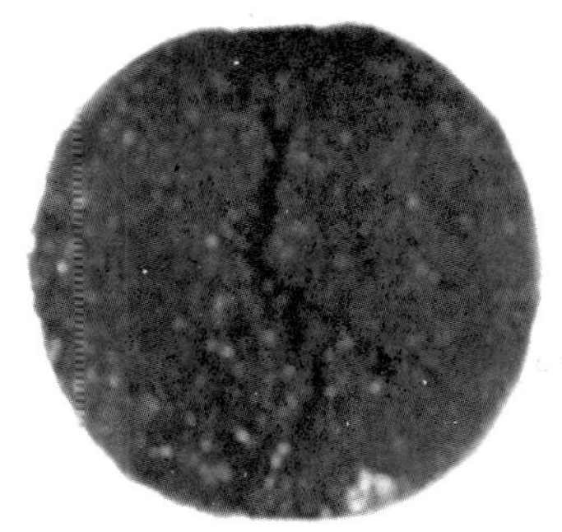

图 3-21　沥青混合料试件试验后图像

图 3-22　沥青混合料试件裂缝处理后图像

(2)盒维数

盒维数是应用最广泛的分形维数之一，它的普遍应用主要是由于这种维数的数学计算及经验估计相对容易一些。设 $F$ 是 $R^n$ 上任意非空的有界子集，$N(\varepsilon)$ 是直径为 $\varepsilon$，可以覆盖 $F$ 的集的最少个数，则 $F$ 的下、上计盒维数分别定义为：

$$\underline{Dim_{\mathrm{B}}}F = \lim_{\varepsilon\to 0}\frac{\lg N(\varepsilon)}{-\lg\varepsilon} \tag{3-25}$$

$$\overline{Dim_{\mathrm{B}}}F = \overline{\lim_{\varepsilon\to 0}}\frac{\lg N(\varepsilon)}{-\lg\varepsilon} \tag{3-26}$$

如果这两个值相等，则称这共同的值为 $F$ 的计盒维数，记为：

$$Dim_{\mathrm{B}}F = \overline{\lim_{\varepsilon\to 0}}\frac{\lg N(\varepsilon)}{-\lg\varepsilon} \tag{3-27}$$

(3)沥青混合料疲劳开裂时裂缝的分形特征

采用计盒维数进行劈裂试验的裂缝分形分析，由式(3-26)可知，假设总数目 $N$ 随着码尺 $\varepsilon$ 变化而变化，令 $N_\delta(F)$ 为 $N(\varepsilon)$，从而得到一组变化的数据$[\varepsilon, N(\varepsilon)]$。令直径 $\delta$ 为 $1/\varepsilon$，分别对该组数据中 $\varepsilon$ 的倒数和 $N$ 取对数，得到一组新的数据。同时将本组数据拟合成双对数图，对其进行线性回归分析，分析 $\ln(1/\varepsilon)$ 与 $\ln[N(\varepsilon)]$ 的关系，如果 $\ln[N(\varepsilon)]$ 与 $\ln(1/\varepsilon)$ 表现出良好的线性关系，那么可以证明裂缝具有分形特性。

对 $\ln(1/\varepsilon)$ 与 $\ln[N(\varepsilon)]$ 的双对数图进行线性回归分析可以得到：

$$d = \frac{\ln[N(\varepsilon)]}{\ln(1/\varepsilon)} \tag{3-28}$$

式中：$d$——回归后得到的直线的斜率，称为裂缝的分形维数。

橡胶颗粒沥青混合料在不同应力水平下进行劈裂试验，将最终破坏时拍摄到的裂缝图像进行盒覆盖，不断变化码尺 $\varepsilon$，可以得到如图 3-23 所示的分形盒覆盖试件的裂缝。

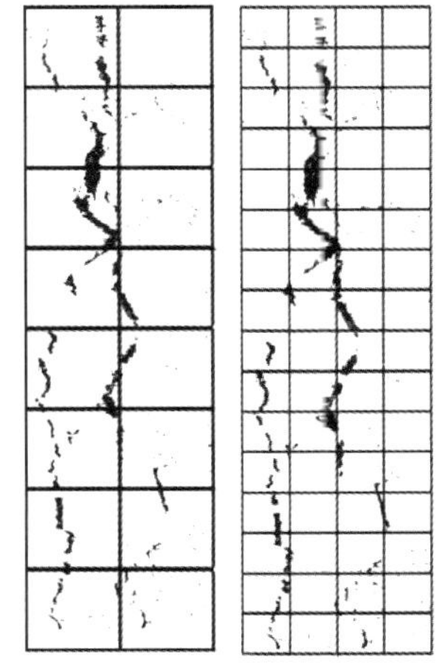

图 3-23　分形盒覆盖试件的裂缝

在应力水平分别为0.2、0.3、0.4、0.5、0.6、0.7的条件下，分别测定疲劳破坏状态的盒子的总数目 $N$ 随着码尺 $\varepsilon$ 的变化情况，并对该组数据中 $\varepsilon$ 的倒数和 $N$ 取对数，将这些数据画成双对数图，如图3-24～图3-29所示。

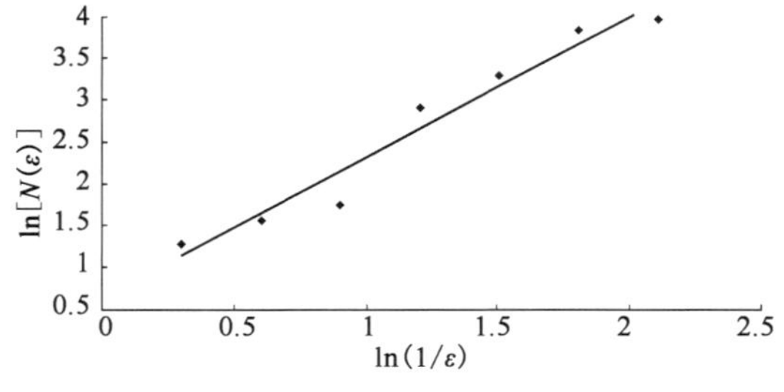


图3-24　应力比为0.2时混合料裂缝分形特性

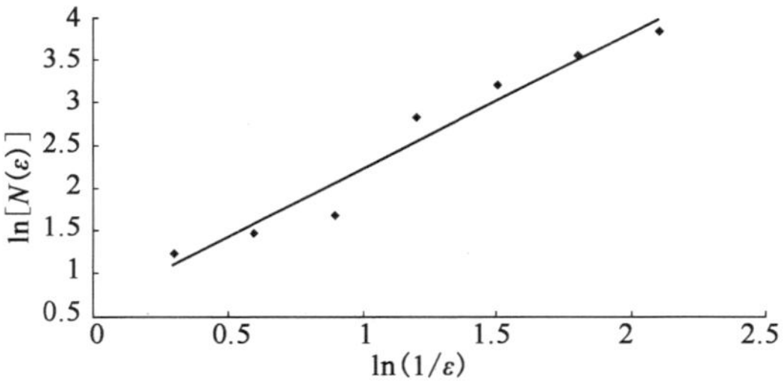

图3-25　应力比为0.3时混合料裂缝分形特性

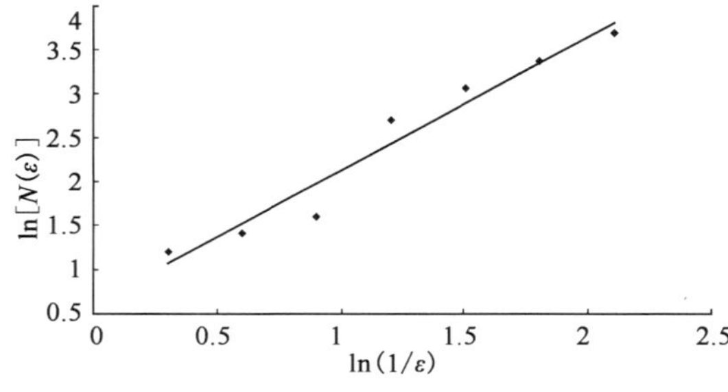


图3-26　应力比为0.4时混合料裂缝分形特性

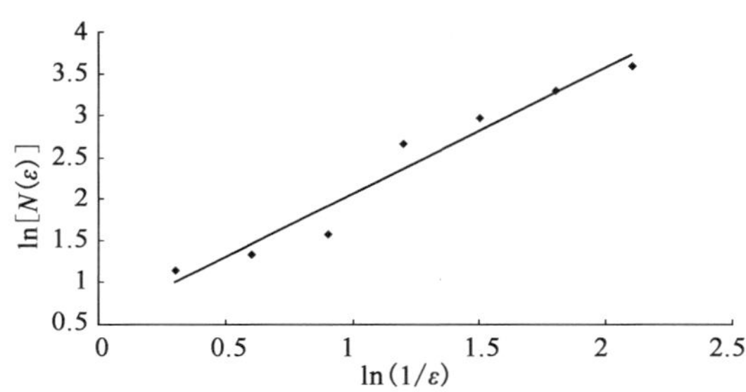


图3-27　应力比为0.5时混合料裂缝分形特性

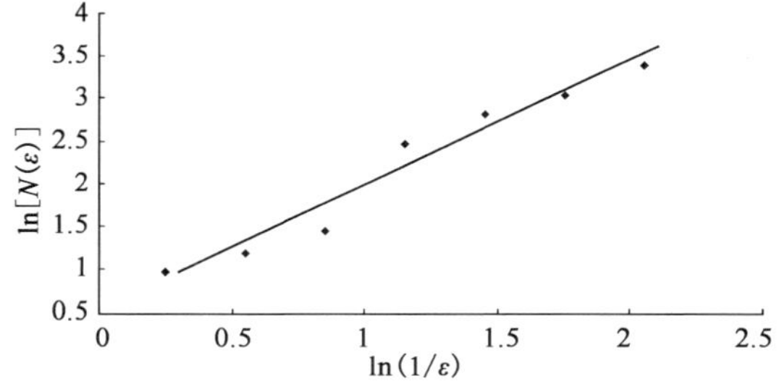


图3-28　应力比为0.6时混合料裂缝分形特性

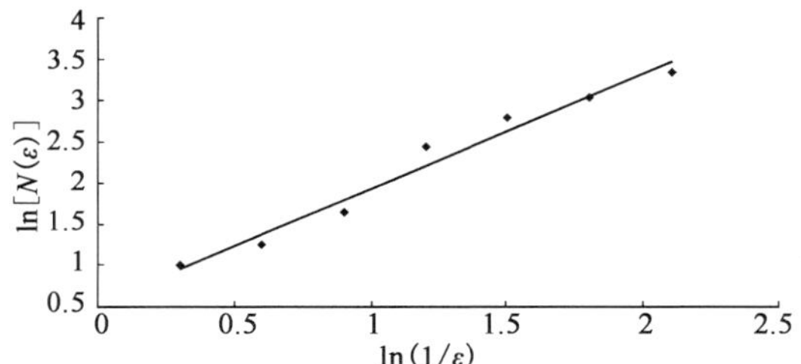


图3-29　应力比为0.7时混合料裂缝分形特性

由图3-25～图3-29可知，在较大的标度范围内 $\ln(1/\varepsilon)$ 与 $\ln[N(\varepsilon)]$ 呈现良好的线性相关性，相关系数较高。说明裂缝的分布有明显的统计相似性，裂缝具有明确的统计意义上的分形特征，可以利用分形几何来研究。

综合不同应力比条件下橡胶颗粒沥青混合料的分形特征，可以得到图3-30所示的线性关系，相关系数较高。

3）分形疲劳破坏分析

由以上试验分析可知，混合料裂缝图像的分形维数与混合料的疲劳寿命存在近似的正比例关系。不同应力比下混合料疲劳寿命与分形维数的关系如表3-4所示，疲劳寿命与沥青混合料裂缝分形维数的关系如图3-31所示。

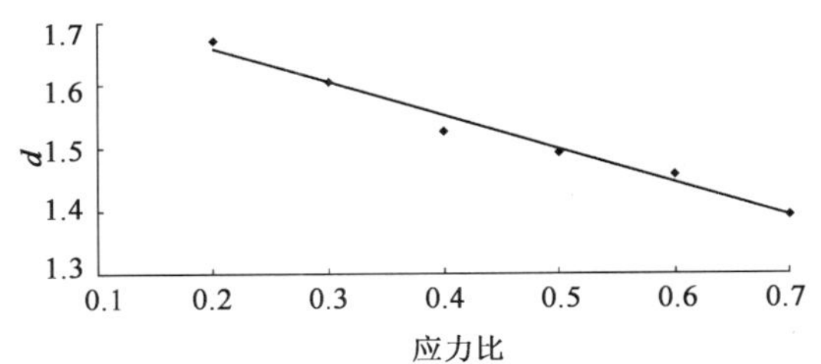


图 3-30 应力比与沥青混合料裂缝分形维数的关系

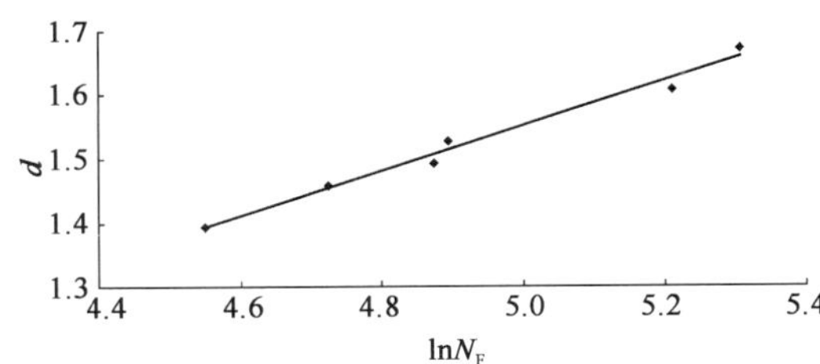


图 3-31 疲劳寿命与沥青混合料裂缝分形维数的关系

**不同应力比下混合料疲劳寿命与分形维数的关系** 表 3-4

| 应力比 | $N_F$(次) | $\ln N_F$ | 分维数 d |
|---|---|---|---|
| 0.2 | 202 300 | 5.306 0 | 1.670 8 |
| 0.3 | 162 310 | 5.210 3 | 1.605 8 |
| 0.4 | 78 060 | 4.892 4 | 1.526 7 |
| 0.5 | 74 550 | 4.872 4 | 1.492 8 |
| 0.6 | 52 940 | 4.723 8 | 1.458 8 |
| 0.7 | 35 420 | 4.549 2 | 1.393 8 |

由图 3-31 可知,裂缝分形维数与混合料疲劳寿命之间的关系可表示为:

$$d = 0.3467 \times \ln N_F - 0.1829 \tag{3-29}$$

可以将两者关系简化为:

$$d = E \cdot \ln N_F + F \tag{3-30}$$

式中:$E$、$F$——试验中确定的材料参数,因沥青混合料的不同而不同。对于本书中的橡胶颗粒沥青混合料的参数取值为 $E = 0.3467$、$F = -0.1829$。

本书对橡胶颗粒沥青混合料马歇尔试件外加荷载与疲劳寿命关系的获得和裂缝分维数与疲劳寿命关系的研究,可知混合料的疲劳破坏累积过程是某种能量耗散的不可逆过程,使材料产生裂缝必须提供一定的能量来克服晶体内部或晶界之间的结合能。疲劳裂缝的分形特征是裂缝扩展过程中耗散性与随机性在几何上的综合反映,可以用混合料的分形维数作为其定量的几何表示。

### 3.4.3 耗散能、分形维数与疲劳寿命的关系

1)理论公式推导

本章上述内容分别采用能量法和分形维数法来研究橡胶颗粒沥青混合料的疲劳性能,我们下面将研究耗散能、分形维数与疲劳寿命三者之间的关系,将式(3-22)与式(3-30)联立可得:

$$d = \frac{E}{B} \cdot \ln W_F + F - \frac{E}{B} \cdot \ln A \tag{3-31}$$

令 $G = \frac{E}{B}, H = F - \frac{E}{B} \cdot \ln A$ 可得:

$$d = G \ln W_F + H \tag{3-32}$$

式中：$G$、$H$——试验中确定的材料参数，因沥青混合料的不同而不同。

该项目中，由 $\ln W_F = 0.7848 \times \ln N_F + 1.0228$ 与 $d = 0.3467 \times \ln N_F - 0.1829$ 可得 $G_1 = 0.4418$，$H_1 = -0.6347$，即：

$$d = 0.4418 \times \ln W_F - 0.6347 \tag{3-33}$$

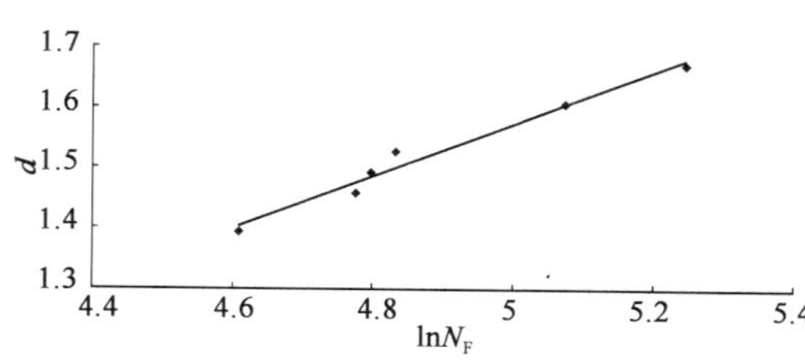

图 3-32　耗散能与沥青混合料裂缝分形维数的关系

2）试验结果分析

由不同应力水平的疲劳试验分析也可得到混合料裂缝图像的分形维数与混合料耗散能的关系，如图 3-32 所示。

由图 3-32 可知，裂缝分维数与混合料耗散能之间的关系可表示为式（3-34），可得 $G_2 = 0.4316$，$H_2 = -0.585$，即：

$$d = 0.4316 \times \ln W_F - 0.585 \tag{3-34}$$

理论推导的式（3-33）与试验数据处理的式（3-34）几乎一致，说明理论推导与试验数据推导具有很好的相关性，可以互相印证。

3）耗散能、分形维数与疲劳寿命的关系

疲劳试件的耗散能与疲劳裂缝表面几何形貌定量指数—分形维数之间存在着定量关系。从物理意义上看，产生分形结构的物理机制要求系统具有耗散性，即要求疲劳裂缝尖端存在耗散区。分形维数 $d$ 与循环累积耗散能 $W_F$ 之间存在定量关系，即：

$$\begin{cases} \ln W_F = \ln A + B \cdot \ln N_F \\ d = E \cdot \ln N_F + F \\ d = G \cdot \ln W_F + H \end{cases} \tag{3-35}$$

对于本书中的橡胶颗粒沥青混合料可得：

$$\begin{cases} \ln W_F = 0.7848 \times \ln N_F + 1.0228 \\ d = 0.3467 \times \ln N_F - 0.1829 \\ d = 0.4316 \times \ln W_F - 0.585 \end{cases} \tag{3-36}$$

耗散结构理论侧重于从热力学观点研究开放系统在远离平衡条件下自发形成的自组织；而分形则从几何学研究系统几何图形的自相似性，产生分形结构的物理机制要求系统具有耗散性。耗散能是综合衡量混合料疲劳破坏程度的参数；而疲劳裂缝的分形结构是裂缝扩展过程中耗散性与随机性在几何上的综合反映，分形维数则是定量表示自相似的、随机形状和现象的最基本参数。

故分形维数 $d$ 与疲劳过程中耗散能之间应该成比例关系，而耗散能又综合反映了材料疲劳破坏程度，与疲劳寿命之间存在一定的定量关系。所以分形维数、耗散能及疲劳寿命之间存在一定的关系。因此，从物理意义上看，耗散能和疲劳裂缝表面分形维数作为疲劳破坏参数分别从热力学和几何学方面描述了疲劳破坏程度。

### 3.4.4　橡胶颗粒沥青混合料疲劳性能影响因素

在应力控制模式的疲劳试验过程中，应变随着循环加载次数的增加而不断增加，橡胶颗粒沥青混合料内部的损伤也在不断发生，当荷载作用到一定次数后，橡胶颗粒沥青混合料的试件将发生破坏，此时对应的荷载循环作用次数即为橡胶颗粒沥青混合料的疲劳寿命（$N_F$）。橡胶颗粒沥青混合料疲劳影响因素主要包括油石比与空隙率。

1）油石比的影响

为了研究油石比对橡胶颗粒沥青混合料疲劳寿命的影响规律，选择3%的橡胶颗粒掺量，在5个油石比条件下进行疲劳试验对比，试验结果如表3-5所示，则混合料的疲劳寿命与油石比的关系如图3-33所示。

**不同油石比条件下混合料疲劳寿命**　　表3-5

| 油石比（%） | 空隙率VV（%） | 应力比为0.3 | 应力比为0.4 | 应力比为0.5 | 应力比为0.6 |
|---|---|---|---|---|---|
| | | $N_F$（次） | $N_F$（次） | $N_F$（次） | $N_F$（次） |
| 5.1 | 5.4 | 78 630 | 57 460 | 36 540 | 29 590 |
| 5.4 | 4.5 | 96 870 | 67 890 | 56 810 | 46 840 |
| 5.7 | 4 | 162 310 | 78 060 | 74 550 | 52 940 |
| 6 | 3.6 | 156 910 | 113 650 | 86 320 | 5[illegible] 480 |
| 6.3 | 2.3 | 97 400 | 72 540 | 68 400 | 39 840 |

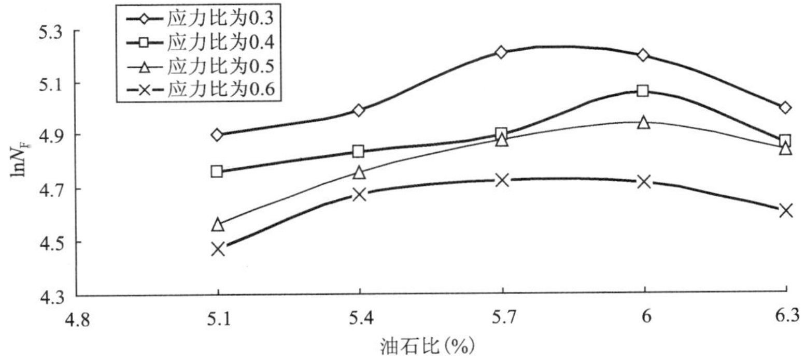


图3-33　疲劳寿命与油石比的关系

从图3-33可知，当油石比在5.1%～6.3%范围变化时，随着油石比的增加，橡胶颗粒沥青混合料的疲劳寿命不断增加，当疲劳寿命达到了最高点，随后出现明显的下降趋势。

试验结果表明，对于橡胶颗粒沥青混合料的最大疲劳寿命存在着一个最佳的油石比。对于橡胶颗粒沥青混合料来说，当油石比太小时，胶结料的黏结力较低，混合料易发生松散；但油石比太多则会破坏混合料的骨架结构，从而降低沥青混合料的疲劳性能。

2）空隙率的影响

空隙率是影响橡胶颗粒沥青混合料力学性能与路用性能的关键因素之一，同时沥青混合料的空隙率对疲劳寿命的影响也很大。在橡胶颗粒沥青混合料级配一定的条件下，混合料的空隙率与油石比有直接关系，在沥青混合料正常的级配范围内，油石比与混合料空隙率对疲劳寿命的影响具有明显的交互作用。根据表3-5，可以得到橡胶颗粒沥青混合料空隙率与疲劳寿命的关系，如图3-34所示。

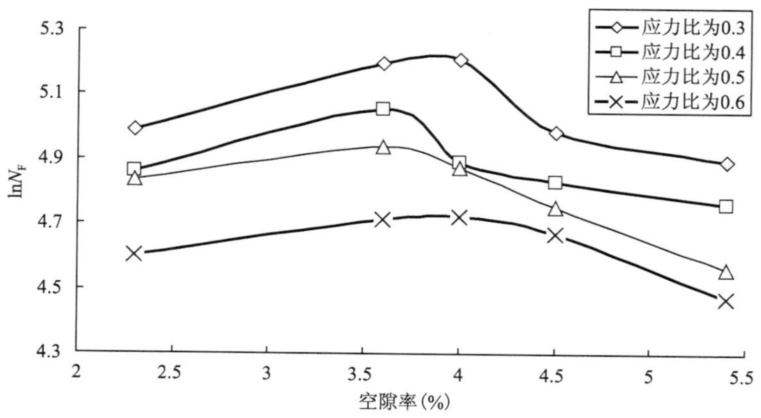


图 3-34 疲劳寿命与空隙率的关系

可以看到,空隙率在 2.3% ~5.4% 范围内变化,随着油石比的增加,橡胶颗粒沥青混合料的空隙率逐渐减小,同时混合料的疲劳寿命逐渐升高;在空隙率范围为 3.5% ~4.0% 时,疲劳寿命达到最大值;在空隙率继续降低时,疲劳性能则会呈降低的趋势。这是由于混合料中油石比太高,导致混合料的饱和度过高,影响了马歇尔试件的压实,直接表现为沥青混合料疲劳性能的降低。因此,对于空隙率控制在 3.5% ~4.5% 范围内的橡胶颗粒沥青混合料疲劳寿命最优。

综上所述,对于橡胶颗粒沥青混合料的最大疲劳寿命存在着一个最佳的油石比与空隙率范围。

本章构建的橡胶颗粒沥青混合料劈裂试验细观模型以裂缝数与劈裂强度为主要输出指标,与劈裂试验确定的宏观参数劈裂抗拉强度与劲度模量相互验证,从宏观与细观两个角度验证了橡胶颗粒的掺加将明显降低沥青混合料的力学强度。采用耗散能与分形维数分别从热力学和几何学角度描述橡胶颗粒沥青混合料疲劳破坏的程度,建立耗散能、分形维数与疲劳寿命间的对应关系,为橡胶颗粒沥青混合料的应用奠定一定的力学基础。

# 第4章　橡胶颗粒沥青混合料破冰与抑制结冰试验

## 4.1　橡胶颗粒沥青混合料破冰试验设计

### 4.1.1　路面破冰模拟试验仪

1)日本抑制冻结路面破冰效果评价仪器与方法

日本抑制冻结沥青路面的抗冻结效果采用抗冻结拉力试验评价,即采用抗冻结拉力值表征冰板的剥落情况。抗冻结拉力试验中的主要影响因素如:养生条件、试验温度、冰冻时间、荷载应力、钢球质量、下降高度、下降速度及拉伸速度,如表4-1所示,试验中主要分为钢球下落过程与试件拉伸过程两个关键环节,本试验的试验原理与操作过程如图4-1、图4-2所示。

抗冻拉力试验的条件　　表4-1

| 项　目 | | 条　件 |
|---|---|---|
| 试件养生 | 试验用水 | 自来水 |
| | 试验温度 | -5℃ ±1℃、-10℃ ±1℃ |
| | 冻结时间 | 4h以上 |
| | 冰的荷载应力 | 4kPa |
| 钢球下落 | 钢球质量 | 420g ±10g |
| | 钢球高度 | 25cm |
| | 下落次数 | 10次 |
| 拉伸试验 | 试件拉伸速度 | 13mm/min |

采用以上所述试验条件,选择密级配沥青混合料、细级配沥青混合料、混凝土试板与不同橡胶颗粒掺量沥青混合料6种混合料进行室内试验,橡胶颗粒掺量采用2%、2.5%与3%,试验温度采用-5℃与-10℃,各种混合料抗冻结拉伸强度试验结果如图4-3所示,可以得出如下结论:

(1)在相同试验温度条件下,随橡胶颗粒掺量增加,橡胶颗粒沥青混合料的抗冻结拉伸强度减小,说明橡胶颗粒掺量越大,混合料的抗冻结能力越强。

(2)在相同橡胶颗粒掺量条件下,在-10℃条件下的抗冻结拉伸强度大于-5℃条件下的抗冻结拉伸强度,说明-5℃条件下混合料的抗冻结能力优于-10℃条件下混合料的抗冻结。

(3)在-5℃条件下,与密级配沥青混合料、细级配沥青混合料及混凝土试板相比,各种橡胶颗粒掺量的沥青混合料抗冻结拉伸强度均更低,证明了橡胶颗粒沥青混合料优异的抗冻结性能。

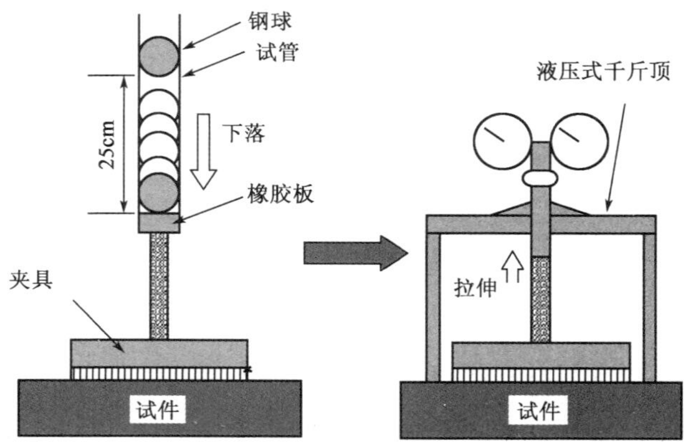


图 4-1　抗冻结拉伸试验原理

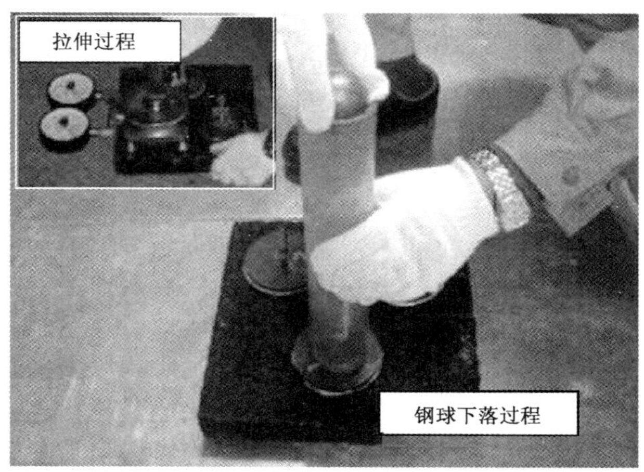


图 4-2　抗冻结拉伸试验操作

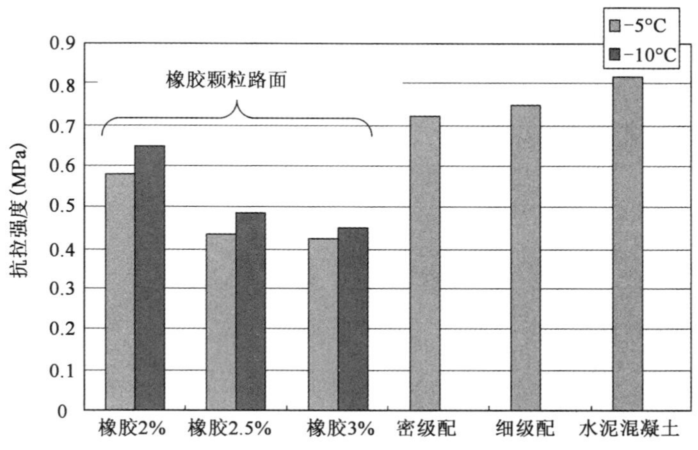


图 4-3　不同混合料抗冻结拉伸强度对比

2)国内抑制冻结路面破冰效果评价仪器与方法

哈尔滨建筑大学的刘晓鸿利用 MTS 材料试验系统,对方盘试件施加静荷载进行除冰试验。该方法采用静载加荷方式,在一定程度上模拟了荷载对路面表面的冰层施加的压应力状态。但实际上,路面表面的冰层承受的是橡胶车辆荷载的动态重复作用,而本方法使用静态压头,由此可见,该方法对实际状况的模拟性较差。另据国内外在轮胎作用下的冰雪融化机理的最新研究结论显示,冰雪面低摩擦力一般同界面冰融化形成具有良好润滑作用的薄层水膜有关;融化主要由摩擦热引起,只有当冰温接近零度且界面平均接触压力较高时才有可能发生压力融化。说明压力融化不是冰面融化的主要方面,不能作为评价方法。而且,该方法只适于分析路面结冰状态下的破冰效果,对于路面抑制积雪和结冰状况却无能为力。

哈尔滨工业大学周纯秀博士采用自行改装的车辙试验仪器作为抗冻结试验仪,进行了路面抗冻结性能的研究,该方法可以较好地模拟路面在车轮反复作用下的受力状况,操作简单,试验结果直观,并提出冰层破碎率的评价指标。但冰层破碎率的测定存在一定的难度,受客观因素的影响较大,有时甚至难以判断冰层是否产生了裂缝和剥落,所以测定结果可能存在一定的误差。因此,有必要对抑制冻结路面研究的室内模拟试验设备进行进一步开发研究。

3)路面破冰模拟试验仪

为了填补国内在路面抗冻结试验仪器方面的空白,课题组研发了路面破冰模拟试验仪(Simulating Tester for Antifreeze Pavement,以下简称 STAP),申请并取得了本仪器的实用新型专利授权,专利号为 ZL 200920033280.0。

STAP 可以室内模拟试验验证各种形式路面的破冰能力,提出路面破冰的评价标准与评价方法,为研究优良的破冰融雪沥青路面奠定基础。路面破冰模拟试验仪的成功研发可以有效避免室外试验受自然条件限制较大、冷冻试验室室内试验费用高昂等弊端,STAP 的研制成功必将对研究抑制冻结路面特性、完善抑制冻结路面评价方法产生积极的作用。

路面破冰模拟试验仪的优点如下:

(1)温度控制精确,试验结果的重复性可以得到保证;

(2)操作自动化,可降低人为因素对试验的影响性;

(3)通过高分辨率摄像头录制全部试验过程,实时破冰经过可查;

(4)通过调节试验胶轮接地压强可模拟不同荷载下路面破冰性能;

(5)可以模拟路面结冰的摩擦融化过程,与冰面融化机理相符;

(6)可以模拟路面在车轮动荷载的反复作用下的受力状况,与实际情况相符。

路面破冰模拟试验仪主要由轮碾装置和制冷系统两部分组成,其结构如图 4-4、图 4-5 所示。

路面破冰模拟试验仪的工作原理为:配重加载支杆的一端加载配重,电动机带动水平传动转盘通过曲柄连杆使试模冻结平台做往复水平运动。此时固定在配重加载支杆上的试验胶轮在试模冻结平台滚动来模拟车轮对路面的碾压过程。同时置于箱内的摄像头可录制整个试验过程。

路面破冰模拟试验仪的轮碾装置包括:电动机、试模冻结平台、试验胶轮、水平运动导轨、水平传动转盘、试验轮接地压强配重、试验轮升降杆、箱内摄像头、曲柄连杆、配重调节器、试验轮升降转轴、配重加载支杆。路面破冰模拟试验仪的制冷系统包括:冷凝器、压缩机、热补偿器、风扇、箱内照明灯、蒸发器、温度传感器。

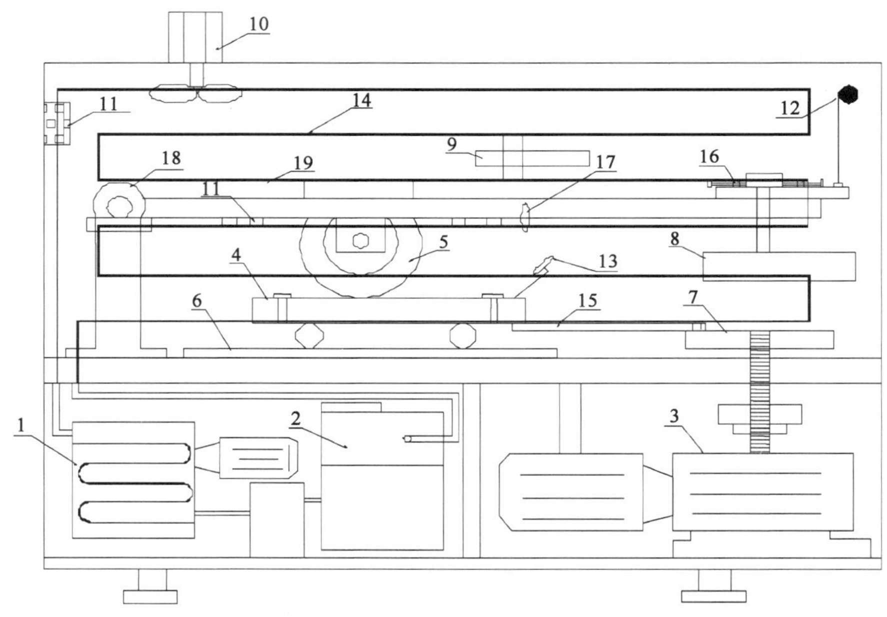


图 4-4　破冰模拟试验仪结构

1-冷凝器;2-压缩机;3-电动机;4-试模冻结平台;5-试验胶轮;6-水平运动导轨;7-水平传动转盘;8-试验轮接地压强配重;9-热补偿器;10-风扇;11-箱内照明灯;12-试验轮升降杆;13-箱内摄像头;14-蒸发制冷器;15-曲柄连杆;16-配重调节器;17-温度传感器;18-试验轮升降转轴;19-加载配重支杆

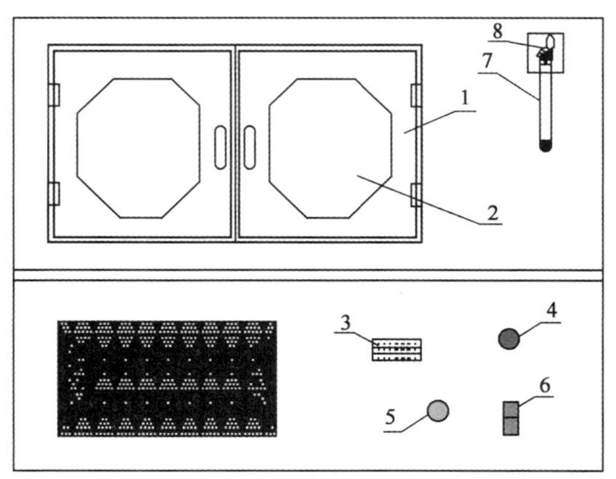

图 4-5　破冰模拟试验仪外观

1-机箱门;2-观察窗;3-智能 PID 温度控制仪;4-电源显示灯;5-制冷系统显示灯;6-制冷系统开关;7-试验轮升降摇柄;8-棘轮结构

路面破冰模拟试验仪的制冷系统工作原理为:液态 R22 经过蒸发在试验仪箱内吸收大量的热量变成低温低压的气态 R22。此时压缩机吸收低温低压的 R22,并把它转换成高温高压的气态 R22,进入冷凝器,高温高压的 R22 经过在冷凝器的有效散热转换回液态的 R22,它流经毛细管又重新回到了蒸发器,如此形成了一个制冷循环。该制冷系统还安装有智能 PID 温度控制仪、温度传感器、热补偿器,可通过三者综合作用使温度能保持在预定的温度范围内,实现稳定的低温环境。

4)路面破冰模拟试验仪的技术参数

试验胶轮宽度:50mm。

试验胶轮接地压强:0.7MPa ±0.05 MPa(根据需要可选配0.5 ~1.3MPa 的试轮)。

行走次数:42 次/min ±1 次/min。

温度控制范围:0 ~ -25℃。

温度检测分辨率:0.1℃。

温度控制精度: ±0.5℃。

电源额定功率轮碾系统电动机:380VAC;3.5kW;

制冷设备:220VAC、735W;

热补偿器:220VAC、500W;

试件尺寸:按沥青混合料试验规程的轮碾成型混合料(T 0703—1993),尺寸为300mm × 300mm ×50mm 的板块。

5)仪器操作简介

(1)开启箱门,将尺寸为300mm ×300mm ×50mm 试件放于试模冻结平台上,并固定。

(2)接通电源,打开制冷系统,设置智能 PID 温度控制仪的 AH1、AH2、AL1、AL2 4 个参数,设定工作温度,温度恒定后开启轮碾装置进行试验。

(3)通过观察窗观察试验过程,同时通过箱内高像素摄像头录制整个试验过程。

(4)待到规定时间后,打开箱门,取出试件,拍照记录试验板的外观,用摆式摩阻系数测定仪来测定其 *BPN* 值,记录试验数据。

### 4.1.2 破冰试验设计

在初冬和初春季节,路面积雪在温度变化和车辆荷载的作用下,路面表面极易形成薄冰,冰雪能使路面附着系数大大降低,有研究显示干燥的沥青路面的附着系数约为0.6,积雪路面的附着系数约为0.2,结冰路面的附着系数约为0.15。随着附着力的明显减小,车辆的制动稳定性、转向操作稳定性都将变差,这些常常会使汽车紧急制动失灵、方向失控,车辆容易打滑、跑偏,制动距离显著延长,进而导致交通事故频繁发生,冰雪天交通事故率明显增加。

采用路面破冰模拟试验仪 STAP 进行抑制冻结沥青路面破冰试验,验证抑制冻结沥青路面的破冰功能。

普通路面的结冰过程可以分为两种阶段:第一阶段是在降雨或降雪过程中,随着温度变化、车辆荷载作用,路面所积雨、雪将逐渐结冰,此时的冰层较薄,是冰—水混合体;第二阶段是在降雨或降雪结束后,雨水或雪水在路面上冻结成冰层,此时水已经均转变为冰,此时的冰层薄厚差异较大。

针对以上两个阶段橡胶颗粒沥青路面在抗冻结方面的功能也可以归纳为两个方面:橡胶颗粒沥青路面会产生抑制路面结冰的功能,延长路面结冰的时间;在车辆荷载的作用下,橡胶颗粒沥青路面可以破碎路面的结冰,提高路面的附着系数,改善路面抗滑性能。

为了模拟降雨或降雪结束后各种路面的破冰效果,具体试验步骤如下:在试验前4h 将试验仪温度设定在要求的负温度;用摆式摩擦仪测定试板初始摆值后开始试验;此后,每碾压10min,测试其 *BPN* 值,重复此过程直至试板表面轮碾带处冰面完全破碎,见图4-6、图4-7。

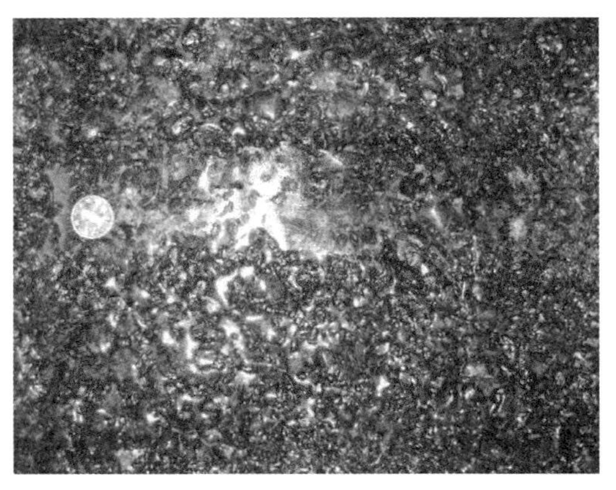

图4-6　橡胶沥青混合料试板

图4-7　橡胶沥青混合料试板表面轮碾

## 4.2　橡胶颗粒沥青混合料破冰试验研究

本节通过橡胶颗粒沥青路面的破冰试验,研究橡胶颗粒沥青路面的抗冻结功能适用条件。橡胶颗粒掺量采用0%、2%、3%与4%,根据马歇尔试验确定混合料的最佳沥青含量,采用轮碾法成型 300mm × 300mm × 50mm 试件,试验温度分别设定为 -1℃、-2.5℃、-5℃、-7.5℃、-10℃、-12.5℃、-15℃。本试验方案初始试板为一定厚度冰层覆盖的橡胶颗粒沥青混合料试件,试件冰层厚度分别设定为1mm、2mm、3mm、4mm、5mm、6mm。

### 4.2.1　橡胶颗粒掺量的影响性

橡胶颗粒掺量采用0%、2%、3%与4%,相同级配沥青混合料条件下,进行对比试验,选择冰层厚度为1mm,采用试验温度分别为 -1℃与 -5℃,研究不同橡胶颗粒掺量对沥青混合料破冰性能的影响性。

1)在 -1℃条件下的破冰效果研究

试验仪温度控制在 -1℃,进行不同橡胶颗粒掺量、不同轮碾作用次数的破冰效果试验。

(1)在 -1℃时橡胶颗粒掺量对 *BPN* 的影响

图4-8为 -1℃时不同橡胶颗粒掺量在破冰过程中 *BPN* 值的变化情况。从图中可以看出,随着轮碾次数的增加,4种橡胶颗粒掺量的沥青混合料试板的 *BPN* 值都有明显回升;在回升过程中,橡胶掺量越高,回升的幅度越大。

(2)在 -1℃时橡胶颗粒掺量对 *BPN* 回升量的影响

定义 *BPN* 回升量为冻结过一定时间后测得的 *BPN* 值与 *BPN* 初始值之差,按式(4-1)计算:

$$\Delta BPN' = BPN_n - BPN_0 \tag{4-1}$$

式中:$\Delta BPN'$——相对初始值的摆值回升量;

$BPN_0$——试验前测得的试板摆值;

$BPN_n$——轮碾作用 $n$ 次后测得的试板摆值。

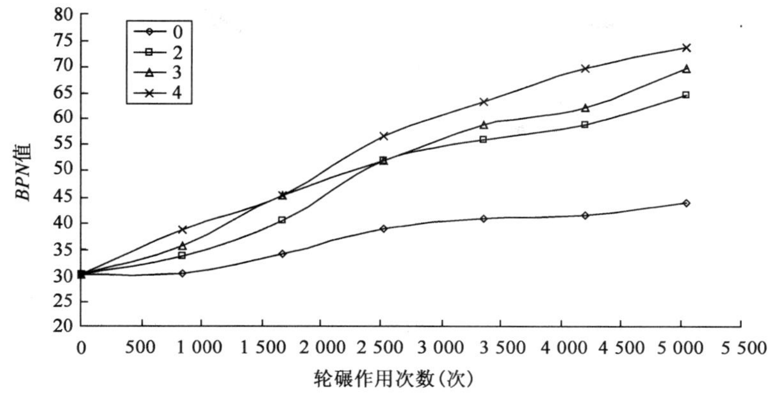


图 4-8 橡胶颗粒掺量对 BPN 的影响

图 4-9 为 -1℃时不同橡胶颗粒掺量在破冰过程中 BPN 回升量的变化情况。从图中可以看出,含橡胶颗粒沥青路面的 BPN 的回升量远大于不含橡胶颗粒的沥青路面,且随着橡胶颗粒掺量增多,BPN 的回升量增大。

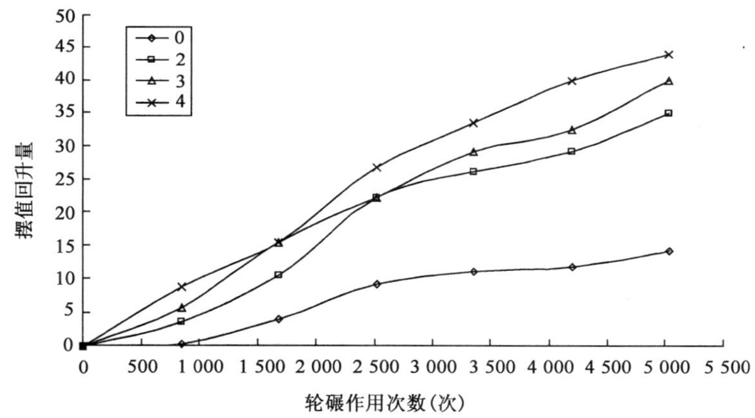


图 4-9 橡胶颗粒掺量对 BPN 回升量的影响

(3)在 -1℃时橡胶颗粒掺量对 BPN 平均加权回升量的影响

为了直观对比破冰过程中橡胶掺量对破冰效果的影响,考虑破冰过程中轮碾作用效果,引入加权系数,即考虑不同轮碾次数下 BPN 回升量的平均变化,按下式计算:

$$\overline{F}'_{BPN} = \frac{\sum(N \cdot \Delta BPN')}{\sum N} \tag{4-2}$$

式中:$N$——轮碾次数;

$\Delta BPN'$——相对初始值的回升量。

经过计算,可以得到不同橡胶掺量的 BPN 平均加权回升量,结果如图 4-10 所示。

从图 4-10 可以看出,随橡胶颗粒掺量的增加,BPN 平均加权回升量呈增加趋势,并具有良好的线性关系,且相关系数较高。

(4)在 -1℃时橡胶颗粒掺量对 BPN 平均加权回升率的影响

为了进一步对比冻结过程中 BPN 回升速率随橡胶掺量的变化情况,特提出 BPN 平均加权回升率的概念，计算公式如下。

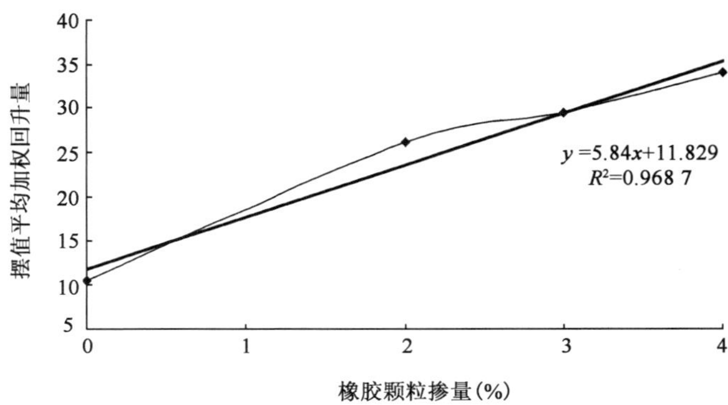


图 4-10　橡胶颗粒掺量对 BPN 平均加权回升量的影响

$$\bar{\rho}'_{BPN} = \frac{\sum[N \cdot (\Delta BPN' \div BPN_0)]}{\sum N} \tag{4-3}$$

经过计算，可以得到不同橡胶掺量的 BPN 平均回升率，结果如图 4-11 所示。

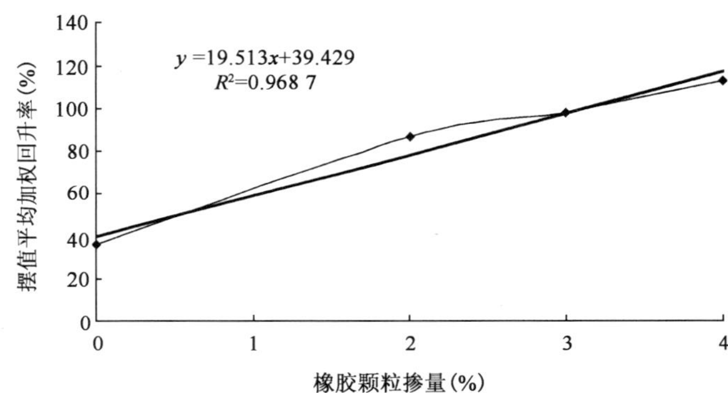


图 4-11　橡胶颗粒掺量对 BPN 平均加权回升率的影响

从图 4-11 可以看出，随橡胶颗粒掺量的增加，BPN 平均加权回升率呈增加趋势，并具有良好的线性关系，且相关系数较高。

2）在 -5℃ 条件下的破冰效果研究

试验仪温度控制在 -5℃，进行不同橡胶颗粒掺量、不同轮碾作用次数的破冰效果试验。

（1）在 -5℃ 时橡胶颗粒掺量对 BPN 的影响

图 4-12 为 -5℃ 时不同橡胶颗粒掺量在破冰过程中 BPN 值的变化情况。从图中可以看出，随着轮碾次数的增加，4 种橡胶颗粒掺量的沥青混合料试板的 BPN 值都有明显回升；在回升过程中，橡胶掺量越高，回升的幅度越大。

（2）在 -5℃ 时橡胶颗粒掺量对 BPN 回升量的影响

图 4-13 为 -5℃ 时不同橡胶颗粒掺量在破冰过程中 BPN 回升量的变化情况。从图中可以看出，含橡胶颗粒沥青路面的 BPN 回升量远大于不含橡胶颗粒的路面，且随着橡胶颗粒掺量增多，BPN 的回升量增大。

（3）在 -5℃ 时橡胶颗粒掺量对 BPN 平均加权回升量的影响

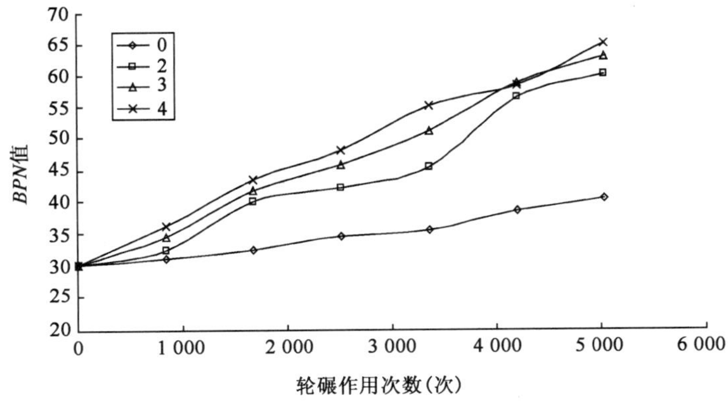


图4-12　橡胶颗粒掺量对 *BPN* 的影响

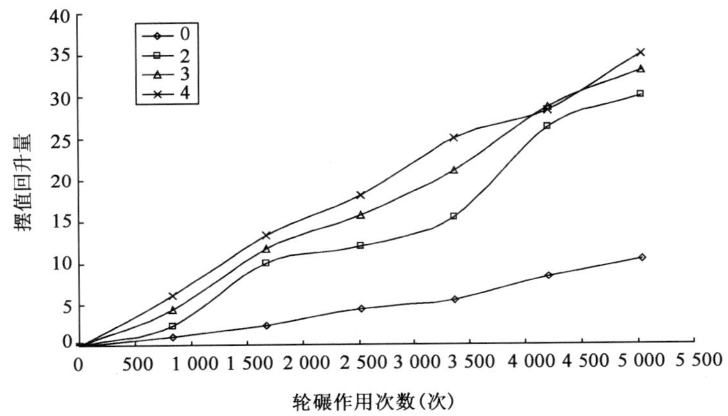


图4-13　橡胶颗粒掺量对 *BPN* 回升量的影响

经过计算,可以得到不同橡胶掺量的 *BPN* 平均加权回升量,结果如图4-14所示。

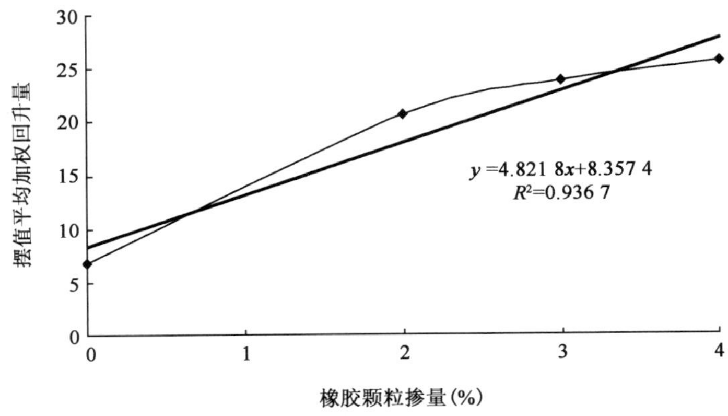


图4-14　橡胶颗粒掺量对 *BPN* 平均加权回升量的影响

从图4-14可以看出,随橡胶颗粒掺量的增加,*BPN* 平均加权回升量呈增加趋势,并具有良好的线性关系。

（4）在 -5℃时橡胶颗粒掺量对 *BPN* 平均加权回升率的影响

经过计算，可以得到不同橡胶颗粒掺量条件下的 *BPN* 平均加权回升率，结果如图 4-15 所示，随橡胶颗粒掺量的增加，*BPN* 平均加权回升量呈增加趋势，并具有良好的线性关系。

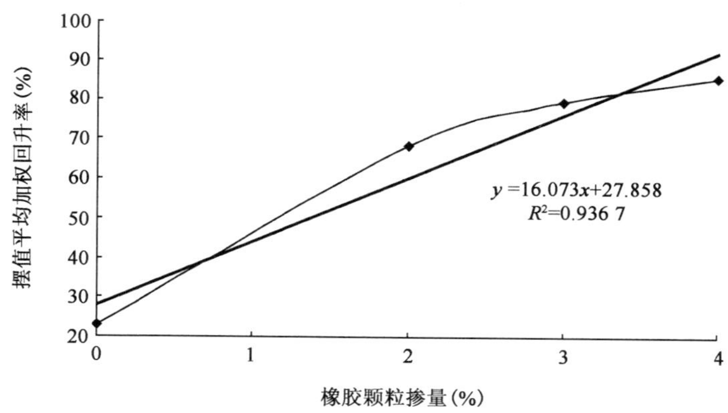


图 4-15　橡胶颗粒掺量对 *BPN* 平均加权回升率的影响

综上所述，在一定温度范围内橡胶颗粒掺量越多的路面，在相同的碾压次数下，试块表面的冰层裂纹和裂块越多，即其破碎程度越大，随着橡胶颗粒掺量增加，沥青混合料的破冰能力明显增强。

### 4.2.2　试验温度的影响性

橡胶颗粒掺量采用 3% 的条件下进行对比试验，选择冰层厚度为 1mm 与 3mm，试验温度分别为 -1℃、-2.5℃、-5℃、-7.5℃、-10℃、-12.5℃、-15℃，采用路面破冰模拟试验仪研究不同试验温度对沥青混合料破冰性能的影响性。

为了直观对比破冰过程中，试验温度对破冰效果的影响，采用 *BPN* 加权平均回升量［见式（4-2）］与 *BPN* 加权平均回升率［见式（4-3）］进行对比分析，试验结果如图 4-16 与图 4-17 所示，试验规律非常明显，相关系数较高。

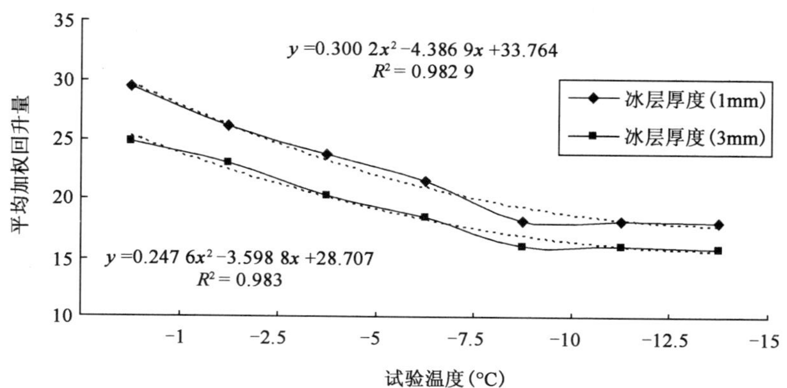


图 4-16　试验温度对 *BPN* 平均加权回升量的影响

在 1mm 与 3mm 冰层条件下，试验温度对 *BPN* 平均加权回升量与 *BPN* 平均加权回升率的影响如图 4-16 与图 4-17 所示，随着试验温度的降低，$\overline{F}'_{BPN}$与 $\overline{\rho}'_{BPN}$明显呈下降趋势，当试验温度

下降到 -10℃以后，$\overline{F}'_{BPN}$与$\overline{\rho}'_{BPN}$基本达到恒定值。试验结果显示：一定低温范围内橡胶颗粒沥青路面表现出优异的破冰性能，但随着温度的降低，该路面的破冰能力有所减弱；当环境平均温度降低至 -10℃以下时，橡胶颗粒沥青路面基本失去破冰能力。

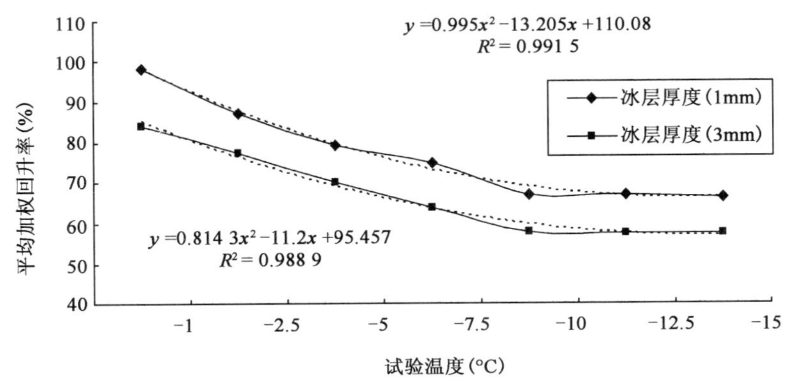


图 4-17 试验温度对 *BPN* 平均加权回升率的影响

混合料表面突出的橡胶颗粒在一定温度范围内能够表现出较强的柔性、高弹特性及变形性能；掺加了来源于废旧轮胎橡胶颗粒后，沥青混合料的柔韧性得到很大程度的提高，使得沥青路面的整体变形性能改善十分明显；另一方面，路面所结的冰层分子中的氢键的脆弱性与晶格的几何特性直接影响其力学性能，在汽车荷载的作用下，冰板所表现出的极限变形性能较橡胶颗粒沥青路面要小得多；所以在一定温度范围内汽车荷载作用下，路面冰层就会由于损伤累积而发生疲劳破坏，进而达到了破冰的作用。

当温度降低到 -10℃以下时，混合料表面橡胶颗粒的弹性与柔韧性均明显降低，从而导致了橡胶颗粒沥青路面整体弹性与变形性能的降低，此时路面与冰面的变形能力比较接近，橡胶颗粒沥青路面的破冰能力呈明显衰减，即橡胶颗粒沥青路面基本失去破冰能力。

### 4.2.3 冰层厚度的影响性

橡胶颗粒掺量采用 3% 的条件下进行对比试验，选择冰层厚度为 1mm、2mm、3mm、4mm、5mm、6mm，试验温度分别为 -1℃与 -5℃，采用路面破冰模拟试验仪研究不同冰层厚度对沥青混合料破冰性能的影响性。

为了直观对比破冰过程中，冰层厚度对破冰效果的影响，采用 *BPN* 加权平均回升量[见式(4-2)]与 *BPN* 加权平均回升率[见式(4-3)]进行对比分析，试验结果如图 4-18 与图 4-19 所示，试验规律非常明显，相关系数较高。

混合料表面突出的橡胶颗粒在一定冰层厚度内能够表现出较强的柔性、高弹特性及变形性能；掺加了来源于废旧轮胎橡胶颗粒后，沥青混合料的柔韧性得到很大程度的提高，使得沥青路面的整体变形性能改善十分明显；另一方面，路面所结的冰层分子中的氢键的脆弱性与晶格的几何特性直接影响其力学性能，在汽车荷载的作用下，冰板所表现出的极限变形性能较橡胶颗粒沥青路面要小得多；所以在一定冰层厚度范围内，在汽车荷载作用下，路面冰层就会由于损伤累积而发生疲劳破坏，进而达到了破冰的作用。

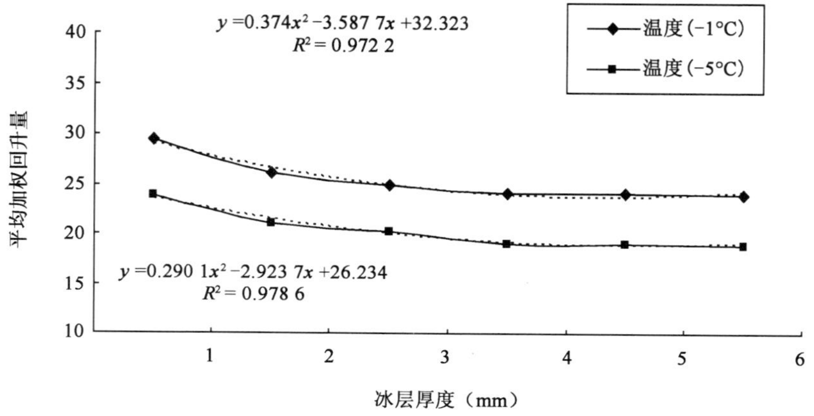


图 4-18　冰层厚度对 *BPN* 平均加权回升量的影响

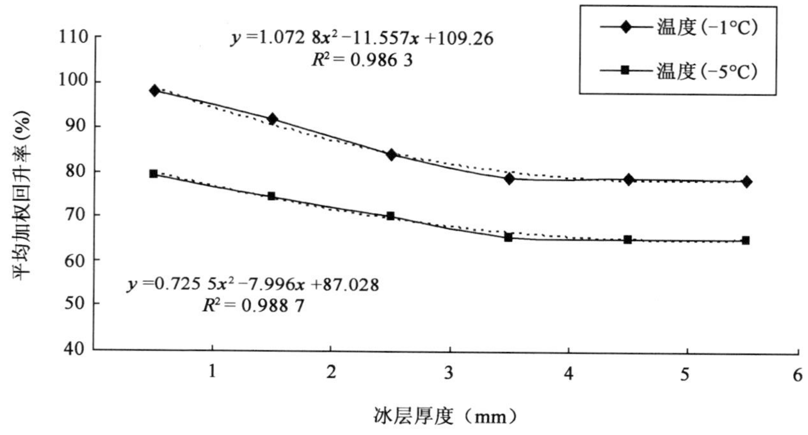


图 4-19　冰层厚度对 *BPN* 平均加权回升率的影响

当冰层厚度升高到 4mm 以上后，轮胎与沥青路面被较厚的冰层分隔开，无法得到有效外力作用的橡胶颗粒沥青路面将无法产生应力作用，从而导致了橡胶颗粒沥青路面整体弹性与变形性能的降低，此时路面与冰面的变形能力比较接近，橡胶颗粒沥青路面的破冰能力呈明显衰减，即橡胶颗粒沥青路面基本失去破冰能力。

### 4.2.4　橡胶颗粒沥青混合料的应用范围

针对不同气候条件下的橡胶颗粒沥青路面的应用范围，本书提出路面抗冻结室内范围。在一定路面温度与冰层厚度的条件下，橡胶颗粒沥青路面表现出优异的破冰功能。但当外界条件改变后，路面与冰面的变形能力比较接近时，橡胶颗粒沥青路面的破冰能力呈明显衰减，即橡胶颗粒沥青路面基本失去破冰能力。采用路面破冰模拟试验仪可以得到如图 4-20 所示的橡胶颗粒沥青路面室内试验应用范围。

(1) 当温度降低到 -10℃ 以下后，混合料表面橡胶颗粒的弹性与柔韧性均明显降低，从而导致了橡胶颗粒沥青路面整体弹性与变形性能的降低。

(2)当冰层厚度升高到4mm以上后,轮胎与沥青路面被较厚的冰层分隔开,无法得到有效外力作用的橡胶颗粒沥青路面将无法产生应力作用,从而导致了橡胶颗粒沥青路面整体弹性与变形性能的降低。

综上所述,在一定温度范围内橡胶颗粒掺量越多的路面,在相同的碾压次数下,试块表面的冰层裂纹和裂块越多,即其破碎程度越大,随着橡胶颗粒掺量增加,沥青混合料的破冰能力明显增强。

与汽车轮胎的实际荷载相比,路面破冰模拟试验仪的配重较小。但上述冰层厚度的试验结果所揭示的规律也适用于现场情况,即橡胶颗粒沥青路面抗冻结的实际路面冰层厚度更大,这在试验段路面现场破冰观测中可以得到验证。

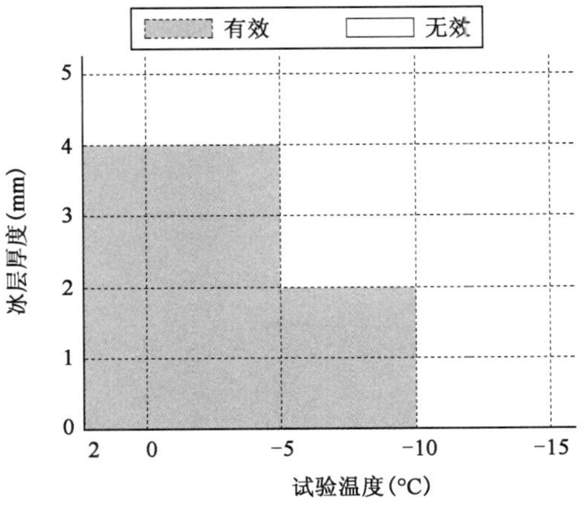


图4-20 抗冻结室内应用范围

## 4.3 基于离散元方法的橡胶颗粒沥青混合料破冰数值模型

### 4.3.1 破冰模型选择

平行连接模型可以模拟颗粒之间一定尺度内存在黏结材料的本构行为,3种橡胶颗粒掺量混合料的细观模型均采用平行连接模型。在相互接触的颗粒间赋予平行连接属性,可以较好地模拟包括沥青玛蹄脂、集料及橡胶颗粒在内的沥青混合料组成。骨架密实结构JAC-16细观模型的平行连接参数如表4-2所示。

橡胶颗粒沥青混合料的平行连接模型参数　　表4-2

| 参数 | JAC-16密度 (kg/m$^3$) | 颗粒密度 (kg/m$^3$) | 颗粒法向刚度 (Pa/m) | 颗粒切向刚度 (Pa/m) | 黏结法向刚度 (Pa/m) | 黏结切向刚度 (Pa/m) | 黏结法向强度 (Pa) | 黏结切向强度 (Pa) |
|---|---|---|---|---|---|---|---|---|
| 取值 | 2 400 | 2 600 | $1\times10^8$ | $1\times10^8$ | $1\times10^8$ | $1\times10^8$ | $1\times10^9$ | $1\times10^9$ |

冰层采用接触黏结模型,该模型是点接触,可以采用两个作用在接触点上具有法向和切向刚度的弹簧来表示,冰层的接触黏结模型参数如表4-3所示。

冰层的接触黏结模型参数　　表4-3

| 参数 | 冰层密度 (kg/m$^3$) | 黏结颗粒法向刚度 (Pa/m) | 黏结颗粒切向刚度 (Pa/m) | 黏结法向强度 (Pa) | 黏结切向强度 (Pa) |
|---|---|---|---|---|---|
| 取值 | 1 000 | $1\times10^6$ | $1\times10^6$ | $1\times10^6$ | $1\times10^6$ |

本书所建立的JAC-16路面结构模型尺寸为厚5cm、长30cm,3种橡胶颗粒掺量混合料试件包含的颗粒个数如表4-4~表4-6所示。

JAC-16 离散元级配参数(橡胶颗粒掺 2%)　表 4-4

| 种类 | 粒径范围(mm) | 所占比例 | 各档质量(kg) | 颗粒个数 |
|---|---|---|---|---|
| 矿料 | 16 ~ 19 | 0.05 | 13.458 | 2 |
| | 13.2 ~ 16 | 0.20 | 53.833 | 13 |
| | 9.5 ~ 13.2 | 0.20 | 53.833 | 21 |
| | 4.75 ~ 9.5 | 0.29 | 78.057 | 78 |
| | 2.36 ~ 4.75 | 0.07 | 17.496 | 70 |
| | 1.18 ~ 2.36 | 0.02 | 4.037 | 65 |
| | 0.6 ~ 1.18 | 0.03 | 8.075 | 518 |
| | 0.3 ~ 0.6 | 0.03 | 6.937 | 1740 |
| 橡胶 | 1.0 ~ 2.0 | 0.40 | 3.330 | 109 |
| | 2.0 ~ 3.0 | 0.60 | 4.995 | 59 |
| 总颗粒个数 | | | | 2 675 |

JAC-16 离散元级配参数(橡胶颗粒掺 3%)　表 4-5

| 种类 | 粒径范围(mm) | 所占比例 | 各档质量(kg) | 颗粒个数 |
|---|---|---|---|---|
| 矿料 | 16 ~ 19 | 0.050 | 13.458 | 2 |
| | 13.2 ~ 16 | 0.200 | 53.833 | 13 |
| | 9.5 ~ 13.2 | 0.200 | 53.833 | 21 |
| | 4.75 ~ 9.5 | 0.290 | 78.057 | 78 |
| | 2.36 ~ 4.75 | 0.065 | 17.496 | 70 |
| | 1.18 ~ 2.36 | 0.015 | 4.037 | 65 |
| | 0.6 ~ 1.18 | 0.030 | 8.075 | 518 |
| | 0.3 ~ 0.6 | 0.025 | 6.937 | 1740 |
| 橡胶 | 1.0 ~ 2.0 | 0.400 | 3.330 | 163 |
| | 2.0 ~ 3.0 | 0.600 | 4.995 | 88 |
| 总颗粒个数 | | | | 2 758 |

JAC-16 离散元级配参数(橡胶颗粒掺 4%)　表 4-6

| 种类 | 粒径范围(mm) | 所占比例 | 各档质量(kg) | 颗粒个数 |
|---|---|---|---|---|
| 矿料 | 16 ~ 19 | 0.050 | 13.458 | 2 |
| | 13.2 ~ 16 | 0.200 | 53.833 | 13 |
| | 9.5 ~ 13.2 | 0.200 | 53.833 | 21 |
| | 4.75 ~ 9.5 | 0.290 | 78.057 | 78 |
| | 2.36 ~ 4.75 | 0.065 | 17.496 | 70 |
| | 1.18 ~ 2.36 | 0.015 | 4.037 | 65 |
| | 0.6 ~ 1.18 | 0.030 | 8.075 | 518 |
| | 0.3 ~ 0.6 | 0.025 | 6.937 | 1740 |
| 橡胶 | 1.0 ~ 2.0 | 0.400 | 3.330 | 217 |
| | 2.0 ~ 3.0 | 0.600 | 4.995 | 117 |
| 总颗粒个数 | | | | 2 841 |

## 4.3.2　破冰试验数值模拟研究

1)橡胶颗粒掺量的影响

(1)混合料模型的状态比较结果

利用离散元方法构建了橡胶颗粒沥青混合料的细观模型,数值模拟了橡胶颗粒掺量对橡胶颗粒沥青混合料破冰的影响。橡胶颗粒掺量分别采用2%、3%及4%,冰层厚度均设置为1mm,细观模型如图4-21所示。为了与室内破冰试验相统一,加载模式采用单轮加载方式,由连接在一起的10个颗粒表示一个车轮,荷载可以折算为0.7MPa竖向外力,对颗粒指定施加荷载使橡胶颗粒沥青路面产生引起破冰的竖向变形。图中深灰色部分表示荷载球,黑色部分表示1mm冰层,白色部分表示集料,灰色部分表示橡胶颗粒。

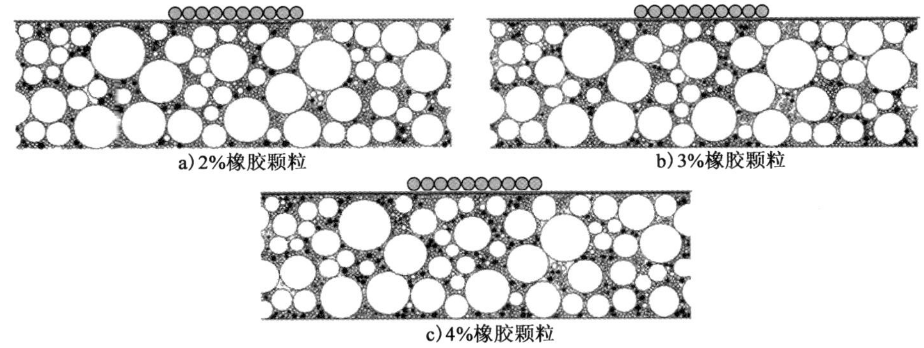


图4-21　3种橡胶颗粒掺量的混合料模型

为保证破冰模型计算解的稳定性,本书数值模拟所选择的时步保证在一个计算时步内,任何单一颗粒的运动只能传播给其最邻近的颗粒,不能传播到更远的颗粒。

掺加3%橡胶颗粒的JAC-16模型的稳定性尤为突出,其平均不平衡力最小值为$1.79\times10^{-5}$N,趋近于0,即达到了良好的平衡状态。加载后,起始时步为25 000,掺量越大,结束的时步越大,橡胶颗粒掺量2%、3%与4%的时步分别为72 130、74 020与88 270。

(2)混合料模型的力学比较结果

在离散元细观模型的计算中,下一步运算必须使模型达到平衡状态,即混合料模型达到收敛状态,否则计算出的结果与实际结果误差较大,研究中需监测掺加橡胶颗粒2%、3%与4%混合料平均不平衡力与平均接触力的变化量及最大接触力值,模拟计算结果如图4-22~图4-24所示。

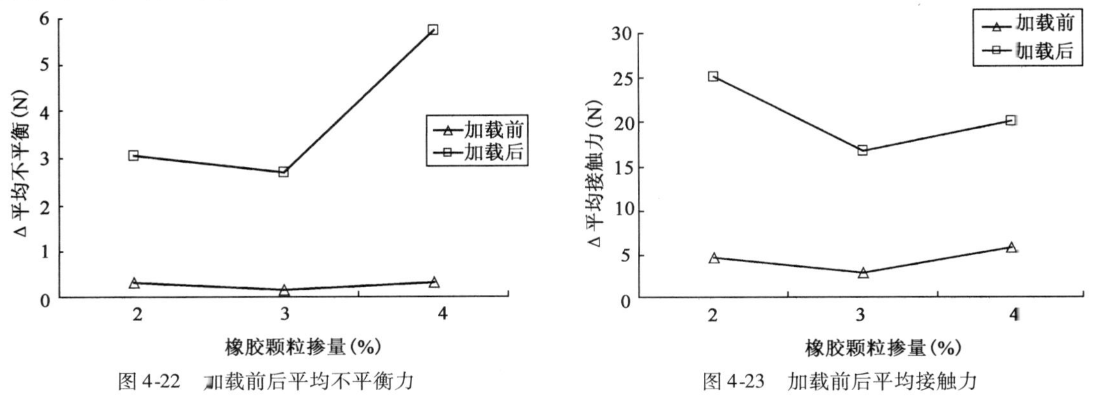


图4-22　加载前后平均不平衡力　　图4-23　加载前后平均接触力

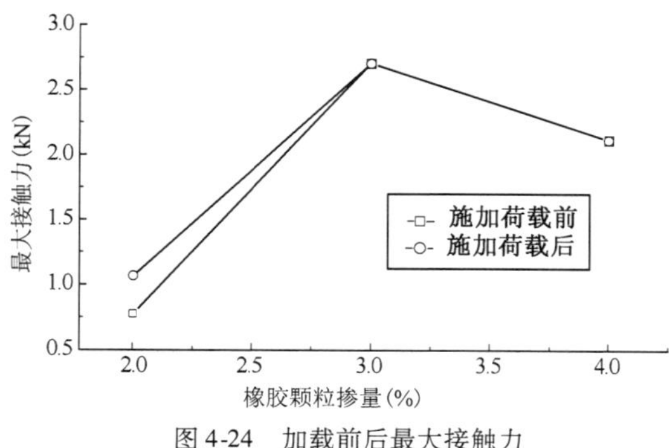

图 4-24　加载前后最大接触力

由图 4-22、图 4-23 可以看出,掺加橡胶颗粒 3% 混合料模型结构的平均不平衡力与平均接触力的变化量均较小,说明整个系统基本处于稳定状态,骨架结构较稳定,与 2% 及 4% 结构相比更适应于橡胶颗粒沥青混合料结构,因此橡胶颗粒的最佳掺量为 3%。由图 4-24 可以看出,加载前后掺加 3% 橡胶颗粒的混合料最大接触力值均最大,说明与其他两种掺量相比,掺加 3% 橡胶颗粒的混合料结构承载力和抵抗局部变形的能力最佳。

离散元数值模拟中应力的获取方式是通过记录颗粒对墙体的作用力,模型追踪 3 个测量圆的数值,测量圆的作用主要是测量一个圆形区域内应力、应变等的变化,测量圆的位置分别为加载轮左下侧、中下侧和右下侧,加载结束后不同橡胶颗粒掺量沥青混合料的应力、应变关系如图 4-25、图 4-26 所示。橡胶颗粒掺量越大,沥青混合料的应力越大,应变呈现先增加后减小的趋势。

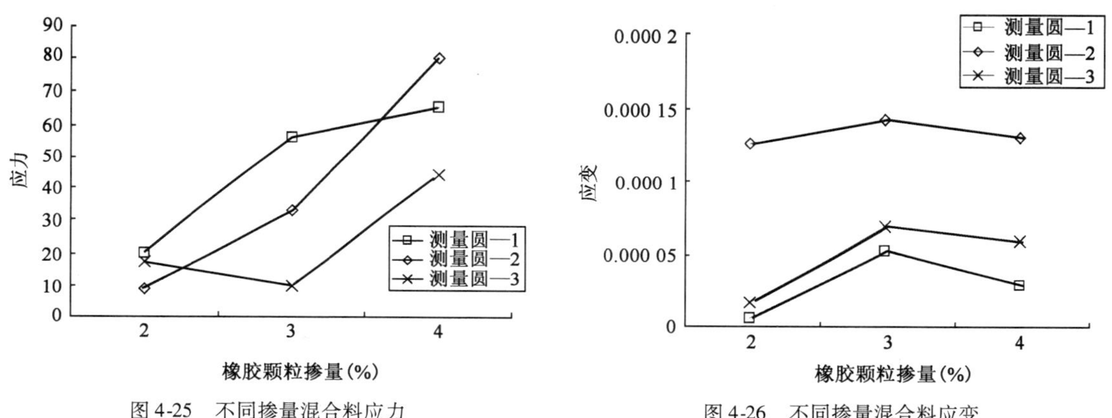

图 4-25　不同掺量混合料应力

图 4-26　不同掺量混合料应变

(3)混合料模型的破冰比较结果

JAC-16 不同掺量细观模型加载后的位移矢量见图 4-27 ~ 图 4-29,位移矢量的疏密程度表示位移的变化情况,矢量的箭头表示橡胶颗粒与集料颗粒位移方向,矢量箭头的长短表示橡胶颗粒与集料颗粒位移的大小,矢量箭头越长表示橡胶颗粒与集料颗粒产生的位移越大。

以上模型位移矢量产生的原因可以归纳为:颗粒材料在竖向荷载的作用下,随着位移的不断增大,橡胶颗粒与集料颗粒从初始的平衡状态转换到不平衡状态,由于不平衡力的存在使部分橡胶颗粒或集料颗粒翻越相邻颗粒而获得稳定,同时产生了相对位置变化,则产生了不可恢复的塑性变形;另一部分橡胶颗粒或集料颗粒没有完成翻越运动,而处于不稳定的状态。由于竖向荷载的存在,使橡胶颗粒与集料颗粒的中间二次稳定状态最终发展至破坏状态。综上所述,模型中橡胶颗粒与集料颗粒在整个过程中的速度、位移、接触力及应变能等均呈现逐渐发展状态。加载前后不同掺量混合料接触力如图 4-30 与图 4-31 所示。

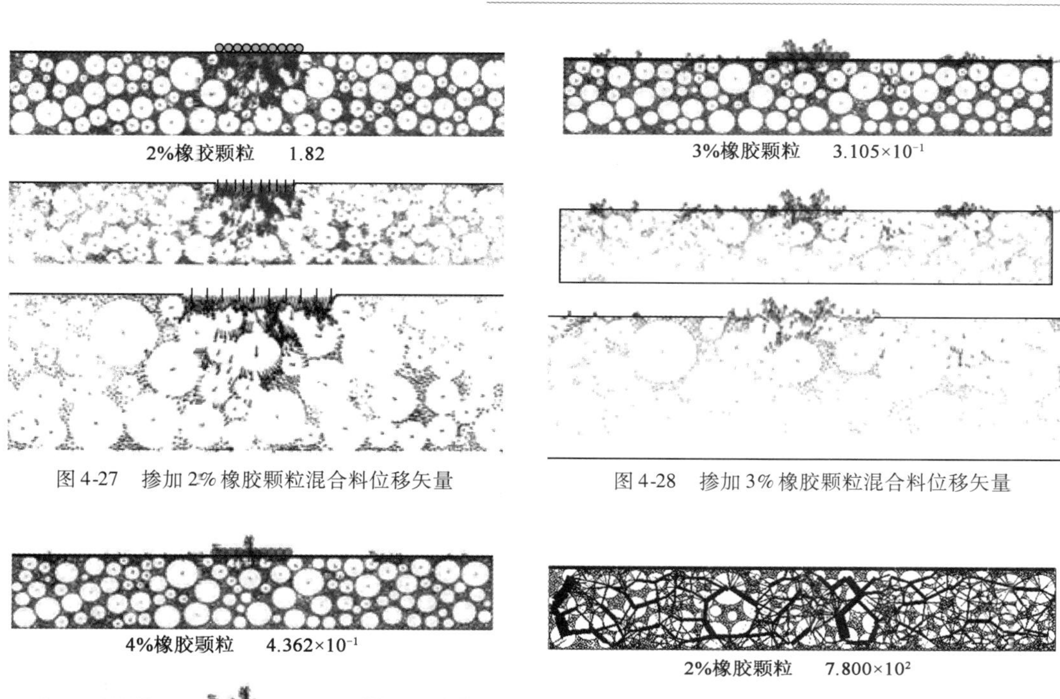


图 4-27 掺加 2% 橡胶颗粒混合料位移矢量

图 4-28 掺加 3% 橡胶颗粒混合料位移矢量

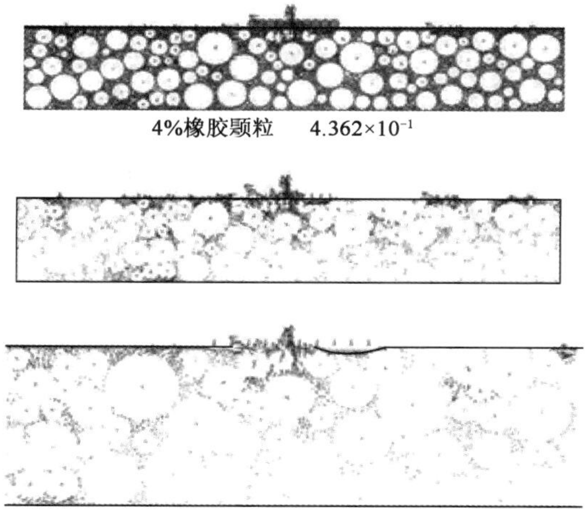

图 4-29 掺加 4% 橡胶颗粒混合料位移矢量

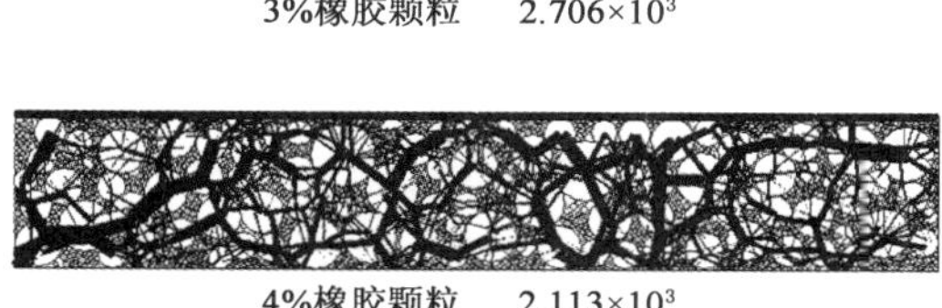

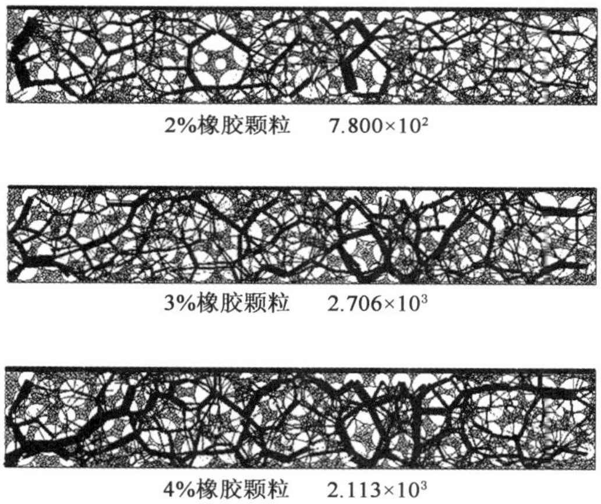

图 4-30 加载前不同掺量混合料接触力

比较图 4-30 和图 4-31 可知，冰层模型及混合料模型同时受到竖向荷载作用后，冰层颗粒、集料颗粒或橡胶颗粒间的接触力出现明显的接触力集中现象，均集中于轮胎作用的下方，压力贯穿于整个橡胶颗粒沥青路面的结构中，应力集中的区域主要分布在面层。当应力超过冰层颗粒间的黏结强度后，冰层颗粒将出现相互的剥离，从而引起路面冰层的破碎，橡胶颗粒掺量越大，混合料破冰能力越强，与室内试验的结论相吻合。模型的应变能变化如图 4-32 所示。

在竖向荷载的作用下，随着橡胶颗粒掺量的增加，模型的应变能变化量呈递增的趋势，即橡胶颗粒掺量越大，克服冰层颗粒间拉力所消耗的

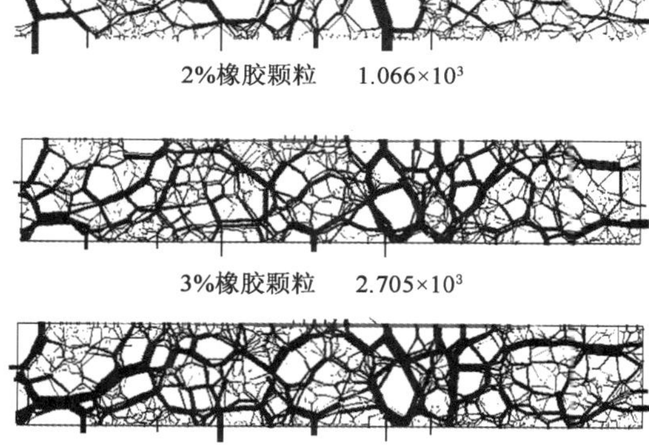


图 4-31 加载后不同掺量混合料接触力

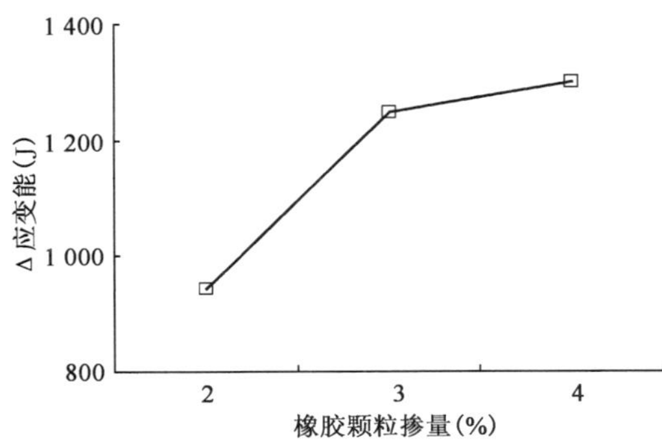


图4-32　不同橡胶颗粒掺量下混合料应变能变化

应变能越大。从能量角度证实了随橡胶颗粒掺量的增加,橡胶颗粒沥青混合料的破冰能力增强,与室内试验的结论是吻合的。

研究结果表明,利用离散元理论所建立起来的不同橡胶颗粒掺量离散元模型能够模拟橡胶颗粒沥青混合料的破冰试验,得出的结论与室内试验非常接近。因此,可以确定不同掺量混合料试件破冰的细观结构与其宏观本构行为之间联系紧密。

2)冰层厚度的影响

(1)混合料模型的状态比较结果

利用PFC2D程序建立了不同冰层厚度的混合料细观模型,冰层厚度分别采用1mm、2mm、3mm、4mm与5mm,橡胶颗粒掺量均设置为4%,细观模型如图4-33所示。为了与室内破冰试验相统一,加载模式采用单轮加载方式,由连接在一起的10个颗粒表示一个车轮,荷载折算为0.7MPa的竖向外力,对颗粒指定施加荷载使橡胶颗粒沥青路面产生引起破冰的竖向变形。图中深灰色部分表示荷载球,黑色部分表示冰层,白色部分表示集料,浅灰色部分表示橡胶颗粒。

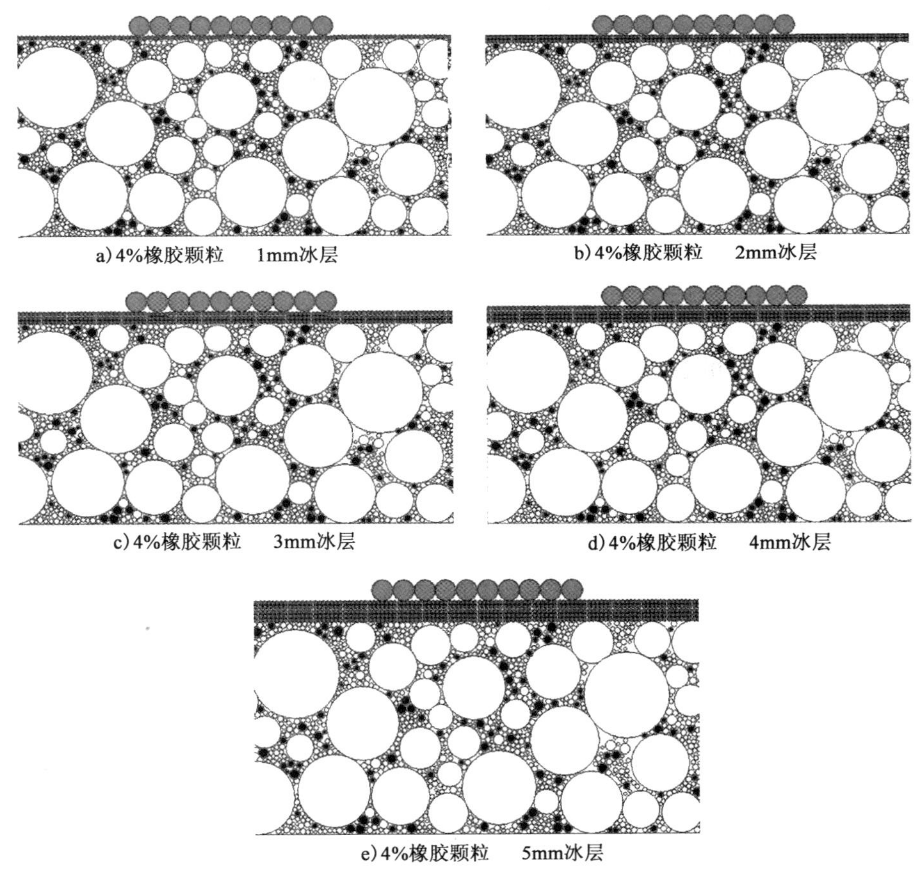


图4-33　5种冰层厚度的混合料模型

橡胶颗粒沥青混合料破冰模拟计算的时步范围分为加载前后两个部分，不同冰层厚度的混合料平均不平衡力及接触力图均一致。

加载后起始时步为25 010，按冰层厚度1mm、2mm、3mm、4mm与5mm得到的时步分别为88 270、61 010、61 170、62 060与61 930。

(2)混合料模型的力学比较结果

在离散元模型的计算中，下一步运算必须使模型达到平衡状态，即混合料模型达到收敛状态，否则计算出的结果与实际结果误差较大，研究中通过监测不同冰层厚度混合料平均不平衡力与平均接触力的变化量，模拟结果如图4-34、图4-35所示。

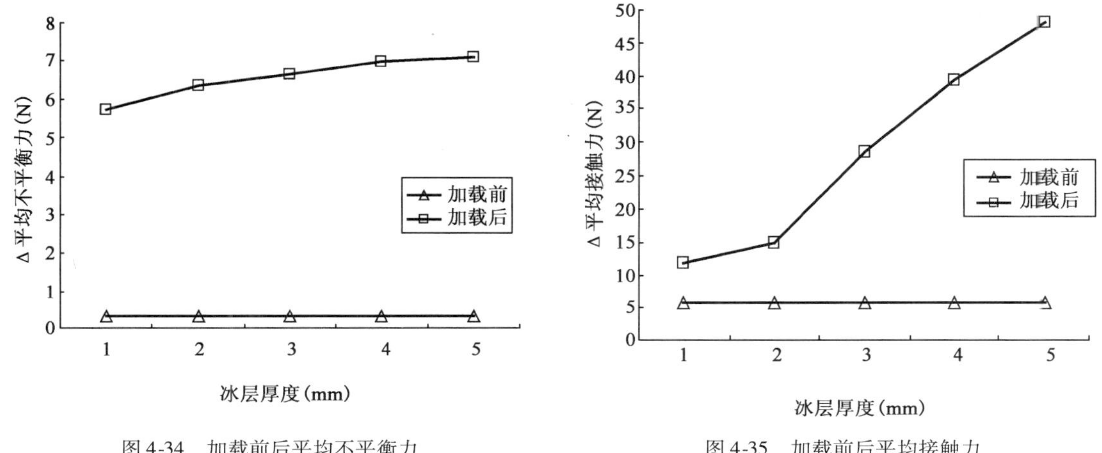


图4-34　加载前后平均不平衡力　　图4-35　加载前后平均接触力

由图4-34和图4-35可知，掺加冰层厚度1mm的混合料模型结构的平均不平衡力与平均接触力的变化量均较小，说明整个系统基本处于稳定状态，骨架结构较稳定。

离散元数值模拟中应力的获取方式是通过记录颗粒对墙体的作用力，模型追踪左下侧、中下侧和右下侧3个测量圆的数值，加载结束后不同冰层厚度沥青混合料的应力、应变关系如图4-36、图4-37所示。

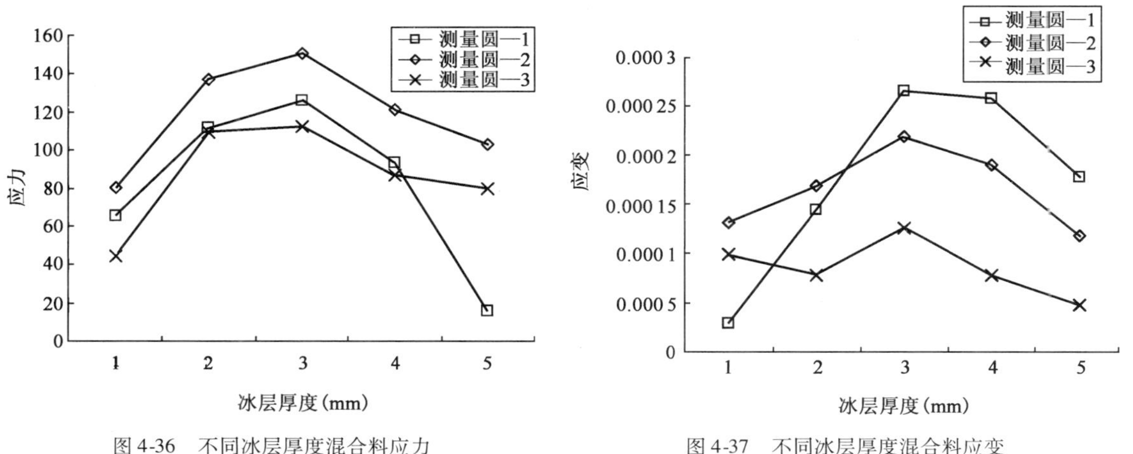


图4-36　不同冰层厚度混合料应力　　图4-37　不同冰层厚度混合料应变

随着冰层厚度的增加，沥青混合料的应力、应变呈现先增大后减小的趋势。

(3)混合料模型的破冰比较结果

如图 4-38 ~ 图 4-42 所示的 JAC-16 模型位移矢量图，位移矢量的疏密程度表示位移的变化情况，矢量的箭头表示橡胶颗粒与集料颗粒位移矢量的移动方向，矢量箭头的长短表示橡胶颗粒与集料颗粒位移的大小，矢量箭头越长表示橡胶颗粒与集料颗粒产生的位移越大。5 种冰层厚度混合料模型在竖直方向均产生较大的位移，且水平方向极小。

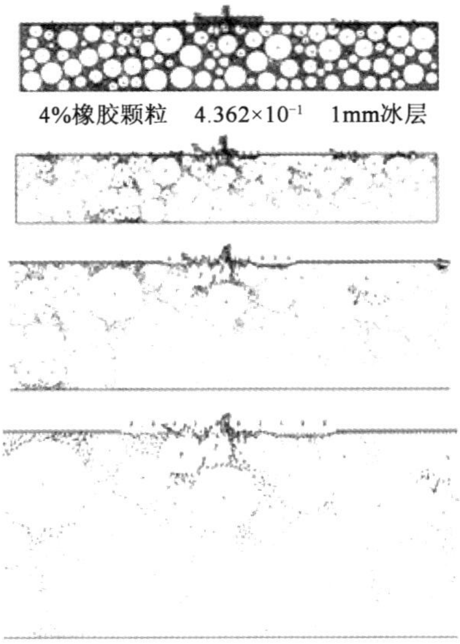

4%橡胶颗粒　$4.362\times10^{-1}$　1mm冰层

图 4-38　冰层 1mm 的位移矢量

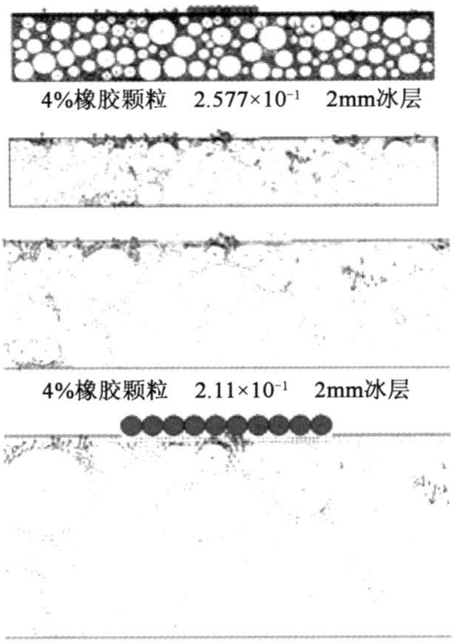

4%橡胶颗粒　$2.577\times10^{-1}$　2mm冰层

4%橡胶颗粒　$2.11\times10^{-1}$　2mm冰层

图 4-39　冰层 2mm 的位移矢量

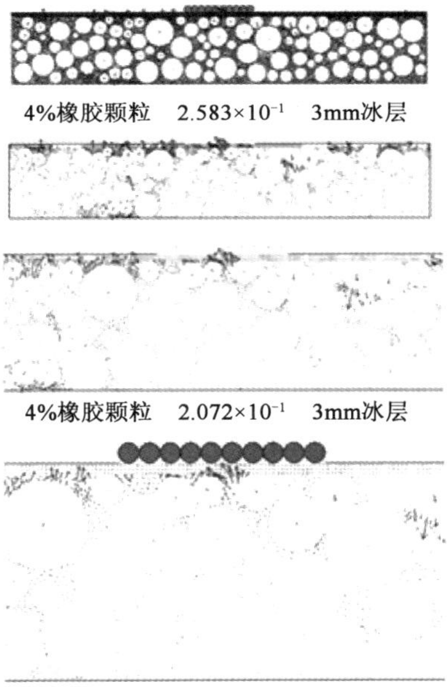

4%橡胶颗粒　$2.583\times10^{-1}$　3mm冰层

4%橡胶颗粒　$2.072\times10^{-1}$　3mm冰层

图 4-40　冰层 3mm 的位移矢量

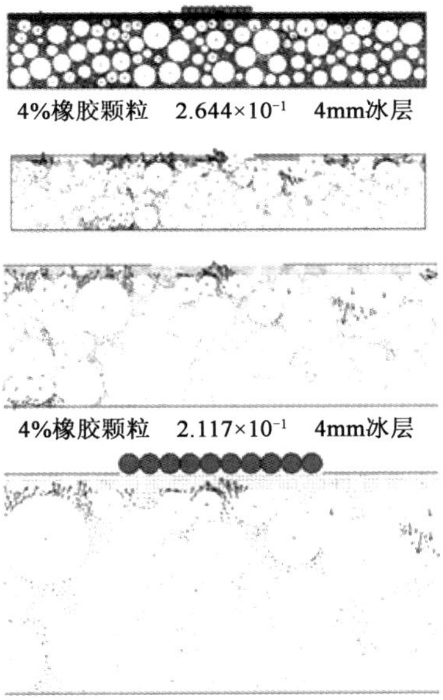

4%橡胶颗粒　$2.644\times10^{-1}$　4mm冰层

4%橡胶颗粒　$2.117\times10^{-1}$　4mm冰层

图 4-41　冰层 4mm 的位移矢量

模型中与轮胎接触处位置的集料颗粒或橡胶颗粒位移矢量最紧密，距离轮胎作用位置较远处的集料颗粒或橡胶颗粒几乎不产生位移，原因是与轮胎接触处的颗粒受到的荷载最大，随着荷载沿竖直方向与水平方向衰减，集料颗粒或橡胶颗粒承受的外力逐渐减小，所以引起的竖向变形也相应地减小了。

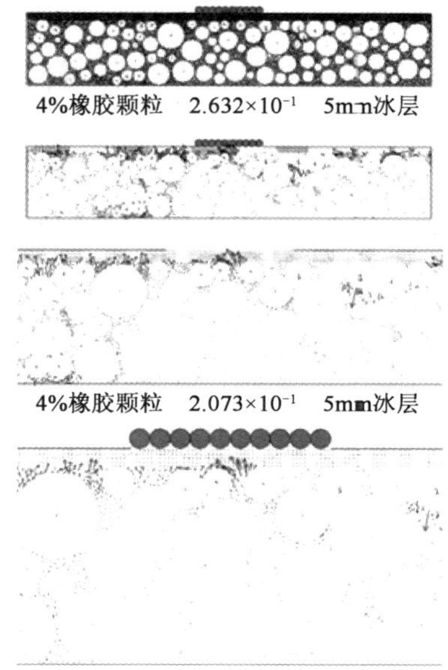


图 4-42 冰层 5mm 的位移矢量

模型中 45 号颗粒的位移为面层最表面颗粒的位移，这是由于 45 号颗粒在轮胎的紧邻下方，即冰层和 45 号颗粒的位移是一致的。模型中冰层厚度为 1mm 的位移矢量最大，并追踪了 45 号颗粒的速度曲线和位置曲线。

45 号颗粒的位置曲线可以直观地说明模型中颗粒的位置变化，进而说明模型中颗粒的位移情况。归纳其颗粒运动规律，可以得到 45 号颗粒的位置比较图（图 4-43）及模型的最大位移图（图 4-44），其中位移最大值即整个模型体系里的某一个颗粒的位移极值。

由图 4-44 可以看出，在竖向荷载的作用下，随着冰层厚度的增加，模型的最大位移量呈急剧降低并趋于平衡的趋势，冰层厚度较小的情况下，颗粒的位移较大，即此时路面呈现了良好的破冰效果；随着冰层厚度的增加，路面破冰能力受到一定的限制，与室内试验的结论相一致。

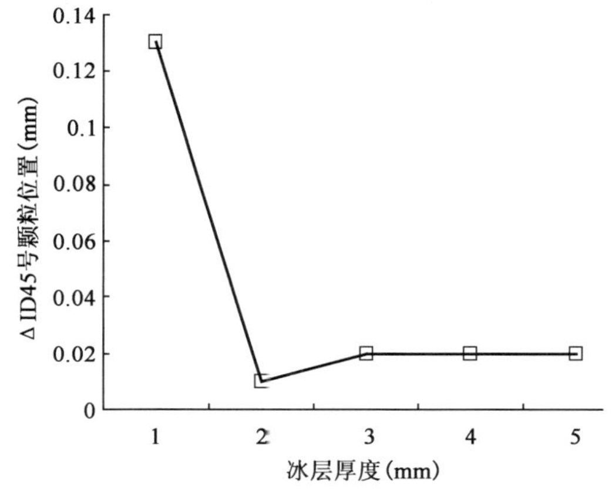


图 4-43 不同冰层厚度 45 号颗粒的位置变化

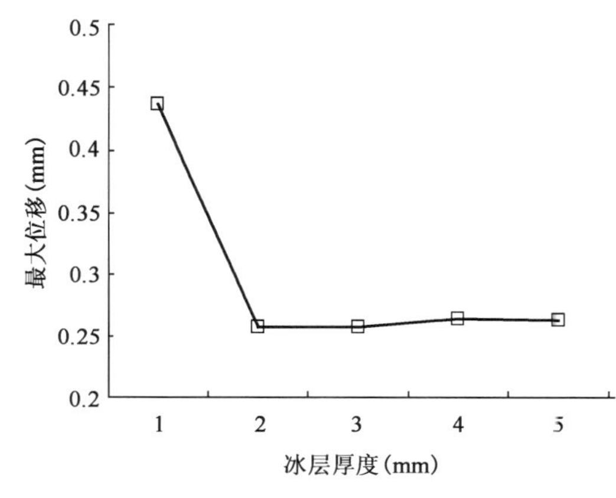


图 4-44 不同冰层厚度的模型最大位移

以上模型位移产生这种情况的原因可以归纳为：颗粒材料在竖向荷载的作用下，随着位移的不断增大，橡胶颗粒与集料颗粒从初始的平衡状态转换到不平衡状态，由于不平衡力的存在使部分橡胶颗粒或集料颗粒翻越相邻颗粒而获得稳定，同时产生了相对位置变化，则产生了不可恢复的塑性变形；另一部分橡胶颗粒或集料颗粒没有完成翻越运动，而处于不稳定的状态。由于竖向荷载的存在，使橡胶颗粒与集料颗粒的中间二次稳定状态最终发展至破坏状态。综上所述，模型中橡胶颗粒与集料颗粒在整个过程中的速度、位移、接触力及应变能等均呈现逐渐发展状态。加载前后不同掺量混合料接触力见图 4-45 与图 4-46。

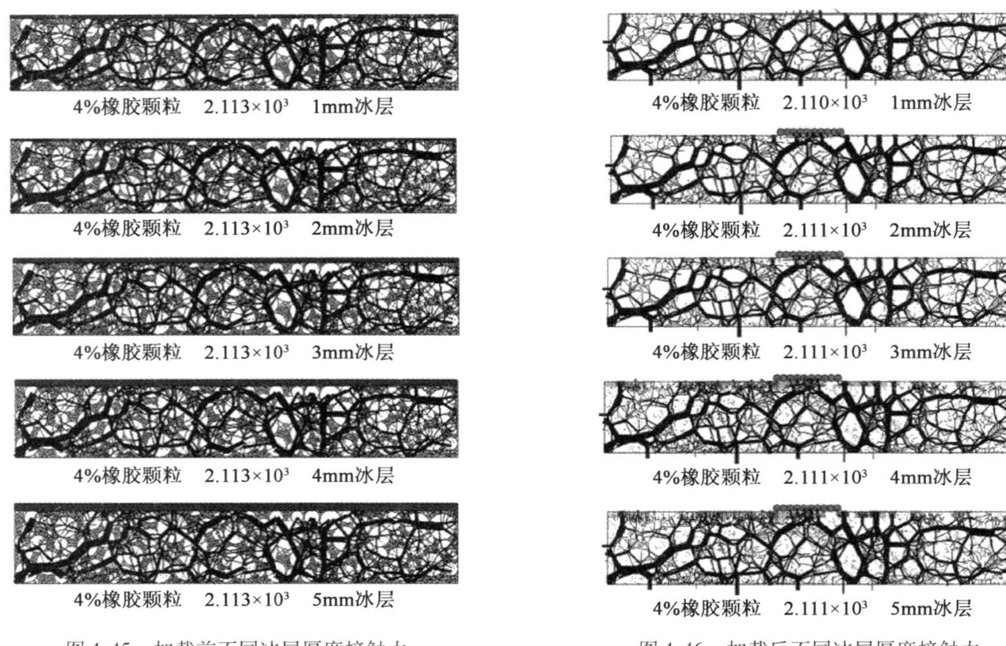


图 4-45 加载前不同冰层厚度接触力

图 4-46 加载后不同冰层厚度接触力

比较两图可知，冰层模型及混合料模型同时受到竖向荷载作用后，冰层颗粒、集料颗粒或橡胶颗粒间的接触力出现明显的接触力集中现象，均集中于轮胎作用的下方，压力贯穿于整个橡胶颗粒沥青路面的结构中，应力集中的区域主要分布在面层。当应力超过冰层颗粒间的黏结强度后，冰层颗粒将出现相互的剥离，从而引起路面冰层的破碎，冰层厚度越小，混合料呈现的破冰效果越好，与室内试验的结论是吻合的。

(4)混合料模型的应变能比较结果

总结离散元模型的规律，可以得到不同冰层厚度混合料应变能变化，模型的应变能变化如图 4-47所示。

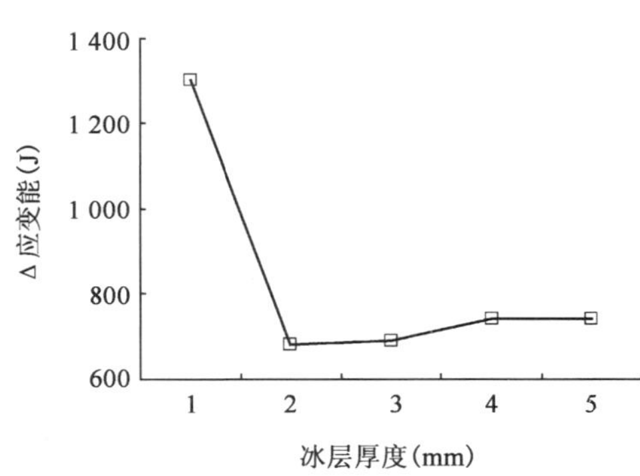


图 4-47 不同冰层厚度混合料的应变能变化

由图 4-47 可知，在竖向荷载的作用下，随着冰层厚度的增加，模型的应变能变化量呈急剧降低并趋于平衡的趋势，冰层厚度较小的情况下，克服冰层颗粒间拉力所消耗的应变能较大，路面呈现了较好的破冰效果；随着冰层厚度的增加，路面破冰能力受到一定的限制。从能量角度证实了冰层厚度越小，橡胶颗粒沥青混合料的破冰能力增强，与室内试验的结论是吻合的。

研究结果表明，利用离散元方法所建立的不同冰层厚度离散元细观模型能够模拟橡胶颗粒沥青混合料的破冰试验，得出的结论与室内试验结果非常接近。因此，可以确定不同冰层厚度混合料试件破冰的细观结构与其宏观本构行为之间联系紧密。

### 4.3.3 破冰机理分析

1）力学角度

冰是由许多水分子汇聚而成的六方晶体，冰的力学性质受分子中氢键的脆弱程度、晶格的几何特性和外界条件等的影响，在一定向力的作用下，冰呈现弹性、塑性或脆性状态。温度越低，冰晶空间格子的原子变位越困难，晶格也越坚固，冰的弹性、脆性性能越突出，反之，温度越高，冰的塑性性能越显著。

在外荷载作用下，冰体与其他物体一样呈现变形特性，其变形一般可分为弹性变形、塑性变形和脆性变形。冰的变形特性与冰的介质、温度、加荷速率、加荷方向及加荷时间等因素相关。在集中或均布荷载作用下，当垂直力比较小时，冰首先出现瞬时弹性变形，然后出现塑性变形。若垂直力或弯矩较大，等于或大于冰晶间的结合力或冰的极限强度后，冰则迅速发生塑性或脆性破坏。

由于橡胶颗粒的掺入，在道路表面将会在粗集料周围分布大量的橡胶颗粒，道路表面结冰的时候由于橡胶颗粒的存在，使得道路表面的结冰状况很不均匀，冻结冰层的强度就会降低，加之橡胶颗粒与粗集料的刚度相差较大，橡胶颗粒的变形能力很强，那么当大量的车辆通过后，由于行车荷载的作用，混合料的应力集中相对较大，此时冰面较容易破碎，而且此时冰与路面的黏附性降低，从而有利于路面结冰的清除。

不同橡胶颗粒掺量、不同冰层厚度混合料—冰层相互作用的细观数值模型显示，离散元模型同时受到竖向荷载作用后，冰层颗粒、集料颗粒或橡胶颗粒间的接触力出现明显的接触力集中现象，均集中于轮胎作用的下方，其中压力与拉力同时存在，压力贯穿于整个橡胶颗粒沥青路面的结构中，拉力和应力集中的区域主要分布在面层。当拉力超过冰层颗粒间的黏结强度后，冰层颗粒将出现相互的剥离，从而引起路面冰层的破碎，橡胶颗粒掺量越大，混合料破冰能力越强，与室内试验的结论是吻合的。

2）能量学角度

路面表面的冰层承受的是橡胶车辆荷载的动态重复作用，国外在轮胎作用下的冰雪融化机理的最新研究结论显示，冰雪面低摩擦力一般同界面冰融化形成具有良好润滑作用的薄层水膜有关；融化主要由摩擦热引起，只有当冰温接近零度且界面平均接触压力较高时才有可能发生压力融化。说明压力融化不是冰面融化的主要方面，不能作为评价方法，橡胶颗粒除冰雪沥青路面的破冰作用机理可以归纳为摩擦融化作用。在外力作用下，冰结构的变形是不可逆的。这是由于外力作用于冰晶体所消耗的功，一部分转化为温度升高产生的热融解能，另一部分转化为晶体的自由能。

不同橡胶颗粒掺量、不同冰层厚度混合料—冰层相互作用的细观数值模型显示，离散元模型同时受到竖向荷载作用后，随着橡胶颗粒掺量的增加，模型的应变能变化量呈递增的趋势，即橡胶颗粒掺量越大，克服冰层颗粒间拉力所消耗的应变能越大。从能量角度证实了随橡胶颗粒掺量的增加，橡胶颗粒沥青混合料的破冰能力增强，与室内试验的结论是吻合的。

### 4.3.4 破冰试验与破冰数值模拟的关系

采用接触连接模型可以较好地表现冰层的细观状态。因此，采用离散元方法能够从细观层次上建立混合料模型与冰层模型，分析两者间的力学作用关系，真实模拟冰层的受力、变形和破碎过程，全面展示冰层破碎过程中橡胶颗粒沥青混合料的应变能变化情况。

结合破冰试验与破冰数值模拟分析构建了不同橡胶颗粒掺量与不同冰层厚度的混合料—冰层作用细观模型，提出了以应变能与颗粒位移为主的指标，同时通过破冰试验确定了两个宏观参数，即摆值平均加权回升量与摆值平均加权回升率。比较破冰数值模拟与破冰试验所获取的结论，发现两者可以相互验证，从宏观与细观两个角度揭示了橡胶颗粒沥青混合料的破冰机理。

因此，不同橡胶颗粒掺量与不同冰层厚度的混合料平均加权回升量与摆值平均加权回升率差异性，可以通过离散元细观模型所获取的应变能与颗粒位移的差异性解释，做到了从细观机理上去解释宏观现象的本质，为探求橡胶颗粒沥青混合料的破冰现象发生机理，提供了一种试验结合理论分析的新思路。

本书从橡胶颗粒沥青混合料的细观结构入手，以混合料的离散元分析为主线，从3种典型级配结构的数值模型分析，到骨架密实型结构分形级配研究；进而研究混合料劈裂试验数值模型，建立橡胶颗粒沥青混合料耗散能、分形维数与疲劳寿命的对应关系；通过分析橡胶颗粒掺量、冰层厚度及温度对混合料破冰性能的影响，验证了混合料破冰数值模型的研究结论，从而揭示橡胶颗粒沥青混合料的破冰机理，最终将分形级配、疲劳性能与破冰机理的研究成果应用于橡胶颗粒沥青混合料的级配组成设计中，通过实体工程验证了细观数值模拟与室内试验的研究成果，为抗冻结沥青路面的工程应用提供一定的理论指导。

沥青混合料细观结构的研究纷繁复杂，研究内容众多、手段各异。本书只是采用离散元方法研究了橡胶颗粒沥青混合料部分性能与机理，在此方向的前进道路上探索性的迈出了一小步，橡胶颗粒沥青混合料细观结构世界的浩瀚星空仍有待深入的探索与不断地研究。进一步的研究可以参考以下思路进行：

1）研究广度的拓展

从橡胶颗粒沥青混合料细观结构的研究进一步拓展至微观结构的研究，从更深的层次上认识集料、橡胶颗粒与沥青结合料的本来面目；从二维离散元模型研究进一步拓展至橡胶颗粒沥青混合料的三维离散元模型研究，从更立体的角度探索其结构。

2）研究深度的深入

（1）在橡胶颗粒沥青路面抗冻结试验方面：

①调节路面破冰模拟试验仪配重质量，改变试验胶轮接地压强，并控制碾压次数，研究这两种因素对不同结冰路面的作用效果，模拟交通量对不同结冰路面的影响。

②通过大量试验建立起摆值平均加权衰减量、摆值平均加权衰减率、摆值平均加权回升量与摆值平均加权回升率等指标与温度、荷载、水量、不同路面类型和级配、橡胶含量等各项影响因素的函数关系。

（2）长期观测橡胶颗粒沥青路面试验段的抗冻结性能，收集基础观测数据，为抑制冻结沥青路面的应用奠定基础。

## 4.4　橡胶颗粒除冰雪沥青路面抑制结冰试验

利用路面破冰模拟试验仪进行不同橡胶颗粒掺量与不同温度条件下的抑制结冰试验。

### 4.4.1　橡胶颗粒掺量对沥青路面抑制冻结效果的影响

利用路面破冰模拟试验仪进行抑制结冰试验。试验过程中4种掺量橡胶颗粒沥青混合料试板出现冰碴的时间基本相同，但是形成完整冰层的时间随橡胶颗粒掺量的增加而延长，不同橡胶颗粒掺量试验板抑制冻结效果对比如图4-48、图4-49所示，分别进行－1℃与－5℃条件下橡胶颗粒掺量的影响性研究。

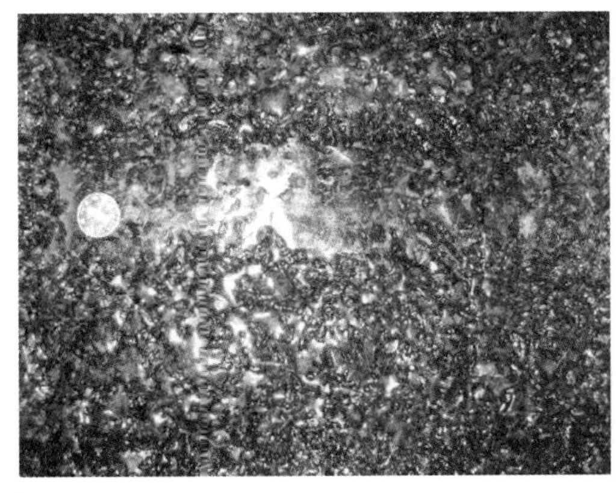

图4-48　4%橡胶沥青混合料试板

图4-49　0%橡胶沥青混合料试板

1)在－1℃条件下的抑制冻结效果研究

试验仪温度控制在－1℃，进行不同橡胶颗粒掺量、不同轮碾作用次数的抑制冻结效果试验，试验结果如表4-7所示。

橡胶颗粒掺量对沥青路面抑制冻结影响试验结果(－1℃)　　表4-7

| 轮碾次数(次) | *BPN* 值 | | | | | | | | | | | |
|---|---|---|---|---|---|---|---|---|---|---|---|---|
| | 橡胶颗粒掺量(%) | | | | | | | | | | | |
| | 0 | | | 2 | | | 3 | | | 4 | | |
| | 1 | 2 | 3 | 1 | 2 | 3 | 1 | 2 | 3 | 1 | 2 | 3 |
| 0 | 92 | 93 | 94 | 92 | 91 | 91 | 90 | 89 | 88 | 88 | 88 | 87 |
| 420 | 80 | 78 | 75 | 85 | 84 | 86 | 85 | 85 | 86 | 86 | 86 | 85 |
| 840 | 52 | 53 | 53 | 58 | 58 | 57 | 62 | 61 | 62 | 70 | 69 | 70 |
| 1 260 | 50 | 51 | 48 | 55 | 54 | 54 | 59 | 58 | 58 | 62 | 63 | 66 |
| 1 680 | 42 | 43 | 40 | 45 | 47 | 46 | 49 | 49 | 50 | 50 | 49 | 49 |
| 2 100 | 32 | 33 | 33 | 38 | 39 | 38 | 42 | 43 | 41 | 44 | 44 | 42 |
| 2 520 | 30 | 30 | 30 | 32 | 33 | 32 | 36 | 34 | 35 | 39 | 37 | 37 |
| 2 940 | 30 | 30 | 30 | 30 | 30 | 30 | 31 | 33 | 32 | 33 | 33 | 33 |
| 3 360 | 30 | 30 | 29 | 30 | 30 | 30 | 30 | 30 | 30 | 30 | 30 | 30 |

(1)在 -1℃时橡胶颗粒掺量对 *BPN* 的影响

图4-50为 -1℃时不同橡胶颗粒掺量在冻结过程中 *BPN* 值的变化情况。从图中可以看出,随着时间的增加,4种沥青混合料试板的 *BPN* 值都有明显衰减;在衰减过程中,橡胶掺量越高,衰减的幅度越小,但随着水量与冻结时间的增加,4种沥青混合料试板的 *BPN* 值最终均衰减到30,此时,表明试板表面都已形成一层冰膜,继续冻结,只会使冰膜的厚度增加,不会对 *BPN* 衰减有影响,故 *BPN* 值保持稳定。因此橡胶颗粒除冰雪沥青路面的抑制结冰作用必定存在有效的冰面厚度范围,当厚度达到一定程度后,橡胶颗粒除冰雪沥青路面的抑制结冰效果将会失去。

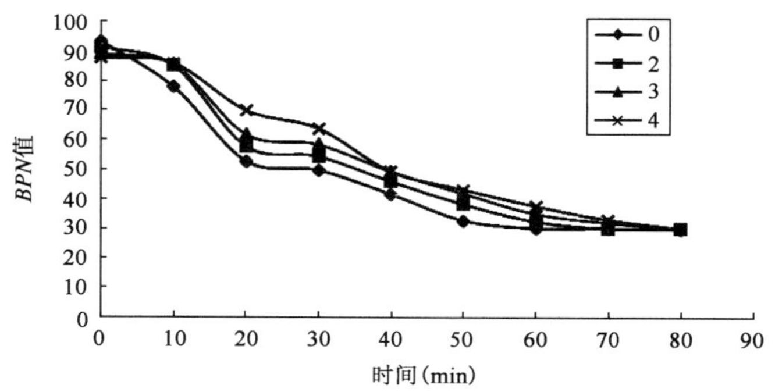


图4-50 -1℃时橡胶颗粒掺量对 *BPN* 值的影响

(2)在 -1℃时橡胶颗粒掺量对 *BPN* 衰减量的影响

图4-51是在 -1℃时橡胶颗粒沥青混合料试板在冻结过程中 *BPN* 衰减量随冻结时间的变化情况。从图中可以看出,随着时间增加,不同掺量的试板 *BPN* 衰减量均随之增大;但时间相同时,不同掺量橡胶颗粒试板的 *BPN* 衰减量不一样,随掺量的减小,*BPN* 衰减量呈增大趋势。

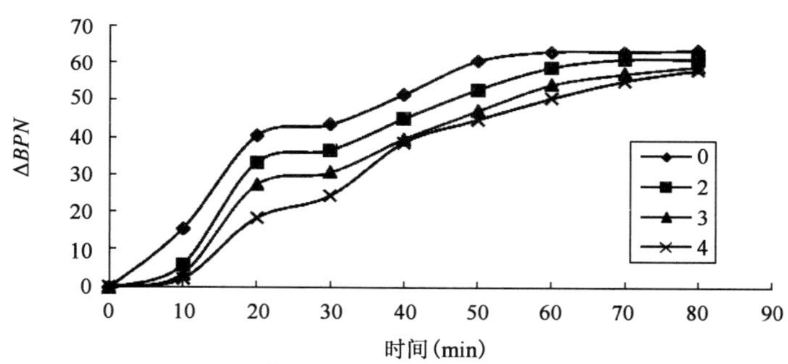


图4-51 -1℃时橡胶颗粒掺量对 *BPN* 衰减量的影响

(3)在 -1℃时橡胶颗粒掺量对 *BPN* 平均加权衰减量的影响

为了直观对比冻结过程中,橡胶掺量对抑制冻结效果的影响,考虑冻结过程中轮碾的作用效果,引入加权系数,即考虑不同轮碾次数下 *BPN* 衰减量的平均变化,按下式计算:

$$\bar{F}_{\mathrm{BPN}} = \frac{\sum(N \cdot \Delta BPN)}{\sum N} \tag{4-4}$$

式中:$N$——轮碾次数;

$\Delta BPN$——相对初始值的衰减量。

经过计算，可以得到不同橡胶掺量下的 *BPN* 平均加权衰减量，结果如图 4-52 所示。

从图 4-52 可以看出，随橡胶颗粒掺量的增加，*BPN* 平均加权衰减量呈减小趋势，并具有良好的线性关系。

(4)在 -1℃时橡胶颗粒掺量对 *BPN* 平均加权衰减率的影响

为了进一步对比冻结过程中 *BPN* 平均加权衰减率随橡胶掺量的变化情况，同上，考虑冻结过程中轮碾的作用效果，引入加权系数，即考虑不同轮碾次数下 *BPN* 平均加权衰减率的平均变化，将相对初始值的衰减量与初始 *BPN* 值比值进行加权平均，并按下式计算：

$$\bar{\rho}_{\mathrm{BPN}} = \frac{\sum[N \cdot (\Delta BPN / BPN_0)]}{\sum N} \tag{4-5}$$

式中：$BPN_0$——初始 *BPN* 值。

经过计算，可以得到不同橡胶掺量下的 *BPN* 平均加权衰减率，结果如图 4-53 所示。

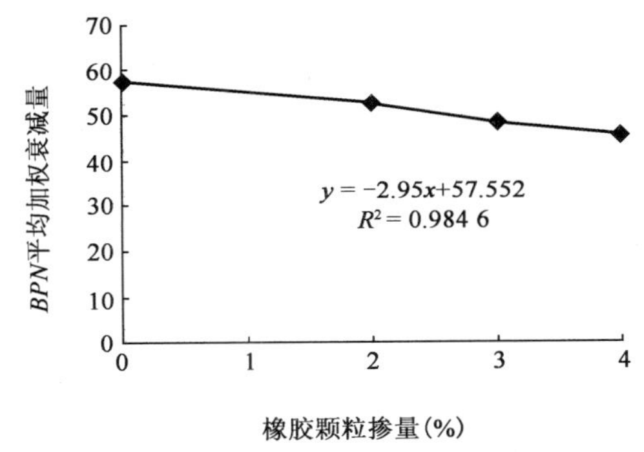


图 4-52　-1℃时橡胶颗粒掺量对 *BPN* 平均加权衰减量的影响

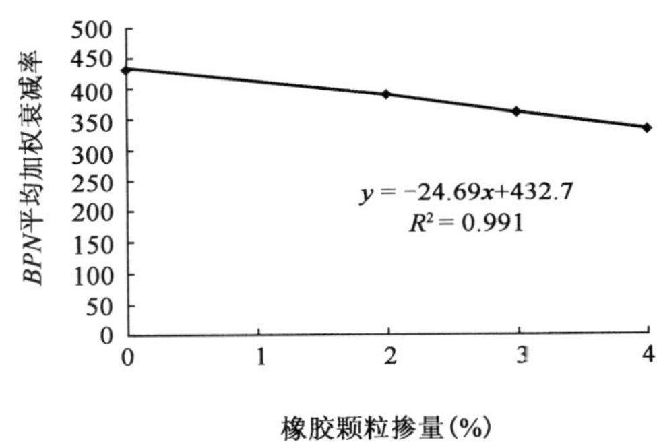


图 4-53　-1℃时橡胶颗粒掺量对 *BPN* 平均加权衰减率的影响

从图 4-53 可以看出，随橡胶颗粒掺量的增加，*BPN* 平均加权变化率呈减小趋势，并与橡胶颗粒掺量具有良好的线性关系。

2)在 -5℃条件下的抑制冻结效果研究

试验仪温度控制在 -5℃，进行不同橡胶颗粒掺量、不同轮碾作用次数的抑制冻结效果试验，试验结果如表 4-8 所示。

橡胶颗粒掺量对沥青路面抑制冻结影响试验结果(-5℃)　　表 4-8

| 轮碾次数(次) | *BPN* 值 | | | | | | | | | | | |
|---|---|---|---|---|---|---|---|---|---|---|---|---|
| | 橡胶颗粒掺量(%) | | | | | | | | | | | |
| | 0 | | | 2 | | | 3 | | | 4 | | |
| | 1 | 2 | 3 | 1 | 2 | 3 | 1 | 2 | 3 | 1 | 2 | 3 |
| 0 | 91 | 90 | 91 | 90 | 89 | 89 | 90 | 89 | 91 | 89 | 90 | 87 |
| 420 | 76 | 80 | 78 | 81 | 79 | 81 | 82 | 81 | 80 | 83 | 84 | 83 |
| 840 | 63 | 64 | 65 | 52 | 54 | 52 | 56 | 55 | 58 | 70 | 69 | 70 |
| 1260 | 36 | 35 | 42 | 50 | 51 | 50 | 54 | 54 | 56 | 60 | 59 | 56 |
| 1 680 | 30 | 31 | 33 | 40 | 41 | 40 | 45 | 47 | 44 | 50 | 49 | 41 |

续上表

<table>
<tr><td rowspan="4">轮碾次数<br>(次)</td><td colspan="12">BPN 值</td></tr>
<tr><td colspan="12">橡胶颗粒掺量(%)</td></tr>
<tr><td colspan="3">0</td><td colspan="3">2</td><td colspan="3">3</td><td colspan="3">4</td></tr>
<tr><td>1</td><td>2</td><td>3</td><td>1</td><td>2</td><td>3</td><td>1</td><td>2</td><td>3</td><td>1</td><td>2</td><td>3</td></tr>
<tr><td>2 100</td><td>30</td><td>30</td><td>31</td><td>38</td><td>36</td><td>38</td><td>40</td><td>40</td><td>38</td><td>41</td><td>42</td><td>38</td></tr>
<tr><td>2 520</td><td>30</td><td>30</td><td>30</td><td>33</td><td>32</td><td>32</td><td>34</td><td>33</td><td>34</td><td>37</td><td>37</td><td>36</td></tr>
<tr><td>2 940</td><td>29</td><td>30</td><td>30</td><td>30</td><td>30</td><td>30</td><td>32</td><td>31</td><td>32</td><td>32</td><td>33</td><td>32</td></tr>
<tr><td>3 360</td><td>29</td><td>30</td><td>30</td><td>30</td><td>30</td><td>30</td><td>30</td><td>30</td><td>30</td><td>30</td><td>30</td><td>30</td></tr>
</table>

图 4-54 为 -5℃时不同橡胶颗粒掺量在冻结过程中 *BPN* 值的变化情况，规律与 -1℃相似。从图中可以看出，随着冻结时间的增加，4 种沥青混合料试板的 *BPN* 值都有明显衰减；在衰减过程中，橡胶掺量越高，衰减的幅度越小，但随着冻结时间的增加，4 种掺量橡胶颗粒沥青混合料试板最终 *BPN* 值都衰减到 30，此时，表明试板表面都已形成一层冰膜，继续冻结，只会使冰膜的厚度增加，不会对 *BPN* 衰减有影响，故 *BPN* 值保持稳定。同时证明了掺橡胶颗粒除冰雪沥青路面的抑制结冰作用必定存在有效的冰层厚度范围，当厚度达到一定程度后，橡胶颗粒除冰雪沥青路面的抑制结冰效果将会失去。

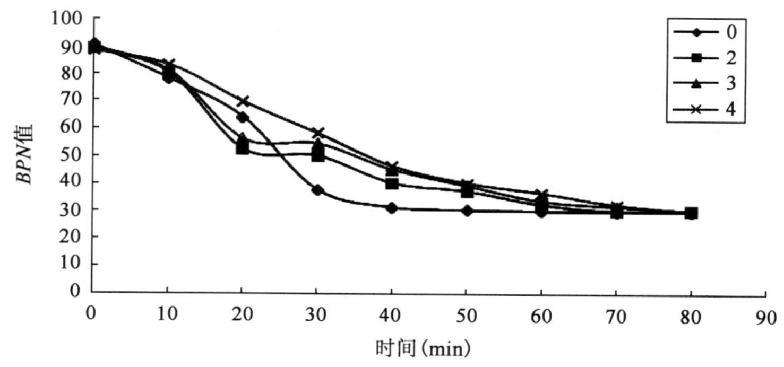


图 4-54 -5℃时橡胶颗粒掺量对 *BPN* 的影响

(1)在 -5℃时橡胶颗粒掺量对 *BPN* 的影响

(2)在 -5℃时橡胶颗粒掺量对 *BPN* 衰减量的影响

图 4-55 是 -5℃时橡胶颗粒沥青混合料试板在冻结过程中 *BPN* 随冻结时间的变化情况，规律与 -1℃时相似。从图中可以看出，随着冻结时间增加，不同掺量的试板 *BPN* 衰减量随之增大；但冻结时间相同时，不同掺量橡胶颗粒试板的 *BPN* 衰减量不一样，随掺量的减小，*BPN* 衰减量呈增大趋势。

(3)在 -5℃时橡胶颗粒掺量对 *BPN* 平均加权衰减量的影响

经过计算，可以得到不同橡胶掺量下的 *BPN* 平均加权衰减量，结果如图 4-56 所示。

从图 4-56 可以看出，随橡胶颗粒掺量的增加，*BPN* 平均加权衰减量呈减小趋势，并具有良好的线性关系。

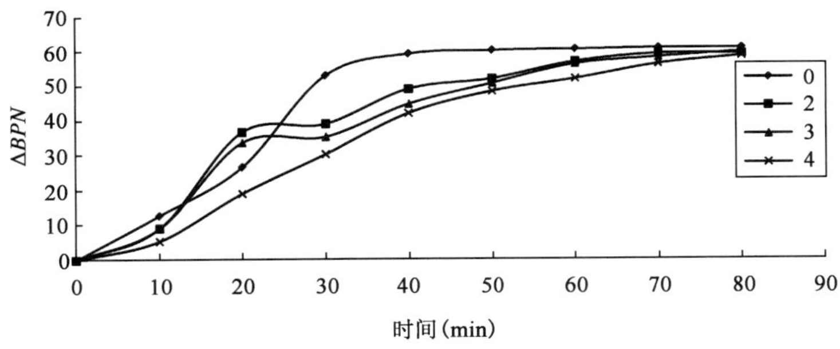


图 4-55　橡胶颗粒掺量对 *BPN* 衰减量的影响

(4)在 -5℃时橡胶颗粒掺量对 *BPN* 平均加权衰减率的影响

经过计算,可以得到不同橡胶颗粒掺量对 *BPN* 平均加权衰减率的影响,如图 4-57 所示。

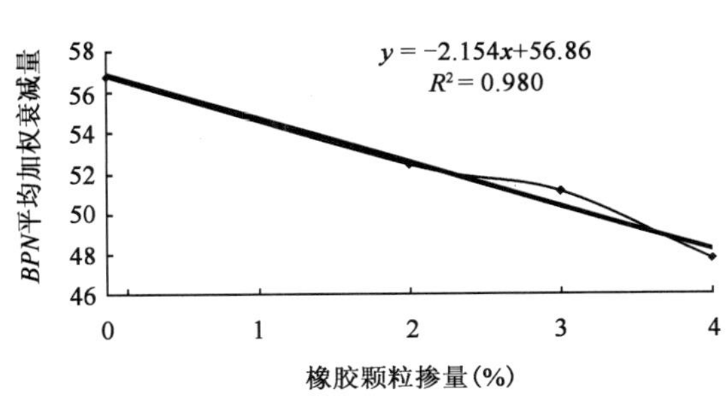


图 4-56　橡胶颗粒掺量对 *BPN* 平均加权衰减量的影响

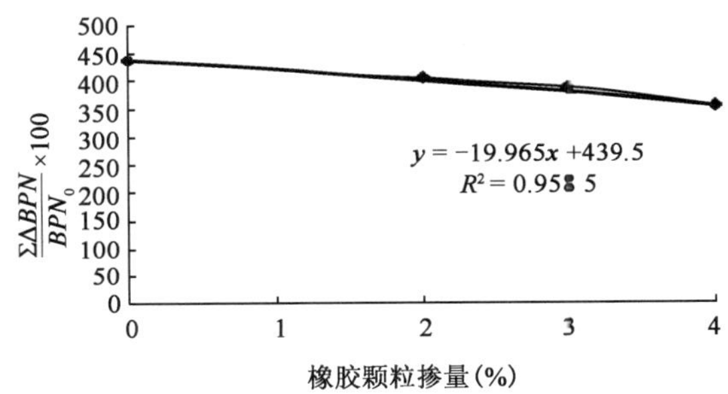


图 4-57　橡胶颗粒掺量对 *BPN* 平均加权衰减率的影响

从图 4-79 可以看出,随橡胶颗粒掺量的增加,*BPN* 平均加权衰减率呈减小趋势,并与橡胶颗粒掺量具有良好的线性关系。

### 4.4.2　温度对橡胶颗粒除冰雪沥青路面抑制冻结效果的影响

试验仪温度控制在 -1℃、-5℃与 -10℃条件下,进行不同轮碾作用次数的抑制冻结效果试验,温度越低,橡胶颗粒混合料试块表面出现冰碴的时间与形成完整冰层的时间越早。试验结果如表 4-9 所示。

不同温度下 4%橡胶颗粒掺量沥青路面抑制冻结影响试验结果　　表 4-9

| 轮碾次数(次) | *BPN* 值 | | | | | | | | |
|---|---|---|---|---|---|---|---|---|---|
| | 试验温度(℃) | | | | | | | | |
| | -1 | | | -5 | | | -10 | | |
| | 1 | 2 | 3 | 1 | 2 | 3 | 1 | 2 | 3 |
| 0 | 88 | 88 | 87 | 89 | 90 | 87 | 90 | 89 | 87 |
| 420 | 86 | 86 | 85 | 83 | 84 | 83 | 85 | 85 | 84 |
| 840 | 70 | 69 | 70 | 70 | 69 | 70 | 65 | 63 | 60 |
| 1 260 | 62 | 63 | 66 | 60 | 59 | 56 | 55 | 53 | 54 |
| 1 680 | 50 | 49 | 49 | 50 | 49 | 41 | 40 | 39 | 40 |
| 2 100 | 44 | 44 | 42 | 41 | 42 | 38 | 41 | 42 | 35 |

续上表

| 轮碾次数（次） | BPN值 | | | | | | | | |
|---|---|---|---|---|---|---|---|---|---|
| | 试验温度(℃) | | | | | | | | |
| | -1 | | | -5 | | | -10 | | |
| | 1 | 2 | 3 | 1 | 2 | 3 | 1 | 2 | 3 |
| 2 520 | 39 | 37 | 37 | 37 | 37 | 36 | 32 | 32 | 30 |
| 2 940 | 33 | 33 | 33 | 32 | 33 | 32 | 30 | 30 | 30 |
| 3 360 | 30 | 30 | 30 | 30 | 30 | 30 | 30 | 30 | 30 |

(1)温度对 *BPN* 变化的影响

图 4-58 为温度对 4% 橡胶颗粒掺量在冻结过程中 *BPN* 值的变化情况。从图中可以看出，随着冻结时间的增加，4% 橡胶颗粒掺量的沥青混合料试板的 *BPN* 值随温度降低，均呈不断减小趋势，变化规律基本相同。

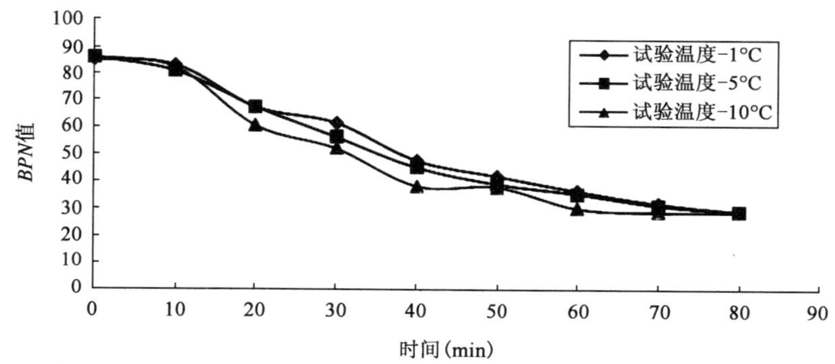


图 4-58　温度对 *BPN* 变化的影响

(2)温度对 *BPN* 衰减量的影响

图 4-59 是 4% 橡胶颗粒沥青混合料试板在不同温度冻结过程中 *BPN* 衰减量随冻结时间的变化情况。从图中可以看出，随着冻结温度降低，4% 掺量试板的 *BPN* 衰减量随之增大。

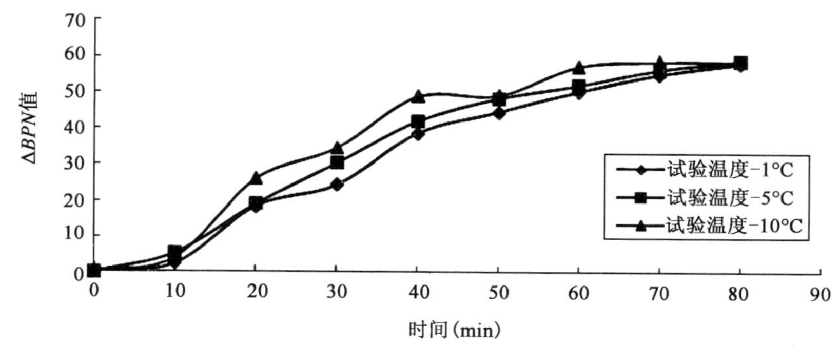


图 4-59　温度对 *BPN* 衰减量的影响

(3)温度对 *BPN* 平均加权衰减量的影响

不同温度下 4% 橡胶掺量的 *BPN* 平均加权衰减量计算结果如图 4-60 所示。

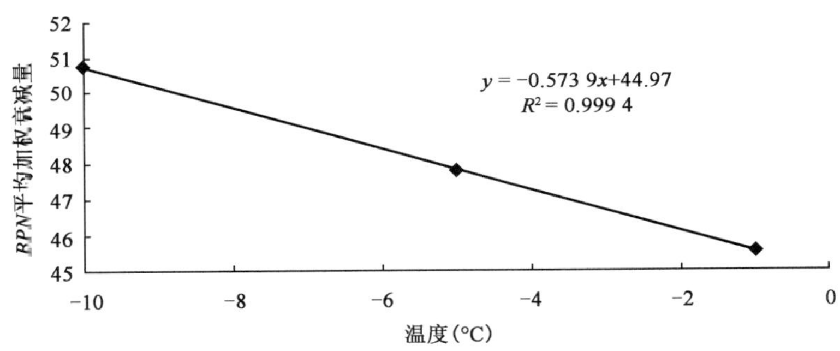


图 4-60　温度对 *BPN* 平均加权衰减量的影响

从图 4-60 可以看出，随温度的降低，橡胶颗粒路面的 *BPN* 平均加权衰减量呈线性增加，按此变化趋势可知在达到一定温度后橡胶颗粒路面的 *BPN* 平均加权衰减量最终将与普通路面相同，此时橡胶颗粒路面将失去抑制冻结的优势。因此橡胶颗粒除冰雪沥青路面的抑制结冰作用必定存在有效的温度范围，当气温低到一定程度后，橡胶颗粒除冰雪沥青路面的抑制结冰效果将会失去。

(4) 温度对 *BPN* 平均加权衰减率的影响

不同温度下 4% 橡胶掺量的 *BPN* 平均加权衰减率计算结果如图 4-61 所示。

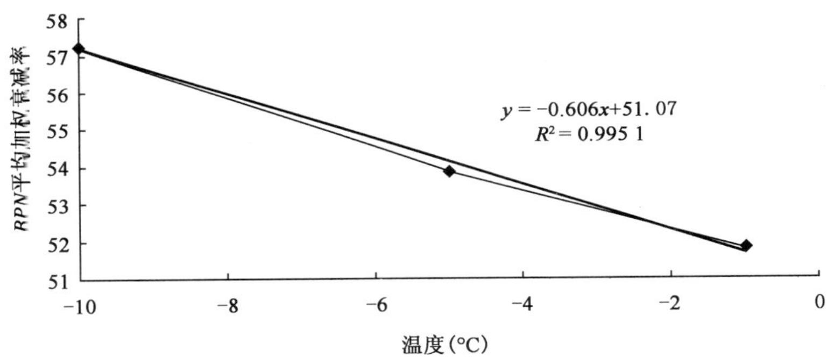


图 4-61　温度对 *BPN* 平均加权衰减率的影响

从图 4-61 可以看出，随温度的降低，橡胶颗粒路面的 *BPN* 平均加权衰减率呈线性增加，按此变化趋势可知在达到一定温度后橡胶颗粒路面的 *BPN* 平均加权衰减率最终将与普通路面相同，此时橡胶颗粒路面将失去抑制冻结的优势。同样验证了橡胶颗粒除冰雪沥青路面的抑制结冰作用必定存在有效的温度范围，当气温低到一定程度后，橡胶颗粒除冰雪沥青路面的抑制结冰效果将会失去。

### 4.4.3　橡胶颗粒除冰雪沥青路面抑制冻结规律的研究

以上两节研究了橡胶颗粒掺量与温度对路面抑制冻结效果的影响，所得 *BPN* 的分布规律尽管在数值大小和变化速率上存在一定的差异，但是在分布趋势上都具有共同的特点。

试验过程中随着轮碾次数的增加，4 种橡胶颗粒掺量的沥青混合料试板 *BPN* 值都有明显衰减；在衰减过程中，橡胶掺量越高，衰减的幅度越小，随着轮载作用次数的进一步增加，*BPN* 的衰减幅度逐渐减缓，并最终趋于稳定，此时 4 种沥青混合料试板的 *BPN* 值均衰减到30，此时试板表面都已形成一层冰膜，故*BPN*值保持稳定。因此本书尝试采用合适的模型进行拟合。

*BPN*衰减过程中的这种共性反映了橡胶颗粒除冰雪沥青路面在降雪结冰初期发生抑制结冰性能变化的内在规律性，衰变过程可以通过合适的数学模型来进行拟合，不同的橡胶颗粒掺量和温度导致路面抑制结冰性能在使用过程中的*BPN*衰减规律也不相同，这种差异性可以通过数学模型的相关参数得到反映。

1）衰减模型

通过查阅大量文献，反复比较现有数学模型，发现Asymptotic模型也可以用于橡胶颗粒除冰雪沥青路面抑制冻结性能衰减规律的研究。

Asymptotic模型表达式为：

$$y = A \cdot e^{B \cdot x} + C \tag{4-6}$$

式中：$x$、$y$——轮碾作用次数和*BPN*值；

$A$、$B$、$C$——常数项，用于拟合衰减曲线时要求：$A$、$C$大于0，$B$小于0。

根据上述分析可知，在建立橡胶颗粒除冰雪沥青路面抑制冻结性能衰减模型时，*BPN*衰变曲线应具有以下特征：

（1）衰减初值$A+C$：降雪冻结前橡胶颗粒除冰雪沥青路面所具有的*BPN*值，其大小与沥青混合料的级配组成、集料特征及压实方式有关，当轮碾作用次数$x$趋于0，$y=A+C$，为*BPN*初值。

（2）衰减终值$C$：路表面已形成一层冰膜，随轮碾次数增加，继续冻结只会使冰膜的厚度增加，不会对*BPN*衰减有影响，故*BPN*值保持稳定，当轮碾作用次数$x$趋于$\infty$，$y=C$为*BPN*衰减终值。

（3）衰减幅度$A$：即衰减初值与衰减终值之间的*BPN*值变化范围。

（4）衰减速率$B$：从衰减初值达到衰减稳定的快慢，在Asymptotic衰减模型曲线上任取两数据点$(x_1,y_1)$和$(x_2,y_2)$，于是有：

$$y_1 = A \cdot e^{B \cdot x_1} + C \tag{4-7}$$

$$y_2 = A \cdot e^{B \cdot x_2} + C \tag{4-8}$$

联立以上两式，易得：

$$B = \frac{\ln(y_1 - C) - \ln(y_2 - C)}{x_1 - x_2} \tag{4-9}$$

式中，$(y-C)$的物理意义是行驶过程中对应轮载作用次数$x$时的*BPN*值与达到稳定状态时的*BPN*值之差，可以将其理解为衰减余地，因此$B$的物理意义可以理解为在半对数坐标上衰变余地的变化率，其值大小可以根据*BPN*值表衰减数据点在半对数坐标$x-\ln(y-C)$上的斜率来表示。

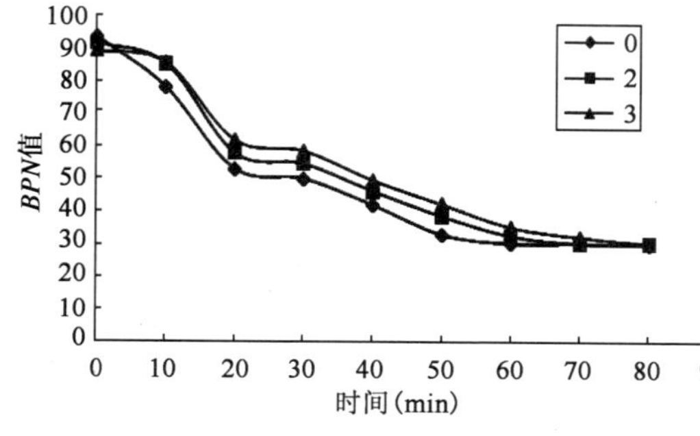


图4-62　-1℃橡胶颗粒掺量对*BPN*值的影响

2）在-1℃条件下的抑制冻结效果衰减规律研究

在-1℃条件下，橡胶颗粒掺量采用0%、2%与3%，混合料级配采用JAC-16，最佳沥青用量为5.7%，试验结果如图4-62所示。-1℃条件下不

同掺量抑制结冰 *BPN* 衰减模型回归参数如表4-10所示。

**-1℃不同橡胶颗粒掺量 *BPN* 衰减模型回归参数**　　表4-10

| 模型参数 | | *A* | *B* | *C* |
|---|---|---|---|---|
| 橡胶掺量(%) | 0 | 63.33 | $-7.75\times10^{-4}$ | 29.67 |
| | 2 | 61.33 | $-6.52\times10^{-4}$ | 30.00 |
| | 3 | 59.00 | $-5.87\times10^{-4}$ | 30.00 |

由表4-10不同掺量下的模型回归参数,可以得到具体的Asymptotic模型公式,通过该式可以预估不同轮碾作用次数下的 *BPN* 值,将预估 *BPN* 值与试验实测 *BPN* 值进行比较如图4-63～图4-65所示,两者满足线性关系,拟合程度非常好,相关系数较高。

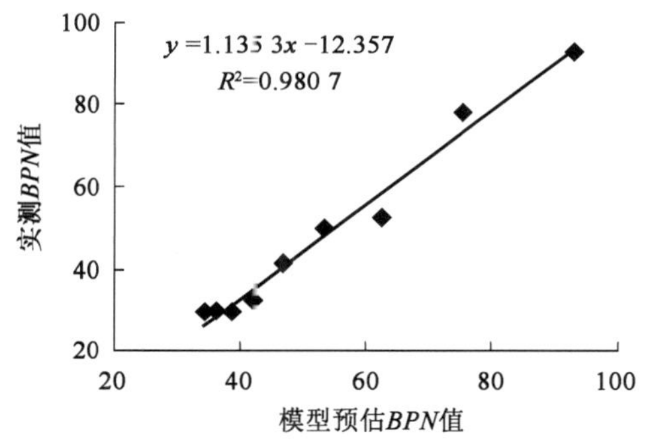

图4-63　-1℃掺0%橡胶颗粒实测值与预估值比较

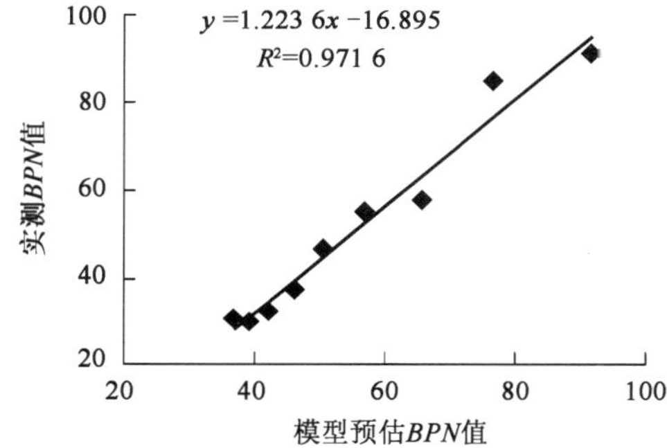

图4-64　-1℃掺2%橡胶颗粒实测值与预估值比较

3)在-5℃条件下的抑制冻结效果衰减规律研究

在-5℃条件下,橡胶颗粒掺量采用0%、2%与3%,混合料级配采用JAC-16,最佳沥青用量为5.7%,试验结果如图4-66所示。-5℃条件下不同掺量抑制结冰BPN衰减模型回归参数如表4-11所示。

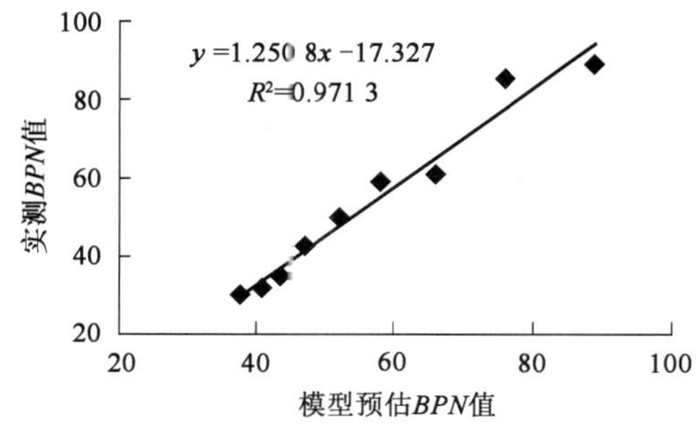

图4-65　-1℃掺3%橡胶颗粒实测值与预估值比较

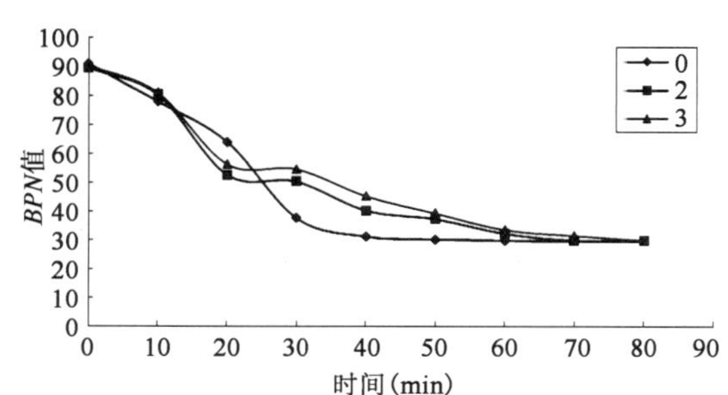

图4-66　-5℃橡胶颗粒掺量对 *BPN* 值的影响

**-5℃不同橡胶颗粒掺量 *BPN* 衰减模型回归参数**　　表4-11

| 模型参数 | | A | B | C |
|---|---|---|---|---|
| 橡胶掺量(%) | 0 | 61.00 | $-8.14\times10^{-4}$ | 29.67 |
| | 2 | 59.33 | $-9.35\times10^{-4}$ | 30.00 |
| | 3 | 60.00 | $-6.44\times10^{-4}$ | 30.00 |

由表4-11不同掺量下的模型回归参数，可以得到具体的Asymptotic模型公式，通过该式可以预估不同轮碾作用次数下的*BPN*值，将预估*BPN*值与试验实测*BPN*值进行比较如图4-67～图4-69所示，两者满足线性关系，拟合程度非常好，相关系数较高。

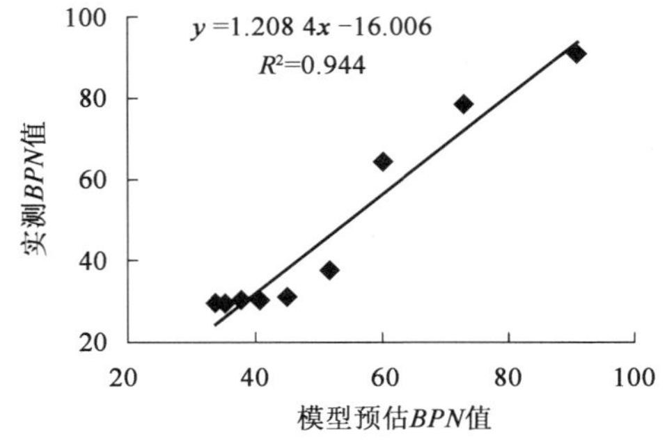


图4-67　－5℃掺0%橡胶颗粒实测值与预估值比较

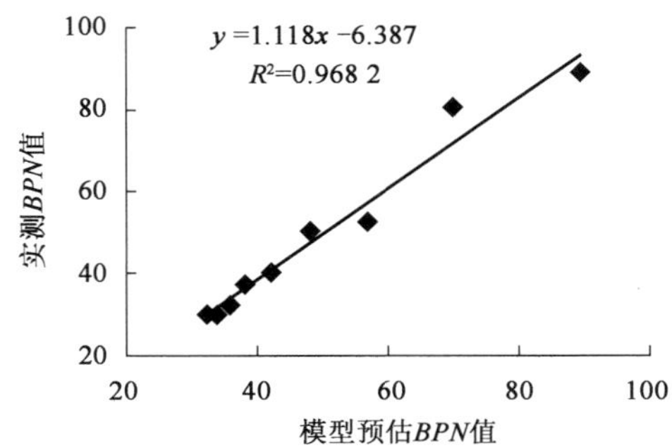


图4-68　－5℃掺2%橡胶颗粒实测值与预估值比较

4）在掺加4%橡胶颗粒条件下的抑制冻结效果衰减规律研究

在橡胶颗粒掺量4%条件下，试验温度采用－1℃、－5℃与－10℃，混合料级配采用JAC-16，最佳沥青用量为5.7%，试验结果如图4-70所示。掺量4%条件下不同温度抑制结冰*BPN*衰减模型回归参数如表4-12所示。

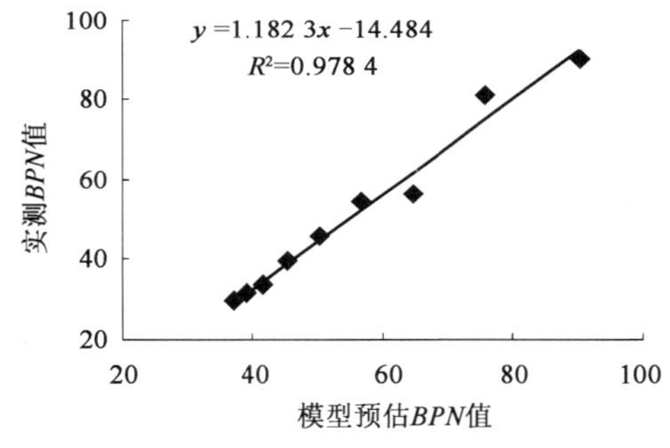


图4-69　－5℃掺3%橡胶颗粒实测值与预估值比较

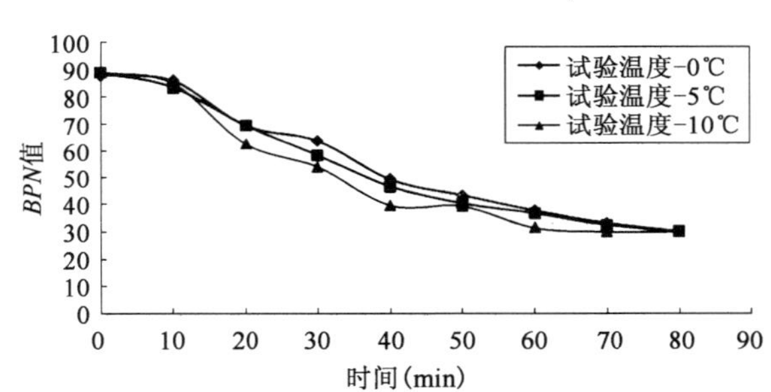


图4-70　掺4%橡胶颗粒时温度对*BPN*值的影响

**掺4%橡胶颗粒时不同温度*BPN*衰减模型回归参数**　　表4-12

| 模型参数 | | A | B | C |
|---|---|---|---|---|
| 温度(℃) | －10 | 58.67 | $-1.45\times10^{-3}$ | 30.00 |
| | －5 | 58.67 | $-1.03\times10^{-3}$ | 30.00 |
| | －1 | 57.67 | $-8.56\times10^{-4}$ | 30.00 |

由表4-12不同温度下的模型回归参数，可以得到具体的Asymptotic模型公式，通过该式可以预估不同轮碾作用次数下的*BPN*值，将预估*BPN*值与试验实测*BPN*值进行比较，如图4-71～图4-73所示，两者进行线性回归，发现随温度的降低，相关系数降低；同时当掺量超过3%后，Asymptotic模型的*BPN*预测值与*BPN*实测值相关系数较低掺量时明显降低。

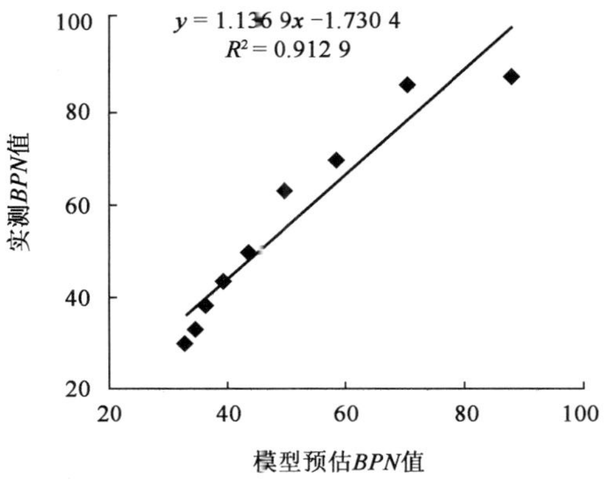


图 4-71 -1℃掺4%橡胶颗粒实测值与预估值比较

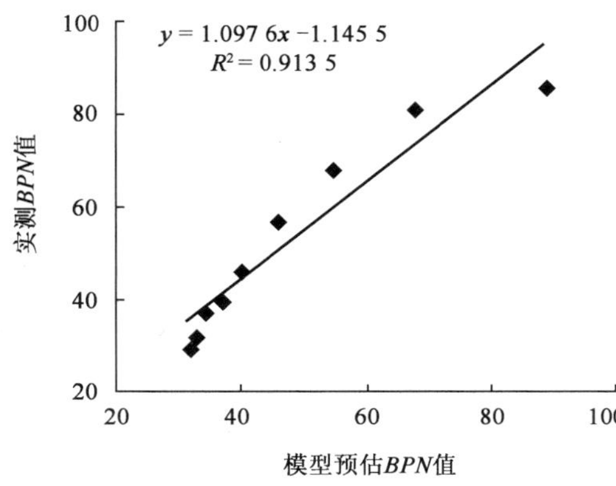


图 4-72 -5℃掺4%橡胶颗粒实测值与预估值比较

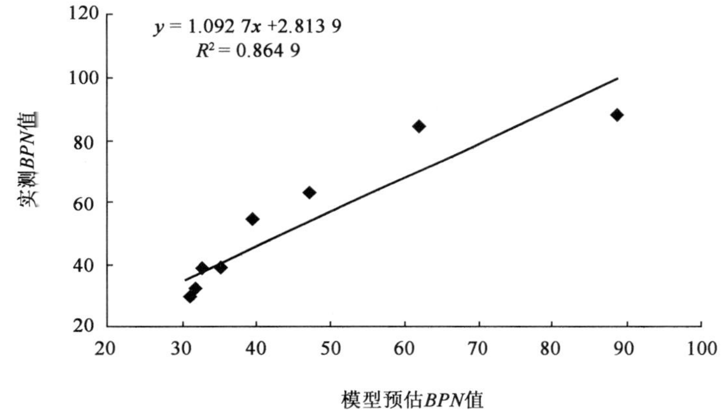


图 4-73 -10℃掺4%橡胶颗粒实测值与预估值比较

本章将自行研制开发的路面破冰模拟试验仪应用于室内破冰试验研究中，采用摆值加权平均回升量与摆值加权平均回升率来定量评价橡胶颗粒沥青混合料的破冰能力，研究了橡胶颗粒掺量、冰层厚度及温度对沥青混合料破冰性能的影响。通过构建不同橡胶颗粒掺量、不同冰层厚度混合料—冰层相互作用的细观数值模型，将应变能与颗粒位移的细观参数与摆值平均加权回升量与摆值平均加权回升率的宏观参数相互比较，从宏观与细观两个角度揭示了橡胶颗粒沥青混合料的破冰机理。

本章借助路面破冰模拟试验仪探讨了不同橡胶颗粒掺量与不同温度对橡胶颗粒沥青混合料抑制结冰性能影响性，建立并验证了摆值衰减 Asymptotic 模型。

# 第5章　橡胶颗粒沥青混合料级配组成设计与施工工艺

橡胶颗粒沥青混合料与普通沥青混合料最大的区别就在于橡胶颗粒的存在，而橡胶颗粒在密度、吸油量和力学性能等方面与石料均有很大的不同，本章将从配合比设计影响因素中研究这种差异性对配合比设计的影响性，并结合离散元数值模拟、劈裂试验与破冰试验结论，提出合理的级配组成设计方法，为橡胶颗粒沥青混合料的工程应用提供理论支撑。

## 5.1　级配组成设计方法

通过对典型结构的离散元模型研究可知，骨架密实型结构正是我们设计橡胶颗粒沥青混合料所需要的结构，该结构所形成的粗集料骨架空隙可以给橡胶颗粒留下足够的变形空间，将不会发生粒子间的干涉作用。橡胶颗粒与沥青结合料充分填充骨架空隙，可以保证混合料稳定结构的形成。

对华南理工大学张肖宁教授提出的、山东大学曹卫东博士应用于橡胶颗粒沥青混合料的主集料空隙填充法(Course Aggregate Void Filling Method，记为CAVF法)进行改进，改进方向重点关注级配范围的框定与耐久性能的控制指标，同时选取兼顾破冰性能与耐久性能的合理橡胶颗粒掺量。因此，本书选择这种改进的CAVF法进行橡胶颗粒沥青混合料的级配组成设计。

### 5.1.1　主骨料空隙填充法

1)应用于骨架密实结构的CAVF法

CAVF法中粗集料形成骨架结构，充分发挥主骨料的嵌挤能力，细集料、矿粉、沥青组成的混合物充分填充于主骨架的空隙中，以形成密实结构。CAVF法给出了骨架密实(或空隙)结构混合料的级配设计方法，改变了传统的经验选择级配方法。

在沥青混合料的体积指标中，堆积状态粗集料间隙率$VCA_{DRC}$可以用来描述粗集料的嵌挤程度，见式(5-1)。

$$VCA_{DRC} = \left(1 - \frac{\rho_{sc}}{\rho_{tc}}\right) \times 100 \tag{5-1}$$

式中：$\rho_{sc}$、$\rho_{tc}$——主骨料紧装密度和主骨料表观密度。

CAVF法基于两个基本假定：

(1)假定细集料的颗粒不对粗集料的嵌挤结构形成干涉。

(2)细集料与沥青混合的胶浆也不对粗集料的嵌挤结构形成干涉。根据实际使用的沥青混合料最大粒径情况和施工需要，可以预先选择连续的1~3档粗集料作为主骨架，主骨架粒径越单一均匀，得到的沥青层表面越均匀，构造深度越大。为避免细集料对主骨架的干涉，最好采用间断级配，以避免细集料颗粒干涉主骨料的骨架结构，造成主骨料空隙增大。

按照这样的体积关系，粗集料、细集料、矿粉以及沥青用量的质量百分率 $q_c$、$q_f$、$q_p$、$q_a$，主骨架紧装空隙率及沥青混合料设计目标空隙率 $VCA$、$V_{vs}$ 之间具有如下的组成关系：

$$q_c + q_f + q_p = 100\% \tag{5-2}$$

$$\frac{q_c}{\rho_{sc}}(VCA - V_{vs}) = \frac{q_p}{\rho_{tp}} + \frac{q_f}{\rho_{tf}} + \frac{q_a}{\rho_a} \tag{5-3}$$

式中：$\rho_{sc}$——粗集料紧装密度；

$\rho_{tf}$、$\rho_{tp}$——细料、矿粉的表观密度；

$\rho_a$——沥青的密度。

通常，材料密度和 $VCA_{DRC}$ 可以通过试验测定得到，可以在 $q_c$、$q_f$、$q_p$、$q_a$ 和 $V_{vs}$ 5个变量中预先确定3个变量的设计值，利用式(5-2)和式(5-3)计算得到其余2个变量的设计结果。为方便计算，一般将粗、细集料质量百分率 $q_c$、$q_f$ 作为未知变量进行设计。

2）应用于橡胶颗粒沥青混合料的CAVF法

混合料中由于废橡胶颗粒的加入，与普通骨架密实结构的沥青混合料明显不同，山东大学曹卫东博士在CAVF法的基础上做了一些改进，提出了骨架嵌挤密实体积法。

$$q_c + q_f + q_p = 100\% \tag{5-4}$$

$$\frac{q_c}{\rho_{sc}}(VCA - V_{vs}) = \frac{q_p}{\rho_{tp}} + \frac{q_f}{\rho_{tf}} + \frac{q_a}{\rho_a} + \frac{q_r}{\rho_{tr}} \tag{5-5}$$

$$\frac{q_a}{\rho_a} = (VMA - V_{vs}) \times q_c/\rho_{sc} \tag{5-6}$$

式中：$q_c$、$q_f$、$q_p$、$q_a$、$q_r$——粗集料、细集料、矿粉、有效沥青和橡胶颗粒的质量百分数；

$\rho_a$——沥青的密度；

$\rho_{tf}$、$\rho_{tp}$、$\rho_{tr}$——细集料、矿粉和橡胶颗粒的表观密度；

$V_{vs}$、$VMA$——压实沥青混合料的设计目标空隙率和矿料间隙率。

骨架嵌挤密实体积法的公式与CAVF法方程相比，主要有4点改进：

(1)式(5-5)多了一项橡胶颗粒的体积参数，即在设计过程中考虑了橡胶颗粒所占的体积；

(2)式(5-6)引入了重要的体积参数 $VMA$，使验算参数在设计过程中得到控制；

(3)有效沥青用量可以由方程组估算；

(4)由方程组可以很方便地确定不同橡胶颗粒掺量的配合比。

这种骨架嵌挤密实体积法虽然从结构上满足了掺加橡胶颗粒的计算要求，但在室内验证过程中发现了几个问题：

(1)级配范围较宽，选定级配后的马歇尔指标与路用性能变异性较大；

(2)对制约橡胶颗粒沥青路面应用的耐久性不足问题无法保证。

因此本书提出了改进CAVF法，主要采用分形理论控制混合料的级配范围与耐久性能。

### 5.1.2　基于分形理论的级配组成设计方法

结合本书第2章、第3章与第4章的研究成果，以分形理论为重点，提出了改进CAVF法的依据与控制指标，如下所示：

(1)橡胶颗粒掺量选择

选取3%的橡胶颗粒掺量，兼顾破冰性能与耐久性能。

(2)分形维数范围

采用分形维数范围框定级配范围的间断级配JAC-16有足够数量的粗集料形成骨架，根据粗集料骨架的空隙的多少加入足够的沥青填料与橡胶颗粒，形成较大的密实度和较小的残余空隙率。分形维数范围选取：$2.54 < D < 2.59$。

(3)耐久性能控制指标

从热力学角度来看，疲劳破坏是典型的能量不可逆的耗散过程，而疲劳开裂的分形结构则是混合料裂缝扩展过程中耗散性与随机性在几何上的综合反映，分形维数是描述这一现象的基本参数，即选取耗散能参数与分形维数参数，分别从热力学和几何学上综合衡量橡胶颗粒沥青混合料的疲劳破坏程度。参数包括耗散能参数推荐最小值与分形维数推荐最小值。

(4)路用性能控制指标

在满足规范对普通沥青混合料高温稳定性、低温抗裂性及水稳定性要求的基础上，为保证橡胶颗粒沥青混合料的抗飞散稳定性，需将混合料飞散损失率控制在2.5%以下。

综上所述，可以根据这种改进的CAVF法进行橡胶颗粒沥青混合料的级配组成设计，为了更明确地表达橡胶颗粒沥青混合料配合比设计方法，将以上设计方法用流程图表达，如图5-1所示。

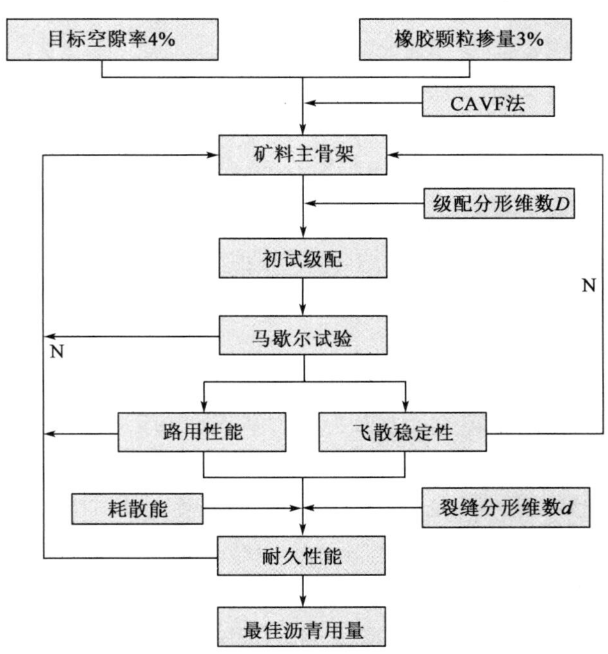


图5-1　橡胶颗粒沥青混合料配合比设计流程

# 5.2 级配组成设计示例

## 5.2.1 级配设计

1)设计粗集料主骨架

橡胶颗粒沥青混合料中粗集料嵌挤是通过石—石接触结构实现的,为此规定4.75mm以上粗集料骨架之间的间隙率 *VCA* 作为粗集料嵌挤作用的衡量指标,压实混合料中细集料、矿粉、橡胶颗粒、沥青与空隙体积之和应不超过主骨架空隙体积,因此 *VCA* 的确定非常重要。考虑到沥青混合料的现场压实状况和试验操作的简便性,推荐采用干捣实法。

根据混合料的公称最大尺寸,粗集料可分为1~3档,主骨架可根据 *VCA* 值设计,选取 *VCA* 最小值对应的粗集料比例。细集料级配可依据最大密实度的填充理论来进行设计,也可参照SMA对应的级配范围要求进行选取。

原材料技术指标如第2章2.2节所示,试验的粗集料由4.75~9.5mm和9.5~19mm两档碎石组成,采用干捣实法测定间隙率 $VCA_{DRC}$,如表5-1所示。

**骨架间隙率 $VCA_{DRC}$** 表5-1

| 矿料 | | 粗集料配比(%) | 合成表观相对密度 $\rho_{tc}$ | 平均堆积密度 $\rho_{sc}$ | 骨架间隙率 $VCA_{DRC}$(%) |
|---|---|---|---|---|---|
| 粗集料 | 9.5~19mm | 64.10 | 2.8002 | 1.6910 | 38.30 |
| | 4.75~9.5mm | 35.90 | | | |

2)确定其他参数

参考美国公路战略研究计划(SHRP)关于高性能沥青路面(Superpave)的研究成果确定橡胶颗粒沥青混合料设计目标空隙率4%,并将空隙率定为级配设计的关键性控制指标。公式中粗集料、细集料、矿粉、橡胶颗粒与沥青的密度可由试验测定。采用橡胶颗粒沥青混合料的分维值 *D* 推荐范围确定级配,同时将矿料间隙率 *VMA* 确定为17%。

矿粉在沥青混合料中的作用至关重要,沥青只有吸附在矿粉表面形成薄膜,才能对其他粗、细集料产生黏附作用,所以沥青矿粉混合料才是真正的沥青结合料。在橡胶颗粒沥青混合料中,如果仅有粗集料的骨架作用而没有沥青胶浆的约束作用,粗集料骨架易发生失稳破坏。提高沥青胶浆的劲度,才能使橡胶颗粒沥青混合料这类骨架型混合料的动稳定度和强度得到提高。

因此,橡胶颗粒沥青混合料采用远高于普通沥青混合料的粉胶比,矿粉用量确定为11%。

依据第4章破冰细观模型的研究成果,同时考虑橡胶颗粒沥青混合料耐久性与破冰性能的影响性,将橡胶颗粒的掺量确定为矿料干重的3%。

所以,矿料间隙率 $VMA=17\%$、设计空隙率 $V_{vs}=4\%$、矿粉用量 $q_p=11\%$、胶石比 $q_r=3\%$。

3)确定配合比组成

将上述设计参数代入式(5-4)~式(5-6),橡胶颗粒用量按4%计算,即可得到粗集料用量、细集料用量和油石比。

$$\begin{cases} q_c + q_f + 11\% = 100\% \\ \dfrac{q_c}{1.691} \times (38.3 - 4) = \dfrac{11}{2.71} + \dfrac{q_f}{2.715} + \dfrac{q_a}{1.032} + \dfrac{4}{1.052} \\ \dfrac{q_a}{1.032} = (17 - 4) q_c / 1.691 \end{cases} \tag{5-7}$$

计算结果为：粗集料用量为 81.6%，细集料用量为 7.3%，油石比为 6.4%。最终确定：9.5～19mm 粗集料用量为 52%、4.75～9.5mm 粗集料用量为 29%、2.36～4.75mm 细集料用量为 0%、2.36mm 以下细集料用量为 8%、橡胶颗粒用量为 3%、矿粉用量 11%、油石比为 6.2%。

4）确定矿料的级配

根据计算的粗集料用量、细集料用量和预设的橡胶颗粒掺量与矿粉用量，由原材料的级配可获得矿料的合成级配，如图 5-2 所示。需要进一步通过马歇尔试验与路用性能试验进行该方法的验证。

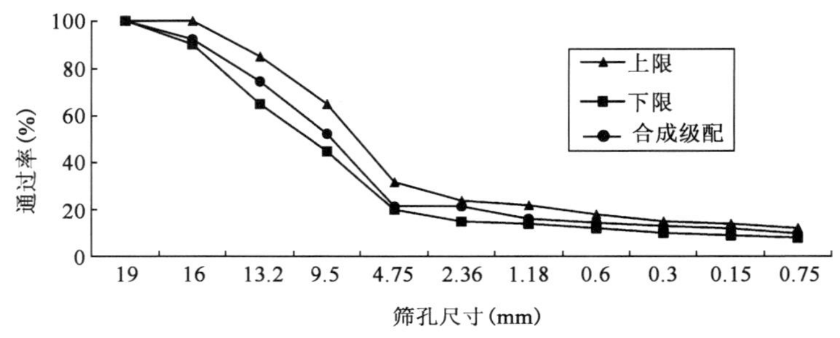


图 5-2　矿料的合成级配曲线

### 5.2.2　目标配合比设计检验

1）最佳油石比确定

根据所选的设计级配和初始油石比试验的空隙率结果，以 0.3% 为级差，调整 3 个不同的油石比：5.8%、6.1%、6.4%，成型马歇尔试件，计算空隙率等体积指标并进行马歇尔试验。试验结果如表 5-2 所示。根据期望的设计空隙率 4.0%，得到所选级配对应的最佳油石比为 6.2%。

设计级配各种指标　　表 5-2

| 级配 | 油石比（%） | $\gamma_f$（$g/cm^3$） | *VV*（%） | *VMA*（%） | *VFA*（%） | 稳定度（kN） | 流值（mm） |
|---|---|---|---|---|---|---|---|
| JAC-16 | 5.8 | 2.416 | 5.4 | 16.6 | 73.6 | 12.9 | 6.3 |
| | 6.1 | 2.425 | 4.3 | 16.6 | 78.2 | 13.9 | 8.3 |
| | 6.4 | 2.431 | 2.99 | 16.7 | 82.0 | 13.8 | 9.0 |

2）混合料目标配合比设计检验

按照设计规范要求，对所确定的目标配合比 JAC-16 进行各种路用性能检验，包括高温稳定性、低温抗裂性、水稳定性、透水性等，试验结果如表 5-3 所示。

橡胶颗粒混合料目标配合比设计检验结果　表5-3

| 检验指标 | 检验结果 | 技术要求 |
|---|---|---|
| 最佳油石比(%) | 6.2 | — |
| $\gamma_f$(g/cm³) | 2.421 | — |
| VV(%) | 4.1 | 3~5 |
| VMA(%) | 16.63 | ≥16.5 |
| VFA(%) | 76 | 75~85 |
| 稳定度(kN) | 8.2 | ≥6 |
| 残留马歇尔稳定度(%) | 90.1 | ≥80 |
| 冻融劈裂残留强度比(%) | 94.3 | ≥80 |
| 车辙试验动稳定度(次/mm) | 8 515 | ≥3 000 |
| 渗水系数(mL/min) | 基本不渗水 | ≤80 |
| 低温弯曲试验破坏应变(με) | 3 824 | ≥2 500 |
| 飞散损失率(%) | 1.16 | ≤2.5 |

通过试验结果得到的橡胶颗粒沥青混合料目标配合比各种指标满足规范要求，说明改进的CAVF法既强调主骨架的充分嵌挤，又充分利用细集料、橡胶颗粒及沥青胶结料的填充、黏结作用，把嵌挤原则和填充原则有机地结合起来，同时兼顾了耐久性要求。因此该方法适用于橡胶颗粒沥青混合料的级配组成设计。

## 5.3　橡胶颗粒沥青混合料施工工艺

### 5.3.1　配合比的设计

1)配合比设计

表5-4、表5-5分别为橡胶颗粒沥青混合料JAC-16与普通沥青混合料AC-16的矿料配合比例，橡胶颗粒沥青混合料矿料组成级配曲线如图5-3所示，其马歇尔试验如表5-6所示。

橡胶颗粒混合料矿料配合比例　表5-4

| 集料规格(mm) | 19~9.5 | 9.5~4.75 | 4.75~2.36 | 机制砂 | 矿粉 | 橡胶颗粒 |
|---|---|---|---|---|---|---|
| 配合比例(%) | 39 | 39 | 0 | 8 | 11 | 3 |

普通沥青混合料矿料配合比例　表5-5

| 集料规格(mm) | 19~9.5 | 9.5~4.75 | 4.75~2.36 | 机制砂 | 矿粉 |
|---|---|---|---|---|---|
| 配合比例(%) | 28 | 27 | 9 | 32 | 4 |

马歇尔试验体积指标　表5-6

| 马歇尔最佳油石比(%) | 毛体积密度(g/cm³) | VV(%) | VMA(%) | VFA(%) | 稳定度(kN) |
|---|---|---|---|---|---|
| 5.9 | 2.311 | 4.4 | 16.1 | 70.2 | 3.8 |

2)路用性能

将普通 JAC-16 的路用性能与橡胶颗粒沥青混合料 JAC-16 的路用性能进行比较,如表 5-7 所示,其中 AC-16 的油石比为 4.5%,橡胶颗粒沥青混合料的油石比为 5.9%。

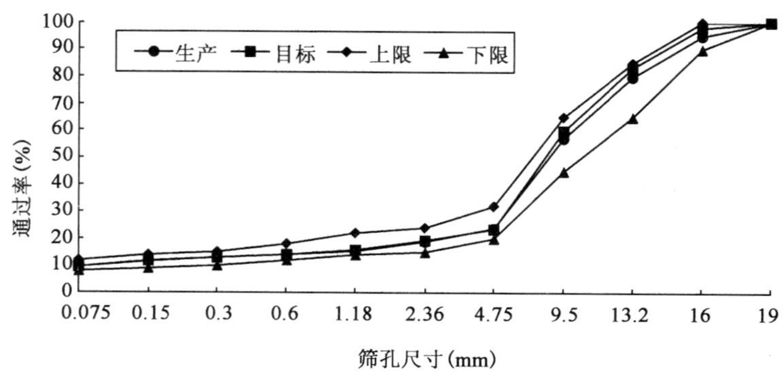


图 5-3 橡胶颗粒沥青混合料矿料组成级配曲线

**沥青混合料路用性能验证**

表 5-7

| 混合料类型 | AC-16 | JAC-16 | 混合料类型 | AC-16 | JAC-16 |
|---|---|---|---|---|---|
| 动稳定度(次/mm) | 7 117 | 12 475 | 破坏应变(με) | 2 516 | 3 635 |
| 残留强度比(%) | 90.0 | 90.2 | 渗水系数(mL/min) | 57 | 44 |
| 劈裂强度比(%) | 91.2 | 89.4 | | | |

## 5.3.2 施工过程控制

1)投料

(1)由于橡胶颗粒沥青混合料级配中粗集料和矿粉用量较多,为了防止出现粗集料亏料、细集料溢仓的现象,应当严格控制料斗的称量和冷料的上料速度。

(2)橡胶颗粒掺加量用胶石比表示,胶石比是橡胶颗粒占集料及橡胶颗粒总量的百分比,胶石比定为 3%。要求厂家按每袋 30kg 将橡胶颗粒装进聚乙烯塑料袋中,拌和前将橡胶颗粒预先称好,然后通过观察窗或者预先加工好的投料口进行人工投放,如图 5-4 所示。聚乙烯塑料袋在干拌时融化,因本身也是改性剂。

2)混合料的拌和

由于橡胶颗粒易结团,难于分散,且为保证橡胶颗粒与沥青能够充分反应,形成良好的黏结,保证橡胶颗粒沥青混合料拌和后均匀一致、无花白料、无结团成块或严重的粗细料分离现象,根据室内研究结果,应提高矿料和沥青的加热温度。橡胶颗粒混合料外观如图 5-5 所示。

为了保证橡胶颗粒能够分散均匀,一般需增加 5 ~ 10s 的干拌时间,干拌时间增加到 25 ~ 30s,,湿拌 45s,总的拌和时间控制在 70 ~ 75s,即可满足拌和的质量要求,混合料制造过程如图 5-6所示。

3)混合料的质量观测及处理

(1)如沥青混合料冒黄烟,表明温度过高,可以降低矿料温度等;

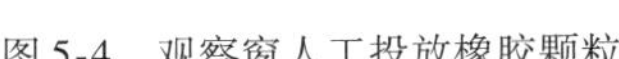

图5-4　观察窗人工投放橡胶颗粒

图5-5　橡胶颗粒混合料的外观

(2)如混合料在运输车斗中容易塌平,不易堆积,则可能因为沥青过量或矿料温度过高;

(3)如运料车上的混合料能够堆积很高,说明温度偏低或者沥青用量过低;

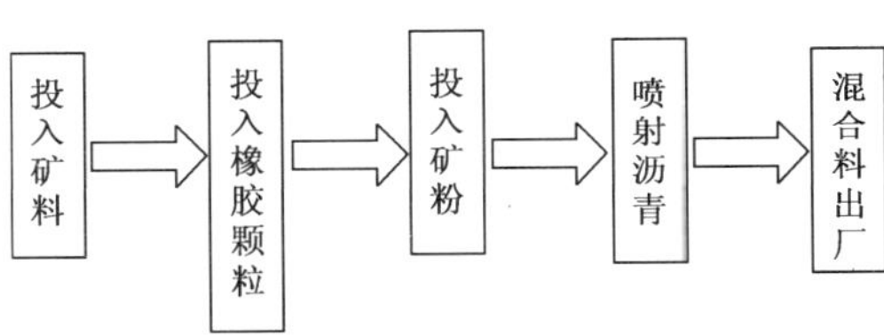


图5-6　混合料制造过程

(4)混合料颜色反差大,粗集料表面发亮,细集料发乌,可能是原材料中细集料含水率过大,造成细集料在烘干筒中加热温度达到规定值时,粗集料温度早已大大超过了规定值,需控制集料含水率;

(5)混合料没有色泽,可能是沥青加热温度偏高或反复加热,造成沥青老化;

(6)混合料颗粒发生明显变化,可能是原材料组成发生了较大变化,或振动筛磨损后筛孔变大、破损,或振动筛网上热料过多,未经正常筛分就直接进入热料仓,或料仓"窜仓",造成热料仓中集料颗粒组成发生较大的变化。

4)混合料的运输

(1)由于改性沥青和橡胶颗粒混合料的黏度较大,运料车的车厢底部必须涂刷油水混合料的隔离剂,且箱底不得有积液;

(2)为防止表面混合料遇空气结成硬壳和混合料温度损失,运料车侧板加保温层,运输过程中必须加盖帆布;

(3)为减少沥青混合料粗细颗粒离析现象,装载过程中料车应前后移动位置,采用"品"字形装料,避免料堆过高,粗料滚动而造成离析;

(4)合理安排运输线路,以减小混合料温度损失。

5)混合料的摊铺

(1)为保证连续摊铺,摊铺机前必须有5辆以上的运输车等候才可以进行摊铺作业,禁止出现摊铺机等候运料车的情况;

(2)由于改性沥青混合料的黏度较大,故摊铺时应控制摊铺机的运行速度,摊铺速度控制在1.5~2.0m/min,且速度调整应平稳,不得突然加减速,避免形成质量缺陷;

(3)松铺系数测定按每20m一个断面,每个断面测设5个点,分别定点测出摊铺前、摊铺后、压实后的高程;

(4)摊铺后的混合料未压实前,施工人员尽量不要进入踩踏。

6)混合料的压实

由于橡胶颗粒的加入,橡胶颗粒沥青混合料在高温状态下对轮胎的黏性大大增加,而且碾压完成后橡胶颗粒存在一定程度的回弹,因此,碾压工艺与普通沥青混合料有所不同,需要有一定的调整。

(1)碾压原则:紧跟慢压、先边后中、高频低幅、匀速少水;

(2)试验路采用钢轮压路机与轮胎压路机相结合,每台压路机前进后退为1遍,均采用1/2错轮。压路机先行驶再开振动,先关振动再停驶;

(3)为避免碾压时混合料推挤产生拥包,碾压时应将驱动轮朝向摊铺机;

(4)初压的压路机在联机摊铺搭接处、两边部多碾压1遍,确保薄弱环节压实;

(5)试验段碾压工艺及温度要求见表5-8、表5-9。

**橡胶颗粒沥青混合料碾压工艺** 表5-8

| 碾压阶段 | 压路机 | 行驶速度(km/h) | 碾压遍数(遍) | 碾压方式 |
|---|---|---|---|---|
| 初压 | 钢轮压路机 | 2 | 2 | 前静后振 |
| 复压 | 钢轮压路机 | 2~3 | 4 | 前振后振 |
| 终压 | 钢轮压路机 | 3 | 2 | 静压 |
| 终压 | 轮胎压路机 | 3 | 4 | 前振后振、静压 |

**橡胶颗粒沥青混合料温度要求** 表5-9

| 工　序 | 温度(℃) | 测量部位 |
|---|---|---|
| 改性沥青加热温度 | 175~185 | 沥青加热罐测温点 |
| 集料加热温度 | 190~200 | 热料仓测温点 |
| 混合料出厂温度 | 175~185 | 运料车测温点 |
| 摊铺温度 | 155~175 | 摊铺机接料斗 |
| 初次碾压温度 | 145~165 | 摊铺层内部 |
| 二次碾压温度 | 100~130 | 碾压层内部 |
| 碾压终了温度 | ≤90 | 碾压层内部 |
| 开放交通 | ≤50 | 冷却24h后 |

### 5.3.3 试验路检测

1)常规检测

在铺筑试验路过程中,利用施工现场和拌和楼取回的混合料在室内进行了马歇尔试验和抽提试验,试验路竣工以后在现场钻芯取样,通过测定密度计算各种体积指标,并在试验路段上进行了渗水系数、构造深度、摩擦系数等指标的检测,试验结果如表5-10、表5-11所示。

**混合料性能试验结果**　　表 5-10

| 桩号范围 | $\gamma_r$(g/cm³) | VV(%) | VMA(%) | VFA(%) | 稳定度(kN) |
|---|---|---|---|---|---|
| K71 +040 ~ K71 +444 | 2.327 | 4.6 | 16.1 | 71.2 | 10.24 |

**试验路结构检测结果**　　表 5-11

<table>
<tr><th rowspan="3">桩号范围</th><th colspan="6">芯　样</th><th rowspan="3">渗水系数(mL)</th><th rowspan="3">构造深度(mm)</th><th rowspan="3">摩擦系数 BPN</th><th rowspan="3">平整度(mm)</th></tr>
<tr><th rowspan="2">厚度(cm)</th><th rowspan="2">$\gamma_f$(g/cm³)</th><th rowspan="2">$\gamma_t$(g/cm³)</th><th colspan="2">压实度(%)</th><th rowspan="2">VV(%)</th></tr>
<tr><th>以标准密度计</th><th>以理论密度计</th></tr>
<tr><td rowspan="3">K71 +040 ~ K71 +444</td><td>4.9</td><td>2.390</td><td rowspan="3">2.440</td><td>102.7</td><td>97.9</td><td>2.1</td><td rowspan="3">9.3</td><td rowspan="3">0.9</td><td rowspan="3">56</td><td rowspan="3">0.48</td></tr>
<tr><td>5.1</td><td>2.326</td><td>99.9</td><td>95.3</td><td>4.7</td></tr>
<tr><td>5.0</td><td>2.363</td><td>101.5</td><td>96.8</td><td>3.2</td></tr>
<tr><td colspan="2">平均值</td><td>—</td><td>—</td><td>101.4</td><td>96.7</td><td>3.3</td><td>—</td><td>—</td><td>—</td><td>—</td></tr>
<tr><td colspan="2">规范要求</td><td>—</td><td>—</td><td>≥98</td><td>≥94</td><td>3 ~ 5</td><td>≤50</td><td>0.8 ~ 1.3</td><td>—</td><td>≤1.2</td></tr>
</table>

与相邻路段普通 AC 沥青路面相比，橡胶颗粒抑制冻结沥青路面粗集料含量较高，粗集料的主骨架充分嵌挤，形成骨架结构，同时橡胶颗粒的掺加提高了路面的弹性模量，综合作用下路面既有较大的构造深度又基本上不透水，摩擦系数有较大的提高，BPN 由 45 ~ 47 提高至 56，从而证明了橡胶颗粒抑制冻结沥青路面具有优异的抗滑性能。

如图 5-7 所示，通车后橡胶颗粒抑制冻结沥青路面的表层橡胶颗粒清晰可见，颜色比沥青稍深，并且路表构造较丰富，外观如图 5-8 所示。

图 5-7　橡胶颗粒抑制冻结沥青路面的表层橡胶颗粒

图 5-8　橡胶颗粒抑制冻结沥青路面的外观

2）连续式纵向摩擦系数检测车测试

反映路面抗滑能力的重要技术指标是路面的摩擦系数值，常用的路面抗滑性测试设备是摆式摩擦系数测定仪。摆式摩擦系数测定仪特点是便于携带、操作简单，但只能在单点采样条件下测定一种速度下的摩擦系数，且对粗构造路面不适用。

连续式纵向摩擦系数测试仪(图 5-9)的特点是能在较宽速度范围内测试部分路段的平均摩擦系数,测试结果比较符合车辆实际紧急制动时的情况,并且不影响其他车辆的正常行驶。测试系统采用轮胎防抱死专用系统,检测数据准确,直接测量轮胎与路面之间的切向力与法向力,检测数据真实反映了路面与轮胎的相互作用关系,从而更真实地表征了路面的抗滑性及路面行驶安全性。测试系统采用前两轮作为测试轮,自动控制有效测试滑移率为 15.5% ±0.5%。

电子控制装置根据轮速信号计算得出滑移率数值,并据此控制调节制动力调控单元,根据用户设置的检测模式将车轮的滑移率调整至预先设定的范围内;电子控制装置对检测得到的车轮水平方向作用力和垂直方向作用力进行同步谐调处理,计算得出对应的道路摩擦系数。电子控制装置将测得的数据即时传给上位机进行显示、保存及处理。测试原理见图 5-10。本测试方法操作简便,检测过程安全、高效,检测结果准确、有效,可实现摩擦系数的高速连续的精确检测。

图 5-9 连续式纵向摩擦系数测试仪

数据采集处理
软件上位机
电子控制装置
垂直力传感器
制动力调节阀
水平力传感器
轮速传感器
测试轮
路面

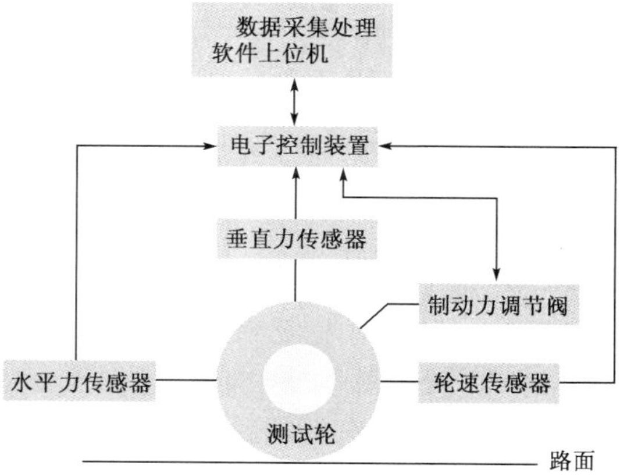

图 5-10 测试原理

3)试验路测试

课题组对橡胶颗粒抑制冻结沥青路面试验段进行了连续式纵向摩擦系数的对比测试,测试距离 800m,其中前 380m 为橡胶颗粒抑制冻结沥青路面(JAC-16),后 420m 为普通沥青路面(AC-16)。路表温度为 15°,测试车速 40km/h 的测试结果如图 5-11 所示。

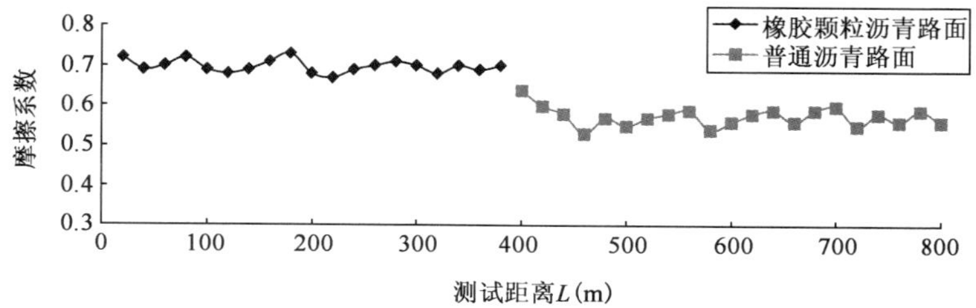


图 5-11 纵向摩擦系数测试结果

由图 5-11 测试结果可知,橡胶颗粒抑制冻结沥青路面的纵向摩擦系数明显大于普通沥青路面,其中橡胶颗粒抑制冻结沥青路面的平均纵向摩擦系数为 0.70,普通沥青路面的平均纵向摩擦系数为 0.57,揭示了所铺筑橡胶颗粒抑制冻结沥青路面 JAC-16 的优异抗滑性能,为路面行车安全提供保障。

本章将分形级配、疲劳性能与破冰机理的研究成果应用于橡胶颗粒沥青混合料的级配组成设计中，提出合理的级配组成设计方法，选择改进 CAVF 法进行橡胶颗粒沥青混合料的级配组成设计，为橡胶颗粒沥青混合料的工程应用奠定一定的基础。本章同时阐述了施工中各环节的工艺控制方法，通过实体工程验证了细观数值模拟与室内试验的研究成果，为抗冻结沥青路面的工程应用提供一定的理论指导。

## 本篇参考文献

[1] Chang K G, Meegoda J N. Micromechanical Simulation of Hot Mix Asphalt[J]. Journal of Materials in Civil Engineering. 1997,12(5):495-503.

[2] Buttlar W G, You Z P. Discrete Element Modeling of Asphalt Concrete[J]. Transportation Research Record,2001,n1757,111-118.

[3] You Z P. Development of a Micromechanical Modeling Approach to Predict Asphalt Mixture Stiffness Using the Discrete Element Method [D]. University of Illinois at Urbana-Champaign,2003.

[4] Wang L, Myers L, Mohammad L, et al. A Micromechanics Study on Top-down Cracking[C]. TRB,2003.

[5] 杨刚,张肖宁.研究沥青混合料的离散单元法[J].科学技术与工程,2007,7(14):3465-3469.

[6] 田莉.基于离散单元方法的沥青混合料劲度模量虚拟试验研究[D].西安:长安大学,2008.

[7] 王端宜,赵熙.沥青混合料单轴压缩试验的离散元仿真[J].华南理工大学学报(自然科学版),2009(7):23-29.

[8] 裴建中.沥青路面细观结构特性与衰变行为[M].北京:科学出版社,2010.

[9] 常明丰,裴建中,陈拴发.颗粒材料双轴试验离散元数值模拟(英文)[J].交通运输工程学报,2010(5):47-56.

[10] 陈俊,黄晓明.基于离散元法的沥青混合料虚拟疲劳试验方法[J].吉林大学学报(工学版),2010(2):56-62.

[11] 陈俊,黄晓明.基于离散元方法的沥青混凝土断裂机理分析[J].北京工业大学学报,2011(2):83-92.

[12] OSullivan, C. The application of discrete element modelling to finite deformation problems in geomechanics[D]. University of California, Berkeley. 2002.

[13] Abbas Ala. Simulation of the Micromechanical Behavior of Aaphalt Mixtures Using the Discrete Element Method [D]. Washington: Washington State University,2004.

[14] Kim H, Buttlar W G. Micromechanical fracture modeling of asphalt mixture using the discrete element method[C]//Geo - Frontiers 2005. Austin: Geotechnical Special Publication, 2005, 130 - 142:209-223.

[15] 周健,贾敏才.土工细观模型试验与数值模拟[M].北京:科学出版社,2008.

[16] 王端宜.设计沥青路面及其方法研究[D].广州:华南理工大学,2003.

[17] 杨瑞华,许志鸿.沥青混合料分形级配理论[J].同济大学学报,2008,36(12):1642-1646.

[18] 林夏水.分形的哲学漫步[M].北京:首都师范大学出版社,1999.

[19] 张济忠.分形[M].北京:清华大学出版社,1995.

[20] B·曼德尔布洛特.分形对象——形、机遇和维数[M].文志英,苏虹,译.北京:世界图书出版公司北京公司,1999.

[21] 赵战利. 基于分形方法的沥青路面抗滑技术研究[D]. 西安:长安大学,2005.

[22] 李波,李涛,滕旭秋,等. 基于集料分形特征的沥青混合料配合比设计[J]. 武汉理工大学学报,2008,30(12):50-53.

[23] 李国强,邓学钧. 级配集料的分形效应[J]. 混凝土,1995,(1):3-7.

[24] N. P. Lasca. A Data Acquisition System for Testing the Mechanical Properties of Ice[J]. Geotechnical Testing Journal,1980,3(1):3-7.

[25] Malcolm Mellor,David M. Cole. Deformation and Failure of Ice Under Constant Stress or Constant Strain-rate[J]. Cold Regions Science and Technology,. 201-204,1981.

[26] 早坂保則,岳本秀人,山村芳久. 排水性舗装の表面強化工法と補修材の適用について[J]. 第46回北海道開発局技術研究発表会. 2002.

[27] 鈴木徹,山崎剛,永渕克己,等. 凍結抑制骨材飛散抵抗性等を付加した多機能型排水性舗装の検討[J]. 道路建設,2003:40-45.

[28] T W Kennedy. Practical use of the indirect tensile test for the characterization of pavement materials[C] Proceedings-Conference of the Australian Road Research Board,46,Brisbane,Texas,1978.

[29] Mohammad Louay N,Paul Harold R. Evaluation of indirect tensile test for determining structural properties of asphalt mix [J]. Transportation Research Record,1417,1993.

[30] 刘凯欣,高凌天. 离散元法研究的评述[J]. 力学进展,2003,33(4):483-490.

[31] 王泳嘉,邢纪波. 离散单元法及其在岩土力学中的应用[M]. 沈阳:东北工学院出版社,1991.

[32] Iwashita K,Oda M. Micro – Deformation Mechanism of Shear Banding Process Based on Modified Distinct Element Method[J]. Powder Technology,2000,109:192 – 205.

[33] 朱洪洲,黄晓明. 一种新的沥青混合料疲劳性能评价方法[J]. 公路交通科技,2005(2):4-6.

[34] K. R. Castleman. 数字图像处理[M]. 朱志刚,等,译,北京:电子工业出版社,2000.

[35] 章毓晋. 图形处理和分析[M]. 北京:清华大学出版社,1999.

[36] 王新成. 高级图像处理技术[M]. 北京:中国科学技术出版社,2001.

[37] 贾永红. 计算机图像处理与分析[M]. 武汉:武汉大学出版社,2001.

[38] Gaozhiwy,Zhang Hongwei. Subgrade moisture content forecast based on probability of precipitation[J]. 2011 2nd International Conference on Mechanic Automation and Control Engineering,MACE 2011 – Proceedings.

[39] 菊地陽介,武市靖. 理論解析によるグルービング系舗装とゴムロールド舗装の氷板剥離効果に関する検討[J]. 土木学会北海道支部論文報告集,第64号,2008.

[40] 田中俊輔,武市靖,増山幸衛. グルービング系凍結抑制舗装のすべり抵抗と氷板破砕に関する工学的研究[J]. 土木学会舗装工学論文集,2009,14:195-202.

[41] 武市靖,田近裕善. 寒冷地舗装における路面テクスチャの違いが凍結抑制効果に与える影響[J]. 土木学会舗装工学論文集,2003,8:43-53.

[42] 张洪伟. 抗冻结沥青路面国内外研究现状与进展[J]. 公路,2011(1).

[43] 坂本. 冬期の凍結路面対策について－冬期バリアフリーに向けて[J]. アスファルト合材,平成 14 年 10 月.

[44] 中原,吉中,青木,等. 凍結抑制舗装の性能現況と冬期の交通安全[J]. アスファルト, Vol. 49, No. 220,平成 18 年.

[45] 山田真一,永渕克己. 密粒度アスコン及び排水性アスコンの舗装に凍結抑制機能を付加した冬期路面対策の施工について[J]. 国土交通省近畿地方整備局技術研究発表会,2002.

[46] 島中茂,山内良輔,鈴木信. 積雪寒冷地域における凍結抑制舗装について[J]. 北海道開発局,技術研究発表会,2003.

[47] 山田真一,永渕克己. 密粒度アスコン及び排水性アスコンの舗装に凍結抑制機能を付加した冬期路面対策の施工について[J]. 第 13 回北陸道路舗装会議,2003,6.

[48] 王羽. 冰的韧脆转变行为研究及其工程应用[D]. 大连:大连理工大学,2008.

[49] 陈巨斌. 冰的韧脆转变行为研究及应用[D]. 大连:大连理工大学,2006.

[50] 韩森. 一种路面破冰模拟评价试验装置[P]. 中国专利:CN200920033280. 0,2009-05-22.

[51] 徐欧明. 橡胶颗粒沥青混合料抑制结冰试验研究[J]. 公路,2010,1:153-156.

[52] 张洪伟. 废轮胎橡胶颗粒干法改性沥青混合料的应用[J]. 路基工程,2009,2:190-191.

[53] 张洪伟. 橡胶颗粒沥青混合料矿料级配的分形评价[J]. 武汉理工大学学报,2011(1).

[54] 张洪伟. 橡胶颗粒沥青混合料破冰试验[J]. 合成橡胶工业,2011(4).

[55] 彭旭东. 冰面上轮胎摩擦特性及其控制方法的研究[D]. 西安:西安交通大学,2004.

[56] 张肖宁,李智,虞将苗. 沥青混合料的体积组成及其数字图像处理技术[J]. 华南理工大学学报(自然科学版),2002,30(11):113-118.

[57] 曹卫东,李茂政,薛立疆,等. 废旧橡胶颗粒改性沥青混合料的试验研究与应用[J]. 路面机械与施工技术,2006(9):34-39.

[58] Takeichi. K, Sato. I, Hara. F, et al. Performance of Various Antifreezing Pavement By Field Test[J]. TRR,2000(1741):114-123.

[59] 张洪伟. 橡胶颗粒除冰雪沥青路面的研究[D]. 西安:长安大学,2009.

[60] 张洪伟. 基于离散元方法的橡胶颗粒沥青混合料疲劳性能与破冰机理研究[D]. 西安:长安大学,2012.

# 第3篇

# 盐化物沥青混合料研究与应用技术篇

# 第6章　盐化物沥青混合料融冰雪性能

## 6.1　盐化物沥青混合料盐分溶析机理分析

### 6.1.1　盐化物技术性质

本书采用的典型盐化物（以下简称 MFL）是袋装粉末状材料，如图 6-1 所示。可作为填料直接添加到沥青混合料中，替代部分或全部矿质材料。

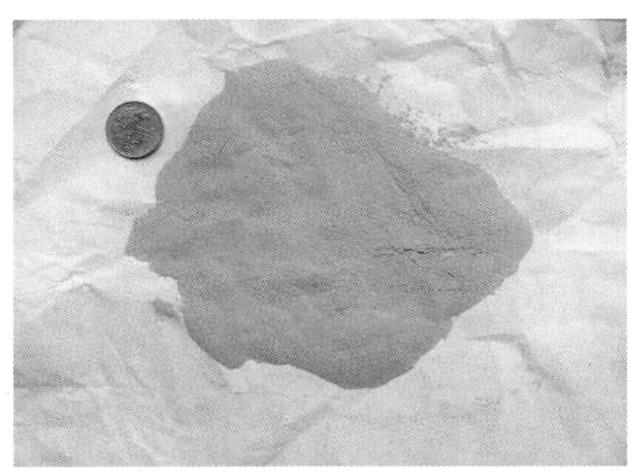

图 6-1　MFL 材料

1）盐化物的主要生产工艺

早在 20 世纪 60 年代，瑞士、联邦德国等一些欧洲国家就开始研发此种路面材料，20 世纪 70 年代末期，日本引进海外技术，开始研发此种产品。早期的生产工艺是通过某种特殊材料冰点下降剂，如氯化钠，包裹成胶囊状的颗粒，从而置换沥青混合料中的部分矿料。随着路面的磨损，新的冻结抑制材料露出表面，表面包裹材料磨损破坏后，冰点下降剂释放出来，从而发挥冻结抑制功能。

由于包裹冰点下降剂的材料价格昂贵，并且裹覆质量不佳，不利于大量使用，为此，联邦德国曾采用岩溶类的天然多孔材料代替裹覆用的特殊材料，将冰点下降剂与天然多孔材料混合后碾磨粉碎，使冰点下降剂充分填充到多孔材料的孔隙中，然后以一定比例添加到沥青混合料中。这种产品和胶囊状的冻结抑制材料具有同样的作用，但价格便宜很多。

盐化物产品中使用的冰点下降剂大多为氯化钠易溶盐，由于氯化钠具有很强的吸湿性，致使在冻结抑制材料的制造、保管、铺筑使用等方面存在很大难度。同时，由于冰点下降剂的易吸湿特性，沥青混合料中混有多余的水分，从而可能会导致沥青混合料强度下降。基于以上原因，欧洲国家对盐化物材料进行了改良。一方面将冻结抑制材料表面全部做憎水化处理，从而改善产品的易吸湿性。另一方面，在岩溶类多孔材料中填充冰点下降剂，当和雨雪接触时，盐分会逐渐溶出，从而持续发挥冻结抑制功能。但是，由于冻结抑制材料表面憎水的原因，当与雨雪接触时盐分析出速度过慢，冻结抑制效果并不理想，特别是在温度较低的情况下，无法满足路面冻结抑制要求。

如何减少冻结抑制材料的易吸湿性，同时又能够获得良好的冻结抑制效果，日本于1990年在以往各国研究的基础上，从两个方面对产品使用性能进行了改良。一方面突破传统的冰点下降剂氯化钠，研发高性能的冰点下降剂，使得冰点下降效果明显增强。另一方面，在冻结抑制材料吸湿性和盐分析出速度中找到平衡。

研究表明，氯化钠作为传统的冰点下降剂，只有在 -3 ~ -4℃条件下才能够获得良好的冻结抑制效果，温度降低，冻结抑制效果变弱。在相同盐分析出量的条件下，高效冰点下降剂能够大大改善路面表面水的冰点下降程度。日本的研究表明，将磷酸和醋酸类的复盐[如 $MgHPO_4 \cdot Mg(CH_3COO)_2$ 和 $CaHPO4 \cdot Ca(CH_3COO)_2$ 等]作为新的冰点下降剂，填充到岩溶类多孔材料中，生成新的冻结抑制材料添加到沥青混合料中，即使在 -9℃也能得到良好的冻结抑制效果。

虽然新的冰点下降剂冻结抑制效果显著，但其制造工艺复杂，产品成本较高，因此，目前各国广泛使用的化学类冻结抑制材料仍以氯化钠为冰点下降剂。

2）MFL 的主要化学组成及微观形貌

MFL 的主要化学成分包括二氧化硅、氯化钠、氧化镁、氧化钙等，其中有效冻结抑制成分为氯化钠，占55%左右。电子显微镜下的微观形貌如图6-2所示。

a) 10 000×　b) 50 000×　c) 2 500×　d) 1 000×

图6-2　MFL 的电镜照片

从图6-2可以看出，MFL中的盐分颗粒与矿质材料充分混合，互相包裹，是一种非均质的粉末状材料，因此，电镜扫描照片中不同部位的能谱分析结果会有不同。

3）MFL的主要技术指标

MFL作为一种填料添加到沥青混合料中，是沥青混合料的重要组成部分。其技术性质对沥青混合料性能具有重要影响，主要技术指标如表6-1所示。

**MFL的主要技术指标**　　表6-1

| 检测项目 | 标准 | 检测结果 |
|---|---|---|
| 外观 | 类似于矿粉的粉末状物质 | |
| 密度（$g/cm^3$） | 2.25～2.35 | 2.269 |
| 含水率（%） | ≤0.5 | 0.2 |
| 盐分含量（%） | 55＋10 | 56.0 |
| pH | 8～8.5 | 8.2 |

### 6.1.2　盐化物技术性质

MFL的有效冻结抑制成分是55%左右氯化钠易溶盐，由于路面结构空隙的存在，水分逐渐进入混合料内部，使得氯化钠易溶盐成分溶解。在毛细管压力及车辆碾压作用下，易溶盐溶液从沥青混合料内部浓度较高的狭小空间逐渐向盐分浓度较低的路面表面扩散，从而降低道路表面水的冰点，延迟道路表面积雪结冰。析出的易溶盐也逐渐随着轮胎滚动和路面表面的流水而流失。同时，轮胎的反复碾压和流动的降雨或降雪加速了易溶盐的浓度扩散，从而加速了有效冻结抑制成分的散失。温度升高，离子扩散速度加快，易溶盐扩散加速。因此，夏季高温多雨是盐化物融雪沥青路面有效冻结抑制成分散失的主要原因。盐化物路面冻结抑制原理如图6-3所示。

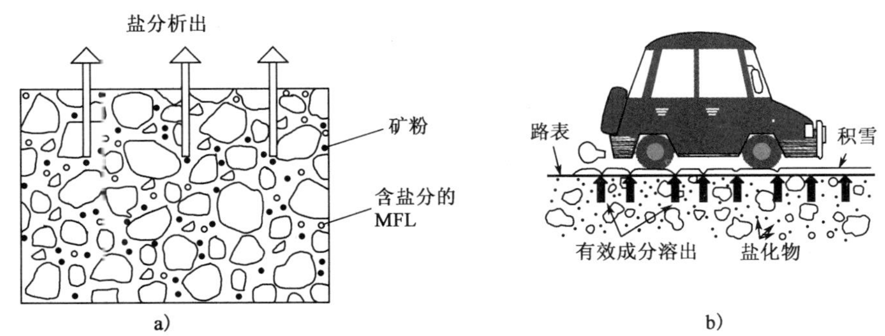


图6-3　盐化物沥青路面盐分溶析原理

## 6.2　盐分溶析目标值的确定

### 6.2.1　依数性定律

由难挥发的非电解质所形成的稀溶液的性质（溶液的蒸汽压下降、沸点上升、凝固点下降和溶液渗透压）与一定量溶剂中所溶解溶质的数量（物质的量）成正比，而与溶质的本性无关，称为依数性，又称为依数性定律或稀溶液定律。

非电解质稀溶液的凝固点下降与溶液的质量摩尔浓度（所谓质量摩尔浓度 $m$ 是指在 1kg 溶剂中所含溶质的物质的量）成正比，可用数学公式表达为式(6-1)：

$$\Delta T_{fp}=k_{fp}\times m \tag{6-1}$$

式中：$\Delta T_{fp}$——凝固点下降值，℃；

$k_{fp}$——溶剂的摩尔凝固点下降常数（SI 单位为 $K\cdot kg\cdot mol^{-1}$），几种常见溶剂的凝固点下降常数，如表 6-2 所示；

$m$——溶液的质量摩尔浓度，mol/kg。

几种溶剂的凝固点下降常数　　表 6-2

| 溶　　剂 | 水 | 醋酸 | 苯 | 环己烷 |
|---|---|---|---|---|
| $k_{fp}$ ($K\cdot kg\cdot mol^{-1}$) | 1.853 | 3.90 | 5.12 | 20 |

由于电解质的解离，使得稀溶液定律所表达的依数性与溶液浓度的定量关系不再适用于电解质溶液。稀溶液定律的定量关系产生了偏差，但这一偏差可用电解质溶液与同浓度的非电解质溶液的凝固点下降的比值 $i$ 来表达。$i$ 的取值如表 6-3 所示。

几种电解质质量摩尔浓度为 0.1mol/kg 时在水溶液中的 $i$ 值　　表 6-3

| 电解质 | 观察到的 $\Delta T'_{fp}$(K) | 按式(6-1)计算的 $\Delta T_{fp}$(K) | $i=\Delta T'_{fp}/\Delta T_{fp}$ |
|---|---|---|---|
| NaCl | 0.348 | 0.186 | 1.87 |
| HCl | 0.355 | 0.186 | 1.91 |
| $K_2SO_4$ | 0.458 | 0.186 | 2.46 |

由表 6-3 可以看出，强电解质如 NaCl、HCl（AB 型）的 $i$ 值接近于 2，本试验选择 $i=2$ 估计 NaCl 溶液的凝固点下降数值，电解质稀溶液的凝固点下降计算公式修正为式(6-2)。

$$\Delta T'_{fp}=k_{fp}\times m\times i \tag{6-2}$$

### 6.2.2　水溶液的凝固点下降原因

溶液的凝固点下降是由于溶液中溶剂的蒸汽压下降所引起的。以蒸汽压为纵坐标，温度为横坐标绘制水和冰的蒸汽压曲线（图 6-4）。在 273.16K 时，冰的蒸汽压曲线和水的蒸汽压曲线相交于一点，即此时冰的蒸汽压力与水的蒸汽压相等，均为 611Pa。由于溶质的加入使所形成的溶液的溶剂蒸汽压下降，因此，在 273.16K 时溶液的蒸汽压必定低于冰的蒸汽压，冰与溶液不能共存，冰要转化为水，所以溶液在 273.16K 时不能结冰。如果此时溶液中放入冰，冰就会融化，而融化是吸热过程，因此系统的温度就会降低。在 273.16K 以下的某一温度时，冰的蒸汽压曲线和溶液的蒸汽压曲线会相交于一点，此温度就是溶液的凝固点。它比纯水的凝固点要低 $\Delta T_{fp}$（凝固点下降常数）。由于盐化物融雪沥青路面表面盐分的析出，降低了水的凝固点，从而在一定温度内能够融化冰雪，延迟道路积雪结冰。

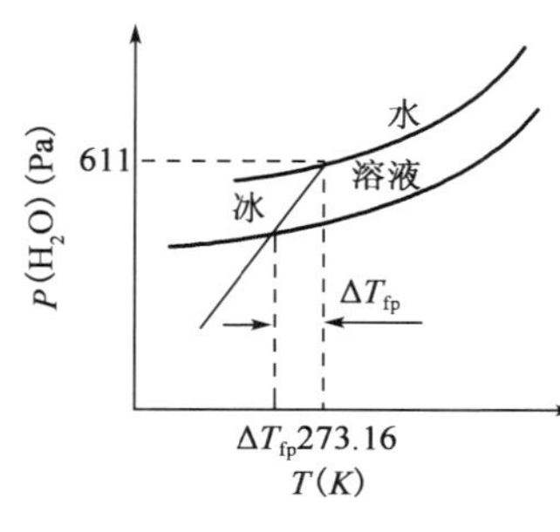


图 6-4　水溶液的凝固点下降示意

### 6.2.3 盐分溶析目标值的计算

根据中原、竹田、岛崎在第21届日本道路会议论文《冻结抑制效果的预测方法探讨》中关于盐分析出量目标值的确定，如果路面在2h内有1g/m$^2$的盐分析出量，在−3～−4℃条件下，能够起到抑制冻结作用。本书将这一结果作为盐分析出量的参考值。另外，根据依数性定律，可以计算出路面凝固点下降不同值时的氯化钠溶液浓度，从而确定出不同降雪量时的盐分析出目标值，由此对密级配盐化物沥青混合料的盐分溶析结果进行分析。

根据式(6-2)计算路面表面凝固点下降0.5～6℃时氯化钠溶液浓度，结果如表6-4所示。路面冻结抑制效果取决于盐分的冰点下降特性及析出的盐分含量，根据上述计算出的不同浓度下氯化钠溶液的凝固点值，可以计算不同降雪量时盐化物沥青路面1m$^2$范围内的盐分溶析目标值，结果如表6-5所示。

凝固点下降不同值时的氯化钠溶液浓度　　表6-4

| 凝固点下降值 $\Delta T_{fp}$(℃) | 质量摩尔浓度(mol/kg) | 质量浓度(%) |
|---|---|---|
| $\Delta T'_{fp}=k_{fp}\times m\times i$ | $m$ | $w = m\times M_{NaCl}/10$ |
| 0.5 | 0.13 | 0.79 |
| 1 | 0.27 | 1.58 |
| 1.5 | 0.40 | 2.37 |
| 2 | 0.54 | 3.16 |
| 2.5 | 0.67 | 3.95 |
| 3 | 0.81 | 4.74 |
| 3.5 | 0.94 | 5.52 |
| 4 | 1.08 | 6.31 |
| 4.5 | 1.21 | 7.10 |
| 5 | 1.35 | 7.89 |
| 5.5 | 1.48 | 8.68 |
| 6 | 1.62 | 9.47 |

注：$k_{fp}$为溶剂的摩尔凝固点下降常数(SI单位为K·kg·mol$^{-1}$)，$i$为电解质溶液性质定量关系修正系数。式中水的摩尔凝固点下降值为常数；$M_{NaCl}$为NaCl的分子质量，其值为58.5g/mol。$k_{fp}=1.853$；$i=2$。

不同降雪量时的盐分溶析目标值　　表6-5

| 氯化钠溶液凝固点值(℃) | 溶液质量浓度 $w$(%) | 12h内的降水量 $h$(mm) | | |
|---|---|---|---|---|
| | | 小雪(0.1～0.9) | 小到中雪(0.5～1.9) | 中雪(1.0～2.9) |
| | | 盐分溶析目标值 $A$(g/m$^2$) | | |
| −0.5 | 0.79 | 3.9 | 9.5 | 15.8 |
| −1 | 1.58 | 7.9 | 18.9 | 31.6 |
| −1.5 | 2.37 | 11.8 | 28.4 | 47.4 |
| −2 | 3.16 | 15.8 | 37.9 | 63.1 |
| −2.5 | 3.95 | 19.7 | 47.4 | 78.9 |

续上表

| 氯化钠溶液凝固点值(℃) | 溶液质量浓度 $w$(%) | 12h 内的降水量 $h$(mm) | | |
|---|---|---|---|---|
| | | 小雪(0.1~0.9) | 小到中雪(0.5~1.9) | 中雪(1.0~2.9) |
| | | 盐分溶析目标值 $A$($g/m^2$) | | |
| -3 | 4.74 | 23.7 | 56.8 | 94.7 |
| -3.5 | 5.52 | 27.6 | 66.3 | 110.5 |
| -4 | 6.31 | 31.6 | 75.8 | 126.3 |
| -4.5 | 7.10 | 35.5 | 85.2 | 142.1 |
| -5 | 7.89 | 39.5 | 94.7 | 157.9 |
| -5.5 | 8.68 | 43.4 | 104.2 | 173.6 |
| -6 | 9.47 | 47.4 | 113.7 | 189.4 |

注:$A = \frac{Sh\rho_w w}{S} \times 10^3$,其中 $S$ 为路面表面面积($m^2$);$h$ 取 12h 内降水量的平均值(mm);$\rho_w = 1.0g/cm^3$。

## 6.3 盐化物沥青混合料盐分溶析规律

为了进一步验证上述研究成果,分别对不同盐化物含量、不同温度、不同空隙率的盐化物沥青混合料进行了盐分溶析规律试验。按照上述确定的最佳沥青用量,在盐化物置换率分别为 35%、70%、100% 的条件下制作马歇尔试件,采用全溶法检测不同条件下的盐分溶析规律。根据电导率仪测定的溶液电导率换算出路面盐分析出量随时间的变化。

### 6.3.1 盐分溶析试验方法

1)电导分析法概述

在外加电场的作用下,电解质溶液中的阴、阳离子以相反的方向移动,由此产生了导电现象。以测量溶液导电能力为基础的分析方法称为电导分析法。进行电导分析时,直接根据溶液电导大小确定待测物质的含量,称为直接电导法。在水质分析中,可用直接电导法测量水的电导率。

水的电导率与其所含有的有机酸、碱及盐量有一定关系。当它们的含量较低时,电导率随水中离子浓度的增加而增加。溶解于水中的有机物,因其不电离或难电离,只能表现出很微弱的电导。常用电导率间接推测水中离子成分的总浓度,但不能用来区别离子的种类和测定某一种离子的含量,因此,此法的选择性很差。由于它具有设备简单、操作方便、灵敏、快速等优点,所以电导法在水质分析中仍是一种常用的分析方法,本书采用电导法推测水中盐分浓度,使用的仪器为 DDS-11D 电导率仪。

溶液的实际电导率随溶液温度而变化,为了使不同温度条件下的溶液电导率具有可比性,仪器上设有温度补偿调节器。当调节器置于溶液实际温度对应的位置,仪器示值为该溶液在 25℃时的电导率。如果调节器置于 25℃的位置,则测量结果不受调节器的影响,仪器示值为溶液在实际温度时的电导率。本书在试验时考虑温度对电导率的影响,根据溶液实际温度,调整温度调节器的位置,仪器示值均为溶液在 25℃时的电导率。

2）电导分析法在本试验中的应用

由盐化物 MFL 的能谱分析结果可知，盐化物 MFL 的主要可溶盐成分为氯化钠。分别配制不同质量浓度的氯化钠溶液，检测相应的电导率值。试验结果如图 6-5 所示。

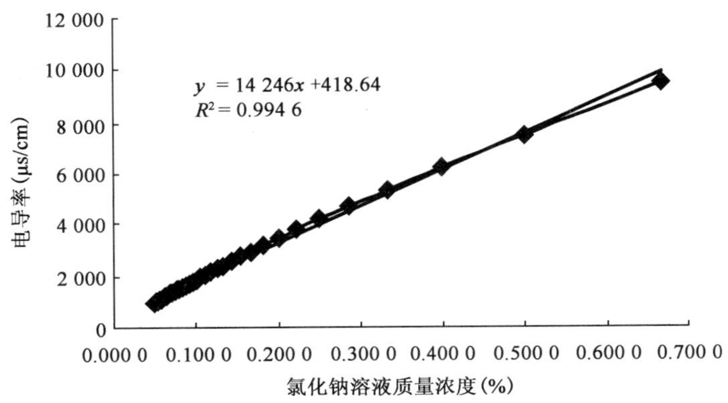


图 6-5 氯化钠溶液质量浓度与电导率值关系曲线

由试验结果可以看出，氯化钠溶液的质量浓度与相应的电导率存在良好的相关性。将这一结果作为盐化物沥青混合料盐分溶析检测的标准曲线，计算不同条件下试件盐分溶析结果，用于估计路面盐分析出量。

3）盐分的析出量测定方法

盐化物融雪沥青路面的冻结抑制效果主要取决于路面内冻结抑制成分的含量及路面表面的盐分析出量，通过表面盐分的析出量可以估计路面冻结抑制效果。对于密级配沥青混合料通常的盐分溶析检测方法有密封溶析法[图 6-6a)]、全溶法[图 6-6b)]等，本试验采用全溶法，试验方法如下：

制作不同条件下的马歇尔试件（$\Phi 101.6 \times 63.5$mm），量取高度，利用式（6-3）计算试件表面积，将马歇尔试件置于容器中，底部用垫块垫起，加入 550mL 蒸馏水，可测定 48h 内溶液的电导率值，根据标准曲线计算溶液的盐分浓度，估计道路表面盐分的析出量，每组试件 3 个，取其平均值作为结果，盐分的析出量计算如式（6-4）所示。

$$S = (2\pi r^2 + 2\pi rh) \times 10^{-6} \tag{6-3}$$

式中：$S$——马歇尔试件表面积，$m^2$；

$r$——马歇尔试件半径，$r = 101.6/2$mm；

$h$——马歇尔试件高度，mm。

$$Q = \frac{V\rho_w \times n}{S} \tag{6-4}$$

式中：$Q$——道路表面盐分析出量，$g/m^2$；

$V$——加入蒸馏水的体积，$V = 550$mL；

$\rho_w$——水的密度，$\rho_w = 1.0g/cm^3$；

$n$——溶液盐分浓度，%；

$S$——马歇尔试件表面积，$mm^2$。

由于电导法对稀溶液的浓度变化比较敏感，当溶液浓度较大时，电导率超出仪器量程，无法检测。在初冬或残冬季节，由于霜降等原因在路面上形成薄冰或者降雪量很小时，路面表面的溶液浓度可能较大，电导率超出仪器量程，为了检测现场的路面融冰雪效果，本书通过室内测定稀溶液的电导率随时间的变化情况，推算现场的融冰雪效果。通过试验确定，全溶法检测盐分溶析时，加入550mL蒸馏水，可检测稀溶液的电导率，计算试件表面析出的盐分含量，从而推测现场的融冰雪效果。试验装置如图6-7所示。

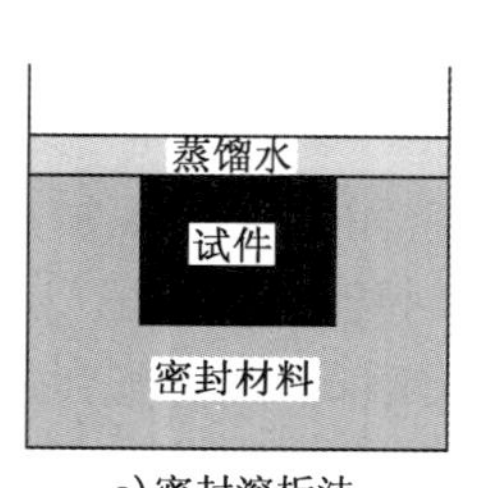

a）密封溶析法

蒸馏水
试件
b）全溶法

图6-6　盐分溶析测定方法

图6-7　电导法测盐分浓度

根据《公路工程沥青及沥青混合料试验规程》（JTG E20—2011）规定的马歇尔试件成型方法，制作不同条件下的马歇尔试件（$\Phi$101.6×63.5mm），每组试件3个，击实温度165℃，冷却至室温后脱模，备用。按照盐分溶析试验方法，检测48h内的盐分析出量，取其平均值作为结果。

### 6.3.2　盐分溶析影响因素

1）不同盐化物含量的盐分溶析结果

将盐化物分别置换矿粉用量的35%、70%、100%，双面击实75次，击实温度165℃，成型马歇尔试件，室温下冷却24h后开始试验。在室温条件下（19℃）检测溶液随时间变化的电导率，估计试件表面的盐分析出量。盐分溶析结果如表6-6及图6-8所示。

不同盐化物含量的盐分溶析结果　　表6-6

| MFL置换率（%） | 溶析时间（h） | | | | | | | | |
|---|---|---|---|---|---|---|---|---|---|
| | 0 | 1 | 2 | 3 | 4 | 5 | 6 | 7 | 8 |
| | 盐分析出量（g/m²） | | | | | | | | |
| 35 | 0 | 4.37 | 5.31 | 5.68 | 6.04 | 6.3 | 6.52 | 6.79 | 6.96 |
| 70 | 0 | 10.94 | 12.84 | 13.67 | 14.51 | 15.02 | 15.26 | 15.45 | 15.65 |
| 100 | 0 | 19.93 | 20.78 | 22.18 | 22.98 | 23.96 | 24.82 | 25.43 | 25.78 |
| MFL置换率（%） | 溶析时间（h） | | | | | | | | |
| | 9 | 10 | 11 | 12 | 20 | 24 | 36 | 48 | |
| | 盐分析出量（g/m²） | | | | | | | | |
| 35 | 7.10 | 7.23 | 7.35 | 7.46 | 8.09 | 8.02 | 8.78 | 9.59 | |
| 70 | 16.53 | 16.80 | 17.04 | 17.26 | 17.50 | 18.24 | 20.36 | 21.58 | |
| 100 | 25.80 | 26.00 | 26.30 | 26.90 | 28.73 | 29.71 | 31.90 | 33.90 | |

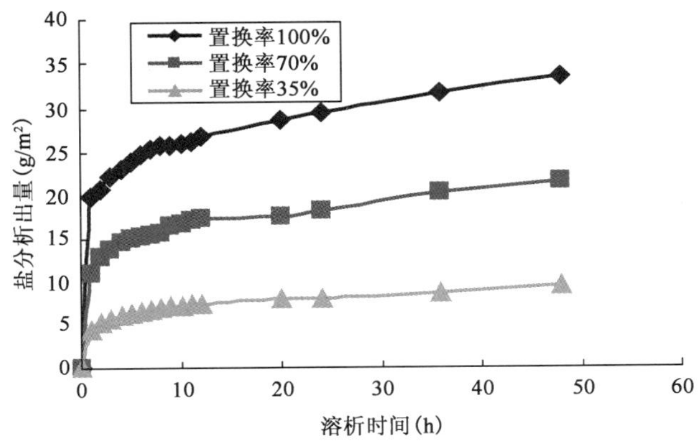


图6-8 不同盐化物含量的盐分溶析结果

由试验结果可以看出，盐化物添加量越多，盐分溶析速度越快。随着溶析时间的延长，盐分析出速度逐渐降低。置换率为70%时，12h内的盐分析出量为17.26g/m$^2$，大于15.8g/m$^2$的目标值，因此，在气温高于-2℃，降雪量为小雪时，路面能够完全抑制冻结。置换率为100%时，12h内的盐分析出量为26.9g/m$^2$，大于23.7g/m$^2$的目标值，气温高于-3℃，降雪量为小雪时，路面能够完全抑制冻结。

盐化物沥青路面冻结抑制功能的发挥和机械除冰雪及撒布融雪剂等其他除冰雪方法相比，速度较慢，短时间内效果不明显。由以上盐分溶析结果可以看出，盐化物置换率为100%时，能够较好地抑制初冬或残冬季节路面上"黑冰"的形成，提高路面的抗滑性能，确保车辆行驶安全。当短时间内降雪量较大时(中雪及以上)，盐分的析出能够溶解部分路面表面积雪，使积雪与路面脱离，提高机械除雪的作业效率。

2)不同温度条件下的盐分溶析结果

盐化物置换率为100%条件下，双面击实75次成型马歇尔试件，一组试件在常温条件下(19℃)冷却24h后开始溶析试验；另一组在5℃条件下冷却24h后，在5℃的恒温水浴环境中检测盐分析出量。试验结果如表6-7和图6-9所示。

**不同温度条件下的盐分溶析结果** 表6-7

| 试验温度(℃) | 溶析时间(h) | | | | | | | | |
|---|---|---|---|---|---|---|---|---|---|
| | 0 | 1 | 2 | 3 | 4 | 5 | 6 | 7 | 8 |
| | 盐分析出量(g/m$^2$) | | | | | | | | |
| 5 | 0 | 10.80 | 10.86 | 11.42 | 12.48 | 13.27 | 13.67 | 14.00 | 14.02 |
| 19 | 0 | 19.93 | 20.78 | 22.18 | 22.98 | 23.96 | 24.82 | 25.43 | 25.78 |
| 试验温度(℃) | 溶析时间(h) | | | | | | | | |
| | 9 | 10 | 11 | 12 | 20 | 24 | 36 | 48 | |
| | 盐分析出量(g/m$^2$) | | | | | | | | |
| 5 | 14.06 | 14.06 | 14.10 | 14.12 | 14.80 | 16.85 | 17.80 | 18.25 | |
| 19 | 25.80 | 26.00 | 26.30 | 26.90 | 28.73 | 29.71 | 31.90 | 33.90 | |

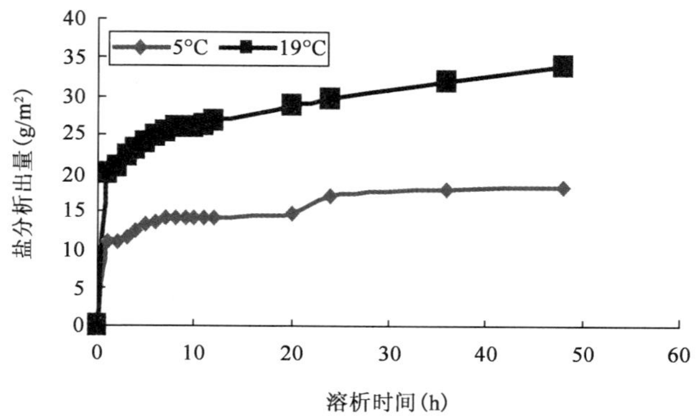


图6-9　不同温度条件下的盐分溶析结果

由试验结果可以看出，相同时间内的盐分析出量随着温度的升高而增加。这是由于温度升高，离子扩散加速，溶析出的盐分能够迅速扩散到道路表面。因此，从理论上讲，夏季高温多雨季节应是盐化物沥青路面有效成分易散失的时间，但气温较高时，可能会由于热胀等原因，导致路面混合料较为密实，有效空隙率较小，影响路面内部盐分的析出速度，由此导致盐分损失不会像试验分析的那么大。俄罗斯、日本等国家的盐化物沥青路面融雪效果的追踪调查结果也证明了这一点。

盐化物沥青路面冻结抑制功能的发挥是持续性的，随着时间的延长，盐分持续不断的溶析出来。但温度较低时，冻结抑制效果发挥缓慢，因此，当路面有冰层出现或者短时间内降雪量较大时，为了保证车辆的行驶安全，需要与机械除冰雪或撒布融雪剂等其他除冰雪方法共用。

3）不同空隙率下的盐分析出结果

盐化物置换率为100%条件下，分别双面击实75次、50次和30次，成型不同空隙率的马歇尔试件，室温条件下冷却24h后，检测盐分析出量。结果如表6-8和图6-10所示。

不同空隙率下的盐分溶析结果　　表6-8

| 击实次数（次） | 空隙率（%） | 溶析时间（h） | | | | | | | | |
|---|---|---|---|---|---|---|---|---|---|---|
| | | 0 | 1 | 2 | 3 | 4 | 5 | 6 | 7 | 8 |
| | | 盐分析出量（g/m²） | | | | | | | | |
| 75 | 3.9 | 0 | 19.93 | 20.78 | 22.18 | 22.98 | 23.96 | 24.82 | 25.43 | 25.78 |
| 50 | 4.7 | 0 | 21.47 | 23.22 | 24.97 | 26.71 | 27.77 | 27.84 | 28.28 | 28.71 |
| 30 | 7.2 | 0 | 24.08 | 25.85 | 27.66 | 29.42 | 30.58 | 31.63 | 32.08 | 32.87 |
| 击实次数（次） | 空隙率（%） | 溶析时间（h） | | | | | | | | |
| | | 0 | 1 | 2 | 3 | 4 | 5 | 6 | 7 | 8 |
| | | 盐分析出量（g/m²） | | | | | | | | |
| 75 | 3.9 | 25.80 | 26.00 | 26.30 | 26.90 | 28.73 | 29.71 | 31.90 | 33.90 | |
| 50 | 4.7 | 30.28 | 30.75 | 31.17 | 31.56 | 33.82 | 33.98 | 36.82 | 38.71 | |
| 30 | 7.2 | 33.83 | 34.36 | 34.83 | 35.27 | 37.8245 | 37.76 | 38.53 | 42.84 | |

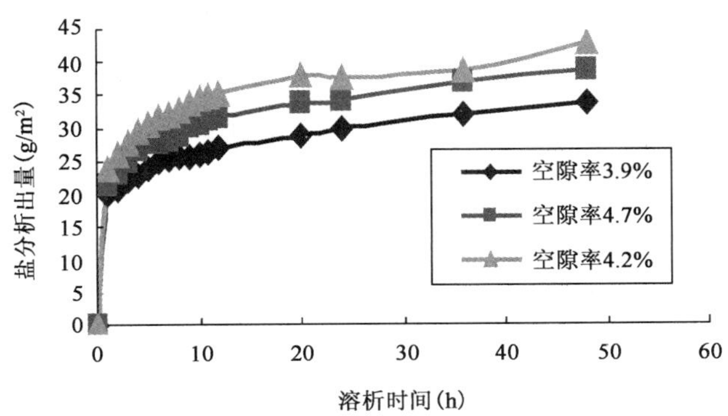


图6-10　不同空隙率下的盐分溶析结果

由试验结果可以看出，盐分析出量随空隙率的增加而增加，空隙率为3.9%时，12h后的盐分析出量为26.9g/m²；空隙率为4.7%时，12h后的盐分析出量为31.56g/m²，比空隙率为3.9%的盐分析出量提高17%；空隙率为7.2%时，12h后的盐分析出量为35.27g/m²，比空隙率为3.9%的盐分析出量提高31%。因此，为了避免盐分析出速度过快，保证路面冻结抑制效果具有一定的耐久性，需要严格控制路面的压实度。当盐化物添加量为4.6%，压实度大于96%，路表温度在-3℃以上，降雪量为小雪时，路面能够完全抑制冻结。根据日本的研究成果，对于密级配沥青混合料，空隙率为4%左右时能够得到较好的盐分溶析效果，同时也能保持良好的盐分溶析耐久性。

## 6.4　盐化物沥青混合料融冰雪性能评价

根据化学类抑制冻结路面的结构组成可知，此类抑制冻结路面通过盐化物的析出达到融冰化雪的目的，即盐化物沥青路面具有抑制结冰（融冰）与融雪的功能。本节通过混合料室内抑制冻结试验与室外融雪试验，进行路面相关功能验证。

### 6.4.1　盐化物沥青路面室内融冰性能评价

本书采用路面破冰模拟试验仪对普通沥青混合料AC-16及盐化物掺加量为4.7%时的盐化物沥青混合料AC-16（简称MFLAC-16）进行了抑制结冰模拟试验。AC-16及MFLAC-16的具体级配形式如表6-9所示。

集料合成级配　　表6-9

| 筛孔尺寸(mm) | 19 | 16 | 13.2 | 9.5 | 4.75 | 2.36 | 1.18 | 0.6 | 0.3 | 0.15 | 0.075 |
|---|---|---|---|---|---|---|---|---|---|---|---|
| MFLAC-16 | 100 | 96.6 | 83.6 | 70.2 | 44.6 | 30.7 | 22.0 | 15.6 | 10.7 | 8.2 | 5.9 |
| AC-16 | 100 | 96.8 | 84.2 | 71.2 | 44.8 | 30.7 | 21.1 | 15.5 | 11.0 | 8.1 | 5.5 |

试验过程中发现MFLAC-16明显比AC-16出现冰碴和形成完整冰层的时间晚，且冰水共存期较长，在此期间路面摩阻系数基本不变，但随温度的降低，冰水共存时间明显变短，出现冰碴与形成完整冰面的时间明显提前。不同路面类型的抑制冻结效果对比如图6-11所示，试验

结果分析如下。

a) AC-16

B) MFLAC-16

图 6-11　路面抑制冻结效果对比

1) 试验温度与盐化物掺量对摆值的影响

不同温度下两种路面在冻结过程中摆值的变化情况如图 6-12 所示，在相同温度下，随着冻结时间的增加，两种路面的摆值都呈明显衰减趋势，这和实际路面降雪结冰过程相符；在衰减过程中，盐化物沥青路面的衰减幅度明显小于普通沥青路面，但随水量与冻结时间的增加，两种路面的摆值最终都衰减到 30，此时表明试板表面都已形成一层冰膜，继续冻结，只会使冰膜的厚度增加，不会对摆值衰减有影响，故摆值保持稳定。从图中可知，伴随试验温度的降低，盐化物沥青混合料的摆值衰减速度明显加快。

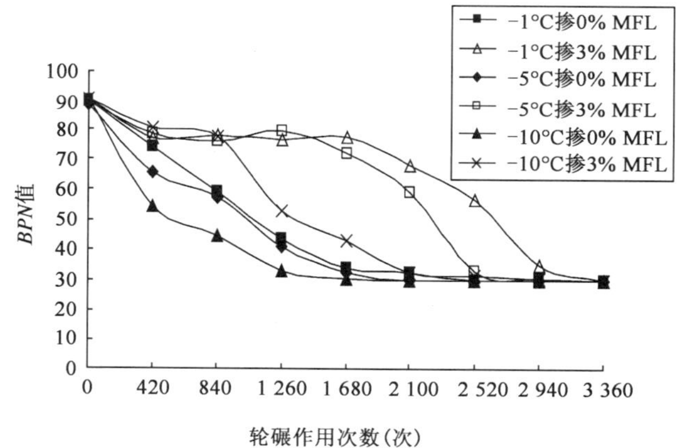


图 6-12　温度对摆值的影响

2) 试验温度与盐化物掺量对摆值衰减量的影响

定义 *BPN* 衰减量为 *BPN* 初始值与冻结过一定时间后测得的 *BPN* 值之差，不同温度下两种路面在抑制结冰过程中摆值衰减量随冻结时间的变化情况如图 6-13 所示。从图中可以看出：随着时间增加，两种路面的摆值衰减量随之增大。在相同温度相同时间下，盐化沥青路面的衰减量明显小于普通沥青路面。针对盐化物沥青混合料在相同时间下，温度越低摆值的衰减量越大。这表明，在冻结初期盐化物沥青混合料路面相比普通沥青混合料路面具有较高的摩擦系数，有利于保证一定的行车安全。

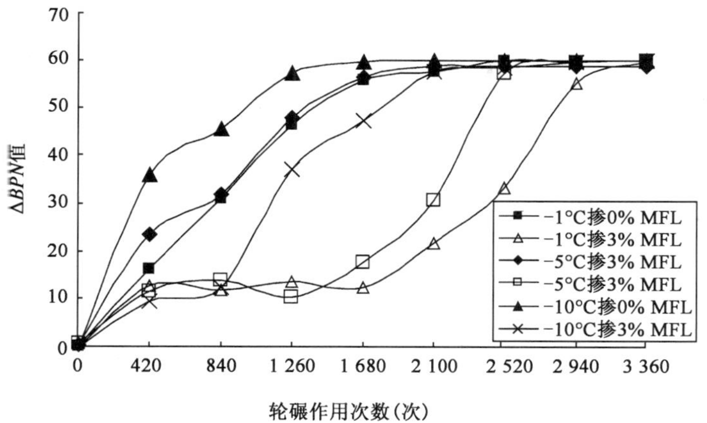


图 6-13 温度对摆值衰减量的影响

3)试验温度与盐化物掺量对摆值平均加权衰减量的影响

为了直观对比路面抑制结冰效果,考虑冻结过程中轮碾作用影响,引入加权系数摆值平均加权衰减量,即考虑不同轮碾次数下摆值衰减量的平均变化,按式(4-4)计算。经过计算,可以得到不同温度下不同路面类型的摆值平均加权衰减量,结果如图 6-14 所示。

由图 6-14 可知,盐化物沥青混合料的摆值平均加权衰减量明显小于普通路面,随冻结温度的降低,盐化物沥青混合料的摆值平均加权衰减量呈线性增加,按此变化趋势可知,在达到一定温度后(小于 −10℃),盐化物路面的摆值平均加权衰减量最终将与普通路面相同,此时盐化物沥青混合料将失去抑制冻结的优势。

4)试验温度与盐化物掺量对摆值平均加权衰减率的影响

为了进一步对比不同路面类型冻结过程中摆值平均加权衰减率的变化情况,考虑冻结过程中轮碾作用影响,引入加权系数摆值平均加权衰减率,即考虑不同轮碾次数下衰减率的平均变化,并按式(4-5)计算,结果如图 6-15 所示。

从图 6-15 可知,盐化物沥青路面的摆值平均加权衰减率明显小于普通路面,且与温度变化具有良好的线性相关性,表明摆值平均加权衰减率和温度可用线性模型表征。可以采用摆值平均加权衰减量与摆值平均加权衰减率评价盐化物沥青混合料的抑制结冰能力。

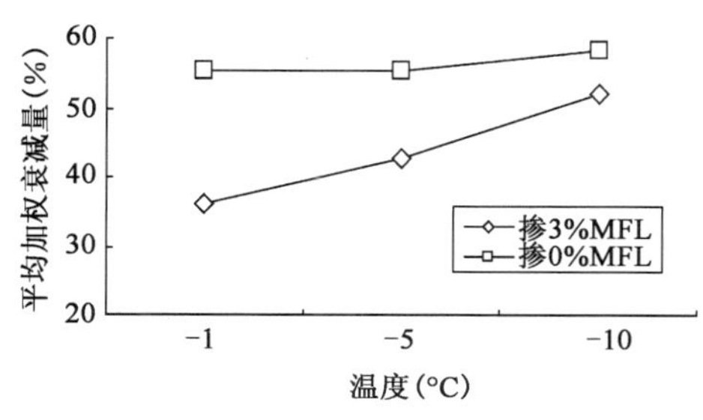


图 6-14 温度对摆值平均加权衰减量的影响

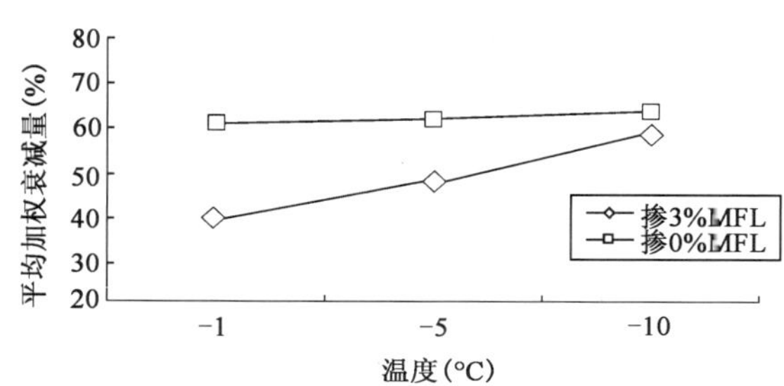


图 6-15 温度对摆值平均加权衰减率的影响

盐化物沥青混合料主要通过溶液离子扩散作用来达到融冰化雪的目的,盐化物有效成分的逐渐扩散是抑制冻结效果持续发挥的主要原因。路面在行车荷载的连续作用下，盐化物沥青混合料内部狭小的孔隙空间中包含的盐化物溶液浓度较高，盐化物溶液持续向盐分浓度较低的路表析出，在路表降低道路表面冰雪的冰点，进而达到融雪化冰的目的。

当温度降低到 -10℃以下时，盐化物有效成分的扩散运动逐渐放缓，路表盐分的析出量逐渐减小，此时盐化物沥青路面的融冰雪能力呈明显衰减，即盐化物沥青路面基本失去融冰雪能力。

### 6.4.2 盐化物沥青路面现场融雪性能评价

1）确认融冰雪效果的方法

（1）残留盐分的确认（现场简易测试）

利用硝酸银溶液与盐分发生反应会产生白色沉淀物的原理，在路面上洒水后滴数滴硝酸银溶液，如果产生白色沉淀物，说明有效成分仍然存在。室内试验硝酸银检验如图 6-16 所示。

图 6-16 室内试验硝酸银检验

（2）目视调查

通过肉眼观察盐化物沥青路面和普通路面的路面冻结状况。

（3）根据积雪附着状况确认其效果

在积雪的地方可以用铁锹确认路面防冻结效果，与普通路面相比盐化物沥青路面的积雪松散，较易清除。

2）现场融雪效果评价

（1）试验室融雪效果

为了检验盐化物融雪沥青路面的实时融雪效果，按照《公路工程沥青及沥青混合料试验规程》（JTG E20—2011）（T 0703—1993）试验方法，分别制作了盐化物含量为 4.7%（修正后）的沥青混合料试件（30mm × 30mm × 5mm）（MFLAC-16）和普通沥青混合料 AC-16 试件，成型脱模后置于室外，观察降雪过程中的融雪化冰效果。

2009 年 2 月 26 日 9:00 ~ 12:00，陕西西安地区温度为 -2℃，中雪，盐化物沥青路面的试验室实时融雪效果如图 6-17 所示。降雪 1.5h 后，普通沥青路面全部布满积雪，而盐化物融雪沥青路面仍具有较好的路面裸露效果。由此可以验证，在一定温度条件下，盐化物融雪沥青路面能够融化道路积雪，延迟路面积雪结冰，特别是在降雪初期或降雪量较小时，路面冻结抑制效果更为明显。

a) 1.0h后

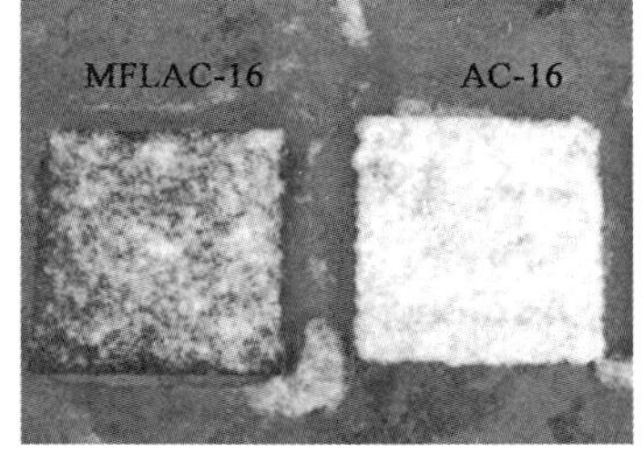


b) 1.5h后

图 6-17　试验室实时融雪效果

(2) 试验路融雪效果

2008 年 7 月在秦岭隧道左、右线出口连续长大下坡路段共计铺筑盐化物融冰雪路面试验路 5 415m。依托蓝商高速公路试验段进行盐化物融雪沥青路面在降雪过程中的融雪化冰效果观测，2009 年 2 月 26 日 0 点～12 点，蓝商高速公路试验段路面积雪约 8cm，运营 2 年后的试验路路况如图 6-18 所示。

图 6-18　运营 2 年后的试验路路况

通过观测发现，降雪量较小，且温度相对较高时，在行车荷载的作用下，路面表面的积雪很快融化，盐化物沥青路面和普通沥青路面的抑制积雪效果没有差别。

随着路面积雪厚度的增加，在车轮荷载的作用下，盐化物沥青路面的路面裸露效果明显优于普通沥青路面，且盐化物沥青路面上的压实积雪与路面之间没有完全冻结，冰雪很容易被车轮带起，从而与路面剥离，提高路面的裸露效果。用铁锹铲开非行车道上的积雪，也可以明显看出，盐化物融雪沥青路面积雪与路面基本剥离，冰水混合物较多，而普通沥青路面表面积雪与路面之间紧密冻结，路面裸露效果较差。

当降雪量较大时，盐化物沥青路面不能完全融化路面积雪结冰，道路抗滑性能下降，此时，为了保证车辆行驶安全，需要与机械除雪、撒布融雪剂等方式相组合。由于积雪与路面的剥离,盐化物沥青路面可以提高机械除雪作业效率,减少融雪剂的撒布量。

综合以上的观测结果可以看出,与普通沥青路面相比,盐化物沥青路面显现出了良好的抗冻结效果,但其效果受温度、冰雪层厚度等的限制。当温度过低或冰雪层厚度过大时,盐化物沥青路面的抗冻结性能与普通路面没有明显差别。

综上所述,为了评价盐化物沥青路面的冻结抑制效果,本章采用依数性定律,通过理论计算确定盐分析出目标值,利用盐溶液电导率检测试验测定路面表面盐分溶析规律,分析盐分析出的影响因素;通过盐化物沥青混合料室内抑制冻结试验与室外融雪试验,验证了其优良的融雪化冰功能。

# 第7章 盐化物沥青混合料耐久性

## 7.1 盐化物沥青混合料水稳性能

### 7.1.1 沥青路面水损害机理分析

沥青路面水损害是指在水或冻融循环作用下，由于汽车车轮动态荷载的作用，在进入路面空隙中的水不断产生动水压力或真空负压抽吸的反复循环作用下，水分逐渐渗入沥青与集料的界面上，使沥青黏附性降低并逐渐丧失黏结力，沥青膜从石料表面脱落（剥离），沥青混合料掉粒、松散，继而形成沥青路面的坑槽等损坏现象。

降雨或路面积水形成路表水，路表水与荷载的相互作用产生的动水压力能强行剥离路表混合料的沥青膜。尤其在夏季，沥青混凝土路面上面层温度最高可达60～70℃，此时沥青膜已出现不同程度地软化，如果路面积水或突然降雨，动水压力十分容易撕裂沥青膜。此外，中面层和上面层沥青混凝土空隙中的水与路表水往往是贯通的，根据连通器压强传递原理，路面动水压力以及荷载压力会造成空隙中的水产生局部高压，反复的高压水作用无疑会加速混合料的水损坏。

沥青混合料冰冻破坏是由于混合料内部的水分冻结后体积膨胀引起的。实际情况是非常复杂的，在冰冻过程所形成的负温坡差作用下，一部分水分通过连通空隙排到混合料表面（冰冻速度慢排除的多），还有一部分水在压力作用下被挤到一些小气泡中储存起来，从而减轻了冰冻作用；同时细小空隙中的水又不断向已结冰部分聚集更加剧了冰冻作用（空隙越小，水的冰点越低）。可见，冰冻作用不仅与混合料的空隙率有关，而且与空隙的分布有关，空隙的大小不同、形状不同、空隙是否连通以及连通空隙的长短等对混合料的冰冻作用都会产生重大影响。沥青混合料冻融后体积增大（空隙体积增大），承载力降低，经若干个冻融循环后沥青混合料由损伤发展为破坏。

沥青混合料水损害的实质是黏附于石料颗粒表面的沥青被水置换下来，脱离石料表面，石料成为松散的颗粒，因此路面材料强度降低了，在车辆荷载的作用下出现松散、裂缝、坑洞等破坏现象。要避免水损害，石料和沥青之间要有足够的黏附力和黏结力，沥青混合料水损害试验的出发点都是基于这一点。

沥青路面的冻融破坏是寒区非常普遍的道路病害现象。一方面，由于路面的面层直接暴露在大气作用下，当气温下降时，面层内部产生温度应力。尽管沥青混合料属于黏弹塑性材料，具有应力松弛特性，拉应力会随着时间的增长而逐渐消解，但当温度下降的速率过快或者面层的松弛性不好时，面层的温度应力来不及松弛，温度应力所做的功就会导致一定的能量积累，倘若这些能量达到沥青混合料本身所容许的极限程度时，就会发生开裂现象。另一方面，沥青混合料的冰冻破坏和水分直接相关，由于整个冻融循环过程中混合料一直处于饱水状态，将造成混合料内部的水分冻结后体积膨胀，如果混合料内部有足够的空隙体积容纳这部分增大的体积（增大9%），则冰冻不会对混合料产生重大影响，否则空隙内冰冻的水会产生很大的膨胀力，使混合料的体积膨胀而破坏。

由于沥青混合料是多孔材料，在真空饱水试验过程中内部孔隙被水充满。当试件的温度降低到冰点以下时，孔隙中的水分开始冻结，在冻结过程中，由于未冻水向冻结锋面不断迁移，在沥青混合料孔隙通道会产生渗透压力；此外，未冻水的迁移还会造成混合料孔隙内冰的膨胀，从而对孔隙壁产生膨胀压力，造成混合料的损伤。在渗透压力和膨胀压力的共同作用下，混合料冻结区域的孔隙会因为损伤而扩大。在融化过程中冻结水向四周缓慢扩散，孔隙会因压力的释放而有所恢复，但难以恢复到原始尺寸。随着冻融次数的增加，混合料内部的损伤不断地积累，材料的劈裂抗拉强度也不断下降。另外，抵抗外力劈裂作用的主要是沥青与集料之间的黏结力，由于相对于沥青而言，集料具有亲水性，因此，在真空饱水条件下，水很容易进入沥青混合料内部，虽然沥青将集料全部包裹，但在尖角或粗糙处的沥青膜非常薄，水能够渗透薄膜到集料表面，从而破坏集料与沥青之间的黏结力。

### 7.1.2 浸泡时间对盐化物沥青混合料马歇尔稳定度影响分析

融雪盐分的可释性影响了路面的空隙率。沥青路面经压实后，存在一定的空隙率，这部分空隙率是沥青路面路用性能的主要影响因素，其大小直接影响了沥青路面的强度、高低温稳定性、劲度、水稳定性等路用性能。普通沥青混凝土路面经压实后，空隙率变化不大，但是，对于添加融雪盐分的沥青路面，沥青混合料中的盐化物在水的作用下慢慢析出流失，从而使混合料级配随着时间的推移也发生了一定的变化，路面结构随之变化，空隙率变化加大，相较于普通沥青路面空隙率偏大。剩余空隙率增大会增大路面的渗水程度，增加水与混合料的接触面积，使得水更容易进入混合料内部，破坏沥青与集料间的黏结，影响路面使用寿命。所以，空隙率增大会给沥青路面带来很多弊端和损害。由此可见，为了弄清盐化物的析出对沥青混合料水稳性能的影响，控制浸水时间，对盐化物沥青混合料的水稳性能研究非常必要。

浸水马歇尔试验以残留稳定度 $MS_0$ 为指标，《公路工程沥青及沥青混合料试验规程》（JTG E20—2011）中沥青混合料马歇尔稳定度试验 $MS_0$ 计算公式见式(7-1)，沥青混合料的水稳性能与指标残留稳定度 $MS_0$ 成正相关关系，即试验测量值 $MS_0$ 值越大，沥青混合料的水稳性能越好。

$$MS_0 = \frac{MS_1}{MS} \times 100 \tag{7-1}$$

式中：$MS_0$——试件的残留稳定度，%；

$MS_1$——试件浸水48h后的稳定度，kN；

$MS$——试件的稳定度，kN。

本书在原有浸水马歇尔试验基础上重新设计试验方法，将马歇尔试件分为5组，每组不少于4个。第一组马歇尔试件在60℃恒温水浴中放置30min后测定试件稳定度 $MS$；第二组马歇尔试件在60℃恒温水浴中放置12h后测定试件稳定度 $MS_1$；第三组马歇尔试件在60℃恒温水浴中放置24h后测定试件稳定度 $MS_2$；第四组马歇尔试件在60℃恒温水浴中放置48h后测定试件稳定度 $MS_3$；第五组马歇尔试件在60℃恒温水浴中放置72h后测定试件稳定度 $MS_4$。相应残留稳定度计算公式见式(7-2)。

$$MS_0 = \frac{MS_n}{MS} \times 100 \tag{7-2}$$

式中：$MS_0$——试件的残留稳定度，%；

$MS$——试件的稳定度，kN；

$MS_n$——试件浸水对应时间后的稳定度，kN。

采用改进浸水马歇尔试验方法，对普通沥青混合料与盐化物沥青混合料进行对比试验检测，试验结果如表7-1与图7-1所示。

**浸水马歇尔试验结果**　　表7-1

| 浸水时间(h) | 普通混合料 | | 盐化物混合料 | |
|---|---|---|---|---|
| | 稳定度(kN) | 残留稳定度(%) | 稳定度(kN) | 残留稳定度(%) |
| 0.5 | 9.35 | 100 | 9.17 | 100 |
| 12 | 9.06 | 97 | 8.35 | 91 |
| 24 | 8.97 | 96 | 7.90 | 86 |
| 48 | 8.76 | 94 | 7.10 | 78 |
| 72 | 8.55 | 91 | 7.06 | 77 |

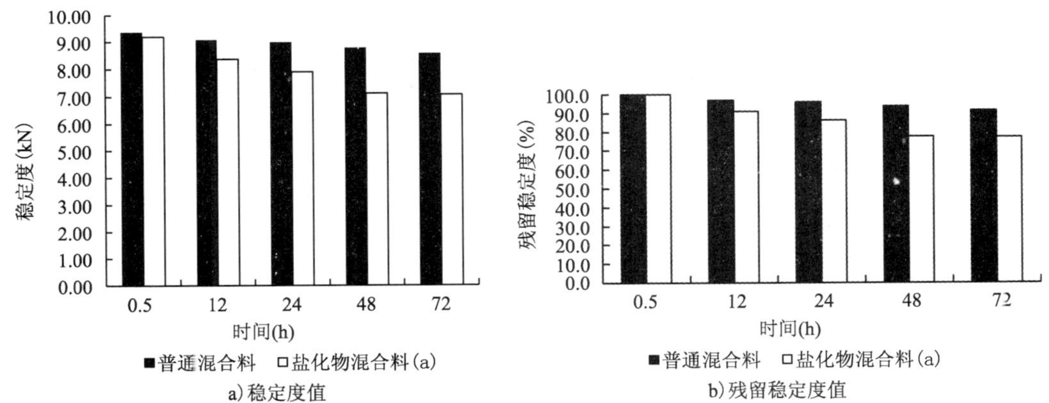


a)稳定度值　　b)残留稳定度值

图7-1　浸水马歇尔试验结果

注：盐化物混合料(a)为未添加抗剥落剂盐化物混合料。

从表7-1与图7-1可见，不论是普通沥青混合料还是盐化物沥青混合料，其稳定度都随浸水时间的延长而降低。与普通沥青混合料相比较，盐化物沥青混合料的稳定度值下降显著，残留稳定度从12h的91%降至72h的77%，说明盐化物沥青混合料中盐分析出造成的空隙率增大变化与形成的盐溶液对沥青混合料的水稳性能有明显的不利影响。

### 7.1.3 冻融循环次数对盐化物沥青混合料劈裂强度影响分析

盐化物沥青混合料在降雨及冰雪的天气里，盐分会逐渐从混合料中渗透出来，在水的作用下慢慢缓释，形成的可溶盐溶液聚集在路面结构内部。盐分的可释性形成的可溶盐溶液会大大降低沥青混凝土路面内部结构的黏结力，破坏了路面整体强度，严重影响路面的水稳性能。同时，盐分析出会造成混合料内部连通空隙的增加，增加了空隙水局部高压的作用面积，对路面水稳性能产生不利影响。

冻融劈裂试验以冻融劈裂强度比 *TSR* 为沥青混合料水稳性能评价指标，沥青混合料水稳性能与冻融劈裂强度比 *TSR* 成正相关关系，即 *TSR* 值越大，混合料的水稳性能越好。具体试验步骤如下：

(1)试件按选用的级配，马歇尔击实成型，冷却至室温后脱模。

(2)将试件随机分为5组，每组不少于4个，第一组为标准试件，放入25℃ ±0.5℃恒温水浴中不少于2h，后测其劈裂抗拉强度。

(3)将其余4组在真空条件下保持15min，恢复常压后在水中放置0.5h。

(4)取出试件将其放入密封塑料袋中，加入约10mL水，扎紧袋口，放入温度为-18℃ ±2℃冷冻环境中保持16h ±1h。

(5)取出试件立即放入60℃ ±0.5℃恒温水浴中保温24h。

(6)将试件浸入25℃ ±0.5℃恒温水浴中不少于2h，测定其劈裂抗拉强度。

试验步骤(4)与(5)计为一个冻融循环过程，第二组试件进行1次循环，测得劈裂抗拉强度计为 $R_{T1}$；第三组试件进行2次循环，测得劈裂抗拉强度计为 $R_{T2}$；第四组试件进行3次循环，测得劈裂抗拉强度计为 $R_{T3}$；第五组试件进行4次循环，测得劈裂抗拉强度计为 $R_{T4}$，可以得到冻融劈裂试验强度比 *TSR*。

根据前文研究成果，盐化物沥青混合料于40℃水环境条件下48h后空隙率与初始空隙率接近，差值较小，故将一组盐化物混合料试件处于40℃水浴中浸泡48h，而后进行同条件试验，分析混合料盐分析出形成可溶盐溶液对混合料水稳性能影响。试验结果如表7-2与图7-2所示。

**冻融劈裂试验试验结果** 表7-2

| 循环次数（次） | 普通混合料 | | 未做处理盐化物混合料 | | 浸泡处理盐化物混合料 | |
|---|---|---|---|---|---|---|
| | $R_T$(MPa) | 劈裂强度比(%) | $R_T$(MPa) | 劈裂强度比(%) | $R_T$(MPa) | 劈裂强度比(%) |
| 0 | 0.535 | 100 | 0.536 | 100 | 0.507 | 100 |
| 1 | 0.528 | 99 | 0.424 | 79.1 | 0.336 | 66 |
| 2 | 0.512 | 96 | 0.375 | 70.0 | 0.318 | 63 |
| 3 | 0.479 | 90 | 0.317 | 59.2 | 0.271 | 53 |
| 4 | 0.457 | 85 | 0.308 | 57.4 | 0.243 | 48 |

从表7-2与图7-2可以看出，随着冻融循环次数的增加，3种混合料的 $R_T$ 值皆递减。普通混合料递减幅度小，从图7-2b)中可看出，循环4次后，劈裂强度比仍能达到85%。盐化物沥青混合料与普通混合料相比，由于盐化物析出导致空隙率的变化以及形成易溶盐水环境的原因，$R_T$ 值及残留劈裂比下降幅度较大，而比较未做处理盐化物混合料与浸泡处理盐化物混合料，可以看出做过浸泡处理的盐化物混合料 $R_T$ 值与劈裂强度比较同循环次数的盐化物混合料低，说明盐分析出形成的易溶盐水环境对沥青混合料的水稳性能有着不利影响，工程应用中应完善路面排水措施，防止沥青混合料长期处于易溶盐水环境中。

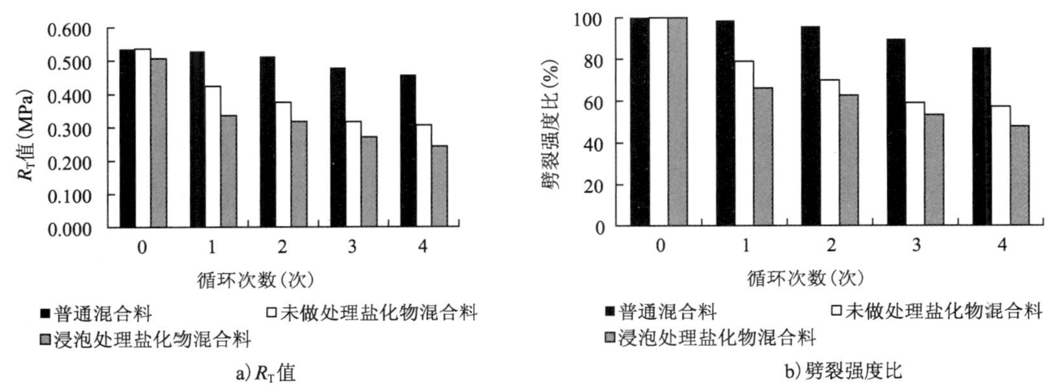


图7-2 冻融劈裂试验结果

### 7.1.4 盐化物沥青混合料水稳性能改善分析

从前文的试验及分析结果可以看出，盐化物沥青混合料在使用过程中，随着混合料内部盐分的析出，伴随产生的内部连通空隙的增大及易溶盐水环境都对混合料的水稳性能产生了不利影响。因此，在使用盐化物时，要采取措施提高其混合料的水稳定性能。

本书采用PA-1型抗剥落剂作为添加剂，添加比例为0.4%，以此改善提高盐化物沥青混合料的水稳性能。相应指标变化如表7-3与图7-3所示。

添加抗剥落剂盐化物混合料水稳试验结果 表7-3

| 浸水时间(h) | 添加抗剥落剂盐化物混合料 | |
|---|---|---|
| | 稳定度(kN) | 残留稳定度(%) |
| 0.5 | 9.30 | 100 |
| 12 | 8.98 | 97 |
| 24 | 8.54 | 92 |
| 48 | 8.21 | 88 |
| 72 | 7.95 | 86 |

续上表

| 循环次数(次) | 添加抗剥落剂盐化物混合料 | |
|---|---|---|
| | $R_T$(MPa) | 劈裂强度比(%) |
| 0 | 0.542 | 100 |
| 1 | 0.447 | 82 |
| 2 | 0.420 | 77 |
| 3 | 0.384 | 71 |
| 4 | 0.352 | 65 |

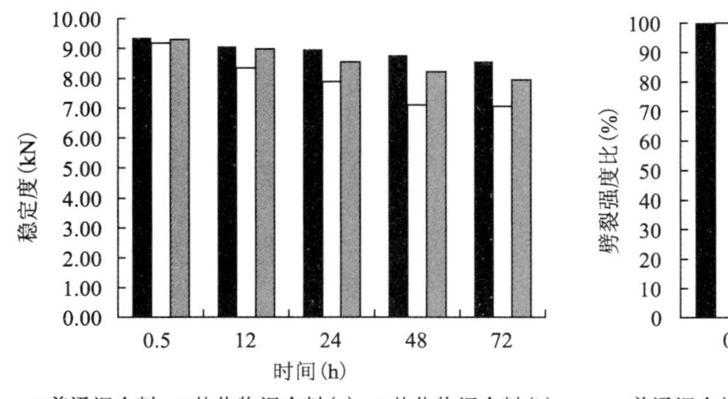


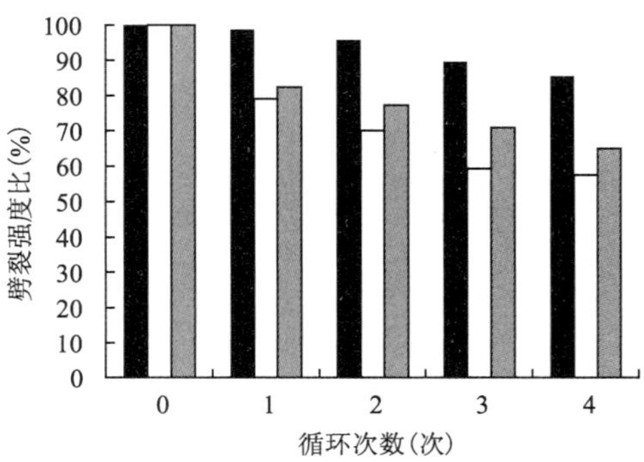


图7-3 添加抗剥落剂盐化物混合料水稳试验结果对比

注:盐化物混合料(a)为未添加抗剥落剂盐化物混合料,盐化物混合料(b)为添加0.4% PA-1 型抗剥落剂盐化物混合料。

由表7-3 与图7-3 可见,添加0.4% PA-1 型抗剥落剂后,同条件水平下,盐化物混合料无论是残留稳定度还是劈裂强度比都得到了明显提高,随时间变化与循环次数的递增,相应稳定度值与 $R_T$ 值降低幅度显著减小。盐化物混合料的残留稳定度与劈裂强度比分别达到了88%与82%,达到规范值80%与75%的要求。

## 7.2 盐化物沥青混合料疲劳性能

### 7.2.1 沥青路面疲劳破坏机理分析

疲劳是结构在应力或应变标准低于材料极限强度的情况下,由于荷载的重复作用导致开裂的一种破坏现象。针对沥青混凝土路面疲劳问题,既有微观领域的研究,又有宏观模型的计算;既有机理的理论研究,又有材料的试验分析。

在移动的车轮荷载作用下,路面结构内各点处于不同的应力应变状态,如图7-4 所示。面层底部 $B$ 点处于三向应力状态,车轮作用其上时 $B$ 点受到全拉应力作用,车轮驶过后变为压应力,量值变小,并有剪应力产生,当车轮驶过一定距离后,$B$ 点则承受主压应力作用,$B$ 点应力随时间的变化曲线如图7-5 所示。路面表面上的 $A$ 点则相反,车轮驶近时受拉,车轮直接作用时受压,车轮驶过后又受拉。车轮驶过一次就使 A、B 点出现一次应力循环,路面在整个使用过程中,长期处于应力(应变)重复循环变化的状态。

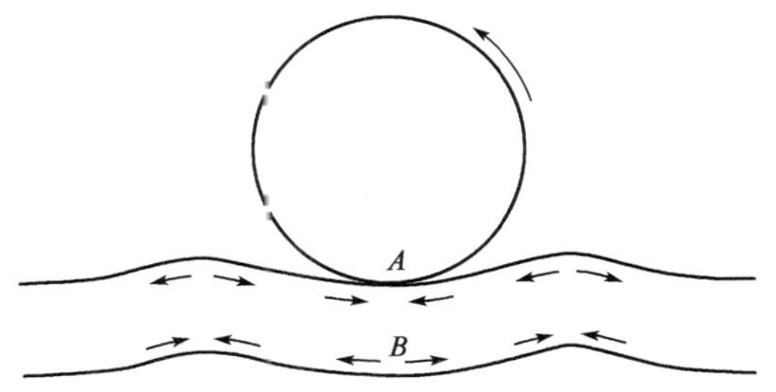


图7-4 沥青路面面层在车轮下的受力状态

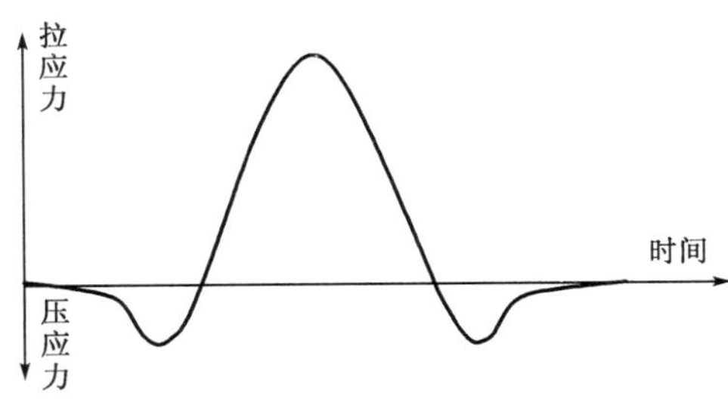


图7-5 沥青路面面层底部应力随时间的变化

由于沥青路面材料的抗压强度远远大于抗拉强度,从而,面层底部 B 点在车轮荷载下所受拉应力较之上表面 A 点在车轮驶近或驶过后产生的拉应力要大得多,因此在多次荷载重复作用下路面裂缝通常从面层底部开始发生。沥青混合料的疲劳破坏过程概括为以下 3 个阶段。

1)裂缝的形成,即疲劳成形阶段

沥青混合料由于材料表面和内部存在异质和瑕疵等天然缺陷,诸如尘粒、水泡、气泡、孔隙以及表面形状不规则等将使应力传递不均匀而引起应力集中,局部区域的应力集中经过一定的荷载重复作用次数之后就开始形成疲劳裂缝。裂缝的形成,使材料开始丧失承载能力。

2)裂缝的扩展,即裂缝的稳定增长阶段

在重复荷载作用下,裂缝的尖端将呈现反复的钝化和锐化的交替过程,其结果使裂缝端面不断改变并逐渐扩展。材料在经受拉伸荷载周期中,缝端首先趋向开裂,然后由于在缝端前部塑性区的形成和扩展而产生钝化,在卸载过程中,裂缝周围材料的弹性收缩在塑性变形的材料缝端产生一个残余压应力,使裂缝尖端两侧表面逐渐靠拢并向前延伸一段距离而重新出现锐化。

3)断裂破坏,即不稳定的裂缝扩展阶段

当疲劳裂缝扩展到临界裂缝尺寸时,裂缝就产生由稳定扩展到不稳定扩展的转化而导致材料的疲劳断裂损坏。

### 7.2.2 应力比对盐化物混合料疲劳性能影响分析

选用合适的应力比系数,对于混合料疲劳试验结果有很大影响。若应力水平选择过低,试件的疲劳寿命太长,不仅浪费试验时间,而且所测数据也没有实际应用价值;若应力水平过高,试件又很容易发生疲劳破坏,这样容易过低估计材料的疲劳性能,在实际应用中造成材料不必要的浪费。

我国现行的沥青混合料规范《公路工程沥青及沥青混合料试验规程》(JTG E20—2011)中,对于混合料的弯曲试验采用中点加载的方式,中点加载方式操作简单,试件易于安放。本书试验加载方式采用中点加载法,加载方式如图 7-6 所示。

试验中加载波形采用正弦波,加载频率取10Hz。具体试验步骤如下:

(1)按所选级配成型300mm×300mm×50mm车辙板,切割车辙板,制成尺寸为长250mm±2mm,宽40mm±2mm,高40mm±2mm的棱柱体小梁。

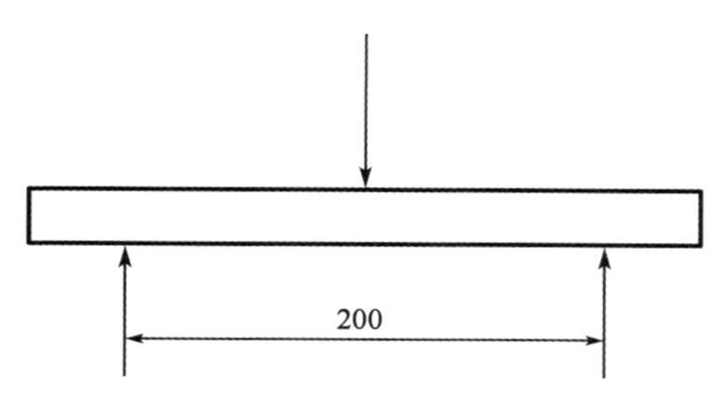


图7-6　中点加载法(尺寸单位:mm)

(2)试件养护,将棱柱体小梁放置于恒温15℃的试验室中保温3h以上。

(3)安装试件,将试件轻轻放置于支座上,使试件与支座紧密接触,调整小梁试件的位置保证各支座处于正确位置。

(4)以50mm/min的加载速度得到小梁弯曲试验的最大荷载,为计算疲劳试验中各应力水平相应荷载做准备。

(5)计算与各应力水平相应的系数(存放数据文件夹、控制模式、施加荷载大小、频率、所选加载波形)输入到MTS系统中,保证试验在设定应力比条件下进行。

(6)进行疲劳试验,在试验过程中通过系统窗口中的输出内容,观察所施加荷载及所产生位移随试件变化的情况等相关信息,并记录试验结果。

本书试验中初选应力水平为0.2~0.6,按照由低到高的顺序进行疲劳试验,结果如表7-4所示。

**不同应力水平混合料疲劳寿命**　　表7-4

| 应力比 | 疲劳寿命(次) | | |
|---|---|---|---|
| | 普通混合料 | 未做处理盐化物混合料 | 浸泡处理盐化物混合料 |
| 0.2 | 23 936 | 20 153 | 14 804 |
| 0.3 | 19 145 | 16 307 | 11 627 |
| 0.4 | 9 153 | 5 091 | 2 367 |
| 0.5 | 4 672 | 1 727 | 1 422 |
| 0.6 | 2 094 | 1 177 | 939 |

由表7-4可见,随着应力水平的增加,不论是普通混合料还是盐化物混合料,其疲劳寿命都随之降低。同应力水平相比,盐化物混合料疲劳寿命均低于普通沥青混合料,浸泡处理盐化物沥青混合料较未处理盐化物混合料疲劳寿命更低,说明盐化物混合料中盐分的析出对混合料的疲劳寿命有着不利影响,同时盐分析出形成的易溶盐水环境降低了混合料中沥青与集料的黏附作用,加剧了对混合料疲劳寿命的缩减。

图7-7给出了混合料疲劳寿命随应力比变化的关系曲线,从图中可以看出,混合料在应力比为0.4时有个明显的突变,说明应力比0.4为混合料疲劳寿命的分界点,当路面材料所受应力超过材料极限应力的0.4倍时,路面材料疲劳寿命显著缩短。

为了改善盐化物混合料盐分析出对混合料疲劳寿命的影响,本书在盐化物沥青混合料中添加0.4% PA-1型抗剥落剂,进行同向对比试验,试验结果如图7-8所示。

由图7-8可见,添加0.4% PA-1型抗剥落剂后,不同应力水平下盐化物混合料的疲劳寿命都得以提高,与未添加抗剥落剂盐化物混合料相比,同应力水平下疲劳寿命提升明显,与浸水处理盐化物沥青混合料相比效果尤显突出。

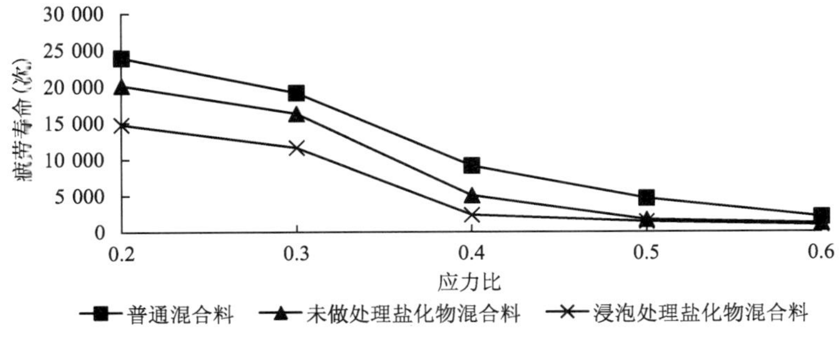


图7-7　不同应力水平混合料疲劳寿命

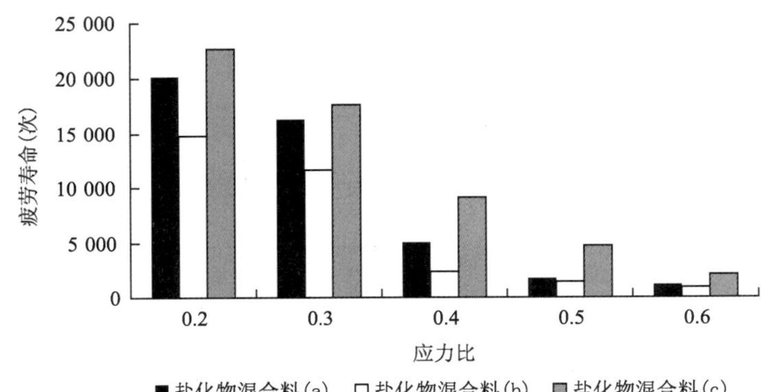


图7-8　盐化物混合料疲劳寿命试验结果

注:盐化物混合料(a)为未做处理盐化物混合料,盐化物混合料(b)为浸泡处理盐化物混合料,盐化物混合料(c)为添加0.4% PA-1型抗剥落剂盐化物混合料,后同。

### 7.2.3　应力比—疲劳寿命方程分析

大量研究表明,同一应力比下若干试件的对数疲劳寿命表现为正态分布,而且应力比与疲劳寿命在双、单对数曲线上表现为线性关系,通常可用式(7-3)、式(7-4)表示。

$$\lg N_f = k - n\lg S_i \tag{7-3}$$

$$\lg N_f = k' - n'S_i \tag{7-4}$$

式中:　$N_f$——荷载的作用次数,即疲劳寿命,次;

$S_i$——应力比,无量纲;

$k(k')$、$n(n')$——回归常数,无量纲。

本书对普通沥青混合料、盐化物沥青混合料、浸泡处理盐化物沥青混合料、添加抗剥落剂盐化物沥青混合料4种混合料分别进行了疲劳试验,试验结果如表7-5~表7-8所示。

普通沥青混合料疲劳试验结果 表 7-5

<table>
<tr><th>最大应力<br>$P$(kN)</th><th>应力比<br>$S_i$</th><th>应力值<br>(MPa)</th><th>应力比对数<br>$\lg S_i$</th><th>疲劳寿命<br>$N_f$(次)</th><th>$\lg N_f$</th><th>均值</th></tr>
<tr><td rowspan="15">0.658</td><td rowspan="3">0.2</td><td rowspan="3">0.616 563</td><td rowspan="3">-0.698 97</td><td>23 754</td><td>4.376</td><td rowspan="3">4.379</td></tr>
<tr><td>23 816</td><td>4.377</td></tr>
<tr><td>24 239</td><td>4.385</td></tr>
<tr><td rowspan="3">0.3</td><td rowspan="3">0.924 844</td><td rowspan="3">-0.522 878 7</td><td>19 346</td><td>4.287</td><td rowspan="3">4.282</td></tr>
<tr><td>18 974</td><td>4.278</td></tr>
<tr><td>19 115</td><td>4.281</td></tr>
<tr><td rowspan="3">0.4</td><td rowspan="3">1.233 125</td><td rowspan="3">-0.397 94</td><td>10 958</td><td>4.040</td><td rowspan="3">3.956</td></tr>
<tr><td>9 068</td><td>3.958</td></tr>
<tr><td>7 433</td><td>3.871</td></tr>
<tr><td rowspan="3">0.5</td><td rowspan="3">1.541 406</td><td rowspan="3">-0.301 03</td><td>5 504</td><td>3.741</td><td rowspan="3">3.648</td></tr>
<tr><td>2 809</td><td>3.449</td></tr>
<tr><td>5 703</td><td>3.756</td></tr>
<tr><td rowspan="3">0.6</td><td rowspan="3">1.849 688</td><td rowspan="3">-0.221 848 7</td><td>2 275</td><td>3.357</td><td rowspan="3">3.319</td></tr>
<tr><td>2 160</td><td>3.334</td></tr>
<tr><td>1 848</td><td>3.267</td></tr>
</table>

盐化物沥青混合料疲劳试验结果 表 7-6

<table>
<tr><th>最大应力<br>$P$(kN)</th><th>应力比<br>$S_i$</th><th>应力值<br>(MPa)</th><th>应力比对数<br>$\lg S_i$</th><th>疲劳寿命<br>$N_f$(次)</th><th>$\lg N_f$</th><th>均值</th></tr>
<tr><td rowspan="15">1.012</td><td rowspan="3">0.2</td><td rowspan="3">0.949 063</td><td rowspan="3">-0.698 97</td><td>20 349</td><td>4.309</td><td rowspan="3">4.304</td></tr>
<tr><td>20 127</td><td>4.304</td></tr>
<tr><td>19 983</td><td>4.301</td></tr>
<tr><td rowspan="3">0.3</td><td rowspan="3">1.423 594</td><td rowspan="3">-0.522 878 7</td><td>19 147</td><td>4.282</td><td rowspan="3">4.207</td></tr>
<tr><td>12 940</td><td>4.112</td></tr>
<tr><td>16 835</td><td>4.226</td></tr>
<tr><td rowspan="3">0.4</td><td rowspan="3">1.898 125</td><td rowspan="3">-0.397 94</td><td>5 814</td><td>3.764</td><td rowspan="3">3.705</td></tr>
<tr><td>4 667</td><td>3.669</td></tr>
<tr><td>4 793</td><td>3.681</td></tr>
<tr><td rowspan="3">0.5</td><td rowspan="3">2.372 656</td><td rowspan="3">-0.301 03</td><td>1 354</td><td>3.132</td><td rowspan="3">3.228</td></tr>
<tr><td>2 214</td><td>3.345</td></tr>
<tr><td>1 612</td><td>3.207</td></tr>
<tr><td rowspan="3">0.6</td><td rowspan="3">2.847 188</td><td rowspan="3">-0.221 848 7</td><td>1 023</td><td>3.010</td><td rowspan="3">3.068</td></tr>
<tr><td>1 335</td><td>3.125</td></tr>
<tr><td>1 173</td><td>3.069</td></tr>
</table>

**浸泡处理盐化物沥青混合料疲劳试验结果**　　　表 7-7

| 最大应力 $P$(kN) | 应力比 $S_i$ | 应力值 (MPa) | 应力比对数 $\lg S_i$ | 疲劳寿命 $N_f$(次) | $\lg N_f$ | 均值 |
|---|---|---|---|---|---|---|
| 0.903 | 0.2 | 0.846 875 | -0.698 97 | 14 813 | 4.171 | 4.170 |
| | | | | 15 249 | 4.183 | |
| | | | | 14 351 | 4.157 | |
| | 0.3 | 1.270 313 | -0.522 878 7 | 12 696 | 4.104 | 4.064 |
| | | | | 10 422 | 4.018 | |
| | | | | 11 764 | 4.071 | |
| | 0.4 | 1.693 75 | -0.397 94 | 2 558 | 3.408 | 3.359 |
| | | | | 2 978 | 3.474 | |
| | | | | 1 564 | 3.194 | |
| | 0.5 | 2.117 188 | -0.301 03 | 1 159 | 3.064 | 3.143 |
| | | | | 1 862 | 3.270 | |
| | | | | 1 244 | 3.095 | |
| | 0.6 | 2.540 625 | -0.221 848 7 | 932 | 2.969 | 2.972 |
| | | | | 930 | 2.968 | |
| | | | | 954 | 2.980 | |

**添加抗剥落剂盐化物沥青混合料疲劳试验结果**　　　表 7-8

| 最大应力 $P$(kN) | 应力比 $S_i$ | 应力值 (MPa) | 应力比对数 $\lg S_i$ | 疲劳寿命 $N_f$(次) | $\lg N_f$ | 均值 |
|---|---|---|---|---|---|---|
| 0.856 | 0.2 | 0.802 188 | -0.698 97 | 22 935 | 4.360 | 4.355 |
| | | | | 22 334 | 4.349 | |
| | | | | 22 648 | 4.355 | |
| | 0.3 | 1.203 281 | -0.522 878 7 | 17 862 | 4.252 | 4.247 |
| | | | | 17 438 | 4.241 | |
| | | | | 17 624 | 4.246 | |
| | 0.4 | 1.604 375 | -0.397 94 | 9 124 | 3.960 | 3.961 |
| | | | | 9 051 | 3.957 | |
| | | | | 9 240 | 3.966 | |
| | 0.5 | 2.005 469 | -0.301 03 | 4 454 | 3.649 | 3.680 |
| | | | | 4 850 | 3.686 | |
| | | | | 5 067 | 3.705 | |
| | 0.6 | 2.406 563 | -0.221 848 7 | 2 230 | 3.348 | 3.320 |
| | | | | 1 983 | 3.297 | |
| | | | | 2 066 | 3.315 | |

对表7-5～表7-8中试验结果进行数据回归分析，得到相应的双、单对数疲劳曲线，结果如图7-9～图7-12所示。

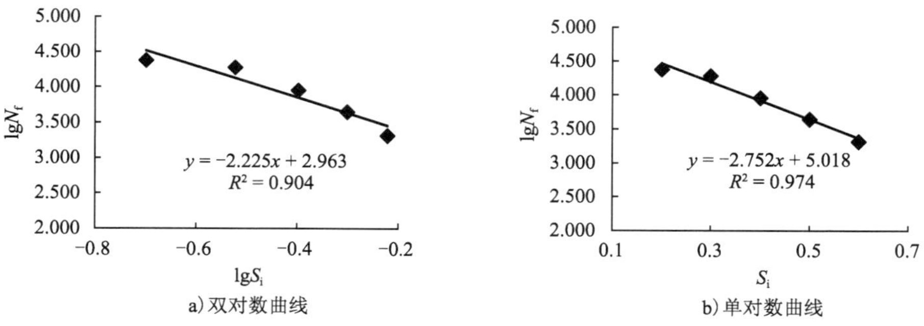


图7-9 普通沥青混合料双、单对数疲劳曲线

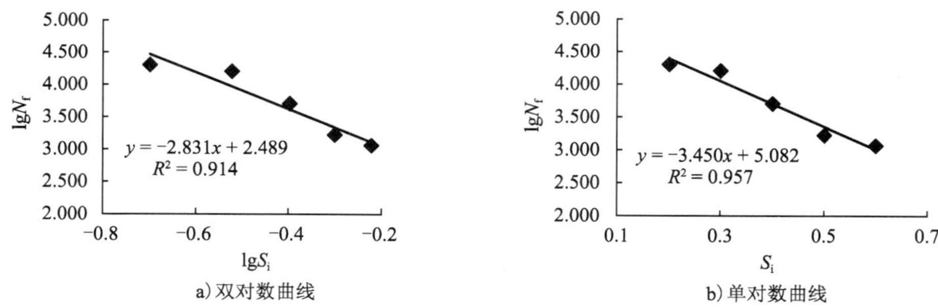


图7-10 未做处理盐化物沥青混合料双、单对数疲劳曲线

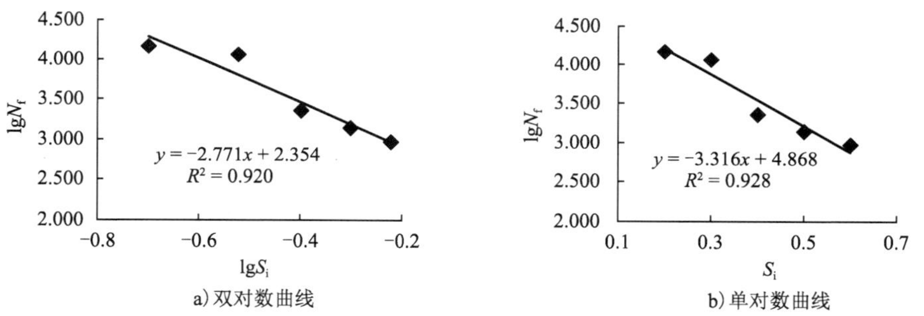


图7-11 浸泡处理盐化物沥青混合料双、单对数疲劳曲线

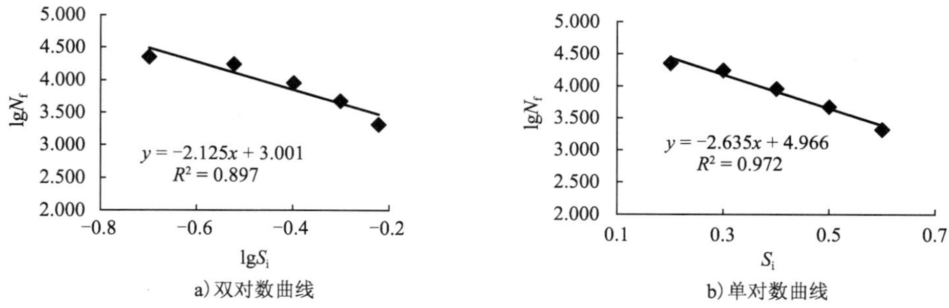


图7-12 添加抗剥落剂盐化物沥青混合料双、单对数疲劳曲线

将不同沥青混合料应力比—疲劳寿命曲线方程汇总于表7-9。

不同沥青混合料应力比—疲劳寿命曲线方程　　表7-9

| 沥青混合料类型 | 双对数疲劳寿命曲线方程 | 单对数疲劳寿命曲线方程 |
|---|---|---|
| 普通沥青混合料 | $y=-2.225x+2.963$ | $y=-2.752x+5.018$ |
| 未做处理盐化物混合料 | $y=-2.831x+2.489$ | $y=-3.450x+5.082$ |
| 浸泡处理盐化物混合料 | $y=-2.771x+2.354$ | $y=-3.316x+4.868$ |
| 添加抗剥落剂盐化物混合料 | $y=-2.125x+3.001$ | $y=-2.635x+4.966$ |

由图7-9～图7-12与表7-9可看出，对于同一种混合料而言，其应力比—疲劳寿命曲线无论在双对数曲线还是单对数曲线都表现出良好的线性回归特征。从$k$值可以看出，盐化物沥青混合料与普通沥青混合料相比，疲劳寿命对应力比的敏感性增强，即疲劳性能随应力水平的增加衰减增快；同时，综合$n$值分析，与普通沥青混合料相比，盐化物沥青混合料的综合疲劳性能显著降低，浸泡处理与未浸泡处理盐化物混合料对比可以看出，浸泡处理过后，盐化物混合料的疲劳性能有所降低，说明混合料中盐分析出形成的盐溶液对混合料的疲劳性能起着不利影响。添加抗剥落剂后，盐化物沥青混合料的疲劳性能得以改善，接近普通沥青混合料水平。

## 7.3　盐化物沥青混合料老化性能

沥青路面的老化，主要是所含沥青混合料的老化。沥青混合料老化是指沥青从炼油厂被炼制出来后，在储存、运输、施工及使用过程中，由于长时间地暴露在空气中，在环境因素如受热、氧气、阳光和水的作用下，会发生一系列的挥发、氧化、聚合，乃至沥青内部结构发生变化，同时发生性质变化，导致路用性能劣化的过程。沥青混合料的老化是一个逐渐发生的过程，它的速率直接影响路面的使用寿命，因而是影响沥青路面耐久性的主要因素。

路面铺筑时受加热作用，路面建成后受自然因素和交通荷载的作用，沥青的技术性能发生不可逆的变化即沥青的老化。受沥青老化的影响，路面沥青混合料的物理力学性能随着时间的推移逐年降低，直至满足不了交通荷载的要求而发生劣化。

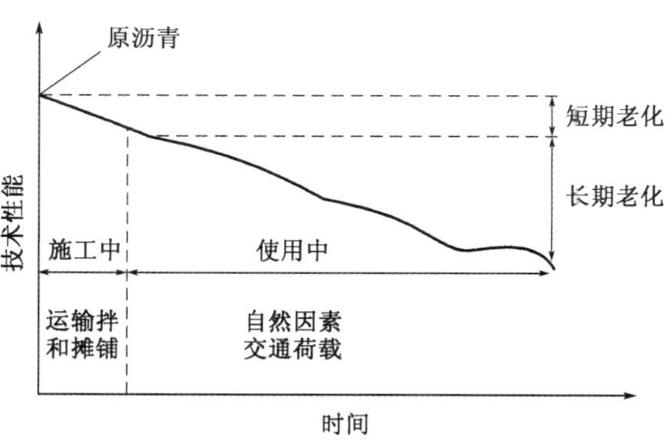

图7-13　沥青的老化过程

图7-13给出了沥青的老化过程：在沥青路面施工过程中，沥青始终处于高温状态，受热会产生短期老化（或称施工期老化或热老化）。当沥青路面投入使用后，沥青长期裸露在自然环境中，受到光、氧、水的作用，同时还要受到汽车交通等机械应力的作用而产生长期老化（或称使用期老化或光候老化）。

国内外大量试验都已证明，老化沥青与常

规沥青材料相比在化学组分上有明显的变化,其表现为沥青质明显增加,饱和分、芳香分含量变化不大,胶质含量有所降低。沥青老化时化学组分的变化主要是胶质向沥青质转化。

沥青在老化过程中组分的变化会引起胶体结构的变化,主要表现为溶胶向溶凝胶转化,溶凝胶向凝胶转化。老化沥青胶体结构的变化,随之会引起沥青流变性质的变化,其主要特征是沥青的黏度和复合流动度有很大的变化。沥青老化后不仅黏度增大,而且复合流动度随着老化的加深而减小,这表明沥青的胶体结构逐渐发生变化,非牛顿体性质越加明显。

沥青路面使用过程中老化与空隙率的关系十分密切,空隙率大,空气、水分进入结构层内部,严重加速沥青老化的发展。沥青混合料集料表面沥青膜的厚度对混合料的老化有重要影响,沥青用量少,沥青膜薄,沥青与氧气发生氧化作用越充分,老化程度也就相应的越大。沥青路面的老化速率与外界的环境条件也有很大关系。在日照时间长且气温高的地区,沥青路面老化速度快,而在气温较低、日照又短的地区,沥青路面的老化速度则较慢。

盐化物沥青混合料盐分析出会增大混合料内部空隙,同时形成的易溶盐水环境会削弱混合料中沥青与集料之间的黏结,进而降低混合料的抗老化性能。本书对混合料进行短期老化而后进行车辙试验对盐化物沥青混合料的高温稳定性能进行评价,对混合料进行长期老化而后进行小梁弯曲试验、浸水马歇尔试验、冻融劈裂试验评价盐化物的低温抗裂性能与水稳性能。

### 7.3.1 短期老化对盐化物沥青混合料高温稳定性能影响分析

沥青路面在高温条件下或长时间承受荷载作用,沥青混合料会产生显著地变形,其中不能恢复的部分称为永久变形,即车辙。车辙的存在,不仅会降低路面的使用性能,危及行车安全,还会缩短沥青路面的使用寿命。沥青混合料高温稳定性,一般用车辙性能来评价。

热拌沥青混合料短期老化试验步骤分为:

(1)根据要求的矿料级配和沥青用量,用沥青混合料拌和机在标准条件下拌和沥青混合料。

(2)将沥青混合料均匀摊铺在搪瓷盘中,松铺厚度为 21 ~ 22kg/m$^2$,将混合料放入 135℃ ±1℃的烘箱中在强制通风条件下加热 4h ±5min,每小时用铲在试样盘中翻拌混合料一次。加热 4h 后,从烘箱中取出混合料,供试验使用。

本书对普通沥青混合料、未处理盐化物沥青混合料、浸泡处理盐化物沥青混合料与添加抗剥落剂盐化物沥青混合料老化前与老化后分别进行了车辙对比试验,试验结果如表 7-10 所示。

**车辙试验结果** 表 7-10

| 动稳定度(次/mm) | 老化前 | 短期老化后 | 增幅(%) |
|---|---|---|---|
| 普通混合料 | 8 637 | 9 558 | 10.7 |
| 盐化物混合料(a) | 4 457 | 5 776 | 29.6 |
| 盐化物混合料(b) | 3 489 | 4 060 | 16.4 |
| 盐化物混合料(c) | 4 502 | 5 883 | 30.7 |

从表 7-10 可见,纵向比较,4 种混合料短期老化后的动稳定度与老化前相比皆有相应增长,说明老化使混合料逐渐失去黏性,减小了矿料之间产生流动性位移的可能性,变形量随着

沥青混合料的劲度增加而减小,从而抗车辙能力随之提高。

横向比较,老化前盐化物混合料与普通混合料相比,动稳定度均小于普通混合料值,这是因为沥青与矿粉的交互作用是影响沥青混合料抗剪强度的主要因素之一,研究表明,不同性质矿粉表面形成不同组成结构和厚度的吸附溶化膜,在石灰石表面形成较为发育的吸附溶化膜,而在石英石粉表面则形成发育较差的吸附溶化膜。所以在沥青混合料中,在最佳油石比条件下,当采用石灰石矿粉时,矿粉之间更有可能通过结构沥青来连接,因而具有较高的黏聚力。但由于盐化物中的盐分颗粒与矿质材料充分混合,互相包裹,是一种非均质的粉末状材料,直接裸露的盐分颗粒的存在降低了与沥青的交互作用,在盐化物表面不能形成较为发育的吸附溶化膜,沥青混合料的抗剪强度降低,高温稳定性能下降。

从图7-14可看出,浸泡处理盐化物混合料与未做处理混合料相比,动稳定度相对较低,这是由于随着混合料中盐化物的析出,混合料空隙率随之增大,动稳定度降低。添加抗剥落剂后,盐化物混合料中沥青与集料的黏附性能得以改善,在保持矿料骨架不变的情况下,混合料黏聚力显著提高,从而提高了混合料的抗剪强度,故其动稳定度相比未做处理盐化物混合料有所提高。

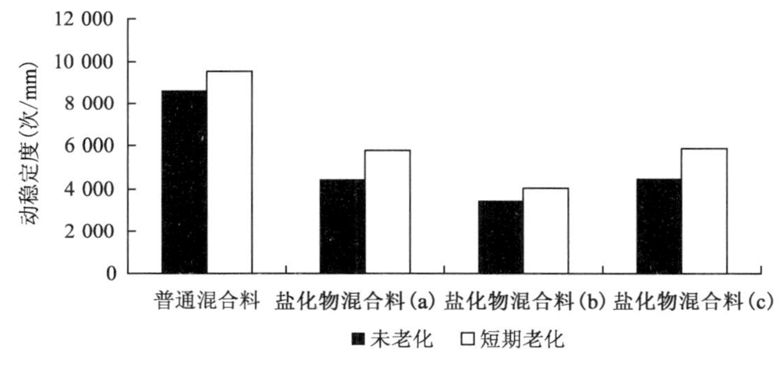


图7-14　车辙试验结果

短期老化后4种混合料动稳定的增幅以未做处理盐化物混合料与添加抗剥落剂为最,浸泡处理盐化物沥青混合料次之,普通沥青混合料增幅最低。

### 7.3.2　长期老化对盐化物沥青混合料低温抗裂性能影响分析

沥青路面的低温收缩裂缝不仅在寒冷地区,而且在温暖地带也是十分普遍的,是目前世界上尚未完全解决的一种道路病害。它的产生不仅破坏了路面的连续性、整体性及美观,而且会从裂缝中不断进入水分使基层甚至路基软化,导致路面承载力下降加速路面破坏。同时,纵向无限长的沥青面层开裂后,其承载模式转变为有限尺寸板,冬季面层模量较高,承受重复车轮荷载时,开裂后的路面可能折断成更小尺寸的板,并发生龟网裂。随着裂缝逐年加宽,边缘折断破碎,促使路面平整度降低,严重危及道路的使用寿命和质量。另外,温度裂缝对将来加铺层的影响不容忽视,否则病害仍将继续直至重修,降低了路面的使用寿命,增加养护费用;而且在高等级公路上进行补强、加铺层设计,会严重影响正常的交通,造成巨大的经济损失。

沥青混凝土具有应力松弛性能,当给沥青混凝土一定的应变时,由此产生的应力会随时间延长而减小。在一般的温度范围内,由温度降低而产生的拉应力,会由于应力松弛而使拉应力减小,将不产生出现裂缝那么大的应力。沥青混合料老化后,沥青中的轻质油分产生挥发,沥青氧化分解,位阻硬化,由此沥青劲度提高,混合料应力松弛性能下降,提高混合料的低温开裂温度,降低沥青混合料的低温抗裂性能。

热拌沥青混合料长期老化试验是在短期老化的基础上进一步进行模拟老化,具体试验步骤为:

(1)在试验室拌和沥青混合料,对松散混合料进行短期老化,按要求的试件尺寸和成型方法制作试件,如试样温度低于要求的成型温度时,可对混合料适当加热。

(2)将试件连同试模一起置于室温条件下冷却不少于16h,然后脱模。

(3)将试件放置于试样架上送入85℃ ±3℃烘箱中,在强制通风条件下连续加热5d(120h ±0.5h)。在恒温过程中直至冷却前不得触摸试件和移动试件。

(4)5d后关闭烘箱,打开烘箱门,经自然冷却不少于16h至室温。取出试件,供试验使用。

本书选取普通沥青混合料、盐化物混合料、浸泡处理盐化物混合料、添加抗剥落剂盐化物混合料先行进行老化试验后,再分别进行小梁弯曲试验,试验结果如表7-11所示。

小梁弯曲试验结果　　表7-11

| 处理方式 | 混合料种类 | 抗弯拉强度 $R_b$(MPa) | 最大弯拉应变 $\varepsilon_b$(με) | 弯曲劲度模量 $S_b$(MPa) |
|---|---|---|---|---|
| 未老化 | 普通混合料 | 11.246 | 3 494 | 3 208 |
| | 盐化物混合料(a) | 8.648 | 2 984 | 2 936 |
| | 盐化物混合料(b) | 8.442 | 2 820 | 2 984 |
| | 盐化物混合料(c) | 10.617 | 3 357 | 3 165 |
| 长期老化 | 普通混合料 | 9.365 | 3 105 | 3 077 |
| | 盐化物混合料(a) | 6.987 | 2 435 | 3 108 |
| | 盐化物混合料(b) | 6.008 | 2 378 | 3 211 |
| | 盐化物混合料(c) | 8.672 | 3 009 | 3 093 |

由表7-11分别绘出处理方式和混合料种类与抗弯拉强度、最大弯拉应变、弯曲劲度模量关系图,如图7-15~图7-17所示。

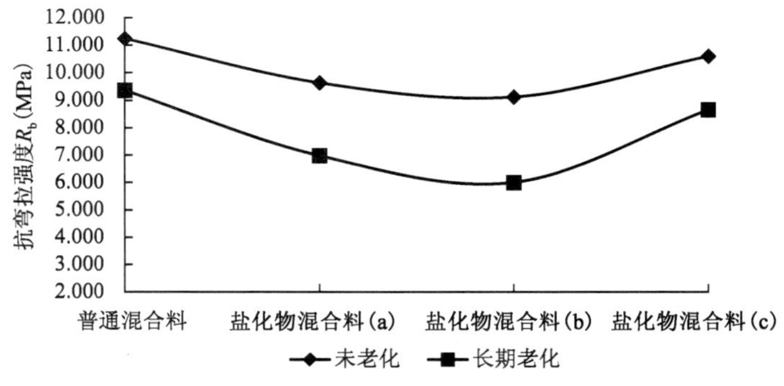


图7-15　老化和混合料种类与抗弯拉强度关系

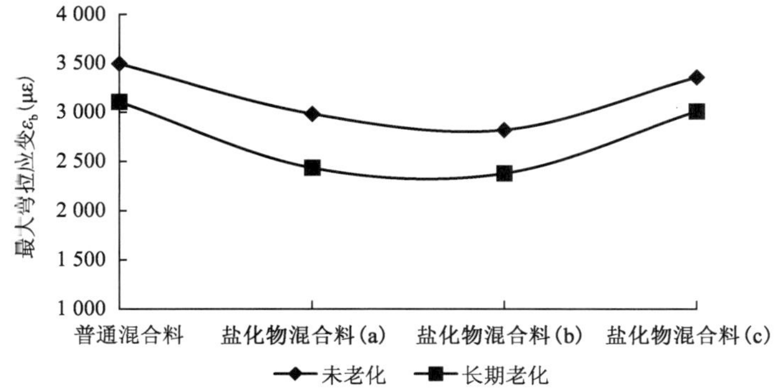


图7-16 老化和混合料类型与最大弯拉应变关系

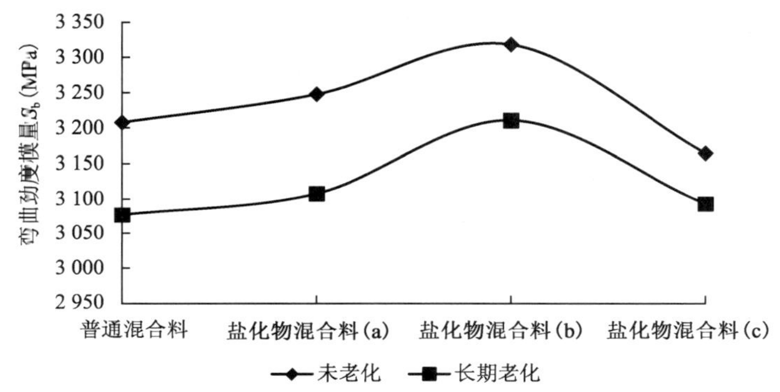


图7-17 老化和混合料类型与弯曲劲度模量关系

由图7-15～图7-17可以看出：

(1)经过长期老化的作用,4种混合料的抗弯拉强度均呈现不同程度的降幅,同时,经过浸泡处理的盐化物混合料与未做处理盐化物混合料相比,抗弯拉强度有所降低,添加了抗剥落剂后,混合料的抗弯拉性能得到明显改善,如图7-15所示。

(2)从图7-16可以看出,4种混合料经过老化作用后,弯拉应变均有减小的趋势,同向对比老化后4种混合料的弯拉应变,普通沥青混合料弯拉应变值最大,未做处理盐化物沥青混合料次之,浸泡处理盐化物混合料最小。添加抗剥落剂后,盐化物沥青混合料抗变形能力得以提高。

(3)图7-17反映了老化与混合料类型与弯曲劲度模量关系,4种混合料老化条件下的弯曲劲度模量均大于未老化条件下弯曲劲度模量,同向对比老化后4种混合料弯曲劲度模量可以看出,盐化物沥青混合料弯曲劲度模量较普通沥青混合料高,同时,盐化物混合料经过浸泡处理后,混合料的劲度模量增大。

(4)混合料经过长期老化作用,混合料中的沥青产生了氧化分解及位阻硬化,沥青与集料间的黏附作用随之降低,脆性增大,故混合料的抗弯拉强度与老化前相比都相应降低,弯拉应变均减小,弯曲劲度模量增大。盐化物中盐分析出,混合料内部空隙变大,形成易溶盐水环境降低混合料中沥青与集料的黏附作用,故与普通沥青混合料相比,盐化物沥青混合料低温抗裂性能指标均有所不及。添加抗剥落剂后,集料与沥青之间的黏附作用得以加固,故混合料的弯曲劲度模量降低,脆性减弱,抗弯拉能力提高,盐化物沥青混合料的低温性能有显著改善。

### 7.3.3 长期老化对盐化物沥青混合料水稳性能影响分析

沥青混合料的水损坏与两种作用机制有关：一是沥青与石料之间黏附性不足；二是沥青的内聚力减弱。第一种作用过程是由于石料是一种亲水性材料，对水的吸附力比对沥青的吸附力大，水分可进入沥青与集料之间的界面，逐渐导致沥青膜剥落；第二种作用是由于沥青是一种憎水性材料，水分渗入到沥青中，使得沥青黏度降低，黏聚性能下降，从而使沥青混合料的整体性与强度降低。

沥青混合料经过长期老化作用，沥青中的沥青质含量增加，针入度降低，芳香分和胶质含量的总体均减小，沥青的延度降低，沥青与集料间的黏结大幅降低甚至部分丧失，混合料的水稳定性能受到严峻考验。

结合现行规范要求，本书对盐化物沥青混合料老化后的水稳定性采用冻融劈裂试验方法验证，并用劈裂抗拉强度和冻融劈裂残留强度比表征，试验结果如表 7-12 所示。

**混合料老化后冻融劈裂试验结果** 表 7-12

| 混合料类型 | 老化前 | | | 长期老化 | |
|---|---|---|---|---|---|
| | 冻融前劈裂强度（MPa） | 冻融后劈裂强度（MPa） | 残留强度比（%） | 冻融后劈裂强度（MPa） | 残留强度比（%） |
| 普通混合料 | 0.535 | 0.528 | 98.7 | 0.471 | 88.1 |
| 盐化物混合料(a) | 0.526 | 0.424 | 79.1 | 0.369 | 68.9 |
| 盐化物混合料(b) | 0.507 | 0.336 | 66.3 | 0.235 | 46.3 |
| 盐化物混合料(c) | 0.542 | 0.447 | 82.4 | 0.410 | 75.7 |

由表 7-12 分别绘出老化和混合料种类与冻融劈裂强度、冻融劈裂残留强度比关系图，如图 7-18 与图 7-19 所示。

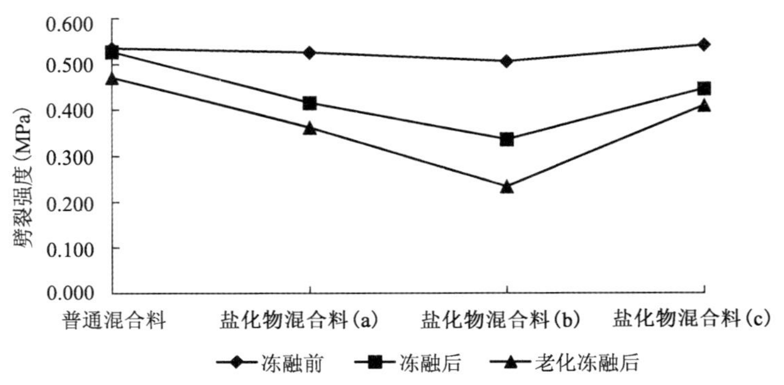


图 7-18 老化和混合料类型与冻融劈裂强度关系

由图 7-18 可见，4 种混合料冻融前的劈裂强度数值相近，说明未经冻融过程，沥青与集料间的黏结未受到影响或影响甚少，盐化物混合料此时劈裂抗拉性能未受影响。而经过冻融过程后,4 种混合料劈裂强度都出现不同程度的降低,这是由于冻融过程能有效地提高水分在空隙中的填充程度,同时盐化物中盐分析出形成的可溶盐溶液影响了沥青与集料间的黏附作用,使得混合料的劈裂强度进一步降低。混合料经过老化作用后,沥青的黏附性能大为削减,混合料的劈裂强度持续降低。

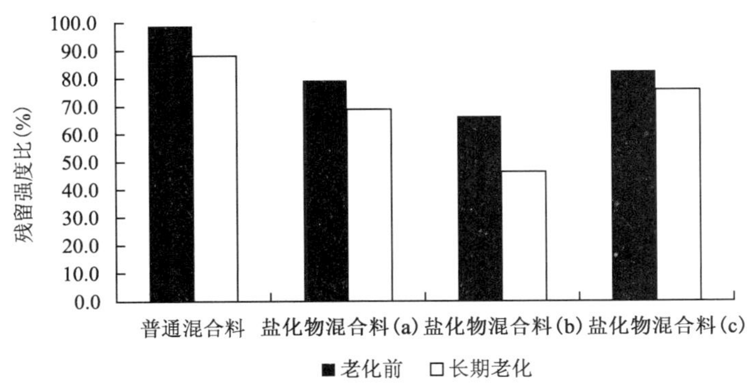


图 7-19　老化和混合料类型与残留强度比关系

由图 7-19 可见,经过老化作用,混合料的残留劈裂强度均降低,这是因为沥青的性质在很大程度上影响了混合料水稳性能。沥青的老化,通常变现为两种变化趋势:一是饱和分、芳香分等轻组分挥发引起质量损失,由于小分子组分的损失,沥青中的黏性成分下降;二是氧化为主,氧化后形成的酮、羟基等含氧官能团,如羟酸及亚砜等成分,这些官能团对水分的影响极为敏感,所以经过老化混合料的水稳定性变差。添加了抗剥落剂后,盐化物混合料的水稳性能得到明显改善,残留强度比得到提高,这是因为造成盐化物混合料水稳性能不良的关键因素是沥青与集料的黏附作用,而抗剥落剂提高了沥青的黏附性能,使得沥青抗水剥蚀的能力得以加强,所以混合料的残留强度比提高。

本章主要对盐化物沥青混合料的水稳性能、疲劳性能及老化性能等耐久性的 3 个方面进行了研究。从沥青混合料水损机理出发,分析了盐化物混合料体积指标变化与盐分析出形成易溶盐水环境对混合料水稳性能的影响。从沥青混合料疲劳破坏机理出发,采用中点加载疲劳试验方法,分析了应力比对盐化物混合料疲劳性能影响,得出盐化物混合料的应力比—疲劳寿命方程。采用不同的老化方式,对盐化物混合料的高温、低温及水稳性能分别进行试验与评价。

# 第 8 章　盐化物沥青混合料融雪持久性

路面表面盐分的析出速度及路面内剩余盐分含量是盐化物路面效果发挥及功能持续的核心因素，且随着盐化物路面内盐分的析出，路面内部盐分含量不断减少，盐化物路面融雪效能逐步降低，当盐分含量充分析出至极低值时，盐化物路面终会丧失其融雪抑冰效能。

本章对空隙率、降雨量、温度这 3 个盐化物混合料融雪持久性影响因素进行分析，并在此基础上预测全国各大城市盐化物融雪路面融雪效能持续年限及夏季降雨对融雪效能的损失影响，同时分析得出不同气候分区下盐化物融雪沥青路面融雪效能年限。

## 8.1　空隙率对盐化物沥青混合料融雪持久性影响分析

### 8.1.1　空隙率与盐分析出量分析

盐化物沥青混合料中盐分析出与气候密切相关，当出现降雨与降雪天气时，云层上的液态雨滴与固态雪花降落到路面，在车辆碾压及路面温差的作用下，化为液态水滴入路面空隙，混合料中的盐分随之溶解扩散到水中，盐分得到释放；而当天气晴好干燥时，混合料中盐分仍以固态形式存在于混合料中，盐分只有处在液态水环境中才会得以析出，故盐分的析出只会出现在降雨与降雪天气。

将混合料分别击实 100 次、75 次、50 次与 30 次，成型不同空隙率的马歇尔试件，然后浸于蒸馏水中，测溶析不同时间后的溶液电导率，计算盐分析出量值，结果如表 8-1 与图 8-1 所示。

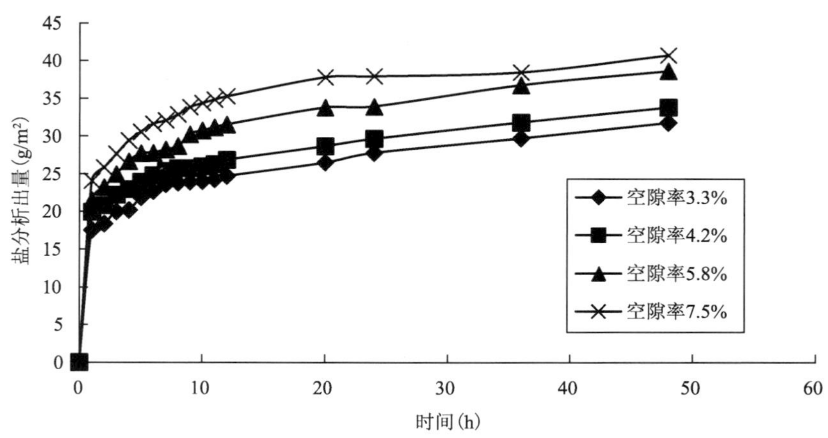


图 8-1　不同空隙率试件盐分析出量

不同空隙率试件盐分析出量　　表 8-1

| 击实次数（次） | 空隙率（%） | 溶析时间(h) | | | | | | | | |
|---|---|---|---|---|---|---|---|---|---|---|
| | | 0 | 1 | 2 | 3 | 4 | 5 | 6 | 7 | 8 |
| | | 盐分析出量($g/m^2$) | | | | | | | | |
| 100 | 3.3 | 0 | 17.52 | 18.33 | 19.98 | 20.18 | 21.87 | 22.72 | 23.62 | 23.81 |
| 75 | 4.2 | 0 | 19.93 | 20.78 | 22.18 | 22.98 | 23.96 | 24.82 | 25.43 | 25.78 |
| 50 | 5.8 | 0 | 21.47 | 23.22 | 24.97 | 26.71 | 27.77 | 27.84 | 28.28 | 28.71 |
| 30 | 7.5 | 0 | 24.08 | 25.85 | 27.66 | 29.42 | 30.58 | 31.63 | 32.08 | 32.87 |
| 击实次数（次） | 空隙率（%） | 溶析时间(h) | | | | | | | | |
| | | 9 | 10 | 11 | 12 | 20 | 24 | 36 | 48 | |
| | | 盐分析出量($g/m^2$) | | | | | | | | |
| 100 | 3.3 | 23.92 | 24.03 | 24.25 | 24.73 | 26.55 | 27.86 | 29.80 | 31.86 | |
| 75 | 4.2 | 25.80 | 26.00 | 26.30 | 26.90 | 28.73 | 29.71 | 31.90 | 33.90 | |
| 50 | 5.8 | 30.28 | 30.75 | 31.17 | 31.56 | 33.82 | 33.98 | 36.82 | 38.71 | |
| 30 | 7.5 | 33.83 | 34.36 | 34.83 | 35.27 | 37.82 | 37.76 | 38.53 | 42.84 | |

从表 8-1 与图 8-1 可见，不同空隙率盐化物混合料均在前 4h 盐分析出量急剧增长，12h 后逐渐趋于平稳；同时，盐分析出量随空隙率的增大而增大；当空隙率为 7.1% 时，48h 盐分析出量为 42.84$g/m^2$，比空隙率为 3.3% 时盐分析出量增长了 35%。

统计不同空隙率盐化物混合料 24h 与 48h 盐分析出量发现，空隙与这两个时间点盐分析出量存在良好的线性关系，结果如表 8-2 与图 8-2 所示。

空隙率与盐分析出量关系　　表 8-2

| 空隙率（%） | 24h 盐分析出量($g/m^2$) | 48h 盐分析出量($g/m^2$) |
|---|---|---|
| 3.3 | 27.86 | 31.86 |
| 4.2 | 29.71 | 33.90 |
| 5.8 | 33.98 | 38.71 |
| 7.5 | 37.76 | 42.84 |

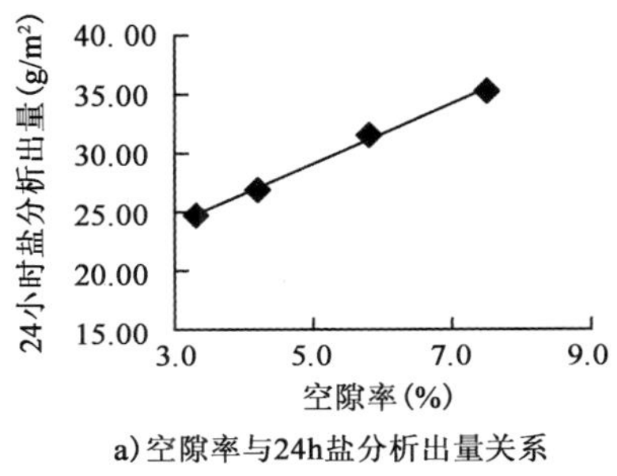

a）空隙率与24h盐分析出量关系

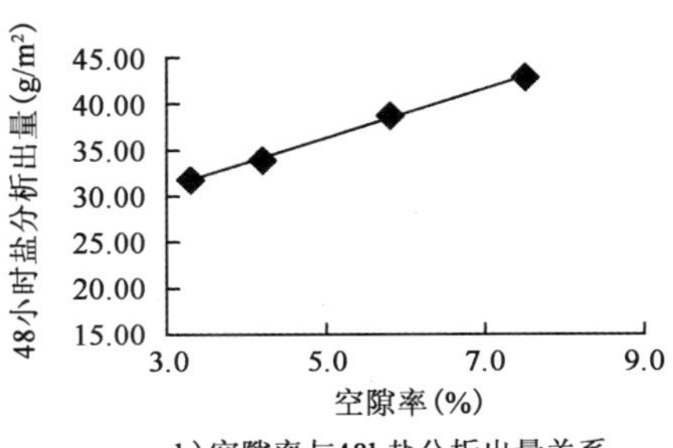

b）空隙率与48h盐分析出量关系

图 8-2　空隙率与盐分析出量关系

分别对空隙率与24h、48h盐分析出量进行拟合，结果如表8-3所示。

空隙率与盐分析出量关系式　　表8-3

| 盐分析出时间 | 空隙率与盐分析出量关系式 | 相关系数 $R^2$ |
|---|---|---|
| 24h | $Q = 2.550VV + 16.35$ | 0.996 |
| 48h | $Q = 2.663VV + 22.97$ | 0.997 |

### 8.1.2 盐分析出次数分析

分析盐化物融雪沥青混合料融雪持久性时，由于要尽量模拟自然条件下的降雨与温度，故成型试件为300mm×300mm×50mm车辙板。测量盐分析出量时在车辙板上架设马歇尔试件模具，模具与车辙板接触处涂以黄油防止水分溢出，方法示意图如图8-3所示。试验方法与体积指标研究盐化物析出量一致，试件表面积公式做相应改变，马歇尔模具半径 $r$ 为50.8mm。

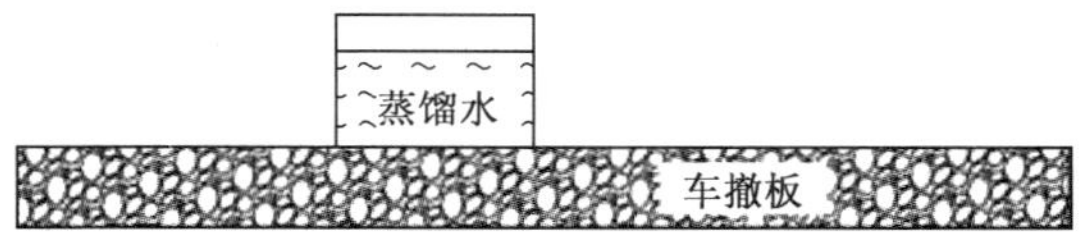


图8-3　盐分析出量测定

加入蒸馏水体积为400mL，盐分析出量见公式(6-4)，每块车辙板测三处，取平均值，得出盐化物析出值后与目标析出值对比可进一步判断是否继续进行年降雨模拟，进一步预测融雪效能使用年限，试验装置如图8-4所示。

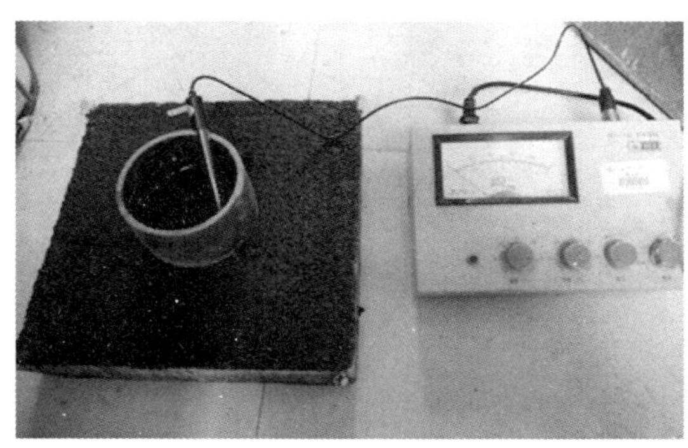

图8-4　电导法测析出盐分浓度

每一次降雨过程，对于盐化物混合料中盐分来说就是一次析出过程。随着混合料中盐分的析出，析出盐分原在混合料中所占的体积相应衍变为空隙体积，混合料中的空隙随之增大，空隙率相应提高。通过对溶液电导率的测量可以分析计算出盐化物混合料的盐分析出量，进一步对盐分析出量进行分析计算，可以得到空隙率的变化值，计算方法如式(8-1)所示。

$$VV = VV_0 + \frac{S \times Q \times \rho_2}{m \times \rho_1} \times 100 \tag{8-1}$$

式中：$VV$——盐分析出后空隙率，%；

$VV_0$——初始空隙率，%；

$S$——接触面表面积，$m^2$，$S = \pi r^2 \times 10^{-6}$；

$Q$——道路表面盐分析出量，$g/m^2$；

$\rho_1$——盐分密度，$g/cm^3$；

$\rho_2$——试件毛体积密度，$g/cm^3$；

$m$——试件质量，g。

将空隙率与盐分析出量关系式代入式(8-1)，可以得到以24h盐分析出量或48h盐分析出量进行预估后混合料溶析后的空隙率关系式，见式(8-2)与式(8-3)。

$$VV_n = 1.0018VV_{n-1} + 0.0116 \text{(24h 为单位)} \tag{8-2}$$

$$VV_n = 1.0019VV_{n-1} + 0.0163 \text{(48h 为单位)} \tag{8-3}$$

式中：$VV_n$——盐分析出后混合料空隙率，%；

$VV_{n-1}$——盐分析出前混合料空隙率，%。

进一步对混合料空隙率递推关系式进行分析转化，可以得到盐化物混合料终值空隙率与初值空隙率的关系式，见式(8-4)与式(8-5)。

$$VV_n = 1.00181^n(VV_0 + 6.412) - 6.412 \text{(24h 为单位)} \tag{8-4}$$

$$VV_n = 1.00189^n(VV_0 + 8.626) - 8.626 \text{(48h 为单位)} \tag{8-5}$$

式中：$VV_n$——盐化物混合料终值空隙率，%；

$VV_0$——盐化物混合料初始空隙率，%；

$n$——盐分析出次数，次。

其中"终值空隙率"参考本书第9章分析计算，混合料初始空隙率可以通过试验测量得到，故盐化物混合料中盐分析出次数可以根据式(8-4)与式(8-5)衍变得到，见式(8-6)与式(8-7)。

$$n = \log_{1.00181}\left(\frac{VV_n + 6.412}{VV_0 + 6.412}\right) \text{(24h 为单位)} \tag{8-6}$$

$$n = \log_{1.00189}\left(\frac{VV_n + 8.626}{VV_0 + 8.626}\right) \text{(48h 为单位)} \tag{8-7}$$

式中：$VV_n$——盐化物混合料终值空隙率，%；

$VV_0$——盐化物混合料初始空隙率，%；

$n$——盐分析出次数，次。

根据式(8-6)与式(8-7)，对不同空隙率值进行分析计算，得出相应盐分析出次数，计算结果如表8-4所示。

**不同空隙率对应盐分析出次数**　　表8-4

| 初始空隙率(%) | 2.50 | 3.00 | 3.50 | 4.00 | 4.50 | 5.00 | 5.50 | 6.00 | 6.50 | 7.00 |
|---|---|---|---|---|---|---|---|---|---|---|
| 终值空隙率(%) | 5.21 | 5.71 | 6.21 | 6.71 | 7.21 | 7.71 | 8.21 | 8.71 | 9.21 | 9.71 |
| 24h析出量为单位析出次数(次) | 147 | 140 | 134 | 128 | 123 | 118 | 113 | 109 | 105 | 102 |
| 48h析出量为单位析出次数(次) | 115 | 111 | 107 | 103 | 99 | 96 | 93 | 90 | 87 | 85 |

从表8-4可以看出，随着初始空隙率的递增，混合料的盐分析出次数相应递减，空隙率为2.5%时，盐分析出次数可以达到147次与115次，而当空隙率为7%时，盐分析出只能达到102次与85次，故仅考虑盐化物混合料的融雪持久性能，混合料空隙率是越低越好。

### 8.1.3 最佳空隙率范围

关于盐分析出量目标值，有相关研究表明：如果路面在2h内有1g/m$^2$的盐分析出量，在-3~-4℃条件下，能够起到抑制冻结作用。本书将这一结果作为盐分析出量的参考值。

为了保证沥青混凝土路面的高温稳定性，《公路沥青路面施工技术规范》(JTG F40—2004)中对密级配沥青混凝土混合料的空隙率要求最小值为3%。将空隙率值3%带入表8-3中关系式，可以得到相应的24h盐分析出量与48h盐分析出量分别为24g/m$^2$和30.959g/m$^2$，析出速率平均值分别为1g/(m$^2$h)与0.645g/(m$^2$h)，均满足盐分析出目标值。

随着空隙率的增大，盐化物混合料的水稳性能、疲劳性能随之降低，同时，混合料的盐分析出次数随之减少，故基于盐化物混合料耐久性及融雪持久性综合考虑，参考《公路沥青路面施工技术规范》(JTG F40—2004)中空隙率要求范围，将盐化物混合料空隙率最佳范围定为3%~4%。

### 8.1.4 融雪效能持续年限分析

每一次降雨或降雪过程，对于盐化物沥青混合料来说均为一次盐分析出过程，根据混合料48h盐分析出次数，同时结合年均降雨日数，可以得出盐化物混合料的融雪效能持续年限，空隙率取3%，全国各大城市年均降雨天数及融雪效能持续年限如表8-5所示。

全国主要城市全年降雨天数及夏季降雨天数统计　　表8-5

| 城市 | 全年降雨天数（日） | 夏季降雨天数（日） | 其余月份降雨天数（日） | 融雪效能持续年限（年） |
|---|---|---|---|---|
| 北京 | 45.9 | 19.7 | 26.2 | 4.8 |
| 漠河 | 50.0 | 20.4 | 29.6 | 4.4 |
| 齐齐哈尔 | 46.6 | 19.2 | 27.4 | 4.8 |
| 哈尔滨 | 46.6 | 19.2 | 27.4 | 4.8 |
| 长春 | 61.9 | 20.2 | 41.7 | 3.6 |
| 沈阳 | 61.9 | 20.2 | 41.7 | 3.6 |
| 呼和浩特 | 24.5 | 11.3 | 13.2 | 9.1 |
| 天津 | 68.0 | 24.0 | 44.0 | 3.3 |
| 烟台 | 55.5 | 24.0 | 31.5 | 4.0 |
| 青岛 | 55.5 | 13.1 | 42.4 | 4.0 |
| 济南 | 68.0 | 17.9 | 50.1 | 3.3 |
| 太原 | 51.5 | 24.0 | 27.5 | 4.3 |
| 银川 | 28.6 | 15.0 | 13.6 | 7.8 |
| 兰州 | 47.0 | 18.0 | 29.0 | 4.7 |

续上表

| 城市 | 全年降雨天数（日） | 夏季降雨天数（日） | 其余月份降雨天数（日） | 融雪效能持续年限（年） |
|---|---|---|---|---|
| 西宁 | 47.0 | 16.0 | 31.0 | 4.7 |
| 酒泉 | 18.8 | 7.3 | 11.5 | 11.8 |
| 敦煌 | 8.8 | 2.7 | 6.1 | 25.2 |
| 乌鲁木齐 | 39.4 | 7.0 | 32.4 | 5.6 |
| 吐鲁番 | 8.8 | 2.7 | 6.1 | 25.2 |
| 喀什 | 12.4 | 3.0 | 9.4 | 17.9 |
| 拉萨 | 60.1 | 30.1 | 30.0 | 3.7 |
| 康定 | 89.6 | 25.1 | 64.5 | 2.5 |
| 延安 | 65.9 | 14.8 | 51.1 | 3.4 |
| 西安 | 65.9 | 14.8 | 51.1 | 3.4 |
| 郑州 | 56.3 | 16.0 | 40.3 | 3.9 |
| 南京 | 116.0 | 24.0 | 92.0 | 1.9 |
| 合肥 | 116.0 | 24.0 | 92.0 | 1.9 |
| 上海 | 93.7 | 16.3 | 77.4 | 2.4 |
| 成都 | 89.6 | 25.1 | 64.5 | 2.5 |
| 重庆 | 158.0 | 24.0 | 134.0 | 1.4 |
| 武汉 | 125.0 | 20.0 | 105.0 | 1.8 |
| 昆明 | 96.3 | 31.5 | 64.8 | 2.3 |
| 贵阳 | 108.3 | 15.7 | 92.6 | 2.0 |
| 桂林 | 108.3 | 15.7 | 92.6 | 2.0 |
| 南宁 | 104.7 | 25.3 | 79.4 | 2.1 |
| 海口 | 102.5 | 22.1 | 80.4 | 2.2 |
| 三亚 | 102.5 | 22.1 | 80.4 | 2.2 |
| 澳门 | 133.0 | 32.0 | 101.0 | 1.7 |
| 广州 | 109.5 | 24.8 | 84.7 | 2.0 |
| 香港 | 107.0 | 30.0 | 77.0 | 2.1 |
| 汕头 | 88.8 | 19.6 | 69.2 | 2.5 |
| 厦门 | 88.8 | 19.6 | 69.2 | 2.5 |
| 南昌 | 107.3 | 13.6 | 93.7 | 2.1 |

由于计算过程中没有考虑车载对路面压密作用导致空隙率减小的影响，且统计过程中假设雨天时混合料48h处于浸水状态，故所给出的融雪效能持续年限与实际相比偏低，日本对国内1990年铺筑的一条密级配盐化物沥青路面（AC－13F）进行了6年的跟踪调查发现，盐化物冻结抑制路面经过4年后的残留盐分百分率为20%左右，此后下降速度逐渐趋于稳定，但是，4年6个月后，通过现场观察，仍然能够确定路面存在一定的冻结抑制效果。

夏季高温多雨天气是盐化物沥青混合料融雪效能丧失的主要因素,同时夏季降雨有降雨强度大、降雨周期短的特点,故以24h盐分析出量统计夏季盐化物路面融雪效能损失年限,以48h盐分析出量统计全年其余月份盐化物路面融雪效能持续年限,得出夏季高温多雨天气对盐化物路面融雪效能持久性影响,计算公式见式(8-8),计算结果见表8-6。

$$y = \frac{N_2}{D_1 \times \frac{N_2}{N_1} + D_2} \tag{8-8}$$

式中:$y$——盐化物沥青混合料路面融雪效能持续年限,年;

$N_1$——24h盐分析出量为单位盐分析出次数,次;

$N_2$——48h盐分析出量为单位盐分析出次数,次;

$D_1$——夏季降雨天数,日;

$D_2$——全年其余月份降雨天数,日。

**夏季降雨对融雪效能影响** 表8-6

| 城市 | 融雪效能持续年限(年) | 夏季降雨影响融雪效能持续年限(年) | 夏季降雨影响融雪效能损失年限(年) | 效能损失百分比(%) |
|---|---|---|---|---|
| 北京 | 4.8 | 3.9 | 1.0 | 20.1 |
| 漠河 | 4.4 | 3.6 | 0.9 | 19.3 |
| 齐齐哈尔 | 4.8 | 3.8 | 0.9 | 19.4 |
| 哈尔滨 | 4.8 | 3.8 | 0.9 | 19.4 |
| 长春 | 3.6 | 3.0 | 0.6 | 16.0 |
| 沈阳 | 3.6 | 3.0 | 0.6 | 16.0 |
| 呼和浩特 | 9.1 | 7.1 | 1.9 | 21.3 |
| 天津 | 3.3 | 2.7 | 0.6 | 17.1 |
| 烟台 | 4.0 | 3.2 | 0.8 | 20.2 |
| 青岛 | 4.0 | 3.5 | 0.5 | 12.1 |
| 济南 | 3.3 | 2.8 | 0.4 | 13.4 |
| 太原 | 4.3 | 3.4 | 0.9 | 21.4 |
| 银川 | 7.8 | 5.9 | 1.8 | 23.5 |
| 兰州 | 4.7 | 3.9 | 0.9 | 18.3 |
| 西宁 | 4.7 | 3.9 | 0.8 | 16.6 |
| 酒泉 | 11.8 | 9.6 | 2.2 | 18.5 |
| 敦煌 | 25.2 | 21.4 | 3.8 | 15.2 |
| 乌鲁木齐 | 5.6 | 5.1 | 0.5 | 9.4 |
| 吐鲁番 | 25.2 | 21.4 | 3.8 | 15.2 |
| 喀什 | 17.9 | 15.7 | 2.2 | 12.4 |
| 拉萨 | 3.7 | 2.9 | 0.8 | 22.7 |

续上表

| 城市 | 融雪效能持续年限（年） | 夏季降雨影响融雪效能持续年限（年） | 夏季降雨影响融雪效能损失年限（年） | 效能损失百分比（%） |
|---|---|---|---|---|
| 康定 | 2.5 | 2.1 | 0.3 | 14.1 |
| 延安 | 3.4 | 3.0 | 0.4 | 11.6 |
| 西安 | 3.4 | 3.0 | 0.4 | 11.6 |
| 郑州 | 3.9 | 3.4 | 0.6 | 14.3 |
| 南京 | 1.9 | 1.7 | 0.2 | 10.8 |
| 合肥 | 1.9 | 1.7 | 0.2 | 10.8 |
| 上海 | 2.4 | 2.2 | 0.2 | 9.2 |
| 成都 | 2.5 | 2.1 | 0.3 | 14.1 |
| 重庆 | 1.4 | 1.3 | 0.1 | 8.2 |
| 武汉 | 1.8 | 1.6 | 0.2 | 8.6 |
| 昆明 | 2.3 | 1.9 | 0.4 | 16.[illegible] |
| 贵阳 | 2.0 | 1.9 | 0.2 | 7.8 |
| 桂林 | 2.0 | 1.9 | 0.2 | 7.8 |
| 南宁 | 2.1 | 1.9 | 0.3 | 12.4 |
| 海口 | 2.2 | 1.9 | 0.2 | 11.2 |
| 三亚 | 2.2 | 1.9 | 0.2 | 11.2 |
| 澳门 | 1.7 | 1.5 | 0.2 | 12.4 |
| 广州 | 2.0 | 1.8 | 0.2 | 11.7 |
| 香港 | 2.1 | 1.8 | 0.3 | 14.[illegible] |
| 汕头 | 2.5 | 2.2 | 0.3 | 11.4 |
| 厦门 | 2.5 | 2.2 | 0.3 | 11.4 |
| 南昌 | 2.1 | 1.9 | 0.1 | 6.9 |

从表8-6可以看出，夏季降雨造成的盐化物融雪沥青路面融雪效能损失在10%～20%的区间范围内，说明夏季短时降雨对盐化物融雪沥青路面融雪效能有显著影响，故路面施工时应保证路面压实度，控制路面空隙率范围，减少盐化物融雪沥青路面融雪效能损失。

## 8.2　降雨量对盐化物沥青混合料融雪持久性影响分析

### 8.2.1　气候分区中雨量指标选择与计算方法

气候分区是把气候的一些特征划分成指标，再根据气象部门统计数据将各指标数字化，然后按照数值对各指标进行分区，最后综合各指标得到气候分区。

气候分区的雨量指标为：采用最近 30 年内的年降水量的平均值作为反映沥青路面受雨（雪）水影响的气候因子，同时将雨日数作为辅助参考值。

30 年内的最大降雨量按以下步骤求取：

（1）通过当地气象台站获得当地的年降雨量；

（2）求取 30 年内的年降雨量的平均值，作为设计雨量分区指标。

按照设计雨量分区指标，三级区划分为 4 个区，如表 8-7 所示。

**雨量气候分区** 表 8-7

| 雨量气候区 | 1 | 2 | 3 | 4 |
|---|---|---|---|---|
| 气候区名称 | 潮湿区 | 细润区 | 半干区 | 干旱区 |
| 年降雨量(mm) | >1 000 | 1 000 ~ 500 | 500 ~ 250 | <250 |

确定气候分区时宜参考各个指标的辅助指标值对计算得到的分区指标做必要的修正，即对年雨日数特别长（如梅雨季节）的地区可将雨量气候区提高一级。

### 8.2.2 降雨量与盐分析出量值分析

盐化物融雪沥青路面冬季融雪抑冰效能主要来自于混合料中盐化物的溶析，但夏季高温多雨的气候会加剧盐化物的析出，消耗混合料中盐化物的固有量，降低盐化物融雪沥青路面冬季融雪效能，故如何模拟高温状况与降雨气候对盐化物混合料中的盐化物存有量测算与盐化物混合料融雪效能分析具有重要意义。

1）路表温度模拟试验

1976 年，日本的近藤佳宏和三补裕二对两种不同厚度沥青路面的温度分布进行了一年的实测，并采用回归分析方法研究路面温度与气温之间的关系。研究表明，路面结构内不同深度处最高或最低温度与路表温度或气温呈线性关系。同年，秋山政敬对沥青路面温度的统计分析得到如下结论：

路表温度与气温之间，在雨天时大致呈直线关系，而在晴天及阴天呈曲线关系：

$$T_s = 1.233T_a + 0.838(\text{雨天}) \tag{8-9}$$

$$T_s = 1.100T_a + 1.500 + e^{0.126T_a}(\text{晴天,阴天}) \tag{8-10}$$

式中：$T_s$——路表温度，℃；

$T_a$——气温，℃。

长安大学刘凯对上述公式进行统计验证，发现晴天及阴天预测值与实测值结果偏差随温度的增高而增大，仅在温度小于 15℃时有较好的拟合性，雨天公式预测值与实测值拟合较好，可信度较高。本书主要考虑降雨对盐化物融雪路面融雪抑冰效能削减作用，故路表温度采用雨天计算公式。试验过程中根据式（8-15）将气温折算为路表温度，将试件置于相应路表温度的烘箱 12h，试件取出后用红外测温仪测定试件表面温度，误差不大于 1℃时进行降雨模拟试验。

2）降雨模拟试验

从天空降落到地面上的雨水，未经蒸发、渗透、流失而在水面上积聚的水层深度，称为降雨量（以 mm 为单位），它可以直观地表示降雨的多少。1mm 的降水量是指单位面积上水深 1mm。

由降雨量定义可知,试件受雨体积计算方法见式(8-11)。

$$V = S \times p \times 10^{-1} \tag{8-11}$$

图 8-5　模拟喷头示意

式中:$V$——试件受雨体积,mL;

$S$——试件雨滴接触面面积,$cm^2$;

$p$——降雨量,mm。

试验时用量筒或量杯量取与试件受雨体积等量的水,将水灌入模拟喷头(图 8-5),均匀喷洒于试件表面,结束后进行融雪持久性研究盐分析出量测定试验。

根据式(8-11),以 1 000mm、500mm、250mm 为基准值,对盐化物混合料进行降雨模拟试验,而后测定盐化物混合料电导率,分析计算得出盐分析出量,试验结果如表 8-8 所示。

**降雨模拟试验结果**　　表 8-8

| 降雨量(mm) | | 1 000 | 500 | 250 |
|---|---|---|---|---|
| 12h 盐分析出量($g/m^2$) | 模拟降雨前 | 26.7 | 26.4 | 26.2 |
| | 模拟降雨 1 次 | 22.7 | 23.8 | 25.0 |
| | 模拟降雨 2 次 | 17.6 | 20.9 | 23.7 |
| | 模拟降雨 3 次 | 10.1 | 18.4 | 21.1 |
| | 模拟降雨 4 次 | 9.8 | 17.6 | 20.5 |
| | 模拟降雨 5 次 | 9.6 | 16.3 | 19.6 |
| | 模拟降雨 6 次 | 8.9 | 10.3 | 18.7 |
| | 模拟降雨 7 次 | 9.2 | 9.5 | 18.2 |
| | 模拟降雨 8 次 | 9.6 | 9.6 | 17.8 |
| | 模拟降雨 9 次 | 9.5 | 9.7 | 11.7 |
| | 模拟降雨 10 次 | 9.7 | 9.4 | 11.5 |

对表 8-8 试验结果进行分析绘图得到图 8-6。

从图 8-6 可以看出:

(1)随着模拟降雨次数的增加,混合料盐分析出量均随之降低,这是由于盐化物混合料中盐分总量不断地减少,盐分析出量也随之降低。

(2)3 条折现关系图均有突变转折点,降雨量 1 000mm 出现在第 3 次模拟降水,降雨量 500mm 出现在第 6 次模拟降水,降雨量 250mm 出现在第 9 次模拟降水附近,这是由于经过一次次降雨,盐化物混合料表层盐分充分析出,当降雨接触路面

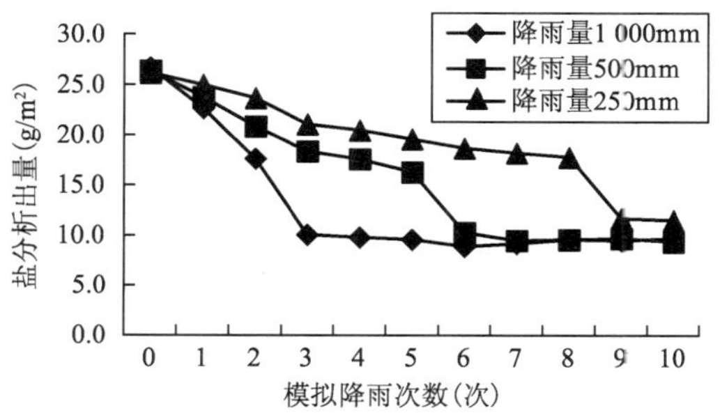


图 8-6　降雨模拟试验结果

时，混合料中的盐分通过渗入路面下层空隙中的水分得以析出，而路面下层空隙率与路面表层空隙率相比总体偏小，故盐分析出量出现转折，在关系图中反映为出现突变点。

(3)盐分析出量经过突变后，量值逐渐趋于平稳并略有回升，这是由于盐分不断析出后，混合料中的空隙体积增大，空隙率增大，混合料的盐分析出也随之提高。

(4)经过10次降雨模拟过程，混合料的盐分析出量最低为9.4g/m$^2$，仍然大于盐分析出目标值，满足融雪效能要求。

## 8.3 温度对盐化物沥青混合料融雪持久性影响分析

### 8.3.1 气候分区中温度指标选择与计算方法

气候分区的高温指标：采用最近30年内年最热月的平均日最高气温的平均值作为反映高温和重载条件下出现车辙等流动变形的气候因子，并将全年高于30℃的积温及连续高温的持续时间作为辅助参考值。

气候分区的低温指标：采用最近30年内的极端最低气温作为反映路面温缩裂缝的气候因子，并将温降速率、冰冻指数作为辅助参考值。

30年最热月平均最高气温按以下步骤求取：

(1)选择当地一年中最热的月份作为年最热月(通常是七月与八月)，通过当地气象台站获得该月记录的每一天的最高气温的温度和时间(通常为下午2时)；

(2)求每年最热月的日最高气温的平均值作为一年最热月的月平均最高气温；

(3)求取30年的年最热月平均最高气温的平均值为最热月平均最高气温，作为设计高温分区指标。

30年极端最低气温按以下步骤求取：

(1)选择当地一年中最冷的月份作为年最冷月(通常是一月)，通过当地气象台站获取该月记录的极端最低气温；

(2)求取30年内的极端最低气温的最小值，作为设计低温分区指标。

按照设计高温分区指标，高温指标划分为3个区，如表8-9所示。

高温分区区划　　表8-9

| 高温气候区 | 1 | 2 | 3 |
|---|---|---|---|
| 气候区名称 | 夏炎热区 | 夏热区 | 夏凉区 |
| 最热月平均最高气温(℃) | >30 | 20～30 | <20 |

按照设计低温分区指标，低温指标划分为4个区，如表8-10所示。

低温分区区划　　表8-10

| 低温气候区 | 1 | 2 | 3 | 4 |
|---|---|---|---|---|
| 气候区名称 | 冬严寒区 | 冬寒区 | 冬冷区 | 冬温区 |
| 极端最低温度(℃) | < -37.0 | -37.0～-21.5 | -21.5～-9.0 | > -9.0 |

确定气候分区时宜参考各个指标的辅助指标值对计算得到的分区指标做必要的修正:全年高于30℃的积温较大或当地连续高温的持续时间长,以及预计重载车特别多、长大纵波严重影响车速的路段,可将高温气候区提高一级或两级看待;对经常发生寒潮、寒流降温迅速的地区可将低温气候区提高一级。

### 8.3.2 温度与盐分析出量值分析

将盐化物混合料试件置于不同温度条件下,在各时间段测其溶液电导率值,而后分析计算混合料盐分析出量,试验结果如表8-11与图8-7所示。

**不同温度条件下混合料盐分析出量** 表8-11

| 试验温度(℃) | 溶析时间(h) | | | | | | | | |
|---|---|---|---|---|---|---|---|---|---|
| | 0 | 1 | 2 | 3 | 4 | 5 | 6 | 7 | 8 |
| | 盐分析出量($g/m^2$) | | | | | | | | |
| 5 | 0 | 10.8 | 10.86 | 11.42 | 12.48 | 13.27 | 13.67 | 14.00 | 14.02 |
| 10 | 0 | 16.22 | 17.18 | 17.83 | 18.52 | 19.48 | 20.27 | 20.79 | 20.93 |
| 20 | 0 | 19.93 | 20.78 | 22.18 | 22.98 | 23.96 | 24.82 | 25.43 | 25.78 |
| 30 | 0 | 22.37 | 23.77 | 25.27 | 26.11 | 27.03 | 28.11 | 28.73 | 29.18 |
| 60 | 0 | 28.56 | 29.81 | 30.33 | 31.42 | 32.47 | 33.57 | 34.28 | 34.75 |
| 试验温度(℃) | 溶析时间(h) | | | | | | | | |
| | 9 | 10 | 11 | 12 | 20 | 24 | 36 | 48 | |
| | 盐分析出量($g/m^2$) | | | | | | | | |
| 5 | 14.06 | 14.06 | 14.1 | 14.12 | 14.80 | 16.85 | 17.80 | 18.25 | |
| 10 | 21.03 | 21.10 | 21.42 | 21.74 | 23.14 | 24.33 | 26.41 | 27.45 | |
| 20 | 25.80 | 26.00 | 26.30 | 26.90 | 28.73 | 29.71 | 31.90 | 33.9 | |
| 30 | 29.31 | 29.39 | 29.71 | 30.37 | 32.57 | 33.44 | 35.12 | 36.04 | |
| 60 | 34.93 | 35.08 | 35.52 | 36.27 | 38.70 | 39.17 | 40.09 | 41.27 | |

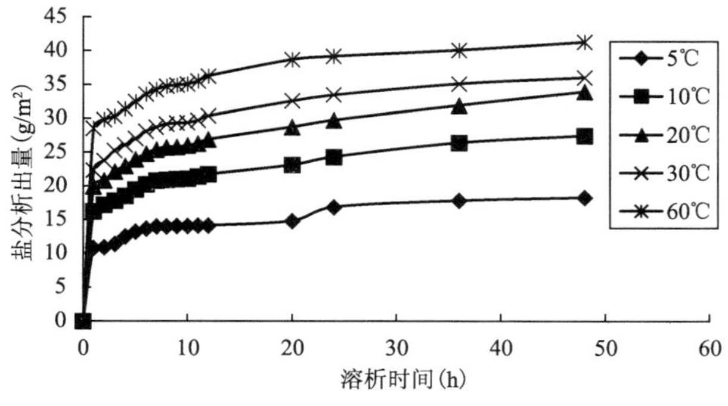


图8-7 不同温度条件下盐分析出量与溶析时间关系

从表8-11与图8-7可以看出,随着温度的升高,盐化物混合料的盐分析出量随之增大,这是由于温度升高,离子扩散加速,混合料中的盐分能够迅速扩散到道路表面。所有温度条件下,24h 后混合料盐分析出量呈现缓慢增长,这是由于 24h 后,温度因子对混合料空隙率的影响已微乎其微,盐化物混合料的空隙率逐渐稳定,故盐分的析出也趋于稳定。

## 8.4 不同气候分区下盐化物融雪效能年限分析

根据式(8-15)可以得出雨天相应大气温度对应的路表温度,计算所得结果如表 8-12 所示。

大气温度对应路表温度　　表 8-12

| 大气温度(℃) | 0 | 10 | 20 | 25 | 30 | 40 |
|---|---|---|---|---|---|---|
| 路表温度(℃) | 0.838 | 13.168 | 25.498 | 31.663 | 37.828 | 50.158 |

从表 8-12 可以看出,路表温度大于大气温度,降雪时,空气中的雪花降落到路面上,在路表与大气的温差作用与车载碾压作用下,雪花融化成水滴,水滴进入路面空隙,盐化物混合料随之进入水溶液环境,混合料中的盐分得以析出,融雪效果得以发挥。同时,盐化物路面融雪效能的损失主要为非冬季降雨对混合料中盐分的消耗,因此本书考虑盐化物混合料融雪效能持久性时将只考虑高温分区与雨量分区,对低温分区将不予考虑。

由高温和雨量组成的气候分区如表 8-13 所示。

盐化物沥青混合料气候分区　　表 8-13

| 气 候 区 名 | | 最热月平均最高气温(℃) | 年降雨量(mm) |
|---|---|---|---|
| 1-4 | 夏炎热干旱 | >30 | <250 |
| 1-3 | 夏炎热半干 | >30 | 250~500 |
| 1-2 | 夏炎热湿润 | >30 | 500~1 000 |
| 1-1 | 夏炎热潮湿 | >30 | >1 000 |
| 2-4 | 夏热干旱 | 20~30 | <250 |
| 2-3 | 夏热半干 | 20~30 | 250~500 |
| 2-2 | 夏热湿润 | 20~30 | 500~1 000 |
| 2-1 | 夏热潮湿 | 20~30 | >1 000 |
| 3-4 | 夏凉干旱 | <20 | <250 |
| 3-3 | 夏凉半干 | <20 | 250~500 |
| 3-2 | 夏凉湿润 | <20 | 500~1 000 |
| 3-1 | 夏凉潮湿 | <20 | >1 000 |

夏炎热区温度值取为 40℃,夏热区温度值取为 25℃,夏凉区温度值取为 10℃,干旱区雨量值取为 200mm,半干区雨量值取为 375mm,湿润区雨量值取为 750mm,潮湿区雨量值取为 1 200mm,对盐化物混合料试件进行路表温度与降雨模拟试验,而后置于冰柜 2h,取出后进行电导率试验,分析计算其盐分析出量,而后对比 0.5g/($m^2$h)盐分析出目标值,如大于盐分析出目标值,则进行下次降雨模拟试验,直至盐分析出量小于盐分析出目标值为止。

试验结果如表 8-14 所示。

融雪效能持续年限 表 8-14

| 气候区名 | | 温度（℃） | 降雨量（mm） | 降雨模拟次数（次） | 最后次盐分析出量（g/m²） | 融雪效能持续年限（年） |
|---|---|---|---|---|---|---|
| 1－4 | 夏炎热干旱 | 40 | 200 | 7 | 0.34 | 7 |
| 1－3 | 夏炎热半干 | 40 | 375 | 6 | 0.38 | 6 |
| 1－2 | 夏炎热湿润 | 40 | 750 | 4 | 0.41 | 4 |
| 1－1 | 夏炎热潮湿 | 40 | 1 200 | 3 | 0.28 | 3 |
| 2－4 | 夏热干旱 | 25 | 200 | 7 | 0.42 | 7 |
| 2－3 | 夏热半干 | 25 | 375 | 6 | 0.44 | 6 |
| 2－2 | 夏热湿润 | 25 | 750 | 5 | 0.37 | 5 |
| 2－1 | 夏热潮湿 | 25 | 1 200 | 4 | 0.27 | 4 |
| 3－4 | 夏凉干旱 | 10 | 200 | 9 | 0.18 | 9 |
| 3－3 | 夏凉半干 | 10 | 375 | 7 | 0.42 | 7 |
| 3－2 | 夏凉湿润 | 10 | 750 | 6 | 0.34 | 6 |
| 3－1 | 夏凉潮湿 | 10 | 1 200 | 5 | 0.29 | 5 |

从表 8-14 可以得到以下结论：

(1)夏炎热潮湿区的融雪效能持续年限最低，为 3 年；夏凉干旱区融雪效能持续年限最高，为 9 年。夏季越炎热，融雪效能持续年限越低；全年降雨量越低，融雪效能持续年限越高，这与前文分析的降雨量和温度与盐分析出量规律呈现一致性。

(2)经过多次降雨模拟试验，盐化物混合料的融雪效能逐步损失，而通过最后次盐分析出量可以看出，盐分析出量虽然没有达到盐分析出目标值，但值仍大于零，说明混合料内部仍有盐分析出，盐化物混合料的融雪效能没有丧失。这说明经过模拟年限的自然环境作用，盐化物混合料内部仍存在有效融雪盐化物，路面仍有一定的融雪效能。

本章通过对空隙率、降雨量、温度与盐分析出量关系进行研究，对盐化物融雪效果持久性进行分析与计算，分析了夏季降雨对混合料融雪效能的削减效应，预测了不同气候分区下盐化物融雪沥青路面使用年限。

# 第 9 章　盐化物沥青混合料级配组成设计与施工工艺

## 9.1　混合料级配组成设计

### 9.1.1　矿料级配的选择

本文采用中粒式 AC-16 密级配沥青混合料上面层，对现行《公路沥青路面施工技术规范》(JTG F40—2004)规定的 AC-16 矿料级配范围进行了调整，以适当减少靠近最大粒径的粗集料和细集料中较细部分的比例，控制矿粉比例，适当增加中间档次的粗集料的级配调整原则，初选 3 条平坦的 S 形级配曲线，使得沥青混合料具有适宜的空隙率，渗水性小，并具有较好的高温稳定性和较大的表面构造深度。

沥青混合料目标空隙率范围为 3% ~5%，根据工程经验，初选 4.7% 的油石比，进行马歇尔试验，根据试件马歇尔试验结果，选定一条试验用矿料级配，矿料级配选择如表 9-1 及图 9-1 所示。

初选 AC-16 级配　　表 9-1

| 选择级配 | 筛 孔 尺 寸(mm) | | | | | | | | | | |
|---|---|---|---|---|---|---|---|---|---|---|---|
| | 19 | 16 | 13.2 | 9.5 | 4.75 | 2.36 | 1.18 | 0.6 | 0.3 | 0.15 | 0.075 |
| | 通过百分率(%) | | | | | | | | | | |
| 级配 1(中值) | 100.0 | 97.5 | 86.0 | 71.5 | 46.0 | 30.5 | 21.5 | 16.5 | 11.0 | 9.0 | 5.5 |
| 级配 2 | 100.0 | 98.5 | 86.6 | 69.2 | 46.9 | 31.0 | 21.6 | 14.6 | 10.5 | 8.1 | 5.5 |
| 级配 3 | 100.0 | 96.0 | 84.0 | 70.0 | 44.0 | 29.0 | 21.0 | 16.0 | 10.0 | 8.0 | 5.5 |
| 级配上限 | 100.0 | 100.0 | 90.0 | 76.0 | 50.0 | 35.0 | 26.0 | 20.0 | 14.0 | 11.0 | 7.0 |
| 级配下限 | 100.0 | 95.0 | 82.0 | 67.0 | 42.0 | 26.0 | 17.0 | 13.0 | 8.0 | 7.0 | 4.0 |

### 9.1.2　马歇尔试验结果

按照初选的 3 条级配曲线，进行马歇尔试验，成型 $\phi$101.6mm 马歇尔试件，双面击实 75 次，每组数量不少于 4 个，击实温度 165℃，冷却至室温后脱模。采用表干法(T 0705—2000)测定压实沥青混合料密度，计算试件的空隙率、矿料间隙率、沥青饱和度等体积指标，测定不同级配的沥青混合料马歇尔稳定度、流值。试验结果如表 9-2 所示。

根据不同级配条件下的马歇尔试验结果，以目标空隙率为关键控制指标，最终选定级配 2 作为普通沥青混合料 AC-16 的试验级配，以此为基础，调整盐化物置换不同比例矿粉后的添加量。

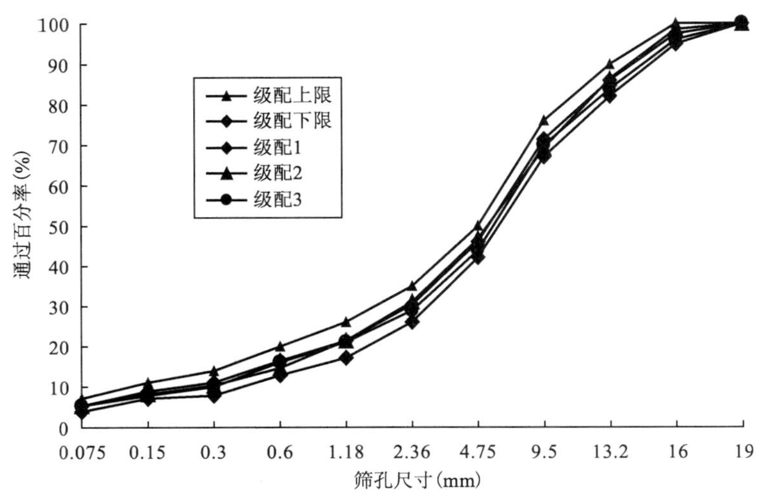


图 9-1　AC-16 各级配曲线

**不同级配的马歇尔试验结果**　　表 9-2

| 级配 | 检测指标 | | | | | | 油石比(%) |
|---|---|---|---|---|---|---|---|
| | 毛体积相对密度 | 空隙率 VV(%) | 矿料间隙率 VMA(%) | 沥青饱和度 VFA(%) | 稳定度 MS(kN) | 流值 FL (mm) | |
| 级配 1 | 2.411 | 4.9 | 14.6 | 66.4 | 11.3 | 5 | 4.7 |
| 级配 2 | 2.431 | 4.1 | 13.9 | 70.4 | 12.8 | 3.9 | |
| 级配 3 | 2.392 | 5.7 | 15.3 | 62.7 | 11.9 | 4.9 | |
| 规范值 | — | 3～5 | >14 | 65～75 | >8 | 2～4 | |

## 9.1.3　路用性能

1)高温稳定性

本书采用车辙试验作为盐化物沥青混合料高温稳定性的评价方法,并以动稳定度作为评价指标。根据修正后盐化物沥青混合料级配组成,检测不同置换率下盐化物沥青混合料的高温性能,结果如图 9-2 所示。

从图 9-2 车辙试验结果可以看出,在相同级配和油石比条件下,随着盐化物置换率的增加,沥青混合料动稳定度呈下降趋势,即盐化物沥青混合料的高温稳定性能随盐化物含量的增加而下降,当盐化物 MFL 完全置换矿粉时,动稳定度为 4 457 次/mm,仍然能够满足现行《公路沥青路面施工技术规范》(JTG F40—2004)对沥青混合料动稳定度不小于 2 800 次/mm 的要求。盐化物材料本身的特性是影响盐化物沥青混合料高温性能的重要原因。

沥青与矿粉的交互作用是影响沥青混合料抗剪强度的主要因素之一,根据 H·M·鲍尔雪采用紫外线分析法对石灰石粉和石英石粉两种典型的矿粉进行的研究,结果表明,不同性质矿粉表面形成不同组成结构和厚度的吸附溶化膜,在石灰石表面形成较为发育的吸附溶化膜,而在石英石粉表面则形成发育较差的吸附溶化膜。所以在沥青混合料中,在最佳油石比条件下,当采用石灰石矿粉时,矿粉之间更有可能通过结构沥青来连接,因而具有较高的黏聚力。

由盐化物的电镜扫描照片可知 MFL 中的盐分颗粒与矿质材料充分混合，互相包裹，是一种非均质的粉末状材料，直接裸露的盐分颗粒的存在降低了与沥青的交互作用，在盐化物 MFL 表面不能形成较为发育的吸附溶化膜。随着盐化物含量的增加，盐化物颗粒之间黏聚力下降，沥青混合料的抗剪强度降低，高温稳定性能下降。

因此，在新型盐化物材料的研发中，如何将盐分颗粒充分填充到矿质材料中，从而在盐化物表面形成较为发育的吸附溶化膜，减少盐化物对沥青混合料高温性能的影响成为新型材料研发的关键问题之一。

2）低温抗裂性

本书评价盐化物沥青混合料的低温性能时即采用此种方法，并以破坏时的最大破坏应变作为评价指标。试验温度 -10℃，试验结果如图 9-3 所示。

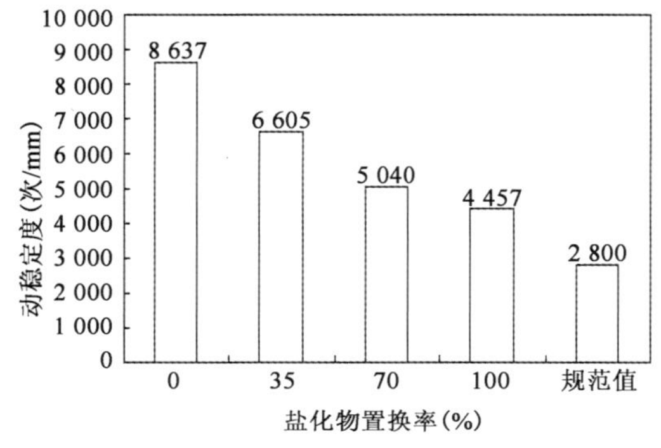


图 9-2　不同盐化物含量的车辙试验结果

图 9-3　不同盐化物含量的最大弯拉应变

从图 9-3 低温弯曲试验结果可以看出，在相同级配和油石比条件下，随着盐化物置换率的增加，沥青混合料的最大弯拉应变呈下降趋势，即盐化物的加入降低了沥青混合料的低温柔性。但是，当盐化物 MFL 完全置换矿粉时，最大弯拉应变为 2 984με，仍然能够满足现行《公路沥青路面施工技术规范》（JTG F40—2004）对沥青混合料最大弯拉应变不小于 2 500 次/mm 的要求。

3）抗水损害性能

本书对盐化物沥青混合料的水稳定性采用浸水马歇尔试验和冻融劈裂试验方法验证，并采用残留稳定度和冻融劈裂残留强度比表征，试验结果如图 9-4 所示。

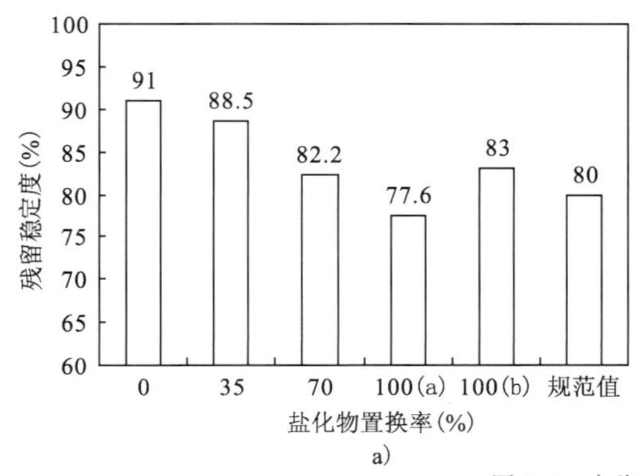


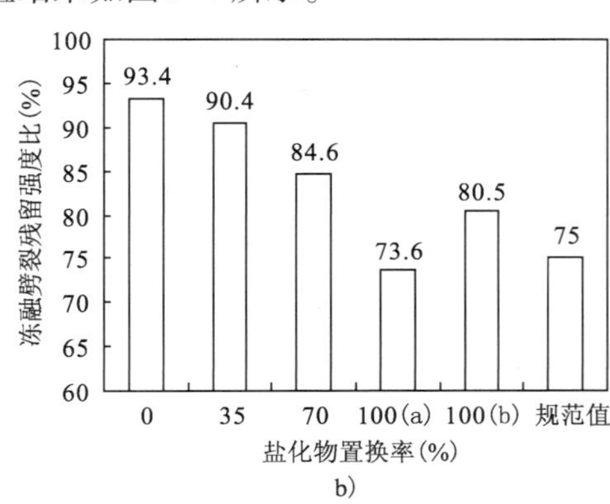


图 9-4　水稳定性试验结果

注：图中 100（a）为未掺加抗剥落剂的结果；100（b）为掺加 0.4% PA-1 型抗剥落剂的结果。

由图9-4可以看出，浸水残留稳定度和冻融劈裂残留强度比均随盐化物含量的增加而降低，当盐化物完全置换矿粉，并未掺加抗剥落剂时，盐化物沥青混合料残留稳定度和冻融劈裂残留强度比已不能满足现行规范要求。因此为了保证盐化物沥青混合料的抗水损害能力，必须控制盐化物的添加量，盐化物置换矿粉比例应根据试验结果确定，并在沥青混合料中添加抗剥落剂。

集料性质包括表面化学性质、孔隙大小、表面积等，这些性质均对沥青混合料的水稳定性有影响。集料表面含有铁、钙、镁、铝等高价阳离子时与沥青产生化学吸附时形成稳定的吸附层；而含有钠、钾等低价阳离子时，与沥青产生化学吸附时形成的吸附层极不稳定，遇水后易被乳化。因此，在盐化物材料中，粉碎的氯化钠等盐分颗粒的存在会显著降低集料与沥青之间产生的化学吸附层的稳定性，遇水后，沥青混合料的水稳定性能降低。因此，在使用盐化物时，要采取措施提高其混合料的水稳定性能。

4）集料飞散抵抗性

本书就不同盐化物含量的沥青混合料进行了60℃浸水飞散试验。标准飞散及浸水飞散试验结果如图9-5所示。

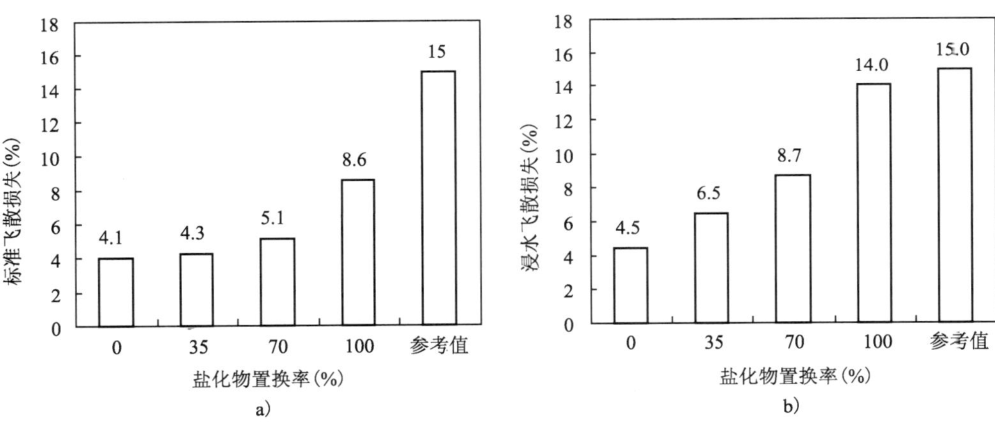


图9-5　标准飞散及浸水飞散试验结果

注：图中参考值为现行规范对SMA改性沥青混合料肯塔堡飞散试验混合料损失的规范值。

由图9-5可以看出，试件飞散损失量随盐化物含量的增加而增加，对60℃水中浸泡48h后的浸水飞散损失量影响更大。因此，夏季的高温多雨是加速盐化物沥青混合料水损害的关键因素。

## 9.2　填料体积等效置换法研究

盐化物MFL是一种粉末状材料，与沥青混合料用的矿粉具有相似的级配，可以代替混合料中的部分或者全部填料。但MFL的密度（2.25～2.35g/cm$^3$）比矿粉的密度（约2.7g/cm$^3$）要小，如果直接等质量置换矿粉用量，会增加填料的体积，降低沥青混合料的流动性能，甚至会结成团块，增大拌和及摊铺难度。另外，沥青混合料的剩余空隙率变小会影响路面的高温稳定性和冬季冻结抑制效果的发挥。因此，进行盐化物沥青混合料配合比设计时，需要修正盐化物的添加量。

### 9.2.1 填料体积等效置换计算方法

MFL 的添加量根据路面冻结抑制效果的不同而不同，根据日本的研究结果，如果目标定为 -5℃时，MFL 的添加量为矿料质量的 8% 左右，目标定为 -3℃的时候，添加量为矿料质量的 7% 左右。而我国《公路沥青路面施工技术规范》(JTG F40—2004) 规定了 AC-16 的 0.075mm 通过百分率为 4% ~8%，除去集料中粉尘含量外，一般采用的矿粉用量为 5% 左右。所以我国沥青混合料 AC-16 的盐化物掺加量很难达到 7% ~8%，因此，本书在进行级配设计时，根据现行规范规定和工程经验确定了 0.075mm 的通过百分率为 5.5%，在此基础上，根据填料体积等效置换原则确定修正后的盐化物添加量。

填料体积等效置换法是指用相同体积的盐化物替代矿粉，从而修正盐化物在矿料中的质量百分率。计算方法见式(9-1)。

$$m = \frac{\rho_2}{\rho_1} m_0 \tag{9-1}$$

式中：$m$、$m_0$——置换后盐化物的添加百分率和置换前填料的添加百分率，%；

$\rho_1$、$\rho_2$——填料的表观相对密度和盐化物表观相对密度。

盐化物 MFL 置换不同比例矿粉后的修正结果如表 9-3 所示。

**AC-16 盐化物沥青混合料修正前后结果** 表 9-3

| MFL置换率(%) | 筛孔尺寸(mm) | | | | | | | | | | | |
|---|---|---|---|---|---|---|---|---|---|---|---|---|
| | 16 | 13.2 | 9.5 | 4.75 | 2.36 | 1.18 | 0.6 | 0.3 | 0.15 | 0.075 | 矿粉 | MFL |
| | 各级矿料分计筛余百分率(%) | | | | | | | | | | | |
| 0 | 1.5 | 11.9 | 17.4 | 22.3 | 15.9 | 9.4 | 7 | 4.1 | 2.4 | 2.6 | 5.5 | 0 |
| 35 | 1.5 | 11.9 | 17.4 | 22.3 | 15.9 | 9.4 | 7 | 4.1 | 2.4 | 2.6 | 3.6 | 1.9 |
| 修正后 | 1.5 | 12.1 | 17.7 | 22.5 | 15.8 | 9.3 | 6.9 | 4 | 2.4 | 2.6 | 3.6 | 1.6 |
| 70 | 1.5 | 11.9 | 17.4 | 22.3 | 15.9 | 9.4 | 7 | 4.1 | 2.4 | 2.6 | 1.7 | 3.9 |
| 修正后 | 1.5 | 12.2 | 17.7 | 22.6 | 15.9 | 9.3 | 6.9 | 4 | 2.4 | 2.6 | 1.7 | 3.3 |
| 100 | 1.5 | 11.9 | 17.4 | 22.3 | 15.9 | 9.4 | 7 | 4.1 | 2.4 | 2.6 | 0 | 5.5 |
| 修正后 | 1.5 | 11.9 | 17.4 | 22.3 | 15.9 | 9.4 | 7 | 4.1 | 2.4 | 2.6 | 0 | 4.6 |

### 9.2.2 盐化物添加量对马歇尔试验结果的影响分析

沥青混合料的配合比设计方法主要有马歇尔方法和 Superpave 方法等。综合分析发现，Superpave 法虽然能够很好地模拟路面实际状况，且评价指标与路用性能直接相关，但试验设备昂贵，试验复杂，试验工作量大，工程单位实际无法进行，不适用于工程推广应用。而马歇尔方法属经验性方法，实施简单，易于掌握，设备价格低廉，且长期以来，人们已经积累了丰富的实践经验和资料，可以凭借这一方法获得基本的数据和判断，所以仍不失为较好的试验方法。因此，本书研究仍采用马歇尔法确定盐化物融雪沥青路面的配合比。

1）对连续密级配沥青混合料马歇尔试验结果的影响分析

采用表 9-3 中修正后的矿料级配组成结果，根据工程经验，采用 5 组不同的油石比，按照现行规范《公路工程沥青及沥青混合料试验规程》(JTJ 052—2011)(T 0702—2000)要求制作$\phi$101.6mm 马歇尔试件,双面击实75次,每组数量不少于4个,击实温度165℃,冷却至室温后脱模。采用表干法(T 0705—2000)测定压实沥青混合料密度,计算试件的空隙率、矿料间隙率、沥青饱和度等体积指标,测定不同级配的沥青混合料马歇尔稳定度、流值,试验结果如图9-6所示。

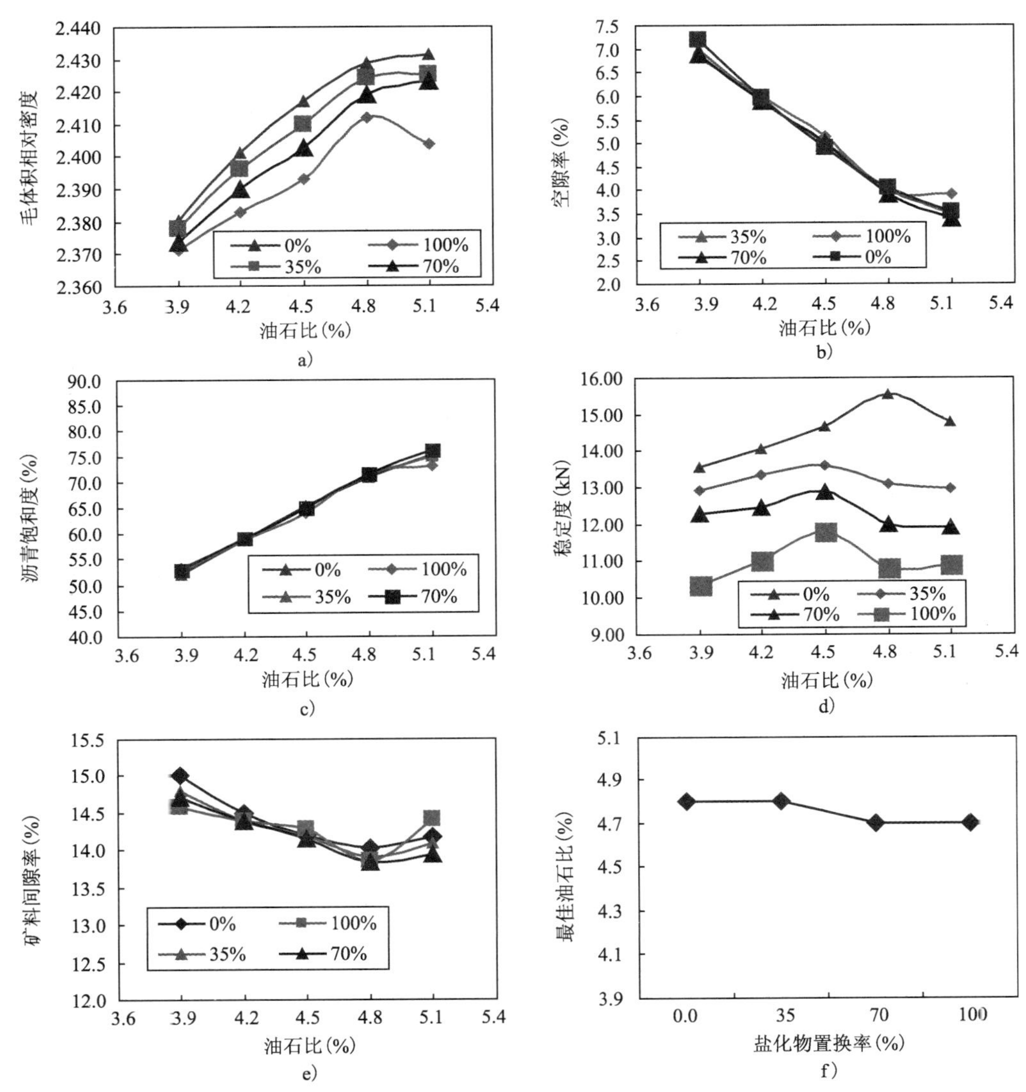


图9-6 AC-16盐化物沥青混合料马歇尔试验结果

由图9-6a)可以看出,盐化物沥青混合料毛体积密度随油石比的变化趋势和普通沥青混合料相同,均随沥青用量的增加而增大,在某一沥青用量条件下达到最大值,然后,随沥青用量的继续增加而减小。这是由于盐化物MFL的密度明显小于矿粉的密度,因此,在相同沥青用量条件下,盐化物沥青混合料的密度较普通沥青混合料要小。

由图9-6d)可以看出，盐化物沥青混合料的稳定度变化趋势与普通沥青混合料的稳定度变化趋势相同。但与普通沥青混合料相比，盐化物沥青混合料的稳定度偏低，随着盐化物置换率的增加，稳定度降低。当盐化物完全置换矿粉用量时，混合料仍能够满足现行规范对稳定度的要求（高速公路不小于8kN）。

由图9-6f)可以看出，在相同矿料级配条件下，盐化物体积等效置换矿粉后，对沥青混合料的最佳油石比没有太大影响。

分析马歇尔试验结果发现，不同盐化物含量的沥青混合料空隙率、矿料间隙率、沥青饱和度等体积指标随油石比具有相同的变化趋势，且在相同油石比时，几乎具有相同的结果。

综上可知，盐化物沥青混合料的稳定度较普通沥青混合料偏低，但仍然能够满足现行规范对高速公路的要求。在相同矿料级配条件下，盐化物的添加量对沥青混合料的最佳油石比没有太大影响。本试验确定的不同盐化物置换率时沥青混合料的最佳油石比为4.7%。

2)对其他级配沥青混合料马歇尔试验结果的影响分析

为了验证矿料密度代换方法对不同级配类型的适应性，本书对开级配OGFC-16、SMA-16进行了马歇尔试验。采用同一种油石比，盐化物分别置换矿粉用量的0%、35%、70%、100%。按照填料体积等效置换原则修正盐化物添加量。

(1)对间断开级配沥青混合料马歇尔试验结果的影响分析

盐化物添加量修正前后的OGFC-16矿料配合比如表9-4所示。

**盐化物添加量修正前后的OGFC-16矿料配合比** 表9-4

| MFL置换率(%) | 筛孔尺寸(mm) | | | | | | | | | | | |
|---|---|---|---|---|---|---|---|---|---|---|---|---|
| | 16 | 13.2 | 9.5 | 4.75 | 2.36 | 1.18 | 0.6 | 0.3 | 0.15 | 0.075 | 矿粉 | MFL |
| | 各级矿料分计筛余百分率(%) | | | | | | | | | | | |
| 0 | 0 | 3.2 | 28.2 | 51.4 | 3.9 | 2.9 | 2.3 | 2.1 | 0.6 | 0.8 | 4.6 | 0 |
| 35 | 0 | 3.2 | 28.2 | 51.4 | 3.9 | 2.9 | 2.3 | 2.1 | 0.6 | 0.8 | 3.0 | 1.6 |
| 修正后 | 0 | 3.2 | 28.2 | 51.4 | 3.9 | 2.9 | 2.3 | 2.1 | 0.6 | 0.8 | 3.0 | 1.3 |
| 70 | 0 | 3.2 | 28.2 | 51.4 | 3.9 | 2.9 | 2.3 | 2.1 | 0.6 | 0.8 | 1.4 | 3.2 |
| 修正后 | 0 | 3.2 | 28.2 | 51.4 | 3.9 | 2.9 | 2.3 | 2.1 | 0.6 | 0.8 | 1.4 | 2.7 |
| 100 | 0 | 3.2 | 28.2 | 51.4 | 3.9 | 2.9 | 2.3 | 2.1 | 0.6 | 0.8 | 0 | 4.6 |
| 修正后 | 0 | 3.2 | 28.2 | 51.4 | 3.9 | 2.9 | 2.3 | 2.1 | 0.6 | 0.8 | 0 | 3.9 |

根据现行规范及工程经验，选用5.0%油石比，双面击实50次成型马歇尔试件，并对试件的毛体积密度、空隙率、稳定度等指标进行测定。马歇尔试验结果如图9-7所示。

马歇尔试件的体积通过计算得到，由计算结果可以看出OGFC的毛体积密度随盐化物添加量的增加而降低，原因和密级配AC-16的马歇尔结果相同，是由于盐化物MFL的密度明显小于矿粉的密度，所以沥青混合料的密度随盐化物添加量的增加而降低。

由图9-7c)结果可以看出，沥青混合料的稳定度随盐化物添加量的增大而降低，这与稳定度的试验方法和OGFC的结构有关。OGFC的空隙率很大，且大多是连通空隙，做稳定度试验时，马歇尔试件在60℃的恒温水槽中保温30～40min的过程中，试件表面和内部的盐分逐渐析出，溶解到水中，降低了沥青混合料的黏结性能。当盐化物添加量为3.9%时，稳定度为4.77kN，仍然能够满足现行规范中对稳定度的要求（高速公路不小于3.5kN）。另外，由稳定度试验结果可以看出，盐化物对开级配大孔隙沥青混合料OGFC-16的强度结果影响较大，因此，盐化物在开级配大孔隙沥青混合料中的应用仍需进一步研究。

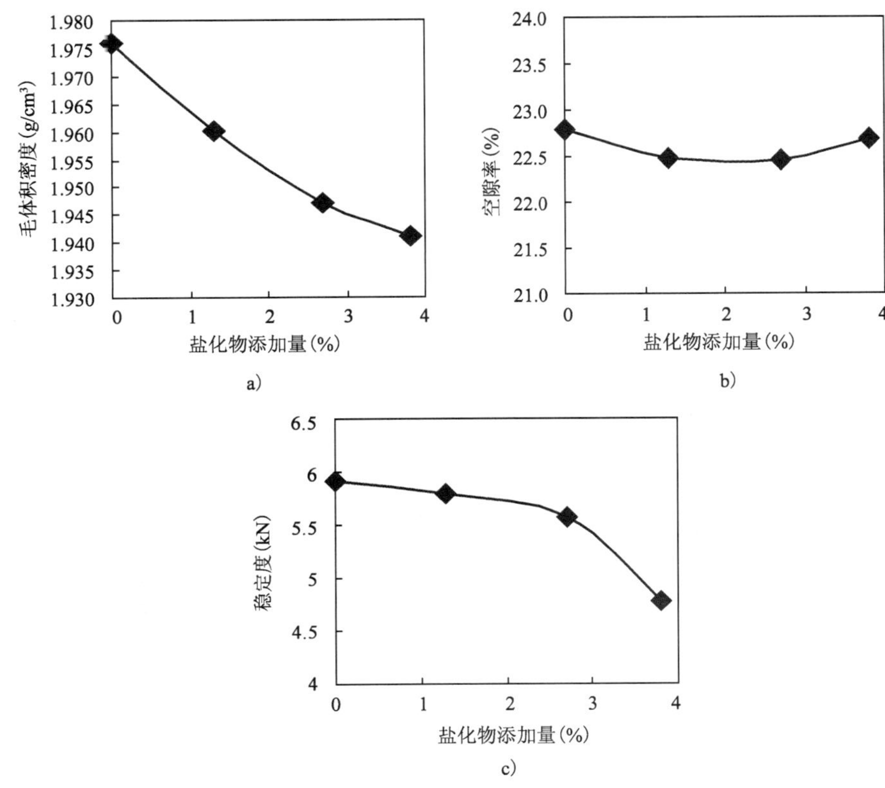


图9-7　OGFC-16盐化物沥青混合料马歇尔试验结果

由图9-7b）可以看出，空隙率随盐化物的添加量变化很小，与密级配沥青混合料AC-16的变化规律相同。

（2）对沥青马蹄脂碎石混合料马歇尔试验结果的影响分析

盐化物添加量修正前后的SMA-16矿料配合比如表9-5所示。

**盐化物添加量修正前后的SMA-16矿料配合比**　　表9-5

| MFL置换率（%） | 筛孔尺寸(mm) | | | | | | | | | | | | |
|---|---|---|---|---|---|---|---|---|---|---|---|---|---|
| | 19 | 16 | 13.2 | 9.5 | 4.75 | 2.36 | 1.18 | 0.6 | 0.3 | 0.15 | 0.075 | 矿粉 | MFL |
| | 各级矿料分计筛余百分率（%） | | | | | | | | | | | | |
| 0 | 0 | 7.5 | 17 | 21.2 | 26.3 | 7 | 3.9 | 2 | 1.9 | 1.2 | 2.1 | 9.9 | 0 |
| 35 | 0 | 7.5 | 17 | 21.2 | 26.3 | 7 | 3.9 | 2 | 1.9 | 1.2 | 2.1 | 6.4 | 3.5 |
| 修正后 | 0 | 7.5 | 17 | 21.2 | 26.3 | 7 | 3.9 | 2 | 1.9 | 1.2 | 2.1 | 6.4 | 2.9 |
| 70 | 0 | 7.5 | 17 | 21.2 | 26.3 | 7 | 3.9 | 2 | 1.9 | 1.2 | 2.1 | 3.0 | 6.9 |

续上表

| MFL<br>置换率<br>(%) | 筛孔尺寸(mm) | | | | | | | | | | | | |
|---|---|---|---|---|---|---|---|---|---|---|---|---|---|
| | 19 | 16 | 13.2 | 9.5 | 4.75 | 2.36 | 1.18 | 0.6 | 0.3 | 0.15 | 0.075 | 矿粉 | MFL |
| | 各级矿料分计筛余百分率(%) | | | | | | | | | | | | |
| 修正后 | 0 | 7.5 | 17 | 21.2 | 26.3 | 7 | 3.9 | 2 | 1.9 | 1.2 | 2.1 | 3.0 | 5.8 |
| 100 | 0 | 7.5 | 17 | 21.2 | 26.3 | 7 | 3.9 | 2 | 1.9 | 1.2 | 2.1 | 0.0 | 9.9 |
| 修正后 | 0 | 7.5 | 17 | 21.2 | 26.3 | 7 | 3.9 | 2 | 1.9 | 1.2 | 2.1 | 0.0 | 8.3 |

根据现行规范及工程经验,选用油石比6.1%,纤维掺量0.3%,双面击实50次成型马歇尔试件,并对试件的毛体积密度、空隙率、稳定度等指标进行测定。马歇尔试验结果如图9-8所示。

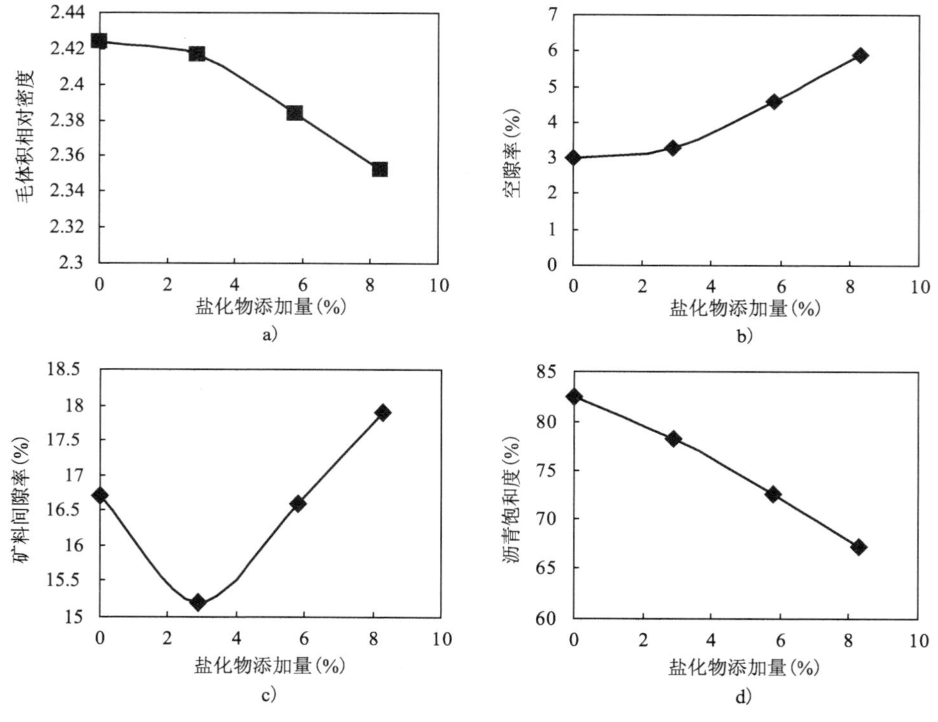


图9-8 SMA-16盐化物沥青混合料马歇尔试验结果

由图9-8a)、d)可以看出,SMA-16沥青混合料的毛体积相对密度、稳定度随盐化物添加量的变化趋势和AC-16及OGFC-16的变化趋势相同,均随盐化物含量的增加而降低。原因也和上述分析相同,盐化物的性质是造成马歇尔试验指标变化的主要原因。

与AC-16与OGFC-16不同的是,对于SMA-16沥青混合料,当盐化物添加量较大时(完全置换矿粉时,添加量达8.3%),盐化物的添加量对马歇尔试验结果的影响更加显著,在相同油石比条件下,空隙率随盐化物含量的增加而增加,而沥青饱和度随盐化物含量的增加而降低,因此,盐化物添加量较高时,为了保证沥青混合料的性能,与普通沥青混合料相比,盐化物添加量置换后需要适当增大沥青用量,提高油石比。

# 9.3　盐化物沥青混合料体积指标变化规律

## 9.3.1　盐化物沥青混合料体积指标分析

1)沥青混合料体积指标分析

沥青混合料的体积指标主要有:孔隙率、矿料间隙率、有效沥青饱和度、有效沥青体积百分率、矿料体积百分率、沥青膜有效厚度等。沥青混合料体积组成如图9-9所示。

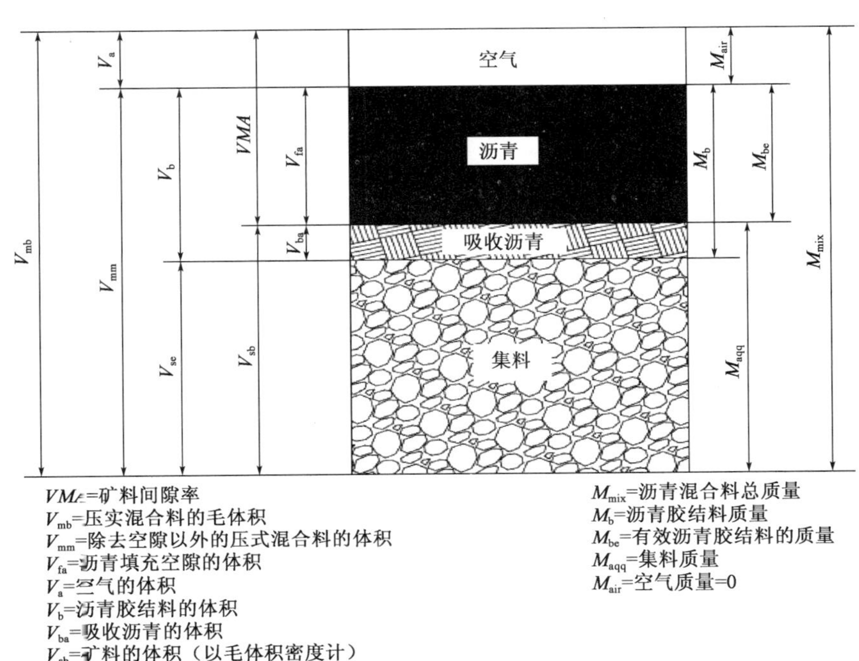


图9-9　沥青混合料体积组成

参照《公路工程沥青及沥青混合料试验规程》(JTG E20—2011)中压实沥青混合料密度试验(表干法)方法测定混合料试件的吸水率($S_a$)、孔隙率($VV$)、矿料间隙率($VMA$)、沥青饱和度($VFA$)。

试件的吸水率即试件吸水体积占沥青混合料毛体积的百分率,按式(9-2)计算。

$$S_a = \frac{m_f - m_a}{m_f - m_w} \times 100 \tag{9-2}$$

式中:$S_a$——试件的吸水率,%;

$m_a$——干燥试件的空中质量,g;

$m_w$——试件的水中质量,g;

$m_f$——试件的表干质量,g。

当试件吸水率$S_a < 2\%$时,试件毛体积相对密度与毛体积密度按式(9-3)与式(9-4)计算,

当吸水率 $S_a > 2\%$ 时，应采用蜡封法测定。经试验测定，盐化物沥青混合料试件吸水率满足 < 2% 要求。

$$\gamma_f = \frac{m_a}{m_f - m_w} \tag{9-3}$$

$$\rho_f = \frac{m_w}{m_f - m_w} \times \rho_w \tag{9-4}$$

式中：$\gamma_f$——试件毛体积相对密度，无量纲；

$\rho_f$——试件毛体积密度，g/cm³；

$\rho_w$——常温水的密度，取 1g/cm³。

试件的孔隙率 $VV$ 按式(9-5)计算。

$$VV = \left(1 - \frac{\gamma_f}{\gamma_t}\right) \times 100 \tag{9-5}$$

式中：$VV$——试件的孔隙率，%；

$\gamma_t$——沥青混合料理论最大相对密度，无量纲；

$\gamma_f$——试件的毛体积相对密度，无量纲。

沥青混合料的矿料间隙率 $VMA$ 按式(9-6)计算。

$$VMA = \left(1 - \frac{\gamma_f}{\gamma_{sb}} \times \frac{P_s}{100}\right) \times 100 \tag{9-6}$$

式中：$VMA$——试件的矿料间隙率，%；

$\gamma_f$——试件的毛体积相对密度，无量纲；

$P_s$——各种矿料占沥青混合料总质量的百分率之和，%；

$\gamma_{sb}$——矿料的合成毛体积相对密度，无量纲。

沥青混合料试件的有效沥青饱和度 $VFA$ 按式(9-7)计算。

$$VFA = \frac{VMA - VV}{VMA} \times 100 \tag{9-7}$$

式中：$VFA$——试件的有效沥青饱和度，%；

$VMA$——试件的矿料间隙率，%；

$VV$——试件的孔隙率，%。

本书采用常用的孔隙率、矿料间隙率、有效沥青饱和度 3 个指标评价溶析对盐化物沥青混合料体积指标的影响。

2）盐化物沥青混合料空隙率理论终值

沥青混合料路面在施工成型后，具有了特定的空隙率即初始空隙率，在后期使用过程中，由于光照、水等自然因素及车载重复压实作用，普通沥青混合料的空隙率呈现减小趋势，减小到一定程度就处于一个稳定状态。盐化物沥青混合料由于盐分的持续析出，盐分原来所占的体积随之空出，如图 9-10 所示，造成盐化物沥青混合料的空隙率变化要比普通沥青混合料更加复杂。

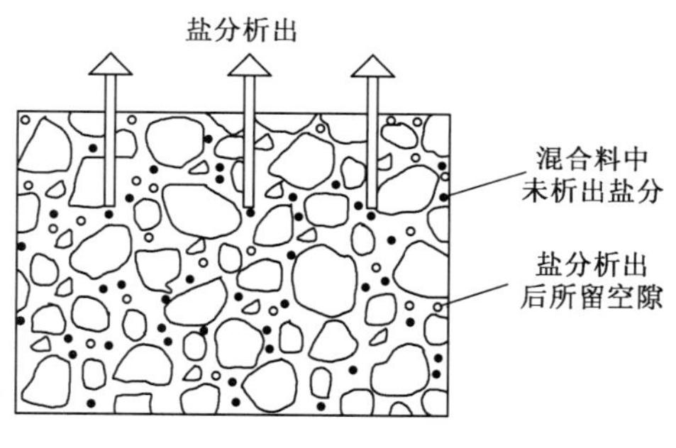


图 9-10　盐分析出示意

为了简化问题和掌握盐化物盐分溶析后造成的混合料体积结构变化，本书剔除路面开放交通后其他因素的影响，仅考虑盐化物中盐分在自然状态下析出后对初始空隙率的影响；再结合理论分析，得到混合料中盐分完全析出后空隙率理论终值。

根据空隙率的定义，假定混合料中盐分能充分得以析出，则盐分析出完全后混合料的空隙率计算公式见式(9-8)。

$$VV = VV_0 + \frac{n_1 \times n_2 \times \rho_f}{\rho} \tag{9-8}$$

式中：$VV$——盐分充分析出后混合料空隙率，%；

$VV_0$——混合料初始空隙率（由表干法测得），%；

$n_1$——盐化物占混合料总质量比例（由级配得出），%；

$n_2$——盐化物中有效成分所占比例（计算过程中取55%），%；

$\rho_f$——混合料毛体积密度（由表干法测得），$g/cm^3$；

$\rho$——盐化物密度，$g/cm^3$。

试验实测数据及计算结果如表9-6所示。

**盐化物沥青混合料空隙率理论终值计算结果** 表9-6

| 盐化物置换比例 | 100%置换 | 75%置换 | 35%置换 |
|---|---|---|---|
| 初始空隙率(%) | 4.9 | 4.9 | 4.9 |
| 理论终值空隙率(%) | 7.6 | 6.8 | 5.8 |
| 空隙率增长百分率(%) | 55.70 | 39.96 | 19.37 |

由表9-6可见，当盐化物100%置换混合料中的矿粉时，盐分完全溶析后，混合料的理论最终空隙率从初始的4.9%增长到7.6%，增长率达到55.7%。随着置换比例的降低，空隙率的增长率随之降低，当盐化物置换比例为35%时，空隙率增长百分率为19.37%，理论终值空隙率达到5.8%。

图9-11～图9-13呈现了不同置换率时盐化物混合料的体积结构组成。由图9-11可见：盐化物中盐分体积占到了终值空隙体积的35.77%，盐分的析出对混合料的空隙率变化起着显著影响，对混合料终值空隙率的成型有着重要作用。随着盐化物置换率的降低，盐分体积随之降低，但盐分析出对空隙率的影响仍不容忽视，当置换达到35%时，盐分体积与初始空隙体积相比，为初始空隙体积的19.37%。

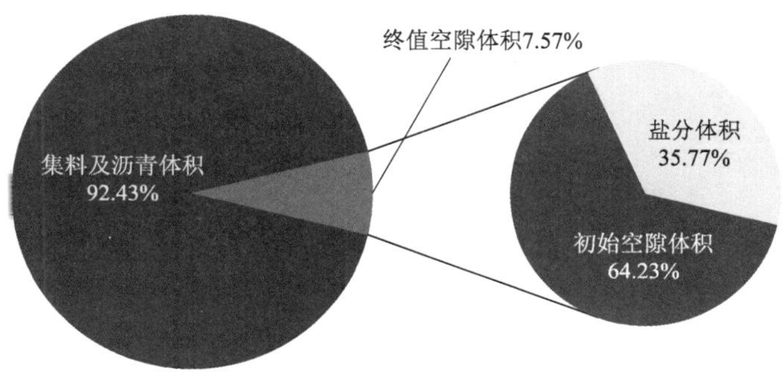


图9-11 置换率100%时混合料体积结构组成

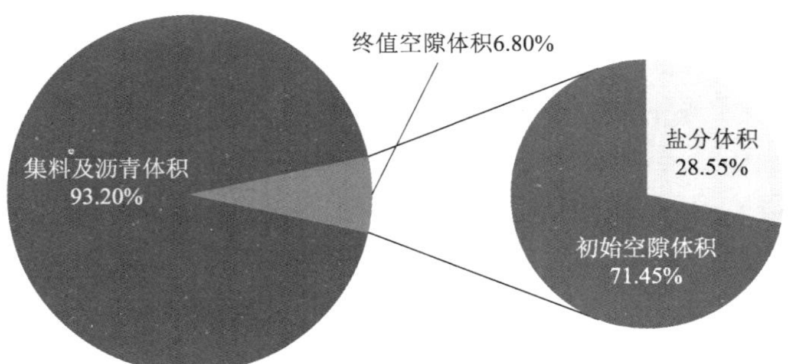


图 9-12 置换率 75% 时混合料体积结构组成

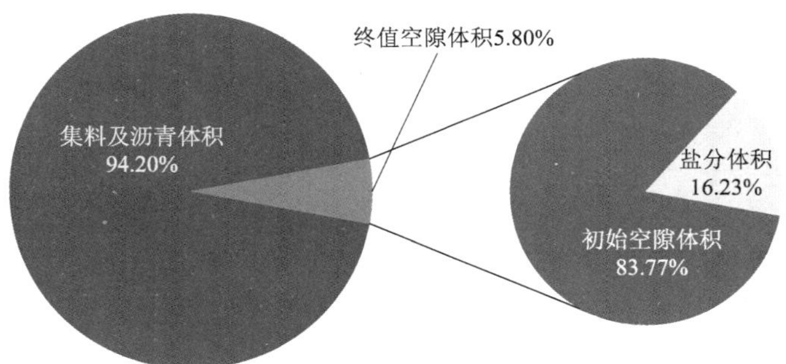


图 9-13 置换率 35% 时混合料体积结构组成

### 9.3.2 浸泡时间对盐化物沥青混合料体积指标影响分析

研究资料表明，盐化物混合料中的盐分析出呈现前期迅猛增长后期平稳的规律，而盐化物混合料体积指标变化与盐分析出密切相关，故本书采用电导率测试方法，在 20℃ 温度条件下对混合料试件进行盐分析出量观测，试验结果如表 9-7 与图 9-14 所示。

**盐分析出量试验结果** 表 9-7

| 浸水时间(h) | 0 | 1 | 2 | 3 | 4 | 5 | 6 | 7 | 8 |
|---|---|---|---|---|---|---|---|---|---|
| 盐分析出量($g/m^2$) | 0 | 22.80 | 24.34 | 25.27 | 25.88 | 26.96 | 28.34 | 28.19 | 28.96 |
| 浸水时间(h) | 9 | 10 | 11 | 12 | 20 | 24 | 36 | 48 | |
| 盐分析出量($g/m^2$) | 30.96 | 30.50 | 30.19 | 28.96 | 33.58 | 35.89 | 41.27 | 47.43 | |

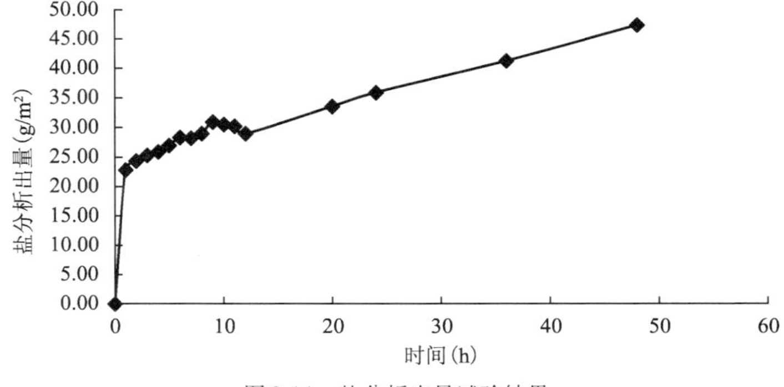


图 9-14 盐分析出量试验结果

从表9-7与图9-14中可看出，在前4h盐分析出量急剧增长，在4～12h内盐分析出呈现微小波动，整体呈增长趋势，12h后盐分析出平稳增长，呈现良好的线性增长趋势。

根据盐分析出试验结果及规律分析，将浸水时间定为0h、4h、8h、12h、24h、48h，并与普通沥青混合料对比。在20℃温度条件下试验观测混合料试件体积指标变化。空隙率变化如表9-8与图9-15所示。

空隙率（VV）随浸水时间变化　　表9-8

| 试件 \ 时刻 | | 0h | 4h | 8h | 12h | 24h | 48h |
|---|---|---|---|---|---|---|---|
| 普通沥青混合料 | 试件1 | 4.09 | 3.92 | 4.00 | 3.95 | 3.73 | 3.72 |
| | 试件2 | 5.00 | 5.20 | 5.06 | 5.11 | 5.01 | 5.02 |
| | 试件3 | 5.03 | 4.79 | 4.87 | 4.76 | 4.57 | 4.60 |
| 盐化物沥青混合料 | 试件1 | 5.73 | 5.37 | 5.47 | 5.22 | 5.48 | 5.58 |
| | 试件2 | 4.22 | 3.90 | 3.85 | 3.74 | 3.99 | 4.18 |
| | 试件3 | 4.68 | 4.18 | 4.19 | 4.46 | 4.52 | 4.73 |

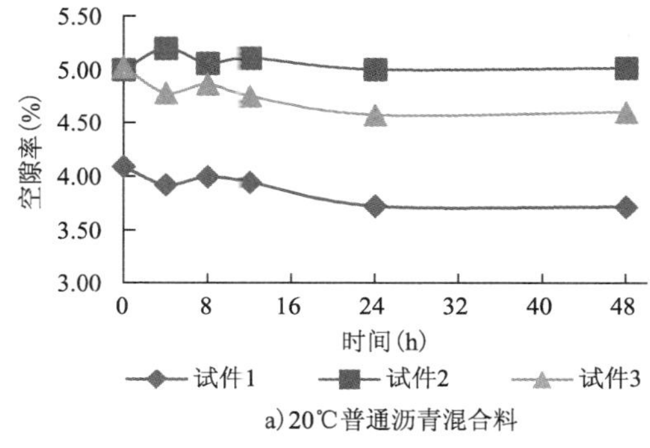

a) 20℃普通沥青混合料

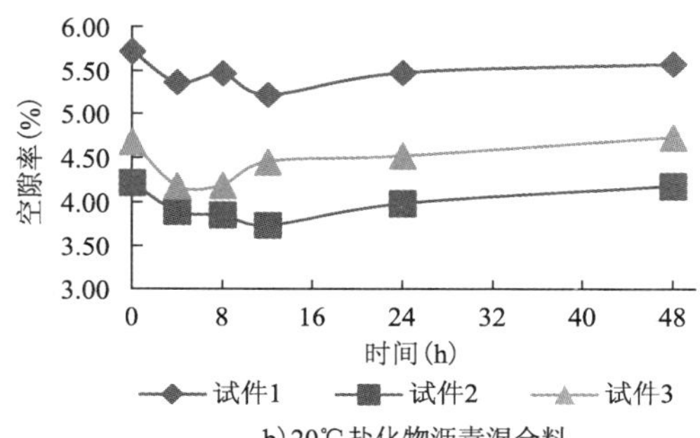

b) 20℃盐化物沥青混合料

图9-15 沥青混合料空隙率变化对比图

由图9-15可见，普通沥青混合料空隙率随浸水时间的稍显变化，总体呈稳定趋势，空隙率变化曲线大致持水平状态，盐化物沥青混合料空隙率在0～12h区间段内变化紊乱，主要由于这个时间段内盐分析出波动性大，在12h后，盐化物沥青混合料空隙率逐步增大，呈现一定的线性规律，由此可见盐化物沥青混合料的空隙率与盐分析出具有良好的相关性。

在试验基础上，还可以得到沥青混合料矿料间隙率随浸水时间的变化，试验主要结果见表9-9与图9-16。

矿料间隙率（VMA）随浸水时间变化　　表9-9

| 试件 \ 时刻 | | 0h | 4h | 8h | 12h | 24h | 48h |
|---|---|---|---|---|---|---|---|
| 普通沥青混合料 | 试件1 | 14.35 | 14.20 | 14.27 | 14.23 | 14.03 | 14.01 |
| | 试件2 | 15.17 | 15.35 | 15.22 | 15.27 | 15.17 | 15.19 |
| | 试件3 | 15.19 | 14.98 | 15.05 | 14.95 | 14.78 | 14.81 |
| 盐化物沥青混合料 | 试件1 | 15.83 | 15.51 | 15.60 | 15.37 | 15.61 | 15.70 |
| | 试件2 | 14.48 | 14.20 | 14.15 | 14.05 | 14.27 | 14.45 |
| | 试件3 | 14.89 | 14.45 | 14.45 | 14.69 | 14.75 | 14.94 |

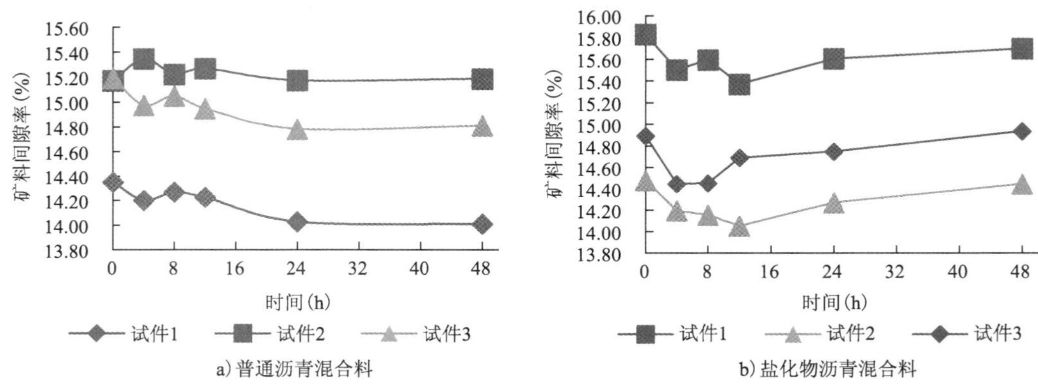


图 9-16　沥青混合料矿料间隙率变化对比

由表 9-9 与图 9-16 可见，沥青混合料矿料间隙率变化与空隙率变化具有一致性，矿料间隙率由空隙率与沥青体积百分率两部分组成，由式(9-3)可见。为了进一步分析矿料间隙率变化的影响因素，根据式(9-9)，对沥青体积百分率 *VA* 进行计算，结果如表 9-10 所示。

$$VMA = VA + VV \tag{9-9}$$

式中：*VMA*——矿料间隙率，%；

*VA*——沥青体积百分率，%；

*VV*——空隙率，%。

**沥青体积百分率 *VA* 随浸水时间变化**　　表 9-10

| 试件 \ 时刻 | | 0h | 4h | 8h | 12h | 24h | 48h |
|---|---|---|---|---|---|---|---|
| 普通沥青混合料 | 试件 1 | 10.26 | 10.28 | 10.27 | 10.28 | 10.30 | 10.31 |
| | 试件 2 | 10.17 | 10.15 | 10.16 | 10.15 | 10.17 | 10.16 |
| | 试件 3 | 10.16 | 10.19 | 10.18 | 10.19 | 10.21 | 10.18 |
| 盐化物沥青混合料 | 试件 1 | 10.10 | 10.14 | 10.13 | 10.16 | 10.13 | 10.12 |
| | 试件 2 | 10.26 | 10.30 | 10.30 | 10.31 | 10.29 | 10.27 |
| | 试件 3 | 10.21 | 10.27 | 10.27 | 10.24 | 10.23 | 10.21 |

由表 9-10 可看出，沥青体积百分率基本没有变化，反映混合料中沥青体积持续稳定，故沥青混合料矿料间隙率的变化主要由空隙率变化造成，变化趋势与空隙率变化呈现一致性。

有效沥青饱和度随浸水时间变化试验结果见表 9-11 与图 9-17。

**有效沥青饱和度(*VFA*)随浸水时间变化**　　表 9-11

| 试件 \ 时刻 | | 0h | 4h | 8h | 12h | 24h | 48h |
|---|---|---|---|---|---|---|---|
| 普通沥青混合料 | 试件 1 | 71.52 | 72.40 | 72.00 | 72.25 | 73.44 | 73.72 |
| | 试件 2 | 67.01 | 66.10 | 66.74 | 66.51 | 67.00 | 66.93 |
| | 试件 3 | 66.91 | 68.05 | 67.65 | 68.19 | 69.07 | 68.82 |
| 盐化物沥青混合料 | 试件 1 | 63.81 | 65.39 | 64.93 | 66.07 | 64.90 | 64.44 |
| | 试件 2 | 70.88 | 72.53 | 72.78 | 73.39 | 72.07 | 71.04 |
| | 试件 3 | 68.56 | 71.06 | 71.02 | 69.68 | 69.36 | 68.33 |

由于随着盐分的持续析出，盐化物沥青混合料的空隙率在12h后逐渐增长，同时矿料间隙率随之增大，反映矿料骨架实体以外的空间体积增大，故反映沥青实体体积占矿料骨架实体以外空间体积比例的有效沥青饱和度指标随之降低。

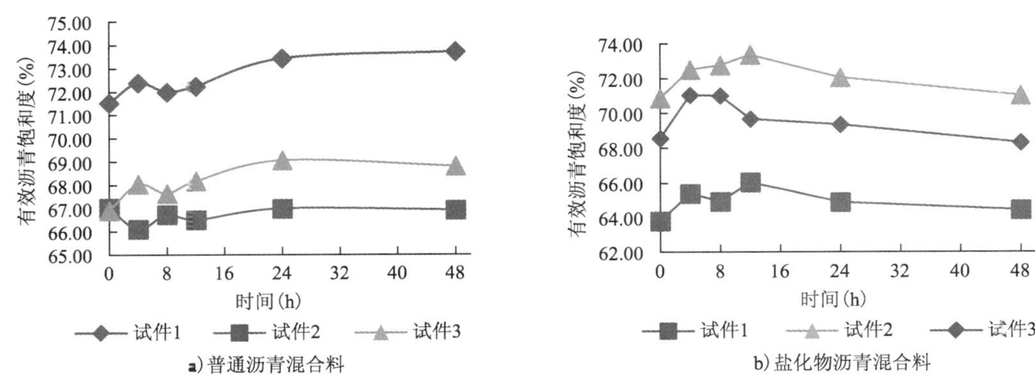


图9-17　沥青混合料有效沥青饱和度变化对比

## 9.3.3　温度对盐化物沥青混合料体积指标影响分析

研究表明，其他条件相同时，盐化物沥青混合料盐分析出量随着温度的升高而增加，在试件表面可以明显观察到盐分，如图9-18所示。这是因为，随着温度升高，离子扩散速度加速，盐分析出过程得到加强，盐分析出速度得到提高，混合料空隙率有增大的趋势。然而，气温较高时，由于材料热胀等原因，路面混合料空隙率又有减小的趋势。对于盐化物沥青混合料，温度的变化造成了相反效应。为了了解这两种效应的强弱程度，本书选定5℃、10℃、20℃、40℃、60℃5种试验温度，研究盐化物经不同温度水溶析后沥青混合料的体积指标变化规律。

a)析出前

b)析出后

图9-18　盐化物沥青混合料盐分析出

为了比较温度对混合料的热胀冷缩效应，研究中采用普通沥青混合料在同种条件与盐化物沥青混合料进行对比试验，试验结果如表9-12所示。

**各种温度下沥青混合料空隙率随时间变化** 表 9-12

| 孔隙率 VV(%)变化 | | | | | | | | | |
|---|---|---|---|---|---|---|---|---|---|
| 温度 | 试件 \ 时刻 | | 0h | 4h | 8h | 12h | 24h | 48h | 理论终值 |
| 60℃ | 普通沥青混合料 | 试件1 | 4.86 | 4.69 | 4.65 | 4.62 | 4.60 | 4.56 | |
| | | 试件2 | 3.81 | 3.64 | 3.63 | 3.62 | 3.76 | 3.78 | |
| | | 试件3 | 3.71 | 3.68 | 3.66 | 3.52 | 3.65 | 3.78 | |
| | 盐化物沥青混合料 | 试件1 | 5.83 | 5.64 | 5.85 | 5.46 | 6.00 | 6.33 | 8.54 |
| | | 试件2 | 3.45 | 3.39 | 3.67 | 3.43 | 4.00 | 4.49 | 6.16 |
| | | 试件3 | 2.91 | 2.85 | 3.04 | 2.76 | 3.43 | 3.89 | 5.62 |
| | | 试件4 | 3.98 | 3.94 | 4.11 | 4.04 | 4.47 | 5.05 | 6.69 |
| 40℃ | 普通沥青混合料 | 试件1 | 3.11 | 3.08 | 3.00 | 2.98 | 2.92 | 2.73 | |
| | | 试件2 | 4.61 | 4.55 | 4.49 | 4.46 | 4.32 | 4.27 | |
| | | 试件3 | 3.58 | 3.45 | 3.42 | 3.44 | 3.44 | 3.45 | |
| | | 试件1 | 5.46 | 4.77 | 4.91 | 5.00 | 4.83 | 5.10 | 8.17 |
| | 盐化物沥青混合料 | 试件2 | 6.62 | 6.20 | 6.35 | 5.96 | 6.24 | 6.51 | 9.33 |
| | | 试件3 | 4.53 | 4.23 | 4.25 | 4.34 | 4.73 | 4.91 | 7.24 |
| | | 试件4 | 4.55 | 4.33 | 4.41 | 4.51 | 4.77 | 4.87 | 7.26 |
| 0℃ | 普通沥青混合料 | 试件1 | 4.09 | 3.92 | 4.00 | 3.95 | 3.73 | 3.72 | |
| | | 试件2 | 5.00 | 5.20 | 5.06 | 5.11 | 5.01 | 5.02 | |
| | | 试件3 | 5.03 | 4.79 | 4.87 | 4.76 | 4.57 | 4.60 | |
| | 盐化物沥青混合料 | 试件1 | 5.73 | 5.37 | 5.47 | 5.22 | 5.48 | 5.58 | 8.44 |
| | | 试件2 | 4.22 | 3.90 | 3.85 | 3.74 | 3.99 | 4.18 | 6.93 |
| | | 试件3 | 4.68 | 4.18 | 4.19 | 4.46 | 4.52 | 4.73 | 7.39 |
| 10℃ | 普通沥青混合料 | 试件1 | 4.54 | 4.56 | 4.55 | 4.58 | 4.58 | 4.59 | |
| | | 试件2 | 4.42 | 4.42 | 4.45 | 4.44 | 4.48 | 4.46 | |
| | | 试件3 | 4.43 | 4.44 | 4.45 | 4.45 | 4.46 | 4.46 | |
| | 盐化物沥青混合料 | 试件1 | 1.74 | 1.89 | 2.14 | 2.20 | 2.20 | 2.25 | 4.45 |
| | | 试件2 | 3.04 | 3.23 | 3.43 | 3.45 | 3.50 | 3.57 | 5.75 |
| | | 试件3 | 4.91 | 5.05 | 5.29 | 5.31 | 5.31 | 5.38 | 7.62 |
| | | 试件4 | 2.65 | 2.84 | 3.10 | 3.19 | 3.27 | 3.28 | 5.36 |
| 5℃ | 普通沥青混合料 | 试件1 | 4.30 | 4.48 | 4.56 | 4.64 | 4.65 | 4.74 | |
| | | 试件2 | 3.07 | 3.09 | 3.11 | 3.18 | 3.26 | 3.33 | |
| | | 试件3 | 4.06 | 4.11 | 4.13 | 4.20 | 4.25 | 4.27 | |
| | | 试件4 | 4.01 | 4.26 | 4.29 | 4.32 | 4.39 | 4.46 | |
| | 盐化物沥青混合料 | 试件1 | 3.58 | 3.92 | 4.01 | 4.04 | 4.05 | 4.28 | 6.29 |
| | | 试件2 | 2.15 | 2.17 | 2.49 | 2.49 | 2.56 | 2.71 | 4.86 |
| | | 试件3 | 1.97 | 2.34 | 2.42 | 2.43 | 2.51 | 2.76 | 4.68 |
| | | 试件4 | 2.16 | 2.48 | 2.54 | 2.65 | 2.72 | 2.94 | 4.87 |

1）温度效应对普通沥青混合料体积指标影响

由图9-19可见，普通沥青混合料在5℃与10℃水环境下，前12h内空隙率呈增长趋势，12h后成平稳趋势，对比图9-19a）与图9-19b），可以看出普通沥青混合料在5℃水环境下于12h前空隙率增长幅度较大，增长趋势明显；而普通沥青混合料在40℃与60℃水环境下，前期空隙率逐步降低，12h后趋于平稳，对比图9-19c）与图9-19d），可以发现普通沥青在60℃时较40℃前期空隙率降低幅度大，降势较明显。

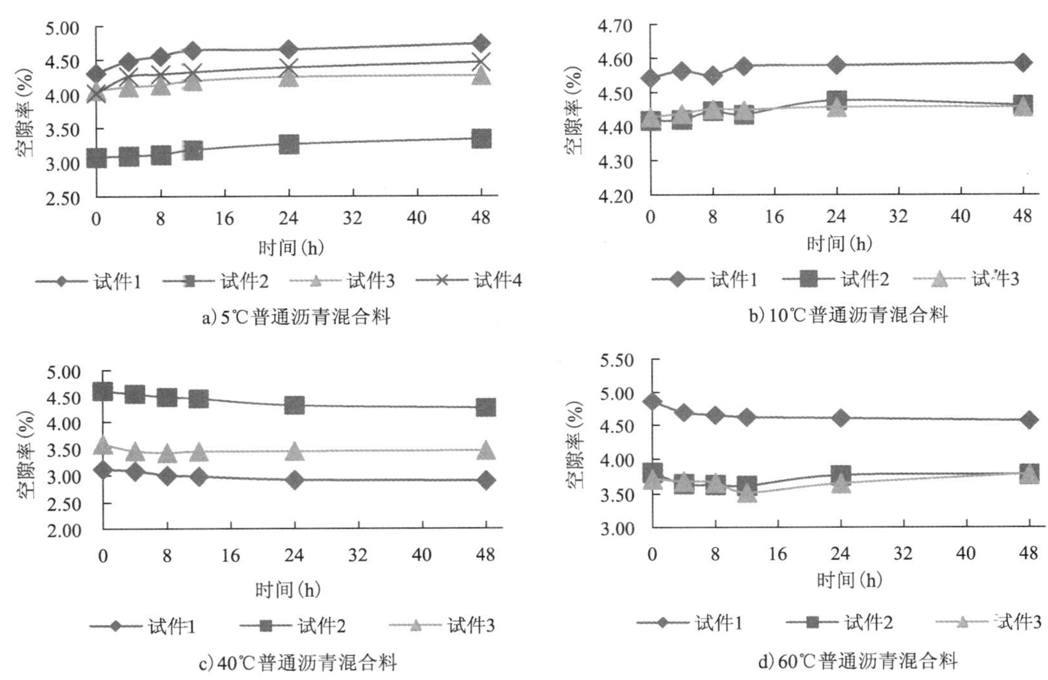


图9-19　普通混合料各温度空隙率变化

从上述分析可得出：沥青混合料在高温状态下，混合料内部材料受热膨胀，材料间相互挤压，材料间的空隙相应减小，此膨胀过程具有一定的时效，时效过后材料间由于温度产生的影响趋于稳定。高温对沥青混合料的内部影响随温度升高而加大，温度越高，材料间作用越强烈，空隙减小越明显。

同样的，沥青混合料在低温状态下，混合料内部材料遇冷收缩，材料间空隙对应增大，收缩过程具有一定的时间，特定时间后材料由于温度产生的影响趋于稳定。低温对沥青混合料的内部影响随温度降低而加剧，温度越低，材料间空隙增大越显著。

2）温度效应对盐化物沥青混合料体积指标影响

物质溶解于水，通常经过两个过程：一种是溶质分子（或离子）的扩散过程，这种过程为物理过程，需要吸收热量；另一种是溶质分子（或离子）和溶剂分子（水）作用，形成溶剂（水合）分子（或水合离子）的过程，这种过程是化学过程，放出热量。当放出的热量大于吸收的热量时，溶液温度就会升高，如浓硫酸、氢氧化钠等；当放出的热量小于吸收的热量时，溶液温度就会降低，如硝酸铵等；当放出的热量等于吸收的热量时，溶液温度不变，如盐、蔗糖。

盐化物沥青混合料中融雪有效成分为氯化钠，析出过程为氯化钠的溶解过程，过程中物理过程吸收的热量等于化学过程放出的热量，溶液温度不变，故盐化物沥青混合料有效成分的析出过程对自然温度场不会产生干扰，温度效应对普通沥青混合料的影响适用于盐化物沥青混合料。普通沥青混合料与盐化物沥青混合料在不同温度下体积指标变化对比如图9-20所示。

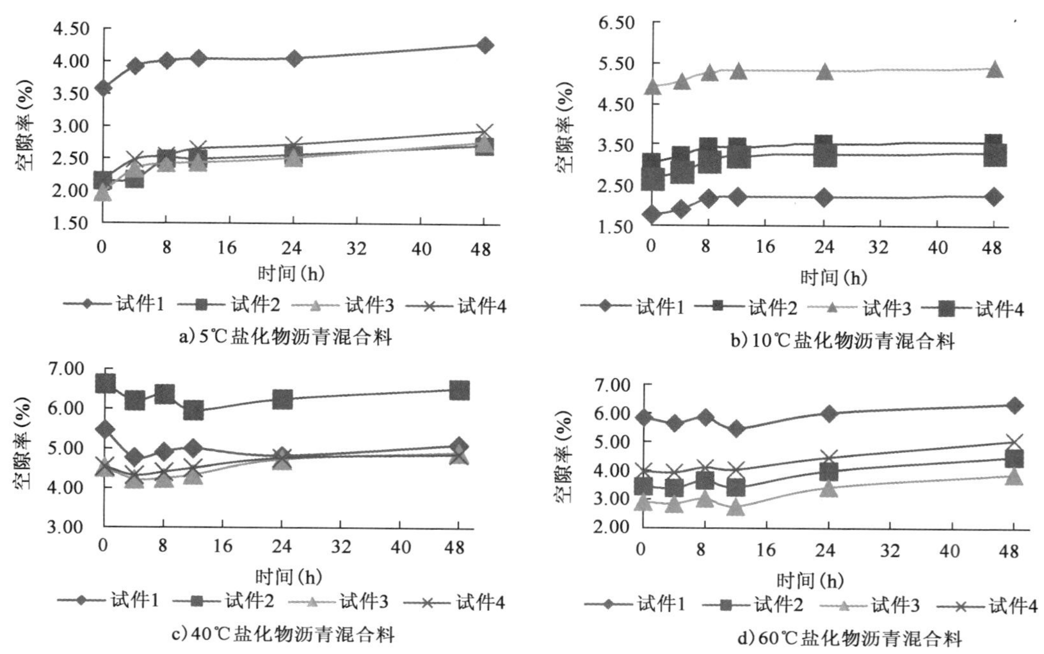


图9-20　盐化物沥青混合料不同温度体积指标变化对比

由图9-20可见，在低温环境下，盐化物沥青混合料空隙率持续增长，增长幅度较同种温度条件下的普通沥青混合料显著，说明混合料内部盐分的析出，对混合料空隙增长起着促进作用，即在低温条件下盐分析出造成的空隙率增大效应与沥青体积收缩产生的空隙率增大效应的叠加。在高温条件下，盐化物沥青混合料在前12h空隙率呈下降趋势，12h后空隙率呈显著地增长趋势。这表明：在前12h温度对混合料内部热胀效应要强于盐分析出对混合料空隙率增大效益的影响，混合料空隙变化与普通沥青混合料变化规律基本一致；而12h后温度效应对沥青混合料影响趋于平稳，此时随着盐分的持续析出，混合料内部由于原有盐分体积的缺失，空隙体积逐步增大。

由表9-12与图9-20还可以看出，盐化物沥青混合料空隙率不论是在高温还是低温条件下，后期都处于增长状态，但增长速率较缓慢。经48h后，盐化物沥青混合料空隙率与空隙率理论终值相比，还有很大的差距。由此可见，盐化物沥青混合料在使用过程中，空隙率变化存在长期性、缓慢性的特点。

## 9.4　盐化物沥青混合料施工工艺

### 9.4.1　配合比设计

1）生产配合比设计

根据前期室内研究成果，经过目标配合比和生产配合比设计及生产配合比验证，最终确定盐化物融雪沥青混合料 MFLAC-16 与普通沥青混合料 AC-16 的矿料生产配合比，结果如表 9-13 ~ 表 9-15 及图 9-21 所示。盐化物沥青混合料马歇尔试验结果如表 9-16 所示。

普通沥青混合料矿料配合比 表 9-13

| 集料规格(mm) | 19 ~ 9.5 | 9.5 ~ 4.75 | 4.75 ~ 2.36 | 机制砂 | 矿粉 | 油石比 |
|---|---|---|---|---|---|---|
| 配合比例(%) | 28 | 27 | 9 | 32 | 4 | 4.7 |

盐化物沥青混合料矿料配合比 表 9-14

| 集料规格(mm) | 19 ~ 9.5 | 9.5 ~ 4.75 | 4.75 ~ 2.36 | 机制砂 | MFL | 油石比 |
|---|---|---|---|---|---|---|
| 配合比例(%) | 29 | 28 | 12 | 26 | 5 | 4.7 |

生产配合比合成级配曲线 表 9-15

| 合成级配 | 筛孔尺寸(mm) | | | | | | | | | | |
|---|---|---|---|---|---|---|---|---|---|---|---|
| | 19 | 16 | 13.2 | 9.5 | 4.75 | 2.36 | 1.18 | 0.6 | 0.3 | 0.15 | 0.075 |
| 盐化物沥青混合料 MFLAC-16 | 100 | 96.6 | 83.6 | 70.2 | 44.6 | 30.7 | 22.0 | 15.6 | 10.7 | 8.2 | 5.9 |
| 普通沥青混合料 AC-16 | 100 | 96.8 | 84.2 | 71.2 | 44.8 | 30.7 | 21.1 | 15.5 | 11.0 | 8.1 | 5.5 |
| 级配上限 | 100 | 100 | 90 | 76 | 50 | 35 | 26 | 20 | 14 | 11 | 7 |
| 级配下限 | 100 | 95 | 82 | 67 | 42 | 26 | 17 | 13 | 8 | 7 | 4 |

盐化物沥青混合料马歇尔试验结果 表 9-16

| 生产级配 | 马歇尔最佳油石比(%) | 毛体积密度($g/cm^3$) | *VV* (%) | *VMA* (%) | *VFA* (%) | 稳定度(kN) | 流值(0.1mm) |
|---|---|---|---|---|---|---|---|
| | 4.7 | 2.433 | 3.8 | 13.6 | 71.8 | 16.8 | 25.2 |

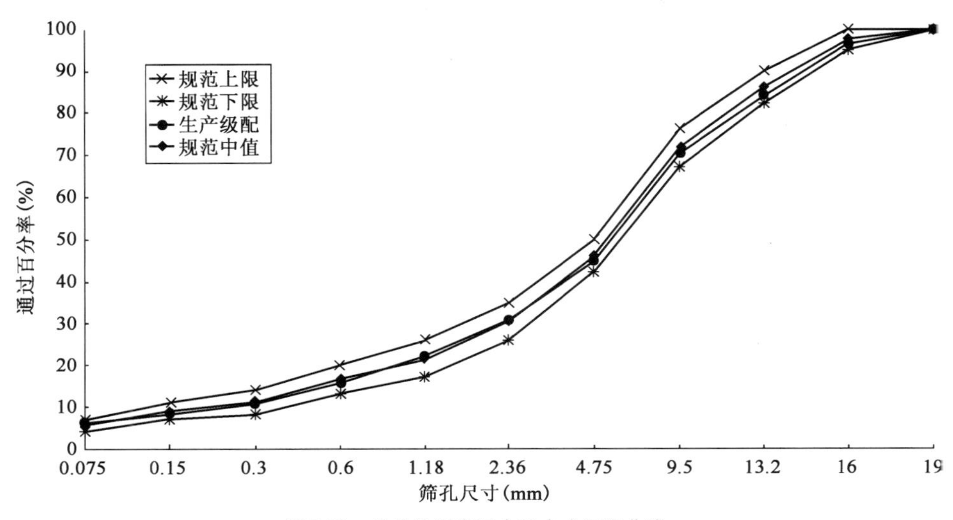

图 9-21 盐化物沥青混合料合成级配曲线

2)路用性能

将普通 AC-16 与 MFLAC-16 的高温、低温性能及水稳定性能进行了路用性能验证，结果如

表9-17所示。为了保证盐化物沥青混合料的水稳定性能满足规范要求，在沥青中添加由PA－1型沥青抗剥落剂，添加比例为沥青质量的0.4%。

沥青混合料路用性能验证　　表9-17

| 检测项目 | 混合料类型 | | 规范值 |
|---|---|---|---|
| | AC-16 | MFLAC-16 | |
| 动稳定度(次/mm) | 12 220 | 12 475 | 2 800 |
| 破坏应变(με) | 2 916 | 3 024 | 2 500 |
| 残留稳定度(%) | 90.0 | 87.4 | 80 |
| 冻融劈裂残留强度比(%) | 91.2 | 77.7 | 75 |

## 9.4.2 混合料施工工艺

1)MFL的准备及投放

MFL完全置换矿粉，生产配合比掺加量为5.9%，MFL是10kg/袋的聚乙烯小袋包装，然后装入大袋中。为了防止包装袋破损和被雨水淋湿，需要放在有棚顶的仓库里保管。

由于盐分的存在，在一定的湿度条件下，MFL在没有密封包装时具有吸湿性，因此，在注入矿粉仓的过程中易结块，加上MFL密度较矿粉小，导致注入矿粉仓时作业效率较低。为了保证拌和时间，提高作业效率，采用矿粉仓掺加与从观察窗人工投入相结合的方式投放盐化物，观察窗投放盐化物如图9-22所示。MFL包装袋为聚乙烯材料，投入拌和楼中可自动融化，并作为改性剂进入混合料。

图9-22　观察窗投放盐化物

2)混合料拌和

拌和采取干拌和湿拌(加沥青)两步进行，其中干拌时间不少于5s，每批拌和生产时间控制在45～60s。

拌和过程中注意检验与调整施工配合比与目标配合比之间的偏差，及时对混合料进行取料试验，使矿料级配与沥青用量达到最佳值。

拌和好的成品料应均匀一致、无花白；无粗细集料分离或结团成块等现象；不出现无油、少油或多油现象，混合料温度控制如表9-18所示。

盐化物沥青混合料拌和温度控制(℃)　　表9-18

| 项目 | 温度 |
|---|---|
| 沥青加热温度 | 165～175 |
| 矿料加热温度 | 190～220 |
| 混合料出场温度 | 180～185 |
| 运输到现场温度 | ≥170 |
| 储料仓储存温度 | 储存过程中温度降低不超过10 |
| 混合料废弃温度 | >195 |

3)混合料运输

(1)运输采用15t以上自卸车,运输车辆在路面上行驶不得紧急制动或转弯掉头,防止损坏透层和封层。运输车的运力应有富余,施工过程中摊铺机前方应有不少于5辆的运料车等候方可开始摊铺。

(2)混合料运输时,应先将车厢清洁干净并在车厢壁上涂刷柴油和水的混合液(柴油∶水=1∶3),防止沥青黏结,且厢底不得有余液。

(3)沥青混合料装车时为减少混合料粗细颗粒离析现象,装料过程中料车前后移动位置,一车料至少应分三次装载,即"前—后—中"的次序。

(4)由于盐分的存在,盐化物混合料的温度比正常的混合料的温度容易降低,所以在运输过程中要尽可能地保温,运料车侧板加保温层,建议在混合料运输车上盖双层帆布或棉被来保温、防雨、防污染,混合料运送到工地现场后每车监测温度,确保温度满足摊铺的需要。

(5)摊铺过程中运料车应在摊铺机前100~300mm处停住,空挡等候,由摊铺机推动前进,开始缓缓卸料,避免撞击摊铺机。运料车每次卸料必须倒净,如有剩余,及时清除,防止硬结。

4)混合料摊铺

(1)上、中、下面层均采用双机连铺的作业方式。前后摊铺机拼装宽度5.5m,两台摊铺机前后错开10~20m,两幅之间搭接30~60mm。

(2)沥青混凝土开始摊铺时提前0.5~1h预热熨平板,使其温度不低于100℃,正常施工中沥青混合料的摊铺温度不得低于160℃。

(3)摊铺时摊铺机必须缓慢、均匀、连续不间断地摊铺,摊铺速度控制在2~3m/min,同时根据摊铺速度控制料车的数量。摊铺中不得随意变换速度或中途停机,以提高平整度,减少混合料的离析。

(4)摊铺时摊铺机螺旋送料器应不间断地转动,两侧保持有不少于送料高度2/3的混合料,使摊铺机全幅不发生离析;摊铺机熨平板振动器采用高频低幅,同时保持稳定。

5)混合料碾压

(1)混合料的碾压分为初压、复压和终压3个阶段。初压用双钢轮静压2遍,减少混合料热量的散失;复压紧跟初压采用轮胎压路机揉搓碾压6遍和双钢轮压路机振动碾压2遍,使混合料达到压实标准;终压紧跟复压,采用双钢轮静压直至轮迹消除。

为了防止混合料温度过快的下降和控制盐分的析出,在钢轮压路机和轮胎压路机的轮胎上尽量不要洒水,可用少量的植物油。但施工中发现,如果不加水仅加轻油的钢轮压路机碾压时会产生严重的粘轮现象,因此,在初压时用双钢轮静压1遍,采用碾压普通混合料一半的用水量,然后紧跟初压采用轮胎压路机揉搓碾压,仅采用轻油防止粘轮现象。终压紧跟复压,采用双钢轮静压直至轮迹消除。

由于碾压时使用水来防止轮胎黏结,故在路面干燥后出现一些白斑,如图9-23所示。这是由于盐分析出造成的,当开放交通后就会随车辆轮胎碾压和雨水清洗而逐渐消失。碾压成型的盐化物沥青路面表面特性与普通沥青路面相同,如图9-24所示。

(2)碾压遵循"高温、紧跟、高频、低幅"的总原则,同类压路机并列成梯队压实,碾压时每台压路机全幅碾压,并重叠1/2轮宽,从低侧向高侧碾压。

图 9-23　碾压后路面上出现的“白斑”

图 9-24　盐化物沥青路面

(3)碾压时严禁压路机中途停留、转向或制动，当压路机来回交替碾压时，前后两次停留地点相距 10m 以上，并驶出压实起始线 3m 以外。

(4)严格按要求在规定的温度内进行作业，碾压温度控制如表 9-19 所示。

**混合料碾压温度控制**　　表 9-19

| 碾压程序 | 温度控制(℃) | 碾压程序 | 温度控制(℃) |
|---|---|---|---|
| 初压温度 | 不低于 160 | 碾压终了表面温度 | 不低于 100 |
| 终压温度 | 不低于 120 | 开放交通温度 | 50 |

6)注意事项

(1)向矿粉仓里投入 MFL 时，可能会发生飞溅现象，所以操作人员要戴防尘口罩、面部保护器具，穿长袖衣服等进行操作。

(2)0.075mm 的通过量比设定值高的话，空隙率就会比设定值要小，这样达不到所期待的缓解冰冻效果。采取的措施是：将机制砂水洗 1～2 遍，对灰尘和 0.075mm 的通过量进行严格的控制。

(3)MFL 混合料的温度比正常的混合料的温度容易降低，所以在搬运过程中要尽可能地保温，建议在混合料搬运车上盖双层帆布或棉被来保温，混合料运送到工地现场后每车监测温度，确保温度满足摊铺的需要。

(4)MFL 混合料在摊铺的时候，要求确保一定的摊铺温度。如果温度较低达不到充分压实的话，MFL 的有效成分会早期溶出，影响其功能和使用寿命。为了确保混合料的温度，尽量缩短混合料的搬运时间和待铺时间。

(5)为了防止混合料的温度下降和控制 MFL 的溶出，在钢轮碾压轮和轮胎压路机的轮胎上尽量不要洒水，可用少量的轻油。

(6)MFL 混合料的压实度要求高于普通沥青混合料，以比通常的混合料高出 2% 为基准。

### 9.4.3　试验路检测

1)一般性能检测

在铺筑试验路过程中，利用施工现场和拌和楼取回的混合料在室内进行了马歇尔试验和抽提试验；试验路铺筑完成后，进行了取芯抽检，对试验路段的面层厚度和压实度等进行了检测；同时还对路面渗水系数、构造深度、摩擦系数等指标进行了检测，结果如表 9-20～表 9-22 所示。

**混合料性能试验结果**　　　　表 9-20

| 桩号 | $\gamma_f$(g/cm$^3$) | *VV*(%) | *VMA*(%) | *VFA*(%) | 稳定度(kN) | 流值(mm) |
|---|---|---|---|---|---|---|
| K74 +000 ~ K74 +300 | 2.415 | 4.2 | 14.4 | 70.7 | 18.24 | 29.4 |
| K73 +000 ~ K74 +000 | 2.415 | 4.3 | 14.5 | 70.58 | 17.01 | 28.3 |
| 规范要求 | — | 3 ~ 5 | ≥13 | 65 ~ 75 | ≥8 | 20 ~ 40 |

**混合料抽提试验结果**　　　　表 9-21

| 桩号 | 各筛孔(mm)通过量(%) | | | | | | | | | | | 油石比(%) |
|---|---|---|---|---|---|---|---|---|---|---|---|---|
| | 19 | 16 | 13.2 | 9.5 | 4.75 | 2.36 | 1.18 | 0.6 | 0.3 | 0.15 | 0.075 | |
| K74 +000 ~ K74 +300 | 100 | 96.4 | 85.1 | 69.2 | 44.7 | 28.5 | 19.2 | 14.3 | 10.0 | 8.3 | 5.5 | 4.7 |
| K73 +000 ~ K74 +000 | 100 | 96.4 | 85.7 | 70.4 | 44.7 | 27.6 | 19.9 | 15.7 | 11.3 | 8.2 | 5.7 | 4.7 |
| 生产配合比 | 100 | 96.6 | 83.6 | 70.2 | 44.6 | 30.7 | 22.0 | 15.6 | 10.7 | 8.2 | 5.9 | 4.7 |

**试验路检测结果**　　　　表 9-22

| 标段 | 芯样 | | | | | | 渗水系数(mL) | 构造深度(mm) | 摩擦系数 *BPN* | 平整度(mm) |
|---|---|---|---|---|---|---|---|---|---|---|
| | 厚度 cm | $\gamma_f$(g/cm$^3$) | $\gamma_t$(g/cm$^3$) | 压实度(%) | | *VV*(%) | | | | |
| | | | | 以标准密度计 | 以理论密度计 | | | | | |
| K74 +000 ~ K74 +300 | 5.0 | 2.435 | 2.524 | 100.7 | 96.5 | 3.5 | 9.5 | 0.9 | 45 | 0.53 |
| | 5.3 | 2.412 | | 99.8 | 95.6 | 4.4 | | | | |
| K73 +000 ~ K74 +000 | 5.1 | 2.446 | 2.522 | 101.3 | 97.0 | 3 | 17.0 | 1.0 | 47 | 0.56 |
| | 5.1 | 2.428 | | 100.5 | 96.3 | 3.7 | | | | |
| | 5.0 | 2.407 | | 99.7 | 95.4 | 4.6 | | | | |
| | 4.7 | 2.446 | | 100.2 | 97.0 | 3 | | | | |
| 规范要求 | — | — | | ≥98 | ≥94 | 3 ~ 5 | ≤50 | 0.8 ~ 1.3 | — | ≤1.2 |

2)盐分的确认

硝酸银溶液和盐分反应会有白色沉淀物产生。利用这个原理在现场路面滴上数滴硝酸银溶液,如果产生白色沉淀物就说明有效成分存在。检测结果表明,盐分成分存在。

综上所述,本章主要对盐化物沥青混合料的级配组成设计与施工工艺进行了研究。采用填料体积等效置换原则修正盐化物置换不同比例矿粉后的添加量,通过马歇尔试验方法进行了最佳油石比的确定,在盐化物沥青混合料中盐分析出规律的基础上,以浸水时间与温度两个因素对混合料体积指标进行试验与分析。同时本章总结了盐化物沥青路面的关键施工工艺及重点控制环节,为抗冻结沥青路面的工程应用提供一定的理论指导。

## 本篇参考文献

[1] 张洪伟. 盐化物融冰雪沥青混合料室内试验研究[J]. 中外公路,2009,2:220-222.

[2] 张洪伟. 盐化物沥青混合料抑制结冰与融雪试验研究[J]. 长安大学学报(自然科学版),2011(2).

[3] 刘红瑛,郝培文. 道路除冰雪技术及其发展趋势[J]. 筑路机械与施工机械化,2008(11):18-21.

[4] 周纯秀. 冰雪地区橡胶颗粒沥青混合料应用技术的研究[D]. 哈尔滨:哈尔滨工业大学,2006.

[5] 洪乃丰. 再议盐害与除雪剂[J]. 减灾技术与方法,2003(1):29-32.

[6] 唐祖全,李卓球,侯作富,等. 导电混凝土电热除冰雪的功率分析[J]. 重庆建筑大学学报,2002(3):101-105.

[7] 武海琴. 发热电缆用于路面融雪化冰的技术研究[D]. 北京:北京工业大学,2005:2-9.

[8] 小栗学,下道純. 最近の凍結抑制舗装について[J]. 開発土木研究所月報,1999(2):33-37.

[9] 荒木,竹田,鈴木. 粉体. 塩化物系凍結抑制舗装の追跡調査[J]. 舗装,1997,32(9):8-14.

[10] 王琨. 岩性对沥青混合料体积指标的影响研究[D]. 西安:长安大学,2008.

[11] 温智源,贾圣东. 马歇尔击实次数对沥青混合料体积指标的影响分析[J]. 黑龙江科技信息,2009(35):375-376.

[12] 张惠勤. 沥青混合料体积指标和抗车辙性能统一预估模型及其应用研究[D]. 山东:山东大学,2009.

[13] 范庆国,赵永利. 沥青混合料体积指标的准确计算[J]. 山东交通科技,2008(4):76-77.

[14] 刘树堂,房建果,郭忠印. 理论最大相对密度对沥青混合料体积指标的影响分析[J]. 公路,2005(5):134-138.

[15] 胡苗,祁锋,杨红. 空隙率对沥青混凝土性能影响的模型研究[J]. 中外公路,2010,30(4):277-280.

[16] 李德超. 集料在沥青混合料中的状态对其体积指标的影响[J]. 石油沥青,2006,20(1):49-54.

[17] 村國誠,土橋博文,北原俊志,等. 排水性舗装への化学系凍結抑制材適用試験[C]. 北陆冰雪技术研讨会论文集,2006:73-76.

[18] 刘晓鸿. RUBBIT 设计与研究[D]. 哈尔滨:哈尔滨建筑大学,2000.

[19] 仁平陽一郎,浅野基樹,宮本修司,等. 車両走行が雪氷路面に与える影響について[J]. 北海道開発土木研究所月報,2001(581):41-45.

[20] 凍結抑制舗装技術研究会. 凍結抑制舗装の評価方法に関する検討[J]. 舗装,2002,37(8):26-31.

[21] 李平,张争奇. 沥青胶浆粘度特性研究[J]. 交通运输工程学报,2008,8(2):49-52.

[22] 李平,芦军. 沥青混合料用矿粉性能指标研究[J]. 中国公路学报,2008,21(4):6-10.

[23] 张争奇,王永财. 沥青胶浆对沥青混合料高低温性能的影响[J]. 长安大学学报,自然科

学版,2006,26(2):1-5.

[24] 中原,竹田,島崎.凍結抑制効果の予測法に関する検討[C].第21回日本道路会議論文集,1995(10):530-531.

[25] 今井寿男,本间良信,山口美代子.盐化物系冻结抑制路面随时间的变化研究[C].第21回日本道路会议论文集,1995(10):516-517.

[26] 张传良,张丽娟,李亚芬.化学类冻结抑制路面在国外公路中的应用[J].交通标准化,2010(224):89-91.

[27] 张保立.沥青与沥青混合料光热老化路用性能研究[D].重庆:重庆交通大学,2010.

[28] 魏荣梅.道路沥青的老化与再生研究[D].武汉:武汉理工大学,2006.

[29] 段小琦.永久性沥青路面疲劳性能的研究[D].西安:长安大学,2008.

[30] 戚大贺.乳化沥青冷再生混合料的疲劳性能研究[D].重庆:重庆交通大学,2010.

[31] 霍鑫,田小革,栾利强,等.沥青混合料疲劳寿命及其影响因素研究[J].中外公路.2010,30(5):266-269.

[32] 吴文军.浇筑式沥青混凝土疲劳性能研究[D].重庆:重庆大学,2009.

[33] 李闯.不同影响因素下沥青混合料疲劳性能试验研究[D].大连:大连理工大学,2009.

[34] 杨毅.不同加载频率下沥青混合料疲劳损伤特性研究[D].长沙:长沙理工大学,2009.

[35] 郝永峰.SEAM沥青混合料疲劳性能研究[J].科技资讯,2010(29):97-98.

[36] 童精勤.年降雨量的预测研究[J].武汉理工大学学报,2008,30(7):99-102.

[37] 刘雪梅.影响沥青路面水损因素分析及改善措施[J].中国新技术新产品,2010(16):74.

[38] 邓云潮.影响沥青混凝土水稳定性因素的灰关联分析[J].西安科技学院学报.2000,20(3):201-204.

[39] 和国强,吴世忠.水对沥青路面的影响及病害防治[J].科技信息,2010(9):347.

[40] 胡斌.水对沥青混合料路用性能的影响[D].哈尔滨:哈尔滨工业大学,2007.

[41] 王延海.三种沥青抗剥落剂的性能对比研究[J].公路工程,2011,36(3):172-174,186.

[42] 郑晓光,杨群,吕伟民.沥青路面水损害的病害特征与机理分析[J].中南公路工程,2006,31(2):96-98,123.

[43] 周骊巍.沥青混合料水稳性研究[D].河北:河北工业大学,2005.

[44] 王中岐.沥青混合料水稳性试验研究[J].中外公路.2006,26(3):266-268.

[45] 谢军,李宇峙,邵腊庚.沥青混合料水稳定性APA试验研究[J].湖南科技大学学报(自然科学版),2005,20(2):53-57.

[46] 吴侃.空隙率与沥青混合料水稳性的关系分析[J].中国水运(下半月),2008,8(5):179-181.

[47] 徐栋良.高性能沥青混合料水稳定性研究[D].重庆:重庆交通大学,2008.

[48] 刘超浅谈高速公路冬季除雪防滑[J].科技信息,2009(25):704.

[49] 孙凤英,阎春利.冬季冰雪路面行车速度与安全隐患分析[J].森林工程,2010,26(3):44-45,60.

[50] 王联果,张建华,刘洋.冰雪路面冻滑抑制的技术对策[J].公路交通技术,2008(3):6-8.

[51] 凍結抑制舗装技術研究会.凍結抑制舗装の定量的評価手法に関する検討[J].第9回

北陸道路舗装会議,2003.

[52] 凍結抑制舗装技術研究会.凍結抑制舗装ポケットブック[Z].东京,2003.

[53] 村国,竹田,西天.化学类高性能路面冻结抑制试验研究[J].日本雪工学会志,2006(22):29-33.

[54] 王小光.高效环保融雪剂的研制[D].郑州:郑州大学,2007.

[55] 席本强.多孔材料的特性分析[J].科技信息(科学教研),2007:33-36.

[56] 王玉娥.聚电解质层层组装过程的新监测方法研究[D].山东:山东师范大学,2009.

[57] 罗炫.聚芳亚胺酮类高性能聚合物的分子设计、合成及应用研究[D].北京:中国工程物理研究院,2009.

[58] 张俊彦.多孔材料的力学性能及破坏机理[D].湖南:湘潭大学,2003.

[59] 时进钢.表面活性剂对堆肥过程中微生物胞外酶的作用及其机理研究[D].湖南:湖南大学,2007.

[60] 姜绍升,孙青松.化学类冻结抑制沥青路面融雪效果评价[J].中外公路,2012(32):243-248.

[61] 张丽娟,孙青松,韩森.掺加盐化物融雪冰雪材料的沥青混合料路用性能研究[J].中外公路,2011(21):31-33.

公路水运工程试验检测专业技术人员
职业资格考试用书

# 水运结构与地基

（2016年版）

交通运输部安全与质量监督管理司
交 通 运 输 部 职 业 资 格 中 心　组织编写

徐满意　朱光裕　顾伟园　主编

人民交通出版社股份有限公司
China Communications Press Co.,Ltd.

## 内 容 提 要

本书为交通运输部安全与质量监督管理司和交通运输部职业资格中心组织编写并审定的《公路水运工程试验检测专业技术人员职业资格考试用书》(2016年版)之一。该书理论联系实际,强调实用性和可操作性,内容全面、系统;选材时,着重考虑了水运工程结构与地基的特点,同时还注意吸收其他行业的成功经验。部分章节中引入了一些编者对有关检测方法进行的归纳与探索。

全书分为三篇共35章,主要内容包括:混凝土结构材料基本力学性能试验,结构混凝土强度及缺陷现场检测,结构与构件的静力试验,结构动力测试,水工建筑物原型观测与现场检测评估,海洋工程钢结构防腐;桩的基本知识,桩轴向抗压静载荷试验,桩轴向抗拔静载荷试验,单桩水平静载荷试验,基桩高应变检测,试打桩与打桩监控,基桩低应变反射波法,声波透射法检测与分析,钻芯法检测混凝土灌注桩质量,钻孔灌注桩成孔、地下连续墙成槽检测,锚杆试验与检测技术;有关土工与地基处理基础知识,常用的土工试验方法和原位测试方法,主要的地基处理方法和复合地基检测的基本知识与方法等,供读者学习与提高之用。

该书为公路水运工程试验检测专业技术人员职业资格培训教材,通俗易懂可操作性强,便于普及、应用和提高,也可供大专院校相关专业师生和相关专业工程技术人员参考使用。

**图书在版编目(CIP)数据**

公路水运工程试验检测专业技术人员职业资格考试用书. 水运结构与地基 : 2016年版 / 交通运输部安全与质量监督管理司, 交通运输部职业资格中心组织编写. —北京: 人民交通出版社股份有限公司, 2016.6

ISBN 978-7-114-13078-6

Ⅰ.①公… Ⅱ.①交…②交… Ⅲ.①道路工程—试验—资格考试—自学参考资料②道路工程—检测—资格考试—自学参考资料③航道工程—试验—资格考试—自学参考资料④航道工程—检测—资格考试—自学参考资料 Ⅳ.①U41②U61

中国版本图书馆CIP数据核字(2016)第122462号

**书　　名:** 公路水运工程试验检测专业技术人员职业资格考试用书　水运结构与地基(2016年版)
**著 作 者:** 交通运输部安全与质量监督管理司
交通运输部职业资格中心
**责任编辑:** 周　凯
**出版发行:** 人民交通出版社股份有限公司
**地　　址:** (100011)北京市朝阳区安定门外外馆斜街3号
**网　　址:** http://www.chinasybook.com
**销售电话:** (010)64981400,59757915
**总 经 销:** 北京交实文化发展有限公司
**印　　刷:** 北京鑫正大印刷有限公司
**开　　本:** 787×1092　1/16
**印　　张:** 32
**字　　数:** 775千
**版　　次:** 2016年6月　第1版
**印　　次:** 2017年8月　第2次印刷
**书　　号:** ISBN 978-7-114-13078-6
**定　　价:** 95.00元

# 《公路水运工程试验检测专业技术人员职业资格考试用书》(2016年版)

## 编审委员会

# 出版说明

根据人力资源社会保障部、交通运输部《关于印发〈公路水运工程试验检测专业技术人员职业资格制度规定〉和〈公路水运工程试验检测专业技术人员职业资格考试实施办法〉的通知》(人社部发〔2015〕59号),为加强公路水运工程试验检测专业技术人员队伍建设,提高试验检测专业技术人员素质,国家设立公路水运工程试验检测专业技术人员水平评价类职业资格制度,纳入全国专业技术人员职业证书制度统一规划,面向全社会提供公路水运工程试验检测专业技术人员能力水平评价服务。评价结果与工程系列相应级别职称有效衔接,为用人单位科学使用公路水运工程试验检测专业技术人才提供依据。

为满足试验检测行业发展要求,并为试验检测专业技术人员考试提供复习参考,交通运输部安全与质量监督管理司、交通运输部职业资格中心组织编写了《公路水运工程试验检测专业技术人员职业资格考试用书》(2016年版)。本套考试用书内容丰富、系统、涵盖面广,每本用书内容相对独立、完整、自成体系,结合当前我国公路水运工程建设技术水平和交通运输部有关标准、规范的发展情况,收录了当前公路水运工程试验检测的前沿理论和新技术。整套考试用书有理论,有基本操作讲解、有实例,全面系统地介绍了公路水运工程试验检测理论和实用技术。作为公路水运工程试验检测专业技术人员职业资格考试的复习指导用书,本套考试用书在编写时,紧密结合考试大纲要求,适用于广大试验检测专业技术人员全面系统地学习和掌握公路水运工程试验检测技术,具有较强的实用性和可操作性,基本能够满足公路水运工程试验检测工作的实际需要。

本套考试用书包括《公共基础》、《道路工程》、《桥梁隧道工程》、《交通工程》、《水运结构与地基》和《水运材料》,共6册。

《公共基础》由解先荣主编,主要介绍公路水运工程试验检测发展概况、公路水运工程试验检测管理有关法律法规、试验检测基础知识等。

《道路工程》由张超、支喜兰主编,内容包括路基路面工程试验检测相关知识和规定，土工、集料、路面基层与底基层材料、水泥与水泥混凝土、沥青与沥青混合料等材料试验和路基路面现场测试等。

《桥梁隧道工程》由何玉珊、程崇国、章关永、涂耘主编，主要介绍桥梁工程质量等级评定、桥梁工程结构常用仪器设备的性能和使用、桥梁静动力荷载试验、超前支护与围岩施工质量检查、开挖质量检测、施工监控量测、混凝土衬砌质量检测等内容。

《交通工程》由韩文元、朱立伟主编，主要介绍交通工程试验检测基础知识，交通管理设施、监控设施、通信设施、收费设施等的试验检测。

《水运结构与地基》由徐满意、朱光裕、顾伟园主编，主要介绍土工基础知识、常用的土工试验方法、主要的原位测试方法、主要的地基处理方法和复合地基桩身质量检测、混凝土结构力学性能及缺陷现场检测、结构与构件的静动力试验、桩的静荷载试验、基桩高应变动力检测、锚杆试验与检测技术等。

《水运材料》由谭华主编，主要从所用的工程部位、组批原则、取样方法、检验项目、试验设备、试验步骤、试验结果分析等环节详细阐述了水运工程常用材料的试验检测。

本套考试用书以国家和交通运输部颁发的有关法规及标准规范为依据，虽经全面审查和补充修改，但其中仍难免有不足之处，诚挚希望广大读者在学习使用过程中及时将发现的问题函告我们，以便进一步修改和补充。该套考试用书在编写过程中得到人民交通出版社股份有限公司和有关专家的大力支持，在此一并致谢。

**交通运输部安全与质量监督管理司**
**交通运输部职业资格中心**
**2016年4月**

# 前　　言

交通运输部安全与质量监督管理司和交通运输部职业资格中心于2016年4月编制出版了《公路水运工程试验检测专业技术人员职业资格考试大纲》(2016年版),考试大纲对各专业考试科目的划分和要求掌握的内容范围作了明确的规定和说明。为指导参加考试的人员结合考试大纲学习与掌握相关知识,交通运输部安全与质量监督管理司和交通运输部职业资格中心组织有关专家编写了《公路水运工程试验检测专业技术人员职业资格考试用书》(2016年版),该系列考试用书同时也可作为从事试验检测管理与操作的工程技术人员及高等院校相关专业师生在实际工作和教学中的参考用书。

水运工程结构与地基专业用书为上述系列丛书之一,本次根据新颁布的相关标准和规范,对2014版的水运《结构》和《地基与基础》作了重新修订,并将二者整合统编为《水运结构与地基》,将有关安全方面的基础知识调整到《公共基础》之中。并在编写过程中强调结合现行标准和规程的有关规定,对结构试验、基桩试验和地基与基础检测技术的基本原理及测试要点进行了详细解释,凡有部颁标准的以现行部颁标准为依据,对缺少部颁标准的则依据国家现行标准或其他相关行业标准,本书本着实用的原则,系统介绍了水运工程结构、桩基试验和地基与基础检测理论及实用技术,务求加深使用者的相关理论基础知识和实际操作能力,最终达到提高工程质量评定和试验检测能力的目的。

全书共分三篇,第一篇结构检测技术、第二篇基桩检测技术、第三篇地基检测技术,其中,第一篇共七章,包括混凝土结构材料基本力学性能试验、结构混凝土强度及缺陷现场检测、结构与构件的静力试验、结构动力测试、水工建筑物原型观测与现场检测、海洋工程钢结构防腐等;第二篇共十一章,包括桩的基本知识、桩轴向抗压静载荷试验、抗拔静载荷试验、单桩水平静载荷试验、基桩高应变检测、试打桩与打桩监控、基桩低应变反射波法、声波透射法、钻芯法、钻孔灌注桩成孔和成槽检测、锚杆试验与检测技术等;第三篇共十七章,主要包括地基与土工基础知识、土工试验、原位试验与检测技术等。

书中第一篇、第二篇由朱光裕、顾伟园主编，参加编写的还有刘祖华、任铮钺、吴锋、张宝华。其中刘祖华编写第一篇中第一、二、四、五章，朱光裕编写第二篇中第一、二、三、五、六章及第一篇中第七章第二节，顾伟园编写第二篇中第七、八、九章，任铮钺编写第一篇第三章、第七章第一节和第二篇第十一章，吴锋编写第一篇第六章和第二篇第四章，张宝华编写第二篇中的第十章；第三篇由徐满意主编，参加编写的还有周福田、孙万禾、顾春光。其中第一章第一节～第六节、第二章～第八章由周福田教授编写，第十章～第十四章、第十七章第一、二节由徐满意教高编写，第十五章、第十六章由孙万禾教授级高工编写，第一章第七节、第九章、第十七章第三节由顾春光高工编写；全书统稿工作由徐满意教授级高工完成。

本书在编排过程中，司炳君、洪帆等专家对第一、二篇提出了很多宝贵意见；东南大学交通学院朱志铎教授、交通运输部天津水运工程科学研究院朱崇诚和郑锋勇、张强研究员曾分别审阅了第三篇的部分章节，并对选材取舍也提出了许多宝贵意见，对成书质量的提高帮助很大；交通运输部天津水运工程科学研究院孙熙平、乔小利、韩冉冉高工和李明玉工程师参加了很多校稿工作；最终成稿，由试验检测方面有关专家司炳君、张宝华等进行了统一审定，在此一并表示感谢。

由于编者水平有限、时间紧迫，书中难免有错漏之处，诚请各位专家和本书使用者提出宝贵意见，并将意见反馈到交通运输部安全与质量监督管理司和交通运输部职业资格中心，以便在修订或再版时改进。

**编　者**

**2016 年 4 月**

# 目　录

## 第一篇　结构检测技术

## 第二篇　基桩检测技术

## 第三篇　地基检测技术

# 第一篇

# 结构检测技术

# 第一章 概 述

## 第一节 水工建筑物的组成

水运工程水工建筑物有港口、航道和修造船厂等建筑物，其中主要为港口水工建筑物。港口建筑物包含有码头、防波堤、护岸等，其中主要为码头。本书主要讨论水工建筑物结构的试验检测和工程质量检测。

码头是供船舶系靠停泊用的建筑物，在此进行货物装卸、旅客上下或其他专业性作业，是港口主要水工建筑物之一。

码头由主体结构和码头设备两部分组成，其结构形式主要有重力式、板桩式、高桩式等。码头的主体结构包括：上部结构、下部结构和基础。不同的主体结构由不同的部件和构件组成，可以采用各种不同预制构件。

重力式码头一般由墙身、胸墙、基础、墙后回填土及码头设备等组成，其中墙身、胸墙为主要结构部分，通常由混凝土或钢筋混凝土制成。重力式码头是靠结构自重（包括结构自身和相应的回填土等的重量）来抵抗外荷载引起的滑移和倾覆。

板桩码头主要由板桩墙、拉杆、锚碇结构、胸墙（或导梁和帽梁）及码头设备等组成，其中板桩可以采用钢筋混凝土板桩或钢管桩、组合型钢板桩，胸墙等为现浇钢筋混凝土，而锚碇结构为钢筋混凝土地下连续墙结构或锚碇桩。板桩码头是依靠板桩下端沉入地基的横向土抗力和上部的锚碇结构来保持其整体稳定性。

高桩码头主要有上部结构（桩台或承台）、桩基和岸坡（包括接岸结构）及码头设备等组成，其中，上部结构通常采用钢筋混凝土梁板结构，并可以采用较多的预制构件。高桩码头的特点是利用打入地基中的桩将作用在上部结构的荷载传到地基。

特种和混合式码头是指码头的主体由两种或两种以上的结构形式组成，主要有钢板桩格型码头、锚碇墙式码头和装配式排架梁板码头。

墩式码头由分离的基础墩（引桥墩和码头墩）和上部跨间结构组成，按基础墩的结构特点分为重力墩式码头和桩基墩式码头。

浮码头由趸船、趸船的锚系和支撑设施、引桥及护岸等组成。

在深水区建造码头，需要建造引堤或引桥作为码头与陆域联系通道。引桥结构主要由桥墩和桥梁组成。

防波堤的主要作用是防御波浪的侵袭，保证船舶在港内安全地停泊和进行装卸作业；此外，防波堤还可以用于拦阻泥沙、减轻港内淤积，以及防止流冰侵入港内。

防波堤的结构形式有斜坡式、直立式和混合式等。

护岸的作用是保护海岸、河岸等不被侵蚀，以保护岸上的设备、建筑物等。在港口中，除系靠船的码头岸壁以及修造船的建筑物外，凡港口陆域与水域相接的部分均可称为护岸，海港城市的临海部分也有很多护岸。护岸可以用于保护新填筑地不受侵蚀，也可以保护原海岸、河岸等不被侵蚀。

护岸的断面形式有斜坡式和直立式。

在水工建筑物中，主要采用混凝土结构和钢结构，混凝土结构包括钢筋混凝土结构和预应力混凝土结构。按照施工方法还可以将混凝土结构分为现浇结构和装配式结构，装配式结构中采用了预制构件，具有经济合理、高效高质的特点。

结构的作用是承受荷载，水工建筑物所受到的荷载作用有：

(1)恒载，如建筑物自重，土压力、水压力和预加应力等；

(2)活载，如堆货荷载、船舶荷载、起重运输机械荷载，自然荷载及施工荷载等；

(3)偶然荷载，如地震荷载等。

## 第二节 结构和构件的结构性能

国家标准《工程结构可靠性设计统一标准》(GB 50153—2008)规定，各类工程结构(包括房屋建筑、铁路、公路、港口、水利水电等结构)应满足以下功能要求：

(1)能承受在施工和使用期间可能出现的各种作用；

(2)保持良好的使用性能；

(3)具有足够的耐久性能；

(4)当发生火灾时，在规定的时间内可保持足够的承载力；

(5)当发生爆炸、撞击、人为错误等偶然事件时，结构能保持必需的整体稳固性，不出现与起因不相称的破坏后果，防止出现结构的连续倒塌。

国家标准《港口工程结构可靠性设计统一标准》(GB 50158—2010)规定，港口工程结构应满足下列功能要求：

(1)在正常施工和正常使用时，能安全承受可能出现的各种作用；

(2)在正常使用时具有良好的工作性能；

(3)在正常维护下具有足够的耐久性能；

(4)有特殊要求时，在发生设定的偶然事件下，主体结构仍能保持整体稳定。

结构在规定的设计使用年限内，在规定的条件下，完成上述功能的能力称为可靠性，而完成上述功能的概率称为可靠度。

结构构件的上述功能也可称为结构性能。由于结构材料性能是随机变量，结构和构件的结构性能也是随机变量，对结构性能进行检测和评价时，应采取概率统计方法，或考虑其统计特性。

结构或构件超过某一特定状态就不能满足上述功能要求，此特定状态即为对应于该功能的极限状态。对应于结构或构件达到最大承载力或不适于继续承载的变形的状态，称为承载能力极限状态；对应于结构或构件达到正常使用或耐久性能的某项规定限值的状态，称为正常使用极限状态。

《混凝土结构设计规范》(GB 50010—2010)和《水运工程混凝土结构设计规范》(JTS 151—2011)关于混凝土结构构件的结构性能有如下规定:

混凝土结构或构件在受到不超过对应于承载能力极限状态的荷载作用下,应具有足够的承载力,不应发生疲劳破坏,不应发生不适于继续承载的变形,不应发生局部破坏而引发连续倒塌;在受到不超过对应于正常使用极限状态的荷载作用下,其变形、裂缝宽度和应力等不应超过规定的限值,还应该符合耐久性的要求。

《钢结构设计规范》(GB 50017—2003)和《水运工程钢结构设计规范》(JTS 152—2012)关于钢结构构件的结构性能有如下规定:

钢结构在受到不超过对应于承载能力极限状态的荷载作用下,应具有足够的强度,不应产生疲劳破坏或不适于继续承载的过度变形,不应丧失稳定,不应转变为机动体系或发生倾覆,不应由于局部破坏而连续倒塌;在受到不超过对应于正常使用极限状态的荷载作用下,其变形不宜超过规定的容许值,不应产生影响正常使用的振动,不应产生影响正常使用或耐久性能的局部损坏。

所有结构或构件都应按照规范的规定确定安全等级,根据安全等级确定结构或构件的重要性系数。

## 第三节 结构性能检验

为保证结构和构件具有规定的可靠度,应该在设计阶段、施工阶段和使用阶段进行相应的质量控制。施工阶段,对结构材料和制品(包括预制构件)的质量控制,以及对施工的质量控制,是质量控制的重要手段。

通过试验和检测确定结构和构件的结构性能等,是进行工程质量控制,保证结构具有规范规定的可靠度的有效方法。

对于使用中的建筑物结构,可以通过试验检测获得其结构性能。

采用结构试验,如静力加载试验,可以得到结构和构件的承载能力和变形,及混凝土结构和构件的裂缝控制性能。采用动力测试,可以得到结构或构件的动力特性,及在某一动力作用下的动力反应。

通过结构试验和检测,可以直接得到结构和构件的结构性能。也可以采用间接方法,测得结构的材料性能等,通过计算或其他手段,间接地得到结构性能。

结构试验中,利用试验装置或者自然力模拟结构的受力状况,对结构构件施加荷载,采用各种测试手段测量结构构件在荷载作用下的反应(包括变形、应力、开裂、破坏等),通过对试验结果的计算分析,以确定结构构件的结构性能。

结构试验分为静力试验和动力试验。

结构试验和检测、结构的现场检测等,都应该按照或参照有关的国家标准、行业标准执行。混凝土结构构件的结构试验,可以参照国家标准《混凝土结构试验方法标准》(GB/T 50152—2012)和《混凝土结构工程施工质量验收规范》(GB 50204—2015)的有关规定。

梁板类简支受弯预制构件应该按照国家标准《混凝土结构试验方法标准》(GB/T 50152—

2012）、《混凝土结构工程施工质量验收规范》（GB 50204—2015）的有关规定执行，且符合下列规定：

（1）钢筋混凝土构件和允许出现裂缝的预应力混凝土构件应进行承载力、挠度和裂缝宽度检验；不允许出现裂缝的预应力混凝土构件进行承载力、挠度和抗裂检验。

（2）对大型构件及有可靠应用经验的构件，可只进行裂缝宽度、抗裂和挠度检验。

（3）对使用数量较少的构件，当能提供可靠依据时，可不进行结构性能检验。

（4）检验数量：同一类型预制构件不超过1000个为一批，每批随机抽取1个构件进行结构性能检验。

（5）按照GB/T 50152—2012第8.1.1条，批量生产的预制混凝土构件宜进行型式检验。

（6）按照GB/T 50152—2012第8.1.2条，批量生产的预制混凝土构件宜在批量生产之前进行首件检验；当生产工艺、设备、原材料等有较大调整变化时，也宜进行首件检验。

在实际工程中，需要对一批结构构件进行检验、评价和验收时，应该按照有关的国家标准或产品标准等的规定，确定检验批、从一批中抽样、对抽样试件进行检验，按检验结果对该批构件进行评价和验收。试件抽样应具有代表性和一定比例，检验结果评价应考虑相应的可靠度要求。

对一个特定结构构件的结构性能进行检验、评价和验收时，通常根据设计要求、标准图集，或有关的国家标准等进行试验，试验结果主要针对特定的试件，用于确定该特定结构构件的结构性能，用于该特定结构构件的验收。

通常在结构试验中，应加载至结构构件达到破坏。如果试验目的只需要确定试件是否满足某一极限状态下的要求，则可以加载至试件达到和满足某一极限状态要求为止，这时试件仍未破坏，也可终止加载。

如混凝土结构构件加载至满足正常使用极限状态的变形、裂缝宽度或抗裂要求的荷载时，已达到试验要求，即可终止加载；加载至满足承载能力极限状态的荷载时，已达到试验要求，即终止加载，尽管试件仍未达到破坏。

如钢结构构件加载至满足正常使用极限状态的变形、局部损坏要求的荷载时，已达到试验要求，即可终止加载；加载至满足承载能力极限状态的荷载时，已达到试验要求，即终止加载，尽管试件仍未达到破坏。

对某些结构构件进行验收时，如果该结构构件仍需继续使用，通常采用这种试验方式。

# 第二章

# 混凝土结构材料基本力学性能试验

## 第一节 混凝土材料力学性能试验

混凝土通常是用水泥、水、砂、石子等材料按设计要求的比例混合，在需要时掺加适量的外加剂和掺和料。在混凝土组成材料中，砂、石是集（骨）料，对混凝土起骨架作用，其中小颗粒的集料填充大颗粒的空隙。水泥和水组成水泥浆，包裹在所有粗、细集料的表面并填充在集料空隙中。在混凝土硬化前，水泥浆起润滑作用，赋予混凝土拌和物流动性，便于施工；在混凝土硬化后起胶结作用，把砂、石集料胶结成为整体，使混凝土产生强度，成为坚硬的人造石材。

由于港口工程的混凝土结构的环境条件极为不利，对混凝土除了有力学性能的要求外，还有其他方面的要求，如抗侵蚀性、抗渗性等。但作为结构材料，力学性能仍然是混凝土的基本要求。

本节主要介绍混凝土的立方体抗压强度、抗拉强度及弹性模量试验。

### 一、混凝土立方体抗压强度

混凝土立方体抗压强度试验，应按照行业标准《水运工程混凝土试验规程》（JTJ 270—98）的有关规定进行。

1. 试件

混凝土立方体抗压强度试件的标准尺寸为150mm×150mm×150mm，当骨料粒径较大或较小时，也可以采用200mm×200mm×200mm或100mm×100mm×100mm。混凝土骨料最大粒径应不大于试件最小边长的1/3。以3个试件为一组。

按规定在试验室内拌和混凝土，或直接从施工用的混凝土中取样，立即置于试模中，试模应采用钢模。试件可采用振动台、振动棒或人工捣实方法成型。

试件成型后，可以根据试验目的，采用标准养护或与结构、构件同条件养护。标准养护即将试件按规定置于标准养护室中，标准养护室内应保持温度为20℃±3℃，相对湿度为90%以上。还可以将试件置于20℃±3℃的不流动的水中进行养护。

2. 试验设备

进行抗压试验的压力试验机，其示值相对误差应不大于2%，其量程应使试件的预期破坏荷载不小于量程的20%，也不大于量程的80%。试验机应具有加荷速度指示装置或加荷速度控制装置，可以均匀地连续加荷卸荷。

试验机的上、下压板应有足够的刚度，其中之一（宜为上压板）应带有球形支座，使压板与试件接触均衡。在试验机上、下压板与试件之间可各垫以钢垫板，钢垫板的两个承压面均应平整。

与试件接触的压板或垫板的尺寸应大于试件的受压面，它们的不平度应不大于边长的0.02%。

3. 试验步骤

(1)试件自养护室地点取出后，应尽快试验，避免其温度和湿度发生显著变化。

(2)试验前，先将试件擦拭干净，测量尺寸并检查外观。试件尺寸测量精确至1mm，并据此计算试件的承压面积$A$；如实测尺寸与公称尺寸之差不超过1mm，可按公称尺寸进行计算。试件承压面的不平整度，不应大于试件边长的0.05%；承压面与相邻面的不垂直度，不应大于±1°。

(3)把试件安放在试验机下压板中心(几何对中)，试件的承压面应与成型时的顶面垂直。开动试验机，当上压板与试件接近时，调整球座，使接触均衡。

(4)以0.3～0.5MPa/s的速度连续而均匀地加荷。当试件接近破坏而开始迅速变形时，应停止调整试验机油门，直至试件破坏，记下破坏荷载$P$。

4. 试验结果计算

混凝土立方体试件抗压强度按下式计算：

$$f_{cu}=\frac{P}{A} \tag{1-2-1}$$

式中：$f_{cu}$——混凝土立方体试件抗压强度(MPa)；

$P$——破坏荷载(N)；

$A$——试件承压面积($mm^2$)。

以3个试件抗压强度的算术平均值作为该组试件的抗压强度值，计算精确至0.1MPa。当3个试件强度值中的最大值或最小值之一，与中间值之差超过中间值的15%，则取该中间值作为该组试件的抗压强度值；如3个试件强度值中的最大值和最小值，与中间值之差均超过中间值的15%，则该组试验结果无效。

以150mm×150mm×150mm试件的抗压强度为标准值，其他尺寸的试件测得的强度值均应乘以尺寸换算系数。对200mm×200mm×200mm的试件及100mm×100mm×100mm的试件，换算系数分别为1.05及0.95。

## 二、混凝土轴心抗压强度

混凝土轴心抗压强度试验，应按照行业标准《水运工程混凝土试验规程》(JTJ 270—98)的有关规定进行。

1. 试件

混凝土轴心抗压强度试件的标准尺寸为150mm×150mm×300mm，3个试件为一组。如确有需要，也可以采用非标准尺寸的棱柱体试件，但其高宽比应在2～3范围内。

试件的成型和养护、试验设备与上述立方体抗压强度试验的要求相同。

2. 试验步骤

(1)试件自养护室地点取出后，应尽快试验，避免其温度和湿度发生显著变化。

(2)试验前，先将试件擦拭干净，测量尺寸并检查外观。试件尺寸测量精确至1mm，并据此计算试件的承压面积$A$；如实测尺寸与公称尺寸之差不超过1mm，可按公称尺寸进行计算。

试件承压面的不平整度,不应大于试件边长的0.05%;承压面与相邻面的不垂直度,不应大于±1°。

(3)把试件直立安放在试验机下压板上,试件的轴心应与下压板的中心对准(几何对中)。开动试验机,当上压板与试件接近时,调整球座,使接触均衡。

(4)以0.3~0.5MPa/s的速度连续而均匀地加荷。当试件接近破坏而开始迅速变形时,应停止调整试验机油门,直至试件破坏,记下破坏荷载$P$。

3. 试验结果计算

混凝土立方体试件抗压强度按下式计算:

$$f_{cc}=\frac{P}{A} \tag{1-2-2}$$

式中:$f_{cc}$——混凝土轴心抗压强度(MPa);

$P$——破坏荷载(N);

$A$——试件承压面积($mm^2$)。

以3个试件轴心抗压强度的算术平均值作为该组试件的轴心抗压强度值,计算精确至0.1MPa。当3个试件强度值中的最大值或最小值之一,与中间值之差超过中间值的15%,则取该中间值作为该组试件的轴心抗压强度值;如3个试件强度值中的最大值和最小值,与中间值之差均超过中间值的15%,则该组试验结果无效。

采用非标准尺寸的试件测得的强度值,应乘以尺寸换算系数。对截面为200mm×200mm的试件及100mm×100mm的试件,换算系数分别为1.05及0.95。

## 三、混凝土劈裂抗拉强度

混凝土劈裂抗拉强度试验,应按照行业标准《水运工程混凝土试验规程》(JTJ 270—98)的有关规定进行。

1. 试件

混凝土劈裂抗拉强度试件的标准尺寸为150mm×150mm×150mm的立方体,3个试件为一组。

试件的成型和养护、试验设备与上述立方体抗压强度试验的要求相同。

2. 试验设备

劈裂试验用的钢制弧形垫条和三合板(或硬质纤维板)垫层如图1-2-1所示,垫条顶面为半径为75mm的弧形,长度不小于试件边长;垫层的宽度为15~20mm,厚度为3~4mm,长度不小于试件边长,垫条不得重复使用。

试验机的要求与上述立方体抗压强度试验的要求相同。

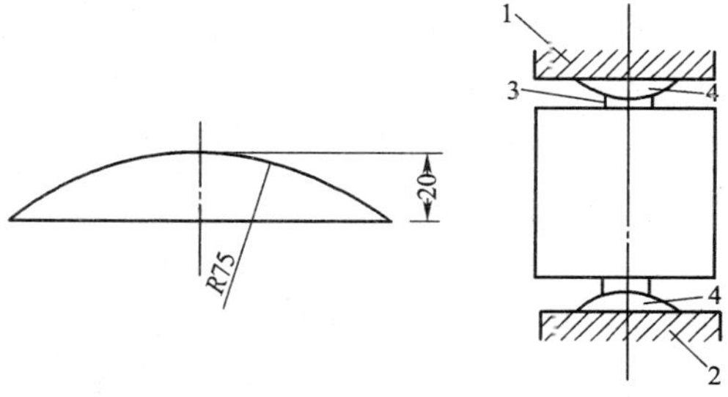

图1-2-1　劈裂试验用垫条和垫层

1-上压板;2-下压板;3-垫层;4-垫条

3. 试验步骤

(1)试件自养护室地点取出后,应尽快试验,避免其温度和湿度发生显著变化。

(2)试验前,先将试件擦拭干净,测量尺寸并检查外观，在试件中部画线定出劈裂面的位置。劈裂面应与试件成型的顶面垂直。

试件尺寸测量精确至1mm，并以此计算劈裂面面积$A$；如实测尺寸与公称尺寸之差不超过1mm，可按公称尺寸进行计算。试件承压面的不平整度，不应大于试件边长的0.05%；承压面与相邻面的不垂直度，不应大于±1°。

（3）把试件安放在试验机下压板的中心位置，在上、下压板与试件之间各垫以一个垫条和一层垫层（图1-2-1），垫条方向应与试件成型时的顶面垂直。为了保证上、下垫条对准及提高效率，可以将垫条安装在定位架上使用。

开动试验机，当上压板与试件接近时，调整球座，使接触均衡。

（4）以0.04～0.06MPa/s的速度连续而均匀地加荷。当试件接近破坏而开始迅速变形时，应停止调整试验机油门，直至试件破坏，记下破坏荷载$P$。

4. 试验结果计算

混凝土劈裂抗拉强度按下式计算：

$$f_{tu}=\frac{2P}{\pi A} \quad (1\text{-}2\text{-}3)$$

式中：$f_{tu}$——混凝土劈裂抗拉强度（MPa）；

$P$——破坏荷载（N）；

$A$——试件劈裂面面积（$mm^2$）。

以3个试件的强度值的算术平均值作为该组试件的劈裂抗拉强度值，计算精确至0.01MPa。当3个试件强度值中的最大值或最小值之一，与中间值之差超过中间值的15%，则取该中间值作为该组试件的劈裂抗拉强度值；如3个试件强度值中的最大值和最小值，与中间值之差均超过中间值的15%，则该组试验结果无效。

## 四、混凝土静力受压弹性模量

混凝土静力受压弹性模量，应按照行业标准《水运工程混凝土试验规程》（JTJ 270—98）的有关规定进行。

1. 试件

混凝土静力受压弹性模量试件尺寸与混凝土轴心抗压强度试件相同，标准尺寸为150mm×150mm×300mm，6个试件为一组，其中3个试件用于测定轴心抗压强度。如确有需要，也可以采用非标准尺寸的棱柱体试件，但其高宽比应在2～3范围内。

试件的成型和养护与上述立方体抗压强度试验的要求相同。

2. 试验设备

变形测量仪表的精度不低于0.001mm，但使用镜式引伸仪时，精度不低于0.002mm。

试验机等的要求同上。

3. 试验步骤

（1）试件自养护室地点取出后，应尽快试验，避免其温度和湿度发生显著变化。

（2）试验前，先将试件擦拭干净，测量尺寸并检查外观，试件尺寸测量精确至1mm，并以此计算承压面积$A$。如实测尺寸与公称尺寸之差不超过1mm，可按公称尺寸进行计算。试件承压面的不平整度，不应大于试件边长的0.05%；承压面与相邻面的不垂直度，不应大于

±1°。

(3)取3个试件,按上述规定,测定轴心抗压强度。

(4)另3个试件作弹性模量试验。将测量变形的仪表安装在试件两侧的中线上,并对称于试件的两端,见图1-2-2。标准试件的测量标距为150mm,非标准试件的测量标距不应大于试件高度的1/2,也不应小于100mm或骨料最大粒径的3倍。

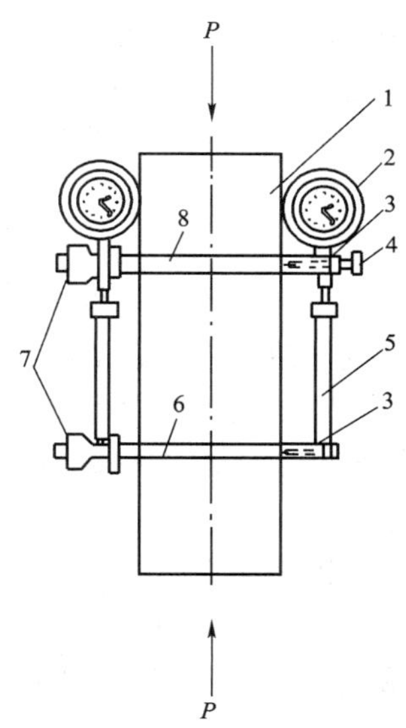

图1-2-2 千分表安装示意图

1-试件;2-千分表;3-刀口;4-固定螺钉;5-接触杆;6-下金属环;7-固定螺钉;8-上金属环

(5)把试件安放在试验机下压板的中心位置,作几何对中。开动试验机,当上压板与试件接近时,调整球座,使接触均衡。

(6)进行预压,以0.2~0.3MPa/s的速度连续均匀地加荷至轴心抗压强度值的40%,然后以同样的速度卸荷至零。如此反复预压3次,图1-2-3。

在预压过程中,观察试验机和测量变形的仪表运转是否正常。如有必要,应进行调整。

(7)预压后,进行正式加荷试验(图1-2-3)。用上述同样速度进行第4次加荷,先加荷至应力为0.5MPa的初始荷载 $P_0$,保持30s,分别读取试件两侧仪表的读数,然后加荷至轴心抗压强度值的40%(相应的荷载为 $P_c$),保持30s,分别读取试件两侧仪表的读数,计算平均变形值。按上述速度卸荷至初始应力0.5MPa,保持30s,读取仪表读数。

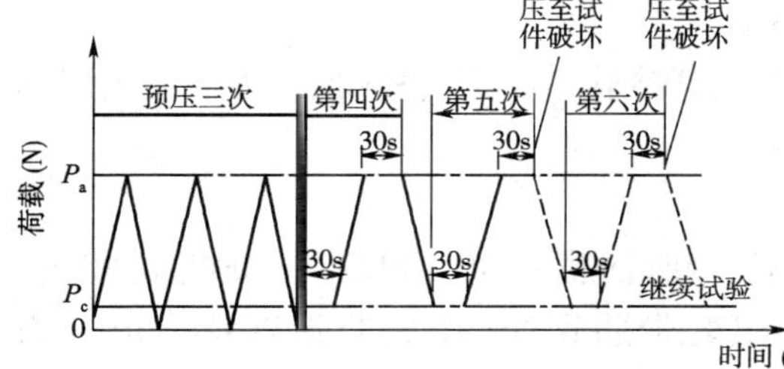


图1-2-3 弹性模量试验加荷制度示意图

按上述方法继续进行第5次加荷、持荷、读数并计算试件两侧变形值的平均值,第5次加荷测得的平均变形值与上一次加荷测得的平均变形值之间的差值,不得大于0.00002倍测点标距。否则,重复上述加荷过程,直到相邻两次加荷的变形值之差符合上述要求为止。

(8)然后卸除仪表,以同样速度加荷至破坏,得到轴心抗压强度。

4.试验结果计算

混凝土静力受压弹性模量按下式计算:

$$E_c = \frac{P_c - P_0}{A} \times \frac{L}{\delta_n} \tag{1-2-4}$$

式中:$E_c$——混凝土弹性模量(MPa),应计算至100 MPa;

$P_c$——应力为 $0.4f_{cc}$ 时的荷载(N);

$P_0$——应力为0.5MPa时的初始荷载(N);

$A$——试件承压面积($mm^2$);

$\delta_n$——最后一次加荷时试件两侧在 $P_c$ 及 $P_0$ 荷载作用下变形差的平均值(mm);

$L$——测点标距(mm)。

以3个试件试验结果的平均值为该组试件的混凝土弹性模量。如果其中一个试件在测定弹性模量后,其抗压强度值与用以决定试验控制荷载的轴心抗压强度值之差超过后者的

20%，则弹性模量值为其余两个试件试验结果的平均值；如有两个试件的抗压强度值超出上述规定，则试验结果无效。

## 第二节 钢筋力学性能试验

在混凝土结构和预应力混凝土结构中，钢筋（包括钢绞线、钢丝等）主要承受拉力；钢筋与混凝土结合在一起工作，各尽其能、相互补充，组成性能良好的结构构件。

钢筋按照用途可以分为钢筋混凝土用钢筋和预应力混凝土用钢筋，预应力混凝土用钢筋的强度较高，钢筋混凝土用钢筋的延性较好。按照生产、加工方法等的不同，钢筋还可以分为热轧、冷拉，带肋、光圆等。

钢筋的主要的力学性能包括：屈服强度、抗拉强度、规定塑性延伸强度和断后伸长率及弹性模量等，其中屈服强度、抗拉强度、规定塑性延伸强度和断后伸长率应该按照国家标准《金属材料　拉伸试验　第1部分：室温试验方法》（GB/T 228.1—2010），通过拉伸试验获得；弹性模量（拉伸杨氏模量）应该按照国家标准《金属材料　弹性模量和泊松比试验方法》（GB/T 22315—2008），通过静态法试验得到。

有些钢筋受拉后具有明显的屈服现象，通常以屈服强度（下屈服强度）作为其强度代表值；另一些没有明显的屈服现象，常用规定塑性延伸强度作为其强度代表值。

### 一、常用的钢筋种类

常用的钢筋有：①热轧带肋钢筋；②热轧光圆钢筋；③冷轧带肋钢筋；④预应力混凝土用钢绞线；⑤预应力混凝土用螺纹钢筋。

1. 热轧带肋钢筋

根据国家标准《钢筋混凝土用钢　第2部分：热轧带肋钢筋》（GB 1499.2—2007）的规定，热轧带肋钢筋（包括普通热轧带肋钢筋和细晶粒热轧带肋钢筋）按屈服强度特征值分为335MPa、400MPa、500MPa级，普通热轧带肋钢筋的牌号为：HRB335、HRB400和HRB500，细晶粒热轧带肋钢筋的牌号为：HRBF335、HRBF400和HRBF500。

2. 热轧光圆钢筋

根据国家标准《钢筋混凝土用钢　第1部分：热轧光圆钢筋》（GB 1499.1—2008）的规定，热轧光圆钢筋（包括热轧直条钢筋和盘卷光圆钢筋）按屈服强度特征值分为235MPa、300MPa级，其牌号为：HPB235、HPB300。

3. 冷轧带肋钢筋

根据国家标准《冷轧带肋钢筋》（GB 13788—2008）的规定，冷轧带肋钢筋为热轧盘条经冷轧处理得到，其牌号由CRB和抗拉强度最小值（MPa）构成，如CRB550、CRB650、CRB800和CRB970。CRB550为普通钢筋混凝土用钢筋，其他牌号为预应力混凝土用钢筋。

4. 预应力混凝土用钢绞线

按照国家标准《预应力混凝土用钢绞线》（GB/T 5224—2014）的规定，预应力混凝土用钢绞线（以下称为钢绞线）按结构分为8类，结构代号为：a）用两根钢丝捻制的钢绞线，1×2；b）用三根钢丝捻制的钢绞线，1×3；c）用三根刻痕钢丝捻制的钢绞线，1×3I；d）用7根钢丝捻制的标准型钢绞线,1×7;e)用六根刻痕钢丝和一根光圆中心钢丝捻制的钢绞线,1×7I;f)用七根钢丝捻制又经模拔的钢绞线,(1×7)C;g)用十九根钢丝捻制的1+9+9西鲁式钢绞线,1×19S;h)用十九根钢丝捻制的1+6+6/6瓦林吞式钢绞线,1×19W。

钢绞线的产品标记包含:预应力钢绞线、结构代号、公称直径、强度级别、标准编号。常用的强度级别(抗拉强度)为:1470MPa、1570MPa、1670MPa、1720MPa、1860MPa、1960MPa。

5. 预应力混凝土用螺纹钢筋

按照国家标准《预应力混凝土用螺纹钢筋》(GB/T 20065—2006)的规定,预应力混凝土用螺纹钢筋(以下称为螺纹钢筋)是采用热轧、轧后余热处理或热处理等工艺生产的,外表有热轧成的不连续外螺纹的直条钢筋,可以与带有匹配形状的内螺纹的连接器或锚具进行连接。

螺纹钢筋按屈服强度划分级别,其代号为"PSB"加上规定屈服强度最小值表示。常用螺纹钢筋的屈服强度级别为:785MPa、830MPa、930MPa和1080MPa。

## 二、钢筋拉伸试验

1. 试样

钢筋拉伸试验的试样制备应符合国家标准《钢及钢产品 力学性能试验取样位置及试样制备》(GB/T 2975—1998)、《金属材料 拉伸试验 第1部分:室温试验方法》(GB/T 228.1—2010)等的有关规定,及相关的金属产品标准的有关规定。

通常试样是从整根钢筋中任意切取,不允许进行车削加工;其长度应包含两端的夹持端和中间的自由长度。夹持端长度可以按照钢筋直径和试验机的夹头确定,自由长度应不小于原始标距加2倍直径,原始标距按比例试样选择5倍直径或10倍直径。为了试验便利,常取自由长度较原始标距大很多。

拉伸试验的钢筋试样数量为2根,钢绞线试验数量为3根。

钢筋的横截面面积可采用公称横截面面积。

2. 试验设备

拉力试验机,应按照GB/T 16825进行检验,并应为1级或优于1级准确度。

引伸仪的准确度级别应符合GB/T 12160的要求。测定上屈服强度、下屈服强度、规定塑性延伸强度等,应使用不劣于1级准确度的引伸计;测定具有较大延伸率的性能,如抗拉强度、断后伸长率等,应使用不劣于2级准确度的引伸计。

拉伸试验一般在室温10~35℃范围内进行。对温度要求严格的试验,试验温度应为23℃±5℃。

拉伸试验的试验速率可以根据要求、条件等,选择采用应变速率控制(方法A)或应力速率控制(方法B)。应变速率控制可以使用引伸计测量试样的应变来达到,也可以通过控制试验机横梁位移速率来达到。应力速率控制是用拉伸力除以试样的原始截面积得到应力,通过控制拉伸力的速率来达到控制应力速率。

3. 屈服强度

在常温条件下,对有明显屈服现象的钢筋试样进行拉伸试验,可以得到钢筋的应力—伸长率曲线(图1-2-4),图中的应力为拉力除以钢筋试样公称横截面面积,伸长率为原始标距的伸长除以原始标距(即单位长度的伸长,也可称为应变)。由图1-2-4可以看到,从零($O$点)到$A$

点，应力—伸长率曲线可以看作为一条通过零点的斜直线，直线的斜率就是弹性模量，这时应力—伸长率呈线弹性关系，这一阶段称为线弹性阶段；从 $A$ 点到 $B$ 点，应力不增加，伸长率也会不断增大，这就是屈服现象，相应的应力即为屈服强度，这一阶段称为屈服阶段，$A$ 点到 $B$ 点的长度称为屈服平台。

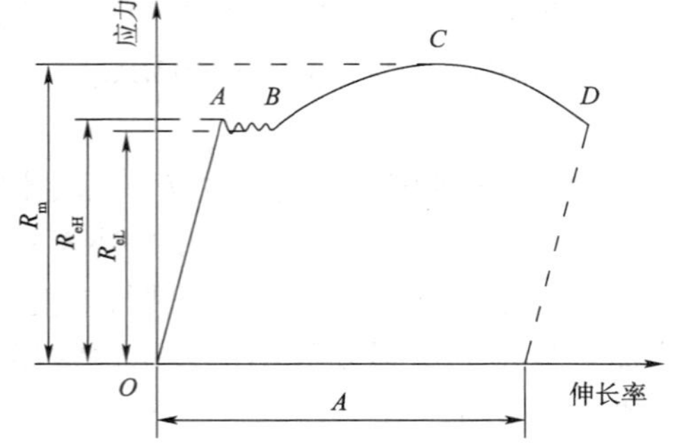


图 1-2-4　有明显屈服现象钢筋的应力—伸长率曲线

屈服阶段中，应力—伸长率曲线会发生波动，取其最低应力为下屈服强度 $R_{eL}$，最高应力为上屈服强度 $R_{eH}$。通常将下屈服强度作为屈服强，度特征值或屈服强度。

测定屈服强度时，可以采用方法 A 或方法 B 控制试验速率。

采用方法 A 控制试验速率，应变速率可以取 0.00025/s，相对误差 ±20%。

采用方法 B 控制试验速率，可按材料弹性模量的大小取相应的应力速率。弹性模量 $E < 1.5 \times 10^5$ MPa，应力速率取≤20MPa/s；弹性模量 $E \geq 1.5 \times 10^5$ MPa，应力速率取≤60MPa/s。

对于有明显屈服现象的钢材，可以采用下列的图解法、指针法或自动装置测定其上屈服强度和下屈服强度：

(1)图解法。试验时记录应力—伸长率曲线(图 1-2-4)或力—伸长曲线，从曲线图读取首次下降前的最大力和不计初始瞬时效应时屈服阶段中的最小力或屈服平台的恒定力，将其分别除以试样公称横截面面积得到上屈服强度 $R_{eH}$ 和下屈服强度 $R_{eL}$。

(2)指针法。试验时，读取测力度盘指针首次回转前指示的最大力和不计初始瞬时效应时屈服阶段中指示的最小力或首次停止转动指示的恒定力，将其分别除以试样公称横截面面积得到上屈服强度和下屈服强度。

(3)自动装置。使用自动装置或自动测试系统等测定上屈服强度和下屈服强度。

4. 抗拉强度

采用方法 A 控制试验速率，应变速率可以取 0.0067/s，相对误差 ±20%(0.4/min，相对误差 ±20%)。

采用方法 B 控制试验速率：在测定屈服强度或塑性延伸强度后，试验速率可以用不大于 0.008/s 的应变速率；如果仅仅需要测定抗拉强度，则在整个试验过程中取不超过 0.008/s 的单一试验速率。

测定抗拉强度也可以采用下列的图解法、指针法或自动装置测定试样的抗拉强度：

(1)图解法。从试验记录的应力—伸长率曲线(图 1-2-4)或力—伸长曲线上，读取最大力，将最大力除以试样公称横截面面积得到抗拉强度。

(2)指针法。从测力度盘读取试验过程中的最大力，将最大力除以试样公称横截面面积得到抗拉强度。

(3)自动装置。使用自动装置或自动测试系统等测定抗拉强度。

5. 规定塑性延伸强度

采用方法 A 控制试验速率，用引伸计测量应变时，应变速率可以取 0.00025/s，相对误差

±20%，也可以换算成横梁位移速率。

采用方法 B 控制试验速率，在弹性范围可按材料弹性模量的大小取相应的应力速率，弹性模量 $E<1.5\times10^5$MPa，应力速率取 2 ~ 20MPa/s；弹性模量 $E\geqslant1.5\times10^5$MPa，应力速率取 6 ~ 60MPa/s。在塑性范围，改为按应变速率控制，应变速率不应超过 0.0025/s。

由试验得到应力—延伸率曲线图（图 1-2-5），画一条与曲线的弹性直线段部分平行且在延伸轴上与此直线段的距离等效于规定塑性延伸率，例如 0.2% 的直线。此平行线与曲线的交点给出相应于所求规定塑性延伸强度的力。将此力除以试样公称横截面面积得到规定塑性延伸强度。

如果力—延伸曲线图的弹性直线部分不能明确地确定，以致不能以足够的准确度画出这一平行线，建议用另一种方法（图 1-2-6）。试验中，加载超过预期的规定塑性延伸强度后，将力降至约为已达到的力的 10%；然后再加载直至超过原已达到的力，可以得到一个力—延伸的滞后环。过滞后环的两端画一条直线，然后作一条与此平行、并经过横轴的平行线，其与曲线原点的距离等效于所规定的塑性延伸率。该平行线与曲线的交点给出相应于规定塑性延伸强度的力，此力除以试样公称横截面面积得到规定塑性延伸强度。

可以按以下方法修正曲线的原点：作一条平行于滞回环所确定的直线的平行线并使其与力—延伸曲线相切，此平行线与延伸轴的交截点即为曲线的修正原点（图 1-2-6）。

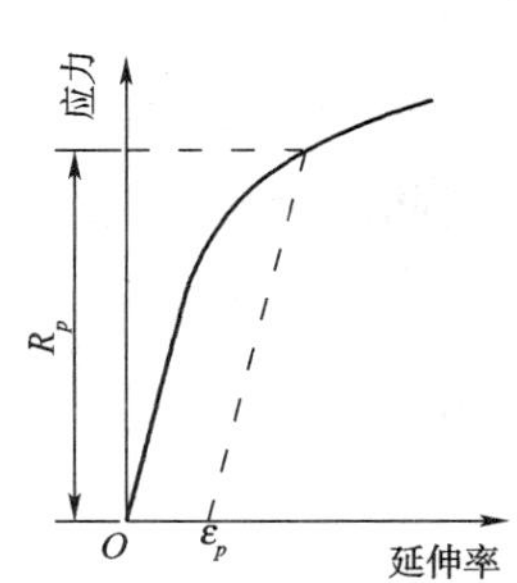


图 1-2-5　无明显屈服现象钢材的应力—延伸率曲线

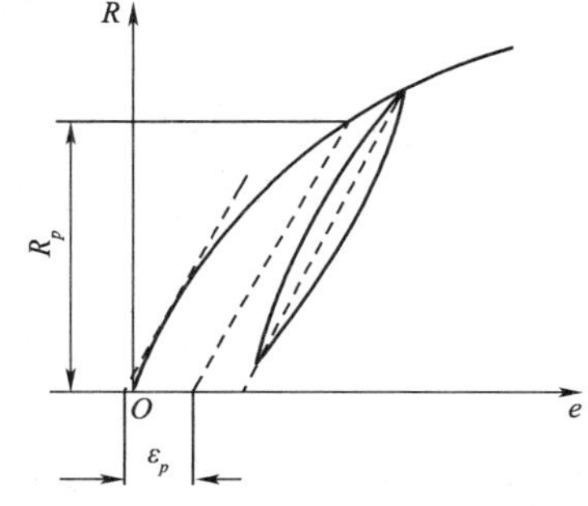


图 1-2-6　测定规定塑性延伸强度

6. 断后伸长率

采用方法 A 控制试验速率，应变速率可以取 0.0067/s，相对误差 ±20%（0.4/min，相对误差 ±20%）。

采用方法 B 控制试验速率，在测定屈服强度或塑性延伸强度后，试验速率可以用不大于 0.008/s 的应变速率。

试样被拉伸断裂后，应将其断裂的部分仔细地配接在一起使其轴线处于同一直线上，并采取特别措施确保试样断裂部分适当接触后测量试样断后标距。将断后标距减去原始标距，然后除以原始标距，得到断后伸长率，以百分率表示。

应使用分辨力优于 0.1mm 的量具或测量装置测定断后标距，准确到 ±0.25mm；如规定的最小断后伸长率小于 5%，宜采用特殊方法进行测定。

原则上只有断裂处与最接近的标距标记的距离不小于原始标距的 1/3 情况方为有效。但断后伸长率大于或等于规定值时，不论断裂位置处于何处测量均为有效。

为了避免因断裂发生在离最接近的标距标记的距离小于原始标距的 1/3 而造成试样报废，可以采用移位方法测定断后伸长率（图 1-2-7）。

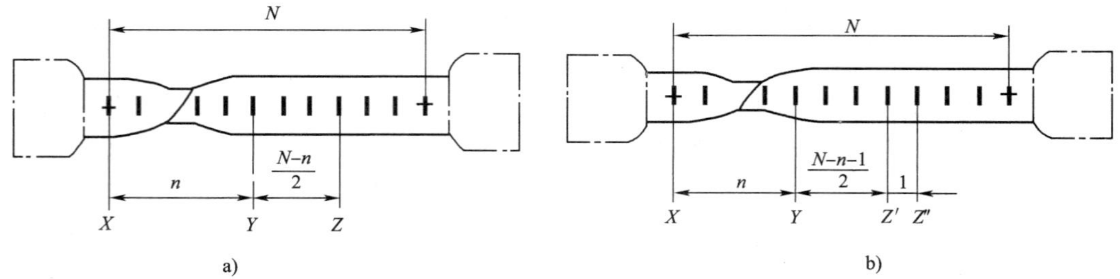


图 1-2-7 移位法测定断后伸长率

如图 1-2-7 所示，试验前将原始标距 $L_0$ 细分为 5mm（推荐）到 10mm 的 $N$ 等分。试验后，以符号 $X$ 表示断裂后试样短段的标距标记，以符号 $Y$ 表示断裂后试样长段上的某个标记，使此标记 $Y$ 到断裂处的距离最接近于断裂处到标距标记 $X$ 的距离。测得 $X$ 与 $Y$ 之间的分格数为 $n$，按以下方法测定断后伸长率：

（1）如 $N-n$ 为偶数（图 1-2-7a），测量 $X$ 与 $Y$ 之间的距离和 $Y$ 与 $Z$ 之间的距离［$Y$ 与 $Z$ 之间的分格数为 $(N-n)/2$］，按式（1-2-5）计算断后伸长率：

$$A=\frac{XY+2\times YZ-L_0}{L_0}\times 100\% \tag{1-2-5}$$

（2）如 $N-n$ 为奇数（图 1-2-7b），测量 $X$ 与 $Y$ 之间的距离、$Y$ 与 $Z'$ 之间的距离［$Y$ 与 $Z'$ 之间的分格数为 $(N-n-1)/2$］和 $Y$ 与 $Z''$ 之间的距离［$Y$ 与 $Z''$ 之间的分格数为 $(N-n+1)/2$］，按式（1-2-6）计算断后伸长率：

$$A=\frac{XY+YZ'+YZ''-L_0}{L_0}\times 100\% \tag{1-2-6}$$

## 三、弹性模量试验

1. 试样

钢筋弹性模量试验的拉伸试样制备应符合国家标准《金属材料 拉伸试验 第 1 部分：室温试验方法》（GB/T 228.1—2010）等的有关规定，以及相关的金属产品标准的有关规定。具体做法可见上述拉伸试验的要求。

钢筋的横截面面积可采用公称横截面面积。

2. 试验设备

拉力试验机，应按照 GB/T 16825 进行检验，并应为 1 级或优于 1 级准确度。

引伸仪应按 GB/T 12160 进行检验，其准确度级应为 0.5 级或优于 0.5 级。

3. 试验方法

可以对试样施加初试验力，以消除间隙、试样弧度、夹头对中偏差等不利影响。正式试验测量应从初试验力开始，到弹性范围内的更大的试验力为止。

加载速率应取应力速率为 2（$N/mm^2$）/s。

（1）图解法

试验时,用自动记录方法绘制轴向力 $F$—轴向变形 $\Delta L_{el}$ 曲线,见图1-2-8。在轴向力—轴向变形曲线上,确定弹性直线段,在该直线段上读取相距尽量远的 $A$、$B$ 两点之间的轴向力变化量和相应的轴向变形变化量,按下式计算弹性模量:

$$E=\left(\frac{\Delta F}{S_0}\right)\Big/\left(\frac{\Delta_1}{L_{el}}\right) \tag{1-2-7}$$

式中:$E$——弹性模量;

$S_0$——钢筋截面积;

$L_{el}$——引伸计原始标距。

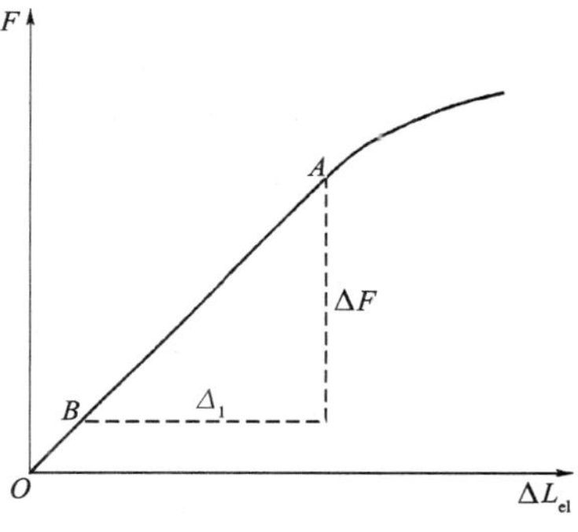


图1-2-8 图解法测定弹性模量

(2)拟合法

试验时,在弹性范围内记录轴向力和与其相应的轴向变形的一组数据对,数据对的数量一般不少于8对。用最小二乘法将数据对拟合轴向力—轴向应变直线,拟合直线的斜率即为弹性模量,如下式

$$E=\frac{\sum(e_1S)-k\,\bar{e}_1\bar{S}}{\sum e_1^2-k\,\bar{e}_1^2} \tag{1-2-8}$$

其中:$e_1=\dfrac{\Delta L_{el}}{L_{el}}$为对应于某一对数据的应变,即轴向变形除以引伸计原始标距;$\bar{e}_1=\dfrac{\sum e_1}{k}$为所有应变的平均值;$S=\dfrac{F}{S_0}$,为对应于某一对数据的应力,即轴向力除以钢筋截面积;$\bar{S}=\dfrac{\sum S}{k}$为所有应力的平均值;$k$ 为数据对的数量;$S_0$ 为钢筋截面积;$L_{el}$为引伸计原始标距;$E$ 为弹性模量。

按式(1-2-9)计算拟合直线斜率的变异系数,其值在2%以内,按式(1-2-8)得到的弹性模量有效。

$$\nu_1=\sqrt{\left[\left(\frac{1}{\gamma^2}-1\right)(k-2)\right]}\times100\% \tag{1-2-9}$$

式中,$\gamma$ 为相关系数,按下式计算:

$$\gamma^2=\frac{\left[\sum(e_1S)-\dfrac{\sum e_1\sum S}{k}\right]^2}{\left[\sum e_1^2-\dfrac{(\sum e_1)^2}{k}\right]\cdot\left[\sum S^2-\dfrac{(\sum S)^2}{k}\right]} \tag{1-2-10}$$

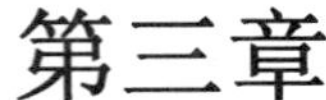

# 第三章 结构混凝土强度及缺陷现场检测

由于受原材料及配合比、施工工艺、天气情况、施工人员技术水平等多种因素影响，在工程中混凝土强度和成型质量常常处于不稳定状态。现场塌落度检查和同条件立方体抗压强度试块也往往不能真实的反映结构混凝土的强度和成型质量。所以，为了能直接反映结构混凝土的真实强度等质量指标，保证工程质量，人们越来越重视利用非破损检测方法对结构混凝土进行现场检测。

结构混凝土的现场检测方法大体可以分为四类：第一类是以检测混凝土强度为目的，常见的有回弹法、超声—回弹综合法、振动法等无损检测方法，以及取芯、拔出、射击等半破损检测方法；第二类是以检测混凝土内部缺陷为目的，属于这一类的方法主要有超声脉冲法、射线法、介电法、微波吸收和雷达扫描法等等；第三类是以检测结构混凝土受力历史和受力损伤程度为目的，这是混凝土现场检测的一个新领域，主要方法是声发射法和超声法的综合利用；第四类是以检测结构混凝土其他性能为目的，例如弹性模量、黏塑性指标、密实度、抗冻性等，常常使用超声、取芯等方法。

在混凝土工程施工过程中出现下列情况时，可使用非破损检测方法对实际建筑物混凝土进行检测和评定：

(1)当试件的试验结果不能满足设计要求时；

(2)当混凝土试件强度缺乏代表性或试件数量不足时；

(3)对试件的试验结果有怀疑或争议时；

(4)发生混凝土工程质量事故，或对施工质量有争议时；

(5)监控混凝土工程建造过程中的施工质量。

已建成的或将进行维修的混凝土工程为达到下述目的时，亦可利用非破损检测方法检测和评定混凝土结构或构件的质量：

(1)日常技术管理；

(2)大、中、小修或抢修工程；

(3)改变使用条件改建或扩建等工程；

(4)确定遭受事故或灾害后的损伤程度，制定修复或加固方案时。

水运工程结构混凝土强度及缺陷现场检测应采用抽样检验方法，并应符合下列规定：

1. 批量检测

从验收批中，应随机抽取构件总数或结构面积的 30%，且不宜少于 3 个构件组成样本，以此判定验收批的结构或构件混凝土质量。当抽检的结构或构件，经检验出现不合格批时，应从剩余的构件中，再抽取构件总数的30%组成新的样本，进行检测。当检验结果中仍出现不合格批时，则应检测剩余的全部构件。非受力结构，且构件数量较多，抽检的构件数量和其代表性可与有关方面协商确定。

2. 单个检测

单个检测适用于单独结构或构件的检测。当批量检测出现不合格批时应按单个检测对构件逐个判定，每个构件测区数不宜少于5个。

用非破损方法检测的结构中混凝土强度，适用于C10～C60的范围，推定的强度值相当于边长为150mm立方体试件抗压强度。

用取芯法钻取的混凝土芯样试件，制备成高度与直径均为100mm的芯样抗压强度试件，按《水运工程混凝土试验规程》（JTJ 270）规定方法测得抗压强度值，其尺寸效应相当于边长150mm立方体试件的抗压强度。需要说明强调的是，由于时间紧迫，所以考虑到本书的适用范围、阅读对象，在本章节中的主要内容依旧延用了《港口工程混凝土非破损检测技术规程》（JTJ/T 272—99）的方法，但在学习和实际操作中应结合新规范《水运工程混凝土结构实体检测技术规程》（JTS 239－2015）的要求对相关内容进行更新。

## 第一节 回弹法检测混凝土强度

回弹法是目前现场检测混凝土强度最简便也最常用的一种方法，这种方法在我国的应用已达50余年。目前，我国是对回弹法检测混凝土强度研究最深入的国家，国内对回弹法的应用作出具体规范的行业标准有《回弹法检测混凝土抗压强度技术规程》（JGJ/T 23—2011）、《水运工程混凝土试验规程》（JTJ 270—98）、《水运工程混凝土结构实体检测技术规程》（JTS 239－2015）。上述规范中对混凝土回弹仪、适用范围、操作规程、数据处理都作出了具体规定，但在一些细节和参数选用上还是有所区别的。建议读者掌握新规范《水运工程混凝土结构实体检测技术规程》（JTS 239—2015）中的5.2同时还需详细了解其他两本规范，以作补充。

### 一、回弹法的基本原理

回弹法是用一个弹簧驱动的重锤，通过弹击杆弹击混凝土表面并测出重锤被弹回来的距离，以回弹值作为与强度相关的指标来推定混凝土强度的一种方法，属于表面硬度法的一种。

回弹法适用于普通混凝土抗压强度的检测。被测混凝土强度应在C10～C60之间，且表层与内部质量应无明显差异，内部也不存在缺陷。

### 二、检测仪器

回弹法检测混凝土抗压强度需要的仪器设备包括回弹仪，压力机，率定回弹仪的钢砧，以及钢卷尺。

1. 回弹仪的构造和分类

测定回弹值的仪器，宜采用示值系统为指针直读式的混凝土回弹仪。回弹仪由弹击杆、弹击拉簧、指示系统、保护壳等23个部件组成。根据其冲击动能及用途，可分为重型（用于大体积混凝土或骨料粒径大于50mm的混凝土）、中型（用于普通混凝土C10～C45）、高强度回弹仪(用于 C50 ~ C60 混凝土)三种规格。

2. 回弹仪的技术要求

(1)水平弹击时,弹击锤脱钩的瞬间,回弹仪的标准能量应符合要求。

(2)弹击锤与弹击杆碰撞的瞬间,弹击拉簧应处于自由状态,此时弹击锤起跳点应相应于指针指示刻度尺上“0”处。

(3)在洛氏硬度 HRC 为 60 ±2 的钢砧上,弹击杆端部球面与砧芯接触,向下弹击;分 4 次旋转弹击杆,每次转 90°,弹击 6 次,共计 24 次,每次率定值 $R_N$应符合表 1-3-1 的标准。

**不同型号回弹仪率定值** 表 1-3-1

| 回弹仪型号 | 中型 | 重型 | 高强度型 |
|---|---|---|---|
| 率定值 | 80 ±2 | 63 ±1 | 80 ±2 |

3. 回弹仪的保养

当回弹仪出现下列情况之一时,应进行常规保养:

(1)弹击次数超过 3000 次;(2)对检测值有怀疑时;(3)率定值 $R_N$不合格。

4. 回弹仪的检定

回弹仪出现下列情况之一时,应送主管部门认可的单位检定:

(1)新回弹仪启用前;(2)超过检定有效期限;(3)累计弹击次数超过 6000 次;(4)按常规保养后钢砧率定值不合格;(5)遭受严重撞击或其他损害。

## 三、回弹检测技术

1. 一般规定

在被测混凝土结构或构件上均匀布置测区,测区数不小于 5 个。相邻两侧区的间距不宜大于 2.0m。测区应均匀分布,表面应清洁,平整、干燥,不应有接缝、饰面层、粉刷层、浮浆、油垢、蜂窝和麻面等表观缺陷,并应避开钢筋和铁制预埋件。测区面积应能容纳 8 个或 16 个回弹测点。

2. 回弹值测量

回弹值测量时的技术要求如下:

(1)回弹仪宜处于水平方向测试混凝土浇筑的侧面,当不能满足这一要求时,亦可按非水平方向测试。

(2)每个测区应弹击 16 个测点。当测区具有两个侧面时,每个侧面可弹击 8 个测点;当不具有两个侧面时,可在一个侧面上弹击 16 个测点。

(3)弹击回弹值测点时,应避开气孔或外露石子。一个回弹值测点只允许弹击一次,回弹值测点间的间距不宜小于 30mm。

(4)回弹仪的轴线垂直于结构或构件的混凝土表面,缓慢均匀施压,不宜用力过猛或冲击。

(5)一个回弹测点测试完毕,可将回弹仪的弹击杆压在混凝土表面,读取回弹测点值,亦可按下回弹仪上的按钮,锁住机芯读数。

(6)读数完毕后,应使回弹仪的弹击杆自机壳内伸出,挂钩挂上弹击锤,待测定下一个回弹测点。

3. 碳化深度值测量

碳化深度测定应符合下列规定:

(1)应采用电动冲击锤在回弹值的测区内，钻一个直径为20mm，深约80mm的孔洞。

(2)应清除孔洞内混凝土粉末，用1%酚酞溶液滴在孔洞内壁的边缘处，用0.5mm精度的钢直尺测量混凝土表面至不变色交界处的垂直距离2~3次，计算其碳化深度平均值，即为混凝土碳化深度。

(3)当测定的碳化深度值小于1.0mm时，可按无碳化处理。

4. 回弹数据整理

测试数据整理应符合下列规定：

(1)测区回弹值应以回弹仪水平方向测试混凝土浇筑侧面的测值为基准。

(2)测区回弹平均值的计算，应在16个回弹测点值中，剔除3个最大值和3个最小值后，剩余10个回弹值，计算测区平均回弹值。

(3)当回弹仪在非水平方向测试时，应按式(1-3-1)换算成水平方向回弹平均值：

$$m_R = m_{R_\alpha} + \Delta R_\alpha \tag{1-3-1}$$

式中：$m_{R_\alpha}$——回弹仪与水平方向成$\alpha$角测试时测区的平均回弹值；

$\Delta R_\alpha$——按表1-3-2查出的不同测试角度$\alpha$的回弹修正值，计算至0.1。

**修 正 值 $\Delta R_\alpha$** 表1-3-2

| $m_{R_\alpha}$ | 测试角度 $\alpha$ | | | | | | | |
|---|---|---|---|---|---|---|---|---|
| | +90 | +60 | +45 | +30 | -30 | -45 | -60 | -90 |
| 20 | -6.0 | -5.0 | -4.0 | -3.0 | +2.5 | +3.0 | +3.5 | +4.0 |
| 30 | -5.0 | -4.0 | -3.5 | -2.5 | +2.0 | +2.5 | +3.0 | +3.5 |
| 40 | -4.0 | -3.5 | -3.0 | -2.0 | +1.5 | +2.0 | +2.5 | +3.0 |
| 50 | -3.5 | -3.0 | -2.5 | -1.5 | +1.0 | +1.5 | +2.0 | +2.5 |

注：表中未列入的相应于$m_{R_\alpha}$的修正值$\Delta R_\alpha$，可用内插法求得，计算精确至0.1。

## 四、推定混凝土强度

1. 测强曲线

测强曲线是检测值与混凝土强度推定值之间一组函数关系。一般通过制作大量不同强度的混凝土试件，利用最小二乘法建立回弹法等无损检测方法的测试结果与混凝土抗压强度之间的函数关系。测强曲线分为：

(1)统一测强曲线：由全国有代表性的材料、成型养护工艺配制的混凝土试件，通过试验所建立的曲线。

(2)地区测强曲线：由本地区常用的材料、成型养护工艺配制的混凝土试件，通过试验所建立的曲线。

(3)专用测强曲线：由与结构或构件混凝土相同的材料、成型养护工艺配制的混凝土试件，通过试验所建立的曲线。

2. 换算混凝土强度

地区和专用测强曲线的强度误差值均小于全国统一测强曲线，因此当有专用测强曲线时，应优先选用。当无专用测强曲线时，可根据回弹仪型号，按下列混凝土强度相关关系式进行换算：

(1)中型回弹仪：

普通混凝土强度 $$f_{\mathrm{cuRo}}=0.02497m_{\mathrm{R}}^{2.016} \tag{1-3-2}$$

引气混凝土强度 $$f_{\mathrm{cuRo}}=15m_{\mathrm{R}}-152 \tag{1-3-3}$$

(2)重型回弹仪：

$$f_{\mathrm{cuRo}}=77e^{0.04m_{\mathrm{R}}} \tag{1-3-4}$$

(3)高强度回弹仪：

$$f_{\mathrm{cuRo}}=f(R_{\mathrm{Ni}}) \tag{1-3-5}$$

当混凝土结构或构件碳化至一定深度时，须将推定的混凝土强度按下面公式修正：

$$f_{\mathrm{cuRom}}=\eta_{\mathrm{m}}f_{\mathrm{cuRo}} \tag{1-3-6}$$

式中：$f_{\mathrm{cuRom}}$——碳化深度修正后的混凝土强度(MPa)；

$f_{\mathrm{cuRo}}$——按公式推定的混凝土强度值(MPa)；

$\eta_{\mathrm{m}}$——碳化深度修正值。[本书中列出《水运工程混凝土结构实体检测技术规程》(JTS 239—2015)中的碳化深度修正值见表1-3-3]。

**碳化深度修正值** 表1-3-3

| 测区强度(MPa) | 碳化深度(mm) | | | | | |
|---|---|---|---|---|---|---|
| | 1.0 | 2.0 | 3.0 | 4.0 | 5.0 | 6.0 |
| 10.0~19.9 | 0.95 | 0.90 | 0.85 | 0.80 | 0.75 | 0.70 |
| 20.0~29.9 | 0.94 | 0.88 | 0.82 | 0.75 | 0.73 | 0.65 |
| 30.0~39.9 | 0.93 | 0.86 | 0.80 | 0.73 | 0.68 | 0.60 |
| 40.0~50.0 | 0.92 | 0.84 | 0.78 | 0.71 | 0.65 | 0.58 |

3. 推定混凝土强度

经碳化修正后的混凝土强度换算值，按下式推定混凝土强度：

$$f_{\mathrm{cuRe}}=f_{\mathrm{cuRom}}(1-t\delta_{\mathrm{e}}) \tag{1-3-7}$$

式中：$f_{\mathrm{cuRe}}$——回弹法的混凝土强度推定值；

$t$——正态分布概率度。对于专用测强相关关系式，$t=0.5$；对于通用测强相关关系式，$t=1.0$；

$\delta_{\mathrm{e}}$——剩余变异系数。对于专用测强相关关系式，$\delta_{\mathrm{e}}$ 可自行求得；对于通用测强相关关系式，取 $\delta_{\mathrm{e}}=0.14$。

## 第二节 超声—回弹综合法检测混凝土强度

### 一、基本原理

超声—回弹综合法是建立在超声波传播速度和回弹值与混凝土抗压强度之间相关关系的基础上，是以声速和回弹值综合反映混凝土抗压强度的一种非破损检测方法。和单一的超声波法或回弹法相比，超声—回弹综合法具有检测效率高、费用低廉、能同时反映混凝土内部和

表层质量、能消除碳化影响等优点,是目前较为准确的混凝土强度无损检测方法。

超声—回弹综合法的适用条件与回弹法基本相同,不宜用于遭受冻害、化学腐蚀、火灾损伤、埋有块石的混凝土以及经超声波法检测判定混凝土均匀性不合格的结构或构件。执行标准以《水运工程混凝土结构实体检测技术规程》(JTS 239—2015)中的5.3为准。

## 二、检测仪器

1. 回弹仪

与上一节中的回弹仪构造、技术要求、保养、检定方法均一致。

2. 超声波仪

超声—回弹综合法所使用的超声波仪、换能器应满足下列要求:

(1)仪器设备应采用低频超声仪测试。应具有显示稳定和清晰的示屏装置及手动游标测读装置,或经鉴定认可的自动检测、数据采集、记录存储、结果分析、显示打印于一体的智能化超声检测分析仪。

(2)计时器的最小读数应为0.1μs,计时范围应为0.5~5000μs;声时调节范围应在20~30μs,2h内数字变化不宜大于±0.2μs。

(3)衰减器的最小分度应为1dB;接收放大器的频率范围为10~500kHz,总增益不应小于100dB。

(4)当温度为-10~+40℃时,相对湿度应小于或等于90%,电源电压应在200V±10%的环境条件下能正常工作。

(5)换能器频率范围应在20~250kHz,实测频率与标称频率相差不宜大于±10%。

## 三、试验步骤

1. 布置测区、测点

(1)每个构件不应少于5个测区。

(2)一个测区应是一个矩形网格或正方形网格,对测时测区面积宜为0.04m²。

(3)一个测区上由4个超声波测点和16个回弹值测点组成,如图1-3-1所示。

(4)测区回弹值可按上节所述步骤进行。

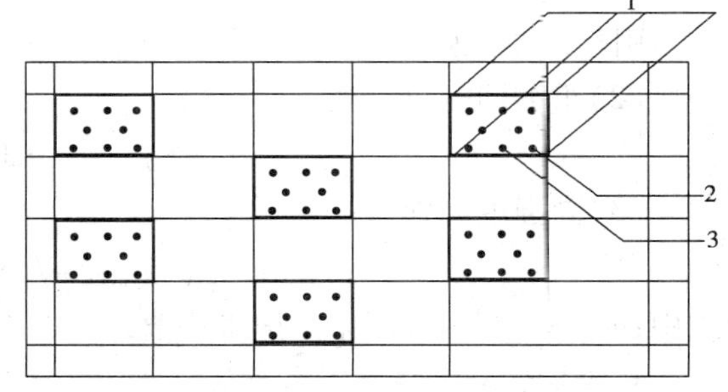


图1-3-1　超声—回弹综合法测点、测区示意图
1-超声波测点;2-回弹测点;3-测区

2. 声速检测步骤

(1)应修整表观有缺陷的测点并在测点上涂抹耦合剂。

(2)测量结构或构件的厚度,以下简称测距,应精确至1.0%。

(3)应根据测试对象和测距选择换能器的类型和频率。

(4)应将“发射”和“接收”两个换能器的辐射面上涂抹耦合剂,耦合在标准棒的两端,将“发射”电压旋钮调至所需电压位置,调节“增益”旋钮至合适位置,读出声时值$T$,并按下式计算声时初读数$T_0$。

$$T_0 = T - T_s \tag{1-3-8}$$

式中:$T_0$——声时初读数(s);

$T$——声时值(s)；

$T_s$——标准棒声时值(s)。

声时初读数产生的主要原因是声延迟、电延迟以及电声转换问题。

(5)应将“发射”和“接收”两个换能器分别耦合在同一测距两端对应的测点上，用力将耦合剂挤出。调节超声波检测仪上的功能旋钮至合适位置后固定。

(6)测得的声时值 $T$ 应记录于测试表格内。

(7)在测试过程中，当出现下列情况之一时，应重复测量 3 次。

①两个测点声时值的相对误差大于 15.0%；

②首波振幅 $A_0$ 值小于 3mm；

③接收信号的波形不规则。

(8)混凝土声速值可按下式计算：

$$V = L(T \pm T_0) \tag{1-3-9}$$

式中：$V$——混凝土声速值(m/s)；

$L$——两个换能器之间的距离(m)；

$T_0$——声时初读数(s)。

(9)计算测区声速平均值。

3. 检测结果整理

混凝土强度换算值的确定应采用下列公式：

(1)中型回弹仪：

普通混凝土强度

$$f_{\text{cuvRo}} = 0.008 m_{\text{V}}^{1.72} m_{\text{R}}^{1.57} \tag{1-3-10}$$

引气混凝土强度

$$f_{\text{cuvRo}} = 0.04 m_{\text{V}}^{1.54} m_{\text{R}}^{1.3} \tag{1-3-11}$$

(2)重型回弹仪：

$$f_{\text{cuvRo}} = 0.022 m_{\text{V}}^{1.99} m_{\text{R}}^{1.19} \tag{1-3-12}$$

(3)高强度回弹仪：

$$f_{\text{cuvRo}} = f(V_{\text{i}} \cdot R_{\text{Ni}}) \tag{1-3-13}$$

式中：$m_{\text{V}}$——测区混凝土声速平均值。

4. 推定混凝土强度与本章第一节推定方法、公式、参数值均一致。

## 第三节 钻芯法检测混凝土强度

钻芯法系指在混凝土结构或构件上钻取混凝土芯样试件，直接测定混凝土强度的一种半破损现场检测方法。由于取芯法的测定值就是圆柱状芯样的抗压强度，它与立方体试件抗压强度之间，除了需进行必要的形状修正外，无需进行某种物理量与强度之间的换算，因此，普遍认为这是一种较为直观、可靠的方法。但是取芯法属于一种半破损检验方法，会对结构造成一定的破坏，如按照规范规定的方法，用取芯法评价混凝土强度，需要钻取的芯样较多，对结构有一定的影响，因此常被用来对回弹法或超声回弹综合法进行修正。执行标准以《水运工程混凝土结构实体检测技术规程》(JTS 239—2015)中的 5.4 为准。

## 一、芯样的钻取

(1)芯样钻取前,应在选定位置用钢筋探测仪进行扫查,以避开受力钢筋位置。选取钻头直径不应小于粗骨料最大粒径的2倍。

(2)取芯样试件的位置应符合下列原则:

①应在混凝土质量具有代表性的部位;

②应在受力较小部位;

③应避开主筋,不得在预埋铁件和管线等位置;

④当用于修正非破损检测结果时,应在非破损方法计算所得的混凝土强度推定值的平均值邻近测区钻取;

⑤芯样试件钻取完毕后,应取出芯样试件,编号;

⑥钻取芯样试件留下的空穴,应及时修补。

## 二、芯样的加工

(1)混凝土芯样抗压强度试件(抗压试件)的高径比宜以1.0为基准,亦可采用高径比0.8~1.2的试件。

(2)从每个钻孔中钻取的芯样,应按表1-3-4的规定制备试件数量。

芯样试件数量表　　表1-3-4

| 芯样直径(mm) | ≥100 | 75~65 | 60~50 |
|---|---|---|---|
| 抗压试件数量 | 1 | 3 | 5 |

(3)抗压试件不得在蜂窝、麻面、孔洞、掉石和裂缝等缺陷部位制取。

(4)芯样中钢筋允许含量应满足下列要求:

①芯样直径≥100mm的试件,可含一根直径≤22mm的钢筋,且与试件受压面平行;

②芯样直径<100mm的试件,可含一根直径≤6.0mm的钢筋,且与试件受压面平行。

(5)芯样试件的两个端面宜用高强砂浆、硫磺砂浆或107胶和水泥混合成胶液修整,其厚度不宜超过1.5mm。

(6)修整完毕的芯样试件应静置24h,移至标准养护室内或(20±3)℃的水中养护48h,取出作抗压强度试验。

## 三、抗压强度试验

抗压强度试验应按《水运工程混凝土试验规程》(JTJ 270)规定的方法进行。进行抗压强度试验前,应首先对试件进行下列几何尺寸的测量,并做好记录:

(1)直径,用游标卡尺测量试件中部,在相互垂直的两个位置上,测量两次,计算其算术平均值,精确至0.5mm。

(2)高度,用钢板尺在芯样由面至底的两个相互垂直位置上,测量两次,计算其算术平均值,精确至1.0mm。

(3)垂直度,用游标量角器测量两个端面与母线的夹角,精确至0.1°。

(4)平整度,用钢板尺或角尺紧靠在试件端面上,用塞尺测量与试件端面的间隙。

试件破型后，检查破碎的抗压强度试件，当出现下列情况之一时，应剔除该试件的试验结果：

(1)含有大于芯样直径 0.5 倍粒径的粗骨料。

(2)含有蜂窝和孔洞等缺陷。

(3)端面出现裂缝或抹平层分离。

(4)试件侧面出现斜向裂缝。

## 四、试验结果处理

应按下式计算抗压强度测试值：

$$f_{curo} = 1.273\frac{N}{\phi^2}\times\eta_A\times\eta_k \tag{1-3-14}$$

式中：$f_{curo}$——混凝土抗压强度测试值(MPa)；

$N$——极限抗压荷载(N)；

$\phi$——芯样直径(mm)；

$\eta_A$——不同高径比芯样试件强度换算系数，可按表 1-3-5 选取；

$\eta_k$——换算系数，当芯样直径小于 100mm 时，抗压强度试件的抗压强度值应乘以 $\eta_k$，换算成直径与高度均为 100mm 的抗压强度值，$\eta_k = 1.12$。

**$\eta_A$ 值** 表 1-3-5

| 高径比 | 0.8 | 0.9 | 1.0 | 1.1 | 1.2 |
|---|---|---|---|---|---|
| $\eta_A$ | 0.90 | 0.95 | 1.00 | 1.04 | 1.07 |

按表 1-3-4 规定制取的芯样试件数量，其抗压强度代表值应按下列方法确定：

(1)制备 1 个抗压试件的芯样，其测试值应为抗压强度代表值。

(2)制备 3 个抗压试件的芯样，其抗压强度代表值应按下列方法确定：

①以 3 个试件抗压强度测试值的算术平均值为钻孔芯样的强度代表值；

②当 3 个试件抗压强度测试值中出现的最大值或最小值与中间值相差超过 15% 时，取中间值为芯样试件强度代表值；

③当 3 个试件抗压强度中出现的最大值和最小值与中间值相差均超过 15% 时，该钻孔芯样无强度代表值。

(3)制备 5 个抗压试件的芯样，其抗压强度代表值应按下列步骤确定：

①剔除芯样试件强度最小值或最大值，按下式计算剩余芯样抗压试件强度平均值：

$$mf'_{curo} = \frac{1}{4}\sum_{i=1}^{4} f_{curoi} \tag{1-3-15}$$

②计算 $t$ 值：

$$t = \frac{mf'_{curo} - f_{curomin}}{\frac{mf'_{curo}\times 6}{100}\sqrt{1+\frac{1}{n_0-1}}} \tag{1-3-16}$$

式中：$mf'_{curo}$——剔除最小值或最大值后剩余芯样的强度平均值(MPa)；

$n_0$——剩余芯样数。

③抗压强度代表值的确定：

当 $t \leqslant 2.4$ 时，以 5 个芯样试件强度的算平均值为芯样强度代表值；当 $t > 2.4$ 时，对剩余 4 个芯样强度值再按上述方法进行检验，当检验结果 $t \leqslant 2.9$ 时，则以 4 个芯样试件强度的算术平均值为强度代表值；当 $t > 2.9$ 时，则该钻孔芯样无强度代表值。

(4)当判定钻孔钻取的芯样无强度代表值时，应在原结构或构件上补充钻取芯样试件，再作抗压强度试验。

混凝土芯样试件强度代表值应按式(1-3-17)计算试件抗压强度推定值：

$$f_{cure} = f_{cur}/K_0 \tag{1-3-17}$$

式中：$f_{cure}$——相当于边长 150mm 立方体试件的抗压强度推定值(MPa)；

$f_{cur}$——芯样试件抗压强度代表值(MPa)；

$K_0$——换算系数，按表 1-3-6 中选取。

**$K_0$ 值** 表 1-3-6

| 强度等级 | ≤C20 | C25～C30 | C35～C45 | C50～C60 |
|---|---|---|---|---|
| $K_0$ | 0.82 | 0.85 | 0.88 | 0.90 |

# 第四节 混凝土强度的合格判定

本章前三节介绍的三种无损或半破损检测方法，检测结果经计算最后给出的混凝土强度推定值仅为单个构件上的一个测区或批量构件中的一个构件的强度推定值，利用单个构件上多个测区或批量构件中多个随机构件的强度推定值可以进行单个构件或整批构件的混凝土强度的合格判定。

混凝土强度的合格判定，宜采用超声—回弹综合法，当不具备条件时，也可采用回弹法。

## 一、混凝土强度的初步判定

1. 验收批判定

当测区数 $n \geqslant 5$ 时，能同时满足式(1-3-18)和式(1-3-19)，可判为合格，反之，则初步判为不合格。

$$m_{f_{cue}} - S_{f_{cue}} \geqslant f_{cu,k} \tag{1-3-18}$$

$$f_{cuemin} \geqslant f_{cu,k} - \eta_C[\sigma_0] \tag{1-3-19}$$

式中：$m_{f_{cue}}$——同一验收批的，按测区强度或芯样强度推定值统计的混凝土抗压强度平均值(MPa)；

$S_{f_{cue}}$——同一验收批内，按测区强度或芯样强度推定值统计的标准差(MPa)；

$f_{cu,k}$——混凝土立方体抗压强度标准值(MPa)；

$f_{cuemin}$——同一验收批内测区混凝土强度推定值中的最小值(MPa)；

$[\sigma_0]$——混凝土立方体强度的标准差平均水平(MPa)，可按表 1-3-7 选取；

$\eta_C$——系数，按表 1-3-8 选取。

**$[\sigma_0]$ 值** 表 1-3-7

| 强度等级 | ≤C20 | C25～C40 | ≥C45 |
|---|---|---|---|
| $[\sigma_0]$(MPa) | 3.5 | 4.5 | 5.5 |

$\eta_C$ 值 表1-3-8

| 测区数量(个) | 5~9 | 10~19 | ≥20 |
| --- | --- | --- | --- |
| $\eta_C$ | 0.7 | 0.9 | 1.0 |

2.单个构件判定

当构件内的测区数或芯样数 $n=3\sim4$ 个时,同时满足式(1-3-20)和式(1-3-21),可判为合格,反之,则判为不合格。

$$m_{f_{cue}} \geqslant f_{cu,k} + \eta_D \tag{1-3-20}$$

$$f_{cuemin} \geqslant f_{cu,k} - 0.5\eta_D \tag{1-3-21}$$

式中:$\eta_D$——系数,取值与表1-3-7[$\sigma_0$]值相同。

## 二、混凝土强度合格判定的复验

采用非破损检测方法时,当验收批或单个构件被判定为不合格时,可用取芯法进行复验,即在非破损方法推定的测区强度平均值的邻近测区内钻取芯样抗压试件,钻取芯样数量不宜少于5个。

(1)首先按本章第三节方法做芯样抗压强度试验,换算成立方体强度推定值。并按下式计算校核系数。

$$\psi = \frac{m_{f_{cuve}}}{m_{f_{cuvR}}} \tag{1-3-22}$$

式中:$\psi$——校准系数;

$m_{f_{cuve}}$——验收批或单个构件内用芯样强度推定的立方强度平均值(MPa);

$m_{f_{cuvR}}$——验收批或单个构件内用非破损方法推定的立方强度平均值(MPa)。

(2)应按下式逐个修正非破损方法推定的测区强度推定值$f'_{cuvR}$:

$$f'_{cuvR} = \psi \times f_{cuvR} \tag{1-3-23}$$

(3)以修正后的非破损方法强度推定值作为验收批或单个构件中的样本强度代表值,再按混凝土强度的初步判定进行混凝土强度合格判定。

## 三、混凝土强度合格判定的再检验

当复验结果仍判该验收批为不合格时,应按下列规定进行再检验:

(1)应在其未抽检部分的构件组成新的验收批,随机抽取30%的构件,并按混凝土强度的初步判定程序进行混凝土强度合格判定。

(2)当再抽取的构件中仍出现不合格构件时,则应检测剩余的全部构件,并对全部检测的构件,按单个构件逐个进行合格判定。

# 第五节 超声法检测混凝土缺陷

在混凝土结构物的施工及使用过程中,往往会对混凝土构成一些缺陷,混凝土缺陷是指破坏混凝土的连续性和完整性,并在一定程度上降低混凝土的强度和耐久性的不密实区、空洞、裂缝或夹杂泥砂、杂物等。造成这些缺陷和损伤的原因有四个方面：

(1)施工原因：如因振捣不足、钢筋过密而骨料的最大粒径选择不当、模板漏浆、桩孔壁塌方等造成的内部孔洞、断桩、不密实、蜂窝麻面、钢筋外露等。

(2)混凝土成型过程中，温度应力或过快失水造成的表面裂缝。

(3)长期在腐蚀介质或冻融作用下形成的表层缺陷或表层脱落。

(4)受外力作用产生的裂缝。

工程中为避免产生混凝土内部缺陷，从材料、混凝土配合比、施工工艺、管理制度等多个方面对混凝土进行质量控制。对混凝土缺陷的检测常采用外观检查、超声波检测、取芯检查等方法。其中超声法检测混凝土内部缺陷因其方法简便、对混凝土破坏小、能区分缺陷类型、缺陷范围、缺陷的严重程度而成为首选方法，必要时也可以钻取少量芯样试件验证。执行标准以《水运工程混凝土结构实体检测技术规程》(JTS 239—2015)中的5.4为准。

## 一、超声法检测混凝土缺陷基本原理

混凝土超声探伤采用以下4点作为判别缺陷的基本依据：

(1)根据低频超声在混凝土中遇到缺陷时的绕射现象，按声时及声程的变化，判别和计算缺陷的大小。

(2)根据超声波在缺陷界面上产生散射，抵达接收探头时能量显著衰减的现象判断缺陷的存在和大小。

(3)根据超声脉冲各频率成分在遇到缺陷时衰减的程度不同，接收频率明显降低，或接收波频谱与反射波频谱产生的差异，也可判别内部缺陷。

(4)根据超声波在缺陷处的波形转换和迭加，造成接收波形畸变的现象判别缺陷。

以上4点可以单独运用，也可以综合运用。根据以上原理，在进行混凝土内部缺陷检测时，所需测量的物理量是声程、声时、衰减量、接收波形以及频谱，所以，凡是有波形显示的混凝土超声波检测仪均可以用于探伤。而无波形显示的数显式声速仪，虽然也可以用于探伤，但它只能提供声时和声速作为唯一的判别依据，因而容易造成误判。

## 二、检测仪器设备

### 1.超声波仪和换能器

混凝土缺陷检测用超声波仪与换能器与本章第三节超声—回弹综合法所用设备的规格、技术要求均一致。当采用纵向式换能器时，声时初读数的测试和计算方法也与前节要求一致。当采用柱状径向换能器测量时，可按下式计算声时初读数：

$$T_0 = (D + d)/V_s + (d - d')/V_w \tag{1-3-24}$$

式中：$T_0$——声时初读数(s)；

$D$——声测管外径(m)；

$d$——声测管内径(m)；

$d'$——换能器外径(m)；

$V_s$——钢管声速(约5500m/s)；

$V_w$——水的声速(m/s)。

2. 其他设备

测量裂缝宽度可用塞尺和目测放大镜，测量裂缝长度及走向可用钢卷尺，钻取芯样可采用取芯机。

## 三、混凝土均匀性检测

混凝土均匀性检测应在结构或构件上布置超声波测点，测点数不宜少于 30 个，测点间距不宜大于 0.5m，并应进行编号。测点布置应避开与声波传播方向相一致的主钢筋。

1. 检测步骤

(1)应修整表观有缺陷的测点并在测点上涂抹耦合剂。

(2)测量结构或构件的厚度，以下简称测距，应精确至 1.0%。

(3)应根据测试对象和测距选择换能器的类型和频率。

(4)测定声时初读数 $T_0$。

(5)应将“发射”和“接收”两个换能器分别耦合在同一测距两端对应的测点上，用力将耦合剂挤出。调节超声波检测仪上的功能旋钮至合适位置后固定。在下一个测试中不得随意调节功能旋钮。

(6)测得的声时值 $T$。在测试过程中，当出现下列情况之一时，应重复测量 3 次：

①两个测点声时值的相对误差大于 15.0%；

②首波振幅 $A_0$ 值小于 3mm；

③接收信号的波形不规则。

当数值和前测数值无变化时，应将该数据记录于测试表格内，并标记于简图中，按可疑值参与混凝土缺陷的分析。

(7)混凝土声速值可按下式计算：

$$V=\frac{L}{T\pm T_0} \qquad (1\text{-}3\text{-}25)$$

式中：$V$——混凝土声速值(m/s)；

$L$——两个换能器之间的距离(m)；

$T_0$——声时初读数(s)。

2. 混凝土均匀性判定

从混凝土结构或构件上测得的声速值，计算混凝土声速平均值、声速标准差和变异系数。当计算所得的混凝土声速平均值和变异系数能同时满足下式要求时，可判定混凝土均匀性合格，反之则判定为不合格。

$$m_V \geqslant 3500 \qquad (1\text{-}3\text{-}26)$$

$$\delta_v \leqslant 5.0 \qquad (1\text{-}3\text{-}27)$$

式中：$m_V$——混凝土声速平均值(m/s)；

$\delta_v$——混凝土声速变异系数(%)。

## 四、缺陷鉴别

1. 可疑值的确定

$$V_{min} \leqslant m_V - S_v \eta_1 \tag{1-3-28}$$

式中：$V_{min}$——混凝土结构或构件中的声速最小值(m/s)；

$\eta_1$——修正系数，可查表1-3-9；

$S_v$——混凝土声速标准差(m/s)。

$\eta_1$ 值　　表1-3-9

| 测点(个) | 10 | 20 | 30 | 40 | 50 | 60 | 70 | 80 | 90 | 100 |
|---|---|---|---|---|---|---|---|---|---|---|
| $\eta_1$ | 1.28 | 1.64 | 1.83 | 1.96 | 2.05 | 2.13 | 2.19 | 2.24 | 2.29 | 2.32 |

2. 警告值的确定

$$V_{min} \leqslant m_V - S_v \eta_2 \tag{1-3-29}$$

式中：$\eta_2$——修正系数，可查表1-3-10。

$\eta_2$ 值　　表1-3-10

| 测点(个) | 10 | 20 | 30 | 40 | 50 | 60 | 70 | 80 | 90 | 100 |
|---|---|---|---|---|---|---|---|---|---|---|
| $\eta_2$ | 2.18 | 2.56 | 2.74 | 2.87 | 2.96 | 3.00 | 3.04 | 3.09 | 3.13 | 3.17 |

对判定为可疑和警告的测点，应分析原因，按测点编号描绘于简图中，并按下列方法进行核实。当可疑的测点是孤立测点时，应在其附近补加测点确定其范围。当相邻测点均为可疑点，或单个测点是警告点，则可判定混凝土该部位有缺陷。

## 五、空洞或不密实区域检测

1. 当出现下列情况时，应进行混凝土空洞和不密实区域检测

(1)在混凝土均匀性检测中，被判定为可疑的区域或警告的测点。

(2)表观质量较差的区域。

(3)对施工质量有怀疑的结构或构件。

2. 测试步骤

空洞或不密实区域检测应根据结构或构件的测试条件，采用不同测试方法。当结构或构件具有两个相互平行的测试面时，可采用对测法、斜测法和汇交法。

当测距较大时，可在测试面的适当位置钻取直径40～50mm测试孔，其深度应根据构件厚度而定；在测试孔中注水，悬放径向振动式换能器。用厚度振动式换能器安放于测试面的测点上，用耦合剂耦合。

混凝土空洞和不密实区域的检测应符合下列规定：

(1)布置测试区域应大于可疑区域2～3倍。

(2)测点间距不宜大于100mm。

(3)测点连线(声通路)不宜与主钢筋平行。

3. 不密实区域和空洞的判定

判定不密实区域和空洞的声学参数应包括声时值、首波振幅值和接收信号的波形。对被

判定为混凝土不密实的区域或空洞，必要时应钻取芯样验证。不密实区域和空洞应按下列方法进行判定：

(1)图示法，将测试的数值描绘成简图，估算混凝土不密实区域的范围和空洞的位置。

(2)计算法，用测得的数据按下式估算混凝土空洞直径。

$$D=\frac{L}{2}\sqrt{\left[\frac{T_{max}}{m_T}\right]^2-1} \tag{1-3-30}$$

式中：$D$——混凝土空洞直径(m)；

$T_{max}$——最大声时值(s)；

$m_T$——混凝土声时平均值(s)。

## 六、表面损伤层厚度检测

1. 混凝土表面损伤层厚度检测的步骤

(1)根据结构或构件的损伤程度，结合表观质量状况，选取有代表性的部位布置测区进行检测，其数量不宜少于3个。

(2)测区内的测点不宜少于10个。

(3)布置测点时，应符合下列规定：

①测试面应处于干燥状态；

②测点的接触面应平整、无缝和无饰面层；

③两个测点的连线，不宜与主钢筋平行。

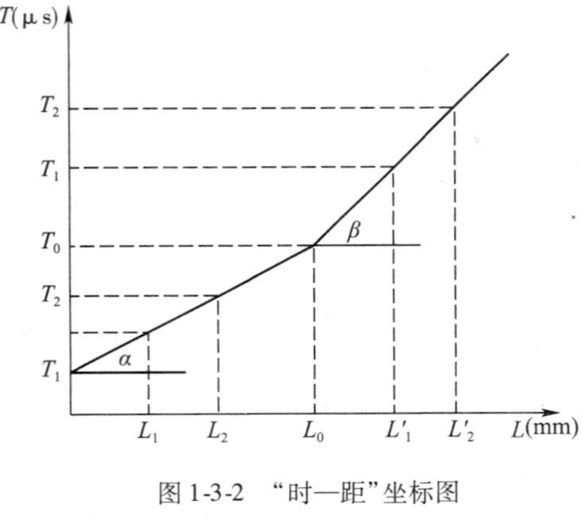

图1-3-2 "时—距"坐标图

(4)测试时，应将"发射"和"接收"两个换能器耦合在同一测试面上，间距0.1m。

(5)固定"发射"换能器应保持不动，"接收"换能器应按0.1m的等距离直线方向移动，读取相应的声时值。

(6)当测定的损伤层厚度不均匀时，可适当增加测试区域。

2. 混凝土损伤层厚度的判定

(1)将测试区域中各测点的声时值和相应的测距值，绘制"时—距"坐标图(图1-3-2)。

(2)根据图中声时值所形成的拐点，按下列公式计算损伤层混凝土声速值和未损伤层混凝土的声速值：

$$V_1=\cot\alpha=\frac{L_{i+1}-L_i}{T_{i+1}-T_i} \tag{1-3-31}$$

$$V'_1=\cot\beta=\frac{L'_{i+1}-L'_i}{T'_{i+1}-T'_i} \tag{1-3-32}$$

式中：$V_1$——损伤层厚度混凝土声速值；

$V'_1$——未损伤层混凝土的声速值；

$L_{i+1}$、$L_i$、$L'_{i+1}$、$L'_i$——分别为拐点前后各测点的测距(m)；

$T_{i+1}$、$T_i$、$T'_{i+1}$、$T'_i$——相应于测距的声时值(s)。

(3)损伤层厚度可按下式计算：

$$d_L = \frac{L_\alpha}{2}\sqrt{\frac{V_i - V'_i}{V_i + V'_i}} \tag{1-3-33}$$

式中：$d_L$——损伤层厚度(m)；

$L_\alpha$——声速产生突变时的测距(m)。

## 七、混凝土结合面质量检测

混凝土在施工过程中，由于浇注的连续性不能保证，会形成新浇注的混凝土与已经终凝的混凝土直接出现结合面。结合面会极大地削弱混凝土的抗拉和抗剪强度，因此混凝土结合面的质量检测也非常重要。

混凝土的结合面从构件外观上可以观察到，一般以冷缝的形式存在。检测混凝土结合面质量前，应查明结合面位置、走向及表观质量，填绘于简图。混凝土结合面的质量检测可采用下列测试方法：

1. 双面斜测法

当结合面具有一对相对测试面时，应按下列方法进行测定：

(1)超声波测点应跨越结合面的两个相对面布置，测点边线的夹角相等。

(2)声通路方向应避开与构件主钢筋平行和预埋铁件。

(3)测点间的间距可根据结构或构件的尺寸而定，宜控制在0.1～0.25m。

2. 单面斜测法

当结合面只具有单个测试面时，可按下列方法进行测试：

(1)在距结合面0.05～0.10m位置的平面上，钻取一个直径50mm芯样，其深度为构件厚度的2/3。

(2)在芯样的孔穴内，置放一个柱状换能器，在跨越距结合面0.05～0.10m的平面上安放一个换能器。

(3)移动平面换能器应与结合面成平行，其间距应根据结构或构件的尺寸及换能器的效率而定，宜控制在0.10～0.25m。

3. 判定方法

根据本节第四部分的规定判定结合面的缺陷可疑点和警告点。对混凝土结合面被判定有缺陷的区域，必要时应通过钻取芯样或采用压水法进行验证。

## 八、裂缝检测

混凝土裂缝的宽度和走向可以利用长度尺和读数显微镜来进行测试，裂缝的深度往往无法通过直接的方法测得，取芯法也只能对垂直的浅裂缝进行检测，而且因为取芯对混凝土的破坏作用只能测量少量的部位。因此，利用超声波法进行混凝土裂缝深度的测量就具有重大的意义。超声波法测混凝土裂缝深度常采用穿透法和平测法。

1. 混凝土裂缝检测前进行前期调查的内容

(1)裂缝周围混凝土质量、裂缝的长度及走向。

(2)使用材料的品质、混凝土配合比、浇筑和养护方法。

(3)缝隙内有无异物和积水。

(4)荷载条件及周围环境条件,包括温度和湿度变化。

(5)开裂时间及开裂过程中变化。

(6)设计图纸和计算书必要的校核。

2. 裂缝测试区布置应符合的规定

(1)每条裂缝的测试区不宜少于3个。

(2)测试区内的测点不宜少于4个,测点间的间距应通过试验确定。

(3)测试区内的测点应避开钢筋。

3. 裂缝宽度的测量的方法

(1)塞尺测量,将塞尺插于裂缝缝隙间,读取塞尺上所标量值,记录于测试表格。

(2)目测放大镜测量,将目测放大镜跨越于缝隙的两个边缘,读取测试值,记录于测试表格。

(3)测得的裂缝宽度、长度及走向应填绘于简图。

(4)在同一条裂缝上测得的最大测试值应为裂缝宽度代表值。

4. 检测混凝土裂缝深度应根据测试条件确定的测试方法

(1)当混凝土结构或构件上的裂缝具有一个可测试面时,预估裂缝深度小于或等于500mm,可采用单面平测法测量。测试步骤如下:

①不跨缝测量,将"接收"和"发射"两个换能器置于裂缝邻近的同一侧面,以两个换能器边缘间距100mm、150mm、200mm、250mm……距离移动,分别读取声时值 $T_i$,绘制时—距坐标图。

亦可用回归分析方法,求出下列关系式:

$$L_i = L'_i - a \tag{1-3-34}$$

式中:$L_i$——第 $i$ 点的超声实际传播距离(m);

$L'_i$——第 $i$ 点的"接收"和"发射"两个换能器的边缘间距(m);

$a$——回归系数。

②跨缝测量,将"接收"和"发射"两个换能器分别置于裂缝为轴线的对称两侧,其中心连线垂直于裂缝走向,以100mm、150mm、200mm、250mm……距离移动,分别读取相应的声时值 $T_{di}$。

③裂缝深度可按下式进行计算:

$$d_h = \frac{L_i}{2}\sqrt{\left[\frac{T_{di}}{T_i}\right]^2 - 1} \tag{1-3-35}$$

式中:$d_h$——裂缝深度(m);

$T_{di}$——跨越裂缝时第 $i$ 点声时测试值(s);

$T_i$——不跨越裂缝时第 $i$ 点声时测试值(s);

$L_i$——第 $i$ 测点两个换能器内边缘间距(m)。

(2)当混凝土结构或构件的裂缝部位具有多个相互平行的测试表面时,可采用双面斜测法测试。裂缝深度应根据声时、首波振幅和波形等数据综合判定。

(3)检测大体积混凝土结构中的裂缝或构件厚度大于50cm的混凝土裂缝深度可采用钻孔法,钻取测试孔和测试步骤应符合下列要求:

①应在裂缝部位附近钻测试孔3个,其间距不宜小于1.0m;

②跨越于裂缝两侧的测试孔,其深度应大于裂缝深度,并与混凝土表面相垂直;

③不跨越裂缝的测试孔为校准孔,其深度约500mm;

④孔径应比换能器直径大5~10mm;

⑤测试孔内不应存有泥浆等杂质;

⑥应选用频率为20~36kHz径向振动式换能器;在换能器的电缆线上标出等距离标志,宜为0.1~0.5m。

⑦测试孔中应注满清水,将"接收"和"发射"换能器分别置于裂缝两侧的对应测孔中,以同一高程等间距从上至下同步移动,读取声时、首波波幅。

(4)裂缝深度判定应符合下列规定:

①绘制换能器深度与相应的首波波幅值的$A_i—d/h$和声时值的$T_i—d/h_i$的坐标图;

②根据坐标图上趋于稳定的最小声时值和最大值对应于该点的深度应为裂缝深度测试值。

(5)裂缝测试结果处理应满足下列要求:

①应将测定的裂缝长度、宽度和深度标注于简图;

②应选取有代表性的混凝土裂缝,粘结5mm×30mm石膏楔子,观察裂缝开裂变化。

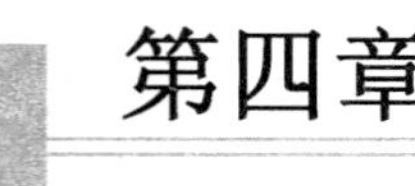

# 第四章 结构与构件的静力试验

## 第一节 试验目的和方法

通过静力试验，可以得到结构构件的结构性能，如对于混凝土结构，可以得到其变形、裂缝宽度或拉应力限制，对于钢结构，可以得到其强度、稳定性、刚度等。

静力试验是最基本、最常用的试验方式，一般指在不长的时间内对试件进行平稳的连续（分级）加载，荷载从“零”开始一直加载到试件破坏或达到预定荷载，或在短时间内平稳地施加若干次预定的重复或反复荷载后，在连续（分级）加载到试件破坏或达到预定荷载。单调加载是指荷载从“零”开始，一直加载到试件破坏的一次性连续（分级）加载方法，静力试验通常采用单调加载。

静力试验中，加载速度很慢，结构或构件的变形也很慢，不需要考虑加速度引起的惯性力，不需要考虑由于加载速度快、结构变形快而引起的材料性能变化等。

按照试件的组成规模，可以将结构试验分为整体结构试验、部分结构试验和构件试验。

整体结构试验是指将整体结构作为试件，对其进行加载和测试，得到其结构性能。由于整体结构试件巨大，试验工作量很大，费用非常高，很少采用。由于费用昂贵，整体结构试验很少进行破坏性试验。

部分结构试验（也可称为部件试验）是将若干构件组成的部分结构作为试件，通过试验得到各个组成构件之间的协同工作性能、构件节点的连接性能等。

构件试验的试验工作量较小，费用较低，可以进行一定数量试验，得到较为系统、具有统计意义的试验结果。构件试验通常可以进行破坏性试验，可以得到极限荷载等极限值。

结构静力试验的试件选取应该根据试验目的来确定。

## 第二节 加载方法

结构构件受到各种荷载作用时，会产生内力及变形等反应，如受压、受拉、受弯、受剪和受扭等；实际结构构件的内力往往是各个内力的组合，如梁通常受到弯矩和剪力的同时作用，柱子受到压力和弯矩的同时作用；如梁的挠度是弯曲和剪切变形合成的结果，等等。

试验中，应该根据试验目的和要求、实际试验条件等，选择合适的加载方法和设备对试件施加荷载，使试件受到的内力（或内力组合）和变形等与实际情况相同，或者与设计规定的相同。

选择加载方法包括选择加载图式和加载制度，可以参照国家标准《混凝土结构试验方法标准》（GB/T 50152—2012）中有关内容确定加载方法。加载图式表示试验荷载的空间分布，也可以成为荷载分布；加载制度则表示试验荷载与时间的关系，也可以称为加载程序。

为了使得试件的内力（或内力组合）和变形等与实际情况或者设计规定的相同，就要求试验加载的荷载图式与实际情况或设计规定的相同。但是，由于种种原因，试验中往往无法施加相同荷载图式的荷载，使试件受到相同的内力或者内力组合作用，发生相同的变形等。这时可以采用等效荷载，等效荷载是按照某一控制内力（内力组合）或变形相等的原则确定的。在等效荷载作用下，试件的某一控制内力（内力组合）或变形与实际情况或设计规定的相等，其他的内力、变形等则不相等，应该根据需要对这些不相等的内力、变形等进行修正。

静力试验加载制度的主要内容是荷载分级和持荷时间。荷载分级是为了观察试件的各个现象、确定试件在某些特定荷载下的反应，或者为了发现、确定某些特定荷载等，持荷时间是为了让试件的变形等有足够的时间发展。

## 一、加载设备

结构设计中，常常采用均布荷载和集中荷载。结构试验中，应根据需要选用合适的加载设备，对结构构件施加均布荷载和集中荷载。

1. 重物堆载

用重物的重力作为试验加载，应对重物进行称量，称量重物的衡器示值误差应不大于±1.0%。重物堆载可以用于施加均布荷载，也可以用于施加集中荷载。

用重物堆载施加均布荷载，可以采用砖块、砌块、袋装水泥、袋装黄砂等（图1-4-1）；应先将整个试件跨度等分为$2n(n=1,2,3,\cdots)$个区段，在每个区段的中间，对中设置一堆重物，堆与堆之间应留有不小于50mm的空隙；分级加载时，每一堆应同时堆放同样重量的重物。这样的堆载方法相当于用$2n$个集中力模拟均布荷载，要求堆载的数量越多越好、越接近于均布荷载，不宜少于6堆；此外，也应该考虑对由此引起的各个偏差进行修正。

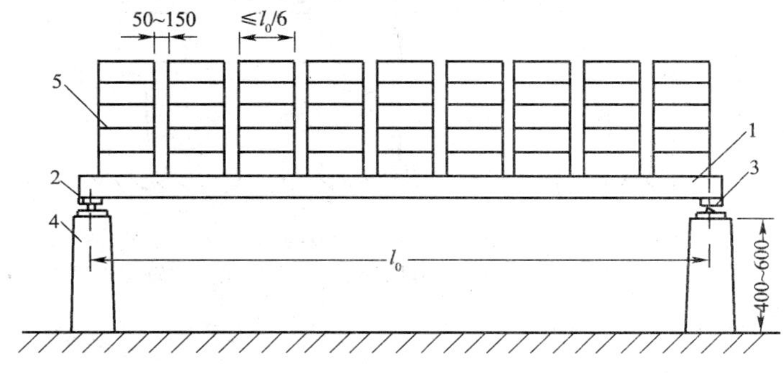


图1-4-1 用重物加载

1-试件；2-滚动铰支座；3-固定铰支座；4-支墩；5-重物

理想的模拟均布荷载的方法是用流体作为荷载，水（水的重力）是一种常用的荷载媒介。在试件上设置一个水箱，调整水位就可以模拟均布荷载的大小。该方法的一个缺点是，当试件变形后，原来均匀的水位（荷载）就会变得不均匀，而且会随着荷载增加、变形增大，变得越来越不均匀。

用重物加载(或者长期加载)可以采用杠杆—重物的方式(图 1-4-2)。图 1-4-2 中,杠杆、拉杆、地锚、吊索、承载盘的承载力、刚度和稳定性应符合试验要求;杠杆—重物加载可以将重物的重力放大,但其三个支点应明确,并应在同一条直线上,加载放大的比例也不宜大于 5 倍。

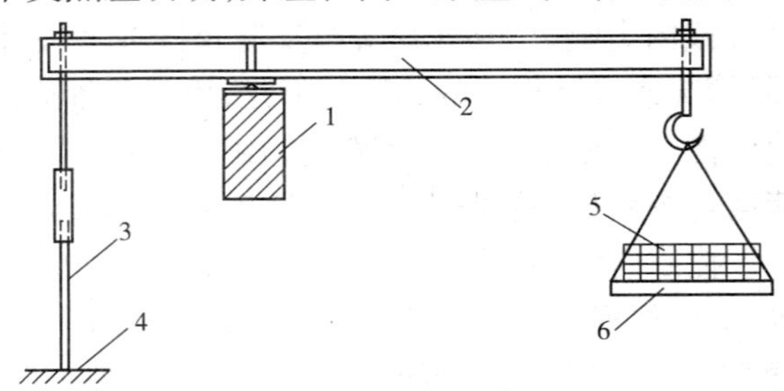

图 1-4-2　杠杆加载装置

1-试件;2-杠杆;3-拉杆;4-地锚;5-重物;6-承载盘

2. 千斤顶加载

用千斤顶加载,应采用荷载传感器或液压传感器测量荷载,传感器的示值误差应不大于 ±1.0%F. S. 。

用千斤顶可以施加集中荷载,如果需要若干个集中荷载,可以用若干个千斤顶,或一个、几个千斤顶再通过分配梁来实现。用千斤顶加载,操作轻便、容易控制,可以方便地进行各个加载点同步加载,但需要有反力装置,如反力架和台座或自平衡反力架等。

图 1-4-3 为用一个千斤顶,通过分配梁对试件梁施加两个集中力,用拉杆提供反力。如果需要用多个集中力模拟均布荷载,也可以用若干个千斤顶同步加载,或一个、几个千斤顶再通过一层或几层分配梁来实现。

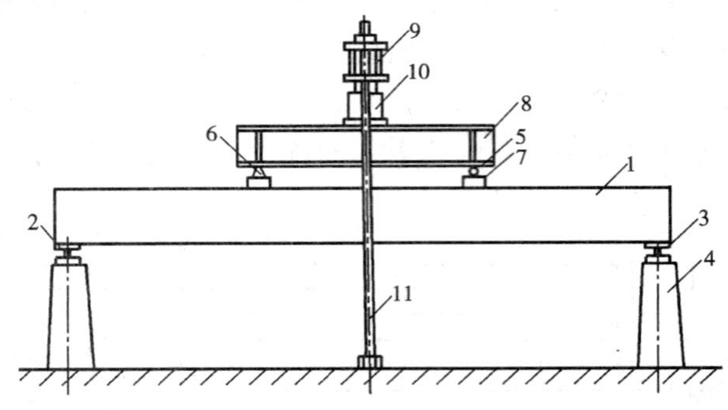

图 1-4-3　用千斤顶加载

1-试件梁;2-滚动铰支座;3-固定铰支座;4-支墩;5-分配梁滚动铰支座;6-分配梁固定铰支座;7-集中力下的垫板;8-分配梁;9-横梁;10-千斤顶;11-拉杆

3. 试验机加载

可以用试验机对试件进行加载,其荷载的示值误差应不大于 ±1.0%F. S. 。

用试验机加载,可以对试件施加一个集中力,或通过分配梁施加两个或多个集中力。

采用其他加载设备时,可以参照上述要求。

## 二、受弯构件加载

梁和单向板是典型的受弯构件,是常用的基本承重构件。预制的梁和板等单向受弯构件一般可以看作为是简支受弯构件，其一端为铰支承（固定铰支座），另一端为滚动支承（滚动铰支座），见图1-4-4。支座下面用支墩安置在稳固的地面上，要求在试验过程中保持牢固和稳定。固定铰支座可以采用角钢、刀口式垫板（图1-4-5）、半圆钢或焊于钢板上的圆钢（图1-4-6），滚动铰支座可以采用圆钢（图1-4-7）或下面有圆钢的刀口式垫板（图1-4-8）。

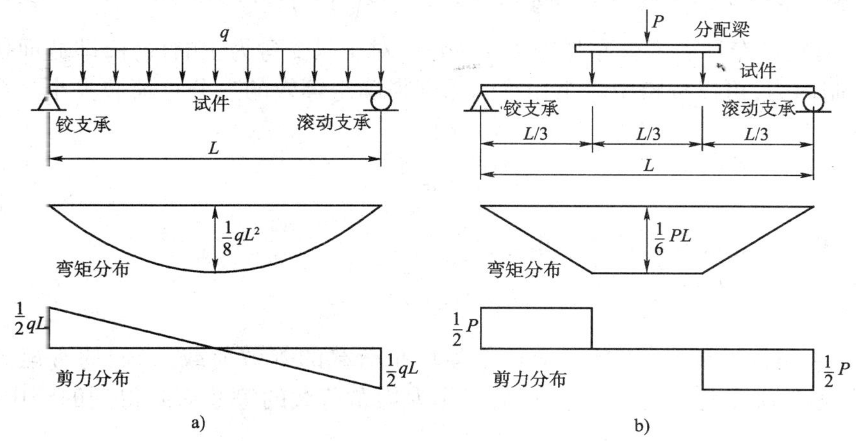


图1-4-4 简支梁的荷载图式和内力分布

a）受均布荷载作用；b）受三分点荷载作用

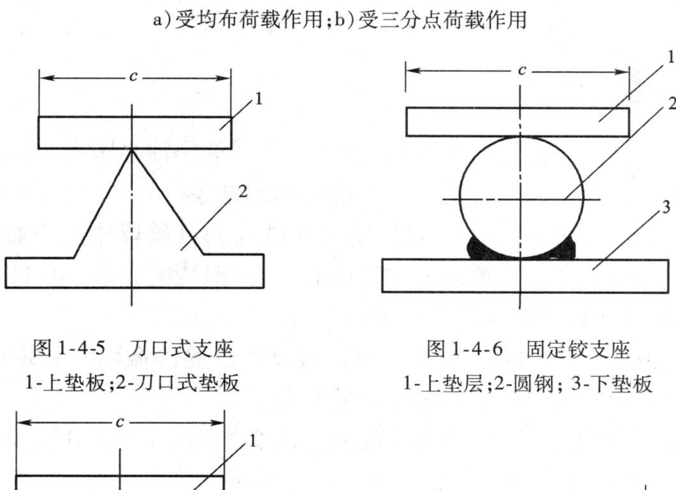


图1-4-5 刀口式支座

1-上垫板；2-刀口式垫板

图1-4-6 固定铰支座

1-上垫层；2-圆钢；3-下垫板

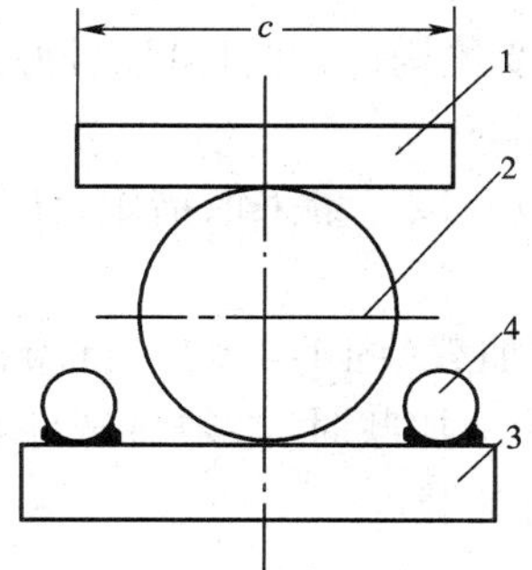


图1-4-7 滚轴式支座

1-上垫板；2-圆钢；3-下垫板；

4-限位钢筋

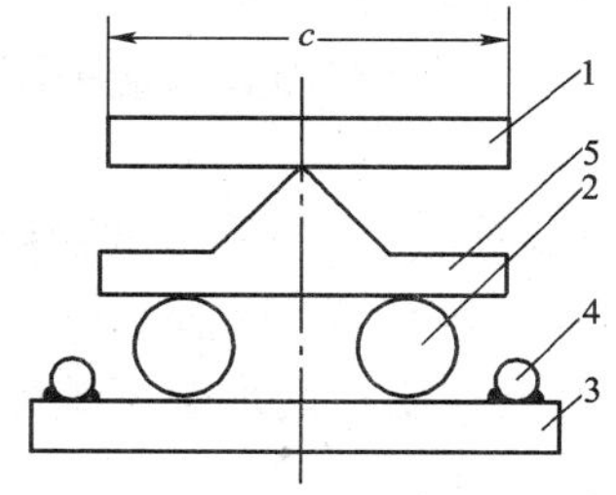


图1-4-8 刀口式支座

1-上垫板；2-圆钢；3-下垫板；

4-限位钢筋；5-刀口式垫板

受弯构件受均布荷载 $q$ 作用下，其内力有弯矩和剪力，相应的弯矩分布和剪力分布如

图1-4-4a)所示，跨中处弯矩达到最大值$\left(\frac{1}{8}qL^2\right)$，两端支座处剪力达到最大值$\left(\frac{1}{2}qL\right)$。由于施加均布荷载比较困难，通常采用三分点荷载（图1-4-4b）作为其等效荷载，跨中一个集中力$P$通过分配梁分为两个大小相等、方向相同的集中力$\left(\frac{1}{2}P\right)$，分别作用在梁上跨度的两个三分点处，引起的弯矩分布和剪力分布见图1-4-4b)。对于以受弯为主的构件，即截面抗弯承载力（弯矩）为控制内力，可以按跨中弯矩相等的原则来确定等效的三分点荷载大小。令两者的跨中弯矩相等，可得：

$$\frac{1}{8}qL^2 = \frac{1}{6}PL \tag{1-4-1}$$

整理后，可得到等效荷载$P$的大小为：

$$P = \frac{3}{4}qL \tag{1-4-2}$$

从图1-4-4可以看到，用三分点荷载作为均布荷载的等效荷载，它们的弯矩分布较为接近，剪力分布的差别较大。此外，三分点荷载作为均布荷载的等效荷载得到的跨中挠度，也应该进行修正。

对于其他不同边界条件的受弯构件，如悬臂梁、框架梁等进行加载，也可以参照上述方法进行。

## 三、受压构件加载

柱是典型的受压构件，是常用的基本承重构件，主要承受轴心压力，有时也包括弯矩、剪力等。试验时，通常按轴心受压和偏心受压构件进行加载试验。

轴心受压构件（轴压构件）的试验加载，要求在试件的试验段中只有轴力，即所谓物理对中，轴心作用力的中心线与试验段截面的物理中心重合；但情况允许，也可以采用几何对中，即轴心作用力的中心线与试验段截面的几何中心重合。

偏心受压构件（偏压构件）的试验加载，可以按试件试验段截面的物理中心确定初始偏心距，也可以按试验段截面的几何中心确定初始偏心距。

试件的两端可以采用铰支座，以模拟两端铰接的受压构件，并且可以较好地确定轴力的中心线、在试验加载过程中保持不变。

如果条件限制等，可以在加载两端采用面接触，但应该尽量采取措施，使作用力的位置符合要求。

受压构件的试验加载，通常采用试验机或千斤顶加载（图1-4-9）。试验机可以做到自平衡，将试件置于上、下压板和支座之间即可。采用千斤顶加载时，必须将试件安装自平衡的反力架中，或反力架与台座组成的加载系统中，才可进行加载。

## 四、加载制度

加载制度的选择和确定，应根据试验目的、试件类型和加载设备条件等。

对于批量生产的混凝土预制构件进行结构性能合格性检验，应按照国家标准《混凝土结构工程施工质量验收规范》（GB 50204—2015）和《混凝土结构试验方法标准》（GB/T 50152—

2012)的有关规定进行荷载分级和持荷:

(1)检验用荷载标准组合值、荷载准永久组合值是指在正常使用极限状态下,采用构件设计控制截面上的荷载标准组合或准永久组合下的弯矩值,并根据构件检验加载方式换算后确定的组合值。

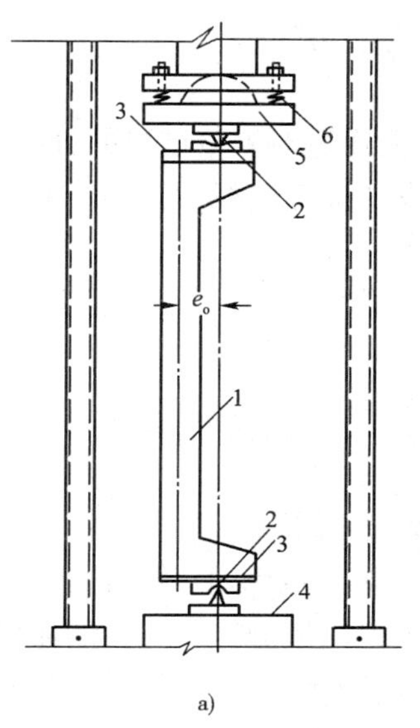


a)

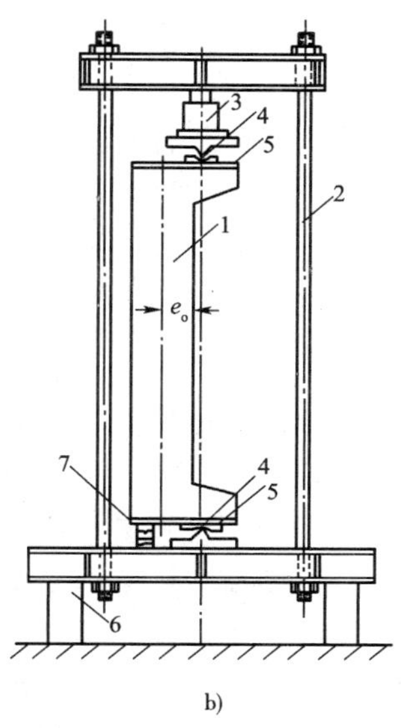


b)

图 1-4-9　受压构件的试验加载

a)试验机加载

1-试件柱;2-刀口铰支座;3-垫板;4-下压板;5-上压板;6-调节弹簧

b)千斤顶加载

1-试件柱;2-反力架;3-千斤顶;4-刀口铰支座;5-垫板;6-支墩;7-临时垫木

(2)承载力检验时,荷载设计值是指在承载能力极限状态下,根据构件设计控制截面上的内力设计值与构件检验的加荷方式,经换算确定的荷载值。

(3)构件承载力检验修正系数取构件按实配钢筋计算的承载力设计值与按荷载设计值计算的构件内力设计值之比。

(4)当荷载小于荷载标准值时,每级荷载不应大于标准荷载值的 20%;当荷载大于标准荷载值时,每级荷载不应大于荷载标准值的 10%。

(5)如需进行抗裂检验,当荷载接近抗裂检验荷载值时,每级荷载不应大于标准荷载值的 5%;当荷载接近承载力检验荷载值时,每级荷载不应大于荷载设计值的 5%。

混凝土结构构件在某一荷载下的变形发展较慢,持荷时间应稍长些;钢结构构件在某一荷载下的变形发展较快,持荷时间可以稍短些。

通常情况下,受弯构件在某一荷载下的变形相对受压构件稍慢,持荷时间应稍长;结构构件组成较复杂的在某一荷载下的变形相对组成简单的较慢些,持荷时间应稍长。

不同的加载设备,可以采取不同荷载分级和持荷时间。

当采用千斤顶、试验机等容易操作控制的加载设备,可以将荷载分得细些、级数多些,以利于多观察、多获得试验数据。当采用重物加载时,为了荷载图式准确和操作简便,可以取一层重物为一级荷载。

当一级荷载的加载时间较短时,该级荷载的持荷时间宜稍长些;当一级荷载的加载时间较长时，该级荷载的持荷时间可以稍短些。

在有条件的情况下，应在弹性阶段采用分级加载，在弹塑性阶段和接近破坏时采用连续加载，这时应平稳、缓和地连续施加荷载或变形。

## 第三节　测量方法

结构试验中，应该测量荷载、挠度、裂缝、应力等，通过对测量结果的分析计算，可以得到所需要的结构性能。可以参照国家标准《混凝土结构试验方法标准》（GB/T 50152—2012）第6章的有关规定，选用合适的测量方法和仪器。

### 一、荷载测量

要得到承载力、强度或其他控制作用力值，应该测得相应的荷载。

用重物加载时，应将分级施加的重物累加即可。

用水加载时，可以用水位尺测量水位高度，换算成分布荷载。

用千斤顶加载时，可用荷载传感器安置在千斤顶的活塞头上，即可测得千斤顶所输出的作用力；或用液压传感器接在千斤顶的油路上，通过测量油压测得千斤顶的作用力。当用并联在一起的数个千斤顶同时加载时，可以只用荷载传感器测量其中一个千斤顶的作用力，再换算得到其他千斤顶的作用力；或用液压传感器测量油路的油压，再换算得到所有千斤顶的作用力；这时，应考虑各个千斤顶的内摩擦力的不同、油路长度不同等引起的偏差。

### 二、挠度测量

受弯构件的挠度是一个重要的参数，是构件在荷载作用下的整体反应。图1-4-10为受弯构件跨中挠度测量的示意图。

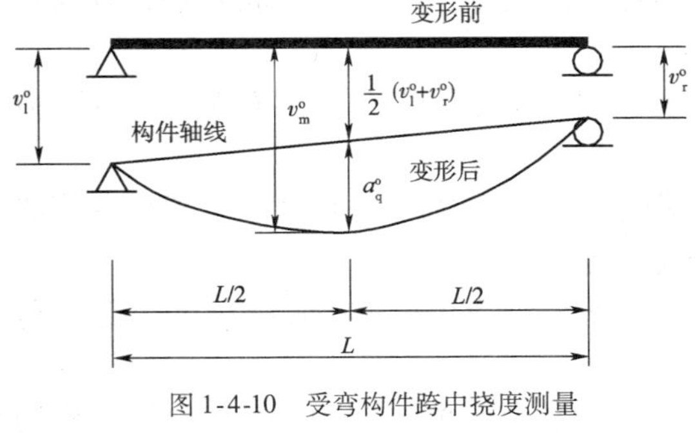


图1-4-10　受弯构件跨中挠度测量

加载前，构件水平放置、未发生变形，其轴线可看作为一根水平的直线；加载后，构件发生弯曲变形，两端的支座也会发生向下的位移（支座沉陷）。用位移传感器可以测得构件左、右两端支座沉陷 $v_l^o$ 和 $v_r^o$，和构件跨中的位移 $v_m^o$。挠度定义为构件由于弯曲变形引起偏离轴线的位移，图中的 $a_q^o$ 为跨中挠度，根据图示几何关系可得跨中挠度的计算公式：

$$a_q^o = v_m^o - \frac{1}{2}(v_l^o + v_r^o) \tag{1-4-3}$$

式中：$v_m^o$——跨中位移；

$v_l^o$——左支座沉陷；

$v_r^o$——右支座沉陷。

在构件跨中和两端支座处布置位移传感器（或百分表等），测量跨中位移和左、右支座沉陷,由此可得跨中挠度。

在跨中其他位置布置位移传感器,按照图1-4-10的几何关系,也可以得到相应位置的挠度。如要测得受弯构件的挠曲线,应至少沿跨度等距布置不少于5个位移传感器(其中包括跨中三个,支座两个)。

## 三、裂缝测量

混凝土结构构件受到荷载、温度变化或不均匀沉降等作用时,会发生开裂;开裂后,裂缝宽度也会随着荷载等的改变而发生变化。裂缝的发生和变化反映了裂缝处的应力或应变状态,是反映结构性能的一个重要参数。

裂缝测量包括开裂测量和裂缝宽度测量。

开裂测量通常采用目测,或借助于放大镜,确定开裂荷载、开裂部位。当采用分级加载,在某一级荷载的加载过程中发现开裂时,应取前一级荷载作为开裂荷载实测值;在某一级荷载的规定持续时间内发现开裂时,应取该级荷载与前一级荷载的平均值作为开裂荷载实测值;在某一级荷载的规定持续时间结束后发现开裂时,应取该级荷载作为开裂荷载实测值。

还可以根据荷载—挠度曲线的形状来判断开裂发生。按实测结果绘制荷载—挠度曲线,取曲线上斜率初次发生明显变化时的荷载作为开裂荷载实测值。

裂缝宽度测量可以精度为0.05mm的刻度放大镜,或相当精度的其他仪器;当条件限制、要求不严时,可以采用标准塞尺。

## 四、应力测量

结构构件受到荷载作用后,会产生应力,某些部位的应力会相对较大,应力较大的部位可能会首先发生破坏。有些结构试验会要求测量某一(某些)部位的应力,以了解结构构件的受力状况和可能发生的破坏形式等。

如要测量混凝土结构中某一部位钢筋的应力,可以在该部位的钢筋上粘贴应变计,通过测量应变、再换算得到相应的应力;也可以在该位置设置应力计,测得相应的应力。

如要测量结构构件某一处表面的应力,可以在该表面处粘贴应变计,连线至应变仪。如所要测量的是单向受力,可以只用单向应变计;如要测量平面应力或三维应力问题,应采用应变花或设置三维应变计。

## 五、数据采集

试验中,采用各种仪器和方法测量荷载、挠度、裂缝、应力等,并将测量结果作记录、保存,这一过程称为数据采集。

在数据采集中,为了得到准确、可靠的结果,应该遵循同时性和客观性原则。同时性原则要求一次采集(或一次测量)得到的所有数据(测量结果)是同一时刻的试件受到的荷载作用和试件的反应(挠度、裂缝、应力等),这些同一时刻的数据才能反映和描述试件在某一时刻的状态。客观性原则要求按照客观事实进行数据采集,并把所有关于试验实际情况的数据都加以测量、记录,使采集得到的数据能够完整、客观地反映和描述整个试验过程。

试验中,将所有的传感器接入采集仪,再接至计算机,组成结构试验的数据采集系统。在测点较多时，可以考虑采用数据采集系统，以提高测量结果的准确性和可靠性。当测点少、测量方法简便时，也可以采用人工测读等简便方法。

当采用分级加载时，也应分级测量，并且应在每级荷载持续时间结束时测量、采集，以此作为该级荷载下的测量结果。

## 第四节 数据处理

对于批量生产的混凝土预制构件进行结构性能合格性检验，可以按照以下方法进行数据处理和评价。

### 一、承载力确定和检验

承载力可以由极限荷载实测值得到。

试验加载中，当混凝土结构构件出现表1-4-1[《混凝土结构工程施工质量验收规范》（GB 50204—2015）表B.1.1]所列的承载能力极限状态标志（破坏标志）时，可以认为试件达到破坏。

如混凝土构件试验采用分级加载，在某一级荷载的加载过程中达到破坏，应取前一级荷载作为极限荷载实测值；在某一级荷载的规定持续时间内达到破坏，应取该级荷载与前一级荷载的平均值作为极限荷载实测值；在某一级荷载的规定持续时间结束后达到破坏，应取该级荷载作为极限荷载实测值。

如试验采用连续加载，除结构构件出现承载能力极限状态的标志（破坏标志）外，还可以试验过程中所达到的最大荷载值作为极限荷载实测值。

其他结构构件出现规范规定的承载能力极限状态的标志或现象时，也可以认为该试件达到破坏。

对批量生产的混凝土预制构件，按设计规范的有关规定进行承载力检验，应将上述极限荷载实测值与承载力检验荷载设计值（均包括自重）的比值，按下式[《混凝土结构工程施工质量验收规范》（GB 50204—2015）附录B.1.1条]进行评价：

$$\gamma_u^0 \geq \gamma_0 [\gamma_u] \tag{1-4-4}$$

式中：$\gamma_u^0$——构件的承载力检验系数实测值，即极限荷载实测值与承载力检验荷载设计值（均包括自重）的比值；

$\gamma_0$——结构重要性系数，按规范或设计要求确定，当无专门要求时可取1.0；

$[\gamma_u]$——构件承载力检验系数允许值，按表1-4-1选用。

### 二、挠度换算和检验

1. 等效荷载的挠度修正

当采用三分点荷载作为均布荷载的等效荷载，对受弯构件进行加载（图1-4-4），所得到的跨中挠度应该进行修正，即将所得挠度乘以0.98。

当采用其他等效荷载对受弯构件进行加载时，可以参考国家标准《混凝土结构试验方法标准》（GB/T 50152—2012）第5.2.16条选用挠度修正系数，也可以假定试件的材料为线弹性，用结构力学方法计算相应的修正系数。

预制混凝土构件承载力检验系数允许值　　表 1-4-1

<table>
<tr><th>受力情况</th><th colspan="2">达到承载能力极限状态的标志</th><th>[$\gamma_u$]</th></tr>
<tr><td rowspan="5">轴心受拉、偏心受拉、受弯和大偏心受压</td><td rowspan="2">受拉主筋处的最大裂缝宽度达到 1.5mm，或挠度达到跨度的 1/50</td><td>热轧钢筋</td><td>1.20</td></tr>
<tr><td>钢丝、钢绞线、热处理钢筋</td><td>1.35</td></tr>
<tr><td rowspan="2">受压区混凝土破坏</td><td>热轧钢筋</td><td>1.30</td></tr>
<tr><td>钢丝、钢绞线、热处理钢筋</td><td>1.45</td></tr>
<tr><td>受拉主筋拉断</td><td></td><td>1.50</td></tr>
<tr><td rowspan="2">受弯构件的受剪</td><td colspan="2">腹部斜裂缝达到 1.5mm，或斜裂缝末端受压混凝土剪压破坏</td><td>1.40</td></tr>
<tr><td colspan="2">沿斜截面混凝土斜压破坏，受拉主筋在端部滑脱或其他锚固破坏</td><td>1.55</td></tr>
<tr><td>轴心受压、小偏心受压</td><td colspan="2">混凝土受压破坏</td><td>1.50</td></tr>
</table>

2. 自重等引起的挠度

在受弯构件试验中，构件自重及部分设备重量引起的挠度难以直接测量，可以利用实际加载的荷载—挠度曲线，按下式进行推算：

$$a_g^o = \frac{M_g}{M_b} a_b^o \tag{1-4-5}$$

式中：$a_g^o$——构件自重及部分设备重量引起的跨中挠度；

$M_g$——构件自重及部分设备重量产生的跨中弯矩；

$M_b$——混凝土构件出现裂缝前一级实际加载产生的跨中弯矩；

$a_b^o$——混凝土构件出现裂缝前一级实际加载产生的跨中挠度。

对于其他情况，$M_b$、$a_b^o$ 可以取荷载—挠度曲线的初始直线段末端的荷载所产生的跨中弯矩和相应的跨中挠度。

3. 挠度检验

按设计规范的有关规定，对混凝土构件进行挠度检验时，应该考虑检验方法（短期静力加载检验）与设计荷载工况的差别，并作相应修正。

根据国家标准《混凝土结构工程施工质量验收规范》（GB 50204—2015）的有关规定，先将设计规范规定的受弯构件（在长期荷载作用下）的挠度限值换算成检验加载情况（短期荷载作用）下的挠度检验允许值。

当按现行国家标准《混凝土结构设计规范》（GB 50010—2010）第 3.4.3 条规定的挠度限值进行检验时，挠度检验允许值应按下式计算：

$$[a_s] = \frac{M_k}{M_q(\theta - 1) + M_k}[a_f] \tag{1-4-6a}$$

或：

$$[a_s] = \frac{1}{\theta}[a_f] \tag{1-4-6b}$$

式中：$[a_s]$——挠度检验允许值，式（1-4-6a）用于采用荷载标准组合设计的挠度限值，式（1-4-6b）用于采用荷载准永久组合设计的挠度限值；

$[a_f]$——受弯构件的挠度限值，按国家标准《混凝土结构设计规范》（GB 50010—2010）第3.4.3条规定取值；

$M_k$——按荷载标准组合计算的弯矩值；

$M_q$——按荷载准永久组合计算的弯矩值；

$\theta$——考虑荷载长期作用对挠度增大的影响系数，按国家标准《混凝土结构设计规范》（GB 50010—2010）第7.2.5条规定取值。

按照《混凝土结构工程施工质量验收规范》（GB 50204—2015）附录B.1.2条的规定，在荷载标准组合值或荷载准永久组合值作用下，构件挠度实测值应符合以下要求：

$$a_s^0 \leqslant [a_s] \tag{1-4-7}$$

式中：$a_s^0$——在荷载标准值或荷载准永久值作用下的构件挠度实测值。

$[a_s]$——挠度检验允许值。

用式（1-4-7）进行挠度检验，应该考虑构件自重及部分设备重量引起的挠度，及等效荷载影响的修正。

## 三、抗裂检验

根据国家标准《混凝土结构工程施工质量验收规范》（GB 50204—2015）附录B.1.4条的有关规定，对混凝土预制构件进行抗裂检验，应符合以下要求：

$$\gamma_{cr}^0 \geqslant [\gamma_{cr}] \tag{1-4-8}$$

$$[\gamma_{cr}] = 0.95\frac{o_{pc} + \gamma f_{tk}}{\sigma_{tk}} \tag{1-4-9}$$

式中：$\gamma_{cr}^0$——构件的抗裂检验系数实测值，即试件的开裂荷载实测值与荷载标准组合值（均包括自重）的比值；

$[\gamma_{cr}]$——构件的抗裂检验系数允许值；

$o_{pc}$——由预加力产生的构件抗拉边缘混凝土法向应力值，按现行国家标准《混凝土结构设计规范》（GB 50010）确定；

$\gamma$——混凝土构件截面抵抗矩塑形影响系数，按现行国家标准《混凝土结构设计规范》（GB 50010）计算确定；

$f_{tk}$——混凝土抗拉强度标准值；

$\sigma_{tk}$——由荷载标准组合值产生的构件抗拉边缘混凝土法向应力值，按现行国家标准《混凝土结构设计规范》（GB 50010）确定。

## 四、裂缝宽度检验

根据国家标准《混凝土结构工程施工质量验收规范》（GB 50204—2015）附录B.1.5条的有关规定，对混凝土预制构件进行裂缝宽度检验，应符合以下要求：

$$w_{s,max}^0 \leqslant [w_{max}] \tag{1-4-10}$$

式中：$w_{s,max}^0$——在荷载标准组合值或荷载准永久组合值作用下，受拉主筋处的最大裂缝宽度实测值（mm）；

$[w_{max}]$——构件检验的最大裂缝宽度允许值，按表1-4-2取用。

构件检验的最大裂缝宽度允许值 表 1-4-2

| 设计要求的最大裂缝宽度限值 | 0.2 | 0.3 | 0.4 |
| --- | --- | --- | --- |
| $[w_{max}]$ | 0.15 | 0.20 | 0.25 |

## 五、应变换算应力

对于线弹性材料或材料仍处于线弹性阶段，如处于单向受力状态，将实测得到的应变乘以弹性模量即可得到相应的应力；如处于平面受力或三维受力状态，按材料力学或弹性力学的有关公式，将实测得到的应变换算成应力。

对于理想弹塑性材料，当应变超过弹性应变、但仍处于屈服阶段时，不管应变为何数值，应力值均为屈服强度。

在上述两种情况中，所采用的弹性模量可以按标准的规定值，但在有条件时，应尽量采用实测值。

对于非线性的情况（包括非线性材料、材料处于非线性阶段），可以采用实测的应力—应变关系，或理论的应力—应变关系，将应变换算成应力。

## 六、例题

1. 已知条件

要对一根预制钢筋混凝土梁进行结构性能检验。

该梁的截面为 100mm×150mm（宽×高），长度为 1400mm，跨度为 1200mm。截面配筋为受拉主筋 2B14（HRB335），架立钢筋 2A8（HPB300），箍筋 A6@70（两段的三分之一跨度）和 A6@150（中间的三分之一跨度）。

结构重要性系数 $\gamma_n = 1.0$，挠度限值取 $[a_s] = l_0/200$，设计要求的最大裂缝宽度限值 0.2mm。

承载力检验荷载设计值 = 48kN/m，荷载标准值 = 36kN/m，荷载准永久值 = 33kN/m。

采用短期静力加载试验方法。用一个千斤顶和分配梁，对试件梁进行三分点加载（图 1-4-3），相应的受力简图、内力分布及荷载换算见图 1-4-4。试件的自重标准值 = 0.375kN/m，加载设备的重力 = 0.3kN。

用百分表测量试件梁的跨中和两端的支座位移，用荷载传感器测量千斤顶的作用力［图 1-4-4b）中的 $P$］。

2. 准备工作

根据《混凝土结构工程施工质量验收规范》（GB 50204—2015）第 9.2.2 条，该构件应进行承载力、挠度和裂缝宽度检验。

按照试验加载条件和荷载分级要求，计算实际试验加载，见表 1-4-3。

表 1-4-3 中，先按照本章第二节中的加载制度要求，计算按均布荷载形式的各级荷载值，再按照本章式（1-4-2）计算各级三分点荷载值（等效荷载），再减去相应的试件梁的自重和加载设备的重力，即为实际试验加载的各级荷载值。

由本章式（1-4-6b），计算挠度检验允许值 $[a_s]$。受弯构件的挠度限值 $[a_f]$ 为 1200/200 = 6mm，考虑荷载长期作用对挠度增大的影响系数 $\theta$ 为 1.858，得到 $[a_s] = 3.2$mm。

**实际试验加载计算** 表1-4-3

| 序 号 | 计算均布荷载(kN/m) | 三分点荷载(kN) | 实际试验加载(kN) | 说 明 |
|---|---|---|---|---|
| 1 | 0 | 0.0 | 0.0 | 0.6kN,构件自重和设备重力 |
| 2 | 7.2 | 6.5 | 5.8 | 20%荷载标准值 |
| 3 | 14.4 | 13.0 | 12.3 | 40%荷载标准值 |
| 4 | 21.6 | 19.4 | 18.8 | 60%荷载标准值 |
| 5 | 28.8 | 25.9 | 25.3 | 80%荷载标准值 |
| 6 | 33.0 | 29.7 | 29.1 | 荷载准永久值 |
| 7 | 36.0 | 32.4 | 31.8 | 100%荷载标准值 |
| 8 | 39.6 | 35.6 | 35.0 | 110%荷载标准值 |
| 9 | 43.2 | 38.9 | 38.2 | 120%荷载标准值 |
| 10 | 45.6 | 41.0 | 40.4 | 95%荷载设计值 |
| 11 | 48.0 | 43.2 | 42.6 | 100%荷载设计值 |
| 12 | 50.4 | 45.4 | 44.7 | 105%荷载设计值 |
| 13 | 52.8 | 47.5 | 46.9 | 110%荷载设计值 |
| 14 | 55.2 | 49.7 | 49.0 | 115%荷载设计值 |
| 15 | 57.6 | 51.8 | 51.2 | 120%荷载设计值 |
| 16 | 60.0 | 54.0 | 53.4 | 125%荷载设计值 |
| 17 | 62.4 | 56.2 | 55.5 | 130%荷载设计值 |
| 18 | 64.8 | 58.3 | 57.7 | 135%荷载设计值 |
| 19 | 67.2 | 60.5 | 59.8 | 140%荷载设计值 |
| 20 | 69.6 | 62.6 | 62.0 | 145%荷载设计值 |
| 21 | 72.0 | 64.8 | 64.2 | 150%荷载设计值 |
| 22 | 74.4 | 67.0 | 66.3 | 155%荷载设计值 |

由本章表1-4-2,得到构件检验的最大裂缝宽度允许值为0.15mm。

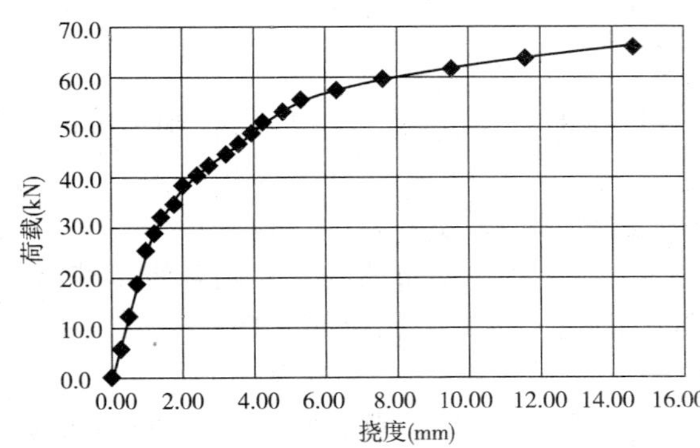


图1-4-11 试件梁的荷载—挠度曲线

3. 试验结果

试验得到的位移读数和相应的挠度值见表1-4-4,表中的读数由百分表测量得到,单位为mm,各级荷载作用下的挠度值按照本章式(1-4-3)计算得到,相应的荷载—挠度曲线见图1-4-11。

在整个加载过程中,试件梁未发生任何如表1-4-1所列出的破坏现象;加载至最后一级荷载(155%承载力检验荷载设计值),仍未发现任何破坏现象。可以认为,极限荷载实测值不小于155%承载力检验荷载设计值,即承载力检验系数实测值 $\gamma_u^o$ 不小于1.55,大于或等于表1-4-1规定的允许值(表1-4-1),承载力检验符合要求。

根据《混凝土结构设计规范》(GB 50010—2010)第3.4.3条的规定,应该按荷载准永久组合下的最大挠度进行评价。

**试验位移读数和挠度值** 表1-4-4

| 序号 | 试验加载 | 左支座 | | 跨中 | | 右支座 | | 挠度(mm) | 备注 |
|---|---|---|---|---|---|---|---|---|---|
| | | 读数 | 位移 | 读数 | 位移 | 读数 | 位移 | | |
| 1 | 0.0 | 5.34 | 0.00 | 2.14 | 0.00 | 4.56 | 0.00 | 0.00 | |
| 2 | 5.8 | 5.31 | 0.03 | 2.44 | 0.30 | 4.46 | 0.10 | 0.24 | 20%荷载标准值 |
| 3 | 12.3 | 5.28 | 0.06 | 2.74 | 0.60 | 4.36 | 0.20 | 0.47 | 40%荷载标准值 |
| 4 | 18.8 | 5.24 | 0.10 | 3.04 | 0.90 | 4.26 | 0.30 | 0.70 | 60%荷载标准值 |
| 5 | 25.3 | 5.23 | 0.11 | 3.34 | 1.20 | 4.23 | 0.33 | 0.98 | 80%荷载标准值 |
| 6 | 29.1 | 5.22 | 0.12 | 3.56 | 1.42 | 4.22 | 0.34 | 1.19 | 荷载准永久值 |
| 7 | 31.8 | 5.22 | 0.12 | 3.74 | 1.60 | 4.21 | 0.35 | 1.37 | 100%荷载标准值 |
| 8 | 35.0 | 5.21 | 0.13 | 4.14 | 2.00 | 4.16 | 0.40 | 1.74 | 110%荷载标准值 |
| 9 | 38.2 | 5.20 | 0.14 | 4.44 | 2.30 | 4.14 | 0.42 | 2.02 | 120%荷载标准值 |
| 10 | 40.4 | 5.18 | 0.16 | 4.84 | 2.70 | 4.12 | 0.44 | 2.40 | 95%荷载设计值 |
| 11 | 42.6 | 5.18 | 0.16 | 5.14 | 3.00 | 4.10 | 0.46 | 2.69 | 100%荷载设计值 |
| 12 | 44.7 | 5.17 | 0.17 | 5.64 | 3.50 | 4.09 | 0.47 | 3.18 | 105%荷载设计值 |
| 13 | 46.9 | 5.16 | 0.18 | 6.04 | 3.90 | 4.08 | 0.48 | 3.57 | 110%荷载设计值 |
| 14 | 49.0 | 5.14 | 0.20 | 6.44 | 4.30 | 4.06 | 0.50 | 3.95 | 115%荷载设计值 |
| 15 | 51.2 | 5.12 | 0.22 | 6.74 | 4.60 | 4.06 | 0.50 | 4.24 | 120%荷载设计值 |
| 16 | 53.4 | 5.11 | 0.23 | 7.34 | 5.20 | 4.05 | 0.51 | 4.83 | 125%荷载设计值 |
| 17 | 55.5 | 5.11 | 0.23 | 7.84 | 5.70 | 4.03 | 0.53 | 5.32 | 130%荷载设计值 |
| 18 | 57.7 | 5.10 | 0.24 | 8.84 | 6.70 | 4.02 | 0.54 | 6.31 | 135%荷载设计值 |
| 19 | 59.8 | 5.09 | 0.25 | 10.14 | 8.00 | 4.02 | 0.54 | 7.61 | 140%荷载设计值 |
| 20 | 62.0 | 5.08 | 0.26 | 12.04 | 9.90 | 4.01 | 0.55 | 9.50 | 145%荷载设计值 |
| 21 | 64.2 | 5.07 | 0.27 | 14.14 | 12.00 | 4.00 | 0.56 | 11.59 | 150%荷载设计值 |
| 22 | 66.3 | 5.04 | 0.30 | 17.14 | 15.00 | 4.00 | 0.56 | 14.57 | 155%荷载设计值 |

由于试验加载方式为三分点加载,与设计荷载方式(均布荷载)不同,应进行修正,乘以0.98;又由于构件自重和设备重力引起的挠度未包含在测量结果内,应按本章式(1-4-5)计算,取荷载—挠度曲线的初始直线段末端的荷载值、挠度值(31.8kN,1.37mm)计算构件自重和设备重力引起的挠度。求得构件自重和设备重力引起的挠度,加上荷载准永久值加载得到的挠度,在按加载方式不同作修正后,得到按荷载准永久组合试验的构件挠度实测值 $a_s^o$ 如下:

$$a_s^o = 0.98 \times \left(1.19 + \frac{0.6 \times 1.2 \div 6}{31.8 \times 1.2 \div 6} \times 1.37\right) = 1.19\text{mm} < [a_s]\ ([a_s] = 3.2\text{mm})$$

按荷载准永久组合试验的构件挠度实测值 $a_s^o$ 满足本章式(1-4-7)的要求，由此得到，该试件梁的挠度检验符合要求。

试验加载至荷载准永久值时，测得试件梁的最大裂缝宽度为 0.1mm，小于按表 1-4-2 所要求的 0.15mm，满足本章式(1-4-10)的要求。由此得到，该试件梁的裂缝宽度检验符合要求。

4. 评价

根据 GB 50204—2015 附录 B.1.1 条、附录 B.1.2 条、附录 B.1.3 条和附录 B.1.5 条的规定，该试件梁的承载力检验符合要求、挠度检验符合要求、裂缝宽度检验符合要求，可以认为该试件梁的结构性能符合要求。

如果该试件梁为按照规范规定抽样得到，符合规范规定的条件，可以认为该试件梁所代表的一批构件的结构性能通过验收。

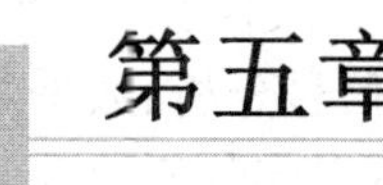

# 第五章 结构动力测试

## 第一节 结构动力特性和反应

结构动力特性主要包括结构的自振频率、阻尼系数和振型等一些基本参数，也称为动力特性参数或振动模态参数。这些特性是结构本身所固有的性能，与外荷载无关；这些特性是由结构形式、材料性质、结构刚度、质量分布和构造连接等因素决定的，只要当决定因素改变时，动力特性才会发生变化。

在结构抗震设计中，为了确定地震作用的大小，必须了解各类结构的自振周期。同样，对于现有建筑物的震后加固修复，也需了解结构的动力特性，建立结构的动力计算模型，才能进行地震反应分析。

在结构振动问题的分析计算时，也需要了解结构的自振频率等动力特性，以避免共振等现象发生；在设计中可以使结构避开干扰源的影响，寻找采取相应的防振、隔振或消振措施。

结构的动力特性可按结构动力学的理论进行计算。但由于结构建模计算会作一些简化和假定，与实际结构的组成、材料和连接等有偏差，由此计算得到的自振频率等往往会有一定误差。而结构阻尼系数一般无法由计算得到，只能通过试验获得。

因此，结构动力特性测试是动力测试的重要的组成部分。

水工建筑物常常会受到各种动力荷载的作用，如机械、车辆运行对结构的动力作用，水流、波浪的作用，风荷载作用，地震作用等。

在动力荷载作用下，结构会产生动力反应，如位移、速度、加速度等。测量这些动力反应，可以对结构的动力性能进行评价。

本章的主要内容为，振动测量仪器的工作原理和结构动力特性测量方法的介绍。

## 第二节 振动测量仪器

### 一、振动测量仪器组成

要测量动位移、速度、加速度等振动参数，应该使用振动测量仪器。常用的振动测量仪器包括，测振传感器、振动测试仪及计算机。

测振传感器的作用是感受所需测量的位移、速度、加速度等物理量，将这些物理量转换为电信号,通过电缆将电信号传输给振动测试仪;有时测振传感器的信号较弱,需要用放大器将传感器得到的电信号放大后再传输给振动测试仪。

振动测试仪的作用是对传感器的信号进行扫描采集、A/D转换、记录保存,再将数字信号传输给计算机;测试仪还具有控制测量的功能,有些还可以进行一些信号分析、数据处理等。

计算机通过程序控制测量过程,收集信号,以文件方式保存,并可以作分析处理,以得到所需要的各个测试结果。

## 二、惯性式传感器

由于在振动测量时,难以找到一个静止点作为测量的基准点,通常都采用惯性式传感器(本章以下简称为传感器)。传感器的基本原理为:由惯性质量 $m$、阻尼 $c$ 和弹簧 $k$ 组成一个动力系统,这个动力系统(即传感器的外壳)固定在振动体上,与振动体一起振动,通过测量惯性质量相对于传感器外壳的运动,来获得振动体的振动(图1-5-1)。由于这是一种非直接测量方法,传感器本身的动力特性将对测量结果具有重要的影响。

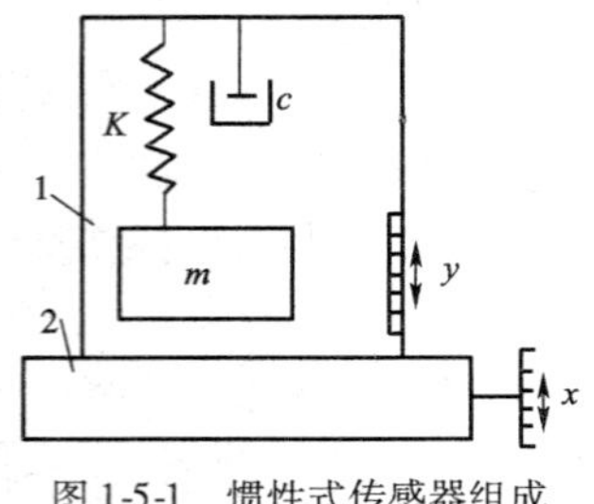

图1-5-1 惯性式传感器组成
1-传感器;2-振动体

设被测振动体的运动规律为:

$$x = X_0 \cdot \sin\omega t \tag{1-5-1}$$

式中:$x$——振动体相对于固定参考坐标的位移;

$X_0$——振动体振动的振幅;

$\omega$——振动体振动的圆频率。

传感器外壳随振动体一起运动。以 $y$ 表示质量块 $m$ 相对于传感器外壳的位移,由图1-5-1可知,质量块 $m$ 的总位移为 $x+y$,它的运动方程为:

$$m \cdot \frac{\mathrm{d}^2(x+y)}{\mathrm{d}t^2} + c \cdot \frac{\mathrm{d}y}{\mathrm{d}t} + k \cdot y = 0 \tag{1-5-2}$$

或写成:

$$m \cdot \frac{\mathrm{d}^2 y}{\mathrm{d}t^2} + c \cdot \frac{\mathrm{d}y}{\mathrm{d}t} + k \cdot y = mX_0\omega^2 \cdot \sin\omega t \tag{1-5-3}$$

上式为一单自由度、有阻尼的强迫振动方程,它的通解为:

$$y = B \cdot e^{-nt}\cos\left(\sqrt{\omega^2 - n^2}\,t + \alpha\right) + Y_0 \cdot \sin(\omega t - \varphi) \tag{1-5-4}$$

式中:$n = c/2m$。

上式中的第一项为自由振动,由于阻尼而很快衰减。第二项为强迫振动,其中的振幅 $Y_0$ 和相位差 $f$ 分别为:

$$Y_0 = \frac{X_0\left(\frac{\omega}{\omega_n}\right)^2}{\sqrt{\left(1 - \frac{\omega^2}{\omega_n^2}\right)^2 + 4D^2\frac{\omega^2}{\omega_n^2}}} \tag{1-5-5}$$

$$\varphi = \arctan\frac{2D\frac{\omega}{\omega_n}}{1 - \left(\frac{\omega}{\omega_n}\right)^2} \tag{1-5-6}$$

式中，$D=\dfrac{n}{\omega_n}$，为阻尼比；$\omega_n=\sqrt{\dfrac{K}{m}}$，为传感器动力系统的自振频率。由式(1-5-4)可得传感器动力系统的稳态振动如下：

$$y=Y_0\cdot\sin(\omega t-\varphi) \tag{1-5-7}$$

比较式(1-5-1)和式(1-5-7)，可以看到传感器中的质量块相对于其外壳的运动规律与振动体的运动规律相同，但两者之间相差一个相位角$f$，它们的振幅之比如下：

$$\frac{Y_0}{X_0}=\frac{\left(\dfrac{\omega}{\omega_n}\right)^2}{\sqrt{\left(1-\dfrac{\omega^2}{\omega_n^2}\right)^2+4D^2\dfrac{\omega^2}{\omega_n^2}}} \tag{1-5-8}$$

式(1-5-8)和式(1-5-6)分别为惯性式位移传感器的幅频特性和相频特性，相应的曲线称为幅频特性曲线和相频特性曲线(图1-5-2和图1-5-3)。

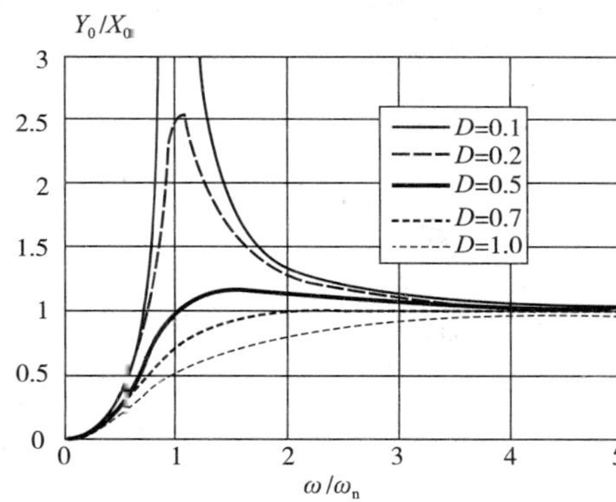


图1-5-2 幅频特性曲线

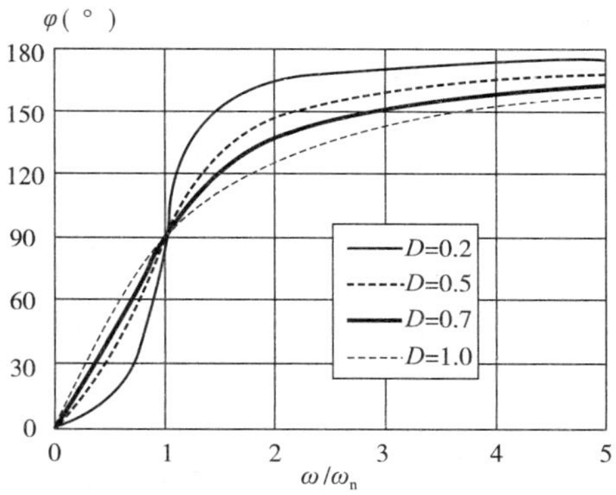

图1-5-3 相频特性曲线

由图1-5-2和图1-5-3可以看到，当$\omega/\omega_n$较大时，即振动体振动的频率比传感器的自振频率大很多时，不管阻尼比$D$的大小如何，$Y_0/X_0$趋近于1，$f$趋近于180°，表示质量块的位移振幅和振动体的位移振幅趋近于相等，而它们的相位趋于相反，这是惯性式位移传感器的理想状态。当$\omega/\omega_n$接近于1时，$Y_0/X_0$值随阻尼值的变化而作较大变化，$f$也随$\omega/\omega_n$的变化而变化，表示仪器测得的波形有畸变。当$\omega/\omega_n$较小趋于零时，$Y_0/X_0$值也趋于零，表示传感器难以反映需要测量的振动。

所以，在选择惯性式位移传感器时，应使传感器的自振频率$\omega_n$与所测振动的频率$\omega$相比尽可能小，即使$\omega/\omega_n$尽可能大。实际使用中，可取$\omega/\omega_n\geqslant5$。有时，当振动体的频率很低，就难以选择到满足上述要求的传感器。

对式(1-5-1)求导两次，可得到关于振动体的加速度为：

$$\frac{\mathrm{d}^2x}{\mathrm{d}t^2}=-X_0\cdot\omega^2\cdot\sin\omega t=-a_m\cdot\sin\omega t \tag{1-5-9}$$

式中，$a_m=X_0\cdot\omega^2$为被测振动体的加速度幅值，负号表示其加速度的方向与位移方向相反，相位相差180°。同样可以得到惯性式加速度传感器的幅频特性，见式(1-5-10)和相应的幅频特性曲线（图1-5-4），图中的纵坐标为 $Y_0\omega_n^2/a_m$，横坐标为 $\omega/\omega_n$。

$$\frac{Y_0}{a_m}=\frac{1}{\omega_n^2\sqrt{\left(1-\frac{\omega^2}{\omega_n^2}\right)^2+4D^2\frac{\omega^2}{\omega_n^2}}}\tag{1-5-10}$$

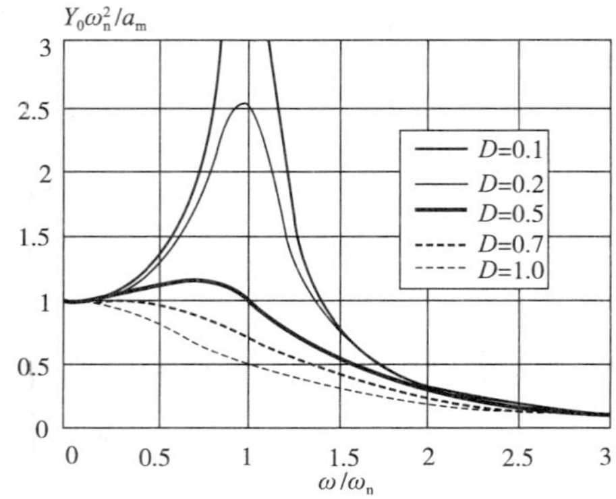


图1-5-4　加速度传感器幅频特性曲线

由图1-5-4可以看到，当 $\omega/\omega_n$ 很小，即振动体振动频率比传感器的自振频率小很多时，传感器质量块的位移振幅和振动体的加速度振幅成正比，即 $Y_0\omega_n^2/a_m$ 趋于1而它们的相位差趋近于180°。这是惯性式加速度传感器的理想状态。

通过以上讨论可以知道，使用振动测量仪器时，必须考虑振动体振动频率和测振传感器自振频率之间的关系，要根据测振传感器的频率特性来选择适用的仪器。如果要测量振动体的位移，应使 $\omega/\omega_n$ 尽可能大，可取 $\omega/\omega_n=5\sim10$ 或更大；如果要测量振动体的加速度，应使 $\omega/\omega_n$ 尽可能小。

# 第三节　测 量 方 法

结构动力特性测试方法主要有人工激振法和环境随机振动法，人工激振法又可分为自由振动法和强迫振动法。

## 一、自由振动法

给结构一个初位移或初速度，使结构产生一个有阻尼的自由振动，测得这一有阻尼自由振动的曲线，从这一曲线上测量得到有关的数据，通过计算得到结构的自振频率和阻尼等。

通常可以用绳索牵引等方法给结构一个初位移，然后突然释放，使结构产生自由振动；用施加荷载（冲量）的方法，使结构获得一个初速度，产生自由振动。

1. 自振频率测量

图1-5-5为一结构有阻尼自由振动曲线，图中的横轴为时间（可以秒为单位），纵轴为位移（可以mm为单位）。取某一个波的顶点的横坐标作为起点，到下一个波的顶点的横坐标之间的时间，就是结构完成一次振动所需要的时间，即自振周期 $T$。自振周期的倒数就是自振频率 $f$，$f=1/T$。从自由振动曲线（振动数据）上，量取自振周期 $T$，即可得到自振频率 $f$；为精确起见，可量取多个波形的自振周期，以求得其平均值。

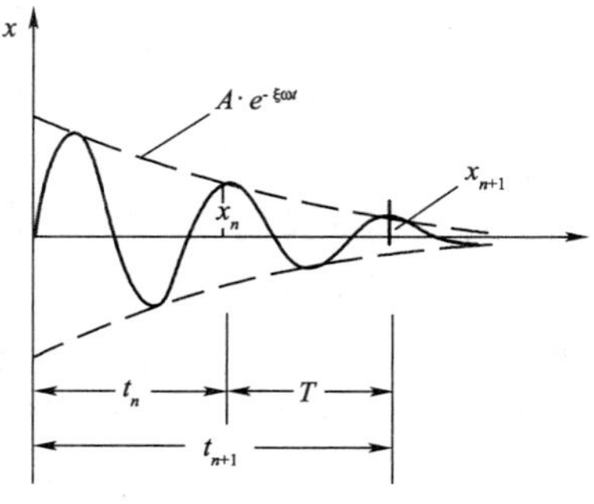


图1-5-5　有阻尼自由振动曲线

除了用位移振动曲线作自振频率测量外，也可以用速度或加速度振动曲线作自振频率测量，方法相同。

2. 阻尼测量

单自由度结构有阻尼自由振动的规律为：

$$x = Ae^{-\xi\omega t}\sin(\omega' t + \alpha) \tag{1-5-11}$$

式中：$A$——振幅；

$x$——阻尼比；

$\omega$——不考虑阻尼的圆频率；

$\omega'$——有阻尼的圆频率；

$\alpha$——初始相位角。

从图 1-5-5 看到，在某一时刻 $t_n$，结构振动位移达到该段周期的峰值，为 $x_n = Ae^{-\xi\omega t_n}$；经过一个周期 $T$ 后，时间为 $t_{n+1} = t_n + T$，位移为 $x_{n+1} = Ae^{-\xi\omega(t_n+T)}$。

相邻两个位移峰值之比为：

$$\frac{x_n}{x_{n+1}} = \frac{Ae^{-\xi\omega t_n}}{Ae^{-\xi\omega t_{n+1}}} \tag{1-5-12}$$

将 $t_{n+1} = t_n + T$，$\omega = 2\pi/T$ 代入式(1-5-12)，再两边取对数可得：

$$\ln\frac{x_n}{x_{n+1}} = \ln\frac{Ae^{-\xi\omega t_n}}{Ae^{-\xi\omega(t_n+T)}} = \ln\frac{1}{e^{-\xi\omega T}} = \xi\omega T = 2\pi\xi \tag{1-5-13}$$

整理后得

$$\xi = \frac{1}{2\pi}\ln\frac{x_n}{x_{n+1}} \tag{1-5-14}$$

利用上式，可以由振动曲线（振动数据）得到结构的阻尼比。从振动曲线（数据）上确定时刻 $t_n$，量得该时刻的位移峰值，及过一个周期（时刻 $t_{n+1}$）的位移峰值 $x_n$，代入式(1-5-14)，可计算得到相应的阻尼比。为精确起见，可以量得过 $K$ 个周期（时刻 $t_{n+K} = t_n + KT$）的位移峰值 $x_{n+K}$，用下式计算结构阻尼比：

$$\xi = \frac{1}{2K\pi}\ln\frac{x_n}{x_{n+K}} \tag{1-5-15}$$

如果试验实测的振动曲线图没有明确的零位线，见图 1-5-6，这时可以采用峰—峰值来代替上述位移峰值。

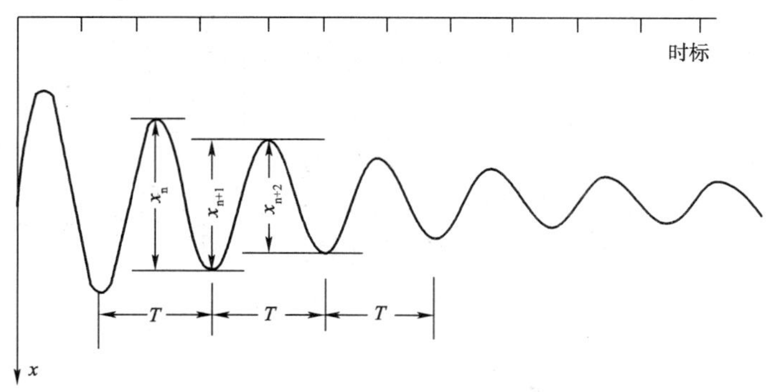


图 1-5-6 无零线有阻尼自由振动曲线

所谓峰—峰值，即在时刻 $t_n$ 时，位移达到峰值，时间经过半个周期，位移达到另一个方向的峰值，这两个峰值之和(或这两个峰值点之间横向距离)就是峰—峰值。过一个周期和过 $K$ 个周期的峰—峰值，也同样确定。将峰—峰值代替位移峰值，代入式(1-5-14)和式(1-5-15)，同样可以得到结构阻尼比。

与自振频率测量相同，除了用位移振动曲线作自振频率测量外，也可以用速度或加速度振动曲线作自振频率测量，方法相同。

3. 振型测量

多自由度结构按某一个自振频率振动时，其振动变形的形式保持不变，这个变形形式称为振型。

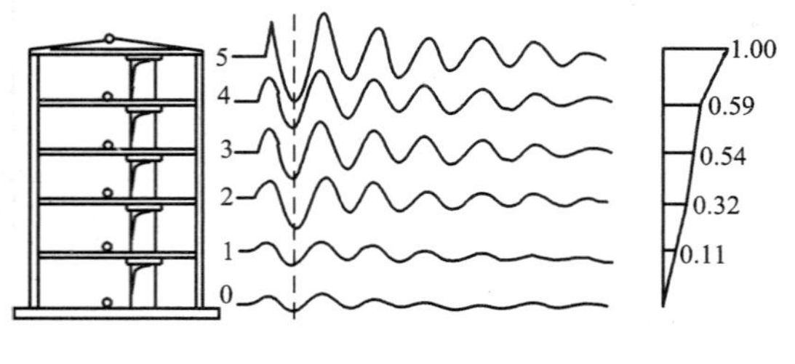

图 1-5-7 房屋振型测量

图 1-5-7 所示为一座 5 层房屋的振型测量示意图，在各个楼层布置传感器，可以测得各个楼层的振动曲线。在房屋的顶部给一个初位移或初速度，房屋将会产生一个按第一自振频率的有阻尼自由振动，相应的振动形式就是第一振型。从各个振动曲线的峰值处，量得各楼层的位移值，归一化后可以得到给房屋的第一振型(图 1-5-7)。

用这种方法，通常只能测量结构的第一振型。

## 二、强迫振动法

使用离心式机械激振器或电磁激振器，对结构施加周期性的简谐激振力，使结构产生强迫简谐振动。当激振力的频率与结构的自振频率相等时，结构就会产生共振。知道结构何时产生共振，并测得相应的频率等数据，即可得到结构的频率等动力特性。因此，强迫振动法也称为共振法。

1. 自振频率测量

用激振器对结构施加激振力，激振力的频率从零起逐步增加，同时测量结构的振幅和频率，测得结构的振幅与结构频率(即激振频率)的关系曲线(或共振曲线)，见图 1-5-8。图中的纵坐标为振幅，横坐标为圆频率($\omega=2\pi f$)。

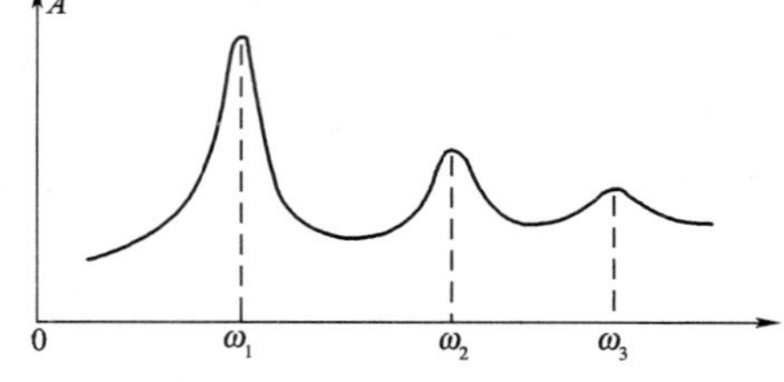

图 1-5-8 强迫振动的共振曲线

由图 1-5-8 可以看到，当激振频率与结构的某个自振频率相等时，结构会发生共振现象，振幅达到极值，即共振曲线上的峰值，相应的频率即为所需要测量的自振频率。如有多个极值，其中最小(左面)的一个，即为第一频率，依次往右为第二频率、第三频率，等等。

2. 阻尼测量

单自由度体系有阻尼强迫振动的运动方程为：

$$m\ddot{x}+c\dot{x}+kx=p(t)=p\sin\theta t \tag{1-5-16}$$

上式中，等号右面是简谐激振力。

由式(1-5-16)可以解得稳态强迫振动为:

$$x = B\sin(\theta t + \beta) \tag{1-5-17}$$

其中:

$$B = \frac{\dfrac{p(t)}{m}}{\sqrt{\left(1 - \dfrac{\theta^2}{\omega^2}\right)^2 + 4\xi^2 \dfrac{\theta^2}{\omega^2}}} \tag{1-5-18}$$

$$\tan\beta = \frac{-2\xi\omega\theta}{\omega^2 - \theta^2} \tag{1-5-19}$$

式中:$m$——质量;

$\theta$——激振力的频率;

$\omega$——体系的自振频率;

$\xi$——阻尼比。

由此可以得到动力放大系数为:

$$\mu(\theta) = \frac{1}{\sqrt{\left(1 - \dfrac{\theta^2}{\omega^2}\right)^2 + 4\xi^2 \dfrac{\theta^2}{\omega^2}}} \tag{1-5-20}$$

以为纵坐标,为横坐标,可以画出动力放大系数曲线,见图1-5-9。

由式(1-5-20)可知,当 $\xi = 0$,即无阻尼时,如 $\theta = \omega$,则发生共振,振幅趋于无穷大;当 $\xi$ 不为零,即有阻尼时,如 $\theta = \omega$,则有 $\mu = 1/2\xi$,即动力放大系数曲线的峰值。

由试验得到实测动力放大系数曲线,测得其峰值的大小,由下式计算该单自由度体系的阻尼比:

$$\xi = \frac{1}{2\mu} \tag{1-5-21}$$

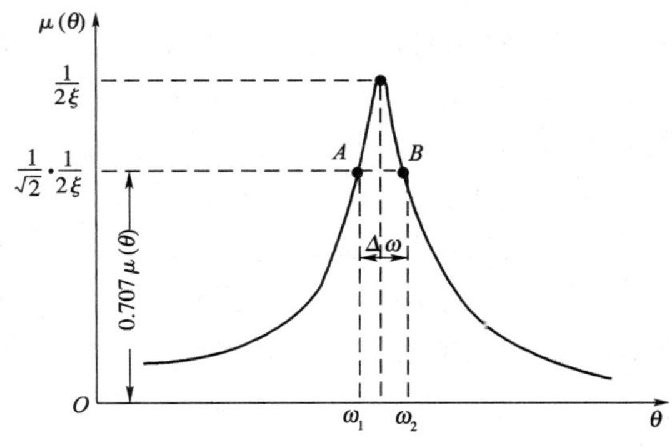


图1-5-9 动力放大系数曲线

还可以用半功率法来获得阻尼比。在动力放大系数曲线(图1-5-9)上,取纵坐标为 $\dfrac{1}{\sqrt{2}} \cdot \dfrac{1}{2\xi}$ 的两点 $A$ 和 $B$,取得 $A$ 和 $B$ 两点的横坐标 $\omega_1$ 和 $\omega_2$,由此计算得到阻尼比:

$$\xi = \frac{\omega_2 - \omega_1}{2\omega} \tag{1-5-22}$$

3. 振型测量

用强迫振动法测量多自由度结构的振型,传感器的布置与自由振动法相同,激振器应布置在所测振型中位移相对较大的位置。

控制激振力的频率,从零起逐步增加。当激振力的频率等于结构的某一个自振频率时,结构将按该频率对应的振型发生共振，这时的振动形状即为振型。可以从自振频率的大小来确定振型的序列号，也可以直接从振型的形状来确定振型的序列号。

## 三、环境随机振动法

由于地壳内部的微小振动、城市中的车辆运行等各种激振因素，地面一直处于微小的振动之中，这一现象称为地脉动。地脉动是不规则的振动，难以用确定的时间函数描述，每一段时间内所测得的曲线与任何其他时间段内的曲线都不相同，数学上将其称为随机过程。

大地地面是建筑物的建造环境和使用环境，地脉动对建筑物而言是一个激振力，它会引起建筑物产生振幅很小的振动，即脉动。建筑物的脉动是由地脉动激振引起的强迫振动，由于地脉动是持续存在的，建筑物的脉动也是持续不断的。

由于引起建筑物脉动的地脉动是随机过程，所以建筑物的脉动也是随机过程。地脉动包含了很多不同频率的分量，其中一些分量的频率与建筑物的自振频率相同，在这些分量作用下，建筑物会产生共振现象，振幅会放大；在其他频率的分量作用下，建筑物不会产生共振，振幅不会放大。

通过测量建筑物所在场地的地脉动和建筑物的脉动，计算分析地脉动和建筑物脉动之间的关系，可以得到建筑物的动力特性。

由于地脉动和建筑物脉动都是随机过程，应该采用统计方法对地脉动和建筑物脉动进行计算分析。在计算分析时，通常假定地脉动和建筑物脉动都是各态历经的平稳随机过程。

一个随机过程，如果其在某一段时间内$[t_1,t_2]$的统计特性与任意一段时间$[t_1+t,t_2+t]$的统计特性相同，则认为它是平稳过程。这里，$t$是任意的时间。

一个随机过程，其中某一个样本在整个时间范围内的统计特性与在某一时刻全体样本的统计特性相同，则认为它是各态历经的。

由于上述各态历经的平稳过程的假定，在实际试验中只要有足够长的测量时间，就可以用单个样本的振动数据来得到建筑物的动力特性，如频率、阻尼和振型等。

用环境随机振动法测量建筑物的动力特性，所用的仪器包括：传感器、振动测试仪和计算机。对振动数据的计算分析，可以采用专用程序。

# 第六章 水工建筑物原型观测与现场检测评估

## 第一节 概 述

水运工程水工建筑物的外部环境和受力情况比较复杂，在其使用过程中会受到风浪、地震、海水腐蚀等自然环境以及某些人为因素的影响，不可避免地会出现材料劣化、局部破损和使用功能降低等现象，有关部门迫切希望对出现上述情况的建筑物进行检测，评估现有建筑物的安全性、使用性和耐久性功能，以便及时采取加强或者修补措施，恢复其原有功能。还有一些建筑物由于生产上的需要，需进行改造、提高或改变原有设计使用功能，也必须对现有建筑物进行检测，根据检测结果作出评估意见，为建筑物的维修、加固或改造提供依据。

外界自然环境对水工建筑物的影响是一个长期的过程，而某些突发事件及人为因素也是事先未知的，为了解上述各种因素对建筑物的影响程度及影响过程，理想的方法是对这些变化进行原型观测，通过原型观测可及时掌握建筑物在各种因素影响下的性态变化及建筑物实际状态，避免安全事故发生。随着技术的进步和水运事业的发展，水运工程水工建筑物新结构形式不断出现，其工作机理和计算方法的正确性与合理性缺少资料验证，通过长期、系统的原型观测可进一步验证其工作机理和计算方法的正确性和合理性，有利于新结构形式的推广应用。

水运工程水工建筑物原型观测及现场检测评估的项目内容应根据委托方要求并结合工程具体情况确定。以下简要介绍水运工程中经常遇到的几种观测内容及检测方法。

## 第二节 外 观 检 测

水工建筑物的外观检测主要是目测检查和借助于一般简单工具即可进行的检测，检测是非破损性的，即不影响结构的正常使用。外观检测一般分两步进行：第一步是先对整体结构进行目测普查，初步确定结构的损坏部位、损坏形态和损坏程度，为下一步制定检测方案提供依据；第二步对结构损害部位的外观（表面损伤、裂缝、变形等）作进一步详细检查和必要的检测，并进行损坏原因的初步分析。

### 一、资料收集

外观观测前应进行相关资料收集，收集项目包括：

（1）设计资料：包括设计图纸、修改设计计算书及图纸、地质报告等。

(2)施工资料：包括施工记录、竣工资料、验收资料等。由于施工过程中遇见的问题不一定保留完整的文字记录，因此，必要时还应向当时施工的技术人员了解有关情况。

(3)维修与加固资料：向业主了解建筑物在使用过程中的荷载状况、工作状况、受损情况以及维修加固情况等。

## 二、外观检查

水工建筑物的各种缺陷，大多始发于或显露于建筑物的外表，外观观测的目的是从外表确定建筑物结构或构件损坏的种类和范围，主要包括结构物表面破损、结构防腐层破损、混凝土裂缝、结构缝以及结构表面变形等观测内容。

(1)结构物表面破损及结构防腐层破损观测：包括破损位置、分布状况、破损形态和破损处的几何尺寸等，宜采用目视观察法和尺量法。观测点应根据结构构件所处的位置分区域设置，对建筑物的浪溅区、水位变动区和易损部位应重点观测。观测时应对有代表性的部位和破损形态进行拍照或摄像。

(2)混凝土裂缝观测：包括裂缝的分布位置、走向、长度、宽度、深度和变化过程等内容。裂缝的分布位置、走向和长度的观测可采用绘制裂缝分布图法；裂缝宽度量测可采用电子裂缝测宽仪、裂缝放大镜、千分表等方法，对较宽的裂缝可用游标卡尺、塞尺以及传感器自动测量等方法；对裂缝进行长期监测时，测点宜采用耐锈的金属材料堆置或黏结在测点处两侧混凝土上，并采取有效保护措施。连续监测裂缝变化宜采用传感器自动跟踪监测；间断监测时也可用电子裂缝测宽仪、千分表等工具，但不得随意更改测点位置。裂缝宽度量测精度不应低于0.05mm。裂缝深度常用的检测方法有超声波法、取芯法，观测精度不宜小于1mm。

裂缝观测的测区及测点设置应根据结构或构件的开裂程度、裂缝特征等综合确定。每条裂缝的测试区不宜少于3个，每个测试区内裂缝宽度观测点不宜少于4个，将裂缝最大宽度作为该条裂缝宽度。

结构缝宽度检测宜采用游标卡尺法，测试精度不应低于0.5mm。每条结构缝的观测点不应少于3个。

(3)构件表面变形观测：包括变形范围、变形程度和变形方向等内容。观测点的设置应能确切反映构件的实际变形范围、变形程度和变形趋势，并应满足下列要求：

①构件边角处或构件表面变形区以外，观测点不少于3个；

②构件表面变形边缘线处，观测点不少于4个；

③构件表面变形区及敏感部位，观测点不少于5个，并至少形成2个测试断面。

构件表面变形观测可采用三维坐标测量法、微水准测量法、激光准直法、近景摄影测量法、方向线法或GPS变形测量法等。

在外观检查的基础上，确定下一步工作内容、数量和重点检测部位，为分析缺陷产生的原因及确定处理方案提供可靠依据。

# 第三节　材料检测

水运工程水工建筑物材料检测主要包括材料强度和劣化情况检测，此类检测的对象是存在比较严重劣化现象的构件，测试目的是查明劣化的部位和程度，确定劣化程度对结构承载力的影响。

## 一、结构混凝土强度检测

混凝土抗压强度是混凝土物理力学性能中的重要参数，《港口水工建筑物检测与评估技术规范》（JTJ 302—2006）规定混凝土结构及构件中的混凝土抗压强度检测宜采用取芯法，也可采用回弹法或超声回弹综合法。取芯法是在混凝土构件上钻取芯样试件，在压力机上直接测定混凝土强度，测试精度高，但取芯法会对混凝土结构造成局部的损坏，不宜在同一构件上钻取很多芯样，且取芯法现场（特别是水上）操作麻烦，检测成本相对较高，也不可能对整个结构用取芯法确定混凝土强度。回弹法设备简单，操作方便，适用于普通混凝土结构的大范围检测，且不会对结构造成损伤，但回弹法检测的是混凝土表面硬度，需通过碳化深度修正及测强曲线公式换算后才能推出混凝土强度，且回弹法不能判别混凝土内的空洞、离析等缺陷。提高回弹法检测精度的措施是建立专用测强曲线以及采用取芯结果对回弹法推出的混凝土强度进行修正。超声回弹综合法是以混凝土声速和回弹值综合反映混凝土强度的一种检测方法，能反映构件混凝土内部质量，其检测准确度优于单一的回弹法，适用于一般工程混凝土强度检测。上述各混凝土强度检测及数据分析方法详见本篇第三章相关部分内容。

## 二、结构混凝土耐久性检测

结构耐久性是指结构在正常维护条件下，在规定的时间内随时间变化而仍能满足预定功能要求的性能。水工建筑物混凝土结构的耐久性问题相对比较复杂，涉及的破坏因素包括大气和近海环境的钢筋锈蚀、冻融循环、化学腐蚀、物理磨损以及各种因素的综合作用，因此，结构耐久性检测应根据结构所处环境、结构的当前技术状态及耐久性评定所需要的参数进行。结构混凝土耐久性检测主要包括钢筋混凝土保护层厚度、混凝土碳化深度、钢筋锈蚀、混凝土含氯量、混凝土冻融劣化等内容。

*1. 钢筋混凝土保护层厚度检测*

钢筋混凝土保护层厚度可采用非破损检测方法，如工程中常用的混凝土保护层厚度测定仪，必要时可用局部破损的方法对测定仪检测结果进行校准。保护层厚度检测数量应根据检测目的要求按照相应的检测规范执行。《水运工程水工建筑物原型观测技术规范》（JTJ 218—2005）规定：钢筋混凝土保护层厚度测定时，应抽取同类构件总数的2%且不少于10个构件作为样本，每个样本构件上的观测点应不少于10个。《港口水工建筑物检测与评估技术规范》（JTJ 302—2006）规定：对梁、板、桩和桩帽等构件进行保护层厚度检测时，应各取构件数量的2%且不少于5个构件，其中被检的板类构件应不少于6根受力钢筋，其余构件应对全部受力钢筋的保护层进行检测，每根钢筋在代表性部位至少测量3点。混凝土保护层厚度检测精度应不低于1mm。

*2. 混凝土碳化深度检测*

混凝土的碳化是指混凝土硬化后其表面与空气中$CO_2$作用，使混凝土中的水泥水化生成的产物$Ca(OH)_2$生成$CaCO_3$，并使混凝土空隙溶液pH值降低，从而破坏防止钢筋锈蚀的表面钝化膜，导致钢筋锈蚀，碳化引起钢筋锈蚀的先决条件是碳化深度超过钢筋保护层的厚度。

混凝土耐久性检测时，碳化深度的测点位置应选择在不同区城、不同构件且具有代表性的部位。测点数量可根据检测目的、检测要求确定：作为检测评估的耐久性专项检测，不同区域内应各抽取构件数的 2% 且不少于 3 个构件进行检测，每个构件不得少于 2 个检测点；原型观测时，应抽取不少于 5 个构件作为观测样本，每个样本构件上随机抽取不少于 10 个观测点。一般是用电动冲击钻在被检测部位钻一个直径 20mm、深约 80mm 的孔洞，除净孔洞中的粉末，不得用水冲洗。随后，用浓度为 1% 的酚酞乙醇溶液滴在孔洞内壁的边缘处，当已碳化（颜色不变）与未碳化界线清楚时，再用深度测量工具测量已碳化与未碳化混凝土交界面到混凝土表面的垂直距离，量测时应避开粗骨料颗粒，每个孔测量不少于 3 次，将其平均值作为混凝土碳化深度测定值。混凝土碳化深度测量精度为 0.5mm。

3. 钢筋锈蚀状态检测

混凝土结构中钢筋的锈蚀实际上是钢筋电化学反应的结果。钢筋锈蚀将使混凝土握裹力下降，钢筋有效截面积减小，并可能由于锈蚀产生的膨胀而造成混凝土保护层的崩落，影响整体结构的稳定。

钢筋锈蚀状态检测包括钢筋锈蚀截面面积损失和钢筋腐蚀电位检测。

（1）钢筋锈蚀截面面积损失检测时，测试部位应具有代表性，且应选择那些腐蚀严重的构件作为检测对象：不同区域应各抽取不少于 3 个腐蚀严重的构件，每个构件应选择不少于 2 根腐蚀严重的钢筋进行检测。首先凿除测点位置处钢筋周围的混凝土，去除钢筋表面铁锈，用卡尺量测钢筋直径，量测精度不应小于 0.1mm。

钢筋锈蚀后的面积损失率按下式计算：

$$P = (R_i^2 - R_f^2)/R_i^2 \times 100\% \tag{1-6-1}$$

式中：$P$——钢筋截面面积损失率（%）；

$R_i$——未锈蚀钢筋的平均直径（mm）；

$R_f$——钢筋锈蚀后的平均直径（mm）。

（2）钢筋腐蚀电位检测

①检测方法：目前普遍采用的判断混凝土中钢筋锈蚀的方法是自然电位法，也称半电池电位法，它是通过钢筋腐蚀测定仪测定腐蚀电位。检测前首先在被测构件表面以网格形式布置测点，一般测点的纵、横间距宜为 100 ~ 300mm，当相邻两测点测值差超过 150mV 时，应适当缩小测点间距；凿除待测位置处混凝土保护层，并将钢筋除锈、擦干净；将钢筋腐蚀测定仪的正极连接到待测钢筋已除锈部位，负极连接到铜 - 硫酸铜参比电极；将参比电极的下端依次放置到各测点处，同时电极的纵轴线保持与构件表面垂直，读出并记录各测点的腐蚀电位值。测试时，腐蚀电位读数应不随时间变化或摆动，5 分钟内的电位读数变化应在 ±20mV 以内。在混凝土较干的情况下，凿除前可先用喷水的方法预湿混凝土表面，使读数稳定。

对测试数据进行处理：绘制构件表面钢筋腐蚀电位图，标出各测点的位置和测值，通过电位等值点和内插等值点，画等电位线。

②判别标准：根据腐蚀电位大小判别测区内钢筋腐蚀概率：腐蚀电位正向大于 -200mV 时，此区域内发生钢筋腐蚀概率小于 10%；腐蚀电位负向大于 -350mV 时，此区域内发生钢筋腐蚀概率大于 90%；腐蚀电位在 -200mV ~ -350mV 之间时，此区域内的钢筋腐蚀性状不确定。

4. 混凝土含氯量检测

(1)检测方法

混凝土的含氯量可采用混凝土含氯量测定仪测定,其工作原理是用冲击钻把取样深度内的混凝土研磨成粉末,用粉末收集器皿收集,将 3g 精确的样品溶解在 20mL 精确计量的酸性萃取液中,使混凝土中氯离子与萃取液中的酸发生电化学反应,将一个带温度传感器的电极插入萃取液中测量电化学反应。含氯量测定仪能把氯化物反应所产生的电压经温度修正后转化为含氯量的浓度,直接在液晶显示屏上显示。

测试时,测点位置应选择在不同区域、不同构件具有代表性的部位。不同区域应抽取构件数量的 5% 且不少于 10 个构件进行检验。取样位置应选择在主筋附近并避开混凝土裂缝和明显缺陷。混凝土粉样应分层取样,每一取样点不得少于 5 层,各层样品标明构件编号和取样深度且不得相混,取样完毕后封存。取样点相邻位置相同深度段的粉样可混合为一个试样。每一份标准样品的重量约为 20g。测试时应谨防样品污染,在将试验样品加入萃取液时,应分阶段加入,以防粉末中石灰石与溶液过分反应。由于使用弱酸溶液需要较长时间才能完全溶解聚合物中的氯化物,因此,为了测试最精确的结果,任何其他测点所集取的第一个样品,应每 15min 检测一次直到最后三个读数的差在 10% 范围内为止。

混凝土含氯量检测部分,采用酸性萃取液浸泡,其测定的是混凝土中总氯离子含量,包含了游离氯离子含量和结晶氯离子含量。有研究表明,对混凝土中钢筋腐蚀造成影响的主要是游离氯离子,而结晶氯离子的影响很小。因此,我们在码头结构检测评估中检测的通常是游离氯离子含量,样品使用蒸馏水浸泡 24h 获得水溶性氯离子。当然,关于水溶试验(游离氯离子)和酸溶试验(总氯离子)不同单位可能有不同看法。

(2)氯离子含量计算

混凝土中的氯离子含量按下式计算:

$$C_{x,t}=C_i+(C_s-C_i)\left[1-erf(x/\sqrt{4D_t t})\right] \tag{1-6-2}$$

式中:$C_{x,t}$——龄期 $t$ 时不同深度处的氯离子含量(以占胶凝材料质量百分率计);

$C_i$——混凝土中原始氯离子含量(以占胶凝材料质量百分率计);

$C_s$——混凝土表面氯离子含量(以占胶凝材料质量百分率计);

$erf$——误差函数;

$x$——距离混凝土表面深度(cm);

$D_t$——氯离子扩散系数($cm^2/s$);

$t$——混凝土暴露于环境中经过的时间(s)。

5. 混凝土抗冻等级检测

为了检验混凝土的抗冻性能,确定混凝土的抗冻等级,可在现场有代表性的部位钻取芯样。

(1)芯样制作:当混凝土构件厚度不小于 500mm 时,制作 6 个直径 100mm、长 400mm 的圆柱体芯样长试件;当混凝土构件厚度小于 500mm 时,将每个芯样制作成 2 个直径 100mm、长 100mm 的圆柱体芯样短试件,其中 1 个短试件作为冻融芯样试件,另一个短试件作为该冻融芯样试件的非冻融校核试件。

(2)试验方法:试验按《水运工程混凝土试验规程》(JTJ 270—98)执行。另外,对混凝土冻融芯样短试件进行强度检测,包括阶段冻融试验后的试件抗压强度和校核试件强度检测,并对用同一芯样制作的冻融芯样试件和校核试件的抗压强度进行对比分析。

(3)混凝土抗冻等级判定：

①当6个冻融芯样长试件横向共振频率的下降率均达到25%时，或重量损失率达到5%时，相应冻融循环次数即为混凝土抗冻等级；

②当6个冻融芯样长试件中有1个试件横向共振频率的下降率达到25.1%～40.0%时，或重量损失率达到5.1%～6.5%时，相应冻融循环次数即为混凝土抗冻等级；

③当6个冻融芯样短试件的重量损失率均达到5%时，或抗压强度下降率均达到25%时，相应冻融循环次数即为混凝土抗冻等级；

④当6个冻融芯样短试件中有1个冻融芯样试件的重量损失率达到5.1%～6.5%时，或抗压强度下降率达到25.1%～30.0%时，相应的冻融循环次数即为混凝土抗冻等级。

注：混凝土冻融芯样试件强度下降率为非冻融校核试件强度与$n$次冻融循环芯样试件强度之差与非冻融校核试件强度的比值（$n$分别取50、100、150、200、250、300）。

## 三、钢结构锈蚀检测

(1)钢结构锈蚀外观检测包括以下几个方面：

①钢结构构件锈蚀位置、面积及分布；

②表面集中锈蚀、点蚀或穿孔情况；

③外力作用引起的损伤情况。

检测方法可用目测、尺量、深度计测定、拍照和录像等方法，局部锈蚀厚度在3mm以上时宜采用深度计测定，水下检测应由专业潜水员进行。

(2)钢构件厚度检测可采用超声波厚度测定仪，测点位置应选在不同区域、不同构件且具有代表性的部位。工程中钢管桩壁厚检测宜抽取钢管桩总数的5%且不少于10根桩，同一根桩代表性部位的测点数不应少于3点；钢板桩壁厚检测宜沿码头岸线不大于30m选取一组构件，同一部位应分别对凹面和凸面进行厚度测试。

(3)钢结构腐蚀速率可按下式计算：

$$P=(D_i-D_f)/t \tag{1-6-3}$$

式中：$P$——钢结构腐蚀速率（mm/a）；

$D_i$——钢结构原始厚度（mm）；

$D_f$——钢结构实测厚度（mm）；

$t$——钢结构暴露在环境中经历的时间（a）。

## 四、钢结构防腐措施检测

钢结构防腐措施检测包括涂层劣化检测和阴极保护效果检测。

### 1.钢结构涂层劣化检测包括外观检查、涂层厚度和涂层黏结力检测

(1)外观检查内容有涂层的粉化变色、裂纹、起泡和脱落生锈等外观变化情况，记录粉色变化程度和裂纹、起泡、脱落生锈的面积及位置，代表性部位应拍照或录像。

(2)钢结构涂层厚度检测方法、使用的仪器设备及检测数量等见本篇第七章第二节“海洋工程钢结构防腐蚀”相关内容。

(3)钢结构涂层黏结力应根据不同的涂层厚度分别采用不同的检测方法:当涂层厚度小于等于120μm时,可采用划格法;当涂层厚度大于120μm而小于等于250μm时,可采用切割法;当涂层厚度大于250μm时,可采用拉开法测试仪检测。各检测方法及分级标准见本篇第七章第二节"海洋工程钢结构防腐蚀"相关内容。

涂层劣化检测的测点应根据外观整体变化情况,布置在代表性部位。检测前应清除被检部位的附着物。

《港口水工建筑物检测与评估技术规范》(JTJ 302—2006)中规定的钢结构涂层劣化评估分级标准和处理要求如下:

A级:无粉化变色或轻微粉化变色,无裂纹、起泡和脱落生锈;涂层干膜厚度不小于原设计厚度90%;涂层黏结力不小于1.5MPa。可不必采取措施。

B级:有明显粉化变色,裂纹、起泡和脱落生锈面积不大于0.3%;涂层干膜厚度小于原设计厚度90%且不小于原设计厚度75%;涂层黏结力小于1.5MPa且不小于1.0MPa。应及时进行局部修补。

C级:较严重粉化变色,裂纹、起泡和脱落生锈面积大于0.3%且不大于1.0%;涂层干膜厚度小于设计厚度的75%;涂层黏结力小于1.0MPa。应立即进行修补。

D级:严重粉化变色,大范围的裂纹、起泡和脱落生锈面积大于1.0%;涂层干膜厚度小于设计厚度的75%;刀刮容易剥离。应立即进行全面修补。

2. 钢结构阴极保护效果检测

(1)电位检测:采用内阻1MΩ/V以上的直流电压计、银/氯化银参比电极和电位测定装置。检测时电压计正极与参比电极相连,负极与电位测定装置相连。

(2)试片腐蚀情况检测,首先取出试片,经过处理后称重并计算试片的失重量,再计算出腐蚀速度和腐蚀效率:

腐蚀速度$V$(mm/a)按下式计算:

$$V = G_1/st\rho \tag{1-6-4}$$

式中:$G_1$——腐蚀引起的失重(g);

$s$——试片表面积($mm^2$);

$t$——试验时间(a);

$\rho$——试片密度($g/mm^3$)。

腐蚀效率$\mu$(%)按下式计算:

$$\mu = [(G_b - G_e)/G_e] \times 100\%$$

式中:$G_b$——不通电试片失重(g);

$G_e$——通电试片失重(g)。

## 第四节 承载力检测

对水工建筑物的现场调查和变形检测是建筑物原型观测的重要步骤,但建筑物在长期运营使用过程中影响其实际承载力的不确定因素很多,而此类承载力下降是无法通过构件承载力验算来确定的,只有通过进行载荷试验才能对承载力进行准确的评估。水工建筑物承载力检测主要包括建筑物的构件检测和整体检测两个方面。

### 一、构件承载力检测

构件承载力检测主要包括单个构件的承载力检测或残余应力检测。水工建筑物的构件在长期使用过程中由于大气和近海环境的钢筋锈蚀、冻融循环、化学腐蚀、物理磨损以及各种因素的综合作用下，其承载力将会有一定程度的降低，如混凝土构件在钢筋锈蚀时，由于钢筋锈蚀产生沿筋纵裂或者保护层脱落，将外围混凝土分割成几部分，必然造成参与受力的混凝土有效截面减少，对受压构件承载力降低程度的影响很大；锈蚀后钢筋锈蚀截面损失和强度降低将对承载能力有很大影响；另外，钢筋锈蚀后体积膨胀，混凝土保护层将沿钢筋产生纵裂，直至脱落，使钢筋与混凝土的黏结力受到影响，构件受力性能将会降低。因此，在评估构件承载力时，应进行构件的承载力检测。检测时应具体，应根据构件实际的受力状态和特点，进行抗弯承载力、抗剪承载力、轴心或偏心受压承载力等检测，并结合构件的材料检测结果，研究其承载力、变形、裂缝扩展以及延性的规律。

构件残余应力主要是构件在长期使用过程中产生的徐变、地层沉降和位移、预应力损失、施工误差、构件在加工过程中的非荷载因素等引起额外的应力，这些应力都是传统检测方法无法测得的。构件残余应力的测试对象包括结构受力不甚明确或构件可能已有一定的初始应力，对其承载力将构成一定影响的，可选取重要的构件进行应力释放测试，测试目的是直接获得构件的实际应力水平，反算结构受力状态，分析破坏原因。

### 二、整体承载力检测

水工建筑物老化或损伤后，其主要受力构件承载力降低，造成建筑物整体承载力水平的降低，影响建筑物的运行安全和使用寿命。在主要构件承载力明显降低、建筑物受到某种外力作用下局部破坏或者建筑物需要升级改造等情况下，可进行建筑物的整体承载力检测，这样可以较为准确地得到其实际承载能力。水工建筑物整体承载力检测包括竖向承载力检测和水平承载力检测，检测时应视工程具体情况选择进行竖向加载试验还是横向加载试验。

## 第五节 位 移 观 测

由于各种因素的影响，在水工建筑物及其设备的运营过程中，都会产生位移。这种位移在一定限度之内是正常的现象，但如果超过了规定的界限，就会影响水工建筑物的正常使用，严重时还会危及建筑物的安全。因此，在水工建筑物的施工和运营期间，必须对它们进行监测。

### 一、产生位移的原因

水工建筑物产生位移的原因有很多，最主要的原因有两个方面，一是自然条件及其变化，即建筑物地基的工程地质、水文地质、土的物理性质、大气温度和风力等因素引起。例如，同一水工建筑物由于基础的地质条件不同，引起建筑物不均匀沉降，使其发生倾斜或裂缝。二是建筑物自身的原因，即建筑物本身的荷载、结构、形式及动载荷（如风力、振动等）的作用。此外，勘测、设计、施工的质量及运营管理工作的不合理也会引起水工建筑物的位移。

## 二、位移观测的目的

位移观测的目的就是周期性地对所设置的观测点(或建筑物某部位)进行重复观测,以求得在每个观测周期内的变化量。若需观测瞬时位移,可采用各种自动记录仪器测定其瞬时位置。

## 三、位移观测的内容

水工建筑物位移观测主要包含水平位移、垂直位移、倾斜、裂缝和外观等观测项目,通过这些项目的观测,就能够掌握建筑物及其地基基础的状态及其变化过程,并据以判断其是否安全正常和验证其设计数据。

1. 水平位移观测

水工建筑物水平位移观测可分为表面水平位移观测和内部水平位移观测。表面水平位移观测点应设置在水工建筑物周边线和转角点内侧、纵横轴线上、沉降缝或伸缩缝两侧、基础或断面发生变化的两侧等。内部水平位移观测点的布置和数量应按观测目的和要求确定,沿纵向的观测点位间距宜取20~50m,竖向测点的间距可取0.5m或1.0m,每个水平位移观测断面的观测点位不应少于两个,观测点间距宜取6~50m。

表面水平位移观测可根据观测要求与现场条件选用下列方法:

(1)测量观测点特定方向的位移时,选用视准线法、激光准直法或测边角法等;

(2)测量观测点任意方向的位移时,视观测点的分布情况,采用前方交会法或方向差交会法、导线测量法和极坐标法等;

(3)对观测内容较多的大测区或观测点远离稳定地区的测区,采用三角、三边、边角测量与基准线法相结合的综合测量方法等。

内部水平位移观测可采用经纬仪和全站仪测量。

2. 垂直位移观测

垂直位移观测可分为表面垂直位移观测和内部垂直位移观测。表面垂直位移观测点应结合工程地质情况、建筑物结构特点和结构受力情况设置在结构缝两侧、不同结构分界处两侧、不同基础或地基交接处两侧、建筑物周边线内侧和墩式结构的角点内侧等。内部垂直位移观测点应沿铅锤线方向布置,每一土层不得少于1点。最浅的观测点应设在基础底面下不小于0.5m处,最深的观测点应设在超过压缩层理论深度处,经论证也可设在适当深度处。观测点的位置和数量应按观测目的和要求确定,每个观测断面不得少于2个观测点。垂直位移观测宜采用水准仪和全站仪测量。

3. 倾斜观测

倾斜观测的内容应包括水工建筑物顶部相对于下部的水平位移和垂直距离的测定,计算建筑物整体的倾斜度和倾斜方向。观测点应沿垂直线按顶部和下部对应设置,并可与水平位移、垂直位移观测点同时设置。

倾斜观测方法应根据观测要求和现场条件确定,可采用下列方法:

(1)当从水工建筑物外部观测时,宜选用投点法、测水平角法或前方交会法等;

(2)当水工建筑物具有足够的整体刚度时,宜选用倾斜仪直接观测法;

(3)当水工建筑物顶部与下部之间具有竖向视通条件时，宜选用吊垂球法、激光位移计自动测计法或正垂线法等；

(4)当水工建筑物立面上观测点数量较多或倾斜变形比较明显时，也可采用近景摄影测量法或激光3D扫描法。

建筑物周围水下地形变化观测应进行水下地形测量，可采用量距法、精密测距法、GPS地形测量等。

## 第六节　水工建筑物检测与评估

水运工程中水工建筑物的评估分为安全性评估、使用性评估和耐久性评估。《港口水工建筑物检测与评估技术规范》(JTJ 302—2006)对各种不同情况下应开展的检测与评估内容作出了如下的规定：

(1)应同时进行安全性、使用性和耐久性三项内容评估的水工建筑物为：

①已达到或者超过使用年限需要继续使用的建筑物；

②需提高使用功能的建筑物；

③改变使用条件的建筑物。

(2)应同时进行安全性和使用性两项内容评估的水工建筑物为：

①出现影响建筑物安全和使用的非正常变形、变位、裂缝、破损和耐久性损伤等情况的建筑物；

②受地震、台风等自然灾害或遇到偶发事故，已经受损的建筑物。

(3)仅需进行耐久性评估的水工建筑物为：

①因钢材或混凝土劣化而导致结构明显损坏的建筑物；

②原有的防腐蚀措施已经达到或者超过使用年限的建筑物。

上述规定中明确了水工建筑物在哪些情况下应进行检测评估及相应的评估内容。例如某水工建筑物原设计使用年限为30年，现已到期，业主想继续使用。尽管从外表看不出建筑物有明显损伤，但在长时间的运行过程中不可避免地会出现材料劣化和使用功能降低等现象，《港口水工建筑物检测与评估技术规范》(JTJ 302—2006)规定，该建筑物在继续使用前应进行安全性、使用性和耐久性三项内容的检测与评估，根据检测评估结果再决定该建筑物是继续使用，还是进行修复补强后使用或在修复补强后降级使用。又如一高桩码头在建成使用两年后受到船舶撞击，从外表看撞击部位的前边梁断裂、码头面混凝土局部碎裂、变形，按要求应立即对该码头进行检测和评估。因该码头建成使用才两年，可暂不进行耐久性评估，只进行安全性和使用性评估。

水工建筑物评估前应进行初步调查，按委托书要求并结合工程实际情况进行现场考察和相关资料收集，在此基础上确定检测评估范围和内容。由于水工建筑物所处环境恶劣，且作用在结构物上的因素很多，若要整个结构的所有构件都作检测与评估，不仅工作量大，且很难实现。为此《港口水工建筑物检测与评估技术规范》(JTJ 302—2006)规定，可根据被评估建筑物的结构特点选择一个或几个有代表性的区段作为评估单元；按地基、基础和结构将评估单元划分成若干个子单元；按构件类别将子单元再划分成若干个基本单元。评估分级时按基本单元—子单元—评估单元顺序进行。

现场调查和检测是评估的重要依据。水工建筑物的现场检测内容大致可分为以下几个方面：

(1)变位与变形检测：包括结构物的沉降、水平位移、倾斜、变形检测，地基的沉降、变形检测等；

(2)结构构件的破损检测：包括结构破损、防腐层破损、混凝土裂缝及其他方面的破损检测；

(3)混凝土强度检测；

(4)耐久性检测(包括混凝土结构耐久性检测、钢结构耐久性检测和防腐蚀措施检测)；

(5)冲淤变化和冲刷变化检测；

(6)结构(构件)承载力检测；

(7)其他相关项目的检测。

在检测基础上进行评估。各单元的评估内容和评估分级标准按《港口水工建筑物检测与评估技术规范》(JTJ 302—2006)中相应标准执行，评估中的复核验算应符合现行水运及港口工程相关规范的规定。

# 第七节 工程实例

## 一、工程概况

某高桩梁板结构码头，结构断面如图1-6-1所示，要求提高码头的卸船能力，使用生产能

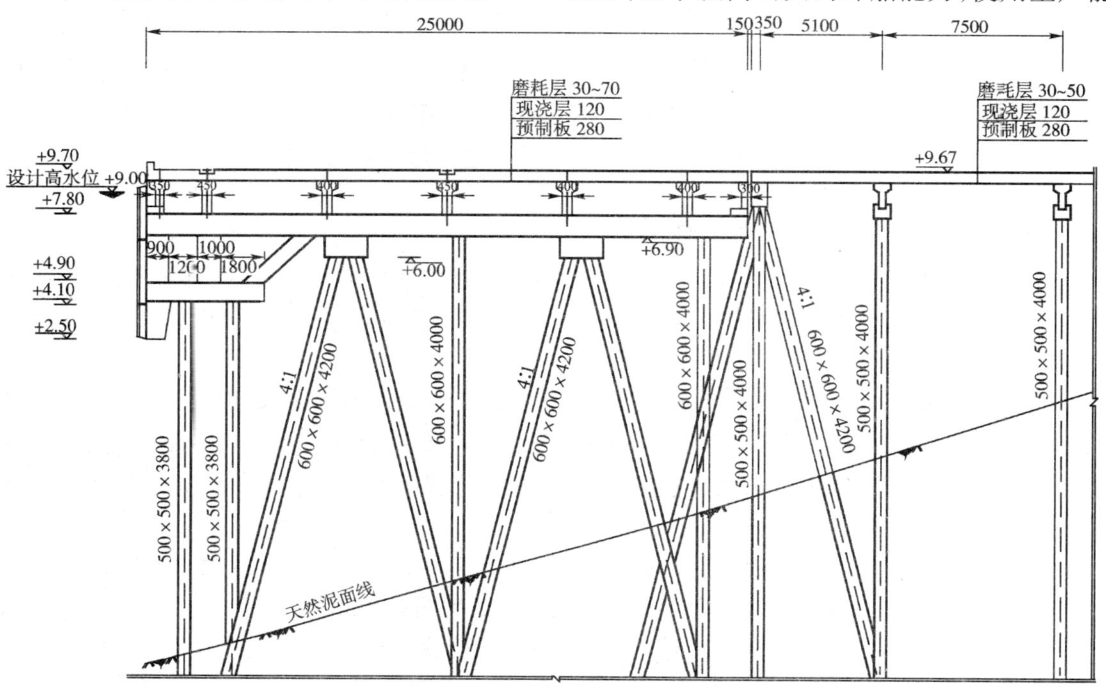


图1-6-1 码头结构剖面图

力更高的桥式卸船机，但由于旧码头段在使用期间已产生了较严重的结构性损坏，码头的桩基、梁板等结构是否能承受升级后的卸船机荷载，需要对旧码头段结构进行检测评估。

## 二、资料收集和现场调查

由于码头受力情况复杂，针对码头的不同损坏情况，需要由多方面的判据来对其性能做出综合评价。码头结构检测评估的第一步就是要根据码头损坏的具体情况尽可能地收集各种参数，为检测评估工作寻找第一手资料。

1. 构件表面状况检查

具体包括：旧码头基桩、立柱和桩帽、横梁、纵梁、面板，检查是否存在混凝土开裂、露筋、露石、混凝土蜂窝麻面、掉角等情况。

现场检查发现，全部32个桩帽均与下横梁脱开，同时桩帽存在明显裂缝，有的裂缝曾经修补，在修补位置再次开裂并继续扩展。由于桩帽全部与横梁脱开，造成横梁受力不均，内力增大，现场发现横梁存在大量裂缝，16榀横梁中有15榀存在裂缝，有的裂缝曾经修补，在原来修补的地方重新开裂并继续扩展。

根据现场检测，有3根基桩存在明显裂缝和断裂，码头的纵、横梁均存在严重的裂缝，第6跨轨道梁的底面和两侧面存在多条裂缝，底面裂缝延伸至两侧并向上延伸达1.3m，超过了截面中心点高度，但由于无法检测裂缝深度，不能确定裂缝是否贯通，只能根据裂缝的分布情况推测裂缝可能已经贯通。由于轨道梁裂缝多为弯曲应力所致，可以初步认为是上部荷载超过设计荷载引起。在所有构件中，破坏最严重的是梁系，需要对其剩余承载力进行检算。

2. 构件混凝土表面强度

采用回弹法检测部分基桩、立柱、横梁、纵梁、面板的抗压强度，每个构件根据尺寸大小布置10~15个测区，用统一曲线进行强度计算。在回弹值测量完毕后选择不少于构件的30%测区数在有代表性的位置上测量碳化深度。现场共测试了6根桩、1个桩帽、2个立柱、4根纵梁、3根横梁、4块面板，根据测试结果，混凝土实际强度达到C40标准。

## 三、码头结构荷载试验及计算评估

由于码头损坏较严重，为了进一步确定结构承载力和正常工作能力，对旧码头进行了一次载荷试验。根据现场检查的情况，纵、横梁大量开裂，桩基损坏较少，竖向承载力是评估的重点，载荷试验确定为竖向。

首先根据整体结构计算确定加载位置，为了准确反映码头在荷载作用下的受力变形情况，采用三维数值模拟，有限元模型中码头面板采用板单元，码头面板按梁格分块简支在纵梁和横梁上，码头桩基、纵梁和横梁采用三节点高次梁单元，边界条件的处理上，采用土弹簧的形式模拟土体对桩的约束作用。

通过数模计算确定两种最不利加载位置：荷载方案一，轨道梁弯矩最大加载位置，荷载方案二，桩轴力最大加载位置，两种方案分别如图1-6-2和图1-6-3所示。

观测项目主要有：①试验段的整体沉降；②轨道梁的挠曲变形；③轨道梁跨中截面应力分布和梁底混凝土最大拉应力；④轨道梁下直桩的沉降；⑤轨道梁下直桩的轴力。布设在桩上和轨道梁上的应变测点如图1-6-4所示，整体加载方案如图1-6-5所示。

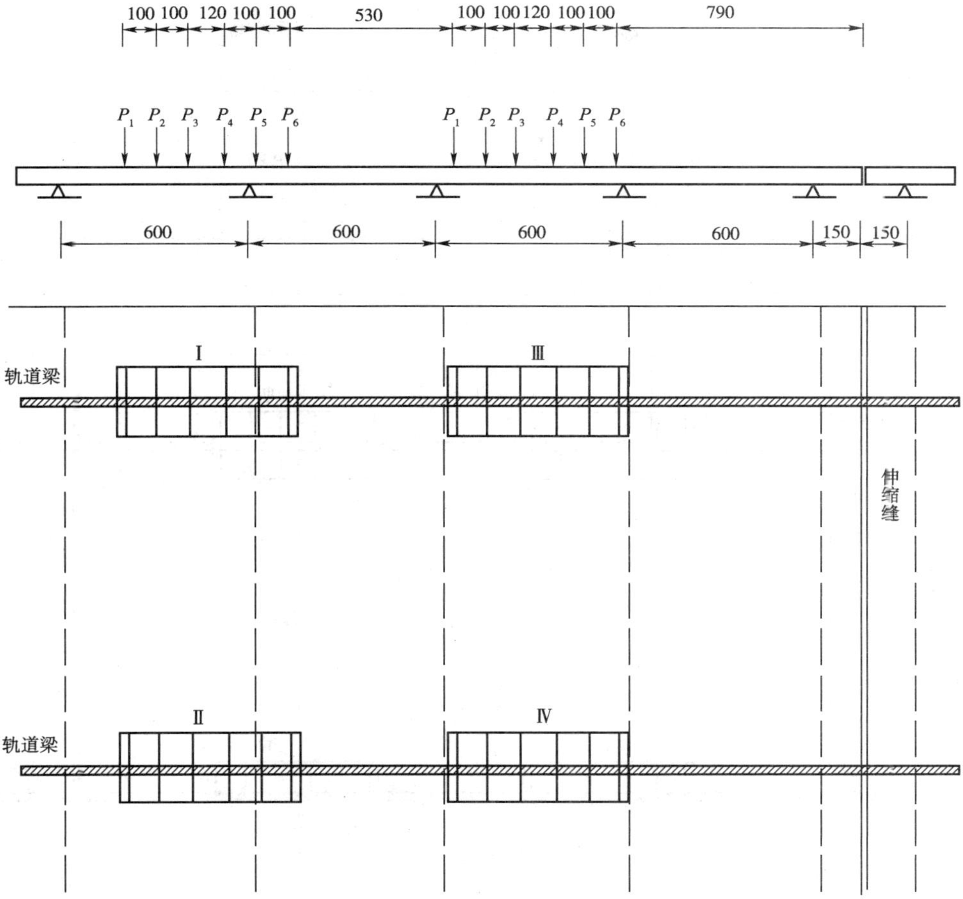

图 1-6-2 荷载方案一(尺寸单位:cm)

载荷试验采用逐级加载,各测试值随荷载增大而变化,当码头结构整体性较好、材料劣化不严重时,结构基本处于弹性工作状态,各测试物理量(内力与变形)随荷载增加的变化曲线接近于直线。各测试点的变化曲线越偏离直线,说明结构越偏离弹性工作状态,其原因包括几何非线性和材料非线性,前者说明结构整体性下降,结构整体承载力下降,后者说明构件内力超出了弹性范围,构件承载力下降。

根据经纬仪或全站仪的测试结果,码头面 4 个三维位移测点的最大位移值各方向位移都很小,由此产生的试验区码头面倾斜、扭转变形的影响可以忽略不计。

轨道梁底受拉区最大拉应变未超过 50 微应变,远未达到混凝土的极限拉应变,现场试验过程中也没有出现新的裂缝。在内外轨道梁跨中 1m 范围的梁底布置了连续搭接的应变测点,经两种荷载方案试验,均未发现应变值突变和应变计断裂的现象。由于内轨道梁混凝土原来已有裂缝产生,个别应变计就设置在旧裂缝部位。这样根据检测结果,可以排除试验过程中有新裂缝产生,也可以排除原有旧裂缝的明显扩张。从梁底应力数据看,正应力在荷载试验期的增量并不大,应该在混凝土预压应力的有效范围内。在试验中和试验后对 6 号、7 号排架的叉桩、桩帽、横梁、纵梁、面板的一般肉眼观察,均未发现明显的混凝土开裂等现象。

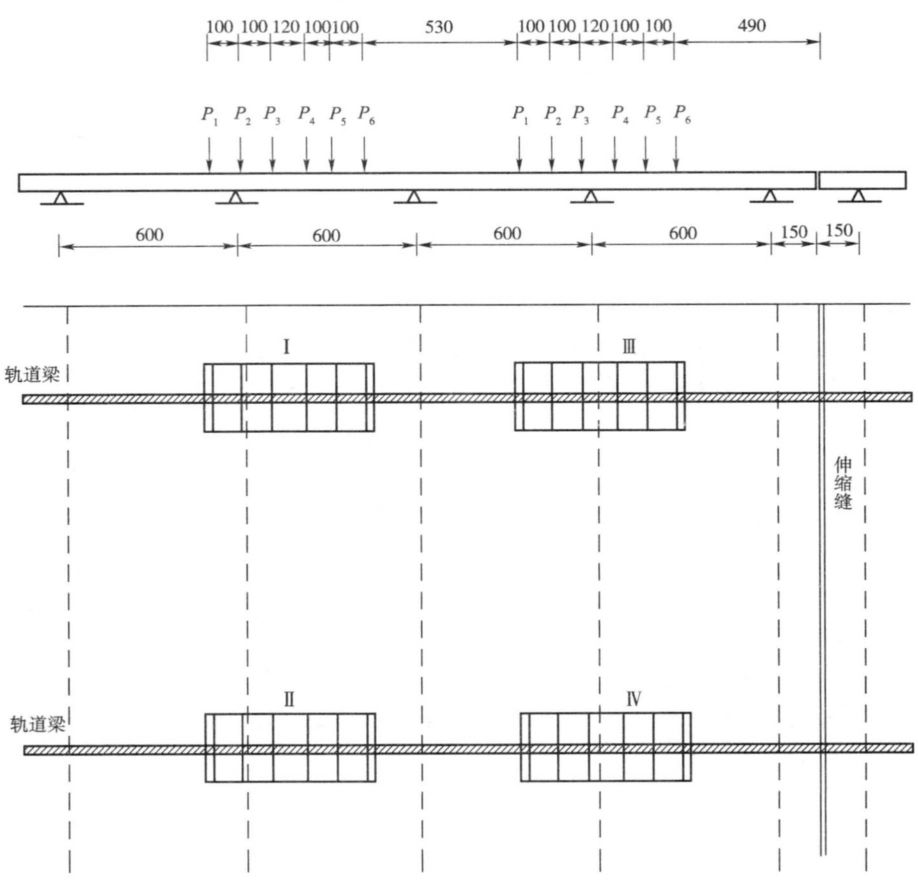


图1-6-3　荷载方案二(尺寸单位:cm)

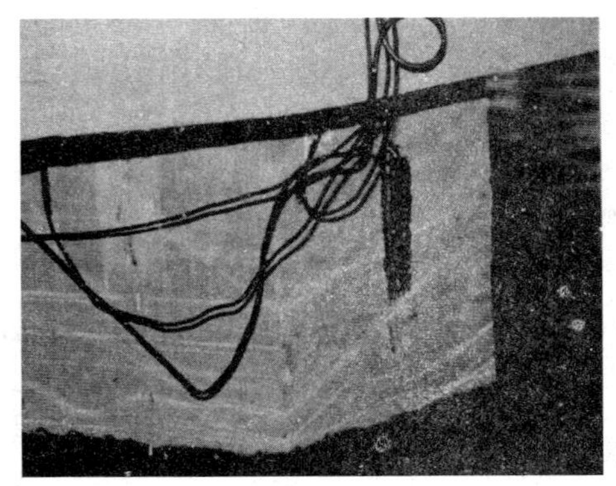

图1-6-4　桩的应变测点

图1-6-5　荷载加载完毕

通过主要测试物理量的校验系数 $\eta$ 来分析旧码头结构的强度。所谓校验系数，就是试验荷载作用下的实测值与理论计算值之比，即 $\eta$ = 实测值/理论计算值，校验系数用于评估结构的工作状况，正常情况下结构的 $\eta$ 值应不大于 1，$\eta$ 值越小说明结构的安全储备越大，$\eta$ 值越大说明结构越不安全。

根据静载试验结果和有限元计算结果对轨道梁的弯矩和挠度以及轨道梁下的桩基轴力和沉降计算其校验系数，如表 1-6-1 所示。

码头主要结构校验系数　　表 1-6-1

| | 轨道梁弯矩 | | 轨道梁挠度 | | 桩基轴力 | | 桩基沉降 | |
|---|---|---|---|---|---|---|---|---|
| | 内轨道 | 外轨道 | 内轨道 | 外轨道 | 6 号 | 7 号 | 6 号 | 7 号 |
| 校验系数 | 1.14 | 0.98 | 3.40 | 1.10 | 1.42 | 1.69 | 1.04 | 1.19 |

根据检算结果，除外轨道梁弯矩校验系数略小于 1 外，其余项目的校验系数均大于 1，说明轨道梁不存在安全储备，但由于本次载荷试验并未加载到设计荷载的 80%，还不能从试验结果判断实际达到的极限承载能力。外轨道梁的弯矩与挠度校验系数均接近 1.0，其中挠度校验系数略大，说明经过长期使用后，外轨道梁的刚度下降不多。而内轨道梁的挠度校验系数比弯矩校验系数大得多，说明内轨道梁的刚度已存在大幅度下降。轨道梁下的直桩桩顶沉降校验系数略大于 1，说明计算中对桩的边界条件选取与实际情况比较接近。桩轴力的校验系数分别达到 1.42 和 1.69，说明码头上部结构的刚度大大下降，使竖向荷载较多地传递到荷载附近的基桩上，上部结构没有足够的刚度使更多的竖向荷载向周围的基桩传递。

由于本次试验的加载值未能达到设计荷载的 80%，轨道梁的弯矩甚至未能达到设计抗弯能力的一半，各项测试指标在逐级加载过程中基本呈线性增长，卸载后几乎没有残余变形，因此凭试验结果尚不能完全反映结构承载力。但根据几项关键指标的检算结果，结构的整体刚度以及轨道梁刚度已大大下降，检算系数按照 0.65 取值是合理的。

此外，纵梁裂缝宽度已经超过了正常使用极限状态的限值，由于加载较小，轨道梁挠度没有达到正常使用极限状态限值。综上原因，该码头存在较严重的结构性破坏，需要进行结构加固。

# 第七章 海港工程钢结构防腐

除传统的船闸、修造船水工建筑物外，近年来，钢结构或钢构件在水运工程中有了越来越多的应用，如钢管桩、海洋石油平台、钢引桥、钢板桩、钢拉杆等。由于钢材具有强度高、质量均匀、加工方便等优点，在水运工程中有广泛的用途。

海洋工程中的钢结构常年与海水和潮湿气体接触，海水中的氯离子作用到钢材表面，引起腐蚀。据资料介绍，在海洋环境中钢结构的腐蚀速度可以达到0.2～0.5mm/a，局部腐蚀速度达1.0mm/a。钢结构受腐蚀后，不仅外观受到影响，还会使钢材构件截面减少，材料力学性能下降，严重影响结构的寿命和使用安全。钢结构的局部腐蚀还会造成结构穿孔，引起应力集中，使其机械强度大幅下降。

为了减缓钢结构在海洋环境下的腐蚀速度，延长使用年限，有必要对海洋中的钢结构进行防腐蚀处理，根据钢结构自身特性及所处的外部环境、使用年限、维修保养条件，采取相应的防腐措施。为了确保钢结构的防腐蚀施工质量和安全使用，应按照相关规范要求，及时对施工完的防腐质量进行检查，并在使用阶段按时进行防腐效果检测。

## 第一节 海港工程钢结构防腐技术

### 一、海港工程钢结构部位划分

钢材的腐蚀速度和它所接触的介质关系密切，同一工程或者同一个构件，在不同环境中的腐蚀速度是不相同的，例如海港工程中的钢管桩，泥面以下部分的腐蚀速度要小于浸泡在海水中的部分，而处在浪溅区部分的腐蚀速度又高于海水中的那一段。图1-7-1是海港中不同部位钢材腐蚀速度示意图，从中可以看出浪溅区的腐蚀速度最高，泥面以下部分的腐蚀速度最低。

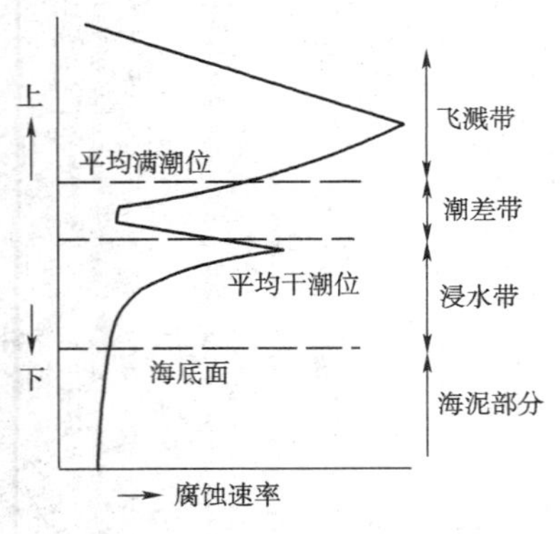

图1-7-1 普通钢材海水中腐蚀速率

在海港工程钢结构施工中，有必要根据不同环境分别采取不同的防腐蚀措施。

根据《海港工程钢结构防腐蚀技术规范》（JTS 153-3—2007），将海港工程中的钢结构按所处环境及锈蚀速度的不同，划分成五个区，即大气区、浪溅区、水位变动区（潮差区）、水下区和泥下区。具体划分如下：

对有掩护的海港，大气区和浪溅区的分界线为设计高

水位加 1.5m；浪溅区与水位变动区的分界线为设计高水位减去 1.0m；水位变动区和水下区的分界线为设计低水位减去 1.0m；水下区与泥下区的分界线为海泥面；泥面以下部分为泥下区。

对无掩护条件的海港，大气区和浪溅区的分界线为设计高水位加($\eta_0$ +1.0m)($\eta_0$ 为设计高水位时的重现期 50 年)；浪溅区和水位变动区的分界线为设计高水位减 $\eta_0$；水位变动区和水下区的分界线为设计低水位减 1.0m；水下区和泥下区分界线为海泥面。

## 二、海港工程钢结构的主要防腐措施

钢材的防腐蚀措施有许多种，应根据海港建筑物的重要性、使用年限、周围环境条件、施工和维修保养条件等选择合适的防腐蚀措施，达到既有效、又经济的目的。海港工程中常采用的钢结构防腐措施有如下几种：

1. 增加钢结构的预留腐蚀裕量

根据结构所处的环境，按设计要求的使用年限和预估的腐蚀速度，适当增加钢结构的腐蚀裕量。不同部位的钢结构单面腐蚀裕量计算公式如下：

$$\Delta\delta = K[(1-P)t_1 + (t-t_1)] \tag{1-7-1}$$

式中：$\Delta\delta$——钢结构单面腐蚀裕量(mm)；

$K$——钢结构单面平均腐蚀速度(mm/a)，可按现场实测值计算，也可按表 1-7-1 选用；

$P$——保护效率(%)，采用涂层保护时，在涂层设计使用年限内可取 50% ~95%；采用阴极保护时，水位变动区取 20% ≤$P$<90%；水下区取 $P$≥90%；采用涂层和阴极保护联合保护时，取 85% ~95%；

$t_1$——防腐措施设计使用年限(a)；

$t$——钢结构设计使用年限(a)。

**钢结构单面平均腐蚀速度**(mm/a)　　表 1-7-1

| 部　位 | | 平均腐蚀速度 |
|---|---|---|
| 大气区 | | 0.05 ~0.10 |
| 浪溅区 | 有掩护条件 | 0.20 ~0.30 |
| | 无掩护条件 | 0.40 ~0.50 |
| 水位变动区及水下区 | | 0.12 |
| 泥下区 | | 0.05 |

注：1. 表中平均腐蚀速度适用于 pH =4 ~10 的环境条件，对严重污染环境应适当加大；

2. 对水质含盐量层次分明的河口区或年平均气温高、波浪大、流速大的环境，应适当加大；

3. 对钢板桩岸侧部分可参照泥下区取值。

2. 选用耐腐蚀的钢材品种

海港工程中钢结构可根据不同的腐蚀介质，选用合适的耐腐蚀钢材，降低钢结构在海洋环境中的腐蚀速度。

3. 采用表面涂层或包覆层保护

如采用防腐蚀涂层保护、金属热喷涂或包覆层防腐的方法，将钢结构与相邻介质隔离开来，降低钢材表面的腐蚀速度。

钢结构防腐涂层材料品种很多，用于海工钢结构的防腐涂料在耐腐蚀性、耐候性和耐久性等方面有较高的要求，应根据使用环境和设计使用年限，选择合适的涂料品种及涂层厚度。水位变动区和水下区的防腐涂层材料还应该具有耐电位性和耐碱性，以便与阴极保护配套使用。

金属热喷涂用的喷涂材料主要有铝、铝合金或锌。热喷涂工艺有气喷法、电弧喷涂法和等离子喷涂法，其中气喷法适用于锌涂层，电弧法适用于铝涂层。

包覆层防腐是以玻璃纤维为骨架，用树脂作粘合剂组成的防腐层，常用2~5层玻璃纤维和树脂黏结在一起，具有厚度大、耐水性好、耐冲击等优点。

4. 采用阴极保护，这是海洋水下区域钢结构防腐的最有效手段之一

阴极保护有外加电流阴极保护、牺牲阳极阴极保护以及两种系统联合保护，这些都是成熟的防腐技术。实践证明，阴极保护可以使海洋工程中水下钢结构的腐蚀速度下降到0.02mm/a以下，有效延长海水中钢结构的使用寿命。

### 三、海港工程钢结构不同部位对应的防腐措施

(1)大气区。

应采用涂料涂层或金属喷涂层进行保护，大气区的涂料应具有良好耐候性。阴极保护在大气区是无效的。

(2)浪溅区和水位变动区。

宜采用重防腐涂层或金属喷涂层加封闭涂层保护，也可以用包覆层保护。这一区域使用的防腐涂料应能适应干湿交替变化，且应具有耐磨、耐冲击、耐候性等性能。阴极保护在浪溅区是无效的，但在水位变动区可以使用。

(3)水下区。

这一区域的防腐多采用阴极保护措施，可以单独用阴极保护，也可以将阴极保护与涂层保护联合使用。若水下区采用防腐涂层，防腐层的材料应具有耐电位性和耐碱性。

(4)泥下区。

宜采用阴极保护。

(5)钢板桩的岸侧及预埋拉杆等埋地钢结构可以采用阴极保护与涂层保护联合保护的办法，也可以用阴极保护与包覆有机材料相结合的方法。

预留钢结构的腐蚀裕量在所有部位都可以采用，但在海港工程中不宜单独使用，一般都是与涂层保护、阴极保护等联合使用。我国《港口工程桩基规范》(JTS 167-4—2012)中明确规定海洋工程的钢管桩必须在浪溅区和水位变动区预留腐蚀裕量。

## 第二节 海洋工程钢结构防腐检验与检测

海洋工程钢结构的防腐蚀施工及后期管理与陆上工程防腐相比，有其特殊性和复杂性，为此应加强海洋钢结构防腐施工中的质量验收检测和运行过程中的质量检查。

### 一、涂层防腐检验与检测

(1)钢结构表面清洁度与粗糙度检验。

钢结构在进行涂层保护前应对表面进行除锈和净化处理,使需进行保护的钢材表面达到规范要求的清洁度和粗糙度。

钢材表面清洁度按《涂装前钢材表面锈蚀等级和除锈等级》(GB 8923)中相应照片对照目视评定。目视评定应在有良好日光或人工照明条件下进行,不得借助放大镜等器具,以钢材表面外观最接近照片所示的等级作为评定结果。表面清洁度检验数量应符合下列规定:

①钢管桩或钢板桩:不少于总桩数的10%,且每工班不少于1根;

②小型钢构件:不少于构件总数的10%,且每工班不少于5件;

③大型、整体钢构件:每$50m^2$对照检查一次,且每工班不少于1次。

钢材表面粗糙度检验可以采用比较样块法目视评定,也可以用粗糙度测试仪或剖面检测仪测定。目视评定时,按《涂装前钢材表面粗糙度等级的评定(比较样块法)》(GB/T 13288)相应样块目视比较评定。表面粗糙度检验数量与表面清洁度的检验数量相同。

(2)涂层附着力检测。

涂层附着力应该满足设计要求,这是检验涂层质量的一个重要参数。附着力的检测方法按涂层厚度不同可分为以下三种:

①当涂层厚度小于等于120μm时,可按《色漆和清漆划格试验》(GB 9286)中的划格法检测,也可用圆滚线划痕检测。划格法检测方法如下:首先用切割刀具在被检测部位的涂层上划格(图1-7-2),横、竖方向各6条,形成90°交角的网格。切割要划透至底材表面,然后用胶粘带贴在划格区上面,用于压平,5min后按要求将胶带撕开(图1-7-3),再对照表1-7-2将试验面分级。

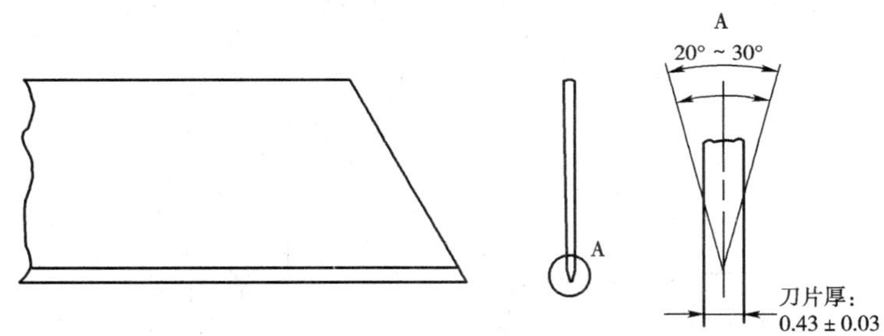


图1-7-2 单刀具切割

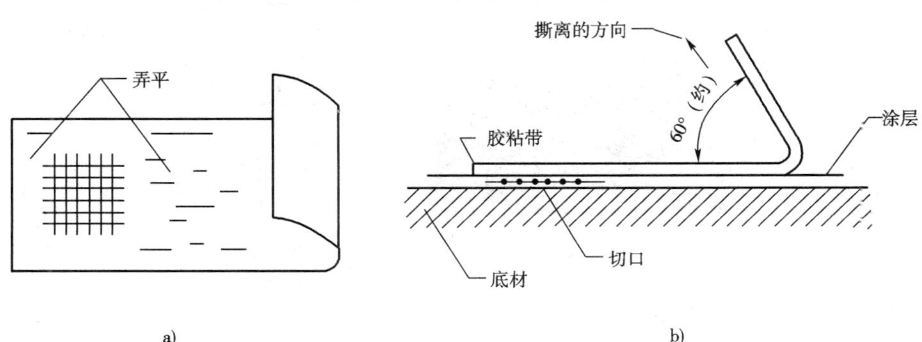


图1-7-3 胶粘带定位

a)根据网格定胶粘带的位置;b)直接从网格上撕离前胶粘带的位置

划格试验分级 表 1-7-2

| 分级 | 说 明 |
|---|---|
| 0 | 切割边缘完全平滑，无一格脱落 |
| 1 | 在切口交叉处有少许涂层脱落，但交叉切割面积受影响不能明显大于 5% |
| 2 | 在切口交叉处和/或沿切口边缘有涂层脱落，受影响的交叉切割面积明显大于 5%，但不能明显大于 15% |
| 3 | 涂层沿切割边缘部分或全部以大碎片脱落，和/或在格子不同部位上部分或全部剥落，受影响的交叉切割面积明显大于 15%，但不能明显大于 35% |
| 4 | 涂层沿切割边缘大碎片剥落，和/或一些方格部分或全部出现脱落。受影响的交叉切割面积明显大于 35%，但不能明显大于 65% |
| 5 | 剥落的程度超过 4 级 |

②当涂层厚度大于 250μm 时，采用拉开法检测。常用检测方法有两种：

一是用拉开法测试仪进行测试，将铝合金接头用胶粘剂粘在被测涂层表面，等胶粘剂完全固化后，用拉开法测试仪进行附着力测试，示意图见图 1-7-4。拉开法测试仪器有机械式和液压（气压）驱动式两种类型。测试时将拉力仪套上铝合金接头，进行测试，记录破坏强度。

另一种方法是先加工两只直径 20mm 的钢质试柱，再从被测构件上切下一块直径（或边长）30mm 的试件。在两个清洁的试柱端面涂一薄层粘结剂，与试片同心对接（图 1-7-5），待完全固化后清除周边多余的粘结剂，在拉力机上以 10mm/min 速度张拉，直至破坏，记录破坏强度。

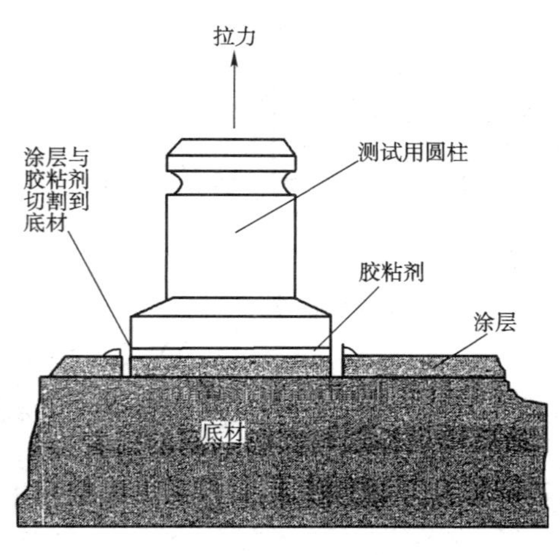


图 1-7-4 拉开法测试示意图

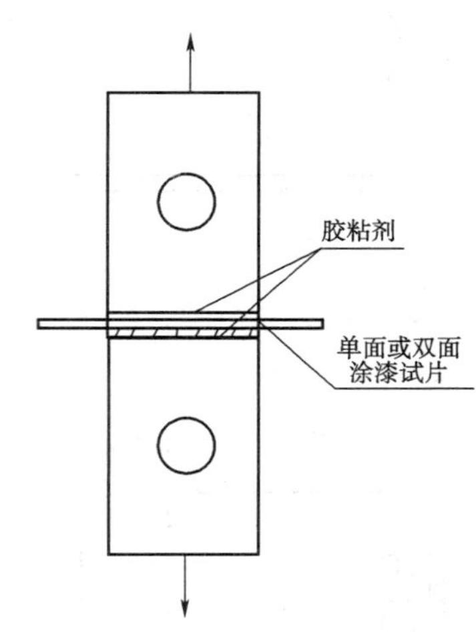


图 1-7-5 试件对接图

由式（1-7-2）计算涂层附着力：

$$F = \frac{G}{S} \tag{1-7-2}$$

式中：$F$——涂层附着力；

$G$——试验时的破坏荷载；

$S$——被测涂层试柱截面面积。

③当涂层厚度大于120μm而小于等于250μm时，附着力检测可采用切割法。测试工具比较简单，大致方法如下：

首先将涂层表面清洁干燥，用锋利的刀片沿直线稳定地切割涂膜至底材，夹角为30°~45°，划线长度40mm，交叉点在线长的中间。切下长75mm压敏胶带，把胶带中间放在切割处的交叉点上，用手指抹平。再用橡皮擦平胶带，直至密实为止。在(90±30)$S$内，以180°从涂膜表面撕开胶带，观察涂层拉开后的状态。美国材料试验协会制定的ASTMD3359—02标准中定义了六种状态供参考，其中5A~3A为附着力可以接受(表1-7-3)。

六种状态表 表1-7-3

| 分级 | 说　明 | 分级 | 说　明 |
|---|---|---|---|
| 5A | 没有脱落或脱皮 | 2A | 刀痕两边都有缺口状脱落达3.2mm |
| 4A | 沿刀痕有脱皮或脱落的痕迹 | 1A | 胶带下$X$区域内大部分脱落 |
| 3A | 刀痕两边都有缺口状脱落达1.6mm | 0A | 脱落面积越过了$X$区域 |

切割法检测数量：钢管桩或钢板桩每10根检测一根；其他钢结构每200m$^2$检测数量不应少于1次，且总检测数不得少于3次。

(3)涂层厚度检测。

涂层厚度是涂装工程中一项主要控制技术指标，也是涂层质量检验中的一项关键工作，因此应重视涂层厚度的正确测定。涂层厚度检测方法和仪器很多，应根据场合、底材性质、涂膜状态等合理选择。这里只介绍干膜厚度测定。

根据对被测涂层的损坏情况，干膜测厚可分为无损检测和破坏性检测两类。无损检测又可分为磁性法、超声法和机械法；破坏性检测有显微镜法。

目前使用较多的是磁性测厚仪，它是利用磁场磁阻原理测量钢材涂层厚度的方法，通过仪器探头和钢底材表面之间的磁通量大小反应涂层的厚薄，磁通量越大，表明涂层厚度越大。

检测方法及次数：按《海港工程钢结构防腐蚀技术规范》(JTS 153-3—2007)要求，先在标准样块上校准测厚仪，然后进行测试。每一测点取3次读数，每次读数的位置相距25~75mm，取3次平均值作为该点测定值。

检测数量：钢管桩及钢板桩每根不少于3个测点；大型钢构件每10m$^2$不少于3个测点；小型钢构件每2m$^2$不少于1个测点。测定值应达到设计厚度的测点数不得少于总测点数的85%，且最小实测值不得低于设计厚度的85%。

(4)牺牲阳极的化学成分应现场取样后进行化学分析，看是否满足相应规范要求。检测数量每批次不得少于1.5%，且不少于1件。

(5)牺牲阳极的尺寸、重量和表面状态应进行现场抽样检查。现场抽样的数量每批次不得少于5%，且不得少于3件。

(6)牺牲阳极的短路连接应采用水下摄像或其他水下成像技术，对焊缝长度、高度及连续性进行检查。

检查数量应为总数的5% ~10%，且不得少于3块。

(7)应对每一单元构件进行阴极保护电位检测，海港工程钢结构保护电位应符合表1-7-6要求，检测仪器最小分辨率1mV，内阻大于10MΩ的高内阻数字表和符合《船用参比电极技术条件》规定的Ag/AgCl或Cu/饱和$CuSO_4$参比电极。

测试方法：将参比电极放入水中，靠近待测钢材表面（不接触），用导线连接参比电极、万用表和被测构件，在万用表上读取数值。

## 二、海港工程钢结构防腐定期检查

在使用过程中要定期对钢结构防腐情况进行检查和检测，表1-7-4是海港工程钢结构防腐蚀技术规范中列出的定期检查项目，特殊检查项目及内容可根据具体情况确定。

定期防腐检查项目、内容及周期 表1-7-4

| 项目分类 | 检查项目 | 检查部位 | 检查内容、方法 | 检查周期 |
|---|---|---|---|---|
| 常规检查 | 防腐涂层外观 | 水上涂装钢结构 | 涂层破损情况；目测检查 | 1 |
| | 阴极保护运行状态 | 水中钢结构 | 保护电位、仪器状态；电位检测 | 1 |
| | 阳极使用环境 | 水中钢结构 | 检查阳极的安装固定状态 | 1 |
| 详细检查 | 水下外观检查 | 水中钢结构 | 水下钢结构涂层及锈蚀；水下摄像、探摸 | 5 |
| | 涂层防腐性能检查 | 水中钢结构 | 对防腐涂层详细检查和测定 | 5 |
| | 腐蚀量检测 | 钢结构 | 用超声测厚仪检测钢结构壁厚 | 5 |
| | 阳极外观检查 | 牺牲、辅助阳极 | 对阳极外观目测检查 | 5~10 |
| | 阳极消耗量检查 | 牺牲阳极 | 对阳极进行检查和测量 | 5~10 |
| | 电连接 | 阴极保护钢结构 | 测量构件间的连接电阻 | 5~10 |

## 三、附录

(1)阴极保护的保护电位应符合表1-7-5中要求。

钢结构保护电位 表1-7-5

| 环境、材质 | | 保护电位(V) | | |
|---|---|---|---|---|
| | | 饱和硫酸铜电极 | 海水氧化银电极 | 锌合金电极 |
| 含氧环境中的钢 | 最正值 | -0.85 | -0.78 | +0.25 |
| | 最负值 | -1.10 | -1.05 | +0.00 |
| 缺氧环境中的钢（有硫酸盐还原菌腐蚀） | 最正值 | -0.95 | -0.90 | +0.15 |
| | 最负值 | -1.10 | -1.05 | +0.00 |
| 高强钢($\sigma_s \geq 700$MPa) | 最正值 | -0.85 | -0.78 | +0.25 |
| | 最负值 | -1.00 | -0.95 | +0.10 |

(2)阴极保护的初期保护电流密度可参照表1-7-6。

**港湾工程钢结构初期保护电流密度**　　表 1-7-6

| 环境介质 | 钢结构表面状态 | 保护电流密度(mA/m²) | | |
|---|---|---|---|---|
| | | 初始值 | 维持值 | 末期值 |
| 静止海水 | 裸钢 | 100 ~ 130 | 55 ~ 70 | 70 ~ 90 |
| 流动海水 | 裸钢 | 150 ~ 180 | 60 ~ 80 | 80 ~ 100 |
| 海泥 | 裸钢 | 25 | 20 | 20 |
| 海水堆石 | 裸钢 | 60 ~ 90 | 40 ~ 50 | 50 ~ 75 |
| 海水中混凝土或水泥砂浆包覆 | 裸钢 | 10 ~ 25 | 10 ~ 25 | 10 ~ 25 |
| 水位变动区混凝土 | 钢筋 | 5 ~ 20 | 5 ~ 20 | 5 ~ 20 |

# 参考文献

[1] 交通部第一航务工程勘察设计院. 海港工程设计手册(中册)[M]. 北京:人民交通出版社,1999.

[2] 交通部第一航务工程勘察设计院. 港口工程结构设计算例[M]. 北京:人民交通出版社,1994.

[3] 陈万佳. 港口水工建筑物[M]. 北京:人民交通出版社,1989.

[4] 姚振刚,刘祖华. 建筑结构试验[M]. 上海:同济大学出版社,1996.

[5] 中华人民共和国国家标准. GB 50153—2008　工程结构可靠性设计统一标准[S]. 北京:中国建筑工业出版社,2009.

[6] 中华人民共和国国家标准. GB 50158—2010　港口工程结构可靠性设计统一标准[S]. 北京:中国计划出版社,2010.

[7] 中华人民共和国国家标准. GB 50010—2010　混凝土结构设计规范[S]. 北京:中国建筑工业出版社,2010.

[8] 中华人民共和国国家标准. GB 50017—2003　钢结构设计规范[S]. 北京:中国建筑工业出版社,2003.

[9] 中华人民共和国国家标准. GB/T 50152—2012　混凝土结构试验方法标准[S]. 北京:中国建筑工业出版社,2012.

[10] 中华人民共和国国家标准. GB 50204—2002,2015 年版　混凝土结构工程施工质量验收规范[S]. 北京:中国建筑工业出版社,2015.

[11] 中华人民共和国行业标准. JTJ 270—98　水运工程混凝土试验规程[S]. 北京:人民交通出版社,1998.

[12] 中华人民共和国行业标准. JTS 151—2011　水运工程混凝土结构设计规范[S]. 北京:人民交通出版社,2011.

[13] 中华人民共和国国家标准. GB/T 228.1—2010　金属材料　拉伸试验　第 1 部分:室温试验方法[S]. 北京:中国标准出版社,2010.

[14] 中华人民共和国国家标准. GB/T 22315—2008　金属材料　弹性模量和泊松比试验方法[S]. 北京:中国标准出版社,2008.

[15] 中华人民共和国国家标准. GB 1499.2—2007　钢筋混凝土用钢　第 2 部分:热轧带肋钢筋[S]. 北京:中国标准出版社,2008.

[16] 中华人民共和国国家标准. GB 1499.1—2008　钢筋混凝土用钢　第 1 部分:热轧光圆钢筋[S]. 北京:中国标准出版社,2013.

[17] 中华人民共和国国家标准. GB 13788—2008　冷轧带肋钢筋[S]. 北京:中国标准出版社,2009.

[18] 中华人民共和国国家标准. GB/T 5224—2014　预应力混凝土用钢绞线[S]. 北京:中国标准出版社,2014.

[19] 中华人民共和国国家标准. GB/T 20065—2006　预应力混凝土用螺纹钢筋[S]. 北京:中

国标准出版社,2006.
[20] 中华人民共和国国家标准. GB/T 2975—1998 钢及钢产品 力学性能试验取样位置及试样制备[S]. 北京:中国标准出版社,1999.
[21] 中华人民共和国行业标准. JTS 153-3—2007 海港工程钢结构防腐蚀技术规范[S]. 北京:人民交通出版社,2007.
[22] 中华人民共和国行业标准. JTJ 302—2006 港口水工建筑物检测与评估技术规范[S]. 北京:人民交通出版社,2006.
[23] 中华人民共和国行业标准. JTJ 218—2005 水运工程水工建筑物原型观测技术规范[S]. 北京:人民交通出版社,2005.
[24] 中华人民共和国行业标准. JTS 239—2015 水运工程混凝土结构实体检测技术规程[S]. 北京:人民交通出版社,2015.
[25] 中华人民共和国国家标准. GB/T 13288.2—2011 涂覆涂料前钢材表面处理 喷射清理后的钢材表面粗糙度特性[S]. 北京:中国标准出版社,2011.
[26] 中华人民共和国行业标准. JGJ/T 23—2011 回弹法检测混凝土抗压强度技术规程[S]. 北京:中国建筑工业出版社,2011.
[27] 中华人民共和国行业标准. JTS 257—2008 水运工程质量检验标准[S]. 北京:人民交通出版社,2008.

# 第二篇

# 基桩检测技术

# 第一章 桩的基本知识

桩基础是建筑工程、水运工程、桥梁工程等大中型工程中一种常见的基础形式，其作用是将上部结构荷载或外来荷载传递到较深、相对变形较小的桩周土层中，减少上部结构的变形（沉降变形、上浮或水平变形）。

桩基础已有悠久的历史，早期使用较多的是木桩，这在我国考古发掘的建筑遗址中屡有发现。上海港早期建造的码头有许多是使用木桩。随着钢铁和混凝土工业的发展，铸铁桩、钢桩和混凝土桩逐步取代了木桩，如今高层建筑、港口码头、道路桥梁、船坞、海洋平台等领域已经离不开桩基础。在我国已建成的工程中，最大的桩直径已达5m以上，桩长超过130m，单桩竖向承载力超过100000kN；港口和海洋工程中最高的打桩架高度已超过100m，打桩锤活塞重量已超过120t；我国各类工程中每年的用桩量已达到了数百万根。

桩是埋入土中的杆件，属于隐蔽工程，桩的质量直接关系到整个建筑物的安全及人民生命财产的安全。然而，影响桩质量的因素很多，如桩的制作和施工工艺、施工质量、桩身材质、地质条件等等，因桩质量问题引起的建筑物重大事故的工程例子很多。因此，如何正确检测和判别埋入土中的桩身质量，是业主、设计、施工、监理等部门所关心的事。国内外已有许多检测埋入土中桩质量的方法及相应的仪器设备，并有相应的规范、规程，但仅有这些还远远不够，即使看似简单的桩的静载荷试验，在有些情况下并不是说按规范中哪一条标准就能直接判别，而是要结合桩身结构、施工工艺、地质勘察资料及检测人员经验综合判别；若要检测垂直受荷桩的分层侧摩阻力或水平受荷桩的桩身弯矩分布等参数时，还需要在桩身布设传感器，又涉及传感器的选型、埋设方法、数据的采集和分析等一系列问题。而像高应变、低应变、超声波等间接检测方法，在检测及分析时不但要考虑桩身结构、桩身材料特性、桩周土层分布、施工工艺等因素，还要清楚这些检测方法的基本假定和使用范围。

## 第一节 桩的分类

### 一、按桩身材料分

1. 木桩

这是工程中应用最早的一种桩，在我国的一些老建筑及建筑遗址中还常有发现，上海黄浦江边的一些码头在20世纪70年代改建时就曾拆除出大量方形及圆形木桩。随着钢材和混凝土等建筑材料的发展及木材的日益短缺，现在我国已基本不使用木桩了。

2. 混凝土桩

这是现今国内外使用最为普遍的桩，由于混凝土的抗压强度高、耐久性好、原材料丰富且可制成不同形状不同尺寸的桩，既可以在工厂或工地现场预制，也可以就地灌注成混凝土灌注桩，施工方便、价格便宜，已广泛应用到各工程领域。为了提高混凝土的抗拉和抗弯能力，又发展了各种工艺的预应力混凝土桩，如先张法预应力混凝土方桩、先张法预应力混凝土管桩、后张法预应力混凝土管桩和预应力混凝土灌注桩等，大大提高了混凝土桩的适应能力。

3. 钢桩

在水运工程中应用较多的钢桩有钢管桩、钢板桩和 H 形钢桩。钢桩具有质量可靠、抗拉和抗弯性能好、穿透硬层能力强等特点，在水运工程及外海大型桥梁中运用较多。钢管桩主要用在外海大型高桩码头、大型靠船平台、海上采油平台、海洋风电基础、大型桩墩基础等工程中；钢板桩主要用于挡土结构，有时也兼作支承桩；H 形钢桩主要用在一些嵌岩桩基工程中。由于钢桩的材料价格比较昂贵，在有腐蚀的介质中还要进行防腐处理，成本较高，因此在一般的中小型工程中很少应用。

4. 复合型桩

利用混凝土桩和钢桩的各自特点，按不同使用要求而组合的桩。如钢管混凝土桩；钢管桩与混凝土管桩按不同要求组合成的复合型桩；利用锚杆嵌岩或钻孔灌注桩嵌岩，提高抗拔力及抗水平能力的上部钢管桩（或混凝土管桩），下部嵌岩的预制型锚杆嵌岩桩等。

随着技术的发展和施工能力的提高，近年来出现了不少适应工程需要的新桩型。

## 二、按桩的承载性状分

按桩的承载性状可以分为摩擦型桩和端承型桩两大类。

1. 摩擦型桩

在承载能力极限状态下，由桩顶传下来的竖向荷载全部或大部分由桩侧摩阻力承担的桩称为摩擦型桩。根据桩侧摩阻力分担比的不同，摩擦型桩又可分为摩擦桩和端承摩擦桩两种：若由桩顶传下的竖向荷载全部由侧阻力承担，而桩的端承力可忽略不计时，称为摩擦桩；若桩顶传下的荷载大部分由侧阻力承担，端承力只占其中一小部分，则称为端承摩擦桩。

2. 端承型桩

在承载能力极限状态下，由桩顶传下来的竖向荷载全部或主要由桩端承担的桩称为端承型桩。同样端承型桩也可以分为两种：若桩顶传下的竖向荷载全部由桩的端承力承担，侧阻力可忽略不计时，称为端承桩；若桩顶传下来的荷载大部分由端承力承担，侧阻力只占其中的一小部分，称为摩擦端承桩。

从上面的区分可以看出，判别某桩是摩擦型桩还是端承型桩，主要是看在承载力极限状态下，由桩顶传下的荷载主要由哪一部分承担，而不是仅由桩端土的性状决定。

## 三、按沉桩（成桩）时对桩周土的影响程度分

1. 挤土桩

挤土桩包括采用打入或压入沉桩工艺的混凝土预制桩、桩端闭口及半闭口的钢管桩、闭口混凝土管桩、沉管灌注桩、夯扩桩等，此类桩在施工过程中会对桩周土体产生挤压、扰动，不仅

影响到桩刚植入后的承载能力,挤土还会影响到邻近已施工的桩、周边建筑物和岸坡稳定,若桩的设置或施工措施不当,会造成邻近桩产生位移甚至断裂、周边建筑物产生裂痕、岸坡出现失稳等现象。

2. 非挤土桩

包括混凝土钻孔灌注桩、挖孔灌注桩、冲抓成孔灌注桩,中掘法沉桩等,此类桩在施工过程中对周边的挤土影响很小,但桩的承载能力也会受到影响。为弥补桩承载力的损失,混凝土灌注桩可采用桩底及桩侧后注浆工艺,中掘法施工的混凝土管桩可采用边压桩边注浆或扩底注浆工艺。

3. 部分挤土桩

包括打入法施工的中小直径开口钢管桩、大直径混凝土管桩,这类桩在施工过程中挤土量少于挤土桩,对周围环境影响相对较小,但桩周土体扰动仍然存在。

### 四、按使用功能分

1. 抗压桩

桩主要承受上部传来的竖向荷载,如结构物自重、车辆及人行荷载、堆载等。高层建筑、道路桥梁、高桩码头、堆场下面的桩以承压桩为主。

2. 抗拔桩

主要承受竖向上拔荷载,如深基坑、船坞、地下车库、大型地下建筑等基础底板下的桩以承受上拔荷载为主。

3. 水平受荷桩

桩的水平荷载主要来自上部结构传向桩基的水平力,土压力施加到桩上的水平力以及波浪力等,水运工程中的靠船力、系缆力、风力、波浪力,以及接岸结构挡土桩承受的土压力都会对桩形成水平荷载。在码头、桥梁、海洋风电、海洋采油平台等工程中,常用斜桩承受水平荷载;挡土结构中常用混凝土板桩或钢板桩,一些大型工程中也有采用钢管桩或预应力管桩作挡土结构的。

## 第二节　水运工程中常见桩的类型及主要特性

由于工程性质和地质条件不同,实际工程中使用的桩型和桩的种类很多,且随着建材工业的不断发展和制桩技术的提高,新的桩型和桩种不断出现。我国现阶段在水运工程中常遇见的桩型有以下几种:预应力混凝土方桩、预应力混凝土管桩(包括先张法预应力混凝土管桩和后张法预应力混凝土管桩),钢桩,混凝土灌注桩,预制钢筋混凝土方桩(即非预应力桩)和复合型桩等。

### 一、预应力混凝土桩

预应力混凝土桩由于制桩时对桩身混凝土施加了预压应力,提高了桩身抗拉和抗弯能力,抗锤击性能好,且具有良好的耐久性,因而在港口工程中被普遍采用。我国港口工程中常用的预应力混凝土桩有以下几种:

（1）先张法预应力混凝土方桩，这是 20 世纪 50 年代至 90 年代在港口工程中使用最普遍的桩型，常用截面尺寸为 400 ~ 600mm，混凝土强度 C40 ~ C60；桩身混凝土预压应力一般在 50 ~ 60MPa，工程需要时也可以增加到 80 ~ 90MPa。水上用的预应力混凝土方桩大多整桩预制，最长的已接近 60m；有时受施工条件（打桩架高度、预制场地设备条件等）的限制，也可分段制作，施工过程中通过电焊或法兰连接。为减轻桩的自重，预应力混凝土方桩通常制成空心桩，空腔直径一般 200 ~ 330mm 左右。近几年国内研制成了高强预应力混凝土空心方桩，制作工艺类似于 PHC 管桩，采用高速离心成型，桩身混凝土强度 C60 ~ C80，单节桩长 12 ~ 15m，电焊接桩。

（2）先张法预应力混凝土管桩，包括 PHC 桩、PC 桩和 SPHC 桩。

PHC 桩是预应力高强混凝土管桩的简称，桩身混凝土强度 C80，由高压蒸养工艺制作，采用高强度钢筋（常用钢筋强度标准值为 1420MPa 或 1570MPa）作预应力主筋，同一尺寸的桩按桩身有效预压应力大小可以分为 A 型、AB 型、B 型和 C 型四种型号，相应桩身有效预压应力分别为 4MPa、6MPa、8MPa 和 10MPa。陆上工程中大多采用直径 300 ~ 600mm、单节长度不大于 15m 的管节，沉桩过程中现场电焊接桩；水上工程中大多采用直径 600 ~ 1200mm、单节长度 15 ~ 30m 的管节，在厂区内按设计要求的桩长拼接后再运抵施工工地。考虑到接桩处钢材的腐蚀作用，尽量采用不接桩，现国内已生产出单节长度 35 ~ 55m 的管节（仅限于桩径在 800 ~ 1200mm），并已在工程中广泛应用。

PC 桩的桩身混凝土强度 C60，采用常温或普通的蒸养进行养护，不需要高压蒸养，其余与 PHC 桩相同。

SPHC 桩是我国港口工程系统近几年开发的一种新型管桩，主要应用在港口工程和桥梁工程中。该桩与 PHC 桩的主要区别是采用高强钢绞线作预应力筋，管节的接桩端采用碗形钢质桩头，提高了接桩处的抗拉能力和抗锤击能力。目前生产的 SPHC 桩管径在 800 ~ 1200mm 范围。

（3）后张法预应力混凝土管桩（又称混凝土大管桩），在我国生产应用已近 30 年，桩身混凝土强度 C60。由于采用了离心 + 振动 + 辊压的复合型制管工艺，管壁的抗渗性能好。该桩的生产工艺是：先在工厂预制成一定长度的管节（标准长度 4m、根据需要也可制成 1 ~ 3m）并预留一定数量锚筋孔，在混凝土管节达到一定强度后再按工程需要拼接成整桩，并对桩施加预压应力。我国目前生产的后张法预应力混凝土管桩主要用在大中型高桩码头及桥梁工程中，桩径为 1200mm 和 1400mm 两种，有效预压应力在 60 ~ 100MPa，桩身抗裂弯矩在 1120 ~ 2250kN · m，桩身极限弯矩为 1740 ~ 3860kN · m。

在抗弯要求较高且沉桩贯入难度不大的情况下，可采用先张法预应力混凝土管桩或后张法预应力混凝土管桩。

## 二、钢桩

水运工程中常见的钢桩是钢管桩和钢板桩，也有少数工程用 H 形钢桩，钢桩具有材料强度高、制作方便、质量可靠、贯入性能好和抗水平能力强等优点。钢管桩主要用来承受抗压、抗拔和水平承载能力，外海大型码头、靠船墩工程、海洋风电及嵌岩桩工程使用较多。当抗弯要求较高或沉桩困难时，宜采用钢管桩。钢板桩主要用于挡土结构，有时也兼作承压。和混凝土桩相比，钢桩费用较高，且在海洋工程中要采取防腐措施。

## 三、预制钢筋混凝土方桩

由于此类桩制作工艺简单,既可以工厂化生产,也可以在工地现场稍经场地处理后就可浇注,因此被广泛应用在工业与民用建筑、道路等工程中,内河港口中的中小型工程也有应用。这种桩的抗弯及抗裂性能差,不适合在沿海港口、大中型水运工程及含有腐蚀性地下水的地区中采用。

## 四、复合型桩

复合型桩又称组合型桩,由两种桩型或两种不同材料组合而成,以充分发挥各自的特性,水运工程中使用的复合型桩有以下几种:

(1)桩的下段采用钢管桩,上段用预应力混凝土管桩,中间电焊连接。这种桩的优点是下段钢管桩的贯入性能好,桩可以打入较硬的土层;上节采用预应力混凝土管桩可以解决水中的防腐蚀,还可以解决超长混凝土管桩打桩时的起吊超重问题。

(2)上段钢管桩、下段预应力混凝土管桩,中间电焊连接。该桩的优点是抗水平能力与相同直径钢管桩相似,但价格比全钢管桩要便宜。

(3)钢管混凝土桩。钢管混凝土桩一般有以下两种:一种是先将钢管桩打入到预定标高,然后将钢管内土掏掉,再灌入钢筋混凝土;另一种是先在钢管内注入适量混凝土,通过离心成型,制成外壁钢管、内壁混凝土或钢筋混凝土的预制高强混凝土薄壁钢管桩,内壁混凝土压强度不低于C80,大大提高了桩自身的轴向抗压强度及抗水平能力。

当工程中遇到抗弯要求较高、沉桩贯入难度较大或桩长较大时,可采用预应力混凝土管桩与钢管桩组合成的组合桩或钢管混凝土桩。

## 五、混凝土灌注桩

按施工工艺不同,混凝土灌注桩有钻孔灌注桩、冲孔灌注桩、人工挖孔灌注桩、沉管灌注桩及锚杆嵌岩灌注桩等。前面提到的混凝土预制桩和钢桩都是先在工厂预制成型,再通过重锤打入(或压入)地基中,这类桩型由于受沉桩设备限制,桩径和桩的嵌岩深度受到不同程度的制约。而混凝土灌注桩是在现场成孔后再浇灌混凝土而成的一种桩型,对工程的适应性强,不仅能避免施工挤土对周围环境的影响,还能根据工程需要,制成大直径或变截面的桩,我国已施工的混凝土灌注桩最大直径已超过5m,截面形状有等截面桩、扩底桩、多支盘桩等。混凝土灌注桩对地基的适应性强,可适用于各种不同的黏性土、砂土、砾石和基岩。为满足基桩抗拔承载力需要,灌注桩也可施工成锚杆嵌岩型和后张预压力桩。锚杆嵌岩灌注桩利用嵌岩锚杆提高桩的抗拔力,在覆盖层较浅的工程中已普遍使用;利用后张预应力工艺制成的抗拔灌注桩不仅提高了桩自身的抗拔强度,还可节约抗拔主筋材料费用。

下列情况下宜采用混凝土灌注桩:

(1)地质条件复杂、岩面起伏较大或地下障碍物较多,打入桩施工有困难时;

(2)采用打入桩不经济时;

(3)锤击沉桩可能导致岸坡稳定性不足或附近有重要建筑物时;

(4)受施工条件限制,难以使用大型水上沉桩设备时;

(5)需避免挤影响时。

当需要增加桩的抗拔能力时宜采用锚杆嵌岩桩。

## 第三节 工程中常用的沉(成)桩施工方法

桩的沉桩(成桩)施工方法由桩型、地质条件、施工环境、施工设备等多种因素决定,方法很多,以下介绍水运工程中常用到的几种。

### 一、锤击法沉桩

这是混凝土预制桩和钢桩最常用的一种沉桩方法,利用冲击锤(柴油锤、液压锤、蒸汽锤等)设备将桩打入到预定深度。陆上用打桩机,水上用打桩船。还有一种称为"吊打"的方法,将打桩锤安置在一特制的吊笼内,由吊车(或起重船)将吊笼置于桩顶进行打桩,这一工艺在海洋石油平台钢管桩施工中应用较多,部分港口工程中也有应用。

如何选用打桩锤是锤击法沉桩中的重要一环,应根据工程地质情况、桩身材质、桩型尺寸和要求达到的承载力等条件综合考虑,一方面锤击能量要满足桩打入到设计要求的高程或承载能力,同时也应使传递到桩身的锤击应力(锤击压应力和锤击拉应力)控制在桩身材料允许范围之内。

每一种锤在出厂时都会标明锤的额定能量,但锤的额定能量与传到桩身的实际锤击能量是不同的;前者指锤的势能,与锤重、落锤高度成正比;传到桩身的实际锤击能量除了与锤重和落锤高度有关外,还与能量传递效率、垫层材料、桩身刚度等有关。例如额定能量相等的筒式柴油锤与液压锤相比,柴油锤传到桩身的有效锤击能量要小于液压锤;筒式柴油锤的能量传递率一般在 30% ~40% ,保养不好的旧锤更低;液压锤的能量传递率在 50% ~70% 。又如同一个锤在相同落高时,不同的桩垫可以使传到桩身的锤击应力相差很多,软且厚的桩垫得到的桩身锤击应力会明显小于由硬且薄桩垫得出结果。较合理的选锤方法是施工前根据设计提出的桩型和承载力要求,结合地质情况和工程经验选用合适的锤型,通过施工前的试打桩监测结果,验证选用的锤型及垫层是否合适。现在工程中使用的打桩锤大都具有调节落锤高度的功能,改变落锤高度和垫层刚度是调整桩身锤击应力行之有效的方法。

锤击法沉桩施工简便,效率高,易于操作,现有的施工机械比较多,便于选用。但锤击沉桩也存在以下一些问题:打桩时的噪声、振动及柴油锤造成的空气污染会使周围环境受到影响;受打桩设备或地质条件限制,锤击打入桩在某些场合不能满足设计要求的入土深度或单桩承载能力,需改用水冲沉桩或混凝土灌注桩。

锤击沉桩的中心距不宜小于 3.5 倍桩径或桩宽,持力层宜选择中密或密实砂层、硬黏土层、碎石类土及风化岩层等良好的土层,桩端进入持力层深度应视不同土层而定:对黏性土或粉土,不应小于 2 倍桩径或桩宽;对中等密实砂土,不应小于 1.5 倍桩径或桩宽;对密实砂土、碎石类土、强风化岩,不小于 1 倍桩径或桩宽。

### 二、静压法沉桩

这是一种无振动、无噪声、无空气污染的沉桩工艺,在陆上人群密集地区使用较普遍。为了减少打桩振动对岸坡稳定的影响,水运工程中有时也会采用静压沉桩。静压沉桩是利用压

桩设备上的荷载作反力，通过液压或机械装置将预制桩压入土中。与锤击沉桩相比，桩在静压过程中不会出现锤击压应力和锤击拉压力，只要桩身材料强度能满足压桩施工就行，这对预制混凝土桩的施工有利。

静压沉桩目前主要用于以黏性土为主的地基中，且以中小型预制桩为主。在密实砂土中压桩比较困难。

与打入桩一样，桩在静压施工过程中也会对桩周土体产生挤压，会不同程度的影响到施工区周边的道路、管道和建筑物的安全。施工前应根据工程桩的数量、密度、地质及周围环境情况，采取预防措施。此外，陆地上的压桩机在水平移位时，支腿下的地基土会产生一个水平向的分力，如果地面处的土质较软，且已压入桩的桩顶入土较浅时，压桩架移位时产生的水平力有可能使桩身上部出现环向裂缝甚至断桩，此类事故已多次出现。

## 三、水冲沉桩

当桩需要穿过密实砂层而打桩和压桩施工有困难，可以采用水冲沉桩法施工，即利用高压水破坏桩侧及桩端处的土体，减小沉桩阻力，使桩在较小的外力作用甚至仅有的自重作用下沉桩。按照水冲沉桩工艺不同，可以分为内冲内排、内冲外排和外冲外排三种类型，如图 2-1-1 所示。当冲水管置于桩的空腔内，由管下端射出的高压水将桩端处土破坏，泥浆水通过桩的空腔从桩顶排出（图 2-1-1a），此工艺称为内冲内排；当冲水管置于桩的空腔内，且管的下端伸出桩端以外，这时高压水在桩端下冲起的泥浆水由桩侧面排出（图 2-1-1b），称为内冲外排；若将冲水管置于桩外侧，由管端冲出的水在桩外排出（图 2-1-1c），称为外冲外排。从以上三种工艺对比可以看出，内冲内排法对桩侧土的破坏程度相对较小，外冲外排对桩侧土的破坏程度最大。

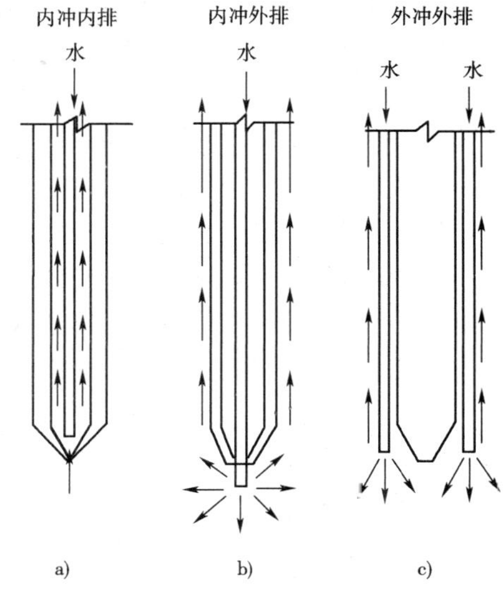


图 2-1-1 水冲沉桩类型

还有一种工艺是将水冲与锤击结合起来，利用内冲内排或内冲外排破坏桩端处的土阻力，同时用重锤将桩打入土中的冲打结合方法，可以是冲冲打打，也可以边冲边打。由于水冲过程中桩端土受严重破坏，桩的端阻力很小，按应力波在桩身的传递规律，此时桩顶作用的锤击力会在桩身产生很大的锤击拉应力，对混凝土桩很不利，因此在对混凝土桩进行冲打结合的施工工艺时，应尽量采用“冲冲打打”，避免在桩端阻力很小时锤击。

无论采用哪一种水冲沉桩工艺，因桩周和桩端土在水冲过程中都会受到扰动，会使桩的承载能力受到不同程度的影响。为了减少水冲沉桩的承载力损失和桩的后期沉降，《港口工程桩基规范》（JTS 167-4—2012）明确规定了当桩端沉至距设计高程一定距离（1.0 ~ 1.5$D$）时，停止冲水，将水压降到 0 ~ 0.1MPa，改用单一锤击，以提高桩端部分的阻力。

水冲沉桩法在我国长江中、下游地区密实粉细砂层中应用较多。

## 四、混凝土灌注桩

混凝土灌注桩又称就地灌注桩，先用专用工具在地基土中成孔，再放入钢筋笼并浇灌混凝土而成的桩。按照不同的成孔工艺，混凝土灌注桩又可分为钻孔灌注桩、冲孔灌注桩、挖孔灌注桩和沉管灌注桩等。

混凝土灌注桩的特点是适应性强：可适用于各种不同的地基，如黏性土、砂砾石、岩基等；根据工程需要，可以制成中、小直径的桩，也可制成直径达数米、长度百米以上的超大吨位混凝土桩，还可以制成扩底桩或其他形状的变截面桩；可在陆域、水域或沿海滩涂地域施工；施工中对周围环境影响小，不会对邻近的建筑物、地下管道等设施造成危害。正因为灌注桩有上述优点，已被广泛应用到各不同的基础工程中。

混凝土灌注桩同时也存在以下一些缺陷，如成桩过程中有时会发生坍孔、桩身缩颈、夹泥等现象，影响桩身质量；采用泥浆护壁工艺成孔时，孔壁泥皮会不同程度影响桩的侧摩阻力；孔底沉渣会影响桩的端承力和桩沉降量。上述问题需通过改进施工技术、加强施工管理去解决，也可以采用成桩后在桩底、桩侧注浆的方法，消除沉渣和泥皮对承载力的影响，提高桩端承力和侧摩阻力。

# 第四节　桩承载力及完整性检测

桩基工程是水运工程中的主要基础形式之一，桩的承载力和桩身完整性直接关系到工程的质量和安全，是建设单位、设计单位和施工单位共同关心的问题，除了加强施工过程中的管理以外，施工后的质量检测也是必不可少的一个重要环节。桩的检测内容大体上可分为承载能力检测和桩身完整性检测两个方面。

## 一、桩承载力检测

桩承载力包括地基土对桩的支承力和桩身结构强度两个方面，设计计算时应取其小者。这里所讲的承载力检测主要是检测地基土对桩的支承力。

桩承载能力检测按桩的使用功能可以分为桩轴向抗压承载力试验、轴向抗拔承载力试验和水平承载力试验，各试验方法及相应试验目的见表 2-1-1。

**桩承载力试验方法及试验目的**　　表 2-1-1

| 试验方法 | 试验目的 |
|---|---|
| 单桩轴向抗压静载试验 | 确定单桩轴向抗压极限承载力；<br>通过在桩身埋设传感器，确定桩侧各土层的分层摩阻力和桩端阻力；<br>确定桩的轴向刚性系数；<br>在桩身埋设沉降杆，确定不同荷载时桩端或桩身的沉降量；<br>验证桩的轴向抗压承载力是否满足设计要求 |
| 单桩轴向抗拔静载试验 | 确定单桩轴向抗拔极限承载力；<br>通过在桩身埋设传感器，确定桩侧各土层的分层抗拔侧摩阻力；<br>通过桩身埋设沉降杆，确定桩端上拔位移量；<br>验证桩的轴向抗拔承载力是否满足设计要求 |

续上表

| 试验方法 | 试验目的 |
| --- | --- |
| 单桩水平静载试验 | 确定单桩水平极限承载力；<br>确定水平地基反力系数；<br>当桩身埋设传感器时，确定水平荷载下桩身弯矩分布；<br>检验工程桩的水平承载力和相应桩顶水平位移是否满足设计要求 |
| 高应变法 | 判定单桩轴向抗压承载力；<br>分析桩的侧摩阻力和桩端阻力；<br>通过打桩过程中的监测，分析桩在不同入土深度时遇到的土阻力 |

单桩轴向抗压静载试验、单桩轴向抗拔静载试验和单桩水平静载试验属于直接试桩法，即通过现场的原型试验可以直接获得所需的结果，只要试验方法规范、数据采集可靠、判别正确，得出的试验结果一般是可靠的。高应变法检测桩的轴向抗压承载力属于半直接方法，除了仪器精度、数据采集方法外，还与计算模型的假定、参数选用及分析人员的经验有很大关系，高应变法在桩承载力测试精度上不如桩的轴向抗压静载试验，但高应变具有检测方便，成本低廉等优点，常常把这一方法作为桩轴向抗压静载试验的补充，或者在缺少静载压桩试验条件时也可通过高应变法提供桩的轴向抗压承载力。

桩承载力检测按要求不同，可区分为在桩基工程施工前为设计提供依据的试验检测和施工后的验收检测两种方式。水运工程地处沿海和沿江地带，地质情况相对比较复杂，工程造价也高，工程设计人员很难正确评估桩的承载力，因此会在工程初步设计阶段根据工程的荷载条件和地质资料，先提出一个桩型尺寸，通过试验检测得出可靠的单桩极限承载力、柱侧摩阻力等相关资料，为设计人员进一步优化桩基设计提供依据，同时也是对桩的施工工艺进行验证。施工前试验桩的桩型和施工工艺应与工程桩一致，试桩处的地质情况应具有代表性，且施工前的静载试验应尽可能进行到地基土破坏，否则会失去施工前试桩的意义。

工程桩施工前的承载力试验主要是为设计提供依据，但并不表示后面所有工程桩的承载力都能达到试桩水平。地质的变异、桩的施工质量都会影响到桩的承载能力，尤其是混凝土灌注桩的沉渣厚度、桩侧泥皮厚度、桩身夹泥、缩颈等，对承载力影响很大。而工程前期试桩数量一般都很少，代表性不够，为了确保工程质量，有必要对已经施工的工程桩进行承载力抽样检测，检测重点应是那些在施工过程中出现异常的桩，或者在桩身完整性检测中发现问题的桩；工程桩承载力检测的试验方法和抽检数量应满足有关规定。如果采用静载试验方法进行抽检，则试验的最大加载量应满足规范要求或设计要求。

水运工程由于自身特点，在工程桩全部施工完成后再进行承载力抽检会有一定的困难，尤其是水中的打入桩，一般都是采取边施工边用高应变检测的办法。需要注意的是，柱在初打时的承载力（即打桩临近终锤时测出的承载力）不能代表土体恢复后的承载力，两者差别很大，即使是同一工程中相同型号规格的桩，由高应变测出的桩初打时承载力离散性也很大。正确的做法是通过初打时高应变检测了解桩打入时的土阻力和桩身应力等资料，用经一定间歇时间后的复打结果判定桩的承载力。

## 二、桩身完整性检测

工程中的基桩除了进行承载能力检测外，还必须进行桩身完整性（质量）检测，并将检测结果作为工程竣工验收的一部分。我国水运工程中常用的基桩完整性检测方法见表2-1-2。

桩身完整性检测方法及检测目的 表2-1-2

| 检测方法 | 检测目的 |
|---|---|
| 低应变反射波法 | 检测混凝土预制桩和混凝土灌注桩的桩身缺陷及其位置，判断桩身完整性类别 |
| 高应变法 | 检测桩身缺陷及其位置，确定桩身完整性系数及类别；<br>对低应变检测后难以定性的桩进行复测 |
| 声波透射法 | 检测混凝土灌注桩的桩身缺陷及其位置，判定桩身完整性 |
| 钻芯法 | 检测混凝土灌注桩的桩身缺陷性质及其位置，检测桩身混凝土强度、桩长、桩底成渣厚度，判别桩底岩土性状 |

以上四种检测方法各有所长：如低应变反射波法测试简便，价格便宜，适用于工程桩质量普测，但检测有效深度受到一定限制，也难以区别桩的缺陷类型；高应变法锤击能量大，可以测出长桩深部缺陷，并可定量分析桩身完整性，但试验设备笨重，需起重设备配合，在水上工程中除依靠打桩设备进行检测外，其他的锤击设备很难进行；声波透射法检测有两种方式，或者在桩内预先埋声测管，或者通过在桩身钻孔中检测，前者不适于工程桩的任意抽检，后者费用很高，尽管声波透射法检测可靠性好，但不适合普测，除非事先在所有灌注桩中都预埋声测管；钻芯法能准确地判别桩身缺陷的位置、性质，且能判别桩身混凝土强度、实际桩长、桩底沉渣厚度以及桩底下岩芯强度等信息，但钻芯时间长、费用高，且对中小直径长桩很难钻到桩底。实际工程中究竟采用哪种手段进行桩身完整性检测，要结合桩型、工程特点选用合适的检测方法，必须时可以采用几种不同的检测方法综合判别。

桩身完整性检测除上述四种方法外，还有一种孔内摄像法，将专用的孔内摄像头置于管桩内腔或混凝土灌注桩的取芯孔内，可以清楚地拍摄到相关部位桩身质量，不但可以清楚看到桩身裂缝及位置，还可定量判别裂缝宽度、长度及混凝土离析等。目前的孔内摄像只局限在管桩内腔无土塞的区域，或混凝土灌注桩的取芯孔内。

## 三、检测前的准备工作

在桩承载力及完整性检测前，首先应进行以下几项工作：

（1）收集工程地质勘察资料，包括土质柱状图、各层土的土质力学性质指标、场区地质变化情况等。对施工前为设计提供依据的试验桩，按《港口工程桩基规范》（JTS 167-4—2012）规定，在离试验桩3～10m范围内应有钻孔，这是为了准确掌握试验桩的桩周土质情况。若是水平静载荷试桩，在地表以下16倍桩径深度范围内每隔1m应有土样的物理力学试验指标，这是因为承受水平荷载桩的第一弯矩零点一般在泥面以下13～16倍桩径。

（2）掌握试验桩及锚桩的材质、桩型尺寸及配筋情况。对抗拔试验桩或作为抗压试桩的锚桩，试验前应对主筋的抗拔能力进行计算。对存在接头的桩，应掌握接桩方法以及各节桩的长度。

（3）收集试验桩的施工资料，对锤击沉桩，要收集打桩锤型号、落锤高度、沉桩过程中的贯入度、试验桩的垂直度、试打桩的动测记录和分析资料等。

（4）若是在沿江或沿海进行，还应收集当地的气象资料和水文地质资料。

（5）根据试验委托书及设计图纸要求，编写试验大纲。大纲中应有相应的安全措施。

# 第二章
# 桩轴向抗压静载荷试验

## 第一节 概 述

桩轴向抗压静载荷试验是通过用接近于桩承受轴向抗压荷载时实际工作状态下的试验方法，是确定单桩轴向抗压承载力及其沉降特性的最直接、也是最为可靠的试验方法，在确定桩轴向承载力时应首先考虑采用静载荷试验。

我国《港口工程桩基规范》(JTS 167-4—2012)中明确规定了单桩轴向承载力除下列四种情况外均应根据静载荷试验确定：

(1)附属建筑物；

(2)桩数较少，并经技术论证的建筑物；

(3)附近工程有试桩资料，且地质条件相近、沉桩工艺相同的建筑物；

(4)有其他可靠的替代试验方法时。

《建筑桩基技术规范》(JGJ 94—2008)也规定设计等级为甲级或乙级的建筑物桩基"应通过单桩静载荷试验确定""桩的轴向极限承载力"。

确定桩轴向抗压承载力的方法有好几种，除了轴向抗压静载荷试验外，还有高应变动测法、静力触探试验、标准贯入试验、经验参数法等。其中静力触探试验、标准贯入试验两种方法属土的原位测试，是在土体基本不受扰动的情况下分别测出土的贯入阻力和标准贯入击数，然后通过经验公式推算出桩侧摩阻力和桩端阻力。原位测试结果因地域、土类、试验方法不同，带有一定的局限性，不同的操作方法对试验结果也会有很大影响，更何况桩的承载力除了与土性有关外，还与桩型尺寸、施工工艺、施工质量等多种因素有关，因此由土的原位测试结果推算出来的单桩承载能力往往与实际承载力有较大差别。

经验参数法是在收集以往试桩资料的基础上，经统计分析后得出桩在不同土层、不同入土深度范围内的侧阻力和端阻力，目前我国各桩基设计规范中均有相应的推荐值，设计人员也以此作为初步设计的依据。尽管桩侧摩阻力和桩端承载力的经验参数来自一定数量试桩的统计结果，但仍不能考虑桩型尺寸、施工工艺、施工质量对承载力的影响。

高应变检测针对的是一根已施工完毕的桩，可以排除施工工艺等诸多影响桩承载力的不定因素，但高应变在计算承载力的过程中涉及参数的选择和计算人员的经验。

相比之下，由桩的轴向抗压静载试验得到的承载能力与上述其他几种方法的结果比较，具有数据可靠、精度高等特点。

根据试验反力装置不同，桩轴向抗压静载试验可分为锚桩横梁反力法、堆载反力法、锚桩堆载联合法、地锚反力法等，荷载的施加一般采用油压千斤顶。对一些因条件限制而无法采用上述反力装置的试桩，如超大吨位的混凝土灌注桩、缺乏锚桩或堆载条件的桥梁桩等工程，也有采用自平衡法进行试桩的，加载设备一般为荷载箱。

桩轴向抗压静载荷试验测试方法有慢速维持荷载法，快速维持荷载法，等贯入速率法（CRP 法），循环加、卸载法，以及恒载法等。

单桩轴向抗压静载试验目的是确定桩的轴向抗压承载能力和相应的桩顶沉降数据；通过在桩身设置传感器，可以得到与桩周土层相对应的桩侧摩阻力和端承力；通过循环加、卸载试验还可以得出桩在不同荷载下的弹性变形、塑性变形、桩的轴向刚性系数等数据。上述试验一般在工程桩正式施工前进行，试验成果可作为设计依据，使工程桩的设计既安全又经济合理。还有一种静载试验是为工程验收进行的，在工程桩施工结束或在施工过程中抽样进行，了解工程桩承载能力是否达到原设计要求，如试验中发现有不满足要求的，应根据具体情况，采取补强或者补桩措施。

对水上试桩，试验不应在大风大浪等气象、水文条件恶劣情况下进行，搭设工作平台应考虑高潮位时风浪的影响，以确保试验人员人身及仪器设备的安全。

## 第二节　试验设备及仪器

桩轴向抗压静载荷试验装置可分为反力系统、加载系统和观测系统三个部分。加载系统提供的荷载通过反力系统传到桩顶，再由观测系统取得所需的试验数据。

### 一、反力系统

桩轴向抗压静载荷试验采用的反力装置主要有锚桩横梁反力装置（图 2-2-1）、堆载平台反力装置（图 2-2-2）以及锚桩 + 堆载联合反力装置。在某些岩基层面埋深较浅的工程中，也可以在岩石中植入锚杆，即地锚反力装置（图 2-2-3）。

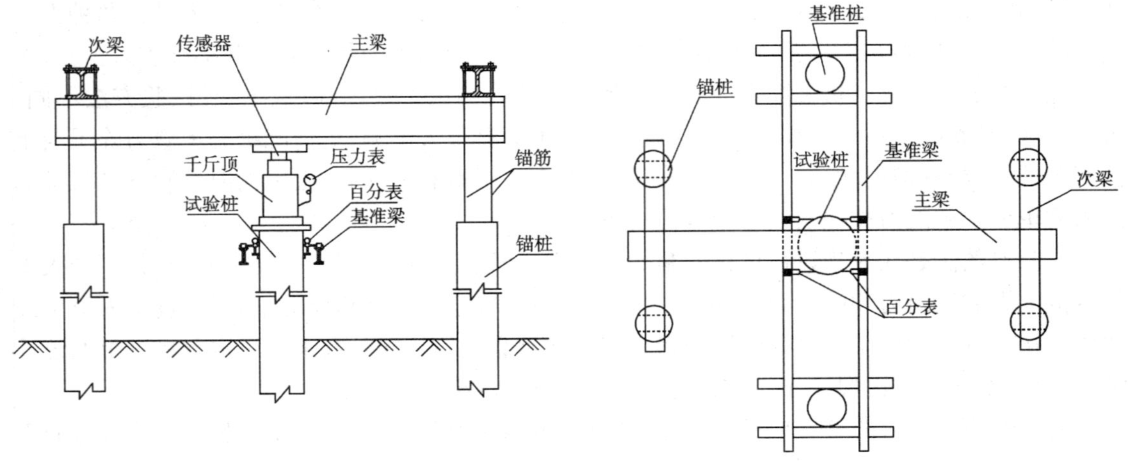


图 2-2-1　锚桩横梁反力装置

当试验桩的轴向抗压承载力很高时，上述反力装置难以满足试验要求，或者在不具备设置锚桩或堆载的场合，也有采用自平衡法进行试桩的（图 2-2-4）。该方法大致原理如下：首先将特制的荷载箱在制桩时安装在桩底或桩身某部位，荷载箱施加的力上顶桩身的同时，也对下面的一截桩及桩底施压，并由此得到荷载箱上面一段桩的力—向上位移曲线和下面一段桩的力—向下位移曲线，将两曲线经处理叠加后得出类似桩顶压桩时的 $Q—S$ 曲线。若荷载箱放在桩底，可进行混凝土灌注桩持力层的原位测试。自平衡法对验证桩承载力起到一定的作用，但难以测出一根桩的极限承载力，因为荷载箱在加载时，往上的推力和往下的压力是相等的，只要有一端达到土体破坏，另一端就不能继续加载，两边同时达到极限的机会是很少的。此外，荷载箱上段桩在加载过程中处于“上推”状态，得出的侧阻力既不同于抗压摩阻力，也与从桩顶上拔时的抗拔侧摩阻力有区别，这是因为桩侧土的受力机理不同。如何将上推的力—位移曲线转化成下压时的力—位移曲线，有待于进一步积累资料。

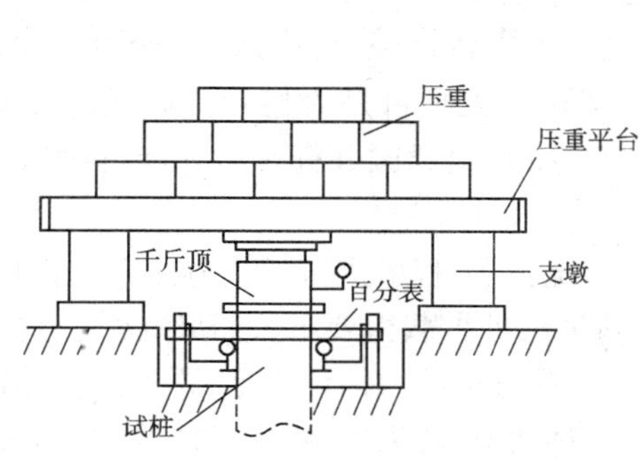

图 2-2-2 堆载平台反力装置

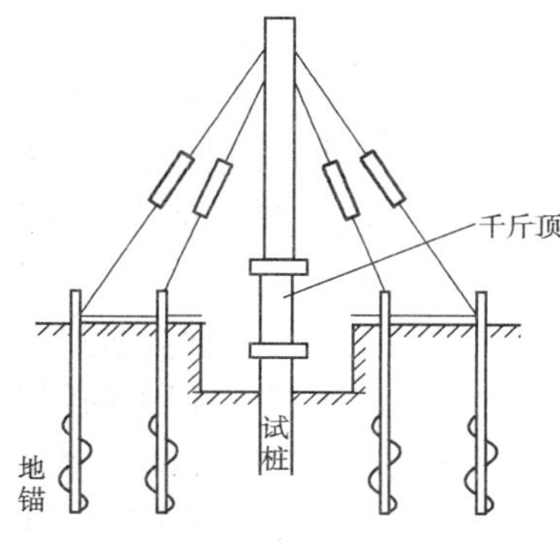

图 2-2-3 地锚反力装置

1. 锚桩横梁反力法

这是港口工程桩静载荷试验最常用的一种方法，该装置由主梁、边梁、千斤顶、锚桩、拉杆及其附件组成，千斤顶加荷时的反力由主梁传到边梁，再通过拉杆和连接件传到锚桩，使锚桩承受上拔力。对于一般的摩擦型桩，通常采用四根锚桩作反力桩，四根锚桩呈正方形或矩形，以试验桩为中心对称布置（图 2-2-1）。锚桩和反力梁所提供的反力应大于预估最大试桩荷载的 1.3 ~ 1.5 倍，反力梁还应满足变形要求。锚桩与试验桩之间的中心距离不应小于 4 倍桩径，并不应小于 2m。四锚桩法受力明确，荷载对称，试验安全，特别适用于水上工程，有条件时应尽量采用该反力装置。我国目前最大锚桩横梁反力装置的加载能力已达到 50000kN 以上。

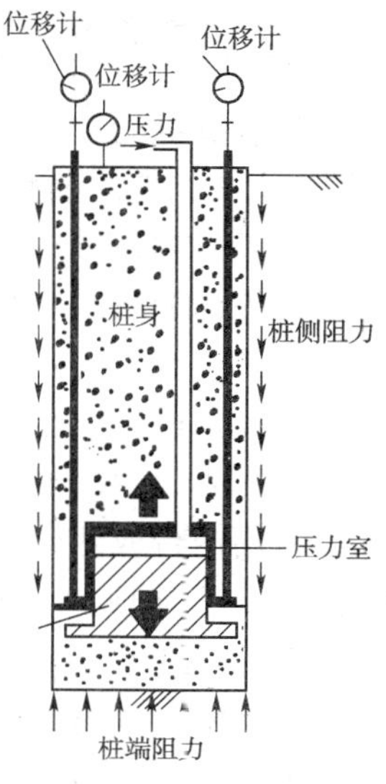

图 2-2-4 自平衡法示意图

倘若桩的试验荷载较小，2 根锚桩的抗拔力及桩身材料强度能满足相应规范要求时，也可以用 2 根锚桩进行试验，不过此时锚桩与试验桩必须处在同一直线，稍有偏心可能会造成试验不安全。在某些情况下，如果四根锚桩的抗拔力不能满足试验桩预估最大试验荷载要求，例如锚桩受拉钢筋不足或抗拔摩阻力不够时，也可以采用 6 根甚至更多的锚桩，但必须考虑各锚桩是否均匀受力。当遇到各锚桩与试验桩之间的距离不完全一致时，应计算距离最近一根锚桩的受力及相应连接构件是否满足要求。

如果采用混凝土灌注桩作锚桩，钢筋笼应通常配置；如果用分节预制的混凝土预制桩作锚桩，应对接头的抗拉强度进行验算，必要时应加强接头部位的抗拉强度。

试桩过程中应对锚桩上拔量进行监测。对有抗裂要求的锚桩，还应在试验前进行抗裂验算。

2. 堆载平台反力法

采用堆载平台作反力时，堆载物的重量应满足相应规范要求，堆载平台应事先进行强度和变形计算。如果堆载物的重量直接由地面支承，在堆载作业前应该对地基强度进行验算，当地基强度不满足堆载要求时，可以采取地基加固或扩大地基支承面的措施，直到地基强度满足堆载要求为止。有条件的时候，应尽量采用基础桩作为堆载平台的支点，各支承桩宜对称布置，且最终承受的压力不宜相差过大，防止因支承桩的不均匀沉降导致平台倾斜。

在平台上堆放重物的时候，应以试验桩为中心分层对称堆放，且宜在加载试验前一次将荷载堆足。不能一边试验一边在上面堆载，因为这样会造成桩顶荷载不稳定，影响到测试结果。平台上方的堆载不宜太高，以防发生危险，特别是水上平台堆载，还应该考虑风浪、水流等因素对平台的影响。在采用堆载平台试桩过程中，应密切注视平台是否稳定。如发现因堆载不均等原因造成钢梁与支承点脱开时，应立即停止加载，待找出原因并处理后才能继续试验。

3. 锚桩堆载联合装置

试验人员在承接试桩时经常会遇到以下几种情况：对工程桩进行承载力抽样检验时，试桩周围虽有可以作为锚桩的工程桩，但主筋配置不能满足试桩承载力要求；遇到摩擦端承桩，锚桩的抗拔摩阻力不能满足试桩承载力要求；设计人员对试验桩承载力估计不足，原先设置的锚桩不能满足试桩进行到极限承载力的要求等。对于上面几种情况，若采用单一的堆载法有困难时，可以用锚桩 + 堆载联合反力方法：先按照锚桩法将反力装置安装好，再在反力梁上搭设堆载平台，然后将需要堆载的重量放到平台上，堆重方法及要求与前述堆载平台法相同，此时的堆载物重量与锚桩反力之和应不小于试桩最大加载量的 1.3 ~ 1.5 倍。

## 二、加载系统

静载试桩的加载系统由油压千斤顶、高压油泵、压力控制器（荷重传感器、压力表、油压传感器等）及相应的油路系统组成，无论是桩的轴向抗压试验、轴向抗拔试验还是水平荷载试验，它们的加载系统大致相同。

试桩的加载系统在试验过程中要承受数十兆帕的高压，为安全起见，相关的试桩规范对加载系统都会有一定限制，如《港口工程桩基规范》（JTS 167-4—2012）规定试验设备的加载能力应为预估最大试验荷载的 1.3 ~ 1.5 倍，《建筑基桩检测技术规范》（JGJ 106—2014）规定试验用压力表、油泵、油管在最大加载时压力不应超过规定工作压力的 80% 等。

在用两台或两台以上千斤顶对同一根桩加载时，千斤顶的型号、规格应相同，且应并联同步工作。千斤顶的合力中心必须与试验桩的中轴线重合，避免偏心加载而引起桩身倾斜、失稳。千斤顶的配置应视试桩最大荷载而定，从大量程千斤顶的率定曲线可以看出，在其量程的 20% ~ 80% 范围内给出的曲线方程精度较高，而两端的离散性较大。

试验使用的压力控制设备必须按规定进行率定。采用压力表控制荷载时，压力表的精度不能低于 0.4 级，从目前使用情况看，量程 40 ~ 60MPa、精度 0.4 级的压力表可以满足试桩要求。值得注意的是压力表（或油压传感器）应与配套使用的千斤顶进行系统率定，使用过程中不能随便调换，因为即使是同规格型号的千斤顶，由于新旧程度或保养条件不同，在相同压力时千斤顶的出力会有一定的误差。同样的道理，那种用油压千斤顶活塞面积计算加载量的方法也是不正确的。

## 三、观测系统

静载荷试桩的观测系统主要由基准桩、基准梁和位移测试仪表组成。

为了在静载试桩过程中能准确量测试验桩的桩顶或桩身位移，必须设置一个尽量不受外界因素干扰的基准点，通常做法是在土中设置桩或有一定刚度的杆件，即所谓"基准桩"。陆上试桩时常用打入土中的型钢或钢管作基准桩，但必须有一定的入土深度，避免因刮风下雨或其他因素引起基准桩不稳定。水上试桩工程中一般用打入桩作为基准，这是因为水上试桩条件恶劣，桩身刚度较大，能减少风浪和水流的影响。

基准桩应对称设置在试桩两侧，并与试验桩及锚桩保持一定距离。《港口工程桩基规范》(JTS 167-4—2012)规定，基准桩与试桩之间的中心距应不小于4倍桩径或桩宽，且不应小于2m；基准桩与锚桩之间的中心距不应小于3倍桩径或桩宽。对桩端进入良好持力层且桩径大于等于1.2m的大直径试验桩，试验桩与锚桩、基准桩的中心距不应小于3倍桩径。

安设在基准桩上的基准梁应一端固定、另一端简支，这是为了避免因温度变化而使基准梁发生扭曲变形，影响位移测试精度。用工字钢或槽钢作基准梁比较合适，因为这两种型钢抗弯性能较好，安装磁性表座后不致弯曲变形，平整的表面也有利于磁性表座安装。绝对不允许将基准梁放置或搁置在地面上，更不允许用同一组试桩的锚桩替代基准桩。

桩顶位移量测主要靠百分表或位移传感器。同一根试验桩应设置4个沉降测点，沿桩周对称布置，沉降观测点平面应该选择在桩顶以下20～100cm处的桩身位置，不能放在桩顶的钢垫板或千斤顶上，否则会造成不可挽回的误差。

沉降测量用的百分表或位移传感器应具有一定精度，分辨率不能低于0.01mm，量程不宜小于50mm。遇到泥面以上自由长度较大的水上试桩，可以增加两个水平方向测点，及时监测加载过程中桩顶水平位移动态，避免因桩顶水平位移过大而引起的失稳。

如果需要检测桩在轴向抗压(抗拔)试验时桩底或桩身位移，可以在桩身预先设置沉降杆(图2-2-5)。沉降杆一般采用内外套管形式，外管固定在桩身，主要起导向和隔离作用；内管置于外管内，下端固定在桩的被测截面位置，内外管之间留有一定间隙。在桩身受到轴向荷载时，外套管随桩身一起变形，而内套管只随管的下端位移，因此可测出内管下端桩截面处的位移随荷载变化情况。这一方法不但可以用在混凝土灌注桩上，也可以用到混凝土预制桩或钢桩中。

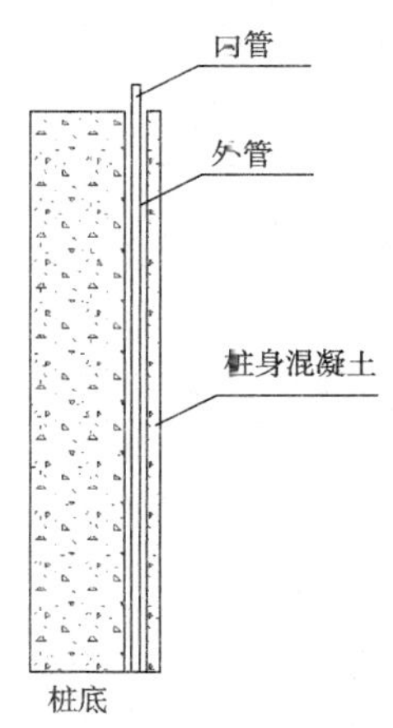

图2-2-5 桩身沉降杆设置示意图

# 第三节 试验方法及承载力确定

## 一、加、卸载方法

桩轴向抗压静载荷试验的加、卸载方法主要有慢速维持荷载法、快速维持荷载法、循环加卸载法、恒载法和等贯入速率法等。

1.慢速维持荷载法

慢速维持荷载法是我国目前桩基试验规范（或规程）中首推的一种确定单桩轴向抗压承载力的方法。按一定要求将荷载分级加到桩顶，每一级荷载在维持过程中保持不变，按照规定的时段检测桩顶沉降量和有关数据，直到桩顶沉降速率达到某一规定的"稳定标准"后，才可以施加下一级荷载。当试验达到相应的终止加载条件后，停止加载，并按规定再分级卸载至零。该方法对一根桩的试验周期大约2~5天。

2.快速维持荷载法

快速维持荷载法与慢速维持荷载法主要区别在于：慢速维持荷载法试验时，每一级荷载都必须达到"稳定"后才能施加下一级荷载；快速维持荷载法在每一级荷载加载后不需要等待沉降的"稳定"，而是以等时间间隔连续加载，定时观测桩顶沉降，每级荷载维持过程中保持不变，在满足规定的荷载维持时间或其他附加条件后，可以施加下一级荷载。我国《港口工程基桩静载荷试验规程》中规定快速维持荷载法每级荷载维持1h，未带其他附加条件。而在《建筑基桩检测技术规范》及部分地方性规程中，都对快速维持荷载法增加了"桩顶沉降收敛"的条件。试验人员在试验时应该按照引用的规范要求进行。

快速维持荷载法试验周期较短，一般每根桩试验时间仅需1天。港口工程系统的相关试桩单位在过去几十年中曾进行了大量的快、慢速试验对比，结果表明，同一根桩用两种方法试验得到的单桩轴向抗压极限承载力大致相同。表2-2-1为部分试验对比结果。

**快、慢速试验结果对比** 表2-2-1

| 桩型 | 持力层 | 初压 | | 复压（一） | | 复压（二） | |
|---|---|---|---|---|---|---|---|
| | | 极限承载力（kN） | 沉降（mm） | 极限承载力（kN） | 沉降（mm） | 极限承载力（kN） | 沉降（mm） |
| 混凝土桩 | 粉质黏土 | 2920（慢） | 11.50 | 3050（快） | 15.70 | 3050（慢） | 19.00 |
| 混凝土桩 | 黏土 | 2260（慢） | | 2380（快） | | | |
| 混凝土桩 | 黏土 | 1900（慢） | | 2000（快） | | | |
| 混凝土桩 | 粉质黏土 | 4040（慢） | 29.51 | 4400（快） | 18.22 | | |
| 混凝土桩 | 粉质黏土 | 5000（慢） | 28.67 | 5500（快） | 25.45 | | |
| 混凝土桩 | 粉质黏土 | 6170（慢） | 34.63 | 6750（快） | 22.00 | | |
| 混凝土桩 | 粉质黏土 | 9100（慢） | 51.73 | 10500（快） | 37.88 | | |
| 混凝土桩 | 粉质黏土 | 4000（慢） | 38.30 | 4290（快） | 23.85 | | |
| 混凝土桩 | 粉质黏土 | 6300（慢） | 40.42 | 6800（快） | 37.34 | | |
| 混凝土桩 | 粉质黏土 | 4900（慢） | 42.52 | 5000（快） | 16.24 | 5500（快） | 27.24 |
| 混凝土桩 | 粉质黏土 | 6000（快） | 32.92 | 6500（快） | 33.64 | | |
| 混凝土桩 | 粉质黏土 | 4800（慢） | 34.00 | 5200（快） | 22.00 | | |
| 混凝土桩 | 粉质黏土 | 6170（慢） | 36.22 | 6170（快） | 25.27 | | |
| 混凝土桩 | 粉质黏土 | 6150（慢） | 34.27 | 6150（快） | 25.76 | | |
| 混凝土桩 | 粉质黏土 | 3560（快） | 20.73 | 3850（快） | 16.47 | | |
| 混凝土桩 | 粉质黏土 | 6248（快） | 27.40 | 5396（快） | 25.91 | | |

续上表

| 桩型 | 持力层 | 初压 | | 复压(一) | | 复压(二) | |
|---|---|---|---|---|---|---|---|
| | | 极限承载力(kN) | 沉降(mm) | 极限承载力(kN) | 沉降(mm) | 极限承载力(kN) | 沉降(mm) |
| 混凝土桩 | 细砂 | 7810(快) | 38.74 | 7100(快) | 28.40 | | |
| 混凝土桩 | 细砂 | 7100(快) | 32.20 | 7100(快) | 27.11 | | |
| 混凝土桩 | 细砂 | 4691(慢) | 29.91 | 4691(快) | 16.95 | | |
| 混凝土桩 | 粉砂 | 11460(慢) | 44.61 | 12330(快) | 41.53 | | |
| 混凝土桩 | 粉砂 | 11480(慢) | 53.98 | 12040(快) | 50.08 | | |
| 混凝土桩 | 粉砂 | 11750(快) | 60.25 | 11750(快) | 42.00 | | |
| 钢管桩 | 中砂 | 4680(快) | | 4380(慢) | 13.70 | 4800(快) | 14.40 |
| 钢管桩 | 中砂 | 5580(快) | 18.13 | 5400(慢) | 17.80 | 5800(快) | 17.60 |
| 钢管桩 | 细砂 | 9500(慢) | | 9450(快) | | | |
| 钢管桩 | 细砂 | 9000(慢) | | 9500(快) | | | |
| 钢管桩 | 细砂 | 13000(慢) | 53.00 | 13000(快) | 55.00 | 13000(慢) | 40.00 |

注:“初压”是指桩在满足规范规定的休止时间后首次试验;“复压”是指桩在初压后休止3天以上的试验。

慢速维持荷载法长期以来是我国所有试桩规范推荐的惯用方法。快速法在国外早已应用,有规定每小时施加一级荷载的,也有45min一级甚至30min一级荷载。我国在通过几十年快慢速试验对比和经验积累后,也已被列入各种规范。表2-2-1的例子中有混凝土预制桩,也有钢管桩;桩端持力层有黏性土,也有砂土层。表中大部分实例显示出快速复压得出的单桩极限承载力略高于慢速初压结果,而相应的桩顶沉降量要小于慢速初压值,这里既包含了快速法与慢速法之间的差别,也包含了复压与初压的差别,且后者应占主要地位。一般情况下由快速法试验得出的承载力可以满足工程需要。港口和外海工程由于受到潮位、风浪等众多因素影响,试桩周期不宜过长,且量测的桩顶沉降量本身也会有一定误差。由于上述原因,在港口工程的一系列试桩规范中都将快速维持荷载法与慢速维持荷载法并列,且对外海中的静载试桩推荐使用快速法。具体工程的试验方法应按设计文件或委托书要求进行。

3. 多循环加卸载法

大多数桩的轴向抗压静载试验都只进行一个循环加卸载试验,除了得到桩的轴向抗压极限承载力和相应桩顶沉降外,通过桩顶的卸载回弹量检测还能求得桩的弹性压缩量(包括桩身和土)和残余沉降量,尽管受桩身残余应力影响,以此求出的桩弹性压缩量有一定误差,但对设计评估桩的变形和检测人员分析桩承载力仍有一定作用。

有时候为了知道桩在特定荷载时的弹性变形量和残余变形量,需要进行桩的多次循环加卸载试验,这一方法在欧美、日本等国家和地区应用较多,并有相应的试验标准。我国目前的规范中虽然未正式列入多循环试验方法,但在一些重要的陆上及海洋工程基桩试验中已多次应用。下面简单介绍几种试验方法。

(1)分级循环试验:在桩顶荷载加至预估设计荷载的0.5、1.0、1.5、2.0(或2.5)倍时分别卸载回零,每次观测残余沉降后再继续下一轮试验,最后一次在荷载达到桩周土体破坏时再卸载回零。荷载分级施加,每级加载量一般取预估设计荷载25%,卸载级差仍为加载级差的2

倍。不同设计人员对荷载的恒载时间有不同要求，这里介绍一种较常见的方法：凡试验中首次出现的荷载级，每级荷载应维持2h（也有的规定每级荷载维持时间不应少于2h且应满足20min桩顶沉降小于0.1mm）；对加载过程中重复出现的荷载以及卸载，每级荷载维持20min。

该试验可以得到桩在设计荷载的0.5、1.0、1.5、2.0以及2.5倍时桩顶弹性沉降量和残余沉降量，并可绘制出相应的桩顶荷载—弹性沉降曲线（$Q$—$S_e$ 曲线）和荷载—残余沉降曲线（$Q$—$S_p$曲线）。

（2）在港口工程中，经常会遇到需要测定桩的轴向刚性系数（单位轴向力作用下的桩顶沉降量），这时应在桩的永久荷载标准值与永久荷载和可变荷载标准值的组合值之间进行循环加卸载试验，至少要循环3次，直至相对稳定为止。

（3）某些工程中设计人员为了要了解桩在轴向往复荷载下的沉降变化情况，也需要进行桩的循环往复加卸载试验。一般做法是先对桩进行1次常规的轴向加载和卸载试验，然后再在零荷载至设计荷载的1.5倍（也有取1.2倍的）之间进行多次重复循环（一般在10次以上），了解桩顶沉降变化规律。海洋桩基工程中有此类试验内容。

4.恒载法

这一方法主要用在桩的轴向抗压、轴向抗拔及地锚（锚杆）试验中，观测桩在特定的恒载时间内桩顶沉降（或上拔）位移稳定情况。恒载试验常穿插在静载试桩过程中进行，恒载的时间没有统一规定，少则数十小时，多则数月。恒载载荷大小由设计确定，常取单桩设计荷载的1.0~1.5倍。

恒载试验的关键是荷载必须恒定，应尽量减少恒载过程中的“补压”次数。这就要求试验加载设备可靠、无渗油等不良现象。

5.等贯入速率法

前面讲到的几种检测方法都是要求每级荷载在维持过程中保持荷载不变。等贯入速率法是要求桩的贯入速率不变而桩顶荷载在变，试验过程中要定时测读桩顶荷载。黏性土中的贯入速率在0.25~1.25mm/min，砂土中贯入速率为0.75~2.5mm/min，每隔2min测读一次桩顶荷载，在达到预定的总沉降量或最大试验荷载后停止加载。这一方法在我国的基桩承载力试验中很少应用，也无相应规范。

## 二、试验方法

本节主要介绍慢速维持荷载法和快速维持荷载法。

1.荷载分级

桩静载荷试验应分级进行，按试桩预估最大承载力或设计规定的最大控制荷载进行分级，然后逐级等量加载。不同的试桩规范对荷载分级不完全一致，但大体上都在10~15级范围，其中《港口工程桩基规范》（JTS 167-4—2012）建议分成10~12级。如果希望试桩得出的承载力精度高一些，则加载级差应小一些。也可以将最后的几级荷载一分为二，每次加半级，这是静载试桩中最常见的方法。加载级差过大会影响试桩成果的精度。

卸载也要分级进行，每级卸载量可按2倍加载级差进行，逐级等量卸载，直至为0。

在加载及卸载时应保持荷载的连续、无冲击和无超载，每级荷载的加、卸载时间不宜少于1min。

2. 荷载稳定标准及桩顶沉降测读

慢速维持荷载法的特点是在每级荷载施加后，必须达到“稳定”才能加下一级荷载。不同国家和地区的荷载稳定标准也不完全相同。我国绝大多数试桩规范中的荷载稳定标准均为0.1mm/60min，其中《港口工程桩基规范》(JTS 167-4—2012)规定1h内桩顶沉降量小于0.1mm时可定为该级荷载已达到稳定；《建筑基桩检测技术规范》(JGJ 106—2014)及部分地方规程规定1h内桩顶沉降量不超过0.1mm且应连续出现二次(由1.5h内连续三次观测值计算)。

慢速维持荷载法桩顶荷载测读时间依次为0、5min、10min、15min、30min、45min、60min，其后每隔30min测读一次，直至施加下一级荷载。

慢速维持荷载法每级卸载应维持60min，沉降测读时间依次为0、5min、10min、15min、30min、60min；卸载至零后荷载维持至少3h，直至桩顶沉降位移相对稳定为止，测读时间为15min、30min，以后每隔30min测读一次，直至结束。

快速维持荷载法采用的是等时间间隔加载，而不需要荷载稳定。我国的快速维持荷载法基本上是每1h加一级荷载，直至达到破坏标准或满足设计要求控制荷载为止。《建筑基桩检测技术规范》(JGJ 106—2014)则提出了附加条件，即只有桩顶沉降在1h内达到收敛才能加下一级荷载，否则延长荷载时间。

快速法加载时桩顶沉降测读时间依次为第0、5min、10min、15min、30min、60min。

快速法卸载时每级荷载维持15min，桩顶沉降测读时间为第5min、10min、15min；卸载至零后维持60min，测读时间为0、30min、60min。

3. 终止加载条件

不同试桩规范对试桩终止加载条件的描述不尽相同，但主要的判别标准还是基本一致的。《港口工程桩基规范》(JTS 167-4—2012)列举了4条标准：

(1)当$Q—S$曲线出现可判定极限承载力的陡降段，且桩顶总沉降量超过40mm，对慢速维持荷载法桩顶总沉降量达到40mm以前有一级稳定荷载；

(2)采用慢速维持荷载法试验时，在某级荷载作用下24h未达到稳定；

(3)$Q—S$曲线没有明显陡降段，桩顶总沉降量达到60～80mm，或达到设计要求的最大允许沉降量；

(4)验证性试验已达到设计要求的最大加载量。

在正常情况下，如果试桩过程中$Q—S$曲线出现可判定单桩轴向极限承载力的陡降段时，可以认为已达到桩周土体破坏。但在遇到如桩身环向裂缝、桩身严重缺损或者灌注桩的桩底沉渣影响等情况，也有可能在桩顶荷载较低时就会出现某级荷载下桩顶的荷载—沉降曲线出现明显的拐折点(或桩顶沉降量大于前一级荷载时的5倍)，若这时终止加载，未免有些遗憾，因为还未能得出有代表性的极限土阻力值，如果继续加载到桩身裂缝闭合或桩底与持力层接触后，桩顶沉降会明显趋缓并达到稳定，在继续加载后有可能会达到桩的极限土阻力，因此将桩顶总沉降量超过40mm作为“$Q—S$曲线出现可判定极限承载力的陡降段”的前提是有必要的。当然对在沉降较小时试桩的$Q—S$曲线就出现明显陡降段的这一根试验桩要结合桩型、施工工艺、地质资料及桩身完整性检测结果综合分析。

在试桩过程中若出现荷载未达到预定最大值而试验设备(反力设备和加载设备)已达到设计控制值，或在加载过程中试验桩的桩顶偏离轴线过大时，也应终止加载，但并不表示试验已经成功。设备承载能力不足只能说明试验人员事先没有认真对设备进行计算或对桩的承载能力估计过低，必要时应在采取措施后重新试验。试桩过程中桩顶偏位大的原因主要有：桩的垂直度不满足规范要求；加载时千斤顶合力中心偏离桩的中轴线，形成偏心加载；水上试桩时桩的自由长度大，在轴向荷载大时容易引起失稳；桩顶面不平等等。这些因素在试桩前都应该考虑周到。

除上述 4 条终止加载条件外，实际的试桩过程中还会遇到一些需要终止加载的情况，如锚桩已被拔起；用工程桩作锚桩时，锚桩上拔量已达到设计要求；对长径比大的超长钢管桩或大直径混凝土桩，$Q—S$ 曲线可能呈缓变形，这时宜采用桩顶总沉降量控制，控制量应根据规范并结合具体情况而定。

## 三、试验资料整理及单桩极限承载力确定

1. 试验资料的记录与整理

目前静载试桩的荷载控制及数据记录方式主要有以下三种：

(1) 由静载试桩仪器自动控制加卸载及自动采集并记录桩顶沉降数据；

(2) 由静载试桩仪自动加卸载、人工记录桩顶沉降数据；

(3) 由人工控制加卸载及人工记录桩顶沉降量。

自动控制试桩的荷载及桩顶沉降数据采集不仅能减轻检测人员的工作强度，还能提高数据采集的可靠度，但在试桩过程中试验人员必须时刻对压桩力及沉降记录进行检查和核对，发现异常情况应立即查找原因，确定记录的数据可靠、有效。

如果采用人工加载，则首先应按照千斤顶与油压表的系统率定曲线，将各级拟加的荷载值换算成油压值，列成表格，便于现场操作和以后检查。应按规范要求及时记录桩顶沉降量，遇到百分表因量程不够需要调表时，应注明调表前后的数值；发现同一时间内桩顶各测点沉降相差较大时，应及时查找原因，防止意外事故发生。

桩的现场静载试验可按表 2-2-2 记录，并汇总成表 2-2-3 形式。如果是复压试验，除记录沉桩日期外，还应记录前一次的静压试验最终日期。如果发现桩在试验过程中沉降速率加快，有破坏迹象时，也可适当缩小沉降记录的时间间隔，便于准确掌握桩的沉降规律。当桩顶荷载无法稳定、试桩达到“破坏”状态时，应记录最大油压及残余油压值。

**桩轴向抗压静载荷试验记录** 表 2-2-2

工程名称：________ 试验桩型规格：________ 试桩编号：________

沉桩日期：________ 入土深度(m)：________ 桩端高程：________

试桩日期：________ 预估最大试验荷载(kN)：________________

| 压力表读数 (MPa) | 桩顶荷载 (kN) | 测读时间 (h:min) | 时间间隔 (min) | 读表数 | | | | | 沉降 (mm) | | 试桩偏位 (cm) | | 锚桩上拔 (mm) | 备注 |
|---|---|---|---|---|---|---|---|---|---|---|---|---|---|---|
| | | | | 表 1 | 表 2 | 表 3 | 表 4 | 平均 | 本次 | 累计 | 纵向 | 横向 | | |
| | | | | | | | | | | | | | | |
| | | | | | | | | | | | | | | |
| | | | | | | | | | | | | | | |
| | | | | | | | | | | | | | | |

续上表

| 压力表读数(MPa) | 桩顶荷载(kN) | 测读时间(h:min) | 时间间隔(min) | 读表数 | | | | | 沉降(mm) | | 试桩偏位(cm) | | 锚桩上拔(mm) | 备注 |
|---|---|---|---|---|---|---|---|---|---|---|---|---|---|---|
| | | | | 表1 | 表2 | 表3 | 表4 | 平均 | 本次 | 累计 | 纵向 | 横向 | | |
| | | | | | | | | | | | | | | |
| | | | | | | | | | | | | | | |
| | | | | | | | | | | | | | | |
| | | | | | | | | | | | | | | |
| | | | | | | | | | | | | | | |
| | | | | | | | | | | | | | | |
| | | | | | | | | | | | | | | |

记录：　　　　　　　　　　校对：　　　　　　　　　　审核：

**桩轴向抗压静载荷试验汇总表**　　　　表2-2-3

工程名称：________　试验桩型规格：________　试桩编号：________

试桩日期：________

| 序号 | 荷载(kN) | 历时(min) | | 沉降(mm) | | 备注 |
|---|---|---|---|---|---|---|
| | | 本级 | 累计 | 本级 | 累计 | |
| | | | | | | |
| | | | | | | |
| | | | | | | |
| | | | | | | |
| | | | | | | |
| | | | | | | |
| | | | | | | |
| | | | | | | |
| | | | | | | |
| | | | | | | |

记录：　　　　　　　　　　校对：　　　　　　　　　　审核：

如果试验过程中遇到意外事故，如千斤顶漏油、仪器设备故障等需要卸载时，应按原试验要求分级卸载回零，测读卸载过程中的桩顶位移及零荷载稳定时的残余沉降量，待故障排除后重新加载时仍应按原来计划分级加载，对出现故障前的重复加载级可以适当减短维持荷载时间，如每级荷载10min或15min，但从发生故障的那一级荷载开始，应按正常的慢速法（或快速法）试验，直至结束。

2. 单桩轴向抗压极限承载力确定

单桩轴向抗压极限承载力，是指单桩在轴向荷载作用下到达破坏状态前，或出现不适于继续承载的变形时所对应的地基土最大支承力。因此要确定单桩极限承载力，必须将试验进行到地基土破坏。

确定单桩轴向抗压极限承载力时，应首先绘制桩的荷载—沉降（$Q$—$S$）曲线，沉降—时间对数（$S$—$\lg t$）曲线，必要时也可绘制 $\lg Q$—$\lg S$ 曲线、$S$—$\lg Q$ 曲线、$Q/Q_{max}$—$S/d$ 曲线等，供分析桩的极限承载力用。当进行桩身应力、应变测定时，应整理出相关数据记录表，并绘制桩身轴力分布图。

根据静载试桩结果确定单桩轴向抗压极限承载力的方法很多，这里介绍几种我国常用的方法。

（1）$Q$—$S$ 曲线法

这是国内所有试桩规范中首推的一种方法，以横坐标表示桩顶荷载 $Q$、纵坐标表示桩顶沉降量 $S$，绘制 $Q$—$S$ 曲线。当 $Q$—$S$ 曲线出现有可判定极限承载力的陡降段时，取明显陡降的起始点所对应荷载为该桩轴向抗压极限承载力，见图 2-2-6。

容易出现陡降型 $Q$—$S$ 曲线的桩有摩擦型桩、孔底沉渣较厚的混凝土灌注桩或桩身破坏时，这类桩在破坏前沉降比较正常，但到某一级荷载时桩顶沉降速率加快或沉降量突然增大，$Q$—$S$ 曲线出现明显陡降点。

在某些时候 $Q$—$S$ 曲线虽呈陡降型，但陡降段不很直观（图 2-2-7），《港口工程桩基规范》给出了如下量化的判定方法。

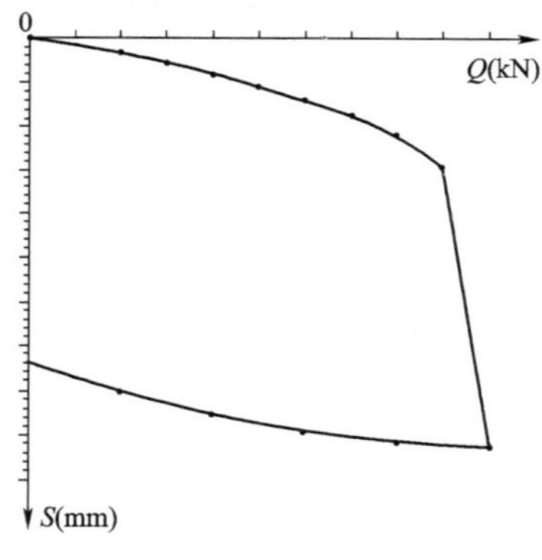


图 2-2-6 有陡降段的 $Q$—$S$ 曲线

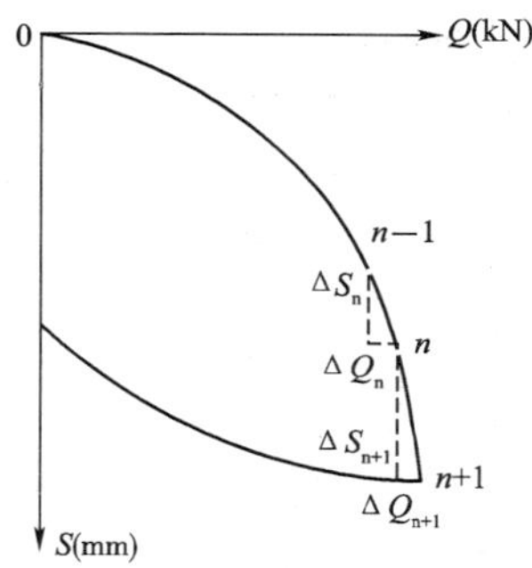


图 2-2-7 按 $\Delta S_n/\Delta Q_n$ 判定

①当 $\Delta S_n/\Delta Q_n \leqslant f(L)$，而 $\Delta S_n+1/\Delta Q_{n+1}>f(L)$ 时，或 $(\Delta S_{n+1}/\Delta Q_{n+1})/(\Delta S_n/\Delta Q_n)>5$ 且 $S_{n+1}>40$mm 时，$n$ 点对应的荷载为极限承载力。其中 $f(L)=3.3/L-0.04$（单位：mm/kN），式中 $L$ 为桩长（m）。这一方法是在一定数量混凝土预制桩试桩成果基础上统计得出的，对钢管桩及超长混凝土预制桩应慎重使用。

②当 $Q/Q_{max}$—$S/d$ 曲线有明显陡降段，即曲线斜率开始演变为大于 0.3（对于一般挤土桩），或大于 0.2（对于大直径开口管桩等低挤土桩）时，所对应的荷载为桩极限承载力，其中 $Q_{max}$ 是桩所施加的最大荷载（kN），$d$ 为桩径或桩宽（m），$S$ 为沉降（mm）。

（2）$S$—$\lg t$ 曲线法

与 $Q$—$S$ 曲线法一样，$S$—$\lg t$ 曲线法也是判别单桩极限承载力的一种常用方法。$S$—$\lg t$ 曲线能比较明显反映出每一级维持荷载下桩顶沉降量随时间的变化，可取曲线尾部明显向下弯曲或曲线斜率明显变陡的前一级荷载为桩的极限承载力（图 2-2-8），图中在荷载 11000kN 前的各级 $S$—$\lg t$ 曲线都比较平直，而在 11000kN 时曲线尾部明显向下弯曲，据此判定前一级荷

载 10000kN 为该桩的极限承载力。

对部分超长钢管桩或钻孔灌注桩，由于桩自身变形或桩端沉渣等因素影响，尽管荷载增加到某一数值时桩顶沉降会突然增大，但该级荷载在维持过程中沉降增量不大，$S$—lg$t$ 曲线尾部没有出现明显向下弯曲的现象，这时应综合考虑曲线间距变化及桩顶下沉量等条件，如图 2-2-9。尽管 $S$—lg$t$ 曲线在 16500kN 时尾部没有明显向下弯曲，但该级桩顶沉降已超过前一级 5 倍，桩极限承载力应判为 15000kN。

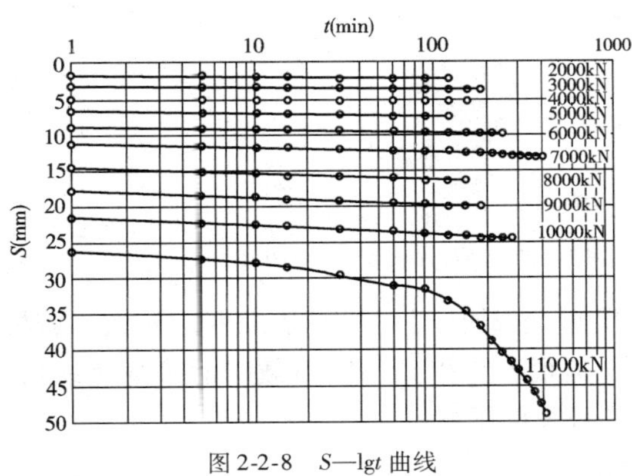


图 2-2-8 $S$—lg$t$ 曲线

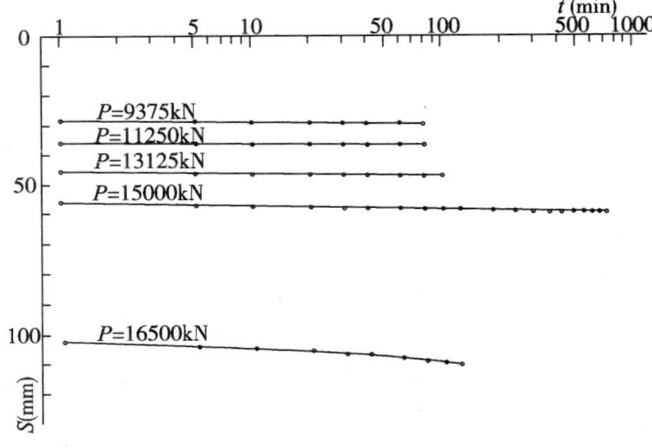


图 2-2-9 $S$—lg$t$ 曲线

桩轴向抗压静载荷试验时，通常将 $Q$—$S$ 曲线和 $S$—lg$t$ 曲线同时使用，互相印证。从上述两曲线的特征不仅可以判别桩承载力，有时还可根据曲线的形状特征判别到底是地基土破坏还是桩身结构破坏。

(3) $S$—lg$Q$ 曲线法

当某些试验桩的 $Q$—$S$ 曲线无明显的陡降段时，采用 $S$—lg$Q$ 曲线可使曲线后面的陡降变得明显(图 2-2-10)，一般取曲线尾部陡降直线段起始点荷载作为桩的极限承载力。该方法不如 $Q$—$S$ 曲线和 $S$—lg$t$ 曲线直观，陡降直线段较难判别，缺乏经验时往往会使判别的极限承载力偏低。

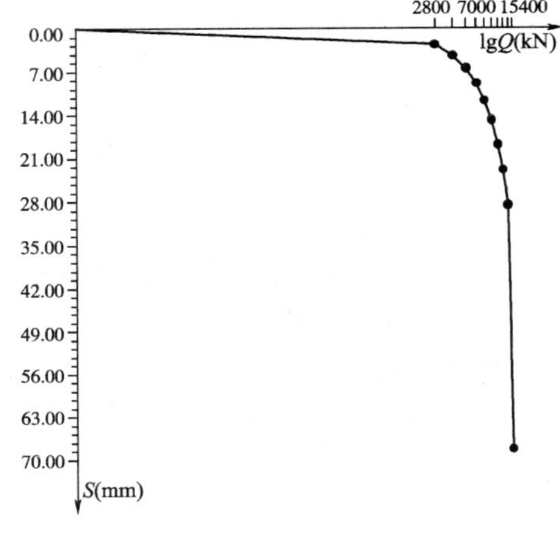


图 2-2-10 $S$—lg$Q$ 曲线

以上三种曲线在我国大多数的静载试桩仪中都有配置，在试桩结束后可自动显示并打印出来。

(4) lg$Q$—lg$S$ 曲线法

与前面的 $S$—lg$Q$ 曲线一样，在某些情况下当 $Q$—$S$曲线的陡降段不明显时，通过双对数变换后，容易找出其拐折点，其中第一拐折点称为桩的屈服荷载，第二折点是桩的极限荷载(图 2-2-11)。

(5) 桩顶总沉降控制法

在某些时候试桩的 $Q$—$S$ 曲线可能是缓变形，如超长钢管桩、嵌岩桩、大直径混凝土灌注桩等，此时可根据桩顶总沉降量确定桩的极限承载力。由于对建筑物的沉降要求不同，相应桩顶沉降要求也不相同，我国现行的《港口工程桩基规范》(JTS 167-4—2012)和《建筑基桩检测技术规范》(JGJ 106—2014)等都规定，当 $Q$—$S$ 曲线无明显陡降段时，在 $Q$—$S$ 曲线上取桩顶

总沉降量 $S=40\text{mm}$ 对应荷载为极限承载力（图 2-2-12）。对桩端直径 $D$ 大于等于 800mm 的桩，可取 $S=0.05D$ 对应的荷载值，当桩长大于 40m 时，宜考虑桩身弹性压缩。

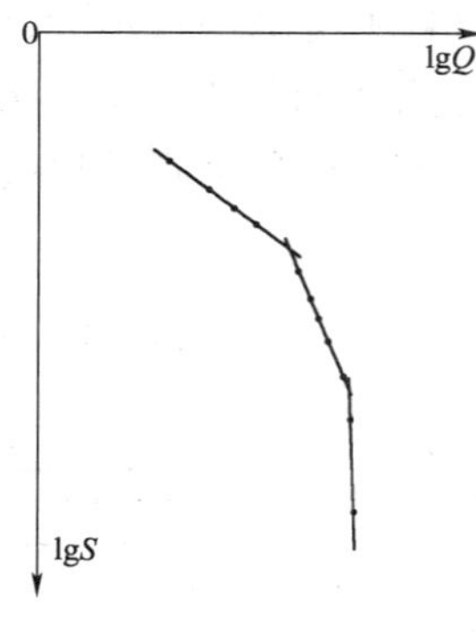


图 2-2-11 lgQ—lgS 曲线

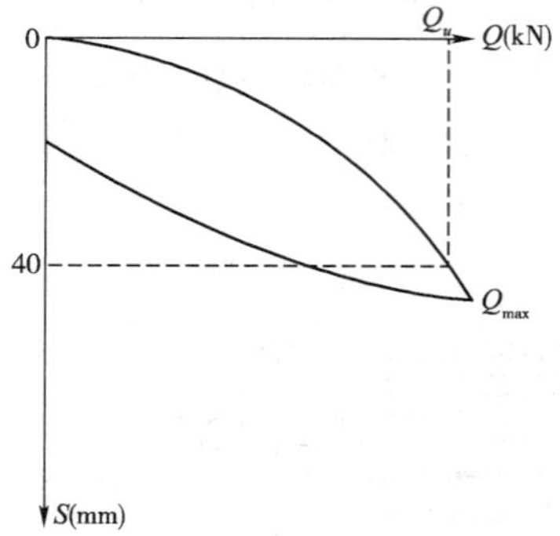

图 2-2-12 桩极限承载力示意图

大直径超长钢管桩是港口及海洋工程中常见桩型，静载压桩时桩身压缩变形较大。若桩身不同断面埋设了应变传感器或桩端设置沉降杆，则很容易得到不同荷载时的桩身压缩量。如不具备上述条件，也可以通过公式（2-2-1）估算桩身弹性压缩量：

$$S_s = S_{su} + S_{sd} \tag{2-2-1}$$

式中，$S_{su}$是泥面以上部分桩身弹性压缩量，$S_{sd}$为桩入土部分的压缩量。

$S_{su}$可通过下式计算：

$$S_{su} = \frac{Q \cdot L_u}{E_p \cdot A_p} \tag{2-2-2}$$

式中，$Q$ 为桩顶荷载，$L_u$ 为泥面以上桩长，$E_p$ 为桩身材料弹性模量，$A_p$ 是桩身截面面积。

$S_{sd}$可表达为：

$$S_{sd} = \frac{\Delta \cdot (Q \cdot L_d)}{E_p \cdot A_p} \tag{2-2-3}$$

式中，$L_d$ 桩入土部分长度；$\Delta$ 表示为桩侧摩阻力系数，我国铁路桥涵规范中取 $\Delta=2/3$。从试桩实测资料发现，$\Delta$ 与桩顶荷载大小及桩长有一定的关系，通过实测资料分析，笔者得出摩擦型钢管桩桩身压缩计算公式中的 $\Delta$ 取值范围。首先定义 $\xi$ 为桩顶加载量与桩极限承载力之比，$\Delta$ 与 $\xi$ 的关系见表 2-2-4。

**$\Delta$ 值与 $\xi$ 值关系表** 表 2-2-4

| 桩 长 | $\xi$ 值 | $\Delta$ 值 |
|---|---|---|
| $L_d<60\text{m}$ | 0.2～0.3 | 0.4～0.5 |
| | 0.4～0.6 | 0.55～0.6 |
| | 0.7～1.0 | 0.65～0.7 |
| $L_d\geqslant 60\text{m}$ | 0.2～0.3 | 0.4 |
| | 0.4～0.6 | 0.45～0.5 |
| | 0.7～1.0 | 0.55～0.62 |

3. 单桩轴向抗压极限承载力标准值的确定

单桩轴向抗压极限承载力只是对每一根试验桩而言，而工程中需要的是对一个工程所有试验桩的承载力综合评价，即单桩轴向抗压极限承载力标准值。当一个工程中各试验桩的边界条件相同（指桩型尺寸、桩身材质、土质条件、施工工艺等）且试验桩数量不少于 2 根时，《港口工程桩基规范》规定按下列方法确定单桩轴向抗压极限承载力标准值：

（1）当工程中各试验桩的极限承载力最大值与最小值之比不大于 1.3 时，取各试验桩极限承载力的平均值作为该工程单桩轴向抗压极限承载力标准值；

（2）当工程中各试验桩的极限承载力最大值与最小值之比大于 1.3 时，必须进行分析，找出相差大的原因，如地质的变异、混凝土灌注桩的实际桩径等均会引起承载力的变化，应在分析原因的基础上决定是否需要增加试桩数量（或补充试验）。

## 四、工程实例

**例 2-2-1** 某码头工程对一根长 64m、直径 1700mm、壁厚 20mm 开口钢管桩进行轴向抗压静载荷试验，桩入土深度 44.3m，桩端持力层为黏土混砾石。试验采用锚桩反力法，锚桩由 4 根直径 $\phi$1200mm 钢管桩组成，由 8 只 5000kN 级个油压千斤顶并联加载，试验桩进行了初压和复压对比，试验均采用快速维持荷载法。初压试验时，在 12000kN 荷载前每级加载量 1500kN，为提高承载力测试精度，之后每级加载量改为 750kN，初压试验得到的 $Q$—$S$ 曲线和 $S$—lg$t$ 曲线分别见图 2-2-13a）和图 2-2-13b）。荷载 16500kN 时对应桩顶沉降量 46.16mm，相邻两级沉降差 4.4mm；当加载至 17250kN 时桩顶沉降达到 76.50mm，本级桩顶沉降量为前一级的 7.2 倍，已满足试验终止加载条件。卸载回零后桩顶残余沉降 40.37mm。

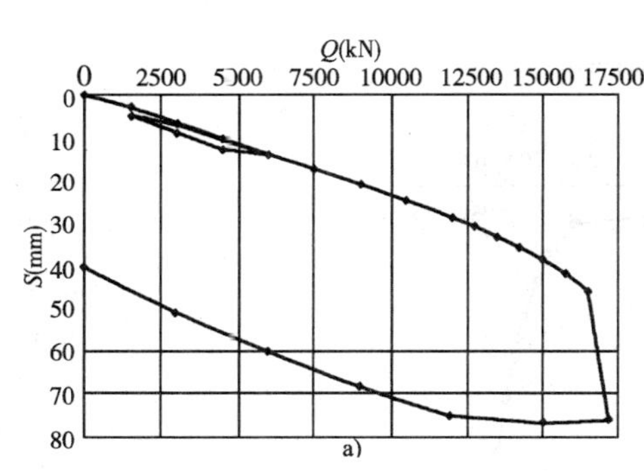


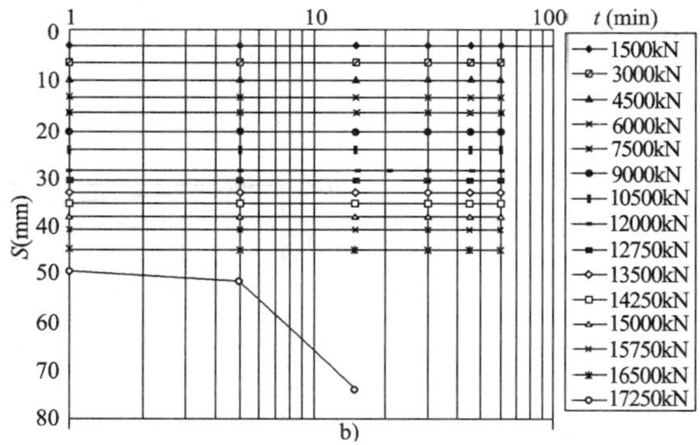


图 2-2-13 试桩初压曲线

a）$Q$—$S$ 曲线；b）$S$—lg$t$ 曲线

从图中看到，桩顶荷载 17250kN 时 $Q$—$S$ 曲线已明显陡降，$S$—lg$t$ 曲线尾部明显向下弯曲，按规范判定初压时的单桩轴向抗压极限承载力为 16500kN。

该桩在初压结束 3 天后开始复压试验，由于初压得出的单桩承载力较大，为避免复压时分级过多，在 15000kN 荷载前每级加载量取 1500kN，15000kN 后每级加载量 750kN。复压得出的 $Q$—$S$ 曲线见图 2-2-14。荷载 17250kN 时桩顶总沉降量 45.56mm，本级沉降 4.95mm；18000kN 时桩顶总沉降量 69.45mm，本级沉降量 23.89mm，是前一级的 4.8 倍。卸载回零后桩顶残余沉降 35.03mm。由此得到复压时单桩轴向抗压极限承载力为 17250kN，较初压时稍有提高。按规定将初压结果 16500kN 作为该桩的轴向抗压极限承载力。按公式（2-2-1）~式（2-2-3）

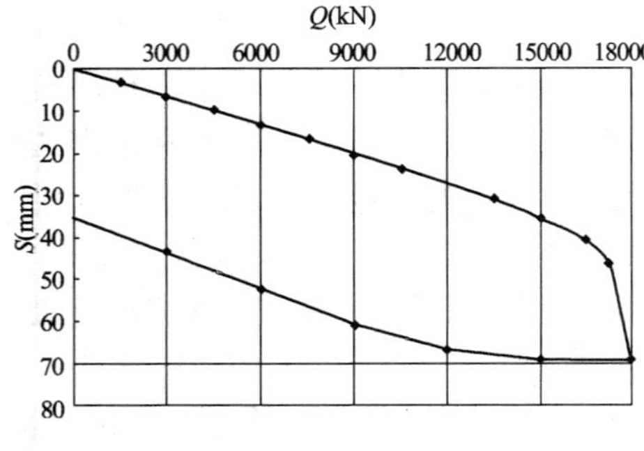


图 2-2-14　复压 $Q—S$ 曲线

估算，该桩在 17250kN 荷载时的桩身弹性压缩变形量：

$$S_s = S_{su} + S_{sd} = 38.4\text{mm}$$

这一结果与试桩卸载后的回弹量 36.16mm 相近。

**例 2-2-2**　一混凝土钻孔灌注桩长 59m，桩径 850mm，桩身混凝土强度设计值 C40，采用了桩端后注浆工艺，慢速维持荷载法试验，荷载级差为 1400kN，其中第一级加载 2800kN，受桩身材料强度限制，该桩的最大加载控制值为 16800kN，试验得出的 $Q—S$ 曲线、$S—\lg t$ 曲线和 $S—\lg Q$ 曲线分别见图 2-2-15a）、b）、c）。

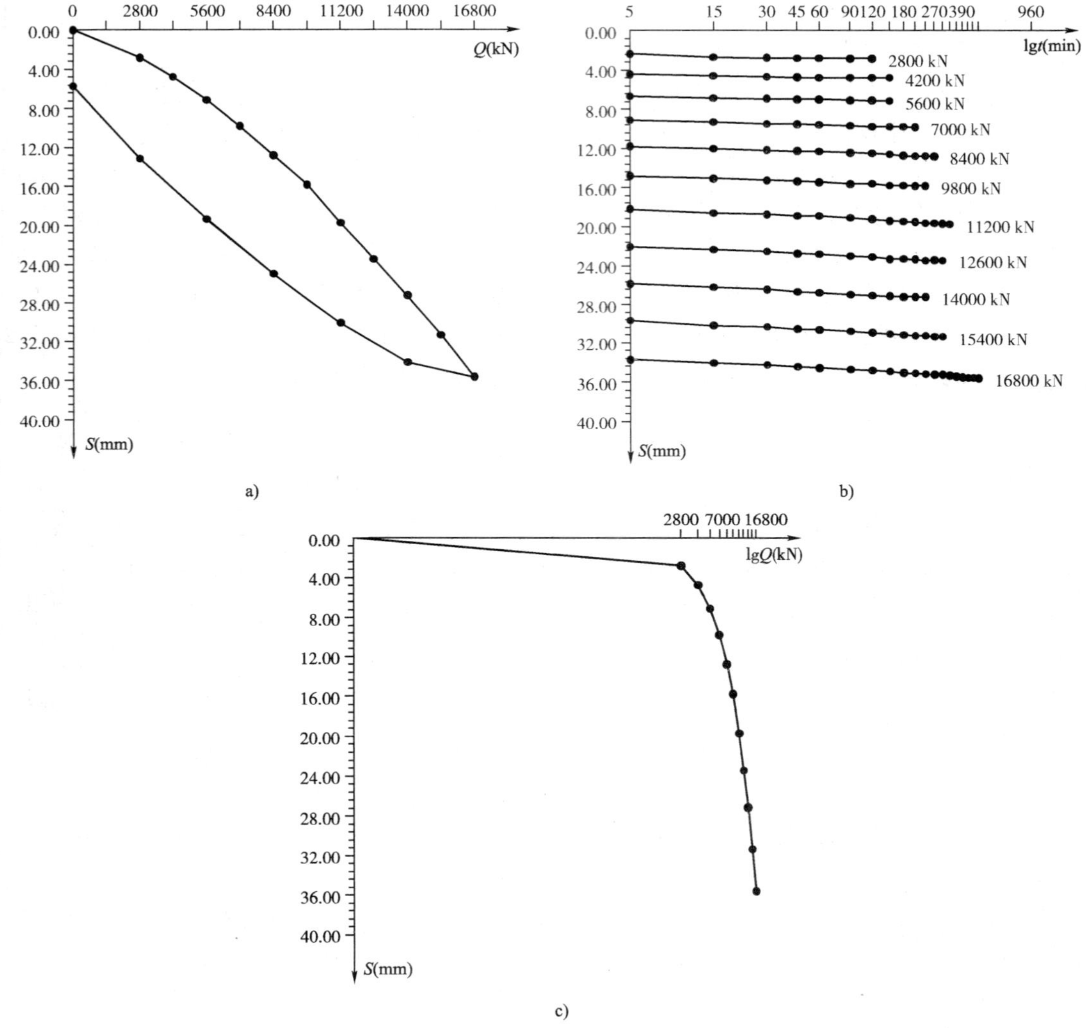

图 2-2-15　试桩 $Q—S$ 曲线、$S—\lg t$ 曲线、$S—\lg Q$ 曲线

a）$Q—S$ 曲线；b）$S—\lg t$ 曲线 c）$S—\lg Q$ 曲线

从图中可见，$Q—S$ 曲线变化平缓，无明显拐点；各级荷载下的 $S—\lg t$ 曲线接近平行状态，无

向下弯曲现象；$S$—lg$Q$ 曲线也未出现陡降直线段；桩顶总沉降量 35.66mm，卸载后的桩顶残余沉降只有 5.7mm。综合判定该桩的轴向抗压极限承载力应不小于 16800kN。

**例 2-2-3** 某大厦基础采用长 25m 的混凝土预制方桩，分二节预制，锤击法施工，电焊接桩。静载试验的 $Q$—$S$ 曲线见图 2-2-16。从 $Q$—$S$ 曲线看出，在荷载 1065kN 时已发生陡降，但综合地质资料及桩型，该桩远未达到预估的承载力，造成 1065kN 荷载陡降可能是桩接头出现了问题，因此按原计划继续加载。从 1775kN 起桩的沉降速率明显变缓，直到 3905kN 荷载级桩顶沉降都没有出现异常。结论是该桩为一根异常桩，应作处理，但同规格完整桩的单桩轴向抗压极限承载力应不低于 3905kN。

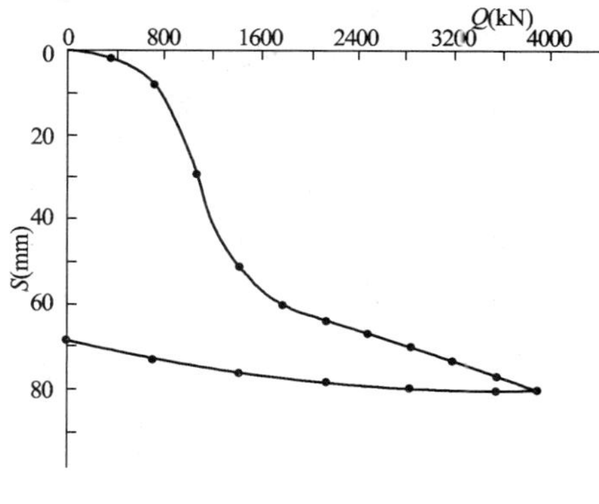


图 2-2-16 $Q$—$S$ 曲线

**例 2-2-4** 某高层建筑用钢管桩作基础，桩长 80m，桩直径 914mm，管壁厚 20mm。试桩采用多循环加载法，最终的 $Q$—$S$ 曲线见图 2-2-17a)。由于该桩为超长钢管桩，桩自身弹性变形大，$Q$—$S$ 曲线的陡降段并不明显，为此又作了 lg$Q$—lg$S$ 曲线（图 2-2-17b）以及按循环试验结果得出的荷载—弹性变形曲线（$Q$—$S_e$）和荷载—塑性变形曲线（$Q$—$S_p$）（图 2-2-17c），用综合分析判别该桩的极限承载力。

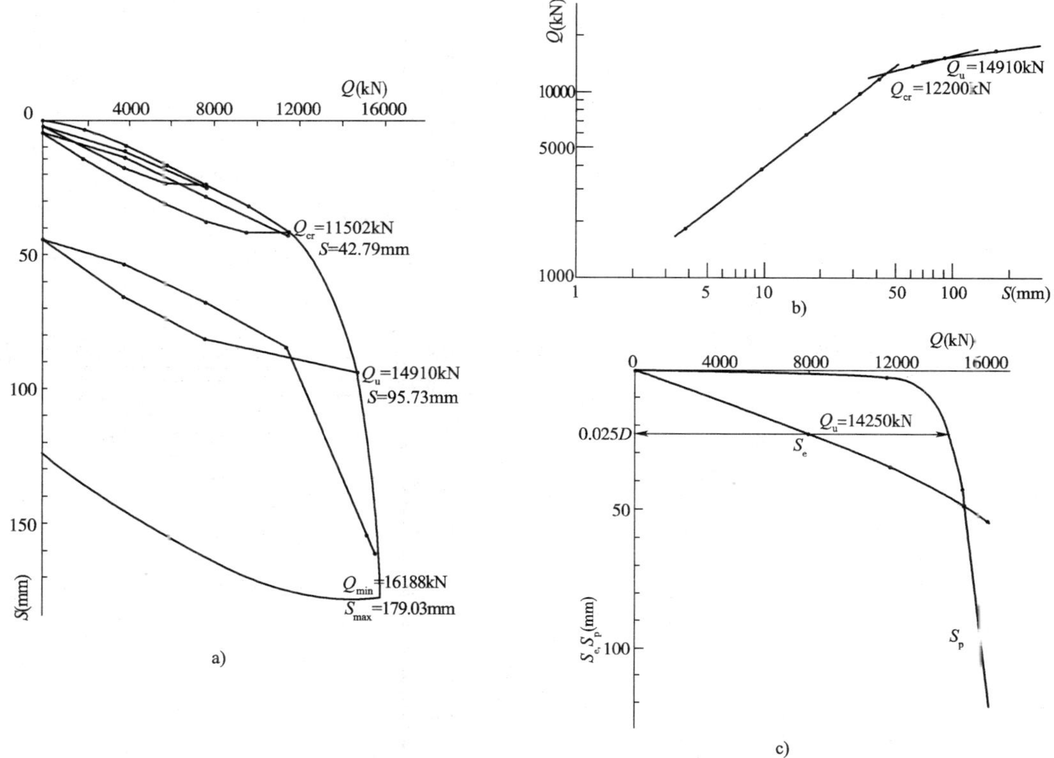


图 2-2-17

a) $Q$—$S$ 曲线；b) lg$Q$—lg$S$ 曲线；c) $Q$—$S_e$ 及 $Q$—$S_p$ 曲线

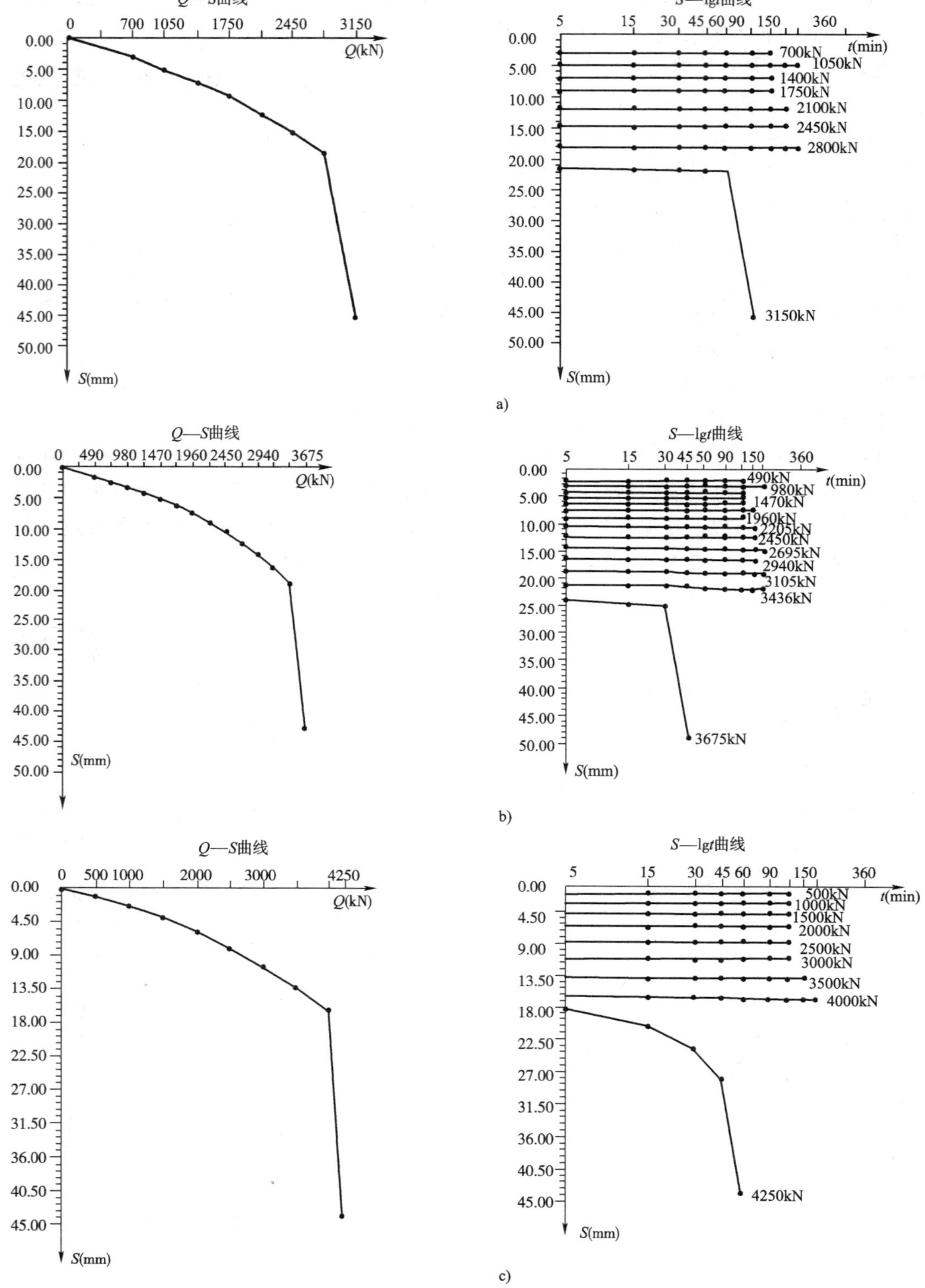


图 2-2-18　a)、b)、c)三桩的 Q—S 曲线和 S—lgt 曲线

(1)根据 $Q—S$ 曲线,陡降段虽不太明显,但 16188kN 这一级的沉降量明显增大,接近 14910kN 级沉降量的 3 倍,暂定 14910kN 为该桩极限荷载力,相应桩顶沉降量 95.73mm。

(2)按 $\lg Q—\lg S$ 曲线,其第二折点为 14910kN,极限承载力的判断结果与 $Q—S$ 曲线判别相同。

(3)按沉降控制估算,桩在 16188kN 时桩顶沉降 $S=179.03$mm,卸载回零后的残余沉降 124.11mm,回弹量 54.92mm;14910kN 时桩顶沉降量 95.73mm,扣除桩身弹性压缩后,实际沉降也只有 40mm 左右,因此按桩顶总沉降量判定,将 14910kN 作为该桩极限承载力是合适的。

(4)按 $Q—S_e$ 及 $Q—S_p$ 曲线判别,这一方法在德国 DIN 规范、美国 ASTM 规范及日本一些规范中均有推荐。在同一坐标系中先按循环试桩结果绘制 $Q—S_e$ 曲线及 $Q—S_p$ 曲线。其中 $Q—S_e$ 曲线基本呈线性,反映了在桩顶荷载作用下桩身弹性变形和桩端土的弹性变形;$Q—S_p$ 曲线在开始阶段接近线性,但当桩顶超过一定荷载以后曲线就开始向下弯曲,表明桩的摩阻力已得到充分发挥,按 DIN1054 标准,取 $S=0.025D$($D$ 为桩端直径)对应的桩顶荷载为极限承载力(国内也有建议大直径桩取 $0.03D$),该桩直径 914mm,取 $0.025\times914\text{mm}=22.85\text{mm}$ 对应的荷载 14250kN,这与前面几种方法判断结果也较接近。

综合以上 4 种方法判别结果,该桩轴向抗压极限承载力推荐值为 14910kN。

**例 2-2-5** 图 2-2-18 是某工程三根 PHC 管桩由静载压桩试验得到的 $Q—S$ 曲线和 $S—\lg t$ 曲线,为摩擦型桩。从 $Q—S$ 曲线看,三根桩均有明显的陡降段,$S—\lg t$ 曲线在某级荷载下均有尾部明显向下弯曲现象。按规范判别,这三根桩的极限承载力分别为:a)桩——2800kN;b)桩——3436kN;c)桩——4000kN。进一步分析发现三根桩破坏原因不尽相同:c)桩的 $S—\lg t$ 曲线在 4250kN 荷载级时测读了 60min,在相同的 15min 时间间隔内,桩顶沉降速率逐渐加快,最终达到破坏,这是摩擦型桩较典型的地基土破坏特征;b)桩在 3675kN 加载级维持的 30min 内,$S—\lg t$ 曲线与前面几级一样平直,但在维持 30min 后桩顶的钢垫板突然快速下沉,经检查该桩的桩顶混凝土已经开裂、破碎;a)桩的现象与 b)桩相似,在 3150kN 荷载级最初的 60min 时间内 $S—\lg t$ 曲线与前面几级一样平直,但 60min 后桩顶钢垫板快速下沉,进一步检查后发现该桩的桩身中部已经断裂。因此在静载试桩(压桩或拔桩)时,若桩顶变形突然加快,除了监测桩顶位移外,还应测读桩顶荷载的变化,因为桩身结构破坏(破碎断裂)时,会导致桩顶突然沉降,且桩顶荷载同时也会随之减小。遇到这类现象时,应综合 $Q—S$ 曲线、$S—\lg t$ 曲线、桩顶荷载变化及地质情况等进行分析,也可用低应变反射波法作进一步验证。

## 第四节　桩的分层摩阻力测试

埋入土中的桩往往要穿过几种不同的土层,桩在各土层中的侧摩阻力和桩端阻力组成了桩的承载力。各种不同土层的桩侧摩阻力值和桩端阻力值也可以从相关规范或规程的推荐值中选用,这些推荐值是通过有限的试桩实测资料统计出来的,具有一定的代表性,但实际的土质情况比较复杂,规范中不可能将土的分类和土质指标划分得很细,况且桩的承载力除与桩侧土性有关外,还与桩型尺寸、桩身材质、桩的施工工艺、桩周土层分布等多种因素有关联。如预制打入桩的挤土效应、桩的长径比、桩身刚度,混凝土钻孔灌注桩的施工工艺、泥皮和沉渣厚度、孔径效应等都会对桩承载力产生一定的影响,有些因素的影响还比较大,而这些现象在规范推荐值中不可能全部反映出来。

在一些大、中型工程或地质条件较复杂的地区，设计人员为了能准确地确定桩长和桩端持力层，往往在设计前要求进行桩侧摩阻力和桩端阻力测试，以便根据工程地区实际的桩侧摩阻力和端阻力值确定桩长及桩的持力层。

## 一、桩在竖向抗压时的荷载传递

桩可以看作是一根埋入土中的杆件，当桩顶受到一向下的轴向压荷载 $Q$ 时，首先在桩身上部产生压缩变形，桩与土之间有相对位移，使这部分桩侧土对桩身产生方向向上的摩擦阻力 $q_f$（图 2-2-19）。$q_f$ 的大小取决于土的性质和桩、土之间相对位移量。桩顶力 $Q$ 在沿桩身向下传递的过程中，由于受到侧土阻力影响，$Q$ 值逐渐减小。当作用在桩顶的轴向荷载较小时，可能在传到桩身某截面后轴力就会衰减到零；随着桩顶荷载增大，桩上段的侧摩阻力得到进一步发挥，桩身轴向力继续向下传递，直至桩端，这时就会出现桩的端阻力 $q_r$。当荷载增大到桩侧摩阻力达到极限，之后再增加的荷载由桩端继续承担，直至桩周土体破坏。

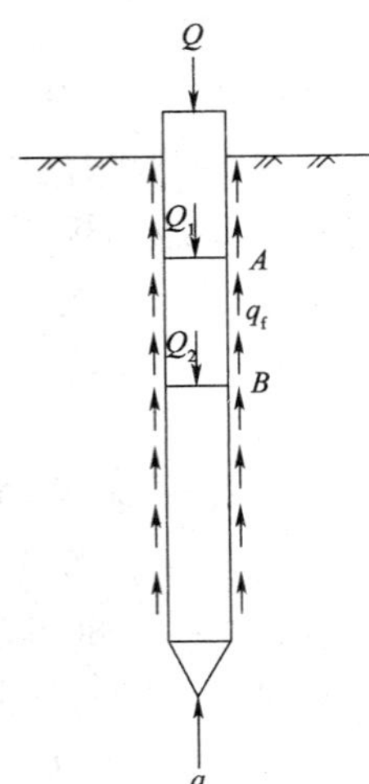

图 2-2-19 桩侧摩阻力示意图

在某级荷载作用下桩身 $A$ 截面与 $B$ 截面之间的轴力差 $Q_1—Q_2$ 即为该级荷载时 $A$、$B$ 两截面之间的桩侧摩阻力。因此，只要测出桩身相关截面的轴力，就可以求出相应土层中桩的侧摩阻力。与单桩轴向抗压极限承载力对应的桩侧摩阻力就是该桩的极限抗压侧摩阻力。与之对应的桩端阻力就是极限端阻力。

## 二、测试仪器

在桩的摩阻力测试中，埋设在桩身的传感器精度是关键，我国使用较普遍的传感器是电阻丝式（铂式）应变传感器和振弦式传感器，随着测试技术的发展，近几年也使用光纤光栅式应变传感器和滑动测微计。

电阻丝式应变传感器具有灵敏度高、抗震性能好、可实现温度自补偿等优点，可进行静态和动态应变测试。在过去桩的轴力测试中应用较多，该类型传感器的制作工艺和绝缘度要求高，传感器和导线的对地绝缘宜在 500MΩ 以上，连接后的系统绝缘不应低于 200MΩ。电阻丝式应变传感器在制作时宜优先采用全桥方式，也可用半桥。在选择应变片和粘贴剂时应考虑温度环境和时间效应，对需要高温养护的混凝土桩应选择耐高温的应变片、粘贴剂和导线，对试验周期长的桩应选择稳定性好的应变片和粘贴剂。制作传感器时，同一根桩应采用相同规格和型号的应变片，同一测点的测量片和补偿片的电阻值之差不宜大于 0.2Ω，应变片与导线连接后的系统误差不宜大于 0.3Ω。对于钢桩，可直接将电阻应变片粘贴在桩身，并进行防水绝缘处理和导线保护措施。对混凝土桩，宜先将应变片粘贴在长 50 ~ 80cm 的钢筋上，经严格防水绝缘处理并标定后，再放置（焊接或绑接）到钢筋笼相应位置。

振弦式传感器是通过传感器中钢弦振动频率的变化推算钢筋或混凝土受力。固定在弹性元件中张紧的钢弦张力随外界物理量的变化而变化，钢弦固有频率的平方与被测物理量成正比，通过测试钢弦频率变化，可获得被测物体的应力、应变等数据。振弦式传感器输出的是频率信号，测试值不受电缆长度影响，适合远距离传输。且弦式传感器绝缘要求较低，长期观测过程中不易损坏，但目前的测试灵敏度不如应变式传感器。

振弦式传感器如加工工艺不当，钢弦容易产生松弛和蠕变，影响测试结果；对锤击打入桩，还要考虑传感器的抗震性能。使用时应针对不同桩型选择不同类型的振弦式传感器：如钢桩宜选择焊接型的，直接将传感器电焊固定在桩壁上；混凝土桩宜选择埋入式传感器，直接固定在桩的主筋上或埋入混凝土内。也可将钢筋计对焊或绑焊在受力主筋上。当主筋承受张拉力时，还要考虑传感器量程适用范围。

光纤光栅式应变传感器是近二十年发展起来的新型测试传感器，具有可靠性好、量测精度高、抗干扰能力强等优点，可进行静态和动态应力、应变测试。根据不同检测要求，可以用一根光纤将不同种类光纤传感器串联在一起，也可通过并联方式使多个光纤传感器接入到调解仪的同一数据采集通道。光纤光栅式应变计有表面式的，可以通过焊接或粘贴安装到钢结构或混凝土结构表面；也有埋入式的，可检测混凝土内部应变。

滑动测微计可用于量测混凝土和岩石的应变与轴向位移，其结构示意图见图 2-2-20，测试过程和原理大致如下：先在混凝土或岩石的预留孔（或钻孔）中设置 PVC 管或金属管，每节管长 100cm，通过金属测标将管节相互连接起来，再在管的外侧注浆，将套管固定在被测物中。测试时通过导杆将测微计送入到被测位置，就可测出每一管节的应变量。该设备适用大直径混凝土灌注桩的桩身内力检测，也可用于某些钢管桩上，但价格较高。

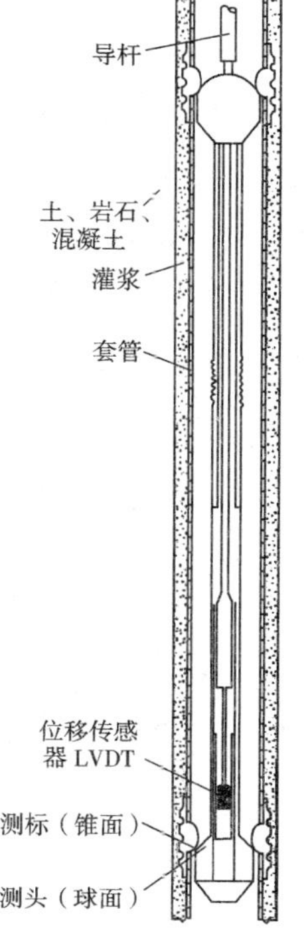


图 2-2-20 测微计示意图

随着测试技术的发展，国内外又推出了光纤式应变传感器，特点是测量精度高，可靠性好，抗外界干扰能力强。传感器可以焊接固定在钢桩的表面，也可埋入构件混凝土内。与振弦式传感器一样，当固定在预应力构件的张拉主筋上时，应考虑传感器的量程范围。

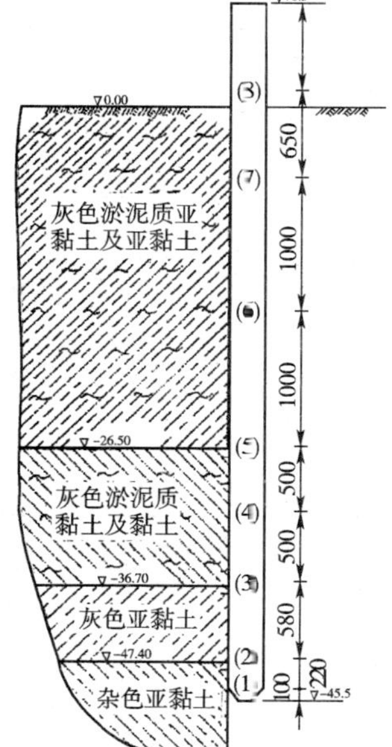


图 2-2-21 传感器位置

## 三、桩身测点布置

检测桩分层摩阻力时，首先要掌握试桩处的土层分布情况和设计的桩底高程。按《港口工程桩基规范》要求，应在距离试验桩 3 ~ 10m 范围内进行地质钻孔，获取可靠的地质资料，以此作为传感器埋设位置的依据。钻孔位置不能离试验桩太近，否则会影响试验桩承载力；距离过远又可能造成钻孔处的土层分布与试桩处不一致。

检测分层摩阻力的传感器应设置在各不同土层界面处的桩身，当某一层土较厚时，也可在该土层中间增设测点，以区分同一土层不同深度处的桩侧摩阻力。另外在桩的泥面或以上部位设置标定断面，在桩端以上 1m 左右处设置检测桩端阻力的断面（图 2-2-21）。对于一般的桩，每个断面设 2 个测点，对称布置；当桩的直径较大时，每个断面可设置 3 个甚至 4 个测点。

## 四、测试与分析

在进行静载压桩试验前，应对桩身埋设的传感器进行逐点检查，对电阻式应变传感器要检测其绝缘度，不满足要求的测点不能使用。当全部测点接入二次仪表后，还要在没有外荷载影响的情况下观测一段时间，看测点有无零漂或不稳定现象。记下初始读数后再开始加载。每级试验荷载加载后要分时段测读各测点的应力（应变）值，然后分别将各级荷载下各检测断面的应力（应变）换算成桩身轴力，并绘制桩身轴力分布图。相邻两截面的轴向力之差除以相应桩周侧面积，得到对应土层中的桩侧摩阻力值，邻近桩端处的桩身轴力可作为桩的端承力（包括该截面至桩端一段侧摩力在内）。与极限承载力相对应的桩侧摩阻力和桩端阻力就是该桩的极限侧摩阻力和极限端阻力。

**例 2-2-6**　某工程要进行一根钢筋混凝土桩的轴向抗压摩阻力检测，试验桩长 52m，截面尺寸600mm × 600mm，桩身入土深度 44m。为了检测分层摩阻力和桩端阻力，制桩时在桩身相应截面预埋了应变传感器，位置及相应土层见图 2-2-22。静载试验过程中每级荷载测试的桩身各截面轴力亦绘成图 2-2-22 形式。该桩极限承载力为 6300kN，由对应轴力可以求出桩侧不同土层的极限侧摩擦阻力和桩端阻力，见表 2-2-5。

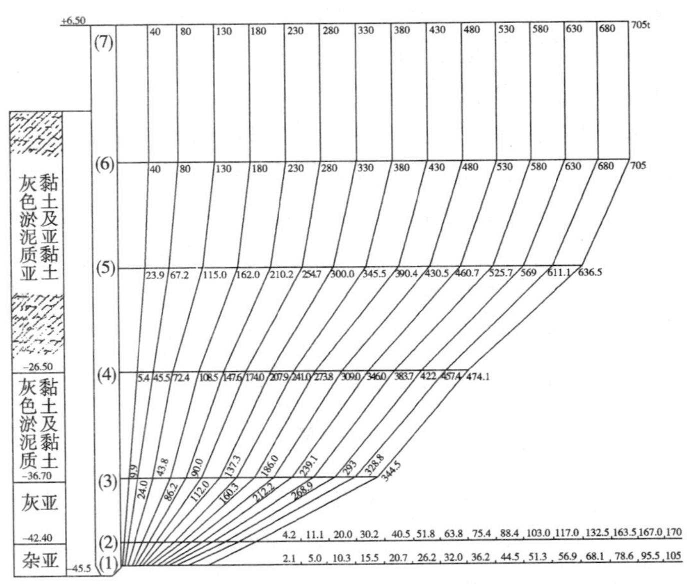


图 2-2-22　应变计位置及桩身轴力图

**桩侧极限摩阻力及桩端阻力**　　表 2-2-5

| 土　　层 | 顶高程(m) | 底高程(m) | 单位面积侧阻力(kPa) | 桩端阻力(kN) |
|---|---|---|---|---|
| 淤泥质粉质黏土 | -1.5 | -16.5 | 16.9 | 786 |
| 淤泥质粉质黏土 | -16.5 | -26.5 | 61.2 | |
| 淤泥质黏土 | -26.5 | -36.7 | 50.2 | |
| 灰粉质黏土 | -36.7 | -42.4 | 109.2 | |
| 杂色粉质黏土 | -42.4 | -44.5 | 140.6 | |

## 第五节 桩轴向刚性系数测试

桩轴向刚性系数(又称轴向反力系数)是指桩在单位轴向力作用下的桩顶沉降量(m/kN),它由两部分组成:一是桩自身的弹性压缩,另一部分是地基土的压缩变形。桩轴向刚性系数的大小对上部承台内力影响较大,一般都是通过桩的轴向静载荷压桩试验得到,这种试验可以穿插在桩的轴向静载压桩试验过程中,也可单独进行。具体方法是:在桩的永久荷载标准值到永久荷载与可变荷载标准值的组合值之间至少循环加卸载3次,直到趋于稳定,取最后一次循环的首、尾点进行计算。桩的永久荷载与可变荷载一般由设计提供。

**例2-2-7** 某工程采用$\phi$1200mm钢管桩,桩长62m,壁厚20mm,桩的永久荷载标准值1000kN,永久荷载与可变荷载标准值的组合值5000kN。桩的轴向刚性系列数测试穿插在静载压桩试验过程中,当试桩荷载加到1000kN后,按分级加载方式在1000~5000kN之间进行3次加卸载循环,循环阶段的$Q—S$曲线见图2-2-23,其中末次循环中1000kN和5000kN荷载对应桩顶沉降分别为5.57mm和15.38mm,该桩轴向刚性系数实测值为:

$$K=(15.38-5.57)/(5000-1000)$$
$$=2.45\times10^{-3}(\text{mm/kN})$$
$$=2.45\times10^{-6}(\text{m/kN})$$

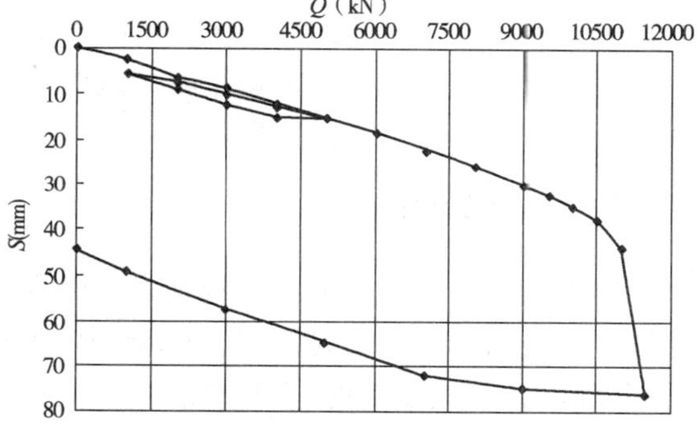

图2-2-23 循环荷载阶段$Q—S$曲线

$K$值表示在桩顶荷载1000~5000kN区间,每千牛的桩顶力要产生$2.45\times10^{-6}$m桩顶沉降。它与桩身材质、桩型尺寸、泥面以上桩长、桩周土质及上部荷载等多种因素有关。

## 第六节 桩的负摩阻力

### 一、负摩阻力的产生

对一根埋入土中的桩,当桩顶受到一向下的轴向荷载后,桩侧土对桩产生一方向向上的侧摩阻力和桩端阻力,这种侧摩阻力称为正摩阻力(图2-2-24a)。另一种情况是,在某种情况下,桩侧有一定范围的土体沉降量大于相应的桩身沉降,这部分桩侧土对桩会产生一个方向向下的摩阻力,称为负摩阻力(图2-2-24b)。负摩阻力的产生是由于桩侧土的沉降大于相应的桩身沉降,在桩的侧面形成一下拉荷载。

下列几种情况容易使桩产生负摩阻力:

(1)桩周附近地面大面积填土或堆载,引起土体压缩沉降,产生负摩阻力。

(2)桩穿过新近填筑、且未固结稳定的土层,土的后期固结沉降会对桩产生下拉作用。

(3)由于人工降水等原因引起地下水位下降,桩周土中有效应力增大,使土产生压缩沉降。

(4)群桩在打桩(或压桩)施工过程中有时会出现土体隆起,施工完成后的土体沉降也会

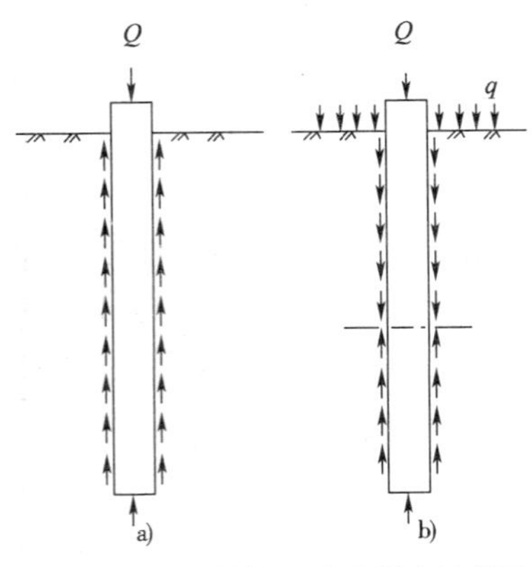

图 2-2-24 桩的正、负摩阻力示意图

使桩产生负摩阻力。

(5)自重湿陷性黄土在浸水后引起的土体沉降会对桩产生负摩阻力。

桩负摩阻力大小与桩周土的特性、持力层变形特性、桩周土的沉降速率、荷载条件、桩型等许多因素有关。负摩阻力对桩身内力和桩的沉降影响较大，因桩的负摩阻力而引起的建筑物事故已有不少，如建筑物沉降、开裂甚至破坏。

估算桩的负摩阻力可以利用土的无侧限抗压强度、三轴试验等室内土工实验指标，也可通过静力触探、标准贯入等现场试验，再按规范提供的经验值计算，但这些计算都是粗略的，不同方法计算的结果相差很大。目前公认计算负摩擦力较好的方法是 BJerrum 与 Johennessen 等提出的有效应力法，这一方法已得到较普遍的应用。

原位足尺试验是确定桩负摩阻力最好的方法，尽管试验费用大，时间长，但能获得比上述任何计算方法都更可靠的依据。

## 二、中性点的确定

中性点是桩侧摩阻力和桩身轴力沿桩身变化的特征断面：在该断面以上，桩周土的向下位移大于桩身向下位移量，桩承受负摩阻力；在该断面以下，桩周土沉降量小于桩身下沉量，桩承受正摩阻力；在该断面处，土与桩的相对位移为零，这一位置称为中性点，如图 2-2-24b）所示。

负摩阻力对桩施加下拉荷载，在中性点以上区域，桩身轴力随入土深度的增加而增大，到中性点位置处桩身轴向压力达到最大值；再往下随着正摩阻力的出现，桩身轴力又逐渐变小。

桩身中性点位置随着外界条件的改变而上、下变化，如桩顶轴向荷载大小，桩周土层沉降特性和固结速率等。当桩顶荷载基本稳定、土的固结基本完成后，中性点位置才能稳定下来。

表 2-2-6 是《建筑桩基技术规范》（JGJ 94—2008）根据土层特性提出的中性点位置建议值。

**中 性 点 深 度 $L_n$** 表 2-2-6

| 持力层性质 | 黏性土、粉土 | 中密以上砂 | 砾石、卵石 | 基 岩 |
|---|---|---|---|---|
| 中性点深度比 $L_n/L_0$ | 0.5～0.6 | 0.7～0.8 | 0.9 | 1.0 |

注：$L_n$、$L_0$ 分别为自桩顶算起的中性点深度和桩周软弱土层下限深度。

## 三、负摩阻力及中性点的原位测试

确定中性点位置和桩周单位面积的负摩阻力，是考虑桩负摩擦设计时的两个重要数据。下面介绍一个工程的基桩负摩阻力检测实例。

**例 2-2-8** 某大型深水港码头采用钢管桩作基础，桩长 60 余米，要穿过约 15m 厚的软土层，持力层为黏土混砾砂。接岸结构部分在打桩结束后要抛填块石，上面再填土，总抛填高度达 20 余米。为监测接岸结构桩在施工期的负摩阻力，在接岸结构部分选择 7 根桩进行试验观测，其中承台下方 6 根工程桩，承台内侧 1 根供试验用的自由桩，桩位平面布置见图 2-2-25，试桩区的钻孔柱状图见图 2-2-26。

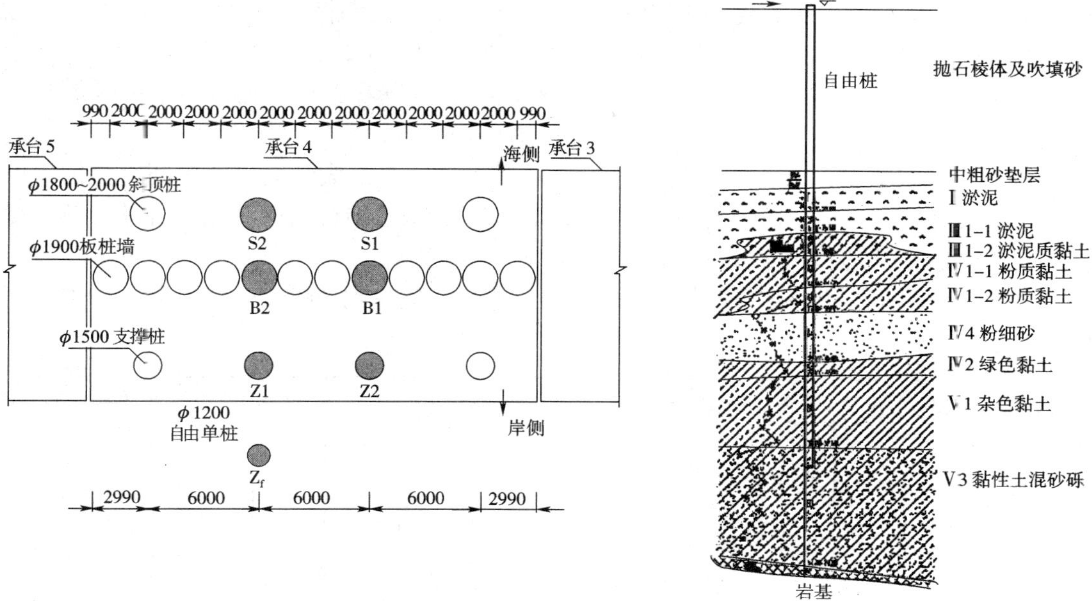

图 2-2-25 试验桩平面布置图

图 2-2-26 试桩区钻孔柱状图

考虑到海洋中环境条件恶劣，且要长期观测，在试验桩的桩身预先埋设了能长期监测的微型弦式传感器，并作了可靠的防水绝缘保护。

为了得到可靠数据，自打桩结束后分阶段对桩身内力进行了测试。这里以一根桩顶自由的桩 $Z_f$（直径 1200mm）为例子，该桩长为 66m，检测历时 620 天。图 2-2-27a）是 $Z_f$ 柱在不同抛

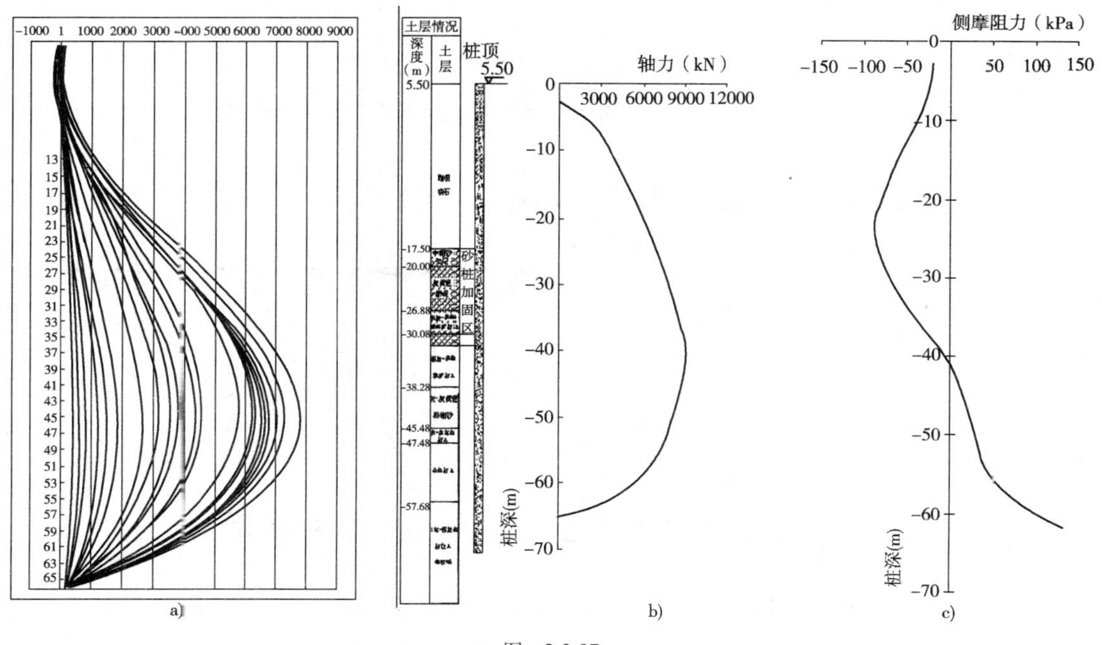

图 2-2-27

a）不同阶段轴力沿深度分布；b）最终轴力图；c）摩阻力沿桩身分布

填厚度阶段的桩身轴力沿深度分布，从中可以看出，在回填初期桩身轴力很小，无明显中性点，随着回填厚度增加，中性点位置逐渐明显，且稳定地趋向一个断面。图 2-2-27b) 是 $Z_f$ 桩最终轴力分布图，图 2-2-27c) 是 $Z_f$ 桩摩阻力沿桩身分布图，可以看出该桩在抛填结束时的中性点位置在距桩顶 41m 处，与 $Z_f$ 桩总长（66m）之比约 0.62。

图 2-2-28 与图 2-2-29 是 $Z_f$ 桩在施工过程中最大轴力与最大轴力点随时间变化图。可以看出该桩最大轴力点位置由最初距桩顶 23m 到最后的 44m，即桩的中性点位置随上部荷载增长而下移；桩身最大轴力也由最初的 800kN 增加到 9000kN。

通过桩身实测轴力并计算得知，$Z_f$ 桩身的下拉荷载值达到 8435kN，到上部结构施工结束时已渐趋稳定。

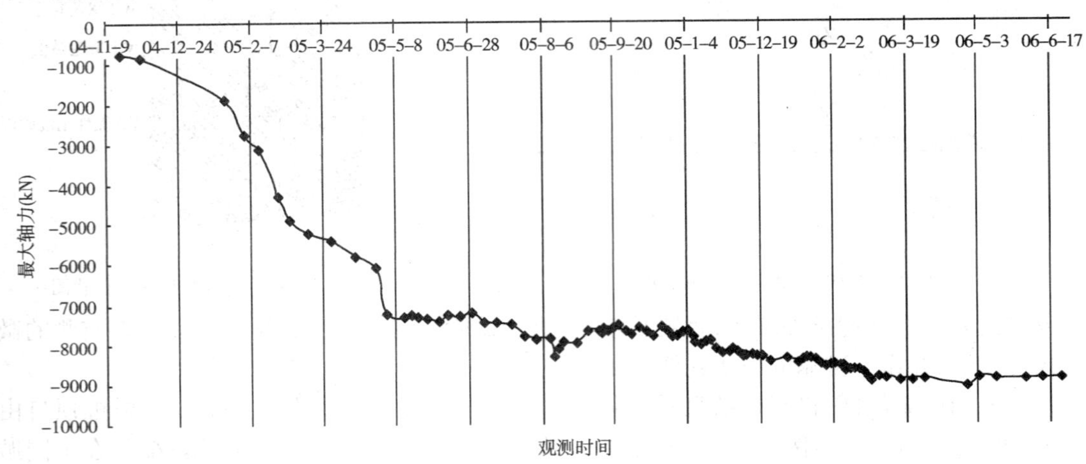


图 2-2-28 桩身最大轴力与时间的关系

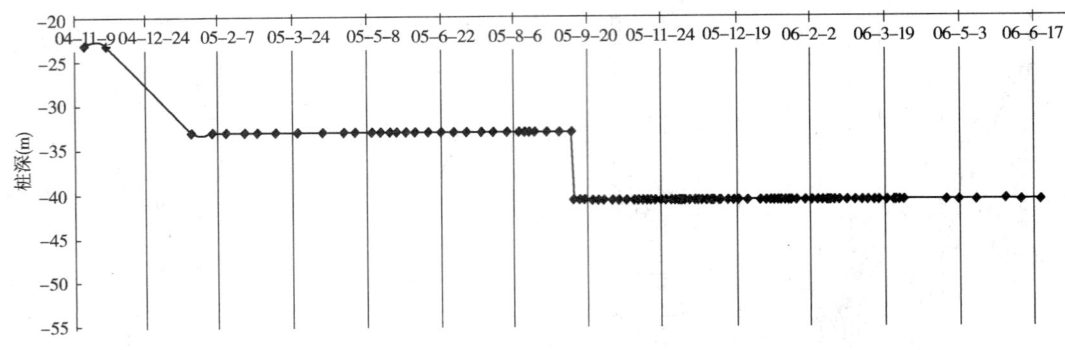


图 2-2-29 最大轴力点位置与时间的关系

## 第七节 影响单桩竖向承载力的主要因素

影响单桩竖向承载力的因素很多，有一些是客观方面的，如桩周土质、桩型尺寸、沉（成）桩后的间歇时间等；也有一些是主观方面的，如桩的施工工艺、施工质量等。这里介绍几种常遇到的与单桩竖向承载力有关的因素。

## 一、桩周土层情况及施工工艺对承载力的影响

不同土层中桩的侧摩阻力及端阻力是不同的，这已被大家所熟知，例如在相同桩型和施工工艺前提下，软黏土中桩的单位面积侧摩阻力和端阻力一般要小于硬黏土中的单位面积侧摩阻力和端阻力。中密和密实砂层中桩的单位面积侧阻力和端阻力要高于松散或稍密砂层中相应的阻力。同样一层土，埋深较深处桩的侧阻力及端阻力又要高于埋深较浅部位的数值。正因为如此，在检测桩分层摩阻力时，不仅要在桩身的不同土层界面位置处设置测点，以区分不同土层的桩侧摩阻力；当桩侧某一层土较厚时，也可在该土层中间的桩身不同位置布置测点，以区分同一土层中不同埋深段的桩侧摩阻力。

由于施工工艺不同，相同土层中的桩侧摩阻力和桩端阻力也会有差别，如混凝土灌注桩的单位面积侧摩阻力要明显小于相同土层中打入桩的侧摩阻力，泥浆护壁混凝土钻孔灌注桩的端阻力要小于干作业钻孔桩端阻力等等。

桩的施工质量对桩承载力影响很大，特别是泥浆护壁混凝土灌注桩，泥皮厚度和桩底沉渣厚度都会影响到桩承载力：泥皮厚会使桩的侧壁摩阻力下降；桩底沉渣厚度超过一定值后不仅影响到桩的端阻力，也会影响桩侧摩阻力的发挥，这已被很多工程实例所证明。为此《港口工程桩基规范》对混凝土灌注桩的桩底沉渣厚度作出了规定：混凝土浇注前孔底沉渣厚度，对以摩擦力为主的桩不得大于100mm，以端承力为主的桩不大于50mm，对抗拔、抗水平力桩不大于200mm。

如果泥浆护壁混凝土钻孔灌注桩的成孔时间过长，或者从成孔结束至浇灌混凝土之间的间歇时间过长，也会使桩侧摩阻力降低，因为孔暴露时间长不仅会增加泥皮厚度，孔壁附近土中应力释放也会降低邻近孔壁土的抗剪强度。

## 二、桩承载力时间效应

1. 打入(压入)式桩的时间效应

几乎所有的桩基试验规范中都对桩从施工结束到承载力试验之间的休止期作出了规定。《港口工程桩基规范》(JTS 167-4—2012)中规定打入黏性土中桩的休止期不应少于14d，淤泥质土中不应少于25d，砂土不少于3d，水冲沉桩不少于28d；《建筑基桩检测技术规范》(JGJ 106—2014)规定的休止期还要长，如饱和黏土中不得少于25d，砂土不少于7d等等。上述规定的时间都是最少的休止期，有条件时还应适当延长，此外还要根据具体土质情况和当地的经验而定。

桩在打入(压入)土中时，桩周土体受到扰动和侧向挤压，土的颗粒结构发生变化，孔隙水压力增大，土的有效应力降低，引起桩的侧壁摩阻力下降，这在饱和黏土中尤为明显。随着沉桩结束后的休止，桩周土中的超孔隙水压力逐渐消散，土强度得到恢复，桩的承载力也随之增大，总的规律是在休止的最初一段时间内承载力增长速度较快，随后逐渐变缓，到一定的时间后趋于相对稳定状态。承载力恢复的速度、时间及增长幅度与桩周土的性质、桩型尺寸、施工过程中土的扰动程度及沉桩后的休止时间等因素有关，难以用简单公式表达清楚。已有的试验成果和研究资料表明，黏性土中桩承载力的恢复增长速度与土中孔隙水压力的消散过程关系密切(图2-2-30)，增长幅度可以达到桩打入时的一倍甚至数倍，且群桩中的单桩承载力增

长幅度最终会大于独立的单桩，尽管独立单桩的承载力在休止的早期增长较快，但后期一般会慢于群桩。

图 2-2-31 是饱和黏土中打入法施工的混凝土预制桩承载力随时间变化曲线，图中桩的截面尺寸为 250mm × 250mm ~ 350mm × 350mm，桩长 5 ~ 9m。其中曲线 1 为 5m 单桩，曲线 2 为 7m 单桩，曲线 3 为 9m 单桩；曲线 1′、2′、3′分别代表 2 × 2 群桩中的单桩；曲线 1″、2″、3″分别代表 3 × 3 群桩中的单桩。从图中可以看出以下几点：

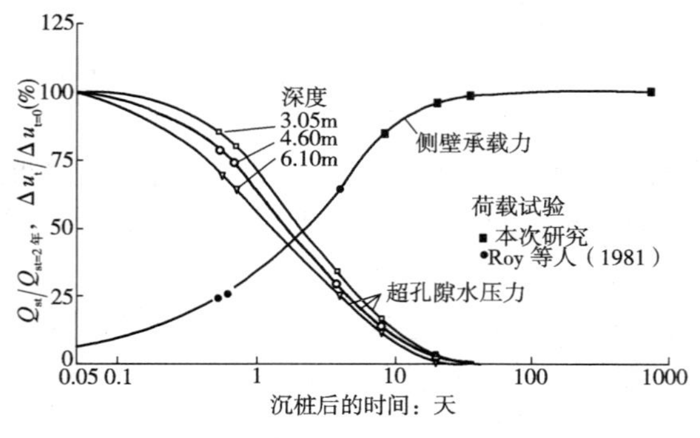


图 2-2-30　桩侧阻力随时间的增长

图 2-2-31　单桩和群桩承载力随时间变化

(1) 独立单桩的承载力在休止的前段时间增长速度较快，但后期的增长速度不如群桩中的单桩；桩群中桩数越多，时效引起的承载力增幅越大。

(2) 无论单桩还是群桩，都是休止前期的承载力增长速度快，后期渐趋缓慢。

(3) 在其他条件不变的情况下，桩愈长，承载力恢复所需时间也延长，且增长幅度也大。

表 2-2-7 是某工程中的试桩结果，试验桩直径为 900mm、长 58 ~ 72m 的钢管桩，地面以下 33m 为黏性土，再往下是砂性土。

**钢管桩在不同休止期承载力检测结果**　　表 2-2-7

| 桩号 | 桩长(m) | 初压 | | 复压 1 | | 复压 2 | |
|---|---|---|---|---|---|---|---|
| | | 休止天数(d) | 承载力(kN) | 休止天数(d) | 承载力(kN) | 休止天数(d) | 承载力(kN) |
| 1 | 58 | 19 | 10800 | 34 | 11400 | 205 | 14400 |
| 2 | 58 | 21 | 10200 | 200 | 13200 | — | — |
| 3 | 72 | 16 | 12000 | 134 | 16200 | — | — |
| 4 | 72 | 15 | 12000 | 135 | 16200 | — | — |

表中的承载力为极限承载力，所有试验都进行到地基土破坏。从表中数据可以看出，对锤击打入施工的长桩，即使桩身大部分处在粉细砂土层中，桩承载力还是有明显的时间效应，沉桩后休止 134 ~ 205d 的单桩极限承载力比休止 15 ~ 20d 时要增大 33% ~ 35%，尽管 15 ~ 20d 的休止时间已满足规范要求。

表 2-2-8 是一根长 45m、直径 600mm PHC 桩的试验结果，该桩全处在饱和软黏土层中，休止 112d 测得的单桩极限承载力达到 14d 时的 1.5 倍。

**同一根桩不同休止期的承载力比较**　　表 2-2-8

| 休止天数(d) | 14 | 28 | 56 | 112 | 224 |
|---|---|---|---|---|---|
| 极限承载力(kN) | 2400 | 3200 | 3500 | 3600 | 3600 |

通过上面的几个不同例子可以得出：

(1)打入(压入)土中桩的极限承载力与施工后的休止期长短有密切关系，黏性土中尤为明显。规范所规定的休止期只是个下限，有条件时宜延长休止期，发挥极限承载力的潜力。

(2)长桩承载力增长所需的休止期比短桩长，增长幅度也比短桩大。

(3)黏性土中桩承载力的增长速率及幅度要高于砂性土中的桩。

2. 混凝土钻孔(挖孔)灌注桩的时间效应

混凝土钻孔(或挖孔)桩属于非挤土桩，施工时对周围土体的扰动较小，也不会产生超孔隙水压力，因此桩承载力的时间效应相对打入桩要小得多，干作业成桩的承载力时间效应比泥浆护壁桩更小。大多数试桩规范都规定，在检测桩的承载力时，采用钻孔(挖孔)的混凝土灌注桩从施工结束至试桩开始的休止期为28d，主要是考虑桩身混凝土强度，也包括桩侧壁泥皮的硬化过程。

表2-2-9中列举了上海地区部分泥浆护壁钻孔灌注桩在不同休止期的单桩轴向抗压承载力实测结果，除工程1是在同一根桩上多次反复试验外，工程2和3均是在不同桩上的试验结果，表中的实测数据表明，对采用泥浆护壁的混凝土钻孔灌注桩，成桩休止期一个月以后的承载力增长幅度很小。

钻孔灌注桩不同休止期承载力实测值(kN)　　表2-2-9

| 工　程 | 桩型尺寸 | 休止期(d) | | | | | |
|---|---|---|---|---|---|---|---|
| | | 30~39 | 56 | 108 | 156 | 165 | 171 |
| 1 | $\phi$600mm $L=40$m | 3750 | 3900 | 4200 | | | 4200 |
| 2 | $\phi$700mm $L=59$m | 7000 | | | 7000 | 7000 | |
| | $\phi$850mm $L=59$m | 8100(36d) | 7700(63d) | | 8100(159d) | | |
| 3 | $\phi$600mm $L=26$m | 1200(34d) | | | | | 1420(1900d) |
| | $\phi$600mm $L=26$m | 1500(39d) | | | | | 1420(1900d) |

## 三、混凝土灌注桩承载力尺寸效应

前面已经讲过，钻孔灌注桩(包括挖孔桩和冲孔桩)在成孔过程中会引起孔壁土的应力释放，出现孔壁土的松弛效应，导致桩的侧摩阻力降低，降低的幅度与桩周土的类别和孔径大小有密切关系，一般认为砂土和碎石类土的降低幅度要大于黏性土，且孔径愈大降低的幅度愈大。桩端承载力也有同样的规律。桩的这种承载力随孔径增大而减小的幅度称为承载力的尺寸效应系数。图2-2-32为H. Brandl给出的砂土及碎石土中桩极限侧阻力与桩径的关系，随着桩径增大，极限侧阻力呈双曲线型减小。图2-2-33是桩端直径与桩端阻力尺寸效应系数的关系，其中虚线为不同土质的实测结果。

为了使设计人员在使用大直径混凝土灌注桩时能考虑孔径效应对承载力的影响，《建筑桩基技术规范》(JGJ 94—2008)给出了不同桩径、不同土类中混凝土灌注桩承载力的尺寸效应系数计算方法：

桩侧
$$\psi_{si}=\left(\frac{0.8}{d}\right)^{n} \tag{2-2-4}$$

桩端
$$\psi_{p}=\left(\frac{0.8}{D}\right)^{n} \tag{2-2-5}$$

式中：$\psi_{si}$和$\psi_{p}$——分别为灌注桩的侧阻力尺寸效应系数和端阻力尺寸效应系数；

$d$和$D$——分别表示灌注桩的桩身直径和桩底直径(m)；

$n$——系数，对黏性土和粉性土，桩侧$n=1/5$，桩端$n=1/4$；对砂土和碎石类土，桩侧和桩端均取$n=1/3$。

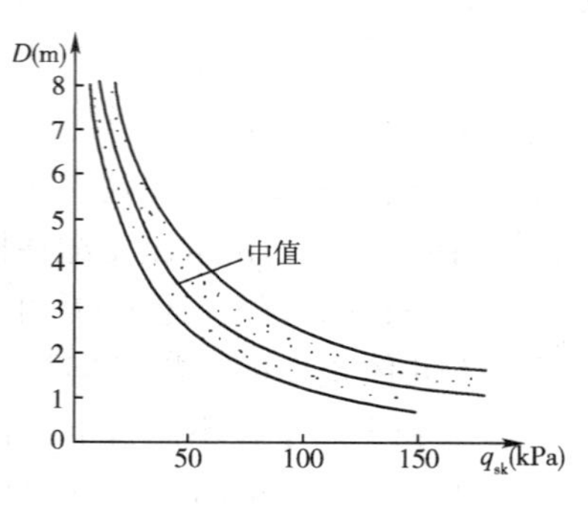


图 2-2-32 砂、砾土中极限侧阻力随桩径的变化

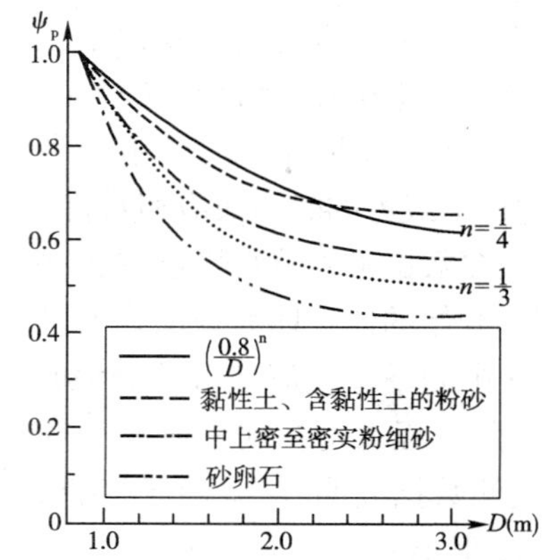


图 2-2-33 大直径桩端阻尺寸效应系数$\psi_p$随桩径$D$的变化

现行规范中只考虑直径大于 800mm 灌注桩承载力尺寸效应，而事实上对直径小于 800mm 的桩同样有此影响，某工程静载试桩的对比试验证明了这一点，该工程进行 4 根$\phi$600mm、3 根$\phi$700mm 和 2 根$\phi$850mm 泥浆护壁钻孔灌注桩的轴向抗压承载力和分层摩阻力测试，这批桩的地质条件相同，施工工艺相同，分层摩阻力测试使用的传感器及埋设位置也相同。不同土层的分层摩阻力测试结果见表 2-2-10。

相同土层中不同桩径分层摩阻力 表 2-2-10

| 土层高程(m) | 土层名称 | $\phi$600mm 桩(kPa) | $\phi$700mm 桩(kPa) | $\phi$850mm 桩(kPa) |
|---|---|---|---|---|
| -1.8 ~ -13.0 | 粉质黏土 | 22.5 | 19.3 | 17.9 |
| -13.0 ~ -19.0 | 淤泥质黏土 | 43.4 | 35.0 | 36.0 |
| -19.0 ~ -30.5 | 粉质黏土 | 59.2 | 47.1 | 42.7 |
| -30.5 ~ -36.0 | 粉质黏土 | 59.6 | 53.8 | 51.5 |
| -36.0 ~ -39.6 | 粉质黏土 | 67.8 | 61.3 | 57.1 |
| -39.6 ~ -48.0 | 粉砂 | 78.9 | 66.9 | 64.3 |
| -48.0 ~ -59.0 | 粉细砂 | 87.2 | 70.6 | 69.7 |

注：1. 表中的摩阻力值为同一直径桩的平均值；

2. $\phi$600mm 桩进入粉细砂层 2m，$\phi$700mm 及$\phi$850mm 桩进入粉细砂层 11m。

表中的分层摩阻力测试结果表明，无论是在黏性土还是砂土中，对直径小于 850mm 的泥浆护壁混凝土钻孔灌注桩，仍有明显的孔径效应。关于中、小直径钻孔桩的承载力孔径效应规律，还有待于继续积累试桩资料。

## 四、桩长径比和桩身刚度对承载力的影响

桩轴向承载力由桩侧摩阻力和端承力两部分组成，桩基规范中推荐的单位面积侧阻力和

单位面积端阻力考虑了土的性质和桩的施工工艺,然而大量试桩资料表明,桩轴向承载力的发挥与桩的长径比($L/d$)和桩身刚度($AE/L$)也有密切关系。在相同土层中,长径比小、刚度大的桩所发挥的单位面积侧阻力和端阻力,要高于其他条件(如桩身材料、桩径、施工工艺、间歇时间等)相同时长径比大、刚度小的桩,有些时候这种差距还很明显。表 2-2-11 列出了 7 根钢管桩的尺寸和各自的单桩极限承载力。7 根桩均为摩擦型桩,地质条件基本相同,沉桩工艺相同,试桩方法相同,从打桩结束到试桩的休止期除 6 号桩 14d 外,其余都在 20 ~ 30d。1 号 ~ 4 号桩端处在同一粉细砂层,5 号 ~ 7 号桩端穿透粉细砂层进入到同一细砂夹中粗沙层中。表 2-2-12是 7 根桩的分析结果,表 2-2-13 列出了其中 5 根桩的侧摩阻力实测值。

**试验桩的相关数据** 表 2-2-11

| 桩号 | 桩长(m) | 桩径(mm) | 壁厚(mm) | 截面积($cm^2$) | 刚度 $AE/L$(MN/m) | 周长(cm) | 极限承载力(kN) | 相应桩顶沉降(mm) |
|---|---|---|---|---|---|---|---|---|
| 1 | 45.5 | 609 | 14 | 262 | 112.7 | 191 | ≥7000 | 42.64 |
| 2 | 45.5 | 609 | 14 | 322 | 138.5 | 221 | ≥8400 | 38.71 |
| 3 | 48.0 | 700 | 14 | 362 | 150.8 | 250 | ≥8200 | 35.21 |
| 4 | 60.0 | 700 | 19 | 466 | 155.3 | 250 | 9600 | 59.21 |
| 5 | 79.0 | 700 | 19 | 466 | 118.0 | 250 | 11000 | 85.97 |
| 6 | 80.0 | 914 | 20 | 652 | 163.0 | 317 | 14910 | 91.16 |
| 7 | 80.0 | 914 | 20 | 652 | 163.0 | 317 | 16000 | 88.64 |

注:1. 截面积及周长包括了导线保护装置;

2. 6 号桩试验时的间歇期只有 14d。

**不同长径比和不同刚度桩比较** 表 2-2-12

| 桩 号 | 长度比 | 刚度比 | 长径比之比 | 侧面积比 | 极限承载力比 | 单位侧阻力比 |
|---|---|---|---|---|---|---|
| 桩 2/桩 1 | $L2/L1=1.0$ | $K2/K1=1.23$ | $n2/n1=1.0$ | $S2/S1=1.16$ | $Q2/Q1=1.20$ | $f2/f1=1.03$ |
| 桩 4/桩 3 | $L4/L3=1.25$ | $K4/K3=1.03$ | $n4/n3=1.25$ | $S4/S3=1.25$ | $Q4/Q3=1.17$ | $f4/f3=0.94$ |
| 桩 5/桩 4 | $L5/L4=1.32$ | $K5/K4=0.76$ | $n5/n4=1.32$ | $S5/S4=1.32$ | $Q5/Q4=1.15$ | $f5/f4=0.87$ |
| 桩 5/桩 3 | $L5/L3=1.65$ | $K5/K3=0.78$ | $n5/n3=1.65$ | $S5/S3=1.65$ | $Q5/Q3=1.34$ | $f5/f3=0.82$ |
| 桩 7/桩 3 | $L7/L3=1.67$ | $K7/K3=1.08$ | $n7/n3=1.28$ | $S7/S3=2.11$ | $Q7/Q3=1.95$ | $f7/f3=0.92$ |
| 桩 7/桩 4 | $L7/L4=1.33$ | $K7/K4=1.05$ | $n7/n4=1.02$ | $S7/S4=1.69$ | $Q7/Q4=1.67$ | $f7/f4=0.98$ |
| 桩 7/桩 5 | $L7/L5=1.01$ | $K7/K5=1.38$ | $n7/n5=0.78$ | $S7/S5=1.28$ | $Q7/Q5=1.45$ | $f7/f5=1.13$ |
| 桩 6/桩 5 | $L6/L5=1.01$ | $K6/K5=1.38$ | $n6/n5=0.78$ | $S6/S5=1.28$ | $Q6/Q5=1.35$ | $f6/f5=1.06$ |

**桩的极限侧摩阻力** 表 2-2-13

| 土层名称 | 极限侧摩阻力(kPa) | | | | |
|---|---|---|---|---|---|
| | 桩 2 | 桩 3 | 桩 4 | 桩 5 | 桩 7 |
| 黏性土、粉土 | 82.0 | 71.4 | 62.4 | 42.0 | 48.0 |
| 粉细砂 | 105.0 | 100.0 | 87.0 | 60.0 | 64.0 |
| 细砂夹中粗砂 | — | — | — | 61.0 | 106.0 |

从表中数据可以看出以下几点:

（1）桩的长径比（$L/d$）对极限承载力的发挥影响较大，长径比大的摩擦型桩所发挥单位极限侧阻力要明显低于同一土层中长径比小的桩，如桩3和桩4的桩端在同一土层中，桩3长径比68.6，桩4为85.7，桩4的单位面积侧摩阻力明显低于桩3；又如桩5和桩7，长度基本相同，桩径不同，桩5单位面积的侧摩阻力明显低于桩7。

（2）当桩长超过一定范围后，即使长径比相同，长桩所发挥的单位侧阻力明显低于短桩，如桩4和桩7，长径比很接近，可桩7在各土层中的侧摩阻力明显低于桩4。

（3）桩身刚度对承载力也有影响，桩愈长，刚度影响愈明显。如桩5和桩7（桩6）长度只相差1m，且持力层也相同。而桩5刚度只有桩7（桩6）的0.72，从表2-2-11和表2-2-12看出，桩5的总侧摩阻力以及各土层的分层摩阻力都明显低于桩7及桩6。

由以上可以看出，影响桩承载力的因素很多，而桩的真实极限承载力又是设计的重要依据，为此我国几乎所有桩基规范都要求进行桩的静载荷试验，作为桩的设计依据或工程验收依据。

# 第三章
# 桩轴向抗拔静载荷试验

## 第一节 概 述

在基础工程中，经常会遇到因水浮力、波浪力、风力等荷载作用，导致基础承受上浮力，如船坞、地下室等深基坑工程以及码头、海洋石油平台、高塔基础等。抵抗上拔荷载最好的方法是设置基础桩，因为大多存在上拔荷载的建筑物同时也存在着向下的压荷载，而埋入土中的桩既能承受抗压、又能承受抗拔。

工程中常采用的抗拔桩有混凝土预制桩、钢管桩、混凝土灌注桩等，前两种桩基本上是等截面桩型，即桩身自上而下形状和截面相同；混凝土灌注桩除了等截面桩型以外，有时也浇灌成扩底形式，提高桩的抗拔承载力。

桩抗拔承载力由桩侧摩阻力、桩身自重（浮容重）和桩底吸力三个部分组成。多数研究者认为桩在受拔时桩底吸力很小，长桩的桩底吸力占总抗拔承载力的比例更小，因此柱底吸力可以忽略不计，于是桩的抗拔承载力一般只考虑桩侧摩阻力和桩重两个部分：

$$Q_K = q_{sk} + W \tag{2-3-1}$$

式中：$Q_K$——桩抗拔极限承载力；

$q_{sk}$——桩抗拔极限侧阻力；

$W$——桩重（浮容重）。

大多数情况下，同一根桩的抗拔侧摩阻力和抗压侧摩阻力是不相同的，一般抗拔时的侧阻力小于抗压侧阻力，这是因为桩抗拔与抗压时的受力情况不同。在压缩荷载下，桩侧邻近土体内的竖向应力（约束应力）由于桩侧摩阻力的传入而提高；在拉拔荷载作用下正好相反，桩侧土的受力方向及位移向上，此时土体内的竖向应力减小，土有松弛现象，这就是桩抗拔侧摩阻力在一般情况下小于抗压侧摩阻力的缘故。

试验统计数据表明，相同边界条件下桩的抗拔侧摩阻力大约是抗压侧摩阻力的0.5～0.9，这一比值除与桩周土性有关外，还与桩的入土深度、桩长径比、桩型、桩身材料等许多因素有关。也就是说，凡是引起桩周土内应力变化的，都会对桩的抗拔摩阻力产生影响，且这些参数的影响程度与对桩抗压摩阻力的影响程度不完全相同，如黏性土中这一比值要高于砂性土，长桩要高于同类土中的短桩。在软黏土中，桩的抗拔侧摩阻力有时会达到抗压侧摩阻力的0.9以上，甚至接近1，这是因为黏性土中桩的侧阻力主要依赖于土的黏聚力：

$$q_k = \alpha \cdot C_u \tag{2-3-2}$$

式中：$\alpha$——桩周土的黏聚力系数；

$C_u$——土的不排水抗剪强度。

砂质土中桩的侧壁摩阻力主要依赖桩与桩周土之间的摩擦角和侧压力系数：

$$q_k = K \cdot \tan\delta \cdot \sigma'_v \tag{2-3-3}$$

式中：$K$——桩、土之间的侧压力系数；

$\delta$——桩土间的摩擦角；

$\sigma'_v$——土的有效上覆压力。

由上面两个公式可以看出，压、拔试桩时由于加载方向不同，对砂土中桩的侧阻力影响较大，而对黏性土中的桩相对要小一些。

图2-3-1反映了上述这些区别，图2-3-1a）是一根长68m、直径800mm钢管桩的压、拔$Q$—$S$曲线，该桩基本处在粉质黏土层中，两曲线对比看出：在荷载6500kN以前，相同荷载下桩顶的抗压和抗拔位移量几乎相等；在荷载6500kN以后，两曲线稍有区别，相同荷载时压桩桩顶沉降量小于拔桩时的上拔量。在扣除压桩时的端阻力和拔桩时的桩身自重后，该桩拔、压侧摩阻力比达到0.92。

图2-3-1b）是一根截面500mm×500mm、长20.5m、入土深度13m的混凝土预制桩压、拔对比曲线，该桩大部分处在中粗砂层中，压、拔的$Q$—$S$曲线形态完全不同，同一荷载下的拔桩位移量远大于压桩位移量，桩的拔、压侧摩阻力比约为0.5。

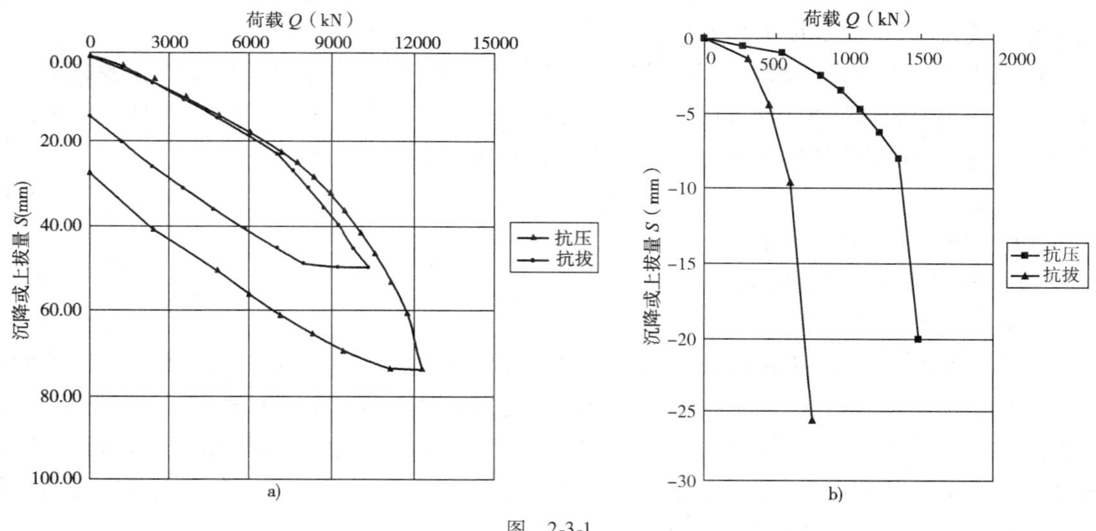


图 2-3-1

a）长钢管桩压、拔$Q$—$S$曲线；b）短混凝土方桩压、拔$Q$—$S$曲线

确定单桩轴向抗拔极限承载力的方法主要有以下几种：

（1）单桩轴向抗拔静载荷试验。与单桩轴向抗压静载试验一样，单桩轴向抗拔静载试验也是确定桩抗拔极限承载力的传统方法，国内外的桩基规范、标准也都推荐这一方法。桩的轴向静载抗拔试验不仅模拟了受拔桩的实际工作状态，还能真实反映桩的施工工艺和施工质量对抗拔承载力的影响，使得出的抗拔极限承载力符合工程实际情况。

（2）根据单桩轴向抗压极限承载力推算。即通过相同边界条件下桩的轴向抗压静载试验，得出桩的轴向抗压极限承载力，扣除桩端阻力后得到桩的抗压极限侧摩阻力 $q_{si}$，将 $q_{si}$ 乘以相应的折减系数(即抗拔摩阻力系数) $\xi_i$ 后得到相应土层的抗拔极限侧摩阻力：

$$q_{ski}' = q_{si} \cdot \xi_i \tag{2-3-4}$$

$\xi_i$ 是桩拔、压对比试验结果的统计值，不同规范中推荐的 $\xi_i$ 值也不一样，以砂性土为例：《港口工程桩基规范》推荐的 $\xi_i$ 为 0.5～0.6，《建筑桩基技术规范》为 0.5～0.7，《上海地基基础设计规范》为 0.6～0.7，采用不同标准会得出不同的抗拔承载力结果。经验告诉我们，采用这一方法推算的抗拔承载力值对砂土中的短桩常常会偏高，而对黏土中的长桩可能又会偏低。

(3)按相关规范中推荐的桩侧轴向抗压摩阻力，乘以相应的折减系数 $\xi_i$ 后得出各土层的抗拔摩阻力值。这一方法常在工程初步设计阶段采用，其误差较第(2)种方法更大，因为规范中推荐的抗压侧摩阻力与实际也会有一定的误差，乘上一个通用系数后误差会更大。

(4)采用静力学公式或者经验、半经验公式计算桩的抗拔承载力。前面已经提到影响桩抗拔承载力的因素很多，想用简单的静力学公式或经验公式去估算是有困难的，在实际的工程中很少用这种方法。

## 第二节 桩抗拔时的土体破坏模式

研究桩的抗拔承载力首先要研究桩在抗拔时的土体破坏模式，关于这一点，不同的资料中有着多种不同的土体破坏模式假定，这里列举常见的几种。

### 一、等截面桩

等截面桩单桩抗拔时假定的桩周土体破坏模式，如图 2-3-2 所示。

图 2-3-2 中，a)模式假定桩上拔时土的剪切破坏面发生在靠近桩壁的土中，呈圆柱形剪切破坏，桩的抗拔承载力由桩重和桩周侧壁摩阻力组成；b)模式假定桩上拔时土的剪切破坏面呈倒圆锥形，圆锥角度大小取决于土的性质和上覆土压力，桩的抗拔承载力由桩重、圆台形土重和圆台侧面的摩阻力组成；c)模式假定桩上拔时下部类似 a)模式的沿桩侧剪切破坏，上部呈倒圆锥形；d)模式假定破坏面从桩底开始向上呈抛物面形破坏。从实体桩的抗拔试验结果分析，绝大多数等截面桩上拔时的破坏属于 a)模式，即剪切破坏出现在靠近桩侧壁的土体中，有资料表明，破坏面一般出现在桩侧面距桩壁 5mm 左右的土体中。

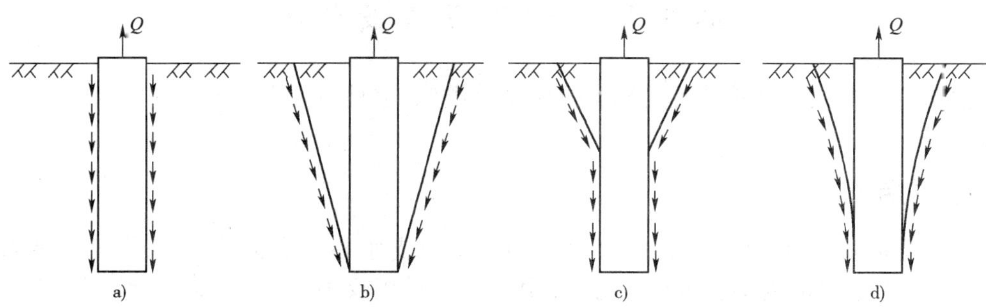


图 2-3-2 等截面桩单桩抗拔时假定的土体破坏模式

## 二、扩底桩

扩底抗拔桩单桩上拔时的土体破坏模式有如下几种假定(图 2-3-3)。

图 2-3-3 中,a)模式假定扩底桩上拔时,桩底会形成一个与扩底直径大致相同的圆形孔,桩侧土的剪切破坏面出现在距桩中心轴 $D/2$ 处(D 为桩扩底直径),桩的抗拔承载力由桩重、桩周围圆柱形土重及土柱四周的摩阻力组成;b)模式假定扩底桩上拔时土的破坏面呈倒圆台形,圆台的下底直径为桩的扩底直径,上底直径与桩周土性和桩长有关;c)模式假定扩底桩上拔时下段破坏面类似 a)模式,上段破坏面类似 b)模式;d)模式假定破坏面在扩底端上部呈梨形状的二次曲面,随着位置上移,破坏面逐渐向桩侧靠近;e)模式是 d)模式的简化,假定桩下段一定范围内($h_1$)土的剪切破坏面出现在距桩中心轴 1/2 扩底直径处,而桩上段的剪切破坏面出现在沿桩壁的土中($h_2$),我国《建筑桩基技术规范》(JGJ 94—2008)及新的上海地基基础设计规范都采用了这一简化计算模式。

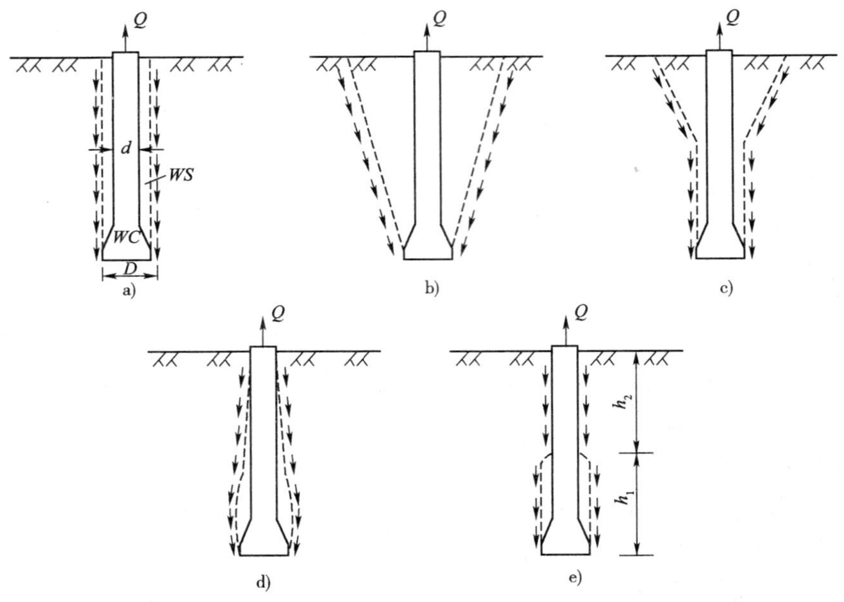


图 2-3-3　扩底抗拔桩的土体破坏模式

# 第三节　试验设备及仪器

桩轴向抗拔静载荷试验装置与轴向抗压试桩类似,也是由反力系统、加载系统和观测系统三部分组成。

## 一、反力系统

桩轴向抗拔试验的反力系统主要由钢梁、反力支承桩(或支墩)、传力架等装置组成(图 2-3-4)。当桩的抗拔承载力较大时,宜用支承桩承担反力,既安全又方便安装;若试验桩的抗拔承载力较小,也可利用天然地基或经过加固的地基承担反力。反力装置及安装要求与轴向抗压试验的锚桩反力法相同。

当采用天然地基或加固过的地基承担反力时，两边支墩处的地基强度应接近，支墩与地面接触面积也应相近，地基最终承受的压应力不宜超过地基承载力特征值的1.5倍，避免两边支墩处产生不均匀沉降。

## 二、加载系统

轴向抗拔试验的加载系统由油压千斤顶、高压油泵、压力控制器及相应油路系统组成，设备要求和压力控制标准与轴向抗压试验相同。

应尽量采用将千斤顶安装在抗拔试验桩的上方、主钢梁的上面（图2-3-4），并使千斤顶的受力重心与试验桩轴线重合。若试验时采用2台以上（包括2台）千斤顶时，千斤顶应同规格型号，且应并联连接；千斤顶的上、下方应分别设置有一定厚度的钢垫块，使力能传到主梁和连接架的受力肋板上。

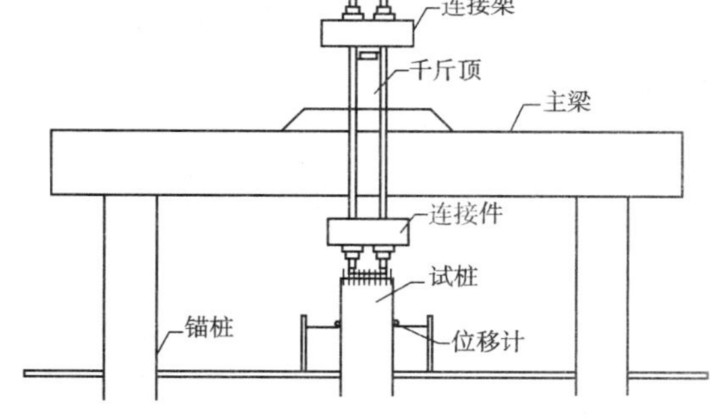


图2-3-4　抗拔试验的反力装置

试验前应将千斤顶、压力传感器等高空设备固定在钢梁或连接架上，防止设备坠落。

## 三、观测系统

桩抗拔试验的观测系统基本上与静压桩试验相同。

值得注意的是，拔桩试验通常是将桩内主筋暴露，并连接到受力拉杆或钢帽上，施加的拔桩力通常由露出的主筋传到桩身。当主筋承受较大的拔力时，主筋与桩顶邻近的混凝土常常会开裂或爆裂，这一现象在直径较小的混凝土灌注桩上较多见，因此量测桩顶上拔位移的测点既不能设置在承受拔力的主筋上，也尽量不要放在靠近受力主筋的桩顶面位置，避免上拔量观测值失真。较好的方法是将桩顶位移测点设置在桩顶以下一定距离的桩身侧面，也可通过预埋在桩顶的钢管或角钢上设置，但预埋件不得与抗拔受力筋接触，且埋入桩顶深度宜在20cm以上，这样可以避免因桩顶面混凝土爆裂而影响位移量测结果。

试验桩沉桩（成桩）后至进行抗拔加载的休止时间应与抗压试验桩相同。如果同一根桩的抗拔试验在抗压试验后进行，则压桩结束至拔桩开始之间的休止时间不应少于3d。

# 第四节　试验方法及单桩抗拔承载力确定

## 一、试验方法

单桩轴向抗拔静载荷试验宜采用慢速维持荷载法，在需要的时候，也可以采用多循环加卸载方法或长时间恒载法等。

1.荷载分级

与静载压桩试验一样，抗拔试验时也应分级加载和卸载，每级荷载宜为预估最大上拔试验荷载的1/10～1/12，其中第一级加载量可按2倍的分级荷载施加。每级荷载在达到稳定标准后才可加下一级荷载。达到终止加载条件后再分级卸载，每级卸载量取加载级的 2 倍。荷载稳定标准同轴向抗压试验的慢速维持荷载法，即桩顶上拔位移量每小时不超过 0.1mm，可施加下一级荷载。

与压桩试验一样，若希望试验得出的抗拔承载力精度高一些，也可以将后面的几级荷载一分为二，每次加半级荷载。

2. 桩顶上拔量测读

加载时，每次荷载施加后的位移测读时间为 0、5、10、15、30、45、60min，之后每隔 30min 测读一次，直至稳定。

卸载时每级荷载维持 1h，桩顶位移测读时间为 0、15、30、60min，卸载回零后荷载至少维持 3h，卸载至零时测读一次，维持时间结束时再测读一次。

3. 终止荷载条件

桩轴向抗拔试验若出现下列情况之一，可终止加载：

(1) 在某级荷载作用下受拉钢筋的拉应力达到钢筋抗拉强度设计值（或抗拉强度标准值的 0.9 倍）。

(2) 在某级荷载作用下，桩顶上拔量大于前一级荷载上拔量的 5 倍。

(3) 按累计桩顶上拔量控制，当累计上拔量超过 100mm。

(4) 对于检验性试验，加载量已达到设计要求的最大上拔荷载。

单桩轴向抗拔试验应注意以下几点：

(1) 抗拔试验过程中，如果某级荷载时桩顶上拔位移突然增大，而荷载还未达到预估值时，应观察并分析桩顶荷载变化情况，若桩顶位移迅速增加而上拔荷载突然下跌，此时不排除桩身断裂的可能，在 PHC 桩及有接头的混凝土方桩抗拔试验时，多次出现过此类现象。

(2) 因混凝土材料的抗拉强度相对较低，当上拔荷载超过混凝土抗拉强度后，混凝土桩身会出现多条环向裂缝，桩顶位移会有一定突变，而此时桩的抗拔侧阻力并非到达极限，应将试验继续进行。对重要工程，可在抗拔试验桩内设置沉降杆，观测桩端位移，这对判别抗拔桩的承载力有帮助。

(3) 若抗拔试验桩仍将作为工程桩使用，试验时的加载量应按设计要求的抗裂或裂缝宽度进行控制。

## 二、试验资料整理及单桩抗拔极限承载力确定

桩抗拔试验资料记录要求与前面第二章中桩的轴向抗压试验要求类同。根据实测位移及荷载数据绘制上拔荷载 $U$ 和桩顶上拔量 $\delta$ 之间的关系曲线（$U$—$\delta$ 曲线），桩顶上拔量 $\delta$ 与时间对数 $\lg t$ 关系曲线（$\delta$—$\lg t$ 曲线），以及 $\delta$—$\lg U$ 曲线、$\lg U$—$\lg \delta$ 曲线等，供判别桩的轴向抗拔极限承载力用。

如果桩底设有位移测量杆，应同时绘制与桩底上拔量 $\delta'$ 有关的 $U$—$\delta'$ 曲线、$\delta'$—$\lg t$ 曲线等。

若桩身埋设了检测分层抗拔侧摩阻力的应变计，应并整理和绘制相应的荷载—轴力曲线和分层摩阻力表。

单桩轴向抗拔极限承载力应按下列方法确定：

(1) 对陡升型 $U$—$\delta$ 曲线，取陡升起始点对应荷载为单桩轴向抗拔极限承载力（图 2-3-5）。

一般地讲,抗拔试验 $U—\delta$ 曲线的陡升段比较明显。图 2-3-5 中曲线加载段大致可分为 3 个区段:0 ~ 1260kN 为线性段,这是桩身出现裂缝前的弹性变形阶段;1260 ~ 4200kN 阶段是混凝土桩身出现环向裂缝后的荷载与桩顶位移;当桩顶荷载大于 4200kN 后,桩顶位移迅速增大,土体破坏。应取曲线陡升起始点对应的 4200kN 荷载为该桩抗拔极限承载力。

(2)取 $\delta—\lg t$ 曲线尾部明显向上弯曲的前一级荷载为抗拔极限承载力(图 2-3-6)。图中 4200kN 为该桩抗拔极限承载力。

(3)抗拔试验过程中因主筋强度不足导致抗拔钢筋断裂,或因桩的接头强度不够而断桩时,应取前一级荷载作为该桩的抗拔极限承载力。该承载力是桩自身强度控制,不代表地基土的强度。

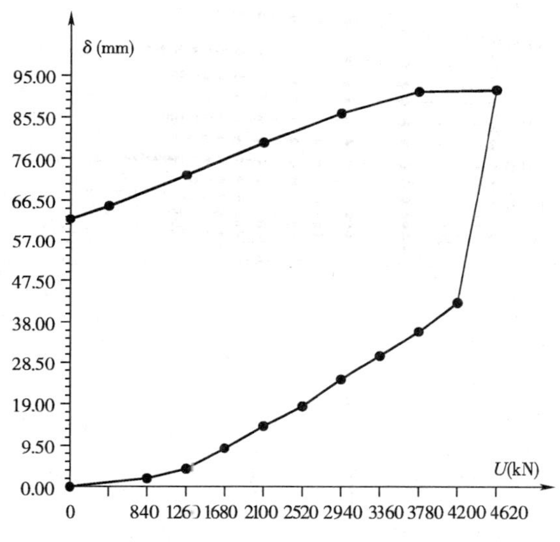


图 2-3-5 抗拔桩陡升型 $U—\delta$ 曲线

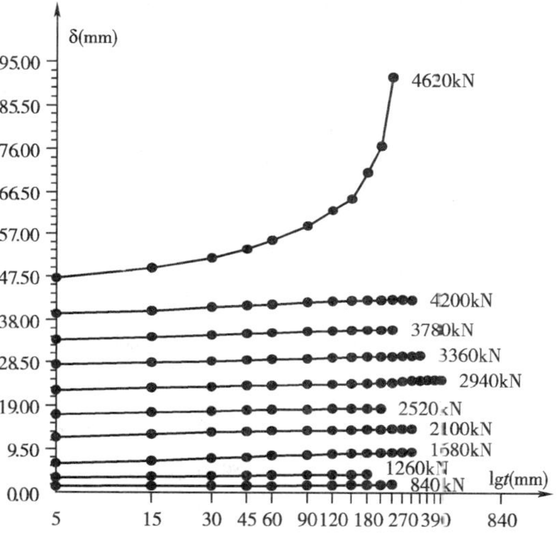


图 2-3-6 抗拔桩 $\delta—\lg t$ 曲线

## 三、工程实例

**例 2-3-1** 某工程采用钻孔灌注桩,设计桩径 600mm,桩长 51.2m,桩身混凝土强度 C40。设计要求检测该桩的抗拔极限承载力及分层摩阻力。桩周土质及桩身传感器埋设位置见图 2-3-7。

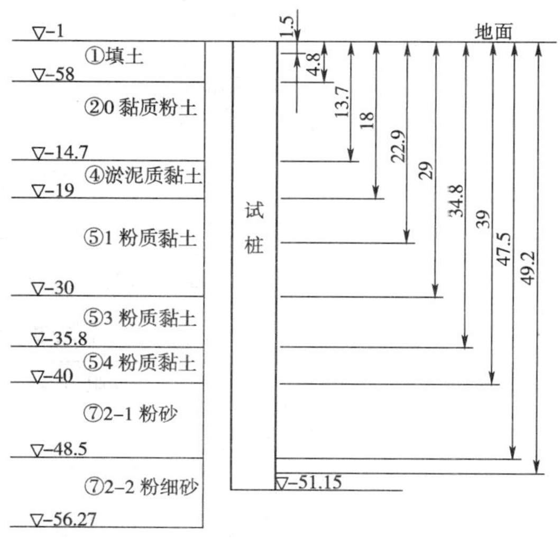


图 2-3-7 桩身传感器位置

试验采用慢速维持荷载法,由工程桩提供反力,两只 5000kN 油压千斤顶并联加载,荷载控制及桩顶位移检测由桩基静载荷测试仪完成,桩身应变量测采用静态应变仪。

按实测数据绘制的 $U—\delta$ 曲线、$\delta—\lg t$ 曲线及 $\delta—\lg U$ 曲线分别见图 2-3-8a) ~ 图 2-3-8c)。从 $U—\delta$ 曲线看到明显陡升段起始点荷载

5040kN；$\delta$—lg$t$ 曲线及 $\delta$—lg$U$ 曲线判别的极限承载力也是 5040kN，三曲线判别结果完全一致。与极限承载力相对应的桩顶上拔量为 48.73mm。

各级荷载时的桩身轴力分布见图 2-3-9，与抗拔极限承载力相对应的桩侧抗拔摩阻力见表 2-3-1，表中抗拔侧摩阻力值已经扣除桩重。

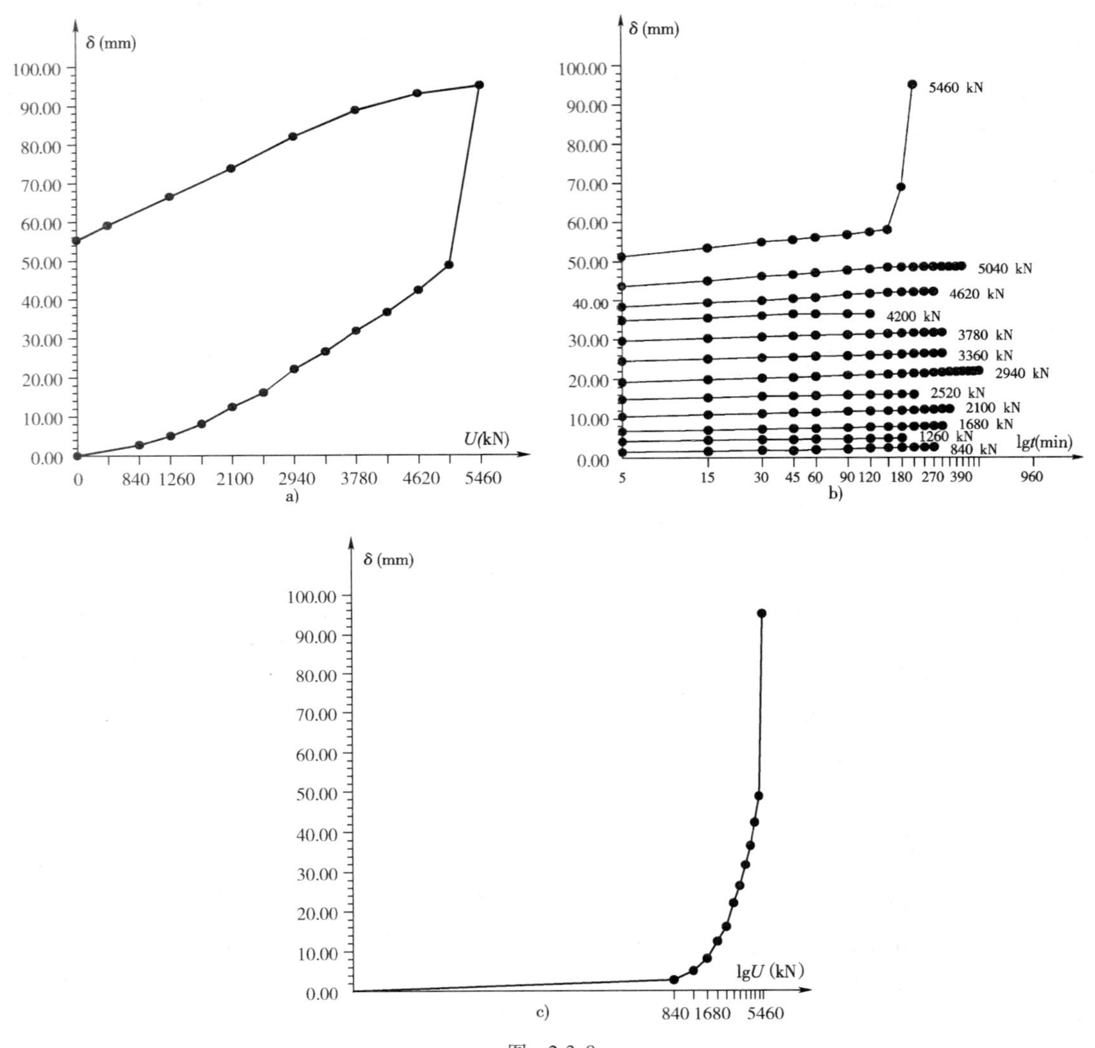


图　2-3-8

a）试桩 $U$—$\delta$ 曲线；b）试桩 $\delta$—lg$t$ 曲线；c）试桩 $\delta$—lg$U$ 曲线

**试桩桩侧抗拔摩阻力表**　　表 2-3-1

| 土层号 | 土层高程（m） | 抗拔摩阻力（kPa） | 土层号 | 土层高程（m） | 抗拔摩阻力（kPa） |
|---|---|---|---|---|---|
| 1 | −2.5 ~ −5.8 | 11.8 | 5 | −30.0 ~ −35.8 | 54.3 |
| 2 | −5.8 ~ −14.7 | 15.1 | 6 | −35.8 ~ −40.0 | 57.7 |
| 3 | −14.7 ~ −19.0 | 38.8 | 7 | −40.0 ~ −48.5 | 64.8 |
| 4 | −19.0 ~ −30.0 | 49 | 8 | −48.5 ~ −50.2 | 71 |

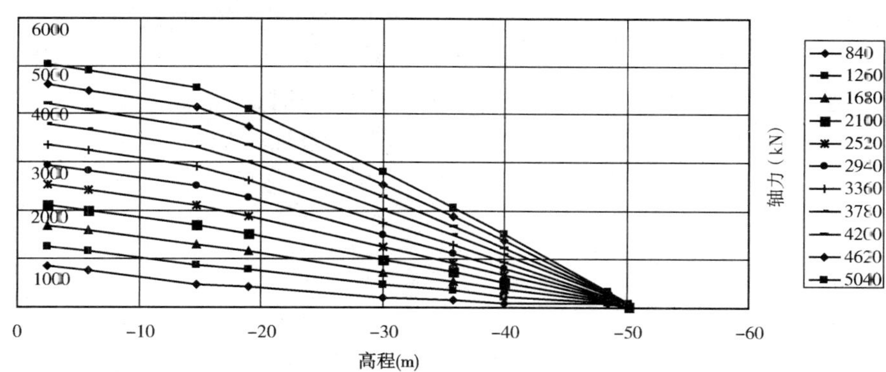


图 2-3-9　试桩在不同荷载时的轴力图

**例 2-3-2**　某工程采用直径 600mm、长 37m 的扩底灌注桩作抗浮桩，扩底端直径 1200mm，桩身混凝土强度等级 C30，桩侧土层为黏性土和粉土，桩端进入粉细砂层，且桩端设有位移测量杆。

试验采用慢速维持荷载法，加载级差 250kN，其中第一级 500kN。为提高试验精度，从荷载 3000kN 以后每级荷载施加 125kN，直至土体破坏。

在抗拔荷载 3375kN 时，桩顶上拔位移 18.57mm，桩端上拔位移 9.07mm；当荷载加至 3500kN 并维持 210min 后，桩顶上拔位移增加到 29.34mm，桩端位移达到 19.7mm，都分别超过前一段荷载位移级差的 10 倍。满足停止加载标准。相应的 $U—\delta$ 曲线及相关数据见图 2-3-10，桩顶 $\delta—\lg t$ 曲线见图 2-3-11。

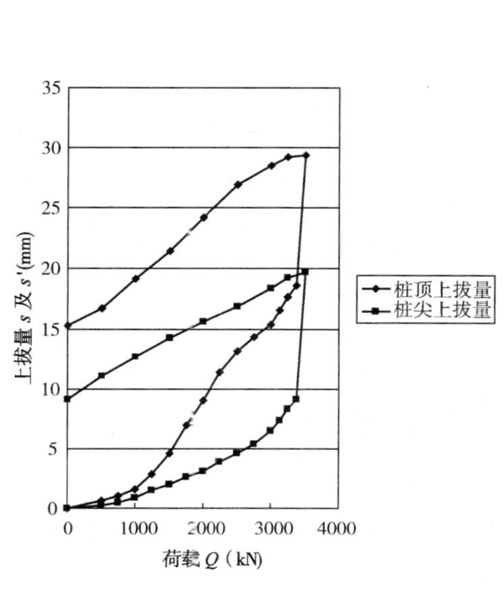


图 2-3-10　桩顶、桩端 $U—\delta$ 曲线

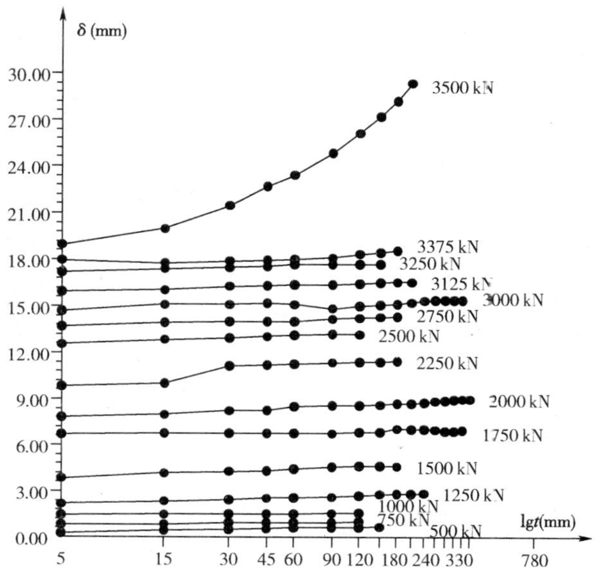


图 2-3-11　$\delta—\lg t$ 曲线

从 $U$—$\delta$ 曲线和 $\delta$—lg$t$ 曲线看出，该桩的抗拔极限承载力为 3375kN，与之对应的桩顶上拔量 18.57mm，桩底上拔量 9.07mm。

由桩顶和桩底 $U$—$\delta$ 曲线对比看出，在抗拔荷载 1000kN 前，两曲线接近，且基本呈线性；在 1000～3375kN 范围，桩底的 $U$—$\delta$ 曲线仍接近线性，而桩顶 $U$—$\delta$ 曲线明显向上拐折，这是桩身出现环向裂缝后桩顶位移增大引起的；在荷载 3500kN 时，两条曲线明显陡升，且上升的速率几乎相等，这是桩周土体破坏后整个桩身向上位移的象征。

# 第四章 单桩水平静载荷试验

## 第一节　概　　述

桩所受的水平荷载有多种形式，如风力、地震力、船舶撞击力及波浪力等，有时桩所承受的水平荷载成为建筑物设计中的主要控制因素。水平承载桩的工作性能主要体现在桩与土的相互作用上，即利用桩周土的抗力来承担水平荷载。按桩土相对刚度的不同，水平荷载作用下的桩—土体系有二类工作状态和破坏机理。一类是刚性短桩，因转动或平移而破坏；一类是弹性长桩，桩身产生挠度变形，桩下段嵌固于土中不能转动，工程中常见的都属于弹性长桩。

单桩水平承载力试验采用接近于水平受荷桩实际工作条件的试验方法，确定单桩水平临界荷载和极限荷载，或对工程桩的水平承载力进行检验和评价。当桩身埋设有应变测量传感器时，可测量相应水平荷载作用下的桩身应变，并由此计算得出桩身弯矩分布情况，可为检验桩身强度和推求不同深度弹性地基系数提供依据。

试验条件应与桩的实际工作条件接近，试验结果才能真实反映工程桩的实际工作过程，但在通常情况下，试验条件很难做到和工程桩的情况完全一致。此时应通过试验桩测得桩周土的地基反力特性，即地基土的水平抗力系数，它反映了桩在不同深度处桩侧土抗力和水平位移的关系，可视为土的固有特性，然后根据实际工程桩的情况，用它确定土抗力大小，进而计算单桩的水平承载力和弯矩。

水平加载试验一般按设计要求的水平位移允许值控制加载，为设计提供依据的试验桩宜加载至桩顶出现较大的水平位移或桩身结构破坏。试验场地的选择必须具有代表性，尤其是试桩区域浅层地基必须能代表实际工程的情况。

## 第二节　试验设备及量测内容

试验装置应遵从合理、安全、简便等原则根据现场的具体条件灵活选用，主要包括加载装置、反力装置和基准装置 3 个部分，如图 2-4-1 所示。

### 一、加载装置

试桩时一般都采用卧式千斤顶加载，对往复循环试验可采用双向复式油压千斤顶，用测力环或测力传感器间接测定所施加荷载值。水平荷载试验时桩的水平位移一般比较大，特别是悬臂较长的试桩，作用点位移较大，所以要求千斤顶有较大的行程，试验设备的加载能力应达到最大预估试验荷载的1.3～1.5倍。在试桩时，为防止力作用点处产生局部挤压破坏，须用钢垫块进行局部补强。

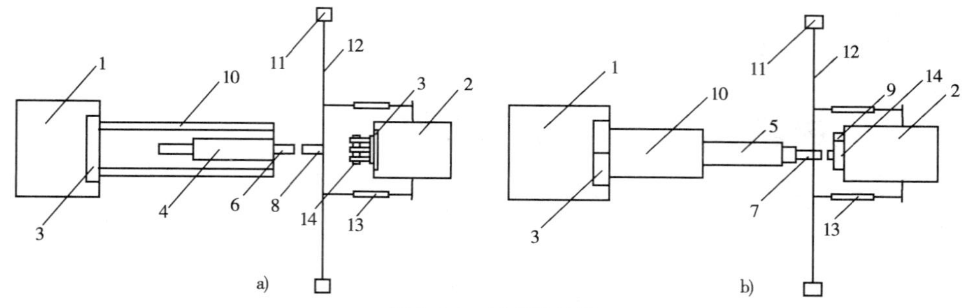


图2-4-1 试验装置图

a）双向往复荷载；b）单向荷载

1-反力墩；2-试桩；3-预埋钢板；4-往复式千斤顶；5-卧式千斤顶；6-拉力传感器；7-压力传感器；8-铰支插销；9-铰支球座；10-反力架；11-基准点；12-基准架；13-位移传感器；14-局部加强钢板

## 二、反力装置

反力装置的选用应充分利用试桩周围的现有条件，但必须满足其承载能力和刚度应达到试验桩的1.3～1.5倍。

最常用的方法是利用试桩周围的工程桩或垂直承载力试验用的锚桩作为反力支座，根据需要把2根甚至4根桩连成一整体，有条件时也可以利用周围现有结构物作反力支座，必要时可浇筑专门的支墩来做反力座。

## 三、基准桩的设置

设置基准桩是为了量测桩在作用点处的断面位移和转角，陆上试桩时可用入土1.5m以上的钢钎或型钢作为基准桩。在水上设置基准桩时，因为水深较大，可采用专门设置的试桩作为基准桩。同时试桩的基准桩一般不少于2根。搁置在基准桩上的基准梁要有一定的刚度，以减少晃动。整个基准装置系统应保持相对独立。为减少温度对量测的影响，基准梁应采取简支形式，顶上有篷布遮阳。无论基准装置还是反力装置应设置在试桩的影响范围外，具体范围见图2-4-2所示。

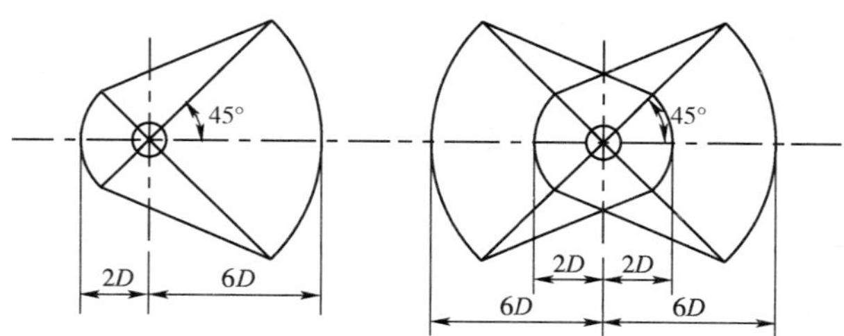


图2-4-2 试桩影响区（$D$为桩径或桩宽）

目前国内外试桩大多采用桩顶自由的形式。为了模拟实际工程桩的受力状态，也有采用桩顶固接的形式，但这种方法安装复杂，且受到其他各方面条件限制，难使试验条件和实际情况完全保持一致。因此采用桩顶自由的形式是比较现实和合理的方法。对不同的约束形式，

可由桩顶自由状态下试桩得到的地基反力系数推算求得。

### 四、量测内容及量测仪器

1. 水平位移和转角的量测

桩的水平位移宜采用大量程百分表测量，在水平力作用平面的受检桩两侧应对称安装两个位移计；当需要测量桩顶转角时，尚应在水平力作用平面以上50cm左右的受检桩两侧对称安装两个位移计，根据上下表位移差与其相应桩表面距离的比值，可求得地面以上桩的转角。

2. 桩身截面弯矩的量测

桩身弯矩一般通过量测桩身应变间接推算求得，桩身应变的量测一般采用电阻应变计、弦式钢筋计或差动式钢筋计，钢桩可直接在桩身表面粘贴电阻应变片，但应采取严格的防潮措施，应变的量测可用静态应变测试仪器。

3. 桩身挠曲变形量测

桩身挠曲变形可采取在桩内预埋测斜管，用测斜仪量测不同深度处的桩截面倾角，然后利用桩顶实测水平位移值推算在各级水平荷载作用下的挠曲变形；也可利用应变片测得的弯曲应变直接推算桩轴线的挠曲变形，这样得到的桩挠曲变形精度较高。

4. 桩侧土抗力的量测

桩侧土抗力的量测最直接的方法是在桩侧壁埋设土压力传感器，也可以通过实际量测的桩身弯矩两次微分来推求桩侧的土抗力。

## 第三节 试验方法及成果整理

### 一、加载方法

实践证明：荷载稳定时间、循环形式、周期和加载速率等因素直接影响到桩的承载力，加载方法有多种，总的分为单循环连续加载法或慢速维持加载法和多循环加载法。中华人民共和国行业标准《港口工程桩基规范》(JTS 167-4—2012)规定水平荷载试验宜采用单循环维持荷载法，每级荷载加载量为预估最大荷载的1/10，每级卸载量为加载量的2倍；加载每级维持20min，卸载每级维持10min，从零开始每隔5min测读一次。卸载至零后维持30min，每隔10min测读一次。

中华人民共和国行业标准《建筑基桩检测技术规范》(JGJ 106—2014)还推荐了一种单向多循环加载方法，规定每级荷载分级加载量应小于预估最大试验荷载的1/10，每级荷载施加后，恒载4min后测读，再卸载到零，停2min后测读，此为一循环，每级荷载循环5次便完成一级荷载的试验观测，进入下一级荷载，一直施加到桩发生破坏或达到预定荷载为止。

不同行业对桩基的使用性要求不同，因此对试验的终止条件要求也有所不同。《港口工程桩基规范》规定的试验终止加载条件为：在某级荷载下，横向变形急剧增加、变形速率明显加快、地基土出现明显的斜裂缝、达到试验要求的最大荷载或最大位移时终止加载。《建筑基桩检测技术规范》(JGJ 106—2014)规定的试验终止加载条件为：当桩身折断或最大桩身水平位移超过30～40mm(软土取40mm)或水平位移达到设计要求的水平位移允许值时终止加载。

## 二、试验成果整理

1. 绘制水平荷载与力作用点位移关系曲线

试验结束后绘制水平荷载与力作用点位移（$H—Y$）关系曲线，有时间影响的需要绘制荷载、时间与变形（$H—t—Y$）关系曲线，通过该曲线即可判断该试桩的承载力。绘制水平荷载、水平荷载作用点水平位移—地基土水平抗力系数的比例系数的关系曲线（$H$—m、$Y$—m）。

（1）单桩水平临界荷载

对于混凝土桩，单桩水平临界荷载（即桩身受拉区混凝土明显退出工作前的最大荷载）按下列方法综合确定：

①取单向多循环加载法时的 $H_0—t—Y_0$ 曲线或慢速维持荷载法时的 $H—Y_0$ 曲线出现拐点的前一级水平荷载值；

②取 $H_0—\Delta Y_0/\Delta H_0$ 曲线或 $\lg H_0—\lg Y_0$ 曲线上第一拐点对应的水平荷载值；

③取 $H_0—\sigma_g$ 曲线第一拐点对应的水平荷载值。

（2）单桩水平极限荷载

单桩水平极限承载力是对应于桩身折断或桩身钢筋应力达到屈服时的前一级水平荷载，可根据下列方法综合确定：

①取单向多循环加载法时的 $H_0—t—Y_0$ 曲线产生明显陡降的前一级或慢速维持荷载法时的 $H_0—Y_0$ 曲线产生明显陡降的起始点对应的水平荷载值；

②取慢速维持荷载法时的 $Y_0—\lg t$ 曲线尾部出现明显弯曲的前一级水平荷载值；

③取 $H—\Delta Y_0/\Delta H$ 曲线或 $\lg H_0—\lg Y_0$ 曲线上第二拐点对应的水平荷载值；

④取桩身折断或受拉钢筋屈服时的前一级水平荷载值。

2. 绘制各级荷载作用下的桩身弯矩图和桩身挠度曲线

对于埋设量测装置的试桩应绘制桩身弯矩分布曲线，计算并绘制桩身挠曲曲线。桩身弯矩一般通过量测桩身应变来推算得到，从实测应变推求桩身弯矩的方法有以下几种：

（1）整桩率定法：试桩入土前对各测试断面进行率定，建立各测试断面的仪器测定值和弯矩之间的关系，根据实际各测试断面的测定值和理论求得的弯矩值，推求出各对应断面的抗弯刚度值。

（2）标定断面法：就是在试桩时利用接近泥面的测试断面建立该断面的实测弯曲应变和理论弯矩的关系。对事先无法进行整桩率定的桩，可近似把标定断面的关系看作其他所有测试断面的率定曲线，以确定试桩时泥面下桩身各断面的弯矩。采用此法要求有一定的自由长度（力作用点离标定断面之间间距一般不小于2倍桩径）。

桩的挠度曲线图可由测斜仪量测得到，也可直接由测试得到的各断面弯曲应变推算而得，两者相比，后者系统误差小，所得挠曲线精度也高。求出土抗力和剪力后，也可由参数法求出各断面的位移和转角。

3. 绘制各级荷载作用下的土抗力和水平位移的关系曲线

根据实测桩身挠度和弯矩可计算得到桩在各级荷载作用下所受到的土抗力 $P$ 的分布图，进而绘制出泥面下不同深度处单位面积上土抗力和水平位移的关系（$P—Y$）曲线簇。这些曲线基本上反映了地基固有力学性质，据此可用有限元法或有限差分法确定实际工程桩在水平荷载作用下的受力特性。

## 第四节 理论计算方法介绍

桩在水平荷载作用下的计算分为线弹性地基反力法和非线性弹性地基反力法两大类。线弹性地基反力法包括张氏法、$C$ 值法、$m$ 法和 $k$ 法等,非线性弹性地基反力法包括港研法、$p—y$ 曲线法和 $NL$ 法等。尽管非线性弹性地基反力法近年取得了不少进步,但由于计算过程相对复杂,而国内的工程设计人员已在长期使用线弹性地基反力法的过程中积累了丰富的经验,因此线弹性地基反力法仍然是国内目前应用最普遍的计算方法。

将桩周土抗力表达为以下的函数:

$$q = kz^m y^n \tag{2-4-1}$$

式中:$k$、$m$、$n$——根据不同的土抗力分布假定取不同的数值(表 2-4-1)。

线弹性地基反力法和非线性弹性地基反力法各系数取值见表 2-4-1。

**系数取值表** 表 2-4-1

| 方法类型 | 方法名称 | 计算公式 | $m$ | $n$ |
|---|---|---|---|---|
| 线弹性地基反力法 | 张氏法 | $q = cy$ | 0 | 1 |
| | $C$ 值法 | $q = cz^{0.5}y$ | 0.5 | 1 |
| | $m$ 法 | $q = mzy$ | 1 | 1 |
| | $k$ 法 | $q = kz^2y$ | 2 | 1 |
| 非线性弹性地基反力法 | 港研法 $C$ 型地基 | $q = ky^{0.5}$ | 0 | 0.5 |
| | 港研法 $S$ 型地基 | $q = kzy^{0.5}$ | 1 | 0.5 |
| | $p—y$ 曲线法 | $q = kzy^{1/3}$ | 1 | 1/3 |
| | NL 法 | $q = k_N z^{2/3} y^{1/3}$ | 2/3 | 1/3 |

下面主要介绍港口工程中桩基常用的理论计算方法。

(1)$m$ 法

$m$ 法基本假设是:将土体作为弹性变形介质,具有沿深度成正比增加的地基系数,能更好地反映地基系数沿深度分布的情况。此时桩的微分方程式为:

$$EI\frac{d^4y}{dz^4} + Bmzy = 0 \tag{2-4-2}$$

令 $\alpha = \sqrt[5]{\frac{mB}{EI}}$ 代入上式,公式可转换为:

$$\frac{d^4y}{dz^4} + \alpha^5 zy = 0 \tag{2-4-3}$$

求解以上方程的方法有幂级数法、差分近似法、反力积分法和量纲分析法。这些方法的精度一般能满足工程实用要求,现行规范已把解答结果编制成表格,可通过查表确定个计算参数,便于工程应用。

$m$ 值可按下列进行计算：

对于水平载荷试验，$m$ 值可直接采用式（2-4-4）和式（2-4-5）进行计算。在同级水平荷载作用下，由式（2-4-4）求得的桩的相对刚度系数 $T$ 值，再由式（2-4-5）求得 $m$ 值。

$$Y_0 = 2.441 \frac{H_0 T^3}{EI} + 1.621 \frac{M_0 T^2}{EI} \tag{2-4-4}$$

$$T = \sqrt[5]{\frac{EI}{mB}} \tag{2-4-5}$$

式中：$Y_0$——水平荷载作用下泥面变形引起桩在泥面高程处的水平位移（m）；

$H_0$——转换为泥面高程处桩所受的水平力（kN）；

$T$——桩的相对刚度系数（m）；

$E$——桩身材料的弹性模量（kPa）；

$I$——桩身截面惯性矩（$m^4$）；

$M_0$——转换为泥面高程处桩所受的力矩（kN·m）；

$m$——水平地基反力系数随深度增长的比例系数（$kN/m^4$）；

$B$——桩的换算宽度（m）。

当直接计算 $m$ 值有困难时，也可采用试算法进行计算。先假设一个 $m$ 值，由式（2-4-5）求得 $T$ 值，再由式（2-4-4）求得 $Y_0$ 值，并与式（2-4-6）求得的 $Y_0$ 值进行比较，反复试算，直至二者相符为止，最后假设的 $m$ 值即为所求值。

$$Y_0 = Y - \theta h_0 + \frac{Hh_0^3}{6EI} \tag{2-4-6}$$

式中：$\theta$ ——水平荷载作用下桩顶截面转角（rad）；

$H$——水平荷载（kN）；

$h_0$——水平荷载作用点至泥面的距离（m）；

$Y$——水平荷载作用下桩在作用点处的水平位移（m）。

（2）$p$—$y$ 曲线法

线弹性地基反力法一般适用在泥面处的水平位移不太大（在 1cm 左右）的情况，这是因为桩身任一点的桩侧土反力与该点处桩身挠度之间的关系可以近似看成是线性的。已有试桩表明，桩在水平力作用下，桩身任一点处的桩侧土压力与该点处桩身挠度之间的关系，实际上是非线性的，特别是桩身侧向位移大于 1cm 时，更为显著，它综合反映了桩周土的非线性、桩的刚度和外荷作用性质的特点。

$p$—$y$ 曲线法最早由 Matlock 等人提出，并被列入美国 API 规范，我国现行规范中横向荷载桩的 $p$—$y$ 曲线法基本上是借用美国 API 规范的内容。根据规范可由当地的地质情况计算出地基不同深度处，在不同横向位移时所对应的土抗力，即 $p$—$y$ 曲线。长桩桩顶受到水平力后，桩附近的土从地表面开始屈服，塑性区逐渐向下扩展，$p$—$y$ 曲线法对大变形和小变形桩均适用。

（3）$NL$ 法

$NL$ 法提出的土抗力计算公式是通过大量的现场试验实测桩身承受的土抗力，采用数理统计的方法得到的，具有使用方便、可靠、有效的特点，$NL$ 法认为土抗力和泥面下深度（$z$）及该处的水平位移（$y$）满足下列关系：

$$EI\frac{d^4y}{dz^4}+Bk_Nz^{\frac{2}{3}}y^{\frac{1}{3}}=0 \tag{2-4-7}$$

对黏性土，水平地基反力系数 $k_N$ 可由土的压缩系数 α 来推算，公式为：

$$k_N=\frac{110\zeta}{(\alpha-0.2)^{1/2}} \tag{2-4-8}$$

式中：$k_N$——水平地基反力系数(kN/m³)；

$\alpha$——地基土的压缩系数(1/MPa)；

$\zeta$——桩宽修正系数，当 $B\geqslant 0.4\text{m}, \xi=1$；当 $B<0.4\text{m}, \zeta=0.7+0.05/B^2$。

## 第五节 试桩实例

**例 2-4-1** 某工程混凝土灌注桩的水平荷载试验。

1. 试验目的

通过对桩的水平荷载试验，了解当桩顶处在黏质粉土夹粉质黏土层时单桩水平临界荷载 $H_{cr}$ 和单桩水平极限承载力 $H_u$，确定实际工程桩在水平荷载作用下的受力特性。

2. 试桩参数

试桩设计桩身直径为 $\phi$550mm，实测桩身直径 $\phi$732mm。

3. 试验装置及测试

本次水平静载荷试验采用单向多循环法，反力由试桩相邻的同一轴线上的反力桩提供。反力装置及加荷系统的主要设备有：反力梁、水平推力专用千斤顶、压力传感器、球形铰、油泵及相应油路系统。在千斤顶与试验桩之间安装的测力用的压力传感器通过静态电阻应变仪控制加载量。球型铰支座按照在压力传感器与试验桩的接触处，使千斤顶的作用力始终通过桩身纵轴线。试验设备安装示意图见图 2-4-3。

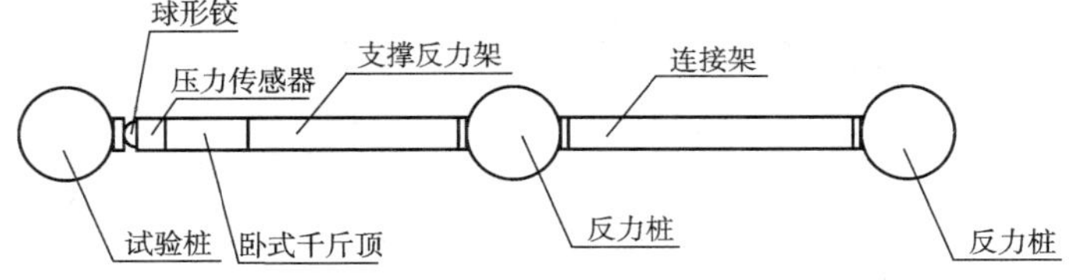


图 2-4-3 水平静载荷试验安装示意图

百分表上、下各布置 2 只，上、下百分表间距为 50cm 左右，下百分表同水平力点位置处于同一高程。

4. 资料分析

该桩荷载分级为每级 20kN；最大加载量为 180kN，相应力点水平位移量为 62.85mm；卸载至零后的残余水平位移量为 21.15mm。根据试验数据绘制的水平力—时间—作用点位移($H$—$t$—$Y_0$)曲线、水平力—位移梯度($H$—$\Delta Y_0/\Delta H$)曲线、水平力—作用点位移双对数($\lg Y_0$—$\lg H$)曲线分别见图 2-4-4、图 2-4-5、和图 2-4-6。

(1)水平临界荷载的确定

从图 2-4-4、图 2-4-5 可以看出，单位荷载下的水平力点位移在 80kN 向 100kN 加载时，位

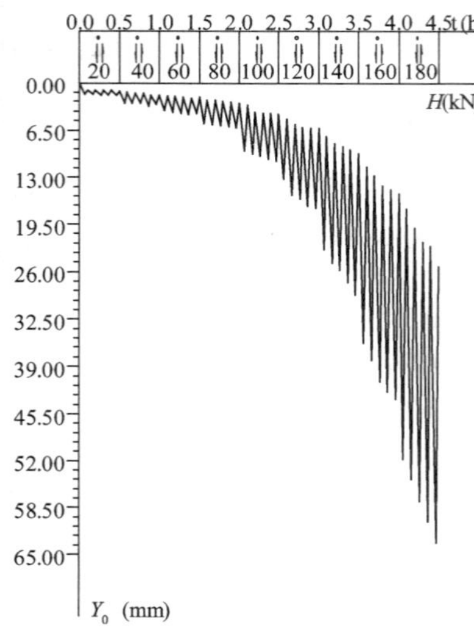


图2-4-4 试桩 $H—t—Y_0$ 曲线

移突增,$H—t—Y_0$ 曲线在100kN荷载时有明显拐点,$H—\Delta Y_0/\Delta H$ 曲线在80kN时出现第一拐点,为此判断该桩的水平临界荷载为80kN。

(2)水平极限荷载的确定

由图2-4-4和图2-4-5可知,在荷载由160kN加至180kN时,水平位移第二次突增,$H—t—Y_0$ 曲线出现较明显第二拐点,$H—\Delta Y_0/\Delta H$ 曲线在160kN处也出现第二拐点,因此160kN为该桩的水平极限承载力。

(3)单桩水平承载力设计值(特征值)的确定

①按《建筑桩基技术规范》(JGJ 94—2008)应取桩顶高程处水平位移10mm对应荷载的75%为单桩水平承载力设计值(特征值)。由插值法计算出10mm水平位移对应的荷载为99kN,则水平承载力设计值(特征值)可定为 $99 \times 0.75 = 74$kN。

②按《建筑基桩检测技术规范》(JGJ 106—2014),当桩身不允许开裂时,取水平临界荷载的0.75倍作为水平承载力特征值,即 $80 \times 0.75 = 60$kN;若按桩身强度控制,则取临界荷载80kN为特征值。

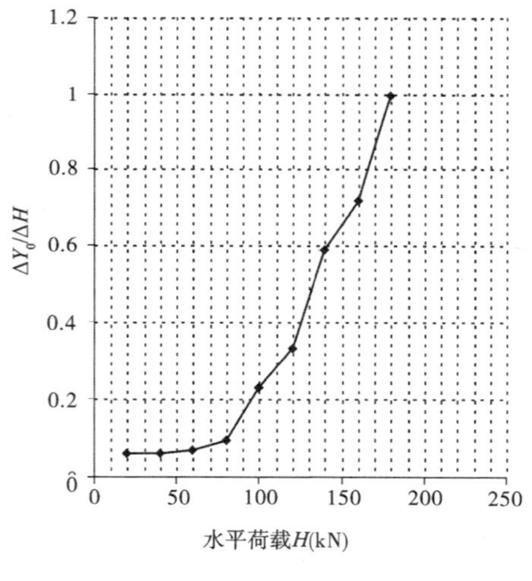


图2-4-5 试桩 $H—\Delta Y_0/\Delta H$ 曲线

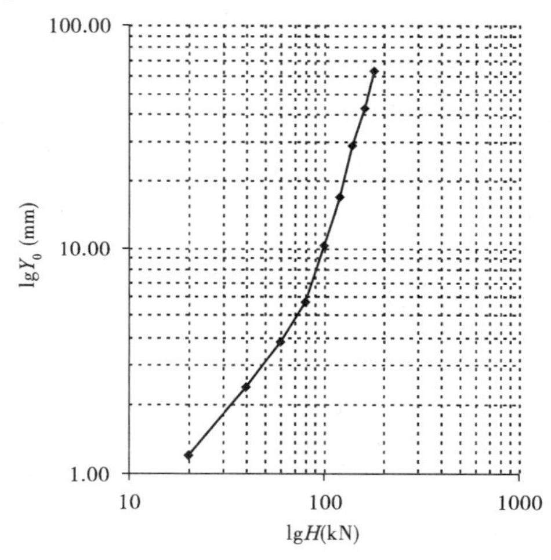


图2-4-6 试桩 $\lg Y_0—\lg H$ 曲线

**例2-4-2** PHC管桩水平荷载试验。

1. 试验目的

通过对桩的水平静载荷试验,了解当桩顶处在某褐黄色粉质黏土层时,桩的单桩水平临界荷载 $H_{cr}$ 和单桩水平极限承载力 $H_u$,以及与力点水平位移对应的地基土水平抗力系数的比例系数 $m$ 值。

2. 试桩参数

试桩为 $\phi$400mm B型PHC管桩。

3. 试验装置及测试

本次水平静载荷试验采用单向单循环恒速水平加载法,反力由2根直径为 $\phi$400mm的PHC桩提供。反力装置及加荷系统的主要设备有:反力梁、水平推力专用千斤顶(卧式千斤顶)、压力传感器、球型铰、油泵及相应油路系统。球型铰支座按照在压力传感器与试验桩的接触处,使千斤顶的作用力始终通过桩身纵轴线。试验桩设备安装示意图见图2-4-7。

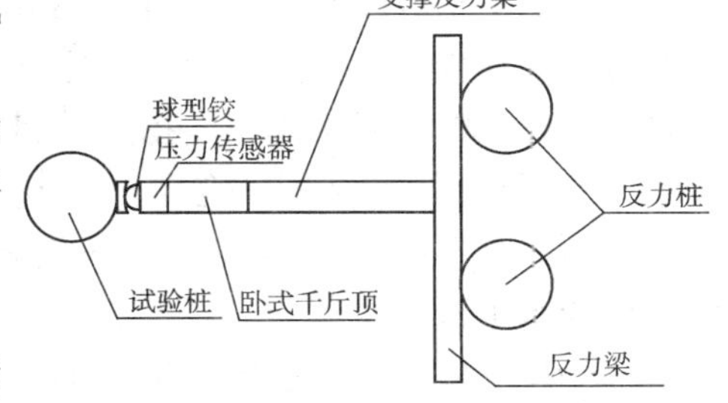


图2-4-7 水平力试验安装示意图

百分表上、下各布置2只,上、下百分表间距为50cm,下百分表同水平力点位置处于同一高程;水平力作用点距离开挖后的泥面约10cm。

4. 资料分析

该桩荷载分级为在50kN前每级10kN,50kN后调整为每级5kN,最大加载量为140kN,相应力点水平位移量为69.11mm,卸载至零后的残余水平位移量为29.44mm。根据试验数据绘制的水平力—作用点位移($H$—$Y_0$)曲线、水平力—作用点位移双对数($\lg Y_0$—$\lg H$)曲线及水平力—地基土水平抗力系数的比例系数($H$—$m$)曲线分别见图2-4-8、图2-4-9和图2-4-10。

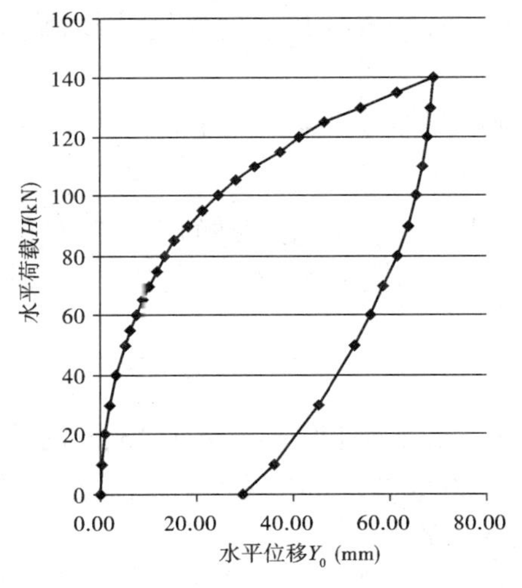


图2-4-8 试桩 $H$—$Y_0$ 曲线

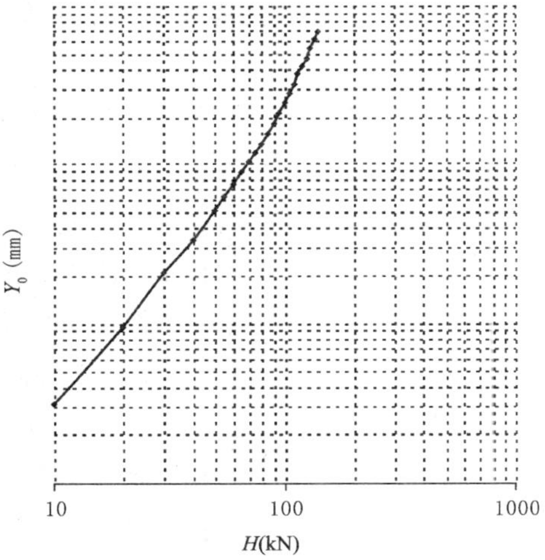

$Y_0$ (mm)

$H$(kN)

图2-4-9 试桩 $\lg Y_0$—$\lg H$ 曲线

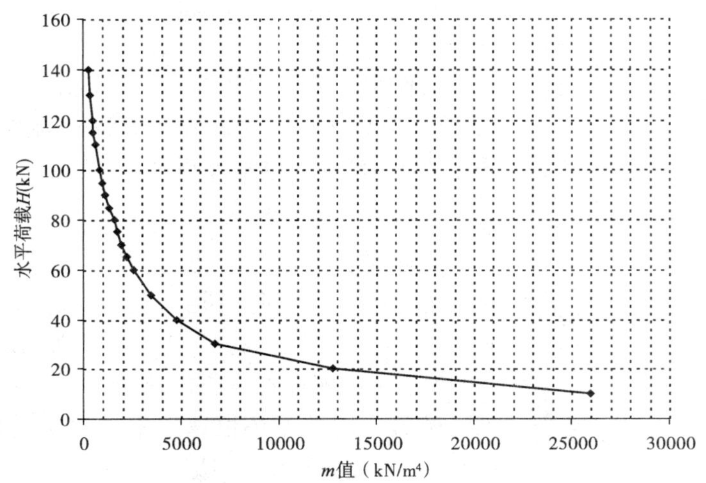


图2-4-10 试桩 $H$—$m$ 曲线

(1)水平临界荷载的确定

从图2-4-8可以看出，当荷载从80kN向85kN加载时，位移增加较大，$H—Y_0$曲线在80kN荷载时有明显拐点，单位荷载下的位移增量在80kN级时为0.32mm/kN，85kN级时增大到0.44mm/kN，80kN时出现第一拐点，据此判断该桩的水平临界荷载为80kN。

(2)水平极限荷载的确定

由图2-4-8可知，荷载由110kN上升到115kN时，水平位移第二次突增，因此推荐110kN为该桩的水平极限承载力。

(3)单桩水平承载力设计值(特征值)的确定

①按《建筑桩基技术规范》(JGJ 94—2008)应取桩顶高程处累计水平位移10mm对应荷载的75%为单桩水平承载力设计值(特征值)。按插值计算，该桩10mm位移对应的水平力为69.3kN，则水平承载力设计值(特征值)可定为69.3×0.75=52.0kN。

②按《建筑基桩检测技术规范》(JGJ 106—2014)，当桩身不允许开裂时，取水平临界荷载的0.75倍作为水平承载力特征值，即80×0.75=60kN；若按桩身强度控制，则取临界荷载80kN为特征值。

**例2-4-3** 某码头桩的水平荷载试验。

1.试验目的

通过对预应力混凝土大直径管桩的水平荷载试验，求得该地区的侧向地基系数，以确定实际工程桩在水平荷载作用下的受力特性。

2.测点布置

试桩有9节4m长、直径1.2m、壁厚为13cm的管节，用高强钢绞线按后张法拼接成36m长桩。桩身预压应力约为6MPa，混凝土等级为C60。

在整根试桩中布置了22个测试断面，每个断面对称埋设了2个应变计。接近泥面的13个测试断面间距为1m，见图2-4-11。

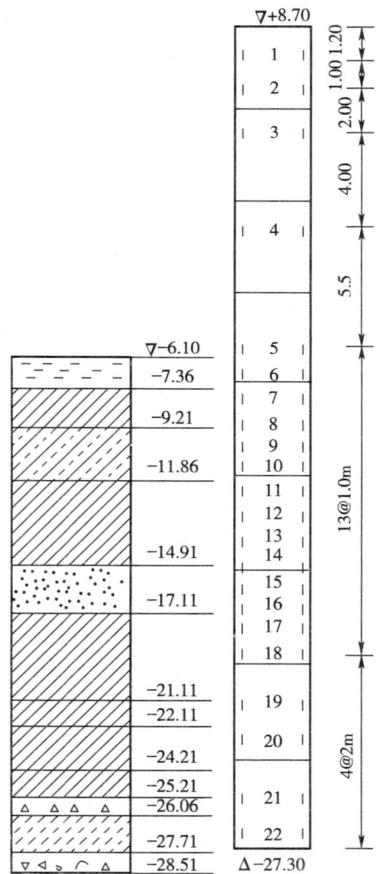


图2-4-11 贴片布置图(单位:m)

力作用点高程为7.84m，位移测量安排了2个测试断面，高程分别为+7.84m和+8.84m，泥面高程为-6.10m，采用40cm量程的位移计测量。

3.试验装置及测试

试验是在海上平台进行，其反力装置是专门浇筑在一对叉桩上的一个钢筋混凝土墩，基准点由专门设置的2根60cm×60cm方桩承担。用300kN卧式油压千斤顶加载，250kN压力传感器控制施加荷载。

试验采用单循环恒速水平加载法，每级荷载加载量为10kN，由于在施加第13级时，位移增加较快，考虑位移计和千斤顶行程等各方面原因而终止加载，最终整个试验共施加了 13 级荷载。

4. 资料分析

(1)绘制 $H—Y_H$ 曲线

根据量测得到的作用力和力作用点位移(表 2-4-2)绘制 $H—Y_H$ 关系曲线和 $\lg H—\lg Y_H$ 曲线分别见图 2-4-12 和图 2-4-13。双对数曲线只有一个转折点,桩的临界荷载为 90kN,对应作用点位移为 95.8mm,在该图上未出现第二个转折点,所以该桩极限荷载不小于 130kN。

弹性地基系数法系数取值表　　表 2-4-2

| H(kN) | (1)(mm) | (2)(mm) | H(kN) | (1)(mm) | (2)(mm) |
|---|---|---|---|---|---|
| 10 | 6.5 | 4.4 | 80 | 78.9 | 80.1 |
| 20 | 14.5 | 12.7 | 90 | 96.8 | 94.5 |
| 30 | 24.0 | 22.8 | 100 | 119.5 | 126.4 |
| 40 | 32.7 | 31.3 | 110 | 155.4 | 164.0 |
| 50 | 43.6 | 42.0 | 120 | 208.5 | 201.0 |
| 60 | 51.3 | 54.3 | 130 | 295.0 | — |
| 70 | 64.6 | 66.2 | | | |

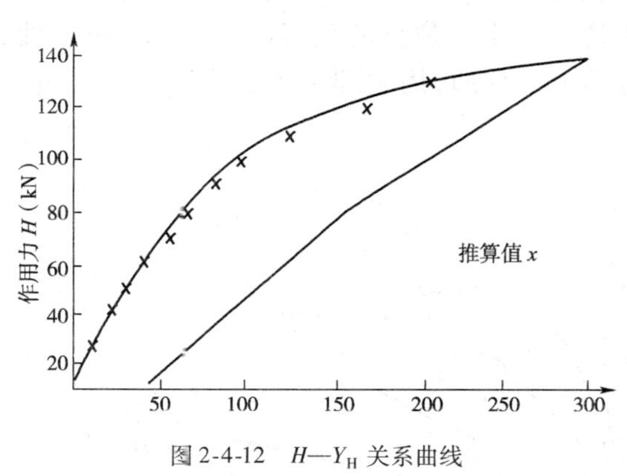


图 2-4-12　$H—Y_H$ 关系曲线

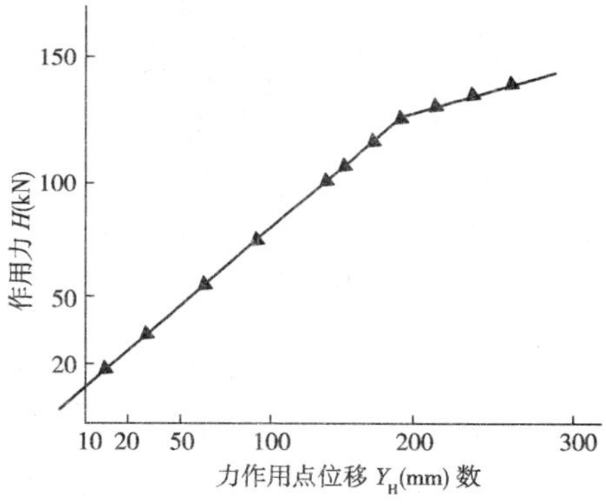

图 2-4-13　$\lg H—\lg Y_H$ 曲线

(2)绘制弯矩分布图

由测试应变经过计算得到的桩身弯矩分布图如图 2-4-14 所示,相应于临界荷载的桩身最大弯矩为 1338kN · m,在泥面下 2.70m 处。由结构试验得到的该桩开裂弯矩为 1310kN · m,两者基本一致。相应于最大荷载 130kN 时的最大弯矩为 1972kN · m,小于结构试验所得破坏弯矩 2080kN · m,故此极限荷载将不小于 130kN。

(3)绘制挠度曲线图

在各级荷载作用下的挠曲线图见图 2-4-15,相应于临界荷载时泥面位移为 9.98mm,第一位移零点离泥面约 7m。

(4)土抗力的计算

由内插后的弯矩值求得泥面下各断面在各级荷载作用下的单位长度的土抗力 $p$,其分布见图 2-4-16。

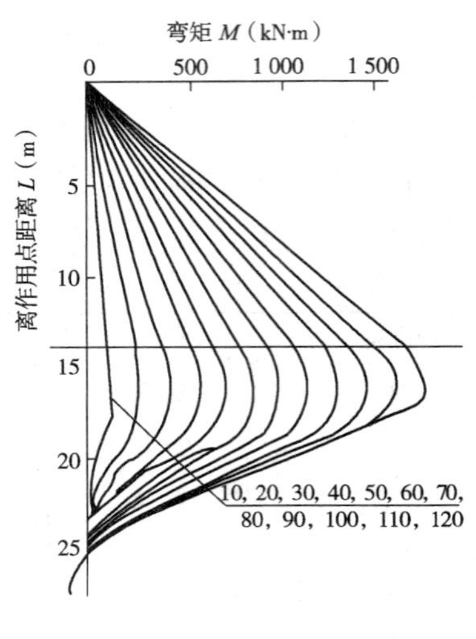


图 2-4-14 桩身弯矩分布图

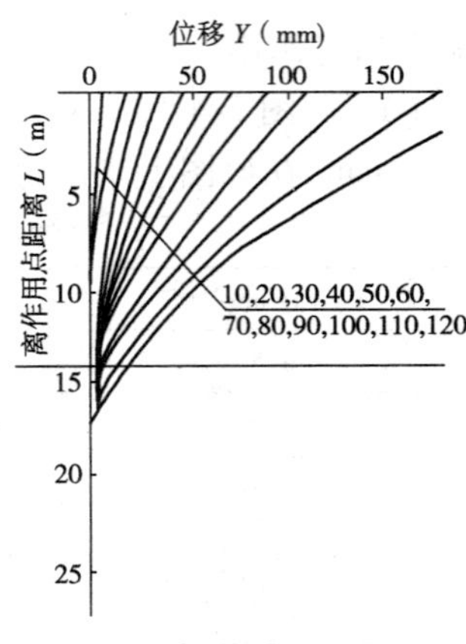


图 2-4-15 挠曲线图

(5) $q$—$y$ 曲线的建立

把计算得到的土抗力 $p$ 除以桩宽得到单位面积上的土抗力 $q$，由挠曲线图中查得相应水平位移 $y$，即得到不同深度处单位面积上的土抗力和水平位移的关系曲线，即 $q$—$y$ 曲线，见图 2-4-17，该曲线簇可近似作为该表层土固有的力学性质，用它即可确定实际工程桩的受力特性。

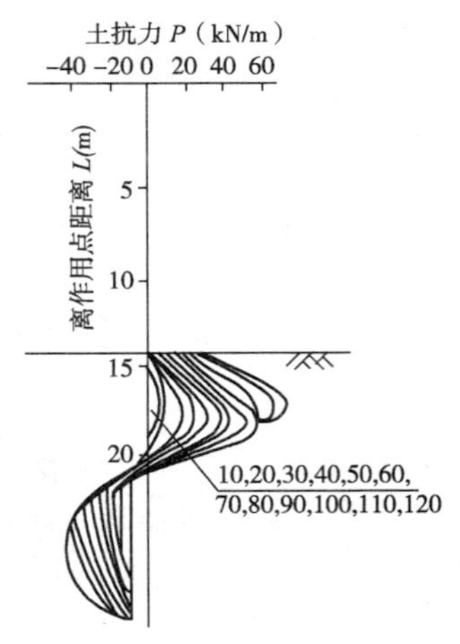


图 2-4-16 土抗力图

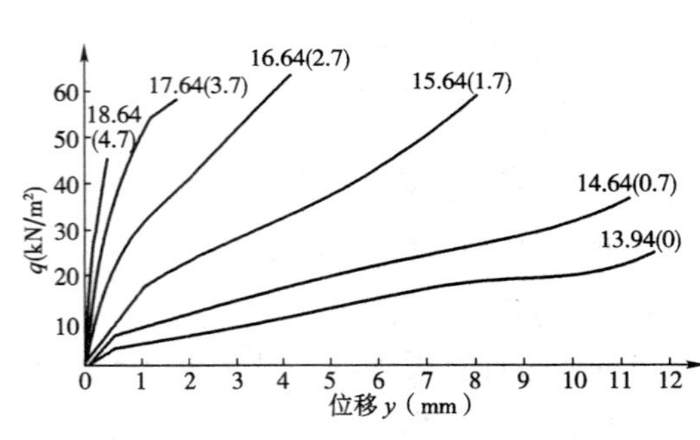


图 2-4-17 泥面下不同深度处水平位移与土抗力关系（图中括号内数字为泥面下深度，单位为 m）

(6) 弹性地基系数的比例系数 $m$ 值的确定

设计要求提供弹性地基系数的比例系数 $m$，由实测作用点力及作用点水平位移，可得到不同荷载作用下的 $m$ 值，$m$ 值可根据实验结果按式(2-4-4)、式(2-4-5)确定，本次实验得到的 $m$ 值见表 2-4-3 和图 2-4-18，相应于临界荷载的 $m$ 值为 3000kN/$m^4$。

**实验得到的 *m* 值** 表 2-4-3

| $H$(kN) | $Y_H$(mm) | $m$ |
|---|---|---|
| 10 | 6.5 | 15.00 |
| 20 | 14.5 | 10.00 |
| 30 | 24.0 | 6.65 |
| 40 | 32.7 | 5.60 |
| 50 | 43.6 | 4.90 |
| 60 | 54.3 | 4.15 |
| 70 | 64.6 | 3.80 |
| 80 | 78.9 | 3.45 |
| 90 | 95.8 | 3.00 |
| 100 | 119.5 | 2.68 |
| 110 | 155.4 | 2.42 |
| 120 | 208.5 | 2.34 |

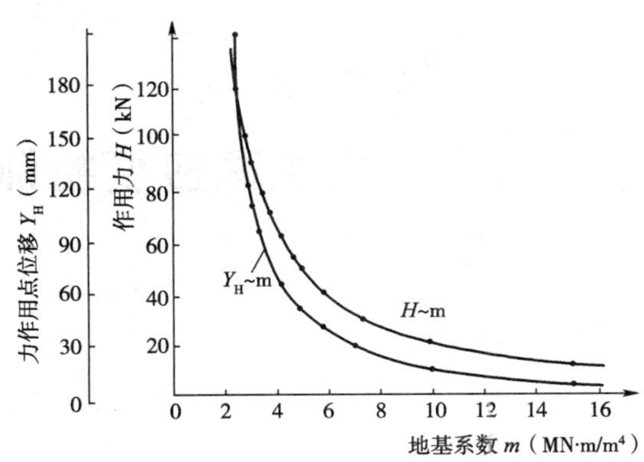

图 2-4-18 地基系数的比例系数 $m$ 分布图

# 第五章 基桩高应变检测

## 第一节 概 述

高应变动测方法是20世纪60年代后发展起来的基桩试验检测方法。与传统的静载压桩试验相比，高应变测桩具有试验简便、周期短、费用相对低廉等优点，除了能检测桩的轴向抗压承载能力外，还可以检测桩身质量，进行打入桩的沉桩能力分析、打桩锤性能研究以及检测打桩过程中的桩身锤击应力等多方面内容。

高应变检测技术是从早期打桩动力公式基础上发展起来的，世界各地的打桩动力公式不下几百种，但这类公式大多是建立在牛顿质点碰撞定律的基础上，也就是假定打桩时锤击能量会立刻在撞击瞬间传到桩底。实践证明各打桩动力公式均存在很大的局限性，计算结果很不稳定，精度变化大，根本原因是打桩过程不是能用牛顿质点碰撞定律直接求解的简单撞击问题，锤击能量是以纵波形式在桩内传递的，从而建立了桩基应力波理论。

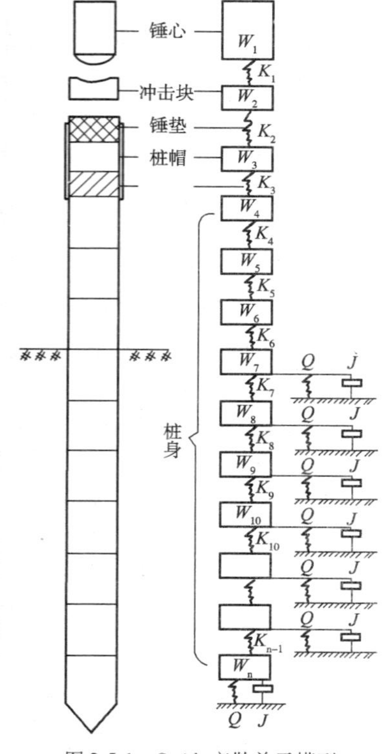

图2-5-1 Smith离散单元模型

20世纪60年代，美国的A. L. Smith首先提出了锤—桩—土系统的离散单元模型及相应的波动方程数值解，这是应力波理论在桩基工程中应用最早的一种解析方法。该模型将锤、桩帽和桩离散成若干单元，单元之间用假想的弹簧连接，单元块体代表单元重量，弹簧代表单元刚度；土阻力被分配到相应的桩单元上，并用带摩擦键的弹簧和阻尼器表示（图2-5-1）。

Smith波动方程的大致计算步骤如下：首先根据打桩时锤的落高和效率计算锤的冲击能量，再由垫层、桩、土等一系列参数计算出桩身各单元的应力、速度、位移及桩打入时的静土阻力等数据，从而评价特定条件下桩的承载能力、桩身应力和沉桩可能性。在Smith波动方程基础上，世界上许多国家都开展了应力波理论在桩基工程中的应用研究，并编制了相应的波动方程计算程序，如早期美国的TTI程序、WEAP程序等。我国从20世纪70年代起也开展了此项研究，由南京工学院和渤海石油设计院共同编制的BF81程序、三航局科研所的 SKBF 程序等都在我国早期的桩基动测中发挥了一定作用。

美国 Goble 等人在波动方程的基础上首先研制出了便于现场检测的打桩分析仪及相应计算分析软件，这是通过实测桩顶应变和加速度时域波形，对桩的承载力、桩身质量、传至桩身的锤击能量等作实时分析。在此基础上 Goble 等人又将桩模型由早期离散单元模型改进为连续模型，采用波动方程程序（即 CAPWAPC 拟合程序）对桩的承载力、桩周土阻力、桩身缺陷等进行拟合分析。由于打桩分析仪检测的是桩顶附近的锤击力和速度信号，避免了早期 Smith 波动方程分析中对锤和垫层模拟带来的误差，从而提高了桩的承载力计算结果的精度，这一方法受到世界各国欢迎，使打桩分析仪测试及分析技术在短时间内得到了迅猛发展。

我国的首台打桩分析仪是由甘肃省建筑科学研究所与上海铁道大学联合研制成功的，随着建筑工程发展的需要，我国在 20 世纪 80 年代中期到 90 年代的十多年时间，无论是桩基动测理论研究、检测仪器的研制以及在工程应用方面都取得了很大进步，我国的桩基动测已居世界前列。为规范桩基动测技术，我国在建筑、水运、公路、铁路等行业都制定了相应的桩基动测规范或规程。

高应变桩基检测具有以下一些功能：

（1）从实测波形分析中可以得到桩身结构完整性资料，判别桩身缺陷性质、类别并确定缺损位置。

（2）在应力波理论分析的基础上，可以得到桩的轴向抗压承载力（地基土对桩的支承力）和桩侧分层摩阻力，当桩顶冲击力足够大时，可以得到桩的轴向抗压极限承载力。

（3）通过对打入桩（混凝土预制桩、钢桩等）打桩过程监测，可以得出桩打入时的动土阻力和静土阻力、桩身锤击应力（压应力和拉应力）、传到桩身的锤击能量，进而可以分析打桩锤的效率，为合理选择沉桩设备、确定桩型和持力层提供依据。

我国目前应用的高应变法主要指波动方程法，通过重锤冲击桩顶，使桩、土之间产生足够的相对位移，充分调动桩周土阻力。国外在波动方程的基础上又开发了一种称作“动静法”（STATNAMIC）或“准静载试桩法”的方法，是在试验桩的桩顶堆载相当于预估单桩极限承载力的 5% ~10% 的荷载物，然后引爆置于桩顶和重物之间的爆炸装置，同时检测桩顶力和位移随时间变化曲线，进而推算出桩顶力—位移曲线，得到桩的承载力。该方法也可以用重锤替代，取预估承载力 5% ~10% 的重锤直接冲击桩顶，在重锤低击和垫层的共同作用下，同样可以达到桩顶荷载作用时间在 100 ~200ms 左右的目的。

## 第二节　应力波在桩身的传递

### 一、一维波动方程

一根材质均匀、截面相同的弹性杆，长度为 $L$、截面积为 $A$、弹性模量 $E$、质量密度为 $\rho$，在距杆端 $x$ 处有一长度 $dx$ 的单元（图 2-5-2）。在轴向力 $F$ 作用下，将沿杆的轴向产生位移 $u(x,t)$、质点运动速度 $V$（$V = V\dfrac{\partial u}{\partial t}$）和应变

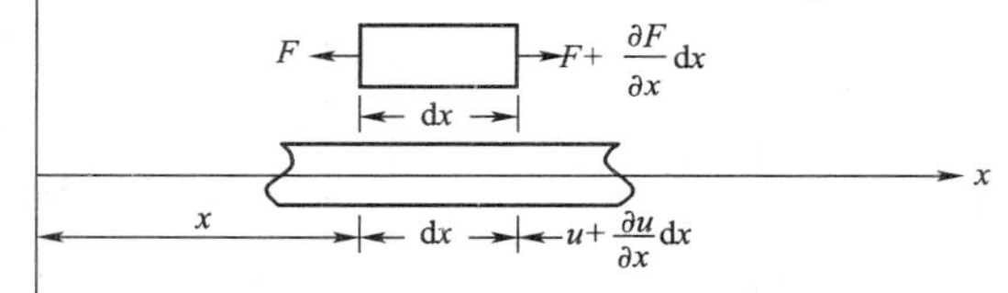


图 2-5-2　杆件单元轴向位移

$\varepsilon(\varepsilon=\frac{\partial u}{\partial x})$，$x+\mathrm{d}x$ 处的位移为 $u+\frac{\partial u}{\partial x}\mathrm{d}x$。

根据虎克定律：

$$\sigma = E \cdot \varepsilon = E \cdot \frac{\partial u}{\partial x} \tag{2-5-1}$$

由式(2-5-1)可得：

$$\frac{\partial u}{\partial x} = \frac{\sigma}{E} = \frac{F}{A \cdot E} \tag{2-5-2}$$

式中：$\sigma$——杆件截面应力；

$\varepsilon$——应变。

对式(2-5-2)两边微分后得到：

$$AE \cdot \frac{\partial^2 u}{\partial x^2} = \frac{\partial F}{\partial x} \tag{2-5-3}$$

利用牛顿定律，列出单元惯性力方程

$$\frac{\partial F}{\partial x}\mathrm{d}x = \rho \cdot A\mathrm{d}x \frac{\partial^2 u}{\partial t^2} \tag{2-5-4}$$

由式(2-5-3)、式(2-5-4)得到：

$$\frac{\partial^2 u}{\partial t^2} = \frac{E}{\rho} \cdot \frac{\partial^2 u}{\partial x^2} \tag{2-5-5}$$

设 $c=\sqrt{\frac{E}{\rho}}$，则得到下列方程：

$$\frac{\partial^2 u}{\partial x^2} = \frac{1}{c^2}\frac{\partial^2 u}{\partial t^2} \tag{2-5-6}$$

方程式(2-5-6)即一维波动方程，$c$ 是纵向波在杆内的传递速度。

## 二、应力波在桩身的传播

桩顶受到一次锤击时，首先在桩顶产生一压缩应力波，并以波速 $c$ 按纵波形式沿桩身向下传播，在传播过程中受桩侧土阻力和桩身阻尼的影响，应力波逐渐衰减，如果桩周的土阻力大，往下传播的压应力波衰减也大。当应力波传到桩底后，又会产生往回传的反射波，反射波性质由桩底土的性质决定：若桩底为固端，则传到桩底的压应力波将全部以压力波形式往回反射；若桩底为自由端，即桩端阻力为零时，传到桩底的压力波全部以拉力波的形式往回反射（图 2-5-3）。一般的桩基工程中很少遇到上面两种极端情况，大部分打入桩的桩端是处在黏土、砂土或强风化岩中，传到桩端压应力波在抵消桩端阻力后，剩余部分以拉力波形式反射回去。桩的端阻力愈小，往回反射的拉应力就愈大。

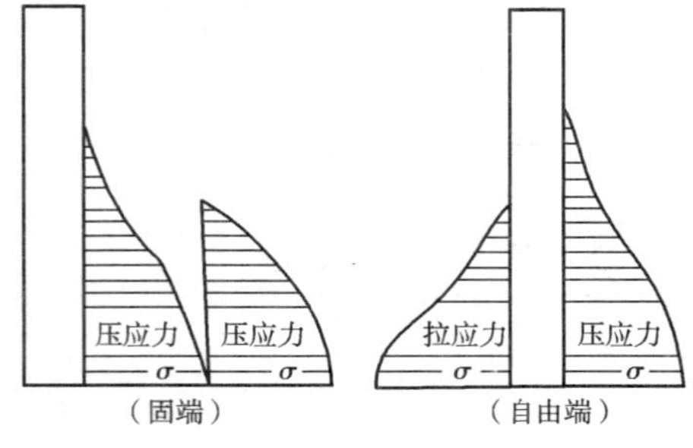


图 2-5-3　不同桩底土层反射波

图 2-5-4 是一根长 45m、截面尺寸 450mm × 450mm 的预制混凝土方桩打桩时实测的锤击应力波在桩身传递过程，这是通过在桩身不同截面埋设的电阻应变计测得的结果。图中曲线编号代表波形出现的先后次序。由图可见，在锤刚接触桩顶时，桩顶附近产生的锤击压应力峰值最大（波形①）；随着时间推移，应力波沿着桩身往下传递，至波形⑤时，锤击压应力波的峰值已接近桩端，之后部分以拉力波形式往回反射。图中波形①至波形⑤两峰值之间的距离约 40m，传递时间 10.5ms，由此可以推算出锤击应力波在该桩的传递速度约 3800m/s。

当桩身的截面面积或材质在某位置发生变化时，传到该截面处的应力波也会发生反射和透射。设 $Z$ 为桩的声阻抗，且 $Z = A \cdot E/C$，$A$ 代表桩身截面积，$E$ 是桩身弹性模量，$C$ 是应力波在桩身的传递速度，$Z$ 是 $A$、$E$ 和 $C$ 的函数。图 2-5-5 表示由阻抗 $Z_1$ 变化到阻抗 $Z_2$ 时波的反射情况，图中的 $F_{d1}$ 和 $V_{d1}$ 分别表示由阻抗 $Z_1$ 的桩段传下来的入射力波和速度波；$F_{u1}$ 和 $V_{u1}$ 分别表示 $Z_1$ 与 $Z_2$ 突变处产生的反射力波和速度波；$F_{d2}$ 和 $V_{d2}$ 表示透射波。由平衡条件可以得到：

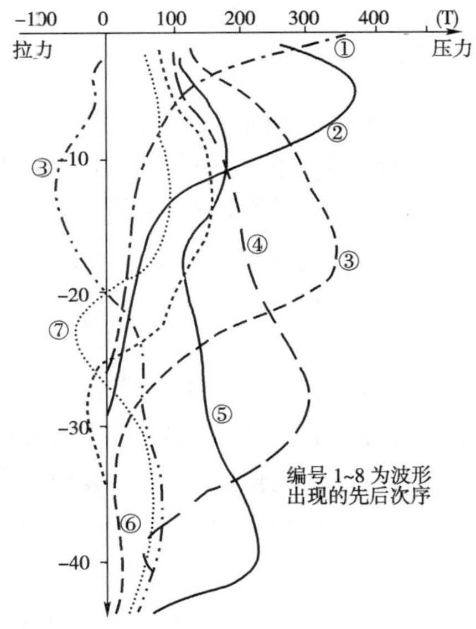


图 2-5-4　锤击应力波沿桩身的传递

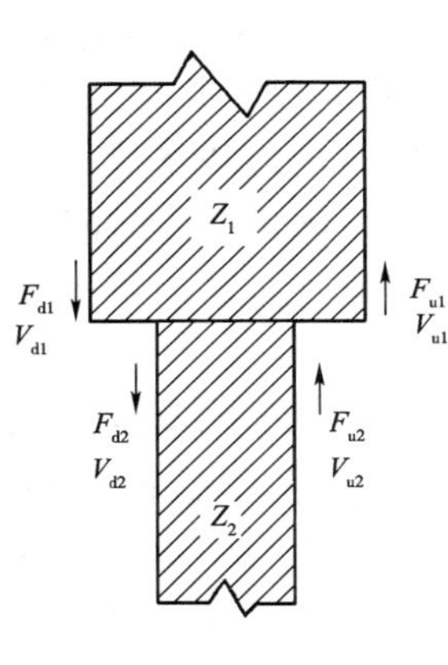


图 2-5-5　阻抗变化处的波形发射

$$\begin{cases} F_{d1} + F_{u1} = F_{d2} + F_{u2} \\ V_{d1} + V_{u1} = V_{d2} + V_{u2} \end{cases} \tag{2-5-7}$$

假若只有下行波 $F_{d1}$ 通过 $Z_1$ 与 $Z_2$ 的交界面，由式(2-5-7)可得：

$$\begin{cases} F_{u1} = F_{d1} \dfrac{Z_2 - Z_1}{Z_2 + Z_1} \\ F_{d2} = F_{d1} \dfrac{2Z_2}{Z_2 + Z_1} \end{cases} \tag{2-5-8}$$

若只有上行波 $F_{u2}$ 通过截面，同样可得到：

$$\begin{cases} F_{u1} = F_{u2} \dfrac{2Z_2}{Z_2 + Z_1} \\ F_{d2} = F_{u2} \dfrac{Z_1 - Z_2}{Z_2 + Z_1} \end{cases} \tag{2-5-9}$$

式(2-5-8)与式(2-5-9)表示，当下行波与上行波通过阻抗变化的截面时，都会分解成反射波和透射波两部分，透射波的性质（压力波或者拉力波）与入射波相同，幅值为原入射波的 $2Z_2/(Z_2+Z_1)$ 倍；反射波的符号由 $Z_2-Z_1$ 决定，幅值为原入射波的 $|(Z_2-Z_1)/Z_2+Z_1|$ 倍。若入射波由大阻抗进入小阻抗（如桩的缩颈等），反射法的符号与入射波相反，如果入射波为下行压力波，则反射波是上行拉力波；透射波的幅值比原入射波要小。当入射波由小阻抗进入大阻抗时（如桩的扩径），反射波与入射波符号相同，若入射波为下行压力波，则反射波为上行压力波；透射波的幅值比原入射波要大。

## 第三节　高应变检测仪器设备

高应变试验设备主要包括锤击设备、传感器和接收仪器 3 个部分。

### 一、锤击设备

冲击锤选择是否合适，直接影响到高应变的测试结果。高应变检测用的冲击锤大致有两种：一是借用打桩工程中的柴油锤、液压锤或蒸汽锤，另一种是检测专用的自由落锤，前一种锤有良好的导向装置和垫层，锤击时不易出现大的偏心，测出的波形较好。常遇到的问题是桩在打入土中休止一段时间后，由于土阻力恢复，承载能力增大，原施工用的锤不足以使桩达到高应变检测所需的贯入度，得不出桩的极限承载力，解决办法是增大落锤高度或调换更大的锤。

另一种冲击锤是自由落锤。目前检测单位使用的自落锤形式很多，有整体铸造的，有铸成 2 ~ 3 块拼装起来的，也有用 2 ~ 3cm 厚钢板分片串装组成的。整体铸造的锤只要锤底平整、形状对称、有一定的重量和高宽比（高宽比不得小于 1），一般能得出理想的波形。如果用 2 ~ 3 块铸钢块组合，要求各块形状及截面大小一致，接触面平整，组装连接紧凑，也能达到整体锤的效果。

用钢板分片串装的锤，在使用几次后钢板会变形，串装后钢板与钢板之间会有一定的间歇，由这类锤得出的波形信息很差，对分析计算桩的承载力不利。

锤重的选取对于高应变检测至关重要。国内各规范对自由落锤的重量要求说法不一。如《港口工程桩基动力检测规程》（JTJ 249—2001）要求自落锤重量不小于预估单桩承载力的 1%，《建筑基桩检测技术规范》（JGJ 106—2014）则要求锤重与单桩竖向抗压承载力特征值的比值不得小于 0.02，并规定桩长大于 30m 或桩径大于 60cm 时应加大锤重，重锤低击一般能得到较理想的结果。

高应变检测的落锤高度也不宜太高，因为过大的落锤高度会使桩产生脉冲窄且峰值高的锤击应力波，容易导致混凝土桩损坏。一般认为自由落锤的高度不宜大于 2.5m。

自由落锤应设置自动脱勾装置和导向装置，试验时锤的纵轴线应与桩的纵轴线一致，锤应平稳下落，避免出现过大的偏心锤击。

### 二、传感器选择

传感器的优劣是高应变检测中重要一环，应慎重选择。目前高应变检测中采用的传感器大多为工具式环形应变传感器和压电晶体式(或压阻式)加速度传感器。

工具式环形应变传感器见图 2-5-6,由铝合金材料制成,中间的环形框架内壁贴有四片电阻应变片,连成一个桥路。此应变计抗干扰能力强,频响特性较好,易于安装,已被广泛应用于高应变检测。但环式传感器自身很脆弱,稍不注意,就会降低绝缘或变形,在保存和使用过程中应特别当心。

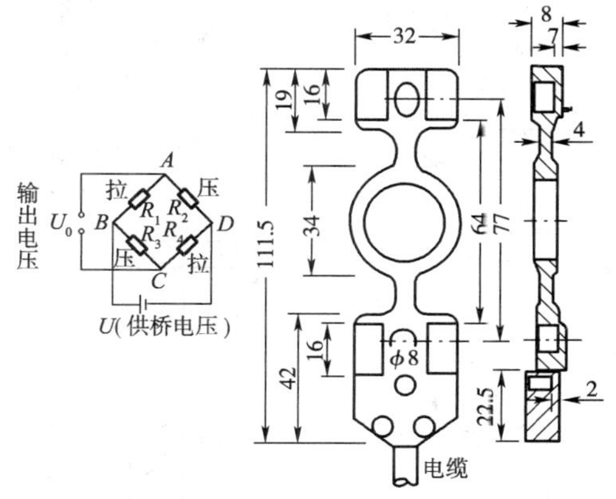

图 2-5-6 工具式应变传感器

高应变检测中使用的加速度传感器大多为压电晶体式或压阻式,传感器供应商已将传感器头子预先安装在一个刚性较大、绝缘较好且有安装螺栓孔的保护盒内。检测人员应根据不同的桩型选择不同规格的加速度传感器:混凝土桩宜选择 1000 ~ 2000$g$ 范围的传感器,钢桩宜选择 3000 ~ 5000$g$ 的传感器。加速度传感器安装后,在 2 ~ 3000Hz 范围内灵敏度降低值不应大于 5%,冲击加速度在 1000$g$ 范围内的幅值非线性允许误差应为 5%。

## 三、检测仪器

我国在用的打桩分析仪品种很多,进口仪器以美国的 PDA 型、PAK 型打桩分析仪和荷兰的 TNO 基桩测试仪为代表;国产仪器主要有 RS 系列、FEI 系列、RSM 系列等基桩动测仪。上述仪器各有特点,但基本原理和主要功能大致相同,都具有 CASE 法实时分析功能和曲线拟合软件。部分高应变检测仪器已具有无线传输功能,可在距现场一定范围内接收检测信号。

## 四、传感器安装

传感器安装好坏直接影响到测试的精度甚至关系到试验的成败。按目前规定,高应变是要检测锤击时桩顶处的锤击力和质点运动速度,锤击力是有由桩身实测应变换算得出的,质点运动速度是通过实测加速度积分得出。目前在我国也有通过实测锤体加速度转换成桩顶冲击力,但必须使用整体铸造的且具有一定高径比的锤,才能视锤为一刚体。

为减少偏心锤击对实测数据的影响,传感器应成对且对称于桩轴线安装,每根桩各安装 2 只应变传感器和 2 只加速度传感器,4 只传感器应处在同一截面,且与桩顶相距不小于 2 倍桩径或边长,大直径桩可适当少些,但不得小于一倍桩径。不同桩型的传感器安装见图 2-5-7。

传感器应采用膨胀螺栓固定,螺栓孔应与桩纵轴线垂直,安装后的传感器应紧贴桩身,且不得扭曲变形。传感器安装处的桩身表面应平整。如果是钻孔灌注桩,则须将传感器安装部位磨平,以保证应变传感器的 4 个支点同在一个平面。传感器不能安装在桩身截面突变部位或邻近位置,安装面的强度必须能反映桩身强度。

水上测桩时,应将传感器导线与电缆连接的插头固定在桩身,防止打桩振动损坏传感器的引出导线;要防止导线接头处或传感器进水。

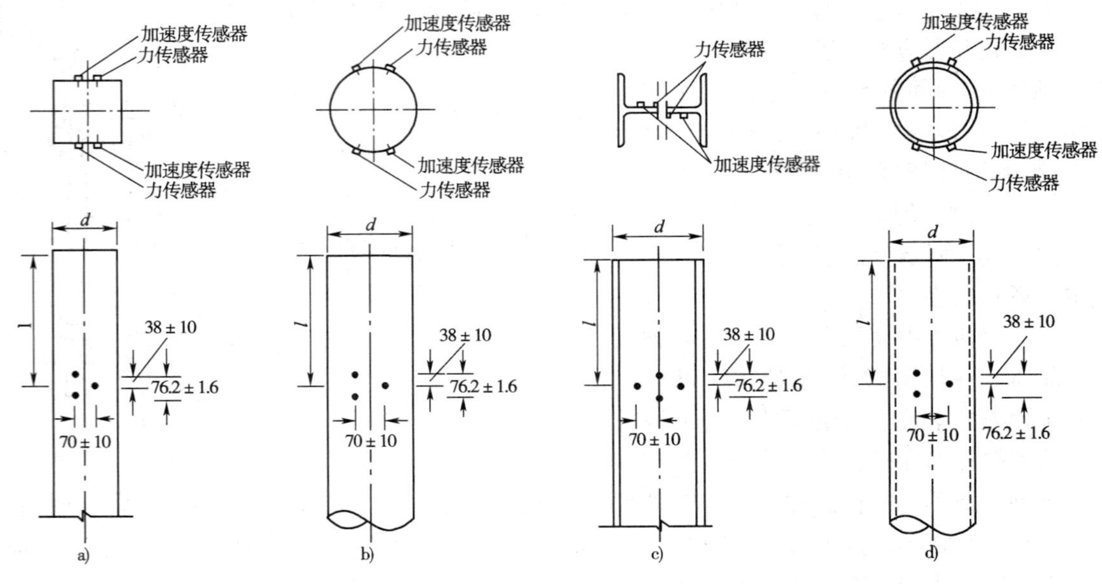


图2-5-7　传感器安装示意图

# 第四节　现场检测及波形判别

## 一、现场检测

正式试验前须仔细检查仪器，并正确设定以下参数：

（1）力传感器和加速度传感器应采用由国家法定计量单位出具的标定系数，这些参数须在标定的有效期内。

（2）桩身截面面积应采用传感器安装截面处的实测值，桩长应取传感器安装截面至桩端的距离。

（3）桩材重度按以下设定：

钢桩——78.5kN/$m^3$

混凝土预制桩——24.5～25.5kN/$m^3$。

混凝土灌注桩——24.0kN/$m^3$

（4）桩身应力波波速在检测前可按经验设定，但计算分析时应按实测波速进行调整（波速测定见本章第五节）。

（5）检测前预设的桩身材料弹性模量可采用规范值或经验值，但计算分析时应按公式$E=\rho\cdot c2$计算得出的弹性模量值，式中$\rho$为桩身材料密度，$c$为实测的应力波波速。

（6）仪器采样时间间隔可按实际桩长估算后确定，必须满足曲线拟合所需的最小时间长度和力曲线回零的条件。例如对长度在50m之内的桩，采样时间段可设定为100ms；对长度大于50m的桩，采样时间段宜设定为200ms。信号采样点数不宜少于1024点。

检测混凝土桩时，应在桩顶处设置桩垫。桩垫宜采用木板、纤维板、纸板或胶合板等均质材料,也可以根据经验选用其他材料。

若冲击锤为自由落锤,应使锤的中心轴与桩的中轴线处在同一直线上。偏心锤击不仅容易损坏桩,且测出的曲线往往不符合要求,如两侧的力信号峰值相差过大,或力信号与速度信号不协调。

检测桩的极限承载力时,同一根桩不宜过多锤击,只要桩周土阻力能充分发挥就可以了,反复多次锤击会引起桩侧土阻力降低,这在黏性土中尤为重要。一般做法是第一锤时落锤高度稍低,根据第一锤测出的波形及冲击力,再决定下一锤的落高。每一锤击的桩身贯入度应采用精密水准仪等精密仪器测定,并使贯入度实测波形一一对应,实测贯入度与高应变是判别曲线拟合质量的重要依据之一。

不宜采用加速度二次积分结果去替代实测贯入度,因为二次积分后会带来很大的误差。

检测过程中要及时对采集的波形进行监视和记录,发现波形有异常时应立即停止锤击并分析原因,待纠正后再继续试验。

## 二、波形判别

高应变实测波形的优劣直接影响到桩承载力计算结果。为此首先要对实测波形进行筛选,选取好的波形作为计算分析的依据。理想的实测波形应该符合下列条件:

(1)四个通道的测试数据齐全,即 2 个加速度传感器和 2 个应变传感器都有可靠信号,且曲线中无高频振荡信号。

(2)桩身两侧 2 只力传感器测得的力信号幅值应相差不大。两侧力信号相差大可能有以下原因:传感器自身质量问题或安装不当、严重偏心锤击以及传感器安装处的桩身质量存在问题。

(3)力时程曲线最终应回零,如采样时间不够或混凝土桩顶开裂、严重塑性变形等都会引起力曲线不回零。

(4)力时程曲线与速度和阻抗乘积的时程曲线在第一峰值前的起始段应重合,第一峰值出现在同一时刻且幅值相差不大,由于桩侧土阻力作用,第一峰值后从土阻力作用开始至 $2L/C$ 时段内两由线逐渐分离,侧摩阻力引起的波会降低桩身质点运动速度,从而使 $F—t$ 曲线在上,$V \cdot Z—t$ 曲线在下。曲线形状特征与桩周土的特性相对应,摩阻力愈大,两曲线分开也大,从两曲线拉开的距离和规律大致可以判断桩侧阻力的变化规律。

(5)实测波形的特征应与桩、土的实际情况相符。如混凝土桩的接桩部位、桩身截面突变部位、桩身缺损部位以及土层变化部位等均会引起波形变化。

(6)应有较明显的桩端反射波。当需要检测桩的极限承载力时,单击贯入度宜在 2 ~ 6mm 范围。若桩未打动,贯入度接近零时,表明锤击能量不足,桩周土阻力未能得到充分发挥;贯入度太大又会使桩、土之间的实际状况与计算模型不符。

图 2-5-8a)波形中的 $F—t$ 波与 $V \cdot Z—t$ 波在起始段不重合,$F—t$ 波出现高频振荡且尾部未回零,经查是其中一只力传感器固定螺栓松动引起的,该波形不能用。

图 2-5-8b)中曲线虽无高频振荡,力曲线也基本回零,但力与速度和阻抗乘积的峰值相差过大,且起始段也不重合,属于异常波形。出现这种现象的原因可能是锤击时桩顶混凝土已开裂或有严重的塑性变形。

图2-5-8c)波形起始段正常，两峰值基本重合，有明显的桩端反射（$2L/c$处），该桩是一根打在海洋中的$\phi$500mm钢管桩，桩端进入极密实的粗砂层，波形中在$2L/c$前有一段力曲线上升、速度曲线下降，这是桩端进入密实砂层的反射结果。该波形的缺点是采样时间过短（44ms），力曲线最终未回零，对计算承载力有一定影响。

图2-5-8d)是一较理想的实测波形，有较明显的桩端反射波，曲线特征反映出该桩为一根摩擦型桩。

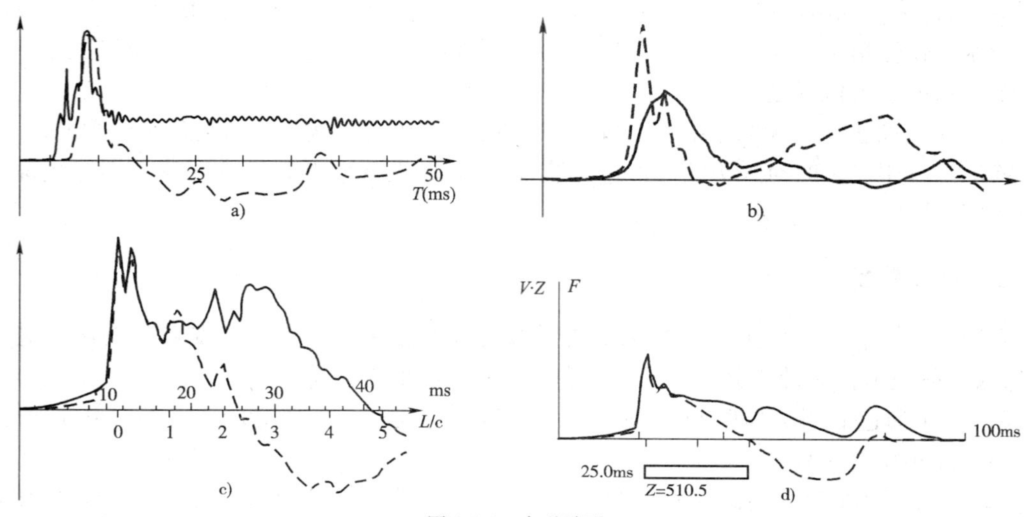


图2-5-8 各种波形

用高应变法检测桩的承载能力以及判别桩身质量，都是依据实测波形，因此波形采集的质量是高应变判别的关键，各有关规范也都提出了高应变实测波形的标准，如《港口工程桩基动力检测规程》规定了下列情况的波形不能作为分析计算的依据：

（1）力时程曲线最终未归零。

（2）锤击严重偏心，一侧力信号呈现受拉状态。

（3）传感器出现故障。

（4）测点处桩身混凝土开裂或者明显变形。

（5）其他的信号异常情况。

## 第五节 CASE法判定桩承载力

CASE法是美国凯司技术学院Goble等人在20世纪70年代提出的一种桩的动测及计算分析方法，该方法以一维波动方程为基础，推导出一套简洁的分析计算公式，能利用打桩分析仪在现场实测到的桩顶应变和加速度，计算出桩打入时的土阻力、桩身锤击应力、传递到桩身的实际锤击能量和桩身质量等参数，是国际土力学与基础工程学会（ISSMFE）推荐的基桩承载力试验方法之一。但CASE法在推导过程中作了许多简化和假定，而这些假定往往与实际有一定差别，这使CASE法的计算精度受到一定影响。尽管如此，该方法的现场快速分析能力还是受到工程界的欢迎。

## 一、CASE 法的基本原理及计算公式

CASE 法假定桩是一匀质杆件，根据应力波传播理论，桩顶受锤击时应满足一维波动方程，见式(2-5-6)。在对方程式(2-5-6)推导的基础上，得到等截面桩锤击贯入时的总土阻力计算公式：

$$R_{T}=\frac{1}{2}\left[F(t_{1})+F\left(t_{1}+\frac{2L}{c}\right)\right]+\frac{Z}{2}\left[V(t_{1})-V\left(t_{1}+\frac{2L}{c}\right)\right] \tag{2-5-10}$$

式中：$R_T$——桩在一次锤击时所发挥的总土阻力；

$F(t_1)$和$V(t_1)$——时刻$t_1$传到桩顶附近的锤击力和桩身质点运动速度；

$t$——速度第一峰值对应的时刻；

$Z$——桩身材料阻抗；

$L$——传感器安装截面至桩端的距离；

$c$——应力波在桩身的传播速度。

总土阻力$R_T$包括静土阻力$R_s$(取决于位移的阻力)和土的动阻尼力$R_d$(取决于速度的阻力)两个部分：

$$R_T=R_s+R_d \tag{2-5-11}$$

在 CASE 法中，假定土的动阻尼力集中在桩端，并与桩端处质点运动速度成正比：

$$R_d=J_c\cdot Z\cdot V_b \tag{2-5-12}$$

$V_b$为桩底处质点运动速度，可由下式求得：

$$V_b=V(t_1)+\frac{F(t_1)-R_T}{Z} \tag{2-5-13}$$

由式(5-12)和式(5-13)两式可得：

$$R_d=J_c[F(t_1)+Z\cdot V(t_1)-R_T] \tag{2-5-14}$$

从总土阻力$R_T$中减去由速度产生的动阻尼力$R_d$后，即可得出桩在一次锤击时的静土阻力：

$$\begin{aligned}R_s&=R_T-J_c\cdot[F(t_1)+Z\cdot V(t_1)-R_T]\\&=\frac{1}{2}(1-J_c)\cdot[F(t_1)+Z\cdot V(t_1)]+\\&\quad\frac{1}{2}(1+J_c)[F(t_1+2L/c)-Z\cdot V(t_1+2L/c)]\end{aligned} \tag{2-5-15}$$

式中：$J_c$——CASE 阻尼系数，这是一个无量纲系数，其值与桩端处土的颗粒大小有关，土的颗粒越细，相应的$J_c$值就大，$J_c$值宜通过下列两种途径确定：

(1)对同一根桩或者同一工程中边界条件相同(指桩型尺寸、成桩工艺、地质条件、休止时间等)的桩进行动、静对比试验，用静载试验得出的单桩极限承载力代入公式(2-5-15)中的$R_s$，再由动测得出$F(t_1)$、$F(t_1+2L/c)$、$V(t_1)$、$V(t_1+2L/c)$及$Z=A\cdot E/c$后，可求出$J_c$值，然后将该$J_c$值用到同一工程边界条件相同的其余动测桩的计算中去。由动、静对比方法求出的$J_c$值可靠性较高。

（2）当工程不具备上述动、静对比试验条件时，也可以通过同一工程中相同边界条件下桩的实测曲线拟合，得出一批桩的 $J_c$ 平均值。曲线拟合的桩数不应少于同一工程相同边界条件下动测桩总数的30%，且不得少于3根，这是为了保证 $J_c$ 值的代表性。

表2-5-1是根据一定数量桩的动静对比试验，由波动方程分析得出各类土的CASE阻尼系数值。由于桩型、施工工艺的差异，相同土层中得到的 $J_c$ 值也不完全相同，如同一根桩在初打结束时和复打时一般应取不同的 $J_c$ 值。表2-5-1中的系数仅供参考。实际工程中应尽量采用动静对比试验或者曲线拟合法推算 $J_c$ 值。

**CASE阻尼系数经验值** 表2-5-1

| 桩端土 | 砂土 | 粉砂 | 砂质粉土、黏质粉土 | 粉质黏土、黏土 |
|---|---|---|---|---|
| $J_c$ 值 | 0.10～0.20 | 0.20～0.30 | 0.30～0.50 | 0.40～1.00 |

公式（2-5-15）适用于在 $t_1+2L/c$ 时刻桩侧和桩端土阻力已得到充分发挥的桩，此时的 $R_s$ 即为桩的极限承载力。

波速 $c$ 的大小直接影响到计算的力和速度值，对动测计算结果影响很大。从实测桩身弹性模量计算公式 $E=\rho \cdot c^2$ 也可以看出，$E$ 和 $c^2$ 成正比。而桩身力 $F=A \cdot E \cdot \varepsilon$，也就是由实测应变推算的力大小与 $c^2$ 成正比。例如波速 $c$ 增加10%，力就要增加21%，因此准确的确定波速就成为计算桩身力和承载力的关键，无论是CASE法还是后面介绍的曲线拟合法都是一样。根据实测波形确定 $c$ 值的方法有以下几种：

（1）当有明显的桩端反射波时，可通过下行波起升沿的起点到上行波下降沿起点之间的时间差和已知桩长确定（图2-5-9）。设桩长为 $L$，桩顶到传感器之间的距离为 $L_0$，时间差为 $t$，则该桩的平均波速为：

$$c=2(L-L_0)/t \tag{2-5-16}$$

（2）当有明显桩端反射波时，也可以通过速度波起升沿的起点到桩端反射波起点的时间差，或者是速度波第一峰值到反射波峰值之间的时间差确定（图2-5-10）：

$$c=2(L-L_0)/(t_2-t_1) \tag{2-5-17}$$

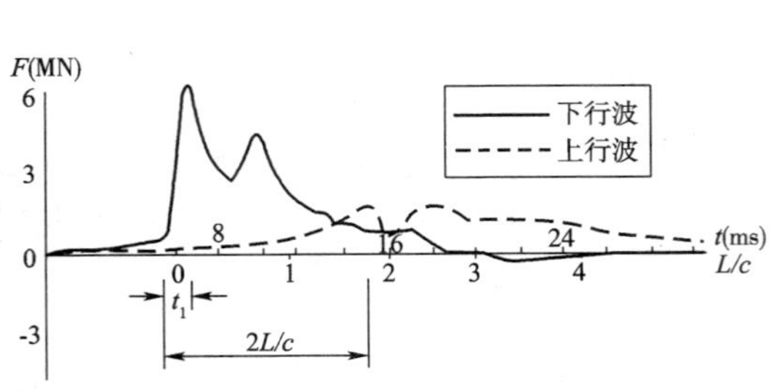

图2-5-9 按上、下行波确定波速

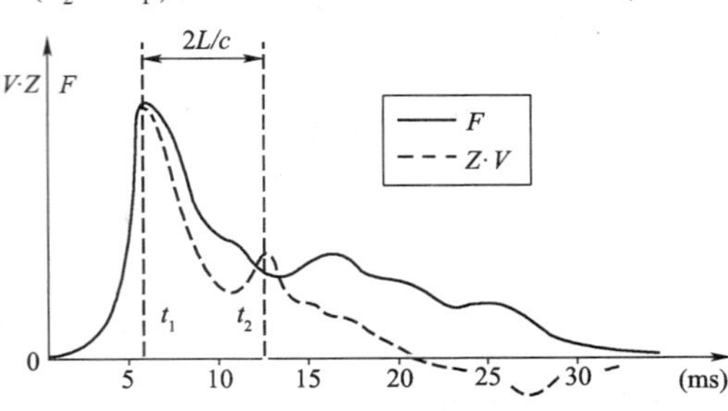

图2-5-10 按峰—峰确定波速

若桩端反射波不明显时，可采用同一种工程中相同条件下（即成桩工艺、桩身材质，桩长等）桩的实测波速代替。

上述确定波速的几种方法中，按上、行波方法确定的波速精度较高，第2种方法次之，第3种方法在预制打入桩上还可以，因预制桩的桩长确定，且桩身材质离散性小，不同的桩之间波速离散性也小。但在混凝土灌注桩中要尽量避免采用第3种方法。

还需要补充说明的是,不能用低应变或超声波法检测得出的波速去替代高应变实测值,因为低应变和超声波测出的波速都比高应变测出的波速要大。

在有些时候,桩侧和桩端的土阻力在 $t_1 \sim t_1 + 2L/c$ 时间段内未能充分发挥,此时若仍用公式(2-5-15)计算极限承载力,结果可能会偏低,这种场合宜采用 CASE 法的最大阻力修正法(RMX 法),固定 $2L/c$,适当延时 $t_1$,求出该延长时间段内 $R_s$ 最大值(图 2-5-11)。这一方法适用于端承型桩和大直径扩底桩,因为这类桩的承载力充分发挥需要较大的桩端位移。

当长度较大而断面较小的桩受到锤击时,由于桩自身回弹量大,会出现桩底反射波在未到达桩顶前,桩顶附近的速度已变成零甚至负值(图 2-5-12),这时桩的侧壁摩阻力会出现所谓的卸载现象,此时 CASE 法计算得出的承载力较实际数值低。由图可见,在时刻 $t_1$ 速度和力波已达到峰值,至时刻 $t_2$ 时速度已下降到零。令 $t_3 = t_1 + 2L/c$,同时设 $t_u = t_3 - t_2$,显然有 $c \cdot t_u/2$ 一段桩身侧阻力发生卸载。Goble 建议用以下方法进行补偿:从 $t_1$ 时刻增加 $t_u$ 至 $t_4$,使 $t_4 = t_1 + t_u$,同时设 $UN = [F(t_1) - Z \cdot V(t_1)]/2$,得出的如下补偿公式:

$$R'_s = R_s + (1 + J_c) \cdot 2UN \qquad (2\text{-}5\text{-}18)$$

式中:$R_s$ 和 $J_c$ 的意义同前。

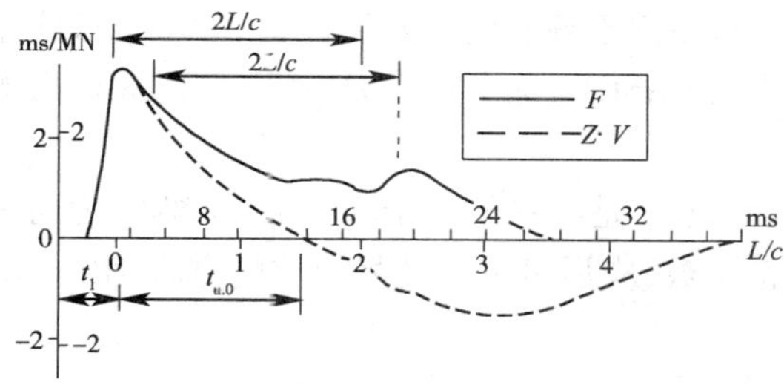

图 2-5-11 最大阻力修正法

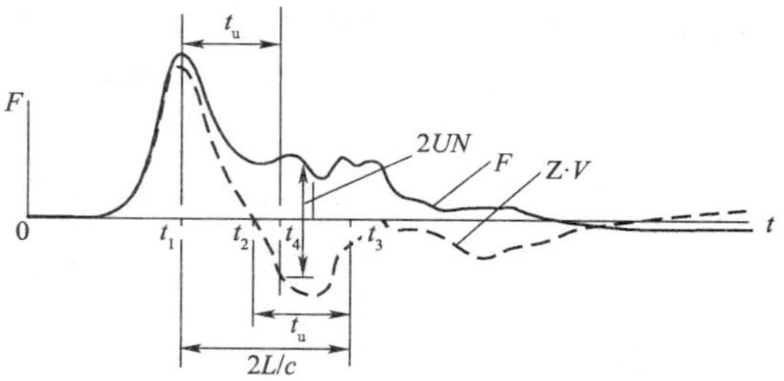

图 2-5-12 卸载补偿

最大阻力修正法和卸载补偿都是比较粗略的方法,在有了实例曲线拟合法后,这 2 种方法就很少应用了。

桩顶受到锤击时产生的桩侧土阻力由下式求出:

$$Q_T = \max[F(t) - Z \cdot V(t)] \quad (0 < t \leq 2L/c) \qquad (2\text{-}5\text{-}19)$$

从公式(2-5-19)可以看出,在 $2L/c$ 前任一时刻 $t_i$ 对应的 $F(t_i) - Z \cdot V(t_i)$ 值代表该时刻对应桩截面以上部分的桩侧阻力。

一次锤击时传到桩身的实际锤击能量为:

$$E = \int_{\Delta} F(t) \cdot V(t)\,dt \qquad (2\text{-}5\text{-}20)$$

积分区间 $\Delta$ 从锤撞击开始到速度为零的时间间隔内。

## 二、锤击时的桩身应力

桩身锤击应力包括桩身锤击压应力和桩身锤击拉应力。在一般情况下,桩身最大锤击压应力就等于桩顶附近的传感器直接测出的最大压应变值计算得出。但如果桩的侧阻力很小,且桩端支承在岩石时,此时桩端反射波仍为压

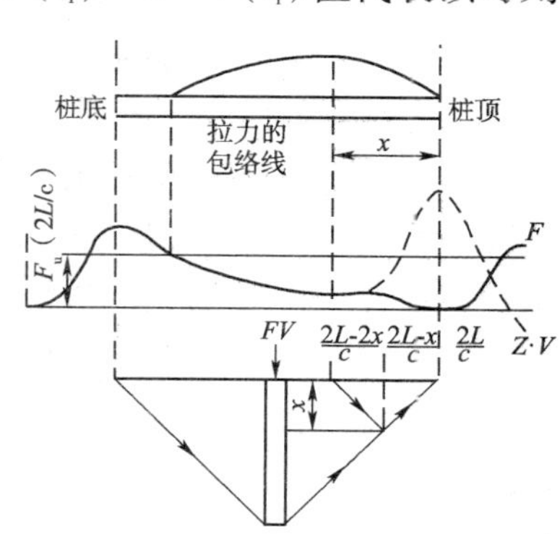


图 2-5-13 桩身锤击拉应力计算示意

力波，最大压应力将出现在桩端附近。

桩身各断面的锤击拉应力值计算如下（图 2-5-13）：

$$T_x = [Z \cdot V(t_2) - F(t_2) - Z \cdot V(t_3) - F(t_3)]/2 \tag{2-5-21}$$

式中：$t_2 = t_1 + 2L/c$，$t_3 = t_1 + 2(L-x)/c$；

$t_1$——速度第一峰值对应的时刻；

$T_x$——测点以下 $x$ 处桩身锤击拉力值，除以桩身截面积后就可以得到该截面处的拉应力；

式中其余各符号的意义同前。

### 三、CASE 法基本假定及使用条件

CASE 法在推导过程中作了如下几点假定：

（1）桩身阻抗恒定，即桩身截面不变，材质均匀且无明显缺陷。

（2）假定打桩时动土阻力集中在桩端。

（3）应力波在桩身传递过程中无能量耗散和信号畸变。

根据上述假定，CASE 法适用于中小直径混凝土预制桩、钢桩和截面基本均匀的中小型混凝土灌注桩承载力确定，且应有一定的地区经验。对断面不规则的钻孔灌注桩、大直径桩或超长预制桩误差较大。当桩身有明显缺陷时，也不能用 CASE 法确定承载力，否则会造成很大的误差。

CASE 法计算承载力的公式（2-5-15）中，阻尼系数 $J_c$ 是唯一的一个未知数，虽然定为与桩端土的颗粒大小有关 $J_c$，但实际上是一个综合修正系数，应尽量采用动静对比的方法确定。

## 第六节 实测曲线拟合法判定桩承载力

实测曲线拟合法（也称为 CAPWAPC 法）是利用打桩分析仪实测的桩顶力（或速度、上行波、下行波）作为边界条件，通过波动方程数值计算，并对各桩单元和土的力学模型进行假定，反演出桩顶的速度（或力、下行波、上行波）曲线，并将计算的曲线与原实例曲线比较，如果不吻合，说明输入的参数或模型不合理，应调整参数或模型后重新计算，如此反复调整比较，直至最终计算的曲线与实例曲线吻合，且计算得出的贯入度也与实例贯入度接近，并由此得出一组符合实际的参数值，这些值包括桩的静土阻力（承载力）、桩侧摩阻力、桩端阻力、土阻尼系数以及土的最大弹性变形值等。

实测曲线拟合法的现场测试方法和测试设备与 CASE 法相同，但在计算模型上较 CASE 法有很大改进，因而提高了桩承载力的计算精度，是目前被广泛应用的一种基桩动测方法，根据我国现有的高应变测试仪器和技术条件，在基桩动测分析中应尽可能用实测曲线拟合法判定单桩承载力，而将 CASE 法用作现场快速监控手段。

### 一、计算模型

1. 桩模型

CASE 法中假定桩身阻抗恒定，即桩的截面不变、材质均匀，这限制了 CASE 法的使用范

围。目前使用的实例曲线拟合法在桩模型上作了很大改进(图 2-5-14)。

曲线拟合法采用桩的一维连续杆模型,将桩划分成若干单元,每个单元长度在 1m 左右,同一单元的截面积和阻抗不变。各单元的长度不一定相等,但应力波通过各单元的时间必须相等。每一单元土阻力假定作用在单元底部,单元的阻抗变化仅发生在单元界面处。

此外,曲线拟合法中还可以考虑桩身裂缝的影响,建立了桩身环向接缝的松弛模型。

2. 土模型

(1)CASE 法中假定土的动阻力全部集中为桩端,这与实际情况不符,特别是对那些长桩和侧阻力较大的桩。而曲线拟合法假定土的动阻力可以存在于桩端及桩周各个部位,并与桩身各单元的运动速度成正比。

(2)CASE 法假定土的静力模型为理想的刚塑性体,即土一旦扰动,土阻力就达到极限。拟合法建立了土的理想弹塑性模型(图 2-5-15),模型中包括土的最大静阻力 $R_U$、最大弹性变形 $Q$、阻尼系数 $J$、土的最大负阻力 $R_N$、土的重新加载水平 $R_L$ 和卸载时的最大弹性变形值 $Q_u$。

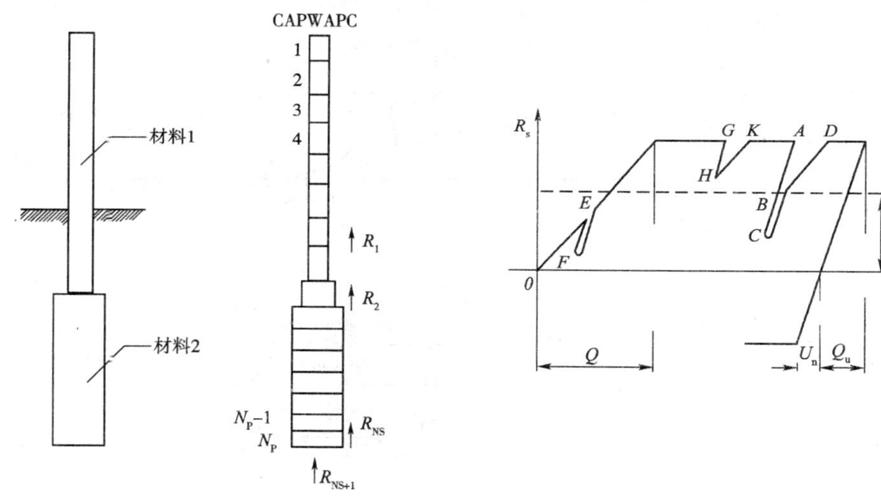


图 2-5-14 桩单元模型

图 2-5-15 土的静阻力模型

## 二、单桩承载力判定

1. 实测曲线拟合分析步骤

实测曲线拟合法是通过波动方程数值计算,反演桩和土的力学模型及有关参数。这里以较为普及的 CAPWAPC 程序为例。

(1)首先假定各单元的土参数,并选择拟合分析模式。

(2)由程序进行一次自动拟合。

(3)根据自动拟合结果,并与实测曲线比较;有针对性的调整部分土参数。

(4)再次进行拟合,并重新与实测曲线比较,这样反复调整,直至满足要求为止。

2. 实测曲线拟合法确定单桩承载力时,应符合的规定

(1)桩和土的力学模型应能反映桩—土系统应力应变的实际性状。

(2)可以采用实测的力、速度、上行波或下行波信号作为边界条件进行拟合。

(3)曲线拟合的时间段长度不宜小于 $5L/C$，当桩长小于 30m 时，时间还应延长。

(4)拟合分析所选土参数应在岩土工程的合理范围内，各单元所选取的土的最大弹性位移值不得超过相应桩单元的最大计算位移值。

(5)最终的拟合曲线应与实例曲线基本吻合。

(6)贯入度的计算值应与实测值接近。

以上 6 条规定是《港口工程桩基动力检测规程》中的规定，这里作如下说明：

(1)桩和土的力学模型已经反映在曲线拟合程序中，计算时应按桩的实际情况选取相应的计算模式，如桩身裂隙、桩端缝隙、开口管桩的土塞等。并按程序要求正确输入相应参数。

(2)这一条主要说明实例曲线拟合法在拟合时哪些信号可以作为边界条件。在平时的检测中，大多数是以实测速度信号作边界条件拟合出力曲线和以实测力信号作边界条件去拟合速度曲线，因为力和速度两条曲线是打桩分析仪得出的最基本的信息。图 2-5-16 中的 a)图为实测力和速度与阻抗乘积随时间变化曲线；b)图是以速度信号为边界条件拟合的力曲线；c)图是以力信号为边界条件拟合的速度曲线。

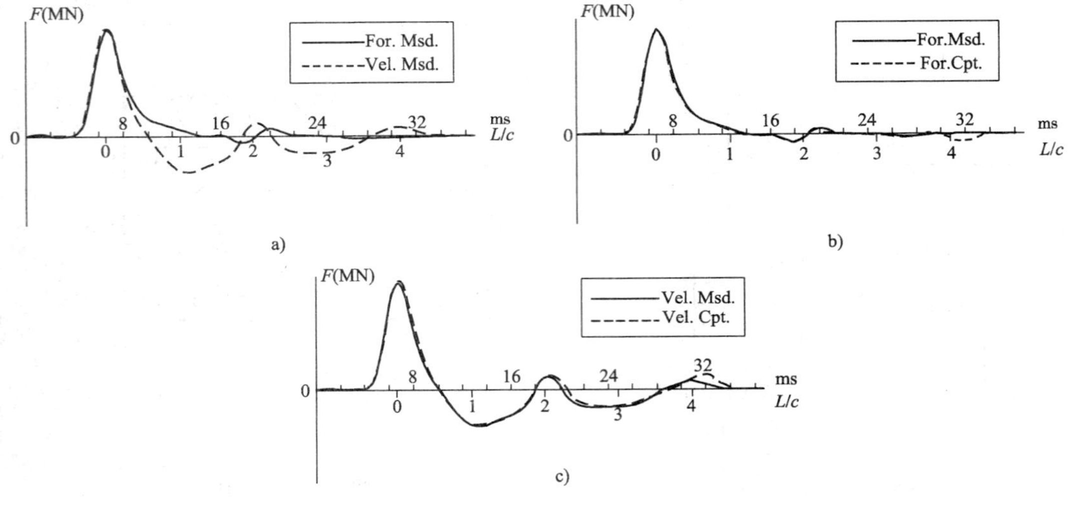


图 2-5-16　实测曲线及相应拟合曲线

(3)关于曲线拟合时间段长度，应以能够包含土阻力影响区的全部土阻力信息为原则，而这个影响区的长度不是一个固定值，它与锤型、垫层材料、桩周土层特性等因素有关。如柴油锤的影响区段要滞后于自由落锤；软且厚的垫层材料所产生的力脉冲持续时间要大于硬而薄的桩垫，使用碟簧桩帽打桩时测得的桩顶力脉冲宽度可达 40 ~ 50ms；端承型桩土阻力发挥所需位移较大，影响区段也会滞后。规范 JTJ 249—2001 规定曲线拟合时间段长度不宜小于$5L/c$，对一般港口工程中使用的长摩擦型桩基本可以满足要求，但对于短桩、特别是短的端承型桩有可能不够。如一根长 20m 的钢管桩，按波速 5.1m/ms 计算，$5L/c$ 约 18ms，在 $2L/c$ 后只剩下不足 12ms，此时按 $5L/c$ 显然不够。《建筑基桩检测技术规范》(JGJ 106—2014)要求的拟合时间段长度在 $t_1 + 2L/c$ 后延续时间不应少于 20ms，对柴油锤提出了在 $t_1 + 2L/c$ 后不少于 30ms 的规定。

(4)拟合时应根据工程地质、桩的施工情况等条件选定参数。如对打入桩，打桩结束时与休止一段时间后再复打时的桩周土阻力分布情况就不一样，因为打桩过程中产生的桩周土体

扰动使打桩结束时的桩侧土阻力明显下降。再如曲线拟合时需要好几个土参数，且这些参数相互影响，若干个明显不合理的参数组合在一起也有可能使拟合出的曲线与实测曲线吻合，但这些参数可能是极不合理的。为此要求所选用的参数应在岩土工程合理范围之内。总的静土阻力和单元静土阻力应结合工程地质资料、桩型、施工工艺及实测波形变化情况综合选取；土塞重量应根据实际桩型取用，对土的最大弹性变形 $Q_S$ 和 $Q_T$，Smith 波动方程中一律取0.25cm。CAPWAPC 程序编制者建议 $Q_S$ 和 $Q_T$ 的初始值可取 0.25cm，计算过程中根据情况在 0.025cm 至单元节点最大位移值范围之间选取。

应注意的是 Smith 阻尼指数 $J_S$ 和 CASE 阻尼系数 $J_C$ 是不相同的两个参数，后者为无量纲阻尼系数，取值范围已在 CASE 法中介绍过。Smith 阻尼系数是有量纲的阻尼系数，单位为 s/m，CAPWAPC 程序编制者推荐的 $J_S$ 范围为 0.08 ~ 1.0s/m。三航科研所推荐的 $J_S$ 值如下：

黏性土：桩侧——0.33 ~ 0.43s/m；桩端——1.0 ~ 1.3s/m。

砂性土：桩侧——0.16 ~ 0.20s/m；桩端——0.48 ~ 0.60s/m。

土阻尼系数是曲线拟合时一个较敏感的参数，上面的推荐值仅供参考，实际拟合过程中还要结合波形特性和桩周土质特性等合理选用。

(5)和(6)两条是检查拟合结果是否达到要求的两个基本条件，拟合曲线与实例曲线之间的吻合程度通过计算出的拟合质量系数判别。

3. 拟合质量系数

前面提到判别曲线拟合质量的其中一个重要标准是最终的拟合曲线应与相应的实测曲线基本吻合。为了有一个“吻合”的量的概念，CAPWAPC 程序中采用加权方式计算，得出一个称为拟合质量系数的值 $E$，该方法首先假定土阻力影响区的长度为 $2L/c$ + 25ms 左右，然后将拟合完成时的土阻力影响区分成四个区段(图 2-5-17)。

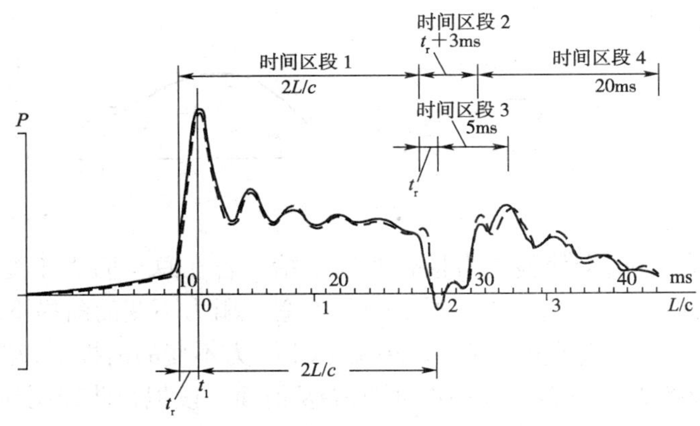


图 2-5-17 拟合曲线的四个时间区段

时间区段 1 从冲击开始到 $2L/c$ 时为止，这一区段的波主要用于修正桩侧摩阻力的分布情况。对于以侧摩阻力为主的摩擦型长桩，这一段所占的比重很大。

时间区段 2 是以第一时间区段的终点为起点，区段长度为 $t_r$ + 3ms，$t_r$ 是从冲击波开始到速度峰值之间的时间。该区段主要用于桩端土阻力和总土阻力修正。

时间区段 3 仍以第一时间区段的终点为起点，但区段长度为 $t_r$ + 5ms，这一段以调整土的阻尼系数为主。

第四时间段以第二时间段的终点作为起点，区段长度20ms左右，这一区段主要用于修正土的卸载系数，如卸载时土的最大弹性变形和土的最大负阻力等。

拟合质量系数$E_r$的计算公式如下：

$$E_r = \sum_{i=1}^{4}[\,|P_c(j) - P_m(j)|/P_j\,](i=1,2,3,4) \tag{2-5-22}$$

式中：$P_c(j)$——计算的桩顶力波；

$P_m(j)$——实测的桩顶力波；

$P_j$——实测桩顶冲击力峰值。

从$E_r$的计算方法可以看出，四个区段中以桩端处的权值最重。$E_r$愈小，说明拟合曲线与相对应的实测曲线愈接近，相应的土参数也相对合理。

由于不同实例曲线拟合程序中考虑拟合质量系数的方法不尽相同，很难用一个统一的标准衡量拟合曲线的吻合程度，为此《港口工程基桩动力检测规程》、《建筑基桩检测技术规范》（JGJ 106—2014）等标准中均未列出具体的拟合质量系数标准。国内也有部分地方规程参照CAPWAPC程序，规定了混凝土预制桩和钢管桩的最终拟合质量系数宜小于3%，混凝土钻孔灌注桩的拟合质量系数宜小于5%，并以此作为拟合是否达到要求的标准。

4. 主要土参数对拟合曲线的影响

为方便初学者进行曲线拟合，下面介绍几个主要土参数对拟合曲线的影响（仅指力波）：

（1）将某一桩单元处的土阻力增加（或减少），会使力的拟合曲线从该单元往后上抬（或下降）。图2-5-18中力拟合曲线在$2L/c$之前偏低，且$2L/c$后接近平行，因此只要将$2L/c$前的一段自左至右适当增加单元土阻力，可达到拟合目的。图2-5-19的拟合曲线在3～8单元偏低，9单元后又偏高。拟合时宜先增加4～6单元土阻力，再从第7单元起适当降低土阻力，直至$2L/c$前两力曲线基本吻合。

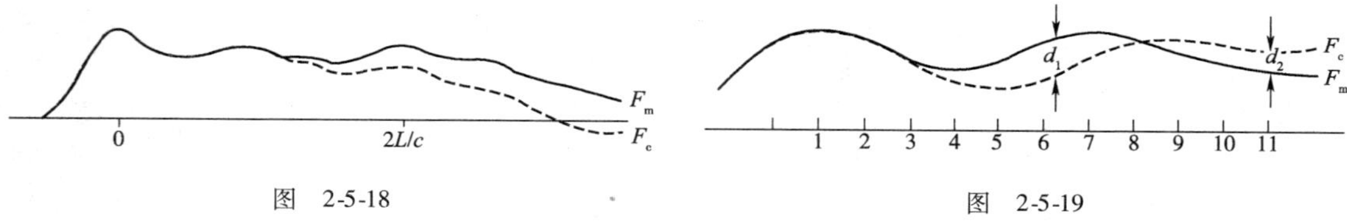


图 2-5-18　　图 2-5-19

（2）将总土阻力增加，会使整个力拟合曲线上抬。若在总土阻力不变的前提下降低桩端土阻力，则会使桩端及前面部分曲线上抬；相反，在总土阻力不变的前提下增大桩端土阻力，又会使桩端及前面部分的曲线下降。图2-5-20在总土阻力不变的前提下，端阻力占50%时曲线拟合效果较好（图2-5-20a）；端承力占6%时桩端及前面一段拟合曲线明显偏高（图2-5-20b）；端承力占90%时拟合曲线又明显偏低（2-5-20c）。

（3）图2-5-21中的拟合力曲线在$2L/c$及之后的一段出现明显的振荡波，这一现象在平时工程桩的检测分析中较为多见。遇到这种情况应首先增大桩端Smith阻尼系数，减少高频振荡，然后再根据曲线情况作其他调整。阻尼系数太大又会使拟合的曲线过于平缓，且承载力偏低。

（4）降低桩端土的最大弹性变形值会引起桩端土快速卸载，从而使$2L/c$时刻以后的力曲线下降。图2-5-22中拟合的力曲线在$2L/c$时刻后明显偏高，此时应适当降低桩端土的最大弹性变形，使 $2L/c$ 时刻后的计算力曲线下降，但这样又会引起 $2L/c$ 处曲线上抬，需再通过下移静土阻力等措施调整。

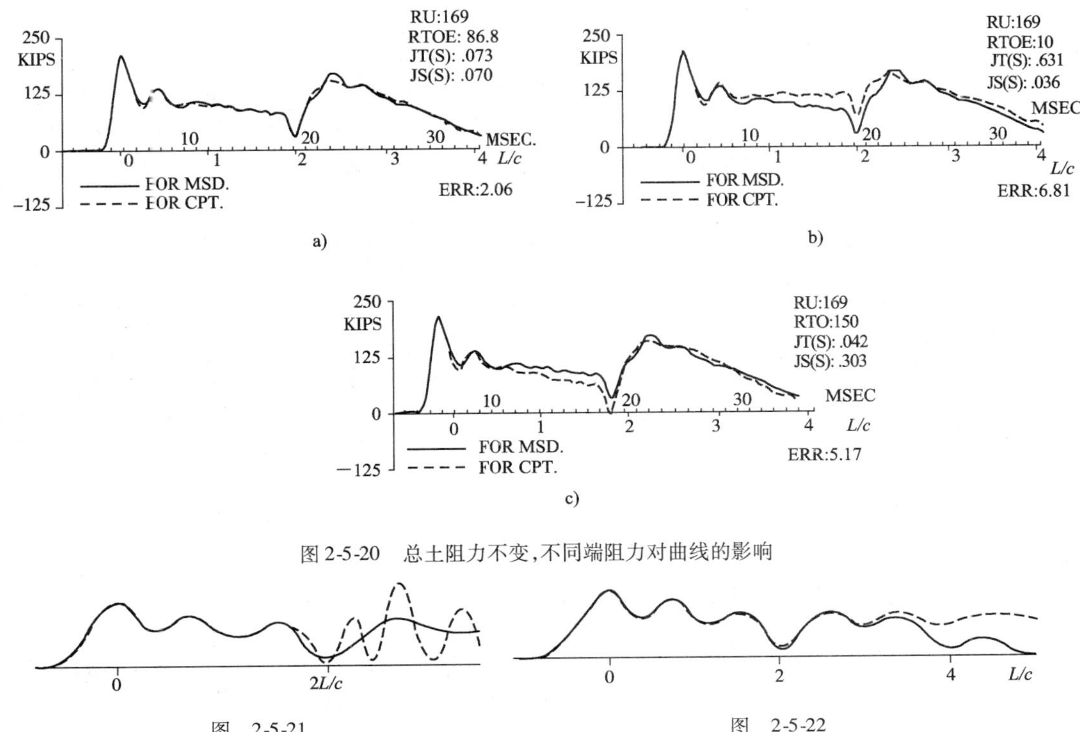


图 2-5-20 总土阻力不变，不同端阻力对曲线的影响

图 2-5-21

图 2-5-22

目前使用中的曲线拟合软件都有自动拟合的功能，程序能按照给定的数学模型及程序编制者事先设定的土参数变化范围进行试算。但仅依靠自动拟合是不够的，应在自动拟合的基础上进行人工干预，按照自动拟合结果，根据工程实际的土质情况及使用经验对土参数适当调整。用自动计算和人工计算相合的方法，会达到较理想的效果。

## 三、高应变检测单桩承载力时的注意事项

无论是采用实测曲线拟合法还是用 CASE 法确定单桩承载力，都应注意下面几点：

(1)要有足够的锤击力，单击贯入度宜达到 2～6mm/击左右，因为要使得桩周土阻力得到充分发挥，桩与土之间必须有一定的相对位移，如果检测时桩的贯入度很小或者根本未打动，则得出的单桩承载力只能是该桩在锤击时已经发挥的土阻力，而不是真正意义上的极限承载力。

(2)要有充分的休止期。打桩过程中(包括灌注桩施工中)桩周土体受到扰动，强度下降，此时桩的承载力明显低于土体恢复后的值，因此应按规范要求并结合地区经验，在满足规定的休止期后再进行桩的极限承载力检测。对某些缺乏复打条件的桩基工程(如部分海上工程)，也可以通过同一工程中相同边界条件下(桩型、地质、沉桩设备等)桩的初打结果与静载试桩结果比较，建立桩承载力恢复系数，再按同等条件下工程桩初打结果推算土体恢复后的单桩极限承载力，这种方法只能用作工程桩承载力抽检的补充，不能用作设计依据，且静载试验应进行到能判别桩的极限承载力，高应变能充分发挥土阻力，否则失去比较价值。

(3)检测所用仪器设备必须可靠,特别是传感器。

(4)采集波形要可靠,应按规范要求选取那些可以作为承载力分析依据的波形。影响高应变采集质量的因素除传感器自身质量外,还有传感器的安装质量、冲击锤、桩顶附近的桩身质量、击打技术等。

(5)输入参数要准确、合理。桩的参数如桩长、桩身截面面积、桩身弹性模量、材料密度、波速等数据要准确;输入的土参数要合理,尤其是所选取的土的最大弹性变形值 $Q$ 不得超过相应桩单元最大计算位移,否则有可能出现土阻力未充分发挥时的桩承载力外推。

(6)当实测力波和速度波在第一峰值比例失调时,不得随意进行调整。这一点已经作为强制性条文写入了我国建筑基桩检测技术规范中,因为随意的调整会给出不真实的结果。

(7)对于桩身有明显缺陷和严重缺陷的桩,不宜用高应变提供承载力,可通过静载或综合分析方法判别。

(8)对灌注桩检测或预制桩复打检测,锤击数不宜过多,且应依据最初的几锤波形作为承载力分析的依据。

# 第七节　桩身质量判别

## 一、高应变判别桩身质量的特点

用高应变方法去普查工程桩质量是不经济的,一是设备笨重、检测速度较慢,二是成本高。但对低应变难以判定的桩或在低应变检测后判定为Ⅲ、Ⅳ类桩较多的工程,宜用高应变进一步验证。高应变判别桩身质量有以下特点:

(1)高应变检测时作用在桩顶的锤击力大,可检测出长桩下部缺陷或桩身多个缺陷,并可得到桩端土密实度信息,这些是低应变法难以实现的。

图 2-5-23 是一根长 43m、桩径 800mm PHC 桩低应变与高应变检测结果。从 2-5-23a)图低应变检测曲线中很难判别出该桩有明显缺陷;可 2-5-23b)图高应变曲线清楚地表明在距桩顶 36m 附近有较严重桩身缺陷,该部位力曲线异相反射而速度曲线同相反射,桩身完整性系数只有 0.6。根据该桩的结构特点判定为Ⅳ类桩。

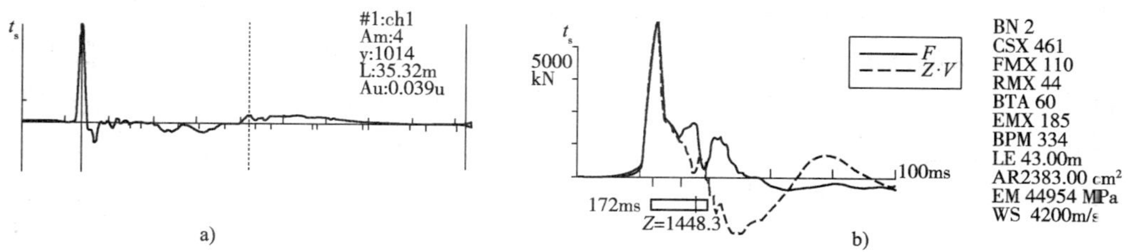


图 2-5-23　某工程桩高、低应变检测曲线比较

由于该桩的缺陷部位已进入密实砂层一定深度,低应变敲击能量在该位置只有很微弱的反射,高应变锤击能量大,能清楚反映出缺陷位置及缺陷程度。

图 2-5-24a)是一根长 68m、直径 600mm 的 PHC 桩,由 6 节管节拼接而成,高应变实测波形清楚反映了每个接头位置;图 2-5-24b)是一根长 39m、截面 450mm × 450mm 混凝土方桩实测波形,

该桩由三节桩均用角钢电焊拼接,接头位置均有明显反射波;图 2-5-24c)是一根长 47m、直径 550mmPC 管桩,采用法兰接桩,接头位置有明显反射,且其中一处反射强烈。以上对比可以看出,在 3 种不同接桩形式中,以电焊连接的 PHC 桩完整性最好,以法兰连接的接头完整性最差。

(2)用高应变法对低应变桩身质量检测的结果作进一步验证。当低应变发现同一工程中质量异常的桩较多时,可先按相关规范判别标准并结合经验,将桩的完整性进行分类,然后在Ⅱ、Ⅲ、Ⅳ类桩中各选若干根有代表性的桩用高应变进一步验证。该方法特别适用有接头的预制混凝土桩和嵌岩灌注桩。

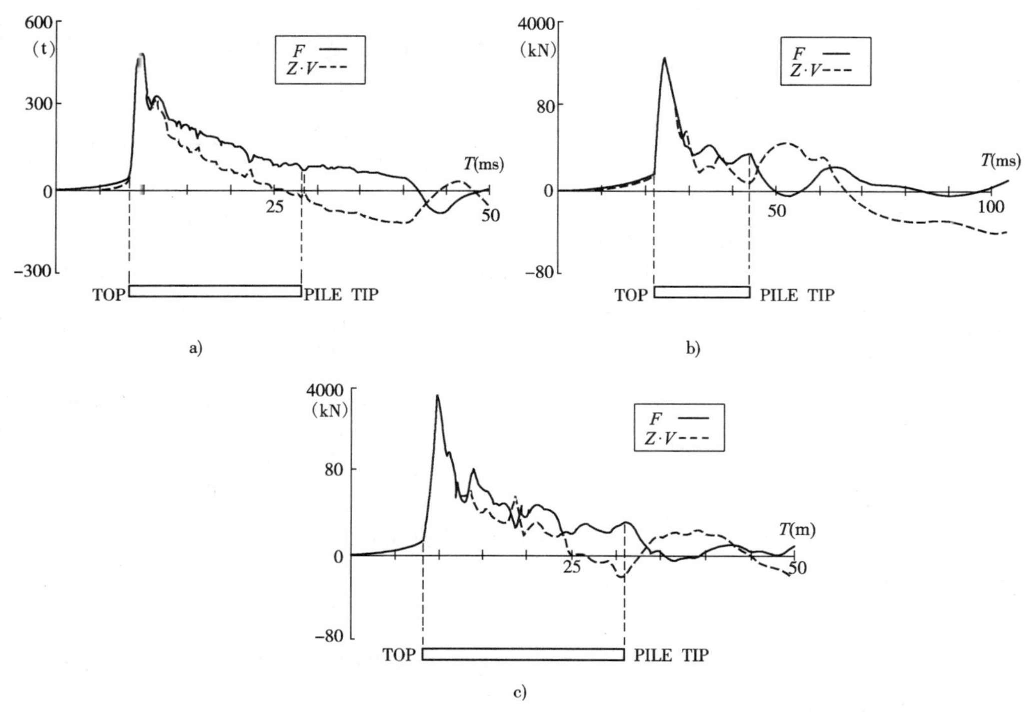


图 2-5-24 不同接桩形式的波形

图 2-5-25 是某工程三根混凝土预制方桩的实测波形,桩长 25m,分上、下二节,每节各长 12.5m,施工过程中电焊接桩。低应变检测后发现部分桩的接桩处有异常反射,为彻底弄清这些有异常反射的接桩质量,随即又进行了高应变检测。高应变检测的锤重为 30kN,整体铸钢锤,落锤高度为 80cm。图中左边是三根桩的低应变实测波形,右边是对应的高应变波形。按低应变判别,a),b),c)三根桩的接桩部位均存在较严重的缺陷,且 a)桩在桩顶以下 6m 处有环向裂缝。高应变验证结果是:a)桩接桩处存在严重缺陷,$\beta$ 值为 0.30,但距桩顶 6m 处的环向裂缝在高应变波形中反射不明显;b)桩接桩处有异常反射,但不严重,$\beta$ 值为 0.74;c)桩接桩部位的 $\beta$ 值为 0.32。以后的进一步验证表明,a)桩和 c)桩在接桩部位均已完全断开;b)桩接头处虽有反射,但程度较轻,可能是接桩部位的上、下二个端面不平、接桩后缝隙较大,致使低应变检测时反射明显,综合判别后认为 b)桩仍能正常工作。a)桩高应变检测波形中未发现 6m 处的环向裂缝,这是因为高应变锤击能量大,该裂缝在锤击时已瞬时闭合。

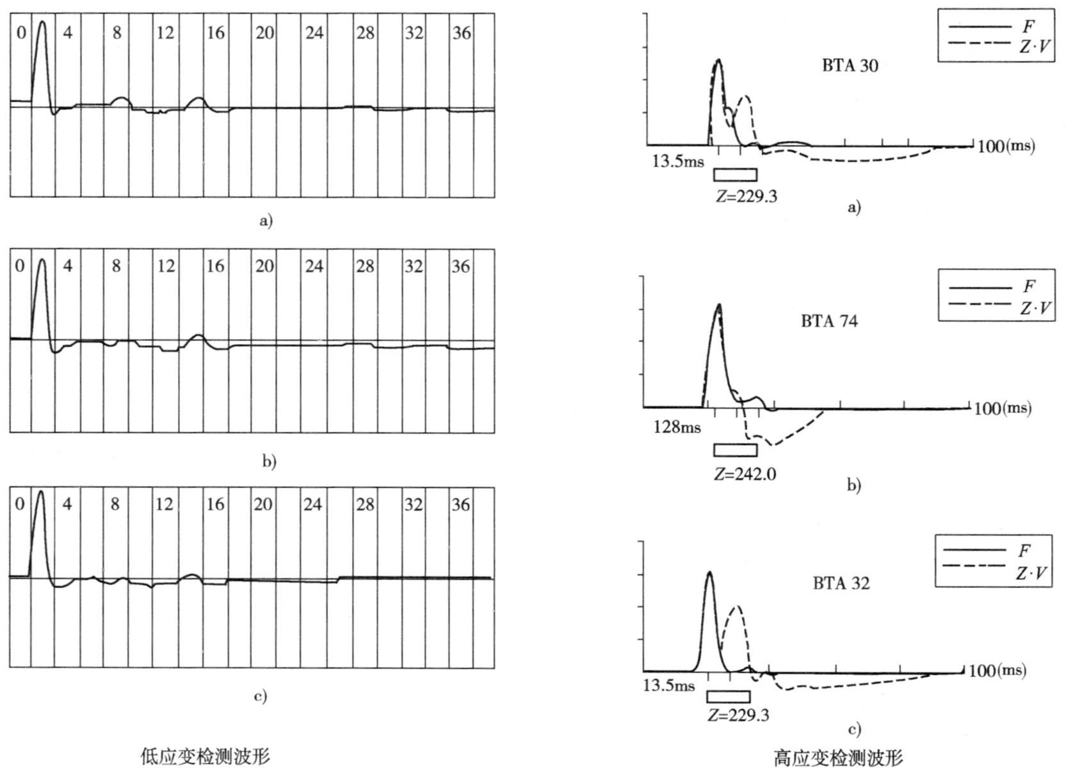


图 2-5-25　高、低应变实测波形对照

## 二、高应变判别桩身质量的理论依据

前面已经讲到，在锤击桩时锤击应力波是以纵向波形式在桩身传递，高应变判别桩身质量的依据是桩身阻抗变化对应力波的影响。

根据前面的图 2-5-5 及方程(2-5-8)，下行波在 $Z_1$ 与 $Z_2$ 界面处的反射波为：

$$F_{u1} = \frac{Z_2 - Z_1}{Z_2 + Z_1} \cdot F_{d1} \tag{2-5-23}$$

将式(2-5-23)改写成：

$$F_{u1} \cdot Z_2 + F_{u1} \cdot Z_1 = F_{d1} \cdot Z_2 - F_{d1} \cdot Z_1 \tag{2-5-24}$$

用缺损截面阻抗 $Z_2$ 与正常截面阻抗 $Z_1$ 的比 $\beta$ 描述桩的完整型程度，称 $\beta$ 为桩身完整性系数：

$$\beta = \frac{Z_2}{Z_1} = \frac{F_{d1} + F_{u1}}{F_{d1} - F_{u1}} \tag{2-5-25}$$

由于通常只能测得桩顶附近的力和速度信号，公式(2-5-25)经过进一步推导后可得等截面桩的 $\beta$ 值计算公式：

$$\beta = \frac{[F(t_1) + Z \cdot V(t_1)] - 2\Delta R + [F(t_x) - Z \cdot V(t_x)]}{[F(t_1) + Z \cdot V(t_1)] - [F(t_x) - Z \cdot V(t_x)]} \tag{2-5-26}$$

式中：$t_x$——缺陷反射波峰值对应的时刻；

$\Delta R$——缺陷以上部位的土阻力估算值。

$\beta$ 值越小，表示该截面处的缺损程度越严重。缺损位置按下式计算：

$$x = c \cdot (t_x - t_1)/2 \tag{2-5-27}$$

式中：$x$——测点至缺陷截面的距离；

$c$——应力波速度。

我国各规范中使用的桩身完整性评估标准仍沿用了美国 Goble 等人建议的标准（表 2-5-2）。

**桩身完整性评价** 表 2-5-2

| $\beta$ 值 | 完整性评价 | $\beta$ 值 | 完整性评价 |
|---|---|---|---|
| $\beta=1.0$ | 完整桩 | $0.8\leqslant\beta<1.0$ | 基本完整桩 |
| $0.6\leqslant\beta<0.8$ | 明显缺陷桩 | $\beta<0.6$ | 严重缺陷桩或断桩 |

在用 $\beta$ 值评价桩身完整性时，应注意以下几点：

（1）$\beta$ 值是按实测曲线算出来的，如果在桩端反射前的某一时刻力波或速度波有异常，$\beta$ 值就有变化，如混凝土预制桩的接桩处、钢桩高频振荡波等均会出现 $\beta$ 值小于 1.0，因此在判别时应结合桩身结构综合分析。图 2-5-26 为一根长 80m、直径 914mm 钢管桩实测波形，由于锤击产生的高频信号影响，实测 $\beta$ 值 0.87，不能说该处的钢管桩截面减少了 13%。又如图 2-5-27是一根截面 500mm×500mm、长 25m 的混凝土预制桩实测波形，在接桩处的 $\beta$ 值为 0.89，而接桩处 4 根角钢的阻抗值一般均小于桩身阻抗。类似上面的桩在进行桩身质量检测与判别时应结合结构特点和经验，进行分析并判别。

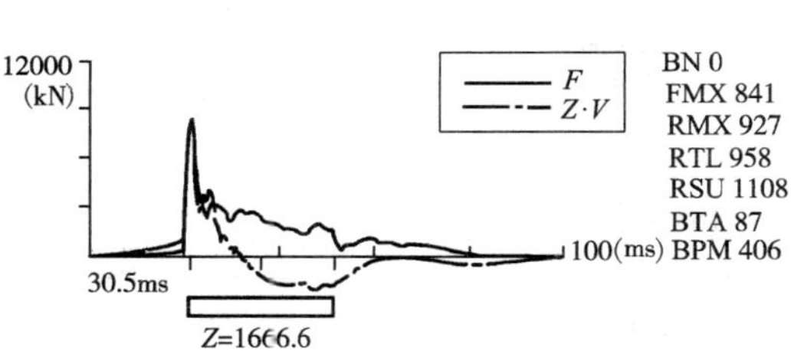


图 2-5-26 实测钢管桩波形

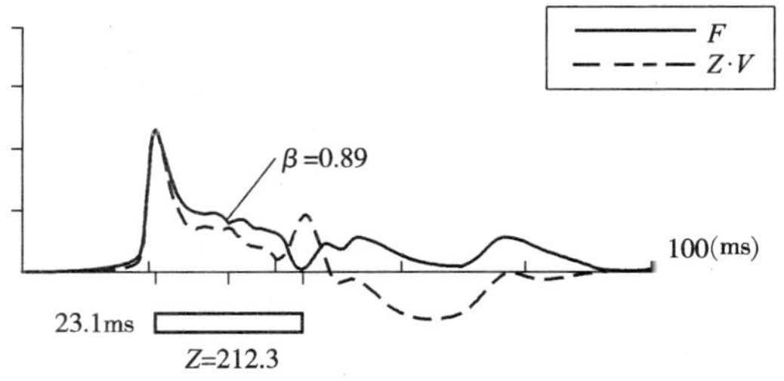


图 2-5-27 混凝土桩接头反射

（2）桩身缺损及断裂部位的夹层介质也能传递部分能量，此时的 $Z_2$ 为两种声阻抗之和，即使桩在某部位完全断开，中间的介质（泥土）也会使 $\beta$ 值不等于零。图 2-5-28 是一根桩接头处完全断开的波形图，$\beta=0.21$，后经验证该桩上、下节已经脱开将近 10cm。

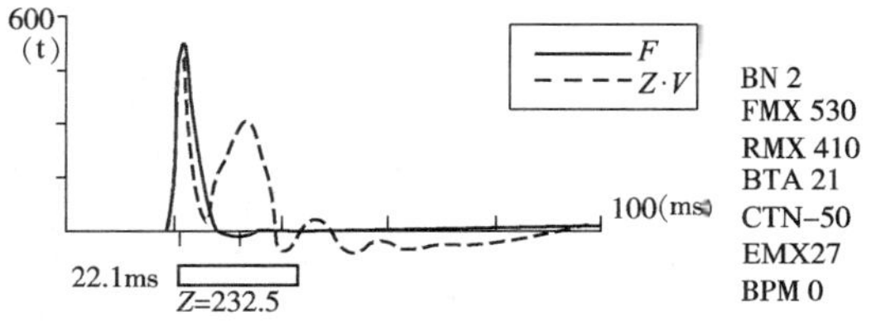

（3）对截面不规则的钻孔灌注桩，应结合施工记录（如孔径测试记录、混凝土灌注记录等）和传感器安装部位截面大小综合判别。

图 2-5-28 断桩的波形

（4）土阻尼对 $\beta$ 值也有一定影响，如一根桩初打时 $\beta$ 值为 0.78，间歇二周后复打时的 $\beta$ 值为 0.85，这是土阻力影响的结果，$\beta$ 值应按初打时为准。

（5）$\beta$ 值不能评价桩身纵向裂缝，也不能评价离桩顶较近部位的微小环向裂缝。

# 第八节 工程实例

**例 2-5-1** 某工程采用直径 $\Phi$1500mm、桩长 66m 的钢管桩，桩入土深度 46m，持力层为粉质黏土。沉桩结束时的高应变实测波形及 CAPWAPC 分析结果见图 2-5-29；间歇 16 天后复打的波形及 CAPWAPC 分析结果见图 2-5-30。由图中可见，该桩在初打结束时的静土阻力值 7567.6kN，其中桩侧阻力 5936.7kN，桩端阻力 1630.8kN。复打时桩的静土阻力（极限承载力）16003.1kN，其中桩侧阻力 14002.8kN，桩端阻力 2000.3kN。

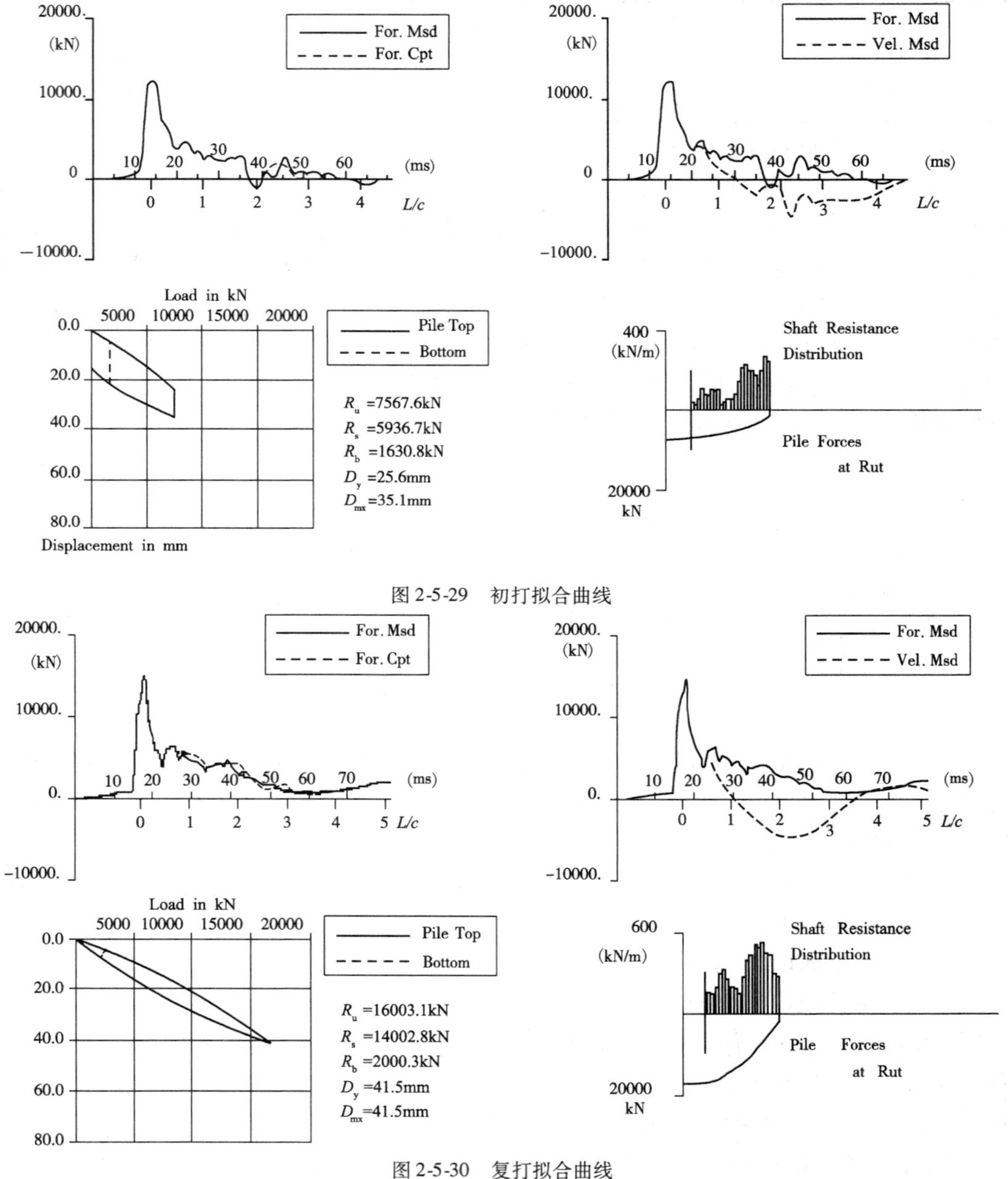


图 2-5-29 初打拟合曲线

图 2-5-30 复打拟合曲线

该试桩处的桩周土质以黏性土为主。对照上述初打与复打分析结果可以看出，该桩复打时的承载力较初打结束时提高了 8435kN，达到初打时的 2.11 倍，其中侧摩阻力达到初打时的 2.36 倍，端阻力为初打时的 1.22 倍。由于打桩过程中桩周土体严重受扰，强度下降，致使初打时桩侧摩阻力远低于土体恢复后的数值。

该工程还进行了一根与上述动测桩同等条件（桩长、桩径、入土深度、土质均相同）桩的静载压桩试验，$Q$—$S$ 曲线和 $S$—lg$t$ 曲线见图2-5-31，静载试验得出的单桩轴向抗压极限承载力为 15500kN，与前面动测结果相比，两者结果很接近。

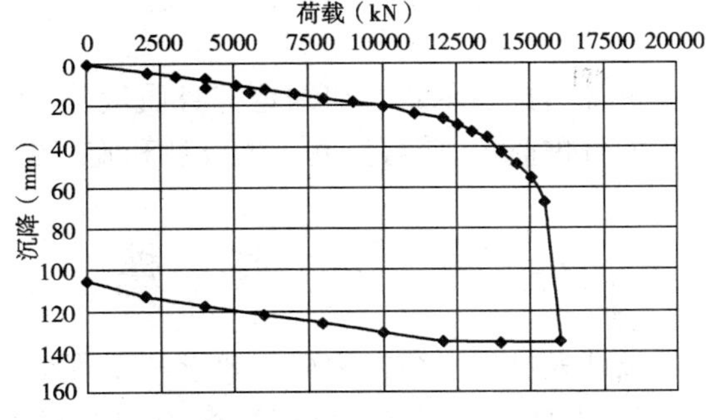


图 2-5-31 静载试桩结果

# 第六章 试打桩与打桩监控

高应变除了用于检测单桩轴向抗压承载力和判定桩身质量外，还可以用于工程桩正式施工前的试打桩和施工过程中的打桩监控，使得桩基础的设计和施工更加合理。

## 第一节 试打桩

一般的桩基工程是先由设计人员根据结构物荷载要求和工程地质勘察资料，确定工程中使用的桩型尺寸，施工部门按照设计的桩型选择沉桩设备，包括打桩锤型号、垫层材料等，但这类桩型和沉桩设备的选择往往根据各自的经验，一旦选型不合理，将会造成桩承载力不满足要求或施工困难，为此在桩基工程正式施工前宜进行试打桩，对海洋和港口桩基工程以及地质条件复杂的地区尤为必要。试打桩有两个目的：一是检验设计确定的桩型是否合理，如桩的承载力是不是能满足要求，桩长是否合理等；二是为施工选择合适的沉桩设备及沉桩工艺提供依据。

试打桩前首先确定试打桩位置，一般应选择在该工程区域有代表性的地方：如地质有软夹层、桩的锤击贯入度可能会突然增大，甚至可能出现“溜桩”的区域；有硬夹层，估计沉桩会遇到困难的区域；持力层埋深较浅、桩入土深度较少的区域等。按预先确定的桩型和沉桩设备（锤型及垫层材料）进行试打桩。对试打的桩应该进行全过程监测，内容包括锤击贯入度、锤击数、桩身锤击压应力和锤击拉应力、落锤高度、传到桩身有效锤击能量、打桩对邻近建筑物及岸坡的影响等等。上述内容可以根据不同工程情况有选择地进行，数据采集可以是全过程的，也可按照桩端进入不同土层和不同深度分别采样，其中对打桩刚开始的一阵锤击、桩端穿透硬层进入软夹层以及桩端进入密实砂层和持力层等几种关键工况要重点监测并详细记录。对于同一根桩，当落锤高度和垫层材料不变，桩身最大锤击压应力一般出现在桩端进入密实土层或岩层时。如果是摩擦型桩，最大压应力位置在桩顶附近，端承桩的最大锤击压应力可能出现在桩端。桩身最大锤击拉应力往往出现在刚开始锤击的软土层中或桩端穿透硬层进入软夹层的一瞬间，最大拉应力位置大多在距桩顶0.2～0.5$L$范围（$L$为桩长）。

除了上述监测内容外，对每一根试打桩还应记录垫层材料的种类、开锤前的厚度与打桩结束时的厚度和状态。根据需要也可以在同一根试打桩上采用不同落锤高度、不同垫层进行对此试验。

通过试打桩还可以了解特定桩型在不同入土深度时的总土阻力和静土阻力值，这时应尽量选择桩端进入硬层及最终持力层进行测试，且在桩端达设计高程前的50～100cm范围内宜

连续监测。通过现场测试和计算分析，可以得到桩端在不同高程时的总土阻力值和静土阻力值，由总土阻力结合打桩贯入度和桩端实测波形反射情况可以大致判别地质概况，进而判别使用的桩锤能量是否合适。根据静土阻力值可大致判别设计的桩型及入土深度能否满足设计承载力要求。

打桩终了时测出的桩静土阻力与桩周土体经恢复后的单桩承载力是两个不同的值，绝大多数情况下前者小于后者，在灵敏度较高的黏性土中，这一差别可以达到 2～3 倍。若要准确了解试打桩的单桩轴向极限承载力，应按照相关规范要求，在桩打入土中休止一定时间后再进行复打试验。复打时锤必须有足够的冲击能量，使桩周土阻力得以充分发挥，然后再通过曲线拟合法得出桩的承载力值。

通过正式施工前的试打桩检测可以得到许多有价值的资料，为设计和施工及时调整方案提供可靠依据。

图 2-6-1 是一工程钢管桩高应变实测波形，原设计桩端高程为 -54m，在两根试打桩监测过程中，发现桩端在接近原设计高程时不仅桩的贯入度增大，桩端处的力波和速度波曲线也较上面反射强烈，桩端承力减小。根据试打桩实测结果，设计人员及时调整了工程桩的长度。

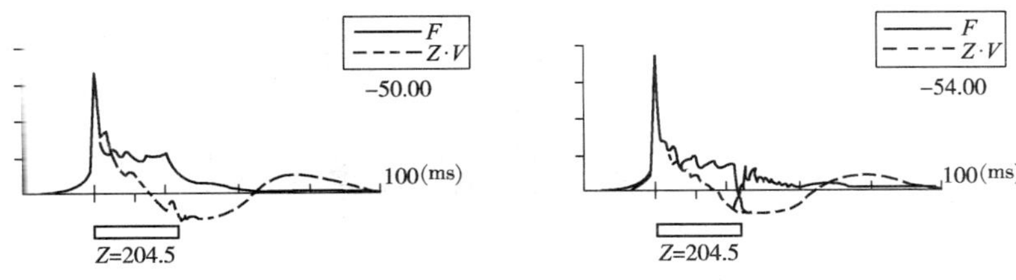


图 2-6-1 不同深度时测试波形

## 第二节 打桩监控

在某些情况下，即使有了施工前的试打桩测试和静载试验资料还是不够，如地质条件的差异、沉桩设备性能的改变、群桩挤土影响等，都会对工程桩的施工带来影响，这时就需要在工程桩施工过程中进行打桩监控，通过监控测试结果指导及补充后续的施工控制标准。打桩监控的抽样率应根据具体工程而定，检测内容可参照试打桩。

在地质条件复杂、持力层起伏大的区域，既不能按桩端高程作为单一的停锤依据，也不能只用贯入度作为停锤标准，而是要在单桩承载能力满足设计要求的前提下，结合桩的入土深度、贯入度和桩端持力层土性综合考虑，这在我国沿海的水运工程桩基施工中较为多见。

首先按照地质勘察资料，将一个工程的桩基按地层变化情况划分成若干区段，同一区段内的地质情况基本相似。在桩基施工进入到某一区段时，应首先对该区段前面的几根桩进行打桩过程监控，总结出规律性的东西，再由设计、检测、施工、监理共同商定，制定本区段内沉桩停锤控制标准，如锤击能量大小（锤型不变时，可按落锤高度控制）、贯入度、入土深度等。在一些地质条件特别复杂的工程中，打桩监控的桩数量可达工程桩总数的 20%～50%，确保每一根桩都能满足要求。

图 2-6-2 是某沿海工程 3 根桩的测试波形，该工程地质条件复杂，持力层起伏大，为此工

程采用了钢管桩，并抽样50%进行高应变打桩监测，由实测结果决定是否停锤。图中3根桩相距很近，且都是在同一高程测试的。从波形看出，10号桩在邻近桩端处力曲线急速上升，相应速度曲线下降，显示出该桩端已进入坚硬的持力层；13号桩在桩端出现力波异相反射和速度波同相反射，表明该桩未能进入良好持力层；14号桩的桩端反射类似13号桩，只是反射更强烈，说明此时桩端土层较差。根据现场监测结果，决定将13号和14号两根桩继续施打，直到桩端进入坚硬持力层为止。

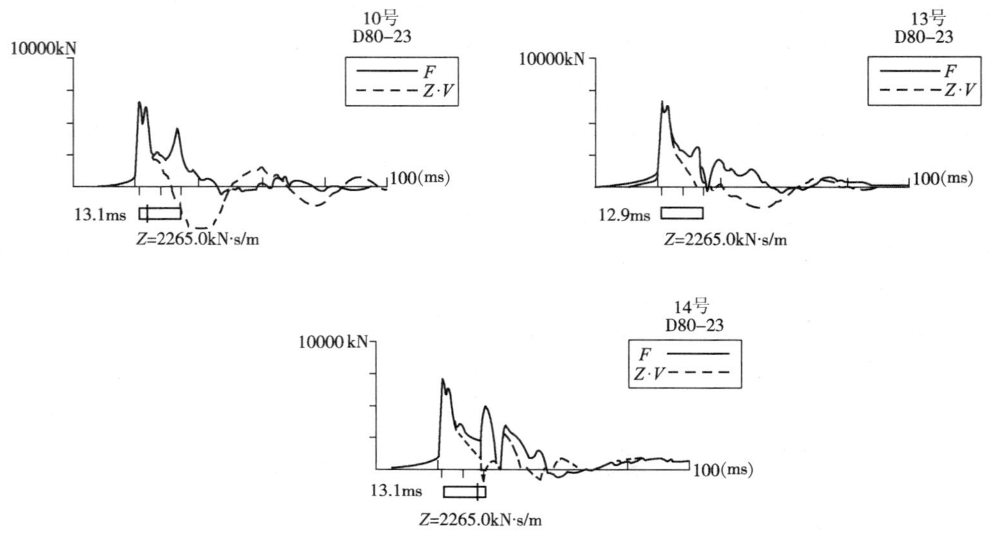


图2-6-2　三根桩在相同高程时的实测波形

桩身锤击应力大小也是打桩监控的一项主要内容，锤击压应力过大容易引起桩身材料屈服甚至把桩打坏；锤击拉应力过大容易使混凝土桩的桩身出现环向裂缝，工程区域的地质分层是不能改变的，但施工人员可以通过调整落锤高度、改变混凝土桩垫层材料品种和垫层厚度、溜桩时停止锤击等措施去控制打桩过程中的桩身锤击应力，必要时甚至调换沉桩设备或改变沉桩工艺。

桩身锤击应力控制在什么范围内合适，不同规范中的要求也不完全一致。《港口工程桩基规范》（JTS 167-4—2012）中规定：

（1）预应力混凝土方桩锤击拉应力标准值分别为5.0MPa、5.5MPa、6.0MPa和6.5MPa四级；预应力混凝土管桩锤击拉应力标准值可取6.0～11.0MPa。

（2）混凝土方桩的桩身设计压应力标准值可取12.0～20.0MPa；预应力管桩可取20.0～25.0MPa。

（3）上述数值为桩身设计所取拉、压应力的标准值，锤击沉桩时实时瞬时应力可达设计计算所取值的1.3～1.5倍。

实际工程中混凝土桩的最大锤击应力大都超过设计所取的锤击应力标准值。从已收集到的试桩资料可以看出，强度为C40～C50的预应力混凝土方桩最大锤击压应力值大多在14～22MPa范围，最大拉应力在7～12MPa范围；强度C80的PHC桩最大锤击压应力在18～35MPa

范围，最大拉应力约 6 ~ 13MPa；而上述桩均未损坏或出现裂缝。主要原因是锤击应力峰值的作用时间很短，拉应力峰值作用时间更短。根据国内多家单位的研究成果并参考国内外同类规范，提出以下桩身锤击应力控制范围是比较合适的，供参考。

①混凝土桩的最大锤击压应力不应超过桩身混凝土轴心抗压强度设计值；

②钢管桩的最大锤击压应力不应超过钢材屈服强度；

③预应力混凝土桩的最大锤击拉应力不应超过桩身混凝土轴心抗拉强度标准值与桩身有效预压应力值之和的 1.3 ~ 1.4 倍；

④对桩身有接头的混凝土桩，最大锤击拉应力控制值除考虑桩自身混凝土抗拉强度和有效预应力外，还应考虑接桩处的抗拉强度。

试打桩和打桩监控对验证设计和施工工艺有重要的作用，特别是在地质条件比较复杂的地区，通过监控及时掌握各种信息，供设计和施工人员参考，使设计、施工更加科学、合理。

# 第七章
# 基桩低应变反射波法

基桩的完整性是基桩质量检测中的主要指标，其中用低应变法检测基桩的完整性已得到广泛的应用。它是在现场原型试验的基础上，基于一些理论假设，结合工程实践经验综合分析得到检测结果的一种检测方法。低应变测桩利用相对较低能量的瞬态或稳态激振，使桩质点在弹性范围内作低幅振动，产生的应力波沿着桩身纵向传播，同时利用波动和振动理论根据接收到的振动波的变化规律，分析判断桩身缺陷性质和缺陷位置，最终对桩身进行完整性评价。低应变测桩方法大体可分为稳态激振和瞬态激振二种方式，其中稳态激振方式有机械阻抗法、共振法，瞬态激振方式有动力参数法、水电效应法、应力波反射法等。在上述诸多方法中，使用最普遍的是应力波反射法，这一方法原理清楚、试验设备简便、检测速度快、费用相对较低，适用于工程桩大面积普查，很受基桩检测人员和用户的欢迎。本章主要介绍低应变应力波反射法的原理、应用及测试分析方法。

## 第一节 低应变反射波法的基本原理及适用范围

### 一、低应变反射波法的基本原理

1. 一维波动方程

低应变反射波法是用一维应力波理论去研究桩土体系的动态响应，并作了以下3点基本假定：

(1) 桩被看作是一维弹性体杆件（$L \gg D$，$L$ 为桩长，$D$ 为桩径）。

(2) 桩被视为由匀质材料构成，截面恒定，各物理力学参数如弹性模量、质量密度为常数，横截面在受力时保持平面。

(3) 忽略桩内外的阻尼和摩擦力的影响。假设杆件介质均匀、连续、弹性，在受到一冲击力作用后，应力波沿杆身传播规律遵循一维波动方程。一维波动方程：

$$\frac{\partial^2 u}{\partial t^2} = C^2 \frac{\partial^2 u}{\partial x^2} \tag{2-7-1}$$

2. 应力波在阻抗界面的反射和透射

当桩顶受到一冲击力后，纵向应力波将遵循波的传播规律，由桩的一端传向另一端，当桩中某截面处的波阻抗发生变化时，应力波在桩中的传播会发生反射、透射和折射。阻抗 $Z$ 是桩截面积、材料密度和弹性模量的函数：$Z = \rho AC$，$\rho$ 是桩身材料密度，$A$ 为桩身截面面积，$C$ 是

应力波在桩中的传播波速。图 2-7-1 是纵向应力波在桩中的传播示意图。

假设桩身中某处阻抗 $Z$ 发生变化(如图 2-7-1所示的由 $Z_1$ 变到 $Z_2$),则阻抗变化截面处将产生反射波和透射波,用 $i$、$r$、$t$ 分别表示入射波、反射波和透射波,有以下关系成立:

$$V_r + V_i = V_t$$

$$F_r + F_i = F_t$$

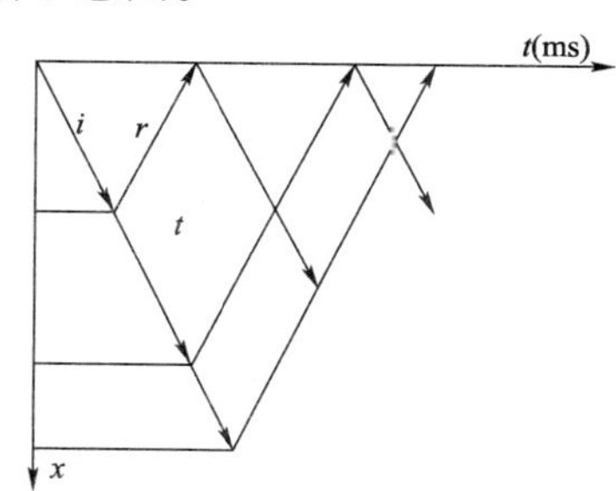


图 2-7-1 应力波在桩身的传播及反射过程

根据动量守恒条件,可解得:

$$V_r = -\xi_R \cdot V_i \tag{2-7-2}$$

$$V_t = \xi_T \cdot V_i \tag{2-7-3}$$

$$\xi_R = \frac{1-n}{1+n} = \frac{Z_2 - Z_1}{Z_2 + Z_1} \tag{2-7-4}$$

$$\xi_T = \frac{2}{1+n} \tag{2-7-5}$$

$$n = \frac{Z_1}{Z_2} = \frac{\rho_1 A_1 C_1}{\rho_2 A_2 C_2} \tag{2-7-6}$$

式中:$\xi_R$、$\xi_T$——反射系数和透射系数;

$n$——阻抗比;

$V_i$、$V_r$ 和 $V_t$——入射波、反射波和透射波在界面处的质点振动速度;

$F_i$、$F_r$ 和 $F_t$——入射波、反射波和透射波在界面处受到的力。

结合公式(2-7-2)~式(2-7-6)讨论反射波的情况:

(1)由于阻抗 $Z=\rho AC$ 正值,所以阻抗比 $n$ 和透射系数 $\xi_T$ 也是正值,即透射波和入射波的质点运动方向一致。

(2)当 $n=1$,即桩身阻抗不发生变化时,有 $Z_1=Z_2$,$\xi_R=0$,$\xi_T=1$,$V_r=0$,$V_t=V_i$,此时无反射波发生,应力波沿着桩身方向无阻碍正向传播。

(3)如果阻抗 $Z$ 在桩身某一截面处由大变小,$Z_2<Z_1$,$\xi_R<0$,$V_r$ 与 $V_i$ 符号相同,也就意味着反射波引起的质点运动速度 $V_r$ 与入射波引起的质点运动速度 $V_i$ 为同相运动。$Z_2$ 减小越多,$V_r$ 反射越强。当 $Z_2\to0$,$n\to\infty$,$\xi_R\to-1$,$\xi_T\to0$,$V_r=V_i$,$V_r+V_i=V_t=2V_i$。此时入射波和反射波引起的质点运动速度在界面叠加,速度加倍,桩端自由时是这种情况。

阻抗 $Z$ 的减小反映出桩的截面面积减小或截面强度减弱,桩缩颈、断裂、离析、桩身材料强度减弱等部位的反射,其反射波与入射波质点运动速度同相位。

(4)如果阻抗 $Z$ 在桩身某一截面处由小变大,$Z_2>Z_1$,$\xi_R>0$,$V_r$ 与 $V_i$ 符号相反,也就是反射波引起的质点运动速度 $V_r$ 与入射波引起的质点运动速度 $V_i$ 为反相运动。$Z_2$ 增大越多,$V_r$ 反射越强。当 $Z_2\to\infty$,$n\to0$,$\xi_R\to1$,$\xi_T\to2$,$V_r=-V_i$,$V_r+V_i=V_t=0$。这种情况下在该界面处入射波和反射波引起的质点运动速度在界面的叠加结果使速度为零,反射波和入射波的运动速度反相。桩端为固定端时即属于这种情况。

实际工程检测中桩身某部位阻抗增加反映出桩在该截面处面积增大或强度增加，对扩径桩、桩身材料强度在某截面处突然提高的桩或良好的嵌岩桩，其相应部位反射波的相位均与入射波相位相反。当桩侧某部位土阻力突然增大时，该处也会产生与入射波相位相反的反射波。

3. 波形的频谱分析

前面讨论的应力波在桩身的传播过程是从时域来分析的，实际检测工作中单从时间区域判断桩身的质量是不够的，有时需对时域模拟信号进行数字化，进行数/模转换，把瞬态动力时域信号通过傅里叶变换，转化到频率域中进行分析，作为对时域分析的补充。频谱分析及傅里叶变换公式推导请参阅《基桩质量检测技术》。

(1)傅里叶级数法

动态信号一般分为周期性和非周期性两类，周期性信号又分为简谐周期信号和复杂周期信号。简谐周期信号为：

$$y_{\mathrm{T}}(t) = A_0\sin(2\pi ft+\varphi) = A_0\sin\left(\frac{2\pi t}{T}+\varphi\right) \tag{2-7-7}$$

式中：$A_0$、$f$、$T$、$\varphi$——分别为振幅、频率、周期和相位角。

对 $y_{\mathrm{T}}(t)$ 在区间 $[0,T]$ 上进行积分，得到傅里叶级数公式：

$$y_{\mathrm{T}}(t) = \frac{a_0}{2}+\sum_{n=1}^{\infty}\left(a_n\cos\frac{2\pi n}{T}t+b_n\sin\frac{2\pi n}{T}t\right) \tag{2-7-8}$$

式中：系数 $a_0 = \frac{2}{T}\int_0^{\mathrm{T}} y_{\mathrm{T}}(t)\,\mathrm{d}t$；

$a_n = \frac{2}{T}\int_0^{\mathrm{T}} y_{\mathrm{T}}(t)\cos\frac{2\pi n}{T}t\,\mathrm{d}t \quad (n=1,2,3,\cdots)$；

$b_n = \frac{2}{T}\int_0^{\mathrm{T}} y_{\mathrm{T}}(t)\sin\frac{2\pi n}{T}t\,\mathrm{d}t \quad (n=1,2,3,\cdots)$。

设

$$a_n = A_n\sin\varphi_n,\ b_n = A_n\cos\varphi_n,\ f=\frac{1}{T}$$

$$y_{\mathrm{T}}(t) = \frac{a_0}{2}+\sum_{n=1}^{\infty}A_n\sin(2\pi nft+\varphi_n) \tag{2-7-9}$$

式中：$A_n$——傅里叶级数频谱的幅值；

$\varphi_n$——傅里叶级数频谱相位值。

(2)傅里叶积分法

动态信号非周期性信号的频谱分析采用傅里叶积分法，可得到下面两式：

$$Y(\omega) = \int_{-\infty}^{\infty} y(t)\cdot \mathrm{e}^{-\mathrm{j}\omega t}\mathrm{d}t \tag{2-7-10}$$

$$y(t) = \frac{1}{2\pi}\int_{-\infty}^{\infty} Y(\omega)\cdot \mathrm{e}^{\mathrm{j}\omega t}\mathrm{d}\omega \tag{2-7-11}$$

(3)傅里叶变换

对时域模拟信号进行数字化即 $A/D$ 转换。设时域信号采集时间长度为 $T$，采样时间间隔

为 $\Delta t$,采样点数为 $N$,则:

$$Y(f_n)=\frac{1}{N}\sum_{k=0}^{N-1}y(k\Delta t)\cdot e^{-j\frac{2\pi nk}{N}}\qquad(n=1,2,3,\cdots,N-1)\tag{2-7-12}$$

$$y(k\Delta t)=\sum_{n=0}^{N-1}Y(f_n)\cdot e^{-j\frac{2\pi nk}{N}}\qquad(n=1,2,3,\cdots,N-1)\tag{2-7-13}$$

图 2-7-2 是一根等截面摩擦桩的时域波形和傅里叶变换后的频谱曲线。

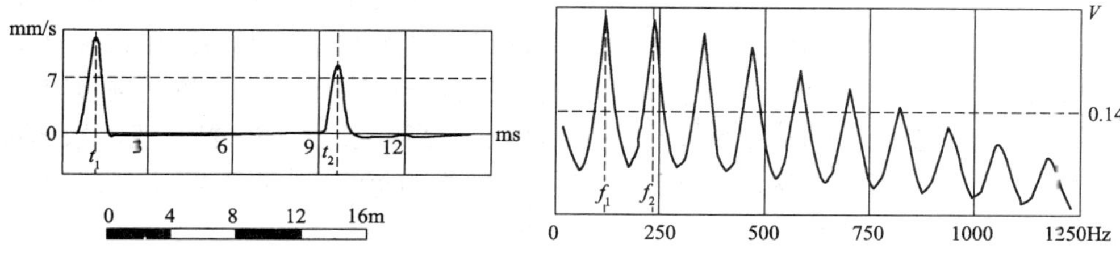


图 2-7-2 时域波形及频谱图

## 二、低应变反射波法的适用范围

1. 低应变法的适用范围

低应变法是用一维应力波理论去研究桩的动态响应,将桩视为一维弹性杆件,利用桩顶的激振能量,根据应力波在桩身中的变化规律去分析桩身阻抗变化情况,判断桩身是否有缺陷以及相应的缺损位置和缺损程度。该方法适用于钢筋混凝土预制桩(预制混凝土方桩、板桩、预应力管桩等)和混凝土灌注桩(钻孔灌注桩、挖孔灌注桩、沉管灌注桩等)的桩身结构完整性检测。

低应变法对桩身缺陷只能作定性判别,且不适用于下面几种情况:

(1)不适用于检测及推算桩的承载力,因为低能量的激振不可能充分发挥桩周土阻力。

(2)不能用于推算桩身混凝土强度。一般来讲,混凝土强度越高,波速相对也高,但影响波速的因素很多,除了混凝土强度外,还与混凝土骨料品种、粒径大小、水灰比、成桩工艺等因素有关,级配不同的混凝土可能达到相同强度,但波速会有一定差别;同样波速相同的混凝土也可能强度相差很大,为此至今还没能建立纵波波速与混凝土强度的关系公式。

(3)不能用于检测桩身纵向裂缝和较深部位的桩身缺陷,也不能检测混凝土灌注桩桩底沉渣厚度。

(4)不适用于强度较低的水泥土桩、砂(碎石)桩等柔性桩和半刚性桩的质量检测。因为此类桩不仅强度低且离散性大,而低应变检测是靠敲击的应力波在桩身的传递信号判别桩身质量,适宜在刚性桩上使用。

2. 影响低应变测桩的主要因素

(1)桩长及桩周土层的影响

应力波在桩身传递过程中,由于受桩身内阻尼和桩侧土阻力的影响,应力波不断衰减,衰减的速率与桩侧土层性质和桩身材料有关,目前还无法得到一个较准确的衰减公式。例如一根施工的打入预制桩,在刚打入时桩侧土阻力较小,应力波可传播到桩身相对较深部位,但隔若干天后,桩周土体得到恢复,桩侧摩阻力增大,应力波衰减相对较快,此时检测的深度会减短。再如同样的混凝土灌注桩,若桩身混凝土强度高,则应力波传播的有效深度相对要深一些。但不管怎样,低应变测桩的深度都是有限的。具体检测时应结合桩型、土质等条件通过测试决定,对超过检测有效桩长部位桩身质量可采用其他方法检测,如钻芯法等。

(2)激振锤的影响

低应变法激振能量一般依靠激振锤敲击,应根据不同情况选择合适的敲击锤和锤垫材料。不同材料、不同质量的锤头对波形产生一定的影响。锤头的材料有钢质、铝质、尼龙、硬橡胶等,材质不同,敲击产生的脉冲宽度和频带宽度也不同。钢质锤头产生的脉冲时间最短,频带最宽,其次是铝质锤头、尼龙锤头和硬橡胶锤头。选用不同材质锤头的主要目的是控制激励脉冲的宽窄,以获得清晰的桩身阻抗变化的反射和桩底反射。当桩身缺陷位置离桩顶较近时,宜选用质量小且刚度较大的锤头,使冲击入射波脉冲较窄,高频成分较多,桩身浅部缺陷可以清晰显示出来。反之,采用质量较大且刚度较小锤头时,得到的冲击脉冲较宽,低频成分较多,相应的应力波能传递到桩身较深部位。

也可以通过锤垫调整波形的脉冲宽度,软的垫层可以使脉冲变宽,试验时可根据要求调节垫层的厚度和硬度。低应变检测时的垫层厚度一般为1~2mm。

(3)桩身多阻抗变化的影响

一般当桩身有1~2个阻抗变化时,应力波的反射还是比较清楚的,但当桩身存在3个或3个以上的阻抗变化段时,由于多次反射波相互叠加,使得接收到的反射信号变得十分复杂,难以判断和分析。同样,低应变检测也难以判别那些桩身截面渐变的桩。

## 第二节 低应变检测步骤

### 一、测试前的准备工作

1.桩顶处理

桩顶处理的好坏直接影响到检测质量。因此要求被检桩的桩顶(或设计高程处)混凝土质量、截面尺寸与设计相同。如果检测对象为钻孔灌注桩,应凿除桩顶浮浆,露出新鲜、坚硬的混凝土;若为预制混凝土桩,宜在破桩前进行低应变测试,被检桩的桩顶检测面必须平整、干燥。当遇到桩顶不平整时,检测点和激振点位置处宜用便携式砂轮机磨平。

2.激振点的选择和传感器安装

传感器安装点及锤击激振点的选择应根据不同桩型而定:对混凝土实心桩,激振点位置宜选择在桩顶中心;对空心桩,激振点宜选择在桩壁中部;对于大直径混凝土灌注桩,激振点选在桩顶中部,传感器安装在距离桩顶中心约2/3半径处;对于混凝土管桩,传感器安装位置宜在管桩壁厚的1/2处,激振点位置与传感器安装位置的水平夹角宜为90°,当桩径大于1.0m时,激振点不宜少于4处,各安装点位置见图2-7-3。

传感器应稳固地安置在桩顶,粘合剂可采用橡皮泥或黄油等材料。安装完毕的传感器应紧贴桩的顶面,传感器不产生滑动、信号线不抖动,不能用手扶持传感器和信号线,并保证传感器安装平面与桩的中心轴线垂直。

3.仪器设备的调制

低应变法检测桩身完整性原理清楚,检测设备相对也比较简单。目前国内在这方面使用的测桩仪器品种很多，有进口仪器，也有国产仪器，仪器的主要组成部分基本相同，即锤击设备、传感器、信号记录分析仪及输出设备四大部分。低应变检测流程见图 2-7-4。

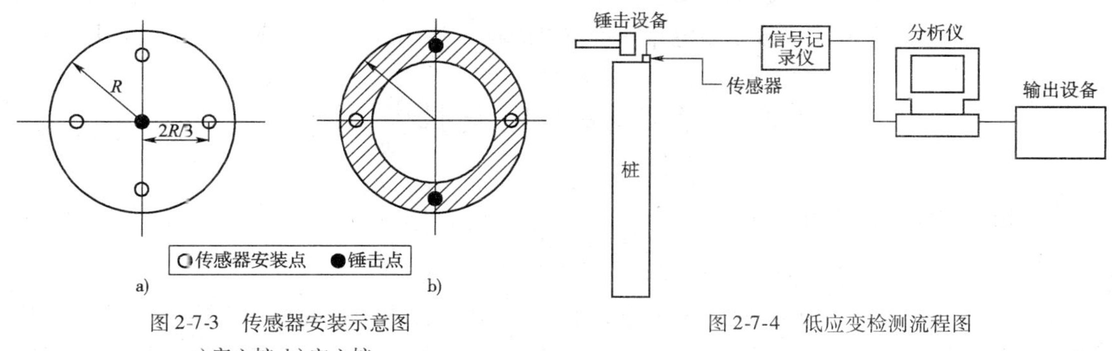


图 2-7-3 传感器安装示意图
a)实心桩；b)空心桩

图 2-7-4 低应变检测流程图

(1)锤击设备——低应变法测试时常使用的锤击设备有手锤（钢质、铝质、工程塑料或尼龙）、带有测力传感器的力锤、力棒等，也有用质量较大的穿心锤或铁球作激振设备的。

(2)传感器——目前应力波反射法测桩中使用较普遍的是压电晶体式加速度传感器，也有使用磁电式速度传感器的，主要用于接收桩顶被激发后加速度（或速度）波在不同波阻抗界面的反射信号。选用传感器要根据桩型尺寸、激振力、桩—土体系的条件，力求与可能出现的频率和振幅大小相匹配。一般来讲，加速度传感器灵敏度较高，谐振频率大，其测试精度较高，特别对距桩顶较近处有缺陷或桩身有微小裂缝的桩，使用加速度传感器更为合适。磁电式速度传感器固有频率相对较低，安装谐振频率变化较大，易产生自身振荡，一般情况下其测试精度不如加速度传感器，但其低频、宽脉冲的特性可测试桩身较深部位的缺陷。

按《港口工程桩基动力检测规程》(JTJ 249—2001)要求，传感器宜选用宽频带的加速度传感器，其灵敏度应大于 100mV/g。

(3)信号采集与记录系统应具有现场显示、记录、存储等功能。放大系统的增益应大于 60dB，长期变化量应小于 1%；折合输入端的噪声水平应低于 3μV；频带宽度应不窄于 10～1000Hz，滤波频率应能调节。

数据采集的模/数(A/D)转换器的位数不低于 10 位，采样时间宜为 50～1000μs，并能分档调整。

4. 抽检桩的比例

根据交通部行业标准《港口工程桩基动力检测规程》(JTJ 249—2001)的规定，对混凝土预制桩，检测桩数不宜少于总桩数的 10%，并不得少于 10 根；对混凝土灌注桩，宜全部进行检测。

## 二、测试方法

在桩顶选择好位置，用橡皮泥或黄油等黏结材料安装固定好传感器。用手锤敲击桩顶，激起的纵向应力波以波速 $C$ 由桩顶沿桩身向桩底传播，当桩身阻抗发生变化（如断桩、缩径、裂缝等）时，部分应力波在阻抗变化处向上发生反射，其余以透射波的形式继续向桩底传播，在桩底反射后又沿桩身向上传播，这些向上传播的应力波被安装在桩顶上的加速度（或速度）传感器接收，由专用计算机通过 A/D 转换并被积分成速度信号存储起来。试验人员根据测得的速度时域曲线或频域曲线进行各种处理分析，最终对桩身完整性和桩身混凝土质量作出判断。现场测试时，每根桩的测点不得少于2点，当直径大于800mm时，应适当增加测点。测点应分布均匀，同一测点的重复检测次数不应少于4次，且每次采集波形应具有良好的一致性。发现波形有异常时，应改变激振方式或改变传感器安装位置后重新测试，直到得到满意的波形为止。

## 第三节 桩身完整性判别

### 一、桩身平均波速的确定

1. 完整桩的波速平均值测试与分析

假定桩长已知，选取地质条件、桩型和成桩工艺相同的若干根完整桩（至少不少于5根）进行测试，得到桩底反射信号清晰明确的完整桩波形，以第一峰与桩底反射波峰间时间差为$\Delta T$，桩长为$L$，计算应力波沿桩身轴线方向传播的纵波速度$C$：

$$C=\frac{2L}{\Delta T} \tag{2-7-14}$$

式中：$L$——完整桩的桩长（m）；

$\Delta T$——速度波第一峰值与桩底反射波峰值之间的时间差（ms）。

完整桩的平均波速$\overline{C}$由该工程有代表性的若干根完整桩（$n\geqslant5$）计算且符合正态分布（图2-7-5）：

$$\overline{C}=\frac{1}{n}\sum_{i=1}^{n}C_i \tag{2-7-15}$$

$$\frac{|C_i-\overline{C}|}{\overline{C}}\leqslant5\% \tag{2-7-16}$$

式中：$\overline{C}$——$n$根桩桩身纵波速度的平均值（m/s）（$n\geqslant5$）；

$C_i$——第$i$根桩的纵波速度（m/s）；

$n$——检测桩根数（$n\geqslant5$）。

2. 桩身缺陷位置的确定

第$i$根桩的桩身缺陷距桩顶的距离$x$计算如下（图2-7-6）：

$$x=\frac{1}{2}\overline{C}\cdot\Delta t_i \tag{2-7-17}$$

式中：$x$——桩身缺陷距桩顶的距离（m）；

$\Delta t_i$——缺陷桩速度波第一峰值与缺陷反射波峰值之间的时间差（ms）。

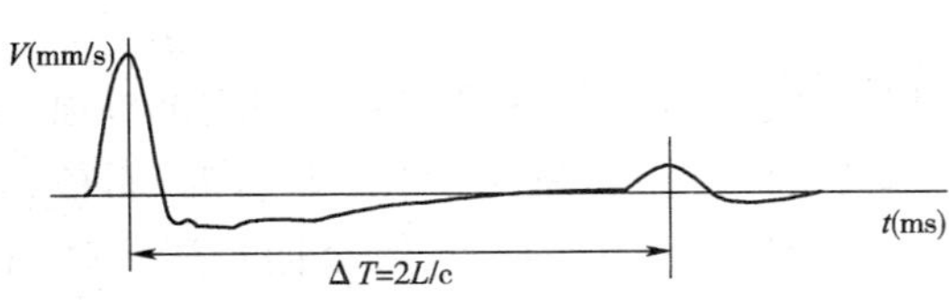


图2-7-5 完整桩时域信号特征

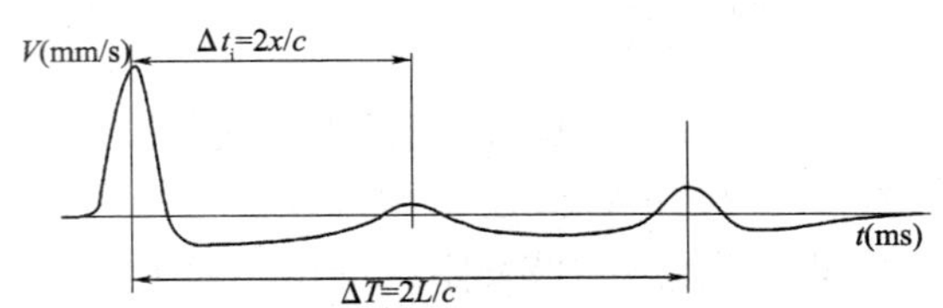


图2-7-6 缺陷桩时域信号特征

3. 桩身应力波的频域分析

桩身完整性判别除对反射波进行时域分析外，还可进行频域分析，纵波速度 $C$ 计算如下：

$$C = 2L \cdot \Delta f \tag{2-7-18}$$

式中：$\Delta f$——完整桩相邻波峰之间频差(Hz)。

第 $i$ 根桩的桩身缺陷距桩顶的距离 $x$ 可计算如下：

$$x = \frac{\overline{C}}{2\Delta f_{\mathrm{i}}} \tag{2-7-19}$$

式中：$\Delta f_{\mathrm{i}}$——缺陷桩相邻波峰之间频差的平均值(Hz)。

完整桩速度幅频信号特征见图 2-7-7。缺陷桩速度幅频信号特征见图 2-7-8。

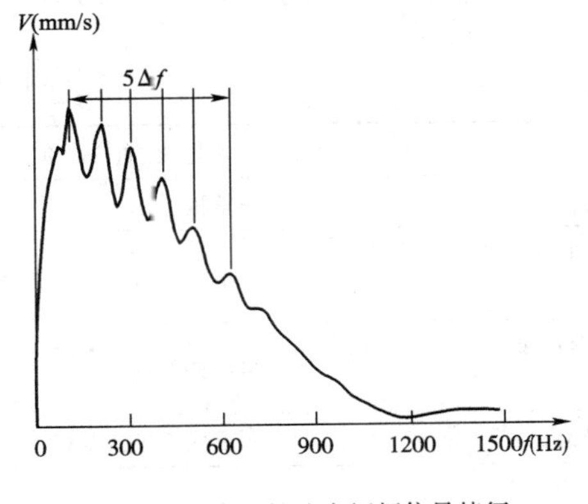


图 2-7-7 完整桩速度幅频信号特征

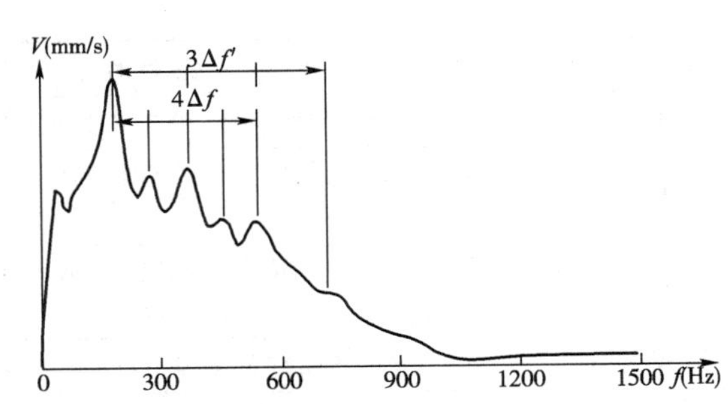


图 2-7-8 缺陷桩速度幅频信号特征

4. 不同缺损位置及不同缺损程度的模拟波形(图 2-7-9 和图 2-7-10)

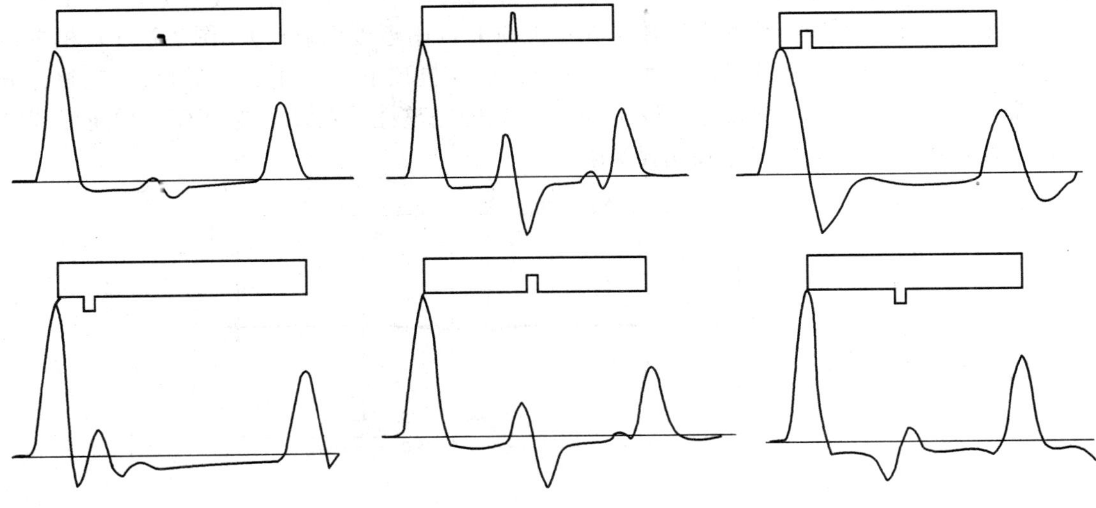

图 2-7-9 典型的模拟波形

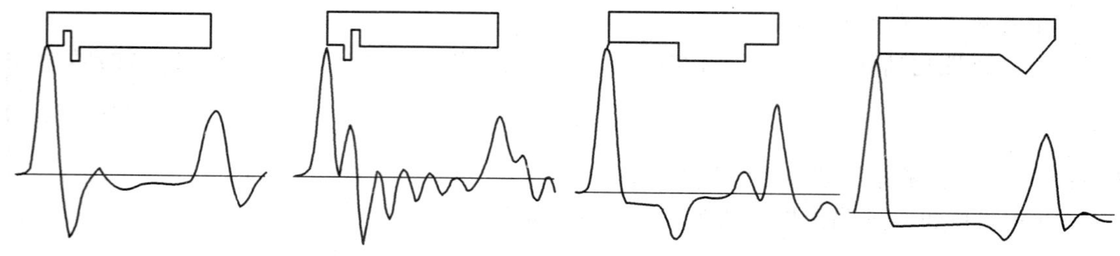

图 2-7-10 典型的模拟波形

## 二、桩身完整性的判断

桩身完整性应根据实测信号的波形、波速、相位、振幅和频率等特征，结合地质情况和施工过程进行综合评价。桩身完整性评价可参照表 2-7-1 按《建筑基桩检测技术规范》(JGJ 106—2014)中的 8.4.3 规定进行。

表 2-7-1

| 桩身完整性类别 | 完整性状况 | 完整性评价 |
|---|---|---|
| Ⅰ | 检测波波形无异常反射、波速正常、桩身完好 | 完整桩 |
| Ⅱ | 检测波波形有小畸变、波速基本正常、桩身有轻微缺陷、对桩的使用没有影响 | 基本完整桩 |
| Ⅲ | 检测波波形出现异常反射、波速偏低、桩身有明显缺陷、对桩的使用有一定影响 | 明显缺陷桩 |
| Ⅳ | 检测波波形严重畸变、桩身有严重缺陷或断裂 | 严重缺陷桩或断桩 |

# 第四节 工程实例

**例 2-7-1** 某工地基桩采用 $\phi$600mm 的 PHC 桩，桩长 38m，其中上节桩为 12m，中节桩为 12m，下节桩为 14m。低应变检测发现该桩在距桩顶 12m 附近处反射较大(图 2-7-11)，根据该桩上节桩长 12m 接桩处已入土 12m 的特点，评定该桩在桩顶下 12m 附近明显缺损，完整性分类判为Ⅲ类桩。该桩后又进行高应变验证，测得该处的完整性系数 $\beta$ 值为 70%。验证结果证实了该桩在桩顶下 12m 处桩身存在明显缺陷。

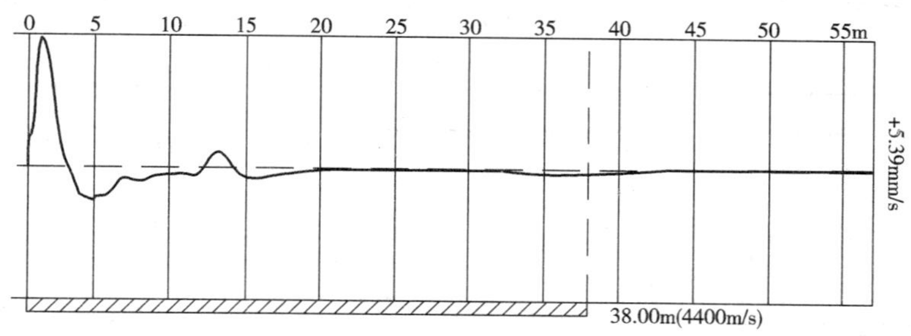


图 2-7-11

**例 2-7-2** 某工地基桩采用 $\phi$600mm 的 PHC 桩，桩长 38m，低应变检测发现该桩在桩顶下

3.0m附近有明显的缺陷反射，且有多次反射（图2-7-12），最终判定该桩在桩顶下3.0m附近严重缺损。考虑到该处的正常水位在距桩顶3m以下，为此采取了灌水试验，在该桩的管内灌满水后，起初水位下降较快，但降至桩顶下3.0m左右位置后，水位下降基本稳定，最终判定该管桩在桩顶下3.0m处严重损坏，为Ⅳ类桩。

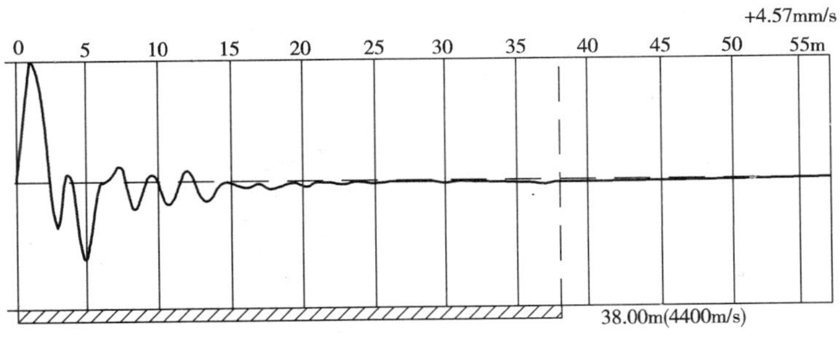


图 2-7-12

**例2-7-3** 某工地30cm×30cm的预制方桩，桩长21m。现场低应变检测时发现在桩顶下1.3m附近有较明显的异常反射，且有重复反射出现（图2-7-13）。后监理要求开挖验证，在开挖后发现在桩顶下1.5m处有一条横向裂缝，该裂缝自桩的一角向相邻的二面水平延伸，每边延伸长度约20cm（图2-7-14）。

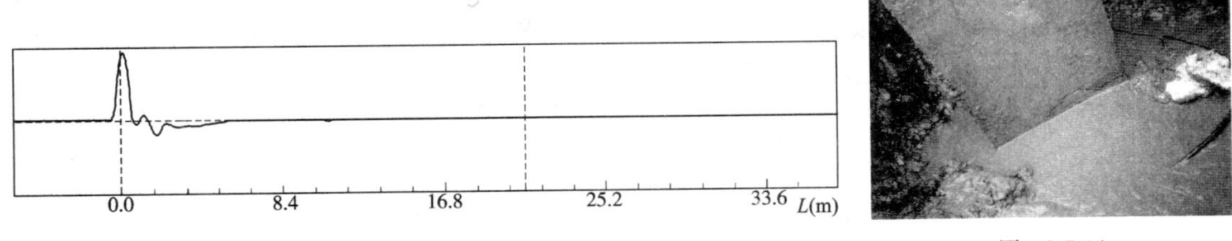


图 2-7-13

图 2-7-14

**例2-7-4** 某工程一桩为50cm×50cm的预制方桩，桩长25m，上、下节桩长均为12.5m，接头采用电焊焊接。该桩的低应变实测曲线见图2-7-15，波形显示该桩在接头处反射明显，评定为Ⅳ类桩。后对该桩进行了静载抗压试验，该桩的 $Q—s$ 曲线见图2-7-16，从第二级荷载开始 $Q—S$ 曲线陡降，前五级荷载的沉降量达60.40mm，第六级荷载以后的沉降增量明显减少，曲线平缓，表明该桩在接头处脱开约60mm。

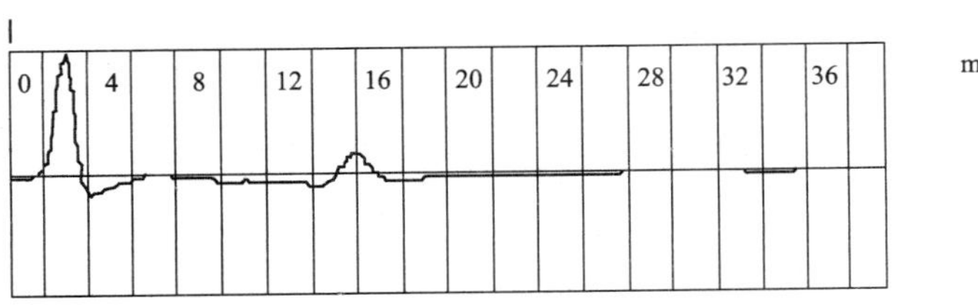


图 2-7-15

低应变动测技术是一门正在研究、发展和提高的新技术，而它所服务的对象是地质及其复杂的地下隐蔽工程———桩基工程。所以低应变桩身质量的判断应在实测曲线（时域、频域）的基础上参照各种因素（如施工记录、监理记录、灌注桩的孔径检测报告及桩周土质、缺损部

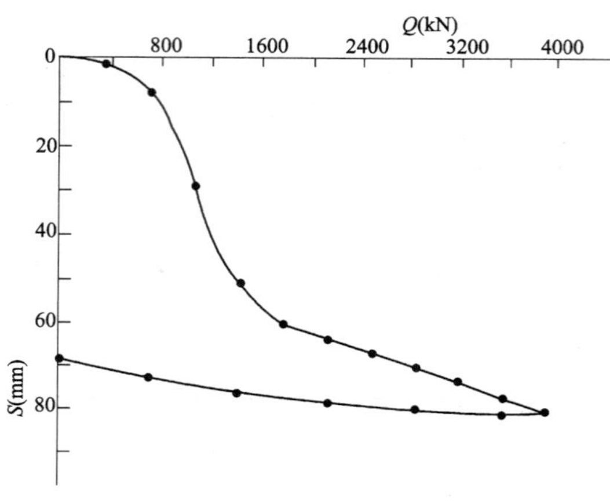


图 2-7-16

位的埋置深度等），经综合分析来判断；对预制桩的接头应特别注意，除了按上述方法综合分析外，还应考虑按桩形式（如法兰接桩、电焊接桩、硫黄胶泥接桩）、接桩处阻抗变化（如 PHC 桩的接头焊接是单面焊还是双面焊，混凝土方桩接桩时使用的角钢大小，有无在角钢外增加钢板，法兰接桩时法兰的个数等）、同一工程中相同桩型的比较。要注意积累资料，将各种桩型的波形分类，制作标准波谱，以供比较和参考。对有疑义的桩或被判为Ⅲ类Ⅳ类的桩宜采用多种方法进行复检或分类抽检，选用两种或多种方法进行检测，使各种方法能够相互补充和验证，提高检测结果的可靠性，如采用不同的低应变法、高应变法、静载压桩法（或拔桩法）、开挖验证法等等，混凝土灌注桩也可采用取芯法。

# 第八章 声波透射法检测与分析

混凝土灌注桩的声波透射法是在桩内预埋若干个声测管,将超声换能器直接放入声测管中,发射和接收超声脉冲,把穿过桩身各横截面的声学参数进行统计、计算、分析,评定桩身混凝土的连续性、完整性和均匀性,最终判定桩身完整性类别。

## 第一节 声波透射法测桩的基本原理

### 一、波动与声波

1. 波动

任何一个质点做振动时,会引起相邻质点产生振动,这种振动以一定的速度在介质中向某方向传播,这种传播着的扰动称为波动,传播速度即为波速。

2. 声波

本章节所说的声波是指在介质中传播的机械波。纵波和横波是最基本的机械波。

(1)纵波

介质质点的振动方向与波的传播方向平行,称为纵波。纵波的传播是依靠介质时疏时密,使介质的局部容积发生变化,引起压强的变化而传播的,和介质的体积弹性有关。纵波可以在任何固体、气体和液体中传播。

(2)横波

介质质点的振动方向与波的传播方向垂直,称为横波。横波的传播是依靠使介质产生剪切变形引起的剪切应力变化而传播的,它和介质的剪切弹性有关,横波只能在固体中传播。

### 二、波的传播

1. 波动方程

理想介质中,作振动的任一质点的位移随该质点的空间位置和时间变化着。假设质点运动做简谐振动,其质点的振动方程为:

$$u = A_0 \cos\omega\left(t - \frac{x}{v}\right) \tag{2-8-1}$$

当 $t = t_1$ 时,质点的位移:

$$u_{t_1} = A_0 \cos\omega\left(t_1 - \frac{x}{v}\right) \tag{2-8-2}$$

当 $t=t_1+\Delta t$ 时，质点的位移：

$$u_{t_1+\Delta t}=A_0\cos\omega\left(t_1+\Delta t-\frac{x}{v}\right) \tag{2-8-3}$$

即整个波形质点的位移在 $\Delta t$ 时间内向前移动了 $v\cdot\Delta t$，$v$ 是整个波形运动的波速。波动的频率、相位、振幅就是波动介质中质点振动的频率、相位和振幅。图2-8-1为简谐波在 $\Delta t$ 内的传播位移。

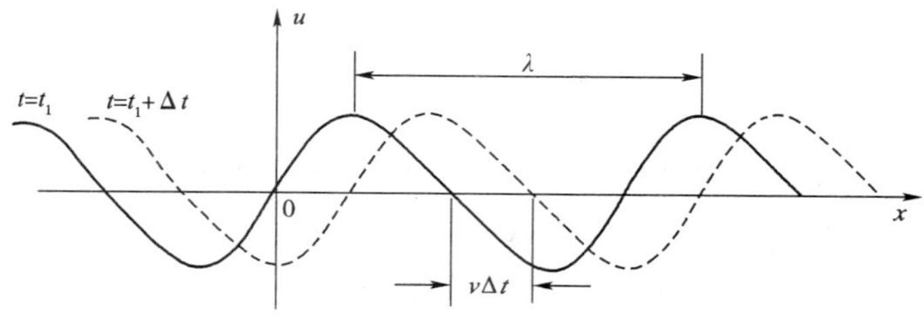


图2-8-1　简谐波在 $\Delta t$ 内的传播

2. 波的传播速度

在固体介质中，声波的波速取决于波的类型、介质的边界条件和弹性常数。对于弹性介质，波速主要取决于介质的密度、弹性模量、泊松比。介质的密度越小、弹性模量越大，则波速越高。

假设固体界面的边界条件无限大，则纵波在固体介质中传播的纵波速度为：

$$v_{\mathrm{p}}=\sqrt{\frac{E}{\rho}\cdot\frac{1-\mu}{(1+\mu)\cdot(1-2\mu)}} \tag{2-8-4}$$

式中：$v_{\mathrm{p}}$——纵波波速；

$E$——介质弹性模量；

$\mu$——介质泊松比；

$\rho$——介质密度。

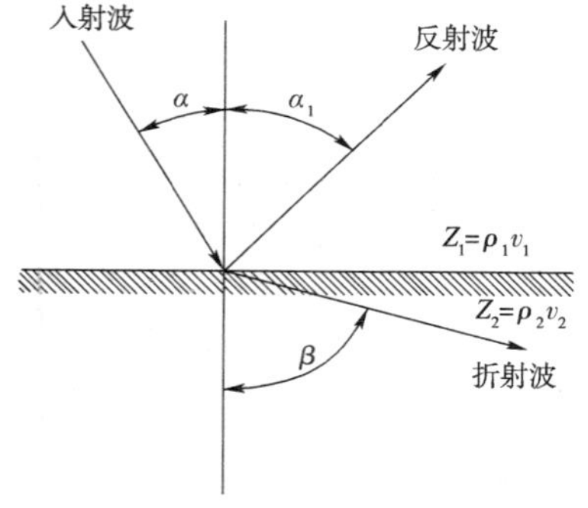


图2-8-2　声波在界面上的反射和折射

## 三、声波的反射与折射

声波在传播过程中，遇到不同的介质时，在两种介质的界面上声波的传播规律、能量分配都要发生变化，所以波的传播过程也是能量的传播过程。

当声波从一种介质（$Z_1=\rho_1v_1$）传播到另一种介质（$Z_2=\rho_2v_2$）时，在界面上有部分能量被界面反射，部分能量透过界面形成折射（图2-8-2）。上述关系式中 $Z$ 为声阻抗，$\rho$ 为介质密度，$v$ 为波在介质中的传播速度。

## 四、声波在混凝土中的检测原理

混凝土是一种集结型的复合材料，其内部存在着广泛分布的复杂界面。当混凝土的组成材料、工艺条件、内部质量及测试距离一定时，其声波传播速度、首波幅度和接收信号主频等声学参数一般符合统计正态分布。如果某部分混凝土存在空洞、不密实或裂缝等缺陷，便破坏了混凝土的整体性，与无缺陷的混凝土相比，声时值会偏大，波幅和频率值会降低。

1. 波速与混凝土质量的关系

超声波传播速度的快慢，与混凝土的密实程度或缺陷有直接关系，一般混凝土密实或整体性好波速就高，相反则波速低。当混凝土中有空洞或裂缝存在时，便破坏了混凝土的整体性，超声波只能绕过空洞或裂缝传播，到达接收换能器时传播的路径增加，测得的声时偏长，得到的波速偏小。

2. 波幅与混凝土质量的关系

波幅是声波穿过混凝土后能量衰减程度的指标之一。若混凝土中存在缺陷，由于空气的声阻抗率远小于混凝土的声阻抗率，超声波在混凝土中传播时，若遇到蜂窝、空洞或裂缝等缺陷，便在缺陷界面发生反射、折射、绕射和散射，声能被衰减，其中频率较高的成分衰减更快，因此接收到的信号波幅明显降低。

3. 频率与混凝土质量的关系

超声脉冲波是复频波，具有多种频率成分，当它们穿越混凝土时，各频率成分的衰减程度不同，高频部分比低频部分衰减严重，导致接收信号的主频率向低频率漂移，当遇到缺陷时，频率衰减严重，接收到的主频率明显降低。

4. 波形变化与混凝土质量关系

由于超声波在缺陷界面的反射、折射、绕射和散射，形成不同的波束，这些波束由于传播路径与直达波信号之间存在声程差和相位差，不同相位的波束叠加后，形成波形畸变或不规则。

正是通过对这些声学参数的计算和分析，对混凝土质量进行评判。

## 第二节　测试设备

### 一、声波检测仪

声波检测仪是埋管超声检测的核心部分，它的作用是产生电脉冲并激励发射换能器，再将接收换能器传来的信号放大、显示并存储。声波检测仪主要由接收放大器和数据采集、处理存储器两大部分组成。依据行业标准《建筑基桩检测技术规范》（JGJ106—2014）的要求，检测仪应符合下列要求：

（1）可实时显示和记录接收信号的时程曲线，具有频率测量或频谱分析功能。

（2）声时测量分辨率优于或等于 0.5μs。

（3）波幅测量相对误差小于 5%。

（4）系统频带宽度为 1～200kHz，系统最大动态范围不小于 100dB。

（5）发射系统应能输出电压为 200～1000V 的矩形脉冲或阶跃脉冲。

### 二、声波换能器

换能器的功能是实现电能和声能之间的转换，发射换能器是将电能转化为声能，向被测介质发射声波，并在介质中传播，然后由接收换能器将声波转化为电能。日常混凝土桩检测使用的换能器为径向换能器，又分为双孔换能器和单孔换能器，前者是将发射换能器和接收换能器分别置于同一根桩的两个不同预埋管中，检测两管之间的混凝土质量；后者是将1只发射换能器和2只接收换能器置于同一孔中（即一发双收），检测孔壁周围混凝土的质量。换能器的主要技术指标如下：

（1）圆柱状径向振动、沿径向无指向性。

（2）换能器的外径应小于声测管内径，有效工作面轴向长度不大于150mm。

（3）谐振频率范围宜为30～60kHz。

（4）水密性满足1MPa水压下不渗水。

## 第三节 现场检测方法

### 一、声测管的埋设

混凝土灌注桩的声波透射法检测通常采用双孔检测。

1. 声测管的埋置数量

成桩前应根据桩径大小预埋声测管，一般桩径在0.6～0.8m时宜埋2根管，对称布置；桩径在0.8～1.6m时宜埋3根，按等边三角形布置；桩在1.6m以上时宜埋4根管按正方形布置。声测管应牢固绑扎或焊接在钢筋笼内侧，相互平行（图2-8-3）。

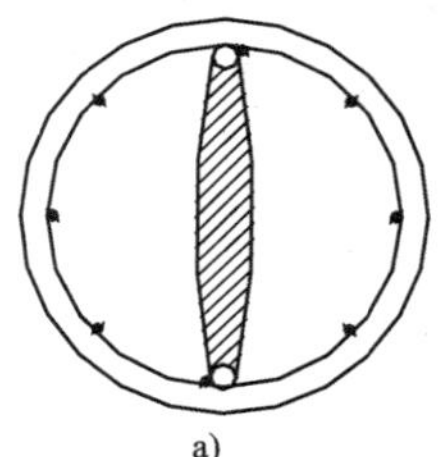

a)

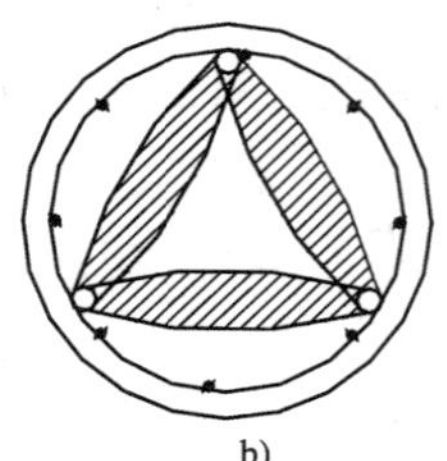

b)

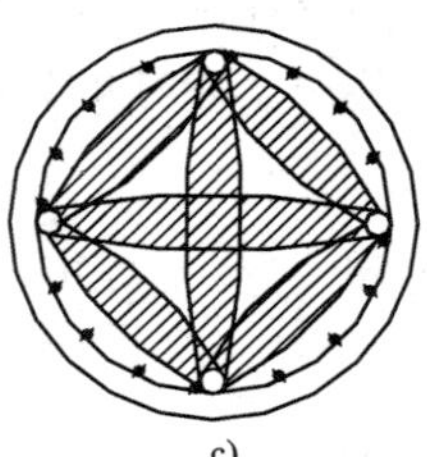

c)

图2-8-3 声测管布置方式

a）二管；b）三管；c）四管

2. 声测管的材质

选用声测管的原则：有一定的径向刚度、透射率较大、便于安装、费用较低。可选用内径为35～50mm的钢管、铁管或铸铁管，管径根据实际使用的换能器直径决定。当桩身长度较短时，也可用硬质PVC塑料管。

3. 声测管的连接

声测管应下端封闭、上端加盖、管内通畅。声测管连接处应光滑过渡，宜采用外接螺纹的连接方式，因为焊接易造成接头处管内堵塞或毛刺，影响换能器上下移动。若要采用焊接连接，应采用外加套管焊接，切不可在上、下管连接处直接电焊。安装完毕后管口要高出桩顶100mm以上，同一根桩的声测管管口高度宜相同。

### 二、检测前的准备

进行灌注桩超声检测前，应认真调试仪器设备，检查声测管的通畅情况，并做好以下工作：

(1)在桩顶测量相应声测管内壁间净距离，并对同一根桩中的测管进行编号。

(2)将各声测管内注满清水，作为耦合剂，并检查声测管畅通情况。

(3)计算声测管及耦合水的声时修正值：

声波穿过声测管及耦合水的声时修正值 $t'$ 计算如下：

$$t' = \frac{D-d}{v_g} + \frac{d-d'}{v_s} \tag{2-8-5}$$

式中：$D$——声测管的外径；

$d$——声测管的内径；

$d'$——换能器外径；

$v_g$——材料声速，用钢管时取 $v_g = 5800\text{m/s}$；

$v_s$——水的声速，当水温 5℃时，取 $v_s = 1450\text{m/s}$。

(4)采用标定法确定仪器系统的延时时间：

仪器系统的延迟时间 $t''$，可采用以下方法测得：将一对(分别为反射和接收)换能器平行放置静水中，并置于同一水平高度，将换能器的内边缘间距调节在 $l_1$ 和 $l_2$，分别读取相应的声时值 $t_1$ 和 $t_2$，则有等式：

$$\frac{l_1}{t_1 - t''} = \frac{l_2}{t_2 - t''} \tag{2-8-6}$$

经换算得到：

$$t'' = \left| \frac{l_1 t_2 - l_2 t_1}{l_1 - l_2} \right| \tag{2-8-7}$$

## 三、现场检测

(1)根据桩径大小及测管之间的距离选择合适频率的换能器和仪器参数。同一根桩检测时，各检测剖面的声波反射电压和仪器设置参数不得改变。

(2)首先将发射换能器与接收换能器分别置于两个声测孔的顶部或底部，采用平测方法同步升降，以相同的步长进行检测，声测线间距不应大于 100mm，提升过程中，应校核换能器的深度和校正换能器的高差，并确保测试波形的稳定性，提升速度不宜大于 0.5m/s。

(3)记录接收信号的时程曲线，读取声时、首波峰值及主频值。

(4)对埋设有两根以上声测管的桩，应以每两管为一个测试剖面，分别对所有剖面进行检测。

(5)对数据可疑的部位可采用水平加密测点或采用斜测或扇形扫测等方法进行复测，进一步确定桩身缺陷的位置和范围。水平加密即在可疑部位采用同步平测的方法，将测点加密(如测点间距减小为 50～100mm)。斜测是将发射换能器和接收换能器置于不同高度，检测过程中保持高差不变，水平夹角不应大于 30°。扇形扫测是将一个换能器的位置固定，将另一个换能器在一定范围内按固定的步长进行测试(图 2-8-4)。

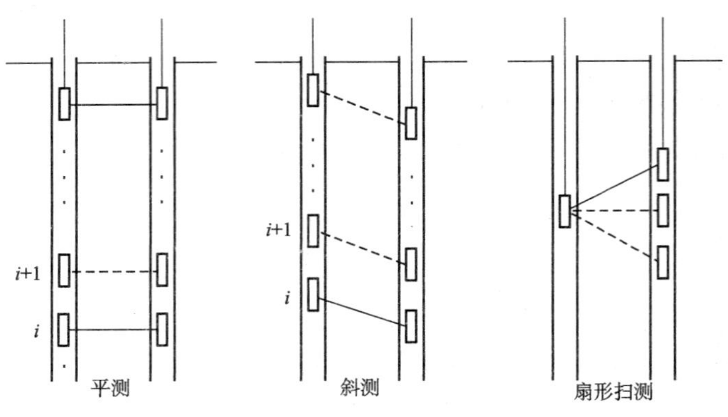


图2-8-4 测试示意图

# 第四节 检测数据的处理与判断

## 一、声学参数的计算

各测点的声时 $t$、声速 $v$、波幅 $A_p$ 及主频 $f$ 根据现场检测数据按下列公式计算，绘制声速—深度曲线和波幅—深度曲线，还可绘制主频—深度曲线。

1. 声速计算

(1)声时值

声波从发射换能器发出到接收换能器接收到声波，其声时值 $T$ 由三部分组成，即声波穿过声测管及耦合水的声时修正值 $t'$、声波穿过混凝土的时间 $t_i$ 及仪器系统的延迟时间 $t''$，即 $T_i = t' + t_i + t''$，第 $i$ 点穿过混凝土中的声时为：

$$t_i = T_i - t' - t'' \tag{2-8-8}$$

式中：$t_i$——第 $i$ 测点声时；

$T_i$——第 $i$ 测点声时测量值；

$t'$——声波穿过声测管及耦合水的声时修正值；

$t''$——仪器系统的延迟时间。

(2)声速计算值

根据桩身混凝土各测点声时 $t_i$，就可计算各测点的声速值 $v_i$：

$$v_i = \frac{l}{t_i} \tag{2-8-9}$$

式中：$v_i$——第 $i$ 点混凝土声速；

$t_i$——第 $i$ 点测点声时值；

$l$——每检测剖面两声测管内边缘之间的距离。

2. 波幅

波幅 $A_{pi}$ 可由下式表示：

$$A_{pi}=20\lg\frac{a_i}{a_0} \tag{2-8-10}$$

式中：$A_{pi}$——第 $i$ 测点波幅值（dB）；

$a_i$——第 $i$ 测点信号首波峰值；

$a_0$——零分贝信号幅值。

3. 频率

频率用周期与频率的倒数关系计算，计算公式如下：

$$f_i=\frac{1000}{\Delta T_i} \tag{2-8-11}$$

式中：$f_i$——第 $i$ 测点信号的主频值；

$\Delta T_i$——第 $i$ 测点信号周期。

## 二、桩身混凝土异常值的判断方法

1. 概率法

概率法是应用概率统计学来分析计算混凝土质量各测点的声学参数，用正态分布特征量来表示。

（1）正态分布特征量的计算描述正态分布的特征量有：平均值 $m_x$，标准差 $S_x$。

平均值：

$$m_x=\frac{\sum x_i}{n} \tag{2-8-12}$$

标准差：

$$S_x=\sqrt{\frac{1}{n-1}\sum_{i=1}^{n}(x_i-m_x)^2} \tag{2-8-13}$$

式中：$x_i$——第 $i$ 点的声学参数测量值；

$n$——参与统计的测点数。

（2）临界值计算

①当统计数据为声时值时，声时临界值计算如下：

$$M_t=m_t+\lambda_1 S_t \tag{2-8-14}$$

式中：$M_t$——声时临界值；

$m_t$——声时平均值：$m_t=\frac{\sum t_i}{n}$；

$S_t$——声时标准差：$S_t=\sqrt{\frac{1}{n-1}\sum_{i=1}^{n}(t_i-m_t)^2}$；

$\lambda_1$——异常值判定系数，按表 2-8-1 取值。

②当统计数据为声速时，声速临界值计算如下：

$$M_v=m_v-\lambda_1 S_v \tag{2-8-15}$$

式中：$M_v$——声速临界值；

$m_v$——声速平均值；

$S_v$——声速标准差；

$\lambda_1$——异常值判定系数，按表 2-8-1 取值。

统计数的个数 $n$ 与对应的 $\lambda_1$ 值 表2-8-1

| $n$ | 20 | 22 | 24 | 26 | 28 | 30 | 32 | 34 | 36 | 38 |
|---|---|---|---|---|---|---|---|---|---|---|
| $\lambda_1$ | 1.65 | 1.69 | 1.73 | 1.77 | 1.80 | 1.83 | 1.86 | 1.89 | 1.92 | 1.94 |
| $n$ | 40 | 42 | 44 | 46 | 48 | 50 | 52 | 54 | 56 | 58 |
| $\lambda_1$ | 1.96 | 1.98 | 2.00 | 2.02 | 2.04 | 2.05 | 2.07 | 2.09 | 2.10 | 2.12 |
| $n$ | 60 | 62 | 64 | 66 | 68 | 70 | 72 | 74 | 76 | 78 |
| $\lambda_1$ | 2.13 | 2.14 | 2.15 | 2.17 | 2.18 | 2.19 | 2.20 | 2.21 | 2.22 | 2.23 |
| $n$ | 80 | 82 | 84 | 86 | 88 | 90 | 92 | 94 | 96 | 98 |
| $\lambda_1$ | 2.24 | 2.25 | 2.26 | 2.27 | 2.28 | 2.29 | 2.30 | 2.30 | 2.31 | 2.31 |
| $n$ | 100 | 105 | 110 | 115 | 120 | 125 | 130 | 140 | 150 | 160 |
| $\lambda_1$ | 2.32 | 2.35 | 2.36 | 2.38 | 2.40 | 2.41 | 2.43 | 2.45 | 2.48 | 2.50 |

(3)声时临界值的计算及判断

①将同一检测剖面各测点的 $n$ 个声时值由小到大依次排列:

$$t_1 \leqslant t_2 \leqslant t_3 \leqslant t_4 \leqslant \cdots \leqslant t_{n-k} \leqslant \cdots \leqslant t_{n-1} \leqslant t_n \qquad (k=1,2,3,\cdots)$$

式中:$t_i$——按序排列的第 $i$ 个声时测量值。

②从零开始逐一去掉 $t_i$ 序列中最大数值,进行统计计算。当去掉最大数值的数据个数为 $k$ 时,对包括 $t_{n-k}$ 在内的 $t_1 \sim t_{n-k}$ 个数据进行统计计算:

声时平均值
$$m_{t(n-k)} = \frac{1}{n-k}\sum_{i=1}^{n-k} t_i \tag{2-8-16}$$

声时标准差
$$S_{t(n-k)} = \sqrt{\frac{1}{n-k-1}\sum_{i=1}^{n-k}(t_i - m_{t(n-k)})^2} \tag{2-8-17}$$

按公式(2-8-14)计算 $t_1 \sim t_{n-k}$ 个数据的声时临界值:

$$M_{t(n-k)} = m_{t(n-k)} + \lambda_1 S_{t(n-k)} \tag{2-8-18}$$

③当 $t_{n-k}$ 值大于或等于 $M_{t(n-k)}$ 时,则 $t_{n-k}$ 及排列于其后的声时值均为异常值;再将 $t_1 \sim t_{n-k-1}$ 个数值重新进行统计计算,得到新的 $M_t$ 值再进行判断……直到余下的全部数值满足 $t_i < M_t$,则 $M_t$ 为该剖面的声时临界值。

(4)声速临界值的计算及判断

①若参与统计的是 $n$ 个声速值,将同一检测剖面各测点的 $n$ 个声速值由大到小依次排列:

$$v_1 \geqslant v_2 \geqslant v_3 \geqslant \cdots \geqslant v_{n-k} \geqslant \cdots \geqslant v_{n-1} \geqslant v_n \quad (k=1,2,3,\cdots)$$

式中:$v_i$——按序排列的第 $i$ 个声速值。

②从零开始逐一去掉 $v_i$ 序列中最小数值,进行统计计算。当去掉最小数值的数据个数为 $k$ 时,对包括 $v_{n-k}$ 在内的 $v_1 \sim v_{n-k}$ 个数值进行统计计算:

声速平均值:
$$m_{v(n-k)} = \frac{1}{n-k}\sum_{i=1}^{n-k} v_i \tag{2-8-19}$$

声速标准差:
$$S_{v(n-k)} = \sqrt{\frac{1}{n-k-1}\sum_{i=1}^{n-k}(v_i - m_{v(n-k)})^2} \tag{2-8-20}$$

按公式(2-8-15)计算 $v_1 \sim v_{n-k}$ 个数值的声速临界值：

$$M_{v(n-k)} = m_{v(n-k)} - \lambda_1 S_{v(n-k)} \tag{2-8-21}$$

③当 $v_{n-k}$ 值小于或等于 $M_{v(n-k)}$ 时，则 $v_{n-k}$ 及排列于其后的声速值均为异常值；再将 $v_1 \sim v_{n-k-1}$ 数值重新进行统计计算，得到新的 $M_v$ 值再进行判断……直到余下的全部数据满足 $v_i > M_v$，则 $M_v$ 为该剖面的声速临界值。

2. 斜率法也称 PSD 判据

(1)PSD 判据的基本原理

当桩身内部存在缺陷时，在缺陷与正常混凝土的交界面，介质的性质产生突变，导致声时产生突变，用斜率的变化能清楚地反映这种声时的突变，并能判断缺陷的存在，但缺陷的大小必须用声时差对斜率加权来反映，这种判断方法即为斜率法也称 PSD 判据，计算公式见式(2-8-22)及式(2-8-23)：

$$K = \frac{t_i - t_{i-1}}{h_i - h_{i-1}} \tag{2-8-22}$$

$$\mathrm{PSD} = \frac{(t_i - t_{i-1})^2}{h_i - h_{i-1}} \tag{2-8-23}$$

式中：$t_i - t_{i-1}$——相邻两测点的声时差；

$h_i - h_{i-1}$——相邻两测点深度差，令 $\Delta H = h_i - h_{i-1}$。

运用 PSD 判据可基本消除由于声测管的不平行或混凝土不均匀等因素而导致声时值的偏离，并结合波幅值的变化情况，进行异常点的判断。

(2)混凝土缺陷与 PSD 判据的计算

①缺陷为夹层或断桩(图 2-8-5)

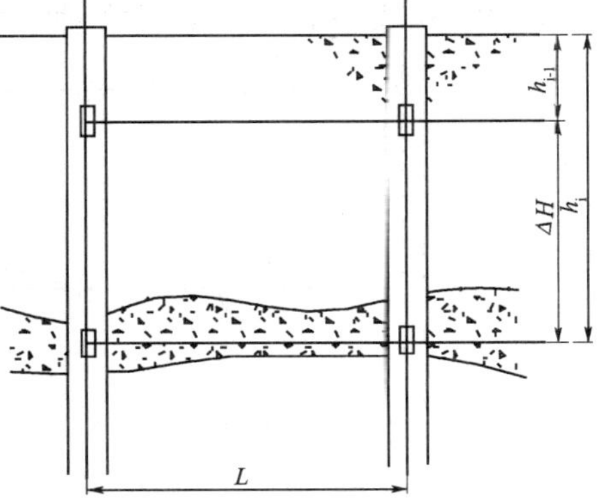

图 2-8-5 缺陷为夹层或断桩

$$t_{i-1} = \frac{L}{v_1} \tag{2-8-24}$$

$$t_i = \frac{L}{v_2} \tag{2-8-25}$$

则

$$t_i - t_{i-1} = \frac{L}{v_2} - \frac{L}{v_1} = \frac{L(v_1 - v_2)}{v_1 v_2} \tag{2-8-26}$$

代入公式(2-8-23)得到：

$$\mathrm{PSD} = \frac{(t_i - t_{i-1})^2}{h_i - h_{i-1}} = \frac{L^2 (v_1 - v_2)^2}{v_1^2 v_2^2 \cdot \Delta H} \tag{2-8-27}$$

式中：$v_1$——正常混凝土波速；

$v_2$——夹层混凝土波速；

$L$——声测管间距；

$\Delta H$——两测点的深度差。

②缺陷为空洞(图 2-8-6)

$$t_{i-1} = \frac{L}{v_1} \tag{2-8-28}$$

$$t_i = \frac{2\sqrt{R^2 + \left(\frac{L}{2}\right)^2}}{v_1} \tag{2-8-29}$$

代入公式(2-8-23)得到：

$$\text{PSD} = \frac{4R^2 + 2L^2 - 2L\sqrt{4R^2 + L^2}}{v_1^2 \cdot \Delta H} \tag{2-8-30}$$

式中：$R$——空洞半径。

③缺陷为“蜂窝”或被其他介质填塞的空洞（图 2-8-7）

$$t_{i-1} = \frac{L}{v_1} \tag{2-8-31}$$

$$t_i = \frac{L - 2R}{v_1} + \frac{2R}{v_3} \tag{2-8-32}$$

代入公式(2-8-23)得到：

$$\text{PSD} = \frac{4R^2(v_1 - v_3)^2}{v_1^2 \cdot v_3^2 \cdot \Delta H} \tag{2-8-33}$$

式中：$v_3$——“蜂窝”或被其他介质填塞物的声速。

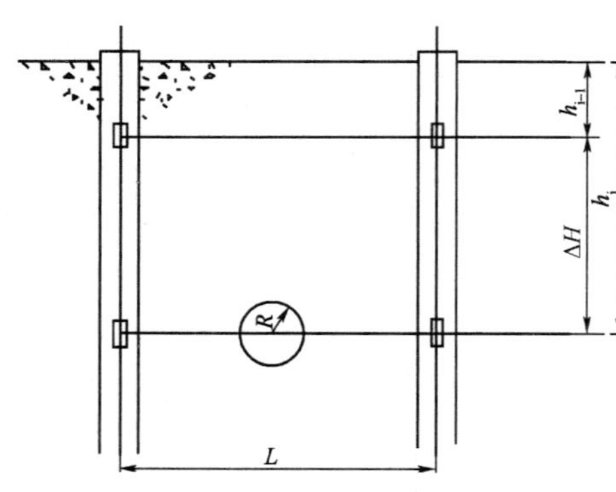


图 2-8-6 缺陷为空洞

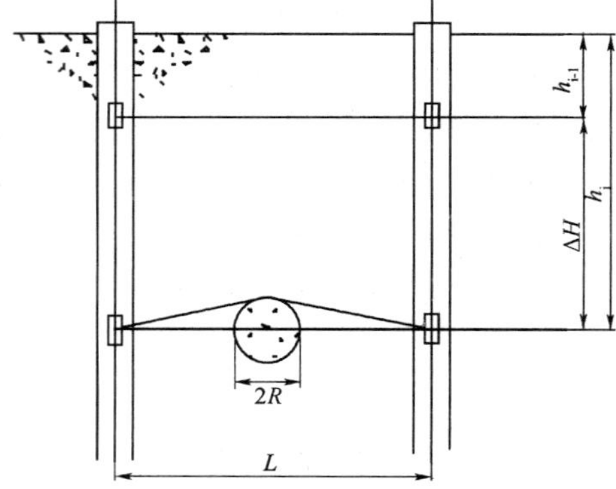


图 2-8-7 缺陷为“蜂窝”或被其他介质填塞的空洞

3. 声速低限值判据

当检测剖面 $n$ 个测点的声速值普遍偏低且离散性很小时，宜采用声速低限值判据：

$$v_i < v_L \tag{2-8-34}$$

式中：$v_i$——第 $i$ 测点声速；

$v_L$——声速低限值，由预留同条件混凝土试件的抗压强度与声速对比试验结果及经验确定。

当式(2-8-34)成立时，可直接判定为声速低于低限值异常。

4. 接收波能量判定

用波幅平均值减 6dB 作为波幅临界值。当实测波幅低于波幅临界值时，将其作为可疑缺陷区。波幅异常值的判定按公式(2-8-35)和公式(2-8-36)计算。

$$A_m = \frac{1}{n}\sum_{i=1}^{n} A_{pi} \tag{2-8-35}$$

$$A_{pi} < A_m - 6 \tag{2-8-36}$$

式中：$A_m$——波幅平均值(dB)；

$A_{pi}$——第 $i$ 测点波幅值(dB)；

$n$——检测剖面测点数。

当式(2-8-36)成立时，可判定波幅为异常值。

## 三、完整性综合评价

混凝土灌注桩是多种材料的集结体，其施工工艺复杂、难度大，混凝土的硬化环境和条件也影响混凝土桩身的质量，使混凝土的离散性增大、不确定性明显。因此在实际判断混凝土缺陷时，应结合各声学参数临界值、PSD判据和实测波形进行综合分析判定。可参照表2-8-2按《建筑基桩检测技术规范》(JGJ 106—2014)中的10.5.11评价被测桩的完整性类别。

**桩身完整性判定** 表2-8-2

| 类别 | 特征 |
|---|---|
| Ⅰ | 各检测剖面的声学参数均无异常；<br>无声速低于低限值异常 |
| Ⅱ | 某一检测剖面个别测点的声学参数出现异常；<br>无声速低于低限值异常 |
| Ⅲ | 某一检测剖面连续多个测点的声学参数出现异常；<br>两个或两个以上检测剖面在同一深度测点的声学参数出现异常；<br>局部混凝土声速出现低于低限值异常 |
| Ⅳ | 某一检测剖面连续多个测点的声学参数出现明显异常；<br>两个或两个以上检测剖面在同一深度测点的声学参数出现明显异常；<br>桩身混凝土声速出现普遍低于低限值异常或无法检测首波或声波接收信号严重畸变 |

# 第五节 工程实例

**例2-8-1** 某工程一根灌注桩，桩长20m，检测管间距820mm，实测的深度、声时和波幅数据见表2-8-3，图2-8-8为根据表2-8-3绘制的声速—深度曲线和幅值—深度曲线(实测声时值中已减去系统的延时时间和声时修正值)。

表2-8-3

| $H_i$(m) | $t_i$(μs) | $A$(dB) | $H_i$(m) | $t_i$(μs) | $A$(dB) |
|---|---|---|---|---|---|
| 0.5 | 183 | 23 | 3.5 | 181 | 24 |
| 1.0 | 183 | 23 | 4.0 | 181 | 23 |
| 1.5 | 183 | 23 | 4.5 | 182 | 23 |
| 2.0 | 183 | 23 | 5.0 | 181 | 23 |
| 2.5 | 184 | 23 | 5.5 | 181 | 23 |
| 3.0 | 184 | 23 | 6.0 | 181 | 23 |

续上表

| $H_i$(m) | $t_i$(μs) | $A$(dB) | $H_i$(m) | $t_i$(μs) | $A$(dB) |
|---|---|---|---|---|---|
| 6.5 | 183 | 23 | 15.5 | 174 | 25 |
| 7.0 | 181 | 23 | 16.0 | 175 | 25 |
| 7.5 | 183 | 20 | 16.5 | 178 | 25 |
| 8.0 | 195 | 17 | 17.0 | 179 | 25 |
| 8.5 | 183 | 23 | 17.5 | 177 | 24 |
| 9.0 | 182 | 23 | 17.6 | 175 | 24 |
| 9.5 | 182 | 18 | 17.7 | 180 | 23 |
| 10.0 | 204 | 16 | 17.8 | 179 | 18 |
| 10.5 | 180 | 23 | 17.9 | 260 | 6 |
| 11.0 | 180 | 23 | 18.0 | 255 | 10 |
| 11.5 | 181 | 23 | 18.1 | 230 | 8 |
| 12.0 | 182 | 23 | 18.2 | 180 | 20 |
| 12.5 | 181 | 23 | 18.3 | 181 | 22 |
| 13.0 | 180 | 23 | 18.4 | 181 | 23 |
| 13.5 | 177 | 25 | 18.5 | 180 | 23 |
| 14.0 | 175 | 25 | 19.0 | 178 | 23 |
| 14.5 | 175 | 24 | 19.5 | 179 | 20 |
| 15.0 | 175 | 24 | 20.0 | 182 | / |

用声时值为统计参数进行以下分析：

（1）将检测桩的48个声时值由小到大依次排列：

即 174≤174≤175≤175≤……≤195≤204≤230≤255≤260。

（2）假定最后4个数值（204、230、255、260）为可疑值，去掉这4个数据，将排列在前面的44个数值进行统计计算，代入公式（2-8-16）和公式（2-8-17），得到：

声时平均值 $$m_{t44}=\frac{1}{44}\sum_{i=1}^{44}t_i=180.45\mu s$$

声时标准差 $$S_{t44}=\sqrt{\frac{1}{44-1}\sum_{i=1}^{44}(t_i-m_t)^2}=3.51\mu s$$

代入公式（2-8-18）计算得到44个数据的声时临界值：

$$M_{t44}=m_{t44}+\lambda_1 S_{t44}=187.47$$

$\lambda_1$异常值判定系数，按表2-8-1当$n=44$，取$\lambda_1=2$。

（3）最后4个数值即204、230、255、260都大于临界值187.47，则判定204、230、255、260为异常值。

（4）又假定195声时值为可疑值，去掉此数，将排列在前面的43个数值进行统计计算，代入公式（2-8-16）和公式（2-8-17），得到：

声时平均值：

$$m_{t43}=\frac{1}{43}\sum_{i=1}^{43}t_i=180.12\mu s$$

声时标准差：

$$S_{t43}=\sqrt{\frac{1}{43-1}\sum_{i=1}^{43}(t_i-m_t)^2}=2.74\mu s$$

代入公式(2-8-18)计算得到43个数据的声时临界值：

$$M_{t43}=m_{t43}+\lambda_1 S_{t43}=185.55$$

$\lambda_1$按表2-8-1当$n=43$，取$\lambda_1=1.99$。

由于声时值195大于临界值185.55，则判定195为异常值。

(5)再假定184声时值为可疑值，重新进行统计计算，得到新的$M_t$值再进行判断……余下的全部数据满足$t_i<M_t$。

(6)根据以上分析，判定195、204、230、255、260为异常点，缺陷位置见图2-8-8的声时—深度曲线、幅度—深度曲线。

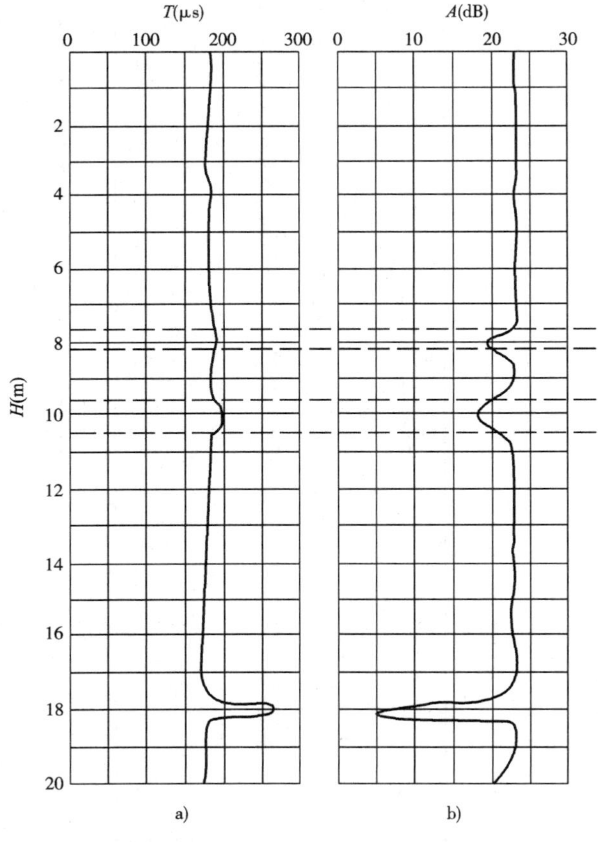


图2-8-8 声时—深度曲线和幅度—深度曲线

**例2-8-2** 某工程基桩采用$\phi$1000mm的钻孔灌注桩，桩长50.0m，混凝土强度为C30。

对桩号为3-1#的桩进行了超声检测，该桩预埋三根超声管，分别对其三个断面进行检测，实测数据如下：平均波速为4.188km/s，离差系数为0.043，平均幅值为124.76dB。判定该桩桩身完整性为Ⅰ类(图2-8-9)。后对该桩进行钻孔取芯，试块强度平均值为31.3MPa(图2-8-10和图2-8-11)。

| 比例尺 | 桩号 | 3-1# | 桩长 | 50.00m | 桩号 | 3-1# | 桩长 | 50.00m | 桩号 | 3-1# | 桩长 | 50.00m |
|---|---|---|---|---|---|---|---|---|---|---|---|---|
| | 测试日期 | | 2006.6.8 | | 测试日期 | | 2006.6.8 | | 测试日期 | | 2006.6.8 | |
| 1:375 | 1-2/ 管距：650mm | | | | 1-3/ 管距：620mm | | | | 2-3/ 管距：650mm | | | |

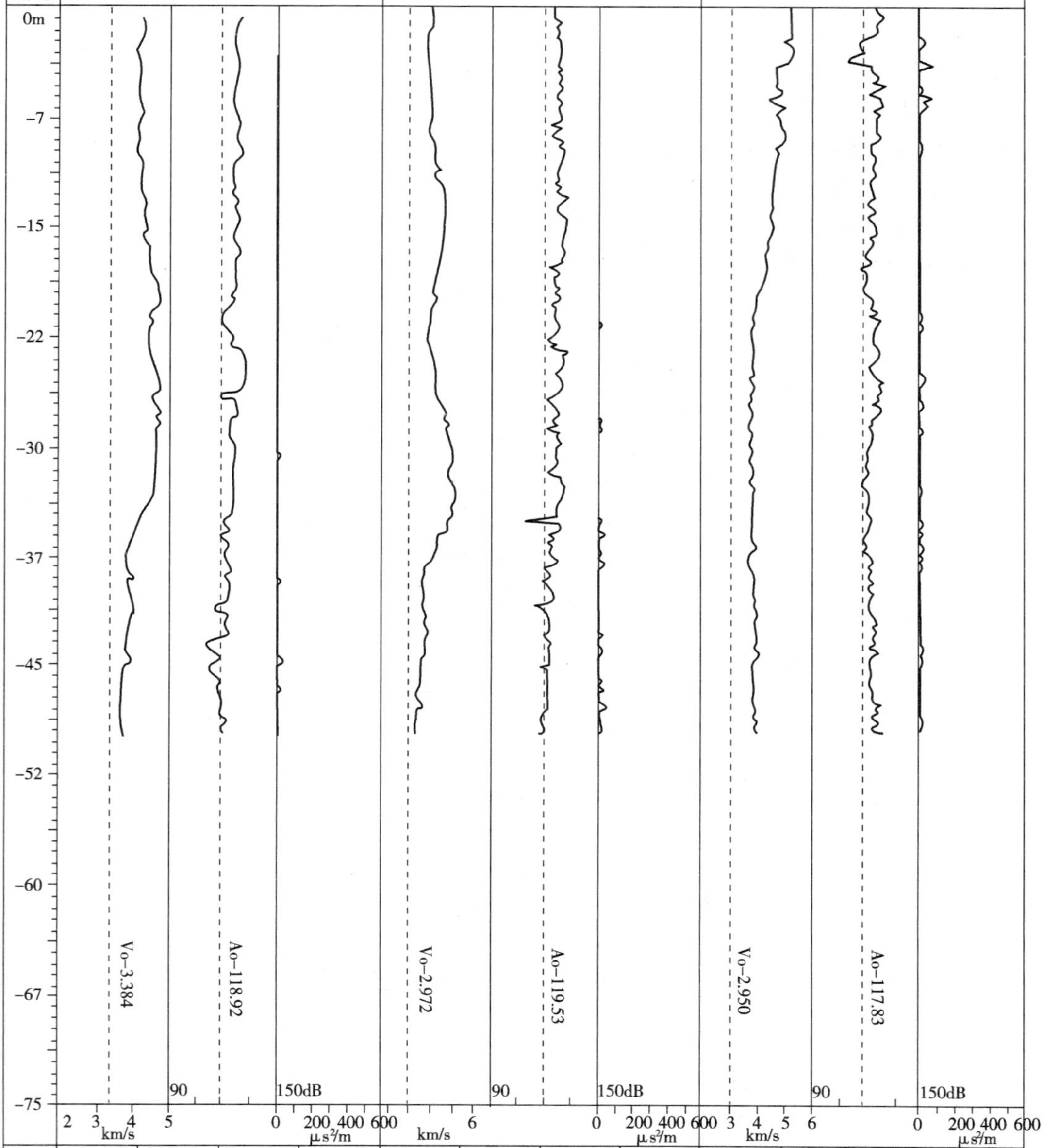

| | 临界值 | 平均值 | 标准差 | 离差值 | 临界值 | 平均值 | 标准差 | 离差值 | 临界值 | 平均值 | 标准差 | 离差值 |
|---|---|---|---|---|---|---|---|---|---|---|---|---|
| 声速（km/s） | 3.384 | 4.233 | 0.326 | 0.046 | 2.972 | 4.153 | 0.457 | 0.051 | 2.950 | 4.179 | 0.485 | 0.033 |
| 幅值（dB） | 118.92 | 124.92 | 4.40 | 0.04 | 119.53 | 125.53 | 5.55 | 0.04 | 117.83 | 123.63 | 3.21 | 0.03 |

图 2-8-9　现场实测的声时—深度线、幅度—深度和频率—深度曲线

图 2-8-10 现场所取芯样

图 2-8-11 试压后的芯样

**例 2-8-3** 某工程基础采用钻孔灌注桩，桩径 $\phi$2200mm，桩长 56m，该桩布置四根超声管，共检测了 6 个剖面，6 个剖面实测的深度—声时曲线、深度—波速曲线和深度—波幅曲线见图 2-8-12和图 2-8-13。超声检测判定桩顶下 45.5～46.8m 范围存在严重缺陷，后经取芯验证，发现在 45m～47m 内混凝土碎裂、不成型。见图 2-8-14。综合判定该桩为Ⅳ类桩。

| 基桩名称 | SZ1(080731) | 检测桩长 | 56.30m | 测试日期 | 2008 年 07 月 31 日 |
|---|---|---|---|---|---|
| 内　定 | 1-2：1400mm | | 1-3：1810mm | | 1-4：1240mm | |
| | 声速 km/s | 幅度 dB | 声速 km/s | 幅度 dB | 声速 km/s | 幅度 dB |
| 平均值 | 4.3577 | 99.046 | 4.0260 | 93.159 | 3.8246 | 98.947 |
| 标准差 | 0.1303 | 6.693 | 0.0951 | 4.859 | 0.1576 | 3.132 |
| 离差系数 | 0.0299 | 0.068 | 0.0236 | 0.052 | 0.0412 | 0.032 |

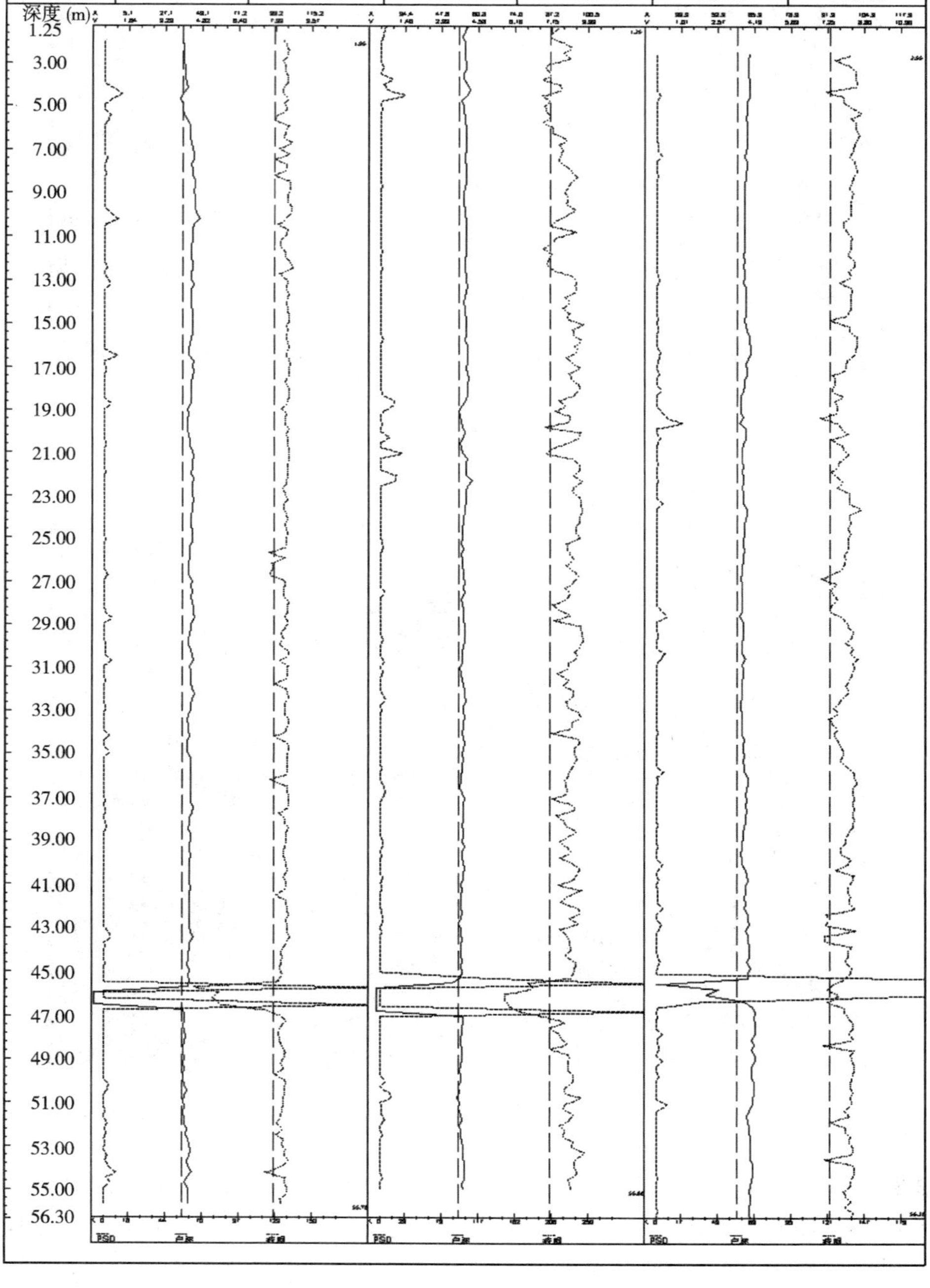

图　2-8-12

| 基桩名称 | SZ1(080731) | | 检测桩长 | 56.30m | 测试日期 | 2008年07月31日 |
|---|---|---|---|---|---|---|
| 内 定 | 2-3：1180mm | | 2-4：1840mm | | 3-4：1290mm | |
| | 声速 km/s | 幅度 dB | 声速 km/s | 幅度 dB | 声速 km/s | 幅度 dB |
| 平均值 | 3.6864 | 98.555 | 3.9980 | 92.632 | 3.9588 | 98.791 |
| 标准差 | 0.1236 | 5.076 | 0.1032 | 3.475 | 0.1245 | 6.857 |
| 离差系数 | 0.0335 | 0.052 | 0.0258 | 0.038 | 0.0314 | 0.069 |

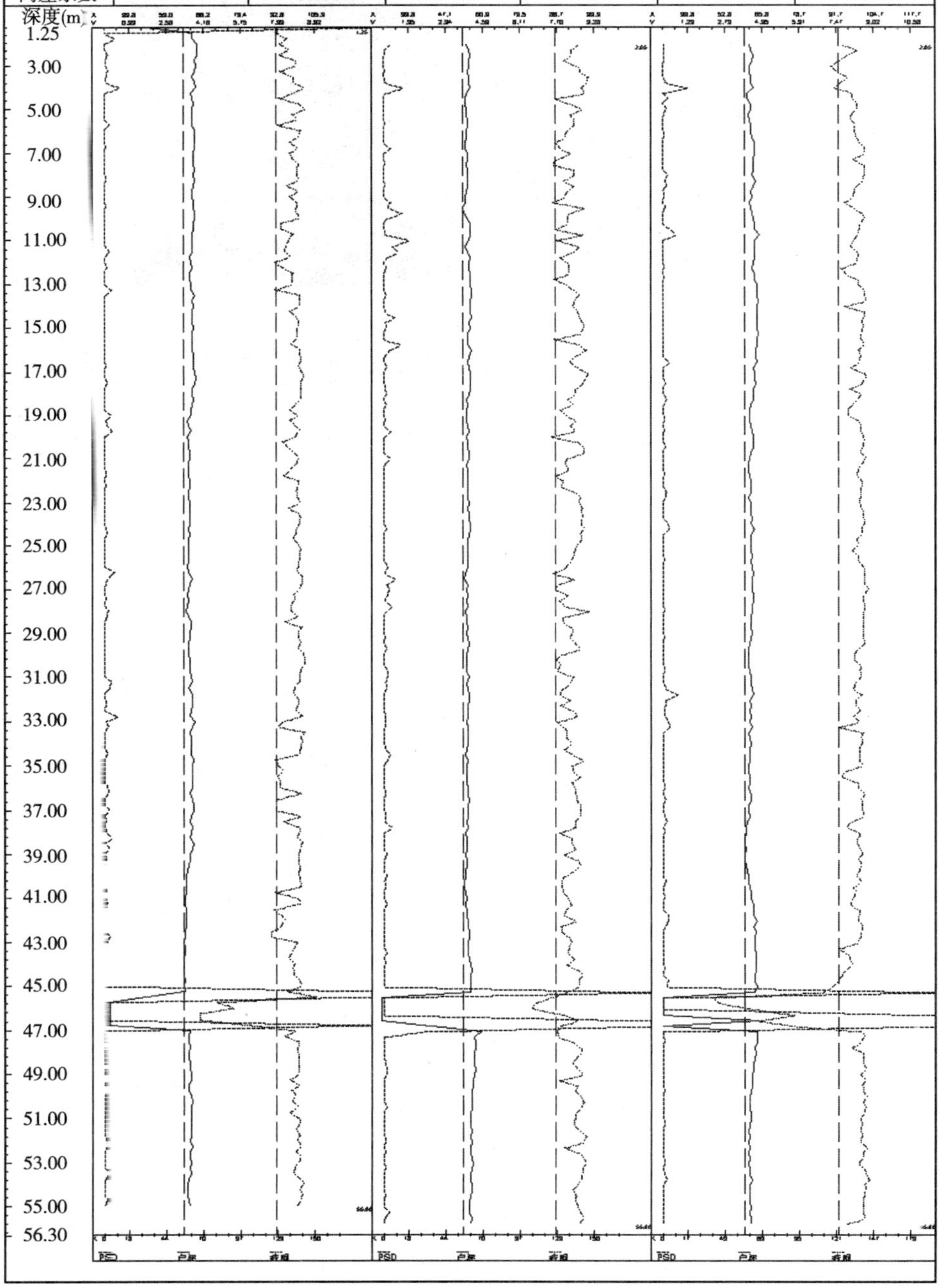

深度(m)：1.25 3.00 5.00 7.00 9.00 11.00 13.00 15.00 17.00 19.00 21.00 23.00 25.00 27.00 29.00 31.00 33.00 35.00 37.00 39.00 41.00 43.00 45.00 47.00 49.00 51.00 53.00 55.00 56.30

PSD 声速 波幅 | PSD 声速 波幅 | PSD 声速 波幅

图 2-8-13

图 2-8-14

混凝土灌注桩的桩身质量检测方法主要有高应变法、低应变法、钻芯法和声波透射法等。与其他几种方法比较，声波法的特点是：检测细致、全面，全桩长的各个截面都在检测范围内，检测范围广，尤其是当桩内具有多个缺陷时更全面可靠。缺点是应预埋声测管，成本较高。

# 第九章 钻芯法检测混凝土灌注桩质量

钻芯法是一种微破损或局部破损的检测方法，在混凝土灌注桩中钻取芯样，通过芯样的表观质量和芯样试件的抗压强度试验结果，判定混凝土的强度、检测桩底的沉渣厚度、混凝土与持力层的接触情况、持力层的岩土性状，并对桩身混凝土质量进行综合评价。它具有科学、直观和实用的特点，特别适用于大直径混凝土灌注桩的成桩质量检测。

## 第一节 灌注桩钻芯检测目的及适用范围

### 一、灌注桩钻芯检测的目的

钻芯法检测混凝土灌注桩的主要目的有：

(1)检测桩身混凝土质量情况，如桩身混凝土的胶结状况、有无气孔、蜂窝麻面、松散或断桩等，判定桩身混凝土强度是否符合设计或规范的要求。

(2)检测桩底沉渣是否满足设计或规范要求。

(3)检测桩底持力层的岩土性状是否符合设计或规范的要求。

(4)当钻芯至桩底时，可测定桩长是否与施工桩长一致。

### 二、灌注桩钻芯检测的适用范围

(1)灌注桩由于受成孔垂直度和钻芯孔垂直度的影响，一般要求受检桩的桩径不宜小于800mm、长径比不宜大于30，否则钻芯孔容易偏离桩身。

(2)适用钻孔(冲孔)灌注桩、人工挖孔桩等现浇的混凝土灌注桩，特别适用于大直径的混凝土灌注桩。

(3)对复合地基中的桩体，如强度较低的水泥土搅拌桩、水泥粉煤灰碎石桩、深层搅拌桩等，由于它们的桩身质量与土层性质密切相关，混凝土均匀性较差，采用钻芯法进行此类桩身质量评价时应慎重。

## 第二节 钻芯设备及检测技术

### 一、钻芯设备

混凝土钻芯的主要设备有：钻机、钻头和芯样加工机等。

1. 钻机

混凝土灌注桩芯样的钻取宜采用液压操纵的钻机并配有牢固的底座，钻机应配备单动双管钻具以及相应的孔口管、扩孔器、卡簧、扶正稳定器和可捞取松软渣样的钻具，钻杆应顺直，直径宜为 50mm。

钻机设备参数应符合以下规定：

（1）额定最高转速不低于 790r/min。

（2）转速调节范围不少于 4 档。

（3）额定配用压力不低于 1.5MPa。

（4）具有足够的刚度、操作灵活、固定和移动方便、有水冷却系统。

2. 钻头

（1）钻头应根据混凝土设计强度等级选用合适粒度、浓度、胎体硬度的金刚石钻头，外径不宜小于 100mm。

（2）钻头胎体不得有肉眼可见的裂纹、缺边、少角、倾斜及喇叭口变形等。

（3）水泵的排水量应为 50 ~ 60L/min，泵压为 1.0 ~ 2.0MPa。

3. 芯样加工机

锯切芯样试件用的锯切机应具有冷却系统和牢固夹紧芯样的装置，配套使用的金刚石圆锯片应有足够的刚度。芯样试件端面的磨平机，应能保证处理芯样试件端面的平整。

## 二、钻芯法芯样检测

1. 现场取样

（1）钻孔数量及位置

每根受检桩的钻芯孔数和钻机位置应符合下列规定：

①桩径小于 1.2m 的桩钻 1 孔，桩径为 1.2 ~ 1.6m 的桩钻 2 孔，桩径大于 1.6m 的桩钻 3 孔。

②当钻芯孔为 1 个时，宜在距桩中心 10 ~ 15cm 的位置开孔；当钻芯孔为 2 个或 2 个以上时，开孔位置宜在距桩中心 0.15 ~ 0.25$D$ 内均匀对称布置。对桩端持力层的钻探，每根受检桩不应少于 1 孔，且长度应满足设计要求。

（2）现场钻取芯样

①钻机设备安装必须周正、稳固、底座水平。钻机立轴中心、天轮中心（天车前沿切点）与孔口中心必须在同一铅垂线上。应确保钻机在钻芯过程中不发生倾斜、移位，钻芯孔垂直度偏差不大于 0.5%。

②金刚石钻头和扩孔器应按外径先大后小的排列顺序使用。

③钻头压力应根据混凝土芯样的强度与胶结好坏而定，胶结好、强度高的钻头压力可大，强度低的压力小些；一般情况初压力为 0.2MPa，正常压力 1MPa。

④钻芯过程中钻孔内循环水流必须保证不能中断，且具有一定的压力，同时应根据回水含砂量及颜色调整钻进速度。

⑤每回次进尺宜控制在 1.5m 内，提钻卸取芯样时，应拧卸钻头和扩孔器，严禁敲打卸芯。

⑥钻至桩底时，宜采取适宜的工艺钻取沉渣并测定沉渣厚度，并对桩端持力层岩石性状进行鉴别。

(3)现场操作记录

①钻取的芯样应由上而下按回次顺序放进芯样箱中,芯样侧面应清晰标明回次数、块号、本回次总块数,及时记录钻进情况和钻进异常情况。

②对芯样的混凝土应描述芯样的连续性、完整性、胶结情况、表面光滑情况、断口吻合程度、混凝土芯是否为柱状、骨料大小的分布,以及混凝土侧面的表观检查,如:蜂窝麻面、气孔、沟槽、破碎、夹泥、分层等情况。

③钻芯结束后,应对芯样和标有工程名称、桩号、钻芯孔号、芯样试件采取的位置、桩长、孔深检测单位的标识牌等全貌进行拍照。

(4)钻芯孔的处理

①对无异常的钻芯孔应采用0.5~1.0MPa的水泥浆从孔底往上回灌封闭。

②对异常的钻芯孔应封存留待处理。

2. 芯样的截取与合格的芯样标准

(1)芯样截取

①当桩长为10~30m时,每孔截取3组芯样;当桩长小于10m时,可取2组,当桩长大于30m时,不少于4组。

②上部芯样位置距桩顶设计高程不宜大于1倍桩径或1m,下部芯样位置距桩底不宜大于1倍桩径或1m 中间芯样宜等间距截取。

③缺陷位置能取样时,应截取一组芯样进行混凝土抗压试验。

④当同一基桩的钻芯孔数大于一个,其中一孔某深度存在缺陷时,应在其他孔的该深度处截取芯样进行混凝土抗压试验。

⑤当桩端持力层为中、微风化岩层且岩芯可制作成试件时,应在接近桩底部位1m内截取岩石芯样;遇分层岩性时宜在各层取样。

⑥每组芯样应制作三个芯样抗压试件。

⑦芯样试件应采用双面锯切机进行加工,当锯切后的芯样试件不能满足平整度及垂直度要求时,应在磨平机上磨平或用水泥砂浆、硫黄胶泥等在补平机上补平。

(2)芯样试件的测量

芯样试件的尺寸包括平均直径、芯样高度、垂直度和平整度。

①平均直径

测量时用游标卡尺测量芯样中部,在相互垂直的两个位置上测量两次,两次测量的算术平均值作为平均直径,精确到0.5mm。

②芯样高度

混凝土芯样试件按芯样直径与高度之比为1.0制备。高度用钢板尺测量,在两个相互垂直位置上,测量两次,计算其平均值,精确到1.0mm。

③垂直度

用游标量角器分别测量两个端面与母线间的夹角,精确到0.1°。

④平整度

将钢板尺或角尺紧贴在试件表面,用塞尺测量与试件端面的间隙。

(3)合格的芯样试件标准

试件有裂缝或有其他较大缺陷，或内含有钢筋时，不得用作抗压强度试验，芯样试件的平均直径、芯样高度、垂直度、平整度、骨料粒径等应进行测量并满足下列要求：

①沿试件高度任一直径与平均直径之差≤2mm。

②芯样试件的高度 $h$ 应满足：$0.95d \leq h \leq 1.05d$，其中 $d$ 为芯样试件的平均直径。

③试件端面与轴线的垂直度≤2°。

④试件端面的不平整度在 100mm 长度内小于等于 0.1mm。

⑤芯样选取时，应确保芯样试件平均直径大于等于 2 倍混凝土粗骨料最大粒径。

## 三、混凝土芯样试件抗压强度试验及代表值的确定

### 1. 混凝土芯样试件抗压强度试验

混凝土芯样试件的抗压强度试验应按现行国家标准《普通混凝土力学性能试验方法》(GB/T 50081)的有关规定执行。桩底岩芯单轴抗压强度试验可按现行国家标准《建筑地基基础设计规范》(GB 50007)的有关规定执行。

(1)芯样试件应在(20±5)℃的清水中浸泡 40~48h，从水中取出后立即进行抗压强度试验。

(2)抗压试验若发现芯样试件平均直径小于 2 倍试件混凝土骨料最大粒径，且强度值异常时，该试件的强度值无效，不得参与统计计算。

(3)混凝土芯样试件抗压强度的计算见式(2-9-1)：

$$f_{cu} = \varepsilon \cdot \frac{4P}{\pi d^2} \tag{2-9-1}$$

式中：$f_{cu}$——混凝土芯样试件抗压强度(MPa)，精确至 0.1MPa；

$P$——芯样试件抗压试验测得的破坏荷载(N)；

$d$——芯样试件的平均直径(mm)；

$\varepsilon$——混凝土芯样试件抗压强度折算系数，应考虑芯样尺寸效应、钻芯机械对芯样扰动和混凝土成型条件的影响，通过试验统计确定；当无试验统计资料时，宜取 1.0。

### 2. 混凝土芯样强度代表值的确定

(1)取一组 3 块试件强度值的平均值为该组混凝土芯样试件抗压强度代表值。

(2)同一受检桩同一深度部位有二组或二组以上混凝土芯样试件抗压强度代表值时，取其平均值为该桩该深度处混凝土芯样试件抗压强度代表值。

(3)受检桩中不同深度位置的混凝土芯样试件抗压强度代表值中的最小值为该桩混凝土芯样试件抗压强度代表值。

# 第三节　检测结果分析与判定

## 一、检测结果分析内容

(1)芯样试件抗压强度代表值。

取检桩中不同深度位置的混凝土芯样试件抗压强度代表值中的最小值为该桩混凝土芯样试件抗压强度代表值。

(2)桩身完整性类别。

根据现场混凝土芯样特征来判别桩身完整性类别可参照表2-9-1按《建筑基桩检测技术规范》(JGJ 106—2014)中的7.6.3规定进行。

桩身完整性类别　　表2-9-1

| 类　别 | 特　征 |
|---|---|
| Ⅰ | 混凝土芯样连续、完整、表面光滑、胶结好、骨料分布均匀、呈长柱状、断口吻合,芯样侧面仅见少量气孔 |
| Ⅱ | 混凝土芯样连续、光滑、胶结较好、骨料分布基本均匀、呈柱状、断口基本吻合,芯样侧面局部见蜂窝麻面、沟槽 |
| Ⅲ | 大部分混凝土芯样胶结较好,无松散、夹泥或分层现象,但有下列情况之一:<br>①芯样局部破碎且破碎长度不大于10cm;<br>②芯样骨料分布不均匀;<br>③芯样多呈短柱状或块状;<br>④芯样侧面蜂窝麻面、沟槽连续 |
| Ⅳ | 钻进困难;<br>芯样任一段松散、夹泥或分层;<br>芯样局部破碎且破碎长度大于10cm |

(3)持力层岩土性状评价。

桩端持力层岩土性状应根据芯样特征、岩石芯样单轴抗压强度试验、动力触探或标准贯入试验结果,综合判定桩端持力层岩土性状。

(4)桩长、沉渣厚度判断。

## 二、成桩质量评价

成桩质量评价应按单桩进行,单桩的桩身完整性类别应结合钻芯孔数、现场混凝土芯样特征、芯样单轴抗压强度试验结果、桩的长度、沉渣厚度及桩端持力层的岩土性状进行综合判定。当出现下列情况之一时,应判定该受检桩不满足设计要求:

(1)桩身完整性类别为Ⅳ类的桩。

(2)受检桩混凝土芯样试件抗压强度代表值小于混凝土设计强度等级的桩。

(3)桩长、桩底沉渣厚度不满足设计或规范要求的桩。

(4)桩端持力层岩石性状(强度)或厚度未达到设计或规范要求的桩。

# 第四节　工 程 实 例

**例2-9-1**　某海上工程,有一$\phi$2300mm嵌岩灌注桩,桩长49m,混凝土设计强度等级C35,现场钻芯情况及芯样试件见图2-9-1、图2-9-2,截取后的芯样见图2-9-3、图2-9-4。混凝土芯样抗压强度代表值为35.3MPa,达到设计要求;现场钻芯结果显示:该根桩芯样连续、完整、呈柱状,表面光滑、断口吻合、芯样侧面仅见少量气孔,桩底为基岩。综合判断该桩桩身完整性为Ⅰ类桩,符合设计要求。

图2-9-1 钻芯试验现场

图2-9-2 现场芯样

图2-9-3 混凝土芯样(1)

图2-9-4 混凝土芯样(2)

# 第十章 钻孔灌注桩成孔及地下连续墙成槽质量检测

## 第一节 概 述

钻孔灌注桩和地下连续墙是目前建筑物常用的基础形式。该基础形式已在工业或民用建筑物、城市轨道交通、大型桥梁以及港口工程中得到充分的应用。但这种基桩和地下连续墙(简称地连墙)其施工流程必须是先成孔(槽),后吊入钢筋笼,并灌注混凝土后才成桩、成墙。由于施工是在地下、水下作业,加上复杂的地质条件,给施工会带来很大的难度;另外,由于受施工工艺、施工流程、施工机械以及人为操作熟练程度等的影响,往往会造成扩径、缩径、孔(槽)壁坍塌、孔(槽)壁深度不够,倾斜超限以及沉渣过厚等质量问题。这些隐患如不及时发现,则会影响到最终的成桩、成槽质量,如承载力不够、单桩竖向承载力成为剪切力等,尤其是沉渣过厚导致桩长变短,会达不到设计要求。所以,各个行业、部门及设计人员均提出,在成孔、成槽后,吊放钢筋笼前,必须要进行成孔(槽)质量检测。通过检测还可以及时发现施工中存在的技术问题和质量问题;以共同查找原因加以改进施工工艺和施工流程,所以,我们认为,检测工作仅是一种手段,其检测目的还能起到指导施工的作用。

## 第二节 检测仪器

目前,在我国用于成孔、成槽质量检测的仪器主要有两类:一类为进口仪器;另一类为国产仪器。进口仪器以 KAIJO、KODEN 仪器为主,该类仪器引进我国较早且多。按照仪器工作原理又可分为机械式和超声波式。现分别叙述两种仪器的工作原理及技术性能。

### 一、机械式成孔检测仪

机械式成孔检测仪是由三部分仪器组成的测试系统。由于测孔系统四条测腿形似伞形,所以又称伞形井径仪。这三种仪器组成的测量方法又称接触式仪器组合法。

1. 仪器型号

JJC-1D 和 JJC-1E 型共两种。由地质仪器公司研制并生产。

2. 仪器组成

由孔径仪、测斜仪、沉渣厚度检测仪三部分组成,见图 2-10-1。

3. 测孔仪器工作原理

测孔仪器主要工作原理为欧姆定律。

$$U = IR$$

设 $I$ 为 10mA 恒流器，为常量，所以，电阻的变化与电压成正比。仪器设计时使电阻的变化量与孔径的变化量呈线性，也就是输出电压的大小与孔径的大小呈线性。见图 2-10-2。

图 2-10-1 仪器组成

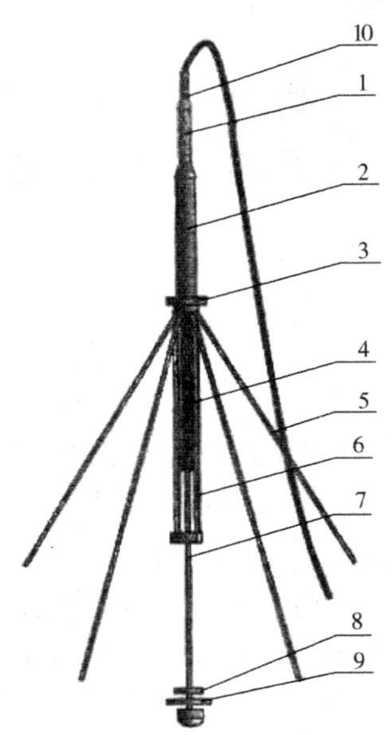


图 2-10-2 井径仪示意图

1-通用接头；2-密封筒；3-托手；4-压力补偿器；5-测量腿；6-支柱；7-支撑杆；8-束缚盒；9-开腿盒；10-电缆接头锁紧螺母

四条测腿检测时必须与孔壁相接触，测腿的扩缩即改变四条测腿的电阻值大小。测孔电路图见图 2-10-3。

$R_1$、$R_2$、$R_3$、$R_4$ 为四条测腿的电阻，恒流源 $I = 10\text{mA}$，则 $\Delta V_{mv}$ 输出量与 $R$ 呈线性。也可以应用下列等效电路来表示，见图 2-10-4。

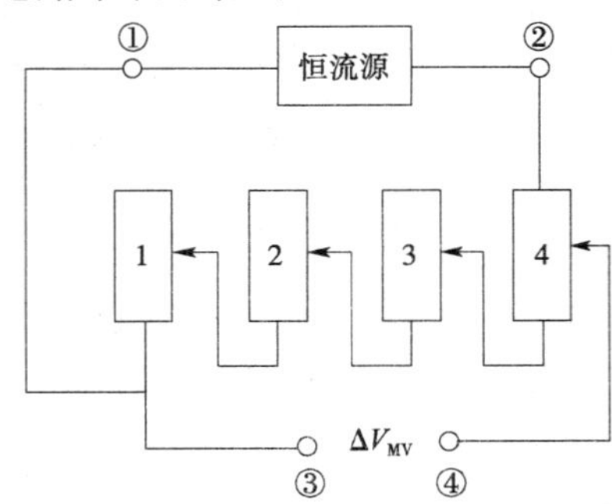


图 2-10-3 测量腿传感器电路原理图

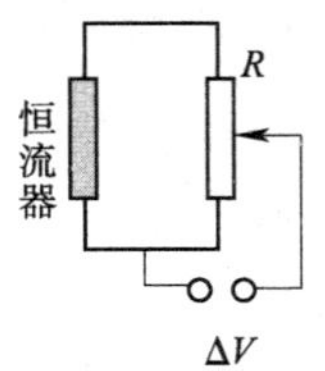


图 2-10-4 等效电路图

计算公式：

$$D = D_0 + K\frac{\Delta V}{I}$$

式中：$D$——被测孔径(m)；

$D_0$——起始孔径(m)；

$I$——电流(A)；

$K$——标定系数(又称率定系数)(Ω·m)；

$\frac{\Delta V}{I}=\Delta R$(测腿扩缩电阻变化量)。

4.测斜工作原理

测量方法：顶角测量法。应用一种线性角度传感器(液体摆)，使其输出量信号的大小与传感器倾角呈线性，(在井径仪内装设两个正交传感器)。倾角计算公式如下：

$$\alpha=\tan^{-1}\sqrt{\frac{\tan^2(x-x_0)}{100}+\frac{\tan^2(y-y_0)}{100}}$$

式中：$x$、$y$——输出量值；

$x_0$、$y_0$——室内标定后的起始值；

$\alpha$——倾斜角。

注：$x_0$、$y_0$为初始值，出厂时已标定，随着时间的推移、振动等影响，当标定后的初始值大于或小于0.1°时应送厂重新标定。

5.沉渣测定

由于施工过程中受到机械振动、孔壁土体扰动以及施工工艺、施工流程、泥浆中的含砂量、胶质的不均匀等因素影响，往往会引起沉渣。引成比重大的泥浆与比重小的泥浆两者存在明显的电性能差异，即电阻率值$\rho$(也就是电阻值差)。在均匀泥浆中其电阻率$\rho$值应视为一条平直的直线，在沉渣界面上电场会畸变，故利用其曲线的拐点以确定沉渣厚度的起点。理论上的沉渣厚度曲线见图2-10-5。

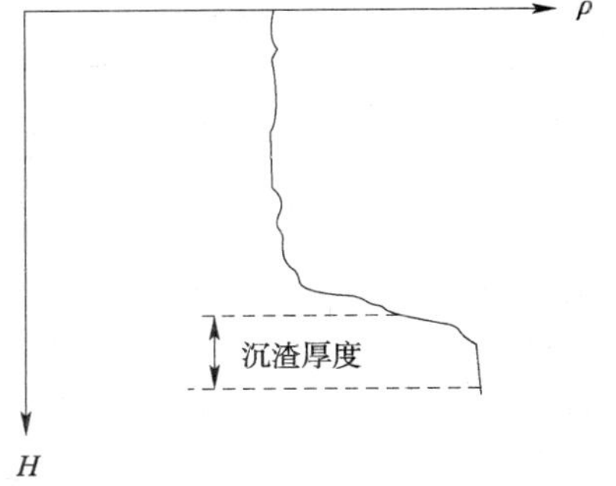

图2-10-5 沉渣厚度检测示意图

$\rho$为电阻率由导线材料的导电性能所决定。不同的导电材料具有不同的电阻值。

$\rho$值的定义：以导线长度为1m，截面积$S=1\text{mm}^2$此时的导线电阻阻值，称为导电体的电阻率值，单位为$\Omega\frac{\text{mm}^2}{\text{m}}$或Ω·m。

## 二、超声波钻孔检测仪

超声波钻孔检测仪，又称超声波成孔检测仪。用声波的发射和回波来测量距离。属于一种无接触式的声波探测仪。目前，在我国应用超声波钻孔检测仪大致可分为进口和国产两种。进口仪器以KAIJO、KODEN型仪器为主。其型号KAIJO型为KE-200、KE-400。KODEN型DM-686Ⅲ、DM-682/684、DM-602/604、DM-684-150、DM-602/604、DM-604R型。目前KAIJO型仪器已停产。国产主要型号有：UDM100、TS-K06100/K06150和JL-IUDS(B)型智能超声波成孔质量检测仪等。无论是进口仪器还是国产仪器，其仪器组成及工作原理均相似，所不同之处是记录系统，进口仪器为模拟量记录，国产为数字量记录。由于进口仪器引进较早，数量也多，故本文重点介绍KODEN DM系列仪器，并以DM-684型为代表。下面介绍DM-684仪器的组成、工作原理技术性能及其应用。

1. DM系列仪器组成

整套仪器由两大部分组成，即检测用绞车（附探头）、自动记录仪。自动记录仪是组成仪器的心脏，起控制和自动记录作用。详见仪器组成见图2-10-6。

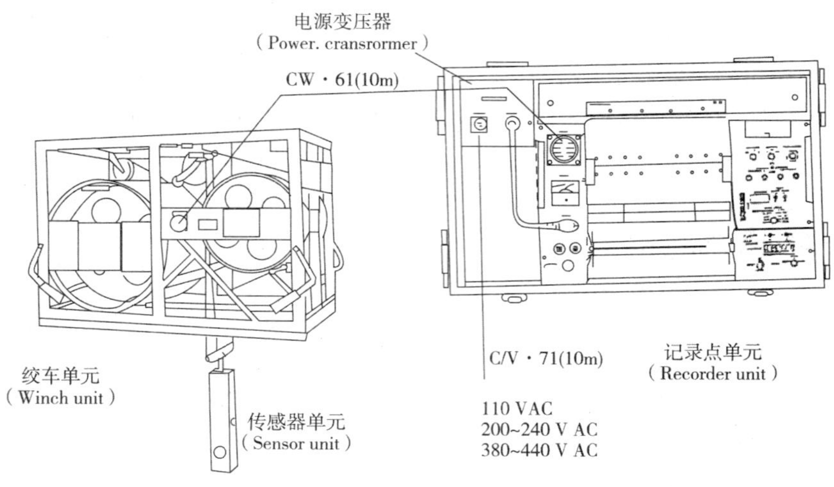


图2-10-6　仪器组成图

2. 检测工作原理

检测原理：为超声波测距原理，类似回声探测仪。其工作原理与陆上可听到的高山回波相同，即由发声体引起反射回波原理。但回声探测仪主要用于测量水深，工作介质为水体，测程远。测量精度高，要有较高的分辨率，工作频率$f=100\text{kHz}$；超声波钻孔检测仪拟在的泥浆介质中测距，不但要有较高的分辨率，还要有一定的穿透率，故工作频率$f=100\text{kHz}$（DM－604为88kHz）。

工作原理：工作时，首先由仪器的振荡器产生一定频率的电脉冲，并同时打开计时门，电脉冲经放大，由发射换能器（又称探头）变电能为声能，通过泥浆介质向孔壁发射，由于泥浆介质的声阻抗（$z=\rho c$）远小于孔壁界面土质的声阻抗，存在一个阻抗反射界面，声波即由孔壁产生反射，又经泥浆介质返回，又被此换能器接收（DM系列仪器系收发合一），即变声能为电能，与此同时，仪器在接收到第一个回波信号后，计时门即关闭，并记录出声波自发射至接收的时间$t$，由下列公式计算出所测距离$s$。

$$S=\frac{1}{2}ct$$

式中：$t$——声波自发射至接收在介质中的传播时间（s）；

$c$——声波在介质中的传播速度（m/s）；通常确定声波在海水中的传播速度$c=1500\text{m/s}$；

$S$——声波测得的声程。

检测时探头的上下是随绞车的提升装置从孔口降至孔底（称往测），也可以从孔底向上测至孔口（称返测）。在运行过程中，每隔一定时间测量一组（四侧壁）声时值。与此同时，在记

录仪的电火花记录纸上，即自动绘制出孔壁四侧状况。

注：1. $f$ = 20Hz ~ 20kHz 是人耳能感觉到的，故称声波；但 $f$ < 20Hz 和 $f$ > 20kHz 是人耳所不能听到的，称为次声波和超声波。通常把声波和超声波合一起，泛称声波。

2. 超声波是一种纵波（P 波），可以在固体、液体和气体中传播。

3. DM 系列仪器主要技术性能

（1）记录仪

①测量系统：超声波脉冲记录系统；

②记录系统：应用皮带式的线性记录系统；

③记录纸：干式、电火花记录纸（250mm × 20m）；

④工作频率：$f$ = 100kHz（DM – 604 为 $f$ = 88kHz）；

⑤测量精度：±0.2% $F \cdot S$（现改为记录精度）；

⑥方向角（又称指向角）：$\alpha$ = 25°（半角）；

⑦脉冲重复频率（PRR）（Pule Repetion Rate）：

DM – 684 系列为：2500 周/min；DM – 604 系列为 15000 周/min。

⑧测量量程 $R$（半径）：共分四档；$R$ 分别为 0.5m、1.0m、2.0m、4.0m。

经 SHIFT 移位，可扩测至 $R$ = 8m，$\varphi$ = 16m。

⑨走纸速度：分恒速档和同步档。

A. 恒速档（Constant）：7.5mm/min、15mm/min、30mm/min、60mm/min。

B. 同步档（Synchronization）：

1/40 探头上/下 1m 记录纸长度：25mm；

1/50 探头上/下 1m 记录纸长度：20mm；

1/100 探头上/下 1m 记录纸长度：10mm；

1/200 探头上/下 1m 记录纸长度：5mm。

⑩环境温度：–10 ~ +50℃。

（2）检测绞车

①绞车上/下速度：0 ~ 20m/min；

②可探测深度：最大 108m（DM – 604 系列为 100m）；

③升降限位控制：由两个限位开关自动控制；

④供电电源：输入 220V AC，50/60Hz、功耗 500VA（DM – 604 系列为 700VA）；

⑤电源保护电路：NFB（为无熔丝的断路器）。

## 第三节　成孔、成槽质量检测

（1）测前，应用仪器“Test”自检程序进行仪器自检，如记录仪器工作正常，则会在记录纸上自动绘制四条相互平行的点虚线（也可以是输入孔径的标记线）；调节相应的旋钮在记录纸上会有相应的信号反应。如“Test”试验不正常，则不能用于实地检测。

（2）测距校正：因为声波在介质中的传播速度 $C$ 不是一个常量，而是与温度、介质密度、静水压力相关，所以在不同时间、不同测区应进行测距校正。该类仪器设有测距校正钮。通常可以利用护套桶或地墙的导墙宽度的孔径标记线（点虚线）作为试距，如测出的壁面间距与试距不相一致时，则应调节仪器中的测距校正钮（CALIRATION）使其相一致。校正后的测距校正钮应及时锁定，检测过程中不准任意变动。

（3）检测前，必须测量泥浆比重，规定 $\rho \leqslant 1.20\ g/cm^3$、黏度：18～25s、含砂量<4%。如泥浆指标不符合技术性能要求则会使检测界面模糊不清，严重时会检测不到反射界面；另外，刚成完孔不宜马上检测，因为泥浆中还存有气泡，必须稍等片刻，待气泡完全消散后才测。

（4）清孔。为确保 $\rho \leqslant 1.20g/cm^3$，尤其对孔底沉渣较厚的测孔，如条件允许最好应用反循环清孔。但反循环清孔必须适量，否则会造成孔壁坍塌，如采用正循环清孔，必须随时控制泥浆比重和黏度。

（5）一切准备工作就绪后，就可以开始检测。对小孔径，仪器必须尽量对中，因为仪器有20cm的测距盲区。对于大孔径的测孔可以大致对中，检测绞车机架必须稳定，不应摆动，一般不提倡在机架底部装置轮子，因为不稳定机架会引起探头抖动，影响反射信号清晰度。为防止仪器机架的抖动，DM系列仪器机架底部两侧装置两条松质木条。

（6）根据设计孔径、孔深，选择检测参数。可以参照表2-10-1、表2-10-2选用。

**孔径检测参数** 表2-10-1

| 孔径（cm） | $R$ 设置（m） |
|---|---|
| <70 | 0.5 |
| 70～150 | 1.0 |
| 150～300 | 2.0 |
| >300 | 4.0 |

**孔深检测参数** 表2-10-2

| 孔深 $H$（m） | Sync 同步档 | 1m 孔深在记录纸上的长度（cm） |
|---|---|---|
| <10 | 1/40 | 2.5 |
| 10～15 | 1/50 | 2.0 |
| 15～25 | 1/100 | 1.0 |
| >25 | 1/100～1/200 | 1～0.5 |

（7）一般情况不进行SHIFT移位，只有当 $R>4m$ 时才进行SHIFT移位。

# 第四节 常见问题处理

## 一、检测不到反射界面

（1）如果仪器工作正常，但检测不到反射界面，则应检查泥浆性能指标及泥浆池的设置配比是否正确。

如果泥浆指标不符合技术要求，应及时向现场施工单位及现场管理提议更换泥浆。必要时配置滤砂装置。

（2）如果泥浆配比正确，则应检查检测仪器。常用检验方法是空气中测试。

空气中检测参数设置：

①测量量程：$R=4m$；

②CALIBLATICN 设置："8"；

③SHIFT SWICH（移位开关）：0%；

④GAIN CONTROL(增益):顺时针最大;

⑤STC(Sensitivity Time Control):反时针最大;

⑥CONST 恒速档:60mm/min。

注:必须设在 MEAS(测量档),如果在空气中能检测到声波反射信号,则可以判定不是仪器问题。

如何设置检测:可以按图 2-10-7 进行检测。

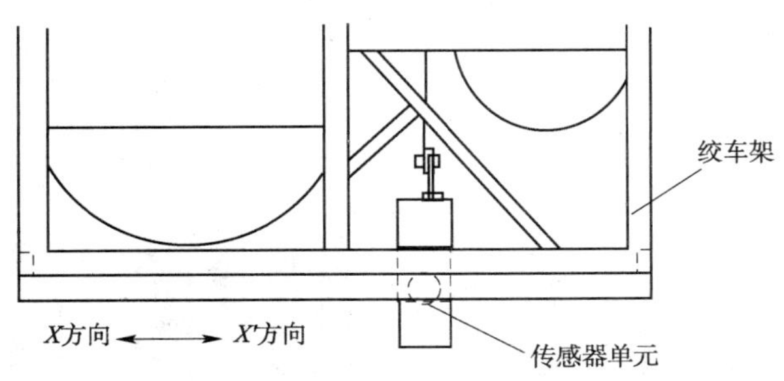


图 2-10-7 传感器安装位置图

但也可以在传感器正前方 25cm 处设置约 20cm × 20cm 的钢板或硬质木板。

## 二、Sync(同步档)不工作

探头能上下移动,但记录纸不走纸。遇到这种故障,应分析是机内故障还是接线等故障。应量测 15 芯电缆是否有断路,尤其是 7-14 脚。15 芯线接脚含义见图 2-10-8。

应用万能表进行测量。上述故障的原因多般为 7 - 14 脚接线断线,如接线正常,应检查编码器。

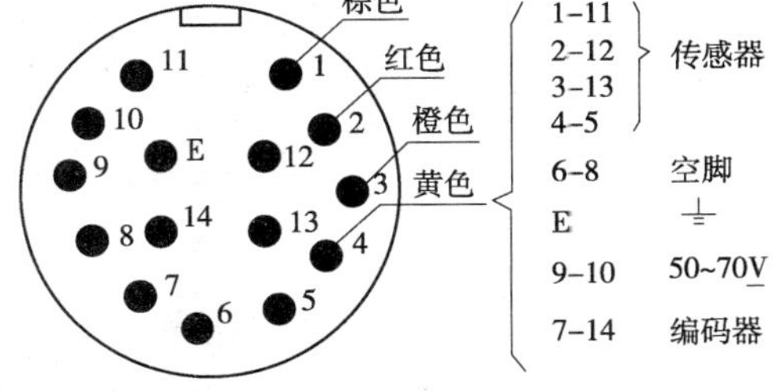


图 2-10-8 15 芯线接线图

## 三、过压保护

在检测过程会遇到过压保护,此时仪器会突然停止工作,但需分析是记录仪过载还是绞车问题(记录仪为 2A、绞车为 8A)。一旦无熔丝漏电保护断电器跳闸,切勿马上启动,应稍等一会儿再启动。

另外,检测工地应用的供电电源多般为动力电(三相四线制用电),动力电均为 380V AC,千万别把 220V AC 误接成 380AC。如误接又不及时发现,轻者烧坏电源变压器,严重的会烧坏内部零件及电路板。为安全起见,建议配置一个外接调压器,变压成 220V AC 再输给自动记录仪。

## 四、外接电源线的连接

仪器出厂时一般不提供插头,仅预留出四根接线头(分别为红、绿、黑、白)连接插头时,白线接 220V AC 火线、黑线也是火线(公共端)、绿线为地线,红线空,为备用线。

# 第五节 成果资料整理及质量判定

## 一、资料整理

资料整理，主要是采用人工判图法。如果检测图纸记录清晰，这种模拟量成图，判读甚为方便，当即在图纸上就可以判读孔深、孔径、孔壁垂直度以及孔（槽）壁坍塌等性状。详见图2-10-9。

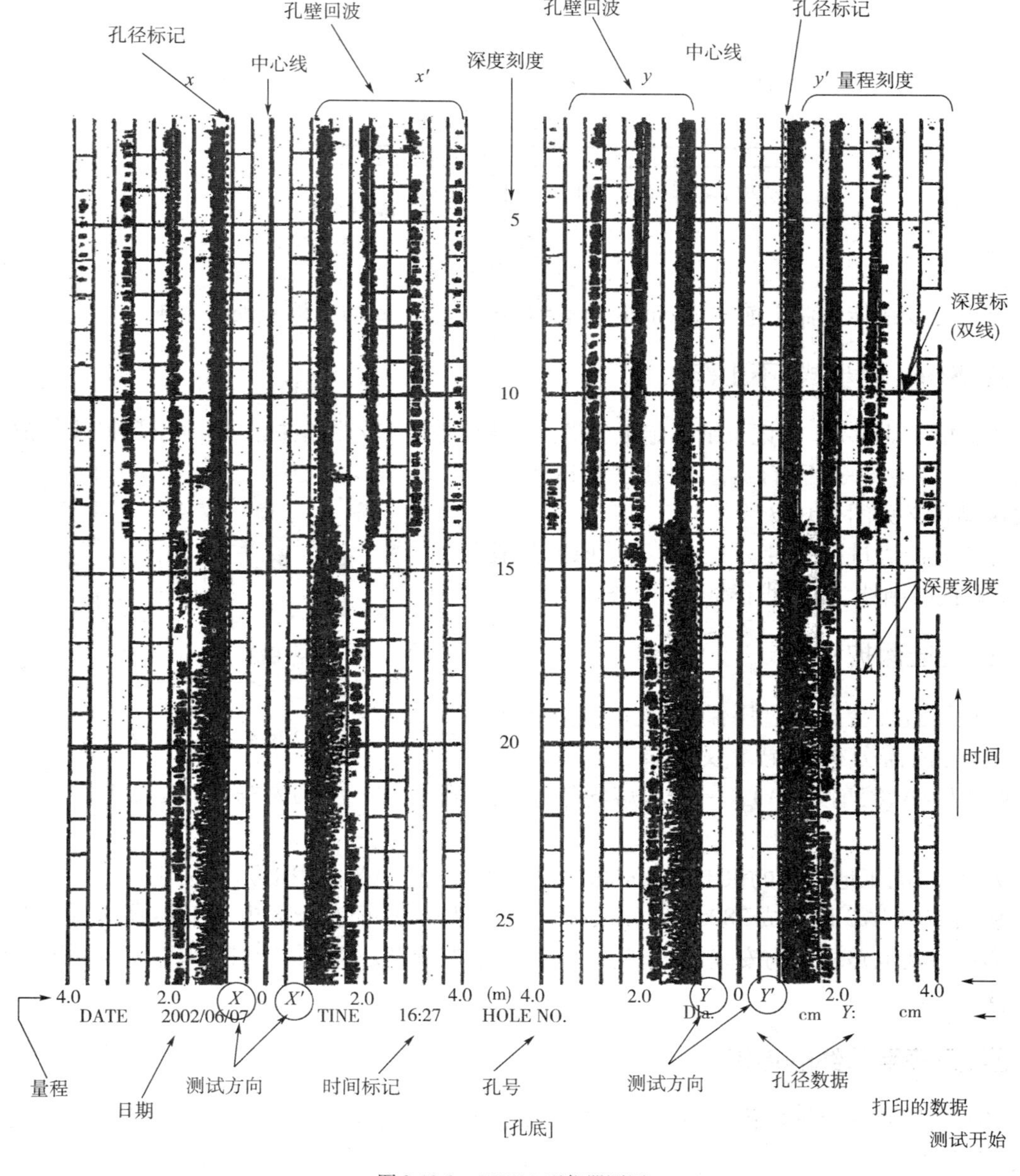


图2-10-9　DM604型仪器测图

这是一个钻孔灌注桩的成孔检测图,左侧为 $x-x'$测图,右侧为 $y-y'$测图,其位置随仪器朝向决定。假设 $R=2$m、$S=1/200$,则横向一格应为 20cm,纵向一格为 1m。图中孔深为 26.7m。仪器深度标记线在中央(DM684 系列在右外侧)。另外,每进深 5m 绘制一条粗黑的横线。图中孔深 0 ~ 14m 段两侧是孔壁回波振荡线,优点是灵敏高,界面反射稍清晰;14m ~ 孔底为振荡线抑制与加强信号处后的记录,界面显得更清晰。

## 二、检测质量评定

(1)对每个检测图纸必须有工程名称,检测孔(槽)编号,检测时间(年、月、日、时)、检测孔径(槽宽)、孔(槽)深度以及孔(槽)垂直度是否满足设计要求;

(2)检测仪器型号、检测参数($R$、$S$、深度比尺)往测还是返测、检测人签名;

(3)质量评定:是否符合规范及设计提出有关的技术要求,并对检测结果做出质量评定;

(4)对技术指标超限的测孔(槽),应该在检纸上提出修补复测,必要时应提请施工监理予以埋掉后重测。

# 第十一章 锚杆试验与检测技术

## 第一节 概 述

我国从 20 世纪 50 年代开始，在矿业、铁路上利用锚杆支护地下工程。近年来在水运工程中也大量采用锚杆技术，如在大孔径嵌岩桩、干船坞、船闸、边坡工程中，常利用锚杆技术进行边坡支护或基础底板抗浮，同时也用于大型构件的加固工程中。

### 一、定义

锚杆作为深入地层的受拉构件，它一端与工程构筑物连接，另一端深入地层中，将拉力传至稳定岩土层的构件。当采用钢绞线或高强钢丝束作杆体材料时，也可称为锚索。整根锚杆分为自由段和锚固段，自由段指将锚杆头处的拉力传至锚固体区域，其功能是对锚杆施加预应力；锚固段指水泥浆体将预应力筋与土层黏结的区域，其功能是将锚固体与土层的黏结摩擦作用增大，增加锚固体的承压作用，将自由段的拉力传至土体深处。锚杆通常包括杆体（由钢绞线、钢筋、特制钢管等筋材组成）、锚固体（包括注浆体、锚具、套管等）、承托结构（托板、垫片和螺母）。

### 二、分类

由于工程用途多，锚杆选材多种多样，作用机理也各有不同，所以分类方法也很复杂。一般工程锚杆就其锚固介质不同，分为土层锚杆和岩石锚杆；按工作年限可分为临时性锚杆和永久性锚杆；按钻孔工艺可分为普通钻孔锚杆、旋转式钻孔锚杆和扩孔锚杆；按力的传递方式可分为摩擦型锚杆、承压型锚杆和摩擦组合型锚杆；按注浆工艺可分为导管法注浆直轴锚杆、低压注浆锚杆和高压注浆锚杆；按黏结长度可分为全长黏结锚杆和部分黏结锚杆；按工作机理可分为主动锚杆和被动锚杆。

### 三、锚杆工作原理

锚杆是岩土体加固的杆件体系结构。锚杆主要靠锚固段的注浆与被锚固土体（岩体）之间的摩擦力来维持被锚固土体（岩体）的平衡和稳定，宏观上看是增加了岩土体的黏聚性，从力学观点上是主要是提高了围岩体的黏聚力 $C$ 和内摩擦角 $\phi$，其实质上锚杆位于岩土体内与岩土体形成一个新的复合体，这个复合体中的锚杆杆体的纵向拉力作用，能克服岩土体抗拉能力远远低于抗压能力的缺点，从而使得岩土体自身的承载能力大大加强。

## 四、在锚杆嵌岩桩中的应用

嵌岩桩的使用可增加基础与岩层的黏结，增强抗拔、抗倾覆能力，使结构更加稳定，因此，近年来在港口桩基工程中得到广泛应用。嵌岩桩桩型有：灌注型嵌岩桩、灌注型锚杆嵌岩桩、预制型植入嵌岩桩、预制型蕊柱嵌岩桩、预制型锚杆嵌岩桩、组合式嵌岩桩等。

锚杆嵌岩桩的中的锚杆材料可采用二级钢筋或精轧螺纹钢筋等，当使用预应力锚杆时可采用钢绞线；根据锚杆根数，可做成一束或多束。组合式嵌岩桩的锚杆宜采用一束；锚杆束应设置间距2m左右的定位隔板，锚杆束内各根锚杆的净距不应小于5mm。

锚孔锚孔应沿周长均匀布置，孔的中心距不宜小于4倍锚孔直径，锚孔中心与桩内径边缘的距离不宜小于100mm；锚孔直径不应小于3倍锚杆直径，当采用锚杆束时，杆束外径与锚孔壁的间距不得小于30mm。

锚孔内灌注水泥浆的立方体抗压强度标准值不应小于35MPa，且应压浆密实，并掺加适量的膨胀剂。

锚杆在桩芯内的锚固可采用三种方式：第一种是锚杆在桩内仅伸入桩的下段与桩芯柱混凝土锚固；第二种是锚杆在桩芯内伸至桩的上段与桩芯柱混凝土锚固；第三种，对于组合式嵌岩桩，锚杆在芯柱嵌岩段混凝土中直接锚固。

由于锚杆锚固作用机理复杂，目前对影响锚杆作用的各种因素了解并不深入，所以目前设计方面理论计算并无权威的方法，设计计算的同时，尚需现场制作试验锚杆进行基本试验确定设计参数。

现行国家规范、交通行业规范中也明确规定了对工程锚的锚杆杆体、注浆材料、抗拔力及变形均需进行试验检测，对于重要的支护、抗浮工程，还需对锚杆的工作状态进行监测。本章仅对土层锚杆和嵌岩锚杆基本试验和验收检验进行讨论。

# 第二节　土层锚杆的基本试验及验收试验

土层锚杆是一种埋入土层深处的受拉杆件，它一端与工程构筑物相连，另一端锚固在土层中，通常对其施加预应力，以承受由土压力、水压力或风荷载等所产生的拉力，用以维护构筑物的稳定。

土层锚杆基本试验及验收试验均以抗拔力及变形试验的形式进行，试验时，锚固体强度应大于15.0MPa，锚杆试验用加荷装置的额定压力必须大于试验压力。锚杆试验用反力装置在最大试验荷载作用下应保持足够的强度和刚度。检测装置（测力计、位移计、计时表）应满足设计要求的精度。

## 一、基本试验

1. 一般规定

当锚杆使用年限大于2年，应按永久性锚杆设计，永久性锚杆设计时，必须先进行基本试验；任何一种新型锚杆或已有锚杆用于未曾应用过的土层时，必须进行基本试验。土层锚杆基本试验采用多循环加载—卸载法。

基本试验锚杆不应少于3根，用作基本试验的锚杆参数、材料及施工工艺必须和工程锚杆相同。

2. 试验步骤

砂质土、硬黏土中锚杆基本试验加荷等级与测读锚头位移应遵守下列规定：

（1）采用循环加荷，初始荷载宜取 $A \cdot f_{ptk}$ 的0.1倍，每级加荷增量宜取 $A \cdot f_{ptk}$ 的1/10～1/15（其中A指锚杆预应力筋截面积，$f_{ptk}$ 是预应力筋的抗拉强度标准值）。锚杆加荷等级与观测时间可见表2-11-1。

砂质土、硬黏土中锚杆基本试验加荷等级与观测时间　　表2-11-1

| | | | | | | | | |
|---|---|---|---|---|---|---|---|---|
| 加荷等级（$A \cdot f_{ptk}$%） | 初始荷载 | — | — | — | 10 | — | — | — |
| | 第一循环 | 10 | — | — | 30 | — | — | 10 |
| | 第二循环 | 10 | 20 | 30 | 40 | 30 | 20 | 10 |
| | 第三循环 | 10 | 30 | 40 | 50 | 40 | 30 | 10 |
| | 第四循环 | 10 | 30 | 50 | 60 | 50 | 30 | 10 |
| | 第五循环 | 10 | 30 | 60 | 70 | 60 | 30 | 10 |
| | 第六循环 | 10 | 30 | 60 | 80 | 60 | 30 | 10 |
| 观测时间（min） | | 5 | 5 | 5 | 10 | 5 | 5 | 5 |

（2）在每级加荷等级观测时间内，测读锚头位移不应少于3次，当锚头位移量不大于0.1mm时，可施加下一级荷载，否则要延长观测时间，直至锚头位移增量2.0h小于2.0mm时，再施加下一级荷载。

淤泥及淤泥质土中进行锚杆基本试验加荷等级与测定锚头位移时，除应满足上述要求外，还应遵守下列规定：

（1）按表2-11-2中的加荷等级和观测时间采用分级加载法，当加荷等级为 $A \cdot f_{ptk}$ 的0.5倍和0.7倍时，即第三级和第五级荷载等级时，按表2-11-1中加荷分级和观测时间采用循环加、卸荷载法。

淤泥及淤泥质土中锚杆基本试验各加荷等级的观测时间表　　表2-11-2

| 加荷等级（$A \cdot f_{ptk}$%） | 初始荷载 | 第一级 | 第二级 | 第三级 | 第四级 | 第五级 | 第六级 |
|---|---|---|---|---|---|---|---|
| | 10 | 30 | 40 | 50 | 60 | 70 | 80 |
| 观测时间（min） | 15 | 15 | 15 | 30 | 120 | 30 | 120 |

（2）荷载等级小于 $A \cdot f_{ptk}$ 的50%时，每分钟加荷不宜大于20kN；荷载等级大于 $A \cdot f_{ptk}$ 的50%时，每分钟加荷不宜大于10kN。

（3）当加荷等级为 $A \cdot f_{ptk}$ 的0.6和0.8倍时，锚头位移增量在观测时间内2.0h小于2.0才可施加下一级荷载。

3. 破坏标准

（1）后一级荷载产生的锚头位移增量达到或超过前一级荷载产生位移增量的2倍。

（2）锚头位移不收敛。

（3）锚头总位移超过设计允许位移值。

4. 结果整理

根据试验结果绘制锚杆荷载—位移曲线、锚杆荷载—弹性位移曲线、锚杆荷载—塑性位移曲线。基本试验所得的总弹性位移应超过自由段长度理论弹性伸长的 80%，且小于自由段长度与 1/2 锚固段长度之和的理论弹性伸长。试验得出的锚杆安全系数 $K_0$ 值由下式确定：

$$K_0 = \frac{R_u}{N_t} \tag{2-11-1}$$

式中：$R_u$——锚杆极限承载力，取破坏荷载的 95%。

## 二、验收试验

1. 一般规定

验收试验锚杆的数量应取锚杆总数的 5%，且不得少于 3 根。最大试验荷载不应超过预应力 $A \cdot f_{ptk}$ 值的 0.8 倍，永久性锚杆和临时性锚杆，最大试验荷载分别为锚杆设计轴向拉力值的 1.5 和 1.2 倍。土层锚杆验收试验采用分级加荷法。

2. 试验步骤

验收试验对锚杆施加荷载与测读锚头位移应遵守下列规定：

(1)加荷等级与观测时间可参见表 2-11-3；

(2)在每级加荷等级观测时间内，测读锚头位移不应少于 3 次；

(3)最大试验荷载观测 15min 后，卸荷至 $0.1N_t$ 量测位移，然后加荷至锁定荷载锁定($N_t$ 为锚杆的设计轴向拉力值)。

**验收试验锚杆的加荷等级与观测时间表** 表 2-11-3

| 加荷等级 | 观测时间(min) | |
|---|---|---|
| | 临时锚杆 | 永久锚杆 |
| $Q_1 = 0.10N_t$ | 5 | 5 |
| $Q_1 = 0.25N_t$ | 5 | 5 |
| $Q_1 = 0.50N_t$ | 5 | 10 |
| $Q_1 = 0.75N_t$ | 10 | 10 |
| $Q_1 = 1.00N_t$ | 10 | 15 |
| $Q_1 = 1.20N_t$ | 15 | 15 |
| $Q_1 = 1.50N_t$ | — | 15 |

3. 验收标准及结果整理

应根据验收试验结果绘制锚杆荷载—位移曲线。当验收试验所得的总弹性位移应超过自由段长度理论弹性伸长的 80%，且小于自由段长度与 1/2 锚固段长度之和的理论弹性伸长时，或者在最大试验荷载作用下，锚头位移能趋于稳定，可验收合格。

# 第三节 嵌岩锚杆的破坏性试验及验证性试验

用于灌注型锚杆嵌岩桩中的锚杆破坏性试验及验证性试验应按《港口工程嵌岩桩设计与施工规程》(JTJ 285—2000)以抗拔力及变形试验的形式进行。

锚杆嵌岩桩的锚杆抗拔试验条件应与实际工程锚杆的使用条件相同。锚杆抗拔试验加载宜采用穿心式油玉千斤顶，加载反力系统可利用嵌岩桩桩身或已浇注的混凝土平台。锚杆试验用的加载系统的额定荷载为试验荷载的1.2～1.5倍。锚杆试验用的反力系统在最大试验荷载作用下，有足够的强度和刚度，并在锚固体抗压强度达到70%标准值时进行锚杆试验。

## 一、破坏性试验

1. 一般规定

锚杆嵌岩桩的锚杆抗拔试验可分为破坏性试验及验证性试验，破坏性试验应符合下列规定：

(1)破坏性试验用于确定锚杆的极限抗拔力，试验应在非工程桩上进行。

(2)任何一种新型锚杆或未曾使用过锚杆的岩层，应进行破坏性试验，破坏性试验锚杆的数量不宜少于2根。

2. 试验步骤

(1)嵌岩锚杆破坏性试验采用多循环加载，每级加载荷载按下式计算确定：

$$\Delta Q = m \cdot A_s \cdot f_{yk} \times 10^{-4} \tag{2-11-2}$$

式中：$m$——加载系数；

$\Delta Q$——每级加载荷载(kN)；

$A_s$——锚杆截面积($mm^2$)；

$f_{yk}$——锚杆钢筋屈服强度标准值(MPa)。

(2)加载荷载与观测时间应符合表2-11-4的规定；

嵌岩锚杆破坏性试验加载荷载与观测时间 表2-11-4

| | | | | | | | | |
|---|---|---|---|---|---|---|---|---|
| 加载系数 $m$ | 初始荷载 | — | — | — | 1 | — | — | — |
| | 第一循环 | 1 | — | — | 2 | — | — | 1 |
| | 第二循环 | 1 | — | 2 | 3 | 2 | — | 1 |
| | 第三循环 | 1 | 2 | 3 | 4 | 3 | 2 | 1 |
| | 第四循环 | 1 | 3 | 4 | 5 | 4 | 3 | 1 |
| | 第五循环 | 1 | 4 | 5 | 6 | 5 | 4 | 1 |
| | … | | | | | | | |
| | 第 $n-1$ 循环 | 1 | $n-2$ | $n$ | $n+1$ | $n$ | $n-1$ | 1 |
| | 第 $n$ 循环 | 1 | $n+1$ | $n$ | $n+1$ | $n$ | $n-1$ | 1 |
| 观测时间(min) | | 5 | 5 | 5 | 10 | 5 | 5 | 5 |

(3)每个加载和在观测时间内，测读位移量不应少于3次；

(4)在每个加载荷载观测时间内，当位移量不大于0.1mm时，可施加下一级荷载；当位移量大于0.1mm时，应延长观测时间，直至在2h内位移量小于2.0mm时，再施加下一级荷载。

3. 破坏标准

(1)后一级荷载产生的位移增量达到或超过前一级荷载产生位移增量的2倍。

(2)位移量不收敛。

(3)总位移超过设计允许位移值。

4. 结果整理

根据试验结果绘制荷载—位移曲线、荷载—弹性位移曲线、锚杆荷载—塑性位移曲线。试验所得的总弹性位移,超过自由段长度理论弹性伸长的 80%,且小于自由段长度与 1/2 锚固段长度之和的理论弹性伸长量,应判定试验结果有效。取破坏前一级荷载作为锚杆极限抗拔力。在最大试验荷载作用下未达到上述破坏标准时,锚杆极限抗拔力取最大荷载值。

## 二、验证性试验

1. 一般规定

验证性试验用于检查锚杆承受设计抗拔力性能,试验可在工程桩上进行。锚杆嵌岩桩必须进行验证性试验,验证性试验锚杆的数量,根据桩的使用要求和基岩状况,宜控制在锚杆总数的 20% ~40%。加载和反力系统、检测仪器以及对锚固体强度要求,与破坏性试验一致。

最大试验荷载不应超过预应力筋 $A \cdot f_{yk}$ 值的 0.8 倍,最大试验荷载应控制在锚杆抗拔力设计值的 1.1 ~1.2 倍。验证性试验采用单循环分级加荷法。

2. 试验步骤

验证性试验对锚杆施加荷载与测读锚头位移应遵守下列规定:

(1)每级加载荷载按锚杆抗拔力设计值($P_d$)与加载系数($m$)的乘积确定,各级加载荷载与观测时间可参见表 2-11-5。

**验证性试验锚杆的加载荷载与观测时间** 表 2-11-5

| 系数 $m$ | 0.1 | 0.25 | 0.5 | 0.75 | 1.0 | 1.1 | 1.2 | 0.1 |
|---|---|---|---|---|---|---|---|---|
| 观测时间 | 5 | 5 | 5 | 10 | 10 | 15 | 15 | 5 |

(2)在每级加荷等级观测时间内,测读位移量不应少于 3 次。

(3)最大试验荷载观测 15min 后,卸荷至初始荷载。

3. 验收标准及结果整理

根据验收试验结果绘制荷载—位移曲线。当验证性试验所得的总弹性位移应超过自由段长度理论弹性伸长的 80%,且小于自由段长度与 1/2 锚固段长度之和的理论弹性伸长时,同时在最大试验荷载作用下,位移达到稳定状态,应判定锚杆试验合格。

# 参考文献


[1] 中华人民共和国行业标准. JTS 167-4—2012 港口工程桩基规范[S]. 北京:人民交通出版社,2012.

[2] 中华人民共和国行业标准. JTJ 255—2002 港口工程基桩静载荷试验规程[S]. 北京:人民交通出版社,2002.

[3] 中华人民共和国行业标准. JTJ 249—2001 港口工程桩基动力检测规程[S]. 北京:人民交通出版社,2001.

[4] 中华人民共和国行业标准. JTJ 285—2000 港口工程嵌岩桩设计与施工规程[S]. 北京:人民交通出版社,2000.

[5] 中华人民共和国行业标准. JGJ 94—2008 建筑桩基技术规范[S]. 北京:中国建筑工业出版社,2008.

[6] 中华人民共和国行业标准. JGJ 106—2014 建筑基桩检测技术规范[S]. 北京:中国建筑工业出版社,2014.

[7] 中华人民共和国行业标准. CECS22:90 土层锚杆设计与施工规范[S]. 北京:中国计划出版社,1991.

[8] 中华人民共和国行业标准. JTS 257—2008 水运工程质量验收标准[S]. 北京:人民交通出版社,2008.

[9] 陈凡,徐天平,等. 基桩质量检测技术[M]. 北京:中国建筑工业出版社,2003.

[10] 徐维钧. 桩基施工手册[M]. 北京:人民交通出版社,2007.

[11] 黄汉明. 锚杆嵌岩桩在港口工程中的应用[J]. 水运工程,2009.7.

[12] 刘守君. 锚杆支护原理及应用实践[J]. 有色金属,2009.5.

[13] 谢春华. 土层锚杆施工简介[J]. 中外公路,2002.5.

# 第三篇

# 地基检测技术

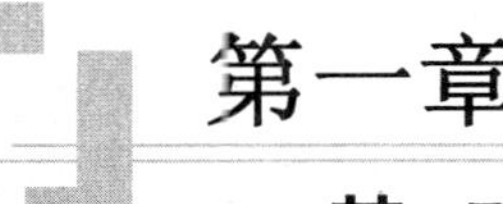

# 第一章 基础知识

## 第一节 土的物理性质和工程分类

### 一、土的形成

土是指覆盖在地表的没有胶结或弱胶结的颗粒堆积物，是岩石表层在漫长的地质年代里，经受了各种复杂的地质作用（包括物理、化学作用以及人类活动）而形成的地质体。我国大部分地区的土形成于第四纪或新第三纪时期。

在自然界，土的形成过程十分复杂，根据它的来源可分为无机土和有机土两大类。由地表岩石在漫长的地质历史年代经风化作用而形成的颗粒堆积物称为无机土，天然土绝大多数是无机土。由动、植物体的腐化在土中生成有机质成分，含有一定量有机质的土称为有机土。有机质土强度低，压缩性高，当土中含少量的有机质时（通常5%～10%），就会对土的性质产生严重的不利影响，因而工程中常对所用土料的有机质含量有严格的控制，有机土通常不能作为建筑物地基。

按形成土的最后一次地质营力和沉积条件，将第四纪沉积物划分成若干成因类型：岩石经风化后仍留在原处的堆积物称残积土，它处于岩石风化壳的上部，与新鲜岩石之间没有明显的界限，剥蚀平原是其最有利的地形，决定其性质的主要因素是母岩岩性、气候条件及暴露时间；经受流水、风、冰川等动力搬运离开产地的堆积物称运积土，它的特征随搬运力而异，常见的有坡积土、洪积土、冲积土、冰积土、湖积土、海积土和风积土等。

### 二、土的组成

土的物质组成不论其成因如何，均由固相、液相和气相三部分组成。固相部分主要是土粒，有时还有粒间胶结物和有机质，它们构成土的骨架；土骨架的孔隙充满着液体和气体，构成土的液相和气相。通常情况下土的液相部分为水及溶解物；气相部分为空气和其他气体。当土中的孔隙全部被水充满时，这种土称为饱和土；而当孔隙仅含空气时，就称为干土；在地面以下地下水以上一定高度范围内的土，一般兼含空气和水，属三相体系，称为湿土。

1.土的固相

天然土是由无数大小不同的土粒所组成，土粒的大小通常用粒径（$d$）来表示，以毫米为单位。土粒由粗到细，粒径相差悬殊，通常将大小相近的土粒合并为一组，称为粒组，不同的粒组赋予土不同的性质。各粒组的划分和粒径范围见表 3-1-1。

一般天然土都由若干粒组组成，土中某粒组的土粒含量定义为该粒组土粒质量与干土总量之比，常以百分数表示。而土中各粒组的相对含量就称为土的级配。土的级配好坏必须通过颗粒分析试验才能确定，它将直接影响到土的性质。级配良好的土，压实时能达到较高的密实度，因而，土的透水性小，强度高，压缩性低；反之，级配不良的土，往往压实密度小，强度低，或者渗透稳定性差。

土的粒组划分　　表 3-1-1

| 粒组统称 | 粒组名称 | | 粒径($d$)的范围(mm) |
|---|---|---|---|
| 巨粒 | 漂石(块石)组 | | $d>200$ |
| | 卵石(碎石)组 | | $200\geq d>60$ |
| 粗粒 | 砾粒 | 粗砾 | $60\geq d>20$ |
| | | 细砾 | $20\geq d>2$ |
| | 砂粒 | | $2\geq d>0.075$ |
| 细粒 | 粉粒 | | $0.075\geq d>0.005$ |
| | 黏粒 | | $d\leq 0.005$ |

2. 土的液相

土的液相是指土孔隙中存在的水。土中水通常是在不同的作用力之下，处于不同的状态，它们的性质也有所不同。土中水的分类如表 3-1-2 所示。

土中水的类型　　表 3-1-2

| 水的类型 | | 主要作用力 |
|---|---|---|
| 结合水 | 强结合水(吸着水) | 物理化学力 |
| | 弱结合水(薄膜水) | |
| 自由水 | 毛细水 | 表面张力和重力 |
| | 重力水 | 重力 |

被土颗粒表面吸附着的水称为结合水，它受土粒表面引力的控制，有其独特的特点，如溶解能力降低，密度变大，弹性增强，黏滞性高，不受重力影响，冰点低于 0℃ 等。对于细粒土，当黏粒含量高，特别是当黏粒由黏土矿物组成时，结合水往往占有很大的孔隙体积，故细粒土的性质将受结合水的重大影响。

孔隙水中不受土粒表面引力束缚的那部分水称为自由水，它与普通水没有多大差别。自由水又可分为毛细水和重力水：在地下水位以上为毛细水，以下为重力水。对于粗粒土，孔隙水中结合水的量可忽略不计，孔隙水被认为是以自由水的形式存在。

必须指出，水是土的一个重要组成部分。根据实用观点，一般认为它不能承受剪力，但能承受压力和一定的吸力；同时，水的压缩性很小，在通常所遇到的压力范围内，它的压缩量可忽略不计。

需要特别指出的是，土孔隙中的水除液态水之外，还可能有气态水(呈水蒸气形态的水)和固态水(呈冰形态的水)存在。不同形态的水在一定条件下会相互转化，并对土的性质起着重要的作用。

3. 土的气相

土的气相主要指土孔隙中充填的空气，它可分为与大气连通的气体和不连通的以气泡形式出现的封闭气体两类。

若土的饱和度低，土中气体就与大气相通，在受到外力作用时，气体很快从孔隙中排出，一般对土的工程性质影响不大；但若土的饱和度很高，土中出现封闭气泡时，外力将引起气泡压缩或溶解于水中，而一旦外力撤除或孔隙水排出，气泡会恢复原状或重新游离出来。因此，土中封闭气体的存在可使土的渗透性减小，弹性增大，拖延土的压缩的发展过程和引起膨胀变形，对土的工程性质影响较大。

## 三、土的结构

土粒或土粒集合体，以其不同的形状、大小、表面特征，相互排列形式及联结性质，组成土的基本单元，称为土的结构或土的微观结构。土的结构取决于土粒间力的性质，以及形成土的过程中和随后受到的外力，它对土的物理力学性质有重要影响。土的结构（图 3-1-1）通常具有下列 3 种类型。

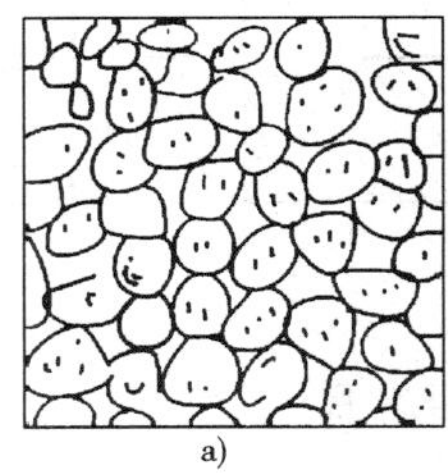
a)

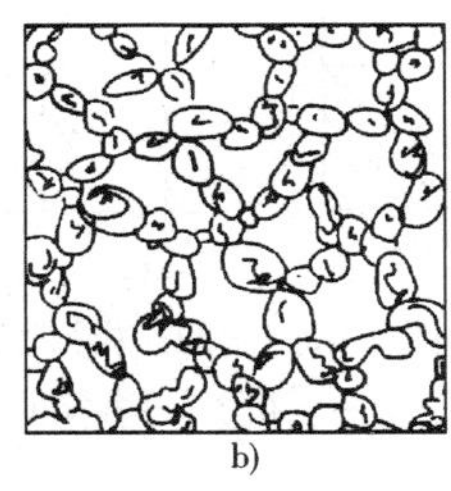
b)

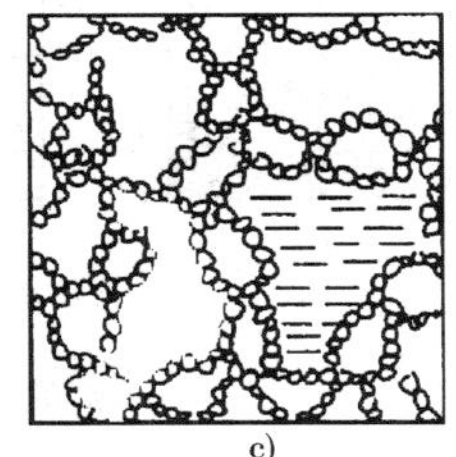
c)

图 3-1-1 土的结构

a）土的单粒结构；b）土的蜂窝结构；c）土的絮状结构

1. 单粒结构

单粒结构是砂、砾等粗粒土在沉积过程中形成的，当土粒在水或空气中由重力作用下沉时，一旦与已沉稳的土粒相接触，就滚落到平衡位置，而形成这种结构。因沉积条件不同，它有松紧之别。单粒结构的土，土粒间存在点与点接触，其粒间几乎完全没有联结力，由于形成条件不同，或密实或松散，但一般情况下它孔隙大，透水性好，内摩擦力大，紧密的单粒结构，强度高，受压后变形小。

2. 蜂窝结构

当土颗粒较细，在水中单个下沉，碰到已沉积的土粒，由于土粒之间的分子引力大于颗粒自重，则下沉土粒被吸引不再下沉，形成较大空隙的蜂窝状结构。

3. 絮状结构

黏粒在水中，长期悬浮并运动，形成小链环状的土集粒而下沉。这种小链环被吸引，形成大链环状的絮状结构。此种结构在海积黏土中常见。这种土孔隙大，对扰动比较敏感。

上面介绍的都是土的微观结构，大多需用显微镜才能观察到。而用肉眼或一般放大镜可以看到的称为土的宏观结构，如层理、裂隙、大孔隙等。

在宏观上，具有单粒结构的粗粒土，无明显的沉积层理，也无明显的异向性，若土粒排列紧密，则孔隙较小，结构密实，有较好的工程地质性质；反之，孔隙较大，密实性较差，工程地质性质也较差。细粒土的沉积层具有明显的层理，常见砂土与黏土相互交叠成层，具有明显的各向异性，垂直于层理的压缩性和透水性较小，平行于层理的压缩性和透水性较大。若沉积层的细粒土中夹有较大的单粒土，其物理力学性质，主要由细粒土决定。

## 四、土的物理性质指标

表示土的三相比例关系的指标，称为土的物理性质指标。这些指标不仅可以描述土的物理性质和所处的状态，而且在一定程度上，还可用来反映土的力学性质。土的物理性质指标可分为两类：一类是必须通过试验测定的，如含水率、密度和土粒比重，为试验指标；另一类是可以根据试验测定的指标换算的，如孔隙比、孔隙率和饱和度等，为换算指标。

为了获得清晰的定量概念，并便于说明这些物理性质指标之间的换算关系，常利用把土体中实际分散的三个相（图3-1-2a），抽象地分别集合在一起构成的理想三相图来进行定义（图3-1-2b、c）。图中 $m$ 表示质量，$V$ 表示体积，下标 a、W、s 和 v 分别表示空气、水、土粒和孔隙。

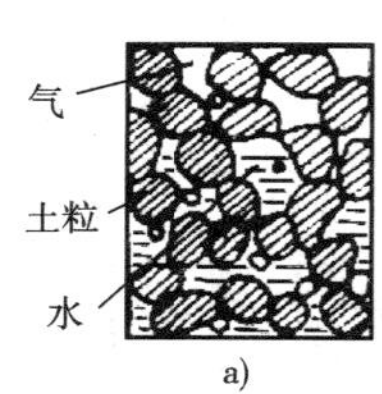


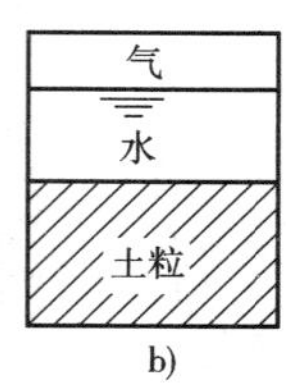


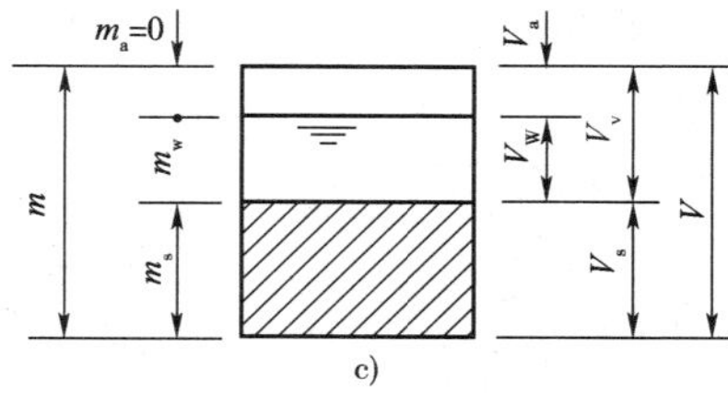


图3-1-2 土的三相图

a）实际土体；b）土的三相图；c）各相的体积与质量

1. 三相指标

土的天然密度：

$$\rho = \frac{m}{V} = \frac{m_s + m_W}{V_s + V_W + V_a} \tag{3-1-1}$$

含水率：

$$w = \frac{m_W}{m_s} = \frac{m - m_s}{m_s} \times 100\% \tag{3-1-2}$$

土粒比重：

$$G_s = \frac{m_s}{V_s(\rho_W)_{4℃}} \tag{3-1-3}$$

通过试验测得 $\rho$、$W$、$G_s$，可换算出下述指标：

饱和密度：

$$\rho_{sat} = \frac{m_s + V_v\rho_W}{V} \tag{3-1-4}$$

浮密度：

$$\rho' = \frac{m_s - V_s\rho_W}{V} = \rho_{sat} - \rho_W = \frac{(G_s - 1)\rho_W}{1 + e} \tag{3-1-5}$$

干密度：

$$\rho_d = \frac{m_s}{V} = \frac{\rho}{1 + W} \tag{3-1-6}$$

孔隙比：

$$e = \frac{V_v}{V_s} \times 100\% = \frac{n}{1 - n} = \frac{G_s\rho_W}{\rho_d} - 1 \tag{3-1-7}$$

孔隙率：

$$n = \frac{V_v}{V} \times 100\% = \frac{e}{1+e} \tag{3-1-8}$$

饱和度：

$$S_\gamma = \frac{V_W}{V_v} \times 100\% = \frac{WG_s}{e} \tag{3-1-9}$$

在土中应力计算时，常需用重度（容重）$\gamma$ 的概念，即指单位体积的重量。它与密度间有如下关系：

$$\gamma = \rho \times g$$

2. 黏性土的稠度

黏性土由于含水率的变化，可使土处于不同状态，通常用硬、可塑、软和流动等术语来描述，这种性能统称为稠度，参见图 3-1-3。为弄清水对黏性土质的影响，必须研究界限含水率。

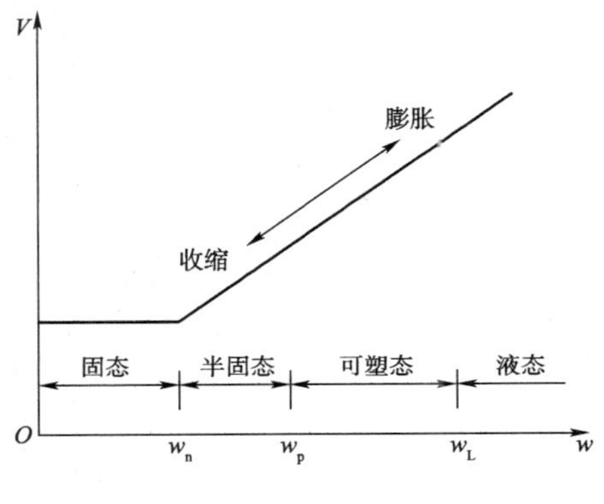

图 3-1-3　土的稠度状态

土的可塑性是指土在外力作用下，可塑成任何形状而不产生裂纹，外力除去后，能保持所塑成形状的性质。土的流动状态与可塑状态的分界含水率称液限，用 $w_L$ 表示；可塑状态与半固体状态的分界含水率称塑限，用 $w_P$ 表示；半固体状态与固体状态的分界含水率称缩限，用 $w_n$ 表示；三者统称界限含水率。

液限和塑限之差称为塑性指数，通常用整数表示，工程中常用它对黏性土进行分类，其定义为：

$$I_P = (w_L - w_P) \times 100 \tag{3-1-10}$$

式中：$I_P$——塑性指数，通常用整数表示。

黏性土的状态可用液性指数来判别，其定义为：

$$I_L = \frac{w - w_P}{w_L - w_P} \tag{3-1-11}$$

式中：$I_L$——液性指数，以小数表示；

$w$——天然含水率。

其余符号意义同前。

3. 粉土的密实度和湿度分类

粉土密实度按孔隙比分类见表 3-1-3。

**粉土密实度按孔隙比分类**　　表 3-1-3

| 粉土密实度 | 密实 | 中密 | 稍密 |
|---|---|---|---|
| 孔隙比 $e$ | $e<0.75$ | $0.75\leqslant e\leqslant 0.90$ | $e>0.90$ |

粉土湿度按含水率分类见表 3-1-4。

**粉土湿度按含水率分类**　　表 3-1-4

| 粉土湿度 | 稍湿 | 湿 | 很湿 |
|---|---|---|---|
| 含水率 $w$ | $w<20\%$ | $20\%\leqslant w\leqslant 30\%$ | $w>30\%$ |

## 五、土的工程分类

为了将自然界错综复杂的土给予系统的分析和归纳，以便更好地对土进行研究和使用，不同部门根据工程用途不同，已提出了许多土的工程分类体系。随着科学技术的不断发展及经验的交流和积累，土的工程分类也正趋于完善，作为建筑地基的土（岩），可分为岩石、碎石土、砂土、黏性土和淤泥性土等，见表 3-1-5。具体可参见标准土的工程分类《水运工程岩土勘察规范》（JTS 133—2013）等。

土的工程分类　　表 3-1-5

<table>
<tr><th>土的名称</th><th colspan="4">定义</th></tr>
<tr><td rowspan="6">碎石土</td><td>漂石</td><td>圆形、亚圆形为主</td><td colspan="2" rowspan="2">粒径大于 200mm 的颗粒超过总质量 50%</td></tr>
<tr><td>块石</td><td>棱角形为主</td></tr>
<tr><td>卵石</td><td>圆形、亚圆形为主</td><td colspan="2" rowspan="2">粒径大于 20mm 的颗粒超过总质量 50%</td></tr>
<tr><td>碎石</td><td>棱角形为主</td></tr>
<tr><td>圆砾</td><td>圆形、亚圆形为主</td><td colspan="2" rowspan="2">粒径大于 2mm 的颗粒超过总质量 50%</td></tr>
<tr><td>角砾</td><td>棱角形为主</td></tr>
<tr><td rowspan="5">砂土</td><td colspan="2">砾砂</td><td colspan="2">粒径大于 2mm 的颗粒占总质量的 25% ~ 50%</td></tr>
<tr><td colspan="2">粗砂</td><td colspan="2">粒径大于 0.5mm 的颗粒超过总质量的 50%</td></tr>
<tr><td colspan="2">中砂</td><td colspan="2">粒径大于 0.25mm 的颗粒超过总质量的 50%</td></tr>
<tr><td colspan="2">细砂</td><td colspan="2">粒径大于 0.075mm 的颗粒超过总质量的 85%</td></tr>
<tr><td colspan="2">粉砂</td><td colspan="2">粒径大于 0.075mm 的颗粒超过总质量的 50%</td></tr>
<tr><td rowspan="2">粉土</td><td colspan="2">砂质粉土</td><td>$I_P \leq 10$，且 $3\% \leq M_C < 10\%$</td><td rowspan="2">$M_C$ 为黏粒含量</td></tr>
<tr><td colspan="2">黏质粉土</td><td>$I_P \leq 10$，且 $10\% \leq M_C < 15\%$</td></tr>
<tr><td rowspan="2">黏性土</td><td colspan="2">粉质黏土</td><td>$17 \geq I_P > 10$</td><td rowspan="2">塑性指数的液限值是由 76g 圆锥仪沉入土中 10mm 测定的</td></tr>
<tr><td colspan="2">黏土</td><td>$I_P > 17$</td></tr>
<tr><td rowspan="4">淤泥性土</td><td rowspan="2">淤泥质土</td><td>淤泥质黏土</td><td>$1.0 < e \leq 1.5$</td><td>$I_P > 17$</td></tr>
<tr><td>淤泥质粉质黏土</td><td>$36\% < W \leq 55\%$</td><td>$17 \geq I_P > 10$</td></tr>
<tr><td colspan="2">淤泥</td><td colspan="2">$1.5 \leq e < 2.4$；$55\% \leq W < 85\%$</td></tr>
<tr><td colspan="2">流泥</td><td colspan="2">$w \geq 85\%$　$e \geq 2.4$</td></tr>
<tr><td rowspan="3">填土</td><td colspan="2">冲填土</td><td colspan="2">由水力充填砂土、粉土或黏性土而形成的填土</td></tr>
<tr><td colspan="2">素填土</td><td colspan="2">由碎石土、砂土、粉土、黏性土等组成的填土，分层碾压后称为压实填土</td></tr>
<tr><td colspan="2">杂填土</td><td colspan="2">含有建筑垃圾、工业废料、生活垃圾等杂物的填土</td></tr>
<tr><td rowspan="4">混合土</td><td colspan="2">砂混淤泥</td><td colspan="2">总质量的 10% < 淤泥质量 ≤ 总质量的 30%</td></tr>
<tr><td colspan="2">淤泥混砂</td><td colspan="2">总质量的 30% < 淤泥质量</td></tr>
<tr><td colspan="2">砂或碎石混黏性土</td><td colspan="2">总质量的 10% < 黏性土质量 ≤ 总质量的 40%</td></tr>
<tr><td colspan="2">黏性土混砂或碎石</td><td colspan="2">总质量的 40% < 黏性土质量</td></tr>
<tr><td rowspan="3">层状构造土</td><td colspan="2">互层土</td><td colspan="2">具交错互层构造，两类土层厚度相差不大，一般大于 1/3</td></tr>
<tr><td colspan="2">夹层土</td><td colspan="2">具夹层构造，两类土层厚度相差较大，厚度比为 1/3 ~ 1/10</td></tr>
<tr><td colspan="2">间层土</td><td colspan="2">常显黏性土间极薄层粉砂的特点，厚度比小于 1/10</td></tr>
</table>

水运工程上常遇到的疏浚工程，根据岩土的疏浚工程特性划分为土类和岩类两个大类共 15 级，见表 3-1-6。

表 3-1-6

**疏浚岩土工程特性和分级**

| 岩土类别 | 级别 | 状态 | 强度及结构特征 | 判别指标 | | | 辅助指标 | | | | | | |
|---|---|---|---|---|---|---|---|---|---|---|---|---|---|
| | | | | 标贯击数/动探击数 $N/N63.5$ | 天然重度 $\gamma$ ($kN/m^3$) | 抗压强度 $R_c$ (MPa) | 天然含水率 $W$ (%) | 液性指数 $I_L$ | 孔隙比 $e$ | 抗剪强度 $\tau$ (kPa) | 附着力 $F$ ($g/cm^2$) | 相对密度 $D_r$ | 烧灼减量 $Q_1$ (%) |
| 有机质土及泥炭 | 0 | 极软 | 可能是密实的或松软的，强度和结构在水平或垂直方向上可能相差很大，并存在气体 | | <12.8 | | | | | | | | ≥5 |
| 淤泥土类 | 1 | 流态 | | | <14.9 | | >85 | | >2.4 | | 无<br><50<br>弱<br>50～150<br>中等<br>150～250<br>强<br>>250 | | |
| | 2 | 很软 | 极易在手指内挤压 | <2 | <16.6 | | 55～85 | >1.0 | >1.5 | <13 | | | |
| 黏性土类 | 3 | 软 | 极易用手指捏成形 | ≤4 | ≤17.6 | | | ≤1.0 | | ≤25 | | | |
| | 4 | 中等 | 稍用力捏可成形 | ≤8 | ≤18.7 | | | ≤0.75 | | ≤50 | | | |
| | 5 | 硬 | 手指需用力捏才成形 | ≤15 | ≤19.5 | | | ≤0.50 | | ≤100 | | | |
| | 6 | 坚硬 | 不能用手指捏成形，可用大拇指压出凹痕 | >15 | >19.5 | | | <0.25 | | >100 | | | |
| 砂土类 | 7 | 极松 | 极容易将 12mm 钢筋插入土中 | ≤4 | <18.3 | | 满足 $C_u \geq 5, C_c = 1 \sim 3$ 为良好级配的砂(SW)，不能满足以上条件的为不良级配的砂(SP) | | | | | <0.15 | |
| | 8 | 松散 | 较容易将 12mm 钢筋插入土中 | ≤10 | ≤18.6 | | | | | | | ≤0.33 | |
| | 9 | 中密 | 用 2～3kg 重锤很容易将 12mm 钢筋打入土中 | ≤30 | ≤19.6 | | | | | | | ≤0.67 | |
| | 10 | 密实 | 用 2～3kg 重锤可将 12mm 钢筋打入土中 30mm | >30 | >19.6 | | | | | | | >0.67 | |

续上表

| 岩土类别 | 级别 | 状态 | 强度及结构特征 | 判别指标 | | | 辅助指标 | | | | | | |
|---|---|---|---|---|---|---|---|---|---|---|---|---|---|
| | | | | 标贯击数/动探击数 $N/N63.5$ | 天然重度 $\gamma$ (kN/m$^3$) | 抗压强度 $R_c$ (MPa) | 天然含水率 $W$ (%) | 液性指数 $I_L$ | 孔隙比 $e$ | 抗剪强度 $\tau$ (kPa) | 附着力 $F$ (g/cm$^2$) | 相对密度 $D_r$ | 烧灼减量 $Q_1$ (%) |
| 碎石土类 | 11 | 松散 | 骨架颗粒含量小于总质量的60%，排列混乱，大部分不接触，充填物包裹大部分骨架颗粒，且呈疏松状态或可塑状态 | $N_{63.5}$ <7 | $DG<65$ | | 满足 $C_u \geqslant 5$，$C_c=1\sim3$ 为良好级配的砾石（GW），不能满足以上条件的为不良级配的砾石（GP） | | | | | | |
| | 12 | 中密 | 骨架颗粒含量等于总质量的60%～70%，呈交错排列，大部分连续接触，充填物包裹骨架颗粒，呈中密状态或硬塑状态 | $N_{63.5}$ 7～18 | $65\leqslant DG \leqslant 70$ | | | | | | | | |
| | 13 | 密实 | 骨架颗粒含量大于70%，呈交错排列，连续接触，或只有部分骨架颗粒连续接触，但充填物呈紧密状态或坚硬状态 | $N_{63.5}$ >18 | $DG>70$ | | | | | | | | |
| 岩石类 | 14 | 弱 | 锹镐可挖掘 | $N<50$ | | ≤10 | | | | | | | |
| | 15 | 稍强 | 锹镐难挖掘，但用锤可击碎 | | | <30 | | | | | | | |

注：1. 淤泥质土可在黏性土类中衡量级别，黏质粉土可在黏性土类中衡量级别，砂质粉土可在砂土类中衡量级别。

2. 表中符号 $N_{63.5}$——重型动力触探锤击数；$DG$——密实判数。

## 六、土的压实性

土的压实性是指土的颗粒骨架结构间的孔隙(常充满水和空气)在外界压力或动荷载的作用下能被压实致密的性质。在实际工程中,通常需要根据工程的设计要求,将土压实到一定的密度,以减小土的压缩性和提高土的强度,常以干密度 $\rho_d$ 表示。

影响土压实性的因素很多,主要有含水率、压实功能以及土的种类和级配等。通过室内外试验证明,土的干密度、含水率和压实功三者之间,有一定的关系和规律。工程中常希望能找到一种能满足设计要求的干密度和适宜的含水率,而对应的压实所需要的功最小。同一种土不同的含水率,它压实所需要的功是不同的,这种关系只能通过试验求得。在某一含水率时,使土达到规定干密度所需的压实功最小,工程界常把这一含水率称最优含水率,用 $w_{op}$表示。

# 第二节 土中水的运动规律

## 一、土的毛细性

如果把一干土块的下部与水接触,就会看到水分向土块上部浸润,开始时上升的速度较快,后来逐渐缓慢,达到某一高度时,即趋于停止,这就是土的毛细现象。存在于土的毛细管孔隙中的水,在表面张力作用下,沿着毛细孔隙各个方向运动的性能称为毛细性。

土中的毛细水主要存在于孔径为0.002~0.5mm的细小孔隙中,研究土的毛细性主要是针对具有这类细小孔隙的细砂土、粉土类土。毛细水的上升高度是表征土毛细性的主要指标,土中毛细水上升高度越大,毛细性越明显。

干燥的砂土是松散的,颗粒间没有黏聚力,水下的饱和砂土也是这样。但对于有一定含水率的湿砂,却表现出颗粒间有一些黏聚力,如湿砂可捏成团块。这个黏聚力是由于土粒间接触面上部分水的毛细压力所形成的,称为假黏聚力,以区别于黏性土中粒间的黏聚力。

影响土毛细性的因素很多,除去土粒大小和土孔隙大小外,土粒形状、矿物成分和水溶液的性质也有影响。土的毛细性使土中的含水率升高,引起地基土的变形和强度变化,由此产生建筑物的不稳定,以及土的沼泽化和盐渍化,对建筑工程及农业经济有一定的影响。

## 二、土的渗透性

土孔隙中的自由水在水头差作用下,能透过土体孔隙的现象称为渗透。土的这种能使水在其中渗透流动的性能,通常称为土的渗透性或透水性。

1.达西渗透定律

由于土的孔隙细小,在大多数情况下水在土体中流动时的黏滞阻力很大,流速较小,可以认为是属于层流(即水流流线互相平行的流动)。那么土中水的渗流规律可以认为是符合层流渗透定律的.这个定律是法国学者达西(H. Darcy)根据砂土的试验结果得到的,也称达西定律,如图3-1-4中 $a$ 线所示。它表示水在土中的渗透速度与水力坡降成正比,即:

$$V = ki \tag{3-1-12a}$$

或

$$q = kiA \tag{3-1-12b}$$

式中：$V$——渗透速度（cm/s）；

$i$——水力坡降，即沿着水流方向单位长度上的水头差，无因次；

$k$——渗透系数（cm/s）；

$q$——渗透流量，即单位时间内流过土截面积 $A$ 的流量（$cm^3/s$）。

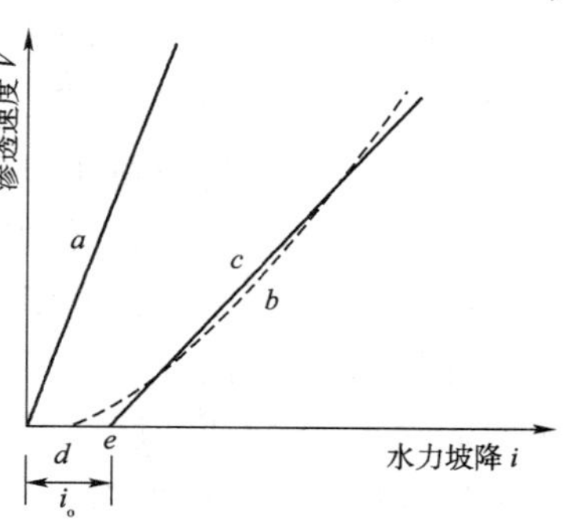


图 3-1-4　土的渗透规律

由于达西定律只适用于层流的情况，故一般只适用于砂性土。对于黏性土的渗透规律（黏土的 $V$—$i$ 关系是曲线）可由试验得出如图 3-1-4 中 $b$ 虚线所示。黏性土中存在大量的结合水，土中自由水的渗流受到结合水的黏滞阻力，只有克服这一阻力才能开始渗流。我们把克服结合水黏滞阻力所需要的水力坡降，称为黏性土的起始水力坡降用 $i_0$ 表示。我们用直线 $c$ 来代替曲线 $b$，即用 $e$ 点来代替 $d$ 点表示黏土的起始水力坡度，当土中水力坡度超过此值 $i_0$ 后才开始渗流。这样，在黏性土中，应按下述修正后的达西定律计算渗透速度：

$$V = k(i - i_0) \tag{3-1-13}$$

实际上所有的土都是透水的，但透水能力不同。表征土渗透性大小的指标为渗透系数 $k$，它是土的工程性质中一个很重要的计算指标，如按透水性强弱划分时，可分为强透水层 $k > 10^{-2}$ cm/s，中等透水层 $k = 10^{-2} \sim 10^{-4}$ cm/s，低透水层 $k = 10^{-4} \sim 10^{-6}$ cm/s，相对不透水层 $k < 10^{-6}$ cm/s。不同土类的渗透系数参考值见表 3-1-7。

**不同土类的渗透系数参考值**　　表 3-1-7

| 土的类别 | 渗透系数 | | 土的类别 | 渗透系数 | |
|---|---|---|---|---|---|
| | m/d | cm/s | | m/d | cm/s |
| 黏土 | <0.005 | $<6\times10^{-6}$ | 匀质中砂 | 35~50 | $4\times10^{-2}\sim6\times10^{-2}$ |
| 粉质黏土 | 0.005~0.1 | $6\times10^{-6}\sim1\times10^{-4}$ | 粗砂 | 20~50 | $2\times10^{-2}\sim6\times10^{-2}$ |
| 粉土 | 0.1~0.5 | $1\times10^{-4}\sim6\times10^{-4}$ | 圆砾 | 50~100 | $6\times10^{-2}\sim1\times10^{-1}$ |
| 粉砂 | 0.5~1.0 | $6\times10^{-4}\sim1\times10^{-3}$ | 卵石 | 100~500 | $1\times10^{-1}\sim6\times10^{-1}$ |
| 细砂 | 1.0~5.0 | $1\times10^{-3}\sim6\times10^{-3}$ | 稍有裂隙的岩石 | 20~60 | $2\times10^{-2}\sim7\times10^{-2}$ |
| 中砂 | 5.0~20 | $6\times10^{-3}\sim2\times10^{-2}$ | 裂隙多的岩石 | >60 | $>7\times10^{-2}$ |

2. 渗透变形

水在土中渗流时，受到土颗粒的阻力作用，我们将渗透水流作用于单位土体内土粒上的拖拽力称为渗透力，用 $j$ 表示，单位 $kN/m^3$。由于渗透力的大小等于单位土体内水流所受的阻力，所以其大小与水力坡降成正比，为：

$$j = \gamma_w i \tag{3-1-14}$$

式中：$\gamma_w$——水的重度。

上面所介绍的渗流属简单边界条件下的单向渗流，然而，在工程上遇到的渗流问题，边界条件要复杂得多，水流形态往往是二向或三向的，此时需先绘制流网，才能定量地确定渗流场中各点的水头、水力坡降,计算渗透力的大小。

在渗流情况下,由于渗透力的存在,使土中细颗粒受冲击、被带走,或局部土体产生移动,导致土体变形的问题常称为渗透变形,常见的形式有流砂、管涌、潜蚀和基坑突涌等。水在土体中渗流,一方面会造成水量流失,影响工程效益;另一方面将引起土体内部应力和结构的变化,从而改变建筑物或地基的稳定条件,对土体的固结、强度以及建筑物的安全都有非常重要的影响,甚至还会酿成破坏事故。在自然界,产生泥石流、滑坡等现象,也正是由于渗透力的作用。

3. 影响土的渗透性的因素

(1)土颗粒的粒径、形状与级配。

(2)矿物成分。

(3)土的密度。

(4)土的结构构造。

(5)水溶液成分与浓度。

(6)土体的饱和度。

(7)水的黏滞性。

4. 管涌与流砂(土)防治的基本方法

(1)土质改良。

(2)截水防渗。

(3)人工降低地下水位。

(4)在地下水渗出边界设置反滤层。

(5)其他施工措施如选择枯水期施工,采取水下挖掘等。

## 三、土在冻结过程中水分的迁移和积聚

在冰冻季节因大气负温影响,使土中水分冻结称为冻土。在冻土地区,随着土中水的冻结和融化,会发生一些独特的现象称为冻土现象,它严重地威胁着建筑物的稳定和安全。

冻土现象包括冻胀和冻融。某些细粒土层在冻结时,往往会发生土层体积膨胀,使地面隆起成丘,即产生所谓的冻胀现象。土层发生冻胀的原因,不仅是由于水分冻结成冰时体积增大的缘故,而主要是由于土层冻结时,周围未冻结区土中的弱结合水向表层冻结区迁移积聚,使冻结区土层中水分增加,冻结后的冰晶体不断增大,土体积也就随之发生膨胀隆起。气温升高,土层解冻融化后,由于土层上部积聚的冰晶体融化,使土中含水率大大增加,加之细粒土排水能力差,土层处于饱和状态,使土层发生软化,强度大大降低,即所谓冻融现象。因此,冻土的冻胀及冻融都会对工程带来危害,必须引起注意,采取必要的防治措施。

土的冻胀现象是在一定条件下形成的,影响冻胀的因素有下列三个方面:

(1)土:细粒土,特别是粉土、粉质黏土等,既能维持有较多结合水,又具有较显著的毛细现象,冻结时水分迁移积聚最为强烈,冻胀现象严重。

(2)水:当冻结区附近地下水位较高,毛细水上升高度能够达到或接近冻结线,使冻结区能得到外部水源补给时,将发生比较强烈的冻胀现象。

(3)温度:气温缓慢下降,冷却强度小,但负温持续时间较长,就能促使未冻结区水分不断

地向冻结区迁移积聚，在土中形成冰夹层，出现明显的冻胀现象。

上述三方面是土层发生冻胀的三个必要条件，也可以据此采取相应的防治冻胀的工程措施。

由于土的冻胀和冻融将危害建筑物的正常和安全使用，因此一般设计中，均要求将基础底面置于当地冻结深度以下，以防止冻害的影响。

# 第三节　地基的应力、沉降与承载力

## 一、概述

大多数建筑物是建造在土层上的，一般把支承建筑物的这种土层称为地基。由天然土层直接支承建筑物的称为天然地基，软弱土层经加固后支承建筑物的称人工地基。而与地基相接触的建筑物底部则称为基础，如图3-1-5所示。基础起着“承上启下”的作用，也就是说作用于建筑物上的所有荷载要通过基础传到地基中去。地基在承受这些荷载后将产生应力和变形，从而给建筑物带来两个工程问题，即土体稳定问题和变形问题。如果地基内部产生的应力在土的强度所允许的范围内，那么土体是稳定的；反之，如果地基内部某一区域中的应力超过了土的强度，那么，那里的土体就要发生破坏，并可能引起整个地基产生滑动而失去稳定，导致建筑物倾倒；如果地基土的变形量超过了允许值，即使土体尚未破坏，也会造成建筑物毁坏或失去使用价值。因此，为了保证建筑物的安全和正常使用，必须研究在各种荷载作用下，地基内部的应力分布规律、由此可能产生的变形量以及强度和稳定性。

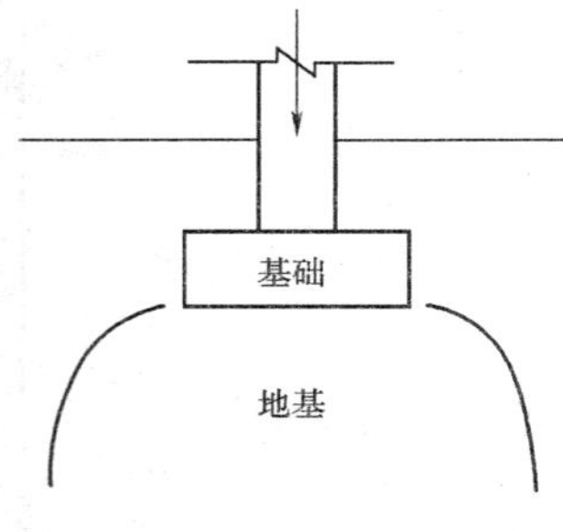


图3-1-5　地基与基础

## 二、地基中的应力

地基中的应力按其产生的原因，可分为由于土本身的自重在地基内部引起的自重应力和外荷载（包括建筑物荷载、交通荷载）作用而在地基内引起的附加应力。研究地基应力的目的在于计算应力大小，分析应力分布规律，用于地基的变形和稳定计算。目前计算土中应力的方法，主要是采用弹性力学有关公式，把地基土视为均匀、连续、各向同性的半无限弹性体。这虽然同土体的实际情况有差别，但其计算结果还是能满足实际工程要求的。

### （一）土的自重应力计算

1. 均质土中的自重应力

由土自身重量产生的应力称自重应力。均质土中垂直的自重应力可用下式计算：

$$\sigma_{cz} = \gamma z \tag{3-1-15}$$

2. 成层土中的自重应力

当地基为成层土时：

$$\sigma_{cz} = \sum_{i=1}^{n} \gamma_i h_i \tag{3-1-16}$$

式中：$z$——地面至计算点的深度（m）；

$\gamma$——土的重度($kN/m^3$);

$n$——深度 $z$ 范围内的土层总数;

$\gamma_i$——第 $i$ 层土的重度($kN/m^3$);

$h_i$——第 $i$ 层土的厚度(m)。

3. 地下水对土中自重应力的影响

地基中存在地下水或地面处于水面以下时,地基的自重应力有两种力系,形成两个独立的受力体系,各自保持平衡且又相互联系。通过土骨架传递的应力叫有效应力,常用 $\sigma'$表示;通过孔隙水传递的应力叫孔隙水应力,常用 $u$ 表示。若地下水位与地面齐平时,见图 3-1-6a),地基内任一点 $M$ 处自重引起的总应力可写成:

$$\sigma = \gamma_{sat} z = \gamma' z + \gamma_w z = \sigma' + u \tag{3-1-17}$$

当地下水位高于地面时,见图 3-1-6b),则

$$\sigma = \gamma_w h_1 + \gamma_{sat} h_2 = \gamma' h_2 + \gamma_w (h_1 + h_2)$$

当地下水位低于地面时,见图 3-1-6c),则

$$\sigma = \gamma_1 h_1 + \gamma_{sat} h_2 = \gamma_1 h_1 + \gamma' h_2 + \gamma_w h_2$$

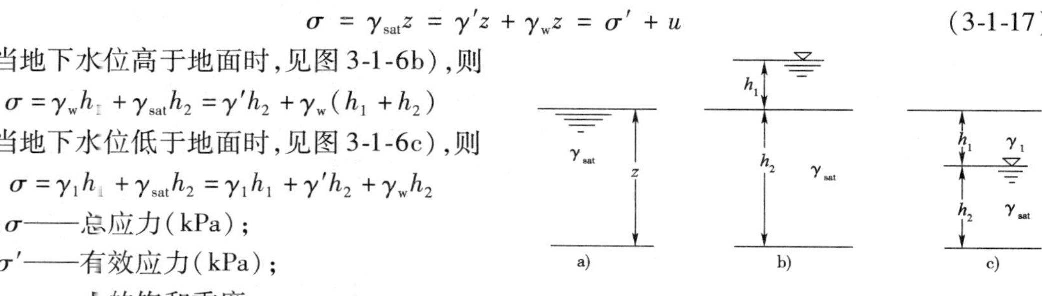

图 3-1-6 土的自重应力

式中:$\sigma$——总应力(kPa);

$\sigma'$——有效应力(kPa);

$\gamma_{sat}$——土的饱和重度;

$\gamma'$——土的浮重度;

$\gamma_w$——水的重度;

$h_1$、$h_2$——见图 3-1-6;

$u$——孔隙水应力(kPa);

$\gamma_1$——第一层土的重度。

上述公式对成层土同样适用。

在地下水位以下,如埋藏有不透水层(例如岩层或只含结合水的坚硬黏土层),在此界面上除要承受土的自重,还要承受水的重量。而在下部不透水层中,不存在水的浮力,所以不透水层层面以下的自重应力应按上覆土层的水土总重计算。

## (二)地基附加应力计算

地基附加应力是指因外荷载作用而在地基内产生的应力。常见的基本荷载形式有集中力、均布和三角形分布荷载。

计算时常假定地基土是连续、均质、各向同性的半无限空间弹性体,基底压力也被看成是不考虑基础刚度的柔性荷载,这时可直接采用弹性力学方法计算地基中的附加应力。

1. 集中力作用下竖向应力 $\sigma_z$ 的计算

集中荷载是指在半无限空间体表面上一点作用的荷载,如图 3-1-7 所示。集中荷载 $P$ 在地基中 $M$ 点产生的垂直应力计算公式(布辛内斯克公式)为:

$$\sigma_z = \frac{3P}{2\pi} \times \frac{z^3}{R^5} = \frac{3P}{2\pi} \frac{(z^2)^{\frac{5}{2}}}{(z^2 + r^2)^{\frac{5}{2}}} \cdot \frac{1}{Z^2} = \frac{3}{2\pi} \cdot \frac{1}{\left[1 + \left(\frac{r}{z}\right)^2\right]^{\frac{5}{2}}} \cdot \frac{P}{z^2} = k \frac{P}{z^2} \tag{3-1-18}$$

式中：$k$——应力系数，$k=f(r/z)$；

$R$——所求点至集中荷载 $P$ 的矢径。

在集中力 $P$ 作用线上的 $\sigma_z$ 分布，在 $r>0$ 的竖直线上的 $\sigma_z$ 分布及在 $z$ 为常数的水平面上的 $\sigma_z$ 分布，见图 3-1-8。若在空间将 $\sigma_z$ 相等的点连成曲面，可得到如图 3-1-9 所示的 $\sigma_z$ 等值线。

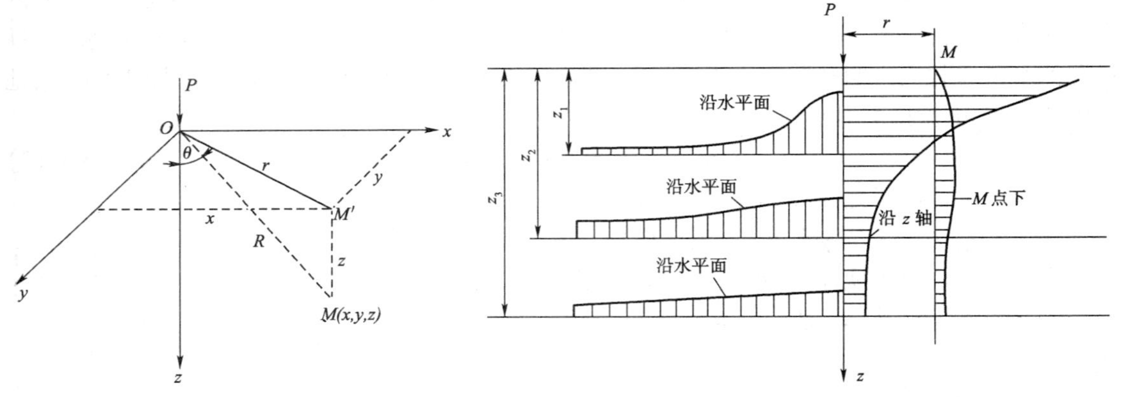


图 3-1-7 集中力作用时的应力 图 3-1-8 集中力作用下土中的应力 $\sigma_z$ 分布

2. 矩形基础均布垂直荷载作用下竖向应力 $\sigma_z$ 的计算

矩形地面的基础在建筑工程中是最常见的，在中心荷载作用下，基底压力按均布荷载计算，如图 3-1-10 所示。

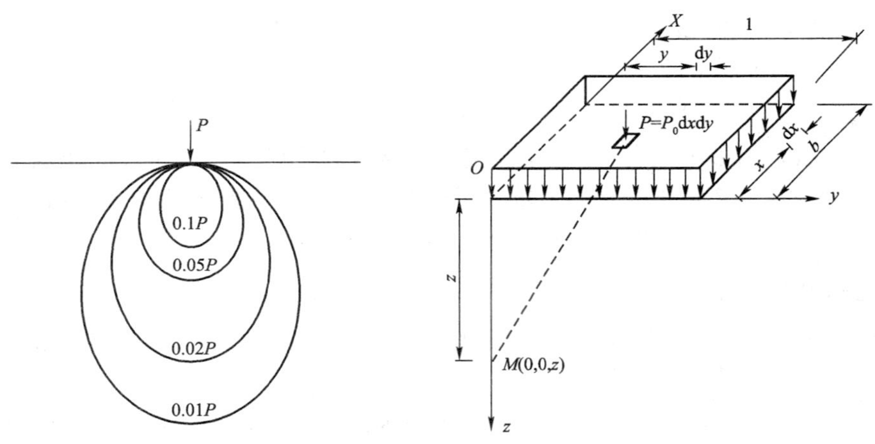


图 3-1-9 $\sigma_z$ 的等值线 图 3-1-10 矩形基础均布荷载作用下角点的附加应力 $\sigma_z$

在中心荷载作用下，基底压力按均布荷载计算。此时，可假设矩形荷载面的长度和宽度分别为 $l$ 和 $b$，作用于地基上的竖向均布荷载（例如中心荷载下的基底附加压力）$P_0$（kPa）。现先以积分法求矩形荷载面角点下的地基附加应力，然后运用角点法求得矩形均布荷载下任意点的地基附加应力。以矩形均布荷载面角点为坐标原点（图 3-1-10），在荷载面内坐标为 $(x,y)$ 处取一微面积 $dxdy$，并将其上的分布荷载以集中力 $P_0dxdy$ 来代替，则在角点 $O$ 下任意深度 $z$

的 $M$ 点处由该集中力引起的竖向附加应力可通过式(3-1-18)积分得到：

$$\begin{aligned}\sigma_z &= \iint_A \mathrm{d}\sigma_z = \int_0^l \int_0^b \frac{3P_0}{2\pi} \frac{z^3}{(x^2+y^2+z^2)^{\frac{5}{2}}} \mathrm{d}x\mathrm{d}y \\ &= \frac{P_0}{2\pi}\left[\arctan\frac{m}{n\sqrt{1+m^2+n^2}} + \frac{mn}{\sqrt{1+m^2+n^2}}\left(\frac{1}{m^2+n^2}+\frac{1}{1+n^2}\right)\right]\end{aligned} \tag{3-1-19}$$

式中：$m = l/b$，$n = z/b$

为计算方便，可将上式简写成：

$$\sigma_z = K_c P_0 \tag{3-1-20}$$

式中：$K_c$——均布矩形荷载角点下的竖向附加应力系数，简称角点应力系数，可按 $m$ 及 $n$ 值由表 3-1-8 查得。

**矩形面积均布荷载角点下的竖向附加应力系数 $K_c$** 表 3-1-8

| 深宽比 $n=\frac{z}{b}$ | 矩形面积长宽比 $m=\frac{l}{b}$ | | | | | | | | | |
|---|---|---|---|---|---|---|---|---|---|---|
| | 1.0 | 1.2 | 1.4 | 1.6 | 1.8 | 2.0 | 3.0 | 4.0 | 5.0 | ≥10 |
| 0 | 0.250 | 0.250 | 0.250 | 0.250 | 0.250 | 0.250 | 0.250 | 0.250 | 0.250 | 0.250 |
| 0.2 | 0.249 | 0.249 | 0.249 | 0.249 | 0.249 | 0.249 | 0.249 | 0.249 | 0.249 | 0.249 |
| 0.4 | 0.240 | 0.242 | 0.243 | 0.243 | 0.244 | 0.244 | 0.244 | 0.244 | 0.244 | 0.244 |
| 0.6 | 0.223 | 0.228 | 0.230 | 0.232 | 0.232 | 0.233 | 0.234 | 0.234 | 0.234 | 0.234 |
| 0.8 | 0.200 | 0.208 | 0.212 | 0.215 | 0.217 | 0.218 | 0.220 | 0.220 | 0.220 | 0.220 |
| 1.0 | 0.175 | 0.185 | 0.191 | 0.196 | 0.198 | 0.200 | 0.203 | 0.204 | 0.204 | 0.205 |
| 1.2 | 0.152 | 0.163 | 0.171 | 0.176 | 0.179 | 0.182 | 0.187 | 0.188 | 0.189 | 0.189 |
| 1.4 | 0.131 | 0.142 | 0.151 | 0.157 | 0.161 | 0.164 | 0.171 | 0.173 | 0.174 | 0.174 |
| 1.6 | 0.112 | 0.124 | 0.133 | 0.140 | 0.145 | 0.148 | 0.157 | 0.159 | 0.160 | 0.160 |
| 1.8 | 0.097 | 0.108 | 0.117 | 0.124 | 0.129 | 0.133 | 0.143 | 0.146 | 0.147 | 0.148 |
| 2.0 | 0.084 | 0.095 | 0.103 | 0.110 | 0.116 | 0.120 | 0.131 | 0.135 | 0.136 | 0.137 |
| 2.5 | 0.060 | 0.069 | 0.077 | 0.083 | 0.089 | 0.093 | 0.106 | 0.111 | 0.114 | 0.115 |
| 3.0 | 0.045 | 0.052 | 0.058 | 0.064 | 0.069 | 0.073 | 0.087 | 0.093 | 0.096 | 0.099 |
| 4.0 | 0.027 | 0.032 | 0.036 | 0.040 | 0.044 | 0.048 | 0.060 | 0.067 | 0.071 | 0.076 |
| 5.0 | 0.018 | 0.021 | 0.024 | 0.027 | 0.030 | 0.033 | 0.044 | 0.050 | 0.055 | 0.061 |
| 7.0 | 0.010 | 0.011 | 0.013 | 0.015 | 0.016 | 0.018 | 0.025 | 0.031 | 0.035 | 0.043 |
| 9.0 | 0.006 | 0.007 | 0.008 | 0.009 | 0.010 | 0.011 | 0.016 | 0.020 | 0.024 | 0.032 |
| 10.0 | 0.005 | 0.006 | 0.007 | 0.007 | 0.008 | 0.09 | 0.013 | 0.017 | 0.020 | 0.028 |

必须注意，在应用角点法计算 $K_c$ 值时，$b$ 恒为短边，$l$ 恒为长边。

对于计算点不位于角点下的情况，可利用式(3-1-20)用角点法和叠加原理求得。图 3-1-11 中列出计算点不位于矩形荷载面角点下的 4 种情况(在图中 $O$ 点以下任意深度 $z$ 处)。计算

时通过 $O$ 点把荷载面分成若干个矩形，这样，$O$ 点就必然是划分出的各个矩形的公共角点，然后再按式(3-1-20)计算每个矩形角点下同一深度 $z$ 处的附加应力 $\sigma_z$，并求其代数和。4 种情况的算式分别如下：

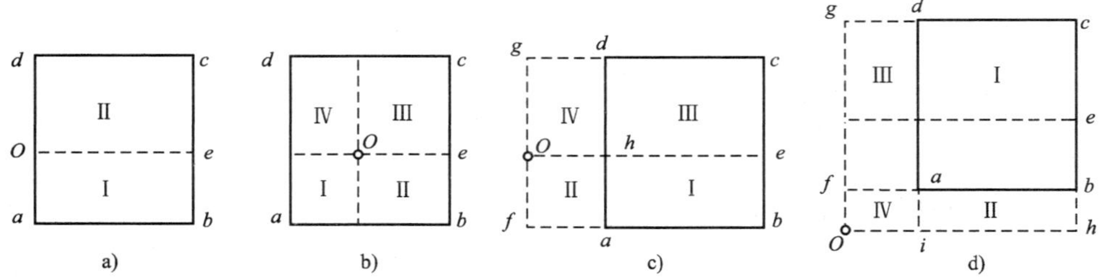


图 3-1-11 以角点法计算均布矩形荷载下的地基附加应力

a）荷载面边缘；b）荷载面内；c）荷载面边缘外侧；d）荷载面角点外侧

（1）$O$ 点在荷载面边缘，见图 3-1-11a）：

$$\sigma_z = (K_{cI} + K_{cII})P_0 \tag{3-1-20a}$$

式中：$K_{cI}$、$K_{cII}$——相应于面积 I 和 II 的角点应力系数。

（2）$O$ 点在荷载面内，见图 3-1-11b）：

$$\sigma_z = (K_{cI} + K_{cII} + K_{cIII} + K_{cIV})P_0 \tag{3-1-20b}$$

如果 $O$ 点位于荷载面中心，则有 $K_{cI} = K_{cII} = K_{cIII} = K_{cIV}$ 得 $\sigma_z = 4K_{cI}P_0$，此即利用角点法求均布的矩形荷载面中心点下 $\sigma_z$ 的解。

（3）$O$ 点在荷载面边缘外侧，见图 3-1-11c）：

此时荷载面 $abcd$ 可看成是由 I（$O_{fbe}$）与 II（$O_{fah}$）之差和 III（$O_{ecg}$）与 IV（$O_{gdh}$）之差合成的，所以

$$\sigma_z = (K_{cI} - K_{cII} + K_{cIII} - K_{cIV})P_0 \tag{3-1-20c}$$

（4）$O$ 点在荷载面角点外侧，见图 3-1-11d）：

把荷载面看成由 I（$Ohcg$）面积中扣除 II（$Ohbf$）和 III（$Ogdi$）再加上 IV（$Oiaf$）而成的，所以

$$\sigma_z = (K_{cI} - K_{cII} - K_{cIII} + K_{cIV})P_0 \tag{3-1-20d}$$

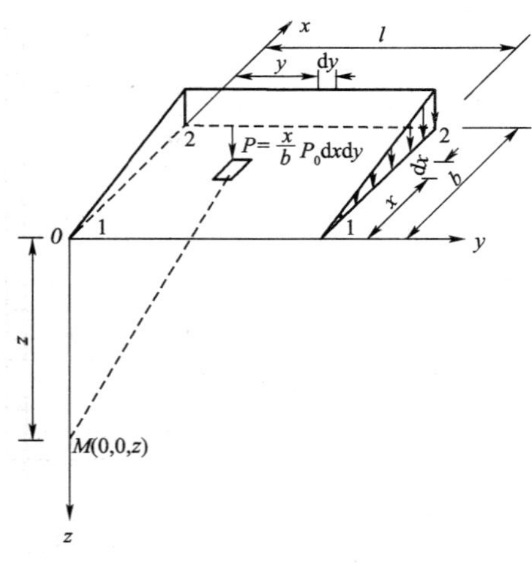


图 3-1-12 三角形分布矩形荷载角点下的 $\sigma_z$

3. 矩形基础三角形分布竖向荷载作用下竖向应力 $\sigma_z$ 的计算

当基础受偏心荷载作用时，基础底面接触压力呈梯形（或三角形）分布。设竖向荷载沿矩形面一边 $b$ 方向上呈三角形分布（沿另一边 $l$ 的荷载均布不变），荷载的最大值为 $P_0$（kPa），取荷载零值边的角点 1 为坐标原点（图 3-1-12），则可将荷载面内某点（$x,y$）处所取微面积 $dxdy$ 上的分布荷载以集中力 $\frac{x}{b}P_0 dxdy$ 代替。用积分法求得角点 1 下深度 $z$ 处的 $M$ 点的附加应力 $\sigma_z$ 为：

$$\sigma_z = \int_0^b\int_0^l \frac{3}{2\pi}\frac{P_0xz^3}{b(x^2+y^2+z^2)^{\frac{5}{2}}}\mathrm{d}x\mathrm{d}y = K_tP_0 \tag{3-1-21}$$

同理,还可求得荷载最大值边的角点 2 下任意深度 $z$ 处的竖向附加应力 $\sigma_z$ 为:

$$\sigma_z = (K_c - K_t)P_0 \tag{3-1-22}$$

这里,$K_t$ 为 $m=l/b$ 和 $n=z/b$ 的函数,可由表 3-1-9 查用。必须注意 $b$ 是沿三角形分布荷载方向的边长。

**矩形面积三角形分布荷载角点下的竖向附加应力系数 $K_t$** 表 3-1-9

| $n=\frac{z}{b}$ \ $m=\frac{l}{b}$ | 0.2 | 0.6 | 1.0 | 1.4 | 1.8 | 3.0 | 8.0 | 10.0 |
|---|---|---|---|---|---|---|---|---|
| 0 | 0.0000 | 0.0000 | 0.0000 | 0.0000 | 0.0000 | 0.0000 | 0.0000 | 0.0000 |
| 0.2 | 0.0233 | 0.0296 | 0.0304 | 0.0305 | 0.0306 | 0.0306 | 0.0306 | 0.0306 |
| 0.4 | 0.0269 | 0.0487 | 0.0531 | 0.0543 | 0.0546 | 0.0548 | 0.30549 | 0.0549 |
| 0.6 | 0.0259 | 0.0560 | 0.0654 | 0.0684 | 0.0694 | 0.0701 | 0.0702 | 0.0702 |
| 0.8 | 0.0232 | 0.0553 | 0.0688 | 0.0739 | 0.0759 | 0.0773 | 0.0776 | 0.0776 |
| 1.0 | 0.0201 | 0.0508 | 0.0666 | 0.0735 | 0.0766 | 0.0790 | 0.0796 | 0.0796 |
| 1.2 | 0.0171 | 0.0450 | 0.0615 | 0.0698 | 0.0738 | 0.0774 | 0.0783 | 0.0783 |
| 1.4 | 0.0145 | 0.0392 | 0.0554 | 0.0644 | 0.0692 | 0.0739 | 0.0752 | 0.0753 |
| 1.6 | 0.0123 | 0.0339 | 0.0492 | 0.0586 | 0.0639 | 0.0697 | 0.0715 | 0.0715 |
| 1.8 | 0.0105 | 0.0294 | 0.0453 | 0.0528 | 0.0585 | 0.0652 | 0.0675 | 0.0675 |
| 2.0 | 0.0090 | 0.0255 | 0.0384 | 0.0474 | 0.0533 | 0.0607 | 0.0636 | 0.0636 |
| 2.5 | 0.0063 | 0.0183 | 0.0284 | 0.0362 | 0.0419 | 0.0514 | 0.0547 | 0.0548 |
| 3.0 | 0.0046 | 0.0135 | 0.0214 | 0.0280 | 0.0331 | 0.0419 | 0.0474 | 0.0476 |
| 5.0 | 0.0018 | 0.0054 | 0.0088 | 0.0120 | 0.0148 | 0.0214 | 0.0296 | 0.0301 |
| 7.0 | 0.0009 | 0.0028 | 0.0047 | 0.0064 | 0.0081 | 0.0124 | 0.0204 | 0.0212 |
| 10.0 | 0.0005 | 0.0014 | 0.0024 | 0.0033 | 0.0041 | 0.0066 | 0.0128 | 0.0139 |

注:$b$ 为三角形荷载分布方向的基础边长,$l$ 为另一方向的全长。

应用上述均布和三角形分布的矩形面积荷载角点下的竖向附加应力系数 $K_c$、$K_t$,即可用角点法和叠加原理计算梯形分布的矩形荷载时地基中任意点的竖向附加应力 $\sigma_z$ 值,亦可求算条形荷载时(取 $n=10$)的地基附加应力。

4. 条形面积荷载下的地基附加应力

在地基表面上作用有无限长的条形荷载,荷载沿长度方向不变,则在每一个垂直于长度方向的截面上,附加应力是相同的,此时地基中产生的应力状态属于平面问题,即在任一截面上应变为零(平面应变问题)。在建筑工程中,当然没有无限长的受荷面积,不过,当荷载面积的长宽比 $l/b>10$ 时,计算的地基附加应力值与按 $l/b=\infty$ 时的解相比误差甚少。因此,对于条形基础,如墙基、挡土墙基础、路基、坝基等,常可按平面问题考虑。

为了求算条形荷载下的地基附加应力,下面先介绍线荷载作用下的附加应力解答。

(1)线形荷载作用下的地基附加应力

在半空间表面无限长直线上，作用一个竖向均布线荷载。如图 3-1-13 所示，求在地基中任意点 $M$ 处引起的附加应力，解答首先由弗拉曼提出，故称弗拉曼解。设一个竖向线荷载 $\overline{P}$（kN/m）作用在 $y$ 坐标轴上，则沿 $y$ 轴某微分段 $dy$ 上的分布荷载以集中力 $P=\overline{P}dy$ 代替，从而利用式（3-1-18）通过积分求得地基中任意点 $M$ 处由 $P$ 引起的附加应力 $\sigma_z$ 为：

$$\sigma_z = \int_{-\infty}^{+\infty} d\sigma_z = \int_{-\infty}^{+\infty} \frac{3\overline{P}z^3}{2\pi(x^2+y^2+z^2)^{\frac{5}{2}}}dy = \frac{2\overline{P}z^3}{\pi(x^2+z^2)^2} \tag{3-1-23}$$

以线荷载作用下的附加应力解答为基础，通过积分就可以推导出条形面积上作用各种分布荷载下，地基中的附加应力计算公式。

（2）条形均布竖向荷载作用下地基附加应力

当地基表面宽度为 $b$ 的条形面积上作用着竖向均布荷载 $P_0$（kPa）（图 3-1-14），此时，地基内任意点 $M$ 的附加应力 $\sigma_z$ 可利用公式（3-1-23）和积分的方法求得。首先在条形荷载的宽度方向上取微分段 $d\xi$，将其上作用的荷载 $d\overline{P}=P_0 d\xi$ 视为线荷载，则 $P_0$ 在 $M$ 点引起的竖向附加应力 $\sigma_z$ 按式（3-1-23）积分得：

$$\sigma_z = \int_{-\frac{b}{2}}^{\frac{b}{2}} \frac{2P_0 z^3 d\xi}{\pi[(x-\xi)^2+z^2]^2} = K_{sz}P_0 \tag{3-1-24}$$

式中：$K_{sz}$——竖向附加应力系数，其值可按 $m=x/b$ 和 $n=z/b$ 的数值由表 3-1-10 查得。

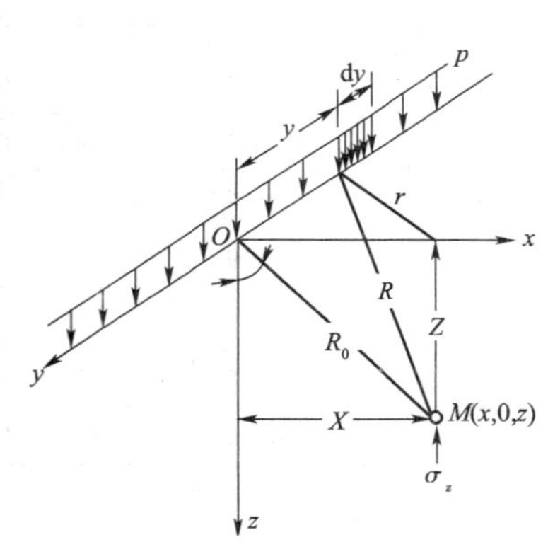

图 3-1-13 线荷载作用下的 $\sigma_z$

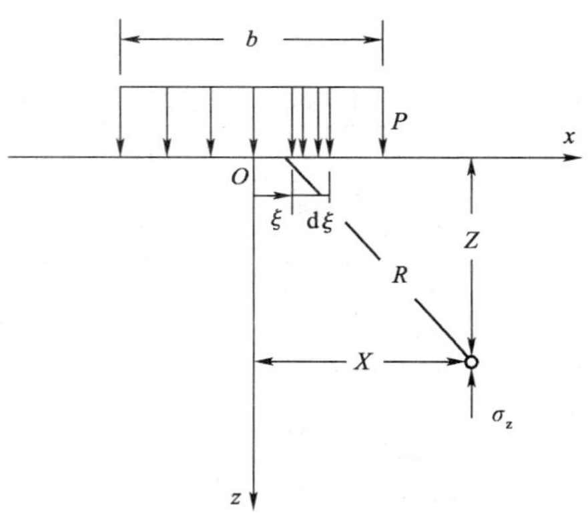

图 3-1-14 均布的竖向条形荷载作用下的 $\sigma_z$

**条形面积均布竖向荷载作用下的附加应力系数 $K_{sz}$** 表 3-1-10

| $n=z/b$ | $m=x/b$ | | | | | |
|---|---|---|---|---|---|---|
| | 0.00 | 0.25 | 0.50 | 1.00 | 1.50 | 2.00 |
| 0.00 | 1.00 | 1.00 | 0.50 | 0.00 | 0.00 | 0.00 |
| 0.25 | 0.96 | 0.90 | 0.50 | 0.02 | 0.00 | 0.00 |
| 0.50 | 0.82 | 0.74 | 0.48 | 0.08 | 0.02 | 0.00 |
| 0.75 | 0.67 | 0.61 | 0.45 | 0.15 | 0.04 | 0.02 |
| 1.00 | 0.55 | 0.51 | 0.41 | 0.19 | 0.07 | 0.03 |
| 1.25 | 0.46 | 0.44 | 0.37 | 0.20 | 0.10 | 0.04 |

续上表

| n = z/b | m = x/b | | | | | |
|---|---|---|---|---|---|---|
| | 0.00 | 0.25 | 0.50 | 1.00 | 1.50 | 2.00 |
| 1.50 | 0.40 | 0.38 | 0.33 | 0.21 | 0.11 | 0.06 |
| 1.75 | 0.35 | 0.34 | 0.30 | 0.21 | 0.13 | 0.07 |
| 2.00 | 0.31 | 0.31 | 0.28 | 0.20 | 0.14 | 0.08 |
| 3.00 | 0.21 | 0.21 | 0.20 | 0.17 | 0.13 | 0.10 |
| 4.00 | 0.16 | 0.16 | 0.15 | 0.14 | 0.12 | 0.10 |
| 5.00 | 0.13 | 0.13 | 0.12 | 0.12 | 0.11 | 0.09 |
| 6.00 | 0.11 | 0.10 | 0.10 | 0.10 | 0.10 | — |

## (三)基底压力计算

建筑物荷载通过基础传给地基表面的压力叫基底压力,它的大小等于基础底面的地基反力。影响基底压力分布的因素众多,它与基础的大小和刚度、作用于基础上荷载的大小和分布、地基土的力学性质以及基础的埋深等因素有关。

对于刚度很小或柔性基础,由于它能适应地基土的变形,故基底压力的大小和分布与作用在基础上荷载的大小和分布相同。如图 3-1-15 所示,上部荷载为均布,基底压力也为均布。当基础具有一定刚度或绝对刚性时(基础底面保持平面),基底压力分布表现为边缘大而中间小,图 3-1-16a)当上部荷载加大,基础边缘地基土中产生塑性变形区,应力向基础中心转移,基底压力变为抛物线形,如图 3-1-16b)所示。当上部荷载很大,接近地基极限荷载时,应力图形变成钟形,如图 3-1-16c)所示。而当作用在基础上的荷载总值一定时,根据弹性力学中的圣维南原理,基底压力分布的形状只在一定深度范围内对土中应力的分布存在影响。一般距基底的深度超过基础宽度的 1.5 ~2 倍时,它的影响已不显著。因此,在实用上对基底压力的分布可近似地认为是按直线规律变化,采用简化方法计算(图 3-1-17)。

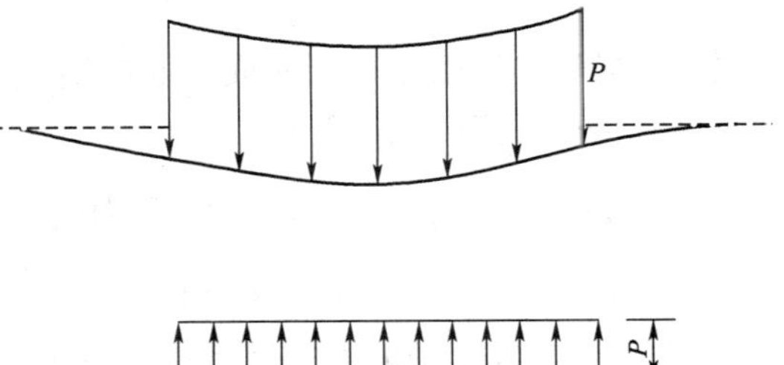

图 3-1-15 柔性基础下土的变形与基底压力分布

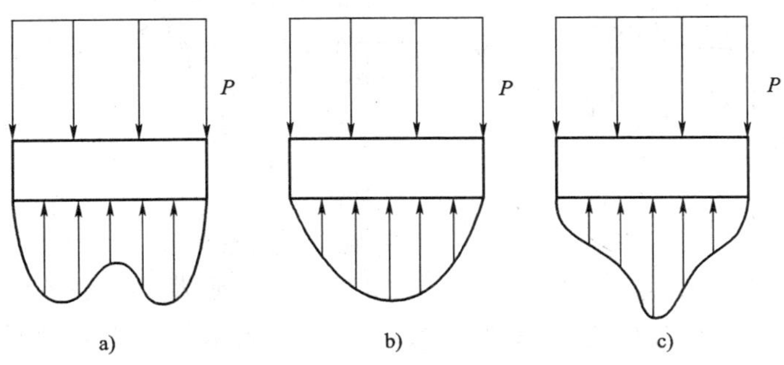

图 3-1-16 刚性基础下土的变形与基底压力分布

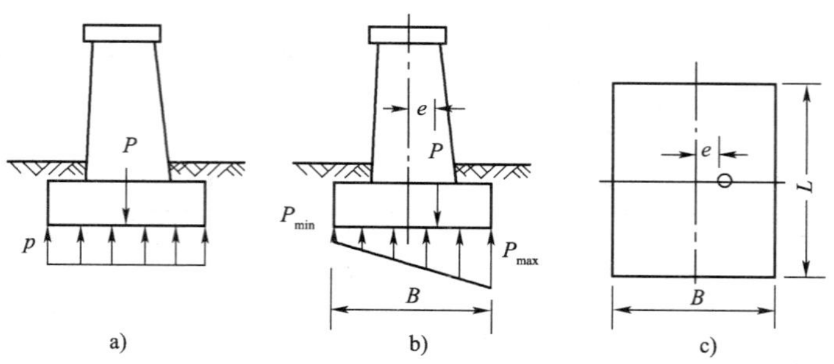


图 3-1-17　基底压力分布的简化计算

（1）作用中心荷载时（图 3-1-17a）基底压力为均匀分布，$p$ 按中心受压公式计算：

$$p = \frac{P}{A} \tag{3-1-25}$$

式中：$P$——作用在基础底面中心的竖直荷载；

$A$——基础底面积。

（2）作用偏心荷载时（图 3-1-17b），基底压力按偏心受压公式计算：

$$p_{\substack{max \\ min}} = \frac{P}{A} \pm \frac{M}{W} = \frac{P}{A}\left(1 \pm \frac{6e}{B}\right) \tag{3-1-26}$$

式中：$P$、$M$——作用在基础底面中心的竖直荷载及弯矩，$M = Pe$；

$e$——荷载偏心距；

$W$——基础底面的抵抗矩，对矩形基础 $W = \frac{LB^2}{6}$；

$L$、$B$——基础底面的长度和宽度。

从式（3-1-26）可知，按荷载偏心距 $e$ 的大小，基底压力的分布可能出现下述三种情况，如图 3-1-18 所示：

当 $e < B/6$ 时，$P_{min} > 0$，基底压力呈梯形分布（图 3-1-18a）；

当 $e = B/6$ 时，$P_{min} = 0$，基底压力呈三角形分布（图 3-1-18b）；

当 $e > B/6$ 时，$P_{min} < 0$，即产生拉应力（图 3-1-18c），但基底与土之间是不能承受拉应力的，此时产生拉应力部分的基底将与土脱开（基底应力将重分布），这是工程中所不允许的，设计时应予避免。

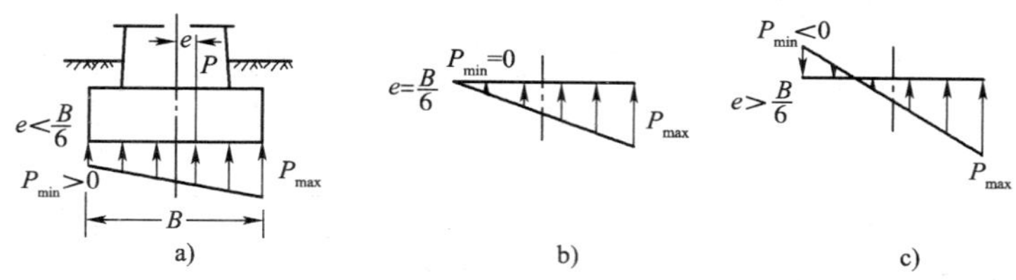


图 3-1-18　偏心荷载时基底压力的分布情况

（3）基底附加压力。在实际工程中，为了增加基础稳定或满足其他条件，一般总是将基础埋入地面以下某一深度，该深度称为基础埋置深度，用 $D$ 表示。一般情况下，建筑物建造前天然土层在自重作用下的变形已经完成。因此，只有在基底压力超过该处土的自重应力时才能引起地基产生新的变形。超过原地面自重应力的部分称为基底附加压力。若在此范围内地基土的加权平均重度为 $\gamma$，则在基底处原有的自重应力为 $\gamma D$，那么只有在 $\gamma D$ 基础上再增加的基底压力才称为基底附加压力，可按下式计算：

$$p_0 = p - \gamma D \tag{3-1-27}$$

式中：$p$——基底压力（kPa），可按式（3-1-25）或式（3-1-26）计算；

$p_0$——基底附加压力（kPa）；

$D$——基础埋深（m）；

$\gamma$——基础埋深范围内土的加权平均重度（$kN/m^3$）。

## 三、基础的沉降计算

地基土体在外部荷载作用下产生应力和变形，地基的竖直方向变形即为沉降，土体的变形或沉降是同土的压缩性能密切相关的。一般天然土是三相体，它们受力后的变形实际上包括土颗粒压缩、土孔隙中水和气的排出，土体压缩性就是指的这一变化过程的特性。需要指出的是，针对工程上常遇到的压力（100～600kPa）而言，土颗粒本身和孔隙中水的压缩量很少，常可忽略，所以，目前我们在研究土的压缩性时，均认为土的压缩完全是由于土体孔隙中的水和气体向外排出之故。

### 1. 压缩定律和土的压缩性指标

为了研究土的压缩特性，通常在实验室里进行有侧限压缩试验又称单向压缩试验，测出土的压缩性指标。

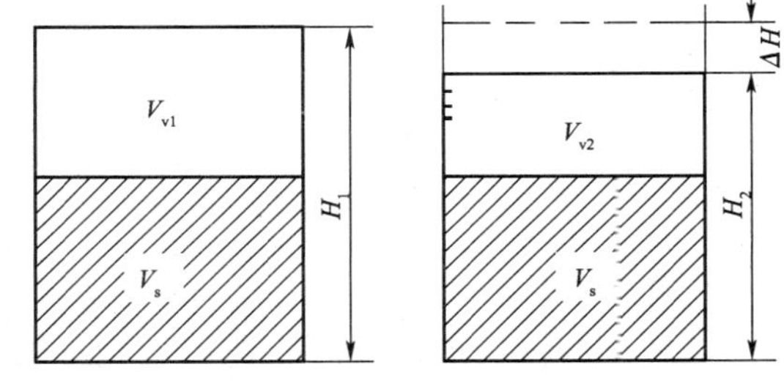


图 3-1-19 压缩前后土的体积变化

有侧限压缩试验，土样高度的应变等于其体积应变，如图 3-1-19 所示，当忽略土粒和水的压缩时，有：

$$\varepsilon = \frac{\Delta H}{H_1}\left[ = \frac{V_1 - V_2}{V_1} = \frac{(1+e_1)V_s - (1+e_2)V_s}{(1+e_1)V_s} = \frac{e_1 - e_2}{1+e_1}\right] = \frac{\Delta e}{1+e_1} \tag{3-1-28}$$

式中：$\Delta e$——孔隙比的变化量；

$\Delta H$——土样的垂直变形；

$H_1$、$e_1$——分别为压强 $P_1$ 作用时，压缩稳定后的土样高度和孔隙比。

整理压缩试验结果，可绘制相应的压缩曲线，如图 3-1-20、图 3-1-21 所示。

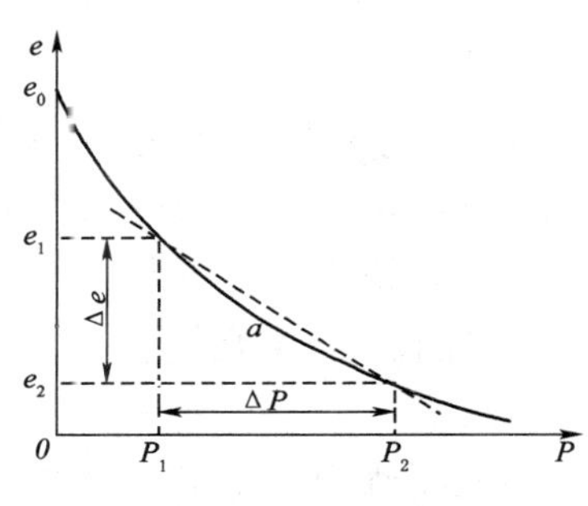


图 3-1-20 $e$—$P$ 压缩曲线

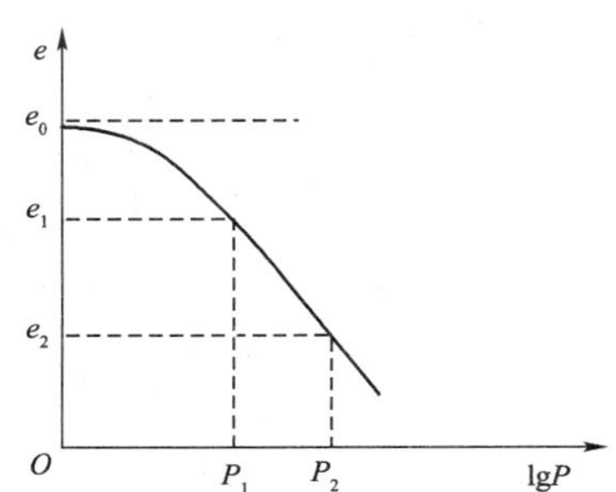


图 3-1-21 $e$—$\lg P$ 压缩曲线

从 $e$—$P$ 压缩曲线看出，当压力变化不大时，可近似地用直线（割线段）代替其斜率。由此可得：

$$e_1 - e_2 = a(P_2 - P_1) \tag{3-1-29a}$$

或

$$a = \frac{\Delta e}{\Delta p} \tag{3-1-29b}$$

式(3-1-29)称压缩定律，$a$ 为压缩系数，工程中常用 $P = 100 \sim 200\text{kPa}$ 范围内的压缩系数 $a_{1\text{-}2}$ 作为评价土压缩性的标准。

从 $e$—$\lg P$ 压缩曲线看出，当压力超过一定值时，曲线呈一直线，其斜率为：

$$C_c = \frac{e_1 - e_2}{\lg(P_2/P_1)} \tag{3-1-30}$$

式(3-1-30)也称压缩定律，$C_c$ 为压缩指数。

另外，还可得到体积压缩系数 $m_v$ 和压缩模量 $E_s$。

$$m_v = \frac{\Delta\varepsilon}{\Delta\sigma} = \frac{a}{1 + e_1} \tag{3-1-31a}$$

$$E_s = \frac{1}{m_v} = \frac{1 + e_1}{a} \tag{3-1-31b}$$

式中符号意义同前。

2. 前期固结压力

通过压缩仪的加荷、卸荷，还可得到土的回弹、再压缩曲线，如图3-1-22所示。由原始压缩曲线和再压缩曲线看出，对应同一压力 $P$ 值的孔隙比 $e$ 值不同，其大小取决于土层在过去历史过程中受过的压力(或干燥)情况，即受应力历史的影响。

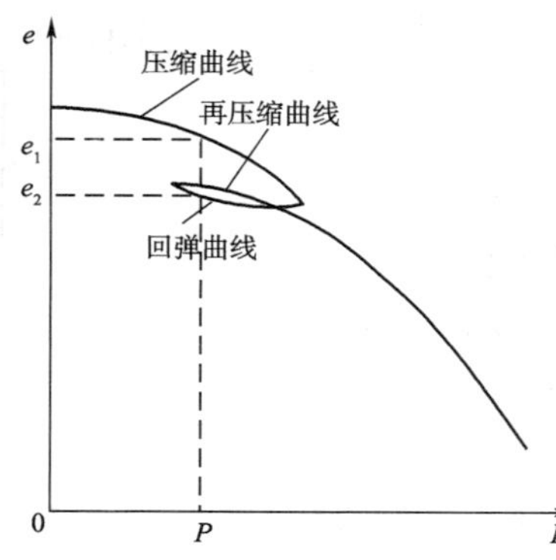

图3-1-22　土的回弹、再压缩特性

在天然土层形成过程中，有的土层曾受到比现在自重应力大的荷载作用，这种在历史上受过的最大有效压力叫前期固结压力用 $p_c$ 表示。它的确定方法较多，但均以压缩试验曲线为基础，根据经验推算。

工程中把 $p_c$ 与正常固结应力 $\sigma_{cz}$ 的比值叫固结比 $OCR$，即：

$$\text{OCR} = P_c/\sigma_{cz} \tag{3-1-32}$$

式中：$\sigma_{cz}$——土中自重应力标准值，基底处 $\sigma_{cz} = \gamma_0 d$(kPa)。

根据固结比的不同，可将天然土层分为三种固结状态：正常固结土(OCR = 1)、超固结土(OCR > 1)和欠固结土(OCR < 1)。试验证明，OCR值的大小直接影响土的压缩性和其抗剪强度。

3. 地基沉降计算

一般说，地基最终沉降量也就是它最大的沉降量，这是工程中首先需要关注的问题。目前在众多的沉降计算方法中，应用最广泛的仍是分层总和法，即按弹性理论计算垂直应力，利用试验得到的 $e$—$p$(或 $e$—$\lg p$)曲线，分层计算地基的变形，而后求总和。

计算各土层的变形常用下式计算：

$$S_i = \frac{e_{1i} - e_{2i}}{1 + e_{1i}}h_i = \frac{a_i}{1 + e_{1i}}\overline{\sigma}_{zi}h_i = \frac{\sigma_{Zi}}{E_{Si}}h_i \tag{3-1-33}$$

总的沉降变形按下式计算：

$$s = \sum_{i=1}^{n} s_i \tag{3-1-34}$$

计算步骤如下：

(1)选择沉降计算剖面，在每一个剖面上选择若干计算点。在计算基底压力和地基中附加应力时，根据基础的尺寸及所受荷载的性质(中心受压或偏心受压等)，求出基底压力的大小和分布；再结合地基土层的性状，选择沉降计算点的位置。

(2)将地基分层。在分层时天然土层的交界面和地下水位面应为分层面，同时在同一类土层中分层的厚度不宜过大。一般取分层厚 $h_i \leqslant 0.4b$ 或 $h_i = 1 \sim 2\text{m}$，$b$ 为基础宽度。

(3)求出计算点垂线上各分层层面处的竖向自重应力 $\sigma_c$(应从地面起算)，并绘出它的分布曲线。

(4)求出计算点垂线上各分层层面处的竖向附加应力 $\sigma_z$，并绘出它的分布曲线，取 $\sigma_z = 0.2\sigma_c$(中、低压缩性土)或 $0.1\sigma_c$(高压缩性土)处的土层深度为沉降计算的土层深度。

(5)求出各分层的平均自重应力 $\sigma_{ci}$ 和平均附加应力 $\overline{\sigma}_{zi}$，见图 3-1-23。

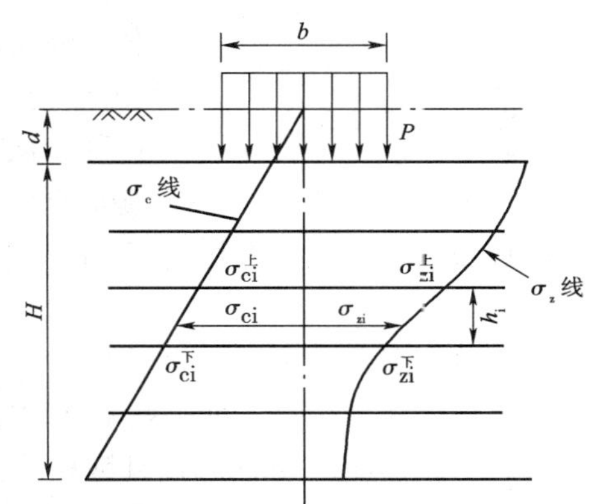


图 3-1-23 分层总和法沉降计算图例

$$\sigma_{ci} = \frac{1}{2}(\sigma_{ci}^{上} + \sigma_{ci}^{下})$$

$$\overline{\sigma}_{zi} = \frac{1}{2}(\sigma_{zi}^{上} + \sigma_{zi}^{下})$$

式中：$\sigma_{ci}^{上}$、$\sigma_{ci}^{下}$——第 $i$ 层土上、下层面处的自重应力；

$\sigma_{zi}^{上}$、$\sigma_{zi}^{下}$——第 $i$ 层土上、下层面处的附加应力。

(6)计算各分层土的压缩量 $s_i$。认为各分层土都是在侧限压缩条件下压力从 $p_1 = \sigma_{ci}$ 增加到 $p_2 = \sigma_{ci} + \sigma_{zi}$ 所产生的变形量 $s_i$，可由式(3-1-33)计算。

(7)按式(3-1-34)计算基础各点的沉降量。基础中点沉降量可视为基础平均沉降量；根据基础角点沉降差，可推算出基础的倾斜。

## 四、土的固结理论

土的固结目前的讨论均以饱和土体单向固结理论为基础。建筑物在重力作用下要发生沉降，即地基土在外荷载的作用下要产生压缩。饱和土体的压缩完全是由于孔隙中的水逐渐向外排出，孔隙体积变小引起的，因此排水速率将影响到土体压缩稳定所需的时间，即与土的透水性有关。透水性强的砂土不但压缩量小，而且压缩稳定所需的时间短，一般在施工结束时就已完成；透水性弱的黏土，不但压缩量大，而且压缩稳定所需的时间也长，一般需几年，甚至十几年才能完成。地基由于增加应力引起的应变随时间变化的全过程叫地基固结，研究其过程的理论叫固结理论。

1. 单向固结模型

如果孔隙水只朝一个方向排出，土体的压缩也只在一个方向（一般均指竖直方向）发生，那么，这种压缩过程就称为单向压缩。为了便于阐述饱和土的固结理论，也可用图3-1-24所示的水—弹簧模型说明土的有效应力原理——饱和土压缩时土骨架上的有效应力和孔隙水压力的分担作用，其数学表达式是：

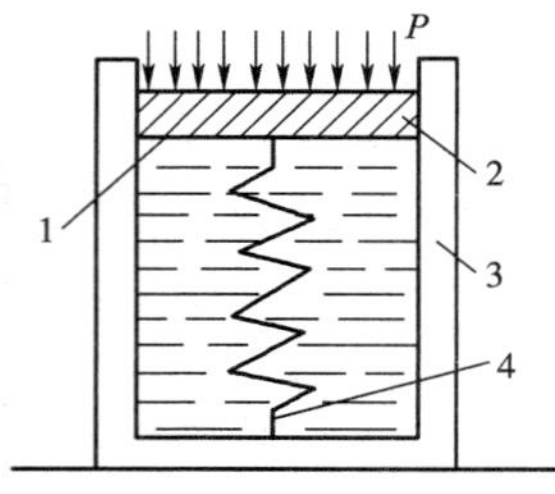

图3-1-24 水—弹簧模型

1-带孔活塞；2-排水孔；3-圆筒；4-弹簧

$$P = u + \sigma' \tag{3-1-35}$$

由此可得：在某一压力作用下，饱和土的固结过程，也就是土体中各点的超静孔隙水压力不断消散、附加有效应力相应增加的过程，或者说是超静孔隙水压力逐渐转化为附加有效应力的过程，而在这种转化过程中，任一时刻任一深度上的应力始终遵循着有效应力基本原理。因此，关于求解基础沉降与时间关系的问题，实际上就变成求解在附加应力作用下，地基中各点的超静孔隙水压力（或附加有效应力）随时间变化的问题。

2. 单向固结理论

单向固结理论有下列一些基本假定：

（1）土是均质、各向同性且饱和的。

（2）土粒和孔隙水是不可压缩的，土的压缩完全是由于孔隙体积的减小，且压缩系数为常量。

（3）土的压缩和排水仅在竖直方向发生。

（4）孔隙水的向外排出符合达西定律，且在整个固结过程中，土的渗透系数 $k$ 为常量。

（5）地面上作用着连续均布荷载，且是一次性骤然施加的。

对于饱和土体而言，由于孔隙被水所充满，因此根据连续性条件：在 $dt$ 时间内单元体体积的减小应等于流出与流入该单元体中的水量之差。由此即可得到单向固结微分方程式：

$$\frac{\partial u}{\partial t} = C_v \frac{\partial^2 u}{\partial z^2} \tag{3-1-36}$$

式中：$C_v = \frac{k(1+e)}{a\gamma_w}$ ——固结系数（$cm^2/s$），由室内固结试验确定；

$a$ ——压缩系数。

在一定的初始条件和边界条件下，用分离变量法，采用傅里叶级数，可解得任一深度 $z$ 在任意时刻 $t$ 时的孔隙水压力的表达式，在实用中又常只取傅里叶级数第一项值。

这里论述的都是单向固结，只有在以上的基本假定下才成立。实际地基固结要复杂得多，它是个三维问题，具体求解这里不再详述。

3. 固结度计算

所谓固结度是指在某一固结应力作用下，经某一时间 $t$ 后，土体发生固结或孔隙水压力消散的程度。可用下式表示：

$$U_t = \frac{u_0 - u_t}{u_0} = 1 - \frac{u_t}{u_0} \tag{3-1-37}$$

式中：$u_t$——$t$ 时刻的超静孔隙水压力；

$u_0$——初始超静孔隙水压力。

固结度也是地基土层在某一压力作用下经时间 $t$ 所产生的变形量与土体最终变形量之比。

对于单向固结，土层的平均固结度也可用下式表示：

$$U_t = \frac{s_t}{s} \tag{3-1-38}$$

式中：$s_t$——经过时间 $t$ 后的基础沉降量；

$s$——基础的最终沉降量。

前面提到的都是单面排水的情况，若土层是双面排水，则不论土层中固结应力的分布情况如何，土层的平均固结度均按固结应力为均匀分布的情况进行计算，但固结计算涉及的时间因素 $T_v = \frac{C_v t}{H^2}$ 中的排水距离 $H$ 应取土层厚度的一半。由计算可知，在其他条件相同的情况下，双面排水所需的时间为单面排水的四分之一。

## 五、土的抗剪强度

土的抗剪强度是指土体对于外荷载所产生剪应力的极限抵抗能力。当土中某点由外力所产生的剪应力达到土的抗剪强度，发生土体的一部分相对于另一部分移动时，便认为该点发生了剪切破坏。剪切破坏是土体强度破坏的重要特点。

1. 莫尔应力圆与抗剪强度定律

在荷载和自重作用下，地基内部会发生变形，当荷载超过某一定值时土体就会产生滑动和剪切破坏。土体内部的滑动或剪切破坏可沿任何一个面发生，只要该面上的剪应力超过它的抗剪强度。因此，通常我们需要研究土体内任一微小单元体的应力状态，这里我们不妨引用材料力学中有关表达单元体的应力状态的莫尔应力圆方法表示。

以平面问题为例，设某一土体单元上作用着大、小主应力分别为 $\sigma_1$ 和 $\sigma_3$，则在任一与大主应力面的夹角 $\alpha$ 的平面上的应力状态，可以用 $\sigma—\tau$ 坐标图中莫尔应力圆上一点（如图 3-1-25 中的 $A$ 点）的应力坐标大小来表示。这个平面上的法向应力 $\sigma_\alpha$ 和剪应力 $\tau_\alpha$ 可分别表示为：

$$\sigma_\alpha = \frac{\sigma_1 + \sigma_3}{2} + \frac{\sigma_1 - \sigma_3}{2}\cos 2\alpha \tag{3-1-39a}$$

$$\tau_\alpha = \frac{\sigma_1 - \sigma_3}{2}\sin 2\alpha \tag{3-1-39b}$$

1776 年，库仑（Coulomb）根据砂土的摩擦试验，提出沙土抗剪强度的表达式 $\tau_f = \sigma\tan\varphi$，以后又通过试验进一步提出更为普遍的形式，即：

$$\tau_f = c + \sigma\tan\varphi \tag{3-1-40}$$

式中：$\tau_f$——土的抗剪强度（kPa）；

$\sigma$——滑动面上的法向总应力(kPa)；

$c$——黏聚力，即在坐标平面内抗剪强度线与坐标纵轴的截距(kPa)；

$\varphi$——内摩擦角，即抗剪强度线的坡角(°)。

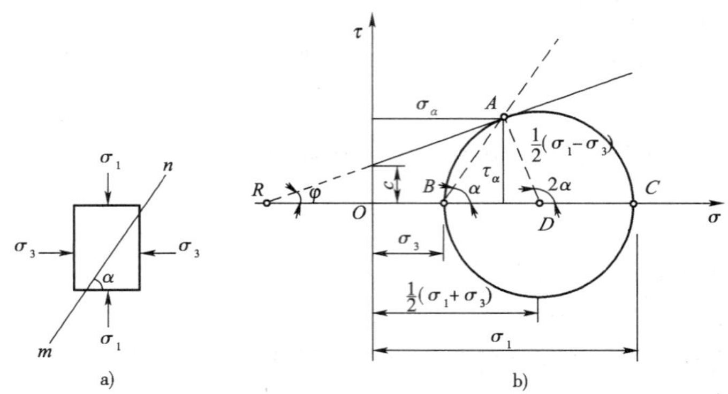


图 3-1-25　莫尔应力圆表示一点的应力状态

这样把抗剪强度表达为滑动面上法向总应力的线性函数如图 3-1-26 所示。

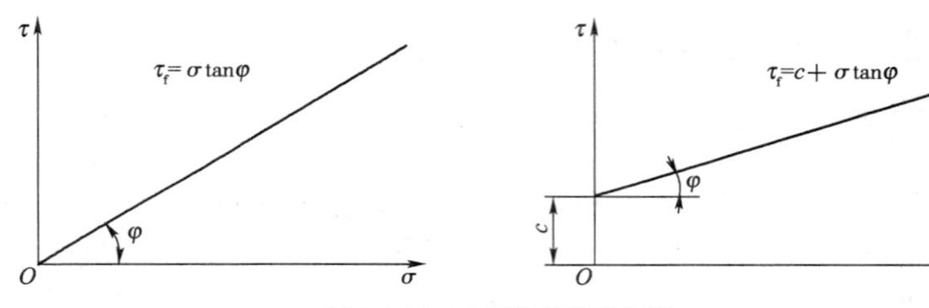


图 3-1-26　土的抗剪强度定律

$c$ 和 $\varphi$ 称总应力强度指标，因为滑动面上的法向应力是以总应力表示的，$c$、$\varphi$ 随固结与剪切的程度不同而变化。式(3-1-40)即称为抗剪强度定律，也称库仑定律。根据泰沙基的有效应力概念，土体内的剪应力仅由土的骨架承担。因此，土的抗剪强度应表示为剪切面上法向有效应力的函数。所以库仑公式应修改为：

$$\tau_f = c' + \sigma' \tan\varphi' \qquad (3\text{-}1\text{-}41)$$

式中：$c'$——有效黏聚力(kPa)；

$\sigma'$——剪切面上的法向有效应力(kN/m$^2$)，$\sigma' = \sigma - u$，$u$ 为孔隙水压力；

$\varphi'$——有效内摩擦角(°)。

其余符号意义同前。

对于处于相同初始条件的同一种土来说，抗剪强度与有效应力有唯一对应的关系。

2. 极限平衡状态与土的莫尔—库仑强度理论

固体接触面上的摩擦力达到了它的最大值，物体就处于极限平衡状态，在土体中也是一样。为判别土体中某点的平衡状态，可将抗剪强度包线与描述土体中某点状态的莫尔应力圆绘于同一坐标系内，按其相对位置判断该点所处的状态(图 3-1-27)可以划分为以下三种：

(1)当莫尔应力圆在强度线以内，如图 3-1-27 中Ⅰ圆，表示通过该单元的任何平面上的剪应力都小于它的抗剪强度，故处于稳定状态，没有剪破。

(2)当莫尔应力圆与强度线相切，如图中Ⅱ圆，表示已有一对平面上的剪应力达到了它的

抗剪强度，该单元处于极限平衡状态，濒临剪破，此时的莫尔应力圆称为极限应力圆。

(3)当莫尔应力圆与强度线相割，如图中Ⅲ圆，表示该单元已剪破，实际上，这和应力状态并不存在，因为在此之前，土单元早已沿某一对平面剪破了。

通过土的抗剪强度定律与莫尔应力圆原理的结合，如图3-1-28所示，不难表示土体极限平衡状态时主应力之间的相互关系式或应力条件，即

$$\sigma_1 = \sigma_3 \tan^2\left(45° + \frac{\varphi}{2}\right) + 2c \cdot \tan\left(45° + \frac{\varphi}{2}\right) \tag{3-1-42a}$$

或

$$\sigma_3 = \sigma_1 \tan^2\left(45° - \frac{\varphi}{2}\right) - 2c \cdot \tan\left(45° - \frac{\varphi}{2}\right) \tag{3-1-42b}$$

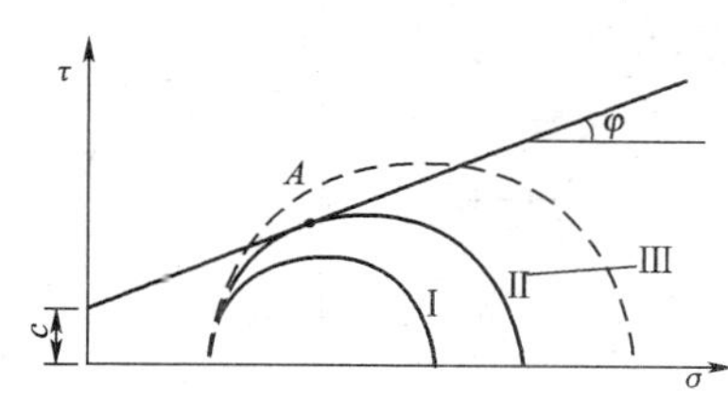


图3-1-27 图解确定某一土单元所处状态

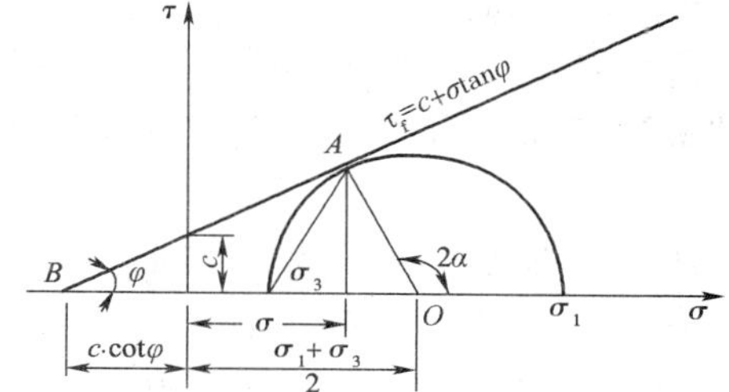


图3-1-28 极限平衡条件时应力圆

土的莫尔—库仑强度理论可归纳为：

(1)任一平面上的抗剪强度是该面上法向应力的函数，在一定的应力范围内，可用直线近似表示。

(2)土的剪切破坏只有在莫尔应力圆与强度线相切之后才会发生。即当$\sigma_3$一定，只有$\sigma_1$增大到某一定值，莫尔圆与强度包线相切，该点才处于极限平衡状态；同样，$\sigma_1$一定时，只有$\sigma_3$减小到某一定值，莫尔圆与强度包线相切，该点才处于极限平衡状态。

(3)土中某点处于剪切破坏时，剪破面与大主应力作用面的夹角$\alpha = 45° + \frac{\varphi}{2}$。

(4)按该理论，认为抗剪强度与土中的中主应力$\sigma_2$无关。

## 六、地基承载力

地基承载力是指地基单位面积上所能承受荷载的能力，以kPa计。当地基土确定后，地基承载力也确定了，且是唯一的。地基允许承载力的意义是指在建筑物荷载作用下，能够保证地基不发生失稳破坏，同时也不产生建筑物所不允许的沉降的最大地基压力。因此，地基允许承载力既要考虑土实际的强度，同时还要考虑不同建筑物对沉降的限制性要求，当地基土确定后，地基允许承载力是不确定的。在实际工程中应该根据不同建筑物的要求确定地基的承载力。

在荷载作用下，建筑物由于承载能力不足而引起的破坏，通常是由于基础下压缩层土的剪切破坏所造成的。而这种剪切破坏的形式一般又分为整体剪切破坏、局部剪切破坏和刺入剪切破坏(又称冲剪破坏)三种。地基剪切破坏的形式与土的性质、基础上施加荷载的情况及基础的埋置深度等多种因素有关。一般来说，坚硬或紧密的地基土将出现整体剪切破坏，松软土地基将出现局部剪切破坏或刺入剪切破坏，而中等密实的砂土地基常发生局部剪切破坏。通

常地基承载力理论公式的推导，均是在整体剪切破坏的条件下进行，对于局部剪切破坏或刺入剪切破坏的情况，目前尚无理论公式可循，而是采用半经验的方法，即将整体剪切破坏的计算公式加以适当修正后，用于局部剪切破坏的理论计算。

地基承载力的确定方法，可以分为现场原位试验、理论公式以及根据地基土的物理性质指标，从有关的规范中直接查取等三大类。

1. 根据原位荷载试验的 $P$—$s$ 曲线来确定

常用原位试验有，现场荷载试验、标准贯入试验和触探试验等，具体原理和操作参见有关试验。由荷载试验所得数据可绘出 $P$—$s$ 曲线，如图 3-1-29 所示。如果 $P$—$s$ 曲线是典型的荷载沉降曲线，具有弹性直线段和陡降直线（如图中 $a$），此曲线上有两个特征点，一是地基将要出现塑性变形区的荷载 $P_{cr}$，叫“临塑荷载”；二是地基发生整体破坏时的荷载 $P_u$，叫“极限荷载”。此时地基的容许承载力 $[P]$ 一般用下式表示：

$$[P] \leqslant P_u/k \tag{3-1-43}$$

式中：$[P]$——地基允许承载力（kPa）；

$P_u$——地基极限承载力（kPa）；

$k$——安全系数，一般为 2.0～3.0。对安全等级为Ⅰ、Ⅱ级的建筑物取较高值、安全等级为Ⅲ级的取较低值，以黏性土为主的地基取较高值，以砂土为主的地基取较低值，对重力式码头地基基床较厚的取高值。

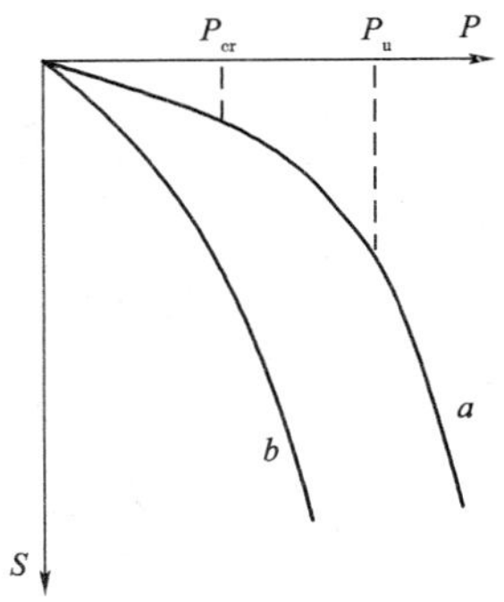

图 3-1-29 $P$—$s$ 曲线

如果 $P$—$s$ 曲线是非典型的（如图中 $b$），则根据实践经验，取相应于沉降 $s$ 等于载荷板宽度（或直径）$b$ 的 2% 时的荷载作为地基容许承载力。

2. 由地基承载力理论公式计算确定

根据地基极限平衡条件和假定滑动面法由理论公式（普朗特极限承载力公式、太沙基极限承载力公式、汉森极限承载力公式）直接计算出地基承载力，然后结合建筑物对沉降的要求确定地基容许承载力。

3. 根据设计规范确定

对于中小型建筑物及安全等级为Ⅲ级的建筑物，可根据现场土的种类、土的物理力学性质指标，以及基础的宽度和埋置深度，按规范查出地基容许承载力。查规范时需注意不同规范的适用条件，若不符合，需进行修正，详细内容可参见《港口工程地基规范》（JTS 147-1—2010）。

4. 影响地基承载力的因素

不同条件的地基承载力差别很大，如密实卵石 $[P]$ 可达 800～1000kPa；天然含水率 $w$ = 75% 的淤泥 $[P]$ 只有 40kPa。两者相差 20 倍以上。影响地基容许承载力的因素如下：

（1）土的物理力学性质，这是影响土承载力最主要的因素。土的内摩擦角 $\varphi$、黏聚力 $c$ 和重度 $\gamma$，越大则承载力也越大，例如无黏性土粒径越大，孔隙比越小，黏性土含水率越小，密度越大，则承载力也越大。

（2）基础尺寸与埋置深度，基础宽度大，埋置深度深，土的承载力就大。

（3）地下水。当地下水上升，地基土受地下水的浮托作用，天然含水率增高，则土的承载力降低。尤其对湿陷性黄土，遇水湿陷；膨胀土遇水膨胀、失水收缩，对承载力有很大影响。

(4)土的成因与堆积年代。通常冲积土的承载力比坡洪积土的大,风积土的承载力最小。同类土,堆积年代越久,承载力越高。

# 第四节 土压力与土坡稳定

## 一、概述

土压力是指挡土结构后的填土对挡土结构的侧压力,挡土墙在墙背以及埋入地面以下的墙面上作用着土压力。挡土墙土压力与土体的侧向变位有关,可以分为三类:静止土压力、主动土压力和被动土压力(图3-1-30)。

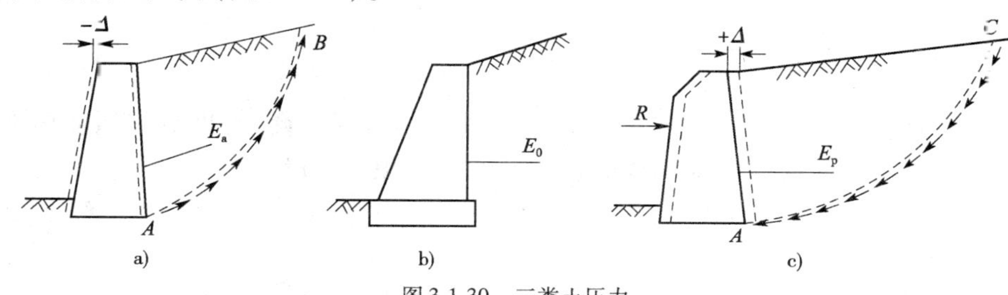


图3-1-30 三类土压力

a)主动土压力;b)静止土压力;c)被动土压力

天然土体内部由自重应力引起的侧向压力就是静止土压力。

在墙后填土作用下挡土墙向前移动,填土有下滑趋势,土中各点的抗剪强度逐渐发挥,作用在墙背上的土压力逐渐减小,直至墙后填土进入极限平衡状态,此时作用在挡土墙上的土压力称为主动土压力。

在外力作用下挡土墙向填土方向移动,墙后填土有向上被挤出的趋势,土中各点的抗剪强度逐渐发挥,作用在墙背上的土压力逐渐增加,直至墙后填土进入极限平衡状态,此时作用在挡土墙上的土压力,称为被动土压力。

图3-1-31是反映作用在墙背上的土压力与墙的变位的关系示意图。从图中可以看出:①墙的变位为零时,作用在墙背上的静止土压力为$E_0$;②墙向前移动至土的极限平衡状态时,作用在墙背上的主动土压力为$E_a$;③墙向后移动至土的极限平衡状态时,作用在墙背上的被动土压力为$E_p$。

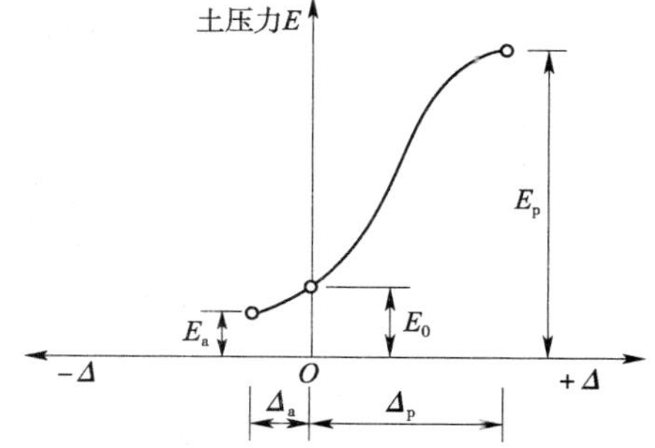


图3-1-31 土压力与墙的变位的关系

按数值大小排列,$E_a < E_0 < E_p$。

土压力的值随着墙的移动而不断变化,因此作用在墙上的实际土压力值与墙的变位相关,而并非只有这三种特定的值。在实际工程中,常按挡土墙实际的变位考虑土压力的分布,例如在计算板桩墙及基坑支护结构的变形时假定任一点的土压力与该点的位移成正比等。

## 二、静止土压力计算

静止土压力可按图3-1-32所示方法计算,即填土表面以下任意深度$z$处的静止土压力强度为：

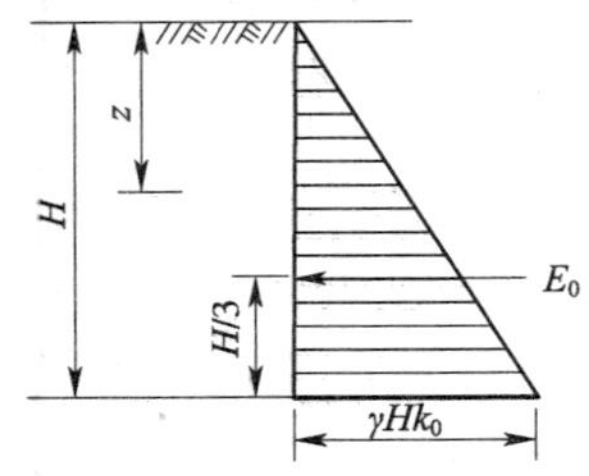

图 3-1-32 静止土压力计算

$$\sigma_0 = k_0\gamma z \tag{3-1-44}$$

式中：$\gamma$——填土的重度；

$k_0$——静止土压力系数，可由室内试验（例如单向固结试验、三轴试验等）或原位测试（例如旁压试验等）确定。

静止土压力沿墙高呈三角形分布，其合力 $E_0$ 为三角形的面积，作用于距底部 $H/3$ 处。

$$E_0 = \frac{1}{2}\gamma H^2 k_0 \tag{3-1-45}$$

式中：$H$——挡土墙高度（m）。其余同前。

## 三、朗肯土压力理论

朗肯土压力理论是依据半空间体的应力状态和土的极限平衡，根据莫尔强度理论推出土压力强度的计算式，它假设挡土墙墙背竖直、光滑，墙后填土面水平。

图 3-1-33 由莫尔强度理论推导主动、被动土压力

1. 主动土压力

由图 3-1-33 可知任一深度 $z$ 处的朗肯主动土压力强度 $\sigma_a$ 为小主应力，而大主应力为上覆土的重力 $\gamma z$，根据土的极限平衡条件（式 3-1-42b），则有：

$$\sigma_a = \gamma z\tan^2\left(45° - \frac{\varphi}{2}\right) - 2c\tan\left(45° - \frac{\varphi}{2}\right) \tag{3-1-46}$$

或

$$\sigma_a = \gamma z k_a - 2c\sqrt{k_a} \tag{3-1-47}$$

式中：$k_a$——朗肯主动土压力系数，$k_a = \tan^2\left(45° - \frac{\varphi}{2}\right)$。

对于无黏性土，主动土压力的合力 $E_a$ 为三角形的面积（图 3-1-34a），其值由式（3-1-48）计算；合力作用在三角形的重心处，即在挡土墙墙底以上 $H/3$ 处。

$$E_a = \frac{1}{2}\gamma H^2 k_a \tag{3-1-48}$$

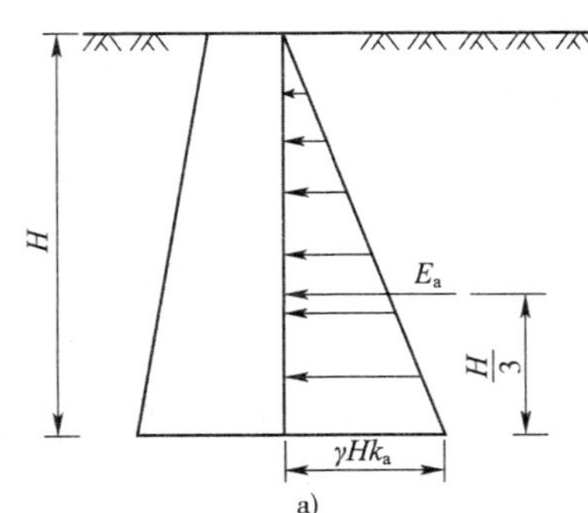


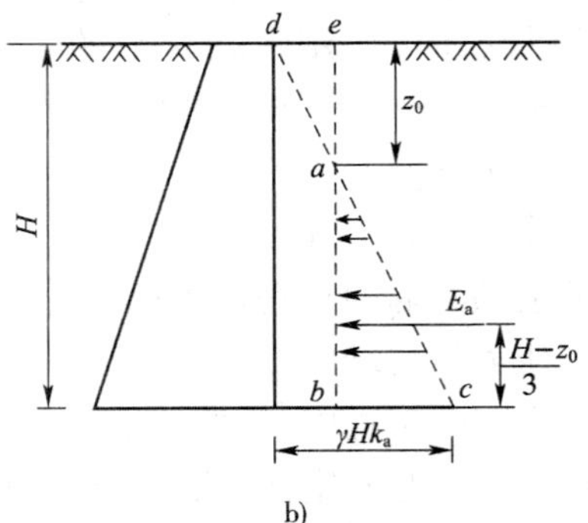


图 3-1-34 朗肯主动土压力的计算

a）无黏性土；b）黏性土

当墙后填土为黏性土时，由式(3-1-46)可知，主动土压力由两部分组成，黏聚力 $c$ 的存在减少了作用在墙上的土压力，见图 3-1-34b)。在计算作用在墙背上的主动土压力时，仅仅考虑三角形 $abc$ 部分的土压力。此时，由土压力为零的条件可计算 $z_0$ 的高度(图 3-1-34b)：

$$\sigma_{a(z=z_0)} = \gamma z_0 k_a - 2c\sqrt{k_a} = 0$$

得到：

$$z_0 = \frac{2c}{\gamma\sqrt{k_a}} \tag{3-1-49}$$

$z_0$ 有时也被称为土的"临界高度"，被认为是黏性土中无支挡直立开挖的最大深度。

主动土压力合力为 $E_a$，为三角形 $abc$ 的面积，其值由式(1-50)计算：

$$E_a = \frac{1}{2}\gamma k_a (H - z_0)^2 \tag{3-1-50}$$

$E_a$ 作用在三角形 $abc$ 的形心上，即在挡土墙底面以上 $(H - z_0)/3$ 处。

2. 被动土压力

由图(3-1-33)可知任一深度 $z$ 处的朗肯被动土压力强度 $\sigma_p$ 为大主应力，而小主应力为上覆土的重力 $\gamma z$，根据土的极限平衡条件，(式 3-1-42a)，则有：

$$\sigma_p = \gamma z \tan^2\left(45° + \frac{\varphi}{2}\right) + 2c\tan\left(45° + \frac{\varphi}{2}\right) \tag{3-1-51}$$

或

$$\sigma_p = \gamma z K_p + 2c\sqrt{K_p} \tag{3-1-52}$$

式中：$K_p$——朗肯被动土压力系数，$K_p = \tan^2\left(45° + \frac{\varphi}{2}\right)$。

无黏性土的朗肯被动土压力沿深度也呈三角形分布(图 3-1-35a)，合力 $E_p$ 值由式(3-1-53)计算，作用在墙底以上 $H/3$ 处。

$$E_p = \frac{1}{2}\gamma H^2 K_p \tag{3-1-53}$$

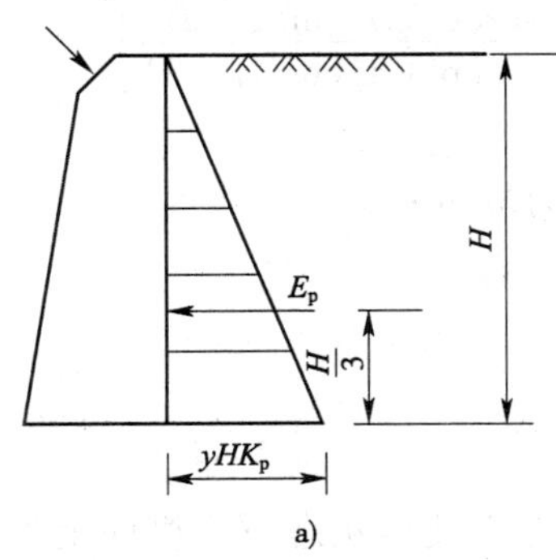


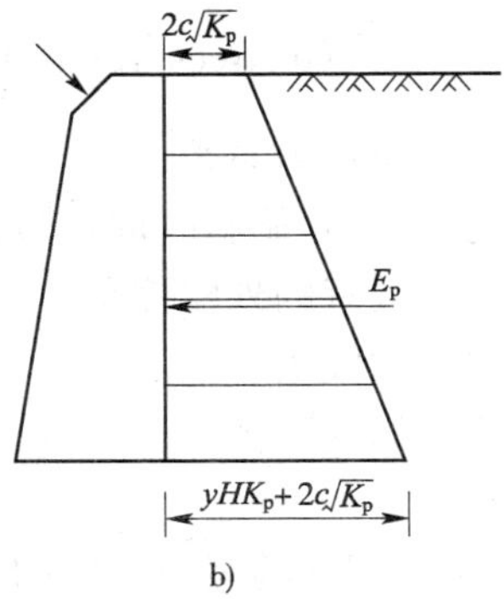


图 3-1-35 朗肯被动土压力的计算

a)无黏性土；b)黏性土

黏聚力 $c$ 的存在增加了被动土压力，作用在墙背上的被动土压力呈梯形分布，如图 3-1-35b)所示，合力 $E_p$ 值为梯形面积，可以用梯形面积求得：

$$E_p = \frac{1}{2}\gamma H^2 K_p + 2cH\sqrt{K_p} \tag{3-1-54}$$

$E_p$作用在梯形的形心上，也可以用分块求矩的方法计算 $E_p$距墙底的距离：

$$z_k = \frac{H}{3} \cdot \frac{2\sigma_{po} + \sigma_{pH}}{\sigma_{po} + \sigma_{pH}} \tag{3-1-55}$$

式中：$\sigma_{po}$、$\sigma_{pH}$——作用于墙背顶、底面的被动土压力强度（kPa），如图 3-1-35b）所示。

$$\sigma_{po} = 2c\sqrt{K_p}$$

$$\sigma_{pH} = \gamma H K_p + 2c\sqrt{K_p}$$

## 四、库仑土压力理论

库仑认为当挡土墙达到主动极限状态时，墙后填土中形成一个滑动土楔，沿土中某一个平面和挡土墙墙背下滑，可以根据下滑土楔的静力平衡条件求得墙背对土楔的支承力，其作用反力即为滑动土楔对挡土墙的作用力，可看成是填土作用在挡土墙上的主动土压力。若墙向填土挤压，当达到极限平衡时，在填土中将产生另一个滑动土楔，根据平衡条件可以确定作用在墙体上的被动土压力。

1. 主动土压力

库仑假定：①挡土墙墙后填土是无黏性土；②滑动面是墙背 $AB$ 和过墙踵 $B$ 的一个平面 $BC$；③滑动土楔是刚体。研究图 3-1-36 所示的挡土墙，假定滑动面与水平面夹角为 $\theta$，$W$（土楔自重）、$R$（滑动面 $BC$ 上的反力，与 $BC$ 面法线夹角为 $\varphi$ 并位于法线下方）、$E$（墙背上的反力，与 $AB$ 面法线夹角为 $\delta$ 并位于法线下方）三力平衡，则主动土压力：

$$E_a = \frac{1}{2}\gamma H^2 \frac{\cos^2(\varphi - \alpha)}{\cos^2\alpha\cos(\alpha+\delta)\left[1 + \sqrt{\frac{\sin(\varphi+\delta)\sin(\varphi-\beta)}{\cos(\alpha+\delta)\cos(\alpha-\beta)}}\right]^2} \tag{3-1-56}$$

$$E_a = \frac{1}{2}\gamma H^2 K_a \tag{3-1-57}$$

$$K_a = \frac{\cos^2(\varphi - \alpha)}{\cos^2\alpha\cos(\alpha+\delta)\left[1 + \sqrt{\frac{\sin(\varphi+\delta)\sin(\varphi-\beta)}{\cos(\alpha+\delta)\cos(\alpha-\beta)}}\right]^2} \tag{3-1-58}$$

式中：$K_a$——库仑主动土压力系数；

$\alpha$——墙背的倾斜角，俯斜时取正号，仰斜时取负号；

$\delta$——土对挡土墙背的外摩擦角；

$\beta$——墙后填土的倾角；

$\varphi$——墙后填土的内摩擦角。

2. 被动土压力

采用与主动土压力相同的假定（图 3-1-37），由于被动状态下土楔向上滑动，$R$ 移动至 $BC$ 面的法线上方并与法线成 $\varphi$ 角，$E$ 移动至墙背法线上方并与它成 $\delta$ 角。被动土压力

$$E_p = \frac{1}{2}\gamma H^2 K_p \tag{3-1-59}$$

$$K_p = \frac{\cos^2(\varphi + \alpha)}{\cos^2\alpha\cos(\alpha-\delta)\left[1 - \sqrt{\frac{\sin(\varphi+\delta)\sin(\varphi+\beta)}{\cos(\alpha-\delta)\cos(\alpha-\beta)}}\right]^2} \tag{3-1-60}$$

式中：$K_p$——库仑被动土压力系数。

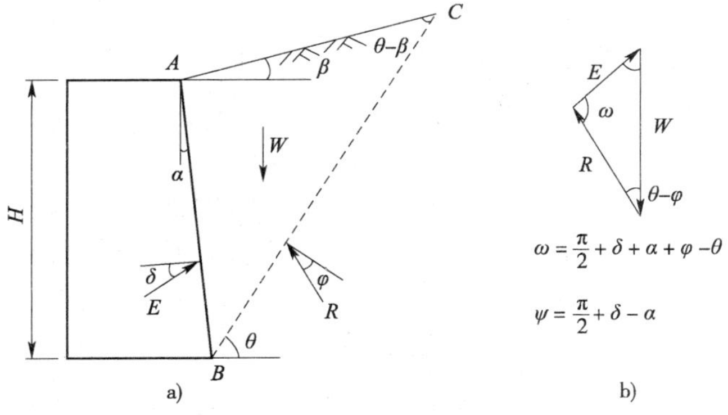


图 3-1-36 库仑主动土压力推导

a）假定的破裂面和作用在滑动土楔上的力；b）平衡力系三角形

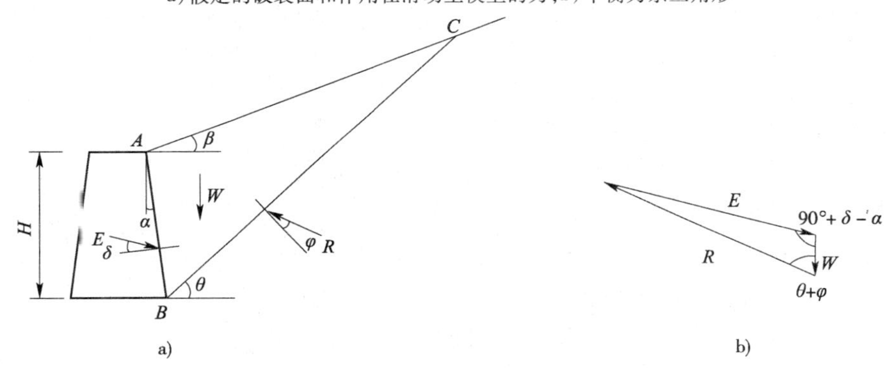


图 3-1-37 库仑被动土压力推导

a）假定破裂面和作用在滑动土楔上的力；b）平衡力系三角形

关于朗肯与库仑两种土压力理论的比较：主动土压力，朗肯理论由于忽略了墙背面的摩擦影响，计算的主动土压力偏大，但它计算简便，误差偏于安全；被动土压力用库仑理论计算误差太大，朗肯理论误差相对小些。并且水运工程上常遇到的是墙后是水平成层的填土，黏土具有凝聚力，填土上面还有堆货荷载等，有些情况库仑理论无法计算。所以水运工程上大多采用朗肯公式计算土压力。

## 五、土坡稳定性分析

土建工程中经常遇到土坡（图 3-1-38）稳定问题，土坡的滑动一般是指土坡在一定的范围内整体地沿着某一曲面产生向下和向外移动。使土坡失稳的原因主要有：

（1）土坡作用力发生变化。如人工开挖坡脚、坡顶增加荷载、地震引起的振动等改变了原来的平衡状态。

（2）土的抗剪强度降低。例如土体中含水率或超静空隙水压力的增加。

（3）静水力的作用。例如土体中由剪切或张拉产生垂直的裂缝，雨水或地面水流入缝隙，对土坡产生侧

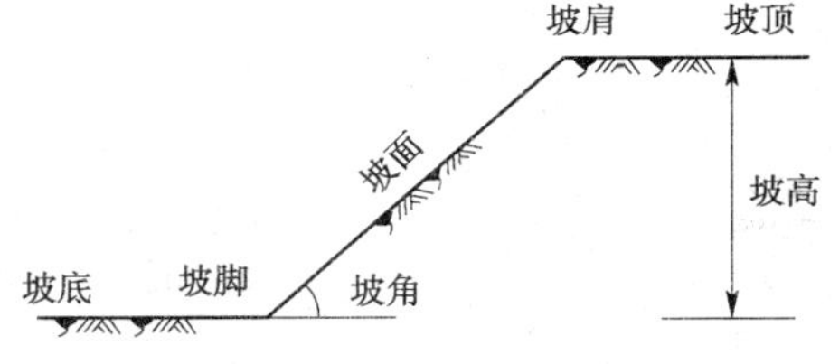


图 3-1-38 土坡各部名称

向推力而促使土坡的滑动。

(4)地下水的渗流作用。

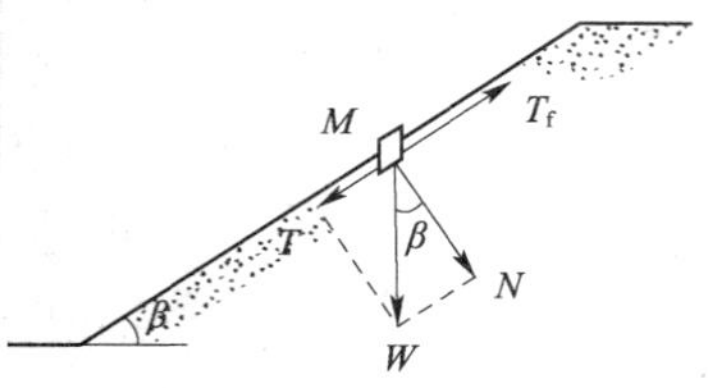


图3-1-39　无黏性土土坡稳定分析

1. 无黏性土土坡

设一坡角为$\beta$的无黏性土土坡，土坡及地基为均质的同一种土，且不考虑渗流的影响。

纯净的干砂，颗粒之间无黏聚力，其抗剪强度只由摩擦力提供。对于这类土坡，其稳定性条件可由图3-1-39所示的力系来说明。

抗滑力与滑动力的比值称为稳定安全系数$K$：

$$K = \frac{N\tan\varphi}{T} = \frac{W\cos\beta\tan\varphi}{W\sin\beta} = \frac{\tan\varphi}{\tan\beta} \tag{3-1-61}$$

由上式可知，无黏性土土坡稳定的极限坡角$\beta$等于其内摩擦角时($\beta=\varphi$)，土坡处于极限平衡状态。故砂土的内摩擦角也称为自然休止角。无黏性土坡的稳定性与坡高无关，仅取决于坡角$\beta$，只要$\beta<\varphi(K>1)$，土坡就是稳定的。无黏性土土坡滑动的面是一个平面。为了保证土坡有足够的安全储备，可取$K=1.1\sim1.5$。

当无黏性土受到一定的渗流力作用时，坡面上渗流溢出处的单元土体，除本身重量外，还受到渗流力$J=\gamma_w I$($I$为水力坡度，顺坡流出$I=\sin\beta$)的作用，如图3-1-40所示。若渗流为顺坡出流，则溢出处渗流及渗流力方向与坡面平行，此时使土单元体下滑的剪切力为$T+J=W\sin\beta+\gamma_w I$，且此时对于单位土体来说，土体自重$W$就等于浮重度$\gamma'$，故土坡的稳定安全系数变为：

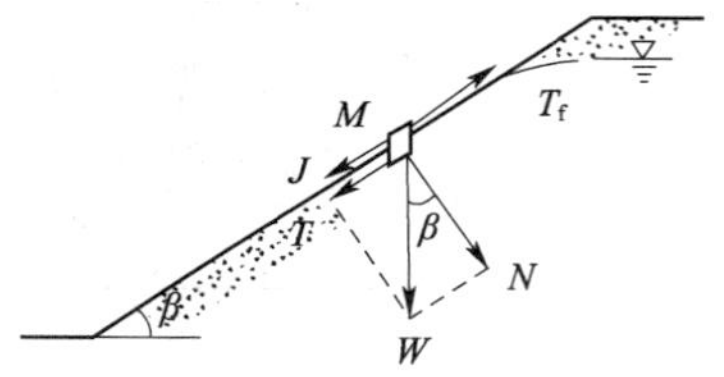


图3-1-40　渗流作用下无黏性土土坡稳定分析

$$K = \frac{T+J}{} = \frac{\gamma'\cos\beta\tan\varphi}{(\gamma'+\gamma_w)\sin\beta} = \frac{\gamma'\tan\varphi}{\gamma_{sat}\tan\beta} \tag{3-1-62}$$

可见，与式(3-1-61)相比，相差$\gamma'/\gamma_{sat}$倍，此值约为1/2。因此，当坡面有顺坡渗流作用时，无黏性土土坡的稳定安全系数约降低一半。

2. 黏性土土坡

黏性土土坡稳定情况要复杂得多，仅作简单的介绍。

黏性土土坡的滑动情况如图3-1-41所示。土坡失稳前一般在坡顶产生张拉裂缝，继而沿着某一曲面产生整体滑动，同时伴随着变形。为了简化，在稳定分析中通常作为平面问题处理，而且假定滑动面为圆弧面。

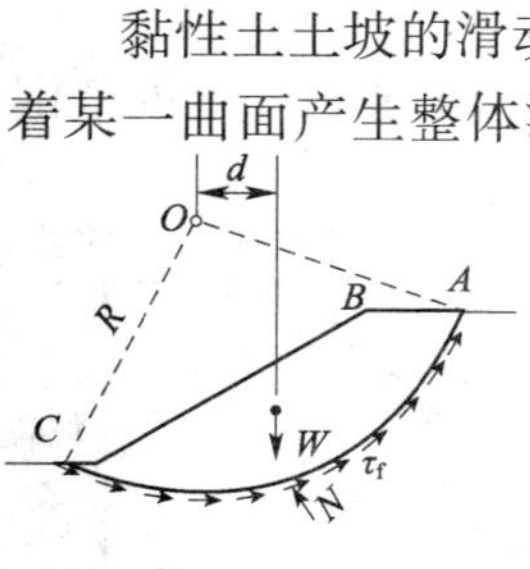

图3-1-41　均质土坡整体圆弧滑动分析

黏性土土坡常用的稳定分析方法有整体圆弧滑动法和条分法等。

(1)整体圆弧滑动法

对于均质简单土坡，假定土坡失稳破坏时滑动面为一圆柱面，将滑动面以上土体视为刚体，并以其为脱离体(图3-1-41)，分析在极限平衡条件下其上作用的各种力，而以整个滑动面上的最大抗滑力矩与滑动力矩之比来定义土坡的稳定安全系数，即：

$$K = \frac{\tau_f \cdot \mathring{L}_{AC} \cdot R}{W \cdot d} \tag{3-1-63}$$

通常在计算时须假定一系列的滑动面进行多次试算，才能找出最危险滑动面，工作量较大。

（2）条分法

$\varphi > 0$ 的黏性土土坡，对于外形复杂、土体成层时要确定滑动土体的重量及其重心位置比较困难，而且抗剪强度的分布不同，一般采用条分法分析。

①按比例绘出土坡剖面（图 3-1-42）。

②任选一圆心 $O$，以 $Oa$ 为半径作圆弧，$ab$ 为滑动面，将滑动面以上土体分成几个等宽土条。

③计算每个土条的力（以第 $i$ 条为例进行分析）。

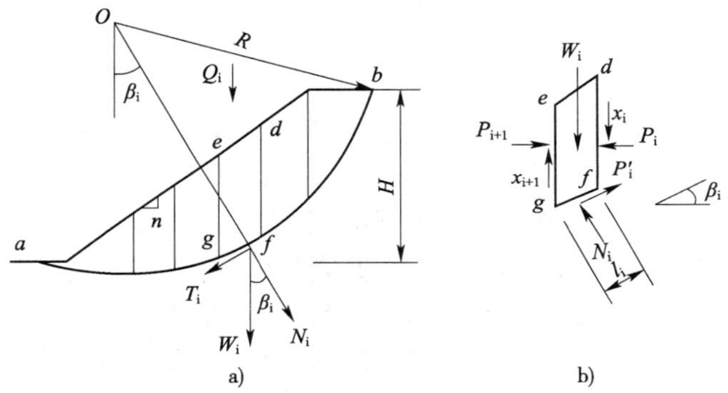


图 3-1-42 黏性土土坡稳定的条分法分析

a）土坡剖面；b）作用于 $i$ 土条上的力

第 $i$ 条上作用力有（纵向取 1m）：

土条自重（包括土条顶面荷载）$W_i$；

作用于滑动面 $\overline{fg}$（简化为平面）上的法向反力 $N_i$ 和剪切力 $T_i$；

作用于土条侧面 $\overline{df}$ 和 $\overline{eg}$ 上的法向力 $P_i$、$P_{i+1}$ 和剪力 $x_i$、$x_{i+1}$。

若假设 $P_i$、$x_i$ 的合力与 $P_{i+1}$、$x_{i+1}$ 的合力相平衡，稳定分析时可不考虑其影响。根据静力平衡条件得出：

$$T_i = W_i \sin\beta_i$$

$$N_i = W_i \cos\beta_i$$

滑动面上 $\overline{fg}$ 上应力分别为：

$$\sigma_i = N_i / l_i = \frac{W_i \cos\beta_i}{l_i}$$

$$\tau_i = T_i / l_i = \frac{W_i \sin\beta_i}{l_i}$$

式中：$l_i$——$\overline{fg}$ 的长度，此外构成抗滑力的还有黏聚力 $c_i$。

④滑动面 $\mathring{L}_{ab}$ 上的总滑动力矩（对滑动圆心）为：

$$T \cdot R = R\sum_{i=1}^{n} T_i = R\sum_{i=1}^{n} W_i \sin\beta_i$$

⑤滑动面上 $\mathring{L}_{ab}$ 上的抗滑力矩（对滑动圆心）为：

$$T' \cdot R = R\sum_{i=1}^{n} T'_i = R\sum_{i=1}^{n} \tau_{fi} l_i = R\sum_{i=1}^{n} (\sigma_i \tan\varphi_i + c_i) l_i = R\sum_{i=1}^{n} (W_i \cos\beta_i \tan\varphi_i + c_i l_i)$$

⑥确定安全系数 $K$。

安全系数为总抗滑力矩与总滑动力矩的比 $K$：

$$k = \frac{T' \cdot R}{T \cdot R} = \frac{\sum_{i=1}^{n} (W_i \cos\beta_i \tan\varphi_i + c_i l_i)}{\sum_{i=1}^{n} W_i \sin\beta_i} \tag{3-1-64}$$

由于滑动圆弧是任意选定的，不一定最危险，还须对其他滑动圆弧进行试算，直至求得最小安全系数。由于计算工作量很大，它通常由计算机完成。

## 六、基坑工程

基坑工程包括各类建筑场地的基坑开挖、施工降水和基坑支护等工程。

基坑工程是集岩土工程和结构工程等专业于一体的系统工程，亦即将挡土、支护、防水、降水、挖土、监测和信息化施工等作为一个系统工程，针对工程安全、环境保护、施工队伍与作业时空关系进行周密的施工组织与设计，实行分级审批和施工监控。

基坑施工前必须进行地质勘探和了解地下管线情况，根据土质情况和基础深度编制专项施工方案。基坑开挖过程中，为了防止坑壁坍塌，确保施工安全，其边沿应放出足够的边坡。当场地受限制不能放坡或为了减少挖方量而不采用放坡时，则应设置基坑支护结构。

基坑开挖中，通常会产生四周地基下沉的现象。地基产生下沉的原因是多方面的：主要是由支撑系统的变形引起的，其中包括连系梁、支撑和锚杆的变形，这种变形是因支撑架强度不足，弯曲、局部屈服或锚杆抗拔引起的变形，也可能是板桩强度不足或者打入深度不够引起的，有的则可能是由管涌而产生侧向位移或基坑隆起。在雨季，由于大量降雨，土的自重增加，抗剪强度降低，以及地下水位的变化也可引起地基的变形。

基坑工程虽然是临时性工程，但具有较大的风险性。基坑工程从开挖至地面以下隐蔽工程的完成，这一施工周期较长，往往需经历多次降雨、周边堆载、振动及施工不当等众多不利条件，故其安全的随机性较大。基坑开挖与支护施工条件差，对周围环境的影响大，易发生事故且具有突然性。

基坑工程施工由于基坑支护结构与一般挡土墙的受力机理不同，强度计算及稳定验算等理论及方法还不完善、不成熟，因此施工现场的监测和信息化施工显得尤为重要。

1. 基坑工程设计应包括的内容

（1）支护体系的方案比较和选型；

（2）支护结构的强度、稳定性和变形计算；

（3）基坑内外土体的稳定性验算；

（4）基坑降水或止水帷幕设计及围护墙的抗渗设计；

（5）基坑开挖及地下水变化引起的基坑内外土体变形及其对桩基础和周边环境的影响；

(6)基坑开挖施工的挖土方案；

(7)基坑施工过程的监测方案与环境保护要求。

2. 基坑开挖降排水

在基坑工程施工中，常因流砂、坑壁坍塌而引起工程事故，造成周围地下管线和建筑物不同程度的损坏；有时坑底下会遇到承压含水层，若不减压，就会导致基底破坏，同时伴随着坑底隆胀和土的流失现象。采用降水或排水技术可以防范这类工程事故的发生。

当地下水位埋藏浅、基础埋深大于地下水位深度时，基槽开挖与基础施工必须进行排水。方法有降低地下水位与隔离地下水两类。降低地下水位的方法有明沟排水、井点降水(图 3-1-43)和深井排水，隔离地下水的方法是用高压旋喷、深层搅拌或高压灌浆法等形成具有一定强度和抗渗性能的水泥土墙或底板，阻止地下水渗入基坑。

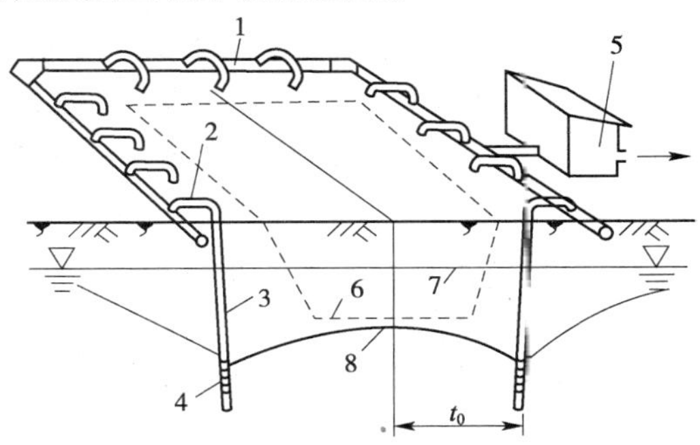

图 3-1-43 轻型井点降水布置图

1-集水总管；2-连接管；3-井点管；4-滤管；5-水泵房；6-基坑；7-原有地下水位线；8-降水后地下水位线；$t_0$-基坑中心线至井点管的距离

当基坑下伏有承压含水层时，开挖基坑减小了底部隔水层的厚度。当隔水层较薄经受不住承压水头压力作用时，承压水的水头压力会冲破基坑底板，这种工程地质现象被称为基坑突涌。

为避免基坑突涌的发生，应验算基坑底层的安全厚度 $M$(图 3-1-44)必须满足下式：

$$M > \frac{\gamma_w}{\gamma}H \tag{3-1-65}$$

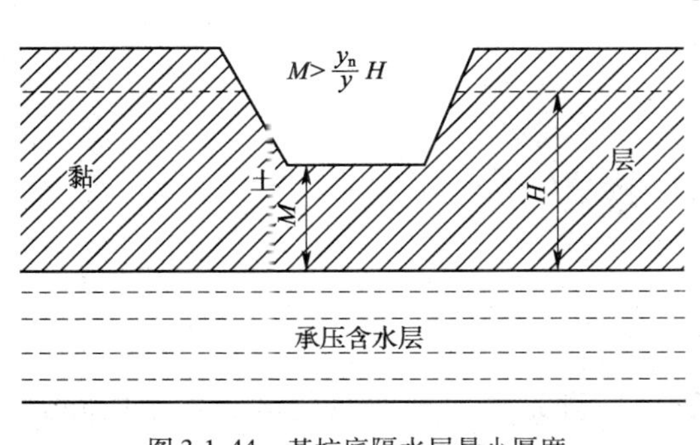

图 3-1-44 基坑底隔水层最小厚度

式中：$M$——基坑开挖后底部黏土层的厚度；

$\gamma_w$——地下水的重度；

$\gamma$——基坑底部黏土重度；

$H$——相对于含水层顶板的承压水头。

当工程施工需要，开挖基坑后的坑底隔水层的厚度小于安全厚度时，为防止基坑突涌，则必须对承压含水层进行预先排水，并对地下水位和承压水头等进行监测。

3. 基坑开挖的要求

(1)基坑开挖应根据支护结构设计、降排水要求，确定开挖方案；

(2)基坑边界周围地面应设排水沟，且应避免漏水、渗水进入坑内；放坡开挖时，应放安全坡，保证土坡的稳定，并对坡顶、坡面、坡脚采取降排水措施；

(3)基坑周边严禁超堆荷载；

(4)软土基坑必须分层均衡开挖，层高不宜超过 1m；

(5)基坑开挖过程中，应采取措施防止碰撞支护结构、工程桩或扰动基底原状土；

(6)发生异常情况时，应立即停止挖土，并应立即查明原因和采取措施，确认安全后方能继续挖土；

(7)开挖至坑底标高后,应核对土质和及时封闭并尽快进行基础工程施工;

(8)地下结构工程施工过程中有回填土的应及时进行回填夯实。

4.基坑工程监测项目

(1)选择监测项目应考虑的因素

每个基坑工程都必须监测,监测项目的选择既关系到基坑工程的安全,也关系到费用的多少,任意增加监测项目会造成工程费用的浪费,但盲目减少监测项目则很可能因小失大,造成严重的后果。因此,在选择监测项目时应考虑下述因素:

①基坑侧壁安全等级或地基基础设计等级;

②邻近建(构)筑物及地下管线的重要程度及离基坑的距离;

③工程费用。

(2)基坑工程监测项目根据情况不同可在下列各项中选择

①支护结构水平位移;

②周围建筑物、地下管线变形;

③土压力;

④地下水位;

⑤空隙水压力;

⑥桩、墙内力;

⑦锚杆拉力、支撑轴力;

⑧立柱变形;

⑨土体分层竖向位移;

⑩土体侧向变形;

⑪基坑底隆起。

# 第五节　岩土工程勘察

## 一、概述

岩土工程勘察是根据工程建设的要求,运用工程地质理论和各种勘察测试技术手段和方法,查明、分析、评价建设场地的地质、岩土工程条件和环境特征,编制勘察文件,为建筑物选址、设计和施工提供所需的基本资料,并提出地基和基础设计方案建议。勘察工作应由具有相应资质的勘察单位承担。

一般情况,勘察工作的基本程序是:

(1)在开始勘察工作以前,由建设单位和设计单位按工程要求向勘察单位提出岩土工程勘察任务(委托)书,任务书应说明工程的意图、要求提交的勘察报告内容、提出勘探技术要求等,并提供勘察工作所必需的各种图表资料。

(2)由此项任务的岩土工程勘察主持人根据收集的建筑场地地形图、建筑规划的平面图编制岩土工程勘察大纲并实施。

(3)由勘察单位整理分析所取得的勘察成果,对场地的工程地质条件作出评价,并以文字和图表等形式向建设单位、设计单位和施工单位提交“岩土工程勘察报告书”，并作为存档长期保存的技术文件。

## 二、岩土工程勘察阶段的划分及各阶段的勘察要点

岩土工程勘察分为可行性研究阶段勘察（政府投资的大中型项目、重点项目和技术复杂的项目在可行性研究阶段应分为预可行性研究阶段勘察和工程可行性研究阶段勘察）、初步设计阶段勘察、施工图设计阶段勘察。有些地质条件复杂或有特殊要求的工程必要时还应进行施工期勘察。场地较小且地质条件简单的工程可合并勘察阶段，技术成熟的小型项目当工程方案已经确定，可根据实际情况进行一次性勘察。

1. 可行性研究阶段勘察

（1）预可行性研究阶段勘察

本阶段的主要任务是根据拟建工程的特点和要求，通过勘察对场地稳定性和建设的适宜性进行初步评价。

本阶段勘察应包括下列内容：

①调查地貌特征，了解掩埋的故河道、沟塘的分布及其土质状况；

②调查搜集区域地质构造、活动性断层、地震活动和场地地震动参数；

③调查场地不良地质作用的成因、分布、发育和性状；

④了解场地岩土组成、成因性质和分布情况；

⑤调查分析地下水、地表水活动对港口工程地质条件的影响。

（2）工程可行性研究阶段勘察

工程可行性研究阶段勘察对场地稳定性和建设的适宜性做出基本评价。

①初步划分地貌单元；

②调查研究地质构造、地震活动和不良地质作用的成因、分布、发育等；

③调查研究岩土分布、成因、时代，主要岩土层的物理力学性质；

④调查地下水类型、含水层性质、地下水与地表水水位的动态变化，分析对岸边坡稳定的影响；

⑤分析评价场地稳定性和建筑的适宜性；

⑥根据需要对陆域形成、地基处理的适宜性进行岩土工程评价。

2. 初步设计阶段勘察

这一阶段主要任务是：通过勘察，初步查明建筑场地工程地质条件，为确定总平面布置、建筑物结构和基础形式、施工方法和场地不良地质的防治提供地质依据，对建筑物地基进行岩土工程评价，提供地基基础初步设计所需的岩土参数。

此阶段的主要工作是：

①划分地貌单元；

②初步查明岩土层性质、分布规律、形成时代、成因类型、岩基的风化程度及埋藏条件；

③查明与工程建设有关的地质构造，搜集地震资料；

④查明不良地质作用的分布范围、发育程度和形成原因；

⑤初步查明地下水类型、含水层性质，调查水位变化幅度、补给与排泄条件；

⑥分析场地各区段工程地质条件，分析评价岸坡与边坡稳定性和地基稳定性，推荐适宜建设地段，提出基础形式、地基持力层、陆域形成和地基处理的建议；

⑦对地震烈度大于等于6度的场地进行场地和地基的地震效应勘察。

初步设计阶段勘察应采用工程地质调查、测绘、勘探、原位测试和室内试验相结合的方法进行。

3.施工图设计阶段勘察

施工图设计阶段勘察应查明建筑场地岩土工程条件，提供地基基础设计施工所需的岩土参数，对建筑地基做出岩土工程评价，并提出地基类型、基础形式、陆域形成、地基处理、基坑支护、工程降水和不良地质作用的防治等设计、施工中应注意的问题和建议。

主要应进行下列工作：

①搜集附有坐标和地形的总平面图，场区的地面整平高程，建筑物类型、规模、荷载、结构特点、基础形式、埋置深度和地基容许变形等资料；

②查明影响场地的不良地质作用的成因、类型、分布范围、发展趋势和危害程度，提出整治方案的建议；

③查明各个建筑物影响范围内的岩土分布及其物理力学性质；

④分析和评价地基的稳定性、均匀性和承载力；

⑤评价岩土疏浚的难易程度及其土的特性；

⑥需进行沉降计算时，提供地基变形计算参数；

⑦查明地下水的类型、埋藏条件，提供地下水位及其变化幅度；

⑧判定水和土对建筑材料的腐蚀性；

⑨在季节性冻土地区，提供场地的标准冻结深度。

该阶段的勘察工作应采取勘探、取样、原位测试和室内土工试验相结合的方法。

4.施工期勘察

若发生下列情况，应根据设计、施工的要求进行施工期勘察。

①岩溶等地质条件复杂，需进一步查明施工图设计确定的天然和人工地基位置处的地质情况时；

②基槽和进港航道开挖、打桩等施工中，出现地质情况与原勘察资料严重不符时；

③施工中遇到障碍物时；

④当需要进行岩土工程检验与监测时；

⑤施工中出现其他岩土工程勘察问题需进一步查明时。

施工期中的勘察应针对需要解决的具体岩土工程问题，原则上按照施工图设计阶段勘察的要求，结合现场条件，合理选择勘察方法，确定勘察工作，提供相应的勘察资料，并做出分析、评价和建议。

## 三、岩土工程勘察方法

岩土工程勘察应根据勘察技术要求和场地岩土特性，选用钻探、触探、掘探、物探和测试等方法。

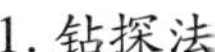

1. 钻探法

用各种钻探工具钻入地基中分层取土进行鉴别、描述和测试的方法称为钻探法。工程中应根据不同地层类别、地质条件和勘察要求，选用相应的钻进方式。

布置于建筑场地内的钻孔，常分技术孔和鉴别孔两类。钻进时，仅取扰动土样，用以鉴别土层分布、厚度及状态的钻孔，称鉴别孔。若为了查明岩土参数，按不同的地层和深度采取原状土试样并进行试验而布设的孔则称技术孔。

在钻进过程中必须认真、细致地做好观测与编录工作，包括岩（土）芯观察、描述和编录，钻孔水文地质观测，钻进动态观察和记录。钻探工作结束后，应进行钻孔资料整理，主要是编制钻孔柱状图、地质剖面图。

2. 触探法

触探法是通过探杆用静力或动力将金属探头贯入土层，并量测土对触探头的阻抗能力的指标，从而间接地判断土层及其性质的一类勘探方法和原位测试技术。作为勘探手段，触探可用于划分土层，了解地层的均匀性；作为测试技术，则可估计地基承载力和土的变形指标等。

因触探法不需取原状土做试验，对难以取原状土的水下砂土、软土等，更显示其优越性。触探法无法单独使用，无法对地基土定名或绘制地质剖面图。但若与钻探法配合，则可提高勘察的质量和效率。

根据探头的结构和入土方法不同，可分为静力触探和动力触探两类，详细具体的叙述见第十章。

3. 掘探法

掘探是在建筑场地用人工挖掘探井、探槽、探洞的方式来探明地表以下浅部的工程地质条件。掘探的特点是使用工具简单，技术要求不高，应用广泛，揭露的面积较大，可直接观察地层结构，采取原状结构试样，并可用来做现场大型原位测试。竖井和平洞的深度、长度、断面应按工程要求确定，但勘探深度受到一定限制，一般为 5 ~ 6m，且在地下水位以下难以进行。

4. 物探

物探是应用物理学原理勘查地下矿产、研究地质构造的一种方法。主要工作是利用相适应的仪器测量、接收工作区域的各种物理现象的信息，应用有效的处理方法从中提取出需要的内容，并根据岩体或构造的物性差异进行分析，推断探测对象在地下赋存的位置、大小范围和产状，以及反映相应物性特征的物理量等。相应的勘探方法有：地震勘探、重力勘探、磁法勘探、电法勘探、地温法勘探、核法勘探等。

水域物探可采用水底地层剖面仪探测、水域地震映像探测等物探方法。陆域物探应根据场地地基条件和工程要求选择有效的方法。

5. 测试

测试是岩土勘察工作的重要内容。通过室内试验或现场原位试验，可以取得岩土的物理力学性质和地下水水质等定量指标，以供设计计算时使用。

（1）室内试验

室内试验项目应按岩土类别，考虑工程分析计算要求确定。

对黏性土、粉土一般应进行天然密度、天然含水率、土粒相对密度、液限、塑限、压缩系数及抗剪强度试验。

对砂土则要求进行颗粒分析，测定天然密度、天然含水率、土粒相对密度及自然休止角等。

对碎石土，必要时可作颗粒分析；对含黏性土较多的碎石土，宜测定黏性土的天然含水率、液限和塑限。必要时可作现场大体积密度试验。

对岩石一般可作饱和单轴极限抗压强度试验；必要时，还须测定其他岩石物理、力学性质指标。

如需判定场地地下水对混凝土的腐蚀性时，一般可测定下列项目；如 pH 值、$Cl^-$、$SO_4^{2-}$、$HCO_3^-$、$Ca^{2+}$、$Mg^{2+}$等以及游离 $CO_2$和侵蚀性 $CO_2$的含量。

(2)原位测试

原位测试包括地基静载荷试验、旁压试验、十字板剪切试验、地基土的动力参数的测定、桩身完整性试验、桩的静载荷试验以及土压力、孔隙水压力测试等。原位测试能在现场条件下直接测定土的性质，避免试样在取样、运输以及室内试验操作过程中被扰动后导致测定结果的失真，因而其结果较为可靠。

(3)长期观测

有时在建筑物施工中或建成后的一段时间内，还要对场地或建筑物进行专门的工程性质长期观测工作。例如对重要建筑物或变形较大的地基，要进行水平位移及沉降观测，直至地基变形稳定为止。观察变形的发展过程，在必要时可及时采取处理措施，或为了积累资料，以便总结经验。

## 四、地基土的野外鉴别与描述

1. 地基土野外鉴别

在岩土工程勘察过程中，应在现场条件下及时对土进行鉴别和描述，这些现场记录是勘察工作的原始资料。在实际工作中，常因条件所限（特别是小型建筑工程），没条件取土进行土工试验，或在施工验槽时，急需判断土的性质，野外鉴别和描述就显得特别重要。现场鉴别的方法一般是用肉眼观察、用手触摸，并使用一些随身携带的小器具进行工作。

现场鉴别粉土还可采用“摇振反应”：用少量的土和水拌和形成一个含水率接近饱和的小球，放在手掌上左右摇动，并以另一手掌振击该手掌，若土中水渗出，土球表面呈现光泽，则该土为粉土。这是因为土中水较容易在粉土颗粒间通过，振击使土中水由于惯性力作用而移至表面，产生振动水析现象。

2. 地基土野外描述

钻探法的钻孔记录表中，除了记录钻孔的孔口高程、鉴定各土层的名称和埋藏深度以及初见水位和稳定水位以外，还需要对每一土层进行详细描述，作为评价各土层工程性质好坏的重要依据。描述的内容如下：

(1)颜色

土的颜色取决于组成该土的矿物成分和含有的其他成分，描述时从色在前，主色在后。例如，黄褐色，以褐色为本色，带黄色；若土中含氧化铁，则土呈红色或棕色；若土中含大量有机质，则土呈黑色，表明此土层不良；若土中含较多的碳酸钙、高岭土，则土呈白色。

(2)密度

土层的松密是鉴定土质优劣的重要方面。在野外描述时可根据钻进的速度和难易来判别土的密实程度。同时可在钻头提起后，在钻侧面窗口部位用刀切出一个新鲜面来观察，并用大拇指加压的感觉来判定松密。在钻孔记录表上注明每一层土属于密实、中密或稍密状态。

(3)湿度

土的湿度分为干的、稍湿的、湿的与饱和的4种。通常如地下水位埋藏深，在干旱季地表土层往往是干的；接近地下水位的黏性土或粉土因毛细水上升，往往是湿的；在地下水位以下，一般是饱和的。

(4)黏性土的稠度

黏性土的稠度是决定该土工程性质好坏的一个重要指标，分为坚硬、硬塑、可塑、软塑、流塑5种。描述方法可参照表3-1-11来进行。

**黏性土稠度的野外鉴别** 表3-1-11

| 土的稠度 | 鉴别特征 |
| --- | --- |
| 坚硬 | 手钻很费力，难以钻进，钻头取出土样用手捏不动，加力土不变形，只能碎裂 |
| 硬塑 | 手钻较费力，钻头取出土样用手捏时，要用较大的力才略有变形，并立即碎散 |
| 可塑 | 钻头取出的土样，手指用力不大就能按入土中。土可捏成各种形状 |
| 软塑 | 钻头取出的土样还能成形，手指按入土中不费力。可把土捏成各种形状 |
| 流塑 | 钻进很容易，钻头不易取出土样，取出的土已不能成形，放在手中不易成块 |

(5)含有物

土中含有非本层土成分的其他物质称为含有物，例如，碎砖、炉渣、石灰渣、植物根、有机质、贝壳、氧化铁等。有些地区有粉质黏土或粉土中含坚硬的孤石，海滨或故池塘往往含贝壳。记录表中应注明含有物的大小和数量。

(6)其他

碎石土与砂土应描述级配、砾石含量、最大粒径、主要矿物成分。

黏性土应描述断面形态、孔隙大小、粗糙程度、是否有层理等。

土中若有特殊气味，如海滨有鱼腥味等，亦应加以注明。

邻近设施对土质的影响，如管道漏水则使黏性土稠度变软、地下水位抬高等。

## 五、岩土工程评价和勘察报告书的编制

1. 岩土工程评价

各阶段岩土工程评价应符合下列规定。

(1)预可行性研究阶段或工程可行性研究阶段应着重说明场地的工程地质特征，分析判断工程地质条件的主要有利因素和不利因素，并重点分析场地的整体稳定性，评价场地建设的适宜性。

(2)初步设计阶段应根据工程建设的具体要求，综合分析所取得的各项地质资料，阐明场地工程地质条件，分别评价各区段地质特点及建设的适宜性，对场地稳定性和地基方案作出评价，对岩土利用、整治和改造的方案进行论证，为工程的初步设计方案提出建议和相应的地基计算参数。

(3)施工图设计阶段应分别阐明各个建筑物地段的工程地质条件，详细说明岩土层的分布，分析评价所需的岩土技术指标，提出设计和施工中应注意的问题和建议；预测工程使用期可能发生的岩土工程问题，并提出监控和预防措施的建议。

2. 勘察报告书的编制

勘察成果是以勘察报告的形式提供的。勘察工作结束后，把取得的野外工作和室内试验的记录和数据以及搜集到的各种资料进行分析整理、检查校对、归纳总结后作出建筑场地的工程地质评价。这些内容，最后以简要明确的文字和图表编成报告书，提供给建设单位、设计单位和施工单位使用，并作为长期保存的技术文件。

(1)岩土工程勘察报告文字部分应包括下列内容

①拟建工程概况；

②勘察目的、任务要求和依据的技术指标；

③勘察方法和勘察工作布置；

④场地地形、地貌、地质构造；

⑤岩土层分布、性质及其均匀性；

⑥岩土参数的统计、分析和选用；

⑦场地地下水情况；

⑧水和土对建筑材料的腐蚀性；

⑨场地地震效应的分析和评价；

⑩不良地质作用和特殊性岩土的描述和评价；

⑪场地稳定性和适宜性评价；

⑫岩土工程分析和评价；

⑬对工程设计和施工的建议；

⑭监控及预防措施的建议。

(2)所附图表和附件部分应包括下列内容

①勘探点平面图或工程地质平面图；

②勘探点成果数据表；

③钻孔柱状图；

④工程地质剖面图；

⑤原位测试成果图表；

⑥室内试验成果图表；

⑦岩土层特征指标综合统计表；

⑧其他图表、附件、照片或视频等。

## 第六节 土样和试样制备

### 一、土样的采集

用于室内土工试验的土样，其颗粒粒径均需小于60mm，土样有原状土和扰动土之分：保持土的原始结构及天然含水率，并使土样的采集不受扰动的称为原状土，反之则为扰动土。土样可在试坑、平洞、竖井、天然地面及钻孔中采取。在试坑中或天然地面下挖取原状土时，可用有上、下盖的铁皮取土筒，打开下盖，扣在欲取的土层上，边挖筒周围的土，边压筒至筒内装满土样，然后挖断筒底土层，取出土筒，翻转削平筒内土样，若周围有孔隙可用原土填满，盖好下盖，密封取土筒；用钻机取土时，土样直径不得小于10cm，并使用专门的薄壁取土器；采取扰动土时，应先清除表层土，然后分层用四分法取样。

试验所需土样的数量，宜符合表3-1-12的规定，并应附取土记录表（表3-1-13）及土样现场描述。原状土样应符合下列要求：

（1）土样蜡封应严密，保管和运输过程中不得受振、受热、受冻。

（2）土样取样过程中不得受压、受挤、受扭。

（3）土样应充满取土筒。

**试验采样数量和过筛标准** 表3-1-12

| 土类 / 土样数量 / 试验项目 | 黏性土 | | 砂性土 | | 过筛标准(mm) |
|---|---|---|---|---|---|
| | 原状土(筒) $\phi$10cm×20cm | 扰动土 (g) | 原状土(筒) $\phi$10cm×20cm | 扰动土 (g) | |
| 含水率 | | >800 | | >500 | |
| 比重 | | >800 | | >500 | |
| 颗粒分析 | | >800 | | >500 | |
| 界限含水率 | | >500 | | | 0.5 |
| 密度 | 1 | | 1 | | |
| 固结 | 1 | >2000 | | | 2.0 |
| 黄土湿陷 | 1 | | | | |
| 三轴压缩 | 2 | >5000 | | >5000 | 2.0 |
| 膨胀、收缩 | 2 | >2000 | | | 2.0 |
| 直剪 | 1 | >2000 | | >3000 | 2.0 |
| 击实、承载比 | | 轻型>20000<br>重型>50000 | | | 5.0 |
| 无侧限抗压强度 | 1 | | | | |
| 反复直剪 | 1 | >2000 | | | 2.0 |
| 相对密度 | | | | >2000 | |
| 渗透 | 1 | >1000 | | >2000 | 2.0 |
| 化学分析 | | >300 | | | 2.0 |
| 离心含水当量 | | >300 | | | 0.5 |

原状土样和需要保持天然含水率的扰动土样在试验前应妥善保管，并应采取防止水分蒸发的措施。土样自取样之日起至开土试验的时间不宜超过三周。

**取土记录　　工程名称＿＿＿＿＿＿**　　　　表 3-1-13

| | |
|---|---|
| 第＿＿＿页 | 第＿＿＿页 |
| 取土地点或路线里程＿＿＿＿＿＿＿＿ | 取土地点或路线里程＿＿＿＿＿＿＿＿ |
| 试坑号＿＿＿＿＿取样深度＿＿＿＿＿ | 试坑号＿＿＿＿＿取样深度＿＿＿＿＿ |
| 土样号＿＿＿＿＿取土袋号＿＿＿＿＿ | 土样名＿＿＿＿＿取土袋号＿＿＿＿＿ |
| 土样名＿＿＿＿＿＿＿＿＿＿＿＿＿＿ | 土样名＿＿＿＿＿＿＿＿＿＿＿＿＿＿ |
| 用途＿＿＿＿＿＿＿＿＿＿＿＿＿＿＿ | 用途＿＿＿＿＿＿＿＿＿＿＿＿＿＿＿ |
| 要求试验项目或取样说明<br>＿＿＿＿＿＿＿＿＿＿＿＿＿＿＿＿＿ | 要求试验项目或取样说明<br>＿＿＿＿＿＿＿＿＿＿＿＿＿＿＿＿＿ |
| 取样者＿＿＿＿＿＿日期＿＿＿＿＿＿ | 取样者＿＿＿＿＿＿日期＿＿＿＿＿＿ |

随土样运到试验单位的同时，应附试验委托书（表 3-1-14），其中各栏根据取样记录填写该表，若还有其他试验要求，可在委托书内说明，分类试验人员在接受土样时，应进行清点核对工作，按要求逐项试验并整理出试验报告。

**土样试验委托书**　　　　表 3-1-14

兹送上土样＿＿＿个，请按所附委托书要求项目予以试验为荷。

工程名称＿＿＿＿＿＿取样地点＿＿＿＿＿＿第＿＿＿页，共＿＿＿页＿＿＿年＿＿＿月＿＿＿日

此致

＿＿＿＿＿＿试验室

| 土样编号 | 试验室编号 | 土样名称（野外鉴别） | 取样地点或里程桩号 | 孔（坑）号 | 取样深度 | | 试验目的 | 项目 | | | | | | | 备注 |
|---|---|---|---|---|---|---|---|---|---|---|---|---|---|---|---|
| | | | | | 自 m | 至 m | | | | | | | | | |
| 1 | 2 | 3 | 4 | 5 | 6 | 7 | 8 | 9 | 10 | 11 | 12 | 13 | … | 31 | 32 |
| | | | | | | | | | | | | | | | |

主管　　　　　　　　主管工程师审核　　　　　　　　委托单位及联系人

注：1. 需做之项目可自行在空白栏内填写。

2. 备注栏内填写需要资料时间及寄送地点和土样试验后处理方法。

## 二、试样的制备

试样制备所需的仪器设备，应符合下列规定：

（1）细筛：孔径 0.5mm、2mm、5mm。

（2）洗筛：孔径 0.075mm。

（3）台秤和天平：称量 10kg，最小分度值 5g；称量 5000g 最小分度值 1g；称量 1000g 最小分度值 0.5g；称量 500g 最小分度值 0.1g；称量 200g 最小分度值 0.01g。

（4）环刀：不锈钢材料制成，内径 61.8mm 和 79.8mm，高 20mm；内径 61.8mm，高 40mm。

（5）其他：击样器、压样器、抽气设备（应附真空测压表和真空缸）、切土刀、钢丝锯、碎土工具、烘箱、保湿箱和喷水设备。

试验结束后剩余的土，应妥善贮存，并作标记。当无特殊要求时，余土的贮存期宜为 3

个月。

1. 原状土试样制备

(1)按土样上下层次小心开启原状土包装皮，将土样取出，修平两端，在环刀内壁涂一薄层凡士林，刀口向下放在土样上，无特殊要求时，压入方向与天然层次垂直。并将环刀下压，切土时，切土刀沿环刀外侧切削土样，边压边削至土样高出环刀。根据试样的软硬，采用钢丝锯或切土刀整平环刀两端试样，擦净环刀外壁，称环刀和试样的总质量。

(2)切削过程中应细心观察，并记录试件的层次、气味颜色、有无杂质、土质是否均匀、有无裂缝等。

(3)如连续切取数个试件，应注意使含水率不发生变化。

(4)视试样本身及工程要求决定试件是否进行饱和，如不立即进行试验或饱和时，则将试件暂存于保湿器内。

(5)切取试样后，剩余的原状土用蜡纸包好置于保湿器内，以备补做试验。从切削的余土中取代表性试样作物理性质试验(含水率、比重、颗粒分析、界限含水率等)。平行试验或同一组试件的密度差值不得大于0.03g/cm$^3$。

当确定土样已受扰动或取土质量不符合要求时，不应制备力学性质试验的试样。

2. 扰动土试样制备

(1)对扰动土样进行土样描述，如颜色、土类、气味及夹杂物等，如有需要，将扰动土充分拌匀取代表性土样进行含水率测定。

(2)将块状扰动土放在橡胶板上用木棒或粉碎机碾散，但切勿压碎颗粒，如含水率较大不能碾散时，应风干至可碾散时为止。

(3)根据试验所需土样数量，将碾散后的土样过筛。物理性质试验土样如液限、塑限、缩限等试验，需过0.5mm筛；水理性质及力学性质试验土样，需过2mm筛；击实试验土样，需过5mm筛；按规定过筛后用四分对角取样法取出足够数量的代表性试样，然后分别装入保湿缸或塑料袋内，标以标签，标签上应注明工程名称、土样编号、过筛孔径、用途、制备日期和人员等，以备各项试验之用。对于风干土应测定风干含水率。若含有较多粗砂及少量细粒土(泥砂或黏土)的松散土样，应加水湿润松散后，用四分法取出代表性试样。若系净砂，则可用匀土器取代表性试样。

(4)为配制一定含水率的试样，取过2mm筛的足够试验用的风干土1~5kg，计算所需的加水量$m_w$，然后将所取土样平铺于不吸水的盘内，用喷雾设备喷洒预计的加水量，并充分拌和，然后装入容器内盖紧，浸润一昼夜备用(砂性土浸润时间可酌量缩短)。

$$m_w = \frac{m}{1 + w_0}(w' - w_0) \tag{3-1-66}$$

式中：$m_w$——制样所需的加水量；

$m$——风干含水率时的土样质量；

$w_0$——风干土样含水率；

$w'$——土样要求的含水率。

(5)测定湿润土样不同位置的含水率(至少两个以上)，要求差值不大于1%。

(6)对不同土层的土样制备混合试样时，应根据各土层厚度，按比例计算相应质量配合，然后按(1)～(4)程序进行扰动土的制备工作。

在扰动土试样制备中，试样的数量视试验项目而定，应有备用试样1～2个。试验的项目不同，所需试样高度要求也有所不同，因而制样时分别选用击样法和压样法。击样法是将一定量的湿土分三层倒入装有环刀的击实器内，击实至所需密度；压样法是将一定量的湿土倒入装有环刀的压样器内，拂平土面，通过活塞以静压力将土压实到所需密度。

取出带有试样的环刀，称环刀和试样总质量。对不需饱和，且不立即进行试验的试样，应存放在保湿器内备用。

对于扰动土试样的制备，若采用击样法，要求以单层击实为好。采用压样法时各使用单位有形式不一的压样器，有的活塞有排气孔，有的带透水石，有的采用上下活塞两面压样等，要求制备试样的方法应当用与击实试验相近似的击实方法。

不同等级土样适用的土工试验内容可按表3-1-15选用。

不同等级土样适用的土工试验内容　　表3-1-15

| 类　别 | 扰动程度 | 质量等级 | 适应的土工试验内容 |
|---|---|---|---|
| 原状 | 不扰动 | Ⅰ | 土类定名指标、含水率、密度、强度参数、变形参数 |
| | 轻微扰动 | Ⅱ | 土类定名指标、含水率、密度 |
| 扰动 | 显著扰动 | Ⅲ | 土类定名指标、含水率 |
| | 完全扰动 | Ⅳ | 土类定名指标 |

3.试样的饱和

对需要饱和的试样，应根据土的性质选用下列饱和方法：

砂性土采用浸水饱和法；渗透系数大于$10^{-4}$cm/s的黏性土采用毛细管饱和法；渗透系数小于等于$10^{-4}$cm/s的黏性土采用抽气饱和法。

毛细管饱和法的步骤是：

(1)选用框式饱和器，试样上、下面放滤纸和透水石，装入饱和器内，并旋紧螺母。

(2)将装好的饱和器放入水箱内，注入清水，水面不宜将试样淹没，关箱盖。借土的毛细管作用，使试样饱和。浸水时间不得少于两昼夜。

(3)取出饱和器，松开螺母，取出环刀，擦干外壁，称环刀和土的总质量。

抽气饱和法的步骤是：

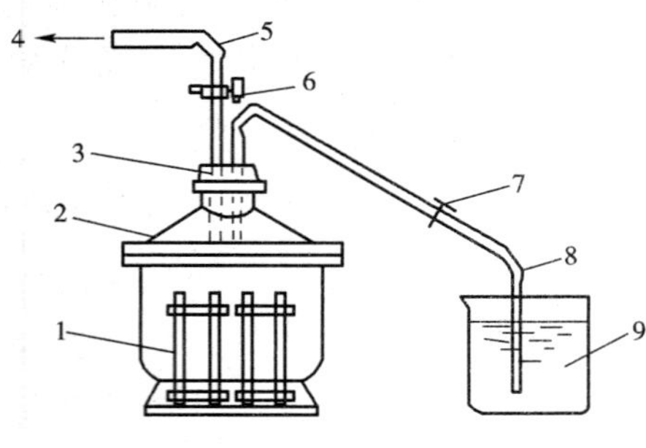

图3-1-45　真空饱和装置

1-饱和器；2-真空缸；3-橡胶塞；4-接抽气机；5-排气管；6-二通阀；7-管夹；8-引水管；9-盛水器

(1)选用叠式或框式饱和器和真空饱和装置(图3-1-45)，将装有试样的饱和器放入真空缸，真空缸与盖之间涂一层凡士林，盖紧。

(2)将抽气机与真空缸接通，开动抽气机，当真空压力表读数与一个大气压力值相等时，微开管夹，使清水徐徐注入真空缸，在注水过程中，真空压力表读数宜保持不变。

(3)待水淹没饱和器，停止抽气，开管夹使空气流入真空缸，静置一段时间，黏性土宜为10h。

(4)打开真空缸，从饱和器内取出试样，称试样质量，并计算饱和度，当饱和度低于95%时，应继续抽气饱和。

4. 计算

(1)干土的质量应按下式计算:

$$m_d = \frac{m_0}{1 + w_0} \tag{3-1-67}$$

式中:$m_d$——干土质量(g);

$m_0$——风干土(或天然土)质量(g);

$w_0$——风干土(或天然土)含水率(%)。

(2)制样所需加水量,应按式(3-1-66)计算。

(3)制备扰动土试样所需的土质量,应按下式计算:

$$m_0 = (1 + w_0)\rho_d V \tag{3-1-68}$$

式中:$\rho_d$——试样要求的干密度($g/cm^3$);

$V$——环刀的容积($cm^3$);

$w_0$——风干土(或天然土)含水率(%)。

(4)试样的饱和度,应按下式计算:

$$S_r = \frac{wG_s}{e} \tag{3-1-69}$$

式中:$S_r$——试样的饱和度(%);

$w$——试样的含水率(%);

$G_s$——土粒比重;

$e$——试样的孔隙比。

5. 资料整理及存档

试验报告所依据的试验数据应进行整理、检查、分析,所提供的指标必须真实、准确,物理力学指标间关系宜匹配。

室内试验应及时汇总试验数据,编制试验成果报告及各项试验曲线图、表。

对工程需要作文字说明的,试验报告宜包括工程概况、试验项目、试验要求及试验条件、试验过程、试验完成的数量质量及其与勘察技术要求的一致性、基本结论等内容。

各项试验的原始资料应及时签注说明、分类归档,电子类原始数据应及时标注,并制作不可修改文件或打印纸质文件存档。

## 第七节 软基处理

### 一、软基定义

根据我国《建筑地基基础设计规范》(GB 50007—2011)定义,软弱地基系指主要由淤泥、淤泥质土、冲填土、杂填土或其他高压缩性土层构成的地基。

### 二、软基主要类型及其特点

水运工程中经常碰到并需要进行处理的软弱地基土主要有以下几类:

1.软黏土

水运工程由于工程所在地濒临水域，浅部地层多为软黏土—淤泥或淤泥质土。它是在静水或非常缓慢的流水环境中沉积，是第四纪后期形成的海相、泻湖相、三角洲相、溺谷相和湖泊相的黏性土沉积物或河流冲积物。有的软黏土属于新近淤积物。以淤泥质土为主的混合土，如淤泥质土混砂有时也属于此类土。

软黏土大部分处于饱和状态，其天然含水率大于液限。孔隙比大于1，含水率大于36%时为淤泥质土。孔隙比大于1.5，含水率大于55%时为淤泥。孔隙比大于2.4，含水率大于85%时为流泥。

软黏土的特点是天然含水率高，天然孔隙比大，压缩系数高，常处于欠固结状态，为软塑或流塑状态的土，抗剪强度低；渗透系数小。在荷载作用下，软黏土地基承载力低，地基沉降变形大，可能产生的不均匀沉降也大，而且沉降稳定历时比较长，一般需要几年，甚至几十年。

软黏土广泛地分布在我国沿海以及内地河流两岸和湖泊地区。例如：天津、连云港、上海、杭州、宁波、台州、温州、福州、厦门、湛江、广州、深圳、珠海等沿海地区，以及昆明、武汉、南京、马鞍山等内陆地区。

2.人工填土

港区的陆域形成，后方堆场回填，沿江沿滩的围垦大量采用人工填土。

人工填土按照物质组成和堆填方式可以分为素填土、杂填土和冲填土三类。

(1)素填土是由碎石、砂或粉土、黏性土等一种或几种组成的填土，其中不含杂质或含杂质较少。常用开山石料，大小不一，有的直径达数米，填筑厚度有的达数十米，极不均匀。

(2)杂填土是人类活动形成的无规则堆积物，其成分复杂，性质也不相同，且无规律性。在大多数情况下，杂填土是比较疏松和不均匀的。在同一场地的不同位置，地基承载力和压缩性也可能有较大的差异。

(3)冲填土是利用在航道治理和疏通时挖出的泥砂，由水力冲填到陆地或岸滩形成的冲积土。冲填土的性质与所冲填泥砂的来源、冲填时的水力条件以及沉积时间有密切关系。这类土成分比较复杂，吹泥口区域往往粒径较粗大，粗细颗粒排水固结快慢不同，含黏土颗粒较多的冲填土往往是欠固结的。冲填土的强度和压缩性指标都比同类天然沉积土差。主要以砂和其他粗颗粒土组成的冲填土不属于软弱土。

3.松散砂土和粉土

松散砂土和粉土是指饱和粉砂土、饱和细砂土和砂质粉土。它们可能是自然沉积的也可能是人工回填的。这类土在静载作用下虽然具有较高的强度，但在机器振动、车辆荷载、波浪或地震力的反复作用下有可能产生液化或产生较大的震陷变形。地基会因地基土体液化而丧失承载能力。在动水作用下会发生渗透失稳—流砂与管涌。

## 三、地基处理目的

地基处理是为提高地基承载力，改善其变形性质或渗透性质而采取的人工处理地基的方法。其目的是使得经处理后的人工地基满足建(构)筑物对地基的要求。

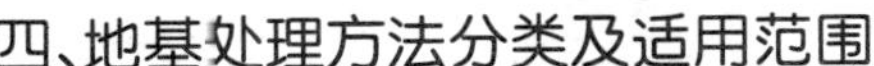


地基处理方法众多，分类可有多种多样。按时间可分为临时处理和永久处理，根据深度分浅层处理和深层处理；根据方法的性质分为物理的、化学的以及生物的处理方法；根据适用的土类可以分为黏性土与砂性土处理，饱和土的与非饱和土处理。岩土界认识比较统一的分类方法是根据地基处理的作用机理或者说加固原理分类，因为它体现各种地基处理方法的主要特点。

人工处理地基可以仍然是均质地基，也可以是复合地基。复合地基是部分土体被增强或被置换形成增强体（通常是散体、柔性或刚性桩），由增强体和周围地基土共同承担荷载的地基。

下面根据地基处理的加固原理，将地基处理方法分为6类。

1. 置换

置换是指用物理力学性质较好的岩土材料置换天然地基中部分或全部软弱土体，以形成双层地基或复合地基，达到提高地基承载力、减小沉降的目的。

属于置换原理的地基处理方法有：换土垫层法、挤淤置换法、褥垫法、砂石桩置换法、振冲置换、强夯置换、爆炸挤淤法等。

2. 排水固结

排水固结法是在土中增设排水通道并给土体加载，使土体排水固结，孔隙比减小，抗剪强度提高，以达到提高地基承载力，减少工后沉降的目的。

排水固结法按加载方式可细分为：堆载（砂石等实物）预压法、超载预压法、真空预压法、真空预压与堆载预压联合作用法、电渗法，以及降低地下水位法等。竖向排水体可分为：普通砂井、袋装砂井和塑料排水带等。

3. 灌入固化物

灌入固化物是指向土体中灌入或拌入水泥，石灰或其他化学固化浆材，在地基中形成增强体，以达到地基处理的目的。

属于灌入固化物的地基处理方法有：深层搅拌法、高压喷射注浆法与灌浆法等。

4. 振密、挤密

振密、挤密是指采用振动或挤密的方法使地基土体密实以达到提高地基承载力和减少沉降的目的。

属于振密、挤密的地基处理方法有：表层压实法（碾压、振动碾压与冲击碾压等）、强夯法、振冲密实法、挤密砂石桩法、爆破挤密法、土桩和灰土桩法、夯实水泥土桩法、柱锤冲扩桩法、孔内夯扩法等。

5. 加筋

加筋是在地基中设置强度高、模量大的筋材，如：土工格栅、土工织物等，以达到提高地基承载力、减少沉降的目的。

属于加筋的地基处理方法有：加筋土垫层法，加筋土挡墙法和土钉墙法等。树根桩法、CFG桩、低强度混凝土桩复合地基法也可归入这一类。

6. 冷热处理

通过冻结或焙烧加热地基土体以改变土体物理力学性质达到地基处理的目的。

## 五、地基处理监测与检测

监测与检测是软基处理工程不可缺少的一项重要工作，监测信息与测试数据分析结果用于指导施工，检验设计参数和处理效果，为修改、优化设计提供依据，预防工程质量与安全事故的发生。监测积累资料，还可以为理论研究服务。

软基处理的监测与检测是整个工程测试中的一个组成部分。软基处理监测的有些测试项目通常会延续至工程运营阶段，成为地基永久监测的一部分，其测试设施通常也就成了永久监测系统。软基处理的检测是具有阶段性的，通常不会延续至工程运营阶段，检测与部分监测结果仅作为工程施工完成后阶段性验收依据。

（1）监测：是指在软基处理施工期间及使用期间对地基、边坡和滑坡等岩土体的强度、变形、土压力、水位和孔隙水压力等动态变化的观测与分析的过程。也包括对受软基处理施工影响的周围建（构）筑物的内力和变形观测与分析的过程。

（2）检测：是指为了评价软基处理效果所作的地基土物理力学指标、强度和承载力等所作的岩土测试，以及部分软基加固方法主要材料的质量检测。

检测则是对软基处理效果、工程质量作出的定性定量的评估，是工程质量验收评定的依据。检测与监测工作的技术要求，包括测试方法、测试项目、抽样频率、测点数量与布置、测试的时间与频率通常由设计规定，也可参照相应的地基基础设计规范、软基处理规范和软基处理工程质量评定与验收规范。

（3）测试方法与标准：所选用的技术方法与标准，原则上按行业规范执行，也可参照国家标准与地方标准。软基处理监测的监控与报警标准由设计根据工程特点提出。测试基本过程：试验与检测人员须根据检（监）测技术要求编制计划或大纲；按照测试技术要求、检测标准与规范确定经济合理的测试方法；选择合适的测试传感器与仪器设备；做好传感器、测点与测试仪表器具的埋设安装与维护，并做好初始状态的数据测定；监（检）测过程中及时测读、整理、校核、分析数据，提交数据与阶段性分析报告，参与施工过程控制以及质量验评；软基处理工程完成后提交总体检测报告。

软基处理常用的测试方法及适用范围见表 3-1-16。

常用现场测试方法的适用范围　　表 3-1-16

| 地基处理方法 \ 现场检测方法 | 平板载荷试验 | 沉降观测 | 水平位移观测 | 十字板剪切试验 | 静力触探 | 动力触探 | 标准贯入试验 | 孔隙水压力测试 | 桩载荷试验 | 旁压试验 | 桩基动力测 | 波速法 | 螺旋压板试验 |
|---|---|---|---|---|---|---|---|---|---|---|---|---|---|
| 换填法 | ○ | ○ | × | × | ○ | ○ | ○ | × | × | △ | × | ○ | △ |
| 振冲碎石桩法 | ○ | ○ | × | × | ○ | △ | ○ | ○ | △ | △ | × | ○ | × |
| 强夯置换法 | ○ | ○ | △ | × | × | ○ | ○ | △ | × | × | × | × | × |
| 砂石桩（置换）法 | ○ | ○ | × | △ | ○ | △ | △ | ○ | × | △ | × | ○ | × |

续上表

| 地基处理方法 \ 现场检测方法 | 平板载荷试验 | 沉降观测 | 水平位移观测 | 十字板剪切试验 | 静力触探 | 动力触探 | 标准贯入试验 | 孔隙水压力测试 | 桩载荷试验 | 旁压试验 | 桩基动力测 | 波速法 | 螺旋压板试验 |
|---|---|---|---|---|---|---|---|---|---|---|---|---|---|
| 石灰桩法 | ○ | ○ | △ | △ | ○ | △ | △ | × | △ | △ | × | ○ | △ |
| 堆载预压法 | ○ | ○ | △ | △ | ○ | △ | ○ | △ | × | △ | × | ○ | ○ |
| 超载预压法 | ○ | ○ | △ | △ | ○ | △ | ○ | △ | × | △ | × | ○ | ○ |
| 真空预压法 | ○ | ○ | △ | ○ | ○ | △ | ○ | ○ | × | ○ | × | ○ | ○ |
| 深层搅拌法 | ○ | ○ | × | ○ | × | × | × | × | △ | △ | △ | ○ | △ |
| 高压喷射注浆法 | ○ | ○ | × | × | × | × | × | × | × | △ | △ | △ | × |
| 灌浆法 | ○ | ○ | × | × | × | × | × | × | × | △ | × | △ | × |
| 强夯法 | ○ | ○ | ○ | × | ○ | △ | ○ | ○ | × | ○ | × | ○ | △ |
| 表层夯实法 | ○ | ○ | △ | × | ○ | △ | ○ | × | × | × | × | ○ | ○ |
| 振冲密实法 | ○ | ○ | △ | × | ○ | △ | ○ | ○ | △ | △ | × | ○ | × |
| 挤密砂石桩法 | ○ | ○ | △ | △ | ○ | △ | ○ | ○ | △ | △ | × | ○ | × |
| 土桩、灰土桩法 | ○ | ○ | △ | × | △ | △ | △ | × | × | △ | × | × | × |
| 加筋土法 | ○ | ○ | ○ | △ | △ | × | △ | × | × | △ | × | △ | △ |
| 冻结法 | △ | ○ | ○ | × | △ | △ | × | × | × | × | × | ○ | × |
| 低强度混凝土桩法 | ○ | △ | △ | × | × | × | × | × | ○ | × | ○ | × | × |
| 薄壁筒桩法 | ○ | △ | △ | × | × | × | × | × | ○ | × | × | × | × |

注：○-一般适用；△-有时适用；×-不适用。

# 第二章
# 含水率及界限含水率试验

## 第一节　概　　述

### 一、含水率试验的项目

土的含水率是指土中水分的质量与土粒质量的比值，也就是土样在 105 ~ 110℃下烘至恒重时所失去的水分质量与干土质量的比值，用百分率表示。

含水率对黏性土的工程性质，如对土的状态、土的抗剪强度以及土的固结变形等有极大的影响。测定土的含水率，以了解土的含水情况，也是计算土的孔隙比、液性指数、饱和度和其他物理力学性质不可缺少的一个基本指标。试验方法有烘干法、酒精燃烧法等。

### 二、界限含水率的概念

随着土中含水率的不同，黏性土分别处于不同状态。瑞典农学家阿太堡(Atterberg)将土从液态过渡到固态的过程分为五个阶段，规定了各个界限含水率，称为阿太堡限度。对实际工程来说，有实用意义的主要是液限、塑限和缩限。将土具有最小强度时的含水率作为土的流动状态和可塑状态的界限含水率称为液限，液限是可塑状态的上限。如果土的水分继续减小，屈服应力增加到一定值，土就变成具有脆性，区分塑性和脆性的界限含水率定义为塑限，塑限是可塑状态的下限。含水率低于塑限的黏土逐步干燥，土体积逐渐减缩，当土继续干燥而体积不再减缩时的含水率称为缩限。含水率低于缩限时，水分蒸发时土的体积不再缩小。

塑性高的黏性土，表示土中黏粒含量大，同时也表示黏性土中可能含有蒙脱石或其他高活性的胶体黏粒较多。因此，界限含水率，尤其是液限的测定，可用来计算土的塑性指数和液性指数，作为黏性土分类以及估计地基承载力的依据。

目前国内外测定液塑限的方法基本上有两种。一种是锥式液限仪，例如英国、苏联以及东欧一些国家常用这种仪器，它的特点是仪器结构简单、操作方便、标准易于统一；另一种仪器是碟式液限仪，如美国、日本、原西德、澳大利亚等国常用。目前我国在锥式液限仪的基础上作了一些改进，采用液塑限联合测定仪。它是一种既能确定液限又能确定塑限的电测自动装置。

# 第二节 试验方法

## 一、含水率试验

### (一)烘干法

本试验适用于粗粒土、细粒土、有机质土和冻土。

1. 仪器设备

(1)分析天平:称量200g,最小分度值0.01g。

(2)烘箱:保持105~110℃的自动控制的电热恒温烘箱。

(3)干燥器:通常用附有氧化钙干燥剂的玻璃干燥缸。

(4)其他:调土刀、铝盒、玻璃板、凡士林等。

2. 操作步骤

(1)选取具有代表性的试样15~30g分别装入两只铝盒,并盖好盒盖。

(2)在天平上分别称量铝盒加土的质量,准确至0.01g。

(3)打开盒盖,将盒置于烘箱内,在105~110℃的恒温下烘干,烘干时间对黏性土不得少于8h,对砂性土不得少于6h。对含有机质超过干土质量5%的土,应将温度控制在65~70℃的恒温下烘至恒量。

(4)将铝盒从烘箱中取出,盖上盒盖,放入干燥容器内冷却至室温,称盒加干土的质量,准确至0.01g。

3. 试验记录

含水率试验记录如表3-2-1所示。

含水率试验记录　　表3-2-1

工程名称__________　　试验者__________

工程编号__________　　计算者__________

试验日期__________　　校核者__________

| 试样编号 | 盒号 | 盒质量(g) | 盒加湿土质量(g) | 盒加干土质量(g) | 湿土质量(g) | 干土质量(g) | 含水率(%) | 平均含水率(%) |
|---|---|---|---|---|---|---|---|---|
| | | | | | | | | |
| | | | | | | | | |

### (二)酒精燃烧法

本实验适用于现场快速测定含水率,不适用于含有机质的土。

1. 仪器设备

(1)铝盒或玻璃称量瓶。

(2)分析天平(最小分度值0.01g)。

(3)酒精(纯度95%)。

(4)滴管、火柴和调土刀等。

2. 操作步骤

(1)取代表性土样(黏土10g左右,砂性土20~30g),放在铝盒内置于天平上称湿土质量。

(2)用滴管将酒精注入湿土内，直至液面露出土面为止，并使酒精在试样中充分混合均匀。

(3)点燃铝盒中酒精，烧至火焰熄灭。

(4)将试样冷却数分钟后，按上述方法重复燃烧两次，当第三次火焰熄灭后，立即盖上盒盖，称取干土质量准确至0.01g。

3. 试验记录

试验记录与烘干法相同(表3-2-1)。

## 二、液限、塑限含水率试验

### (一)平衡锥式液限仪法

1. 仪器设备

(1)平衡锥式液限仪(质量为76g，图3-2-1)。

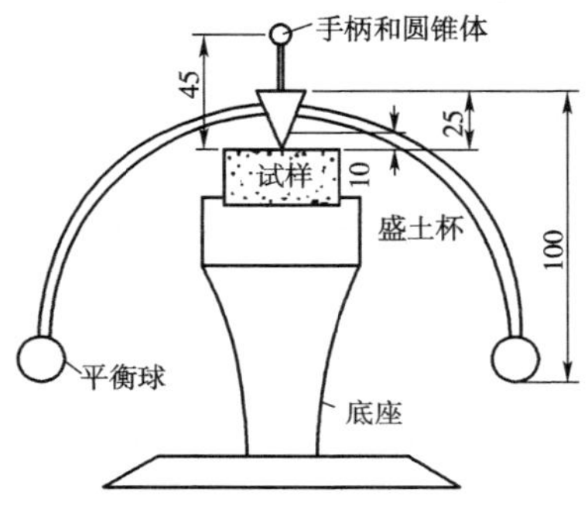


图3-2-1 锥式液限仪(单位:mm)

(2)分析天平:称量200g，最小分度值0.01g。

(3)烘箱、干燥器、筛(孔径0.5mm)、研钵。

(4)其他:铝盒、调土刀、毛玻璃板、碗、滴管、电吹风、凡士林等。

2. 操作步骤

(1)应尽可能选用具有代表性的天然含水率的土样来测定。若土中含有大于0.5mm的颗粒较多或夹有大量的杂物以及由于条件限制只能采用风干土时，应将土样风干研碎，并通过0.5mm的标准筛方可试验。

(2)取拌匀的土样分层装入试杯中，并注意土中不能留有空隙，装满试杯，刮去余土使试样与杯口平齐，不得用刀在土面上反复涂抹。

(3)在液限仪锥尖上抹一薄层凡士林，提住锥体上端手柄，使锥尖正好接触试样表面，松开手后，使锥体自由沉入土中，约15s左右如入土深度恰好10mm，则此时土的含水率即为液限含水率。

(4)若锥体在15s入土深度超过或低于10mm，应将土样全部取出，挖去有凡士林部分，再边调拌边吹风或适当加水重新拌和，直至达到要求。

(5)取出锥体，用调土刀挖去有凡士林部分的土，再取锥孔附近土样10~15g，测定其含水率。

3. 试验记录

试验记录如表3-2-2所示。

**平衡锥式液限仪试验记录** 表3-2-2

工程编号________ 钻孔编号________ 土样说明________

试验者________ 计算者________ 校核者________

| 盒号 | 盒+土(g) | 盒+干土(g) | 盒(g) | 湿土(g) | 干土(g) | 水(g) | 液限(%) | 平均值 |
|---|---|---|---|---|---|---|---|---|
| | (1) | (2) | (3) | (4)=(1)-(3) | (5)=(2)-(3) | (6)=(4)-(5) | (7)=(6)/(5) | |
| | | | | | | | | |
| | | | | | | | | |

注:试验需进行两次测定，取其平均值，其平均值差值一般不超过2%。

### (二)液塑限联合测定法

本试验适用于粒径小于0.5mm,以及有机质含量不大于试样总质量5%的土。

1.仪器设备

(1)液塑限联合测定仪(质量有76g和100g之分),这里以76g的为例(图3-2-2)。

(2)分析天平:称量200g最小分度值0.01g。

(3)烘箱、干燥器、筛(孔径0.5mm)、研钵。

(4)其他 铝盒、调土刀、毛玻璃板、碗、滴管、电吹风、凡士林等。

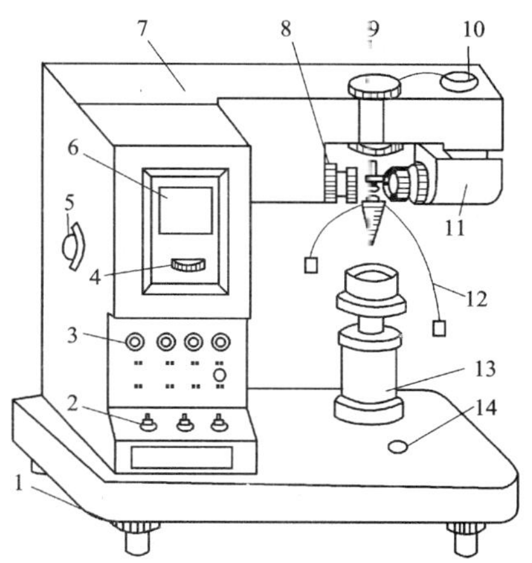


图3-2-2 液塑联合测定仪

1-水平调节钮;2-控制开关;3-指示灯;4-零线调节钮;5-反光镜调节钮;6-屏幕;7-机壳;8-物镜调节钮;9-电磁装置;10-光源调节钮;11-光源;12-圆锥仪;13-升降台;14-水准器

2.操作步骤

(1)制备土样(参见本篇第一章)。

(2)分别将试样在毛玻璃板上调制成3种不同的含水率的土样(用滴管加水及电吹风吹的方法),使其中一种的圆锥入土深度控制在17mm左右,另一种控制在3~4mm,还有一种入土深度控制在3~17mm的中间。

(3)用调土刀将诸试样调拌均匀,分数次密实地填入试样杯中,装填时需注意试样内部及试样和试样杯接触处不得留有空隙,然后刮平土面放在升降台上。

(4)将圆锥擦净,在锥尖部分抹一薄层凡士林,打开电源开关,使电磁铁吸牢圆锥。

(5)调节屏幕零点,使其与微分尺在屏幕上显示的零读数重合,转动升降台,使试样杯内的土面刚好与圆锥的锥尖接触,指示灯亮,放锥,经5s后,立即从屏幕上读出锥体入土深度。调整土样位置,重复(4)、(5)步骤两三次,取其平均值。

(6)取下试样杯,用小刀刮去沾有凡士林的土后,将剩余土分装两个铝盒,测定其含水率。

(7)以含水率为横坐标,圆锥下沉深度为纵坐标,在双对数坐标纸上绘制关系曲线,三点应在一直线上。当三点不在一直线上时,通过高含水率的点分别与其余两点连成两条直线,在下沉深度为2mm处查得相应的两个含水率,当两个含水率的差值小于2%时,应以该两点含水率的平均值与高含水率的点连一直线。当两个含水率的差值大于、等于2%时,应重作试验。

3.试验记录

试验记录如表3-2-3所示。

**界限含水率试验记录**(液、塑限联合测定法) 表3-2-3

工程名称__________ 试验者__________

工程编号__________ 计算者__________

试验日期__________ 校核者__________

| 试样编号 | 圆锥下沉深度(mm) | 盒号 | 湿土质量(g) | 干土质量(g) | 含水率(%) | 液限(%) | 塑限(%) | 塑性指数 |
|---|---|---|---|---|---|---|---|---|
| | | | (1) | (2) | $(3)=\left[\frac{(1)}{(2)}-1\right]$ | (4) | (5) | (6)=(4)-(5) |
| | | | | | | | | |
| | | | | | | | | |

**（三）碟式仪法液限试验**

国内采用碟式仪测定液限的单位极少。由于仪器规格不同，因此所测得的成果也有所不同。我国以往采用的是国际上应用较广的ASTM标准的液限仪及A型划槽刀，如图3-2-3所示。

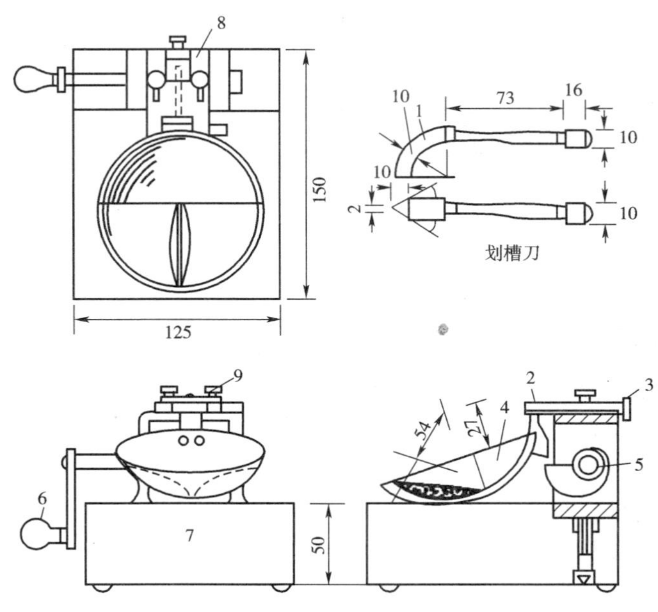


图3-2-3　碟式液限仪（单位：mm）

1-开槽器；2-销子；3-支架；4-土碟；5-蜗轮；6-摇柄；7-底座；8-调整板；9-螺钉

对碟式仪的仪器设备要求是：土碟必须自由下落而不能左右摇晃，其上升高度与基底的间距准确调至10mm，这可用间隙块检查，当土碟上升到最大高度时，块规刚好通过（块规常用划槽刀的把），若不符合要求，可用调节钮调节。划槽刀尖端宽度为2mm，如磨损应更换。

碟式仪法测定液限应制备数个不同含水率的试样，试样制备与联合测定法相同。装填试样时必须将土碟放在基座上，不能由凸轮支着。

（1）将制备好的试样从土碟中间填满挤向两旁，以免夹有气泡，将试样表面整平并与基座平行。试样中心厚度为10mm。用划槽刀经涡形轮中心沿土碟直径将试样划开，形成V形槽。

（2）以每秒两转的速度转动摇柄，使土碟反复起落，坠击于基座上，数记击数，直至槽底两边试样的合拢长度为13mm时为止，记录击数，并在槽的两边取试样测定含水率。

（3）将制备的不同含水率的试样，重复上述步骤，测定4～5个试样的含水率，槽底试样合拢至13mm所需要的击数控制在15～35击之间。

（4）绘制含水率与击数关系曲线，见图3-2-4。在曲线上取25击所对应的含水率即为液限。

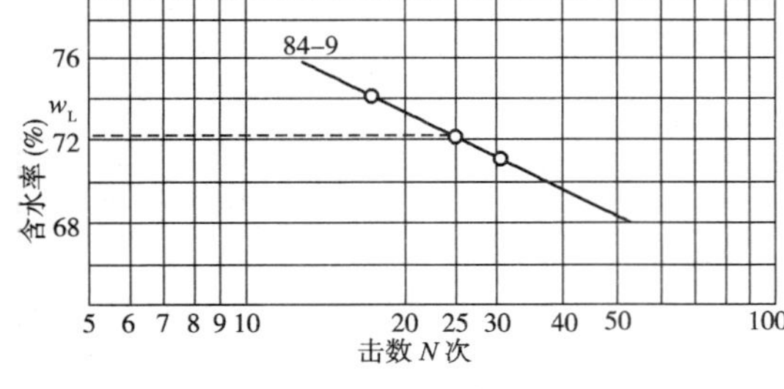


图3-2-4　液限曲线

在进行试验过程中，槽沟闭合的判断人为影响较大，目前各国闭合长度规定不一致，多数采用

13mm。目前国内使用的碟式仪多数为进口仪器，国内尚无定型的碟式仪。试验记录见表3-2-4。

碟式仪液限试验记录

表3-2-4

工程名称____________ 试验者____________

工程编号____________ 计算者____________

试验日期____________ 校核者____________

| 试样编号 | 击数 | 盒号 | 湿土质量(g) | 干土质量(g) | 含水率(%) | 液限 |
|---|---|---|---|---|---|---|
| | | | (1) | (2) | $(3)=\left[\frac{(1)}{(2)}-1\right]$ | (4) |
| | | | | | | |
| | | | | | | |

**(四)滚搓法测定塑限**

1. 仪器设备

(1)毛玻璃板(25cm×25cm×5cm或50cm×75cm×5cm左右)。

(2)分析天平：最小分度值0.01g，称量200g。

(3)烘箱、干燥器。

(4)其他：铝盒、调土刀、钢棒(直径3mm)、滴管等。

2. 操作步骤

(1)制备土样(省略)。

(2)取30g左右人工制备的扰动土，适当吹干或风干，调制成不黏手的土团。

(3)将捏成橄榄大小的土球放在干燥清洁的毛玻璃板上，用手掌适当加压搓动。搓条时以手掌均匀施加压力，不得无压滚动，土条长度不宜超出手掌宽度，并且不容许产生土条中空现象。

(4)若土条搓到直径3mm时，表面产生许多裂缝并同时开始断裂，此时土的含水率就是塑限。将合格的土条迅速装入铝盒，随即盖紧盒盖，接着进行下一个土条的搓条试验，直至收集3~5g土条时，测定其含水率，如果所搓土条的直径达3mm时未产生裂缝，则表示试样的含水率高于塑限；如果所搓土条的直径大于3mm时就产生裂缝并断裂，则表示试样的含水率低于塑限。高于或低于塑限应重新进行试验。

3. 试验记录

试验记录见表3-2-5。

滚搓法塑限试验记录

表3-2-5

工程名称____________ 试验者____________

工程编号____________ 计算者____________

试验日期____________ 校核者____________

| 试验编号 | 盒号 | 湿土质量(g) | 干土质量(g) | 含水率(%) | 塑限 |
|---|---|---|---|---|---|
| | | (1) | (2) | $(3)=\left[\frac{(1)}{(2)}-1\right]$ | (4) |
| | | | | | |
| | | | | | |

注：试验需进行2~3次的平行测定，取其平均值。其平行差值，黏土及粉质黏土不得大于2%，粉土不得大于1%。

## 三、收缩试验

### （一）重塑土的收缩试验

1. 仪器设备

（1）收缩皿：金属制成，直径45~50mm，高度为20~30mm。

（2）卡尺：分度值为0.02mm。

2. 操作步骤

（1）取代表性土样制备成含水率等于、大于液限的试样。

（2）在收缩皿内涂一薄层凡士林，将试样分层填入收缩皿中，每次填入后将皿底拍击试验台，直至驱尽气泡。收缩皿内填满试样后刮平表面。

（3）擦净收缩皿外部，称收缩皿和试样的总质量。

（4）将填满试样的收缩皿放在通风处晾干，当试样颜色变淡时，放入烘箱内烘至恒量，取出置于干燥器中冷却至室温，称收缩皿和干试样的总质量，精确至0.01g。

（5）用蜡封法测定干试样的体积。

3. 试验记录

试验记录见表3-2-6。

**收缩皿法缩限记录** 表3-2-6

工程名称__________ 试验者__________

工程编号__________ 计算者__________

试验日期__________ 校核者__________

| 试样编号 | 收缩皿号 | 湿土质量（g） | 干土质量（g） | 含水率（%） | 湿土体积（$cm^3$） | 干土体积（$cm^3$） | 土的缩限（%） | 平均值 |
|---|---|---|---|---|---|---|---|---|
| | | (1) | (2) | $(3)=\left[\frac{(1)}{(2)}-1\right]$ | (4) | (5) | $(6)=(3)-\left[\frac{(4)-(5)}{(2)}\rho_w\right]$ | (7) |
| | | | | | | | | |
| | | | | | | | | |

### （二）原状土的收缩试验

原状土的收缩试验是测定土的线缩率、体缩率、收缩系数和缩限。仪器采用收缩仪。收缩仪多孔板上孔的面积占整个面积的一半以上。用环刀切取试样，推出后置于多孔板上称重，装上百分表，测记初读数。在室温不高于30℃的条件下进行收缩。根据室内温度及收缩速度，每隔1~4h测记百分表读数并称重。两天后每隔16~24h测记百分表读数并称重，直至两次读数基本不变。取出试样，在105~110℃温度下烘干，称干土质量，用蜡封法测定试样体积，计算不同时间的含水率，并按公式计算线缩率和体缩率。

# 第三节 试验成果的应用

## 一、含水率试验成果整理

（1）试样的含水率应按下式计算，精确至0.1%：

$$w_0 = \left(\frac{m_0}{m_s} - 1\right) \times 100\% \tag{3-2-1}$$

式中：$w_0$——试样含水率（%）；

$m_0$——试样湿质量（g）；

$m_s$——试样干质量（g）。

（2）含水率试验应进行两次平行测定，两次测定的差值，当含水率小于40%时，不得大于1%；当含水率大于等于40%时，不得大于2%。取两次测值的平均值。

（3）含有机质的土在105～110℃温度下经长时间烘干后，有机质特别是腐殖酸会在烘干过程中逐渐分解而不断损失，使测得的含水率比实际的含水率大，土中有机质含量越高误差就越大。故该试验对有机质含量超过5%的土，规定在65～70℃的恒温下进行烘干。

（4）对层状和网状构造的冻土含水率试验应按下列步骤进行：用四分法切取200～500g试样（视冻土结构均匀程度而定，结构均匀少取，反之多取）放入搪瓷盘中，称盘和试样质量，准确至0.1g。待冻土试样融化后，调成均匀糊状（土太湿时，多余的水分让其自然蒸发或用吸球吸出，土太干时，可适当加水），称土糊和盘质量，准确至0.1g。从糊状土中取样测定含水率。

## 二、液限、塑限含水率试验成果整理及应用

（1）含水率的计算按式（3-2-1）进行，计算精确至0.1%。

（2）以含水率为横坐标，圆锥下沉深度为纵坐标，在双对数纸上绘制关系曲线（图3-2-5）。查得下沉深度为17mm所对应的含水率为17mm液限，下沉深度为2mm所对应的含水率为塑限。

（3）塑性指数应按下式计算：

$$I_P = (w_L - w_P) \times 100 \tag{3-2-2}$$

式中：$I_P$——塑性指数；

$w_L$——液限含水率（%）；

$w_P$——塑限含水率（%）。

（4）液性指数应按下式计算：

$$I_L = \frac{w - w_P}{w_L - w_P} \tag{3-2-3}$$

式中：$I_L$——液性指数；

$w$——土的天然含水率（%）。

其余符号意义同前。

（5）一定的土，其液塑限都是一定的，天然含水率在一定时期内也可认为是常量，测定上述指标之后，可参考规范，利用塑性指数对黏性土进行分类，或根据塑性指数和液限对土进行定名，也可用液性指数鉴定土层所

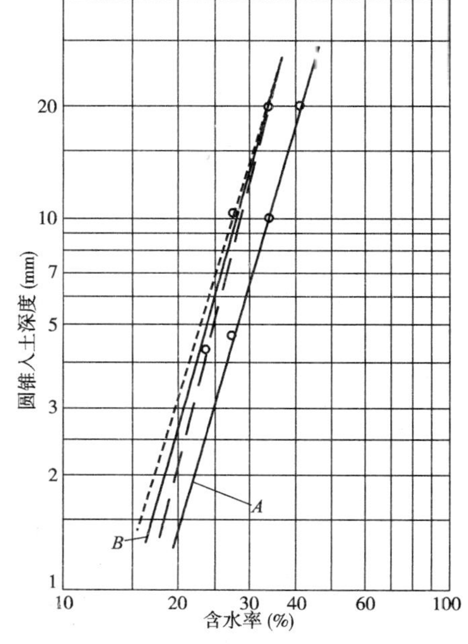


图3-2-5 圆锥下沉深度与含水率关系曲线

处的稠度状态(表3-2-7),工程中还应用上述指标估算地基土的承载力。

**黏性土的状态** 表3-2-7

| 状态 | 坚硬 | 硬塑 | 可塑 | 软塑 | 流塑 |
|---|---|---|---|---|---|
| 液性指数 | $I_L \leqslant 0$ | $0 < I_L \leqslant 0.25$ | $0.25 < I_L \leqslant 0.75$ | $0.75 < I_L \leqslant 1$ | $I_L > 1$ |

## 三、收缩试验成果整理

(1)试样不同时间的含水率计算仍按式(3-2-1)进行。

(2)线缩率的计算:

$$\delta_{si} = \frac{Z_1 - Z_0}{h_0} \times 100\% = \frac{\Delta Z}{h_0} \times 100\% \tag{3-2-4}$$

式中:$\delta_{si}$——试样在某时刻的线缩率(%);

$Z_1$——某时刻的百分表读数(mm);

$h_0$——试样初始高度(mm);

$Z_0$——百分表的初读数(mm)。

(3)体缩率的计算:

用横向和竖向各4次的平均值,计算干缩后的体积,并按下式计算体缩率:

$$\delta_V = \frac{V_0 - V_d}{V_0} \times 100\% \tag{3-2-5}$$

式中:$V_0$——试样初始体积(环刀体积);

$V_d$——干缩稳定后的体积。

(4)收缩系数应按下式计算:

$$\lambda_S = \frac{\Delta\delta_{si}}{\Delta w} \tag{3-2-6}$$

式中:$\lambda_S$——收缩系数;

$\Delta w$——收缩曲线上第 $i$ 阶段两点的含水率之差(%);

$\Delta\delta_{si}$——与相对应的两点线缩率之差(%)。

(5)土的缩限,应按下式计算,精确至0.1%:

$$w_n = w_0 - \frac{V_0 - V_d}{m_d}\rho_w \times 100\% \tag{3-2-7}$$

式中:$w_n$——缩限(%);

$w_0$——试验前试样含水率(%);

$V_0$——湿试样体积($cm^3$);

$V_d$——试样烘干后的体积($cm^3$);

$\rho_w$——水的密度 $g/cm^3$。

(6)土缩限的作图:

以线缩率为纵坐标,含水率为横坐标,绘制关系曲线(图3-2-6)并延长第Ⅰ、Ⅲ阶段的直线段至相交,交点的横坐标即为原状土的缩限。

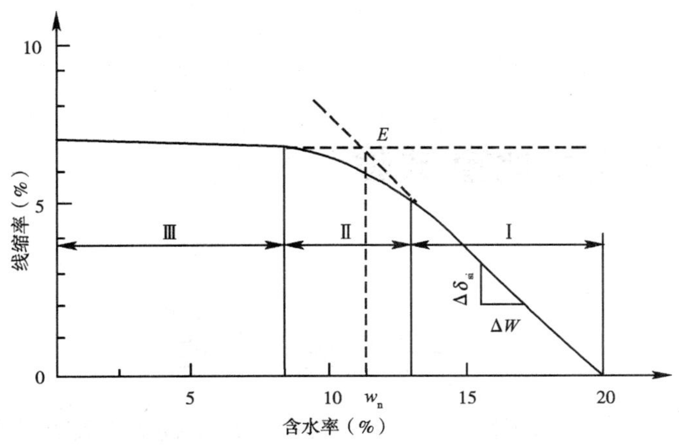


图 3-2-6 $\delta_{si}$—$w$ 关系曲线

## 四、注意事项

(1)进行含水率试验时,代表性试样的选取很重要,应根据试验目的和要求进行。若需了解整个土层的综合情况,一般沿土剖面竖向取土样,若是配合抗剪强度、渗透等试验,应在环刀的上下两面选取土样。

(2)试样烘干所需的时间与土的类别及取土数量有关。试验中若取土样 15 ~ 30g,则对砂土需 6 ~ 8h,黏性土需 8 ~ 10h。

(3)目前国内外液限的测定有两种方法,即碟式仪法和圆锥仪法。近年来,新推出的液、塑限联合测定法,其主要优点是采用电磁放锥,减少了人为因素的影响。

# 第三章 密度和比重试验

## 第一节 概 述

土的密度是指单位体积土的质量。测定土的密度,以了解土的疏密和干湿状态,供计算土的其他物理性质指标和工程设计以及控制施工质量之用。土的密度有湿密度 $\rho_o$,干密度 $\rho_d$、饱和密度 $\rho_{sat}$ 和浮密度 $\rho'$。

密度试验方法常用的有环刀法、蜡封法、灌砂法、灌水法等。

环刀法适用于黏性土,蜡封法适用于坚硬易碎和形状不规则的土;灌砂法适用于现场测定砂质土和砾质土的密度。

土的比重是指土颗粒在温度105~110℃烘至恒量时的质量与同体积4℃时纯水质量之比值。天然土是由不同矿物成分的土粒所组成,其比重是不同的,因此由试验测得的比重值是代表整个试样中所有土粒比重的平均值。测定土的比重,为计算土的孔隙比、饱和度,以及为其他土的物理力学试验(如颗粒分析的密度计法试验、压缩试验等)提供必需的数据。

土粒比重可取当地经验值或按表3-3-1采用,在缺乏经验的地区或有机质含量高的土样应通过试验确定。

**土粒比重经验值** 表3-3-1

| 土的名称 | 黏土 | 粉质黏土 | 粉土 | 粉砂 |
|---|---|---|---|---|
| 土粒比重 | 2.74 | 2.72 | 2.70 | 2.68 |

比重试验的方法通常采用比重瓶法,此外还有浮称法、虹吸筒法等。比重瓶法适用于粒径小于5mm的土,浮称法适用于粒径大于等于5mm的土,且其中粒径大于20mm土的质量应小于总土质量的10%。虹吸筒法适用于粒径大于等于5mm的土,且其中粒径大于20mm土的含量等于大于总土质量的10%。排除土中空气可用煮沸法或真空抽气法,当土样内有机质含量超过10%时,必须用真空抽气法,对于含盐量大于0.5%和有机质含量大于5%的土以及肥黏土,须用中性液体(如煤油)测定。

## 第二节 密 度 试 验

### 一、环刀法

1. 适用范围

本试验方法适用于细粒土。

2. 仪器设备

(1)环刀:内径61.8mm和79.8mm,高度20mm。

(2)天平:称重200g,最小分度值0.01g;称重500g,最小分度值0.1g。

(3)其他:调土刀、钢丝锯、凡士林等。

3. 操作步骤

(1)制备土样(见本篇第一章)。选取具有代表性的试样,其直径和高度应大于环刀,整平其两端,放在平台上。

(2)称量环刀的重量,在环刀内壁涂上一薄层凡士林,将其刀口向下放在试样面上,然后将环刀垂直压下,边压边切削周围的土样,至土样上端伸出环刀为止,修平两端土样表面,擦净环刀外壁。

(3)在天平上称量环刀加土的质量,准确至0.01g。

4. 试验记录及整理(表3-3-2)

密度试验记录(环刀法) 表3-3-2

工程名称____________ 试验者____________

工程编号____________ 计算者____________

试验日期____________ 校核者____________

| 试验编号 | 环刀号 | 湿土质量(g) | 试样体积($cm^3$) | 湿密度($g/cm^3$) | 试样含水率(%) | 干密度($g/cm^3$) | 平均干密度($g/cm^3$) |
|---|---|---|---|---|---|---|---|
| | | | | | | | |
| | | | | | | | |

## 二、蜡封法

1. 适用范围

本试验方法适用于易破裂土和形态不规则的坚硬土。

2. 仪器设备

(1)蜡封设备:应附熔蜡加热器。

(2)天平:称量200g,最小分度值0.01g;称量500g,最小分度值0.1g(图3-3-1)。

(3)烧杯(500~1000mL)、细线、石蜡、针、削土刀等。

3. 操作步骤

(1)用削土刀取体积大于30$cm^3$的代表性试样,削除试件表面的松、浮土以及尖锐棱角,在天平上称质量,准确至0.01g。

(2)将剩余土样进行含水率测定。

(3)将石蜡加热至刚过熔点,蜡液不出现气泡,用细线系试件浸入石蜡中,使试件表面覆盖一薄层严密的石蜡,若试件蜡膜上有气泡,需用热针刺破气泡再用石蜡填充针孔,涂平孔口。

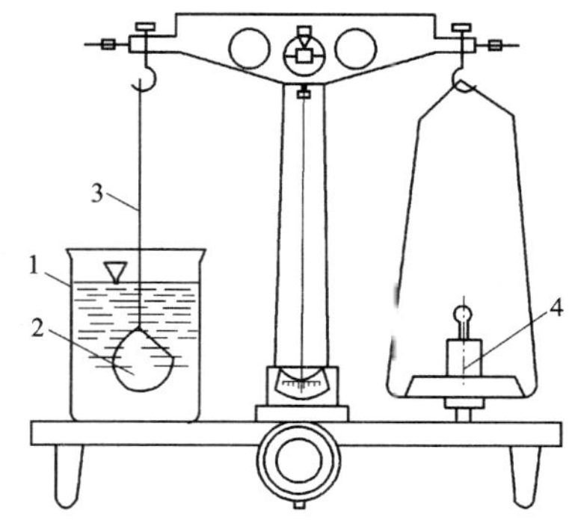

图3-3-1 天平

1-盛水杯;2-蜡封试样;3-细线;4-砝码

(4)待冷却后,将蜡封试件放在天平上称其质量,准确至

0.01g。

(5)用细线将蜡封试件置于天平的一端，使其浸没在盛有纯水的烧杯中，注意试件不要接触烧杯壁，称蜡封试件在纯水中的质量，准确至0.01g，并测量纯水的温度。

(6)将蜡封试件从水中取出，擦干石蜡表面水分，在空气中称其质量，将其质量与步骤(4)中所称质量相比，若质量增加，表示水分进入试件中，若浸入水分质量超过0.03g，应重做。

(7)同一试件需进行平行试验，其平均误差不得超过 0.03g/cm³，取两次测量值的平均值。

4. 试验记录(表 3-3-3)

**密度试验记录**(蜡封法) 表 3-3-3

工程名称________ 试验者________

工程编号________ 计算者________

试验日期________ 校核者________

| 试样编号 | 试样质量 (g) | 蜡封试样质量 (g) | 蜡封试样水中质量 (g) | 温度 (℃) | 纯水在 $T$℃时的密度 (g/cm³) | 蜡封试样体积 (cm³) | 蜡体积 (cm³) | 试样体积 (cm³) | 湿密度 (g/cm³) | 含水率 (%) | 干密度 (g/cm³) | 平均干密度 (g/cm³) |
|---|---|---|---|---|---|---|---|---|---|---|---|---|
| | (1) | (2) | (3) | | (4) | $(5)=\frac{(2)-(3)}{(4)}$ | $(6)=\frac{(2)-(1)}{\rho_n}$ | (7) = (5) − (6) | $(8)=\frac{(1)}{(7)}$ | (9) | $(10)=\frac{(8)}{1+(9)}$ | |
| | | | | | | | | | | | | |
| | | | | | | | | | | | | |
| | | | | | | | | | | | | |

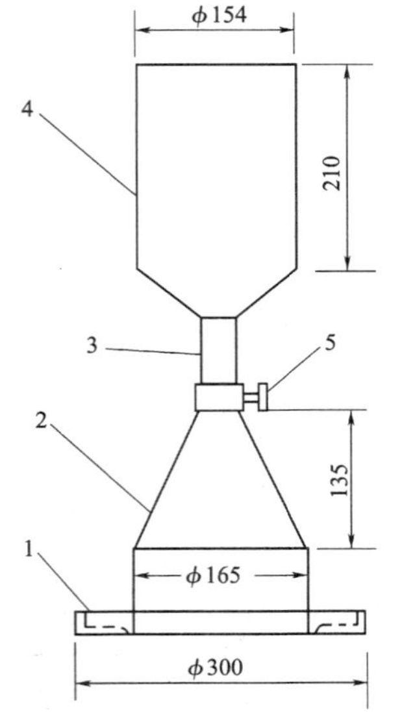


图 3-3-2 密度测定器(单位:mm)
1-底盘;2-灌砂漏斗;3-螺纹接头;4-容砂瓶;5-阀门

## 三、灌砂法

1. 适用范围

本试验方法适用于现场测定粗粒土的密度。

2. 仪器设备

(1)密度测定器：由容砂瓶、灌砂漏斗和底盘组成(图3-3-2)。灌砂漏斗高 135mm、直径 165mm，尾部有孔径为 13mm 的圆柱形阀门；容砂瓶容积为 4L，容砂瓶和灌砂漏斗之间用螺纹接头连接。底盘承托灌砂漏斗和容砂瓶。

(2)天平：称量 500g，最小分度值 0.1g。

(3)台秤：称量 10kg，最小分度值 5g。

3. 标准砂密度的测定

(1)标准砂应清洗洁净，粒径宜为 0.25～0.50mm，密度宜为 1.47～1.61g/cm³。

(2)组装容砂瓶与灌砂漏斗，螺纹连接处应旋紧。称密度测定器的质量。

(3)将密度测定器竖立,灌砂漏斗口向上,打开阀门,向容砂瓶内注水至水面高出阀门,关阀门,倒掉多余的水,称容砂瓶、漏斗和水的总质量,并测定水温。按表3-3-4将水的质量换算成体积,重复测定3次,3次测量之间的差值不得大于3mL,取三次测值的平均值。

水的密度　表3-3-4

| 温度(℃) | 水的密度($g/cm^3$) | 温度(℃) | 水的密度($g/cm^3$) | 温度(℃) | 水的密度($g/cm^3$) |
|---|---|---|---|---|---|
| 4.0 | 1.0000 | 15.0 | 0.9991 | 26.0 | 0.9968 |
| 5.0 | 1.0000 | 16.0 | 0.9989 | 27.0 | 0.9965 |
| 6.0 | 0.9999 | 17.0 | 0.9988 | 28.0 | 0.9962 |
| 7.0 | 0.9999 | 18.0 | 0.9986 | 29.0 | 0.9959 |
| 8.0 | 0.9999 | 19.0 | 0.9984 | 30.0 | 0.9957 |
| 9.0 | 0.9998 | 20.0 | 0.9982 | 31.0 | 0.9953 |
| 10.0 | 0.9997 | 21.0 | 0.9980 | 32.0 | 0.9950 |
| 11.0 | 0.9996 | 22.0 | 0.9978 | 33.0 | 0.9947 |
| 12.0 | 0.9995 | 23.0 | 0.9975 | 34.0 | 0.9944 |
| 13.0 | 0.9994 | 24.0 | 0.9973 | 35.0 | 0.9940 |
| 14.0 | 0.9992 | 25.0 | 0.9970 | 36.0 | 0.9937 |

(4)将空的密度测定器竖立,关阀门,在灌砂漏斗中注满标准砂,打开阀门将灌砂漏斗内的标准砂漏入容砂瓶,继续向灌砂漏斗内注砂;当注满容砂瓶时迅速关闭阀门。倒掉多余的砂,称容砂瓶、漏斗和标准砂的总质量。试验中应避免振动。

(5)容砂瓶体积的计算:

$$V_r = \frac{m_{r2} - m_{r1}}{\rho_{wt}} \tag{3-3-1}$$

式中:$V_r$——容砂瓶体积(mL);

$m_{r2}$——容砂瓶、漏斗和水的总质量(g);

$m_{r1}$——容砂瓶和漏斗的质量(g)

$\rho_{wt}$——不同水温时水的密度(g/mL)查表3-3-4。

(6)标准砂密度的计算:

$$\rho_s = \frac{m_{rs} - m_{r1}}{v_r} \tag{3-3-2}$$

式中:$\rho_s$——标准砂的密度($g/cm^3$);

$m_{rs}$——容砂瓶、漏斗和标准砂的总质量(g)。

4. 操作步骤

(1)根据试样最大粒径宜按表3-3-5确定试坑尺寸。

(2)将选定的试坑地面整平,按确定的试坑直径划出坑口轮廓线,在轮廓线内下挖至要求深度,将落于坑内的试样装入盛土容器内,称试样质量,精确至5g;并应测定含水率。

(3)容砂瓶内注满砂,称容砂瓶、漏斗和砂的总质量。

(4)将密度测定器倒置(容砂瓶向上)于挖好的坑口上,打开阀门,标准砂注入试坑。当标准砂注满试坑时关闭阀门。称容砂瓶、漏斗和余砂的总质量，并计算注满试坑所用的标准砂质量，在注砂过程中不应振动。

**试样粒径对应试坑尺寸** 表3-3-5

| 试样最大粒径(mm) | 试坑尺寸(mm) | |
|---|---|---|
| | 直径 | 深度 |
| 5～20 | 150 | 200 |
| 40 | 200 | 250 |
| 60 | 250 | 300 |

5. 试验记录(表3-3-6)

**密度试验记录**(灌砂法) 表3-3-6

工程名称＿＿＿＿＿＿ 试验者＿＿＿＿＿＿

工程编号＿＿＿＿＿＿ 计算者＿＿＿＿＿＿

试验日期＿＿＿＿＿＿ 校核者＿＿＿＿＿＿

| 试坑编号 | 量砂容器质量加原有量砂质量 (g) | 量砂容器质量加剩余量砂质量 (g) | 试坑用砂质量 (g) | 量砂密度 ($g/cm^3$) | 试坑体积 ($cm^3$) | 试样加容器质量 (g) | 容器质量 (g) | 试样质量 (g) | 试样密度 ($g/cm^3$) | 试样含水率 (%) | 试样干密度 ($g/cm^3$) | 试样重度 ($kN/cm^3$) |
|---|---|---|---|---|---|---|---|---|---|---|---|---|
| | (1) | (2) | (3) = (1) - (2) | (4) | (5) = $\frac{(3)}{(4)}$ | (6) | (7) | (8) = (6) - (7) | (9) = $\frac{(8)}{(5)}$ | (10) | (11) = $\frac{(9)}{1+(10)}$ | (12) = 9.81 × (9) |
| | | | | | | | | | | | | |
| | | | | | | | | | | | | |

# 第三节 比重试验

土粒比重定义为土粒在105～110℃温度下烘干至恒量时的质量与同体积4℃时纯水质量的比值。土粒比重是一个无量纲的名词。

测定比重，对小于5mm土颗粒组成的土，采用比重瓶法，对等于和大于5mm土颗粒组成的土采用浮称法和虹吸筒法。

## 一、比重瓶法

1. 适用范围

本试验方法适用于粒径小于5mm的土。

2. 仪器设备

(1)比重瓶：容量100(或50)mL，分长颈和短颈两种。

(2)分析天平：称量200g，最小分度值0.001g。

(3)恒温水槽：准确度±1℃。

(4)砂浴：应能调节温度。

(5)真空抽气设备:包括真空抽气机、真空抽气缸、测压的水银柱或真空负压表。

(6)温度计:刻度为0～50℃,最小分度值为0.5℃。

(7)其他:烘箱、纯(蒸馏)水、中性液体(如煤油)、筛(孔径2mm及5mm)、蒸发皿、匙、漏斗、滴管等。

3. 比重瓶校正

(1)将比重瓶洗净、烘干,置于干燥器内,冷却后称量,准确至0.001g。

(2)将纯水注入比重瓶,对长颈比重瓶注水至刻度处,对短颈比重瓶应注满纯水,塞紧瓶塞,多余水分自瓶塞毛细管中溢出。调节恒温水槽至5℃或10℃,然后将比重瓶放入恒温水槽内,直至瓶内水温稳定。取出比重瓶,擦干外壁,称瓶和水的总质量,准确至0.001g。测定恒温水槽内水温,准确至0.5℃。

(3)以5℃级差调节恒温水槽的水温,逐级测定不同温度下的比重瓶和水总质量,至达到本地区最高自然气温为止。每个温度时均应进行两次平行测定,两次测定的差值不得大于0.002g,取两次测值的平均值。绘制温度与瓶和水总质量的关系曲线,如图3-3-3所示。

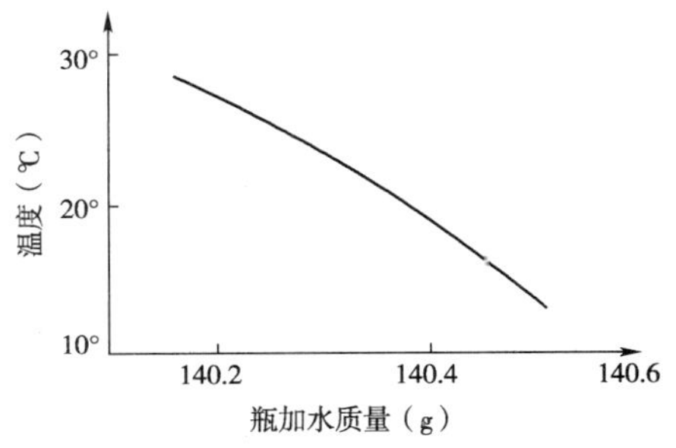


图3-3-3 温度和瓶、水质量关系曲线

4. 操作步骤

(1)先将比重瓶烘干,再将15g烘干土装入100mL比重瓶内(若用50mL比重瓶,装烘干试样10g),称试样和瓶的总质量,准确至0.001g。

(2)为排除土中空气,将已装有干土的比重瓶,注纯水至瓶的一半处,摇动比重瓶,并将瓶在砂浴上煮沸,煮沸时间自悬液沸腾时算起,砂土应不少于30min,黏土、粉土应不少于1h,使土粒分散。注意沸腾后调节砂浴温度,不使土液溢出瓶外。

(3)如系长颈比重瓶,用滴管调整液面恰至刻度(以弯液面下缘为准),擦干瓶外及瓶内壁刻度以上部分的水,称瓶、水、土总质量。如系短颈比重瓶,将纯水注满,使多余水分自瓶塞毛细管中溢出,将瓶外水分擦干后,称瓶、水、土总质量,称量后立即测出瓶内水的温度,准确至0.5℃。

(4)根据测得的温度,从已绘的温度与瓶和水总质量关系曲线上查得瓶和水总质量。如比重瓶体积事先未经温度校正,则立即倾去悬液,洗净比重瓶,注入事先煮沸过且与试验时同温度的纯水至同一体积刻度处,短颈比重瓶则注水至满,按本试验步骤(3)调整液面后,将瓶外水分擦干,称瓶和水总质量。

(5)如系砂土,煮沸时砂粒易跳出,允许用真空抽气法代替煮沸法排出土中空气,其余步骤与上面步骤(3)及步骤(4)相同。

(6)对含有某一定量的可溶盐、不亲水胶体或有机质的土,必须用中性液体(如煤油)测定,并用真空抽气法(不能用煮沸法)排除土中气体。真空压力表读数宜接近当地一个大气负压值,抽气时间不少于1h(直至悬液内无气泡为止),其余步骤同步骤(3)和步骤(4)。

(7)本试验称量应准确至0.001g。

5. 试验记录

试验记录见表3-3-7。

**比重试验记录**　　表3-3-7

工程名称＿＿＿＿＿＿　试验者＿＿＿＿＿＿

工程编号＿＿＿＿＿＿　计算者＿＿＿＿＿＿

试验日期＿＿＿＿＿＿　校核者＿＿＿＿＿＿

| 试样编号 | 比重瓶号 | 温度（℃） | 液体比重查表 | 比重瓶质量（g） | 干土质量（g） | 瓶加液体质量（g） | 瓶加液体加干土总质量（g） | 与干土同体积的液体质量（g） | 比重 | 平均值 |
|---|---|---|---|---|---|---|---|---|---|---|
| | | (1) | (2) | (3) | (4) | (5) | (6) | (7)=(4)+(5)−(6) | (8)=$\frac{(4)}{(7)}\times(2)$ | (9) |
| | | | | | | | | | | |
| | | | | | | | | | | |

## 二、浮称法

1. 适用范围

本试验方法适用于粒径大于等于5mm的土，且其中粒径大于20mm的土质量应小于总土质量的10%。

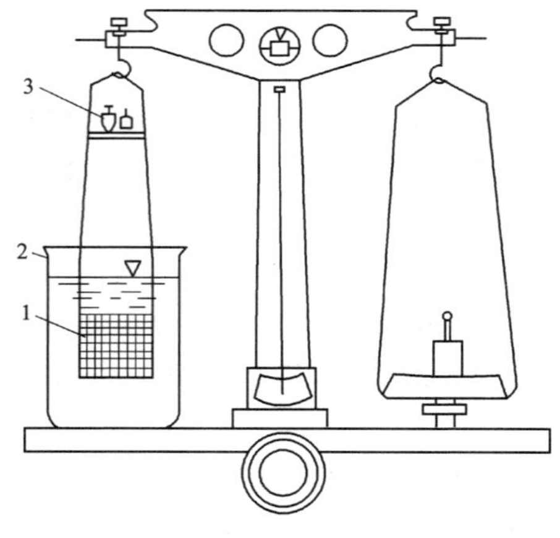


图3-3-4　浮称天平

1-盛粗粒土的金属网篮;2-盛水容器;3-平衡砝码

2. 仪器设备

(1)浮称天平:称量2000g以上,最小分度值0.5g;应附有孔径小于5mm的金属网篮,其直径为10～15cm,高为10～20cm;适合网篮沉入的盛水容器(图3-3-4)。

(2)其他:烘箱、温度计、筛(孔径5mm及20mm)等。

3. 试验步骤

(1)取代表性试样500～1000g,彻底冲洗试样,直至颗粒表面无尘土和其他污物。

(2)将试样浸在水中一昼夜取出,立即放入金属网篮,缓缓浸没于水中,并在水中摇晃,至无气泡逸出为止。

(3)称金属网篮和试样在水中的总质量。

(4)取出试样烘干,称量。

(5)称金属网篮在水中质量,并立即测量容器内水的温度,准确至0.5℃。

4. 试验记录

试验记录见表3-3-8。

## 三、虹吸筒法

1. 适用范围

本试验方法适用于粒径大于等于5mm的土，且其中粒径大于20mm的土质量大于等于总土质量的10%。

**比重试验记录**(浮称法) 表 3-3-8

工程名称____________ 试验者____________

工程编号____________ 计算者____________

试验日期____________ 校核者____________

| 试样编号 | 金属丝网篮号 | 温度(℃) | 水的比重查表 | 干土质量(g) | 金属网篮加试样水中质量(g) | 金属网篮在水中质量(g) | 试样在水中质量(g) | 比重 | 平均值 |
|---|---|---|---|---|---|---|---|---|---|
| | | (1) | (2) | (3) | (4) | (5) | (6) = (4) - (5) | $(7)=\frac{(3)\times(2)}{(3)-(6)}$ | (8) |
| | | | | | | | | | |
| | | | | | | | | | |

2. 仪器设备

(1)虹吸筒装置由虹吸筒和虹吸管组成如图 3-3-5 所示。

(2)天平:称量 1000g,最小分度值 0.1g。

(3)量筒:容积大于 500mL。

(4)其他:烘箱、温度计、筛(孔径 5mm 及 20mm)等。

3. 试验步骤

(1)取代表性试样 700 ~ 1000g,将试样彻底冲洗,直至颗粒表面无尘土和其他污物。

(2)再将试样浸在水中一昼夜取出,晾干(或用布擦干),称量。

(3)注清水入虹吸筒,至虹吸管口有水溢出时停止注水,待管不再有水流出后,关闭管夹,将试样缓缓放入筒中,边放边搅,至无气泡逸出时为止,搅动时勿使水溅出筒外。

(4)称量筒质量,待虹吸筒中水面平静后,开管夹,让试样排开的水通过虹吸管流入筒中。

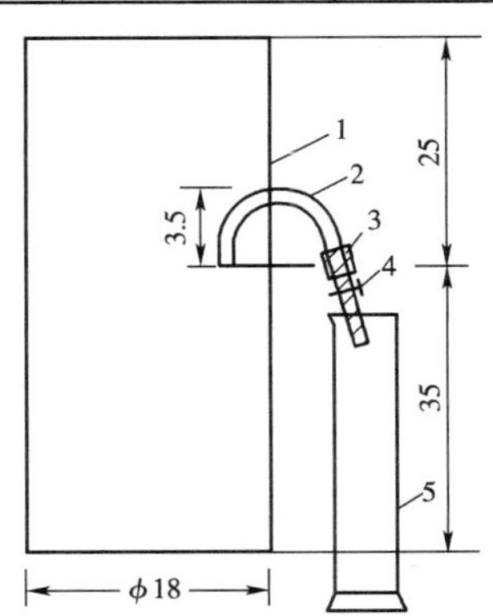


图 3-3-5 虹吸筒(单位:cm)
1-虹吸筒;2-虹吸管;3-橡皮管;4-管夹;5-量筒

(5)称量筒与水总质量后(准确至 0.5g),测量筒内水的温度,准确至 0.5℃。

(6)取出虹吸筒内试样,烘干,称量。准确至 0.1g,称量筒质量准确至 0.5g。

4. 试验记录

试验记录见表 3-3-9。

**比重试验记录**(虹吸筒法) 表 3-3-9

工程名称____________ 试验者____________

工程编号____________ 计算者____________

试验日期____________ 校核者____________

| 试样编号 | 温度(℃) | 水的比重查表 | 烘干土质量(g) | 晾干土质量(g) | 量筒加排开水质量(g) | 量筒质量(g) | 排开水质量(g) | 吸着水质量(g) | 比重 | 平均值 |
|---|---|---|---|---|---|---|---|---|---|---|
| | (1) | (2) | (3) | (4) | (5) | (6) | (7) = (5) - (6) | (8) = (4) - (3) | $(9)=\frac{(3)\times(2)}{(7)-(8)}$ | (10) |
| | | | | | | | | | | |
| | | | | | | | | | | |

# 第四节 相对密度试验

本试验方法适用于粒径不大于5mm的土，且粒径2～5mm的试样质量不大于试验总质量的15%，按《水运工程岩土勘察规范》(JTS 133—2013)规定为砂土的土类。

## 一、砂的最大干密度即最小孔隙比试验

砂的最大干密度试验采用振动锤击法。

1.仪器设备

(1)最小孔隙比试验设备：金属圆筒（容积1000mL，内径10cm，容积250mL，内径为5cm，高度均为12.7cm），附护筒、振动叉、击锤（质量1.25kg，落高150mm，锤直径50mm），如图3-3-6所示。

(2)台秤：称量5000g，最小分度值1g。

(3)其他：削土刀、盛土容器和匙等。

2.操作步骤

(1)取代表性的试样约2000g。

分3次倒入容器进行振击：先取试样600～800g（其数量应使振击后的体积略大于容器容积的1/3）倒入金属圆筒内，用振动叉各以150～200次/min的速度敲打圆筒两侧，并在同一时间内，用击锤在试样表面锤击30～60次/min，直至砂样体积不变为止（一般5～10min）。

(2)按上述步骤进行后再进行二次加土的振动和锤击，第三次加土时应先在容器口上安装护筒。

(3)最后一次振毕，取下护筒，用削土刀修齐容器顶面，削去多余试样，称圆筒和试样的总质量，准确至1g，计算出试样质量。

计算最大干密度和最小孔隙比。本试验必须进行两次平行测定，两次测定的密度差值不得大于0.03g/cm$^3$，取两次测值的平均值。

## 二、砂的最小干密度即最大孔隙比试验

砂的最小干密度试验宜采用漏斗法和倒转量筒法。

1.仪器设备

(1)量筒：容积为500mL和1000mL，后者内径应大于6cm。

(2)长颈漏斗：颈管内径约1.2cm，颈口应磨平。

(3)锥形塞：直径约1.5cm的圆锥体焊接于铁杆上（图3-3-6）。

(4)砂面拂平器，十字形金属平面焊接在铜杆下端。

(5)台秤：称量5000g，最小分度值1g。

(6)其他：橡胶板、盛土容器和匙等。

2.操作步骤

(1)取代表性的烘干或充分风干试样约1.5kg，用手搓或用圆木棍在橡胶板上碾散，并拌和均匀。

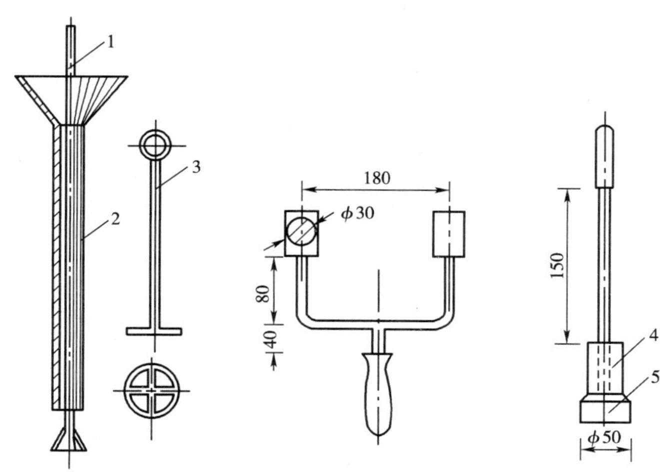


图 3-3-6 长颈漏斗、振动仪和击锤(单位:mm)
1-锥形塞;2-长颈漏斗;3-拂平器;4-击锤;5-锤座

(2)将锥形塞杆自漏斗下口穿入,并向上提起,使椎体堵住漏斗管口,一并放入体积为 1000mL 的量筒中,使其下端与量筒底相接触。

(3)称取试样 700g,准确至 1g,均匀倒入漏斗中,将漏斗与锥形塞杆同时提高,移动塞杆使锥体略离开管口,管口应经常保持高出砂面 1 ~2cm,使试样缓慢均匀地落入量筒中。

(4)试样全部落入量筒后,取出漏斗与锥形塞,用砂面拂平器将砂面拂平,勿使量筒振动,然后测读并记录砂样体积估读至 5mL。

(5)以手掌或橡皮塞堵住量筒口,将量筒倒转,然后缓慢地转回原来位置,如此重复几次,记下体积的最大值,估读至 5mL。

(6)取上述两种方法所得的较大体积值,计算最小干密度和最大孔隙比。

3. 试验记录

试验记录见表 3-3-10。

本试验必须进行两次平行测定,两次测定的密度差值不得大于 0.03g/cm$^3$,取两次测值的平均值。

**相对密度试验记录** 表 3-3-10

工程名称＿＿＿＿＿＿ 试验者＿＿＿＿＿＿
工程编号＿＿＿＿＿＿ 计算者＿＿＿＿＿＿
试验日期＿＿＿＿＿＿ 校核者＿＿＿＿＿＿

| | 试验项目 | 最小干密度 | | 最大干密度 | | 备注 |
|---|---|---|---|---|---|---|
| | 试验方法 | 漏斗法 | | 振击法 | | |
| 试样质量(g) | (1) | | | | | |
| 试样体积(cm$^3$) | (2) | | | | | |
| 干密度(g/cm$^3$) | (3) | | | | | |

续上表

| | 试验项目 | 最小干密度 | | 最大干密度 | | 备注 |
|---|---|---|---|---|---|---|
| | 试验方法 | 漏斗法 | | 振击法 | | |
| 平均干密度($g/cm^3$) | (4) | | | | | |
| 土粒比重 | (5) | | | | | |
| 天然干密度($g/cm^3$) | (6) | | | | | |
| 相对密度 | $(7)=\frac{(\rho_d-\rho_{dmin})\rho_{dmax}}{(\rho_{dmax}-\rho_{dmin})\rho_d}$ | | | | | |

## 第五节 实际应用

土的密度和比重与含水率一样是土的最基本的三个实测指标，通过三相指标的换算，可得到土的其他物理性质指标。同时它们也是了解土力学性质时必不可少的参数。

### 一、密度试样成果的整理与应用

(1)环刀法时按下列公式计算湿密度及干密度：

$$\rho_0=\frac{m_1-m_2}{V} \tag{3-3-3}$$

$$\rho_d=\frac{\rho_0}{1+w} \tag{3-3-4}$$

式中：$\rho_0$、$\rho_d$——分别为土的湿密度和干密度($g/cm^3$)；

$m_1$——环刀和土的质量(g)；

$m_2$——环刀质量(g)；

$V$——试样体积(环刀容积)($cm^3$)；

$w$——含水率(%)。

(2)蜡封法时土的密度可按下式计算：

$$\rho=\frac{m_0}{\dfrac{m_n-m_{nw}}{\rho_{wt}}-\dfrac{m_n-m_0}{\rho_n}} \tag{3-3-5}$$

式中：$m_0$——试样质量(g)；

$m_n$——蜡封试样质量(g)；

$m_{nw}$——蜡封试样在纯水中的质量(g)；

$\rho_{wt}$——纯水在$t$℃时的密度($g/cm^3$)，精确至0.001$g/cm^3$；

$\rho_n$——蜡的密度($g/cm^3$)，可采用0.92$g/cm^3$。

(3)灌砂法时试样密度和干密度用下列公式进行计算，准确至0.01$g/cm^3$：

$$\rho_0=\frac{m_p}{m_s/\rho_s} \tag{3-3-6}$$

$$\rho_d = \frac{m_p/(1+W)}{m_s/\rho_s} \tag{3-3-7}$$

式中：$m_p$——取自试坑内的试样质量(g)；

$m_s$——注满试坑所用标准砂质量(g)；

$\rho_s$——标准砂的密度($g/cm^3$)；

其余符号意义同前。

## 二、比重试验成果整理及应用

(1)比重瓶法用纯水测定比重时，采用下式计算：

$$G_s = \frac{m_d}{m_d + m_{bw} - m_{bws}} \times G_{wt} \tag{3-3-8}$$

式中：$G_s$——土的比重；

$m_d$——干土质量(g)；

$m_{bw}$——比重瓶、水总质量(g)；

$m_{bws}$——比重瓶、水(土已将部分水排除，水土总体积等于原来水的体积)、土总质量(g)；

$G_{wt}$——$t$℃时纯水的比重(水的比重可查物理手册)，准确至0.001。

若用中性液体测定，则采用下式计算：

$$G_s = \frac{m_d}{m'_{bw} + m_d - m'_{bws}} \times G_{kt} \tag{3-3-9}$$

式中：$m'_{bw}$——瓶、中性液体总质量(g)；

$m'_{bws}$——瓶、土、中性液体(同上面的纯水)总质量(g)；

$G_{kt}$——$t$℃时中性液体比重(应实测)，准确至0.001。

(2)浮称法计算土粒比重公式，计算至0.001。

$$G_s = \frac{m_d}{m_d - (m_{IS} - m'_I)} \times G_{wt} \tag{3-3-10}$$

式中：$m'_I$——金属网篮在水中质量(g)；

$m_{IS}$——试样和金属网篮在水中总质量(g)；

其余符号意义同前。

(3)虹吸筒法按下式计算比重，计算至0.01。

$$G_s = \frac{m_d}{(m_{cw} - m_c) - (m_{ad} - m_d)} \times G_{wt} \tag{3-3-11}$$

式中：$m_{ad}$——晾干试样的质量(g)；

$m_{cw}$——量管与水的总质量(g)；

$m_c$——量管质量(g)；

其余符号意义同前。

## 三、相对密度试验成果整理及应用

(1)最大与最小干密度的计算：

$$\rho_{dmax} = \frac{m_d}{V_{min}} \tag{3-3-12}$$

$$\rho_{dmin} = \frac{m_d}{V_{max}} \tag{3-3-13}$$

式中：$\rho_{dmax}$、$\rho_{dmin}$——最大、最小干密度（$g/m^3$）；

$m_d$——烘干试样质量（g）；

$V_{max}$、$V_{min}$——试样最大、最小体积（$cm^3$）。

（2）最大与最小干密度，均须进行两次平行测定，取其算术平均值，其平行差值不得超过 $0.03g/cm^3$。

（3）最大与最小孔隙比的计算：

$$e_{max} = \frac{\rho_w G_s}{\rho_{dmin}} - 1 \tag{3-3-14}$$

$$e_{min} = \frac{\rho_w G_s}{\rho_{dmax}} - 1 \tag{3-3-15}$$

式中：$e_{max}$、$e_{min}$——最大、最小孔隙比；

$G_s$——土粒比重。

（4）相对密度（$D_r$）的计算：

$$D_r = \frac{e_{max} - e_0}{e_{max} - e_{min}} \tag{3-3-16}$$

$$D_r = \frac{(\rho_d - \rho_{dmin})\rho_{dmax}}{(\rho_{dmax} - \rho_{dmin})\rho_d} \tag{3-3-17}$$

式中：$e_0$——天然孔隙比；

$\rho_d$——天然干密度（$g/cm^3$）。

其余符号意义同前。

（5）由式（3-3-16）可知，若砂土的天然孔隙比接近于 $e_{min}$，即相对密度接近于 1 时，土呈密实状态；若砂土的天然孔隙比接近于 $e_{max}$时，即相对密度接近于 0 时，则呈松散状态。因此，可以根据 $D_r$ 值将砂土的密实状态进行划分（表 3-3-11）。

**砂的相对密度与密实状态表** 表 3-3-11

| 相对密度 $D_r$（%） | $D_r < 15$ | $15 < D_r \leq 33$ | $33 < D_r \leq 67$ | $D_r > 67$ |
|---|---|---|---|---|
| 砂土密实状态 | 极松 | 松散 | 中密 | 密实 |

（6）相对密度试验适用于透水性良好的无黏性土，如纯砂、纯砾等。相对密度是无黏性粗粒土密实程度的指标，对于建筑物和地基的稳定性，特别在抗震稳定方面具有重要意义。

## 四、注意事项

（1）密度试验的几种方法有其各自的适用范围，其中尤以环刀法是密度试验中的基本方法，按土质均匀程度及土样尺寸应选择不同容积的环刀。室内进行密度试验，考虑到与剪切、固结等项试验所用环刀相配合，一般选用内径为 61.8mm、高为 20mm（即容积为 $60cm^3$）的环刀。施工现场检查填土压实密度时，可采用容积为 200 ~ $500cm^3$ 的环刀，并控制径高比为

2.5～3.5，环刀壁厚一般采用2mm，刃口厚0.3mm。

(2)比重试验中不同方法对试样中不同粒径的土量有各自的限定，当试样中既有粒径大于5mm的土颗粒，又含有粒径小于5mm的土颗粒时，工程上采用平均比重，取粒组颗粒比重的加权平均值。

(3)相对密度试验成果的准确性在某种意义上与砂样的采集、运输等环节密切相关，室内试验时，还受容器内径大小、土样的湿度等因素影响。在最大干密度试验时，可使砂土处于最优含水率(4%～10%)附近时击实，且不宜用烘干试样进行试验，但在最小干密度试验时，则应使用干燥土样。

# 第四章 颗粒分析试验

## 第一节　概　　述

自然界的土是一种高分散体系,它的分散度与土地的矿物成分在很大程度上有着密切的联系,而土的分散达到一定的程度(量变过程),就会引起土的性质发生显著变化(即质变),这些变化都可以反映在土的可塑性、透水性、胀缩性、毛细水上升以及压缩性和强度稳定性等方面。

土的描述和分类基本上都以土粒大小和组成含量作为依据,这是最简单也是最主要的指标。土的颗粒分析就是通过试验方法将天然土的各种粒度成分加以定量的确定,并在半对数坐标纸上绘制颗粒级配曲线,通常将粒径大小取成对数作横坐标,纵坐标为小于某粒径土粒含量的百分数,如图 3-4-1 所示。颗粒级配曲线法是表示土粒度成分的比较完善的方法。在同一半对数纸上,可以绘制几个土样的颗粒级配曲线,从曲线上确定各种粒径的大小和它们所占的百分数,可以进行土的分类。

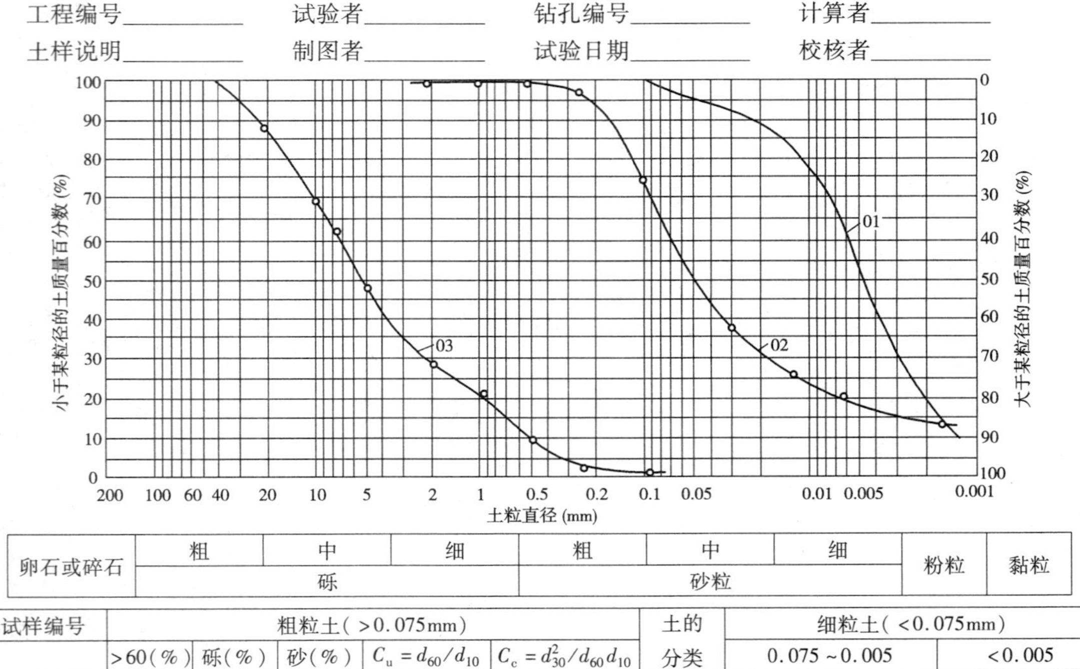


| 试样编号 | 粗粒土(>0.075mm) | | | | | 土的分类 | 细粒土(<0.075mm) | |
|---|---|---|---|---|---|---|---|---|
| | >60(%) | 砾(%) | 砂(%) | $C_u = d_{60}/d_{10}$ | $C_c = d_{30}^2/d_{60}d_{10}$ | | 0.075~0.005 | <0.005 |
| | | | | | | | | |
| | | | | | | | | |

图 3-4-1　颗粒大小分布曲线

另外,在颗粒级配曲线上可以得到两个经常使用的参数。即不均匀系数 $C_u$ 和曲率系数 $C_c$,其定义表达式为:

$$C_u = \frac{d_{60}}{d_{10}} \tag{3-4-1}$$

$$C_c = \frac{d_{30}^2}{d_{60} \cdot d_{10}} \tag{3-4-2}$$

式中: $C_u$——不均匀系数;

$C_c$——曲率系数;

$d_{10}$、$d_{30}$、$d_{60}$——曲线上小于某粒径的土粒质量分别为 10%、30%、60% 的土粒直径。

若某土的土粒大小大致相同,$d_{60}$ 与 $d_{10}$ 就彼此接近,那么,不均匀系数就接近于 1;不均匀系数越大,表示级配越良好。级配良好的土料是由大小不同的各种颗粒组成,因此它容易密实。

如果不均匀系数 $C_u \geq 5$,而且曲率系数 $C_c = 1 \sim 3$ 时,该土定义为级配良好;如不能同时满足上述两个条件,则为级配不良。

颗粒分析的试验方法主要有两大类:一类是机械分析法;如筛分析法;另一类是物理分析法,如密度计法和移液管法等,对于粒径大于 0.075mm 的土,采用筛分析法,对于粒径小于 0.075mm 的土,采用密度计法或移液管法,对于粗细颗粒兼有的混合类土,则联合使用筛分析法与密度计法或移液管法。

## 第二节 筛 析 法

### 一、基本原理

筛析法是利用一套孔径不同的标准筛,来分离一定量的砂性土中与筛孔相应的粒组,而后称重,计算各粒组的质量百分比,确定砂性土的粒度成分。本试验适用于粒径小于等于 60mm,大于 0.075mm 的土。

### 二、仪器设备

(1)分析筛:粗筛孔径为 60mm、40mm、20mm、10mm、5mm、2mm;细筛孔径为 2mm、1mm、0.5mm、0.25mm、0.075mm。

(2)天平:称量 5000g,最小分度值 1g,称量 1000g,最小分度值 0.1g;称量 200g,最小分度值 0.01g。

(3)摇筛机(带振动、拍打功能)。

(4)其他:烘箱、筛刷、瓷盘、木槌、研钵等。

### 三、备样

从风干、松散的土样中用四分法按照下列规定取出具有代表性的试样:

(1)小于 2mm 颗粒的土 100～300g。

(2)最大粒径小于 10mm 的土 300～1000g。

(3)最大粒径小于 20mm 的土 1000～2000g。

(4)最大粒径小于 40mm 的土 2000～4000g。

(5)最大粒径大于 40mm 小于 60mm 的土 4000g 以上。

## 四、试验步骤

筛分析试验应按下列步骤进行：

(1)按规定称取试样，称量应准确至 0.1g，试样数量超过 500g 时，准确至 1g 将试样分批过 2mm 的筛。

(2)从上到下按孔径由大到小的次序排列标准筛，将大于 2mm 的试样从大到小的秩序，依次通过大于 2mm 的各级粗筛。将留在筛上的土分别称量。

(3)2mm 筛下的土如数量过多，可用四分法缩分至 100～800g。将试样依次通过小于 2mm 的各级细筛。可用摇筛机进行振摇。振摇时间为 10～15min。

(4)再按由上而下的顺序将各筛取下，称各级筛上及底盘内试样的质量，应准确至 0.1g。

(5)筛后各级筛上和筛底土总质量与筛前试样质量之差，不应大于 1%。

(6)如 2mm 筛下的土不超过试样总质量的 10%，可省略细筛分析；如 2mm 筛上的土不超过试样总质量的 10%，可省略粗筛分析。

含有黏土粒的砂砾土的筛分析试验步骤如下：

(1)将土样放在橡胶板上，用木槌将黏土结的土团充分碾散、拌匀、烘干、称量。如土样过多时，用四分法称取代表性土样。

(2)将试样置于盛有清水的瓷盘中，浸泡并搅拌，使粗细颗粒分散。

(3)将浸润后的混合液过 2mm 的筛，边冲边洗过筛，直至筛上仅留大于 2mm 以上的土粒为止。然后，将筛上洗净的砂砾风干称量。按以上方法进行粗筛分析。

(4)通过 2mm 筛下的混合液存在盆中，待稍沉淀，将上部悬液过 0.075mm 洗筛，用带橡胶头的玻璃棒研磨盆内浆液，再加清水，搅拌、研磨、静置、过筛，反复进行，直至盆内悬液澄清。最后，将全部土粒倒在 0.075mm 筛上，用水冲洗，直到筛上仅留大于 0.075mm 净砂为止。

(5)将大于 0.075mm 的净砂烘干称量，并进行细筛分析。

(6)将大于 2mm 颗粒及 2～0.075mm，的颗粒质量从原称量的总质量中减去，即为小于 0.075mm颗粒质量。

(7)如果小于 0.075mm 颗粒质量超过总土质量的 10% 时，应用密度计法或移液管法测定小于 0.075mm 颗粒组成。

## 五、结果整理

(1)计算小于某粒径的颗粒质量百分数：

$$X = \frac{m_A}{m_B} \times 100\% \tag{3-4-3}$$

式中：$X$——小于某粒径颗粒的质量百分数(%)；

$m_A$——小于某粒径的颗粒质量(g)；

$m_B$——试样的总质量(g)。

(2)小于2mm的颗粒如用四分法缩分取样时，试样中小于某粒径颗粒质量占总土质量的百分数：

$$x = \frac{m_a}{m_b} \times d_x \tag{3-4-4}$$

式中：$m_a$——细筛分析时小于某粒径的试样质量(g)；

$m_b$——细筛分析时所取试样的质量(g)；

$d_x$——粒径小于2mm的颗粒质量占试样总质量的百分数(%)。

(3)在半对数坐标纸上，以小于某粒径的颗粒质量百分数为纵坐标，以粒径(mm)为横坐标，绘制颗粒大小级配曲线(图3-4-1)，求出各粒组的颗粒质量百分数，以整数(%)表示。

(4)必要时按式(3-4-1)、式(3-4-2)计算不均匀系数和曲率系数。

(5)试验记录见表3-4-1。

**颗粒大小分析试验记录**(筛析法) 表3-4-1

工程名称＿＿＿＿＿＿ 实验者＿＿＿＿＿＿

土样编号＿＿＿＿＿＿ 计算者＿＿＿＿＿＿

试验日期＿＿＿＿＿＿ 校核者＿＿＿＿＿＿

风干土质量＝ g 小于0.075mm的土占总土质量百分数＝ %

2mm筛上土质量＝ g 小于2mm的土占总土质量百分数 $d_x$＝ %

2mm筛下土质量＝ g 细筛分析时所取试样质量＝ g

| 筛号 | 孔径(mm) | 累积留筛土质量(g) | 小于该孔径的土质量(g) | 小于该孔径的土质量百分数(%) | 小于该孔径的总土质量百分数(%) |
|---|---|---|---|---|---|
| | | | | | |
| | | | | | |
| 底盘总计 | | | | | |

# 第三节 密度计法

## 一、基本原理

密度计法在《水运工程岩土勘察规范》(JTS 133—2013)中亦称为比重计法，适用于粒径<0.075mm的试样，试验时将一定量的土样放在量筒中，加水混合制成一定量(例如体积为

1000mL)的土悬液。悬液经过搅拌,大小颗粒会均匀地分布于水中,因此悬液的浓度上下一致。静置悬液,让土粒下沉,在土粒下沉过程中用密度计在悬液里测读出对应于不同时间的不同悬液密度,根据密度计读数和土粒的下沉时间,计算出小于某一粒径的颗粒占土样总质量的百分数。

大小不同的颗粒在液体中下沉的速度是不同的,单个球体在无限液体内的下沉速度可用司笃克定律来表示。土样颗粒的形状与球体相差颇多,所以 $d$ 值并不代表真正粒径,而只是相当数值而已。

密度计在颗粒分析试验中有两个作用:一是测量悬液的密度;另一是测量土粒沉降的距离。

## 二、仪器设备

(1)土壤密度计有如下两种:

①甲种土壤密度计:读数表示1000mL悬液中的干土重,刻度为 -5°~50°,最小分度值为0.5°。

②乙种土壤密度计(以20℃时悬液密度表示);读数表示悬液的比重,刻度为0.995~1.020,最小分度值为0.0002。

(2)量筒:容积为1000mL,内径为60mm,高度为420mm,刻度为0~1000mL,读数精确至10mL。

(3)洗筛漏斗:上口径略大于洗筛直径,下口径略小于量筒内径。

(4)天平:称量1000g,最小分度值0.1g;称量200g,最小分度值0.01g。

(5)温度计:测量范围为0~50℃,最小分度值0.5℃。

(6)煮沸设备:附冷凝管装置。

(7)搅拌器:轮径为50mm,孔径为3mm杆长约450mm,带螺旋叶。

(8)其他:秒表、研钵、木杵、电导率仪、烘箱、锥形瓶(容积为500mL)、蒸发皿、试剂(4%六偏磷酸钠溶液)等。

## 三、密度计校正

土壤密度计的校正,应符合下列规定:

(1)土壤密度计刻度校正与土粒沉降距离校正。

(2)温度校正:土壤密度计是以20℃时刻制的,当悬液温度不等于20℃时,应进行校正,校正值可查表3-4-2。

(3)土粒比重校正:土壤密度计刻度应以土粒比重2.65为准。当试样的土粒比重不等于2.65时,应进行土粒比重校正,校正值可查表3-4-3。

## 四、试验步骤

(1)对于密度计法颗粒分析试验的试样,首先应进行分散处理,当试样中易溶盐含量大于0.5%时,还应洗盐过滤,然后风干备样。采用电导法时,先用电导率仪测定 $t$℃时试样溶液的电导率,当电导率大于1000μs/cm时应洗盐。若用目测法则取少量(3g)试样放入烧杯中,加适量纯水调成糊状研散,再加25mL纯水,煮沸10min,冷却后移入试管中,静置过夜,若出现凝聚现象应洗盐。

**温度校正值** 表 3-4-2

| 悬液温度（°C） | 甲种土壤密度计温度校正值 $m_T$ | 乙种土壤密度计温度校正值 $m'_T$ | 悬液温度（°C） | 甲种土壤密度计温度校正值 $m_T$ | 乙种土壤密度计温度校正值 $m'_T$ |
|---|---|---|---|---|---|
| 10.0 | -2.0 | -0.0012 | 20.0 | +0.0 | -0.0000 |
| 10.5 | -1.9 | -0.0012 | 20.5 | +0.1 | -0.0001 |
| 11.0 | -1.9 | -0.0012 | 21.0 | +0.3 | +0.0002 |
| 11.5 | -1.8 | -0.0011 | 21.5 | +0.5 | +0.0003 |
| 12.0 | -1.8 | -0.0011 | 22.0 | +0.6 | +0.0004 |
| 12.5 | -1.7 | -0.0010 | 22.5 | +0.8 | +0.0005 |
| 13.0 | -1.6 | -0.0010 | 23.0 | +0.9 | +0.0006 |
| 13.5 | -1.5 | -0.0009 | 23.5 | +1.1 | +0.0007 |
| 14.0 | -1.4 | -0.0009 | 24.0 | +1.3 | +0.0008 |
| 14.5 | -1.3 | -0.0008 | 24.5 | +1.5 | +0.0009 |
| 15.0 | -1.2 | -0.0008 | 25.0 | +1.7 | +0.0010 |
| 15.5 | -1.1 | -0.0007 | 25.5 | +1.9 | +0.0011 |
| 16.0 | -1.0 | -0.0006 | 26.0 | +2.1 | +0.0013 |
| 16.5 | -0.9 | -0.0006 | 26.5 | +2.2 | +0.0014 |
| 17.0 | -0.8 | -0.0005 | 27.0 | +2.5 | +0.0015 |
| 17.5 | -0.7 | -0.0004 | 27.5 | +2.6 | +0.0016 |
| 18.0 | -0.5 | -0.0003 | 28.0 | +2.9 | +0.0018 |
| 18.5 | -0.4 | -0.0003 | 28.5 | +3.1 | +0.0019 |
| 19.0 | -0.3 | -0.0002 | 29.0 | +3.3 | +0.0021 |
| 19.5 | -0.1 | -0.0001 | 29.5 | +3.5 | +0.0022 |
| 20.0 | -0.0 | -0.0000 | 30.0 | +3.7 | +0.0023 |

土粒比重校正值 表 3-4-3

| 土粒比重 | 比重校正值 | | 土粒比重 | 比重校正值 | |
|---|---|---|---|---|---|
| | 甲种土壤密度计 $C_G$ | 乙种土壤密度计 $C'_G$ | | 甲种土壤密度计 $C_G$ | 乙种土壤密度计 $C'_G$ |
| 2.50 | 1.038 | 1.666 | 2.70 | 0.989 | 1.588 |
| 2.52 | 1.032 | 1.658 | 2.72 | 0.985 | 1.581 |
| 2.54 | 1.027 | 1.649 | 2.74 | 0.981 | 1.575 |
| 2.56 | 1.022 | 1.641 | 2.76 | 0.977 | 1.568 |
| 2.58 | 1.017 | 1.632 | 2.78 | 0.973 | 1.562 |
| 2.60 | 1.012 | 1.625 | 2.80 | 0.969 | 1.556 |
| 2.62 | 1.007 | 1.617 | 2.82 | 0.965 | 1.549 |
| 2.64 | 1.002 | 1.609 | 2.84 | 0.961 | 1.543 |
| 2.66 | 0.998 | 1.603 | 2.86 | 0.958 | 1.538 |
| 2.68 | 0.993 | 1.595 | 2.88 | 0.954 | 1.532 |

(2)取代表性试样 200 ~ 300g，过 2mm 筛，求出筛上试样占试样总质量的百分比，取筛下土，测定试样的风干含水率。

(3)称风干试样 30g 倒入 500mL 锥形瓶，注入纯水 200mL，浸泡过夜。然后置于煮沸设备上煮沸，煮沸的时间宜为 40min。

(4)将冷却后的悬液移入烧杯中，静止 1min，通过洗筛漏斗将上部悬液过 0.075mm 筛，遗留杯底沉淀物用带橡皮头研杵研散，再加适量水搅拌，再过 0.075mm 筛，如此重复清洗(最后所得总的悬液不得超过 1000mL)直至杯底砂粒洗净，把留在筛上的试样和杯中砂粒合并洗入蒸发皿内，倒去清水，烘干，称烘干试样质量。并按筛分析试验进行细筛分析，并计算各级颗粒占试样总质量的百分比。

(5)将过筛的悬液倒入量筒，加入 4% 浓度的六偏磷酸钠试剂 10mL，再注入纯水至 1000mL。

(6)用搅拌器在量筒内沿整个悬液深度上下搅拌 1min，往返各 30 次，使悬液均匀分布。取出搅拌器，立即开动秒表，测记 0.5min、1min、5min、15min、30min、60min、120min、240min 和 1440min 时密度计读数。每次读数前 10 ~ 20s 将密度计小心放入悬液中且接近读数的深度，保持密度计浮泡处在量筒中心，不得贴近量筒内壁。每次读数以后，应取出密度计(0.5 及 1min 读数除外)，放入盛有清水的量筒中，并应测记相应的悬液温度，精确至 0.5°C。放入或取出密度计时，应小心轻放，不得扰动悬液。

(7)密度计读数均以弯液面上缘为准。甲种密度计应精确至0.5,乙种密度计应精确至0.0002。

## 五、结果整理

(1)计算小于某粒径的试样质量占试样总质量的百分比:

①甲种密度计

$$x = \frac{100\%}{m_s} C_G (R_m + m_T + n - c_d) \tag{3-4-5}$$

②乙种密度计

$$X = \frac{100\% \cdot V_x}{m_s} \cdot C'_G [(R'_m - 1) + m'_T + n' - c'_d] \rho_{w20} \tag{3-4-6}$$

式中:$X$——小于某粒径的试样质量百分数(%);

$m_s$——试样干质量(干土质量)(g)

$C_G$、$C'_G$——土粒比重校正系数,见表3-4-3;

$n$、$n'$——弯月面校正值;

$c_d$、$c'_d$——分散剂校正值;

$R_m$、$R'_m$——甲、乙种密度计读数;

$V_x$——悬液体积(1000mL);

$m_T$、$m'_T$——悬液温度校正值,查表3-4-2;

$\rho_{W20}$——20℃时水的密度($g/cm^3$);

其余符号意义同前。

(2)土粒直径按司笃克公式计算:

$$d = \sqrt{\frac{1800 \times 10^4 \eta}{(G_s - G_{wt}) \rho_{wt} g} \cdot \frac{L}{t}} \tag{3-4-7}$$

式中:$d$——试样颗粒粒径(mm);

$\eta$——水的动力黏滞系数,($10^{-6}$kPa·s,查表3-6-1);

$G_{wt}$——$t$℃纯水的比重;

$\rho_{wt}$——4℃时纯水的密度($g/cm^3$);

$L$——某一时间$t$内的土粒沉降距离(cm);

$t$——沉降时间(s);

$g$——重力加速度($cm/s^2$)。

(3)以小于其粒径的颗粒百分数为纵坐标,以粒径为横坐标,在半对数纸上,绘制粒径级配曲线(图3-4-1),求出各粒组的颗粒质量百分数,以整数表示。如系与筛分法联合分析,应将两段曲线绘成一平滑曲线。

(4)试验记录

试验记录见表3-4-4。

**颗粒分析试验记录(密度计法)** 表3-4-4

工程编号＿＿＿＿＿＿ 试验者＿＿＿＿＿＿

土样编号＿＿＿＿＿＿ 风干土质量＿＿＿＿＿＿ 计算者＿＿＿＿＿＿

试验日期＿＿＿＿＿＿ 干土总质量＿＿＿＿＿＿ 校核者＿＿＿＿＿＿

小于0.075mm颗粒土质量百分数＿＿＿ 密度计号＿＿＿＿＿＿

湿土质量＿＿＿＿＿＿ 量筒号＿＿＿＿＿＿

含水率＿＿＿＿＿＿ 烧瓶号＿＿＿＿＿＿

干土质量＿＿＿＿＿＿ 土粒比重＿＿＿＿＿＿

含盐量＿＿＿＿＿＿ 比重校正值＿＿＿＿＿＿

试样处理说明＿＿＿＿ 弯液面校正值＿＿＿＿

| 试验时间 | 下沉时间 $t$ (min) | 悬液温度 $T$ (℃) | 密度计读数 | | | | | 土粒落距 $L$ (cm) | 粒径 $d$ (mm) | 小于某粒径的土质量百分数 (%) | 小于某粒径的总土质量百分数 (%) |
|---|---|---|---|---|---|---|---|---|---|---|---|
| | | | 密度计读数 $R_m$ | 温度校正值 $m_T$ | 分散剂校正值 $c_d$ | $R=R_m+m_T+n-c_d$ | $R_H=R_m\times c_G$ | | | | |
| | | | | | | | | | | | |
| | | | | | | | | | | | |

# 第四节 移液管法

## 一、基本原理

移液管法与密度计法一样，都是利用土粒在静水中沉降速度不同，根据司笃克公式计算。即在某一温度下，先计算悬液中直径为0.05mm，0.01mm，0.005mm，0.002mm的土粒，分别下沉至固定深度（即吸液深度，规定为10cm或5cm）时所需要的时间 $t$。然后按规定的时间和深度，用移液管吸取一定体积的含有直径小于和等于 $d$ 的土粒的悬液，置于坩埚中烘干称量。而后可分别求出相应粒径的累积百分含量及各粒组的百分含量。在计算前需要测定土粒比重及悬液温度。

试验用移液管吸取悬液，并测定被吸悬液的体积。本试验适用于粒径小于0.075mm的土。

## 二、仪器设备

(1)分析天平：称量200g最小分度值0.001g。

(2)移液管：容积25mL，如图3-4-2所示。移液管为吸取液体的一种特制的玻璃仪器，在一定温度下，吸满移液管的液体体积为一定值。

(3)恒温水槽：高度应高于量筒。

(4)1000mL量筒、50mL小烧杯（高型）等，其他与密度计分析法相同。

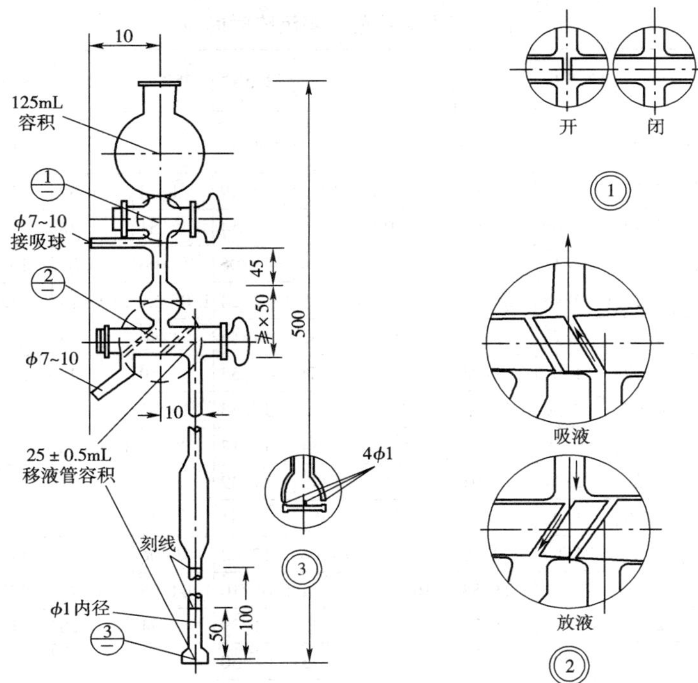


图 3-4-2 移液管(单位:mm)

## 三、试验步骤

(1)取代表性试样,黏性土为 10 ~ 15g 砂类土为 20g,准确至 0.001g 按密度计法制取悬液。

(2)将盛土样悬液的量筒放入恒温水槽,使悬液恒温至适当温度。试验中悬液温度变化不得大于 ±0.5℃。按式(3-4-8)计算粒径小于 0.05mm、0.01mm、0.005mm、0.002mm 和其他所需粒径下沉一定深度需要的静止时间:

$$t = \frac{1800 \times 10^4 \eta L}{(G_S - G_{wt})\rho_{wt} g d^2} \tag{3-4-8}$$

式中符号同式(3-4-7)

同样,下沉一定深度需要的静止时间也可查阅土粒在不同温度静水中下沉某一深度所需的沉降时间表(表 3-4-5)。

(3)准备好 50mL 小烧杯,称量,准确至 0.001g。

(4)准备好移液管,上端活塞应放在关闭位置上,下端活塞应放在与移液管及吸球相通的位置上。

(5)用搅拌器将悬液上下搅拌各约 30 次,时间为 1min,使悬液分布均匀。停止搅拌,立即用秒表计时。

(6)根据各粒径的静置时间提前约 10s,将移液管放入悬液中,浸入深度为 10cm,用吸球来吸取悬液。

**土粒在不同温度静水中沉降时间表** 表 3-4-5

| 土粒比重 | 土粒直径（mm） | 沉降距离（cm） | 10℃ | 12.5℃ | 15℃ | 17.5℃ | 20℃ | 22.5℃ | 25℃ | 27.5℃ | 30℃ | 32.5℃ | 35℃ |
|---|---|---|---|---|---|---|---|---|---|---|---|---|---|
| | | | (h/min/s) | | | | | | | | | | |
| 2.60 | 0.050 | 25.0 | 2/29 | 2/19 | 2/10 | 2/02 | 1/55 | 1/49 | 1/43 | 1/37 | 1/32 | 1/27 | 1/23 |
| | 0.050 | 12.5 | 1/14 | 1/09 | 1/05 | 1/01 | 58 | 54 | 51 | 48 | 46 | 44 | 41 |
| | 0.010 | 10.0 | 24/52 | 23/12 | 21/45 | 20/24 | 19/14 | 18/06 | 17/06 | 16/09 | 15/39 | 14/38 | 13/49 |
| | 0.005 | 10.0 | 39/26 | 1/32/48 | 1/26/59 | 1/21/37 | 1/16/55 | 1/12/24 | 1/08/25 | 1/04/14 | 1/01/10 | 58/23 | 55/16 |
| 2.65 | 0.050 | 25.0 | 2/25 | 2/15 | 2/06 | 1/59 | 1/52 | 1/45 | 1/40 | 1/34 | 1/29 | 1/25 | 1/20 |
| | 0.050 | 12.5 | 1/12 | 1/07 | 1/03 | 59 | 56 | 53 | 50 | 47 | 44 | 42 | 40 |
| | 0.010 | 10.0 | 24/07 | 22/30 | 21/05 | 19/47 | 18/39 | 17/33 | 16/35 | 15/39 | 14/50 | 14/06 | 13/24 |
| | 0.005 | 10.0 | 36/27 | 1/29/59 | 1/24/21 | 1/19/08 | 1/14/34 | 1/10/12 | 1/06/21 | 1/02/38 | 59/19 | 56/24 | 53/34 |
| 2.70 | 0.050 | 25.0 | 2/20 | 2/11 | 2/03 | 1/55 | 1/49 | 1/42 | 1/36 | 1/31 | 1/21 | 1/22 | 1/18 |
| | 0.050 | 12.5 | 1/10 | 1/05 | 1/01 | 58 | 54 | 51 | 48 | 45 | 43 | 41 | 39 |
| | 0.010 | 10.0 | 23/24 | 21/50 | 20/28 | 19/13 | 18/06 | 17/02 | 16/06 | 15/12 | 14/23 | 13/41 | 13/00 |
| | 0.005 | 10.0 | 33/38 | 1/27/21 | 1/21/54 | 1/16/50 | 1/12/24 | 1/08/10 | 1/04/24 | 1/00/47 | 57/34 | 54/44 | 52/00 |
| 2.75 | 0.050 | 25.0 | 2/16 | 2/07 | 1/59 | 1/52 | 1/45 | 1/39 | 1/34 | 1/28 | 1/24 | 1/21 | 1/16 |
| | 0.050 | 12.5 | 1/08 | 1/04 | 1/00 | 56 | 53 | 50 | 47 | 44 | 42 | 40 | 38 |
| | 0.010 | 10.0 | 22/44 | 21/13 | 19/53 | 18/40 | 17/35 | 16/33 | 15/38 | 14/46 | 13/59 | 13/26 | 12/37 |
| | 0.005 | 10.0 | 30/55 | 1/24/52 | 1/19/33 | 1/14/38 | 1/10/19 | 1/06/13 | 1/02/34 | 59/04 | 55/56 | 53/48 | 50/31 |
| 2.80 | 0.050 | 25.0 | 2/13 | 2/04 | 1/56 | 1/49 | 1/42 | 1/36 | 1/31 | 1/26 | 1/21 | 1/17 | 1/14 |
| | 0.050 | 12.5 | 1/06 | 1/02 | 58 | 54 | 51 | 48 | 46 | 43 | 41 | 39 | 37 |
| | 0.010 | 10.0 | 22/06 | 20/38 | 19/20 | 18/09 | 17/05 | 16/06 | 15/12 | 14/21 | 13/35 | 12/55 | 12/17 |
| | 0.005 | 10.0 | 28/25 | 1/22/30 | 1/17/20 | 1/12/33 | 1/08/22 | 1/04/22 | 1/00/50 | 57/25 | 54/21 | 51/42 | 49/07 |

（7）吸入悬液，至略多于 25mL。旋转下端活塞 180°，使与放液管相通，再将多余悬液从放液口放出，搜集后倒入原悬液中。

（8）将移液管下口放入已称量的小烧杯中，再旋转下端活塞 180°，使与移液管相通，同时用吸球将悬液（25mL）全部注入小烧杯内。在移液管上口预先倒入少量纯水，此时打开上端活塞，使水流入移液管中，再将这部分水连同管内剩余颗粒冲入小烧杯内。

（9）将烧杯内悬液浓缩至半干，放入烘箱内在 105 ~ 110℃ 温度下烘至恒量，称量小烧杯连同干土的质量，准确至 0.001g。

## 四、结果整理

（1）计算土中小于某粒径的颗粒含量占试样总质量的百分数：

$$C = \frac{m_x \times 1000}{25}$$

$$X = \frac{m_x \times 1000}{25 \times m_d} \times 100\% \quad 或 \quad X = \frac{C}{m_d} \times 100(\%) \tag{3-4-9}$$

式中：$X$——小于某粒径的颗粒含量占试样总质量的百分数；

$m_x$——25mL 悬液中小于某粒径的颗粒烘干质量（g）；

$m_d$——试样总质量(g)；

$C$——1000mL 悬液中小于某粒径的颗粒总质量(g)。

(2)试验记录

试验记录见表 3-4-6。

**颗粒分析试验记录**(移液管法) 表 3-4-6

工程名称____________ 试验者____________

土样编号____________ 计算者____________

试验日期____________ 校核者____________

小于 2mm 颗粒土质量百分数________________ 三角烧瓶号________

小于 0.075mm 颗粒土质量百分数____________ 烧杯号____________

试样干质量 $m_d$ ____________ g 量筒号____________

土粒比重($G_s$)____________ 吸管体积________mL

| 粒径(mm) | 杯号 | 杯加土质量(g) | 杯质量(g) | 吸管内质量(g) | 1000mL 量筒内土质量(g) | 小于某粒径土质量百分数(%) |
|---|---|---|---|---|---|---|
| (1) | (2) | (3) | (4) | (5) = (3) - (4) | (6) | (7) |
| <0.05 | | | | | | |
| <0.01 | | | | | | |
| <0.005 | | | | | | |

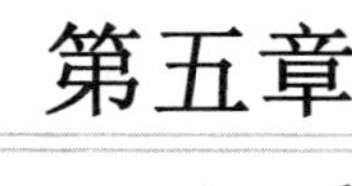

# 第五章 击实试验

## 第一节 击实试验

### 一、基本原理

用土填筑港区堆场和道路路基时,需要在模拟现场施工条件下,找出获得压实填土的最大干密度和相应的最优含水率。击实试验就是利用标准化的击实装置,根据试验土的最大干密度与击实方法的关系,得到一击实曲线,再结合现场土密度的测定,得出填土的压实度,以控制施工质量,保证在一定的施工条件下压实填土达到设计所要求的压实度标准。所以击实试验是填土工程施工中不可缺少的重要试验项目。

击实试验分轻型击实和重型击实。轻型击实试验适用于粒径小于5mm的黏性土;重型击实试验适用于粒径不大于20mm的土,采用三层击实时,最大粒径不大于40mm。轻型击实试验的单位体积击实功约592.2kJ/m$^3$,重型击实试验的单位体积击实功约为2684.9kJ/m$^3$。

采用哪种方法进行击实试验应根据有关规定的要求或工程科学试验的实际需要确定。

### 二、仪器设备

(1)标准击实仪(图3-5-1):击实筒和击锤尺寸应符合表3-5-1规定。

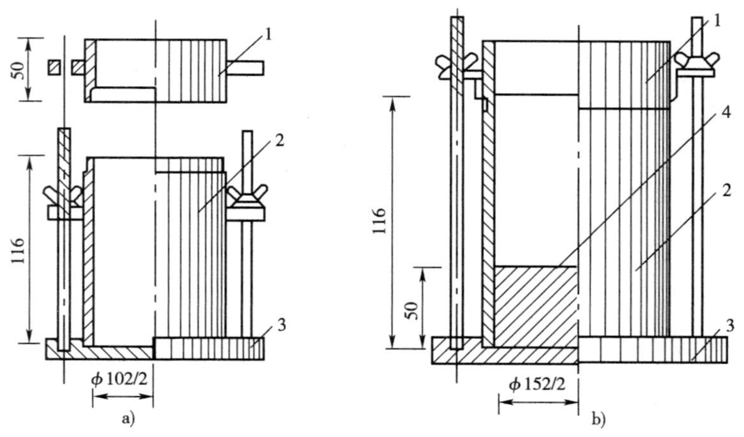


图3-5-1 击实筒(单位:mm)

a)轻型击实筒;b)重型击实筒

1-套(护)筒;2-击实筒;3-底板;4-垫块

击实仪主要部件规格表 表 3-5-1

| 试验方法 | 锤底直径(mm) | 锤质量(kg) | 落高(mm) | 击实筒 | | | 护筒高度(mm) |
|---|---|---|---|---|---|---|---|
| | | | | 内径(mm) | 筒高(mm) | 容积($mm^3$) | |
| 轻型 | 51 | 2.5 | 305 | 102 | 116 | 947.4 | 50 |
| 重型 | 51 | 4.5 | 457 | 152 | 116 | 2103.9 | 50 |

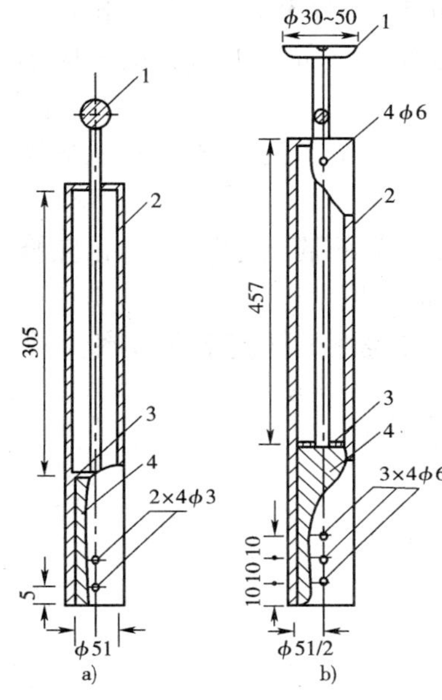


图 3-5-2 击锤与导筒(单位:mm)

a)2.5kg 的击锤;b)4.5kg 的击锤

1-提手;2-导筒;3-硬橡皮垫;4-击锤

(2)击实仪击锤、导筒(图 3-5-2):击锤与导筒间应有足够的间隙使锤能自由下落;电动操作的击锤必须有控制落距的跟踪装置和锤击点按一定角度(轻型 53.5°,重型 45°)均匀分布的装置。

(3)天平:称量 200g,最小分度值 0.01g。

(4)台秤:称量 10kg,最小分度值 5g。

(5)标准筛:孔径为 20mm、40mm 和 5mm。

(6)试样推出器:宜用螺旋式千斤顶或液压式千斤顶,如无此类装置,亦可用刮刀和修土刀从击实筒中取出试样。

## 三、操作步骤

1. 试样制备

试样制备分为干法和湿法两种。

(1)干法制备试样应按下列步骤进行:用四分法取代表性土样 20kg(重型为 50kg),风干碾碎,过 5mm(重型过 20mm 或 40mm)筛,将筛下土样拌匀,并测定土样的风干含水率。按第一章中有关扰动土试样制备的有关规定制备 5 个不同含水率的一组试样,相邻 2 个含水率的差值宜为 2%。由于击实试验的 $\rho_d$—$w$ 关系曲线一定要出现峰值,由经验可知,最大干密度往往都在塑限含水率附近。根据土的压实理论,峰值点就是孔隙比最小的点,所以在制备土样选择含水率时,应该使击实试验的 5 个试样的含水率中应有 2 个大于塑限,2 个小于塑限,1 个接近塑限。重型击实试验测得的最优含水率较轻型击实试验测得的小,制备不同含水率试样时可以向含水率较小方向移动。

所需加水量按下式计算:

$$m_w = \frac{m_1}{1 + w_1} \times (w - w_1) \tag{3-5-1}$$

式中:$m_w$——所需的加水量;

$m_1$——含水率为 $w_1$ 时土样质量;

$w_1$——土样原有含水率;

$w$——要达到的含水率。

(2)湿法制备试样应按下列步骤进行:

取天然含水率的代表性土样 20kg(重型为 50kg),碾碎,过 5mm 筛(重型过 20mm 或 40mm),将筛下的土样拌匀,并测定土样的天然含水率。根据土样的塑限预估最优含水率,按与干法同样的原则选择至少5个含水率的土样，分别将天然含水率的土样风干或加水进行制备，应使制备好的土样水分均匀分布。

2. 击实试验步骤

(1)将击实仪平稳置于刚性基础上，击实筒与底座连接好，安装好护筒，在击实筒内壁均匀涂一薄层润滑油。称取一定量试样，倒入击实筒内，分层击实，轻型击实试样为2～5kg时，分3层，每层25击；重型击实试样为4～10kg时，分5层，每层56击，若分3层，每层94击。每层试样高度宜相等，两层交界处的土面应刨毛。击实完成时，超出击实筒顶的试样高度应小于6mm。

重型击实试验中，为了保证击实筒中央土层和周围土层所受击实功能相同，在采用机械操作时，击实仪必须具备在每一圈周围击实完后中间加一锤的功能。

(2)卸下护筒，用直刮刀修平击实筒顶部的试样，拆除底板，试样底部若超出筒外，也应修平，擦净筒外壁，称筒与试样的总质量，准确至1g，并计算试样的湿密度。

(3)用推土器将试样从击实筒中推出，从该试样中部取2个代表性试样测定含水率，2个含水率的差值应不大于1%。

(4)对不同含水率的试样依次击实。

## 四、成果整理

1. 计算击实后各点的干密度

试样的干密度按下式计算：

$$\rho_d = \frac{\rho_0}{1 + w_i} \tag{3-5-2}$$

式中：$\rho_d$——试样干密度；

$\rho_0$——试样湿密度；

$w_i$——该试样测定的含水率。

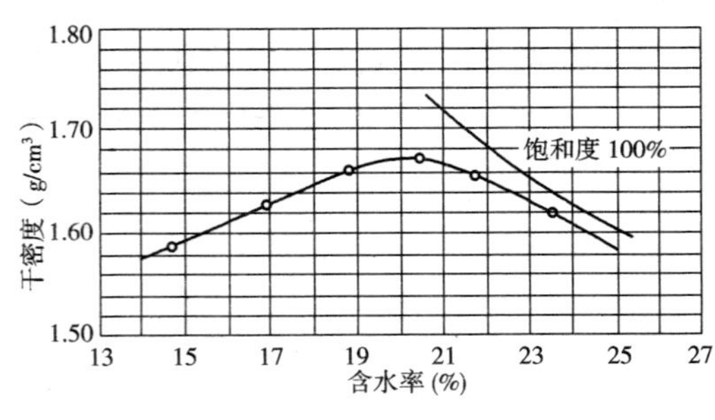


图3-5-3 $\rho_d$—$w$关系曲线

2. 绘制干密度和含水率关系曲线

在直角坐标纸上，以干密度为纵坐标，含水率为横坐标，绘制如图3-5-3的($\rho_d$—$w$关系曲线)。并应取曲线峰值点相应的纵坐标为击实试样的最大干密度，相应的横坐标为击实试样的最优含水率。当关系曲线不能绘出峰值点时，应进行补点。土样不宜重复使用。

气体体积等于零(即饱和度100%)的等值线应按下式计算，并应将计算值绘于图3-5-3的关系曲线上。

$$w_{sat} = \frac{(V_w + V_a)\rho_w}{m_s} = \frac{(V - V_s)\rho_w}{V\rho_d} = \frac{\rho_w}{\rho_d} - \frac{V_s\rho_w}{m_s} = \frac{\rho_w}{\rho_d} - \frac{1}{G_s} \tag{3-5-3}$$

或

$$\rho_d = \frac{\rho_w}{w_{sat} + \frac{1}{G_s}} \tag{3-5-4}$$

式中：$V$——试样的体积(环刀容积)($cm^3$)；

$V_a$、$V_w$、$V_s$——空气、水、土颗粒和孔隙的体积($cm^3$)；

$w_{sat}$——试样的饱和含水率(%)；

$\rho_w$——温度4℃时水的密度($g/cm^3$)；

$\rho_d$——试样的干密度($g/cm^3$)；

$G_s$——土粒比重。

由于土是处于三相状态，当土被击实到最大干密度时，土空隙中的空气不易排出，即使加大击实功能也不能将土中受困气体全部排尽，故被击实的土体不可能达到完全饱和的程度。因此，当土的干密度相等时，击实曲线上各点的含水率，必然都小于饱和曲线上相应的含水率，所以击实曲线不可能与饱和曲线出现相交。

3. 试验记录

击实试验的记录格式见表3-5-2。

**击 实 试 验 记 录** 表3-5-2

工程名称＿＿＿＿＿＿ 试验者＿＿＿＿＿＿

工程编号＿＿＿＿＿＿ 计算者＿＿＿＿＿＿

试验日期＿＿＿＿＿＿ 校核者＿＿＿＿＿＿

| 试验序号 | 预估最优含水率＿＿% | | | | 风干含水率＿＿% | | | | | 试验类别 | |
|---|---|---|---|---|---|---|---|---|---|---|---|
| | 筒加试样质量(g) | 筒质量(g) | 试样质量(g) | 筒体积($cm^3$) | 湿密度($g/cm^3$) | 干密度($g/cm^3$) | 盒号 | 湿土质量(g) | 干土质量(g) | 含水率(%) | 平均含水率(%) |
| | (1) | (2) | (3) = (1) − (2) | (4) | (5) = (3)/(4) | (6) = $\frac{(5)}{(1)+(10)}$ | | (7) | (8) | (9) = $\frac{(7)}{(8)}-1$ | (10) |
| | | | | | | | | | | | |
| | | | | | | | | | | | |
| | | | | | | | | | | | |
| | | | | | | | | | | | |

## 五、试验注意事项

(1)试验时，一般采用风干土做试验，也有采用烘干土做试验的。实践证明，用烘干土做试验得到的最优含水率比用风干土的小，而最大干容重则偏大。以风干土做试验为合理。

(2)加水及浸润，加水方法有两种，即体积控制法和称重控制法，以称重法效果为好。洒水应均匀，浸润时间应符合有关试样制备的规定。

(3)击实筒一般应放在混凝土地面上进行击实。

(4)应控制击实容器中的余土高度符合试验规定(不超过6mm),否则试验无效。

(5)超尺寸颗粒应进行校正。

(6)试验效果检验,检查击实试验曲线的右方是否与无空气饱和曲线接近平行且所有试验点子均应在饱和曲线左边。其次在同一规定击实标准下,级配不均匀的土所得曲线较陡,土的密度大;级配均匀的土所得的曲线平缓,土的密度小。一般土的塑性指数越高,其最大干密度越小。两次平行试验最大干密度的差值应不超过0.05g/$cm^3$。

## 第二节 击实土的工程性质

### 一、压实的工程意义

在港航工程建设中,经常遇到陆域吹填和填土及软弱地基处理,为了改善这些土的工程性质,常采用压实的方法使土变得密实,通过人工或机械对土施加一定的能量进行压实,使土颗粒重新排列变密,从而增大土的强度。用锤夯击处理软土地基并提高其承载能力就是这个原理。

在实际工程中,港区陆域填土压实的问题,如港区堆场的地基和道路路基以及用土作为建筑物的垫层或回填土等都是将土作为建筑材料,按一定要求和范围堆填而成。填土不同于天然土层,经过挖掘、搬运之后,原状结构被破坏,含水率也发生了变化,填筑时在土中存在许多大孔隙。未经压实的填土强度低,压缩性大且不均匀,遇水易发生坍塌、崩解等。所以为了满足工程设计的要求,就必须按一定的标准对填土进行压实。

对于堆场地基及道路路基工程,通过压实使具有足够的密实度,且充分发挥地基土的强度,减少地基在荷载作用下产生的形变,减小透水性,增加强度稳定性。

### 二、击实土的特性

(1)压实的物理过程:

用某种工具或机械对填土进行压实时,将产生下列几种物理过程:

①使大小土块重新排列和互相靠近。

②使单个土颗粒重新排列和互相靠近。

③使土块内部的土颗粒重新排列趋于紧密。

④使小颗粒进入大颗粒的孔隙中,从而使土密实。

产生上述物理过程的结果,将增加单位体积内固体颗粒的数量,减少孔隙率,从而提高土的密实度。

(2)压实使土的强度增加。

(3)压实减少土的塑性变形。

(4)压实可减少土的渗透系数,减小其饱水量,增加土体的稳定性。

# 第六章 渗透、固结试验

## 第一节 渗透试验

### 一、基本原理

渗透是液体在多孔介质中运动的现象。渗透系数是表达这一现象的定量指标。土的渗透性是由于骨架颗粒之间存在孔隙构成水的通道所致。土中孔隙水的运动和孔隙水压力的变化,常常是影响土的各种力学性质及控制各种建筑物设计与施工的重要因素。

水流动时,如相邻两质点的流线互不相交,这样的水流称为层流。水在土中的流动是层流还是紊流,是由流速的大小决定的,当流速超过某一临界速度时就出现紊流。水在土中的渗流一般情况下都是层流。在层流情况下,水流的速度 $v$ 与水力坡降 $i$ 成正比,这就是达西定律,用公式表示为 $v=ki$。那么我们把水力坡度 $i=1$ 时的渗透速度 $k$ 称为渗透系数。渗流量的表达式为:

$$Q=k\frac{H}{L}\cdot At \tag{3-6-1}$$

式中:$Q$——渗流量($cm^3$);

$H$——水头差(cm);

$L$——渗流距离(cm);

$A$——土样横断面积($cm^2$);

$t$——时间(s)。

渗透试验是根据达西定律来测定渗流系数,从而确定土的渗透性大小。渗透试验一般分为常水头法和变水头法,前者适用于透水性大的粗粒土,后者适用于透水性较小的细粒土。实验用水应采用实际作用于土的天然水,如有困难可用纯水,但应在试验前用抽气法或者水煮法脱气,试验时的水温宜高于室温 3~4℃。

### 二、常水头渗透试验

常水头渗透试验是使水流在一定的水头差 $H$ 的作用下通过土样,并通过测定土样在一定时间内的渗流量来确定土的渗透系数。此方法适用于粗粒土(如砂粒土)或含少量砾石的无黏性土。

1. 仪器设备

(1)常水头渗透仪(70 型渗透仪),见图 3-6-1。其中封底圆筒高 40cm,内径 10cm,金属孔板距筒底 6cm。

（2）其他：木槌、秒表、天平等。

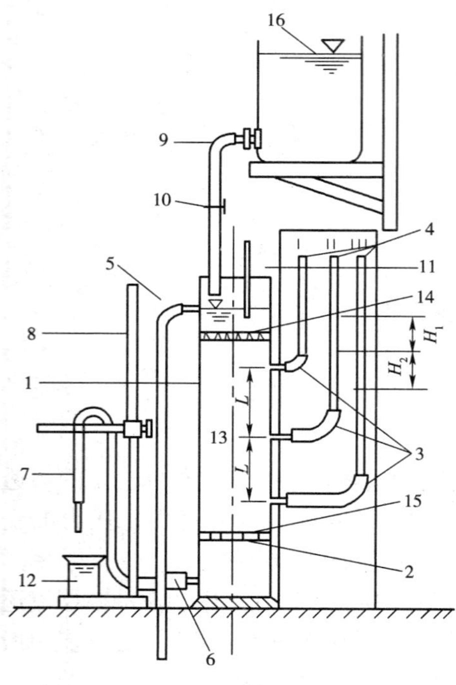


图 3-6-1 常水头渗透仪装置

1-金属圆筒；2-金属孔板；3-测压孔；4-测压管；5-溢水孔；6-渗水孔；7-调节管；8-滑动支架；9-供水管；10-止水夹；11-温度计；12-量杯；13-试样；14-砾石层；15-铜丝筛布滤网；16-供水瓶

2. 操作步骤

（1）按照图 3-6-1 将仪器装好，接通调节管和供水管，从渗水孔向圆筒冲水，使水流到仪器底部，水位略高于金属孔板，关止水夹。

（2）取有代表性的土样 3 ~ 4kg，称量，准确至1.0g，并测其风干含水率。

（3）将土样分层装入圆筒内，每层厚 2 ~ 3cm，用木槌轻轻击实到一定厚度，以控制孔隙比。如土样含黏粒比较多，应在金属孔板上加铺约 2cm 厚的粗砂砾作为过滤层，以防细粒土被水冲走。

（4）每层试样装好后，从渗水孔向圆筒充水至试样顶面，使试样逐渐饱和。饱和时水流不可太急，以免冲动试样。

（5）如此分层装入试样后，从渗水孔向圆筒充水至试样顶面，最后一层试样表面应高出上测压孔 3 ~ 4cm。量出试样顶面至筒顶高度，计算试样高度，称剩余土质量，准确至 0.1g，计算装入试样的总质量。在试样顶面铺 1 ~ 2cm 砾石作缓冲层，充水至水面高出砾石层 2cm 左右时，关闭止水夹。

（6）将调节管提高至溢水管以上，将供水管置入圆筒内，开启止水夹，使水由圆筒上部注入，至有水从溢水孔溢出为止。

（7）静止数分钟，检查各测压管水位是否与溢水孔齐平，如不齐平，说明仪器有集气或漏气，需挤压测压管上的橡皮管，或用吸球在测压管上部将集气吸出，调至水位齐平为止。

（8）降低调节管至试样上部 1/3 高度处形成水位差，水即渗入试样，经调节管流出。此时调节供水管止水夹，使进入圆筒内的水量多于渗出水量，溢水孔始终有余水流出，以保持圆筒中水面不变，使试样处于常水头下渗透。

（9）测压管水位稳定后，测记水位，计算各测压管之间的水位差。

（10）开动秒表按规定时间记录渗透水量。接取渗出水量时，调节管出水口不得浸入水中。

（11）测记进水和出水处水温，取其平均值。

（12）降低调节管管口至试样中部及下部 1/3 高度处，按步骤（8）~（11），重复测定渗出水量和水温。当各不同水力坡降下测定的数据稳定时，结束试验。

（13）根据工程需要，改变试样的空隙比，继续试验。

3. 成果整理

（1）常水头渗透系数的计算：

$$k_T = \frac{QL}{AHt} \quad (3\text{-}6\text{-}2)$$

式中：$k_T$——水温 $T$℃时试样渗透系数（cm/s）；

$Q$——时间 $t$ 内的渗透水量（$cm^3$）；

$L$——两测压孔中心之间的距离（cm）；

$A$——试样的断面积（$cm^2$）；

$H$——平均水位差$\left(H = \frac{H_1 + H_2}{2}\right)$（cm）；

$t$——时间（s）。

（2）标准温度下的渗透系数的计算：

$$K_{20} = k_T \frac{\eta_T}{\eta_{20}} \quad (3\text{-}6\text{-}3)$$

式中：$K_{20}$——标准温度时试样的渗透系数（cm/s）；

$\eta_T$——$T$℃时水的动力黏滞系数（kPa·s）；

$\eta_{20}$——20℃时水的动力黏滞系数（kPa·s）；

$\eta_T/\eta_{20}$——黏滞系数比，查表 3-6-1。

**水的动力黏滞系数 $\eta$、黏滞系数比 $\eta_T/\eta_{20}$** 表 3-6-1

| 温度（℃） | 动力黏滞系数 $\eta$（$\times 10^{-6}$kPa·s） | $\frac{\eta_T}{\eta_{20}}$ | 温度（℃） | 动力黏滞系数 $\eta$（$\times 10^{-6}$kPa·s） | $\frac{\eta_T}{\eta_{20}}$ |
|---|---|---|---|---|---|
| 5.0 | 1.516 | 1.501 | 15.5 | 1.130 | 1.119 |
| 5.5 | 1.493 | 1.478 | 16.0 | 1.115 | 1.104 |
| 6.0 | 1.470 | 1.455 | 16.5 | 1.101 | 1.090 |
| 6.5 | 1.449 | 1.435 | 17.0 | 1.088 | 1.077 |
| 7.0 | 1.428 | 1.414 | 17.5 | 1.074 | 1.066 |
| 7.5 | 1.407 | 1.393 | 18.0 | 1.061 | 1.050 |
| 8.0 | 1.387 | 1.373 | 18.5 | 1.048 | 1.038 |
| 8.5 | 1.367 | 1.353 | 19.0 | 1.035 | 1.025 |
| 9.0 | 1.347 | 1.334 | 19.5 | 1.022 | 1.012 |
| 9.5 | 1.328 | 1.315 | 20.0 | 1.010 | 1.000 |
| 10.0 | 1.310 | 1.297 | 20.5 | 0.9998 | 0.999 |
| 10.5 | 1.292 | 1.279 | 21.0 | 0.986 | 0.976 |
| 11.0 | 1.274 | 1.261 | 21.5 | 0.974 | 0.964 |
| 11.5 | 1.256 | 1.243 | 22.0 | 0.963 | 0.953 |
| 12.0 | 1.239 | 1.227 | 22.5 | 0.952 | 0.943 |
| 12.5 | 1.223 | 1.211 | 23.0 | 0.941 | 0.932 |
| 13.0 | 1.206 | 1.194 | 24.0 | 0.919 | 0.910 |
| 13.5 | 1.190 | 1.178 | 25.0 | 0.899 | 0.890 |
| 14.0 | 1.175 | 1.163 | 26.0 | 0.879 | 0.870 |
| 14.5 | 1.160 | 1.148 | 27.0 | 0.859 | 0.850 |
| 15.0 | 1.144 | 1.133 | 28.0 | 0.841 | 0.833 |

（3）常水头渗透试验的记录格式见表3-6-2。

**常水头渗透试验记录** 表3-6-2

工程名称____________ 试验者____________

工程编号____________ 计算者____________

试验日期____________ 校核者____________

<table>
<tr><td rowspan="2">试验次数</td><td rowspan="2">经过时间（s）</td><td colspan="3">测压管水位（cm）</td><td colspan="3">水位差</td><td rowspan="2">水力坡降</td><td rowspan="2">渗水量（cm³）</td><td rowspan="2">渗透系数（cm/s）</td><td rowspan="2">水温（℃）</td><td rowspan="2">校正系数</td><td rowspan="2">水温20℃时的渗透系数（cm/s）</td><td rowspan="2">平均渗透系数（cm/s）</td></tr>
<tr><td>Ⅰ</td><td>Ⅱ</td><td>Ⅲ</td><td>$H_1$</td><td>$H_2$</td><td>平均</td></tr>
<tr><td></td><td>（1）</td><td>（2）</td><td>（3）</td><td>（4）</td><td>（5）=（2）-（3）</td><td>（6）=（3）-（4）</td><td>（7）=$\frac{(5)+(6)}{2}$</td><td>（8）=$\frac{(7)}{L}$</td><td>（9）</td><td>（10）=$\frac{(9)}{A\times(8)\times(1)}$</td><td>（11）</td><td>（12）=$\frac{\eta_T}{\eta_{20}}$</td><td>（13）=（10）×（12）</td><td>（14）</td></tr>
<tr><td></td><td></td><td></td><td></td><td></td><td></td><td></td><td></td><td></td><td></td><td></td><td></td><td></td><td></td><td></td></tr>
<tr><td></td><td></td><td></td><td></td><td></td><td></td><td></td><td></td><td></td><td></td><td></td><td></td><td></td><td></td><td></td></tr>
<tr><td></td><td></td><td></td><td></td><td></td><td></td><td></td><td></td><td></td><td></td><td></td><td></td><td></td><td></td><td></td></tr>
</table>

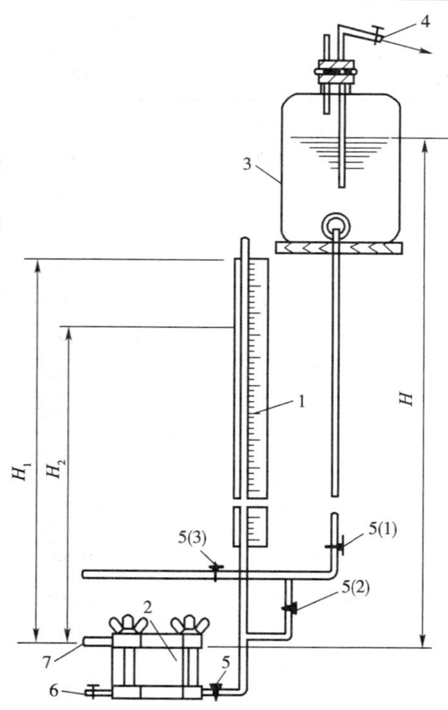


图3-6-2 变水头渗透装置

1-变水头管；2-渗透容器；3-供水瓶；4-接水源管；5-进水管夹；6-排气管；7-出水管

（4）整理绘图。

从而可在半对数坐标纸上绘制以孔隙比为纵坐标，渗透系数为横坐标的 $e$—$k$ 关系曲线，供不同孔隙比 $e$ 时渗透系数 $k$ 的查取。

## 三、变水头渗透试验

变水头渗透试验是水在变化的水头压力下，对土样进行渗透，从而根据同一时间内经过土样的渗流量与水头量管流量相等推导得出变水头渗透系数。

1. 仪器设备

（1）变水头渗透装置（图3-6-2）由渗透容器、变水头管、供水瓶、进水管等组成。变水头管的内径应均匀，管径不大于1cm，管外壁应有分度为1.0mm的刻度，长度宜为2m左右。

（2）渗透容器（图3-6-3）：由环刀、透水石、盛土筒、上盖和下盖组成。环刀内径61.8mm，高40mm；透水石的渗透系数应大于 $10^{-3}$cm/s。

（3）其他：切土器、温度计、削土刀、秒表、钢丝锯、凡士林等。

试样制作应分别按原状土和扰动土试样制作规定进行制作，并测定试样的含水率和密度。

2. 操作步骤

（1）将装有试样的环刀装入渗透容器，用螺母旋紧，要求密封至不漏水不漏气。对不易透水的试样应进行抽气饱和。对饱和试样和较易透水的试样，直接用变水头装置的水头进行饱和。

(2)将渗透容器的进水口与变水头管连接，利用供水瓶中的纯水将进水管充满，并渗入渗透容器，开排气阀，排除渗透容器底部的空气，直至溢出水中无气泡，关排气阀，放平渗透容器，关进水管夹。

(3)向变水头管注纯水，使水升至预定高度，水头高度根据试样结构的疏松程度确定，一般不应大于2m，待水位稳定后切断水源开进水夹，使水通过试样，当出水口有水溢出时开始测记，记录起始水头和起始时间，按预定时间间隔测记水头和时间变化，并测记出水口的水温。

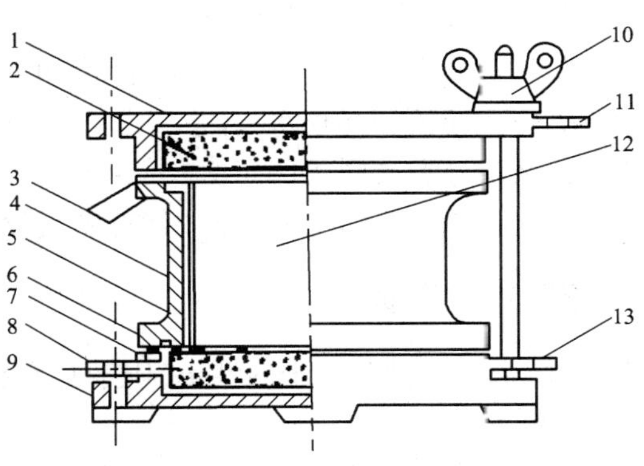


图3-6-3 渗透容器

1-上盖；2-透水石；3、6-橡胶圈；4-环刀；5-盛土筒；7-透水石；8-排气管；9-下盖；10-固定螺杆；11-出水管；12-试样；13-进水孔

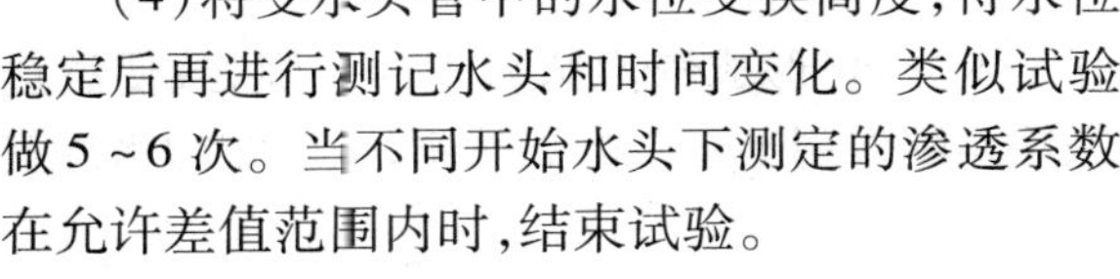

(4)将变水头管中的水位变换高度，待水位稳定后再进行测记水头和时间变化。类似试验做5~6次。当不同开始水头下测定的渗透系数在允许差值范围内时，结束试验。

3. 试验的记录格式

变水头渗透试验的记录格式见表3-6-3。

**变水头渗透试验记录** 表3-6-3

工程名称________ 试样面积($A$)________ 试验者________

工程编号________ 试样高度($L$)________ 计算者________

试样编号________ 测压管面积($a$)________ 校核者________

试验日期________ 孔隙比($e$)________

| 开始时间 $t_1$ (s) | 终了时间 $t_2$ (s) | 经过时间 $t$ (s) | 开始水头 $H_1$ (cm) | 终了水头 $H_2$ (cm) | $2.3\dfrac{a\times L}{A\times(3)}$ | $\lg\dfrac{H_1}{H_2}$ | $T$℃时间渗透系数 (cm/s) | 水温 (℃) | 校准系数 | 水温20℃时的渗透系数 (cm/s) | 平均渗透系数 (cm/s) |
|---|---|---|---|---|---|---|---|---|---|---|---|
| (1) | (2) | (3) = (2) − (1) | (4) | (5) | (6) | (7) | (8) = (6) × (7) | (9) | (10) = $\eta_T/\eta_{20}$ | (11) = (8) × (10) | (12) |
| | | | | | | | | | | | |
| | | | | | | | | | | | |
| | | | | | | | | | | | |

4. 成果整理

(1)变水头渗透系数计算：

$$k_T = 2.3\frac{aL}{A(t_2 - t_1)}\lg\frac{H_1}{H_2} \tag{3-6-4}$$

式中：$a$——变水头管的断面积（$cm^2$）；

2.3——ln 和 lg 的变换因素；

$L$——渗径，即试样高度（cm）；

$t_1$、$t_2$——分别为测读水头的起始和终止时间（s）；

$H_1$、$H_2$——起始和终止水头。

其余符号意义同式（3-6-2）。

（2）标准温度下的渗透系数计算同式（3-6-3）。

## 四、注意事项

（1）常水头试验用于砂性土，用于常水头试验的仪器有70型渗透仪和土样管（卡明斯基管）渗透仪。

（2）土样的饱和度越小，土的孔隙内残留气体越多，使土的有效渗透面积减小，同时由于气体因孔隙水压力的变化而胀缩，使饱和度成为一个不定的因素，为了保证试验精度，要求试样必须充分饱和。

（3）水中气体对渗透系数有影响，由于水中气体分离，形成气泡堵塞土的孔隙，致使渗透系数逐渐降低。因此试验中用无气纯水，最好是用实际作用于土中的天然水，试验时的水温宜高于室温3～4℃。

（4）水的动力黏滞系数随温度而变化，土的渗透系数与水的动力黏滞系数成反比。因此，在任一温度下测定的渗透系数应换算到标准温度（20℃）下的渗透系数，使试验结果有可比性。

（5）变水头试验适用于黏性土。

# 第二节　固结试验

## 一、基本原理

地基土在外荷载作用下，水和空气逐渐被挤出，土的骨架颗粒之间相互挤紧，封闭气体的体积减小，从而引起土的压缩变形。固结试验就是将天然状态下的原状土样或扰动土样，制备成一定规格的试件，然后置于固结仪内，在不同荷载和在有侧限条件下测定其固结变形。根据工程的需要，固结试验有下列试验方法：

（1）常规固结试验。

（2）快速法固结试验。

（3）连续加荷固结试验。

所得的各项指标用以判断土的压缩性和计算建筑物与地基的沉降。固结试验成果一般整理成 $e$—$p$ 或 $e$—lg$p$ 曲线。

（1）常规固结试验：该法规定标准加荷时间为24h一级，加荷率为1，即每级压力比前级压力增加一倍。

（2）快速法固结试验：快速法固结试验是指一小时快速试验法，对试验结果进行校正，可

得到与常规固结试验近似的结果。

(3)连续加荷固结试验:连续加荷固结试验是在试样上连续加荷,可分为等应变速率固结试验、等梯度固结试验、等加荷速率固结试验。

由固结试验可以测定土的压缩系数 $a$、压缩模量 $E_s$、体积压缩系数 $m_v$、压缩指数 $C_c$、回弹指数$C_s$、垂直向固结系数 $C_v$,可得到单位沉降量与压力关系曲线,孔隙比与压力关系曲线等。

## 二、仪器设备

(1)固结容器:由环刀、护环、透水板、水槽、加压上盖组成(图3-6-4)。

①环刀:内径为61.8mm和79.8mm,高度为20mm。环刀应具有一定的刚度,内壁应保持较高的光洁度,宜涂一层硅脂或聚四氟乙烯。

②透水板:由氧化铝或不受腐蚀的金属材料制成,其渗透系数应大于试样的渗透系数。用固定式容器时,顶部透水板直径应小于环刀内径0.2~0.5mm;用浮环式容器时上下端透水板直径相等,均应小于环刀内径。

(2)加荷设备:应能垂直地在瞬间施加各级规定的荷重,且没有冲击力。

(3)变形量测设备:量程10mm,最小分度为0.01mm的百分表或准确度为全量程0.2%的位移传感器。

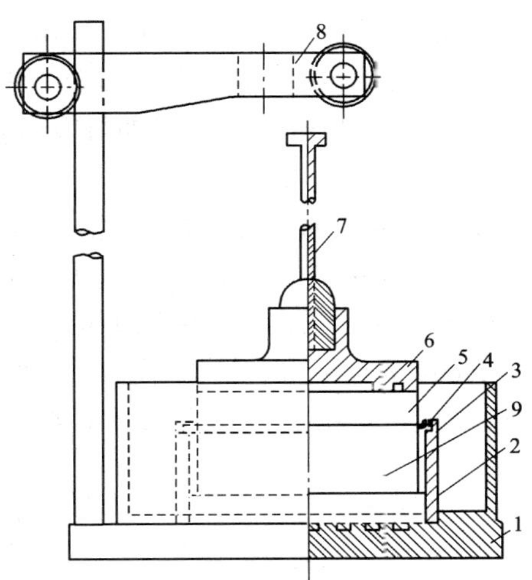

图3-6-4 固结仪示意图

1-水槽;2-护环;3-环刀;4-导环;5-透水板;6-加压上盖;7-位移计导杆;8-位移计架;9-试样

(4)其他:天平、秒表、烘箱等。

固结仪及加压设备应定期校正,并应作仪器变形校正曲线。

## 三、操作步骤

根据工程需要切取原状土样,试样制备应按原状土试样制备的规定进行。并测定试样的含水率和密度,取切下的余土测定土粒比重。试样需要饱和时,应按规定进行抽气饱和。

固结试验步骤如下:

(1)在固结容器内放置护环、透水板和薄型滤纸(滤纸和透水板的湿度应接近试样的湿度),将带有试样的环刀装入护环内,放上导环、试样上依次放上薄型滤纸、透水板和加压上盖,并将固结容器置于加压框架正中,使加压上盖与加压框架中心对准,安装百分表或位移传感器。

(2)施加1kPa的预加压力使试样与仪器上下各部分之间接触,将百分表或传感器调整到零位或测读初读数。

(3)确定需要施加的各级压力,压力等级宜为12.5kPa、25kPa、50kPa、100kPa、200kPa、400kPa、800kPa、1600kPa、3200kPa。第一级压力的大小应视土的软硬程度而定,宜用12.5kPa、

25kPa 或 50kPa。最后一级压力应大于土的自重压力与附加压力之和。只需测定压缩系数时，最大压力不小于 400kPa。

（4）需要确定原状土的先期固结压力时，初始段的荷重率应小于1，可采用0.5或0.25。施加的压力应使测得的 $e$—lg$p$ 曲线下段出现直线段。对超固结土，应进行卸压、再加压来评价其再压缩特性。

（5）对于饱和试样，施加第一级压力后应立即向水槽中注水浸没试样。非饱和试样进行压缩试验时，须用湿棉纱围住加压板周围。

（6）需要测定沉降速率、固结系数时，施加每一级压力后宜按下列时间顺序测记试样的高度变化。时间为6s、15s、1min、2min15s、4min、6min15s、9min、12min5s、16min、20min15s、25min、30min15s、36min、42min15s、49min、64min、100min、200min、400min、23h、24h，至稳定为止。不需要测定沉降速率时，则施加每级压力后24h测定试样高度变化作为稳定标准，只需测定压缩系数的试样，施加每级压力后，每小时变形达0.005mm时，测定试样高度变化作为稳定标准。按此步骤逐级加压至试验结束。测定沉降速率仅适用于饱和土。

（7）需要进行回弹试验时，可在某级压力下固结稳定后退压，直至退到要求的压力，每次退压至24h后测定试样的回弹量。

（8）试验结束后吸去容器中的水，迅速拆除仪器各部件，取出整块的试样，测定含水率。

固结试验的记录表见表3-6-4、表3-6-5。

**固结试验记录(1)** 表3-6-4

| | | |
|---|---|---|
| 工程编号______ | 试样面积______ | 试验者______ |
| 试样编号______ | 土粒比重 $G_s$ ______ | 计算者______ |
| 仪器编号______ | 试验前试样高度 $h_0$ ______ mm | 校核者______ |
| 试验日期______ | 试验前孔隙比 $e_0$ ______ | |

含水率试验

| | 盒号 | 湿土质量(g) | 干土质量(g) | 含水率(%) | 平均含水率(%) |
|---|---|---|---|---|---|
| 试验前 | | | | | |
| | | | | | |
| 试验后 | | | | | |

密 度 试 验

| 环刀号 | 湿土质量(g) | 环刀容积($cm^3$) | 湿密度(g/cm) |
|---|---|---|---|
| | | | |
| | | | |
| | | | |

| 加压历时(h) | 压力(MPa) | 试样变形量(mm) | 压缩后试样高度(mm) | 孔隙比 | 压缩系数($MPa^{-1}$) | 压缩模量(MPa) | 固结系数($cm^2/s$) |
|---|---|---|---|---|---|---|---|
| | $P$ | $\sum\Delta h_i$ | $h=h_0-\sum\Delta h_i$ | $e_f=e_0-\frac{1+e_0}{h_0}\sum\Delta h_i$ | $a=\frac{e_i-e_{i+1}}{P_{i+1}-P_i}$ | $E_s=\frac{1+e_0}{a}$ | $C_v=\frac{T_v(\bar{h})^2}{t}$ |
| 24 | | | | | | | |
| | | | | | | | |
| | | | | | | | |

固结试验记录(2)　　表 3-6-5

工程编号____________　　试验者____________

试样编号____________　　计算者____________

仪器编号____________　　校核者____________

试验日期

| 压力<br>经过时间(min) | MPa | | MPa | | MPa | | MPa | | MPa | |
|---|---|---|---|---|---|---|---|---|---|---|
| | 时间 | 变形读数 | 时间 | 变形读数 | 时间 | 变形读数 | 时间 | 变形读数 | 时间 | 变形读数 |
| 0 | | | | | | | | | | |
| 0.1 | | | | | | | | | | |
| 0.25 | | | | | | | | | | |
| 1 | | | | | | | | | | |
| 2.25 | | | | | | | | | | |
| 4 | | | | | | | | | | |
| 6.25 | | | | | | | | | | |
| 9 | | | | | | | | | | |
| 12.25 | | | | | | | | | | |
| 16 | | | | | | | | | | |
| 20.25 | | | | | | | | | | |
| 25 | | | | | | | | | | |
| 30.25 | | | | | | | | | | |
| 36 | | | | | | | | | | |
| 42.5 | | | | | | | | | | |
| 49 | | | | | | | | | | |
| 64 | | | | | | | | | | |
| 100 | | | | | | | | | | |
| 200 | | | | | | | | | | |
| 23(h) | | | | | | | | | | |
| 24(h) | | | | | | | | | | |
| 总变形量(mm) | | | | | | | | | | |
| 仪器变形量(mm) | | | | | | | | | | |
| 试样总变形量(mm) | | | | | | | | | | |

## 四、成果整理

(1)计算试验开始时试样的孔隙比:

$$e_0 = \frac{(1 + w_0)G_s\rho_w}{\rho_0} - 1 \tag{3-6-5}$$

(2)计算单位沉降量:

$$s_i = \frac{\sum \Delta h_i}{h_0} \times 10^3 \tag{3-6-6}$$

式中:$s_i$——某级压力下的单位沉降量(mm/m);

$h_0$——试样初始高度(mm);

$\sum \Delta h_i$——某级压力下试样固结稳定后的总变形量(mm)(等于该级压力下固结稳定读数减

去仪器变形量）；

$10^3$——单位换算系数。

（3）各级压力下试样固结稳定后的孔隙比，应按下式计算：

$$e_i = e_0 - \frac{1 + e_0}{h_0}\Delta h_i \tag{3-6-7}$$

式中：$e_i$——各级压力下试样固结稳定后的孔隙比。

（4）某一压力范围内的压缩系数，应按下式计算：

$$a = \frac{e_i - e_{i+1}}{P_{i+1} - P_i} \tag{3-6-8}$$

式中：$a$——压缩系数（$MPa^{-1}$）；

$P_i$——某级压力值（MPa）。

（5）某一压力范围内的压缩模量，应按下式计算：

$$E_s = \frac{1 + e_0}{a} \tag{3-6-9}$$

式中：$E_s$——某压力范围内的压缩模量（MPa）。

（6）某一压力范围内的体积压缩系数，应按下式计算：

$$m_v = \frac{1}{E_s} = \frac{a}{1 + e_0} \tag{3-6-10}$$

式中：$m_v$——某压力范围内体积压缩系数（$MPa^{-1}$）。

（7）压缩指数和回弹指数，应按下式计算：

$$C_c \text{ 或 } C_s = \frac{e_i - e_{i+1}}{\lg P_{i+1} - \lg P_i} \tag{3-6-11}$$

式中：$C_c$——压缩指数；

$C_s$——回弹指数。

（8）以孔隙比为纵坐标，压力为横坐标绘制的孔隙比与压力的关系曲线，见图3-6-5。

（9）以孔隙比为纵坐标，以压力的对数为横坐标，绘制孔隙比与压力的对数关系的曲线，见图3-6-6。

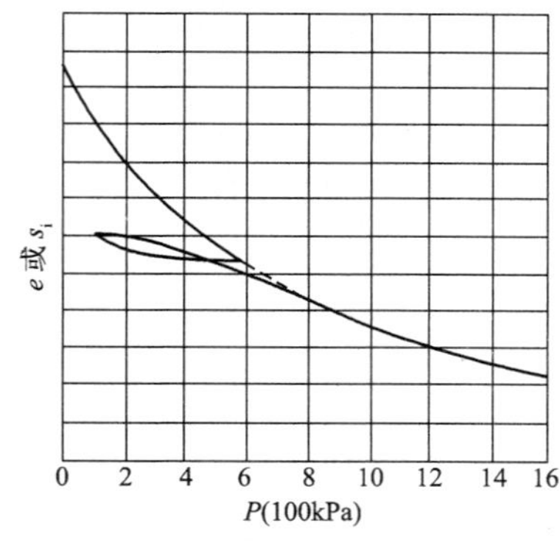


图3-6-5　$e(s_i)$—$P$关系曲线

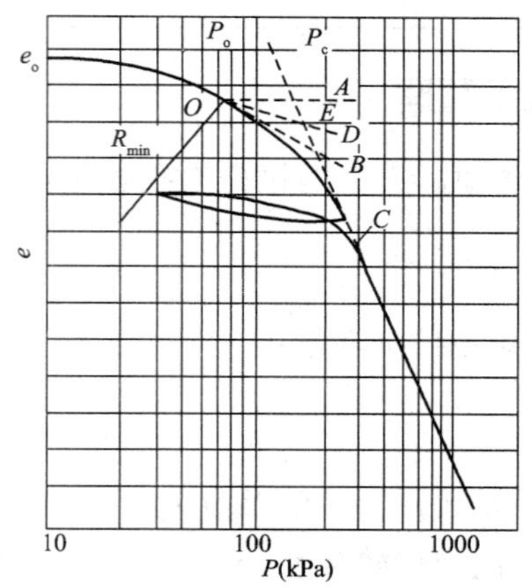


图3-6-6　$e$—$\lg P$曲线求$P_c$示意图

(10)原状土试样的先期固结压力,应按下列方法确定。在 $e$—lg$p$ 曲线上找出最小曲率半径 $R_{min}$ 的点 $O$,过 $O$ 点做水平线 $OA$,切线 $OB$ 及 $\angle AOB$ 的平分线 $OD$,$OD$ 与曲线下段直线段的延长线交与 $E$ 点,则对应与 $E$ 点的压力值即为该原状土试样的先期固结压力。

(11)固结系数的确定:

①用时间平方根法确定固结系数:对某一级压力,以试样的变形为纵坐标,时间平方根为横坐标,绘制变形与时间平方根关系曲线(图 3-6-7),延长曲线开始段的直线,交纵坐标于 $d_s$ 作另一条直线,令其横坐标为前一直线横坐标的 1.15 倍,则后一直线与 $d$—$\sqrt{t}$ 曲线交点所对应的时间的平方即为试样固结度达 90% 所需的时间 $t_{90}$,该级压力下的固结系数应按下式计算:

$$C_v = \frac{0.848(\bar{h})^2}{t_{90}} \tag{3-6-12}$$

式中:$C_v$——固结系数($cm^2/s$);

$\bar{h}$——最大排水距离,等于某级压力下试样的初始和终了高度的平均值的一半(cm)。

②用时间对数法确定固结系数:对某一级压力,以试样的变形为纵坐标,时间的对数为横坐标,绘制变形与时间对数关系曲线(图 3-6-8)在关系曲线的开始段,选任一时间 $t_1$,查得相应的变形值 $d_1$,再取时间 $t_2 = t_1/4$,查得相对应的变形值 $d_2$,则 $2d_2 - d_1$ 即为 $d_{01}$;另取一时间依同法求得 $d_{02}$、$d_{03}$、$d_{04}$ 等,取其平均值为理论零点 $d_s$,延长曲线中部的直线段和通过曲线尾部数点切线的交点即为理论终点的 $d_{100}$,则 $d_{50} = (d_s + d_{100})/2$,对应于 $d_{50}$ 的时间即为试样固结度达 50% 所需的时间 $t_{50}$,某一级压力下的固结系数应按下式计算:

$$C_v = \frac{0.197(\bar{h})^2}{t_{50}} \tag{3-6-13}$$

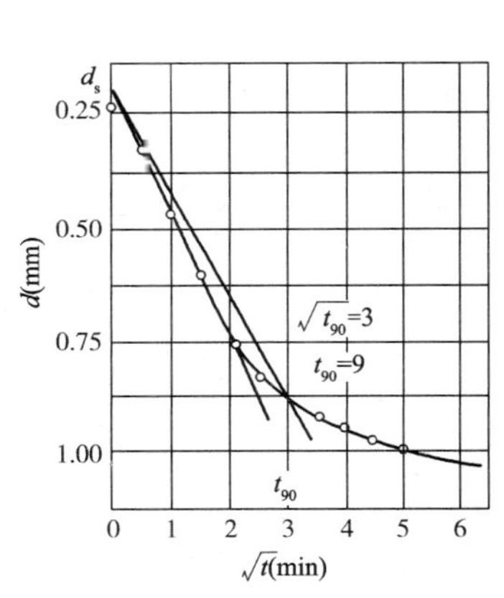


图 3-6-7 时间平方根法求 $t_{90}$

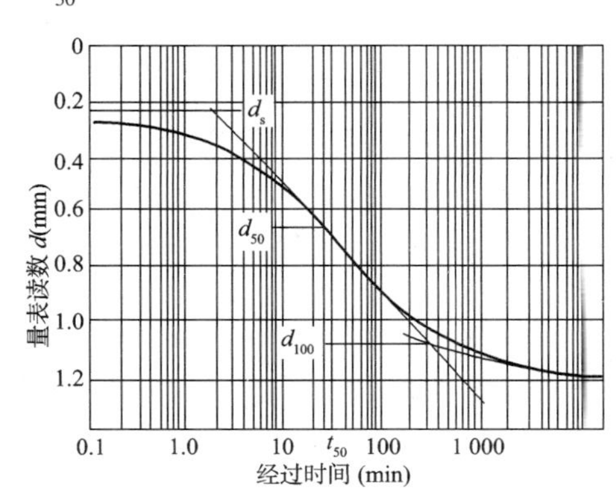


图 3-6-8 时间对数法求 $t_{50}$

## 五、注意事项

1. 试验条件和试样规格

试样应处于上下两面或一面能自由排水,其流向与压力作用方向一致形成单向固结。同时受力作用的压缩变形亦与压力方向一致,且无侧向膨胀。

试样尺寸一般高度均为 20mm,直径有 79.8mm 和 61.8mm 两种。注意试样制备的操作,尽量保持原状。

2. 荷重率

荷重率即后一级荷载与前一级荷重的差数与前一级荷重的比值，即$\frac{P_2 - P_1}{P_1}$。一般地，荷重率越小，加荷速率慢，沉降量越小；反之荷重率越大，或快速加荷，则沉降量越大。所以应根据实际情况和土质条件合理确定荷重率。

3. 荷重历时及固结标准

沉降的稳定时间，取决于试样的透水性和流变性质，土的黏性越大，达到稳定所需时间也越长。沉降稳定的标准，一般规定为 24h，但对于某些土经过试验，采用 2 ~ 6h，土样固结亦即达到 95% 左右。但一般情况用 24h 作为稳定标准。

4. 仪器校正

应求得仪器变形量与压力关系曲线。

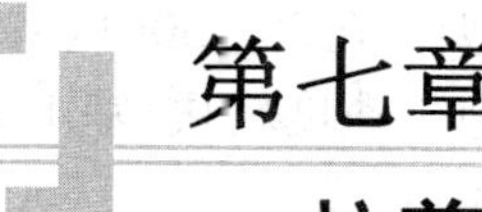

# 第七章 抗剪强度试验

## 第一节 直接剪切试验

### 一、基本原理

直接剪切试验是测定土体抗剪强度的一种常用方法。该方法是从地基中某个位置取出土样,制成几个试样,用几个不同的垂直压力作用于试样上,再施加剪切力,测得剪应力与位移的关系曲线,从曲线上找出试样的极限剪应力作为该垂直压力下的抗剪强度。通过几个试样的抗剪强度确定强度包线,求出抗剪强度参数 $c$、$\varphi$。

土的内摩擦角和内聚力与抗剪强度之间的关系由库仑公式表示:

$$\tau_{\mathrm{f}} = \sigma\tan\varphi + c \tag{3-7-1}$$

式中:$\tau_{\mathrm{f}}$——抗剪强度(kPa);

$\sigma$——正应力(kPa);

$\varphi$——内摩擦角;

$c$——内聚力(kPa)。

为求得土的抗剪强度参数($c$、$\varphi$),一般至少用4~5个试样,以同样的方法分别在不同的法向压力 $\sigma_1,\sigma_2,\sigma_3,\cdots$ 的作用下测出相应的 $\tau_{\mathrm{f1}},\tau_{\mathrm{f2}},\tau_{\mathrm{f3}},\cdots$ 的值,根据这些 $\sigma$、$\tau_{\mathrm{f}}$ 值,即可在直角坐标图中绘出抗剪强度曲线(图3-7-1)。

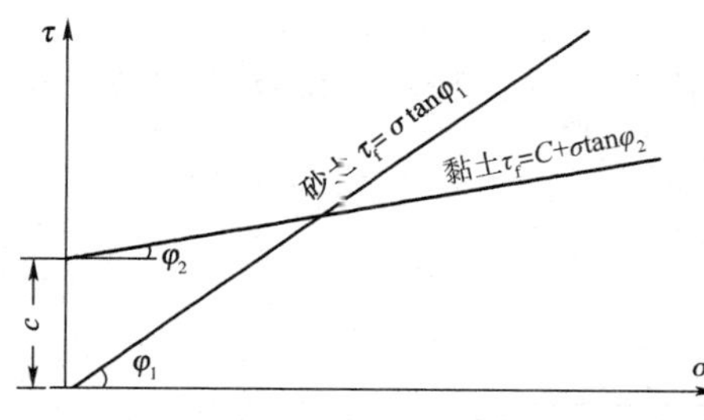


图3-7-1 抗剪强度与法向压力的关系

无论是饱和黏土的抗剪强度试验,还是天然黏性土地基加荷过程中,孔隙水压力的消散,即荷载在土体中产生的应力全部转化为有效应力,需要一定的固结时间来完成。对同一种土,即使在同一法向压力下,由于剪切前试样的固结过程和剪切试样的排水条件不同,其强度指标也是各不相同的。为了近似地模拟现场土体的剪切条件,即按剪切前的固结过程、剪切时的排水条件以及加荷快慢情况,将直剪试验分为快剪、固结快剪和慢剪三种试验方法。

1. 快剪试验

快剪试验,就是对试样施加法向压力和剪力时,都不允许试样产生排水固结。事实上,由于在直剪仪上下盒之间存在缝隙,要严格控制不排出一点水分是不可能的。为了尽量消除此种影响，一般在试样上下放置不透水有机玻璃圆块代替透水石，并在圆块周边涂抹凡士林，以阻止水分从缝隙中溢出。待施加预定的法向压力后，随即施加水平推力，并用较快的速度在3～5min内将试样剪坏。对于某些渗透性较强，而且含水率高、密度低的土，甚至要求在30～50s内剪坏。

此试验方法一般用来模拟现场土体的土层较厚，渗透性较小，施工速度较快，基本上来不及固结就被加载剪坏的情况。

2. 固结快剪试验

先使试样在法向压力作用下达到完全固结，然后施加水平荷载进行剪切，在剪切时不让孔隙水排出，即不允许试样在剪切过程中发生固结，因此，在剪切时与快剪试验方法相同。

固结快剪试验方法一般用来模拟现场土体在自重和正常荷载作用下已达到完全固结状态，以后又遇到突然施加荷载或因渗透性较小、施工速度较快而引起剪切破坏等情况。

3. 慢剪试验

先使试样在法向压力下使之达到完全固结。根据土的渗透性大小，一般固结时间大致3～16h以上。之后施加慢速剪切，每次剪切历时一般约在1～4h。在每次施加水平荷载时，都得使土中水能充分排出，以消除其孔隙水压力影响，直至土样被剪坏为止。

这种试验方法一般用来模拟现场土体充分固结后才开始逐步缓慢地承受荷载的情况。由于无黏性土的渗透性较大，即使快剪也会排水固结，所以规定对于无黏性土，可允许用这一种剪切速率试验。此法所测定的强度指标，可用于有效应力的分析。

在一般情况下，快剪的抗剪强度最小，固结快剪的抗剪强度较大，而慢剪的抗剪强度最大。

实际上，土体中的应力变化过程相当复杂，在选择试验方法时，应注意所采用的方法尽量反映土的特性和工程所处的工作阶段，并与分析计算方法相适应。

直剪剪切仪的最大缺点是不能有效地控制排水条件，剪切面积随剪切位移的增加而减小，因而它的使用受到一定的限制。例如，对于渗透性较大的土，进行快剪试验时，所得的总应力强度指标偏大，因而目前在国外很多国家仅用直剪仪进行慢剪试验。而国内很多单位仍旧采用直剪仪测定强度指标。为此，在《土工试验方法标准》中规定了对渗透系数大于$10^{-6}$cm/s的不宜做快剪试验，应用三轴不固结不排水试验测定总强度指标。

## 二、仪器设备

(1)应变控制直剪仪由剪切盒、垂直加压设备、剪切传动装置、测力计、位移量测系统组成，如图3-7-2所示。

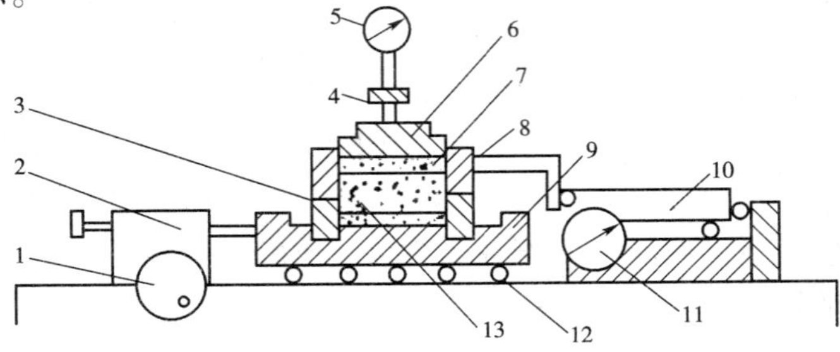


图3-7-2 应变控制式直剪仪示意图

1-剪切传动机构；2-推动座；3-下盒；4-垂直加荷框架；5-垂直位移量表；6-传压板；7-透水板；8-上盒；9-储水盒；10-剪切力计量仪表；11-水平位移量表；12-滚珠；13-试样

(2)环刀:内径61.8mm,高度20mm;位移量测设备:量程为10mm,分度值为0.01mm的百分表或准确度为全量程0.2%的传感器。

(3)其他:秒表、天平、烘箱、修土刀、推土器。

## 三、操作步骤

1. 慢剪试验

(1)试样制备与试样饱和方法见第一章。

(2)对准剪切容器上下盒,插入固定销,在下盒内放透水板和滤纸,将带有试样的环刀刃口向上,对准剪切盒口,在试样上放滤纸和透水板,将试样小心推入剪切盒内。

(3)移动传动装置,使上盒前端钢珠刚好与测力计接触,依次放上传压板、加压框架,安装垂直位移和水平位移量测装置,并调整零点。

(4)根据工程实际和土的软硬程度施加各级垂直压力。对松软试样垂直压力可分级施加,以防试样挤出。施加压力后,向盒内注水,当试样为非饱和土时,应在传压板周围包湿棉纱。

(5)施加压力后,每小时测读垂直变形,直至试样固结变形稳定。变形稳定标准为每小时变形不大于0.005mm。

(6)拔去固定销,以小于0.02mm/min的剪切速度进行剪切,每产生剪切位移0.2~0.4mm,测记测力计和位移读数,直至测力计出现峰值,继续剪切至位移达4mm时停机,记下破坏值,若测力计读数无峰值,应剪切至位移达6mm时停机。

2. 固结快剪试验

(1)试样制备、安装和固结与慢剪试验步骤相同。本试验方法适用于渗透系数小于$10^{-6}$cm/s的土。

(2)固结快剪试验的剪切速率为0.8mm/min,使试样在3~5min内剪坏,其步骤与慢剪试验相同。

3. 快剪试验

(1)本试验方法适用于渗透系数小于$10^{-6}$cm/s的土。试样制备、安装与慢剪试验相同,在安装时应以硬塑料薄膜代替滤纸或用不透水板。

(2)施加垂直压力,拔去固定销,立即以0.8mm/min的剪切速率进行剪切,使试样在3~5min内剪坏。

4. 试验记录

试验记录见表3-7-1。

## 四、成果整理

(1)按下式计算剪应力:

$$\tau = \frac{C \cdot R}{A_0} \times 10 \tag{3-7-2}$$

式中:$\tau$——试样所受的剪应力(kPa);

$R$——测力计读数,0.01mm；

$A_0$——试样面积($cm^2$)；

$C$——测力计率定系数(N/0.01mm)；

10——单位换算系数。

**直剪试验记录**

表3-7-1

工程名称__________ 试验者__________

试样编号__________ 计算者__________

试验方法__________ 校核者__________

试验日期__________

| 仪器编号 | (1) | (2) | (3) | (4) |
|---|---|---|---|---|
| 盒号 | | | | |
| 湿土质量(g) | | | | |
| 干土质量(g) | | | | |
| 含水率(%) | | | | |
| 量力环系数(kPa/0.01mm) | | | | |
| 试样质量(g) | | | | |
| 试样密度($g/cm^3$) | | | | |
| 垂直压力(kPa) | | | | |
| 固结沉降量(mm) | | | | |

| 剪切位移(0.01mm) | 量力环读数(0.01mm) | 剪应力(kPa) | 垂直位移(0.01mm) |
|---|---|---|---|
| (1) | (2) | $(3)=\frac{C\cdot(2)}{A_0}$ | (4) |
| | | | |
| | | | |
| | | | |

(2)绘制剪应力与剪切位移关系曲线,见图3-7-3。取曲线上剪应力的峰值为抗剪强度,无峰值时,取剪切位移4mm所对应的剪应力为抗剪强度。

(3)绘制抗剪强度与垂直压力关系曲线,见图3-7-4。直线的倾角为内摩擦角,直线在纵坐标上的截距为黏聚力。

## 五、注意事项

1. 直剪试验方法的适用性

快剪、固结快剪试验一般用于渗透系数小于$10^{-6}$cm/s的黏性土,而慢剪试验则对渗透系数无要求。

2. 试验方法的选择

每种试验方法适用于一定排水条件下的土体和施工情况。快剪试验用于在土体上施加荷载和剪切过程中都不发生固结和排水作用的情况。如土体在施工中逐步压实固结，而突施荷载发生破坏就可以用固结快剪试验。如在施工期或工程使用期有充分时间排水固结，则用慢剪试验。

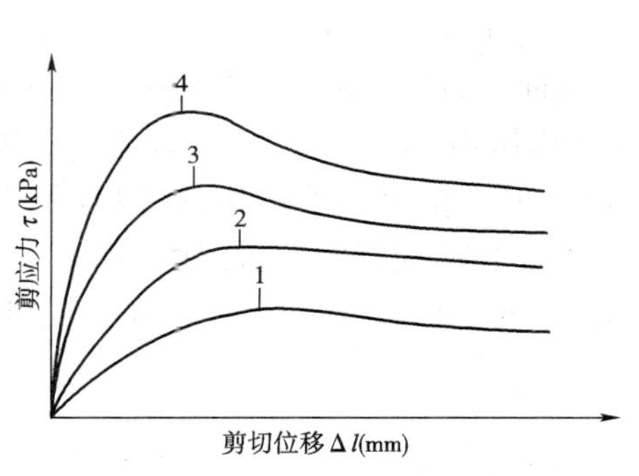


图 3-7-3 剪应力与剪切位移关系曲线

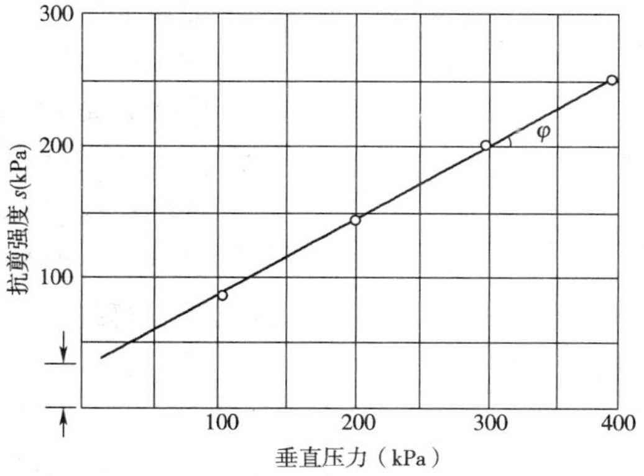

图 3-7-4 抗剪强度与垂直压力关系曲线

3. 垂直压力的大小及固结稳定标准

黏性土的抗剪强度与垂直压力的关系并不完全符合库仑方程的直线关系。对于正常固结土，在一般压力作用下，可以认为是直线关系，但对于超固结土，在选择垂直压力时，应考虑先期固结压力 $p_c$ 值，设计压力小于先期固结压力，施加的最大垂直压力不大于 $p_c$；设计压力大于先期固结压力，施加的最大垂直压力应大于 $p_c$。一次与分级施加垂直压力对土的压缩是有影响的，土的塑性指数越大，影响也越大。所以，对低含水率高密度的黏性土，垂直压力应一次施加，对于松软的黏土，为避免试样挤出，垂直压力宜分级施加。

对固结快剪和慢剪的试样，在每级垂直压力作用下，应压缩到主固结完成，规定的稳定标准为每小时垂直变形不大于 0.005mm，实际进行时，也可用时间平方根法和时间对数法来确定。

有些单位将试样在另外仪器上进行预压，然后再移至剪切盒中进行剪切，这样必然会使试样产生回弹、吸水、扰动，因此若采用这种预固结，当试样推入剪切盒后，一定要施加垂直压力，待垂直变形达到每小时不大于 0.005mm，才能进行剪切。

4. 剪切速率

剪切速率是影响土的强度的一个重要因素，它从两方面影响土的强度：一是剪切速率对孔隙水压力的产生、传递与消散的影响，即影响试样的排水固结强度；另一是对黏滞阻力的影响，当剪切速率较高，剪切历时较短时，黏滞阻力增大，表现出较高的抗剪强度。反之，黏滞阻力减小，所得的强度降低。在常规试验中，黏滞阻力的影响，通常考虑较少。快剪试验应在 3 ~ 5min 内剪坏，其目的就是为了在剪切过程中尽量避免试样的排水固结。然而，对于高含水率、低密度的土或透水性大的土，即使再加快剪切速率，也难免排水固结，所以对于这类土，建议用三轴仪测定不排水强度。

5. 破坏值的选定

土的应力应变关系曲线，一般具有几种类型。破坏值的选定常有两种情况。如剪应力—剪切位移关系曲线（图 3-7-5）中具有明显峰值或稳定值，则取峰值或稳定值作为抗剪强度值

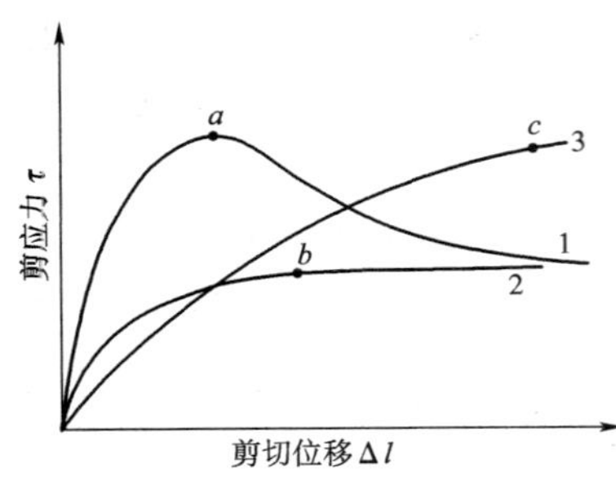

图 3-7-5 剪应力与剪切位移关系曲线

（如图中曲线 1 及 2 的 $a$ 点及 $b$ 点），若剪应力随剪切位移不断增加，无峰值或无稳定值时（如图中的曲线 3），则以相应于选定的某一剪切位移对应的剪应力值作为抗剪强度值。一般最大位移为试样直径的 1/15 ~ 1/10。对于直径 61.8mm 的试样，其最大剪切位移达 6mm，所以《土工试验方法标准》中规定取剪切位移为 4mm 对应的剪应力作为抗剪强度值。同时要求试验的剪切位移达 6mm。实际上，以剪切位移作为选值标准，虽然方法简单但理论上是不严格的，因各种不同类型破坏时的剪切位移是不完全相同的，即使对同一种土，在不同的垂直压力作用下，破坏剪切位移也是不相同的，因而，只有破坏值难以选取时，才能采用此法。

# 第二节 无侧限抗压强度试验

## 一、基本原理

无侧限抗压强度试验，是三轴试验的一个特例，即将土样置于不受侧向限制的条件下进行的压力试验，此时土样所受的小主应力 $\sigma_3=0$，而大主应力 $\sigma_1$ 之极限值即为无侧限抗压强度，常用 $q_u$ 表示：

$$q_u = \sigma_1 = 2c \cdot \tan\left(45° + \frac{\varphi}{2}\right) \tag{3-7-3}$$

对于饱和软黏土，$\varphi=0$，即土在不排水条件下，土的破坏角（与 $\sigma_3$ 平面夹角）为 45°，因此 $\tan\left(45° + \frac{\varphi}{2}\right)=1$，所以饱和软黏土的抗剪强度 $\tau_f=\frac{q_u}{2}$。

对于脆性土，试样在破坏之前表面可能出现破裂面，如果测出破裂面与水平面之间的夹角 $\alpha$，则可由下式求出 $\varphi$ 值：

$$\alpha = 45° + \frac{\varphi}{2} \tag{3-7-4}$$

对于饱和软黏土的无侧限抗压强度试验，原则上可以等同于三轴不固结不排水试验的软黏土强度。但对特别软的黏性土和无法成型的砂性土，此方法不适用。与直剪仪相比，由于试样破坏面是沿着黏土的最软弱部分发生的，所以能够获得较均匀的应力—应变曲线。

目前测定土的无侧限抗压强度主要有两种方法，即应变控制法和应力控制法，以应变控制法为常用。我们这里主要介绍此法。

## 二、仪器设备

（1）应变控制式无侧限压缩仪：由测力计、加压框架、升降设备组成，见图 3-7-6。

（2）轴向位移计：量程 10mm，分度值 0.01mm 的百分表或准确度为全量程 0.2% 的位移传感器。

(3)天平:称量500g,最小分度值0.1g。

(4)切土器见图3-7-7。

(5)重塑筒见图3-7-8。

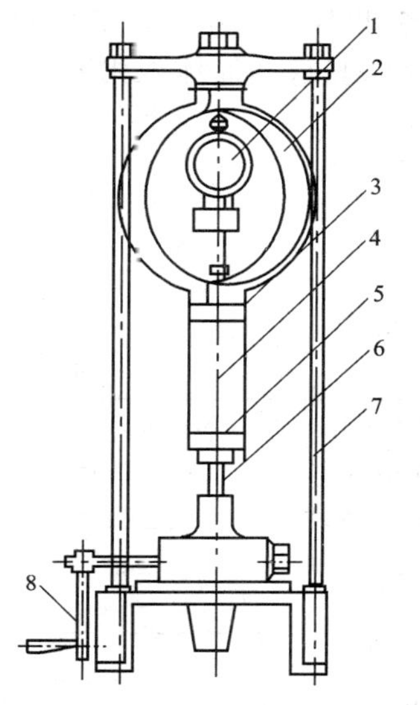


图3-7-6 应变控制式允许膨胀压缩仪

1-量表;2-量力环;3-上加压杆;4-试样;5-下加压板;6-升降螺杆;7-加压框架;8-手轮

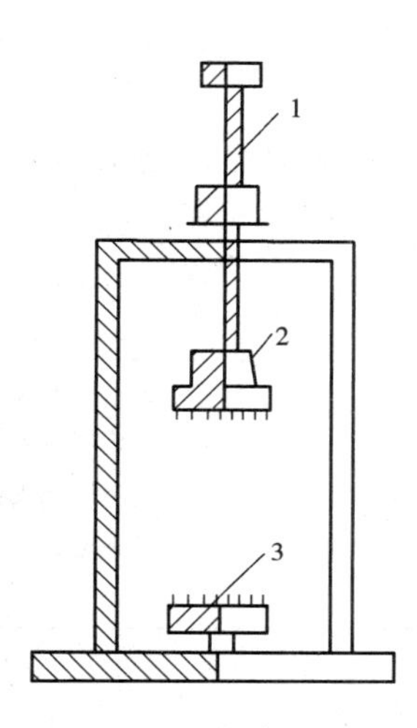


图3-7-7 切土器

1-转轴;2-上盘;3-下盘

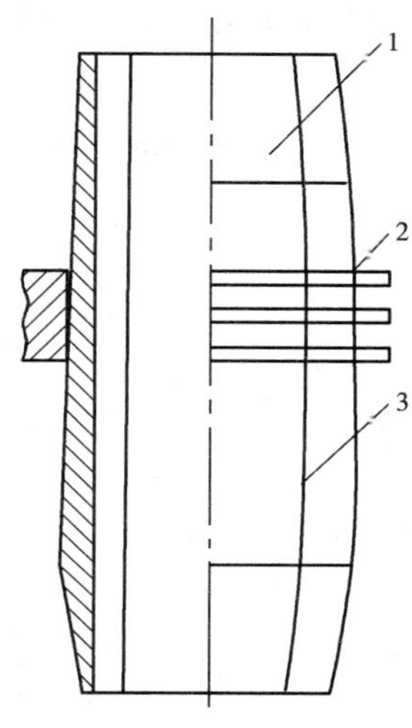


图3-7-8 重塑筒

1-重塑筒(筒身可以拆成两半);2-钢箍;3-接缝

## 三、操作步骤

(1)将原状二样按天然层次方向放在桌上,用削土刀或钢丝锯削成稍大于试件直径的土柱,放入切土盘的上下盘之间,再用削土刀或钢丝锯自上而下细心切削。同时转动圆盘,直至达到要求的直径为止。取出试件,按要求的高度削平两端。端面要平整,且与侧面垂直,上下均匀。

(2)试件直径和高度应与重塑筒直径和高度相同,一般直径为4.0cm,高为10.0cm。试件与高度直径之比宜在2.0~2.5之间。

(3)将做好的试件立即称量,准确至0.1g。同时测其高度和上、中、下各部位直径。取切削下的余土测含水率。

(4)在试件两端面及侧面抹一薄层凡士林,以防止水分蒸发。

(5)将试件小心地置于无侧限压力仪的加压板上,转动手轮,使其与上加压板刚好接触,调整量力环和位移量表的起始零点。

(6)以每分钟轴向应变为1%~3%的速度转动手轮,使升降设备上升,进行试验,使试验在8~10min内完成。

(7)应变在3%以前,每0.5%应变记读测力计读数一次,应变达3%以后,每1%应变记读测力计读数一次。

(8)当测力计读数达到峰值或读数达到稳定，再继续剪 3% ~5% 应变值即可停止试验，如读数无峰值，则轴向应变达 20% 时即可停止试验。

(9)试验结束，取下试样，描述破坏情况。

(10)当需测灵敏度时，将破坏后的试件去掉表面凡士林，再加少许余土，包以塑料布，用手搓捏，破坏其结构，重塑为圆柱形，放入重塑筒内，用金属垫板挤成与筒体积相等的试件，即与重塑前尺寸相等。重复上述步骤进行试验。

(11)试验记录见表 3-7-2。

无侧限抗压强度试验记录 表 3-7-2

工程编号________ 试验者________

试样编号________ 计算者________

试验日期________ 校核者________

| 试样初始高度 $h_0$ ______ cm<br>试样直径 $D$ ______ cm<br>试样面积 $A_0$ ______ $cm^2$<br>试样质量 $m$ ______ g<br>试样密度 $\rho$ ______ $g/cm^3$ | | | 量力环率定系数 $C$ = ______ N/0.01mm<br>原状试样无侧限抗压强度 $q_u$ = ______ kPa<br>重塑试样无侧限抗压强度 $q'_u$ = ______ kPa<br>灵敏度 $S_t$ = ______ | | |
|---|---|---|---|---|---|
| 轴向变形 (mm) | 量力环读数 (0.01mm) | 轴向应变 (%) | 校正面积 ($cm^2$) | 轴向应力 (kPa) | 试样破坏描述 |
| (1) | (2) | $(3)=\frac{(1)}{h_0}$ | $(4)=\frac{A_0}{1-(3)}$ | $(5)=\frac{(2)\cdot C}{(4)}\times 10$ | |
| | | | | | |
| | | | | | |

## 四、成果整理

(1)计算试件的平均直径：

$$D_0 = \frac{D_1 + 2D_2 + D_3}{4} \tag{3-7-5}$$

式中： $D_0$——试样的平均直径(cm)；

$D_1$、$D_2$、$D_3$——试样的上中下各部位的直径(cm)。

(2)计算试样的轴向应变：

$$\varepsilon = \frac{\Delta h}{h_0} \tag{3-7-6}$$

$$\Delta h = n\Delta l - R \tag{3-7-7}$$

式中：$\varepsilon$——轴向应变(%)；

$h_0$——试件起始高度(cm)；

$\Delta h$——轴向变形(cm)；

$n$——螺杆上升转数；

$\Delta l$——螺杆上升一转的垂直距离(0.01cm)；

$R$——量表读数，0.01mm(化为cm代入)。

(3)计算试样平均断面积：

$$A_a = \frac{A_0}{1-\varepsilon} \tag{3-7-8}$$

式中：$A_a$——校正后的试样平均断面积($cm^2$)；

$A_0$——试验前试样面积($cm^2$)。

(4)计算试样所受的轴向应力：

$$\sigma = \frac{C \cdot R}{A_a} \times 10 \tag{3-7-9}$$

式中：$\sigma$——轴向应力(kPa)；

$C$——测力计率定系数(N/0.01mm)；

10——单位换算系数。

其余同前。

(5)绘制应力—应变曲线：

以轴向应力为纵坐标，轴向应变为横坐标，绘制轴向应力—轴向应变关系曲线(图3-7-9)。以最大轴向应力作为无侧限抗压强度。若最大轴向应力不明显，取轴向应变15%处对应的应力作为该试件的无侧限抗压强度$q_u$。

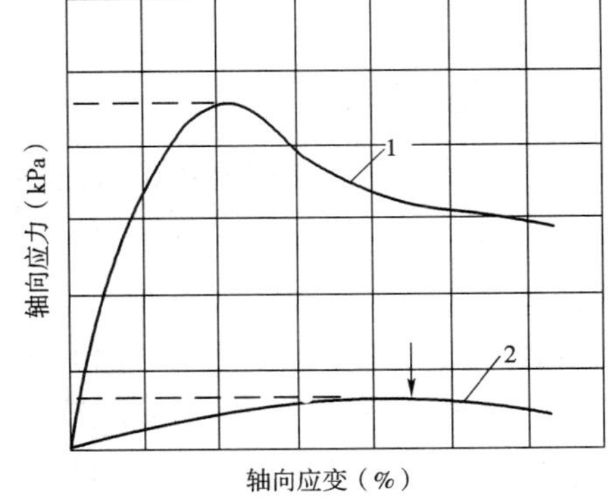


图3-7-9 轴向应力与轴向应变关系曲线

(6)黏土的触变性常以灵敏度表示。按下式计算灵敏度：

$$S_t = \frac{q_u}{q'_u} \tag{3-7-10}$$

式中：$S_t$——灵敏度；

$q_u$——原状试样的无侧限抗压强度(kPa)；

$q'_u$——重塑试样的无侧限抗压强度(kPa)。

## 五、试验中应注意的问题

(1)饱和黏土的抗压强度，随土密度增加而增大，并随含水率增加而减小，测定无侧限抗压强度时，要求在试验过程中含水率保持不变。如土的渗透性较小，试验历时较短，可以认为试验前后的含水率基本不变，所以试验中要控制剪切时间和应变速率，防止试样发生排水及表面水分蒸发。

(2)破坏值的选择：试样受压破坏形式，一般有脆性破坏及塑性破坏两种：脆性破坏有明显的破坏面，轴向压力具有峰值，破坏值容易选取；而塑性破坏时没有破裂面，其应力随应变渐增，不具有峰值或稳定值，选取破坏值时按应变15%所对应的轴向应力为抗压强度。重塑试样的取值标准与原状试样的取值标准应相同，即峰值或应变15%所对应的轴向应力为无侧限抗压强度。

（3）测定土的灵敏度是判别土的结构受扰动对强度的影响程度，因此重塑试样除了不具有原状试样的结构外，应保持与原状试样相同的密度和含水率。天然结构的土经重塑后，它的结构黏聚力已全部消失，但经过一段时间后，可以恢复一部分，放置时间越长，恢复程度越大，所以需要测定灵敏度时，重塑试样的试验应立即进行。

（4）试验时，在试样两端抹一薄层凡士林的目的是因为当轴向压力作用于试样时，试样与传压板之间即发生与侧向膨胀力方向相反的摩擦力。该力使两端土的侧向膨胀受到限制，使试样变成鼓形。轴向变形越大，鼓形越明显，这样，试样内的应力分布就不均匀。为了减小影响，在试样两端抹一层凡士林或硅脂。

## 第三节　三轴压缩试验

### 一、基本原理

三轴压缩试验是根据莫尔—库仑强度理论，用3～4个圆柱体试样，分别在不同的恒定周围压力（即小主应力$\sigma_3$）下施加轴向压力，进行剪切直至破坏，从而确定土的抗剪强度参数。三轴试验能控制试样排水条件，受力状态明确，可以控制大小主应力，剪切面不固定，能准确地测定孔隙压力及体积变化。三轴剪切仪依施加轴向压力方式的不同，分为应变控制式和应力控制式两种，前者操作方便，应用较为广泛。

根据排水条件的不同，三轴试验分为以下三种类型，即不固结不排水剪（UU）试验，固结不排水剪（CU）试验和固结排水剪（CD）试验，试验方法的选择应根据工程性质、土的性质、建筑物施工和运行条件及所采用的分析方法而定。当建筑物施工速度快，土渗透系数较低排水条件差，考虑施工期的稳定可采用不固结不排水剪试验；若地基已固结，考虑到使用时荷载突然增加或水位骤降，或土层较薄渗透性大以及先施加垂直荷载后施加水平荷载的采用固结不排水剪试验；研究砂土地基承载力和稳定性或研究黏土地基的长期稳定性采用固结排水试验。

（1）不固结不排水剪（UU）试验：在整个试验过程中，从加周围压力和增加轴向压力直到剪坏为止，均不允许试样排水。对饱和试样可测得总抗剪强度参数$c_u$、$\varphi_u$或有效抗剪强度参数$c'$、$\varphi'$和孔隙水压力系数。

（2）固结不排水剪（CU）试验：试验是先使试样在某一周围压力下固结排水，然后保持在不排水情况下增加轴向压力直到剪坏为止，可以测得总抗剪强度参数$C_{C_u}$、$\varphi_{C_u}$或有效抗剪强度指标$c'$、$\varphi'$和孔隙水压力系数。

（3）固结排水剪（CD）试验：在整个试验过程中允许试样充分排水，即在某一周围压力下排水固结，然后在充分排水的情况下增加轴向压力直到剪坏为止，可以测定有效抗剪强度指标$c_d$、$\varphi_d$。

三轴压缩试验宜在恒温条件下进行，本试验方法适用于细粒土和粒径小于20mm的粗粒土。

## 二、仪器设备

(1)应变控制式三轴压缩仪:由周围压力系统、反压力系统、孔隙水压力量测系统和主机组成,见图 3-7-10。

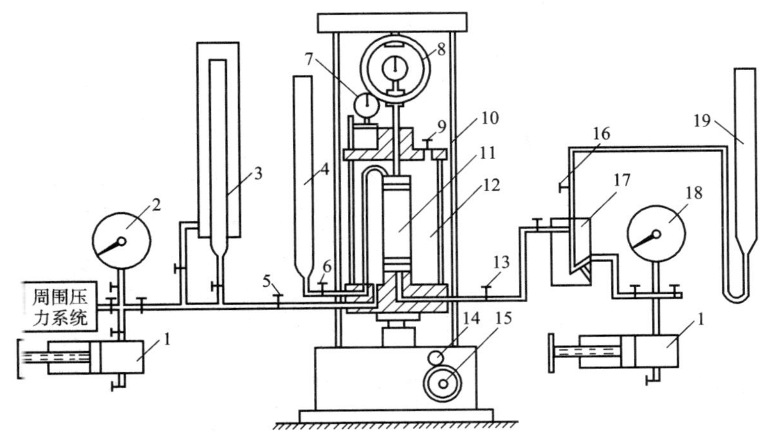


图 3-7-10 应变控制式三轴压缩仪

1-调压筒;2-周围压力表;3-体变管;4-排水管;5-周围压力阀;6-排水阀;7-变形量表;8-量力环;9-排气孔;10-轴向加压设备;11-试样;12-压力室;13-孔隙压力阀;14-离合器;15-手轮;16-量管阀;17-零位指标器;18-孔隙压力表;19-量管

(2)附属设备:击实器、饱和器、切土器、切土架、原状土分样器、承膜筒及对开圆模,分别见图 3-5-1、图 3-7-11 ~ 图 3-7-15。

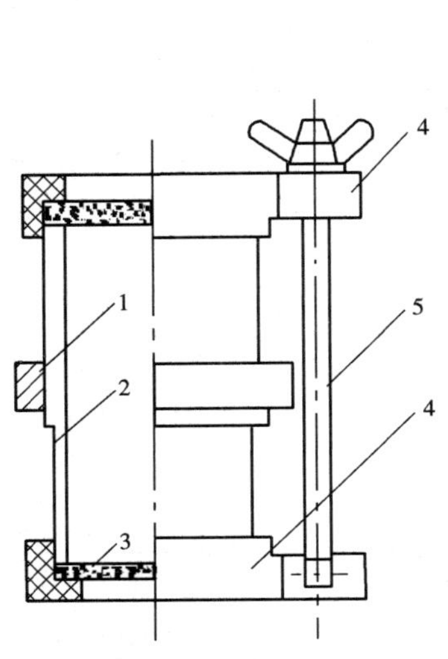

图 3-7-11 饱和器

1-紧箍;2-土样筒;3-透水石;4-夹板;5-拉杆

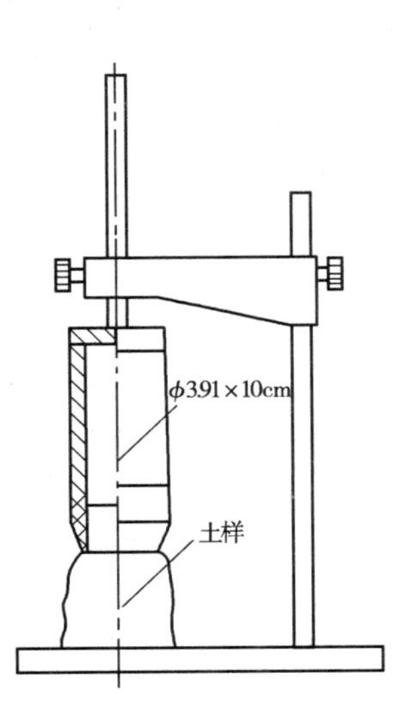


图 3-7-12 切土器和切土架

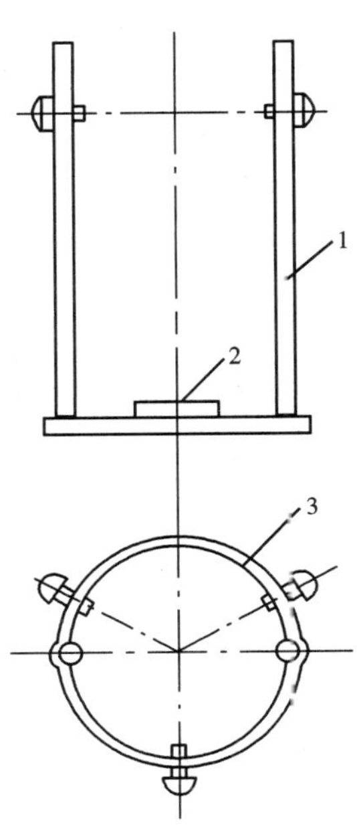

图 3-7-13 原状土分样器(适用于软黏土)

1-滑杆;2-底座;3-钢丝架

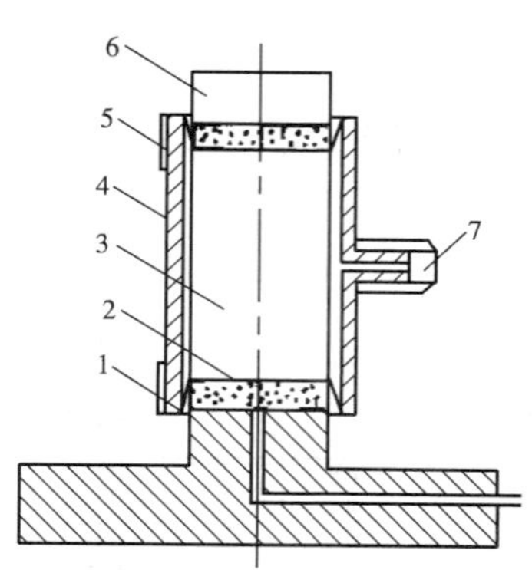


图 3-7-14 承膜筒

1-压力室底座;2-透水板;3-试样;4-承膜筒;5-橡皮膜;6-上帽;7-吸气孔

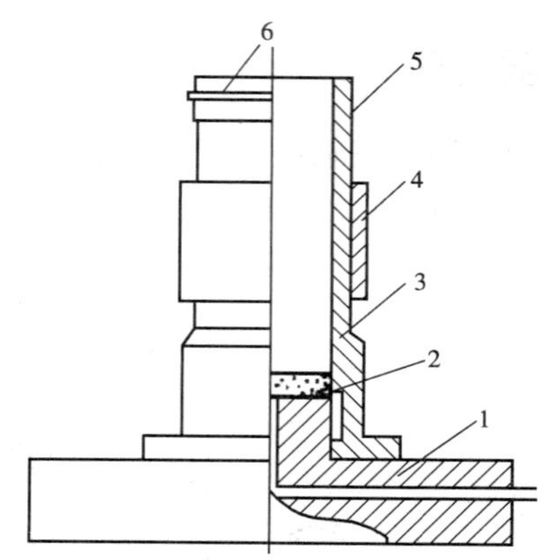


图 3-7-15 对开圆模

1-压力室底座;2-透水板;3-制样圆模(两片合成);4-紧箍;5-橡皮膜;6-橡皮圈

(3)天平:称量 200g,最小分度值 0.01g,称量 1000g,最小分度值 0.1g。

(4)橡皮膜:应具有弹性的乳胶膜,对直径 39.1 和 61.8mm 的试样,厚度以 0.1 ~ 0.2mm 为宜,对直径 101mm 的试样,厚度以 0.2 ~ 0.3mm 为宜。

(5)透水板:直径与试样直径相等,其渗透系数宜大于试样的渗透系数,使用前在水中煮沸并泡于水中。

试验时的仪器,应符合下列规定:

(1)周围压力的测量准确度应为全量程的 1%,根据试样的强度大小,选择不同量程的测力计,应使最大轴向压力的准确度不低于 1%。

(2)孔隙水压力量测系统内的气泡应完全排除。系统内的气泡可用纯水冲出或施加压力使气泡溶解于水,并从试样底座溢出。整个系统的体积变化因数应小于 $1.5 \times 10^{-5} cm^3/kPa$。

(3)管路应畅通,各连接处应无漏水,压力室活塞杆在轴套内应能滑动。

(4)橡胶膜在使用前应作仔细检查,其方法是扎紧两端,向膜内充气,在水中检查,应无气泡溢出,方可使用。

## 三、试样制备和饱和

(1)本试验采用的试样最小直径为 $\phi$35mm,最大直径为 $\phi$101mm,试样高度宜为试样直径的 2 ~ 2.5 倍,试样的允许最大粒径应符合表 3-7-3 的规定。对于有裂缝、软弱面和构造面的试样,试样直径宜大于 60mm。

**试样的土粒最大粒径**(单位:mm) 表 3-7-3

| 试 样 直 径 | 允许最大粒径 | 试 样 直 径 | 允许最大粒径 |
|---|---|---|---|
| <100 | 试样直径的 1/10 | ≥100 | 试样直径的 1/5 |

(2)原状土试样制备应按规定将土样切成圆柱形试样。

对于较软的土样,先用钢丝锯或切土刀切取一稍大于规定尺寸的土柱,放在切土盘上下圆盘之间,用钢丝锯或切土刀紧靠侧板,由上往下细心切削,边切削边转动圆盘,直至土样被削成规定的直径为止。试样切削时应避免扰动,当试样表面遇有砾石或凹坑时,允许用削下的余土填补。

对于较硬的土样，先用切土刀切取一稍大于规定尺寸的土柱，放在切土架上，用切土器切削土样，边削边压切土器，直至切削到超出试样高度约2cm为止。

取出试样，按规定的高度将两端削平，称量，并取余土测定试样的含水率。

对于直径大于10cm的土样，可用分样器切成3个土柱，按上述方法切取$\phi$39.1mm的试样。

(3)扰动土试样制备应根据预定的干密度和含水率，按规定备样后，在击样器内分层击实，粉土宜为3~5层，黏土宜为5~8层，各层土料数量应相等，各层接触面应刨毛。击完最后一层，将击样器内的试样两端整平，取出试样称量。对制备好的试样，应量测其直径和高度。试样的平均直径应按式(3-7-5)计算。

(4)砂类土的试样制备应先在压力室底座上依次放上不透水板，橡胶膜和对开圆模(图3-7-15)。根据砂样的干密度及试样体积，称取所需的砂样质量，分三等份，将每份砂样填入橡胶膜内，填至该层要求的高度，依次第二层、第三层，直至膜内填满为止。当制备饱和试样时，在压力室底座上依次放透水板；橡胶膜和对开圆模，在模内注入纯水至试样高度的1/3，将砂样分三等份，在水中煮沸，待冷却后分三层，按预定的干密度填入橡胶膜内，直至膜内填满为止。当要求的干密度较大时，填砂过程中，轻轻敲打对开圆模，使所称的砂样填满规定的体积，整平砂面，放上不透水板或透水板，试样帽，扎紧橡胶膜。对试样内部施加5kPa负压力使试样能站立，拆除对开圆模。

(5)试样饱和宜选用下列方法：

①将试样装入饱和器内，按抽气饱和法步骤进行饱和。

②将试样按水头饱和的步骤安装于压力室内。试样周围不贴滤纸条。施加20kPa周围压力。提高试样底部量管水位，降低试样顶部量管的水位，使两管水位差在1m左右，打开孔隙水压力阀、量管阀和排水管阀，使纯水从底部进入试样，从试样顶部溢出，直至流入水量和溢出水量相等为止。当需要提高试样的饱和度时，宜在水头饱和前，从底部将二氧化碳气体通入试样，置换孔隙中的空气。二氧化碳的压力以5~10kPa为宜，再进行水头饱和。

③当试样要求完全饱和时，应对试样施加反压力。反压力系统和周围压力系统相同(对不固结不排水剪试验可用同一套设备施加)，但应用双层体变管代替排水量管。试样装好后，调节孔隙水压力等于大气压力，关闭孔隙水压力阀，反压力阀、体变管阀、测记体变管读数。开周围压力阀，先对试样施加20kPa的周围压力，开孔隙水压力阀，待孔隙水压力变化稳定，测记读数，关闭孔隙水压力阀。反压力应分级施加，同时分级施加周围压力，以尽量减少对试样的扰动。周围压力和反压力的每级增量宜为30kPa，开体变管阀和反压力阀，同时施加周围压力和反压力，缓慢打开孔隙水压力阀，检查孔隙水压力增量，待孔隙水压力稳定后，测记孔隙水压力和体变管读数，再施加下一级周围压力和孔隙水压力。计算每级周围压力引起的孔隙水压力增量，当孔隙水压力增量与周围压力增量之比$\Delta u/\Delta\sigma_3>0.98$时，认为试样已饱和。

## 四、不固结不排水剪试验

1.试样安装

(1)在压力室的底座上，依次放上不透水板、试样及不透水试样帽，将橡皮膜用承膜筒套在试样外，并用橡胶圈将橡胶膜两端与底座及试样帽分别扎紧。

(2)将压力室罩顶部活塞提高，放下压力室罩，将活塞对准试样中心，并均匀地拧紧底座连接螺母。向压力室内注满纯水,待压力室顶部排气孔有水溢出时,拧紧排气孔,并将活塞对准测力计和试样顶部。

(3)将离合器调至粗位,转动粗调手轮,当试样帽与活塞及测力计接近时,将离合器调至细位,改用细调手轮,使试样帽与活塞及测力计接触,装上变形指示计,将测力计和变形指示计调至零位。

(4)关排水阀,开周围压力阀,施加周围压力。

2. 试样剪切步骤

(1)剪切应变速率宜为每分钟应变0.5%~1.0%。

(2)启动电动机,合上离合器,开始剪切。试样每产生0.3%~0.4%的轴向应变(或0.2mm变形值),测记一次测力计读数和轴向变形值。当轴向应变大于3%时,试样每产生0.7%~0.8%的轴向应变(或0.5mm变形值),测记一次。

(3)当测力计读数出现峰值时,剪切应继续进行到轴向应变为15%~20%。

(4)试验结束,关电动机,关周围压力阀,脱开离合器,将离合器调至粗位,转动粗调手轮,将压力室降下,打开排气孔,排除压力室内的水,拆卸压力室罩,拆除试样,描述试样破坏形状,称试样质量,并测定含水率。

记录表格见表3-7-4。

**不固结不排水剪三轴试验记录** 表3-7-4

工程编号________ 试验者________

试样编号________ 计算者________

试验日期________ 校核者________

1. 含水率

| 盒号 | | | |
|---|---|---|---|
| 湿土质量(g) | | | |
| 干土质量(g) | | | |
| 含水率(%) | | | |
| 平均含水率(%) | | | |

| 试样草图 | |
|---|---|
| 试样破坏描述 | |

2. 密度

| 试样面积($cm^2$) | | | |
|---|---|---|---|
| 试样高度(cm) | | | |
| 试样体积($cm^3$) | | | |
| 试样质量(g) | | | |
| 密度($g/cm^3$) | | | |

钢环系数______ N/0.01mm

剪切速率______ mm/min

周围压力______ kPa

3. 不固结不排水剪

| 轴向变形 | 轴向应变 | 校正面积 | 钢环读数 | $\sigma_1-\sigma_3$ |
|---|---|---|---|---|
| (0.01mm) | $\varepsilon$(%) | $\frac{A_0}{1-\varepsilon}$($cm^2$) | (0.01mm) | (kPa) |
| | | | | |
| | | | | |
| | | | | |
| | | | | |

3. 资料整理

(1)轴向应变计算:

$$\varepsilon_1 = \frac{\Delta h_i}{h_0} \times 100\% \tag{3-7-11}$$

式中:$\varepsilon_1$——轴向应变(%);

$\Delta h_i$——剪切过程中试样的高度变化(mm);

$h_0$——试样初始高度(mm)。

(2)试样面积的校正按下式计算:

$$A_a = \frac{A_0}{1 - \varepsilon_1} \tag{3-7-12}$$

式中:$A_a$——试样的校正断面积($cm^2$);

$A_0$——试样的初始断面积($cm^2$)。

(3)主应力差计算:

$$\sigma_1 - \sigma_3 = \frac{CR}{A_a} \times 10 \tag{3-7-13}$$

式中:$\sigma_1 - \sigma_3$——主应力差(kPa);

$\sigma_1$——大主应力(kPa);

$\sigma_3$——小主应力(kPa);

$C$——测力计率定系数(N/0.01mm 或 N/mV);

$R$——测力计读数(0.01mm);

10——单位换算系数。

(4)以主应力差为纵坐标,轴向应变为横坐标,绘制主应力差与轴向应变关系曲线(图 3-7-16)。取曲线上主应力差的峰值作为破坏点,无峰值时,取 15% 轴向应变时的主应力差值作为破坏点。

(5)以剪应力为纵坐标,法向应力为横坐标,在横坐标轴以破坏时的$\frac{\sigma_{1f} + \sigma_{3f}}{2}$为圆心,以$\frac{\sigma_{1f} - \sigma_{3f}}{2}$为半径,在 $\tau$—$\sigma$ 应力平面上绘制破坏应力圆,并绘制不同周围压力下破坏应力圆的包线,求出不排水强度参数(图 3-7-17)。

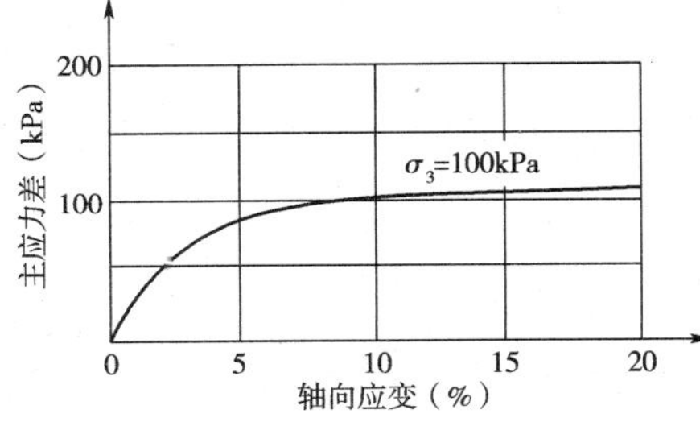


图 3-7-16 主应力差与轴向应变关系曲线

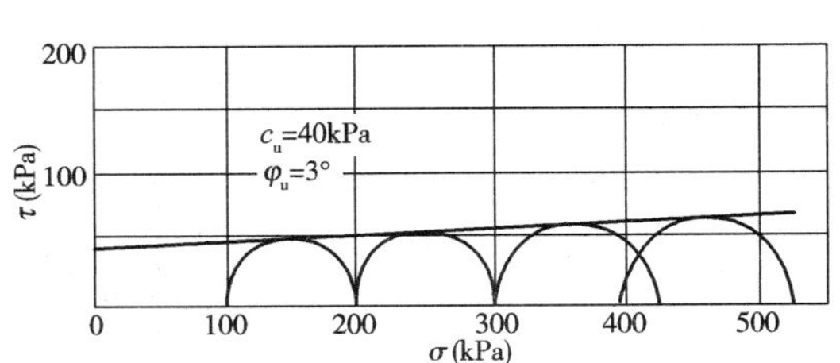


图 3-7-17 不固结不排水剪强度包线

## 五、固结不排水剪试验

1. 试样安装

打开孔隙水压力阀和量管阀，在对孔隙水压力系统及压力室底座充水排气后，关闭孔隙水压力阀和量管阀。压力室底座上依次放上透水板、湿滤纸、试样、湿滤纸、透水板，试样周围贴浸水的滤纸条7～9条。将橡胶膜用承膜筒套在试样外，并用橡胶圈将橡胶膜下端与底座扎紧。打开孔隙水压力阀和量管阀，使水缓慢地从试样底部流入，排除试样与橡胶膜之间的气泡，关闭孔隙水压力阀和量管阀。打开排水阀，使试样帽中充水，放在透水板上，用橡胶圈将橡胶膜上端与试样帽扎紧，降低排水管，使管内水面位于试样中心以下20～40cm，吸除试样与橡胶膜之间的余水，关排水阀。需要测定土的应力应变关系时，应在试样与透水板之间放置中间夹有硅脂的两层圆形橡胶膜，膜中间应留有直径为1cm的圆孔排水。

压力室罩安装、充水及测力计调整应按不固结不排水试验试样安装规定的步骤(3)进行。

2. 试样排水固结步骤

(1)调节排水管使管内水面与试样高度的中心齐平，测记排水管水面读数。

(2)开孔隙水压力阀，使孔隙水压力等于大气压力，关孔隙水压力阀，记下初始读数。当需要施加反压力时，应按本章第三节(试样制备和饱和)步骤(3)的要求进行。

(3)将孔隙水压力调至接近周围压力值，施加周围压力后，再打开孔隙水压力阀，待孔隙水压力稳定，测定孔隙水压力。

(4)打开排水阀。当需要测定排水过程时，应按固结试验操作步骤(6)的时间顺序测记排水管水面及孔隙水压力读数，直至孔隙水压力消散95%以上。固结完成后，关排水阀，测记孔隙水压力和排水管水面读数。

(5)微调压力机升降台，使活塞与试样接触，此时轴向变形指示计的变化值为试样固结时的高度变化。

3. 试样剪切步骤

(1)剪切应变速率，黏土宜为每分钟应变0.05%～0.1%；粉土为每分钟应变0.1%～0.5%。

(2)将测力计、轴向变形指示计及孔隙水压力读数均调整至零。

(3)起动电动机，合上离合器，开始剪切。测力计、轴向变形、孔隙水压力应按不固结不排水剪试验剪切的步骤(2)、步骤(3)进行测记。

(4)试验结束，关电动机，关各阀门，脱开离合器，将离合器调至粗位，转动粗调手轮，将压力室降下，打开排气孔，排除压力室内的水，拆卸压力室罩，拆除试样，描述试样破坏形状，称试样质量，并测定试样含水率。

记录表格见表3-7-5。

4. 资料整理

(1)试样固结后的高度，按下式计算：

$$h_c = h_0\left(1 - \frac{\Delta V}{V_0}\right)^{1/3} \tag{3-7-14}$$

式中：$h_c$——试样固结后的高度(cm)；

$\Delta V$——试样固结后与固结前的体积变化($cm^3$)。

固结不排水剪三轴试验记录 表 3-7-5

工程编号＿＿＿＿＿＿ 试验者＿＿＿＿＿＿

试样编号＿＿＿＿＿＿ 计算者＿＿＿＿＿＿

试验日期＿＿＿＿＿＿ 校核者＿＿＿＿＿＿

1. 含水率

| | 试验前 | | 试验后 | |
|---|---|---|---|---|
| 盒号 | | | | |
| 湿土质量(g) | | | | |
| 干土质量(g) | | | | |
| 含水率(%) | | | | |
| 平均含水率(%) | | | | |

2. 密度

| 试样高度(cm) | | |
|---|---|---|
| 试样体积($cm^3$) | | |
| 试样质量(g) | | |
| 密度($g/cm^3$) | | |
| 试样草图 | | |
| 试样破坏描述 | | |
| 备注 | | |

3. 反压力饱和

| 周围压力(kPa) | 反压力(kPa) | 孔隙水压力(kPa) | 孔隙压力增量(kPa) |
|---|---|---|---|
| | | | |
| | | | |

4. 固结排水

周围压力＿＿kPa 反压力＿＿kPa

孔隙水压力＿＿kPa

| 经历时间(min) | 孔隙水压力(kPa) | 量管读数(mL) | 排出水量(mL) |
|---|---|---|---|
| | | | |
| | | | |
| | | | |
| | | | |
| | | | |
| | | | |

5. 固结不排水剪切

钢环系数＿＿N/0.01mm 剪切速率＿＿mm/min 周围压力＿＿kPa

反压力＿＿kPa 初始孔隙压力＿＿kPa 温度＿＿℃

| 轴向变形(0.01mm) | 轴向应变 $\varepsilon$(%) | 校正面积 $\frac{A_0}{1-\varepsilon}$($cm^2$) | 钢环读数(0.01mm) | $\sigma_1-\sigma_3$ (kPa) | 孔隙压力(kPa) | $\sigma'_1$ (kPa) | $\sigma'_3$ (kPa) | $\frac{\sigma'_1}{\sigma'_3}$ | $\frac{\sigma'_1-\sigma'_3}{2}$ (kPa) | $\frac{\sigma'_1+\sigma'_3}{2}$ (kPa) |
|---|---|---|---|---|---|---|---|---|---|---|
| | | | | | | | | | | |
| | | | | | | | | | | |

(2)试样固结后的面积,按下式计算:

$$A_c = A_0\left(1-\frac{\Delta V}{V_0}\right)^{2/3} \tag{3-7-15}$$

式中:$A_c$——试样固结后的断面积($cm^2$)。

(3)试样面积的校正,按下式计算:

$$A_a = \frac{A_0}{1-\varepsilon_1} \tag{3-7-16}$$

式中：$\varepsilon_1 = \dfrac{\Delta h}{h_0}$。

(4)主应力差按式(3-7-13)计算。

(5)有效主应力比按以下公式计算：

①有效大主应力：

$$\sigma'_1 = \sigma_1 - u \tag{3-7-17a}$$

式中：$\sigma'_1$——有效大主应力(kPa)；

$u$——孔隙水压力(kPa)。

②有效小主应力：

$$\sigma'_3 = \sigma_3 - u \tag{3-7-17b}$$

式中：$\sigma'_3$——有效小主应力(kPa)。

③有效主应力比：

$$\frac{\sigma'_1}{\sigma'_3} = 1 + \frac{\sigma'_1 - \sigma'_3}{\sigma'_3} \tag{3-7-17c}$$

(6)孔隙水压力系数，应按下式计算：

①初始孔隙水压力系数：

$$B = \frac{u_0}{\sigma_3} \tag{3-7-18a}$$

式中：$B$——初始孔隙水压力系数；

$u_0$——施加周围压力产生的孔隙水压力(kPa)。

②破坏时孔隙水压力系数：

$$A_f = \frac{u_f}{B(\sigma_1 - \sigma_3)} \tag{3-7-18b}$$

式中：$A_f$——破坏时的孔隙水压力系数；

$u_f$——试样破坏时，主应力差产生的孔隙水压力(kPa)。

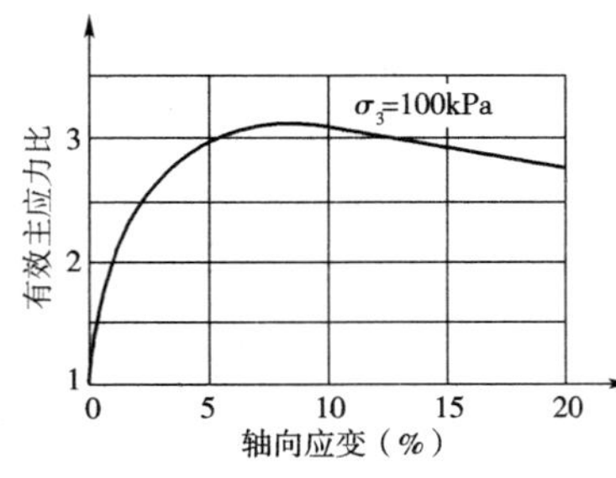


图 3-7-18 有效主应力比与轴向应变关系曲线

(7)主应力差与轴向应变关系曲线，应和不固结不排水剪试验(图 3-7-16)一样绘制。

(8)以有效主应力比为纵坐标，轴向应变为横坐标，绘制有效主应力比与轴向应变曲线(图 3-7-18)。

(9)以孔隙水压力为纵坐标，轴向应变为横坐标，绘制孔隙水压力与轴向应变关系曲线(图 3-7-19)。

(10)以主应力差或有效主应力比的峰值作为破坏点；无峰值时，以有效应力路径的密集点或轴向应变 15% 时的主应力差值作为破坏点。与图 3-7-17 一样，绘制破坏应力圆及不同周围压力下的破坏应力圆包线，并求出总应力强度参数；有效内摩擦角和有效黏聚力，应由以$\dfrac{\sigma'_1 + \sigma'_3}{2}$为圆心，$\dfrac{\sigma'_1 - \sigma'_3}{2}$为半径绘制有效破坏应力圆确定(图 3-7-20)。

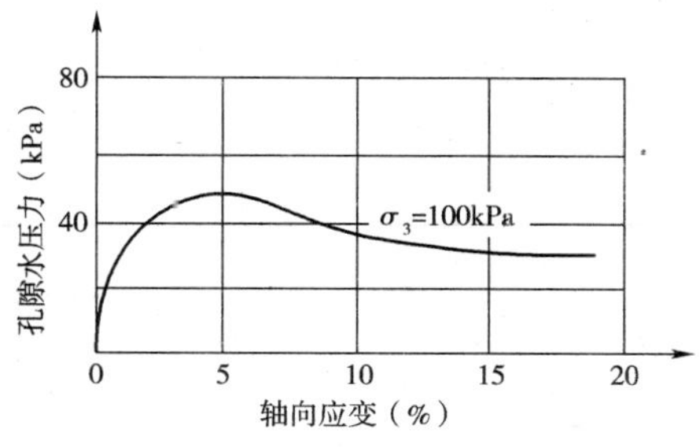

图 3-7-19 孔隙水压力与轴向应变关系曲线

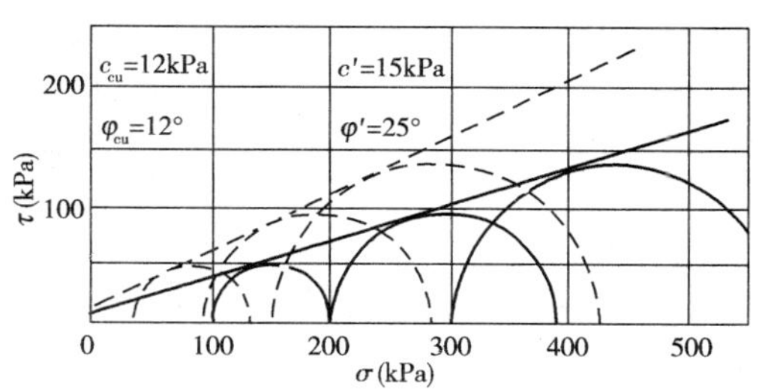

图 3-7-20 固结不排水剪强度包线

## 六、固结排水剪试验

(1)试样的安放、固结、剪切应按固结不排水剪试验相同的步骤进行。但在剪切过程中应打开排水阀。剪切速率采用每分钟应变0.003%～0.012%。

(2)试样固结后的高度、面积,应按式(3-7-14)和式(3-7-15)计算。

(3)剪切时试样面积的校正,按下式计算:

$$A_a = \frac{V_c - \Delta V_i}{h_c - \Delta h_i} \tag{3-7-19}$$

式中:$\Delta V_i$——剪切过程中试样的体积变化($cm^3$);

$\Delta h_i$——剪切过程中试样的高度变化(cm)。

(4)主应力差按式(3-7-13)计算。

(5)有效主应力比及孔隙水压力系数,应按式(3-7-17)和式(3-7-18)计算。

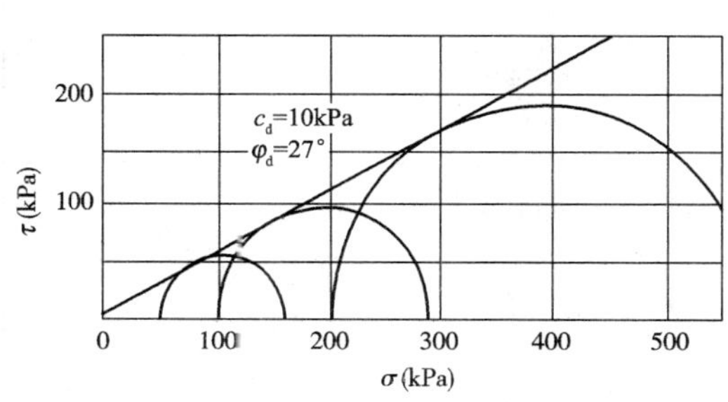

图 3-7-21 固结排水剪强度包线

(6)主应力差与轴向应变关系曲线的绘制方法同不固结不排水剪试验(图 3-7-16)。

(7)主应力比与轴向应变关系曲线的绘制方法同固结不排水剪试验(图 3-7-18)。

(8)以体积应变为纵坐标,轴向应变为横坐标,绘制体应变与轴向应变关系曲线。

(9)破坏应力圆、有效内摩擦角和有效黏聚力按固结不排水剪试验的方法确定(图 3-7-21)。

(10)固结排水剪试验的记录格式见表 3-7-6。

## 七、一个试样多级加荷试验

本试验仅适用于无法切取多个试样、灵敏度较低的原状土。

(1)不固结不排水剪试验,应按下列步骤进行:

①试样的安装,应按不固结不排水剪试验相同的步骤进行。

②施加第一级周围压力,试样剪切应按不固结不排水剪试验相同的应变速率进行。当测力计读数达到稳定或出现倒退时,测记测力计和轴向变形读数。关电动机,将测力计调整为零。

**固结排水剪三轴试验记录**　　表 3-7-6

工程编号＿＿＿＿＿＿　　试验者＿＿＿＿＿＿

试样编号＿＿＿＿＿＿　　计算者＿＿＿＿＿＿

试验日期＿＿＿＿＿＿　　校核者＿＿＿＿＿＿

1. 含水率

| | 试验前 | | 试验后 | |
|---|---|---|---|---|
| 盒号 | | | | |
| 湿土质量(g) | | | | |
| 干土质量(g) | | | | |
| 含水率(%) | | | | |
| 平均含水率(%) | | | | |

2. 密度

| | | |
|---|---|---|
| 试样面积($cm^2$) | | |
| 试样高度(cm) | | |
| 试样体积($cm^3$) | | |
| 试样质量(g) | | |
| 密度($g/cm^3$) | | |
| 试样草图 | | |
| 试样破坏描述 | | |
| 备注 | | |

3. 反压力饱和

| 周围压力(kPa) | 反压力(kPa) | 孔隙水压力(kPa) | 孔隙压力增量(kPa) |
|---|---|---|---|
| | | | |
| | | | |

4. 固结排水

周围压力＿＿kPa　反压力＿＿kPa

孔隙水压力＿＿kPa

| 经历时间(min) | 孔隙水压力(kPa) | 量管读数(mL) | 排出水量(mL) |
|---|---|---|---|
| | | | |
| | | | |
| | | | |
| | | | |
| | | | |
| | | | |

5. 固结排水剪切

钢环系数＿＿＿N/0.01mm　剪切速率＿＿＿mm/min　周围压力＿＿＿kPa

反压力＿＿＿kPa　初始孔隙压力＿＿＿kPa　温度＿＿＿℃

| 轴向变形(0.01mm) | 轴向应变 $\varepsilon_0$ (%) | 校正面积 $\frac{V_c-\Delta V_i}{h_c-\Delta h_i}$ ($cm^2$) | 钢环读数(0.01mm) | 主应力差 $\sigma_1-\sigma_3$ (kPa) | 比值 $\frac{\varepsilon_a}{\sigma_1-\sigma_3}$ | 量管读数($cm^3$) | 剪切排水量($cm^3$) | 体应变 $\varepsilon_v=\frac{\Delta V}{V_c}$ (%) | 径向应变 $\varepsilon_r=\frac{\varepsilon_v-\varepsilon_a}{2}$ (%) | 比值 $\frac{\varepsilon_r}{\varepsilon_a}$ | 应力比 $\frac{\sigma_1}{\sigma_3}$ |
|---|---|---|---|---|---|---|---|---|---|---|---|
| | | | | | | | | | | | |
| | | | | | | | | | | | |

③施加第二级周围压力，此时测力计因施加周围压力读数略有增加，应将测力计读数调至零位。然后转动手轮，使测力计与试样帽接触，并按同样方法剪切到测力计读数稳定。如此进行第三、第四级周围压力下的剪切。累计的轴向应变不超过20%。

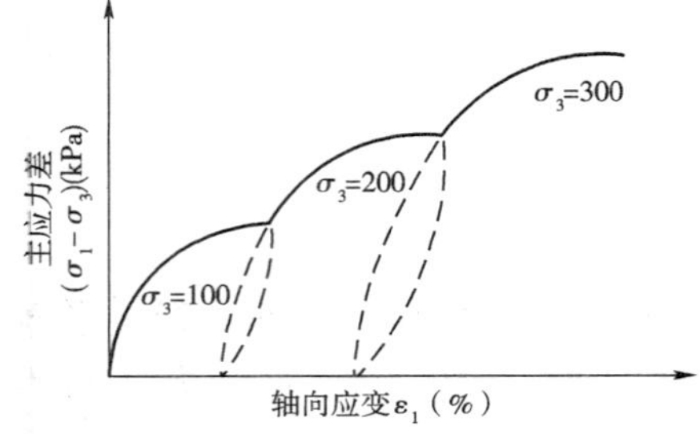

图 3-7-22　不固结不排水剪的应力—应变关系

④试验结束后，按不固结不排水规定的步骤拆除试样，称试样质量，并测定含水率。

⑤计算及绘图应按不固结不排水剪试验一样的规定进行，试样的轴向应变按累计变形计算(图 3-7-22)。

(2)固结不排水剪试验，应按下列步骤进行：

①试样的安装,应按固结不排水剪的规定进行。

②试样固结按固结不排水剪的规定进行。第一级周围压力宜采用52kPa,第二级和以后各级周围压力应大于等于前一级周围压力下的破坏大主应力。

③试样剪切也按固结不排水剪规定进行。第一级剪切完成后,退除轴向压力,待孔隙水压力稳定后施加第二级周围压力,进行排水固结。

④固结完成后进行第二级周围压力下的剪切,并按上述步骤进行,第三级周围压力下的剪切,累计的轴向应变不超过20%。

⑤试验结束后,拆除试样,称试样质量,并测定含水率。

⑥计算及绘图应按固结不排水剪的规定进行。试样的轴向变形 应以前一级剪切终了退去轴向压力后的试样高度作为后一级的起始高度,计算各级周围压力下的轴向应变(图3-7-23)。

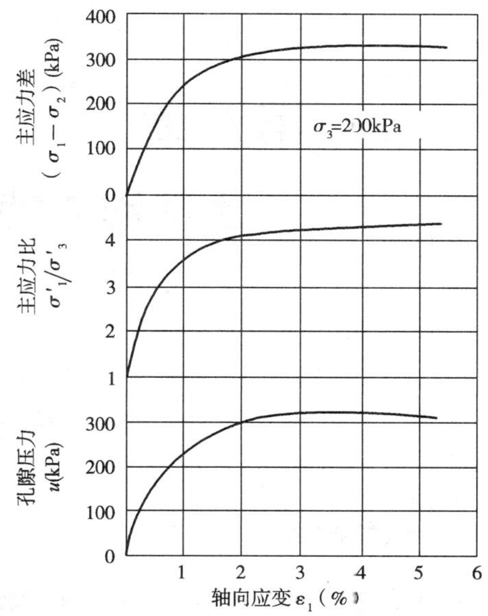

图 3-7-23 固结不排水剪应力—应变关系

一个试样多级加荷试验的记录格式与不固结不排水和固结不排水的要求相同。

## 八、注意事项

(1)采用何种类型的三轴试验应根据不同的工程条件来确定。

(2)试样的制备和饱和,原状试样制备用切土器切取即可。对扰动试样可以采用压样法和击样法。压样法制备的试样均匀,但时间较长,故采用击样法制备,并建议击锤的面积应小于试样面积,在击实分层时,为使试样均匀,分多层效果好,但分层过多,一方面操作比较麻烦;另一方面层与层之间的接触面太多,操作不注意也会影响强度,因此,规定黏质土为5~8层,粉质土为3~5层。

(3)在不固结不排水试验中,无明显破坏值时,为了简便,可采用应变15%时的主应力差作为破坏值。

(4)在排水固结试验中,规定孔隙压力消散95%作为固结的标准。

(5)固结排水试验的剪切应变速率对试验结果的影响,主要反映在剪切过程中是否存在孔隙水压力,如剪切速度快,孔隙水压力不完全消散,就不能得到真实的有效强度指标。比较试验表明,对黏性土剪切应变速率采用每分钟应变0.012%~0.003%为最适宜。

# 第八章 土的动力特性试验

## 第一节　概　　述

### 一、动荷载

建筑物的地基和建筑物在动荷载作用下会发生振动，土的强度和变形特性都会受到影响。引起土体振动的振源可分为天然振源和人工振源两种。地震、波浪力、风力都是天然的振源，交通荷载、爆炸、打桩、机器基础都是人工振源，这些振源的振动频率、振动次数和振动波形各不相同。天然振源是发生随机振动的激振力，人工振源有随机振动也有周期性振动。例如爆炸等瞬时荷载引起的振动是随机的，连续转动的机器引起的振动是周期性的。在不同动荷载下土的强度和变形各不相同，其共同特点是都受到加荷速率和加荷次数的影响。动荷载都是在很短的时间内施加的，一般是百分之几秒到十几分之几秒，爆炸荷载只有几毫秒。土在快速加荷下，测得的强度比静荷载时高，变形比静荷载时小。动力荷载一般是往复多次施加或周期性连续作用，随着加荷次数增多，松砂将因体积压缩而密实，在不排水条件下则发生孔隙水压力上升而强度下降，甚至发生振动液化。

### 二、常用的土动力指标

土的应力—应变是非线性的，这种特征对地震剪切荷载作用下的地基反应有很大影响。当一个循环荷载作用于土体，其应力—应变曲线可以表示为一狭长的封闭滞回圈，见图 3-8-1。由滞回圈可看出土是非线性的，而且能吸收相当大的能量。应力—应变的非线性和吸收能量现象在应变水平大时更为明显，而在加荷初期和小应变时接近线性和弹性。进行地震条件下

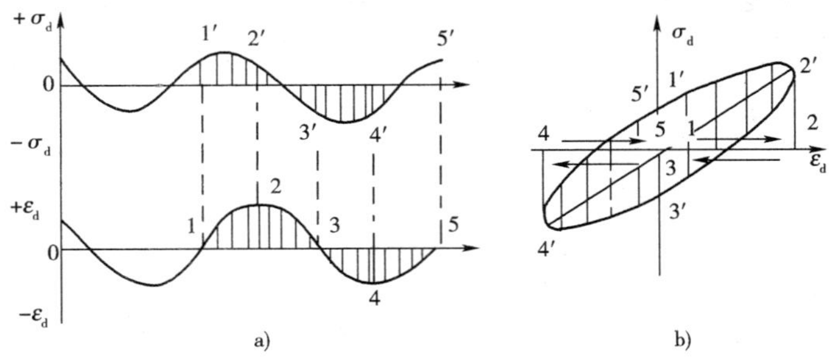


图 3-8-1　应力—应变记录曲线和滞回圈

的地面反映分析时，土体处于较小的应变水平，大多采用等效线性黏弹体模型来描述土的应力—应变特征，用图3-8-1的滞回圈确定土的剪切模量和阻尼比。

当动荷载较大或持续时间较长时，相应土的应变逐渐增大，土处于高应变水平，这种情况下需要评估在地震荷载作用下地基的稳定性，这时需要确定土的动强度。所以在地震荷载作用下，进行地面动力反应分析时，需确定小应变下的剪切模量和阻尼比；在大应变时需确定土的动强度。

**（一）动模量**

动模量定义为引起单位动应变所需的动应力。

1. 动剪切模量

$$G_d = \frac{\tau_d}{\gamma_d} \tag{3-8-1}$$

式中：$G_d$——动剪切模量（kPa）；

$\tau_d$——动剪应力（kPa）；

$\gamma_d$——动剪应变。

2. 动压缩模量

$$E_d = \frac{\sigma_d}{\varepsilon_d} \tag{3-8-2}$$

式中：$E_d$——动压缩模量（kPa）；

$\sigma_d$——动轴应力（kPa）；

$\varepsilon_d$——动轴应变。

已知土的泊松比$\mu$，$G_d$和$E_d$以及$\gamma_d$和$\varepsilon_d$可相互换算，有如下关系：

$$G_d = \frac{E_d}{2(1+\mu)} \tag{3-8-3}$$

$$\gamma_d = (1+\mu)\varepsilon_d \tag{3-8-4}$$

式中符号同上。

测定动模量的方法是将动荷载施加于试样上，同时记录动应力和动应变，某一循环的动应力与同一循环的动应变之比即可得动模量，见图3-8-1a）。

**（二）阻尼比**

阻尼比定义为土的阻尼系数与临界阻尼系数之比。阻尼比可衡量一周循环荷载内土吸收能量的特性，吸收能量大小可用图3-8-1b）滞回圈面积表示。阻尼比$D$按下式计算：

$$D = \frac{1}{4\pi}\frac{A_c}{A_T} \tag{3-8-5}$$

式中：$A_c$——滞回圈面积；

$A_T$——三角形△122′面积。

另一种常用的计算小应变时阻尼比的方法为自由振动法，见图3-8-2，用下式计算阻尼比$D$：

$$D = \frac{1}{2\pi}\frac{1}{N}\ln\frac{A_1}{A_{n+1}} \tag{3-8-6}$$

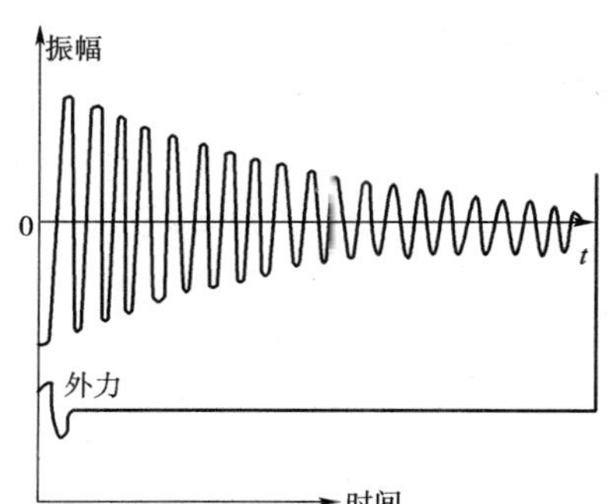


图3-8-2 振幅随时间衰减的曲线

式中：$D$——阻尼比；

$N$——计算所取的振动次数；

$A_1$——停止激振后第 1 周的振幅（mm）；

$A_{n+1}$——停止激振后第 $N+1$ 周的振幅（mm）。

### （三）动强度

在动荷载作用下，土的应力、应变及孔隙压力随时间（振动次数）而变，动强度是经一定振动次数后试样达到破坏的振动剪应力，振动剪应力与破坏周数的关系曲线称为动强度曲线，见图 3-8-3。对某一定密度的土，作用的动剪应力大，达到破坏的振次少；动剪应力小，振动次数多。破坏标准有应变标准、孔压标准和极限平衡标准等，不同破坏标准得到不同的动强度。

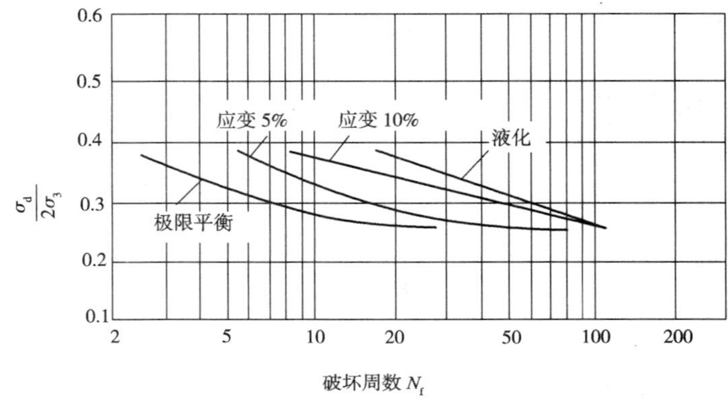


图 3-8-3　不同破坏标准的动剪应力比与破坏周数的关系

## 三、测定动力指标的试验方法

### （一）现场试验

现场试验有物探试验和表面振动试验，见图 3-8-4。其设备主要由激振器（能源发射部分）和拾振器（接收能源部分）组成。目前广泛应用物探试验，根据拾振器的位置，物探试验又分跨孔法、上孔法和下孔法三种。跨孔法需两个钻孔，在两孔中分别放置激振器和拾振器；上孔法和下孔法都只需要一个孔，上孔法将激振器放在孔中，拾振器放在地面；下孔法相反，将拾振器放在孔中。当激振器激振开始时与拾振器接收到振波时的时间差是振波通过地层所需的

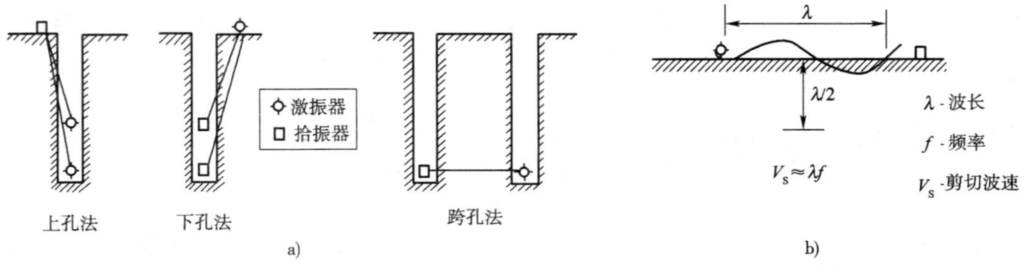


图 3-8-4　测定剪切模量的现场实验

a）物探实验；b）表面振动实验

时间,再从两者距离即可计算得剪切波速,从而得到剪切模量。表面振动法的激振器和拾振器都放在地面,方法相似。由于激振器的能量有限,不可能对地层有大的波动影响,这两种现场方法所引起的应变水平将是很低的,远小于地震引起的应变水平,见图3-8-5。图中给出几种现场和室内试验的应变水平,由现场试验可以测定小应变时土的模量。

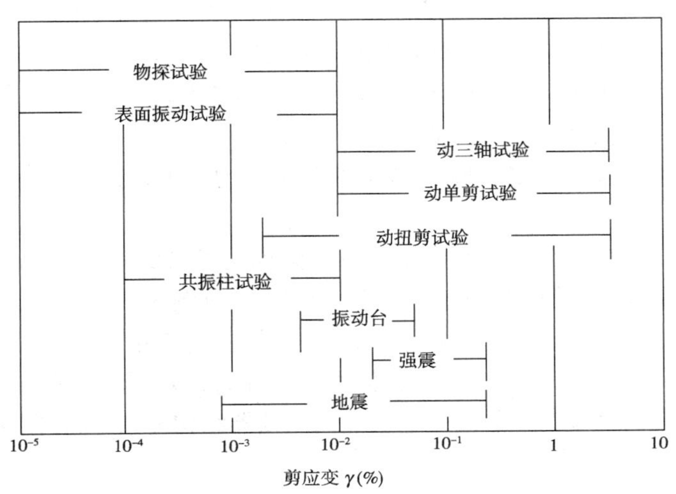


图3-8-5 各实验方法的近似应变水平范围

## (二)室内试验

1. 动三轴试验

动三轴试验是对圆柱形试样在垂直方向施加往复循环荷载,见图3-8-6。动三轴试验可直接测定小应变的压缩模量和阻尼比;随着振动周次的增多,变形增大,试样达到破坏,可确定大应变时土的动强度以及饱和砂的抗液化强度。

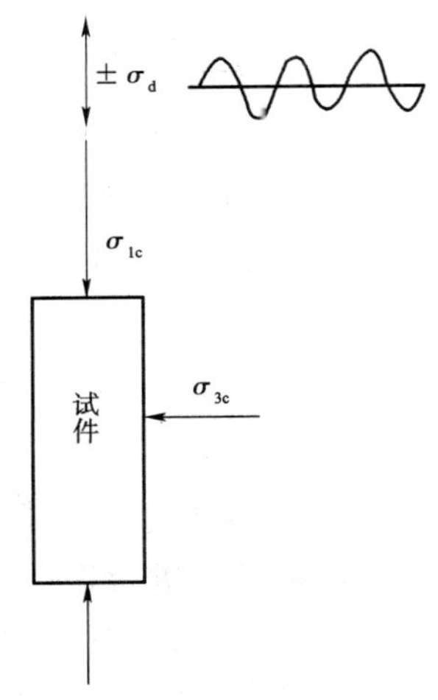


图3-8-6 动三轴实验

动三轴试验的优点:

(1)能方便地施加各种应力以适应工程实际。

(2)对各类土,如砂性土、黏性土、扰动土、原状土、疏松土、密实土等均能方便地制备和试验。

(3)能较精确地控制应力和应变。

(4)试验设备和操作方法相对较简单。

动三轴试验的主要缺点:

(1)三轴容器加荷条件与现场地震应力条件有很大的差别。

(2)施加轴向往复荷载,压半周时轴向为大主应力方向,拉半周时轴向为小主应力方向,每一加荷周期主应力方向转动90°。

(3)试验时三个主应力方向都发生变形,而现场为单向变形。

尽管如此,由于该试验能较好地制备各种状态(各种密度、含水率、颗粒级配)的试样,能较准确地控制试验条件(固结压力、初始应力比、反压力等),能可靠地测定试验过程的动应力、动应变和动孔压的变化过程,并能提供在较大应变水平范围内多项动力试验成果,因而是室内试验中被最广泛使用的试验方法。

2. 动单剪试验

动单剪试验是对单剪试样施加动剪应力或动剪应变，可直接测定小应变时的剪切模量和阻尼比；随着振动周次增大，剪应变增大，试样达到破坏，可确定土的动强度和饱和砂的抗液化强度。

单剪试验的优点有：

（1）能最近似地重现现场土层承受强震条件的情况。

（2）适用于原状土、扰动土、各种密度和含水率的制备土。

（3）设备较简单，操作方法容易掌握。

单剪试验的主要缺点是侧壁变形不均匀，易形成应力集中，另外无法确定侧壁应力。

3. 动扭剪试验

扭剪式单剪仪是国内外公认的研究土动力特性较完善的试验仪。试样呈中空环状，且内外高度不等，内外高度之比等于内外直径之比，试样尺寸见图 3-8-7。在试样顶部施加扭矩时，则在试样表面和内部分布比较均匀的剪应力；中空试样内侧和外侧可分别施加侧压力；试样由乳胶膜包裹，能在不排水状态下试验。该仪器可模拟现场应力条件，是测定动力指标和研究动力条件下土应力应变特性较为理想的仪器。然而该仪器结构复杂，操作困难，试样内外乳胶膜不易密封，制样较困难，仅能做扰动土。

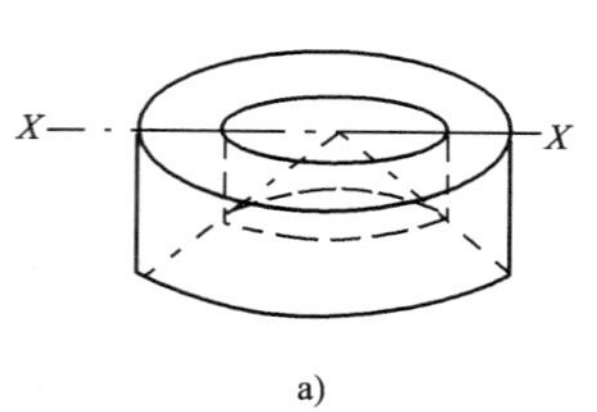


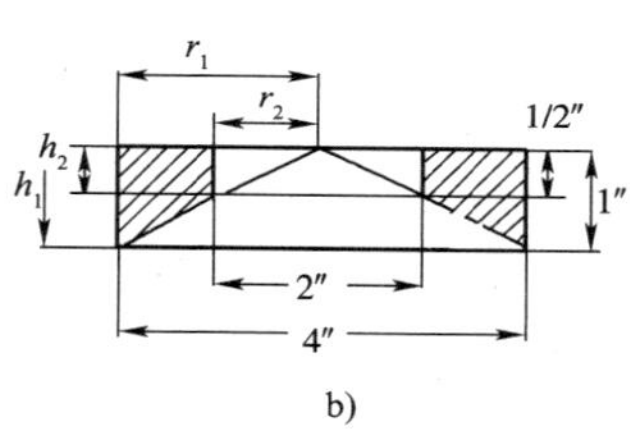


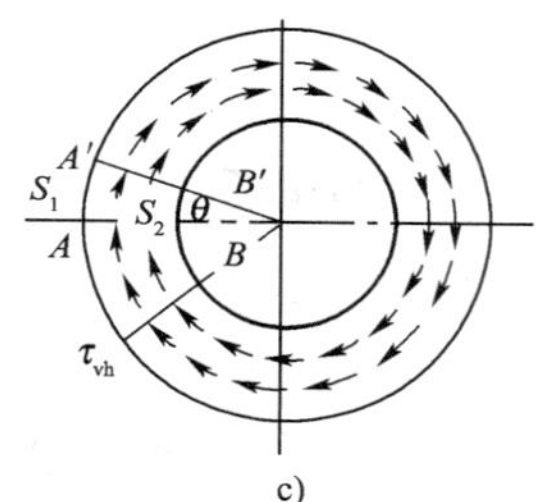


图 3-8-7 扭剪试样

a）试样；b）断面 $X—X$；c）俯视图，作用有 $\tau_{vh}$

4. 共振柱试验

共振柱试样为圆柱体，有实体和中空两种，见图 3-8-8。试验时在试样一端施加小振幅的扭转振动力或轴向振动力，振动力在试样内传播，调节振动频率使试样系统达到共振。由共振频率可确定弹性波在试样中的传播速度，从而得到土的动剪切模量或动压缩模量。

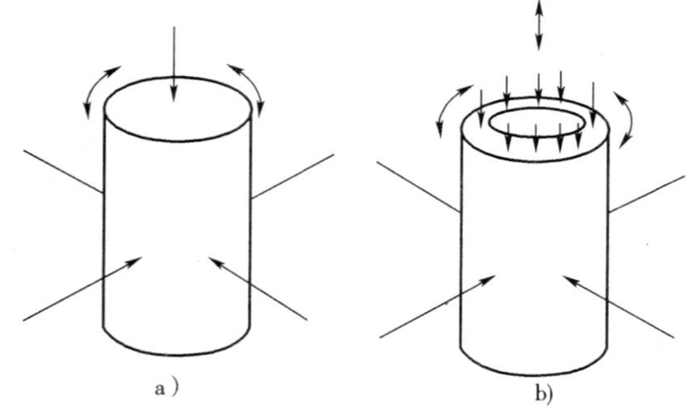


图 3-8-8 共振柱试样

a）实体；b）中空

5. 振动台

振动台试验主要用以确定大试样的剪切模量。试验时，先让试样底部的振动台进行振动，然后切断电源，测定试样的振动反应，计算剪切模量。为减小振动台和试样的边界效应，要求试样长度和厚度有较大的比值，试样尺寸及形状见图 3-8-9。这种试验成本高，难度大。这么大的试样加上振动台自重有几吨重，需要相当大的能量才能将其推动；饱和试样和施加侧压力都很困难；此外，试验产生的应变很小，不易精确测量应变值。

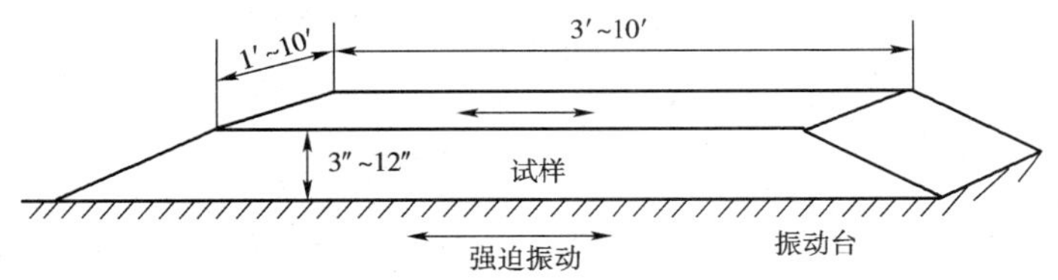


图 3-8-9 振动台试样尺寸

此法适用于研究试验，一般工程不做这种试验，一般实验室不具备这种设备。

## 第二节 动三轴试验

### 一、基本原理

动三轴试验是从静三轴试验发展而来的，通过对试样施加模拟的动主应力，以测试试样在承受动荷载作用下表现的动态反应。动三轴试验是将一定密度和湿度土的圆柱体试样（$\phi$50mm×125mm 或 $\phi$39.4mm×80mm）在轴对称的三轴应力下进行固结，固结完成后在不排水条件下作振动试验。测定动强度的方法是，设定某一等幅动应力作用于试样进行持续振动，直到试样的应变值或孔压值达到预定的破坏标准值，试验终止。记录试验过程中试样的动应力、动应变和动孔隙水压力随振动周次的变化过程线。同样的方法设定另一幅值动应力作用于相同密度的另一个试样进行振动试验，得另一组动应力、动应变和动孔压的变化过程线。作用于试样的动应力幅值越大，达到破坏标准所需的振动周数越少；反之，动应力幅值越小所需振动周数越多。一般用 4 个试样可以得到动应力和破坏周数的关系曲线，即动强度曲线。

测定动模量和阻尼比的方法是，作用于试样的轴向动应力从小幅值开始逐级增大作振动试验，当应变波形明显不对称或孔压明显增大，试验终止。记录试验过程中每级荷载的动应力和应变曲线，或直接记录应力—应变滞回圈曲线，用以确定各动应变时的动模量和阻尼比。

### 二、仪器设备

试验的仪器设备包括：

(1)激振设备：对试样施加稳定的等幅的动应力。

(2)量测设备：包括高灵敏度的动应力、动应变和动孔压传感器和记录设备。

(3)静三轴仪附件：包括试样容器，制样、抽气、饱和设备，加压系统，固结排水系统等。

有多种形式的动三轴仪，国内使用的动三轴仪有惯性式、电磁式、气动式及液压脉动式等，各形式动三轴的示意图见图 3-8-10。惯性式也称机械式，将三轴试样室放在由偏心轮带动的振动台上，振动台上下运动时，试样上的砝码产生惯性力，即为施加于试样的动应力。惯性式结构简单，但它产生的动应力较小，且动应力和静应力相互牵制，使用受到限制。电磁式、气动式和液压脉动式三形式的差别是激振的动力不同，分别以电磁力、气压力和液压力为动力源产

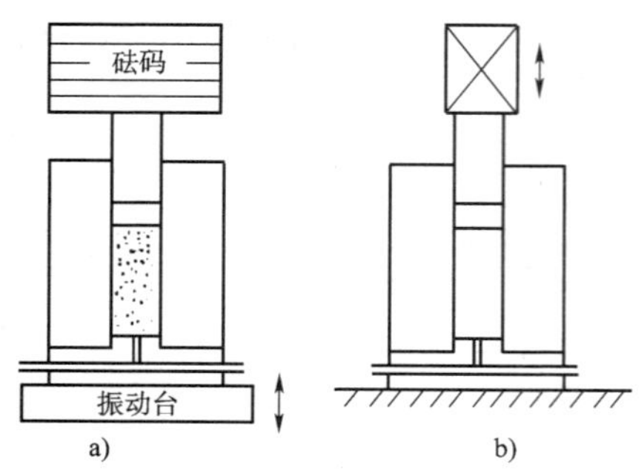


图3-8-10 动三轴仪振动形式

a)机械式;b)激振式

生等幅循环动应力作用于试样。这三种动三轴仪的出力都较大,可给出试验所需的超低频和正弦波形的动应力。其他量测设备、记录设备和静力设备,三种形式基本上相同。

## 三、操作步骤

电磁式、气动式和液压脉动式三种形式是应用较广泛的动三轴仪,虽然三者激振的动力不同,而产生的循环动应力相同,所以试验的操作步骤基本相同。

1. 准备工作

(1)检查动三轴仪各组成部分,确认激振系统、静力系统及量测系统都能正常工作。对应力、应变及孔压传感器、压力表、百分表等应经常校核和定期标定。

(2)明确试验参数,包括试样密度、湿度、固结应力比等。

2. 试样制备

对于原状土,制样比较方便,直接切制即可。对于扰动土,常用两种方法制备:

(1)湿装成形法,适用于易沉淀的砂性土、粉砂等无黏性土。方法是:按试样体积和干密度算出干土重,将干土加水在烧杯中煮沸排气,冷却后,在试样底座上用承模筒支撑乳胶膜,将水和土舀入膜内成形。湿装法在水下装土,试样已饱和。

(2)击实成形法,适用于含黏粒的各类土。方法是:先将风干土过2mm筛,对土喷洒水,调配成一定含水率的土料,密封存放约一昼夜后,将土料在击实筒内分层击实,试样干密度应符合试验要求(当不符时,改变土料的含水率,重新击实),将击好的试样放入饱和器内饱和,试样饱和可用抽气法、毛细法、水头法、二氧化碳法或联合使用。上述成形时所用承膜筒,击实筒和饱和器都是三轴仪附件,与试样尺寸是配套的。

动三轴试验中经常要求测定松软地基土(松砂、软黏土、粉煤灰等)的动力强度指标,这种试验的试样密度很低。制备低密度试样往往是实验过程中耗费时间最长的。在相同的固结条件下,试样动强度取决于试样的密度、饱和度和均匀度。因此制样是影响试验质量的一个重要过程。同一干密度各组试验的试样,宜一批制备,其干密度、制备含水率、击实过程、抽气、饱和或毛细时间以及试样静置时间(试样制备结束到试验的时间间隔)都应大致相近。

3. 试样固结

将制备好并已饱和的试样,在三轴压力室内安装完毕,按要求施加固结应力 $\sigma_1$ 及 $\sigma_3$,进行固结。

(1)等压固结(固结应力比 $K=\sigma_1/\sigma_3=1$)

动三轴加压方式与静三轴略有不同,见图3-8-11。静三轴的加压活塞与试样为点接触,加 $\sigma_3$ 时轴向 $\sigma_1$ 同步加上,$\sigma_1=\sigma_3$。动三轴由于活塞和试样相连,$\sigma_1$ 与 $\sigma_3$ 需分开施加。一般先加 $\sigma_3$,在加 $\sigma_3$ 之前应将活塞固定住,以免加 $\sigma_3$ 时试样受侧向挤压向上变形而破坏。加完 $\sigma_3$,按照事先率定好的 $\sigma_1$ 与荷载传感器读数的率定曲线,由荷载传感器控制施加 $\sigma_1$。加荷完

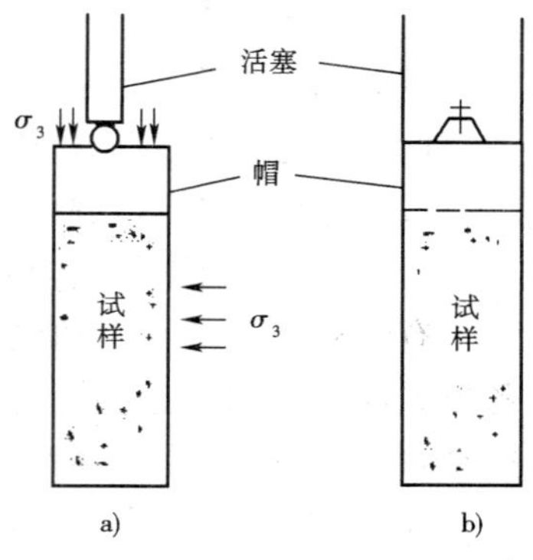


图3-8-11 试样加压活塞

毕，松开活塞，开始固结。

(2)不等压固结($K=\sigma_1/\sigma_3>1$)

当 $K>1$ 时，要求固结过程中 $K$ 大致不变。图 3-8-12 给出 $K=2$的固结情况，要求试样沿 $OB$ 线进行固结。若先沿 $OA$ 作等压固结，再加偏压 $AB$，这种加压方式不合适，虽然最终都是 $B$ 点，但 $OAB$ 和 $OB$ 固结路线不同，固结变形不同，试验结果也将不同。对松软试样，沿 $OB$ 一次加上试样会被压坏，可分级加荷。加第 1 级压力时，试样先在等压条件下排水，使土的强度增大后，增大 $\sigma_1$ 达到 $K=2$。同样方法施加第 2 级、第 3 级直到所有要求的 $\sigma_1$ 及 $\sigma_3$ 全部加上进行固结。每级加荷时间间隔视土性而定，排水快的土间隔较短，黏性土则需较长时间间隔。

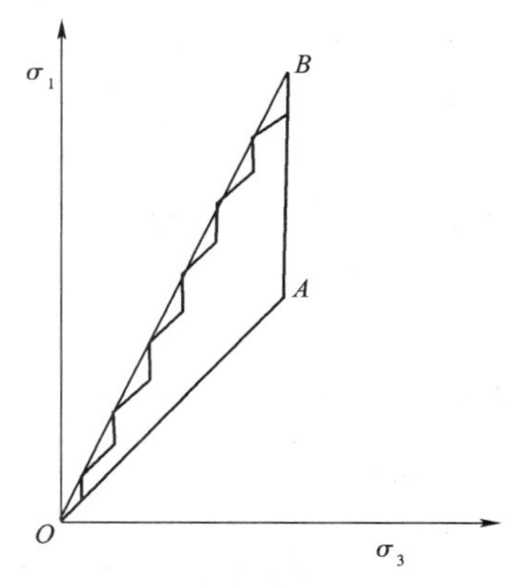


图 3-8-12 不等压固结加压路线

4. *施加动应力*

固结完成后试样将在不排水条件下作振动试验。加振前，调整好动应力、动应变和动孔压传感器的零点读数。在光线示波器记录仪上将各零点放到适当的位置，并将各传感器的计量标距记录下来。标距是计算物理量的依据，应仔细反复标定。同样若用微机或 $X—Y$ 函数记录仪时，也要调整好零点和标距。

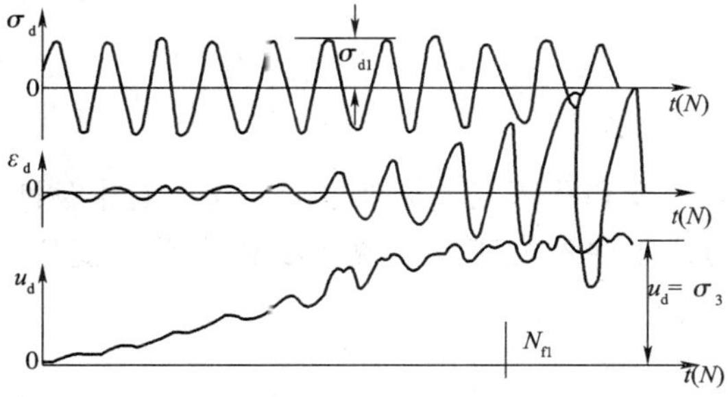


图 3-8-13 动应力、动应变、动孔压的时程曲线

(1)动强度试验

调整好零点即可开始对试样进行振动试验。设定某一动应力 $\sigma_{d1}$，启动激振力并同时打开记录仪，记录应力、应变和孔压的变化过程线，当应变值达到应变破坏标准(通常应变达5%)或孔压达到侧压($u_d=\sigma_3$)，即切断激振力并停止记录，记录曲线如图 3-8-13 所示。该图为一砂土在等压固结条件下进行振动试验的记录。由图可知，在 $\sigma_{d1}$ 作用下经振动 $N_1$ 周达到破坏，$N_1$ 为破坏周数，用 $N_{f1}$ 表示。对相同条件的另一个试样，用另一动应力 $\sigma_{d2}$ 进行试验，得试样经 $N_{f2}$周达到破坏。同样的方法对另外 2 个试样分别施加动应力 $\sigma_{d3}$ 和 $\sigma_{d4}$，得到破坏周数 $N_{f3}$ 和 $N_{f4}$。用这 4 个试样资料在半对数纸上作 $\sigma_d/2—N_f$ 曲线，见图 3-8-14，称为动剪应力与破

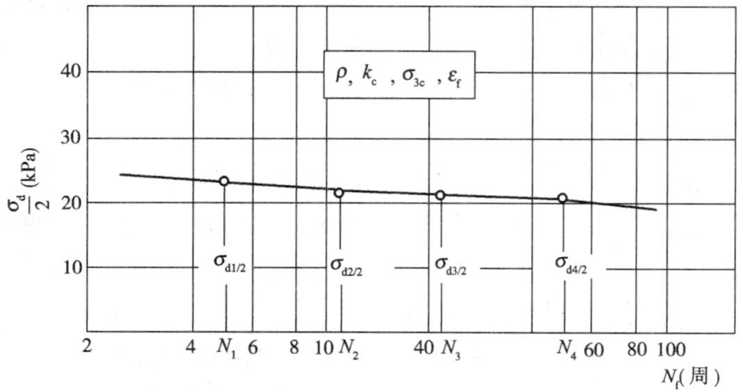


图 3-8-14 动剪应力($\sigma_d/2$)与破坏周数($N_f$)关系曲线

坏周数关系曲线，或称动强度曲线或抗液化强度线，每一条 $\sigma_d/2—N_f$ 线均应标明试样密度 $\rho$，试验侧压力 $\sigma_3$，固结应力比 $K$ 以及破坏标准 $\varepsilon_f$。

为能较好地绘制 $\sigma_d/2—N_f$ 曲线，试验点应分布均匀，最理想的情况是这 4 个点大致能落在 4 ~6 周、10 ~15 周、20 ~30 周、50 ~70 周范围内。当设定的 $\sigma_d$ 太大，则刚开始振动试样就破坏，定不出周数；当 $\sigma_d$ 太小时振动 200 ~300 周也不坏；或者几个试验点挤在一起，出现这种情况时必须增补试验，这将使工作量增加很多。

(2)模量与阻尼比试验

调整好零点后即可作振动试验。在同一个试样上动应力由小到大逐级增加，振动时记录动应力、动应变和动孔压。每级动应力的振动次数不要超过 10 次，在满足试验要求下每级动应力的振动次数应尽可能的少，因累积的振动次数必将影响试样的孔压和刚度。为便于作图和计算，计算用的动应力动应变曲线应取用快速记录。第一级动应力值的大小随动应力和动应变传感器的敏感度而异，在可能正确测读的条件下设定较小的动应力。后一级动应力可设定比前一级大 1 倍。当应变波形明显不对称或孔压值较大时，停止试验。

参照图 3-8-1 的记录曲线和滞回圈的绘制方法，并用式(3-8-2)和式(3-8-5)计算动压缩模量和阻尼比。可以看出作图和计算非常麻烦。若用微机或 $X—Y$ 函数记录仪直接作出滞回圈将方便得多。当用 $X—Y$ 函数记录仪时，要注意记录笔的启动阻力对小应变的滞回圈会有较大的误差。最好用微机作图和计算一起完成。

## 四、资料整理

在动三轴试验的振动过程中，同时记录了应力、应变和孔压三个物理量的变化。对于黏性土孔压的传递和消散需要时间，所以记录得到的动孔压并不真正反映黏土试样内孔压变化。在整理资料时，有关孔隙压力资料仅对砂性土才有意义。

### (一)动强度试验

1. 动强度曲线

由动三轴试验直接得出轴向动应力与破坏周数的关系曲线，表示为 $\sigma_d—N_f$ 曲线。土力学中常用的剪切强度，三轴试样在 45°面上的剪应力 $\tau_d=\sigma_d/2$，因而动剪应力强度线为 $\tau_d—N_f$ 或 $\sigma_d/2—N_f$ 曲线。在资料整理中，$\sigma_d—N_f$ 是最直接最基本的试验成果。每一条动强度曲线都对应某一土的密度($\rho$)、固结侧压力($\sigma_3$)、固结应力比($K$)以及所采用的破坏标准($\varepsilon_f$)。常用破坏标准有：极限平衡标准，即孔压达极限平衡临界孔压 $u_d=u_{cr}$；液化标准 $u_d=\sigma_3$；应变标准 $\varepsilon_f$，目前都采用 $\varepsilon_f=5\%$；对等压固结采用应变幅达 5%；对不等压固结，总应变达 5%。

动强度曲线表示形式：

$\sigma_d/2—N_f$ 曲线。图 3-8-15 上表示有某一密度的砂土，在 2 个 $K$ 和 3 个 $\sigma_3$ 条件下的 6 条动剪应力与破坏周数的关系曲线。由图可知 $\sigma_d/2$ 随 $\sigma_3$ 的增大而增大，随 $K$ 的增大而增大。

2. 动孔压和动应变随时间(周数)的发展过程线

图 3-8-16 为 $K=1$ 的 $u_d/\sigma_3-\lg N$ 曲线，$u_d$ 和 $N$ 直接由振动试验记录得到，每条线表示试样在 $\tau_d$ 作用下 $u_d$ 发展过程，$u_d/\sigma_3=1$ 之点表示试样达到液化，该点周数即为 $N_f$。

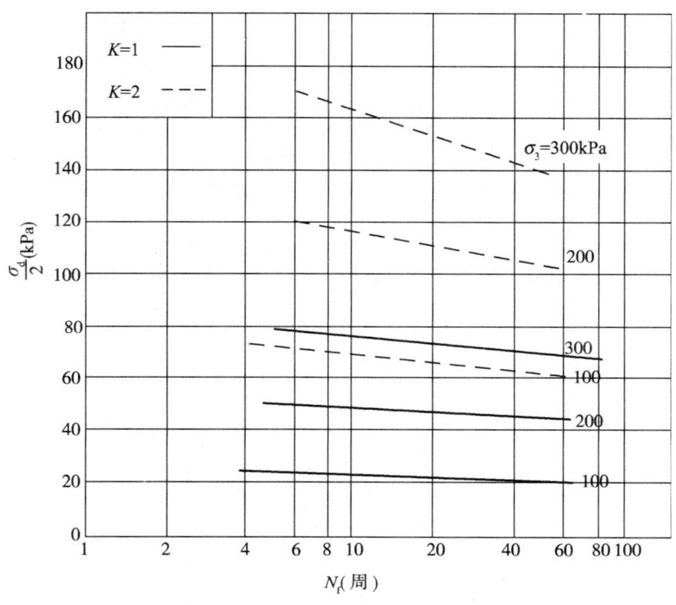


图 3-8-15 $k=1$ 和 $k=2$ 时,$\sigma_d/2$—$N_f$ 曲线

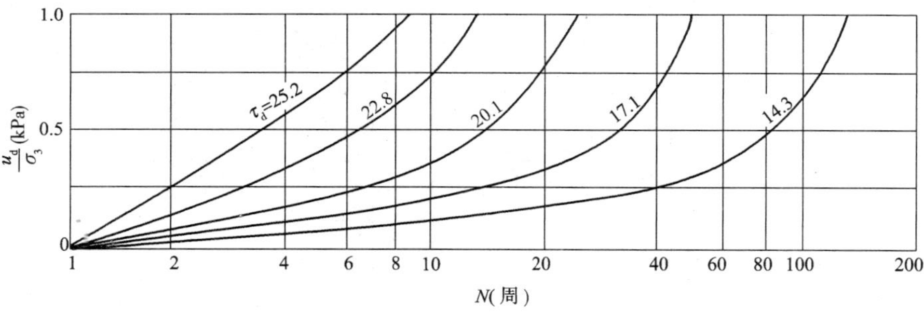


图 3-8-16 孔压发展过程线($\sigma_1=\sigma_3=200\text{kPa}$,$r_d=0.92\text{g/cm}^3$)

3. 动强度总应力指标 $c_d$、$\varphi_d$

(1)对等压固结($K=1$),现用图 3-8-15 的资料说明绘制 $c_d$、$\varphi_d$ 的方法。为求 $c_d$、$\varphi_d$ 需作固结应力圆与振动应力圆,见图 3-8-17a)。对 $\sigma_3=100\text{kPa}$、$N_f=10$ 的情况,其固结应力圆为点 $O_1$。再在图 3-8-15 上 $\sigma_3=100\text{kPa}$ 的 $\sigma_d/2$—$N_f$ 曲线上查出 $N_f=10$ 时的 $\sigma_d/2$,得轴向动应力 $\sigma_d$。在图 3-8-17a)上以 $\sigma_d$ 为直径在 $O_1$ 的两边分别作出压半周(实线圆)和拉半周(虚线圆)应力圆,在图上分别标以 1 和 2,即为振动应力圆。用同样的方法作出 $N_f=10$、$\sigma_3=200\text{kPa}$ 和 300kPa 的振动应力圆,由图可知拉半周应力圆先达到破坏,做破坏应力圆的包线,包线在纵轴的截距为 $c_d$,包线对横轴的倾角即 $\varphi_d$。该包线是 $K=1$、$N_f=10$ 时的 $c_d$ 和 $\varphi_c$,用同样的方法可以作出 $N_f=20$ 或 $N_f=30$ 的 $c_d$ 和 $\varphi_d$,所以 $c_d$ 和 $\varphi_d$ 除与 $\rho$、$\sigma_3$、$K$、$\varepsilon_f$ 有关外,还与 $N_f$ 有关。

（2）对不等压固结（以 $K=2$ 为例）同样引用图 3-8-15 的资料。对 $\sigma_3=100\text{kPa}$、$N_f=10$ 的情况作图，在图 3-8-17b）上，用 $\sigma_1—\sigma_3$ 为直径作出固结应力圆，图上标以 3 的圆。再在图 3-8-15 上 $K=2$，$\sigma_3=100\text{kPa}$ 的 $\sigma_d/2—N_f$ 曲线上查出 $N_f=10$ 时的 $\sigma_d/2$，得轴向动应力 $\sigma_d$。在 8-17b）上，在横轴上取坐标为 $\sigma_3$ 及 $\sigma_1+\sigma_d$ 两点作圆（直径为 $\sigma_1+\sigma_d-\sigma_3$），该圆即为压半周振动应力圆，图上标以 4 的圆；同样取坐标为 $\sigma_3$ 及 $\sigma_1-\sigma_d$ 两点作圆（直径为 $\sigma_1-\sigma_d-\sigma_3$），该圆为拉半周振动应力圆，标以 5 的圆。用同样的方法作 $N_f=10$，$\sigma_3=200\text{kPa}$ 和 $\sigma_3=300\text{kPa}$ 的振动应力圆，由图可知，$K=2$ 时压半周的振动应力圆先达到破坏。做破坏应力圆的包线，包线在纵轴的截距和横轴的倾角即为 $N_f=10$ 的 $c_d$ 和 $\varphi_d$。$c_d$ 和 $\varphi_d$ 与试样的 $\rho$、$\sigma_3$、$K$、$\varepsilon_f$ 和 $N_f$ 有关。

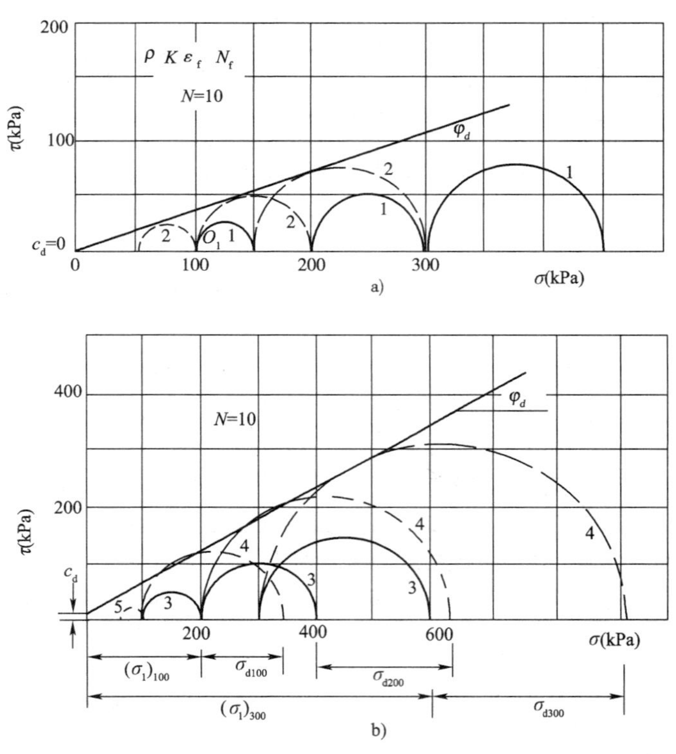


图 3-8-17 $K=1$ 和 $K=2$ 的应力圆

a）$K=1$ 应力圆；b）$K=2$ 应力圆

1、4-压半周动应力圆；2、5-拉半周动应力圆；3-固结应力圆

## （二）模量和阻尼比试验

### 1. 动应力与动应变关系曲线

进行模量振动试验是测定各级动应力 $\sigma_d$ 下的动应变 $\varepsilon_d$，可表示为如图 3-8-18 所示的 3 条应力—应变关系曲线：

（1）$\sigma_d—\varepsilon_d$ 曲线。

(2) $\frac{1}{E_d}$ —$\varepsilon_d$ 即$\frac{\varepsilon_d}{\sigma_d}$—$\varepsilon_d$ 曲线。

(3) $\frac{\sigma_d}{\varepsilon_d}$ —$\varepsilon_d$ 即 $E_d$—$\varepsilon_d$ 曲线。

因 $\sigma_d$—$\varepsilon_d$ 曲线可用双曲线描述，则$\frac{\varepsilon_d}{\sigma_d}$ —$\varepsilon_d$ 有线性关系，其纵轴截距 $\varepsilon_d/\sigma_d$ 即 $1/E_0$，$E_0$ 为初始动压缩模量，或称最大动压缩模量。动剪切模量可由式(3-8-3)换算得到。

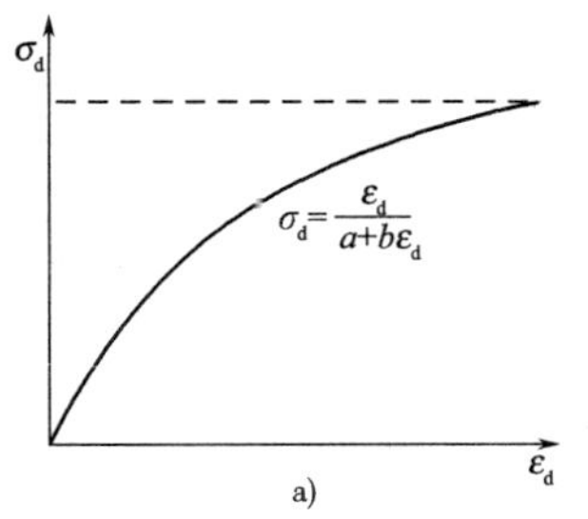

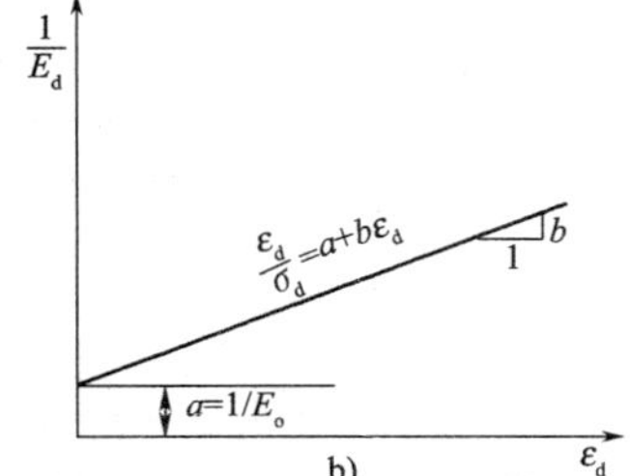

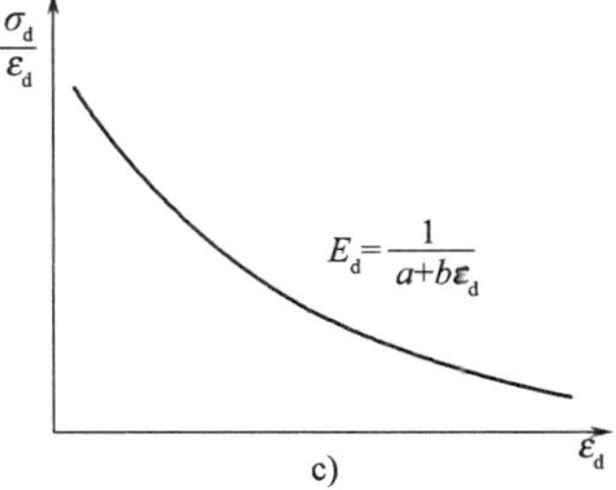


图 3-8-18 动模量试验的应力—应变曲线

a) $\sigma_d$—$\varepsilon_d$ 曲线；b) $\frac{\varepsilon_d}{\sigma_d}$ —$\varepsilon_d$ 曲线；c) $E_d$—$\varepsilon_d$ 曲线

2. 阻尼比 $D$ 与动应变 $\varepsilon_d$ 的关系曲线

按图 3-8-1 方法作出模量试验每级动应力下的滞回圈，并按公式(3-8-5)计算阻尼比 $D$，在半对数纸上作出 $D$—$\varepsilon_d$ 关系曲线。

## 五、试验记录

动三轴试验测定动强度与液化的记录表，见表 3-8-1。

**试验记录表**（动强度与液化） 表 3-8-1

工程名称：__________ 试验者：__________

工程编号：__________ 计算者：__________

试验日期：__________ 校核者：__________

| 固 结 前 | | 固 结 后 | | 固 结 条 件 | | 试验及破坏条件 | |
|---|---|---|---|---|---|---|---|
| 试样直径 $d$(mm) | | 试样直径 $d_c$(mm) | | 固结应力比 $K$ | | 振动频率(Hz) | |
| 试样高度 $h$(mm) | | 试样高度 $h_c$(mm) | | 轴向固结应力 $\sigma_1$(kPa) | | 给定破坏振次(次) | |
| 试样面积 $A$($cm^2$) | | 试样面积 $A_c$($cm^2$) | | 侧向固结应力 $\sigma_3$(kPa) | | 均压时孔压破坏标准(kPa) | |
| 试样体积 $V$($cm^3$) | | 试样体积 $V_c$($cm^3$) | | 固结排水量 $\Delta V$(mL) | | 均压时应变破坏标准(%) | |
| 试样干密度 $\rho_d$(g/$cm^3$) | | 试样干密度 $\rho_{dc}$(g/$cm^3$) | | 固结变形量 $\Delta h$(mm) | | 测压时应变破坏标准(%) | |

续上表

| 振次(次) | 动剪应变 | | | 动剪应力 | | | | 动孔隙水压力 | | | |
|---|---|---|---|---|---|---|---|---|---|---|---|
| | 光点位移 $L_\varepsilon$ (cm) | 标定系数 $K_\varepsilon$ (cm/cm) | 动应变 $\varepsilon_d$ | 光点位移 $L_\sigma$ (cm) | 标定系数 $K_\sigma$ (N/cm) | 动应力 $\sigma_d$ (kPa) | 液化应力比 $\frac{\sigma_d}{2\sigma_0}$ | 光点位移 $L_u$ (cm) | 标定系数 $K_u$ (kPa/cm) | 动孔压 $u_d$ (kPa) | 动孔压比 $\frac{u_d}{\sigma_3}$ |
| (1) | (2) | (3) | (4) = $\frac{(2)\times(3)}{h_c}\times 10$ | (5) | (6) | (7) = $\frac{(5)\times(6)}{A_c}\times 10$ | (8) = $\frac{(7)}{2\times\sigma_0}$ | (9) | (10) | (11) = (9) × (10) | (12) = $\frac{(11)}{\sigma_3}$ |
| | | | | | | | | | | | |
| | | | | | | | | | | | |
| | | | | | | | | | | | |
| | | | | | | | | | | | |
| | | | | | | | | | | | |
| | | | | | | | | | | | |
| | | | | | | | | | | | |
| | | | | | | | | | | | |

动三轴试验测定模量和阻尼比的记录表，见表 3-8-2。

**动三轴试验记录表**（模量与阻尼比试验） 表 3-8-2

工程名称：__________ 试验者：__________

工程编号：__________ 计算者：__________

试验日期：__________ 校核者：__________

| 固结前 | | 固结后 | | 固结条件 | |
|---|---|---|---|---|---|
| 试样直径 $d$(mm) | | 试样直径 $d_c$(mm) | | 固结应力比 $K$ | |
| 试样高度 $h$(mm) | | 试样高度 $h_c$(mm) | | 轴向固结应力 $\sigma_1$(kPa) | |
| 试样面积 $A$($cm^2$) | | 试样面积 $A_c$($cm^2$) | | 侧向固结应力 $\sigma_3$(kPa) | |
| 试样体积 $V$($cm^3$) | | 试样体积 $V_c$($cm^3$) | | 固结排水量 $\Delta V$(mL) | |
| 试样干密度 $\rho_d$($g/cm^3$) | | 试样干密度 $\rho_{dc}$($g/cm^3$) | | 固结变形量 $\Delta h$(mm) | |

| 输出电压(mV) | 动应力 | | | | 动应变 | | | | 动孔隙水压力 | | | | 动模量 | | 阻尼比 | | |
|---|---|---|---|---|---|---|---|---|---|---|---|---|---|---|---|---|---|
| | 衰减挡 | 光标位移 $L_\sigma$ (cm) | 标定系数 $K_\sigma$ (N/cm) | 动剪应力 $\sigma_d$ (kPa) | 衰减挡 | 光标位移 $L_\varepsilon$ (cm) | 标定系数 $K_\varepsilon$ (cm/cm) | 动剪应变 $\varepsilon_d$ | 衰减挡 | 光点位移 $L_u$ (cm) | 标定系数 $K_u$ (kPa/cm) | 动孔压 $u_d$ (kPa) | 动模量 $E_d$ (MPa) | $1/E_d$ ($MPa^{-1}$) | 滞回圈面积 $A$ ($cm^2$) | 三角形面积 $A_s$ ($cm^2$) | 阻尼比 $\lambda_d$ |
| | (1) | (2) | (3) | (4) = $\frac{(2)\times(3)}{A_c}\times 10$ | (5) | (6) | (7) | (8) = $\frac{(6)\times(7)}{h_c}\times 10$ | (9) | (10) | (11) | (12) = (11) ×(10) | (13) = $\frac{(4)}{(8)}\times 10^{-3}$ | (14) = $\frac{1}{(13)}$ | (15) | (16) | (17) = $\frac{1}{4\pi}\times\frac{(15)}{(16)}$ |
| | | | | | | | | | | | | | | | | | |
| | | | | | | | | | | | | | | | | | |
| | | | | | | | | | | | | | | | | | |
| | | | | | | | | | | | | | | | | | |
| | | | | | | | | | | | | | | | | | |
| | | | | | | | | | | | | | | | | | |

## 六、有关问题

(1)制备试样时,必须先明确试验要求的试样密度是固结前密度还是固结后密度(即振动前密度),两者在操作上有较大的差别。控制固结前密度比较方便,按要求密度制备一批试样即可。要求控制固结后密度则必须顾及试样固结时的排水量,需制备较低密度的试样,待加压固结排水后刚好达到要求的密度。当然固结压力不同,排水量也不同,制样时按固结压力大小制备不同密度试样以期固结后能达到大致相同的固结后密度。

(2)图3-8-13为等压固结条件($\sigma_1=\sigma_3$)的砂土液化记录,其中$\varepsilon_d$曲线在拉压方向的变形应相等,$\varepsilon_d$呈对称喇叭状。若喇叭不对称偏向一侧,说明所加$\sigma_1$不等于$\sigma_3$,$\varepsilon_d$朝拉向偏,为$\sigma_1$太小;朝压向偏,为$\sigma_1$太大,需调整$\sigma_1$。从$\varepsilon_d$曲线形状可判断是否为等压固结。

(3)地震时对地基影响较大的荷载是往复剪切荷载,试验时要求对土样直接施加剪应力。对于动三轴试验,直接对土样施加轴向动应力,而认为在45°平面上间接作用动剪应力。当施加轴向振动力$\pm\sigma_d$时,则在45°平面上产生$\pm\sigma_d/2$的剪应力,但每一周循环荷载中大主应力方向旋转90°,见图3-8-19a)。理论上讲,当进行双向振动试验时,即轴向作用$\pm\sigma_d$,同时水平向作用$\mp\sigma_d$时,则45°平面上将作用于$\pm\sigma_d$的剪应力,且主应力方向不变,见图3-8-19b)。因而,双向振动三轴仪被认为是理想的动三轴仪。虽然20世纪80年代研制和引进了各种形式的双向动三轴仪,例如机械式、电磁式、气动式、液压脉动式等,研制了双向振动三轴仪,可是至今很少见到双向振动试验成果,究其原因可能由于这种试验太复杂了。

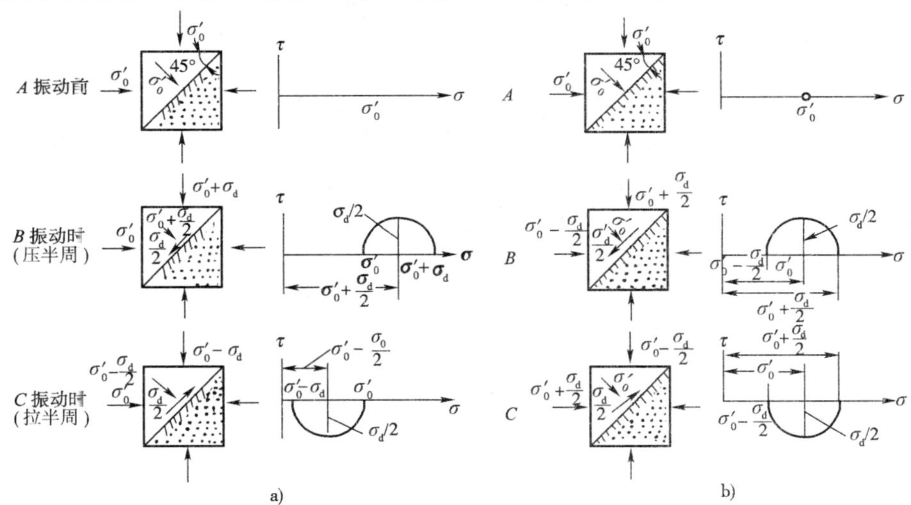


图3-8-19 轴向和双向动三轴试验机理示意图

a)轴向振动;b)双向振动

(4)振动试验时要求所施加的动应力在整个过程中是等幅的。然而从记录曲线可知,有的激振器产生的动应力逐渐衰减,有时衰减还比较大。造成衰减的原因,可能是土内孔压增加,刚度降低造成,也可能是土变形时电磁激振器动圈和定圈相对位置变化所致。衰减现象给测读动应力带来不便,若取试验开始时的大值计算动应力明显偏高,相反取接近破坏时的动应力肯定偏低,往往用折中办法取平均值计算动应力。但这种做法并不合理,衰减的动应力不符合试验基本要求。

(5)判定饱和砂土的液化势。根据动三轴试验的成果可研究砂土液化的机理及各种因素对砂土液化性能的影响,测定抗液化强度,以预估现场砂土层的液化可能性。

图 3-8-13 为一次通常的动三轴液化试验的记录曲线。作为常规的方法,通常需要三项指标:动应力、孔隙水压力和动应变值。

液化势的判定视下列临界条件是否具备而定:

①孔压等于初始固结压力。

②轴向动应变 $\varepsilon_d$ 的全峰值接近甚至超过经验限度,通常为 5%。

③振动循环数 $n$ 值达到预估地震相应的限值。不同地震震级 $M$ 对应的极限 $n$ 值如表 3-8-3 所示。从图 3-8-13 曲线看,上述三个条件同时满足时,就可判定该砂样有明显的液化势。

**震级对应的极限破坏循环数** 表 3-8-3

| 震级数 $M$ | 6 | 6.5 | 7.0 | 7.5 | 8.0 |
|---|---|---|---|---|---|
| 等效循环数 $n$ | 5 | 8 | 10 | 20 | 30 |

# 第九章 软基处理主要方法简介

## 第一节 概 述

在水运工程中,各种软基加固的方法已越来越多地得到广泛的应用。伴随着水运工程科技发展,许多带有本行业特征的地基处理方法如真空预压法;水下深层水泥搅拌,水下挤密砂桩,水下振冲挤密,水下插板排水固结法,爆炸挤淤填石法等蓬勃发展,并在其他行业得到推广应用。

具体工程的软基加固采用何种方法,应视建筑物情况,建(构)筑物对地基(承载力、变形以及渗透性等)的要求,土层条件,施工机具、材料来源、施工期限和加固费用等综合而定。

常用的软基加固方法及其适用性见表3-9-1。

常用软基加固方法表 表3-9-1

| 软基加固的主要方法 | | 适用土质情况 | 适用建筑物情况 |
|---|---|---|---|
| 排水固结法 | 排水砂垫层 | 淤泥、淤泥质土等浅层软土处理,最大固结排水距离一般小于5m | 码头后方堆场、仓库、利用软土人工造陆、人工岛、机场、油罐、道路,以及工民建等建筑物地基加固。真空预压及真空预压联合堆载预压,尤其适于超软土地基加固 |
| | 堆(超)载预压法 | 较深厚的淤泥、淤泥质土、冲填土等饱和黏土地基,但不适于泥炭土 | |
| | 真空预压法 | 适用土质同堆载预压法,同时能形成包括采取密封措施稳定的负压边界条件 | |
| | 真空预压联合堆载预压法 | 适用情况同真空预压,设计荷载大于80kPa | |
| | 降低地下水位法 | 同堆(超)载预压法 | 除了适用以上情况外,也用于边坡加固与基坑降水等 |
| 强夯法 | 松散的碎石土、砂土、低饱和度的粉土和黏性土及除冲填黏性土以外的其他人工填土 | | 堆场道路及其他港工及工民建地基 |
| 振冲法 | 振冲置换法 | 抗性土、粉土、饱和黄土和人工地基 | 堆场道路及其他港工及工民建地基 |
| | 振冲密实法 | 砂土、粉土地基 | 振冲置换法 |
| 爆破排淤填石法 | | 水下淤泥质软基 | 防波堤、围堰、护岸、驳岸、滑道以及围堤等 |
| 深层搅拌法 | | 淤泥、淤泥质土和含水率较高且地基承载力不大于120kPa的黏性土地基 | 海上重力式水工建筑物地基及陆上港工及工民建地基 |

# 第二节 换填垫层法

## 一、换填垫层的基本原理

换填垫层就是将基础底面以下不太深的一定范围内的软弱土层挖去，然后回填以强度较大的砂、石或灰土等，并分层夯实至设计要求的密实程度，作为地基的持力层。换填垫层可依换填材料不同，分为碎石垫层，砂垫层，灰土垫层，粉煤灰垫层等。由于换填垫层施工简便，因此广泛应用于中小型工程浅层地基处理中。

换填垫层有以下作用：

(1)提高持力层的承载力，并将建筑物基底压力扩散到垫层以下的软弱土层，使软弱地基土中所受压力减小到该软弱地基土的承载力容许范围内，从而满足承载力要求。

(2)垫层置换了软弱土层，可以减少地基的变形量。

(3)当采用砂石垫层时，可以加速软土层的排水固结。

(4)调整不均匀地基的刚度，以减少地基的不均匀变形。

(5)改善浅层土不良工程特性，如消除或部分消除地基土的湿陷性、胀缩性或冻胀性以及粉细砂振动液化等。

在各类工程中，垫层所起的主要作用有时也是不同的，如房屋建筑物基础下的砂垫层主要起换土的作用；而在路堤及土坝等工程，主要是利用砂垫层起排水固结作用。至于一般在钢筋混凝土基础下采用10～30cm厚的混凝土垫层，主要是用作基础的找平和隔离层，并为基础绑扎钢筋和建立木模等工序施工操作提供方便，是施工措施，不属于地基处理范畴。

## 二、换填垫层的适用范围及应注意的问题

(1)换填垫层法适用于处理各类浅层软弱地基(如淤泥、淤泥质土、素填土、杂填土等)及不均匀地基(局部沟、坑、古井、古墓、局部过软、过硬土层)。

当在建筑范围内上层软弱土较薄，则可采用全部置换处理。

对于较深厚的软弱土层，当仅用垫层局部置换上层软弱土时，下卧软弱土层在荷载下的长期变形依然很大。例如，对较深厚的淤泥或淤泥质土类软弱地基，采用垫层仅置换上层软土后，通常可提高持力层的承载力，但不能解决由于深层土质软弱而造成地基变形量大对上部建筑物产生的有害影响；或者对于体形复杂、整体刚度差、差异变形敏感的建筑，均不应采用浅层局部置换的处理方法。

(2)对于建筑范围内局部存在松填土、暗沟、暗塘、大型古墓或拆除旧基础后的坑穴，均可采用换填法进行地基处理。在这种局部的换填处理中，保持建筑地基整体变形均匀是换填法应遵循的最基本原则。

(3)换填垫层法常用于处理轻型建筑、地坪、堆料场及道路工程等。采用换填垫层全部置换厚度不大的软弱土层，可取得良好的效果；对于轻型建筑、地坪、道路或堆场，采用换填垫层处理上层部分软弱土时，由于传递到下卧层顶面的附加应力很小，也可取得较好的效果。但对于结构刚度差、体形复杂、荷重较大的建筑，由于附加荷载对下卧层的影响较大，如仅换填软弱

土层的上部，地基仍将产生较大的变形及不均匀变形；仍有可能对建筑造成破坏。在我国东南沿海软土地区，许多工程实践经验或教训表明，采用换填垫层时，必须考虑建筑体形、荷载分布、结构刚度等因素对建筑物的影响，对于深厚软弱土层，不应采用局部换填垫层法处理地基。

(4)开挖基坑后，利用分层回填夯压，也可处理较深的软弱土层。但换填基坑开挖过深，常因地下水位高，需要采用降水措施；坑壁放坡占地面积大或边坡需要支护，易引起临近地面、管网、道路与建筑的沉降变形破坏；再则施工土方量大、弃土多等因素，常使处理工程费用增高、工期延长、对环境的影响增大等。因此，换填垫层法的处理深度通常控制在3m以内较为经济。《建筑地基处理技术规范》(JGJ 79—2012)规定，换填垫层厚度不宜大于3m，也不宜小于0.5m。对湿陷性黄土地基不宜大于5m。太厚施工较困难，太薄( <0.5m)则换土垫层的作用不显著。

(5)大面积填土产生的大范围地面负荷影响深度较深，地基压缩变形量大，变形延续时间长，与换填垫层法浅层处理地基的特点不同，因而大面积填土地基的设计施工应另行按《建筑地基基础设计规范》(GB 50007—2011)执行。

## 三、换填垫层法处理地基设计

换填垫层法地基处理设计不但要求满足建筑物对地基变形及稳定的要求，而且也应符合经济合理的原则。垫层设计的主要内容包括垫层材料的选用，垫层的厚度、宽度的确定，以及地基沉降计算等。在确定断面的合理厚度和宽度时，既要求有足够的厚度来置换可能被剪切破坏的软弱土层，又要有足够的宽度以防止垫层向两侧挤出。对于排水垫层来说，除要求有一定的厚度和密实度外，还要求形成一个排水面，促进软弱土层的固结，提高其强度，以满足上部荷载的要求。

### (一)垫层材料选择

对于不同特点的工程，应分别考虑换填材料的强度、稳定性、压力扩散能力、密度、渗透性、耐久性、对环境的影响、价格、来源与消耗等。当换填量大时，尤其应首先考虑当地材料的性能及使用条件。此外还应考虑所能获得的施工机械设备类型、适用条件等综合因素，从而合理地进行换填垫层设计及选择施工方法。例如，对于承受振动荷载的地基不应选择砂垫层进行换填处理；略超过放射性标准的矿渣可以用于道路或堆场地基的换填，但不能应用于建筑换填垫层处理等。常用垫层材料为：砂石、粉质黏土、灰土、粉煤灰、矿渣、其他工业废渣、土工合成材料等。

(1)砂石：宜选用碎石、卵石、角砾、圆砾、砾砂、粗砂、中砂或石屑(粒径小于2mm的部分不应超过总重的45%)，应级配良好，不含植物残体、垃圾等杂质。当使用粉细砂或石粉(粒径小于0.075mm的部分不应超过总重的9%)时，应掺入不少于总重30%的碎石或卵石。最大粒径不宜大于50mm。对湿陷性黄土地基，不得选用砂石等渗水材料。

(2)粉质黏土：土料中有机质含量不得超过5%，亦不得含有冻土或膨胀土。当含有碎石时，其粒径不宜大于50mm。用于湿陷性黄土地基或膨胀土地基的粉质黏土垫层，土料中不得夹有砖、瓦和石块。

(3)灰土：体积配合比宜为2:8或3:7。土料宜用粉质黏土，不得使用块状黏土和砂质粉土，不得含有松软杂质，并应过筛，其颗粒不得大于15mm。石灰宜用新鲜的消石灰，其颗粒不得大于 5mm。

（4）粉煤灰：可用于道路、堆场和小型建筑、构筑物等的换填垫层。粉煤灰垫层上宜覆土 0.3～0.5m。粉煤灰垫层中采用添加剂时，应通过试验确定其性能及适用条件。作为建筑物垫层的粉煤灰应符合有关放射性安全标准的要求。粉煤灰垫层中的金属构件、管网宜采取适当防腐措施。大量填筑粉煤灰时应考虑对地下水和土壤的环境影响。

（5）矿渣：垫层使用的矿渣是指高炉重矿渣，可分为分级矿渣、混合矿渣及原状矿渣。矿渣垫层主要用于堆场、道路和地坪，也可用于小型建筑、构筑物地基。选用矿渣的松散重度不小于 11kN/m$^3$，有机质及含泥总量不超过 5%。设计、施工前必须对选用的矿渣进行试验，在确认其性能稳定并符合安全规定后方可使用。作为建筑物垫层的矿渣应符合对放射性安全标准的要求。易受酸、碱影响的基础或地下管网不得采用矿渣垫层。大量填筑矿渣时，应考虑对地下水和土壤的环境影响。

（6）其他工业废渣：在有可靠试验结果或成功工程经验时，对质地坚硬、性能稳定、无腐蚀性和放射性危害的工业废渣等均可用于填筑换填垫层。被选用工业废渣的粒径、级配和施工工艺等应通过试验确定。

（7）土工合成材料：由分层铺设的土工合成材料与地基土构成加筋垫层。所用土工合成材料的品种与性能及填料的土类应根据工程特性和地基土条件，按照现行国家标准《土工合成材料应用技术规范》（GB/T 50290—2014）的要求，通过设计并进行现场试验后确定。

作为加筋的土工合成材料应采用抗拉强度较高、受力时伸长率不大于 4%～5%、耐久性好、抗腐蚀的土工格栅、土工格室、土工垫或土工织物等土工合成材料；垫层填料宜用碎石、角砾、砾砂、粗砂、中砂或粉质黏土等材料。如工程要求垫层具有排水功能时，垫层材料应具有良好的透水性。

在软土地基上使用加筋垫层时，应保证建筑稳定并满足允许变形的要求。

**（二）确定垫层厚度**

垫层铺设厚度根据需要置换软弱土层的厚度确定，要求作用在垫层底面处的土的自重应力与附加应力之和不大于软弱下卧层土的承载力特征值，如图 3-9-1 所示。其表达式为：

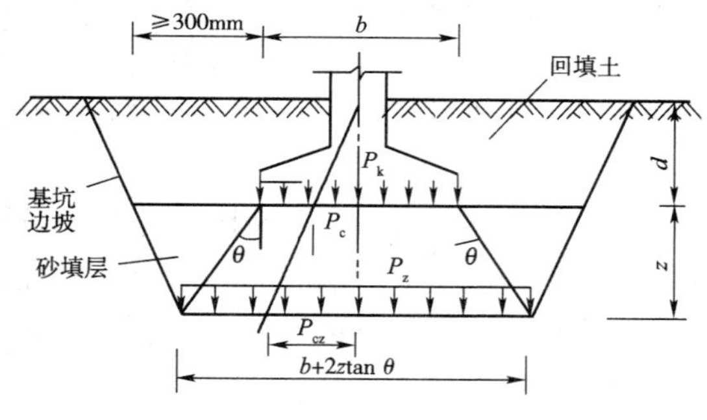


图 3-9-1　垫层剖面示意图

$$P_z + P_{cz} \leqslant f_{az} \tag{3-9-1}$$

式中：$P_z$——相应于荷载标准组合时垫层底面处的附加压力（kPa）；

$P_{cz}$——垫层底面处土的自重压力（kPa）；

$f_{az}$——垫层底面处土层经深度修正后的地基承载力特征值。

垫层底面处的附加压力值 $P_z$ 可按软弱下卧层验算方法计算。对条形基础和矩形基础可分别按式（3-9-2）和式（3-9-3）计算：

条形基础

$$P_z = \frac{b(P_k - P_c)}{b + 2z\tan\theta} \tag{3-9-2}$$

矩形基础

$$P_z = \frac{bl(P_k - P_c)}{(b + 2z\tan\theta)(l + 2z\tan\theta)} \tag{3-9-3}$$

式中：$b$——矩形基础或条形基础底面的宽度（m）；

$l$——矩形基础底面的长度（m）；

$P_k$——相应于荷载标准组合时，基础底面处的平均压力（kPa）；

$P_c$——基础底面处土的自重压力（kPa）；

$z$——基础底面下垫层的厚度（m）；

$\theta$——垫层的压力扩散角（°）。宜通过试验确定，当无试验资料时，可按表3-9-2选用。

**压力扩散角 $\theta$（°）** 表3-9-2

| 换填材料<br>z/b | 中砂、粗砂、砾砂、圆砾、角砾、石屑、卵石、碎石、矿渣 | 粉质黏土、粉煤灰 | 灰　土 |
|---|---|---|---|
| 0.25 | 20 | 6 | 28 |
| ≥0.5 | 30 | 23 | 28 |

注：1. 当 $z/b<0.25$ 时，除灰土取 $\theta=28°$ 外，其余材料均取 $\theta=0°$，必要时，宜由试验确定。

2. 当 $0.25<z/b<0.5$ 时，$\theta$ 值可内插求得。

**（三）确定垫层底面宽度**

垫层底面的宽度应满足基础底面应力扩散的要求，并且要考虑垫层侧面土的侧向支承力来确定，因为基础荷载在垫层中引起的应力使垫层有侧向挤出的趋势，如果垫层宽度不足，四周土又比较软弱，垫层有可能被压溃而挤入四周软土中去，使基础沉降增大。

（1）垫层底面宽度可按下式计算：

$$b' \geqslant b + 2z\tan\theta \tag{3-9-4}$$

式中：$b'$——垫层底面宽度（m）；

$\theta$——压力扩散角（°），可按表3-9-2选用；当 $z/b<0.25$ 时，仍按表中 $z/b=0.25$ 取值。

整片垫层的宽度可根据施工的要求适当加宽。垫层顶面每边宜超出基础底边不小于300mm，或从垫层底面两侧向上按当地开挖基坑经验的要求放坡。

（2）湿陷性黄土地基下的垫层底面宽度：

①当为局部处理时在非自重湿陷性黄土场地，每边应超出基础底面宽度的1/4，并不应小于0.5m；在自重湿陷性黄土场地，每边应超出基础底面宽度的3/4，并不应小于1m。

②当为整片处理时每边超出建筑物外墙基础外缘的宽度不宜小于处理土层厚度的1/2，且不小于2m。

**（四）确定垫层的承载力**

垫层的承载力宜通过现场载荷试验确定，并验算下卧层的承载力是否满足要求。

对于按现行国家标准《建筑地基基础设计规范》（GB 50007—2011）划分安全等级为三级的建筑及一般不太重要的、小型、轻型或对沉降要求不高的工程，在无试验资料或经验时，当施工达到表3-9-3规定的压实标准后，可以参考表3-9-4所列的承载力特征值取用。

**（五）垫层沉降验算**

对于重要的或垫层下存在软弱下卧层的建筑，还应验算地基的沉降量，并应小于建筑物的允许沉降值。验算时可不考虑垫层本身的变形。

设计计算时，先根据垫层的承载力特征值确定出基础宽度，然后根据下卧层的承载力特征值确定出垫层的厚度，再根据基础宽度确定出垫层宽度。垫层的承载力要合理拟定，如定得过高，则换土厚度将很深，对施工不利，也不经济。

**各种垫层的压实标准** 表3-9-3

| 施工方法 | 换填材料类别 | 压实系数 $\lambda_c$ |
|---|---|---|
| 碾压、振密或夯实 | 碎石、卵石 | 0.94～0.97 |
| | 砂夹石（其中碎石、卵石占全重的30%～50%） | |
| | 土夹石（其中碎石、卵石占全重的30%～50%） | |
| | 中砂、粗砂、砾砂、圆砾、角砾、石屑粉质黏土 | |
| | 灰土 | 0.95 |
| | 粉煤灰 | |

注：1. 压实系数 $\lambda_c$ 为土的控制干密度 $\rho_d$ 与最大干密度 $\rho_{max}$ 的比值；土的最大干密度宜采用击实试验确定，碎石或卵石的最大干密度可取2.0～2.2t/m$^3$。

2. 当采用轻型击实试验时，压实系数 $\lambda_c$ 宜取高值，采用重型击实试验时，压实系数 $\lambda_c$ 可取低值。

3. 矿渣垫层的压实指标为最后两遍压实的压陷差小于2mm。粉煤灰的毛细现象十分强烈，其毛细水的上升高度与压实度有着密切关系，通常作为掺合料使用。粉煤灰的压实质量不可仅用压实系数指标控制，应同时满足地基系数 $k30$ 和压实系数两个指标要求，其标准值由设计计算确定。

**各种垫层的承载力特征值** 表3-9-4

| 换填材料类别 | 承载力特征值 $f_{ak}$（kPa） | 换填材料类别 | 承载力特征值 $f_{ak}$（kPa） |
|---|---|---|---|
| 碎石、卵石 | 200～300 | 粉质黏土 | 130～180 |
| 砂夹石（其中碎石，卵石占全重的30%～50%） | 200～250 | 石屑 | 120～150 |
| | | 灰土 | 200～250 |
| 土夹石（其中碎石、卵石占全重的30%～50%） | 150～200 | 粉煤灰 | 120～150 |
| | | 矿渣 | 200～300 |
| 中砂、粗砂、砾砂、圆砾、角砾、石屑 | 150～200 | | |

## 四、换填垫层法的施工

### （一）施工要点

1. 施工机械

（1）粉质黏土与灰土宜采用平碾、振动碾或羊足碾，中小型工程也可采用蛙式夯、柴油夯。

（2）砂石宜用振动碾。

（3）粉煤灰宜采用平碾、振动碾、平板振动器、蛙式夯。

（4）矿渣宜采用平碾振动器或平碾、蛙式夯。

2. 含水率控制

为获得最佳夯实效果，宜采用垫层材料的最优含水率 $w_{op}$ 作为施工的控制含水率。对于粉质黏土和灰土，现场可控制在最优含水率 $w_{op}\pm2\%$ 的范围内；当使用振动碾压时，可适当放宽下限范围值。最优含水率可按现行国家标准《土工试验方法标准》（GB/T 50123—1999）中轻型击实试验的要求求得。在缺乏试验资料时，也可近似取0.6倍液限值；或按照经验采用塑限 $I_p$ ±2%的范围值作为施工含水率的控制值。粉煤灰垫层不应采用浸水饱和施工法，其施工含水率应控制在最优含水率 $w_{op}$ ±4%的范围内。若土料湿度过大或过小，应分别予以晾晒、翻松。掺加吸水材料或洒水湿润以调整土料的含水率。对于砂石料则可根据施工方法不同按经验控制适宜的施工含水率，即当用平板式振动器时可取15%～20%；当用平碾或蛙式夯时可取8%～12%；当用插入式振动器时宜为饱和。对于碎石及卵石应充分浇水湿透后夯压。

3. 换填垫层

换填垫层的施工方法、分层铺填厚度、每层压实遍数等应根据垫层材料、施工机械设备及设计要求等通过现场试验确定，以求获得最佳夯压效果。

一般情况下，垫层的分层铺填厚度可取200～300mm。为保证分层压实质量，应控制机械碾压速度。对于存在软弱下卧层的垫层，应针对不同施工机械设备的重量、碾压强度、振动力等因素，确定垫层底层的铺填厚度，使其既能满足该层的压密条件，又能防止扰动下卧软弱土的结构。

铺筑垫层前，应先进行验槽，检查垫层底面土质、高程、尺寸及轴线位置。垫层施工应分层进行，每层施工后应随即进行质量检验，检验合格后方可进行上层垫层施工。

**（二）施工注意事项**

（1）当垫层底部存在古井、古墓、洞穴、旧基础、暗塘等软硬不均的部位时，应根据建筑对不均匀沉降的要求予以处理，并经检验合格后，方可铺填垫层。

（2）基坑开挖时应避免坑底土层受扰动，可保留约200mm厚的土层暂不挖去。严禁扰动垫层下的软弱土层，防止其被践踏、受冻或受浸泡。在碎石或卵石垫层底部宜设置150～300mm厚的砂垫层或铺设一层土工织物，以防止软弱土层表面的局部破坏。

（3）垫层施工时必须做好边坡防护，防止基坑边坡坍土混入垫层。

（4）换填垫层施工应注意基坑排水，除采用水撼法施工砂垫层外，不得在浸水条件下施工，必要时应采用降低地下水位的措施。

（5）垫层底面宜设在同一高程上，如深度不同，基坑底上面应挖成阶梯或斜坡搭接，并按先深后浅的顺序进行垫层施工，搭接处应夯压密实。

（6）粉质黏土及灰土垫层分段施工时，不得在柱基、墙角及承重窗间墙下接缝。上下两层的缝距不得小于500mm。接缝处应夯压密实。

（7）为保证灰土施工控制的含水率不致变化，拌和均匀后的灰土应在当日使用。灰土夯实后，在短时间内水稳性及硬化均较差，易受水浸而膨胀疏松，影响灰土的夯压质量。因此，灰土夯压密实后3d内不得受水浸泡。

（8）粉煤灰垫层铺填后宜当天压实，每层验收后应及时铺填上层或封层，防止干燥后松散起尘污染，同时应禁止车辆通行。垫层竣工后，应及时进行基础施工与基坑回填。

（9）铺设土工合成材料时，下铺地基土层顶面应平整，防止土工合成材料被刺穿、顶破。铺设时应把土工合成材料张拉平直、绷紧，严禁有折皱；端头应固定或回折锚固；切忌曝晒或裸露；连接宜用搭接法、缝接法和胶结法，并均应保证主要受力方向的连接强度不低于所采用材料的抗拉强度。

（10）垫层竣工验收合格后，应及时进行基础施工与基坑回填。

## 五、换填垫层的质量检验

### (一)施工质量检验

对粉质黏土、灰土、砂垫层和砂石垫层可用环刀法、贯入仪、静力触探、轻型动力触探或标准贯入试验检验；对砂垫层、矿渣垫层可用重型动力触探检验。并均应通过现场试验以设计压实系数所对应的贯入度为标准检验垫层的施工质量。压实系数的检验可采用环刀法、灌砂法或其他方法。

垫层的质量检验必须分层进行。每夯压完一层，应检验该层的平均压实系数。当压实系数符合设计要求后才能铺填上层土。

当采用环刀法取样时，取样点应位于每层厚度的2/3深度处。检验点数量，对大基坑每50～100$m^2$应不少于1个检验点；对基槽每10～20m应不少于1个点，每个单独柱基不应少于1个点。当采用贯入仪或动力触探检验垫层的施工质量时，每分层检验点的间距应小于4m。

### (二)竣工验收

竣工验收采用载荷试验检验垫层承载力时，每个单体工程不宜少于3点；对大型工程则应按单体工程的数量或工程面积确定检验点数。

# 第三节　排水固结法

## 一、排水固结法的分类

排水固结法是加压（总应力提高），或者降低土体中的孔隙水压力（有效应力增大）和排水的共同作用，使软土地基固结，消除大部分沉降，提高地基强度和承载力的一种加固方法。它由排水系统和加压系统组成。根据加载、降低孔隙水压力以及两者结合的方式的不同，排水固结方法可以分为许多种。

常用的排水系统和加压系统见图3-9-2。

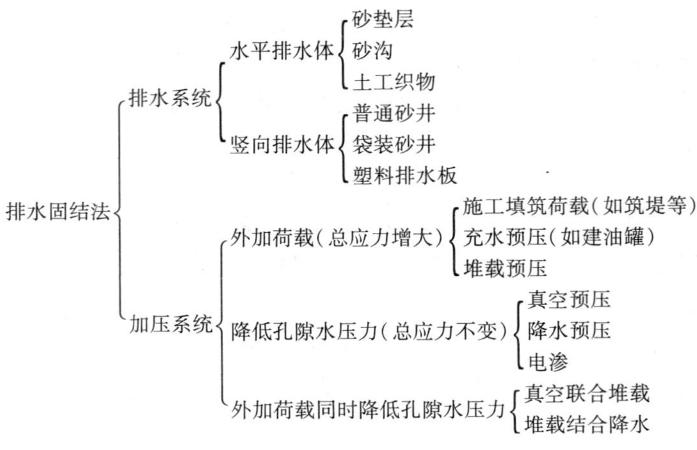


图3-9-2　排水固结法的排水系统与加压系统

下面介绍最常用的堆载预压、真空预压以及真空联合堆载预压方法。

## 二、加固原理

1. 堆载预压法加固原理

饱和土地基(软黏土)在荷载(压力)作用下产生附加应力与超孔隙水压力,促使土体中的孔隙水通过专门设置的排水通道逐渐排出,土体固结压缩,超孔隙水压力逐渐消散,有效应力增大,土体强度提高。地基的沉降在施工期被大部分消除,工后沉降减小,地基承载力和稳定性提高。

2. 真空预压法加固原理

真空预压法是在加固土体表面及其周边铺密封膜,使土体与大气隔绝。膜下抽气与抽水产生的真空负压通过排水通道向土体内部传递,排水井与土体内部产生孔隙水压力差,促使孔隙水渗流入排水井并被抽出。土体的孔隙水压力不断减小,在总应力不变的条件下,有效应力增加,土体被压缩,强度增长。从而达到消除沉降,减小工后沉降,提高地基承载力与稳定性。

3. 真空预压联合堆载预压法

该方法实际上是上述两种方法同时进行,或先真空预压一段时间,并在不断地抽土中的空气和水的情况下加上堆载,即使土体内产生附加应力,又使土体内的孔隙水压力降低。这种方法可使两种作用的排水固结效果叠加。

## 三、适用性

预压法包括堆载预压法和真空预压法,适用于处理淤泥、淤泥质土和冲填土等饱和黏性土地基,但不适于泥炭土。真空预压法要求,被加固土体(采取一定密封措施后)能形成稳定的负压边界条件。

## 四、设计要点

主要内容是加压系统和排水系统设计与计算,包括:

(1)水平排水体的材料、厚度。水平排水体一般为砂垫层,其厚度在陆上不小于50cm,在水下不小于100cm。

(2)选择竖向排水体的形式,根据工期要求和固结计算确定其断面尺寸、间距、排列方式。

竖向排水体较多采用普通砂井、袋装砂井和塑料排水板。为方便施工、加速进度,又更多地采用塑料排水板。塑料排水板品种繁多,一般多用如图3-9-3所示U形槽塑料板。

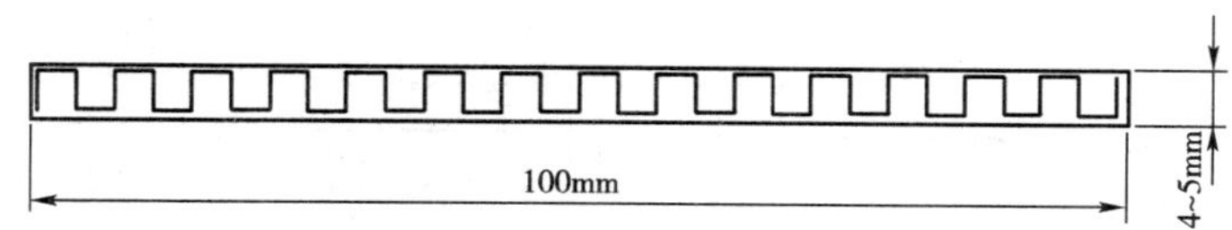


图3-9-3 塑料排水板

(3)根据土层分布、地基附加应力情况、工后沉降及地基的稳定性要求通过固结与沉降计算确定排水体深度。当软黏土层较薄时,砂井应贯穿软黏土层。软黏土层较厚,但间有砂层或砂透镜体时,应尽可能打至砂层或砂透镜体。

(4)根据地基的承载力、变形要求计算确定加载范围,加载数量与速率,以及预压时间。如果因为软黏土强度与承载力低,无法承受设计加载量,需设计分级加载,通过固结与地基强度增长、稳定计算确定(堆载预压或真空联合堆载)的加载分级,每级加载量与速率,以及预压时间。

(5)真空预压要求达到的真空度。

(6)对真空预压法法,还需设计为抽真空服务的密封系统。密封系统(图3-9-4)的一般做法为四周挖底宽为0.4m,深0.6~0.8m的沟槽,在垫层上覆盖0.12~0.14mm的聚氯乙烯膜,薄膜的周边埋入沟槽内,在沟槽内填软黏土,并筑成高出垫层面0.4~0.6m的堤堰,向堤堰内灌水,用水压住薄膜。当地基表面有透气土层时,则须在沟槽下加设密封墙。

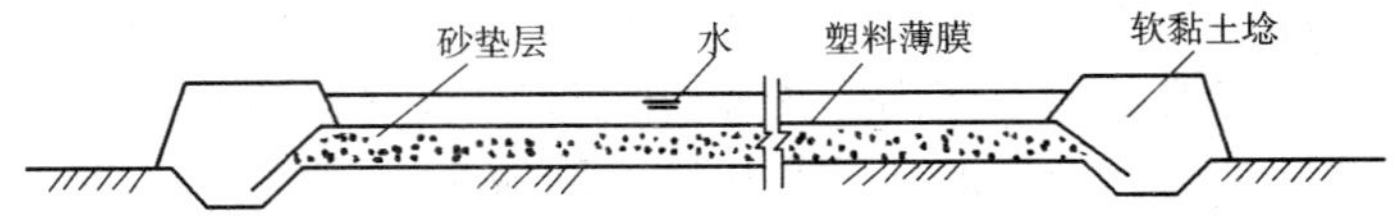


图3-9-4　密封系统

(7)监测与检测要求。

## 五、施工工艺要点

### (一)堆载预压

1. 砂垫层铺设

(1)厚度应均匀,表面平整;厚度达到设计要求,砂料宜采用含泥量小于5%的中粗砂。

(2)陆上干施工的砂垫层,宜分层填筑,分层压密。

(3)水上施工的砂垫层,应均匀抛填,避免成堆。对回淤严重的地区,应控制抛砂的间歇时间,避免出现淤泥夹层。对开挖的基槽应防止基槽回淤。如回淤对工程质量有影响时,应采取清淤措施,对难以清除的槽底薄层淤泥,可在槽底抛一薄层块石。

2. 竖向排水体打设

(1)作业垫层:在吹填不久的软土或超软土上打设竖向排水体时可在砂垫层底部以及中间铺设土工格栅、荆笆(或竹笆)加筋层,构成复合垫层(图3-9-5),提高表层承载力,承受插板设备的荷载。

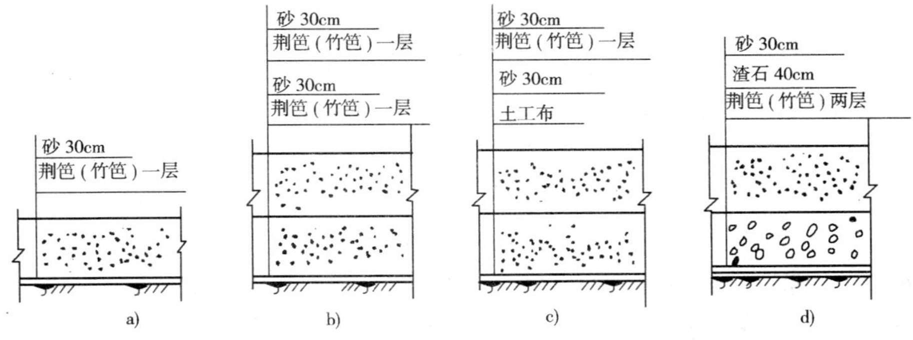


图3-9-5　复合垫层典型示例

(2)施工机具:应根据地层情况以及插设深度选用。超软土层上使用轻型门架式插板机(图3-9-6),地基承载力较好的常用履带式。按照套管的驱动方式分为振动式与液压式(图3-9-7),后者对土体扰动较小。

图3-9-6 门架式插板

a)

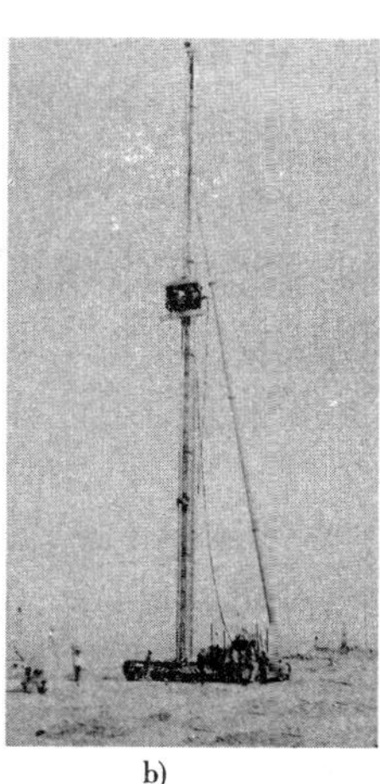

b)

图 3-9-7

a)液压式插板机;b)振动式插板机

(3)排水砂井所用砂料宜用中粗砂,含泥量应小于5%。塑料排水板应符合设计提出的质量要求。

(4)砂井灌砂时,砂柱不得中断,若有中断则应补打;砂井的灌砂率对于套管法砂井不得小于计算值的85%,对于袋装砂井不得小于95%。

(5)袋砂井打设前,砂袋宜用干砂灌制,应达到密实状态;砂袋入井下沉时不得发生扭结缩径或断裂现象;袋砂井打设后至少应露出砂垫层顶面。

(6)塑料排水板施工质量应符合现行行业标准《塑料排水板施工规程》(JTJ/T 256—96)的有关规定。

3. 堆载施工

(1)施工时,宜根据设计要求分级加载、预压和卸载。

(2)通过土体变形以及孔隙水压力的监测数据控制加载速率。

(3)根据土体变形以及孔隙水压力的监测数据,综合分析土体固结、强度增长的过程,验算地基以及边坡稳定,结合规范的控制标准以及当地类似工程的经验,确定加载与卸载的时间。

**(二)真空预压**(图3-9-8)

(1)在砂垫层中沿水平方向埋设滤水管,在预压过程中滤水管应能适应地基变形。

(2)采用的密封膜应满足施工和当地气候条件要求,密封膜周边应采取挖沟填埋,沿周边筑埝,埝内膜上覆水。

(3)当加固区周边或表层土有透水层或透气层时应采用密封墙将其封闭。

(4)在整个抽气过程中时应密切观察膜下真空度的变化,发现漏气应及时处理。

(5)加固面积很大时,为加快加固进度、减少搭接区加固效果差的结合带,在允许的情况下分区的面积应尽可能大。

(6)真空泵的设置应根据预压区大小、真空泵的功率以及工程经验确定。

(7)在达到真空度要求后应连续抽气,当沉降稳定后方可停泵卸载。真空预压的沉降稳定标准为:实测地面沉降速率5~10d连续平均沉降量小于等于2mm/d。

**(三)真空预压联合堆载预压法**(图3-9-9)

(1)真空度达到80kPa并稳定维持一段时间(一般软黏土10d左右,含水率高的淤泥性土20~30d)后可进行上部堆载施工。堆载可以连续施加,荷载大时按设计要求分级施加,根据监测资料通过稳定计算确定加载时间。

(2)在进行上部堆载之前,必须在密封膜上铺设防护层。防护层可采用编织布或无纺布等,其上铺设10~30cm厚的砂垫层然后再行堆载。

(3)堆载时宜采用轻型运输工具并不得损坏密封膜。

图3-9-8 真空预压

图3-9-9 真空预压联合堆载预压

## 六、监测与检测

1.施工期监测项目与成果应用

(1)土体变形监测具体项目为:

①地表沉降:控制加载速率,控制标准为中心沉降每昼夜应小于10mm。

②边桩水平位移:控制加载速率,控制标准为每昼夜应小于5mm。

若加固的地基土很软且深厚上述标准可适当放宽。

③分层沉降:通过分层沉降观测资料,可以分析和研究各土层的压缩性;确定沉降计算中土层的压缩层深度。

④深层土体水平位移:在预压期间应及时整理变形与时间,孔隙水压力与时间关系曲线(图3-9-10)推算地基的最终沉降;确定不同时间的固结度和相应的沉降;分析加固效果并为确定卸载时间提供依据。

(2)孔隙水压力。加载速率控制标准为孔隙水压力系数$u/p \leqslant 0.6$。

(3)十字板强度试验。对以地基稳定为控制因素的重要工程应在预压区内选择代表性位置预留孔位在加载不同阶段进行十字板强度试验和钻取土样进行室内土工试验验算地基的抗滑稳定性。

2. 检测内容

(1)砂的规格和质量。制作砂袋或用作薄膜与堆载材料间保护材料所用土工织物的品种、规格、强度和滤水性能,塑料排水板的规格、质量和排水性能。

(2)预压后的地基应进行十字板强度试验和室内土工试验以检验加固效果。

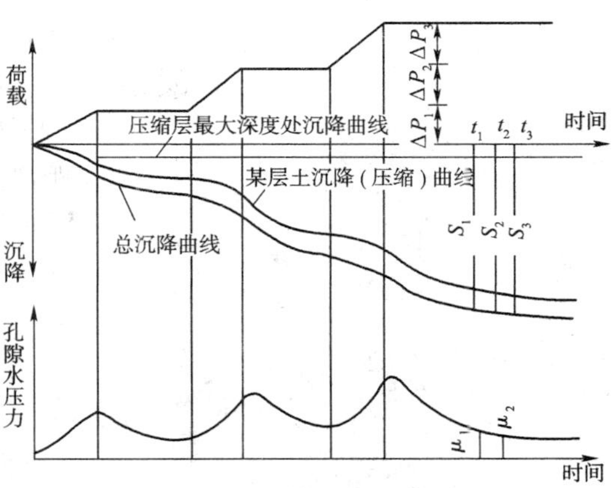


图 3-9-10 荷载—沉降—孔压的时间曲线

## 第四节 振 冲 法

振冲法是一种用振冲器的振动和冲水作用加固地基的方法。它最早用于振密松砂地基,后来发展成在黏土中振冲成孔后填以砂砾或块石,与原地基构成复合地基。根据这两者加固机理的不同,通常称前者为振冲挤密法,后者为振冲置换法。

### 一、振冲置换法

1. 加固原理

振冲器利用水平振动和冲水作用下在土中成孔,并将填充的粗颗粒砂石挤入周围土中,形成强度高、模量大、排水性能好的砂石桩,与土构成复合地基。振动和挤密会使砂性土密实度提高,孔隙率降低,内摩擦角提高;砂石桩加速黏性土地基的固结,消除沉降。地基土的承载力、抗液化性能提高。

2. 适用性

振冲置换法适用于处理砂土、粉土、粉质黏土、素填土和杂填土等地基。对于处理不排水抗剪强度小于 20kPa 的饱和黏性土和饱和黄土地基,应在施工前通过现场试验确定其适用性。

3. 设计要点

通过设计计算与试验,确定:

(1)处理范围和深度。

(2)桩直径、间距与布置形式。

(3)填料质量要求,单孔填料量。

(4)施工工艺与参数要求。

(5)地基处理后单桩、桩间土与复合地基要求达到的技术指标。

(6)相应的检测要求。

4. 施工要点

(1)振冲施工可用功率为 30 ~ 75kW 的振冲器(图3-9-11)。在已有建筑物邻近施工时宜

图 3-9-11　振冲器

用功率较小的振冲器，水上施工宜用功率较大的振冲器。施工中应严格检查振冲器的绝缘性能，确保满足要求。

（2）水上制桩应采用带有施工平台的专用船舶，应根据离岸距离选择 GPS 等合适的定位方法。振冲和投料系统必须有导向装置，如连接振冲器与起重机的刚性导杆以及保证向水底振冲孔中准确投料的投料导管及护筒。

（3）成孔贯入时水泵水压可用 400 ~ 600kPa，水量可用 200 ~ 400L/min。振冲器成孔深度宜超过设计处理深度 0.3 ~ 0.5m。

（4）振冲器每次填料中振密时，电流必须超过规定的密实电流，否则应向孔内继续填料振密直至达到规定的密实电流。

（5）施工过程中，各段桩体的密实电流、填料量和留振时间均应符合通过现场成桩试验确定的施工参数。

（6）桩体顶部的松散部分须挖除或用碾压等方法使之密实，随后铺设厚 30 ~ 50cm 的碎石垫层并压实然后作为复合地基。海上振冲桩顶部松散层不易挖除，应在其上抛 1 ~ 2m 碎石水下夯实。

（7）做好每一深度的最终电流、填料量和留振时间等参数的施工记录。应及时检查振冲施工质量和各项施工记录，如有漏孔或不符合规定的桩或振冲点应补孔或采取有效的补救措施。

（8）施工程序一般采用“由里向外”或从一边到另一边地进行。对很软的土采用：“隔点”或“隔排”进行，以减少对土的扰动（图 3-9-12）。

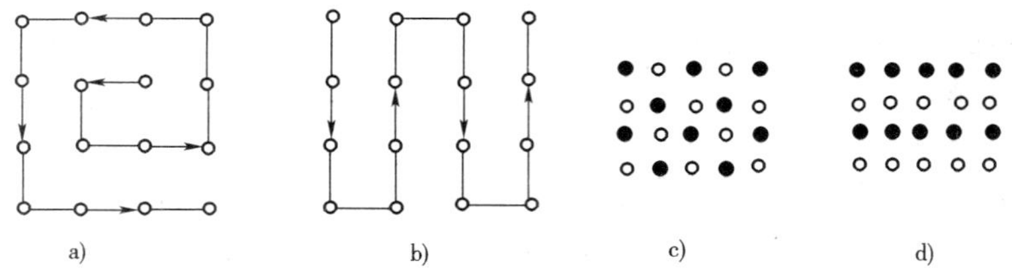


图 3-9-12　振冲置换施工顺序

a）由里向外；b）由一边至另一边；c）隔点；d）隔排

5. 记录格式

记录的格式及其填写实例见表 3-9-5。

## 二、振冲挤密法

1. 加固原理

振冲挤密法是在振冲器反复水平振动、侧向挤压和冲水的作用下，砂土在径向的一定范围内结构逐渐破坏，孔隙水压力增大，饱和砂层发生液化，砂颗粒向低势能位置转移，重新排列，孔隙减少，密度提高。另一方面依靠振冲器的水平振动力，将上部加入回填料和塌落的砂土挤压加密。这样达到提高强度，减少沉降，防止液化的加固目的。

根据振动加速度随距振冲器距离的增大而呈指数函数型衰减的变化规律，从振冲器侧壁开始，随着距离的增加可依次划分为流态区、过渡区、振密区和弹性区（图 3-9-13）。过渡区和振密区的加固效果明显，弹性区则无加固效果。冲水不仅有助于增大振冲器的贯入速率，还可使砂土饱和后抗剪强度降低而扩大振密区。

**工程振冲置换桩施工记录** 表 3-9-5

桩号 7 天气 晴 日期8316120 作业用时间 0(h)27min

空载电流 15(A) 施工电压 400(V) 总填料量 (m³)

| 时间 h | 时间 min | 深度 m | 电流 A | 填料 m³ | 填料 累计 | 备注 | 时间 h | 时间 min | 深度 m | 电流 A | 填料 m³ | 填料 累计 | 备注 |
|---|---|---|---|---|---|---|---|---|---|---|---|---|---|
| 8 | 0 | 0 | 15 | | | | | 14 | 6.3 | 60 | 2 | 14 | |
| | 1 | 3 | 35 | | | | | 15 | 5.9 | 65 | 2 | 16 | |
| | 2 | 6 | 35 | | | | | 16 | 5.4 | 60 | 2 | 18 | |
| | 3 | 7.5 | 40 | | | 提拉 | | 17 | 5.0 | 65 | 2 | 20 | |
| | 4 | 7.5 | 35 | 1 | 1 | | | 18 | 4.5 | 60 | 2 | 22 | |
| | 5 | 7.5 | 30 | 1 | 2 | | | 19 | 4.0 | 65 | 2 | 24 | |
| | 6 | 7.5 | 35 | 1 | 3 | | | 20 | 3.5 | 70 | 2 | 26 | |
| | 7 | 7.5 | 40 | 1 | 4 | | | 21 | 3.0 | 75 | 2 | 28 | |
| | 8 | 7.5 | 40 | 1 | 5 | | | 22 | 2.5 | 65 | 2 | 30 | |
| | 9 | 7.5 | 45 | 1 | 6 | | | 23 | 2.0 | 60 | 2 | 32 | |
| | 10 | 7.5 | 45 | 1 | 7 | | | 24 | 1.5 | 65 | 2 | 34 | |
| | 11 | 7.5 | 50 | 1 | 8 | | | 25 | 1.0 | 60 | 2 | 36 | |
| | 12 | 7.[illegible] | 60 | 2 | 10 | | | 26 | 0.7 | 60 | 1 | 37 | |
| | 13 | 6.7 | 65 | 2 | 12 | | | 27 | 0.4 | 65 | — | 37 | |

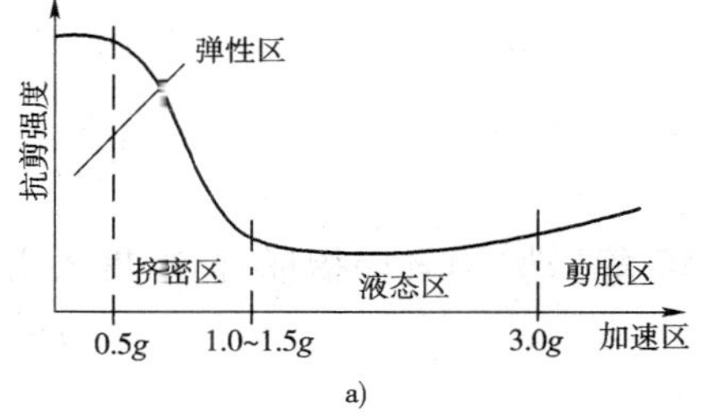


a)

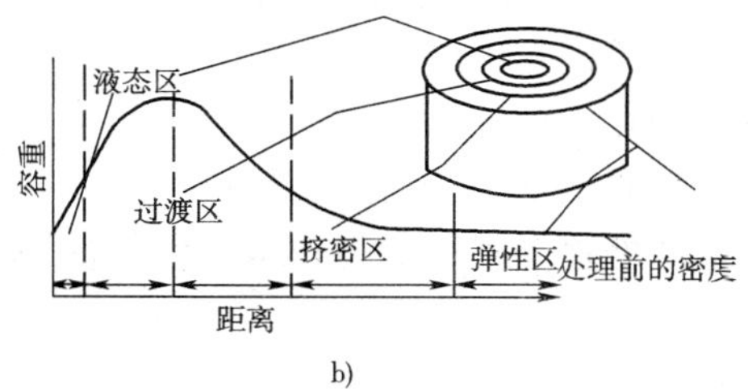


b)

图 3-9-13 振动加速度与分区

a)抗剪强度与加速度的关系；b)振冲时土容重与距离的关系曲线

2. 适用性

适用本法的土质主要是砂类土。从粉细砂到砾粗砂，只要黏粒含量不超过 10%，都可以得到显著的挤密效果；若黏粒含量超过 30%，则效果明显降低。

适用于振冲挤密的颗粒级配曲线范围见图 3-9-14。如被加固砂土的级配曲线全部位于 B 区，振冲挤密效果最好；级配曲线全部位于 C 区，振冲挤密困难；级配曲线部分位于 C 区，主要

部分位于 $B$ 区，振冲挤密可行。

不加填料的振冲挤密法仅适用于处理黏粒含量小于 10% 的粗砂、中砂地基。

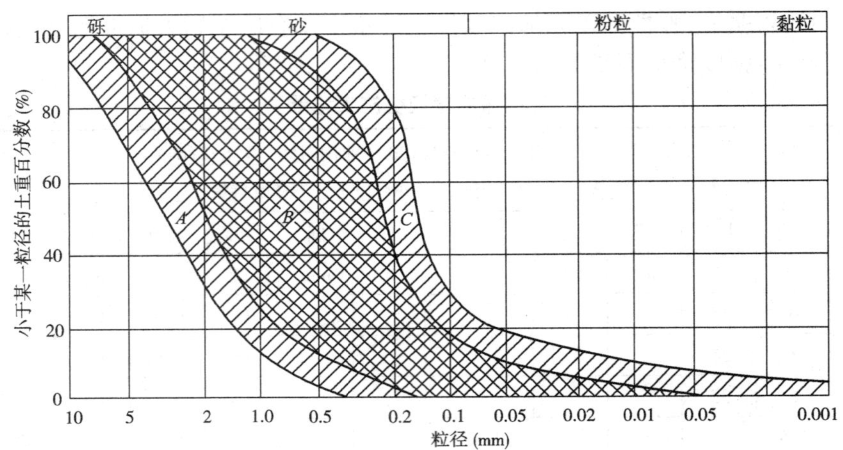


图 3-9-14 适用于振冲挤密的颗粒级配曲线范围

振动力和振动频率要适当。振动力过大，扩大的多半是流态区，因此加固效果不一定与之成正比。砂土颗粒越细，流态区越大，因此粉质砂土的加固效果差，对于粉质砂土，要与加固黏性土一样，在流态区灌入粗砂、碎石等形成碎石桩而构成复合地基。

振冲器振动时，其侧壁的一对双翅片，除防止振冲器在土中转动外，还能起扩大振冲器直径的作用，提高加固效果。振冲时能边冲边填粗砂碎石，一方面使周围土挤密；另一方面利用填料的排水，消散孔隙水压力作用，使对应于某一振动加速度的抗液化临界相对密度降低。缩小流态区扩大过渡区，不仅提高加固效果，而且地震时可迅速消散孔隙水压力，使液化现象大为降低。因此，对粉细砂地基应边振边加入填料。

3. 设计要点

设计需通过试验与计算确定：

(1)处理范围和深度。

(2)振冲点间距与布置方式。

(3)填料质量要求，单孔填料量。

(4)地基处理要求达到的技术指标：包括密实度、静(动)力触探指标、标准贯入击数、承载力、回弹模量与变形模量等。

(5)检测要求。

4. 施工工艺

1)加填料的振冲密实施工工艺

(1)振冲器成孔贯入时，水泵水压 400 ~ 600kPa；水量 200 ~ 400L/min；下沉速率宜控制在每分钟约 1 ~ 2m 范围内。

(2)达到设计处理深度后减小水压和水量使孔口有一定量回水但无大量细颗粒带出。将填料堆于孔口护筒周围，填料应在振冲器振动下依靠自重沿护筒周壁下沉至孔底。留振一定时间，在电流升高到规定的控制值后应将振冲器上提 0.3 ~ 0.5m，如此反复进行至全孔完成。

(3)记录各深度的最终电流值、填料量等。

2)不加填料的振冲密实施工工艺

其工艺与加填料的振冲密实工艺大体相同。

振冲器沉至设计处理深度,留振至电流稳定地大于规定值后,将振冲器上提0.3~0.5m。如此重复进行,至完成全孔处理。在中粗砂层中施工时如遇振冲器不能贯入,可增设辅助水管冲水加快下沉速率。图3-9-15为振冲挤密施工的照片。

图3-9-15 振冲施工

## 三、检测

检测内容包括振冲填料的粒径、级配以及含泥量。

1.振冲置换

振冲施工结束后应间隔一定时间才能进行质量检验,对黏性土地基间隔时间可取3~4周,对粉土地基可取2~3周。

(1)振冲桩单桩载荷试验:采用与桩直径相同的圆形压板进行试验。可按每200~400根桩随机抽取一根进行检验,但总数不得少于3根。

(2)标准贯入或静力触探试验:对粉土地基的桩间土测试,进行处理前后对比检验。评价处理效果。

(3)复合地基承载力试验:对重大或场地复杂的工程进行单桩或多桩的复合地基载荷试验。载荷试验检验点应选择在有代表性的或土质较差的地段。检验点数量可按处理面积大小取3~4组。

(4)对水上大型重要工程,其检验方法除用现场取土室内试验、十字板、标准贯入、动力触探检验桩间土及桩身强度外,有条件时尚宜做水底复合地基载荷试验检验处理效果。

2.振冲挤密

(1)加填料的振冲桩的检测同振冲置换法。

(2)砂土地基可用标准贯入或静力触探试验进行检测。

(3)不加填料的振冲密实法处理的砂土地基宜用标准贯入、动力触探等试验方法检验处理效果。

(4)检验点应选择在有代性的或地基土质较差的地段,并位于振冲点围成的单元形心处。检验点数量可按每100~200个振冲点选择1孔,总数不得少于3孔。

# 第五节 强 夯 法

## 一、加固原理

强夯法是将十几吨至上百吨的重锤,从几米到几十米的高处自由落下,对土体进行反复的动力夯击,使土产生强制压密而减小压缩性,提高土的承载力,改善地基性能的一种加固方法。

（见图3-9-16）

强夯法优点是所用设备少，施工简便，加固速度快。缺点是机械磨损大，震动大。

图3-9-16 强夯施工

## 二、适用范围

强夯法适用于处理碎石土、砂土、低饱和度的粉土与黏性土、湿陷性黄土、素填土和杂填土等地基。强夯置换法适用于高饱和度的粉土与软塑—流塑的黏性土等地基上对变形控制要求不严的工程。

## 三、设计要点

（1）强夯垫层要求及施工排水要求。

（2）强夯范围与处理深度。

（3）强夯单击夯击能与平均夯击能，根据处理深度要求，土的性质确定。

（4）夯点间距与布置形式：

土层厚、渗透系数小和含水率高，间距宜大；反之间距宜小，避免夯击时土体隆起，形成橡皮土。

夯点可为等边三角形或正方形。除第一遍和最后一遍外，其夯点应设在前一遍夯点的中间。

（5）点夯遍数：

颗粒细、渗透性小、含水率高的土层宜减小每点的夯击数，增加夯击遍数。

（6）普夯能量与锤印搭接等要求。

（7）各遍夯击间的间歇时间。

间歇时间取决于孔隙水压力的消散，对含水率高的厚黏土层，其停歇时间应长，一般为2~4周。砂石类土，间歇时间短或连续夯击。

（8）地基处理要求达到的技术指标。

（9）检测要求。

## 四、施工要点

（1）强夯施工的各项技术参数宜通过现场试验确定。

（2）当地下水位较高，夯坑底积水影响施工时，宜采用挖排水沟或采用人工降低地下水位以及铺垫厚度为0.5~2.0m的砂石垫层等措施夯坑或场地内积水时应及时排除。

（3）夯锤（图3-9-17）宜采用重心低、稳定性好的扁圆台形钢质锤。锤底静接地压力值可

图3-9-17 夯锤

取25～40kPa，细颗粒土宜取较小值。锤身设上下贯通的排气孔，孔径可取250～300mm。

(4)强夯机械宜采用带有自动脱钩装置的履带式起重机等设备，并应采取安全措施防止落锤时机架倾覆。

(5)强夯施工应按强夯试验确定的施工参数进行。每次夯击前后应测量锤顶高程，若发现因坑底倾斜而造成夯锤歪斜时应及时将坑底整平。每夯完一遍应用推土机将夯坑填平，普测场地的平均高程用以计算夯沉量。完成全部夯击遍数后，最后用低能量满夯将场地表层松土夯实。

(6)施工过程中应对各项参数及施工情况进行详细记录。及时检查与发现施工中的质量缺陷与不符合设计要求的地方，及时补夯或采取其他有效措施。

(7)当强夯施工振动对邻近建筑物或设备产生有害影响时应采取防振或隔振措施。

### 五、检测与监测

(1)效果检测时间：强夯施工结束后，应间隔一定时间对强夯效果进行检验。对碎石土和砂土地基其间隔时间可取1～2周，低饱和度的粉土和黏性土地基可取2～4周。

(2)质量检验的项目根据土质情况及工程设计要求确定，应采用原位测试和室内土工试验。原位测试根据不同情况可以是：平板载荷试验、十字板、静(动)力触探、标准贯入、旁压试验及波速试验等。

(3)每个建筑物的检验点宜不少于3处，对大面积区域检验点的数量深度和位置按工程设计的要求确定。

## 第六节 深层水泥搅拌法

### 一、加固原理

深层水泥搅拌法，是通过深层搅拌机在地基深处就地将软黏土和水泥、石灰等固化剂强制搅拌，使固化剂和软土之发生物理—化学反应，软土硬结成具有整体性、水稳定性和一定强度的水泥土桩体，与原状土共同构成复合地基。地基刚度大，沉降小承载能力高，连续的水泥搅拌桩墙隔水抗渗性能好。

水泥和软黏土搅拌后，水泥经水解和水化反应生成水化物，形成凝胶体，析出大量的钙离子，水泥的各种水化物生成后，有的自身继续硬化，形成水泥石膏骨架，有的则与周围具有一定活性的黏土颗粒发生反应，生成不溶于水的稳定的结晶化合物，形成较大的水泥土的团粒结构，构成坚实而强度较大的水泥土。

水泥加固土的加固效果与土质有关。对含有高岭土司蒙脱石等矿物的黏性土加固效果较好，对含有伊里石、氯化物、水铝英石等矿物的黏性土，加固效果较低，对有机质含量高，酸碱度(pH值)较低的黏性土，加固效果更低。

### 二、适用性

水泥土搅拌法适用于处理正常固结的淤泥与淤泥质土、粉土、饱和黄土、素填土、黏性土以及无流动地下水的饱和松散砂土等地基。当地基土的天然含水率小于3%(黄土含水率小于

25%）、大于70%或地下水的pH值小于4时不宜采用。冬期施工时，应注意负温对处理效果的影响。用于处理泥炭土、有机质土、塑性指数大于25的黏土、地下水具有腐蚀性时以及无工程经验的地区，必须通过现场试验确定其运用性。

在现代筑港工程中，利用CDM作业船进行海上深层水泥搅拌法处理软基，对在软基上修建重力式码头、防坡堤具有重要意义。特别是对软土地基“不薄不厚”问题是一个非常适宜的解决办法。比之大开挖置换与采用桩基更为经济合理。

深层水泥搅拌法具有强度提高快、对软土地基适应性强、施工干扰少、环境污染小等优点，对挖泥弃土距离远，或无法弃土、环保要求严格和海水养殖业兴盛的地域则更适用。

## 三、设计要点

（1）根据试验结果确定水泥品种、水泥掺量、配合比。

（2）通过承载力、稳定、变形计算确定水泥土加固深度，水泥土布置形式（包括搭接形式），间距与置换率等。

（3）水泥土强度指标要求。

（4）检测要求，包括单桩与复合地基的承载力，水泥土强度等。

## 四、施工工艺

1. 陆上搅拌

水泥土喷浆搅拌主要步骤见图3-9-18。

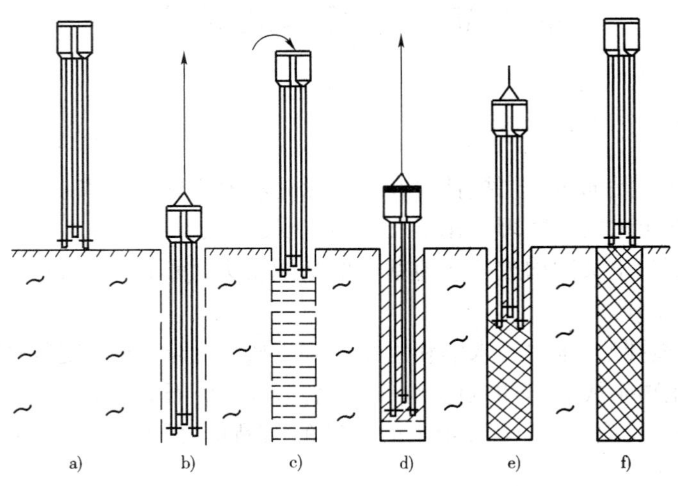


图3-9-18 深层搅拌法施工工艺流程图

a）定位；b）搅拌下沉；c）喷浆搅拌上升；d）重复搅拌下沉；e）重复搅拌上升；f）完毕

（1）机械就位、调平；预搅下沉至设计加固深度；喷浆、搅拌提升直至预定的停浆面；重复搅拌下沉至设计加固深度；根据设计要求，喷浆或仅搅拌提升直至预定的停浆面；关闭搅拌机械；在预（复）搅下沉时，也可采用喷浆的施工工艺，但必须确保全桩长上下至少再重复搅拌一次。

（2）施工现场事先应予以平整，清除障碍物。明浜、池塘及洼地抽水和清淤，回填黏土料并予以压实。

(3)搅拌头翼片的枚数、宽度、与搅拌轴的垂直夹角、搅拌头的回转数、提升速度应相互匹配，以确保加固深度范围内土体的任何一点均能经过20次以上的搅拌。

(4)施工中应保持搅拌桩机底盘的水平和导向架的竖直，搅拌桩的垂直偏差不得超过1%；桩位的偏差不得大于50mm；成桩直径和桩长不得小于设计值。

(5)水泥都应过筛，制备好的浆液不得离析，泵送必须连续，拌制水泥浆液的罐数、水泥和外掺剂用量以及泵送浆液的时间等应有专人记录；喷浆量及搅拌深度必须采用经国家计量部门认证的监测仪器进行自动记录。

(6)施工前应确定搅拌头的转速、贯入与提升速度、着底电流和水泥浆流量等施工参数，并通过工艺性成桩试验确定施工工艺。

(7)当桩周为成层土时，应对相对软弱土层增加搅拌次数或增加水泥掺量。

(8)竖向承载搅拌桩施工时，停浆(灰)面应高于桩顶设计高程300~500mm。在开挖基坑时，应将搅拌桩顶端施工质量较差的桩段用人工挖除。

(9)当水泥浆液到达出浆口后，应喷浆搅拌30s，在水泥浆与桩端土充分搅拌后，再开始提升搅拌头。

(10)搅拌机预搅下沉时不宜冲水，当遇到硬土层下沉太慢时，方可适量冲水，但应考虑冲水对桩身强度的影响。

(11)施工时如因故停浆，应将搅拌头下沉至停浆点以下0.5m处，待恢复供浆时再喷浆搅拌提升。若停机超过3h，宜先拆卸输浆管路，并妥加清洗。

(12)相邻搭接桩的施工时间间隔不宜超过24h。如间隔时间太长或与相邻桩无法搭接时，应采取局部补桩或注浆等补强措施。

2. 水上水泥搅拌

(1)水泥浆液所采用的水泥品种、水泥掺入比、水灰比和外掺剂需取原状土通过配比试验确定，并由现场典型试验加以验证。

(2)水上深层水泥搅拌施工应采用专用作业船组进行。搅拌船的最大加固深度、搅拌机功率和作业效率应满足工程条件在风力6级以下，浪高0.5m以内时应能昼夜连续作业。

(3)搅拌船应有自动定位系统，平面定位允许偏差为±5cm，搅拌船应有自动调控系统对作业船进行纵倾和横倾调平并对主要施工参数进行调控和逐桩自动记录。

(4)水上水泥深层搅拌法加固地基的施工应在建筑物轴线方向上分区进行，其分区长度应与其上部建筑物的分段相对应。

(5)施工前应挖泥到可满足施工船舶进行操作的水深或挖至加固土顶面高程。

(6)输浆工艺规定：

①贯入输浆：当搅拌翼达到设计加固起始高程时，搅拌翼边搅拌土体边开始输浆；到达设计底高程后停止贯入，继续搅拌输浆时间 $t_1$ 然后停止输浆；边搅拌边提升搅拌翼直至离开泥面。

②提升输浆：先预搅拌贯入至设计底高程，停止贯入；继续搅拌并开始输浆，输浆时间为$t_2$；然后边提升搅拌翼，边输浆至设计加固顶高程，停止输浆；继续搅拌提升至搅拌翼出泥面。

(7)输浆方式、贯入提升速度、搅拌翼转速及 $t_1$、$t_2$ 等主要施工参数均通过现场试验确定。操作时严格控制输浆量，确保每层土的水泥用量达到设计要求，按照施工参数对被加固土体充分搅拌。

(8)加固后，对高于设计基床底高程以上的隆起土原则上应予挖除。当隆起土的底部强度满足设计要求时允许部分残留，但应保证其上抛石基床的厚度不小于 50 ~ 100cm。挖除隆起土应根据施工经验采用适宜的挖泥船进行。隆起土的高度可按注入水泥浆的体积进行估算每组搅拌桩的成桩过程都应有全部技术参数的完整记录，施工中应随时检查。分区整理提供各区的质量指标，并作为工程验收的依据。

## 五、检测

1. 陆上水泥搅拌法

（1）成桩 7d 后，采用浅部开挖桩头（深度宜超过停浆（灰）面下 0.5m），目测检查搅拌的均匀性，量测成桩直径，检查量为总桩数的 5%。

（2）成桩后 3d 内，可用轻型动力触探（$N_{10}$）检查每米桩身的均匀性。检验数量为施工总桩数的 1%，且不少于 3 根。

（3）竖向承载水泥土搅拌桩地基竣工验收时，承载力检验应采用复合地基载荷试验和单桩载荷试验。

（4）载荷试验必须在桩身强度满足试验荷载条件时，并宜在成桩 28d 后进行，检验数量为桩总数的 0.5% ~1%，且每项单体工程不应少于 3 点。

（5）经触探和载荷试验检验后对桩身质量有怀疑时，应在成桩 28d 后，用双管单动取样器钻取芯样作抗压强度检验，检验数量为施工总桩数的 0.5%，且不少于 3 根。

（6）对相邻桩搭接要求严格的工程，应在成桩 15d 后，选取数根桩进行开挖，检查搭接情况。

2. 水上水泥土搅拌法

（1）水泥和外加剂检测。

（2）现场钻孔取芯，以及水泥土无侧限强度试验。

（3）直孔钻孔用以检验逐层土加固后土的强度，斜孔用以检验相邻搅拌桩间的搭接质量，取芯和强度试验在搅拌后 90d、120d 和 180d 后进行。

（4）水上钻孔取样宜采用钻探平台进行，芯样应逐层取出，每延米至少制一个试块。

（5）无侧限抗压强度其平均值应不小于设计要求的加固体现场无侧限抗压强度平均值。

（6）对着底式加固体可通过钻孔取样或钻孔内标准贯入试验判断加固体是否到达持力层。

（7）地基加固后，在上部结构施工和后方回填过程中以及工程开始使用后一定时期内，应在上部结构和加固体内埋设测斜仪、沉降仪，设置平面位移和沉降观测点，对建筑物和加固体的沉降、位移及倾斜等进行观测。

# 第七节　爆破挤淤填石法

## 一、加固原理

爆破排淤填石法是在淤泥质地基上抛石，在抛石体外缘一定距离的淤泥质地基内部中埋放群药包，起爆瞬间在淤泥中形成空腔，抛石体随即坍塌充填空腔，经多次爆破推进，最终达到置换淤泥，形成坐落在硬土层上，结构强度高、密实、稳定性好且工后沉降小的抛石堤。具体做法是：

在抛石堤头适当位置的淤泥土层内埋设群药包，爆炸（堤头爆）将淤泥向四周挤出并向上抛掷形成爆坑，邻近爆坑的堤头堆石体在爆炸负压和强烈压缩、振动作用下滑向爆坑，形成瞬时定向滑移和泥、石置换。塌落石方滑向爆坑后，形成"爆炸石舌"。"爆炸石舌"的长度和厚度决定了泥石置换效果，其置换效果是由爆炸参数决定的。继而，在爆后堤头抛填，形成新的抛填堤头。新的抛填体将"石舌"上部浮淤挤走并压在"石舌"上。在新的抛填堤头前方继续埋药爆炸。这样，"抛填—爆炸"重复进行，直至完成整个抛石堤的施工。为了增加抛石堤身宽度，当抛石堤身长度推进到一定距离后，采用类似的工艺进行"侧爆"。为了使得外侧坡脚的抛石体更加密实，对该部分抛石体进行爆夯处理，见图 3-9-19 ~ 图 3-9-22。

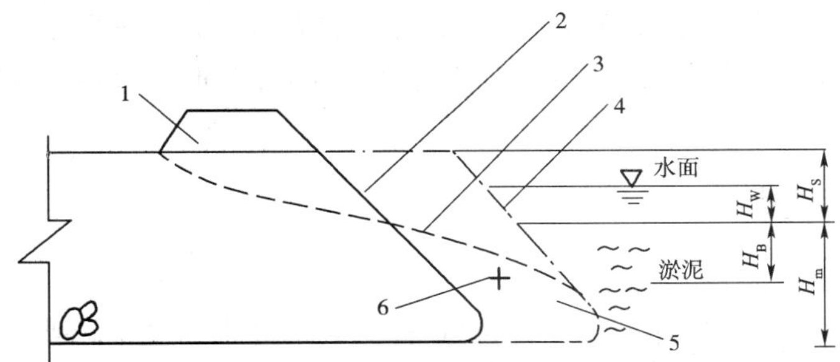


图 3-9-19　爆破挤淤填石示意图

1-超高填石；2-爆前剖面；3-爆后剖面；4-补填剖面；5-石舌；6-药包

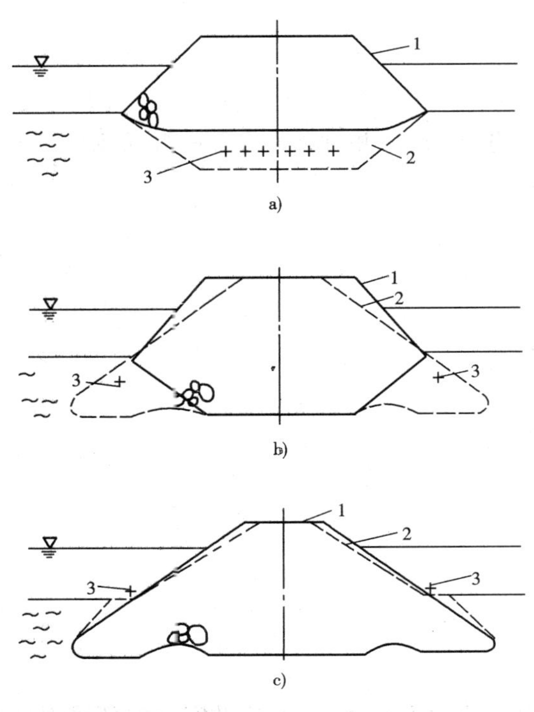


图 3-9-20　爆破排淤填石典型断面过程

a）端部推进排淤；b）侧坡拓宽排淤；c）爆破形成平台及堤心断面

1-爆前；2-爆后；3-药包

图 3-9-21　爆破布药

图 3-9-22　合龙口侧爆

爆破排淤填石的机理主要是置换功能，爆炸同时可以使是淤泥弱化，爆炸引起抛石体的振动，产生的附加动荷载有助于挤淤，使堤身下沉。爆炸振动同时使得抛石体密实。

## 二、适用性

爆破排淤填石可用于抛石置换水下淤泥质地基的工程，置换厚度宜取4～25m。置换厚度小于4m或大于25m时，应进行技术论证。

爆破排淤填石法的技术特点是：爆破作业技术含量较高；施工简单，施工速度较快；石料用量大但对石料材质要求低；施工噪声与振动大。安全措施与警戒工作重要。

在石料缺乏、价格贵，水深小、淤泥层厚，周围环境对噪声、振动敏感，环保要求高的地区不宜采用。

## 三、设计与计算要点

（1）制定爆破方案。

（2）计算好爆炸药量，确定布药线平面位置、炸药包的埋入深度等爆破参数。

（3）设计起爆网路。

（4）制定控制噪声、控制有害气体和飞石、减少粉尘、降低地震和冲击效应等环境保护措施。

（5）制定检测方案。

## 四、施工要点

（1）按批准的爆破设计书或爆破说明编制施工组织设计，并对有关内容进行复核与细化、报批后施工。施工组织设计至少应包含以下内容：

①工程概况。

②施工准备。

③爆破器材的运输、储存及管理。

④施工方法。

⑤装药及填塞。

⑥起爆网路与起爆点。

⑦安全警戒与撤离区域及信号标志。

⑧主要设施与设备的安全防护。

⑨预防事故的措施。

⑩环境保护措施。

⑪爆破施工组织。

⑫爆破工程进度表等。

（2）爆破前必须对爆区周围的自然条件和环境状况进行调查，了解危及安全的环境因素，并应采取必要的安全防范措施。

（3）爆破工程应使用符合国家现行标准的爆破器材，禁止使用过期、出厂日期不明和质量不合格的爆破器材，爆破作业前应对爆破器材进行检查。

(4)水下爆破工程应选用具有防水性能或经过防水处理的爆破器材,炸药宜采用乳化炸药或其他防水性能较好的炸药,雷管宜选用防水 8 号金属雷管,传爆器材宜采用导爆索或导爆管。

(5)各种起爆器和用于检测的爆破专用欧姆表、爆破电桥等爆破仪表,应每月检查一次并在每次爆破前检查一次。电容式起爆器应至少每月赋能一次。

(6)爆破填石排淤法可采用水上布药船或陆上布药机布药。根据需要配备拖船、运输船和警戒船等辅助作业船。

(7)装药器可选用压力式或振动式装药器,符合装药深度、药包的体积,脱钩可靠,及安全的要求。

(8)爆破作业处于水位变动区时,药包埋深应采用实测水位控制。

(9)采用从套管内投放药包时,不得使药包在套管内自由坠落。

(10)导爆管或导爆索网路所用的器材、网路的敷设,与起爆雷管的连接应符合有关规定。

(11)严格按照爆破安全施工的规定进行施工。

## 五、检测

1. 地基的平面位置和深度

施工期和竣工验收前应检查置换淤泥质地基的平面位置和深度。检查方法可选用体积平衡法、钻孔探摸法和探地雷达法,并应满足下列要求:

(1)抛填石料流失量较小时采用体积平衡法,采用该方法时适当辅以钻孔探摸。

(2)一般工程采用钻孔探摸法,按横断面布置钻孔,断面间距取 100 ~ 500m,不少于 3 个断面;每断面布置钻孔 1 ~ 3 个,全断面布置 3 个钻孔的断面数不少于总断面的一半;钻孔深入下卧层不少于 2m。

(3)工程量大的工程采用探地雷达法,按纵横断面布置测线,纵断面分别布置在堤顶、内坡和外坡的适当位置上,横断面布满全断面范围,间距取 50 ~ 100m; 检测时的测点距离不大于 2m,并有钻孔资料配合分析。

2. 地基沉降、位移观测

(1)施工期安排沉降、位移观测,分析施工期的沉降、位移规律。

(2)主体工程或大型工程在分段工程完工后及时设置长期沉降、位移观测点,并按行业标准《港口设施维护技术规程》(JTS 310—2013) 的有关规定进行观测。

# 第十章 触探试验

## 第一节 静力触探

### 一、概述

静力触探(CPT)是用静力将内部装有力传感器的探头以一定的速率压入土中,通过电子量测仪器所测得的贯入阻力(比贯入阻力 $P_s$ 或锥尖阻力 $q_c$ 和侧壁摩阻力 $f_s$)来判断土层力学性质与分布的一种原位测试方法。静力触探试验可用于黏性土、粉土、沙土和含少量碎石的土。

静力触探按其量测方式,习惯上分为机械式和电测式两大类。国内机械式静力触探早已很少使用,广泛使用的是电测式静力触探。静力触探探头按其结构与传感器功能,主要分为单桥触探头与双桥触探头。单桥触探头能测出土对探头的总阻力,即比贯入阻力($P_s$);双桥探头可测锥尖阻力($q_c$)与侧壁摩擦阻力($f_s$);带测孔压的三桥探头正在推广使用。国内外还开发了各种多功能的探头,如带测温、测斜、测振、测电阻率、测波速的探头、旁压探头、采样探头等。

静力触探具有快速、数据连续、再现性好、操作方便等优点。主要适用于黏性土、粉性土与砂土。静力触探的贯入深度与触探设备的推力与拔力有关,一般200kN的静探设备,在软土中贯入深度可超过70m,在中密砂层中深度可超过30m。

静力触探试验用途较广,主要用于土层划分、土类判别,确定地基土的承载力及变形模量以及其他物理力学指标,选择桩基持力层,预估单桩承载力及判别沉桩的可能性,检查填土及其他人工加固地基的密实程度和均匀性,判别砂土的密度及液化可能性。带孔压的静探试验还能分析土的渗透、固结性能,使土类判别也更为明确。

### 二、设备与测量仪器

#### (一)加压装置

加压装置的作用是将探头压入土中,按加压方式分为下列几种。

1. 手摇式轻便型静力触探

它利用摇柄、链条、齿轮、探杆等用人力将探头压入土中,适用于狭小场地浅层软弱地基的测试。

2. 齿轮机械式静力触探

它主要由变速电机(功率3kW左右)、传动装置、支架、底板、导向轮、探杆等构成。其结构简单,加工方便,可组装成落地式、拖车式,亦可装在汽车上。这种静力触探设备贯入压力也不大,贯入深度有限,适用于深度要求不大土层较软的地基测试。

3. 全液压传动静力触探

这种设备有单缸、双缸两种,主要由油缸、油泵及传压管、阀、压杆器和导向轮构成。目前国内使用较为普遍的都是这种设备。一般是将静力触探设备安装在由载货车改装成的专用的静力触探车,动力来源使用汽车发动机动力或外接电源。全液压传动静力触探车工作条件较好,最大贯入力可达200kN。

### (二)反力装置

静力触探的反力装置通常有以下三种方式。

1. 地锚反力方式

其适用条件是地表有黏性土硬壳层。一般采用4个可拆卸式单叶片地锚(锚长一般1.5m左右,叶片直径25cm、30cm、35cm、40cm),地锚由液压锚机分别旋压入土中,利用地锚为静力触探设备均衡地提供反力,锚长与入土深度可在一定范围内根据所需的反力大小进行调节。

2. 重物压载反力方式

在表层为砂砾、碎石土,地锚下不去的情况下,可在触探架上压上钢锭、铁块来提供反力。重物的多少应根据所需的反力大小及触探反力架的额定承受能力,并考虑一定的安全储备后确定。

3. 静探车辆自重反力方式

在现场不便于下锚,且所需反力低于静探车辆自重时,可利用静探车辆自重为静探设备提供反力。

除了以上三种基本方式以外,还可以按照现场需求由两种或两种以上组成的联合反力方式。在现场根据现场条件和需要的反力大小,有时往往靠上述任何一种方法,都不能单独满足工作需要,经常采用车辆自重、地锚和压载联合反力方式。如车辆自重反力不够,可同时采用在车辆上再加载、下锚的组合方式联合进行提供反力。

### (三)探头与探杆

探头是静力触探设备的关键组件。常用的单桥探头、双桥探头的结构如图3-10-1和图3-10-2所示。图3-10-3所示为一个测孔压的静力触探探头(孔压滤水器在锥头中间部位)。

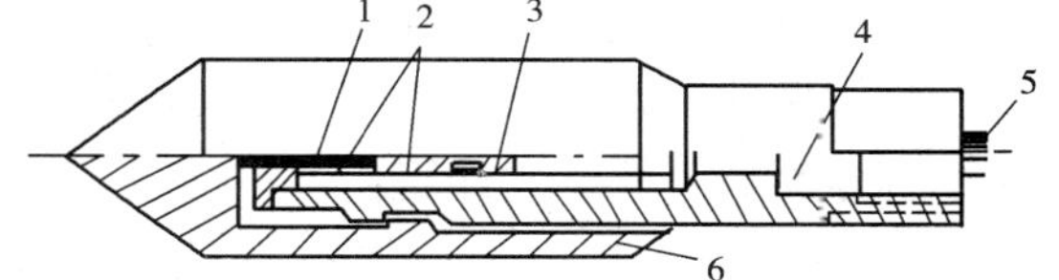


图3-10-1 单桥探头结构

1-顶柱;2-电阻应变片;3-传感器;4-密封垫圈套;5-四芯电缆;6-外套筒

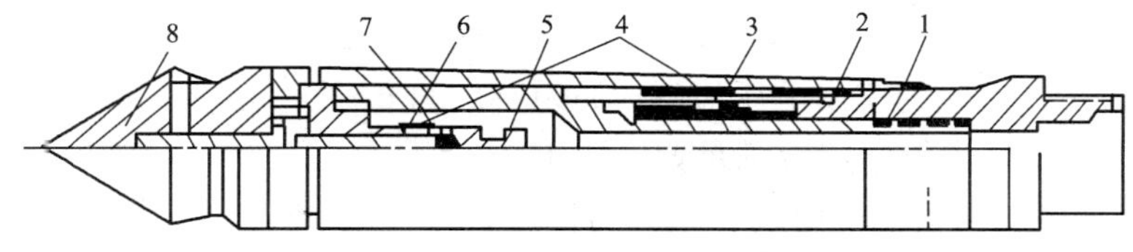


图3-10-2 双桥探头结构

1-传力杆;2-摩擦传感器;3-摩擦筒;4-锥尖传感器;5-顶柱;6-电阻应变片;7-钢珠;8-锥尖头

单桥探头由带外套筒的锥头、顶柱、传感器(弹性元件)及电阻应变片组成。双桥探头除锥头传感器外,尚有侧壁摩擦传感器及摩擦套筒。探头在结构上的关键是传感器的设计与加工精度、应变片的贴片工艺及探头的密封。

国内常用的单、双桥探头的主要规格已标准化,见表 3-10-1。孔压探头尚未定型。

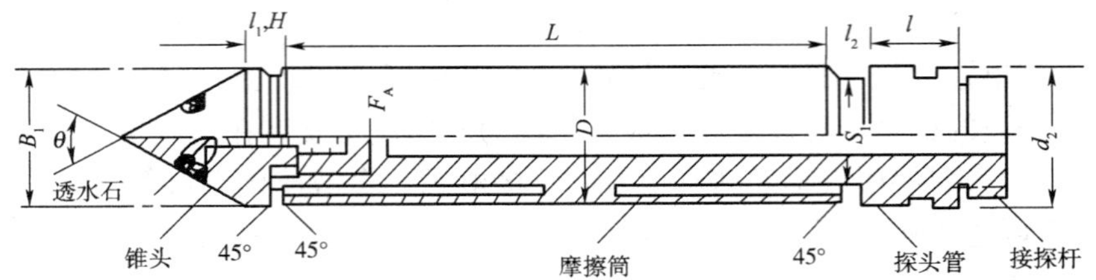


图 3-10-3 孔压静力触探探头

单、双桥探头的主要规格 表 3-10-1

| 锥头截面积 | 探头直径 | 锥　角 | 单 桥 探 头 | 双 桥 探 头 | |
|---|---|---|---|---|---|
| ($cm^2$) | (mm) | (°) | 有效侧壁长度(mm) | 摩擦筒长度(mm) | 摩擦筒表面积($cm^2$) |
| 10 | 35.7 | 60 | 57 | 179 | 200 |
| 15 | 43.7 | 60 | 70 | 219 | 300 |
| 20 | 50.4 | 60 | 81 | 189 | 300 |

**(四)探头的标定与质量要求**

探头标定的目的是确定测力传感器输出的信号(应变量或电压量)与传感器受力之间的关系。检验探头质量,确定测量误差值。

探头要定期作标定,一般三个月标定一次,当在规定期限内使用时发现异常情况应重新标定。

标定用的测力计或传感器必须是经计量检验合格,且在有效期内、精度不低于 3 级。标定时的加荷分级,须根据额定贯入力的大小确定。额定贯入力较大的可取额定贯入力的1/10,额定贯入力较小的,宜采用额定贯入力的 1/20。标定试验至少需重复 3 次。标定所用的电缆和记录仪应该是现场试验实际所用的电缆和记录仪。

标定曲线的最佳拟合直线,采用端点连接法(以零载和满载时的输出值连成直线)。对探头的标定系数 $k$ 按下式计算:

$$k = \frac{P}{Ae} \tag{3-10-1}$$

式中:$k$——探头的标定系数(kPa/mV 或 kPa/με);

$P$——标定直线上一点的荷载(kN);

$A$——标定锥尖阻力传感器时为锥头底面积($m^2$);

标定侧壁摩阻力传感器时为摩擦筒侧面积($m^2$);

$e$——与荷载 $P$ 对应的输出电压值(mV)或应变量(με)。

探头的测力传感器进行标定应满足如下要求:

(1)与其配套使用的仪器及电缆一起参与标定;

(2)标定的应力与应变关系呈直线,并通过坐标原点,线性误差不大于 1% FS;

(3)分级加荷、卸荷反复进行 3 次以上,重复性误差不大于 1% FS,所加荷载接近空心柱的最大设计荷载,其应力—应变关系直线不能外延使用;

(4)标定时顶柱与测力传感器接触良好,转换顶柱方位,其读数误差不大于同一级荷载变量观测值的 1% FS；

(5)测力传感器的温度漂移与归零误差不超过 1% FS；

(6)测力传感器及其连接导线的绝缘电阻不小于 500MΩ。

通过标定曲线可确定的误差值有以下几种(图 3-10-4)：

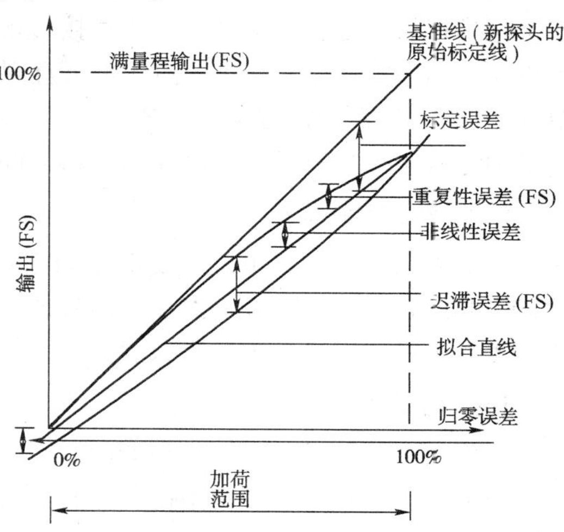


图 3-10-4 探头传感器的标定曲线

(1)标定误差：反映探头使用一段时间后标定线与新探头初始标定线间的差异。

(2)归零误差：反映加荷与卸荷零读数的差异。

(3)非线性误差：反映标定曲线的弯曲程度。

(4)重复性误差：反复若干次标定的标定线的变化范围。

(5)迟滞误差：加荷与卸荷标定线回环的变化幅度。

(6)温漂：反映探头温度对测量结果的影响。

探头及其传感器的技术质量标准为：

(1)绝缘电阻≥500MΩ。

(2)探头的环境使用温度 -10 ~ 55℃。

(3)过载能力超出额定荷载的 20%。

(4)探头有良好的防水、密封性能。

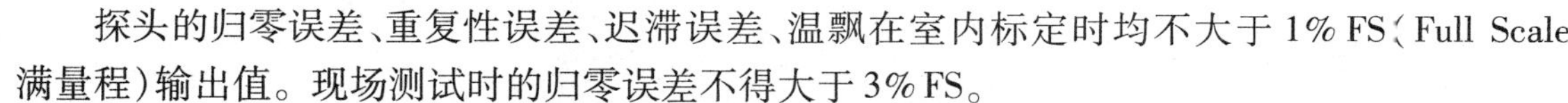

探头的归零误差、重复性误差、迟滞误差、温飘在室内标定时均不大于 1% FS(Full Scale 满量程)输出值。现场测试时的归零误差不得大于 3% FS。

不同量程探头的传感器的起始感量与灵敏度应符合表 3-10-2。

**探头传感器的起始感量和灵敏度** 表 3-10-2

| 灵敏度(级别) / 起始感应量(kPa) / 触探参数 | Ⅰ级最大贯入阻力 | Ⅱ级最大贯入阻力 | Ⅲ级最大贯入阻力 |
|---|---|---|---|
| | 2.5 ~ 5.0MPa | 5.0 ~ 12.0MPa | 12.0 ~ 20.0MPa |
| $p_s$ 或 $q_c$ | 10 ~ 20 | 30 ~ 50 | 50 ~ 100 |
| $f_s$ | 0.1 ~ 0.2 | 0.3 ~ 0.5 | 0.5 ~ 1.0 |
| $u$ | 2 | 5 | 10 |

**(五)量测记录系统**

常用的有两种类型：手调直读式电阻应变仪与自动记录仪。

电阻应变仪大部分采用 YJ 系列。应变仪通过电桥平衡原理进行测量。当触探头工作时，传感器发生变形，引起电阻应变片的电阻值变化，桥路平衡发生变化。电阻应变仪通过手动调整电桥，使之达到新的平衡，从而确定应变量的大小，并从读数盘上读出应变值。

自动记录仪是由通用的电子电位差计改装而成的，常用的有 XWH-J 及 XWX 系列。由探头输出的信号，到达测量电桥后产生一个不平衡电压，电压信号经放大后，推动可逆电机转动，后者带动与其相连的指示机构，沿着有分度按信号大小比例刻制的标尺滑行，直接画出了被测信号的数值曲线。

随着微机的发展，现在不少静探设备应用接口电缆和记录仪，采用 模/数转换技术，将被测信号模拟量的变化在测试过程中直接转换成 $q_c$、$f_s$、$P_s$ 数字值打印出来，同时在监测显示屏上将 $q_c$、$f_s$、$P_s$ 的随深度变化的曲线也可直观地显示出来，以便测试人员了解被测量的变化情况，控制试验过程。将记录的数据储存，可传输至电脑，作进一步的数据处理。这种微机控制的量测记录系统目前已被广泛应用，毫无疑问也是今后发展的必然趋势。

#### (六)深度控制机构

一般采用一对自整角机。发信机固定在底板上，与摩擦轮相连，摩擦轮随钻杆下压而转动，带动发信机轮子转动、送出深度信号，送出的信号带动收信机的轮子旋转，驱动由齿轮连接的同步走纸机构实时记录钻进深度。

#### (七)静探设备的选用

选用何种静探设备与探头须考虑以下几个方面的因素。

(1)测试要求：作业区范围、触探孔深度、孔数与工期、要求提供的贯入阻力类型（$P_s$ 或 $q_c$）$f_s$ 及土力参数等。

(2)土质条件：参照附近地区已有的资料与经验，估计土的贯入阻力，选择量程与感量合适的探头，根据表土情况判断能否利用地锚提供反力。

(3)场地施工条件：进出场及作业区内的道路、施工净空、供电及地下管网情况等。

### 三、现场操作

#### (一)准备工作

(1)现场测量定出测试点的实际位置，注意测点要离开已有钻孔最近的距离不得小于已有钻孔直径的25倍，且不小于2m。一般情况是先触探，后钻探，平行试验对比孔的孔距不宜大于3m；同时还要注意了解现场地上与地下环境是否具备施工条件。

(2)设置反力装置（下锚或压载）。

(3)安装好压入和量测装置，并用水准尺将底板调平。检查自整角机深度转换器、导轮、卷纸结构。

(4)检查探头外套筒与锥头活动情况。穿好电缆，同时检查探杆（注意探杆要平直，丝扣无裂纹）。

(5)检查电源电压是否正常。

(6)检查仪表是否正常。

(7)检查线间、对地绝缘是否正常。

使用自动记录仪时须将仪器与探头接通电源，打开仪器和稳压电源，使仪器通电预热15min。根据土层软硬情况，确定合适的工作电压，保证曲线不会超出记录纸的幅宽范围并调零。在记录纸开头注明孔号、探头编号、标定系数 $k$、工作电压及日期。

#### (二)现场实测工作

(1)测试时应匀速连续垂直贯入，贯入速率控制在（1.2±0.3）m/min。静力触探贯入深度超过30m时，孔内下套管导向与抗弯，防止孔斜与断杆。

(2)接、卸探杆。注意每一次接探杆时，丝扣必须上满，卸探杆时务必使下面的探杆不得转动，以防接头处电缆被扭断；同时应严防电缆受拉，以免电缆被拉断或破坏密封装置。

(3)探头归零检查应按下列要求进行：

①使用单桥或双桥探头触探时：

a.初读数测读。将探头压入地表下1.0m左右，然后将探头提升5~10cm，使得探头传感器处于不受力状态，经过一定时间，待探头温度与地温平衡，此时仪器上的稳定读数即为初读数，将仪器调零或记录初始读数后即可进行正常贯入。

b.触探过程中的归零检查。由于初读数不是一个固定不变数值，所以每贯入一定深度前、后都要将探头提升5~10cm，测读记录一次初读数，以校核贯入过程中初读数的变化情况。通常，在地面以下6m深度范围内，每贯入2.0~3.0m读记一次初读数；孔深超过6m以后，视不归零(零漂)值的大小，可适当放宽归零检查的深度间隔(一般为5m)或不做归零检查。

c.终孔拔起时和探头拔出地面时，应各读记一次零漂值。

②使用孔压探头进行孔压触探时，在进入地下水位的土层前保持饱和状态，在整个贯入过程中不得提升探头，终孔拔起时应测读记录锥尖和侧壁的零漂值；探头拔出地面时，应立即卸下锥尖，测读记录孔压计的零漂值。

(4)使用人工读数仪器时，数据采集，每10cm测读记录一次数据，亦可根据土层情况适当增减，但不能超过25cm。使用自动记录仪时，应随时注意同步走纸和画线情况，标注出深度和归零检查结果。

(5)当在一定深度进行孔压消散实验时，应量测停止贯入后不同时间的孔压值和端阻值，其记时间隔由密而疏合理控制；试验过程中不得松动探杆。

(6)终孔拆卸。结束一孔，应将探头锥头部分卸下，将泥砂擦洗干净，以保持顶柱与外套能自由活动。防止探头在阳光下曝晒。

(7)当出现下列情况之一时，应终止贯入，并立即起拔：

①孔深已达到任务书要求。

②反力失效或主机已超额定负荷。

③探杆出现明显弯曲，有折断危险。

## 四、资料整理

### (一)原始数据的修正与处理

1.归零修正

探头的零漂是由地温、探头与土摩擦产生的热传导所引起的。实践中有两种修正方法，一为测零读数时发现漂移立即将仪器调零，这样整理原始数时就不再作归零修正。另一种是将测得的零读数记录下来，仪器在操作过程中不调零，原始数据整理时将读数予以修正，修正方法按线性内插法进行。

2.深度修正

记录深度与实际贯入深度的误差，主要是由于地锚松动、探杆夹具“打滑”、触探孔偏斜、走纸机构失灵、导轮磨损、走纸与贯入的速度比不准等多种原因产生，应仔细甄别，采取相应的修正处理对策。如将计深标尺或摩擦轮固定在地面，在贯入过程中随时注意出现的故障，及时做好标记，以便在数据整理中予以修正。因倾斜引起的误差须根据斜度进行修正，一般8°以内仍可不修正。

3. 间歇点曲线不连续的修正

在接杆处，自动记录（电位差计）曲线会出现尖锋、喇叭口状的间断，应用圆滑曲线修正。

**（二）贯入阻力的计算**

利用公式（3-10-1）将电阻应变仪测出的应变 $\varepsilon$，换算成比贯入阻力 $P_s$（单桥探头）或锥尖阻力 $q_c$ 及侧壁摩阻力 $f_s$（双桥探头）。

**（三）绘制静力触探曲线**

对于单桥：绘制 $P_s$—$H$（深度）曲线。

对于双桥：绘制 $q_c$—$H$、$f_s$—$H$、$R_f$（$=f_s/q_c\times100\%$）—$H$ 曲线。

$H$ 比例尺：1∶100 或 1∶200。

$P_s$、$q_c$ 比例尺：1cm 代表 1000kPa（或 2000kPa）。

$f_s$ 比例尺：1cm 代表 10kPa（或 20kPa）。

$R_f$ 比例尺：1cm 代表 1%。

**（四）土层划分**

根据静探曲线在深度上的连续变化可对土进行力学分层。当实测 $P_s$ 值不超过表3-10-3所列的变动幅度时，可合并为一层。

**$P_s$ 并层容许变动幅度** 表3-10-3

| 实测范围值（MPa） | 变动幅度（MPa） | 实测范围值（MPa） | 变动幅度（MPa） |
|---|---|---|---|
| $P_s\leqslant1$ | ±0.1～0.3 | $3\leqslant P_s\leqslant6$ | ±0.5～1.0 |
| $1\leqslant P_s\leqslant3$ | ±0.3～0.5 | | |

按 $q_c$ 分层时，应结合 $f_s$ 及 $R_f$ 的变化确定分层层面。对一些很薄的交互层或含薄层粉砂层，不应按表3-10-3进行分层，而应以 $P_{smax}/P_{smin}\leqslant2$ 为分层标准，结合记录曲线的线型和土的类型予以综合考虑。如有钻孔资料时，可用对比法进行分层，从而提高分层的精度。土层分界时要考虑曲线中的“超前”、“滞后”现象。当探头突然由密实土层进入软土层，或由软土层进入硬土层时，往往出现这种现象，其幅度一般为10～20cm。当上下层贯入阻力相差不到一倍时，分层层面取超前深度和滞后深度的中点（或中点偏向阻力小的方向5～10cm）；相差一倍以上时，取软层最后一个（或第一个）低贯入阻力偏向硬层10～15cm作为分层层面。

**（五）计算各分层土的静探参数平均值**

单孔各土层平均值可用算术平均值法或触探曲线面积法。计算时应剔除个别异常峰值及超前、滞后范围值。计算场地各土层的平均值时，可按厚度加权平均法，或将各触探孔的静探曲线叠加后，绘制低值与峰值包络线和平均值。

**（六）静探试验成果的应用**

关于概述中提出的静探成果其他方面的应用，参见有关规范、手册。要特别注意的是当用静探参数推算土的物理力学参数，判别其岩土性状时，一定要注意经验公式的土类适用范围，公式的地方性，并要与室内土工试验，其他原位测试结果相对比。

## 第二节 动 力 触 探

### 一、概述

动力触探（DPT）是利用一定的落锤能量，将一定规格的探头连同探杆打入土中，根据打入的难易程度（通常以贯入度、锤击数或探头单位面积动贯入阻力来表示）判别土的工程性质的一种原位测试方法。

按照落锤能量及探头的规格，动力触探通常分为轻型、中型、重型、超重型4种，其中轻型动力触探（亦称轻便触探）与重型动力触探使用最为广泛，积累的经验也较多。我国动力触探的分类及设备指标见表3-10-4。

**动力触探的分类及设备指标表** 表3-10-4

| 类型 | | 轻型 $N_{10}$ | 中型 $N_{28}$ | 重型 $N_{63.5}$ | 超重型 $N_{120}$ |
|---|---|---|---|---|---|
| 落锤 | 锤的质量（kg） | 10±0.2 | 28±0.2 | 63.5±0.5 | 120±1 |
| | 落距（cm） | 50±2 | 80±2 | 76±2 | 100±2 |
| 探头 | 直径（cm） | 40 | 61.8 | 74 | 74 |
| | 锥角（°） | 60 | 60 | 60 | 60 |
| 探杆直径（mm） | | 25 | | 42 | 50 |
| 贯入标准 | | 贯入30cm锤击数 | 贯入10cm锤击数 | 贯入10cm锤击数 | 贯入10cm锤击数 |

动力触探适用性广泛，适用于强风化、全风化的硬质岩石，各种软质岩石及各类土。

动力触探主要用于以下几个目的：

1. 探查不同性质的土层

当土层力学性质有显著差异，在触探指标反应明显时可利用来确定软、硬土土层分界面，基岩面、碎石土层埋藏深度，检查滑动动力触探设备指标带与土洞，评价场地土的均匀性。

2. 确定土的物理力学性质

确定砂土的孔隙比与密实度、粉土及粉性土的状态，评定地基土和桩基的承载力，估算土的强度和变形参数等。

3. 检验地基加固与改良的质量效果

各类动力触探的适用范围见表3-10-5。

**各类动力触探的适用范围** 表3-10-5

| 类型 \ 土类 | 黏性土 | | 粉土 | 砂土 | | | | | 碎石土（无胶结） | | | 风化岩石 | |
|---|---|---|---|---|---|---|---|---|---|---|---|---|---|
| | 黏土 | 粉质黏土 | | 粉砂 | 细砂 | 中砂 | 粗砂 | 砾砂 | 圆/角砾 | 卵/碎石 | 漂/块石 | 极软岩 | 软岩 |
| 轻型 | — | — | — | — | | | | | | | | | |
| 重型 | | | | — | — | — | — | — | — | — | — | — | |
| 超重型 | | | | | | | | | — | — | — | — | — |

动力触探的优点是试验设备简单，操作简易，工效较高，适用性广。动力触探在贯入过程中能够连续测定土的性质。对于难以取样的无黏性土（砂土、碎石类土），以及对于静力触探难以贯入的土层，动力触探是十分有效的勘探、原位测试手段。

除了上述 4 种常规的动力触探法，因工程实践的需求，国内外一些勘探、设计、科研部门还研制、开发出一些新颖的动力触探设备。例如在能适用的软硬土层可使用兼作静探与十字板的静力—动力触探仪，既能作动力触探又能在需要的深度作十字板试验的贯入十字板，以及用于快速测定砂层液化阻力的振动式连续贯入动力触探设备等。为了加速动力触探自动化、电测探头及相应的自动量测、数据分析处理系统的试验研究正在进一步深入。

## 二、现场试验

### （一）试验设备

动力触探设备主要由圆锥头、触探杆、穿心锤三部分组成。

各类动力触探设备的结构见图 3-10-5 ~ 图 3-10-7。

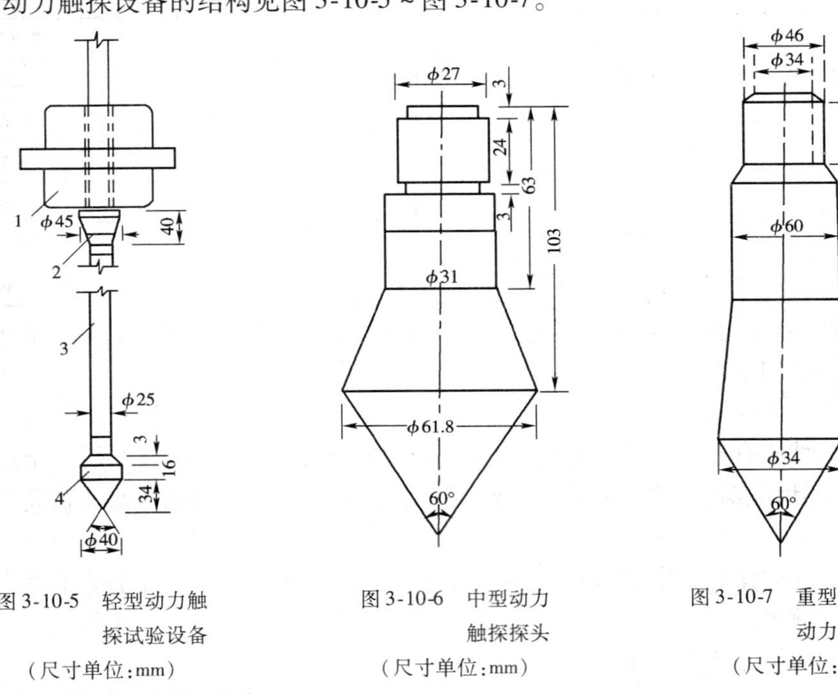


图 3-10-5 轻型动力触探试验设备（尺寸单位：mm）

1-穿心锤；2-锤垫；3-触探杆；4-锤头

图 3-10-6 中型动力触探探头（尺寸单位：mm）

图 3-10-7 重型和超重型动力触探探头（尺寸单位：mm）

### （二）试验要点

动力触探时，每贯入 1m，宜将探杆转动一圈半，连续贯入深度超过 10m，每贯入 20cm 宜转动探杆一圈半。砂、圆砾、角砾和卵石、碎石土连续触探深度不宜超过 12m。探头直径磨损不应大于 2mm，锥尖高度磨损不应大于 5mm。

1. 轻型动力触探（$N_{10}$）

（1）先用钻具钻至试验土层高程，然后对试验土层连续进行触探。

（2）试验时，穿心锤落距为 50cm，使其自由下落，将探头竖直打入土层中，每打入 30cm 的

锤击数即为 $N_{10}$。

(3)若需描述土层时,可将触探杆拔出,换上轻便钻头或专用勺钻进行取样。

(4)试验一般用于贯入深度小于4m 的土层;贯入深度大于4m 时,可清孔后继续贯入 2m。

(5)当 $N_{10}>100$ 或贯入 15cm 超过 50 击时,可停止试验。

2. 中型动力触探( $N_{28}$ )

(1)试验时,提升提引钩,使穿心锤自由下落,落距为 80cm,应连续贯入,不宜中断,直到预定的深度。

(2)贯入时,应及时记录贯入深度,一阵击的贯入量及相应的锤击数,一般黏性土,贯入 20 ~ 30cm 为一阵击;软土,3 ~ 5 击为一阵击。

3. 重型动力触探($N_{63.5}$)

(1)试验前,触探架应安装平稳,保持触探孔垂直,垂直度偏差不超过 2%。

(2)试验时,应使穿心锤自由下落,落距为 0.76m ±0.02m。

(3)锤击速度宜控制在每分钟 15 ~ 30 击,打入过程应尽可能是连续的。

(4)及时记录每贯入 10cm 的锤击数,也可记录每一阵击的贯入度,然后再换算为每贯入 10cm 所需的锤击数。一般以 5 击为一阵击,土层松软时应少于 5 击。

(5)对于一般砂、圆砾、角砾和卵石、碎石土,触探深度不宜超过 12m。

(6)当连续 3 次 $N_{63.5}>50$ 击时,若要继续触探,可考虑使用超重型动力触探。

(7)本试验也可与钻探交替进行,以减少侧壁摩擦的影响。

4. 超重型静力触探($N_{120}$)

(1)贯入时应使穿心锤自由下落,地面上触探杆的高度不宜过高,以免倾斜和摆动过大。

(2)贯入过程应尽量连续,锤击速度宜为每分钟 15 ~ 25 次。

(3)贯入深度一般不宜超过 20m。

## 三、资料整理

### (一)触探指标整理

动力触探试验成果通常以探头在土中贯入一定深度的击数 $N$ 值作为触探指标,并以此表示贯入的难易程度。新版《工程地质手册》、水利水电标准与国标岩土工程勘察规范的条文说明中均已明确,可以以单位面积上的动贯入阻力作为触探指标,并推荐使用荷兰公式,这也是未来趋势。

1. 锤击数 $N$

轻型动力触探是以探头在土中贯入 30cm 的锤击数确定 $N_{10}$ 值。中型、重型、超重型都是以贯入 10cm 的锤击数来确定贯入击数 $N$ 值。现场试验记录的可能是一阵击的贯入度和相应的锤击数,因此需对锤击数作换算。另外还要考虑杆长因素影响对锤击数 $N$ 作必要的修正。

1)锤击数 $N$ 换算

轻型动力触探一般直接记录贯入 30cm 的锤击数,所以不必作锤击度换算。

中型、重型或超重型动力触探若记录每一阵击的贯入度及相应一阵击的锤击数时,可按下式计算贯入 10cm 所需的锤击数:

$$N=\frac{10}{e} \tag{3-10-2}$$

$$e=\frac{\Delta s}{n}$$

式中：$N$——中型、重型或超重型动力触探每贯入 10cm 所需的锤击数；

$e$——每击贯入度(cm)；

$\Delta s$——一阵击的贯入度(cm)；

$n$——一阵击的锤击数。

2)杆长因素引起的锤击数修正

《水运工程岩土勘察规范》(JTS 133—2013)规定，圆锥动力触探试验成果分析时要求根据具体情况对锤击数进行修正。在采用动力触探击数确定碎石土密实度时，按现行国家标准《岩土工程勘察规范》[2009 年版](GB 50021—2001)的有关规定进行修正。《岩土工程勘察规范》[2009 年版](GB 50021—2009)附录 B 圆锥动力触探锤击数修正规定，当采用重型圆锥动力触探确定碎石土密实度时，锤击数 $N_{63.5}$ 应按下式修正：

$$N_{63.5}=\alpha_1 \cdot N'_{63.5} \tag{3-10-3}$$

式中：$N_{63.5}$——修正后的重型圆锥动力触探锤击数；

$\alpha_1$——修正系数，按表 3-10-6 查取；

$N'_{63.5}$——实测重型圆锥动力触探锤击数。

**国家标准杆长因素引起的 $N_{63.5}$ 修正系数 $\alpha_1$** 表 3-10-6

| $\alpha_1$ \ $N'_{63.5}$ / $l$(m) | 5 | 10 | 15 | 20 | 25 | 30 | 35 | 40 | ≥50 |
|---|---|---|---|---|---|---|---|---|---|
| ≤2 | 1.00 | 1.00 | 1.00 | 1.00 | 1.00 | 1.00 | 1.00 | 1.00 | — |
| 4 | 0.96 | 0.95 | 0.93 | 0.92 | 0.90 | 0.89 | 0 87 | 0.86 | 0.84 |
| 6 | 0.93 | 0.90 | 0.88 | 0.85 | 0.83 | 0.81 | 0.79 | 0.78 | 0.75 |
| 8 | 0.90 | 0.86 | 0.83 | 0.80 | 0.77 | 0.75 | 0.73 | 0.71 | 0.67 |
| 10 | 0.88 | 0.83 | 0.79 | 0.75 | 0.72 | 0.69 | 0.67 | 0.64 | 0.61 |
| 12 | 0.85 | 0.79 | 0.75 | 0.70 | 0.67 | 0.64 | 0.61 | 0.59 | 0.55 |
| 14 | 0.82 | 0.76 | 0.71 | 0.66 | 0.62 | 0.58 | 0.56 | 0.53 | 0.50 |
| 16 | 0.79 | 0.73 | 0.67 | 0.62 | 0.57 | 0.54 | 0.51 | 0.48 | 0.45 |
| 18 | 0.77 | 0.70 | 0.63 | 0.57 | 0.53 | 0.40 | 0.46 | 0.43 | 0.40 |
| 20 | 0.75 | 0.67 | 0.59 | 0.53 | 0.48 | 0.44 | 0.41 | 0.39 | 0.36 |

注：1. $l$ 为触探杆长度(m)。

2. $N'_{63.5}$ 为未修正的重型动力触探实测击数(击/10cm)。

3. 本表可以内插使用。

当采用超重型圆锥动力触探确定碎石土密实度时，锤击数 $N_{120}$ 应按下式修正：

$$N_{120}=\alpha_2 \cdot N'_{120} \tag{3-10-4}$$

式中：$N_{120}$——修正后的重型圆锥动力触探锤击数；

$\alpha_2$——修正系数，按表 3-10-7 查取；

$N'_{120}$——实测重型圆锥动力触探锤击数。

**国家标准杆长因素引起的 $N_{120}$ 修正系数 $\alpha_2$** 表 3-10-7

| $\alpha_2$ $N'_{120}$ / $l$(m) | 1 | 3 | 5 | 7 | 9 | 10 | 15 | 20 | 25 | 30 | 35 | 40 |
|---|---|---|---|---|---|---|---|---|---|---|---|---|
| 1 | 1.00 | 1.00 | 1.00 | 1.00 | 1.00 | 1.00 | 1.00 | 1.00 | 1.00 | 1.00 | 1.00 | 1.00 |
| 2 | 0.96 | 0.92 | 0.91 | 0.90 | 0.90 | 0.90 | 0.90 | 0.89 | 0.89 | 0.88 | 0.88 | 0.88 |
| 3 | 0.94 | 0.88 | 0.86 | 0.85 | 0.84 | 0.84 | 0.84 | 0.83 | 0.82 | 0.82 | 0.81 | 0.81 |
| 5 | 0.92 | 0.82 | 0.79 | 0.78 | 0.77 | 0.77 | 0.76 | 0.75 | 0.74 | 0.73 | 0.72 | 0.72 |
| 7 | 0.90 | 0.78 | 0.75 | 0.74 | 0.73 | 0.72 | 0.71 | 0.70 | 0.68 | 0.68 | 0.67 | 0.66 |
| 9 | 0.88 | 0.75 | 0.72 | 0.70 | 0.69 | 0.68 | 0.67 | 0.66 | 0.64 | 0.63 | 0.62 | 0.62 |
| 11 | 0.87 | 0.73 | 0.69 | 0.67 | 0.66 | 0.66 | 0.64 | 0.62 | 0.61 | 0.60 | 0.59 | 0.58 |
| 13 | 0.86 | 0.71 | 0.67 | 0.65 | 0.64 | 0.63 | 0.61 | 0.60 | 0.58 | 0.57 | 0.56 | 0.55 |
| 15 | 0.86 | 0.69 | 0.65 | 0.63 | 0.62 | 0.61 | 0.59 | 0.58 | 0.56 | 0.55 | 0.54 | 0.53 |
| 17 | 0.85 | 0.68 | 0.63 | 0.61 | 0.60 | 0.60 | 0.57 | 0.56 | 0.54 | 0.53 | 0.52 | 0.50 |
| 19 | 0.84 | 0.66 | 0.62 | 0.60 | 0.58 | 0.58 | 0.56 | 0.54 | 0.52 | 0.51 | 0.50 | 0.48 |

3)侧壁影响校正

(1)轻型动力触探试验:不考虑侧壁影响的修正。

(2)中型动力触探试验:贯入深度在4m以内,可不考虑触探杆与孔壁的摩擦影响,否则采用对比法进行修正。在试验地点选择一具有代表性的地段,先进行连续触探得到不同深度的击数 $N'_{28}$ 然后在该孔旁另作对比孔的触探试验。对比孔需用钻具分段进行钻孔、清孔、触探,每段贯入深度不超过4m,得出不同深度处的击数 $N_{28}$,同一深度 $H$ 处的 $N'_{28}$ 与 $N_{28}$ 之比,即为该深度 $H$ 处的摩擦校正系数 $\alpha_H$,即:

$$\alpha_H = N'_{28}/N_{28} \tag{3-10-5}$$

由此得到的摩擦校正系数 $\alpha_H$ 用来校正其他连续贯入(有侧壁影响的)触探击数。

(3)重型动力触探试验:对于砂土和松散~中密的圆砾、卵石、触探深度在1~15m的范围内,一般可不考虑侧壁摩阻的影响,不作校正。

4)地下水位影响的校正

对地下水位以下的中、粗、砾砂和圆砾、卵石,重型动力触探的锤击数尚应按下式进行校正:

$$N_{63.5} = 1.1N'_{63.5} + 1.0 \tag{3-10-6}$$

式中:$N_{63.5}$——考虑地下水位校正后的锤击数;

$N'_{63.5}$——经杆长校正后的锤击数。

注:水电部标准对地下水位的影响不作校正。

2. 动贯入阻力

在以往的试验研究中,研究人员将锤击数 $N$ 值与室内试验及其他原位测试得出的土的物理力学指标建立相关关系,从而用 $N$ 值来推算土的物理力学指标。这一方面的研究工作已积累了大量的经验公式。这种方法比较简单、直观、使用也较方便,被国内外广泛采用。它的缺陷是不同触探参数得到的触探击数不便于相互比较,而且它的量纲也无法与其他物理力学指标一起计算。近年来国内外倾向于用动贯入阻力来替代锤击数作为动力触探指标。其目的与意义在于：

（1）采用单位面积上的动力触探指标作为计量指标，力学量纲明确，便于与其他物理量进行对比。

（2）为逐步走向读数量测自动化（例如应用电测探头）创造相应条件。

（3）便于对不同触探参数（落锤能量、探头尺寸）的成果资料进行对比分析。

3. 动贯入阻力的计算公式

动贯入阻力的计算公式有荷兰公式、苏联格尔谢万诺夫公式、海利（Hiley）公式、苏联标准ГОСТ 19912—74 公式等。下面介绍水电部标准推荐的荷兰公式：

$$R_d = \frac{Q}{Q+q} \cdot \frac{Q \cdot g \cdot H}{A \cdot e} \tag{3-10-7}$$

式中：$R_d$——动力触探动贯入阻力（$N/m^2$）；

$Q$——锤质量（kg）；

$H$——落锤高度（m）；

$g$——重力加速度 $g = 9.81m/s^2$；

$A$——探头截面积（$m^2$）；

$e$——每击贯入量（m）；

$q$——触探器（包括探头、触探杆、锤座等）的总质量（kg）。

荷兰公式建立在古典牛顿碰撞理论上，其基本假定：

（1）绝对非弹性碰撞，即碰撞后锤与杆完全不分开。

（2）完全不考虑弹性变形能量的消耗。所以在应用时，应考虑下列条件限制：

①每击贯入度在 2～50mm 之间。

②触探深度一般不超过 12m。

③触探器质量 $q$ 与落锤质量 $Q$ 之比不大于 2。

### （二）动力触探曲线

经校正后的锤击数或动贯入阻力应绘制成与深度的关系曲线。触探曲线可绘成直方图形式。进行力学分层。

计算分层动力触探指标平均值，计算时应剔除超前和滞后影响范围及个别指标异常值。

### （三）动力触探成果应用

圆锥动力触探是在地层某一段进行连续测试的方法，因此，在每一个触探点的深度方向上，触探指标的大小可以反映不同地基土的密实度、地基承载力和其他工程性质指标的大小。在实际工作中，可以利用每个勘探点的触探指标随深度的关系曲线，结合场地内的钻探资料和地区经验，划分出不同的地层，但在进行土的分层和确定土的力学性质时应考虑土触探的界面效应，即“超前”和“滞后”反应。当触探头上未达到下卧土层时，在一定深度上，下卧土层的影响已经超前反映出来，叫作“超前反应”。而当探头已经穿过上覆土层进入下卧土层中时，在一定深度以内，上覆土层的影响仍会有一定的反应，这叫作“滞后反应”。

利用圆锥动力触探定性、定量成果应用很广，除了应用触探曲线进行力学分层以外，还可以评价地基土的密实度、确定地基承载力和地基土的变形模量、确定单桩承载力和地基土的抗剪强度、检验和确定地基持力层等。

根据触探指标确定土的物理力学指标的方法与经验公式可参见有关规范、手册。应用时要注意经验公式的适用范围、公式的地方性，并与室内土工试验，其他原位测试结果比较。掌握应用方法和条件是触探成果应用的关键，对结果的可靠性起着重要的作用。

# 第十一章 平板载荷试验

## 第一节 基本原理及测试设备

### 一、基本原理

平板载荷试验(PLT)是一种最古老的、最可靠并被广泛应用的土工原位测试方法。它是在一定面积的刚性承压板上分级加荷,测定各级荷载作用下承压板下地基土的变形,再通过试验所得到的荷载 $P$ 与沉降 $s$ 的关系曲线图,按照规范标准,确定出板下地基土的承载能力。它主要反映承压板下 1.5 ~2.0 倍承压板直径或板宽范围内地基土强度、变形的综合性状,因此,浅层平板载荷试验适用于确定浅部地基土层(一般埋深小于 3.0m)板下压力主要影响范围内的承载力和变形模量。

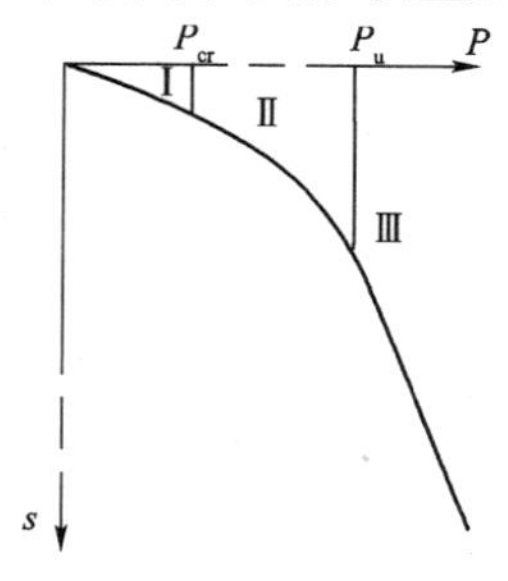

图 3-11-1 典型的 $P$—$s$ 曲线

典型的平板载荷试验 $P$—$s$ 曲线($P$ 为施加于承压板上的荷载,$s$ 为相应荷载下的沉降量)可分为三个阶段,见图 3-11-1。

(1)直线(弹性)变形阶段,当荷载小于临塑荷载 $P_{cr}$(或称比例极限荷载),$P$—$s$ 成直线关系。

(2)剪切(弹塑性)变形阶段,当荷载大于 $P_{cr}$,小于极限荷载 $P_u$,$P$—$s$ 关系由直线变为曲线。

(3)破坏(塑性变形)阶段,当荷载大于 $P_u$,沉降急剧增加。

对于直线变形阶段可用弹性理论来分析荷载与变形的关系。

1. 均质各向同性弹性半空间

由弹性理论可知刚性压板作用在半空间表面或近表面时,土的变形模量 $E_0$ 为:

$$E_0 = I_0 I_1 K(1 - \mu^2) d \tag{3-11-1}$$

式中:$d$——承压板直径(或方形承压板边长);

$I_0$——承压板位于表面的影响系数(对于圆形刚性压板 $I_0$ = 0.785;对于方形刚性压板 $I_0$ = 0.886);

$I_1$——承压板埋深 $z$ 时的修正系数(当 $z<d$,$I_1 = 1 - 0.27\dfrac{z}{d}$;当 $z>d$,$I_1 = 0.5 + 0.23\dfrac{d}{z}$);

$K$——$P$—$s$ 曲线直线段的斜率;

$\mu$——土的泊松比,按表 3-11-1 采用。

土的泊松比值 表 3-11-1

| 土的名称 | 碎石土 | 砂土 | 粉土 | 粉质黏土 | 黏土 |
|---|---|---|---|---|---|
| 泊松比 $\mu$ | 0.27 | 0.30 | 0.35 | 0.38 | 0.42 |

注：不排水饱和黏性土为 0.5。

2. 非均质各向同性弹性半空间

(1)对模量随深度成线性增加的情况，可采用不同直径的圆形承压板进行载荷试验，如：

$$E_{0z}=E_0+n_\nu\cdot z\ (z=\alpha d\ ) \tag{3-11-2}$$

式中：$E_{0z}$——深度 $z$ 处的变形模量；

$E_0$——地表处($z=0$)的变形模量；

$n_\nu$——深度增加一单位长度变形模量的增量。

$$n_\nu=\frac{I_0(1-\mu^2)}{\alpha}\cdot\frac{k_1d_1-k_2d_2}{d_1-d_2} \tag{3-11-3}$$

$$E_0=I_0(1-\mu^2)\frac{k_1-k_2}{d_1-d_2}d_1d_2 \tag{3-11-4}$$

或采用 Burmister 图解法，以$\frac{\pi}{4}(1-\mu^2)\cdot\frac{p}{s}$为纵轴，承压板直径的倒数$\frac{1}{d}$为横轴，用两种直径的承压板试验后，即可得二点，两点的连线的斜率为 $E_0$，直线与纵轴的截距为 $n_\nu$ 见图 3-11-2。

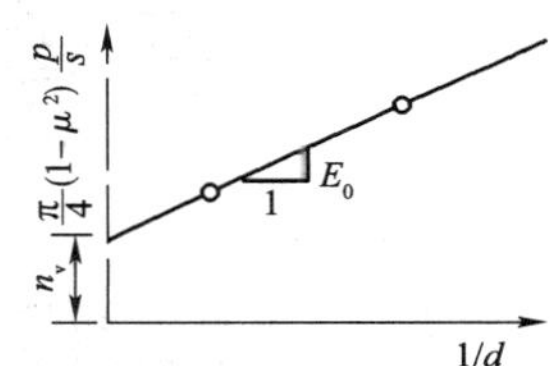

图 3-11-2 Burmister 图解法

(2)对承压板影响范围内土体为双层土体系，上层土厚度为 $h$，土的弹性参数为 $E_1$、$\mu_1$，下层土的弹性参数为 $E_2$、$\mu_2$ 可用 Burmister 双层土体系的弹性理论解(利用图 3-11-2)，求解时先利用其他测试手段得$\frac{E_1}{E_2}$比值的估计值，由图 3-11-3确定 $I_P$，即可求得 $E_2$。

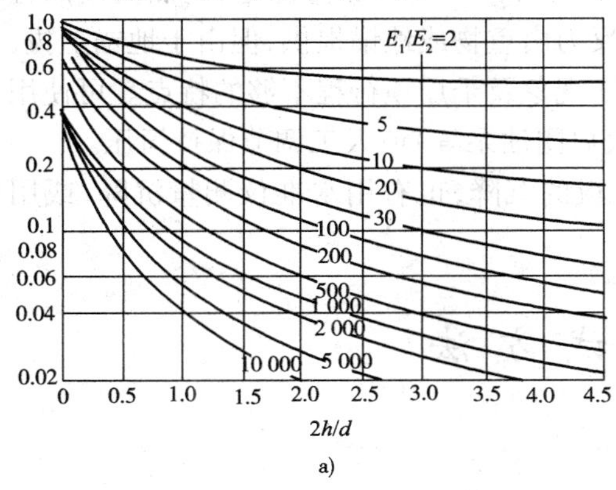

a)

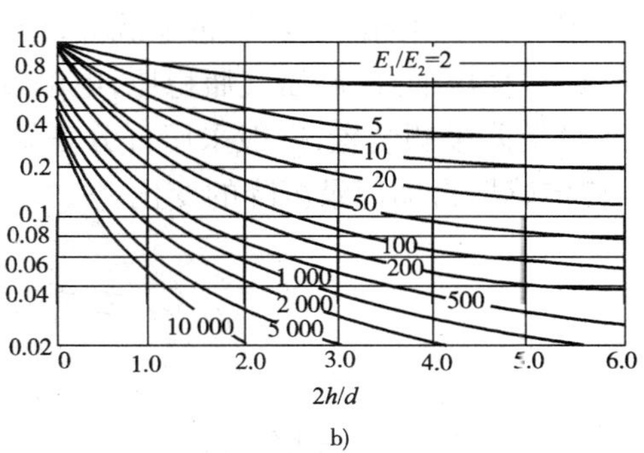

b)

图 3-11-3 Burmister 双层土体系的弹性理论解

a)上层土厚度 $h$，弹性模量 $E_1$，$\mu_1=0.2$，下层土弹性模量 $E_2$，$\mu_2=0.4$，$E_2=\frac{P}{s}d\cdot I_P$；b)$\mu_1=\mu_2=0.5$，$E_2=\frac{P}{s}\cdot d(I_P)1.5$

(3)对非均质半空间也可用小承压板于不同深度处进行载荷试验，使在承压板影响范围内土层可作为均质土处理。

平板载荷试验适用于地表浅层地基土，特别适用于各种填土、含碎石的土，也适用于各种复合地基。

## 二、测试设备

（1）平板载荷试验的常用设备如图3-11-4所示。

（2）承压板：承压板应是刚性的，形状可为圆形或方形，承压板的尺寸应大于土中最大粒径的10倍。当地基土不均匀或由软硬不一的土层组成时，为了模拟基础工作条件，应尽可能使用与基础尺寸相近的承压板。当地基土为均质土时，承压板尺寸不同，试验所得的 $P_{cr}$ 基本相同，因此可以采用较小的承压板。但当承压板过小时，承压板边缘的剪切破坏占优势，沉降会急剧的增大。一般规定承压板的最小尺寸为1000～2500cm$^2$，一般采用2500～5000cm$^2$为宜。在《水运工程岩土勘察规范》（JTS 133—2013）中规定承压板面积可采用2500cm$^2$或5000cm$^2$，密实的砂土或硬塑的黏性土可采用2500cm$^2$；软土或填土不应小于5000cm$^2$；岩石不宜小于700cm$^2$。承压板与测试岩土之间应设置1～20mm厚的中粗砂垫层找平。

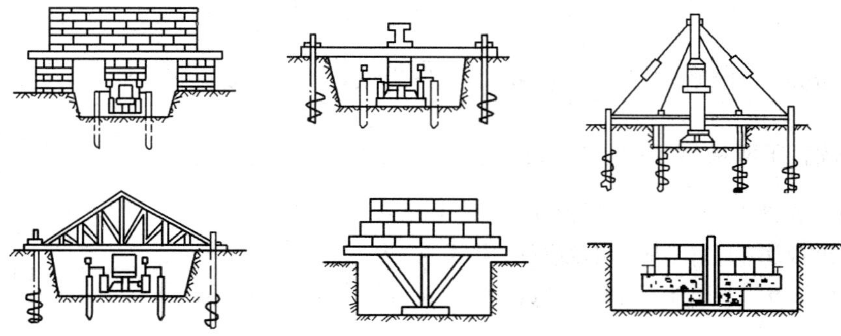

图3-11-4 几种常用的平板载荷试验设备

（3）加荷装置：加荷装置有重物加荷和千斤顶加荷两种。重物加荷稳定，但加荷慢而且费力，容易发生偏斜。用千斤顶加荷既简便又安全，反力由重物或地锚提供，但由于地锚上拔，传力杆变形，千斤顶漏油和承压板下沉等，会出现松压现象及千斤顶行程不够的特点。可使用各种稳压器（稳压油缸、高压气瓶稳压，电触点压力表启闭油泵等）或人工调节保持恒压。

（4）沉降量测装置，一般采用百分表量测承压板的沉降，也有用水准仪测量沉降，或用电测位移传感器自动记录沉降的变化。

# 第二节 测试方法

## 一、试验位置的选择

应根据场地均匀性，结合上部工程要求，选择有代表性的地点进行载荷试验。当基础影响深度范围内土层均匀时，可在基底高程处进行试验，当土层性质随深度变化或为成层分布时，要考虑在不同深度上进行试验。《水运工程岩土勘察规范》（JTS 133—2013）规定，浅层平板载荷试验可用于测定承压板下压力主要影响范围内各类土、风化岩、软岩等的承载力和变形特

性，试验的影响深度应为1.5～2.0倍承压板的宽度或直径。浅层平板载荷试验点的平面布置应具有代表性，在同一岩土层上不应少于3个点，试验点应布置在基础底面高程处。

## 二、试坑宽度

一般应为承压板直径的4～5倍，至少3倍，以满足半空间表面受荷边界条件的要求。《水运工程岩土勘察规范》(JTS 133—2013)要求，试坑底面宽度不应小于承压板直径或宽度的3倍。试验前应保持坑底岩土层的天然状态。承压板埋深对临塑荷载、极限荷载和沉降量均有一定的影响，为了模拟基础的工作条件、可考虑使承压板埋深与宽度之比和基础埋深与深度之比相等的原则进行试验，通常试验深度应与基础的埋置深度标高和土层位置一致。

## 三、加荷与观测方法

(1)分级维持荷载沉降相对稳定法(常规慢速维持荷载法)

分级加荷按等荷载增量均衡施加，荷载增量一般取预估试验土层极限荷载的1/8～1/10，或临塑荷载的1/4～1/5。

不同岩土试验的相对稳定标准应满足下列要求：

①当试验对象为土体、全风化岩、强风化岩时，每级荷载下，先按10min、10min、10min、15min、15min测读沉降，以后每隔30min测读一次沉降，直到连续2h内每1h沉降增量不大于0.1mm为止。

②当试验对象为岩石时，每级荷载下，先按1min、2min、2min、5min测读沉降，以后每隔10min测读一次沉降，直到连续三次读数差不大于0.01mm为止。

③当需要进行回弹观测时，卸荷应分级进行并观测回弹值，每级卸荷载量可为加荷的2倍。每卸一级荷载后，应间隔10min测读一次，连续观测1h，荷载卸完后应以30min为间隔继续观测3h。

(2)分级维持荷载沉降非稳定法(快速法)

分级加荷与慢速法同，但每加一级荷载按间隔15min观测一次沉降，每级荷载维持2h，即可施加下一级荷载。

(3)等沉降速率法

控制承压板以一定的沉降速率沉降，测读沉降与相应的施加荷载，直至试验达破坏状态。

(4)《水运工程岩土勘察规范》(JTS 133—2013)确定加荷标准时第一级荷载应计入设备自重并宜接近试坑挖除的土重；以后每级荷载增量，低中等压缩性土，可采用50kPa，高压缩性土可采用25kPa，特别软弱的土可采用10kPa，风化岩、软岩可采用100～200kPa。当能够预估极限荷载时，每级荷载增量可取极限荷载的1/8～1/12。

加荷方式宜采用分级维持荷载沉降相对稳定法。有地区经验时，可采用分级维持荷载沉降非稳定法。荷载的量测精度不应低于最大荷载的±1%，承压板沉降量的量测精度不应低于±0.01mm。

## 四、试验终止条件

《水运工程岩土勘察规范》(JTS 133—2013)规定当以确定地基承载力为目的时，试验应进行至能获得极限压力或者最后一级荷载达到设计荷载的 2 倍为止；当以确定地基变形模量为目的时，试验应进行至出现比例界限点以后 1 ~ 2 级荷载为止。极限压力可按下列情况判断：

（1）承压板周围的土被挤出或出现裂缝和隆起，沉降急剧增加；

（2）本级荷载的沉降量大于前级荷载的沉降量的 5 倍，荷载与沉降曲线出现明显陡降；

（3）在本级荷载下，持续 24h 内沉降速率等速或加速发展，不能达到相对稳定标准；

（4）总沉降量超过承压板直径或宽度的 1/12。

## 第三节 资料整理

### 一、成果整理

#### （一）相对稳定法试验

对原始资料经校核后，绘制实测 $P$—$s$、$t$—$s$ 曲线，针对不同类型的 $P$—$s$ 曲线用不同方法进行整理。

1. 拐点型 $P$—$s$ 曲线（即具有明显直线段和拐点）

可用直线回归方法找出最佳回归直线，即：

$$s = s_0 + C \cdot P \tag{3-11-5}$$

其中：

$$C = \frac{N \cdot \sum(P \cdot s') - \sum P \cdot \sum s'}{N \cdot \sum P^2 - (\sum P)^2} \tag{3-11-6}$$

$$s_0 = \frac{\sum s' \cdot \sum P^2 - \sum P \cdot \sum(P \cdot s')}{N \cdot \sum P^2 - (\sum P)^2} \tag{3-11-7}$$

式中：$N$——直线段荷载级数；

$P$——直线段某级荷载（kPa）；

$s'$——直线段某级荷载下的沉降观测值（cm）；

$C$——回归直线的斜率；

$s_0$——沉降校正值（cm）。

对于比例界限之前：

$$s = C \cdot P \tag{3-11-8}$$

对于比例界限之后：

$$s = s' - s_0 \tag{3-11-9}$$

根据 $P$ 和相应的 $s$ 值绘制最终的 $P$—$s$ 曲线。

2. 圆滑型或不规则型 $P$—$s$ 曲线（即不具明显直线段和拐点）

（1）假设 $P$—$s$ 曲线为二次曲线，可采用三点法处理，要求前三级荷载级差为相等的，设曲线的二阶导数为常数，则：

$$\begin{cases} s_0 = 3s'_1 - 3s'_2 + s'_3 \\ s = s' - s_0 \end{cases} \tag{3-11-10}$$

式中：$s'_1$、$s'_2$、$s'_3$——分别为第1、第2、第3级荷载下沉降实测值(cm)；

$s$——校正后的沉降值(cm)；

$s_0$——沉降的校正值(cm)。

(2)对不规则的 $P$—$s$ 曲线可用一高次多项式拟合，即：

$$s = b_0 + b_1 p + b_2 p^2 + \cdots + b_n p^n \tag{3-11-11}$$

选择适当的 $n$，使所得回归方程能满意地逼近实测的 $P$—$s$ 曲线，一般 $n<4$。

(3)对不规则的 $P$—$s$ 曲线也可用逐步回归拟合，考虑对数项，指数项等函数项进行分析整理。

### (二)非稳定法

(1)假设 $s$ 与 $\ln(t+1)$ 为直线关系，即：

$$s_n = \alpha_n + \beta_n \ln(t_n + 1) \tag{3-11-12}$$

式中：$s_n$、$t_n$——为第 $n$ 级荷载下外推的稳定沉降量和稳定时间；

$\alpha_n$、$\beta_n$——为第 $n$ 级荷载下 $s$—$\ln(t+1)$ 直线关系的截距与斜率。

根据第 $n$ 级荷载下2h内的沉降—时间观测值，可以计算直线关系方程的 $\alpha_n$、$\beta_n$。

$$\begin{cases} \alpha_n = \dfrac{\sum s_i \cdot \sum[\ln(t_i+1)]^2 - \sum\ln(t_i+1) \cdot \sum[s_i \cdot \ln(t_i+1)]}{N \cdot \sum[\ln(t_i+1)]^2 - [\sum\ln(t_i+1)]^2} \\ \beta_n = \dfrac{N \cdot \sum[s_i \cdot \ln(t_i+1)] - \sum s_i \cdot \sum\ln(t_i+1)}{N \cdot \sum[\ln(t_i+1)]^2 - [\sum\ln(t_i+1)]^2} \end{cases} \tag{3-11-13}$$

式中：$s_i$、$t_i$——为第 $n$ 级荷载下第 $i$ 次沉降观测值中扣除了 $s_0$ 后的沉降值及观测时间。

(2)由式(3-11-14)计算沉降速率达相对稳定标准的时间 $t_w$ 及沉降量 $s_w$，当 $t_w$ 不是30min的倍数时，可将其增大为30的倍数。

$$\begin{cases} t_w = \dfrac{60}{1 - e^{-0.01/\beta_n}} \\ s_w = \alpha_n + \beta_n \ln(t_w + 1) \end{cases} \tag{3-11-14}$$

式中，相对稳定标准为每小时沉降量小于0.1mm。

(3)计算残余沉降量：由于非稳定法加荷，沉降观测时间仅为2h，前一级荷载的沉降尚未达稳定，会影响后一级荷载的沉降量，这种影响所产生的沉降量为残余沉降量。每次读数的相应残余沉降量 $\Delta s^i_{mn}$ 按下式计算：

$$\Delta s^i_{mn} = \sum_{m=1}^{n-1} \beta_m \ln\left[1 + \frac{15i}{120(n-m)+1}\right] \tag{3-11-15}$$

式中：$\Delta s^i_{mn}$——第 $m$ 级荷载对第 $n$ 级荷载第 $i$ 次观测值中应扣除的残余沉降量；

$m$——第 $n$ 级荷载前的荷载级数($m<n$)。

(4)第 $n$ 级荷载下第 $i$ 次沉降观测值 $\Delta s'_{ni}$ 扣除 $\Delta s^i_{mn}$ 后为修正后的沉降值 $\Delta s_{ni}$。

$$s_{ni} = s'_{ni} - \Delta s^i_{mn} \tag{3-11-16}$$

## 二、成果应用

### (一)确定地基土的承载力

#### 1. 拐点法

适用于拐点型的 $P$—$s$ 曲线，或利用其他辅助曲线可确定拐点的情况，一般取第一拐点 $P_{cr}$

对应的荷载为容许承载力特征值。

可以利用的辅助曲线有 $\lg P$—$\lg s$、$s$—$\lg P$、$P$—$\frac{\Delta s}{\Delta P}$、$P$—$\frac{\Delta s}{\Delta t}$或 $P$—$\frac{\Delta s}{\Delta \lg t}$。

2. 相对沉降法

在经过校正后的 $P$—$s$ 曲线上取 $s/b$ 一定的比值确定容许承载力特征值（$b$ 为压板直径或边长）。

（1）Terzaghi 取 $s/b=0.02$ 相应的荷载为容许承载力特征值。

（2）Skempton 取 $s/b=0.03$ 相应的荷载为容许承载力特征值。

（3）《建筑地基基础设计规范》（GB 50007—2011）规定：当压板面积为 $0.25\sim0.50\text{m}^2$，承载力特征值可取 $s/b=0.01\sim0.015$ 所对应的荷载，但其值不应大于最大加载量的一半。

3. 极限荷载法

由 $P$—$s$ 曲线上所得的极限荷载除以安全系数为容许承载力。极限荷载按下列方法确定。

（1）第二拐点法：

用 $P$—$s$ 曲线或 $\lg P$—$\lg s$、$s$—$\lg P$、$P$—$\frac{\Delta s}{\Delta P}$、$P$—$\frac{\Delta s}{\Delta t}$、$P$—$\frac{\Delta s}{\Delta \lg t}$曲线的第二拐点对应的荷载为极限荷载。

（2）$s/b=0.06$ 相应的荷载为极限荷载。

4. 水运规范地基承载力确定方法

在《水运工程岩土勘察规范》（JTS 133—2013）中，地基承载力可按下列方法确定：

（1）临塑荷载法：对于坚硬黏性土、砂土、碎石土等，以比例界限 $P_0$ 值作为容许承力。

（2）极限荷载法：当 $P$—$s$ 曲线上的比例界限点出现后，土很快达到极限破坏，即比例界限荷载 $P_0$（即图 3-11-1$P_{cr}$）与极限荷载 $P_u$ 接近，将 $P_u$ 除以安全系数 2.0 ~ 3.0，作为容许承载力。

（3）相对沉降控制法：当在 $P$—$s$ 曲线上没有明显的直线段，在 $P$—$s$ 曲线较平缓的区段选取承载力，对一般黏性土、软土采用相对沉降不大于 0.02 对应的压力作为容许承载载力；当极限荷载 $P_u$ 小于 $P_{s/d=0.02}$的 2 倍时，以 $P_u/2$ 作为容许承载力；对低压缩性土、砂土采用相对沉降 0.010 ~ 0.015 对应的压力作为容许承载力；对风化岩、软岩采用相对沉降 0.001 ~ 0.002 对应的压力作为容许承载力。

**（二）确定地基土的变形模量**

利用式（3-11-1）、式（3-11-2）可以确定均质各向同性地基土的变形模量 $E_0$ 和非均质各向同性地基土的变形模量随深度的变化（$E_0$，$n_v$）。

可以用常规慢速法或非稳定法修正后的 $P$—$s$ 曲线直线段的斜率确定排水的变形模量，用等沉降速率法所得的 $P$—$s$ 曲线直线段的斜率确定不排水的变形模量。

《水运工程岩土勘察规范》（JTS 133—2013）规定：变形模量可按下列公式确定。

承压板为圆形：

$$E_0=0.785(1-\mu^2)d\frac{P}{s} \tag{3-11-17}$$

承压板为方形：

$$E_0 = 0.886(1-\mu^2)b\frac{P}{s} \tag{3-11-18}$$

式中：$E_0$——试验土层的变形模量(kPa)；

$P$——$P$—$s$ 曲线上直线段的压力(kPa)；

$s$——对应于施加压力的沉降量(cm)；

$d$、$b$——承压板的直径边长(cm)；

$\mu$——地基土的泊松比(查规范取值)。

**(三)确定基准基床系数**

基准基床系数可根据承压板的边长为30cm的平板载荷试验按下式计算：

$$K_V = P/s \tag{3-11-19}$$

式中：$K_V$——基准基床系数(kN/m$^3$)；

$P/s$——$P$—$s$ 曲线直线段的斜率，$P$—$s$ 曲线无直线段时，$P$ 取临塑荷载 $P_{cr}$ 的一半，$s$ 为相应于该值的沉降值(m)。

# 第十二章 标准贯入试验

## 第一节 标准贯入试验的应用和原理

### 一、标准贯入试验的应用

标准贯入试验(SPT)实质上也是一种动力触探试验的方法,自创立六十多年以来,是在国内外应用最广泛的一种地基现场原位测试。特别是对地区条件较为了解和有建筑设计经验时,标准贯入试验更能得到较好的应用,标准贯入试验主要适用于砂土、粉土和黏性土,也可用于残积土、极软岩、软岩。它适用范围较广,设备简单,操作简易,并已积累了大量的实际经验。其应用一般有以下几方面:

(1)查明场地的地层剖面和各地层在垂直和水平方向的均匀程度及软弱夹层。

(2)确定地基土的承载力、变形模量、物理力学指标及建筑物设计时所需参数等。

(3)预估单桩承载力和选择桩尖持力层。

(4)地基加固处理效果的检验和施工监测。

(5)判定砂土的密实度、黏性土的稠度,判别砂土和粉土地震液化的可能性。

### 二、标准贯入试验的原理

标准贯入试验是用质量为 63.5kg ± 0.5kg 的穿心锤,以 76cm ± 2cm 的落距,将一定规格的标准贯入器打入土中 15cm,再打入 30cm,以最后打入 30cm 的锤击数作为标准贯入试验的指标即标准贯入击数 $N$。一般情况下,土的承载力高,标准贯入器打入土中的阻力就大,标准贯入击数 $N$ 就大;反之,则标准贯入击数 $N$ 就小。因此,通过标准贯入试验的标准贯入击数 $N$,结合相关经验,就可以对原状土的工程指标作出评价。

标准贯入试验与动力触探试验在设备上的区别,主要是探头形式和结构的差异。标准贯入试验的探头部分称为贯入器,是由取土器转化而来的开口管状空心探头。在整个贯入过程中,是整个贯入器对端部和周围土体将产生挤压和剪切作用,同时由于贯入器中间是空心的,将有一部分土挤入,加之又是在冲击力作用之下,其工作情况及边界条件显得非常复杂。因此,对标准贯入试验虽有一些试验研究成果,但至今还没有获得一个严格的理论解答。

标准贯入试验和其他动力触探方法相似,影响因素较多。它是在钻孔中进行的,故基本上不存在探杆侧摩阻力的影响,而钻孔方法、护壁方法及清孔质量对标准贯入试验的结果影响较大。一般认为,回转钻进,泥浆护壁的方法较好,孔底残土的厚度不应超过 10cm,《水运工程岩

土勘察规范》(JTS 133—2013)规定孔底废土的高度不得超过5cm,否则应重新清孔后才能试验。标准贯入试验的探杆长度、地下水位、落锤方式及控制精度、探杆平直度和探杆连接刚度的影响,大体和圆锥头动力触探相类似。

## 第二节 标准贯入试验设备和标准贯入试验

### 一、试验设备

如图3-12-1所示,标准贯入试验设备装置主要由贯入器(长810mm、内径35mm、外径51mm)、贯入探杆、穿心锤(质量为63.5kg±0.5kg)、锤垫、导向杆及自动落锤装置等组成。但标准贯入试验设备并不完全标准,其规格各国有所差异(表3-12-1)。

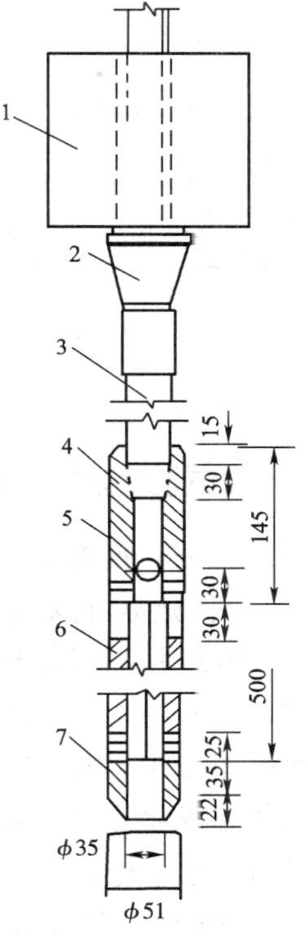


图3-12-1 标准贯入试验装置(尺寸单位:mm)

1-穿心锤;2-锤垫;3-探杆;4-贯入器头;5-出水孔;6-贯入器身;7-贯入器靴(刃口厚1.6mm)

### 二、试验方法

(1)钻孔时,为防止扰动底土,一般先钻孔至试验土层高程以上15cm处,清除孔底的虚土和残土。为防止孔中发生流砂或塌孔,通常采用泥浆护壁。

(2)贯入前检查探杆与贯入器的接头是否已连接稳妥,然后将贯入器和探杆放入孔内,并注意保持导向杆、探杆和贯入器的轴线在同一铅垂线上,以保证穿心锤的垂直施打。

(3)贯入时,穿心锤落距为76cm,一般采用自动落锤装置。贯入速率为15~30击/min,并记录锤击数,包括:先打入的15cm预打击数、后30cm中每10cm的击数以及30cm的累计击数。后30cm的总击数$N$即为贯入击数。

如为密实土层,$N\geqslant 50$时,记录下50击时的贯入深度即可,不必强行打入。其贯入击数按下式计算:

$$N=\frac{1500}{\Delta S} \tag{3-12-1}$$

式中:$\Delta S$——相对应50击时的贯入量(cm)。

(4)转动探杆,提出贯入器并取出贯入器中的土样进行鉴别、描述、记录,必要时送试验室分析。

(5)如需进行下一深度的实验,重复上述步骤,并注意孔内水位应始终高于孔外。

国际常用贯入设备规格 表3-12-1

| 项目 \ 规程 | | 中国 1988年 | 国际标准 1988年 | 欧洲规程 1977年 | 日本 1976年 | 美国 1984年 |
|---|---|---|---|---|---|---|
| 贯入器 | 外径(mm) | 51(+0.2~0) | 51±1 | 51±1 | 51 | 50.8 (-1.3~0) |
| | 内径(mm) | 35 | 35±1 | 35±1 | 35 | 34.94±0.13 |
| | 全长(mm) | 700 | 685 | 660 | 810 | 685.8 |

续上表

<table>
<tr><td colspan="3">规程<br>项目</td><td>中国<br>1988年</td><td>国际标准<br>1988年</td><td>欧洲规程<br>1977年</td><td>日本<br>1976年</td><td>美国<br>1984年</td></tr>
<tr><td rowspan="3">贯入器</td><td rowspan="3">管靴</td><td>全长(mm)</td><td>50</td><td>50</td><td>50</td><td>50</td><td>50</td></tr>
<tr><td>刃角</td><td>19°50′</td><td>—</td><td>18°36′</td><td>19°47′</td><td>18°25′</td></tr>
<tr><td>刃口厚(mm)</td><td>0～2.5</td><td>1.6</td><td>1.6</td><td>—</td><td>—</td></tr>
<tr><td rowspan="3">探杆</td><td colspan="2">弯曲度</td><td><1/1000</td><td><1/750</td><td>1/1000</td><td>—</td><td>—</td></tr>
<tr><td colspan="2">孔深小于15m</td><td rowspan="2">$\phi-42$mm</td><td rowspan="2">$\phi-40.5$mm<br>$\phi-50$mm<br>$\phi-60$mm</td><td>$\phi-43.7$mmAW<br>型钢管</td><td rowspan="2">M1409型<br>$\phi-40.5/42$mm</td><td>$\phi-41.2$mm<br>$\phi-48.4$mm<br>$\phi-60.3$mm</td></tr>
<tr><td colspan="2">孔深大于15m</td><td>$\phi-54$mmBW<br>型钢管</td><td>刚度较大管</td></tr>
<tr><td rowspan="2">穿心锤</td><td colspan="2">质量(kg)</td><td>63.5±0.5</td><td>63.5±0.5</td><td>63.5±0.5</td><td>63.5</td><td>63.5±1.0</td></tr>
<tr><td colspan="2">下落高度(cm)</td><td>76±2</td><td>76±1</td><td>76±2</td><td>76</td><td>76±0.25</td></tr>
</table>

# 第三节 地基参数估算

## 一、试验成果校正

### 1. 探杆长度因素影响的校正

我国《建筑地基基础设计规范》(GB 50007—2011)和《水运工程岩土勘察规范》(JTS 133—2013)没有对探杆长度校正作出具体的要求。《岩土工程勘察规范》[2009年版](GB 50021—2001)规定，应用 $N$ 值时是否修正如何修正，应根据建立统计关系时的具体情况确定。在实际工作中，当杆长小于3m时，一般不需要探杆长度校正，当杆长大于3m时，可根据工程的具体要求确定是否需要进行校正，校正方法可参照《建筑地基基础设计规范》(GB 50007—2011)的规定执行。

《建筑地基基础设计规范》(GB 50007—2011)规定，当杆长大于3m时，锤击数应按下式进行校正：

$$N=\alpha\cdot N' \tag{3-12-2}$$

式中：$N'$——实测锤击数；

$\alpha$——探杆长度因素校正系数(表3-12-2)。

**探杆长度因素影响的校正系数 $\alpha$** 表3-12-2

| 探杆长度(m) | ≤3 | 6 | 9 | 12 | 15 | 18 | 21 |
|---|---|---|---|---|---|---|---|
| $\alpha$ | 1.00 | 0.92 | 0.86 | 0.81 | 0.77 | 0.73 | 0.70 |

### 2. 地下水影响的校正

当用 $N$ 值确定 $D_r$、$\varphi$ 时，对地下水位以下中、粗砂层的 $N$ 值宜按下式校正：

$$N=N'+5 \tag{3-12-3}$$

式中符号同前。

## 二、砂土相对密度、密实度、内摩擦角和黏性土天然状态的确定

砂土(不具有胶结性,不含碎石、卵石)的相对密度和内摩擦角,可分别按图 3-12-2 和图 3-12-3 确定。

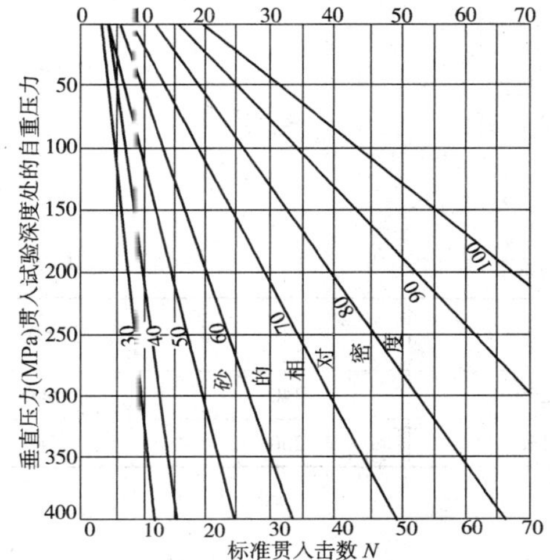


图 3-12-2　标准贯入击数与相对密度的关系

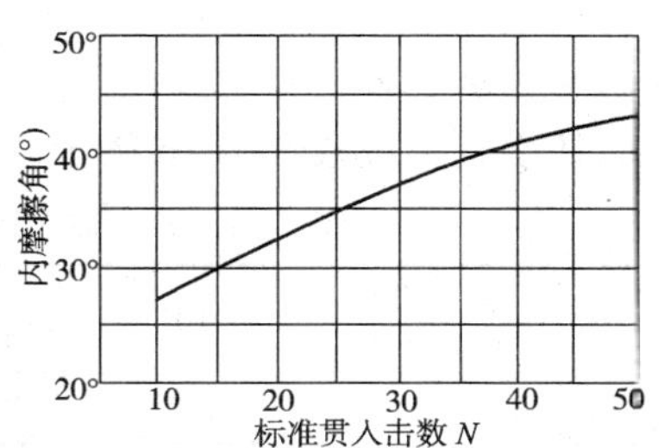


图 3-12-3　标准贯入击数与内摩擦角的关系

注:当 $N<10$ 时,$\varphi$ 值按 $N=10$ 确定;$N>50$ 时,$\varphi$ 值按 $N=50$ 确定

沙的密实度与标贯击数的关系见表 3-12-3。

**根据标准贯入试验锤击数判定砂土的密实度**　表 3-12-3

| 砂土密实度 | 松散 | 稍密 | 中密 | 密实 | 极密实 |
|---|---|---|---|---|---|
| 标贯击数 $N$ | $N\leqslant10$ | $10<N\leqslant15$ | $15<N\leqslant30$ | $30<N\leqslant50$ | $N>50$ |

黏性土的天然状态与标贯击数的关系见表 3-12-4。

**根据标准贯入试验锤击数判定黏性土的天然状态**　表 3-12-4

| 黏性土天然状态 | 很软 | 软 | 中等 | 硬 | 坚硬 |
|---|---|---|---|---|---|
| 标贯击数 $N$ | $N<2$ | $2\leqslant N<4$ | $4\leqslant N<8$ | $8\leqslant N<15$ | $N\geqslant15$ |

## 三、评价地基承载力

1. 黏性土地基承载力

(1)根据标准贯入试验与荷载试验的资料对比并进行回归统计分析,黏性土地基的承载力与标准贯入击数的关系见表 3-12-5。

**黏性土地基的承载力与标准贯入击数 $N$ 的关系**　表 3-12-5

| $N$(击/30cm) | 3 | 5 | 7 | 9 | 11 | 13 | 15 | 17 | 19 | 21 | 23 |
|---|---|---|---|---|---|---|---|---|---|---|---|
| $f_k$(kPa) | 105 | 145 | 190 | 235 | 280 | 325 | 370 | 430 | 515 | 600 | 680 |

考虑到标准贯入试验数据离散性大,因此,不能依据单孔的试验资料进行评价。在确定 $f_k$ 时,应按下式予以修正:

$$N=\overline{N}-1.645\sigma \tag{3-12-4}$$

式中:$\overline{N}$——实测平均贯入击数;

$\sigma$——实测击数的标准差。

(2)对黏性土的无侧限抗压强度,可用标准贯入击数按地区相关关系判断。如长江中、下游地区:

一般黏土、亚黏土

$$q_u = 0.014N(\text{MPa})$$

老黏土

$$q_u = 0.015N(\text{MPa})$$

2.砂土地基承载力

砂土地基承载力按表3-12-6确定。

**砂土地基承载力标准值(kPa)** 表3-12-6

| 土类 \ N | 10 | 15 | 30 | 50 |
|---|---|---|---|---|
| 中、粗砂 | 180 | 250 | 340 | 500 |
| 粉、细砂 | 140 | 180 | 250 | 340 |

## 四、估算土的变形模量

用标准贯入试验估算土的变形模量有两种方法。一种是与平板载荷试验对比;另一种是与室内压缩试验对比,从而得出变形模量。其结果可从表3-12-7中查得。

**变形模量 $E_0$ 表(MPa)** 表3-12-7

| N \ 土名 | 粗　砂 | 中　砂 | 细　砂 | 粉　砂 |
|---|---|---|---|---|
| >30 | 30~60 | 30~50 | 20~40<br>(15~35) | 25~40<br>(20~35) |
| 15~30 | 15~30 | 15~30 | 10~20<br>(10~15) | 10~20<br>(10~15) |
| 10~15 | 10~15 | 0.85~15 | 7.0~10 | 7.5~10<br>(7.0~15) |
| <10 | 2.5~10 | 0.6~0.85 | 4.0~7.0<br>(2.5~6.0) | 4.5~6.0<br>(3.5~4.5) |

## 五、预估单桩承载力及选择桩尖持力层

1.预估单桩承载力

对于摩擦端承桩的单桩承载力,一般包括桩尖和桩周两部分的承载力。对于打入桩的单位极限端阻力采用:

$$q_p = \frac{60.8\,\overline{N}\cdot h}{D}(\text{kPa}) \tag{3-12-5}$$

式中:$q_p$——桩尖单位极限端阻力(kPa);

$\overline{N}$——桩尖附近的平均标贯击数;

$h$——桩进入砂层的深度(m);

$D$——桩径(m)。

打入桩的极限侧摩阻力：

$$f_s = 3.04\overline{N}(\text{kPa}) \tag{3-12-6}$$

式中：$f_s$—— 桩侧单位极限摩阻力(kPa)；

$\overline{N}$——桩埋置深度范围内的平均标贯击数。

另外，可用表3-12-8预估打入混凝土桩的承载力。

**预估单桩承载力表** 表3-12-8

| 土　名 | 桩尖阻力(kPa) | 桩身阻力(kPa) |
|---|---|---|
| 可塑黏土 | 70N | 5N |
| 黏土、粉砂、砂混合物 | 160N | 4N |
| 净砂 | 320N | 1.9N |
| 含贝壳砂、软石灰岩 | 360N | 1.0N |

2. 选择桩尖持力层

由于标准贯入试验同时具有取土和确定贯入击数指标的功能，利用标贯试验来选择持力层，从而确定桩长，是一个比较简便和有效的方法。特别是在地层变化较大的情况下，更具有优越性。

根据经验，对于打入桩常选择 $N = 30 \sim 50$ 的土层作为持力层，但必须强调应与地区经验相结合，不可生搬硬套。如上海选在地面下35～50m，$N = 15 \sim 20$ 的暗绿色或黄褐色亚黏土作持力层；天津一般选粉土、粉砂，有时也选用黄褐色亚黏土作持力层，经多年使用证明情况良好，效益显著。

## 六、对地基土液化可能性的判别

用标准贯入试验判别砂土、粉土地震液化的可能性，以及确定对不同建筑物采取有效而又经济的防震措施，已经取得了很满意的成效。

根据对大量地震资料的分析，地震中发生液化和未液化场地的应力比值与校正过的标贯击数 $N$ 间存在着相关关系。当实际标贯击数大于某临界标贯击数时，即认为不会液化。《建筑抗震设计规范》(GB 50011—2010)规定：当初步判别认为需进一步进行液化判别时，应采用标准贯入试验判别法判别地面下15m深度范围内的液化；当采用桩基或埋深大于5m的深基础时，尚应判别15～20m范围内土的液化。当饱和土标准贯入锤击数(未经杆长修正)小于液化判别标准贯入锤击数临界值时，应判为液化土。当有成熟经验时，尚可采用其他判别方法。

《水运工程抗震设计规范》(JTS 146—2012)规定：地面以下20m深度范围内，液化判别标准贯入锤击数 $N_{cr}$ 临界值可按下式计算：

$$N_{cr} = N_0\beta[\ln(0.6d_s + 1.5) - 0.1d_w]\sqrt{\frac{3}{M_c}} \tag{3-12-7}$$

式中：$N_0$——液化判别标准贯入锤击数基准值：按表3-12-9采用；

$\beta$——调整系数。设计地震第一组取0.80，第二组取0.95，第三组取1.05(设计地震分组查《我国主要城镇抗震烈度、设计基本地震加速度和设计地震分组》表)；

$d_s$——饱和土标准贯入点深度(m)；

$d_w$——地下水位深度(m)；

$M_c$——黏粒含量百分率(%)，当小于3或为砂土时，均应取3。

**液化判别标准贯入锤击数基准值 $N_0$** 表3-12-9

| 设计基本地震加速度 | 0.10g | 0.15g | 0.20g | 0.30g | 0.40g |
|---|---|---|---|---|---|
| 液化判别标准贯入锤击数基准值 $N_0$ | 7 | 10 | 12 | 16 | 19 |

# 第十三章 旁压试验

旁压试验或称横压试验，是工程地质勘察中原位测试方法的一种，简称 PMT。它的原理是在钻孔中放入一个可扩张的圆柱形旁压器，使旁压膜膨胀，并由该模（或护套）将压力传给周围土体，使土体产生变形直至破坏，从而得到压力与钻孔体积增量（或经向位移）之间的关系，并进而绘制旁压曲线。根据这种关系对地基土的承载力、变形性质等进行评价。这实质上是在钻孔中进行横向的荷载试验。

从旁压曲线上，可找出地基中的初始水平应力 $p_0$，临塑压力 $p_f$ 和极限压力 $p_l$ 等特征值，计算出旁压模量 $E_m$。

旁压试验有预钻式旁压试验和自钻式旁压试验两种，预钻式旁压试验可用于黏性土、粉土、砂土、碎石土、残积土极软岩和软岩；自钻式旁压试验可用于黏性土、粉土和砂土等，现分别介绍于后。

## 第一节 预钻式旁压试验

### 一、旁压试验设备

预钻式旁压仪由旁压器（也称探头），加压稳定装置、变形量测系统和管路组成。构造原理如图 3-13-1。旁压器是对土体施加压力的部分，分为三腔式和单腔式，国内常用的为三腔式。试验时，有压力的水通过中间的管路进入测量腔，使橡胶膜径向向土体方向膨胀，给周围土体施加压力，从而得到测量腔压力和体积增量之间，亦即周围土体受到的压力与变形之间的关系。与此同时，上、下辅腔同步注入同样压力的水，使辅腔也同时膨胀，并向孔壁施加压力。这样便基本上可以把测量腔周围土体的受力变形当作一个平面应变问题来处理。图 3-13-1 中旁压器中间的管子为导水管，用来排除旁压器下面的水和空气，使旁压器能顺利下到预定位置。

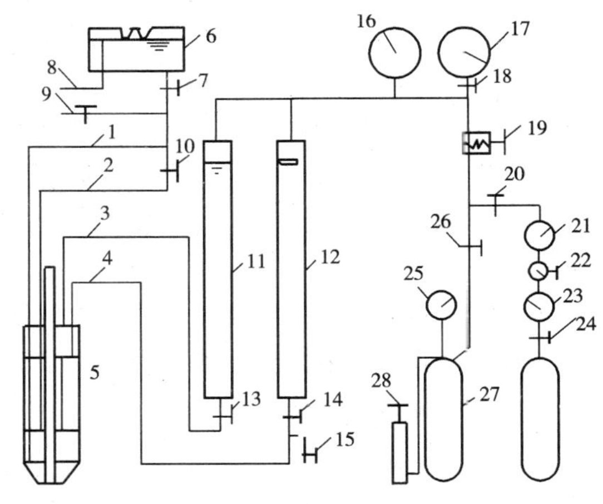

图 3-13-1 PY 型旁压仪构造原理图

1-注水管；2-注水管；3-导压管；4-导压管；5-旁压器；6-水箱；7-注水阀；8-水箱加压，接打气筒；9-排水阀；10-中腔注水阀；11-辅管；12-测管；13-辅管阀；14-测管阀；15-调零阀；16-中压表；17-低压表；18-低压表阀；19-调压阀；20-氮气加压阀；21-中压表；22-减压阀；23-高压表；24-氮气源阀；25-高压表；26-手动加压阀；27-钢瓶；28-打气筒

加压稳定装置的基本功能是给旁压器加压

并保持稳定。它包括气源、压力表、调压阀及阀门等部件。气源可用高压氮气瓶，在低压时也可用打气筒打气。

变形量测系统由测管、辅管、水箱及各类阀门组成。主要功能是向旁压器注水并量测进入旁压器的水量，经过一定的转换，确定孔周围土体的变形。

旁压仪各部分由各种管路连接起来形成一个整体。

## 二、旁压仪校正

### （一）旁压膜约束力的标定

*1. 旁压膜需要标定的情况*

随旁压器的膨胀，为了克服橡胶膜的约束力，需要消耗一定的压力，这就使施加于土的实际压力小于压力表显示的压力，故压力必须进行标定。由于用橡胶制成的膜，受力变形后的恢复需要有一定的过程，新膜和放置一定时间后的膜、连续使用的膜约束力都会有变化，所以，当出现下列情况之一时，应对膜进行标定。

（1）新使用的膜。

（2）新膜经第一次标定，试验 3 ~4 次之后。

（3）通常情况下经标定，试验 6 ~8 次之后。

（4）停止试验两昼夜以上，重新试验之前。

（5）当从孔中取出旁压器时，由于孔壁阻力，出现将膜拉翻到下面的箍时。

*2. 旁压膜约束力标定的方法*

（1）校正前对旁压膜进行加压减压，使其膨胀 1 ~2 次。

（2）将旁压器竖立于地面，使弹性膜能自由膨胀。量取测量腔中点至测管零刻度处的高度。此高度产生的静水压力作为第一级荷载。

（3）用 10kPa 的压力等级加压，稳定 3min，读取测管水位值。对压力和水位值的读取要十分仔细，尽可能减少偏差，以提高校正精度。

（4）逐级加压使测管水位下降至接近最大值时要立即停止试验。

（5）绘制压力—测管水位下降值曲线，如图 3-13-2 所示，该曲线称为旁压膜约束力校正曲线。

根据试验资料中每级压力下测管水位稳定下降值，从约束力校正曲线上找出约束力校正值。总压力减去约束力校正值即为作用于土的真实压力。

### （二）综合变形校正

在压力作用下，连接控制单元和旁压器的管路要膨胀，而橡胶膜和水会压缩，这些将造成变形测量系统体积的损失。对新启用的连接管路或管路长度有变化时，须进行综合变形校正，其方法为：

将旁压器放在钢管或有机玻璃管内，在旁压器径向变形受到限制的条件下进行逐级加压，压力等级为 100kPa。一般加压至 500kPa，即可中止试验。根据压力和测管水位下降值绘制关系曲线（图 3-13-3），图中的 $\eta$ 值即为综合变形系数。该系数乘各级总压力后即得各级总压力下仪器综合变形校正值。

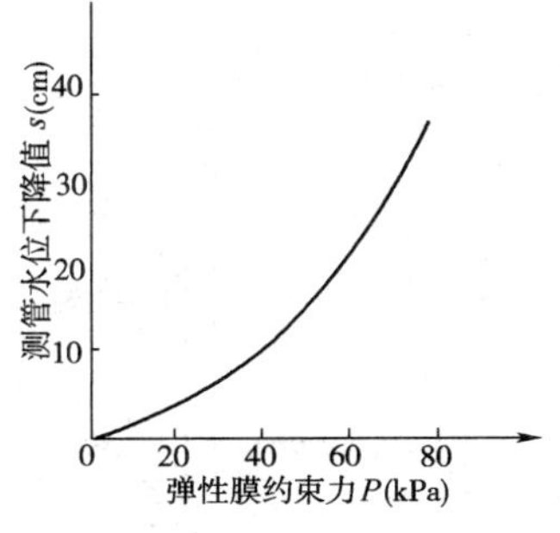


图 3-13-2 旁压膜约束力校正曲线

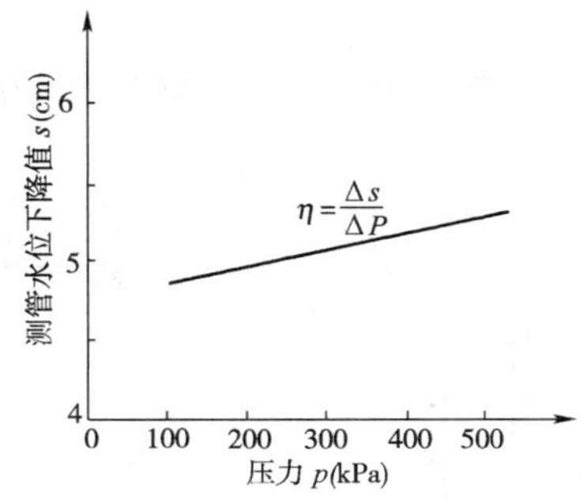


图 3-13-3 综合变形校正曲线

## 三、预钻成孔

### (一)预钻式旁压试验孔的技术要求

预钻成孔是预钻式旁压试验的必要环节,成孔质量的优劣直接关系到旁压试验的结果,不合格的孔可导致试验的失败。旁压试验的目的是要在原位量测未经扰动的土的性质。使土不受扰动或少受扰动是对试验孔的第一个技术要求。

对试验孔的第二个技术要求是孔径大小要适中,与旁压器直径必须相匹配。这是因为旁压器的变形量是有一定范围的,受到严格的限制,显然,预钻孔直径过大,旁压器的变形有很大一部分在无侧压力状态下消耗掉,这样将达不到试验要求,在旁压器达到(额定值)全部允许变形时,可能侧壁土远未达到极限压力或只是刚开始受力,这样就无法测得土体破坏时的极限压力。当孔径过小时,旁压器放不下去,或放下很困难。

旁压试验常作为一个无限弹性介质中的圆柱状孔穴径向扩张问题来处理。因此,理想的预钻孔应是孔壁光滑平整的圆柱状,成孔直径比旁压器外径大2~6mm,成孔深度大于试验深度0.5m。

### (二)成孔机具和方法

1. 环刀扩大成孔

1)成孔工具

(1)长筒环刀(图3-13-4),长55cm,外径54mm。环刀刃脚向内倾斜以减少对孔壁土的扰动。端部接头可与直径42mm的钻杆相接。

(2)小勺钻,成孔直径40~44mm。在小勺钻上部钻杆上套有导向环(图3-13-5)。

(3)打箍和穿心锤(图3-13-6)。

2)成孔方法

(1)对计划的试验部位用小勺钻成孔至试验部位以下5~8cm。因带有导向环,可保证所成小孔与上部的孔中心轴基本重合。

(2)将长筒环刀在已成小孔上部就位,连接好上部钻杆、打箍和穿心锤。借助穿心锤的夯击使环刀切土压进,其深度超过小勺钻成孔底部大约3~5cm。提出环刀时连同扩孔切下的土和下面加深压入的土一起取出,便形成一可供试验用的孔。

3)环刀扩大成孔的优点

(1)孔径比较理想。

(2)对周围土体结构的扰动小。

(3)孔壁平滑,对保护橡胶膜、减少膜的破损有利。

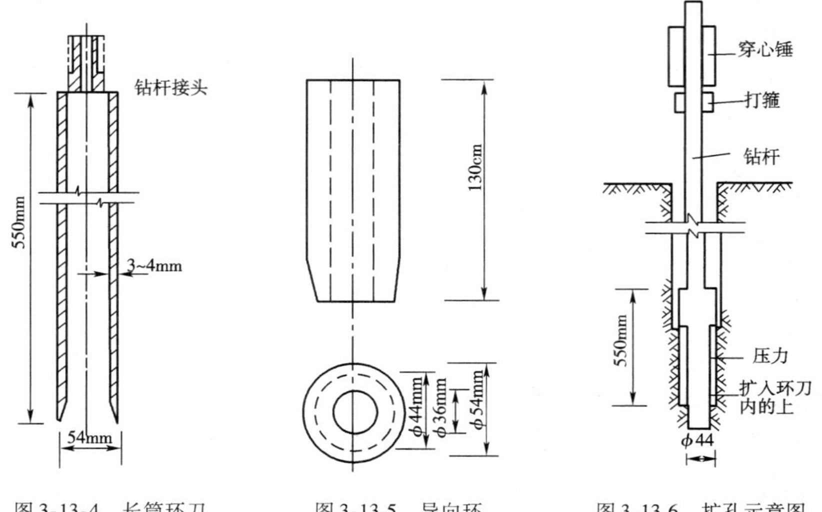


图 3-13-4　长筒环刀　　图 3-13-5　导向环　　图 3-13-6　扩孔示意图

2. 勺形钻成孔

勺形钻适合在可塑和半坚硬的黏性土和黄土中钻孔。通过若干根 1m 长、外径 26mm 的钻杆和把手连接而成。由两人边转动,边加压均匀钻进,每次钻进约 15cm。下钻和提钻时应尽量注意不要撞击孔壁。尤其是下钻时不能用力冲击。在试验位置成孔后要立即进行试验,不能一次将孔作到底,然后再做试验。钻好一段就做一个试验,这样可避免继续钻进时对将要试验部位的扰动。

3. 用提土钻头成孔

选用 $\phi58 \sim \phi62$ 的提土钻头,下钻前必须检查小活门和气孔是否畅通。钻进时不宜一次进尺过多,以免土柱高出钻头和出气孔,造成堵孔。提升要摸索掌握一个合理速度,保证提升时下面形成的空间随时由通过气孔补充的水充填。使其不出现缩孔、塌孔现象,保证土样不脱落。

这种方法适合于软至流塑状态的土。

对于孔稳定性差的土层(如砂类土)或缩孔严重的情况,要采取泥浆护壁。泥浆最好用膨润土混合而成,每 100kg 水加 20 ~ 40kg 的膨润土(砂土采用上限)。深孔的钻进可选用 Sh—30 型工程钻机先钻直径大些的孔,到距试验深度尚有 1m 左右时,再用其他方法做试验段的孔。这样可既方便仪器的进出又保证试验的成功进行。

取土成孔对地层能作出更为具体的地质描述,与静力触探、动力触探相比是旁压试验的一个长处。成孔时要通过钻进的难易程度,和观察提出的土,对土层进行描述。必要时作含水率试验。这对地基进行评价和估计极限承载力极有益处。

## 四、现场测试

### (一)试验位置的确定

旁压试验孔的平面布置应具有代表性,在同一场地不宜少于 2 个孔,试验孔与已有钻孔的水平距离不宜小于3m。在均质土中,沿深度方向试验点一般1m安排一个(但不小于1m)。这样可了解沿深度地基参数的变化,对地基沿深度进行评价。若地基分为若干层,就需要注意试验位置的确定。对于成层土一次测试的位置必须是在同一层土内,不能同时跨两层,导致橡胶膜膨胀不均或破裂。

**(二)试验的准备工作**

(1)用蒸馏水或干净的冷开水将水箱注满,为避免偶然操作的失误,使试验高压进入水箱,引起胀裂,在试验过程中要将安全阀一直打开。

(2)把旁压器的两根注水管和两根导管分别与相应接头接通,相继打开注水阀、中腔注水阀、测管阀、辅管阀。给水箱加压不能太大,加至安全盖胶膜鼓起即可。将调压阀逆时针拧到最松位置,使调压阀起排气阀作用,直通大气。同时不断摇晃旁压器和尼龙管路,促使气泡排出。在注水过程中要注意:

①测管和辅管要基本同步上升,否则应用测管的辅管阀调整。

②测管水位接近零刻度时要放慢速度,一定要防止水溢出测管进入调压阀。调压阀如进水,则将影响它的灵敏度和精确度,甚至可能失效。

③测管水位达到要求后关闭注水阀与中腔注水阀,并打开水箱盖。

(3)将旁压器中腔中点与测管零刻度摆齐平,用调零阀将水位调到零,作为测管刻度水位的起始读数。关闭测管和辅管阀,在旁压器往下放时不使弹性膜膨胀。

**(三)试验工作**

1. 加荷等级的确定

加荷等级的大小影响到测点的多少和成果的精度。一般来说 $P—V$ 曲线至少10个或稍多的点才可以进行描述。临塑压力以前的直线段也应保证有4~6个点,一般使试验有10~14个点比较适宜。结合我国的习惯做法,压力等级取土的预估临塑荷载的1/5或预估极限荷载的1/10是合适的。《水运工程岩土勘察规范》(JTS 133—2013)要求,压力等级为预极限荷载的1/8~1/12。临塑或极限荷载一般可作预备性试验或根据成孔的难易与经验确定。也有建议在直线段起始点前加荷等级减半,而在临塑压力以后适当扩大。

2. 加荷稳定时间

同荷载试验一样,旁压试验的加荷稳定时间也是个重要问题。一是不同稳定时间对固结的要求是不同的,所以对试验结果将有影响;二是不同的稳定时间,试验进行的时间出入很大。我国多用3min,也有用1min的。稳定时间为1min的按15s、30s、60s测记;稳定时间为3min的按1min、2min、3min测记。3min的稳定标准国内已有较丰富的经验,且能使一个试验在不到一个小时内做完,这样的速度比较适合现场的试验条件。

3. 放入旁压器

当成孔结束后,旁压器要尽快放到预定位置。这样能限制伴随成孔过程而引起的土的膨胀,也可减少孔壁坍塌的机会。由于孔深压力源消耗大,试验中孔深在10m以内,压力源压力不能小于1000kPa,孔深在20~30m,压力必须增加到2000kPa,孔深在超过30m时,则压力应为2500kPa。

对于一个孔可由上而下成孔一段,作一个试验,再成孔一段,再作一个试验。若两个孔相距不远，可同时在两个孔内交替作业，一个孔试验时，另一个成孔，做好后交换。有时成孔提前完成，长筒环刀可在孔中暂时放一下，等另一孔试验做好，并准备工作完成后，取出环刀可马上放下旁压器。

放入旁压器要仔细。尼龙软管与连接旁压器的拉杆要理顺，尼龙管路要拉紧，放入孔内不能有富余。若尼龙管往孔内送入的速度超过连接杆，可能在旁压器上端盘在一起，一则使管路不顺畅，更糟的是在提出旁压器时会夹在旁压管与孔壁之间，给旁压器的取出带来困难，甚至会损坏尼龙软管和取不出旁压管。

4. 静水压力的确定

旁压器放到预定位置后，打开测管阀和辅管阀。这时旁压器内的压力为从测管零刻度算起的静水压力。计算方法为：

$$p_w = (h_1 + h_2) \cdot \gamma_w \tag{3-13-1}$$

式中：$\gamma_w$——水的容重；

$h_1$——测管零水位至地面的高度；

$h_2$——无地下水时为试验深度，有地下水时为地面到地下水位的距离。

静水压力作为第一级荷载，开始试验。

5. 加压试验

用调压阀加压，加压要平稳。试验人员要逐步摸索掌握加压规律，一般使压力在 15s 左右加到要求的值，并要保持稳定。压力接近仪器的额定压力时，加压较困难，这时尤其要小心。

6. 试验结束

旁压试验所要描述的是土体从加压到破坏的一个过程，试验的 $P—V$ 曲线要尽量完整。因此，试验的终止一般取决于仪器的两个条件，即压力到达仪器的最大额定值，或测管水位下降值接近最大允许值。

试验做完，旁压器内的水要尽量排除净（当孔较深时，利用剩余压力排水，往往要反复几次，水才能排净）。提出旁压器有时会产生较大困难，这是由于旁压器上下两端的端部效应会发生孔壁向内挤出的现象，使孔径缩小（土的含水率大时，缩孔量大）。一般旁压器内的水排净后要停一段时间才开始上提旁压器，提出时用力要由小到大，慢慢往上提。

旁压试验在现场应做好记录，内容要齐全，尤其对成孔和土层的描述要详细。记录表格和实例见表 3-13-1。

**旁压试验记录表** 表 3-13-1

| 工程名称 | 304 号建筑工程 | 工程地点 | | 试验编号 | |
|---|---|---|---|---|---|
| 孔口高程（m） | 4.85 | 试验深度（m） | 2.00 | 地下水位（m） | |
| 测管零水位至孔口距离（m） | 1.10 | 旁压器中腔静水压力（kPa） | 31.10 | 膜率定编号 | SⅡ-2-1 |
| | | | | 成孔方法 | 手工、勺钻 |
| 仪器型号 | PY2-A | 旁压器规格 | | 备注 | |

续上表

| 土层描述 | 灰黄色可塑黏土 | | | | | | | | | | | |
|---|---|---|---|---|---|---|---|---|---|---|---|---|
| 压力(kPa) | | | | 测管水位下降值(cm) | | | | | | | | |
| 压力表读数 | 总压力 | 校正值 | 校正后 | 0分 | 30s | 1min | 3min | 余变 | 校正值 | 校正后 | 1/s | 1/V |
| ① | ② | ③ | ④ | ⑤ | ⑥ | ⑦ | ⑧ | ⑨ | ⑩ | ⑪ | ⑫ | ⑬ |
| 0 | 31.1 | 22.7 | 8.4 | 0 | 1.4 | 1.5 | 1.6 | 0.1 | 0.0 | 1.6 | | 0.0409 |
| 50 | 81.1 | 46.0 | 35.1 | | 6.7 | 6.9 | 7.1 | 0.2 | 0.1 | 7.0 | | 0.00935 |
| 100 | 131.1 | 50.6 | 80.5 | | 9.4 | 9.5 | 9.8 | 0.3 | 1.3 | 8.5 | | 0.00770 |
| 150 | 181.1 | 52.8 | 128.3 | | 10.2 | 10.5 | 10.9 | 0.4 | 1.8 | 9.1 | | 0.00719 |
| 200 | 231.1 | 53.2 | 177.9 | | 11.3 | 11.7 | 12.10 | 0.4 | 2.3 | 9.8 | | 0.00668 |
| 250 | 281.1 | 56.4 | 224.7 | | 12.3 | 12.7 | 13.1 | 0.4 | 2.8 | 10.3 | | 0.00635 |
| 300 | 331.1 | 59.1 | 272.0 | | 13.2 | 13.7 | 14.5 | 0.5 | 3.3 | 11.2 | | 0.00584 |
| 350 | 381.1 | 60.8 | 320.3 | | 14.4 | 15.0 | 16.0 | 1.0 | 3.8 | 12.2 | 0.082 | 0.00536 |
| 400 | 431.1 | 64.3 | 366.8 | | 16.7 | 17.0 | 19.2 | 2.2 | 4.3 | 14.1 | 0.067 | 0.00464 |
| 450 | 481.1 | 69.8 | 411.3 | | 20.3 | 21.7 | 24.8 | 3.1 | 4.8 | 20.6 | 0.050 | 0.00318 |
| 500 | 531.1 | 76.3 | 454.8 | | 27.1 | 28.9 | 33.1 | 4.2 | 5.3 | 27.8 | 0.036 | 0.00235 |

操作： 计算： 复核：

## 五、成果整理

### (一)旁压由线绘制

旁压试验得到的土体压力与变形的对应关系，用曲线有几种表示方法，常用的是压力——孔壁土被压缩的体积变化量，即 $P$—$V$ 曲线，称为标准旁压曲线(图3-13-7)。

1. 压力计算

$$P = P_m + P_w - P_i \tag{3-13-2}$$

式中：$P$——校正后的压力(kPa)；

$P_m$——压力表读数(kPa)；

$P_w$——静水压力(kPa)；

$P_i$——橡胶膜的约束压力(kPa)。

2. 体积变化量计算

$$V = V_m - (P_m + P_w)\alpha \tag{3-13-3}$$

式中：$V$——校正后的体积($cm^3$)；

$V_m$——控制装置测得的体变量($cm^3$)；

$\alpha$——仪器综合体变系数，由体积损失标定曲线求得($cm^3/kPa$)。

3. 绘制旁压曲线

以 $P$ 为横坐标、$V$ 为纵坐标，将校正后的 $P$ 和 $V$ 数据绘制出 $P$—$V$ 曲线(标准旁压曲线)。标准旁压曲线反映了土层应力与变形特性的三个阶段(图3-13-7)，并从 $P$—$V$ 曲线可确定初始压力 $P_0$、临塑压力 $P_f$、极限压力 $P_l$。

(1) $AB$ 为接触阶段，它反映了钻孔卸荷或为了充填钻孔与旁压器间的空隙而产生的结果。

(2) $BC$ 为准弹性变形阶段，近似为一直线。直线段终点横坐标称 $P_f$，将旁压曲线直线段延长与 $V$ 轴相交，由交点作 P 轴的平行线与曲线相交，其对应的压力为初始压力 $P_0$（图 3-13-7）。

(3) $CD$ 为塑性变形阶段。这时，土体发生局部塑性流动，最后达到土体的极限压力。

图 3-13-8 是几种反映成孔质量的旁压曲线，对照图 3-13-7 标准曲线分析：$a$ 线系钻孔直径太小，或有缩孔现象，试验前孔壁已受压，故曲线没有 $AB$ 前段、压力 $P$ 不归零，$b$ 线反映孔壁被严重扰动，因旁压器体积容量不够而迫使试验终止，曲线 $AB$ 前段过长，$BC$、$CD$ 部分或全部缺失，曲线不完整；$c$ 线反映孔径太大，旁压器的膨胀量很大一部分消耗在空穴体积上，试验无法正常进行，曲线 $AB$ 前段过陡，$BC$、$CD$ 全部缺失，曲线不完整；$d$ 线为正常的旁压曲线，曲线完整，符合标准曲线的基本特征。

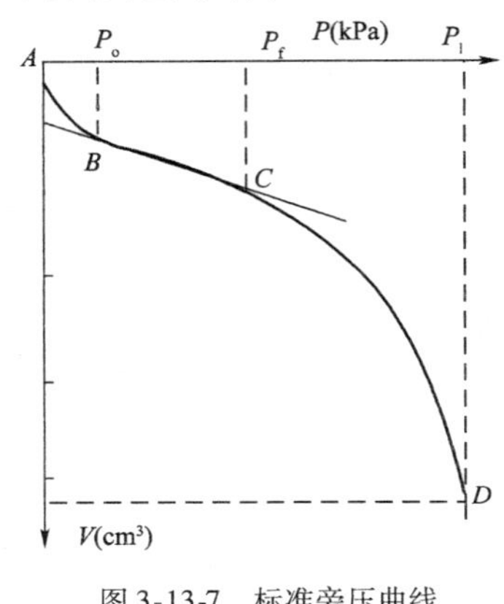


图 3-13-7　标准旁压曲线

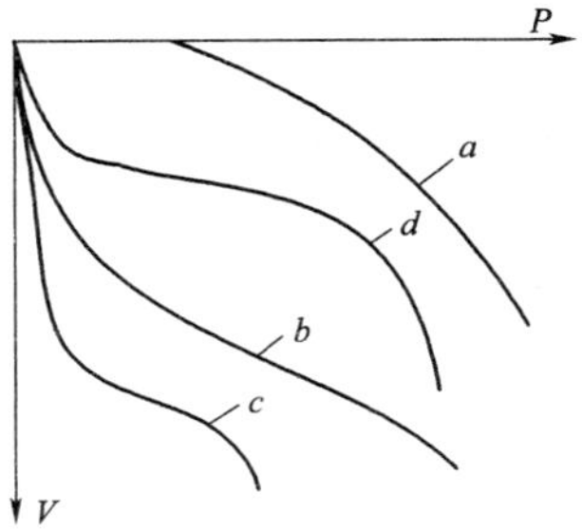

图 3-13-8　各种旁压曲线

**（二）旁压试验特征指标的确定**

1. $p_0$（地层原始水平压力）

对于浅层地基 $p_0$ 按理论计算取值：

$$p_0 = (h \cdot \gamma - U) \cdot k_0 + U \tag{3-13-4}$$

式中：$h$——地面至旁压器中点的距离；

$\gamma$——土的容重；

$U$——旁压器中点的孔隙水压力；

$k_0$——静止土压力系数。

2. $p_f$（临塑荷载压力）

相应于 $P$—$V$ 曲线直线段末端的压力。

3. $P_1$（极限荷载压力）

在旁压试验过程中，随压力增加，孔穴体积也增加。当增加的体积达到原孔穴体积时所对应的压力定义为极限荷载压力。由于仪器本身的构造和成孔孔径大小的关系，试验往往满足不了孔穴体积增加一倍的要求。这时可按 $P$—$V$ 曲线的形态顺势外延至两倍原来体积处，这时对应的压力即为 $P_1$。但延长 $P$—$V$ 曲线，必须是 $P$—$V$ 曲线发展趋势已比较清楚，同时延长的部分不应超过 $P$—$V$ 总长度的 15% ~20%，以确保试验资料的可靠。在标准的 $P$—$V$ 曲线中，$P$—$V$ 曲线尾端陡降段的起始点即为极限荷载压力 $P_1$。

4. $E_M$(梅那模量)

梅那模量(旁压模量)是在复杂应力场中测定的变形模量,它表示旁压曲线上准弹性变形阶段的应力和应变的关系。其值为:

$$E_m = 2(1+\mu)\cdot(V_C+V_m)\cdot\frac{\Delta P}{\Delta V} = 2.66(V_c+V_m)\cdot\frac{\Delta p}{\Delta V} = 2.66V\cdot\frac{\Delta P}{\Delta V} \quad (3\text{-}13\text{-}5)$$

式中:$\mu$——泊松比,按表3-11-1采用;

$\Delta P$——旁压试验曲线上直线变形段的压力增量(kPa);

$\Delta V$——相应于$\Delta P$的体积变化增量($cm^3$);

$V_C$——旁压器量测腔的原始体积($cm^3$);

$V_m$——准弹性阶段平均体积亦即平均体积增量(取旁压试验曲线直线段两点间压力所对应的体积增量之和的一半)($cm^3$)。

## 六、成果应用

旁压试验的成果主要用于地基的承载力和变形的计算。

1. 地基承载力计算

国内应用旁压试验确定地基承载力时,一般采用下式:

$$q_k = P_f - k_0\gamma h \quad (3\text{-}13\text{-}6)$$

式中:$\gamma$——试验深度以上土的容重(地下水位以下取浮容重);

$h$——试验深度;

$k_0$——试验深度处土的侧压力系数,取值可参照表3-13-2。

**侧压力系数和泊松比表** 表3-13-2

| 土类及其状态 | 砂 土 | 黏砂土 | 黄 土 | 砂黏土 | | | 黏 土 | | | |
|---|---|---|---|---|---|---|---|---|---|---|
| | | | | 坚硬硬塑 | 可塑 | 软流塑 | 坚硬 | 硬塑 | 可塑 | 软流塑 |
| $k_n$ | 0.25~0.33 | 0.33 | 0.33 | 0.33 | 0.43 | 0.53 | 0.33 | 0.43 | 0.53 | 0.72 |
| $\mu$ | 0.20~0.23 | 0.25 | 0.25 | 0.25 | 0.30 | 0.35 | 0.25 | 0.30 | 0.35 | 0.42 |

《水运工程岩土勘察规范》(JTS 133—2013)要求,地基土容许承载力$q_k$按下列公式确定:

临塑压力法

$$f = P_f - P_0 \quad (3\text{-}13\text{-}7)$$

极限压力法

$$f = (P_L - P_0)/F \quad (3\text{-}13\text{-}8)$$

式中:$f$——地基土容许承载力(kPa);

$P_f$——临塑压力(kPa);

$P_0$——初始压力(kPa);

$P_L$——极限压力(kPa);

$F$——安全系数,取2~3。

2. 沉降计算

根据梅那等人的研究,基础稳定后的沉降量$S$按下式计算:

(1)当$R>30$cm时:

$$S=\frac{1.33}{3E_M}\cdot P\cdot R_0\left(\lambda_2\frac{R}{R_0}\right)^{\alpha}+\frac{2}{4.5E_M}P\cdot\lambda_3\cdot R \tag{3-13-9}$$

(2)当 $R<30$cm 时：

$$S=\frac{1.33}{3E_M}\cdot P\cdot\lambda_2^{\alpha}\cdot R+\frac{2}{4.5E_M}P\cdot\lambda_3\cdot R \tag{3-13-10}$$

式中：$P$——刚性基础施加于土层上的平均接触压力(kPa)；

$E_M$——梅那模量（$kN/m^2$）；

$R_0$——引用长度，取30cm；

$R$——基础半宽或半径(cm)；

$\alpha$——系数，见表3-13-3；

$\lambda_2$、$\lambda_3$——基础形状系数，它是基础长宽比 $L/2R$ 的函数，见表3-13-4。

**$\alpha$ 系 数 表** 表3-13-3

| 土类 / 状态 | 泥炭土 | | 黏土 | | 粉土 | | 砂 | | 砂和砾石 | |
|---|---|---|---|---|---|---|---|---|---|---|
| | $E_M/P_1$ | $\alpha$ | $E_M/P_1$ | $\alpha$ | $E_M/P_1$ | $\alpha$ | $E_M/P_1$ | $\alpha$ | $E_M/P_1$ | $\alpha$ |
| 超固结 | | | >16 | 1 | >14 | 2/3 | >12 | 1/2 | >10 | 1/3 |
| 正常固结 | | 1 | 9~16 | 2/3 | 8~14 | 1/2 | 7~12 | 1/3 | 6~10 | 1/4 |
| 风化和(或)重塑 | | | 7~9 | 1/2 | | 1/2 | | 1/3 | | 1/4 |

**形状系数 $\lambda_2$、$\lambda_3$** 表3-13-4

| $L/2R$ | 圆形 | 矩形 | 2 | 3 | 5 | 20 |
|---|---|---|---|---|---|---|
| $\lambda_2$ | 1 | 1.12 | 1.53 | 1.78 | 2.14 | 2.65 |
| $\lambda_3$ | 1 | 1.10 | 1.20 | 1.30 | 1.40 | 1.50 |

## 第二节 自钻式旁压试验

自钻式旁压试验是在旁压器的下端装一组特制的水冲钻头，通过钻头的旋转切削，循环水或循环泥浆将碎土带出地面，同时以静压的方式使旁压器进入预定的试验深度，从而测定土体的力学特征参数。由于把成孔与旁压器的放置、定位合并成一道工序，消除了预钻式旁压试验中由于钻孔使孔壁土层所受的各种扰动，以及天然应力状态的改变，从而使测试结果更接近于实际情况。

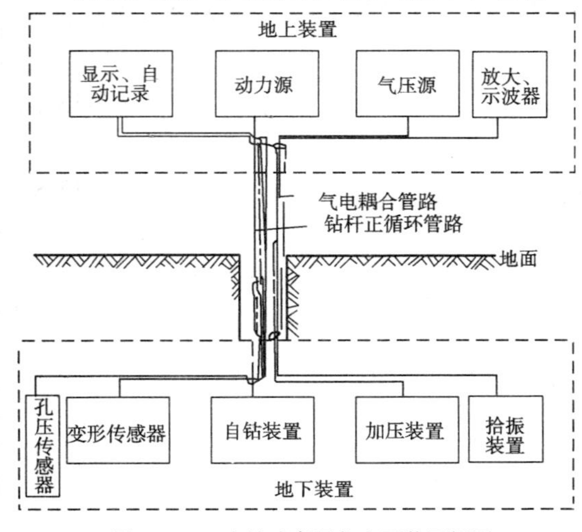

图3-13-9 自钻式旁压仪主要装置框图

### 一、试验设备

自钻式旁压仪由地上装置与地下装置两大系统组成，如图3-13-9所示。

1. 自钻系统

包括地下的回转钻头和地上的回转动力源。

动力源一般由有给进压力的回转钻机承担,通过常规钻杆与带旁压器的钻头连接。

2. 旁压器

旁压器的主干是一个带压力室的钢筒,外面装有乳胶膜和金属罩,试验时通过乳胶膜和金属罩的膨胀来对孔壁土体施加压力。内部多为单腔或三腔气压型,装有一组双簧耦合悬臂梁式电测传感器(全桥电阻应变计),用来量测孔壁土体的径向位移。例如 MIM—1 型旁压器的结构如图 3-13-10 所示。

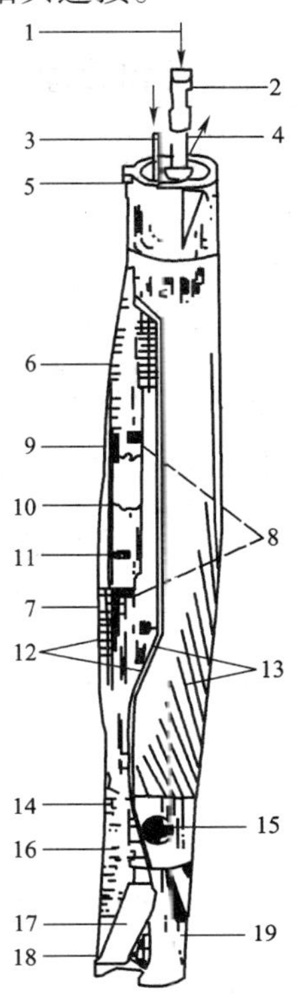


图 3-13-10 MIM—1 型旁压器结构示意图

1-泥浆冲洗液;2-钻杆;3-气电管路;4-回水;5-导向翼片;6-电缆;7-接触板;8-双向拾振器;9-拉簧;10-压簧;11-钢筒骨架;12-橡皮膜;13-金属罩片;14-丝扣;15-孔压传感器;16-轴承;17-鱼尾钻头;18-射水孔;19-管靴

为了适应轴对称平面应变理论以及发展多功能测试的需要,旁压器必须有足够的长度和内空间,MIM—1 型旁压器以其长径比 $R_S = l/r = 6$ 作为设计准则。

3. 加压与稳压系统

一般由高压气源通过稳压阀提供压力,并经由旁压器逐级施加于土体。

4. 压力与变形传递系统

MIM—1 型自钻旁压仪采用气电耦合管路连接压力源、旁压器和变形信号接收仪器,进行压力和变形信号的传递。

5. 地面显示及记录系统

由旁压器内电测传感器测量的信号,以电压形式传到地面,经过电压—数字模拟转换,由该系统记录下来。试验前,要进行标定,建立电阻应变计的微应变(或电压值)与孔壁径向位移的关系。

## 二、试验要点

1. 成孔要求

自钻式旁压试验对地层类型的适应范围较大,包括黏性土、砂土、软土等。钻进时须控制好各类地层的钻进速率,否则将有可能损坏仪器或扰动孔壁周围土体。一般钻进速率为:

黏性土:4 ~9m/h;

粉土、粉砂:6 ~9.5m/h;

中砂以下:9.2 ~12.0m/h。

2. 加压

(1)旁压器到达预定试验深度之后,立即连接旁压器、高压气(或水)源以及地面显示与记录装置,调试仪器,准备试验。

(2)加压等级和稳定时间同预钻式旁压试验。

(3)试验终止条件。

当本级的变形量大于前一级变形量的 3 倍或总变形值达到仪器的最大容许值时可终止试验。

3. 静止土压力系数 $k_0$ 值测定

土的静止土压力系数 $k_0$ 值测定是自钻旁压仪的一项重要功能,通常是在旁压器定位之后,静置十多小时,使天然土层的侧压力能够充分传递到旁压器上,然后测定土体传给旁压器的初始压力。

## 三、资料整理

1. 试验压力修正

$$P = P_m - P_i \tag{3-13-11}$$

式中：$P$——校正后的压力（kPa）；

$P_m$——压力表读数（kPa）；

$P_i$——橡胶膜约束反力（kPa）。

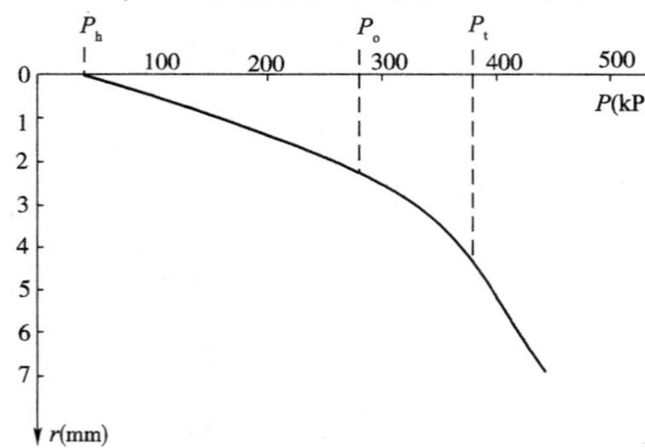


图 3-13-11 标准自钻式旁压试验曲线

2. 绘制旁压试验曲线

以压力 $P$ 为横坐标，径向位移 $r$ 为纵坐标建立直角坐标系，绘制自钻式旁压试验曲线，如图 3-13-11所示。

与预钻式旁压曲线的主要区别是，自钻式旁压曲线没有接触阶段，直接进入准弹性阶段，而且在 $P$ 轴上有一截距——初始压力 $P_h$。理论上讲，在接触时间足够长，致使土体侧向压力完全传递到旁压器上时，$P_h$ 应等于土体的原位侧向应力 $\sigma_h$。$P_0$、$P_i$ 的确定方法与预钻式相同，只是纵坐标由径向位移 $r$ 代替。

3. 静止土压力系数 $k_0$ 值的计算

$$k_0 = \frac{P}{\gamma \cdot h} = \frac{P_h}{P_V} \tag{3-13-12}$$

式中：$P_h$——旁压试验初始压力（kPa）；

$\gamma$——土的容重，成层土时取加权平均值（kN/m$^3$）；

$h$——试验深度（m）；

$P_V$——试验点的原位竖向应力（kPa）。

# 第十四章 十字板剪切试验

十字板剪切试验又称现场十字板剪切试验(FVT)。它在测量软黏土抗剪强度方面,具有多方面的优点:

(1)可避免取土扰动的影响。

(2)原位可保持天然状态的应力条件。

十字板剪切试验是一种剪切速率比较快的试验,只适用于饱和软黏土($\varphi \approx 0$)不排水抗剪强度和灵敏度的测定,所测得的强度相当于天然土层试验深度处,在上覆压力作用下的固结不排水剪的黏聚力值(固结不排水剪的抗剪强度),在理论上相当于室内三轴不排水剪或无侧限抗压强度的一半。

十字板剪切试验原理是将具有一定高径比的十字板头插入土层中,通过钻杆对十字板头施加扭矩使其按一定速率旋转,量测土在破坏时的抵抗力矩,测定土的不排水剪的抗剪强度和残余抗剪强度,见图3-14-1。

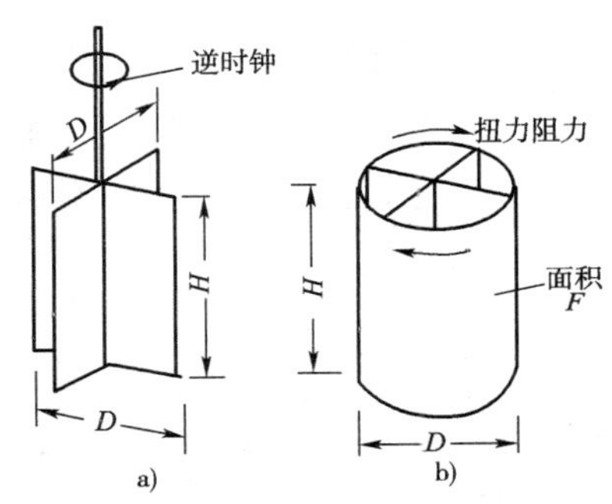


图3-14-1 十字板剪切试验原理

a)十字板叶;b)十字板扭剪形成的圆柱土体

## 第一节 试验设备

仪器设备包括有:压入主机、十字板头、扭力传感器、量测扭力仪表、施加扭力装置及其他辅助设备(如钻杆、水平尺和管钳等)。

目前国际上十字板形状有矩形和菱形,矩形又分为高矩形和矮矩形。我国使用的大多数为高矩形,其规格见表3-14-1。

十字板主要规格 表3-14-1

| 板宽 $D$ (mm) | 板高 $H$ (mm) | 板厚 $e$ (mm) | 刃角 $\alpha$ (°) | 轴杆 | | 面积比 $A$ (%) |
|---|---|---|---|---|---|---|
| | | | | 直径 $d$(mm) | 长度 $l$(mm) | |
| 50 | 100 | 2 | 60 | 13 | 50 | 14 |
| 75 | 150 | 3 | 60 | 16 | 75 | 13 |

扭力测量设备规格见表3-14-2。

扭力测量设备主要规格 表3-14-2

| 扭矩测量范围(N·m) | 扭转角测量范围(°) | 扭转角速率测量范围(°/min) |
|---|---|---|
| 0~80 | 0~360 | 6~12 |

十字板剪切仪目前国内有两类:开口钢环式和电测式。

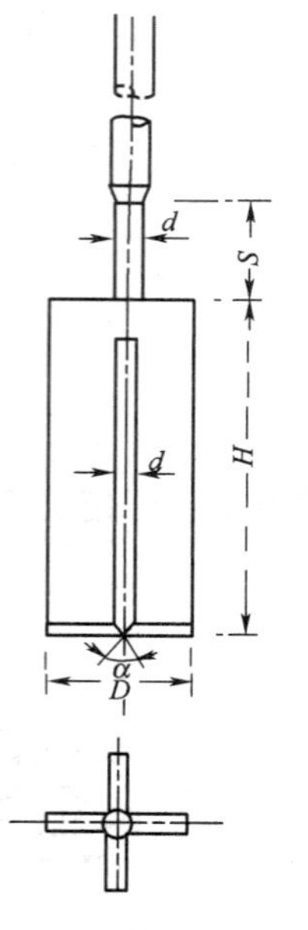

图3-14-2 十字板头及轴杆示意图

## 一、开口钢环式十字板剪切仪

开口钢环式十字板剪切仪也可称为机械式十字板剪切仪,是利用蜗轮旋转插入土层中的十字板头,借开口钢环测出抵抗力矩,计算出土的抗剪强度。试验时需配备钻孔设备,成孔后再放下十字板头进行试验,其深度一般不超过30m。

十字板头和轴杆形状如图3-14-2所示,连接形式有离合式和牙嵌式,如图3-14-3所示。

## 二、电测式十字板剪切仪

电测式十字板剪切仪与开口钢环式十字板剪切仪的主要区别在于测力设备的不同,它在十字板头上连接处贴有电阻片的受扭力矩的传感器,在地面上用电阻应变仪、数字测力仪、电子电位差计等测剪切扭力矩。它具有不必进行钻杆和轴杆校正的优点。此外,十字板头直接压入试验土层中,不必配备钻孔设备,省略了工序和时间。

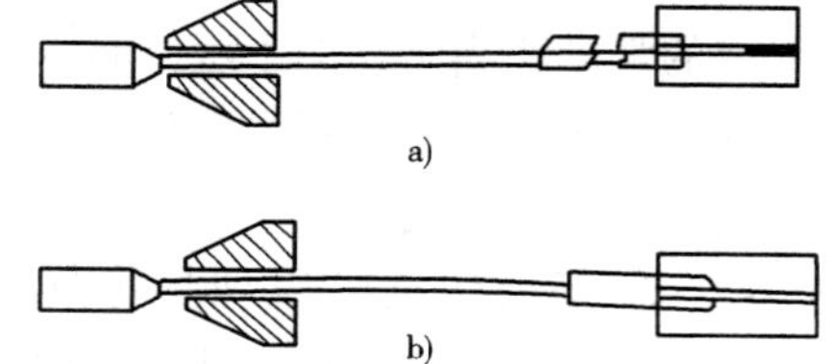

图3-14-3 板头与轴杆连接形式

a)离合式;b)牙嵌式

经过长期实践和专门的对比试验结果表明,电测十字板剪切仪轻便灵活、操作简单,试验成果也比较稳定。所以目前应用较为广泛。

# 第二节 试验要点

## 一、试验要点

应用十字板做剪切试验,由于重复加荷、卸荷,以及震动等影响,仪器的测力系统会有变化。因此,对十字板剪切仪每隔一定时间,或试验过程中发现异常情况时,均需要重新检定。检定工作宜在(20±5)℃的室温环境中操作。扭力传感器应连同配套使用的仪器、电缆一同参与检定。

(1)对开口钢环式十字板剪切仪,测力设备是钢环。在使用中钢环的夹具可能松动,使钢环系数发生变化。因此,常每隔半年或每项工程勘察前进行钢环检定。如试验中发现异常,也必须重新检定后才可使用。

检定时逐级加荷和退荷,测记相应的钢环变形。反复检定次数不少于3次,以3次量表读数的平均值(差值不超过0.005mm)为横坐标,荷重为纵坐标,绘制钢环检定曲线。

钢环系数按下式计算:

$$C = \frac{P}{\varepsilon} \tag{3-14-1}$$

式中：$P$——某级荷重(kN)；

$\varepsilon$——相应于某级荷载作用下钢环的变形值，即量表读数(0.01mm)。

(2)电测式十字板剪切仪主要用于检定传感器。

检定步骤如下：

①将装有扭力传感器的电测式十字板头，拧紧后，插入检定仪的固定座内。

②通过施加扭矩的圆盘(半径为20cm)，用砝码反复加荷至最大允许扭矩(一般反复2～3次)，并观测和调试仪器零位漂移情况，直至传感器回零正常。

③逐级施加扭矩(一般每级加10N重力的砝码)，并测记相应的应变仪读数，直至达传感器的最大允许扭矩，然后逐级卸荷，并测记相应读数。如此重复检定三次，然后根据试验记录进行计算和绘图。首先计算同级扭矩下三次检定读数(应变值)的平均值(包括加荷与卸荷)。再以扭矩为纵坐标，以平均应变读数为横坐标，绘制扭矩与应变值的关系曲线(图3-14-4)。最后，按下式计算十字板头传感器的检定系数 $\alpha$ 值；

$$\alpha = \frac{M}{\varepsilon} \tag{3-14-2}$$

式中：$\alpha$——传感器检定系数(N·m/με)；

$M$——扭矩(N·m)；

$\varepsilon$——扭矩 $M$ 所对应的应变(με)。

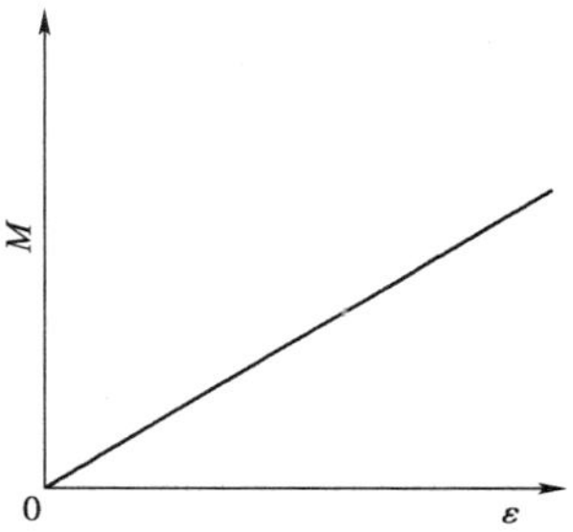

图3-14-4　扭矩与应变值关系曲线

检定后的传感器，其综合误差(包括线性误差、重复性误差及回滞误差等)不应大于全量程的±1%。对检定合格的传感器应建立档案，内容包括传感器编号、检定系数、接线方法、检定者及日期，以供查用。十字板剪切试验抗剪强度的测定精度应达到1～2kPa。

## 二、试验操作要点

(1)在试验地点下套管至预测深度以上3～5倍套管直径处(电测式十字板剪切仪可以不下套管)，清除孔内残土。

(2)电测式十字板的扭力传感器及其连接导线在水域中工作，其绝缘电阻不小于300MΩ。

(3)将十字板头、轴杆(电测十字板的扭力传感器)，钻杆逐节接好并拧紧，然后将十字板头压入土内，当十字板头压进地下土层0.5m后稍作停留，待传感器预地温取得热平衡，仪表输出值不变并调零后，再压至试验点位。当试验深度处为较硬夹层，应穿过该夹层再进行试验。

(4)对于开口钢环式十字板剪切仪，先提升导杆2～3cm，使离合器脱离，用旋转手柄快速旋转导杆十余圈，使轴杆摩擦减至最低值，然后再合上离合器。

(5)安装扭力量测设备(电测式十字板剪切仪接好应变仪)，将量测仪表调零或读取初读数。

(6)施加扭力，以每10s1°的转速旋转，每一度读数据一次。当出现峰值或稳定值后，再继续测读1min。其峰值或稳定值读数即为原状土剪切破坏时的读数 $R_y$，峰值读数或稳定读数一般在3～10min内出现。

(7)松开导杆夹具，用扳手或管钳快速将钻杆顺时针方向转动3～6圈。对电测式十字板剪切仪，为防止因十字板头转圈数太多而扭断电缆，应事先反向旋转板头数圈，使十字板头周围土充分扰动，再进行重塑土的试验，测得最大读数 $R_c$。

（8）试验结束，将十字板头拔出地面，及时记录仪表不归零读数。然后依次进行下一个测试深度处的剪切试验。待全孔试验完毕后，逐节提取钻杆和十字板头，清洗干净，检查各部件的完好程度，拆除压入主机。

## 第三节 资料整理及理论计算

### 一、十字板剪切试验的理论计算

当转动插入土中的十字板头时，在土中产生的破坏状态接近一圆柱体。假设土是均匀的，圆柱体四周及上下两个端面上的各处抗剪强度相等。则土体破坏时的抵抗力矩（$M$）可用下式表示：

$$M = M_1 + 2M_2 \tag{3-14-3}$$

$$M_1 = C_u \cdot \pi D \cdot H \cdot \frac{1}{2}D \tag{3-14-3a}$$

$$M_2 = C_u \cdot \frac{1}{4}\pi D^2 \cdot \frac{2}{3} \cdot \frac{1}{2}D \tag{3-14-3b}$$

式中：$M$——土体破坏时的抵抗力矩（N·m）；

$M_1$——圆柱体的圆柱面所产生的抵抗力矩（N·m）；

$M_2$——圆柱体上、下两个端面所产生的抵抗力矩（N·m）；

$C_u$——饱和黏土的不排水抗剪强度（kPa）；

$D$——圆柱体的直径，对于软黏土，它相当于十字板的直径（m）；

$H$——圆柱体的高度，对于软黏土，它相当于十字板的高度（m）。

将式（3-14-3a）、式（3-14-3b）代入式（3-14-3），并解得：

$$C_u = \frac{2M}{\pi D^2 \cdot H \cdot \left(1 + \frac{D}{3H}\right)} \tag{3-14-4}$$

通过式（3-14-4），由试验得到的 $M$ 就可计算出土的抗剪强度。

公式（3-14-3b）推导时，假设圆柱上、下两端面各处的抗力都与圆柱体侧面相等和同时达到最大值，实际上在两端面沿半径的各点抗力是不同的，但这种误差带来的影响在工程上可忽略不计。

1. 开口钢环式十字板剪切仪

开口钢环式十字板剪切试验抗剪强度为：

$$C_u = (\varepsilon_Y - \varepsilon_g) \cdot C \cdot K \tag{3-14-4a}$$

$$C'_u = (\varepsilon_C - \varepsilon_g) \cdot C \cdot K \tag{3-14-4b}$$

式中：$C_u$——原状土抗剪强度（kPa）；

$C'_u$——重塑土抗剪强度（kPa）；

$\varepsilon_Y$——原状土剪切破坏时的钢环变形（量表读数 mm）；

$\varepsilon_g$——轴杆校正时的钢环变形（量变读数 mm）；

$\varepsilon_C$——重塑土剪切破坏时的钢环变形（量表读数 mm）；

$C$——钢环系数(N·m/mm);

$K$——与十字板头尺寸有关的常数($1/cm^3$)。其值为:

$$K=\frac{2}{\pi D^2\cdot H\cdot\left(1+\frac{D}{3H}\right)}=\text{常数} \tag{3-14-5}$$

式中符号同前。

2. 电测十字板剪切仪

电测十字板剪切仪力矩计算为:

$$M=\alpha\cdot\varepsilon$$

因此

$$C_u=M\cdot K=K\cdot\alpha\cdot\varepsilon \tag{3-14-6}$$

式中

$$K=\frac{2}{\pi D^2\cdot H\cdot\left(1+\frac{D}{3H}\right)}=\text{常数}$$

## 二、试验成果整理

(1)绘制抗剪强度与转动角度的关系曲线,见图3-14-5。

(2)绘制抗剪强度值随深度的变化曲线,见图3-14-6。

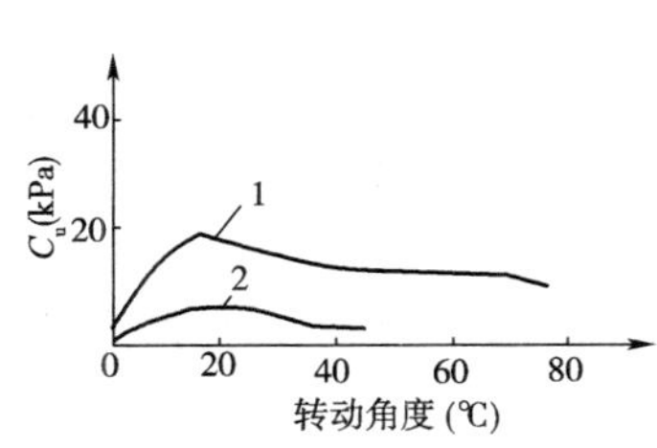


图3-14-5 抗剪强度与转动角关系曲线

1-原状土;2-重塑土

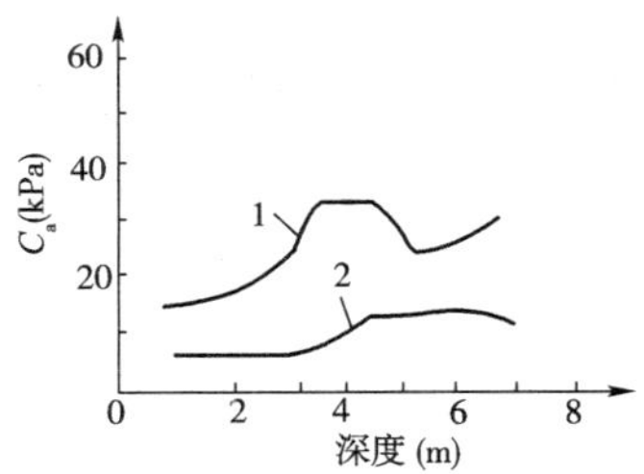


图3-14-6 抗剪强度随深度变化曲线

1-原状土;2-重塑土

(3)绘制重塑土的强度和灵敏度随深度变化的关系曲线。

## 三、影响试验成果的主要因素

1. 十字板的旋转速率

用电测十字板剪切仪进行剪切速率的对比试验表明,剪切速率大,得出的抗剪强度也大;剪切速率小,得到的抗剪强度也小。因此,剪切速率应控制在适当的范围内,多年来国内外大多采用1°/10s的剪切速率,且操作时应均匀地旋转把手,不能冲击,也不要时快时慢。

2. 土的各向异性及成层性

各向异性土和成层土的强度空间变异规律十分复杂。在用十字板剪切试验进行确定土坡滑动稳定强度分析时,最好采用侧向形状为菱形,水平投影呈茴香形,8个翼板放射状均匀排列(图3-14-7)的十字板。根据可能的滑弧位置,将不同棱角角度的钻石形十字板探头压入地基中靠近滑弧面的深度处,使选用的十字板翼片边缘的斜度与该处假设的滑弧面一致。这样,

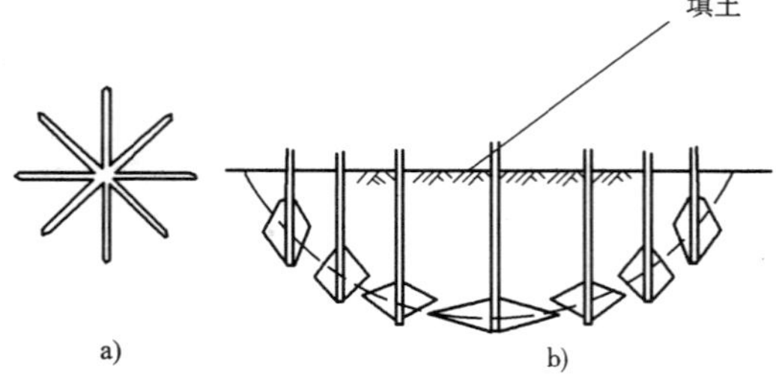


图 3-14-7　钻石形十字板

沿整个滑弧面的各点抗剪强度就可较准确地测定。

3. 土的渐进性破坏效应

当十字板在土中旋转时，板头上、下两端面上应力和位移是不均匀的，当十字板头的尺寸、径高比和形状不同时，这种差异也是不同的，而且同是圆柱体侧向剪应力和剪应变也是不均匀的。因此，圆柱体各个面、各个面上的各个点，土的抗剪强度峰值不可能在同一转角时发挥出来。往往总是在翼板外缘前方先产生应力集中而出现局部破坏。随着扭矩增大，剪破面逐渐开展到更前方，最后在整个圆柱体侧面形成完整的圆柱形剪切带。剪切过程中某一阶段，先前破坏的局部面积上土应变已很大，早已超出峰值强度而趋于残余强度。因此试验所得的 $M—\theta$ 曲线上的峰值并不能完全反映土的真正峰值强度。

4. 土层的扰动

十字板插入土层必然引起土的扰动，轴杆越粗，板厚越厚，则插入土中引起的扰动越大。此外，由于黏土的触变性能，在十字板插入土中使土暂时受扰动之后，若间歇时间越长，则土的强度恢复得越多。因此，十字板头插入土中后到剪切试验开始前间歇时间的长短对试验结果有明显影响。

## 四、十字板抗剪强度的几个应用

十字板剪切试验具有多方面的工程用途，其中主要的有以下 4 个。

1. 确定饱和黏土的容许承载力

《水运工程岩土勘察规范》（JTS 133—2013）规定，根据十字板抗剪强度 $C_u$ 值，按公式（3-14-7）确定饱和黏土的容许承载力 $f$：

$$f = 3C_u + \gamma D \tag{3-14-7}$$

式中：$f$——容许承载力（kPa）；

$C_u$——十字板抗剪强度（kPa）；

$\gamma$——基础底面以上土的加权平均重度（地下水位以下取浮重度）（$kN/m^3$）；

$D$——基础埋置深度（m）。

2. 确定饱和黏土的灵敏度

灵敏度反映土的强度，饱和黏土由于结构受到破坏会使强度降低，所以，十字板剪切试验，对了解土层破坏后残余强度的大小具有实用价值。在原状土十字板剪切试验曲线获得之后，将十字板旋转 3 ~ 6 圈，然后再重复进行试验，又可得扰动土的不排水剪强度。该土的灵敏度 $S_t$ 可由下式表示：

$$S_t = \frac{(C_u)_i}{(C_u)_r} \tag{3-14-8}$$

式中：$(C_u)_i$——未扰动土十字板不排水抗剪强度；

$(C_u)_r$——扰动土十字板不排水抗剪强度。

3. 用于测定土坡或地基内的滑动面位置

软弱地基破坏后，在地基中存在一个滑动带，在滑动带中土的强度比其余部分有显著的降低，用十字板剪切仪能较好地测出滑动带的位置，可为检验地基稳定分析和确定合理安全系数提供依据。

4. 测定地基强度变化规律

在施工加荷过快时，软弱地基的强度会降低，随之又恢复并逐渐增长，用十字板剪切试验测定地基土强度在施工过程中的变化，可为确定合理的施工速率提供依据。

# 第十五章

# 土中应力测试

## 第一节　概　　述

地基中的应力通过计算很难反映土体应力的实际情况，例如在沉降计算中，地基垂直附加应力是用弹性理论计算的，这与土的弹塑性应力—应变特性并不相符。另外，影响土的应力—应变关系的因素很复杂，如基础刚度不同对基底压力分布影响很大，这同样会影响土中应力分布。因此观测土中应力，了解土体应力及其随时间的变化就显得格外重要，例如观测土中的总应力和孔隙水压力随时间的变化，就可以了解土中有效应力的变化及强度的增长，测得的资料用以计算地基固结度、推算土体强度增长规律，控制施工速率。根据实测资料进行反分析可用来校验理论计算，修改、优化设计。这种现场测试对水运、公路工程建设和土力学及基础工程理论的发展具有其重大意义。

土压力是指土中的总应力，包括有效应力和孔隙水压力，常用土压力盒测定。由于用土压力盒测定与土体的刚度测定方法不同，埋设土压力盒时会破坏土体的原始应力状态和对周围土体的扰动，因此用这种方法观测土中总应力是一种近似方法，在土压力盒埋设中应尽量减少对周围土体扰动。

工程中常说的土压力的另一含义是指土与结构物间接触压力，如重力式码头或挡土结构周围土介质传递给上述建筑物的水平力，这种土压力测试在工程上常用土压力盒测定。

采用土压力盒可以测定码头、挡墙的土压力、基底压力或地基反力、土工织物底面压力、复合地基单桩和桩间反力以及随荷载的变化、桩土应力分担比随荷载变化等。

孔隙水压力采用孔隙水压力计测定。测量水位的实质是用另一种方法测量孔隙水压力，其目的是掌握土体中地下水位的变化以及建筑物周边江、河、湖、海水位的变化和地下水位变化的联系。水位观测往往与孔隙水压力观测相配合，如在海底土中或受潮位影响区域观测孔隙水压力，由于受潮位影响，观测值随潮位变化，要想得到荷载作用下，孔隙水压力随时间消散的光滑曲线，必须消除潮位影响，这就需要观测不同时间水位及水位的变化。

为了进行有效应力分析，土压力与孔隙水压力经常一起测。土中应力测试应与土体的变形测试一同进行，以便对应力、应变作综合分析。接触压力的测试经常与结构物的变形与内力测试一起进行，目的是对土与结构的共同作用进行分析。

其他原位测试方法如旁压仪（见本篇第十三章）、应力铲、马氏扁胀仪也能测定土中的水平向总应力。关于这些原位测试方法请参考有关资料和教材。

# 第二节 土压力测试

## 一、土压力计测试原理与分类

按土压力的测试原理与结构划分，土压力计有以下几类：

液压式：外界土压力作用于土压力圆盒表面的柔性膜，使土压力盒内液压增大，通过测量液压来确定土压力。

气压式：通过土压力圆盒内部气压与外部土压力平衡的原理来确定土压力。

电气式：有电阻应变式、电感式等。通过黏贴在弹性传感元件上的电阻应变片的电量变化来确定土压力。

钢弦式：土压力作用于膜片，膜片变形使弹性钢弦的张力变化，根据钢弦振动频率与钢弦张力关系，通过测定钢弦振动频率来确定土压力。

前两种土压力仪已很少使用。常用的是电阻应变式土压力计与钢弦式土压力计。

电阻应变式土压力计：测头部分包括外力作用的感应部件（膜盒）与电转换部件（电阻应变计）；测量部分是指示器（比例电桥），见图 3-15-1。

钢弦式土压力计也是由承受土压力的膜盒和压力传感器组成。压力传感器是一根张拉的钢弦，一端固定在薄膜的中心上，另一端固定在支架上。土压力作用在膜盒上膜盒变形，薄膜中心产生挠度 $s$，钢弦长度随之发生变化。自振频率 $f$ 随之发生变化。钢弦的振动是由线圈激振，激振有单线圈间歇振荡型和双线圈连续振荡型。输出的弦振动频率由多路振弦仪测定，如图 3-15-2 所示。

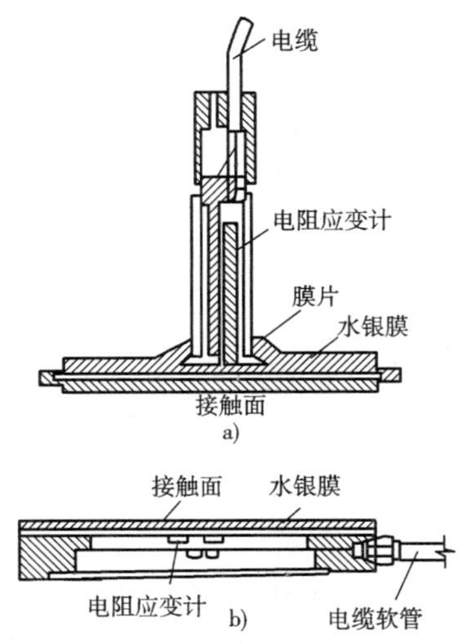


图 3-15-1 电阻应变式土压力盒

a）Cnrbsun 土压力盒；b）WES 土压力盒

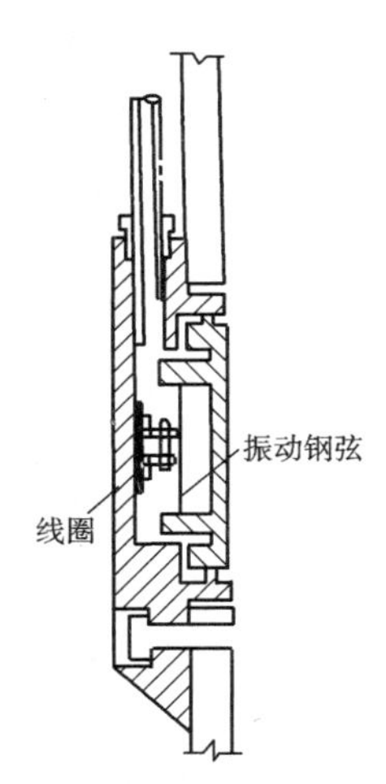


图 3-15-2 钢弦式土压力盒

同一类的土压力计又有卧式与竖式之分，前者扁平状，膜直径与盒高比一般大于 5，用于土中土压力的测试，后者用于侧向接触土压力的量测。

## 二、土压力计选择

土压力测试仪器的选择应根据测试目的和要求，选择满足测量范围和分辨率的测试仪器。常用土压力传感器的测量范围分辨率见表 3-15-1。

常用土压力传感器测量范围和分辨率表 表 3-15-1

| 传感器形式 | 测量范围(kPa) | 分辨率(%F.S) |
|---|---|---|
| 差动电阻式 | 0～1600 | ≤0.5 |
| 钢弦式 | 0～2500 | ≤0.2 |
| 气压式 | 0～10000 | ≤0.15 |
| 电阻应变式 | 0～5000 | ≤0.5 |

注：F.S 表示满量程输出。

## 三、土压力计的基本技术要求

1. 正常工作条件

(1) 土压力计应能在 0～40℃的环境温度下正常工作。

(2) 土压力计应有足够的强度和耐久性，能在地基内长期工作。

(3) 土压力计应能在其量测范围内的压力下正常工作。

2. 主要技术指标

土压力计的主要技术指标是其分辨率、重复性、迟滞、非线性误差、温飘及零飘、防水密封性。

国家标准《土工试验仪器 岩土工程仪器 振弦式传感器 通用技术条件》(GB/T 13606—2007)的标准为：

分辨率：量程范围 0～0.16MPa，分辨率≤0.2%F.S；

量程范围更大的，分辨率≤0.15%F.S；

不重复度≤0.5%F.S；

滞后≤1%F.S；

非线性度/不符合度≤2%F.S；

综合误差≤2.5%F.S；

防水密封性：传感器在 1.2 倍额定压力的水中连续工作 6h，应无渗漏；

温度影响：在大气压力状态下，0～40℃使用温度范围内，温度影响(允许修正)应不大于 ±0.04%F.S/℃；

过载能力：传感器应能承受压力值的 1.2 倍；

稳定性：在参比条件(温度 20℃ ±2℃，大气压 86～106kPa，湿度 60%RH～75%RH，按额定压力加压卸荷 10 次，零点飘移不大于 ±0.5% F.S，绝缘电阻大于 50MΩ)下静置 30d 后，扣除环境变化对零点飘移影响其性能仍然不变。

## 四、土压力观测仪器的标定试验

标定目的是为了确定标定系数、各类误差、检定传感器的质量。一般是逐级(按规范规定的级数和级差）加荷至额定压力值，逐级测读输出量（电阻比或频率），然后逐级卸载，同时测读输出量。加荷、卸载重复三次。由试验点绘制荷载与输出量标定曲线。

根据标定数据或标定曲线可定出各类误差，由端点连接法或最小二乘法确定出标定直线和标定系数。各项误差应符合相应的技术指标要求，否则土压力计为不合格产品。

## 五、土压力观测点的设置

土压力与基底压力观测点的设置应满足下列要求：

（1）观测断面应具有代表性。

（2）观测点的位置和数量应根据目的和要求确定。每个断面的观测点应按估算土压力情况分土层布置。当土层厚度大于 3m 时，每层土的观测点数不应少于 3 个。同一观测断面的观测点间距不宜超 2m。应力变化较大的土层观测点应加密。

## 六、土压力测试仪器的埋设与观测

（1）埋设时要注意尽量减少对土体的扰动，注意膜盒与结构物固定情况（接触式土压力计），膜盒与土的接触情况（土的粒径、全面接触或局部接触），做好详细记录。

（2）土中土压力计的埋设方法如图 3-15-3 所示。要注意回填土要与周围土一致，如图 3-15-3c）那样在土压力盒外设模具，则标定时也应连同模具一块标定。

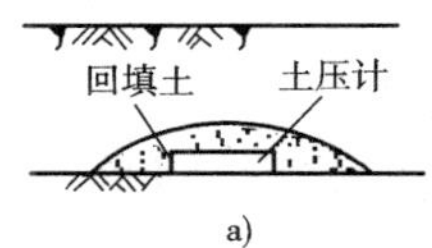

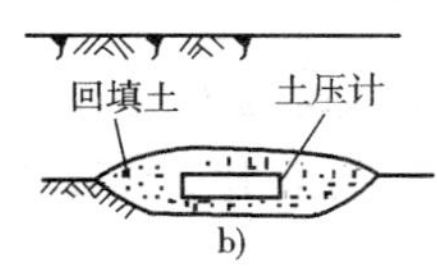

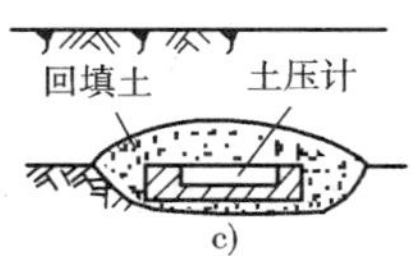


图 3-15-3 土压力计的埋设方法

（3）土压力与基底压力观测仪器可采用预先埋置或预留位置安装土压力传感器的方法。接触式土压力计的埋设应根据不同对象采取不同的方法。在结构物侧面安装土压力计时，应在混凝土浇筑到预定高程处，将土压力计固定在预定位置上，土压力计的承压面须与结构表面齐平。也常采用预留孔后安装方式。在结构物基底上埋设土压力盒时，可先将土压力盒埋设在预制混凝土块内，整平地面，然后将预制块连同土压力计放上，最后将预制块浇在基底内。

（4）要根据情况处理好压力膜的保护，可采用沥青囊间接传力结构或采用细颗粒间接传力介质膜。埋设时要注意电缆线的保护，必要时要加套管保护。

（5）土压力计的埋设位置、深度、编号要在电缆上作好标识，测头电缆按一定线路汇总于观测站中。

（6）土压力和基底压力观测周期应根据观测目的和要求、应力变化情况确定。加载期每天观测次数不应少于 1 次，满载后可逐步调整至每周观测 1 ~ 2 次。在进行建筑物安全监测时，安全警戒期内每天观测测数不应少于 2 次，有特殊要求时应加密观测。

（7）观测过程中若观测数据及测试仪器出现反常，应及时分析原因，及时修复，并对观测数据进行分析，剔除不合格数据。

## 七、测试成果与应用

1. 测试成果

土压力与基底压力观测应提交下列成果:

(1)土压力与基底压力观测点布置图。

(2)土压力与基底压力观测记录表。

(3)土压力或基底压力变化过程线。

(4)土压力与埋设深度关系曲线。

(5)土压力与其他相关因素的关系资料。

(6)土压力与基底压力观测成果报告。

2. 成果应用

确定土压力与基底压力随荷载变化的规律,与孔隙水压力配合确定有效应力变化规律,指导施工,控制加荷速率或填土速度,验证、修正设计。

# 第三节 孔隙水压力测试

## 一、孔隙水压力计测试原理与分类

孔隙水压力计的形式有封闭式与开口式两大类。

开口式是直接测量由孔压引起的水头变化,通过量测测管或测井的水位来确定孔隙水压力。

封闭式有电测式(包括钢弦式、电阻式、差动电阻式)和流体压力式(包括液压式、气压平衡式)。

电测式孔隙水压力计的工作原理、结构形式与电测式土压力计完全相同,请参阅上一节的内容。

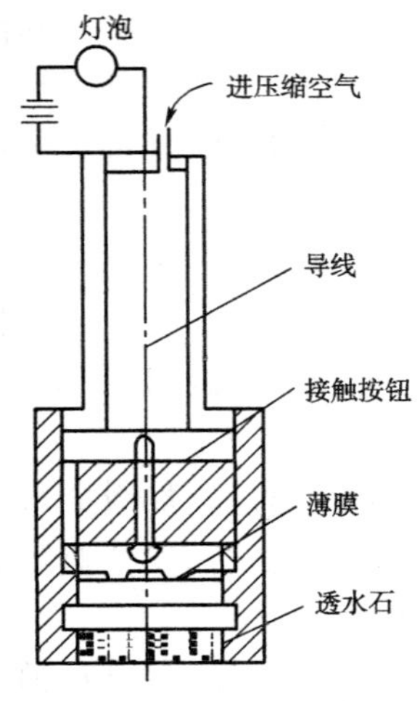


图3-15-4 气压平衡式孔隙水压力计

气压平衡式孔隙水压力计原理与液压平衡式土压力计工作原理相同,结构见图3-15-4。孔隙水压力作用于薄膜上,薄膜向上变形与接触纽接触,电路通,灯泡发亮(或电位计指示)。测量时,从进气口通入压缩空气将薄膜压回。膜内压力与孔压平衡时,灯泡熄灭,压力表指示的压力即为孔隙水压力。新的双管气压平衡式孔隙水压力计用一管进气,一管出气。当气压小于孔压时,膜保持出气管关闭,当气压与孔压平衡时,膜的微小位移使气从出气管逸出,排入充满水的容器,容器内出现气泡,此时进气管的压力即为孔压。另一种双管式是当气压小于孔压时,出气管与进气管相通,两者气压相等。当气压等于孔压时,膜驱动一阀门,阻塞两管之间的气流,出气管压力读数即为孔压。进气管压力再增大,出气管的气压不再变化。

液压式孔隙水压力计通常为封闭双管式,其结构示意如图3-15-5所示。它主要由测头、传压导管(塑料或尼龙管)及测量系统组成。

测头通常由可拆卸的锥头、锥体两部分组成。双管内已排除空气的循环水流经测头，使测头内的气泡被带走。孔隙水压力通过透水石导管传至测量系统的零位指示器，使水平面发生变化。量测时，用活塞调压筒调节压力使水平面回升至起始位置，则压力表上所示的压力值即为孔压值（须经位置改正）。利用连接器，一个测量系统可带多个测头。

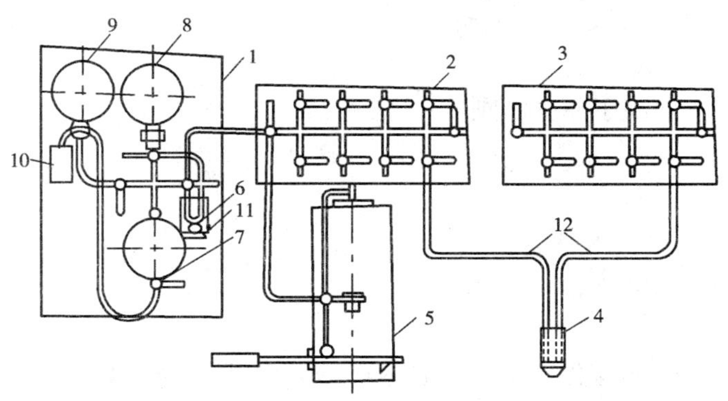


图 3-15-5　液压式孔隙水压力计示意图

1-测量部分；2-进水连接器；3-出水连接器；4-测头；5-手压水泵；6-零位指示器；7-活塞调压筒；8-压力表；9-真空表；10-塑料瓶；11-指示器螺钉；12-导管（塑料管）

## 二、孔隙水压力计的选择

孔隙水压力计类型的选择，应根据测试的目的和要求、土层的渗透性质和测试期的长短等条件，选用封闭式（电测式、流体压力式）或开口式（包括各种开口测量管、水位计）。仪器的精度、灵敏度和量程必须满足测试要求。

电测式孔隙水压力计（包括振弦式、电阻式、差动变压式等）适用于各种渗透性质的土层。当量测误差小于等于 2kPa 时，必须使用电测式孔隙水压力计；使用期大于 1 个月、测试深度大于 10m 或在一个观测孔中多点同时量测时，宜选用电测式孔隙水压力计。

流体压力式（包括液压式、气压式等）和开口式孔隙水压力计适用于渗透系数 $K$ 大于 $1\times10^{-5}$cm/sec 的土层。当量测误差允许大于等于 2kPa 时，方可选用液压式孔隙水压力计；当量测误差允许大于等于 10kPa 时，方可选用气压式孔隙水压力计。液体压力式孔隙水压力计使用期不宜超过 1 个月；液压式孔隙水压力计不宜在气温低于零摄氏度时使用。

国内开口式已很少使用，封闭的双管气压式，双管液压式也用得不多，电测式用得最为广泛。国外的孔压探头种类更多，气压、液压式用得仍然不少。

常用孔隙水压力仪量测范围和分辨率见表 3-15-2。

常用孔隙水压力传感器测量范围和分辨率表　　表 3-15-2

| 传感器形式 | 测量范围（kPa） | 分辨率（%F.S） |
|---|---|---|
| 差动电阻式 | 0～1600 | ≤0.5 |
| 钢弦式 | 0～2500 | ≤0.15 |
| 气压式 | -50～10000 | ≤0.15 |
| 双管封闭式 | -40～5000 | ≤0.2 |

注：F.S 表示满量程输出。

## 三、孔隙水压力计的基本技术条件和标定

电测式(包括钢弦式、差动电阻式)孔隙压力计的基本技术要求和与标定要求同类的土压力计相同。

1. 气压平衡式孔压计主要技术指标如下

测量范围:0 ~900kPa;

灵敏度:2kPa 主要取决于薄膜的刚度;

误差:10kPa;

体积因数:$1\times10^{-2}$/kPa。

2. 液压平衡式的主要技术指标

测量范围: - 40 ~600kPa;

误差:2kPa;

密封要求:导管必须是连续无接头,在正压 800 ~900kPa 压力下不漏气,负压 100kPa 下不进气。

## 四、测试孔和测点布置

测试孔和测点的布置和数量,应根据测试目的与要求,结合场地地质周围环境和作业条件综合考虑确定,并应满足下列要求:

(1)每项工程测试孔的数量,应不少于 3 个。

(2)平面测试孔宜沿着应力变化最大方向并结合监测对象位置布设。

(3)每个断面的测点应按估算的孔隙水压力分土层布置。当土厚度大于 3m 时,每层土的测点总数不应少于 3 个。同一观测断面的测点间距竖向不宜超过 2m。应力变化较大的土层观测点应加密。

(4)在同一钻孔中不宜埋设多个孔隙水压力传感器,同组孔隙水压力传感器的水平间距不宜超过 5m。

(5)对控制性的测点,埋设后如遇下列情况时必须及时补点:

①测定的初始值不稳定或孔隙水压力计失效;

②因施工等原因遭受破坏且无法修复。

(6)孔隙水压力测试应按工程需要,宜与土压力量测、变形测量、静力触探、标准贯入、载荷试验等测试手段结合进行,综合分析评价。

## 五、孔隙水压力计的埋设要点

孔隙水压力计根据土层性质、孔隙水压力计的布设要求可采用钻孔埋设法、压入埋设法和填埋法。

土层较硬,一孔多个测头时,宜采用钻孔埋设法。

软土中单个孔隙水压力计的埋设可采用压入法。土层较软,埋深较浅的孔隙水压力计,可直接从地表将孔隙水压力计缓慢压入土中。埋得较深不宜直接压入时,可预钻孔至预埋深度以上 0.5 ~1m 处,再将孔隙水压力计放入,压至预定深度。钻孔段用隔水填料埋实。

在填方工程中,可采用填埋法,将孔隙水压力计埋在预定位置,要注意埋设后填筑施工过

程中对探头与电缆、导管的保护。

1. 钻孔要求

(1)钻孔应垂直,孔径宜为 110 ~ 130mm。

(2)在填土层、浅层或松散不稳定土层钻孔时,应下套管护孔。

(3)孔内应无沉淤和稠浆。

(4)钻孔应有进尺,地层分层厚度,土层性质描述的原始记录。

2. 钻孔中孔压计埋设要点

(1)液压式、开口式探头埋设前均需预浸 24h,探头安放时应排除探头内及管路中的空气,探头部件的拼装在水容器内进行。

(2)孔隙水压力计周围须回填透水填料。透水填料宜采用中粗砂、砾砂或粒径小于 10mm 的碎石块。透水填料层高度以 0.6 ~ 1m 为宜。

(3)上下两个孔隙水压力计之间有高度不小于 1m 的隔水填料,一般采用直径 2cm 左右的风干黏土泥球。投放泥球时应缓慢、投料均衡,确保隔水作用。

(4)孔口须用隔水材料填实,防止地表水渗入。

(5)孔口应有保护装置,并设立醒目标志。引入测试站的电缆,导管应埋入土中至少 60cm,必要时须加套管保护。就地测量的孔隙水压力计电缆线头应有防水、防湿保护装置。

(6)埋设应有详细记录,在柱状图上标明孔隙水压力计、透水填料层、黏土球隔水层的实际深度。引出线要有位置、深度与编号的标识。

## 六、孔隙水压力的观测

(1)初始值的测定:孔隙水压力计埋设时,周围土体扰动,孔隙水压力发生变化,埋设结束后应定日定时量测,观测初始值的稳定性。稳定值应符合连续 3d 读数差小于仪器测量误差。初始值应取稳定后的读数平均值或中值。

(2)测量周期(频次)应根据观测目的和要求施工加荷、孔压变化规律调整。一般是定期定时观测。施工加荷期、孔压增长快时,测次频繁一些,停荷、孔压变化小、稳定期测次可少一些。加载期每天观测次数不应少于 1 次,满载后可逐步调整至每周观测 1 ~ 2 次,在进行建筑物安全监测时,安全警戒期内每天观测次数不应少于 2 次,有特殊要求时应加密观测。

(3)测试时出现异常数据时,应及时复测,并分析原因,排除故障,测试完毕及时做好原始记录及计算、完整填写报表。

## 七、测试成果与应用

1. 观测成果

孔隙水压力观测应提交下列成果:

(1)孔隙水压力观测点布置图。

(2)孔隙水压力观测记录表。

(3)孔隙水压力变化过程线。

(4)孔隙水压力与埋设深度关系曲线。

(5)孔隙水压力与其他相关因素的关系资料。

(6)孔隙水压力观测成果报告。

2.成果应用

利用孔隙水压力随时间消散曲线可以求得应力固结度、推算强度增长，可用于分析加固效果和土坡和地基稳定计算，与土压力配合可求得土中有效应力。同时可利用孔隙水压力增量控制加荷速率，一般孔隙水压力增量与荷载增量之比小于0.6，也可根据地区经验确定。

# 第四节　水位观测

## 一、水位观测的原理

水位观测包括江、河、湖、沿海的水位观测，地下水位观测等。地下水位观测包括，地质勘察确定地下水位的观测、土坡或路堤地下水位的观测、软基处理中为确定加固效果和了解周边环境对地下水位的观测（如真空预压和降水预压加固软土中对地下水位的观测等）、基坑支护工程对地下水位的观测（如水运工程翻车机房基坑支护工程等）。

水位测量可用水尺和自记水位计等。使用水尺观测水位，是直接测量水位，其原理是根据水尺零点高程及水尺读数确定水位，实质是水准测量的方法。自记水位计观测水位有多种，如浮子式、超声波式、气泡式和压阻式等，其原理是将水位的变化通过不同途径和相关传感器，转变为电信号，使之能自动式记录水位，同时通过与校核水尺进行比测，以验证其观测精度，实质是电测传感器与水准测量相结合的方法。

## 二、水位计的分类及适用条件

水位计的分类及适用条件见表3-15-3。

水位计的分类与适用条件表　　表3-15-3

| 水尺类型 | | 适用条件 |
|---|---|---|
| 水尺 | 直立水尺 | 适用于一般情况下 |
| | 倾斜水尺 | 适用于当直立水尺设置或观读有困难而断面附近有固定岸坡或水工建筑物的护岸时 |
| | 矮桩式水尺 | 适用于易受流冰、航运、浮运或漂浮物等冲击以及岸坡十分平坦的断面 |
| 测针式水位计 | | 适用于资料精度要求较高的小河站测流建筑物上或较好的静水湾或静水井的水位站 |
| 悬锤式水位计 | | 适用于断面附近有固定陡岸、桥梁或水工建筑物的岸壁可以利用的测站 |
| 自记水位计 | 浮子式水位计 | 适于岸边顺直、水位代表性好、不易淤积，主流不易改道的位置，并应避开回水和受水工程建筑物影响的地方 |
| | 超声波水位计 | 当满足采用水体或气体作为声波传输介质条件时，可采用 |
| | 气泡式水位计 | 适用于水质污染严重或有腐蚀性工业废水的地方 |
| | 压阻式水位计 | 当采用的压力传感器满足测量精度、工作环境、传输距离、工作时间等要求时，可采用 |

## 三、水位计的允许误差及技术条件

1. 水尺的允许误差及技术条件

(1)水尺面宽不应小于5cm。

(2)水尺最小刻度为1cm,误差不大于0.5mm。

当水尺长度在0.5m下时,累积误差不得超过0.5mm;

当水尺长度在0.5m上时,累积误差不得超过该段总长度的1%。

2. 自记水位计的允许误差及技术条件

(1)当采用自记水位计进行水位观测时,其走时误差应符合表3-15-4的规定。

自记水位计的允许走时误差表　　表3-15-4

| 记录周期 | 允许走时误差(mm) | 记录周期 | 允许走时误差(mm) |
| --- | --- | --- | --- |
| 日记 | 0.5 | 月记 | 4.0 |
| 周记 | 2.0 | 季记 | 9.0 |
| 双周记 | 3.0 | | |

(2)自记水位计的检查内容和允许误差应符合表3-15-5的规定,超限时应予以改正。

自记水位计检查内容和允许误差表　　表3-15-5

| 顺序 | 检查内容 | 允许误差 |
| --- | --- | --- |
| 1 | 走时误差 | 见表3-15-4 |
| 2 | 和校核水尺进行水位比测 | 20mm |
| 3 | 检查测井内外水面的水位差 | 20mm |

(3)水位观测值应精确到10mm,当上、下比降断面水位差小于20mm时,比降水位应精确到5mm。

## 四、沿海和内河水位控制测量

(1)沿海水位可通过长期水位站、短期水位站或临时水位站进行观测;内河水位可通过基本水位站、基本水尺或临时水尺进行观测。

(2)水位站的建立和布设以及水准点的设置应符合现行国家行业标准《水运工程测量规范》(JTS 131—2012)的有关规定。

(3)水尺设置应符合下列规定:

①水尺设置应稳固。

②当设置两根或两根以上水尺时,两相邻水尺的重叠部分,在内河宜为0.1~0.2m;在沿海,不宜小于0.3m。

③当设置两根以上水尺时,应选择其中一根作为基尺。当深度基准面已确定时,水位站零点宜与深度基准面一致。

④水尺的设置范围,应高于高水位,低于低水位。

(4)自记水位计设置应符合下列规定:

①测井壁应垂直,井底应低于最低水位0.5~1.0m,井口应高于最高水位0.5~1.0m。

②测井截面应能容纳浮子随水位自由升降,浮子和井壁间应有0.05~0.1m的间隙。

③测井应附设沉沙池或采取其他防淤措施。

④测井内宜设置消波设施。

⑤当测井内无消波设施时，进水孔截面积与测井筒截面积之比宜为1/100，在多沙内河水域需视情况而定，但应保证进出水的水位变率大于0.2m/s。

⑥设置自记水位计的同时，应设置校核水尺。

⑦设置压力式水位计应保证传感器稳固并便于校验。

（5）水位观测应符合下列要求：

①水尺零点应经常校核。水尺倾斜时，应立即校正，并校核水尺零点高程，自记水位计零点也应经常校核。当用水准测量校核有困难时，可利用校核水尺或井口高程校核。校核情况应记入观测手簿。

②水位观测应采用北京时。每日早、晚水位站应在每日观测前后对时，其误差不应大于1mm，超限时应拨正。对时及拨正情况应记入手簿。

③使用水尺观测水位应符合下列规定：

a. 水位观测次数应符合表3-15-6或表3-15-7的要求。

**沿海港口及感潮河段水位观测次数表** 表3-15-6

| 观测时期 | 观测次数 | 加密时间 | |
|---|---|---|---|
| | | 加密次数 | 加密时间 |
| 观测系列水位时 | 每整小时观测一次 | 每10min观测一次 | 1. 高、低潮前、后各30min；<br>2. 受混合潮或副振动影响，高、低潮过后又出现小的涨落起伏时 |
| 水深测量时 | 每10～30min观测一次 | 每10min观测一次 | 1. 高、低潮前、后各30min内；<br>2. 30min内水位差大于0.5m时；<br>3. 水位变化异常时 |

**内河水位观测次数表** 表3-15-7

| 观测时期 | 水位变化特征 | 观测次数 |
|---|---|---|
| 基本水尺观测系列水位时 | 水位平稳 | 每日观测一次（08:00） |
| | 水位变化缓慢 | 每日观测两次（08:00，20:00） |
| | 水位变化较大或出现缓慢的峰谷 | 每日观测四次数（02:00，08:00，14:00，20:00） |
| | 洪水期或水位变化急剧 | 每整小时观测一次 |
| | 暴涨暴落 | 每5～30min观测一次 |
| 水深测量时 | $\Delta H<0.1$m | 测深开始及结束时各观测一次 |
| | $0.1\text{m}\leqslant\Delta H\leqslant0.3$m | 测深开始、中间和结束时各观测一次 |
| | $\Delta H>0.3$m | 每整小时观测一次 |

注：$\Delta H$为日水位变幅（m）。

b. 水位读数应取波峰、波谷读数的平均值。

c. 当水面达到两根水尺重叠范围时，应同时读取两根水尺的读数，并归算为基尺零点上的水位，其差值不应大于20mm。

d. 各水尺的读数，均应归算为基尺零点上的水位。

e. 观测人员应准时到现场测记水位，不得追记。因故漏测水位时，应按实际观测时间测记，严禁涂改伪造。

④使用自记水位计观测水位应符合下列规定：

a. 使用自记水位计的记录周期，定期调换记录纸，换纸时间应注记在记录纸上。

b. 应定期校测和检查自记水位计，日记式自记水位计应每日 08:00 时校测一次，非日记式自记水位计应每 7 天校测一次。

⑤不在平潮时的漏测水位，若漏测时间在 2h 以内，可内插补入。影响测深精度的插补水位，不得用于水深改正。

⑥对非感潮河段水尺的有效控制范围，当上下游两水尺的水位改正数差值小于 0.1m，应以较大值作为水位改正数；当差值大于或等于 0.1m 时，应按线性内插法分段求取改正数。

## 五、地下水位监测

1. 水文地质勘察地下水位监测

1）地下水位监测要求

专门的水文地质勘察地下水位监测应查明的项目要求（主要依据《岩土工程勘察规范》（GB 50021—2001））：

（1）查明含水层和隔水层的埋藏条件，地下水类型、流向、水位及其变化幅度，当场地有多层对工程有影响的地下水时，应分层量测地下水位，并查明互相之间的补给关系。

（2）查明场地地质条件对地下水赋存和渗流状态的影响；必要时应设置观测孔，或在不同深度处埋设孔隙水压力计，量测压力水头随深度变化。

2）地下水位量测要求

地下水位的量测应符合下列要求：

（1）遇到地下水时应量测水位。

（2）稳定水位应在初见水位后经一定的稳定时间后量测。

（3）对多层含水层的水位量测，应采取止水措施，将被测含水层与其他含水层隔开。

3）初见水位与稳定水位观测

初见水位和稳定水位可在钻孔、探井或测压管内直接量测，稳定水位的间隔时间按地层的渗透性确定，对砂土和碎石土不得少于 0.5h，对粉土和黏土不得少于 8h，并宜在勘察结束后统一量测稳定水位。量测读数至厘米，精度不得低于 ±2cm（《岩土工程勘察规范》（GB 50021—2001））。

4）地下水位流向的观测方法

测定地下水流向可采用几何法，量测点不应少于呈三角形分布的 3 个测孔（井）。测点间距按岩土的渗透性、水力梯度和地形坡确定，宜为 50 ~ 100m。应同时量测各孔（井）内水位，确定地下水的流向。

5）地下水位的测试仪器

可用水准测量直接量测（按四等水准测量要求）。也可用各式水位计量测，水位计精度要求同第四节第三部分内容（自计水位计的允许误差及技术条件）。

6）地下水位监测

宜将水位计和孔隙水压力仪联合应用。如除了设观测井外，还可在不同土层或不同深度埋设孔隙水压力仪测量不同土层或不同深度的地下水头变化。

2. 建筑基坑工程地下水位监测

建筑基坑工程地下水位监测应符合以下要求（主要依据《建筑基坑工程检测技术规范》(GB 50497—2009)）：

(1)地下水位监测宜通过钻孔内设置水位管，采用水位计进行量测。

(2)水位管的管径应根据所采用的水位计的类型选择合适的管径，如采用浮子式水位计时，测井截面应能容纳浮子随水位变化自由升降，浮子与侧壁应有 5~10cm 间隙。

(3)水位管的底高程应比预测的最低水位低 0.5~1.0m。

(4)地下水位测量精度不宜低于 10mm。

(5)潜水水位管应在基坑施工前埋设，滤管长度应满足量测要求；承压水位监测时被测含水层与其他含水层之间应采取有效的隔水措施。

(6)水位管宜在基坑开始降水前至少 1 周埋设，且宜逐日连续观测水位并取得稳定初始值。

3. 对周边地下水位的观测

采用真空预压法加固软土地基对周边地下水位的观测应符合以下要求：

(1)地下水位观测点的位置，应设置在加固区边线以外，靠近边线中点处，若要观测真空预压对周边地下水位的影响距离，可间隔一定距离布置；若要观测加固区附近地下水位对周边建筑物影响，可在周边建筑物与加固区之间布置观测点。

(2)地下水位可采用水位管进行监测，水位管的管径与建筑基坑地下水位监测要求相同。

(3)水位管的埋设应符合下列规定：

①钻孔的深度应达到或略超过水位管的埋设深度，水位管的埋设深度按预估和已有经验确定。

②将连接好的水位管放入孔内，导管连接部分用自攻螺钉固定，而且管端封紧，水位管下部要打孔并用无纺布包扎。

③水位管埋设后应进行检查，合格后将钻管与水位管之间用原土填实，禁止填入带尖角的块状物，以防将缠于水位管芯管外的材料刺破。

(4)水位高程的计算：先用水准仪测出孔口高程，再用水位仪测出水面与孔口的距离，水位高程可按下式计算：

$$h_i = h_{ki} - H_{ki} \quad (3\text{-}15\text{-}1)$$

式中：$h_i$——第 $i$ 次测量时水位高程；

$h_{ki}$——第 $i$ 次测量时孔口的高程；

$H_{ki}$——第 $i$ 次测量时水面至孔口的距离。

## 六、水位观测成果与应用

1. 江、河、湖、海岸水位观测成果和应用

1)观测成果

(1)观测记录。

(2)沿海港口水位站观测资料整理分析:提供日平均海面、月平均海面、年平均海面和多年平均海面;分析日平均海面、月平均海面、年平均海面随时间的变化图。

(3)内河水位站观测资料整理分析:提供日平均水位及随时间变化图。

2)成果应用

(1)确定深度基准面。

(2)平均海平面和深度基准面的确定应按现行国家行业标准《水运工程测量规范》(JTS 131—2012)的有关规定执行。

(3)根据水位随时间的变化确定设计、施工水位,指导设计、施工和航运。

2. 工程勘察地下水位观测成果与应用

1)观测成果

(1)地下水位类型和赋存条件状态及随时间变化曲线图。

(2)地下水位和降水量的动态变化曲线图,地下水与地表水动态变化曲线图,地下水压动态变化曲线图。

(3)不同时期的水位埋深图、等水位线图。

2)成果应用

利用成果资料分析地下水位变化及承压水,对工程建筑物、基础、地下结构物及开挖基坑产生的不良影响、危害程度,并提出防治措施和分析报告。

3. 建筑基坑工程,地下水位监测成果和应用

1)观测成果

(1)基坑未降水时,地下水类型和赋存状态及水位随时间的变化图。

(2)基坑开挖降水过程中,地下水位随时间的变化图。

2)成果应用

(1)基坑降水后,水位保持稳定性评价,水位与降水的关系。

(2)基坑降水对基坑稳定性的影响。

(3)地下水有压水头压差对基坑工程的不良影响分析(如是否会产生潜蚀、流砂、涌土、管涌等)。

4. 真空预压加固区周边地下水位监测成果与应用

1)观测成果

(1)地下水位类型和赋存状态。

(2)真空度、地下水位与时间关系图。

2)成果应用

确定抽真空对加固区周边地下水的影响及影响范围,分析对周边建筑物影响;确定加固区附近水环境(江、河、湖、海)对加固范围地下水的影响。

# 第十六章
# 土体变形监测

## 第一节 概 述

### 一、土体变形测量的意义

变形监测是对建筑物及其地基、建筑基坑或一定范围内的岩体及土体的位移、沉降、倾斜、挠度、裂缝和相关因素（如地下水、温度、应力应变等）进行监测，并提供分析、预报的过程。土体变形监测主要包括表层沉降、分层沉降、表层水平位移、深层水平位移等观测项目。

地基、基础和工程结构在施工过程和施工完成后，由于其改变了建筑地基的应力状态，地基的变形不可避免；另外，由于工程结构从施工开始就承受各种外部作用（重力、风力、温度变化等）相互交叉的复杂影响，其弹塑性变形也不可避免。工程变形测量的意义在于严密监测地基、基础和结构物的变形幅度和速度，并依据土力学、工程力学和结构工程的相关知识，对变形产生的影响做出正确评价，以确保地基、基础、结构物正常工作。历史上，由于没有对地基、基础工程结构物及时进行变形测量，造成重大损失的例子时有耳闻。1963 年意大利的 Vajaut 拱坝（高 266m）发生大滑坡，在 7min 之内就毁灭了一座城市及周围的几个小镇，造成 3000 人死亡。然而，1984 年前后，我国对长江三峡滑坡体进行了长期的变形测量，并成功预报了滑坡的发生，使滑坡体上的居民能够及时撤离，挽救了 11000 人的生命。在建筑工程中，结构变形测量结果是进行安全鉴定，检验工程可靠性的基本依据。除了上述实际意义外，变形测量还是验证现行变形设计计算理论，发展切合实际的地基、基础、结构分析与设计理论的根本途径。

工程变形测量的目的就是利用观测结果，研究工程结构物的变形规律，以达到监测建筑物安全，验证工程设计理论和检验施工质量。对变形测量取得的数据进行整理、加工和分析，做出变形预报，这是变形测量中数据处理的任务，如根据实测沉降，推测地基最终沉降，根据水平变位的发展对土坡稳定性作出预报等。数据处理工作包括：观测数据的检验和质量评定；变形的几何分析；变形的物理解释，即对变形原因做出合理判断，并对变形的发展做出预报，为施工决策提供技术支持。由此可见，土体变形测量的根本目的就是获得土体变形的空间状态和时间特性，进而反演地基、基础应力和变形，确定其工作状态，为建筑物是否能正常施工、运行和维修提供依据。

### 二、工程地基、基础变形观测应满足的基本要求

（1）位移和变形观测网宜与工程控制网坐标系统保持一致。观测网应由基准点、工作点

和变形观测点组成，控制网的形状应与水工建筑物形状相适应。

（2）位移和变形观测点的设置应符合下列要求：

①位移和变形观测点应根据建筑物的结构特点、等级、规模、工程地质情况及采用的观测方法设置，应能反映建筑物的变形特征并便于观测。

②平面与高程观测基准点应设置在变形影响范围之外并便于长期保存的稳定区域内，数量应各不少于 3 个。使用时，应定期进行稳定性检查。

③基准点和观测点应采取可靠的保护措施，并设有标识。

④垂直位移观测点与水平位移观测点应根据需要设在同一标点上或分开设立。观测点标志的选位与埋设应避开障碍物。

（3）工程变形监测的等级和精度及适用范围：变形监测的等级划分和精度要求及适用范围应符合表 3-16-1 的规定（依据《工程测量规范》（GB 50026—2007））。位移和变形观测的等级和精度应根据水工建筑物对变形的敏感程度，观测的内容、性质、目的和要求，按照观测中误差的绝对值为允许变形值的 1/10 ~ 1/20 的原则确定。

**变形监测的等级划分及精度要求表** 表 3-16-1

| 等级 | 垂直位移监测 | | 水平位移监测 | 适用范围 |
|---|---|---|---|---|
| | 变形观测点的高程中误差（mm） | 相邻变形观测点的高差中误差（mm） | 变形观测点的点位中误差（mm） | |
| 一等 | 0.3 | 0.1 | 1.5 | 变形特别敏感的高层建筑、高耸构筑物、工业建筑、重要古建筑、大型坝体、精密工程设施、特大型桥梁、大型直立岩体、大型坝区地壳变形监测等 |
| 二等 | 0.5 | 0.3 | 3.0 | 变形比较敏感的高层建筑、高耸构筑物、工业建筑、古建筑、特大型桥梁、大中型坝体、直立岩体、高边坡、重要工程设施、重大地下工程、危害性较大的滑坡监测等 |
| 三等 | 1.0 | 0.5 | 6.0 | 一般性的高层建筑、多层建筑、工业建筑、高耸构筑物、直立岩体、高边坡、深基坑、一般地下工程、危害性一般的滑坡监测、大型桥梁等 |
| 四等 | 2.0 | 1.0 | 12.0 | 观测精度要求较低的建（构）筑物、普通滑坡监测、中小型桥梁等 |

注：1. 变形观测点的高程中误差和点位中误差，是指相对于邻近基准点的中误差。

2. 特定方向的位移中误差，可取表中相应等级点位中误差的 $1/\sqrt{2}$ 作为限值。

3. 垂直位移监测，可根据需要按变形观测点的高程中误差或相邻变形观测点的高差中误差，确定监测精度等级。

（4）位移和变形观测应按确定的观测周期进行定期观测。

（5）水平位移观测、垂直位移观测和倾斜观测以及应力观测宜配合进行，并应记录与其有关的水文、气象条件和荷载变化情况。

（6）位移和变形观测每次应采用相同的观测线路和观测方法，并应在观测方法规定的环境条件下进行。

（7）各期的变形监测，应满足下列要求：

①在较短的时间内完成。

②采用相同的图形(观测路线)和观测方法。

③使用同一仪器和设备。

④观测人员相对固定。

⑤记录相关的环境因素、包括荷载、温度降水、水位等。

⑥采用统一基准处理数据。

(8)变形监测作业前,应收集相关水文地质、岩土工程资料和设计图纸,并根据岩土工程地质条件、工程类型、工程规模、基础埋深、建筑结构和施工方法等因素,进行变形监测方案设计。

方案设计,应包括监测的目的、精度等级、监测方法、监测基准网的精度估算和布设、观测周期、项目预警值、使用的仪器设备等内容。

(9)每期观测前,应对所使用的仪器和设备进行检查、校正,并做好记录。

(10)每期观测结束后,应及时处理观测数据。当数据处理结果出现下列情况之一时,必须即刻通知建设单位和施工单位采取相应措施:

①变形量达到预警值或接近允许值。

②变形量出现异常变化。

③建(构)筑物的裂缝或地表的裂缝快速扩大。

## 三、变形监测方法选择

变形监测的方法,应根据监测项目的特点、精度要求、变形速率以及监测体的安全性等指标,按表 3-16-2 选用。也可同时采用多种方法进行监测。

**变形监测方法的选择表**　　表 3-16-2

| 类　别 | 监　测　方　法 |
|---|---|
| 水平位移监测 | 三角形网、极坐标法、交会法、GPS 测量、正倒垂线法、引张线法、激光准直法、精密测(量)距、伸缩仪法、多点位移计、倾斜仪等 |
| 垂直位移监测 | 水准测量、液体静力水准测量、电磁波测距三角高程测量等 |
| 三维位移监测 | 全站仪自动跟踪测量法、卫星实时定位测量(GPS—RTK)法、摄影测量法等 |
| 主体倾斜 | 经纬仪投点法、差异沉降法、激光准直法、垂线法、倾斜仪、电垂直梁等 |
| 挠度观测 | 垂线法、差异沉降法、位移计、挠度计等 |
| 监测体裂缝 | 精密测(量)距、伸缩仪、测缝计、位移计、摄影测量等 |
| 应力、应变监测 | 应力计、应变计 |

## 四、各类建筑物(工业与民用建筑,水运工程水工建筑、公路工程及软基加固工程)的变形观测项目

1. 工业民用建筑

工业与民用建筑的变形观测项目,应根据工程需要按表 3-16-3 选择。

**工业民用建筑变形监测项目表** 表 3-16-3

| 项目 | | 主要监测内容 | | 备注 |
|---|---|---|---|---|
| 场地 | | 垂直位移 | | 建筑施工前 |
| 基坑 | 支护边坡 | 不降水 | 垂直位移 | 回填前 |
| | | | 水平位移 | |
| | | 降水 | 垂直位移 | 降水期 |
| | | | 水平位移 | |
| | | | 地下水位 | |
| | 地基 | 基坑回弹 | | 基坑开挖期 |
| | | 分层地基土沉降 | | 主体施工期、竣工初期 |
| | | 地下水位 | | 降水期 |
| 建筑物 | 基础变形 | 基础沉降 | | 主体施工期、竣工初期 |
| | | 基础倾斜 | | |
| | 主体变形 | 水平位移 | | 竣工初期 |
| | | 主体倾斜 | | |
| | | 建筑裂缝 | | 发现裂缝初期 |
| | | 日照变形 | | 竣工后 |

2. 水运工程水工建筑变形监测项目

水运工程建筑变形监测项目应按表 3-16-4 选定。专门性变形观测应根据建设或研究的特殊要求进行。

**水运工程水工建筑物和地基基础变形监测项目表** 表 3-16-4

| 观测项目 / 建筑物类别 | 建筑物水平位移 | 土体水平位移 | 建筑物垂直位移 | 土体垂直位移 | 倾斜 | 裂缝 | 外观 | 土压力与基底压力 | 水压力 | 孔隙水压力 |
|---|---|---|---|---|---|---|---|---|---|---|
| 重力式码头 | ★ | △ | ★ | △ | ★ | △/★ | ★ | △ | △ | △ |
| 板桩码头 | ★ | △ | ★ | △ | ★ | ★ | ★ | △ | △ | △ |
| 高桩码头 | ★ | ★ | ★ | △ | ★ | ★ | ★ | △ | — | — |
| 斜坡码头和浮码头 | △ | △ | ★ | △ | ★ | ★ | ★ | △ | — | — |
| 斜坡式防波堤 | ★ | △ | ★ | △ | — | — | ★ | — | — | △ |
| 直立式防波堤 | ★ | △ | ★ | △ | ★ | △ | ★ | — | — | △ |
| 船台滑道 | ★ | △ | ★ | △ | △ | ★ | ★ | — | — | — |
| 船坞 | ★ | △ | ★ | △ | ★ | ★ | ★ | △ | ★ | △ |
| 船闸 | ★ | △ | ★ | △ | ★ | ★ | ★ | △ | ★ | △ |
| 船道整治建筑物 | ★ | △ | ★ | △ | — | — | ★ | — | — | — |
| 护岸 | ★ | △ | ★ | △ | △/★ | △ | ★ | △ | — | △ |

注:表中★为必测项目;

△为选测项目;

△/★表示既含有必测项目又含有选测项目。

对建筑物顶部的水平位移可近似代表后方填土地表土体位移,对重力式建筑物的平均垂直位移可近似代表地基的平均垂直位移,若要了解土体深层位移和变形,需根据设计要求观测土体深层水平位移和深层垂直位移所以土体水平位移和垂直位移定为选测项目。对于码头堆场软基加固为必测项目。

3.公路工程变形监测项目

公路工程变形项目以软土地区高等级公路施工监测为代表，表3-16-5给出了监测项目，使用仪器以及监测目的。

软土地区高等级公路施工监测项目表 表3-16-5

| 监测项目 | | 仪器名称 | 监测目的 |
|---|---|---|---|
| 沉降 | 地表沉降 | 地表型沉降计（沉降板）、水准仪 | 地表以下土体总沉降量。用于沉降控制、根据预定的要求控制填土速率；预测沉降趋势，确定预压卸载时间和结构物及路面施工时间；提供施工期间沉降全方量的计算依据 |
| | 地基深层沉降 | 深层分层标 | 地基某一层以下沉降量 |
| | 地基分层沉降 | 深层分层沉降标分层沉降观测仪 | 地基不同层位分层沉降量 |
| 水平位移 | 地面水平位移 | 水平位移边桩、经纬仪、水准仪 | 测定路堤侧向地面水平位移量并兼测地面沉降或隆起量，用于稳定监测，以确保路堤施工的安全和稳定 |
| | 地基土水平位移 | 测斜仪、测斜管等 | 测定地基各层土体侧向位移量，用于稳定监测和了解土体各层侧向变形以及附加应力增加过程中的变形发展情况；掌握分层位移量，推定土体剪切破坏位置 |
| 应力 | 地基孔隙水压力 | 孔隙水压力计 | 观测孔隙水压力变化情况，分析地基土的固结过程 |
| | 土压力 | 土压力盒 | 测定土压力的大小及分布 |
| | 承载力 | 载荷试验仪、桩静载荷试验装置 | 确定天然地基和复合地基的承载力 |
| 其他 | 地下水位（辅助观测） | 地下水位观测仪 | 观测地基处理后地下水位的变化情况，校验孔隙水压力计的读数 |
| | 出水量（辅助观测） | 单孔出水量计 | 检测单个竖向排水井排水量，了解地基排水情况 |

4.地基处理工程变形监测项目

（1）真空预压加固软土地基施工监测项目有：地表沉降、深层分层沉降、地表及深层侧向位移、孔隙水压力、膜下真空压力。

施工过程中可根据需要对下列项目进行监测：

加固区外侧边桩位移、周边建筑物位移和沉降、塑料排水板内部真空压力。

（2）堆载预压加固软土地基监控项目除了不监测膜下和塑料排水板的真空压力外，其余同真空预压加固软土地基。

（3）其他加固方法视加固要求、方法特点、地质情况选择监控项目。

# 第二节 沉降观测

## 一、水准测量原理应用分类

水准测量原理是利用水准仪和水准标尺，根据水平视线原理测定两点高差，以达到测量观测点高程的目的。

利用水准仪和水准标尺测定观测点高程的方法有高差法和仪高法。

(1)高差法——采用水准仪和水准尺测定待测点与已知点之间的高差,通过计算得到待定点的高程的方法。

(2)仪高法——采用水准仪和水准尺,只需计算一次水准仪的高程,就可以简便地测算几个前视点的高程。当安置一次仪器,同时需要测出数个前视点的高程时,使用仪高法是比较方便的。所以,在工程测量中仪高法被广泛地应用。

除以上方法外,还有一种利用液体连通管原理测量沉降的方法叫作静力水准测量。

除水准测量外,还有电磁波测距三角高程测量、GPS 拟合高程测量等方法。测量的主要技术要求及测量方法,应根据不同情况按照《建筑变形测量规范》(JGJ 8—2007)和《工程测量规范》(GB 50026—2007)的有关规定确定。

## 二、水准测量主要技术要求

(1)垂直位移监测网的主要技术要求,应满足表 3-16-6 的要求。

**垂直位移监测网的主要技术要求表** 表 3-16-6

| 等级 | 变形观测点的高程中误差(mm) | 每站高差中误差(mm) | 往返较差、附合或环线闭合差(mm) | 检测已测高差较差(mm) |
|---|---|---|---|---|
| 一等 | 0.3 | 0.07 | $0.15\sqrt{n}$ | $0.2\sqrt{n}$ |
| 二等 | 0.5 | 0.15 | $0.30\sqrt{n}$ | $0.4\sqrt{n}$ |
| 三等 | 1.0 | 0.30 | $0.60\sqrt{n}$ | $0.8\sqrt{n}$ |
| 四等 | 2.0 | 0.70 | $1.40\sqrt{n}$ | $2.0\sqrt{n}$ |

注:表中 $n$ 为测站数。

(2)水准观测的主要技术要求,应满足表 3-16-7 的要求。

**水准观测的主要技术要求表** 表 3-16-7

| 等级 | 水准仪型号 | 水准尺 | 视线长度(m) | 前后视的距离较差(m) | 前后视的距离较差累积(m) | 视线离地面低高度(m) | 基本分划、辅助分划读数较差(mm) | 基本分划、辅助分划所测高差较差(mm) |
|---|---|---|---|---|---|---|---|---|
| 一等 | DS5 | 因瓦 | 15 | 0.3 | 1.0 | 0.5 | 0.3 | 0.4 |
| 二等 | DS5 | 因瓦 | 30 | 0.5 | 1.5 | 0.5 | 0.3 | 0.4 |
| 三等 | DS5 | 因瓦 | 50 | 2.0 | 3 | 0.3 | 0.5 | 0.7 |
| | DS1 | 因瓦 | 50 | 2.0 | 3 | 0.3 | 0.5 | 0.7 |
| 四等 | DS1 | 因瓦 | 75 | 5.0 | 8 | 0.2 | 1.0 | 1.5 |

注:1. 数字水准仪观测,不受基、辅分划读数较差指标的限制,但测站两次观测的高差较差,应满足表中相应等级基辅分划所测高差较差的限制。

2. 水准路线跨越江河时,应进行相应的等级的跨河水准测量,其指标不受表的限制,按现行标准《工程测量规范》(GB 50026—2007 有关规定执行)。

(3)进行水准测量所使用的仪器及水准尺，应符合下列要求：

①水准仪视准轴与水准管轴的夹角 $i$，DS05 型不应超过 10″，DS1 型不应超过 15″、DS3 型不应超过 20″。

②补偿式自动安平水准仪的补偿误差 $\Delta\alpha$，对于二等水准不应超过 0.3″，三等不超过 0.5″。

③水准尺上的米间隔平均长与名义长之差，对于因瓦水准尺，不应超过 0.15mm；对于条形码尺，不应超过 0.10mm；对于木质双面水准尺，不应超过 0.5mm。

(4)采用静力水准测量应满足以下要求：

①静力水准观测的主要技术要求，应符合表 3-16-8 的规定。

②观测前，应对观测头的零点差进行检验。

③应保持连通管路无压折，管内液体无气泡。

④观测头的圆气泡应居中。

⑤两端测站的环境温度不宜相差过大。

⑥仪器对中误差不应大于 2mm，倾斜度不应大于 10′。

⑦宜采用两台仪器对向观测，也可采用一台仪器往返观测。液面稳定后，方能开始测量；每观测一次，应读数 3 次，取其平均值作为观测值。

**静力水准观测的主要技术要求表** 表 3-16-8

| 等级 | 仪器类型 | 读数方式 | 两次观测高差较差(mm) | 环线及附合路线闭合差(mm) |
|---|---|---|---|---|
| 一等 | 封闭式 | 接触式 | 0.15 | $0.15\sqrt{n}$ |
| 二等 | 封闭式、敞口式 | 接触式 | 0.30 | $0.30\sqrt{n}$ |
| 三等 | 敞口式 | 接触式 | 0.60 | $0.60\sqrt{n}$ |
| 四等 | 敞口式 | 目视式 | 1.40 | $1.40\sqrt{n}$ |

注：表中 $n$ 为高差个数。

## 三、建筑沉降监测

建筑沉降观测应测定建筑及地基的沉降量、沉降差及沉降速度，并根据需要计算基础倾斜、局部倾斜、相对弯曲及构件倾斜。

1. 沉降观测点的布设

沉降观测点的布设应能全面反映建筑及地基变形特征，并顾及地质情况及建筑结构特点。点位宜选设在下列位置：

(1)建(构)筑物的主要墙角及沿外墙每 10~15m 处或每隔 2~3 根柱基上。

(2)沉降缝，伸缩缝，新旧建(构)筑物或高低建(构)筑物接壤处的两侧。

(3)人工地基和天然地基接壤处，建(构)筑物不同结构分界处的两侧。

(4)烟囱，水塔和大型储藏罐等高耸构筑物基础轴线的对称部位，且每一构筑物不得少于 4 个点。

(5)基础底板的四角和中部。

(6)当建(构)筑物出现裂缝时，布设在裂缝两侧。

2. 沉降观测的标志

沉降观测的标志可根据不同的建筑结构类型和建筑材料，采用墙（柱）标志、基础标志和隐蔽式标志等形式。

3. 沉降监测精度

沉降监测精度等级一般可采用三等（国家标准《工程测量规范》GB 50026—2007），也可根据国家行业标准《建筑变形测量规范》（JGJ 8—2007）的有关规定确定具体监测项目的精度级别。

4. 沉降观测的周期和观测时间

沉降观测的周期和观测时间应按下列要求并结合实际情况确定：

（1）建筑施工阶段的观测应符合下列规定：

①普通建筑可在基础完工后或地下室砌完后开始观测，大型、高层建筑可在基础垫层或基础底部完成后开始观测。

②观测次数与间隔时间应视地基与加荷情况而定。民用高层建筑可每加高1～5层观测一次，工业建筑可按回填基坑、安装柱子和屋架、砌筑墙体、设备安装等不同施工阶段分别进行观测。若建筑施工均匀增高，应至少在增加荷载的25%、50%、75%和100%时各测一次。

③施工过程中若暂停工，在停工时及重新开工时应各观测一次。停工期间可每隔2～3个月观测一次。

（2）建筑使用阶段的观测次数，应视地基土类型和沉降速率大小而定。除有特殊要求外，可在第一年观测3～4次，第二年观测2～3次，第三年后每年观测1次，直至稳定为止。

（3）在观测过程中，若有基础附近地面荷载突然增减、基础四周大量积水、长时间连续降雨等情况，均应及时增加观测次数。当建筑突然发生大量沉降、不均匀沉降或严重裂缝时，应立即进行逐日或2～3d一次的连续观测。

5. 稳定标准

建筑沉降是否进入稳定阶段，应由沉降量与时间关系曲线判定。当最后100d的沉降速率小于0.01～0.04mm/d时可认为已进入稳定阶段。具体取值宜根据各地区地基土的压缩性能确定。

6. 监测注意事项

（1）监测严格按照有关规范进行。

（2）监测仪器避开振动影响区。

（3）每次观测应记载施工进度、荷载量变动、建筑倾斜裂缝等各种影响沉降变化和异常的情况。

（4）每周期观测后，应及时对观测资料进行整理，计算观测点的沉降量、沉降差以及本周期平均沉降量、沉降速率和累计沉降量。

7. 建筑沉降监测成果和应用

1）观测成果

（1）工程平面位置图及基准点分布图。

（2）沉降观测点位分布图。

（3）沉降观测记录。

(4)时间—荷载—沉降量曲线。

(5)等沉降曲线图。

2)成果应用

利用沉降—荷载—时间曲线推求最终沉降、已达到的应变固结度，推求残余沉降量，分析是否满足设计要求；验证设计。与水平位移资料综合分析施工过程中建筑物的稳定性等。

根据沉降和差异沉降分析建筑物是否满足设计要求。

## 四、地基土分层沉降监测

1. 检测分层沉降的目的

分层沉降观测应测定建筑地基内部各分层土的沉降量、沉降速度以及有效压缩层的厚度。

2. 仪器和测量原理

磁性分层沉降仪由磁性材料敏感的探头、埋设于土层中的分层沉降管和钢环、带刻度标尺的导线以及电感探测装置组成，如图 3-16-1 所示。分层沉降管由波纹波状柔性塑料管制成，管外每隔一定距离安放一个钢环，地层沉降时带动钢环同步下沉。当探头从钻孔中缓慢下放遇到预埋在钻孔孔中的钢环时，电感探测装置就发出信号，这时根据测量导线上标尺在孔口的

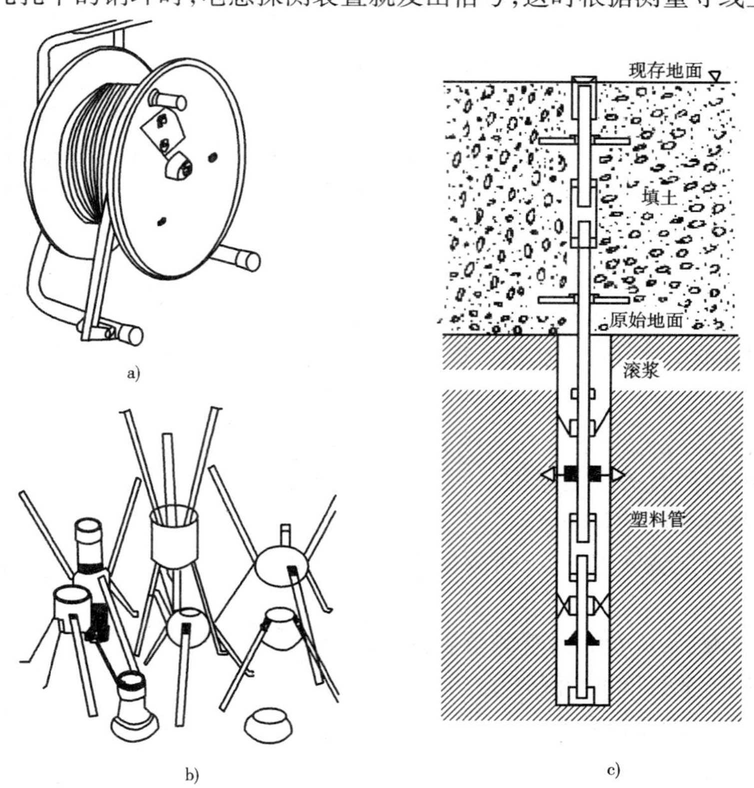


图 3-16-1　磁性分层沉降仪原理图

a)磁性沉降仪；b)磁性沉降标；c)沉降标安装示意图

刻度，以及孔口的高程，就可计算钢环所在位置的高程，测量精度可达1mm。在基坑开挖前预埋分层沉降管和钢环，并测读各钢环的起始高程，与其在基坑施工开挖过程中测得的高程的差值即为各土层在施工过程中的沉降或隆起。

常用电磁式沉降仪参数见表3-16-9。

**常用电磁式沉降仪参数表** 表3-16-9

| 型号 | CF－1 | CF－2 | ME5.1－5.3 | | CJY80 |
|---|---|---|---|---|---|
| 测量深度(m) | 50 | 50 100 | 30 50 100 | 45－300 | 50 100 |
| 精度(mm) | 0.1 | 0.1 | 0.1 | 0.1 | 0.1 |
| 质量(kg) | 1.0 | 3.5 | 3,4,6,8 | | 3,4,6 |
| 测头尺寸(mm) | $\phi$42×340 | $\phi$36×250 | $\phi$43 | $\phi$35～42 | $\phi$24×150<br>$\phi$32×150 |
| 耐水压(MPa) | 0.5 | 1 | — | — | 1 |
| 电源 | 12VDC | 9VDC | — | — | 9VDC |
| 构造形式 | 钢尺＋电缆 | 钢尺电缆一体 | 钢尺电缆一体 | 带标尺电缆 | 钢尺电一体 |
| 生产厂家 | 南京电力自动化设备总厂 | 昆明捷兴岩土仪器公司 | 香港欧美大地公司 | 美国 Sinco 公司 | 金坛市 |

3. 分层沉降管和钢环的埋设

用钻机在预定位置钻孔，取出的土分层分别堆放，钻到孔底高程略低于被测量土层的高程。提起套管300～400mm，然后将引导管放入，引导管可逐节连接直至略深于预定的最底部的监测点的深度位置，然后，在引导管与孔壁间用膨胀黏土球填充并捣实到最低的沉降环位置，再用一只铝质开口送筒装上沉降环，套在引导管上，沿引导管送至预埋位置，再用$\phi$50mm的硬质塑料管把沉降环推出压入土中，弹开沉降钢环卡子，使沉降环的弹性卡子牢固地嵌入土中，提起套管至待埋沉降环以上300～400mm，待钻孔内口填该层土做的土球至要埋的一个沉降环高程处，再用如上步骤推入上一高程的沉降环，直至埋完全部沉降环。固定孔口，做好孔口的保护装置，并测量孔口高程和各磁性沉降钢环的初始高程。

4. 埋设方法和要求

除了上述电磁式分层沉降仪外，还可埋设深层沉降标（一孔埋设一个测点），埋设方法和要求如下：

(1)测标长度应与点位深度相适应，顶端应加工成半球形并露出地面，下端应为焊接的标脚，应埋设于预定的观测点位置。

(2)应用钻孔法埋设分层沉降标志，钻孔时，孔径大小应符合设计要求，并应保持孔壁铅垂。

(3)下标志时，应用活塞将长50mm的套管和保护管挤紧，图3-16-2a)所示。

(4)测标、保护管与套管三者应整体徐徐放入孔底，若测杆较长、钻孔较深，应在测标与保护管之间加入固定滑轮，避免测标在保护管内摆动，图3-16-2b)所示。

(5)整个标脚应压入孔底面以下，当孔底土质坚硬时，可用钻机钻一小孔后再压入标脚，如图3-16-2c)所示。

(6)标志埋好后，应用钻机卡住保护管提起30~50cm，然后在提起部分和保护管与孔壁之间的空隙内灌沙，以提高标志随所在土层活动的灵敏性。最后，应用定位套箍将保护管固定在基础底板上，并以保护管测头随时检查保护管在观测过程中有无脱落情况，图3-16-2d)所示。

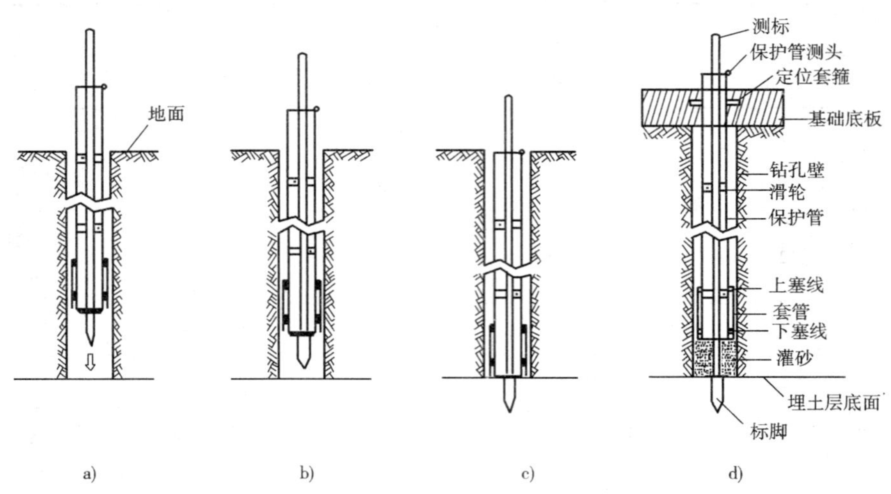


图3-16-2 测标式标志埋设步骤

5.分层沉降观测点的布设

分层沉降观测点应在建筑地基中心附近2m×2m或各点间距不大于50cm的范围内，沿铅垂线方向上的各层土内布置。点位数量与深度应根据分层土的分布情况确定，每一土层应设一点，最浅的点位应在基础底面下不小于50cm处，最深的点位应在超过压缩层理论厚度处或设在压缩性低的砾石或岩石层上。

6.分层沉降观测精度

分层沉降观测精度可按分层沉降观测点相对于邻近工作基点或基准点的高程中误差不大于±1.0mm的要求设计确定。

7.分层沉降观测周期

分层沉降观测应从基坑开挖后基础施工前开始，直至建筑竣工后沉降稳定时为止。观测周期可按照本规范各类建筑物地基固结情况，加荷情况，地下水变化、施工中出现的问题、运营中出现的问题确定，一般情况下与其他观测项目如地面沉降、侧向变形同步观测，地基或建筑物出现不利变形加密观测，如1d一次，或2~3d一次。首次观测至少应在标志埋好5d后进行。

8.地基土分层沉降观测成果和应用

1)观测成果

(1)地基土分层标点位置图。

(2)地基土分层沉降观测记录表。

(3)各土层荷载—沉降—深度曲线图。

2)成果应用

利用分层沉降观测成果可求得各土层在荷载作用下最终沉降,各土层应变固结度,工程竣工后各土层残余沉降。检验设计参数,指导施工,与水平变位和应力观测结合可分析土体应力—应变发展趋势,确保工程安全。

## 五、建筑物场地沉降观测

1.建筑物的场地沉降观测项目

建筑场地沉降观测应分别测定建筑物相邻影响范围之内的相邻地基沉降与建筑物相邻影响范围之外的场地地面沉降。

2.建筑场地沉降点位的选择

(1)相邻地基沉降观测点可选在建筑物纵横轴线或边线的延长线上,亦可选在通过建筑物重心的轴线延长线上。其点位间距应视基础类型、荷载大小及地质条件等综合分析确定。点位可在以建筑物基础深度1.5~2.0倍距离为半径的范围内,由外墙附近向外由密到疏布设,最远点应在沉降零点线以外。

(2)场地地面沉降观测点,应在相邻地基沉降观测点布设线路之外的地面上均匀布点。根据地质地形条件,可选择平行轴线方格网法、沿建筑物四角辐射网法或散点法布设。

3.建筑场地沉降点标志的类型及埋设

(1)相邻地基沉降观测点标志可分为用于监测安全的浅埋标与用于结合科研的深埋标两种。浅埋标可采用普通水准标石或用直径25cm左右的水泥管现场浇灌,埋深1~2m,底部在冰冻线以下;深埋标可采用内管外加保护管的标石形式,埋深应与建筑物基础深度相适应,标石顶部须埋入地面下20~30cm,并砌筑带盖的窨井加以保护。

(2)场地地面沉降观测点的标志与埋设,应根据观测要求确定,可采用浅埋标志。

4.观测精度

建筑场地沉降观测精度可按照附录A确定。

5.观测周期

建筑场地沉降观测的周期,应根据不同情况以及沉降速率等因素具体分析确定,并满足以下要求。

(1)对于基础施工相邻地基沉降观测,在基坑降水时和基坑土开挖中每天应观测一次;混凝土底板浇完10d以后,可每2~3d观测一次,直至地下室顶板完工和水位恢复;此后可每周观测一次至回填土完工。

(2)对于主体施工的相邻地基沉降观测和场地地面沉降观测的周期可参照本节建筑沉降观测的有关规定确定。

6.观测成果和应用

1)观测成果

(1)观测点平面布置图。

(2)观测记录表。

(3)相邻地基沉降的$d$—$s$(距离—沉降)曲线图。

(4)场地地面等沉降曲线图。

2）成果应用

应用观测成果，可以确定建筑物的施工过程及长期使用荷载，对相邻建筑物的影响及影响范围；确定建筑物场地的沉降特性，如对场地沉降不均匀性的分析、土体固结特性分析等。

## 六、基坑回弹观测

1. 基坑回弹观测项目

基坑回弹观测，应测定建筑基础在基坑开挖后，由于卸除地基土自重而引起的基坑内外影响范围内相对于开挖前的回弹量。

2. 回弹观测点位布设

回弹观测点位布设，应按基坑形状及地质条件以最佳的点数能测出所需各纵横断面回弹量为原则进行。可利用回弹变形的近似对称特性，按下列要求布点：

（1）对于矩形基坑，应在基坑中央及纵（长边）横（短边）轴线上布设，纵向每8～10m布一点，横向每3～4m布一点。

（2）基坑外的观测点，应在所选坑内方向线的延长线上距基坑深度1.5～2倍距离内布置。所选点位遇到地下管道或其他构筑物时，可将观测点移至与之对应方向线的空位上。

（3）在基坑外相对稳定且不受施工影响的地点，选设工作基点及为寻找标志用的定位点。

3. 回弹标志位置

回弹标志应埋入基坑底面以下20～30cm。

4. 回弹观测精度

按照《工程测量规范》（GB 50026—2007）基坑回弹变形观测精度等级宜为三等。

按照《建筑变形测量规范》（JGJ 8—2007）可按附录A进行估算，但最弱观测点相对临近工作基点的高程中误差不得大于±1.00mm。

按照《建筑基坑工程检测技术规范》（GB 50497—2009）坑底隆起（回弹）监测的精度应符合表3-16-10的要求。

**坑底隆起（回弹）监测的精度要求（mm）**　　表3-16-10

| 坑底回弹（隆起）报警值 | ≤40 | 40～60 | 60～80 |
|---|---|---|---|
| 监测点测站高差中误差 | ≤1.0 | ≤2.0 | ≤3.0 |

以上三项规范精度要求基本一致，只是后者（GB 50497—2009）对回弹量较大的工程放宽了精度要求。

5. 回弹观测路线

回弹观测路线应组成起讫于工作基点的闭合或附合路线。

6. 回弹观测次数

回弹观测不应少于3次，其中第一次应在基坑开挖之前，第二次应在基坑挖好之后，第三次应在浇筑基础混凝土之前。当基坑挖完至基础施工的间隔时间较长时，应适当增加观测次数。

7. 坑底回弹监测

坑底隆起（回弹）宜通过设置回弹监测标，采用几何水准并配合传递高程的辅助设备进行监测,传递高程的金属杆或钢尺等应进行温度、尺长和拉力等项修正。

8. 基坑回弹观测成果及应用

1) 观测成果

(1) 回弹观测点位布置平面图。

(2) 回弹观测记录表。

(3) 回弹纵横断面图。

2) 成果应用

应用观测成果分析由于开挖卸除部分土重对基坑内外影响和影响范围。

## 七、水运工程水工建筑物与地基垂直位移观测

1. 观测项目

垂直位移观测可分为表面垂直位移观测和分层垂直位移观测。

2. 观测点设置要求

垂直位移观测点的设置应满足下列要求:

(1) 垂直位移观测点的位置和数量应按观测目的和要求确定,每个观测断面不得少于2个观测点。

(2) 表面垂直位移观测点应结合工程地质情况、建筑物结构特点和结构受力情况设置在结构缝两侧、不同结构分界处两侧不同基础或地基交界处两侧、建筑物周边线内侧和墩式结构的角点内侧等。

(3) 分层垂直位移观测点应沿铅垂线方向设置,每一土层不得少于1点。最浅的观测点应设在基础地面下不小于0.5m处,最深的观测点应设在超过压缩层理论深度处,经论证也可设在适当深度处。

3. 观测方法规定

垂直位移观测方法应符合下列规定:

(1) 表面垂直位移观测宜采用几何水准法、液体静力水准法、手持式激光测距法或延伸法等。

(2) 分层垂直位移观测宜采用电磁沉降仪观测法、干簧管式沉降仪观测法或水管式沉降仪观测法等。

4. 垂直位移观测周期

施工期应根据地基与荷载情况确定,使用期除有特殊要求外,第一年宜每季度观测一次,第二年宜每半年观测1次,第三年后宜每年观测1次,直至稳定为止。当建筑物出现异常沉降时应进行逐日或几天一次的连续观测。

5. 观测精度

垂直位移观测精度应符合下列要求:

(1) 表面垂直位移观测精度应符合表3-16-11的规定。未包括在水准线路上的观测点,应以所选定的测站高差中误差作为精度要求施测。由水准基点引测、校测起测基点的垂直位移,应按二等水准测量进行观测。观测点的垂直位移,应按三等水测量进行观测。船闸、船坞等大型混凝土建筑物可提高一个观测等级。

**表面垂直位移观测方法及精度表** 表3-16-11

| 等级 | 观测方法要求 | 往返较差、附合或环线闭合差（mm） |
|---|---|---|
| 一等 | 可采用国家一等水准精度（设双转点，视线≤15m，前后视距差0.3m，视距累积差1.5m）、精密体静力水准测量、微水准测量等 | $\leqslant 0.15\sqrt{n}$ |
| 二等 | 采用国家一等水准精度和精密液体静力水准测量 | $\leqslant 0.30\sqrt{n}$ |
| 三等 | 按《工程测量规范》（GB 50026）二等水准测量和液体水准测量 | $\leqslant 0.60\sqrt{n}$ |
| 四等 | 按《工程测量规范》（GB 50026）三等水准测量和短视线三角高程测量 | $\leqslant 1.40\sqrt{n}$ |

注：1. 垂直位移观测高差应符合表3-16-11要求。

2. 表中 $n$ 为测段的测站数。

（2）垂直位移观测高差中误差应符合表3-16-12的要求。

**位移和变形观测点的观测精度和适用范围表** 表16-12

| 等级 | 点位中误差（mm） | 高程中误差（mm） | 适用范围 |
|---|---|---|---|
| 一等 | ±1.5 | ±0.5 | 对变形特别敏感的水工建筑物 |
| 二等 | ±3.0 | ±1.0 | 对变形特别敏感的水工建筑物 |
| 三等 | ±6.0 | ±2.0 | 一般水工建筑物 |
| 四等 | ±12.0 | ±4.0 | 对观测精度要求比较低的水工建筑物 |

注：1. 当水平位移坐标向量表示时，向量中误差为表中相应等级点中误差的 $\frac{1}{\sqrt{2}}$。

2. 垂直位移观测，可根据需要按变形观测点的高程中误差或相邻变形观测点高差中误差确定测量等级。

（3）分层垂直位移观测应每个观测点平行观测2次，读数差不得大于±2mm。分层沉降观测方法及要求同本节第四部分。

6. 水运工程水工建筑物及地基观测成果与应用

1）观测成果

（1）垂直位移观测点布置图。

（2）垂直位移观测记录表。

（3）断面各点沉降量图。

（4）沉降量、沉降速率与时间的关系曲线图。

（5）沉降量与荷载、时间的关系曲线图。

（6）各土层沉降量与荷载深度的关系曲线图。

（7）垂直位移观测成果报告。

2）成果应用

观测成果可应用在以下方面：

（1）推算各土层或地基的最终沉降。

（2）确定各土层或地基的应变固结度。

（3）推算各土层或地基的残余沉降。

（4）检验设计参数（如各土层或地基固结系数），积累工程经验，指导设计与施工。

## 八、软土地区高等级公路沉降观测

1. 观测项目

公路陆地施工沉降观测项目主要有地面沉降监测和分层(或深层)沉降观测。

2. 观测目的

(1)控制填土速率。

(2)根据实测沉降曲线预测地基固结情况,根据推定的残余沉降确定填方预留沉降量、余宽及涵洞的预留沉降量和断面余量,同时确定结构物和路面施工期。

(3)实测路堤沉降,为施工计量提供依据。

3. 观测点布设

根据有关规范规定,在软土地基路堤施工过程中,一般要求每隔200m布设一个沉降测点。桥头引道路段至少要设置3个观测断面,第一块沉降板应设置在桥头搭板末端或桥台桩位处(有台前预压时),沉降板间距不超过50m。

4. 观测周期

沉降观测时间与安排基本与后继的位移观测相同。在施工期间应严格按照设计要求和合同的规定同步进行沉降与稳定观测。每填筑一层应观测一次,但当路堤稳定出现异常情况而可能失稳时,应停止加载。由此造成两次填充时间间隔较长时,至少每3d观测一次。路堤填筑完成后,堆载预压期间的观测应视路堤的稳定情况而定,一般每半个月或一个月观测一次,直至预压期结束。

一般来说,观测频率(周期)应与沉降速率相适应。沉降小,观测频率可适当减小,反之,沉降大,观测频率应适当增加。一般路堤在极限高度以下,沉降较小,观测次数可少些;在极限高度以上填筑时,路堤极易失稳,此时,要求每填筑一层均要观测,间歇期要增加观测频率。当沉降曲线突然变陡时,要跟踪观测,分析原因,并考虑是否需要采取措施。

5. 地面沉降观测

施工路段的地表沉降监测常用的方法是在原地面上埋设沉降板进行高程观测。不管是在纵向还是横向,沉降板布点越多,测量的结果就越能反映路堤沉降的真实情况。但另一方面,测点越多,无论是费用还是测量工作量,测点保护工作量和测点对施工的影响等方面的因素都会增加。综合测量需要、施工方便和费用等因素,一般路段沉降板设在路中心,桥头引道段增设路肩及坡趾(可用边桩兼测)测点。

沉降板由钢或钢筋混凝土底板、金属测杆和保护套组成。底板尺寸不小于50cm×50cm×3cm,测杆直径以4cm为宜。为了使测杆始终处于自由状态,防止测杆与路堤填料直接接触发生摩擦,影响沉降量测结果,应在测杆外侧加保护管套,保护管套的尺寸应以能使测杆自由沉降并使用标尺能进入套管为宜,随着填筑高度的增高,测杆和套管亦相应接高,每节长度不宜超过50cm,接高后的测杆顶高应略高于套管上口,以便于水准尺直接置于测杆之上,套管上口应加盖封住套管,避免填料落入管内而影响测杆自由下沉,盖顶高出碾压面高度不宜大于50cm。

沉降板观测应采用S1、S3型水准仪。S1水准仪做二等水准测量之用,主要用于工作基桩和校核基桩高程检测,以二级中等精度要求的集合测量高程,观测精度应小于1mm;S3水准仪作三等水准测量，主要用作填筑路过程中的沉降测量。

6. 分层沉降观测

同本节第四部分。

7. 观测成果与应用

该部分内容基本同水运工程水工建筑物与地基沉降观测相关内容。此外还应分析沉降—荷载—路堤稳定关系，指导设计、施工。

## 第三节　位移观测

位移观测，这里是专指地基、基础或建筑物产生的非竖向变位。本节着重介绍地基、基础的水平位移，对建筑物的倾斜、裂缝等不做重点介绍。对土地侧向位移、基坑壁侧向位移、滑坡重点介绍。

### 一、用测斜仪观测水平位移的基本原理

测斜仪的原理是通过摆锤受重力作用来测量测斜探头轴线与铅垂线之间倾角 $\varphi$，进而计算垂直位置个点的水平位移的。图3-16-3为测斜仪量测的原理图，当土体产生位移时，埋入土体中的测斜管随土体同步位移，测斜管的位移量即为土体的位移量。放入测斜管内的活动探头测出的量是各个不同测量段上测斜管的倾角 $\varphi$，而该分段两端点（探头下滑动轮作用点与上滑轮作用点）的水平偏差可由测得的倾角 $\varphi$ 用下式表示：

$$\delta_i = L_i \cdot \sin\varphi_i \tag{3-16-1}$$

式中：$\delta_i$——第 $i$ 量测段的水平偏差值（mm）；

$L_i$——第 $i$ 量测段的长度，通常取为0.5m、1.0m等整数（mm）；

$\varphi_i$——第 $i$ 量测段的倾角值（°）。

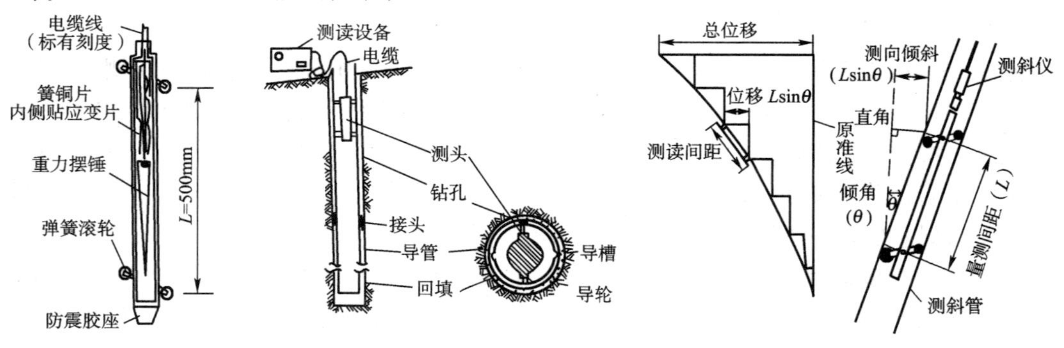


图3-16-3　测斜仪量测原理图

当测斜管埋设得足够深时，管底可以认为是位移不动点，从管底上数第 $n$ 量测段处测斜管的水平偏差总量为：

$$\delta = \sum_{i=1}^{n} \Delta\delta_i = \sum_{i=1}^{n} L \cdot \sin\Delta\varphi_i \tag{3-16-2}$$

显然，管口的水平偏差值 $\delta_0$ 就是各测量段水平偏差的总和。

在测斜管两端都有水平位移的情况下，就需要实测管口的水平偏差值 $\delta_0$，并从管口下数第 $n$ 测量段处的水平偏差值 $\delta_n$，即：

$$\delta_n = \delta_0 + \sum_{i=1}^{n} L \cdot \sin\Delta\varphi_i \tag{3-16-3}$$

应该引起注意的是：只有当埋设好的测斜管的轴线是铅垂线时，水平偏差值才是对应的水平位移值，但要将测斜管的轴线埋设成铅垂线几乎是不可能的，测斜管埋设好后终有一定的倾斜或挠曲，因此，各量测段的水平位移 $\Delta$ 应该是各次测得的水平偏差与测斜管的初始水平偏差之差，即：

$$\Delta_n = \delta_n - \delta_{0n} = \Delta_0 + \sum_{i=1}^{n} L \cdot (\sin\varphi_i - \sin\varphi_{0i}) \tag{3-16-4}$$

式中：$\delta_{0n}$——从管口下数第 $n$ 量测段处的水平偏差初始值；

$\varphi_{0i}$——从管口下数第 $n$ 测量端处的倾角初始值；

$\Delta_0$——实测的管口水平位移，当从管口起算时，管口没有水平偏差初始值。

测斜管可以用于测单向位移，也可以测双向位移，测双向位移时，由两个方向的测量值求出其矢量和，得位移的最大值和方向。

实际测量时，将测斜仪探头沿管内导槽插入测斜管内，慢慢下滑，按取定的间距 $L$ 逐段测定各量测段处的测斜管与铅直线的倾角，就能得到整个桩墙轴线的水平挠曲或土体不同深度的水平位移。

## 二、主要技术要求

(1)水平位移监测基准网，可采用三角形网、导线网、GPS 网和视准轴线等形式。当采用视准轴线时，轴线上或轴线两端应设立校核点。

(2)水平位移监测基准网宜采用独立坐标系统，并进行一次布网。必要时，可与国家坐标系统联网。狭长形建筑物的主轴线或其平行线，应纳入网内。大型工程布网时，应充分顾及网的精度，可靠性和灵敏度等指标。

(3)基准网点位，宜采用由强制归心装置的观测墩。

(4)水平位移监测基准网的主要技术要求，应符合表 3-16-13 的规定。

水平位移监测基准网的主要技术要求表　　表 3-16-13

<table>
<tr><th rowspan="2">等级</th><th rowspan="2">相邻基准点的点位中误差(mm)</th><th rowspan="2">平均边长 L(m)</th><th rowspan="2">测角中误差(″)</th><th rowspan="2">测边相对中误差</th><th colspan="2">水平角观测测回数</th></tr>
<tr><th>1″级仪器</th><th>2″级仪器</th></tr>
<tr><td rowspan="2">一等</td><td rowspan="2">1.5</td><td>≤300</td><td>0.7</td><td>≤1/300000</td><td>12</td><td></td></tr>
<tr><td>≤200</td><td>1.0</td><td>≤1/200000</td><td>9</td><td></td></tr>
<tr><td rowspan="2">二等</td><td rowspan="2">3.0</td><td>≤400</td><td>1.0</td><td>≤1/200000</td><td>9</td><td></td></tr>
<tr><td>≤200</td><td>1.8</td><td>≤1/100000</td><td>6</td><td>9</td></tr>
<tr><td rowspan="2">三等</td><td rowspan="2">6.0</td><td>≤450</td><td>1.8</td><td>≤1/100000</td><td>6</td><td>9</td></tr>
<tr><td>≤350</td><td>2.5</td><td>≤1/80000</td><td>4</td><td>6</td></tr>
<tr><td>四等</td><td>12.0</td><td>≤600</td><td>2.5</td><td>≤1/80000</td><td>1</td><td>6</td></tr>
</table>

注：1. 水平位移监测基准网的相关指标，是基于相应等级相邻基准点的点位中误差的要求确定的。

2. 具体作业时，也可根据检测项目的特点在满足相邻基准点的点位中误差要求前提下，进行专项设计。

3. GPS 水平位移监测基准网，不受测角中误差和水平角观测测回数指标的限制。

(5)监测基准网的水平角观测，宜采用方向观测法。其技术要求应符合《工程测量规范》(GB 50026—2007)的有关规定。

(6)监测基准网边长，宜采用电磁波测距。其主要技术要求，应符合表 3-16-14 的规定。

**测距的主要技术要求表** 表 3-16-14

| 等级 | 仪器精度等级 | 每边测回数 | | 一测回读数较差(mm) | 单程各测回较差(mm) | 气象数据测定的最小读数 | | 往返较差(mm) |
|---|---|---|---|---|---|---|---|---|
| | | 往 | 返 | | | 温度(℃) | 气压(Pa) | |
| 一等 | 1mm 级仪器 | 4 | 4 | 1 | 1.5 | 0.2 | 50 | $\leqslant 2(a+b\times D)$ |
| 二等 | 2mm 级仪器 | 3 | 3 | 3 | 4 | | | |
| 三等 | 5mm 级仪器 | 2 | 2 | 5 | 7 | | | |
| 四等 | 10mm 级仪器 | 4 | — | 8 | 10 | | | |

注：1. 测回是指照准目标一次，读数 2～4 次的过程。

2. 根据具体情况，侧边可采取不同时间段代替往返观测。

3. 测量斜距，须经气象改正和仪器的加、乘常数改正后才能进行水平距离计算。

4. 计算测距往返较差的限差时，$a$、$b$ 分别为相应等级所使用仪器标称的固定误差和比例误差系数，$D$ 为测量斜距(km)。

(7)对于三等以上的 GPS 监测基准网，应采用双频接收机，并采用精密星历进行数据处理。

## 三、基坑壁侧向位移(或土体侧向位移)观测

1. 观测项目

基坑壁侧向位移观测应测定基坑维护结构桩墙顶水平位移和桩墙深层挠曲(即桩墙侧向位移随深度的变化)，由于上述两项观测方法与要求与土体侧向位移观测基本一致，只是深层土体测斜管埋设位置不同，因此土体侧向位移观测不再介绍。

2. 观测点与基准点的设置

(1)围护墙或基坑边坡顶部的水平和竖向位移监测点应沿基坑周边布置，周边中部、阳角处应布置观测点。监测点水平间距不宜大于 20m，每边监测点数目不宜少于 3 个。水平和竖向位移监测点宜为共用点，监测点宜设置在围护墙顶或基坑坡顶上。

(2)围护墙或土体深层水平位移监测点宜布置在基坑周边的中部、阳角处及有代表性的部位。监测点水平间距宜为 20～50m，每边监测点数目不应少于 1 个。

用测斜仪观测深层水平位移时，当测斜管埋设在围护墙体内，测斜管长度不宜小于围护墙的深度；当测斜管埋设在土体中，测斜管长度不宜小于基坑开挖深度的 1.5 倍，并应大于围护墙的深度。以测斜管底为固定起算点时，管底应嵌入到稳定的土体中。

(3)水平位移监测基准点的埋设应符合国家现行标准《建筑变形测量规范》(JGJ 8—2007)的有关规定，宜设置有强制对中的观测墩，并宜采用精密的光学对中装置，对中误差不宜大于 0.5mm。

(4)当使用视准线法、测小角法、前方交会法或极坐标法测定基坑壁侧向位移时，观测点设置应满足下列要求：

①基坑壁侧向位移观测点应沿基坑周边桩墙顶每隔 10～15m 布设一点。

②侧向位移观测点宜布置在冠梁上，可采用铆钉枪射入铝钉，亦可钻孔埋设膨胀螺栓或用

环氧树脂胶黏标志。

③测站点宜布置在基坑围护结构的直角上。

3. 观测方法

测定特定方向上的水平位移时，可采用视准线法、小角度法、投点法等；测定监测点任意方向的水平位移时，可视监测点的分布情况，采用前方交会法、后方交会法、极坐标法等；当测点与基准点无法通视或距离较远时，可采用GPS测量法或三角、三边、边角测量与基准线法相结合的综合测量方法。

4. 观测精度

基坑壁侧向位移观测的精度应根据基坑支护结构类型、基坑形状、大小和深度、周边建筑及设施的重要程度、工程地质与水文地质条件和设计变形报警预估值等因素综合确定。

基坑围护墙（边坡）顶部、基坑周边管线、临近建筑水平位移监测精度应根据其水平位移报警值按表3-16-15确定。

**水平位移监测精度要求表**（单位：mm） 表3-16-15

| 水平位移报警值 | 累计值 $D$(mm) | $D<20$ | $20\leqslant D<40$ | $40\leqslant D<60$ | $D>60$ |
|---|---|---|---|---|---|
| | 变化速率 $v_D$(mm/d) | $v_D<2$ | $2\leqslant v_D<4$ | $4\leqslant v_D\leqslant 6$ | $v_D>6$ |
| 监测点坐标中误差 | | $\leqslant 0.3$ | $\leqslant 1.0$ | $\leqslant 1.5$ | $\leqslant 3.0$ |

注：1. 监测点坐标中误差，是指监测点相对测站点（如工作基点等）的坐标中误差，为点位中误差的 $1/\sqrt{2}$。

2. 当根据累计值和变化速率选择的精度要求不一致时，水平位移监测精度优先按变化速率报警值的要求确定。

3. 以中误差作为衡量精度的标准。

5. 应用测斜仪测定基坑侧向位移的观测要点

当采用测斜仪测定基坑壁侧向位移时，应满足下列要求：

(1)测斜仪宜采用能连续进行多点测量的滑动式仪器；测斜仪的系统精度不低于0.25mm/m，分辨率不宜低于0.02mm/500mm。

(2)测斜管应布设在基坑每边中部及关键部位，并埋设在围护结构桩墙内或其外侧的土体内，其埋设深度应与围护结构入土深度一致。

(3)将测斜管吊入孔或槽内时，应使十字形槽口对准观测的水平位移方向，连接测斜管时应对准导槽，使之保持在一直线上。管底端应装底盖，每个接头及底盖处应密封。

(4)埋设于基坑围护结构中的测斜管，应将测斜管绑扎在钢筋笼上，同步放入成孔或槽内，通过浇筑混凝土后固定在桩墙中或外侧。

(5)埋设于土体中的测斜管，应先用地质钻机成孔，将分段测斜管连接放入孔内，测斜管连接部分应密封处理，测斜管与钻孔壁之间空隙宜回填细砂或水泥与膨润土拌和的灰浆，其配合比应根据土层的物理力学性能和水文地质情况确定。测斜管的埋设深度应与围护结构入土深度一致。

(6)测斜管埋好后，应停留一段时间，使测斜管与土体或结构固连为一整体。

(7)观测时，可由管底开始向上提升测头至待测位置，或沿导槽全长每隔500mm（轮距）测读一次，将测头旋转180°再测一次。两次观测位置（深度）应一致，依此作为一测回。每周期观测可测两测回，每个测斜导管的初测值，应测四测回，观测成果取中数。

6. 观测周期

基坑壁侧向位移观测的周期应符合下列要求：

(1)基坑开挖期间应2～3d观测一次,位移速率或位移量大时应每天1～2次。

(2)当基坑壁的位移速率或位移量迅速增大或出现其他异常时,应在做好观测本身安全的同时,增加观测次数,并立即将观测结果报告委托方。

7. 基坑壁侧向位移观测成果和应用

1)观测成果

(1)基坑壁位移观测点布置图。

(2)基坑壁位移观测记录。

(3)基坑壁位移曲线图。

2)成果应用

应用观测成果分析侧向变形规律、基坑开挖、施工降水对侧向变形影响,控制施工速率,使基坑施工安全运行,同时使周边建筑物和环境得以保护。

## 四、滑坡观测

1. 滑坡观测项目

建筑场地滑坡观测应测定滑坡的周界、面积、滑动量、滑移方向、主滑线以及滑动速度,并视需要进行滑坡预报。

2. 测点布设

滑坡观测点位的布设应符合下列要求：

(1)滑坡面上的观测点应均匀布设。滑动量较大和滑动速度较快的部位,应适当增加布点。

(2)滑坡周界外稳定的部位和周界内稳定的部位,均应布设观测点。

(3)主滑方向的滑动范围已明确时,可根据滑坡规模选取十字形或格网形平面布点方式;主滑方向和滑动范围不明确时,可根据现场条件,采用放射形平面布点方式。

(4)需要测定滑坡体深部位移时,应将观测点钻孔位置布设在主滑轴线上,并可对滑坡上局部滑动和可能具有的多层滑动面进行观测。

(5)对已加固的滑坡,应在其支挡锚固结构的主要受力构件上布设应力计和观测点。

(6)采用GPS观测滑坡位移时,观测点的布设还应符合《建筑变形测量规范》(JGJ 8—2007)的有关规定。

3. 观测点位标石、标志及埋设

滑坡观测点的标石、标志及其埋设应符合下列要求：

(1)土体上的观测点可埋设预制混凝土标石。根据观测精度要求,顶部的标志可采用具有强制对中装置的活动标志或嵌入加工成半球状的钢筋标志。标石埋深不宜小于1m,在冻土地区应埋至当地冻土线以下0.5m。标石顶部应露出地面20～30cm。

(2)岩体上的观测点可采用砂浆现场浇固的钢筋标志。凿孔深度不宜小于10cm。标志埋好后,其顶部应露出岩体面5cm。

(3)必要的临时性或过渡性观测点以及观测周期短、次数少的小型滑坡观测点,可埋设硬

质大木桩，但顶部应安置照准标志，底部应埋至当地冻土线以下。

(4)滑坡体深部位移观测钻孔应穿过潜在滑动面进入稳定的基岩面以下不小于1m。观测钻孔应铅直，孔径应不小于110mm。测斜管与孔壁之间的孔隙应按本节第二部分(基坑壁侧向位移观测)有关要求回填。

4. 观测精度

滑坡观测点的测定精度可选择表3-16-16中所列的二、三级精度。有特殊要求的，应另行确定。该表为《建筑变形测量规范》(JGJ 8—2007)中的规定。

**建筑变形测量的级别、精度指标及其适用范围表** 表3-16-16

| 变形测量级别 | 沉降观测 | 位移观测 | 主要适用范围 |
|---|---|---|---|
| | 观测点测站高差中误差(mm) | 观测点坐标中误差(mm) | |
| 特级 | ±0.05 | ±0.3 | 特高精度要求的特种精密工程的变形测量 |
| 一级 | ±0.15 | ±1.0 | 地基基础设计为甲级的建筑的变形测量；重要的古建筑和特大型市政桥梁等变形测量等 |
| 二级 | ±0.5 | ±3.0 | 地基基础设计为甲、乙级的建筑的变形测量；场地滑坡测量；重要管线的变形测量；地下工程施工及运营中变形测量；大型市政桥梁变形测量等 |
| 三级 | ±1.5 | ±10.0 | 地基基础设计为乙、丙级的建筑的变形测量；地表、道路及一般管线的变形测量；中小型市政桥梁变形测量等 |

注：1. 观测点测站高差中误差，系指水准测量的测站高差中误差或静力水准测量、电磁波测距三角高程测量中相邻观测点相应测段间等价的相对高差中误差。

2. 观测点坐标中误差，系指观测点相对测站点(如工作基点)的坐标中误差、坐标差中误差以及等价的观测点相对基准线的偏差值中误差、建筑或构件相对底部固定点的水平位移分量中误差。

3. 观测点点位中误差为观测点坐标中误差的$\sqrt{2}$倍。

4. 本规范以中误差作为衡量精度的标准，并以2倍中误差作为极限误差。

《工程测量规范》(GB 50026—2007)给出了滑坡监测精度的上限值该规范规定：滑坡监测的精度，不应超过表3-16-17的规定。

**滑坡监测的精度要求表** 表3-16-17

| 类型 | 水平位移监测的点位中误差(mm) | 垂直位移监测的高程中误差(mm) | 地表裂缝的观测中误差(mm) |
|---|---|---|---|
| 岩质滑坡 | 6 | 3.0 | 0.5 |
| 土质滑坡 | 12 | 10 | 5 |

可根据建筑物级别、不同工程、建筑物的重要性、工程规模、工程地质(岩质坡或土质坡)情况，选择合适的观测精度。

5. 观测周期

滑坡观测的周期应视滑坡的活跃程度及季节变化等情况而定，并应满足下列要求：

(1)在雨季，宜每半月或一月测一次；干旱季节，可每季度测一次。

(2)当发现滑速增快，或遇暴雨、地震、解冻等情况时，应增加观测次数。

(3)当发现有大的滑动可能或有其他异常时，应在做好观测本身安全的同时，及时增加观测次数，并立即将观测结果报告委托方。

6.观测方法

滑坡观测点的位移观测方法，可根据现场条件，按下列要求选用：

(1)当建筑数量多、地形复杂时，宜采用以三方向交会为主的测角前方交会法，交会角宜在50°~110°之间，长短边不宜悬殊。也可采用测距交会法、测距导线法以及极坐标法。

(2)对于视野开阔的场地，当面积小时，可采用放射线观测网法，从两个测站点上按放射状布设交会角在30°~150°之间的若干条观测线，两条观测线的交点即为观测点。每次观测时，应以解析法或图解法测出观测点偏离两侧线交点的位移量。当场地面积大时，可采用任意方格网法，其布设与观测方法应与放射线观测网相同，但应需增加测站点与定向点。

(3)对于带状滑坡，当视野较好时，可采用侧线支距法，在与滑动轴线的垂直方向，布设若干条侧线，沿侧线选定测站点、定向点与观测点。每次观测时，应按支距法测出观测点的位移量与位移方向。当滑坡体窄而长时，可采用十字交叉观测网法。

(4)对于抗滑墙(桩)和要求高的单独测线，可选用视准线法。

(5)对可能有大滑动的滑坡，除采用测角前方交会等方法外，亦可以采用数字近景摄影测量方法同时测定观测点的水平和垂直位移。

(6)滑坡体内深部测点的位移观测，可采用测斜仪观测方法，作业要求可按本节第二部分应用测斜仪测量基坑变形的观测要点执行。

(7)当符合GPS观测条件和满足观测精度要求时，可采用单机多天线GPS观测方法观测。

7.滑坡观测点的高程测量方法

滑坡观测点的高程测量可采用水准测量方法，对困难点位可采用电磁波测距三角高程测量方法。观测路线均应组成闭合或附合网形。

8.滑坡预报方法

滑坡预报应采用现场严密监视和资料综合分析相结合的方法进行。每次观测后，应及时整理绘制出各观测点的滑动曲线。当利用回归方程发现有异常观测值，或利用位移对数和时间关系曲线判断有拐点时，应在加强观测的同时，密切注意观察滑前征兆，并结合工程地质、水文地质、地震和气象等方面资料，全面分析，做出滑坡预报，及时预警以采取应急措施。

9.滑坡观测成果和应用

1)观测成果

(1)滑坡观测点位布置图。

(2)观测记录。

(3)观测点位移、沉降与时间综合曲线图。

2)成果应用

利用观测成果，分析岩土变形、及时对滑坡进行预报，或采取措施、防止重大损失。

对已有滑坡工程的处理提出可行方案，找出滑坡原因，积累工程经验。

## 五、边桩位移控制土坡稳定的检测

对于软土地基土坡或路堤稳定性检测，一般是通过地面水平位移监测和土体水平位移监测来实现的。

通常对地基稳定性检测的最好办法是埋设深层测斜管进行水平位移观测，但由于测斜管埋设难度大，观测工作量大，大量埋设测斜管不经济，也不现实。因此，在工程实践中，一般均通过观测地面边桩的水平位移和隆起量来获得。因此本部分专门介绍利用检测边桩位移控制土坡（或路堤）稳定的方法及要求。

1.观测项目

利用边桩监测土坡（或路堤）的水平位移，及隆起（属于竖向位移，观测方法见本章节第二节沉降观测）。

2.观测点布设

为了了解路堤位移情况，又不致带来过大的工作量，水平位移观测断面应与沉降观测断面位置吻合，即观测断面纵向的设置间距为：一般路段每隔100～200m设置一个观测断面，桥头路段应设置2～3个观测断面；对于桥头纵向坡脚、填挖交界的填方端、沿河等容易失稳的特殊路段，应酌情增加观测点。

3.边桩的埋设与位移观测

边桩的埋设和位移观测应满足以下要求：

（1）边桩设置个数是以控制地基稳定为目的的。如果地基失稳，地基两侧（或一侧）一定范围的土体必会有隆起迹象，因此边桩应布设在最有可能发生水平位移和产生隆起的部位。根据有关试验资料和大量工程实践，一般地基失稳隆起位置大都在趾部到其外的10m范围之内，据此边桩需埋设在路堤两侧趾部以及边沟外线以远10m的地方，并结合稳定分析在预测可能的滑动面与地面相切的位置布设测点。一般在趾部以外设置3～4个边桩，同一观测断面的边桩应埋设在同一横轴线上。

（2）边桩一般采用钢筋混凝土预制，混凝土强度等级小于C25，长度应不小于1.5m（边桩的长度应为原地面以下要求的埋深加上所穿越的填筑层厚度和外露高度之和）；断面可采用正方形或圆形，其边长或直径以10～20cm为宜，桩顶预埋不易磨损的测头，桩顶露出地面的高度不应大于10cm。

（3）边桩的埋设方式可采用打入式埋设或开挖式埋设，埋设必须保证桩周回填土密实，桩周上部50cm的范围内用混凝土固定，确保边桩埋设稳定。

（4）在地势平坦、通视条件好的平原地区，水平位移观测可采用视准线法；在地势起伏较大或水网地区以采用单三角前方交会法观测为宜；地表隆起可采用高程观测法。视准线法要求布设三级点位，由位移标点和用以控制标点的工作基点以及用以控制工作基点的校核基点三部分组成。工作基点桩要求设置在路堤两端或两侧边桩的纵排或横排延长轴线上，且在地基变形的影响区之外，用以控制边桩。边桩与工作基点桩的最小距离以不小于2倍路基宽度为宜；单三角前方交会法要求边桩与工作基点桩构成三角网，并且通视。校核基点要求远离施工现场、工作基点，而且在地基稳定的位置处。

4.地面水平位移观测仪器与精度

路堤范围以外地基的侧向水平位移和地表隆起都是通过边桩观测的，这是因为该方法设点简易，观测方便，并且可以检测地表的沉降和隆起。但由于边桩埋设深度较浅，位移测值小，故边桩测量仪器要求采用精度较高的精密水准仪。观测仪器和精度要求如下：当采用视准线法观测时，观测仪器采用光电测距仪；当采用单三角前方交会法观测时，可采用 J1 型或 J2 型经纬仪。观测精度：测距仪误差≤ ±5mm；方向观测水平角误差≤ ±2.5″。

5. 边桩位移观测成果和应用

1）观测成果

（1）边桩位移测点布置图。

（2）边桩水平位移和垂直位移记录。

（3）边桩位移测点水平位移、荷载与时间综合曲线图。

（4）观测点隆起、荷载与时间综合曲线图。

2）成果应用

根据边桩位移上述综合曲线，确定加荷速率，指导施工，判定边坡的稳定性，提出防止边坡失稳的措施。

# 第十七章

# 复合地基中桩身质量检测

## 第一节 概 述

复合地基是指天然地基在地基处理过程中部分土体得到增强,或被置换,或在天然地基中设置加筋材料,加固区是由基体(天然地基土体)和增强体两部分组成的人工地基。

目前在我国应用的复合地基类型主要有:由多种施工方法形成的各类砂石桩复合地基、水泥土桩复合地基、低强度桩复合地基、土桩、灰土桩复合地基、钢筋混凝土桩复合地基、薄壁筒桩复合地基、加筋土地基等。目前复合地基技术在房屋建筑(包括高层建筑)、高等级公路、铁路、堆场、机场、堤坝等土木工程建设中得到广泛应用。复合地基技术的推广应用产生了良好的社会效益和经济效益。

### 一、复合地基分类

根据地基中增强体的方向复合地基可分为竖向增强体复合地基和水平向增强体复合地基两大类。竖向增强体复合地基习惯上称为桩体复合地基。根据桩体材料性质复合地基又可分为散体材料桩复合地基和黏结材料桩复合地基两类,黏结材料桩复合地基根据桩体刚度大小又可分为柔性桩复合地基和刚性桩复合地基两类。

复合地基分类如下所示:

- 复合地基
  - 竖向增强体复合地基
    - 散体材料桩复合地基
    - 黏结材料桩复合地基
      - 柔性桩复合地基
      - 刚性桩复合地基
  - 水平向增强体复合地基

### 二、复合地基处理测试方法

复合地基处理测试方法分施工过程监测和阶段性验收检测两种。

1. 施工过程监测

监测工作是施工和使用过程中进行的动态跟踪测试,是地基处理的一个重要环节,需要予以足够重视。通过现场监测指导施工,检验设计参数和处理效果。如达不到设计要求,应检查原因,采取必要措施,或修改设计。只有做好地基处理施工中和施工后的监测工作,才能保证地基处理工程质量。也可通过监测积累资料,为理论研究服务。

现场监测主要测试内容通常为地面沉降和深层沉降，地面水平位移和深层土体侧向位移，地基土强度，地基土中孔隙水压力等。掌握施工过程中地基与周围环境的变形与应力应变过程，分析处理效果与环境安全。对某一具体工程，需要周密计划，根据监测目的和相应的规范要求，合理确定测试项目和监测点的数量，满足信息化施工的要求。

2. 阶段性验收检测

阶段性验收检测是为了检验地基处理的效果是否达到了预期目的、处理的结果能否满足设计要求，对地基处理全过程或过程中的某一阶段所进行的验收性检测，主要包括：复合地基的承载力检测、桩间土检测、单桩的承载力和桩身完整性检测等。

复合地基中桩身质量检测在竖向增强体复合地基检测中，是必不可少的重要组成部分，尤其是对黏结材料桩复合地基的桩身质量检测，随着桩土应力比的提高，而显得更加重要。通常复合地基和单桩承载力检测都采用静载荷试验，黏结材料与符合一维弹性杆件模型的桩，其复合地基的桩身质量可采用钻心法或低应变反射波法检测。

## 第二节 低应变反射波法

低应变反射波法检验复合地基中的桩身质量，适用于所有符合一维弹性杆件模型的竖向增强体黏结材料均质桩，在实际应用中它主要适用于混凝土灌注桩成桩质量的检测。其优点是检验效率高、方便快捷，能够对均质桩的桩身连续性或完整程度作出评价，通过波速也可以对桩身强度作出估计，并且检测过程中对桩身没有损坏；缺点是仅适用于符合一维弹性杆件模型的均质桩，检测结果是定性或半定量的评价，目前它还不适用于大直径长桩的检测，对大直径长桩应用声波透射法检测。

低应变反射波法具体原理、检测步骤、结果判定等同于第二篇第七章基桩低应变反射波法。

## 第三节 钻 芯 法

### 一、适用范围

钻芯法是复合地基中桩身质量检验的一个较重要的方法，它的适用范围很广，几乎适用于所有的竖向增强体黏结材料桩复合地基的桩身质量与桩间土的检验。优点是检验效果直观、可以在现场直接描述桩身质量的均匀性、还可以结合辅助手段对桩身的强度分布作出评价；缺点是在检测过程中对桩身有一定的破损，属于局部破损检验方法，检验完成后对局部破损的部分应给与适当的补强处理。

其中，钻芯法对低强度混凝土桩等刚性桩的桩身质量检验，包括：钻取芯样、芯样制备、强度试验、资料整理与结果评价等，与结构部分讲的钻芯法完全相同，在此不再赘述。下面主要以水泥搅拌桩为例，介绍对柔性桩复合地基的桩身质量的检验方法。

### 二、方法原理

钻芯法目前还没有形成统一的规范标准，根据多年积累的实践经验，它的原理是用钻孔方法连续钻取水泥土搅拌桩桩芯，可直观地检验桩体强度和搅拌的均匀性。取芯通常用≯108mm岩芯管，取出后可当场检查桩芯的连续性、均匀性和硬度，并用锯、刀切割成试块做无侧限抗压强度试验，同时还可以在钻进过程中，结合动力触探、静力触探和标准贯入试验，综合对桩体强度沿深度的变化作出评价，将检测结果与设计要求的指标进行对比，从而达到检验的目的。但在实际工作中，由于有些桩的不均匀性，在取样过程中水泥土很易产生破碎，取出的试件做强度试验很难保证其真实性。使用本方法取桩芯时应有良好的取芯设备和技术经验，确保桩芯的完整性和原状强度。进行无侧限强度试验时，可视取芯时对桩芯的损坏程度，将设计强度指标乘以0.7~0.9的折减系数。

## 三、仪器设备

1. 主要仪器设备

(1)100型工程回转钻机：主钻机、泥浆泵、钻杆、动力系统等。

(2)专用双管单动取样器、样品盒、样签及封样工具。

(3)应变控制式或压力控制式无侧限压力机：测力计(相对误差不大于2%、量程应能使试件的预计破坏荷载不小于全量程的20%、不大于全量程的80%)、加力架、升降设备。

(4)轴向位移计：量程10mm、分度值0.01mm、精确度0.2%F.S。

2. 辅助设备

(1)轻便动力触探器(图3-10-5)。

(2)标准贯入器(图3-12-1)。

(3)静力触探器等设备(图3-10-3)。

## 四、操作步骤

(1)选准桩位、清理整平现场、准备好泥浆坑和水源。

(2)将钻机设备就位、调平、对准桩位。

(3)先用开孔钻头、开钻，钻进0.5m。

(4)开始换取样器，边取样边钻进，中间穿插进行触探或标贯等辅助测试。要求在钻进过程中：轻给压、适量水、高转速、慢进尺，钻机主轴径向跳动不超过0.1mm，钻头的同轴度差不大于0.3mm，钻头允许的圆跳动为0.8~1.5mm。

(5)要求每一次取样后，现场描述其均匀性、连续性及颜色、硬度、辅助测试结果等，并填写每个样品的编号、取样深度、位置，及时将样签连同样品一起装入样品盒蜡封保存。

(6)重复步骤(4)、(5)直到钻至桩底，钻透桩底后，应继续钻进并钻取1~3个具有代表性的原状土样为止。

(7)将钻机设备移到下一个桩点，重复步骤(1)~(6)；

(8)现场撤离前，安排施工人员用砂或砂浆等将钻孔充填补强。

(9)外业完成后，按水泥土试样制作与养护要求，进行室内无侧限抗压强度试验，并换算成立方体试块的标准强度。

全部工程或区段工程完工后，应由工程监理工程师指定区域，进行加固体强度的现场钻孔取芯检验。

钻孔检验可用直孔法及斜孔法，直孔用以检验逐层土加固后的强度，斜孔用以检验相临搅拌桩间的搭接质量。钻孔取样宜采用水上钻探平台，芯样应逐层取出，每延米至少制一个试块，测定无侧限抗压强度，其平均值应不小于设计要求的加固体现场无侧限抗压强度平均值$q'_{uf}$。

钻孔取样与强度试验应制定严格的操作规程，避免因设备及操作因素对加固体强度作出过低的评价。对考虑桩端承载的加固体，可通过钻孔取样或钻孔内标准贯入试验判断加固体是否到达持力层。

## 五、资料整理

（1）根据现场记录和室内无侧限抗压强度测试结果，形成各个桩点的钻芯检测结果汇总表。其内容主要包括：现场检测日期、室内试验日期、现场描述和记录结果、各试验阶段的养护龄期与环境条件、各芯样的标准强度和设计值的建议折算系数等。

（2）根据室内外检测结果，绘制深度与取芯强度关系曲线图。

（3）通过检测结果与设计参数比较得出检测结论，编制检测报告。

## 六、成果应用

钻芯法检测成果，主要应用于对桩身质量的评价，在没有静载荷试验时，也可做如下估算。

1. 复合地基承载力计算

水泥土搅拌桩复合地基的承载力特征值应通过现场单桩或多桩复合地基静荷载试验确定，初步设计时，也可按式（3-17-1）估算：

$$f_{spk} = m\frac{R_a}{A_p} + \beta(1-m)f_{sk} \tag{3-17-1}$$

式中：$f_{spk}$——复合地基承载力特征值（kPa）；

$m$——面积置换率；

$R_a$——单桩竖向承载力特征值（kN）；

$A_p$——桩的截面面积（$m^2$）；

$f_{sk}$——桩间土承载力特征值（kPa），可取天然地基承载力特征值；

$\beta$——桩间土承载力折减系数，宜按当地经验取值；当桩端土未经修正的承载力特征值大于桩周土承载力特征值的平均值时，可取 0.1～0.4，差值大时取低值；当桩端土未经修正的载力特征值小于或等于桩周土的承载力特征值的平均值时，可取 0.5～0.9，差值大或设置褥垫层时均取高值。

单桩竖向承载力特征值 $R_a$，也应通过现场载荷试验确定。当无单桩载荷试验资料、初步计算时，可按下列公式估算，且应使由桩身材料强度确定的单桩承载力大于或等于由桩周土和桩端土的抗力所提供的单桩承载力：

$$R_a = u_p\sum_{i=1}^{n} q_{si}l_i + \alpha q_p A_P \tag{3-17-2}$$

$$R_a = \eta f_{cu} A_P \tag{3-17-3}$$

式中：$u_p$——桩的周长（m）；

$n$——桩长范围内所划分的土层数；

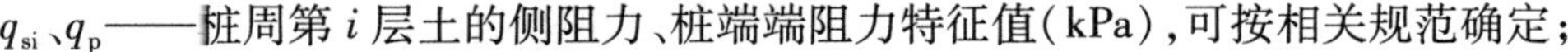

$q_{si}$、$q_p$——桩周第 $i$ 层土的侧阻力、桩端端阻力特征值(kPa),可按相关规范确定;

$l_i$—— 第 $i$ 层土的厚度(m);

$\alpha$——桩端天然土承载力折减系数,可取0.4~0.6;

$\eta$——桩身强度折减系数,干法可取0.2~0.3,湿法可取0.25~0.33;

$f_{cu}$——与搅拌桩桩身水泥土配方相同的立方体试块(边长为70.7mm)在标准养护条件下90d龄期的立方体抗压强度平均值(kPa)。

2. 复合地基的竖向变形(沉降)计算

搅拌桩复合地基的竖向变形包括搅拌桩复合土层的平均压缩变形 $s_1$ 与桩端下未加固土层的压缩变形 $s_2$ 两部分,其中搅拌桩复合土层的压缩变形 $s_1$ 可按下式计算:

$$s_1 = \frac{(p_z + p_{zl})l}{2E_{sp}} \tag{3-17-4}$$

$$E_{sp} = mE_p + (1 - m)E_s \tag{3-17-5}$$

式中:$p_z$——搅拌桩复合土层顶面的附加压力值(kPa);

$p_{zl}$——搅拌桩复合土层底面的附加压力值(kPa);

$E_{sp}$——搅拌桩复合土层的压缩模量(kPa);

$E_p$——搅拌桩的压缩模量,可取(100~120)$f_{cu}$(kPa),对桩较短或桩身强度较低者可取低值,反之可取高值;

$E_s$——桩间土的压缩模量(kPa)。

桩端以下未加固土层的压缩变形 $s_2$ 可按现行国家标准《建筑地基基础设计规范》(GB 50007—2011)的有关规定进行计算。

# 附录A

## 常 用 符 号

$c$——黏聚力
$C_c$——曲率系数
$C_s$——回弹指数
$C_u$——不均匀系数、十字板剪切强度
$C_v$——固结系数
$d_{10}$——有效粒径（在级配曲线中，小于该粒径的土粒质量占 10%）
$d_{30}$——中间粒径（在级配曲线中，小于该粒径的土粒质量占 30%）
$d_{60}$——限制粒径（在级配曲线中，小于该粒径的土粒质量占 60%）
$d_{50}$——平均粒径（在级配曲线中，小于该粒径的土粒质量占 50%）
$D_r$——相对密度
$DG$——密实判数
$e$——孔隙比
E0——土的变形模量
$E_s$——土的压缩模量
$E_M$——旁压模量
$f_s$——静力触探探头侧壁阻力
$g$——重力加速度
$G_s$——土粒比重
$I_L$——土的液性指数
$I_P$——土的塑性指数
$k$——土的渗透系数
$M_c$——土中黏粒含量
$m_v$——体积压缩系数
$N$——标准贯入击数
$n$——孔隙率
$OCR$——固结比
$P_s$——比贯入阻力
$P$——压力、荷载
$q_c$——静力触探锥头阻力

$q_u$——无侧限抗压强度

$S$——基础或载荷板沉降量

$S_t$——土的灵敏度

$S_r$——饱和度

$t$——时间

$u$——孔隙水压力

$V_v$——土的孔隙体积

$V_s$——土颗粒的体积

$w$——土的天然含水率

$w_L$——液限

$w_P$——塑限

$w_n$——缩限

$\varphi$——内摩擦角

$\tau$——剪应力

$\tau_f$——土的抗剪强度

$\sigma$——正应力

$\sigma'$——有效应力

$\varepsilon$——应变值

$\gamma$——土的天然重度(容重)

$\gamma_s$——土粒重度(容重)

$\rho$——试样密度

$\rho_0$——试样湿密度

$\rho_d$——试样干密度

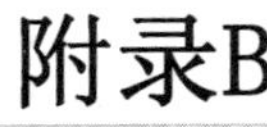

# 附录B

## 建筑变形测量精度级别的确定

根据《建筑变形测量规范》（JGJ 8—2007）第3.0.5条的规定，建筑变形测量精度级别的确定与该规范3.0.5条、3.0.6条、3.0.7条有关，还与国家标准《建筑地基基础设计规范》（GB 50007—2011）5.3.4条有关。为了便于确定变形测量精度，现将上述规范条文摘录如下：

A.0.1　摘录《建筑变形测量规范》（JGJ 8—2007）的有关条文

3.0.5　建筑变形测量精度级别的确定应符合下列规定：

1.地基基础设计为甲级的建筑及有特殊要求的建筑变形测量工程，应根据现行国家标准《建筑地基基础设计规范》（GB 50007—2011）规定的建筑地基变形允许值，分别按本规范第3.0.6条和第3.0.7条的规定进行精度估算后，按下列原则确定精度级别：

（1）当仅给定单一变形允许值时，应按所估算的观测点精度选择相应的精度级别。

（2）当给定多个同类型变形允许值时，应分别估算观测点精度，根据其中最高精度选择相应的精度级别。

（3）当估算出的观测点精度低于本规范表3.0.4中三级精度的要求时，应采用三级精度。

2.其他建筑变形测量工程，可根据设计、施工的要求，按照本规范表3.0.4的规定，选取适宜的精度级别。

3.当需要采用特级精度时，应对作业过程和方法作出专门的设计与论证后实施。

3.0.6　沉降观测点测站高差中误差应按下列规定进行估算：

1.按照设计的沉降观测网，计算网中最弱观测点高程的协因数$Q_H$、待求观测点间高差的协因数$Q_h$。

2.单位权中误差即观测点测站高差中误差$\mu$应按公式（3.0.6-1）或公式（3.0.6-2）估算：

$$\mu = \frac{m_s}{\sqrt{2Q_H}} \tag{3.0.6-1}$$

$$\mu = \frac{m_{\Delta s}}{\sqrt{2Q_h}} \tag{3.0.6-2}$$

式中：$m_s$——沉降量$s$的测定中误差（mm）；

$m_{\Delta s}$——沉降量$\Delta s$的测定中误差（mm）。

3.公式（3.0.6-1）、公式（3.0.6-2）中的$M_s$和$M_{\Delta s}$应按下列规确定：

（1）沉降量、平均沉降量等绝对沉降的测定中误差$m_s$，对于特高精度要求的工程可按地基条件，结合经验具体分析确定；对于其他精度要求的工程，可按低、中、高压缩性地基土或微风化、中风化、强风化地基岩石的类别及建筑对沉降的敏感程度的大小分别±0.5mm、±1.0mm、±2.5mm。

(2)基坑回弹、地基土分层沉降等局部地基沉降以及膨胀土地基沉降等的测定中误差 $m_s$，不应超过其变形允许值的1/20。

(3)平置构件挠度等变形的测定中误差,不应超过变形允许值的1/6。

(4)沉降差、基础倾斜、局部倾斜等相对沉降的测定中误差,不应超过其变形允许值的1/20。

(5)对于具有科研及特殊目的的沉降量或沉降差的测定中误差,可根据需要将上述各项中误差乘以1/5~1/2系数后采用。

3.0.7 位移观测点坐标中误差应按下列规定进行估算:

1.应按照设计的位移观测网,计算网中最弱观测点坐标的协因数 $Q_X$、待求观测点间坐标差的协因数 $Q_{\Delta X}$。

2.单位权中误差即观测点坐标中误差 $\mu$ 应按公式(3.0.7-1)或公式(3.0.7-2)估算:

$$\mu = \frac{m_d}{\sqrt{2Q_X}} \tag{3.0.7-1}$$

$$\mu = \frac{m_{\Delta d}}{\sqrt{2Q_{\Delta X}}} \tag{3.0.7-2}$$

式中:$m_d$——位移分量 $d$ 的测定中误差(mm);

$m_{\Delta d}$——位移分量差 $\Delta d$ 的测定中误差(mm)。

3.公式(3.0.7-1)、公式(3.0.7-2)中的 $m_d$ 和 $m_{\Delta d}$ 应按下列规定确定:

(1)对建筑基础水平位移、滑坡位移等绝对位移,可按本规范表3.0.4选取精度级别。

(2)受基础施工影响的位移、挡土设施位移等局部地基位移的测定中误差,不应超过其变形允许值分量的1/20。变形允许值分量应按变形允许值的 $1/\sqrt{2}$ 采用。

(3)建筑的顶部水平位移、工程设施的整体垂直挠曲、全高垂直度偏差、工程设施水平轴线偏差等建筑整体变形的测定中误差,不应超过其变形允许值分量的1/10。

(4)高层建筑层间相对位移、竖直构件的挠度、垂直偏差等结构段变形的测定中误差,不应超过其变形允许值分量的1/6。

(5)基础的位移差、转动挠曲等相对位移的测定中误差,不应超过其变形允许值分量的1/20。

(6)对于科研及特殊目的的变形量测定中误差,可根据需要将上述各项中误差乘以1/5~1/2系数后采用。

A.0.2 摘录《建筑地基基础设计规范》(GB 50007—2011)的有关条文

第5.3.4条 建筑物的地基变形允许值,按表5.3.4规定采用。对表中未包括的建筑物,其地基变形允许值应根据上部结构对地基变形的适应能力和使用上的要求确定。

**建筑物的地基变形允许值** 表5.3.4

| 变形特征 | 地基土类别 | |
|---|---|---|
| | 中、低压缩性土 | 高压缩性土 |
| 砌体承重结构基础的局部倾斜 | 0.002 | 0.003 |
| 工业与民用建筑相邻柱基的沉降差<br>(1)框架结构<br>(2)砌体墙填充的边排柱<br>(3)当基础不均匀沉降时不产生附加应力的结构 | <br>0.002$l$<br>0.0007$l$<br>0.005$l$ | <br>0.003$l$<br>0.001$l$<br>0.005$l$ |

续上表

| 变形特征 | 地基土类别 | |
|---|---|---|
| | 中、低压缩性土 | 高压缩性土 |
| 单层排架结构（柱距为 6m）柱基的沉降量（mm） | (120) | 200 |
| 桥式吊车轨面的倾斜（按不调整轨道考虑）<br>纵向<br>横向 | 0.004<br>0.003 | |
| 多层和高层建筑的整体倾斜 $H_g \leqslant 24$<br>$24 < H_g \leqslant 60$<br>$60 < H_g \leqslant 100$<br>$H_g > 100$ | 0.004<br>0.003<br>0.0025<br>0.002 | |
| 体型简单的高层建筑基础的平均沉降量（mm） | 200 | |
| 高耸结构基础的倾斜 $H_g \leqslant 20$<br>$20 < H_g \leqslant 50$<br>$50 < H_g \leqslant 100$<br>$100 < H_g \leqslant 150$<br>$150 < H_g \leqslant 200$<br>$200 < H_g \leqslant 250$ | 0.008<br>0.006<br>0.005<br>0.004<br>0.003<br>0.002 | |
| 高耸结构基础的沉降量（mm）$H_g \leqslant 100$<br>$100 < H_g \leqslant 200$<br>$200 < H_g \leqslant 250$ | 400<br>300<br>200 | |

注：1. 本表数值为建筑物地基实际最终变形允许值。

2. 有括号者仅适用于中压缩性土。

3. $l$ 为相邻柱基的中心距离（mm）；$H_g$ 为自室外地面起算的建筑物高度（m）。

4. 倾斜指基础倾斜方向两端点的沉降差与其距离的比值。

5. 局部倾斜指砌体承重结构沿纵向 6～10m 内基础两点的沉降差与其距离的比值。

# 参 考 文 献


[1] 中华人民共和国国家标准. GB/ T 50123—1999　土工试验方法标准[S]. 北京:中国标准出版社出版,1999.

[2] 中华人民共和国行业标准. SL 237—1999　土工试验规程[S]. 北京:中国水利水电出版社出版,1999.

[3] 中华人民共和国行业标准. JTS 147-1—2010　港口工程地基规范[S]. 北京:人民交通出版社,2010.

[4] 中华人民共和国行业标准. JTS 133—2013　水运工程岩土勘察规范[S]. 北京:人民交通出版社服从有限公司,2014.

[5] 周福田. 土工试验及地基承载力检测[M]. 北京:人民交通出版社,2000.

[6] 高大钊. 地基基础测试新技术[M]. 北京:机械工业出版社,2002.

[7] 中华人民共和国行业标准. JGJ 8—2010　建筑变形测量规范[S]. 北京:中国建筑工业出版社,2008.

[8] 中华人民共和国国家标准. GB 50026—2007　工程测量规范[M]. 北京:中国标准出版社出版,2007.

[9] 中华人民共和国行业标准. JTS 131—2012　水运工程测量规范[S]. 北京:人民交通出版社,2012.

[10] 中国工程建设部标准化协会标准. CECS55:93　孔隙水压力测试规程[S]. 北京:中国工程建设部标准化协会,1993.

[11] 中华人民共和国行业标准. YS 5229—1996　岩土工程监测规范[S]. 北京:中国计划出版社,1996.

[12]《工程地质手册》编委会. 工程地质手册[M]. 4 版. 北京:中国建筑工业出版社,2007.

[13] 南京水利科学研究院土工研究所. 土工试验技术手册[M]. 北京:人民交通出版社,2003.

[14] 中华人民共和国国家标准. GB 50497—2009　建筑基坑工程监测技术规范. [S]北京:中国计划出版社,2009.

[15] 中华人民共和国行业标准. JGJ 79—2012　建筑地基处理技术规范[S]. 北京:中国建筑工业出版社,2013.

[16] 中华人民共和国行业标准. JGJ 106—2014　建筑基桩检测技术规范[S]. 北京:中国建筑工业出版社,2014.

[17] 中华人民共和国国家标准. GB 50007—2011　建筑地基基础设计规范[S]. 北京:中国计划出版社,2012.

[18] 中华人民共和国国家标准. GB 50011—2010　建筑抗震设计规范[S]. 北京:中国建筑工业出版社,2010.

[19] 中华人民共和国行业标准. JTS 146—2012　水运工程抗震设计规范[S]. 北京: 人民交

通出版社,2012.
[20]《地基处理手册》(第三版）编委会,龚晓南. 地基处理手册[M]. 3 版. 北京:中国建筑工业出版社出版,2008.
[21] 王成华. 土力学原理[M]. 天津:天津大学出版社,2002.
[22] 顾晓鲁,等. 地基与基础[M]. 北京:中国建筑工业出版社,2003.
[23] 刘国华. 地基与基础[M]. 北京:化学工业出版社,2010.
[24] 罗骐先. 桩基工程检测手册[M]. 北京:人民交通出版社,2003.
[25] 夏才初,潘国荣,等. 土木工程检测技术[M]. 北京:中国建筑工业出版社,2001.
[26] 交通运输部基本建设质量监督局,交通专业人员资格评价中心. 地基与基础[M].2 版. 北京:人民交通出版社,2010.